EUGÈNE SUE

LES MISÈRES
DES
ENFANTS TROUVÉS

ÉDITION ILLUSTRÉE DE GRAVURES SUR BOIS GRAVÉES PAR DEGHOUY

SUR LES DESSINS D'AUGUSTE BELIN

PRIX : 4 FR. 80 CENT.

Paris

A LA LIBRAIRIE THÉATRALE, BOULEVARD SAINT-MARTIN, 12

A LA LIBRAIRIE THÉÂTRALE, boulevard Saint-Martin, 12.   ÉDITION ILLUSTRÉE.   DESSINS DE AUGUSTE BELIN. Gravures de L. Deghouy.

Page 5.

LES MISÈRES DES ENFANTS TROUVÉS

PAR EUGÈNE SÜE.

CHAPITRE PREMIER.

Description de la Sologne. — Le père Latrace et M. Beaucadet. — Amour du sous-officier de gendarmerie pour Bruyère; sa haine contre Bête-Puante. — Chasse au renard et chasse au bandit. — Signalement de Bamboche.

Cette partie de la Sologne, où viennent se confiner, du nord au sud, les départements du Loiret et de Loir-et-Cher, et dont une portion forme ce qu'on appelle le bassin de la *Sauldre*, offre une physionomie particulière : ce sont généralement d'immenses bois de sapins coupés çà et là par de grandes plaines de bruyères, ou par des terrains tourbeux, que submergent presque toujours les débordements des rivières et des ruisseaux. Ce sont encore de vastes étangs encadrés de touffes d'iris et de joncs fleuris, eaux dormantes souvent effleurées par le vol circulaire des *courlis*, des *arcanettes* ou des *martins-pêcheurs*; çà et là quelques vallées de prairies, semées de massifs de chênes, rompent l'aspect uniforme de ce paysage aux lignes planes et tranquilles.

Rien ne saurait rendre le calme mélancolique de ce pays désert, aux vastes horizons formés par les masses toujours vertes des forêts de sapins; de ces solitudes profondes, où résonne, de temps à autre, le choc sonore de la cognée du bûcheron, et d'où s'élève, lorsque le vent souffle, un bruit sourd, prolongé, imposant, comme le lointain mugissement de la mer; bruit causé par l'agitation et le frôlement des branchages des arbres verts. Ce n'est pas non plus un spectacle sans majesté que de voir le soleil s'abaisser lentement derrière ces plaines immenses, unies comme un lac, et couvertes de bruyères roses et d'ajoncs d'un jaune d'or que la brise du soir fait doucement onduler, ainsi qu'une nappe de verdure et de fleurs.

Les oiseaux de proie, qui choisissent pour repaire les grands bois déserts, les *jean-le-blanc*, les *aigles de Sologne*, les *bondrées*, les *faucons*, sont aussi nombreux dans ces solitudes que les oiseaux aquatiques.

Ce qui donne, surtout l'hiver, à cette contrée un aspect singulier, c'est l'éternelle et sombre verdure de ses sapinières mêlées de taillis de bouleaux et de chênes, où gîtent toujours le renard, le chevreuil, le loup, et où s'aventurent souvent les cerfs et les sangliers des forêts voisines.

Aussi ce pays est-il la terre promise du chasseur et conséquemment du braconnier, car le lièvre, la perdrix rouge, le faisan y abondent, et le lapin y pullule de telle sorte que, depuis le riche propriétaire dont il ronge les jeunes bois, jusqu'au pauvre cultivateur dont il broute les

Paris. — Typographie Dondey-Dupré, rue Saint-Louis, 46, au Marais.

maigres guérets, tous le regardent comme un fléau destructeur.

Vers la fin du mois d'octobre 1845, par une belle journée d'automne, deux groupes d'aspects différents, venant de côtés opposés, s'avançaient l'un vers l'autre à travers une vaste plaine de bruyère, bornée au nord par un rideau de bois qui s'étendait à perte de vue.

L'un de ces groupes se composait d'un piqueur à cheval et de deux valets de chiens à pied, conduisant, couplée, une belle meute d'une trentaine de chiens anglais de la pure race des *fox-hound*; leur pelage, blanc et orangé, était généralement *mantelé* de noir. Le piqueur, marchant au pas de son cheval, précédait la meute qui le suivait dans un ordre parfait, grâce au fouet régulateur des deux valets à pied formant l'arrière-garde.

Le piqueur, âgé de soixante ans environ, avait le teint basané, les yeux noirs et vifs, les cheveux blancs; il portait une cape de chasse en cuir bouilli, une redingote marron à collet bleu clair, galonnée d'argent au collet et aux poches, des bottes à l'écuyère et une culotte de velours foncé. Les valets de chiens étaient vêtus de restes de vénerie à la même livrée; leurs grandes guêtres de cuir fauve remplaçaient les bottes, et ils avaient en sautoir leurs trompes de cuivre bien brillantes.

Le groupe qui s'avançait à l'encontre de celui-ci était formé de quatre gendarmes à cheval, commandés par un maréchal des logis aux aiguillettes mi-partie bleu et argent.

La physionomie de ce sous-officier, homme plus que mûr, offrait un assez grotesque mélange de niaiserie et d'outrecuidance. Le tricorne carrément placé sur son front pointu, le sourcil haut, le nez camard et au vent, les favoris en croissant, la poitrine bombée sous son uniforme bleu croisé d'une buffleterie jaune, les reins cambrés dans le ceinturon de son grand sabre, les jambes raidies dans ses bottes fortes, le poignet droit appuyé sur sa cuisse, M. *Beaucadet*, maréchal des logis chef de la gendarmerie départementale, s'avançait au pas, jetant parfois un coup d'œil impérieux sur son escorte.

Cette physionomie était, pour ainsi dire, la physionomie officielle de M. Beaucadet; mais, quoique gendarme, il n'en était pas moins *homme*... et *homme aimable*, ainsi qu'il se plaisait à l'affirmer lui-même; car, malgré la maturité de son âge, il ne renonçait pas à *plaire*, et le bruit de ses amours, non moins célèbres que ses procès-verbaux, retentissait de *Salbris* à *Romorantin*. Les fonctions à la fois civiles et militaires de M. Beaucadet, impassible instrument de la loi, l'obligeaient à un certain décorum, son libertinage sournois lui donnait des allures de *bailli de village*, hypocrite et luxurieux. En un mot, que l'on jette la robe du *commissaire* (ancienne comédie) sur l'uniforme d'un vieux soudard, et l'on aura le portrait complet de M. Beaucadet, type précieux de la bêtise magistrale et satisfaite de soi.

Les veneurs et les gendarmes, arrivant par deux routes opposées, devaient inévitablement se rencontrer à un carrefour, ouvert du côté de la plaine, et bordé du côté des bois par un taillis très épais.

— Ah! voici M. Beaucadet, — dit avec une sorte d'inquiétude le vieux piqueur à ses valets de chiens, en arrêtant son cheval auprès d'une croix élevée au milieu du carrefour; — il faut dire poliment bonjour à ce digne gendarme; car, voyez-vous, mes garçons, le gendarme se salue toujours, vu que, le dimanche, il fait la police des cabarets, et comme il n'ose pas boire, ça le rend féroce pour la soif des autres.

M. Beaucadet rejoignit bientôt les veneurs, arrêta son cheval auprès du vieux piqueur, et, s'adressant à ce dernier, il lui dit d'une voix ronflante et d'un ton à la fois important et goguenard:

— Eh bien, père *Latrace*, vous voilà donc prêt à poursuivre par monts et par vaux les bêtes féroces de ces bois?

— Vous êtes trop honnête, monsieur Beaucadet, — répondit le veneur en portant la main à la visière de sa cape; — la bête que nous allons attaquer n'est pas tant féroce que rusée... c'est une simple canaille de renard, et j'espère bien que nous le mettrons sur pied dès que M. le comte, son fils et sa compagnie vont être arrivés.

— Ah! c'est ici votre rendez-vous de chasse?

— Oui, monsieur Beaucadet. Et pour vous qui, dit-on, aimez le beau sexe, il y a dans la compagnie qui vient avec M. le comte de fin et gentil gibier.

— Je suis homme, et comme tel, *nul n'est censé ignorer la loi*... de l'amour, — répondit M. Beaucadet en se rengorgeant, très-glorieux de cette variante à un aphorisme judiciaire qu'il se plaisait à répéter souvent: — Mais quel est ce galant gibier dont vous parlez, père Latrace?

— Des voisines de campagne de M. le comte, Mme Wilson et sa fille.

— Ah! oui, les Américaines, la sœur et la nièce de ce gros homme taillé en forme de barrique, les nouvelles venues dans le pays... On dit que c'est du soigné, on verra ça! — dit M. Beaucadet en raffermissant sur sa tête et lui donnant une inclinaison de 45 degrés de crânerie; — il faudra que j'aille faire viser ma feuille de ronde chez les Américaines pour les *déguster* un peu du coin de l'œil.

— Et vous abandonnerez comme ça... cette pauvre petite *Bruyère*? — dit le piqueur d'un air sournoisement narquois.

— Qui ça, *Bruyère*? — demanda dédaigneusement Beaucadet, — *Bruyère*? la gardeuse de dindons de la métairie du *Grand-Genévrier*? cette petite fille haute comme ma botte, qui a l'air d'une folle avec ses grands yeux effarés et ses couronnes de feuillage sur la tête, et que ces imbéciles de *Solognaux* regardent comme une petite sorcière ou quelque chose d'approchant? Ah ça, père Latrace, vous me croyez donc capable de faire partie du troupeau de cette dindonnière, pour me faire de pareils contes?

— Allons donc, monsieur Beaucadet! — reprit le vieux veneur avec un calme ironique, — allons donc! vous qui êtes connaisseur et amateur, vous ai entendu vingt fois dire qu'il n'y avait pas, à dix lieues à la ronde, une plus jolie fille que Bruyère, malgré sa petite taille.

— J'abusais de votre ancienne jeunesse, père Latrace.

— Dame, ils disent dans le pays qu'on vous a vu quelquefois courir dans la lande, avec vos grandes bottes, tenant votre cheval par la bride, pour aider la petite Bruyère à rassembler ses dindes.

— Moi!

— Oui, monsieur Beaucadet; et on ajoute qu'un jour que vous aviez voulu batifoler avec la petite Bruyère, malgré elle, ses deux gros coqs d'Inde, qu'on croit qu'elle a *charmés* et qui sont si méchants qu'ils la défendraient aussi bien qu'un chien, vous ont sauté à la figure, même que vous avez eu le nez tout becqueté, quoique vous tâchiez de parer les coups de bec à coups de fourreau de sabre pendant que la petite Bruyère se sauvait en riant de toutes ses forces.

M. Beaucadet haussa le sourcil, releva fièrement son nez camard, et reprit de sa voix de *procès-verbal*, en tâchant de sourire ironiquement:

— De plus fort en plus farce! moi, qui représente la *force à la loi* en chair et en os, je m'aurais aligné avec des coqs d'Inde dont j'aurais été vaincu et becqueté pour avoir voulu bêtiser avec leur sorcière de dindonnière! moi! Assez blagué l'autorité, vieux farceur; parlons d'autre chose. Voilà donc M. le comte de retour? Est-il pour longtemps dans le pays?

— Ma foi, je ne sais pas; M. le comte n'est pas causant; quand il a dit: Faites cela, il n'ajoute pas grand'chose; c'est un homme si raide et si dur!

— Lui! M. le comte! je le crois bien, — s'écria M. Beaucadet avec un sentiment d'admiration. — Voilà un propriétaire modèle! aussi sensible aux *si* et aux *mais*, aux *hélas!* et aux *mon Dieu!* que le serait un boulet de canon; toujours à cheval sur la loi, son droit et sa propriété; voilà un pince-sans-rire, qui vingt fois m'a fait l'amabilité de m'envoyer coffrer quelques-uns de ces *traîne-la-mort* de Solognaux parce qu'ils avaient ramassé du bois mort dans ses bois... Digne homme, pas pour le bois mort! mais pour le respect de la chose... Va! je t'estime! propriétaire féroce que tu es! — ajouta M. Beaucadet en manière d'évocation jaculatoire. — Et, quand il veut, quelle figure! Il y a des procureurs du roi et des commissaires de police qui payeraient de leur poche l'agrément d'un pareil physique, rien que pour faire trembler les malfaiteurs. Aussi, à côté du comte, avouez, père Latrace, que son fils le vicomte a l'air d'une femmelette.

— Le fait est que M. le comte n'est pas ce qui s'appelle *tendre*; mais il est juste; s'il ne vous passe rien, il ne vous gronde jamais à tort. Après ça, on dit qu'autrefois il était très-bon enfant, et qu'il n'y avait personne au monde de plus avenant que lui à un chacun.

— M. le comte... bon enfant... vous abusez de ma candeur, père Latrace.

— Si bon enfant, qu'il en était faible...

— M. le comte... faible... vous abusez de ma pudeur, père Latrace.

— Mais tout d'un coup, de mouton M. le comte est devenu loup.

— On l'aura tondu de trop près!

— C'est possible; du reste, il aime la chasse avec passion, et, pour moi, cette qualité-là remplace toutes les autres, — dit Latrace en souriant.

— Sans compter que tout chasseur est féroce pour les braconniers, autre vermine malfaisante; témoin ce gueux de *Bête-Puante*, le bien nommé; il a beau se donner des airs de toujours m'échapper, tôt ou tard... foi de Beaucadet, je le pincerai.

— Et vous ferez bien, — dit le vieux piqueur, dont le visage trahit une légère inquiétude, — vous ferez bien; M. le comte vous en saura gré, car il aime la chasse en vrai forcené.

— Parbleu! arrivé d'avant-hier, le voilà en chasse aujourd'hui.

— Écoutez donc, monsieur Beaucadet, voilà bientôt huit mois que ni lui ni son fils n'ont touché un fusil ou entendu le son d'une trompe, puisqu'ils sont partis d'ici en mars, à la fermeture de la chasse... car c'est pas vous, monsieur Beaucadet, qui vous priveriez de déclarer procès-verbal, si l'on chassait plus tard que le 12 mars.

— Et je m'en fais honneur et gloire; respect à la loi, dont je suis l'image! Le 12 mars fermeture de la chasse; tout le monde doit le savoir, car *nul n'est censé ignorer la loi*, a dit le législateur... un vieux roué!... ajouta M. Beaucadet, en manière de parenthèse, avec un malin sourire; — c'est ce que je répète tous les jours à ces *traîne-la-mort* de paysans soigneaux, quand ils me disent d'un ton geignoux: — Mais, monsieur Beaucadet, j'ignorais que c'était défendu de faire ça. La loi, moi, on ne me l'a jamais lue, et je ne sais pas lire.

— Au fait, quand on ne sait pas lire, — dit le vieux piqueur en secouant la tête, — et qu'on ne vous a jamais lu la loi... comment la connaître?

L'un des gendarmes de l'escorte, vieux soldat à la physionomie rude et franche, rehaussée d'une balafre, portant chevrons à la manche et croix à la boutonnière, avait plusieurs fois, durant l'entretien de son chef et du veneur, impatiemment haussé les épaules. Enfin, usant d'une liberté accordée ou tolérée en raison de ses longs services, il dit brusquement à son chef:

— Avec tout ça le temps se passe, et nous manquerons notre battue.

— Silence dans les rangs! — dit impérieusement M. Beaucadet en regardant l'interrupteur par-dessus son épaule.

— C'était bien la peine de nous faire charger nos carabines et nos pistolets! — murmura le vieux soldat d'un ton bourru.

— Une battue? des armes chargées? — dit le piqueur surpris. — Ah! j'entends, — reprit-il, — vous êtes à la recherche de quelque réfractaire, de quelque braconnier... de Bête-Puante, peut-être?...

Et la physionomie du vieux veneur trahit de nouveau une légère inquiétude.

— Un réfractaire? un braconnier? — dit le sous-officier avec dédain. — Allons donc! Le gibier que je vais traquer est à un réfractaire ou à un braconnier ce qu'un sanglier ou un loup est au renard que vous allez chasser, père Latrace, — répondit M. Beaucadet, — mais je ne me presse pas de commencer ma traque et pour cause.

Avant de poursuivre ce récit, rappelons au lecteur que le lieu de cette scène touchait presque à la lisière d'un taillis de chênes, très-épais à cet endroit, et au-dessus duquel s'élevait une futaie de sapins énormes.

— C'est donc quelque grand malfaiteur que vous poursuivez? — dit le piqueur.

Au lieu de répondre, M. Beaucadet, frappé d'une idée subite, dit au veneur:

— Dans quelle partie du bois chassez-vous?

— Notre renard s'est rembûché dans la seconde enceinte de la vieille taille de *l'Aubépin*.

— N'est-ce pas dans la taille de l'Aubépin où il y a de grosses roches et où le bois est si touffu? — demanda le sous-officier avec intérêt.

— Oui, monsieur Beaucadet, une vraie demeure à sanglier... pour vous servir; un fourré si épais, que mes chiens auront de la peine à y entrer.

Après un moment de réflexion, le sous-officier s'écria:

— Mon évadé doit être là dedans plutôt qu'ailleurs. Ce matin, au point du jour, un bûcheron a vu s'enfoncer dans le taillis un particulier en guenilles dont le signalement se rapporte à celui de mon brigand; et comme mon brigand n'osera pas filer du bois pendant le jour, je suis aussi sûr de le pincer que vous êtes sûr de pincer votre renard, père Latrace.

— Mais alors! monsieur Beaucadet, qu'attendez-vous donc pour vous mettre en quête?

— J'attends que mes hommes qui doit venir m'annoncer le commencement de la battue; alors mon brigand sera cerné de trois côtés... et on le rabattra sur la lisière de ce bois que moi et mes gendarmes nous allons garder.

— Mais depuis quand donc y a-t-il un brigand dans le pays?

— Vous n'êtes pas allé à Salbris depuis deux jours?

— Non...

— Alors vous n'avez pas lu le signalement de mon scélérat, affiché à la porte de la mairie?

— Non, monsieur Beaucadet.

— Je vais vous le lire. Si vous le rencontrez, vous pourrez tomber sur lui, avec l'aide de vos valets de chiens. Écoutez bien, père Latrace, et aussi vous autres, — ajouta M. Beaucadet en s'adressant aux valets de chiens, qui se rapprochèrent.

Le sous-officier, tirant un papier de l'une de ses fontes, lut ce qui suit:

« *Signalement du nommé* Bamboche. »

— Un drôle de nom tout de même, — dit Latrace.

— On ne lui en connaît pas un plus propre; la justice est obligée de se dégrader jusqu'à prononcer celui-là, — dit M. Beaucadet, et il continua:

« *Ce prisonnier, dont on ignore le véritable nom et les
» antécédents, est parvenu, dans la nuit du 12 au 13 oc-
» tobre, à s'évader de la prison de Bourges, où il était
» écroué comme prévenu d'un double meurtre; tout
» porte à croire qu'après avoir trouvé un refuge dans
» la forêt de Romorantin, où il a failli être arrêté, il
» a gagné les bois et les landes désertes qui s'étendent
» dans les environs de Vierzon, de Salbris et de Laferté-
» Saint-Aubin.*

» *Ce prévenu, d'une force athlétique, d'une audace
» extraordinaire, est âgé de trente ans environ. Taille:
» cinq pieds sept pouces deux lignes, — cheveux presque
» gris malgré sa jeunesse, — sourcils bruns, barbe
» brune, — front large, découvert et un peu chauve, —
» yeux gris et ronds, — nez aquilin, — bouche ordi-
» naire, — menton carré, — visage long, — pommettes
» très-saillantes, — teint coloré.*

» *Signes particuliers:*
» *Cet évadé a sur le sein gauche un tatouage bleu et
» rouge, représentant deux cœurs percés d'une flèche, et
» surmontés d'une tête de mort: au-dessous des deux
» cœurs, deux poignards en croix, noués par un ruban
» noir sur lequel on lit ces mots en lettres rouges:*

» Basquine pour la vie.
» Son amour ou la mort.
» *15 février 1826.*

— Basquine? C'est un drôle de nom, — dit le piqueur.

— Nom bien digne d'être écrit sur la poitrine d'un malfaiteur appelé Bamboche, — dit le gendarme. — Basquine ! Ce nom ?

— Et puis, dites donc, — reprit le veneur — s'il a juré amour pour la vie à mademoiselle Basquine en 1826, M. Bamboche a été amoureux de bonne heure, car s'il a maintenant environ trente ans, il aurait juré cet *amour pour la vie* à l'âge de dix ou douze ans.

— Le scélérat est précoce en amour, de même que les précoces en amour sont scélérats, — dit sentencieusement M. Beaucadet, — et il continua l'énumération des marques particulières, mentionnées dans le signalement du fugitif :

« *Sur le sein droit, autre tatouage également rouge
» et noir, représentant deux mains étroitement jointes,
» et au-dessous ces mots* :

» AMITIÉ FRATERNELLE ET POUR LA VIE
» A MARTIN.
» 15 décembre 1825. »

— Diable ! M. Bamboche a été encore plus précoce en amitié qu'en amour, — dit Latrace.

— Ce Martin doit être un bandit de sa trempe, qui aura été en nourrice avec lui chez quelque vieux brigand... Il les aura élevés au biberon... pour le crime ! et les gredins ont bien profité ! — reprit le sous-officier, et il continua la lecture du signalement :

« *Au-dessous de ces mots se voit un tracé singulier
» qu'on ne saurait mieux comparer qu'à une taille de
» boulanger ; sur ce tracé, formant une double ligne
» bleue, sont empreintes cinq petites coches rouges transversales et irrégulières, qui remplissent à peu près le
» quart de la longueur du tracé.*
» *Un peu au-dessous de la cinquième côte, à droite de
» la poitrine, on remarque chez le fugitif une cicatrice
» provenant d'une blessure d'une arme à feu, tandis que
» le bras droit est, en deux endroits, profondément sillonné par deux cicatrices résultant de blessures occasionnées par un instrument tranchant.*
» *La dernière fois que l'évadé a été aperçu dans la forêt de Romorantin, il était vêtu d'un bourgeron bleu
» en lambeaux, d'un vieux pantalon garance, pareil à
» ceux que portent les soldats d'infanterie ; un de ses
» pieds était nu, l'autre enveloppé de chiffons ; il tenait
» d'une main un paquet renfermé dans un mouchoir à
» carreaux, et, de l'autre main, il s'appuyait sur un
» énorme bâton noueux.* »

Après avoir lu ce signalement, M. Beaucadet le remit dans les fontes de ses pistolets, et dit au piqueur, qui semblait très-préoccupé depuis quelques instants :

— J'espère que mon brigand est commode à dévisager ; il n'y a pas moyen de prendre votre gibier pour le mien, père Latrace. Mais à quoi diable pensez-vous donc ?

— Je pense, — interrompit le veneur, avec un étonnement naïf, — que c'est tout de même un drôle de hasard.

— Quel hasard ?

— Que votre brigand ait tatoué sur la poitrine *amitié fraternelle pour* Martin.

— Qu'est-ce que vous étonne là dedans, père Latrace ?

— Dame... c'est que le nouveau valet de chambre que M. le comte a amené ici s'appelle... Martin.

— Bigre !... — fit M. Beaucadet en se dressant sur ses étriers.

Après un moment de surprise et de silence, le gendarme, s'adressant au piqueur :

— Ainsi, le nouveau valet de chambre de M. le comte Duriveau s'appelle Martin ?

— Oui.

— Depuis quand est-il au service de M. le comte ?

— Depuis très-peu de temps, je crois.

— L'avez-vous vu ?

— Hier soir ; c'est lui qui est venu me donner les ordres.

— Comment est-il ? grand ? petit ? gros ? maigre ?

— C'est un beau et grand garçon.

— Son âge ?

— Il doit approcher de la trentaine... au plus.

— Ses yeux ? son nez ? son front ? sa bouche ? son menton ? — demanda précipitamment le sous-officier.

— Ma foi, monsieur Beaucadet, je n'en sais rien ; je ne l'ai pas assez dévisagé pour vous donner son complet signalement. Hier il était nuit quand il est venu à la cour du chenil, et je ne l'ai vu qu'à la lueur de ma lanterne.

— Et vous dites qu'il y a peu de temps qu'il est au service de votre maître ?

— Sans doute, car j'ai dit ce matin au chef d'écurie en allant prendre mon cheval : M. le comte a donc un nouveau valet de chambre ? — Tout nouveau, — m'a répondu le chef d'écurie.

— Je peux rendre un service soigné à la justice, — dit M. Beaucadet en réfléchissant : — on ne sait rien de la vie passée de mon brigand ; je ferai, de gré ou de force, parler ce Martin, dont mon évadé porte le nom écrit avec amitié sur sa gueuse de poitrine, et...

— Un instant, monsieur Beaucadet, — dit le piqueur en interrompant le sous-officier ; — rappelez-vous le fameux proverbe : *Il y a plus d'un âne à la foire qui s'appelle*... Martin ; or, pourquoi ce qui s'applique aux ânes ne s'appliquerait-il pas (sans comparaison) aux valets de chambre ? Et puis...

— Et puis ?

— Songez que M. le comte, si sévère, si exigeant pour les gens de son service, ne prend jamais personne chez lui qu'après les plus minutieuses informations.

— Eh bien ! père Latrace ?

— Croyez-vous qu'un honnête homme comme doit l'être M. Martin, puisqu'il est au service de M. le comte, ait pu être ou soit l'ami du brigand que vous cherchez ?

— La battue est commencée, — s'écria M. Beaucadet en interrompant le piqueur ; — voilà Ramageau !

— Un limier ? — dit Latrace.

— Oui, un limier en grosses bottes et à cheval, — répondit Beaucadet en montrant au loin un gendarme qui accourait de toute la vitesse de sa monture.

— Allons ! bonne chasse, monsieur Beaucadet, — dit le veneur.

— Ah ça, je compte sur vous : entre chasseurs on doit s'aider. Un coup de main au besoin, si vous rencontrez mon brigand.

— C'est entendu, monsieur Beaucadet, et si mon renard se rabat sur vous, qui restez à la lisière du bois, poussez de grands cris pour lui faire gagner la plaine...

— Soyez tranquille, je sens que je ferai bonne chasse et peut-être même coup double, en pinçant, par la même occasion, ce gredin de braconnier, ce gueux de Bête-Puante, qui m'a échappé jusqu'ici.

En entendant la menace dont le braconnier était de nouveau l'objet, le piqueur ne put dissimuler une légère inquiétude ; elle échappa au sous-officier, occupé de regarder le gendarme qui arrivait au galop.

Après un instant de silence, le piqueur reprit :

— En chasse, voyez-vous, monsieur Beaucadet, il ne faut jamais chasser autre chose que l'animal de meute... sinon l'on revient *bredouille*, comme nous disons, nous autres veneurs. Aujourd'hui, contentez-vous de chasser le loup ; demain, vous chasserez le chat sauvage.

— Allons donc ! père Latrace ; pour un vieux routier, vous oubliez qu'en battue on tire tout ce qui passe à votre portée... un lapin comme un cerf. Aussi, que Bête-Puante *me passe*, il goûtera de mes menottes. Je sais bien qu'on soutient ce gredin-là dans le pays, que ces *traîne-la-mort* de Solognaux l'aident à se cacher, et ne le dénoncent jamais, parce qu'on dit qu'il a des secrets pour les guérir de leurs fièvres, leurs meurt-de-faim-là ! Mais Bête-Puante a assez voltigé comme ça ; il est temps de le mettre en cage.

A ce moment, un cri d'oiseau, cri aigu, sonore, prolongé, partit de l'épais taillis qui bordait la lisière du bois.

Le vieux veneur devint pourpre et tressaillit.

Le sous-officier, surpris par ce bruit soudain, fit un bond sur sa selle, et leva curieusement les yeux vers les cimes vertes et touffues des sapins. Ce mouvement l'empêcha de remarquer l'émotion du piqueur, ainsi qu'un

léger mouvement du feuillage vers l'endroit le plus fourré du taillis qui bordait le carrefour; pourtant il ne faisait pas alors le moindre souffle de vent.
— Voilà un vilain cri d'oiseau, — dit M. Beaucadet.
— Vous ne reconnaissez pas le cri de l'aigle de Sologne? — dit tranquillement Latrace. — Tenez, le voilà là-bas qui s'en va gagnant son repaire, rasant les *tallées* de chênes. Quels coups d'ailes!
— Où donc, père Latrace? où donc?
— Là-bas; vous ne le voyez pas, à gauche, près de ce sapin tordu? le voilà qui s'élève encore. Tenez... tenez...
— Je n'y vois que du feu; je n'ai pas comme vous des yeux de chasseur... Si c'était mon brigand ou ce gredin de *Bête-Puante*, je le dévisagerais à cent pas. Mais voilà Ramageau, nous allons avoir des nouvelles de la battue.

En effet, le gendarme que l'on apercevait en plaine depuis quelques moments, arriva et s'arrêta auprès du groupe. Le cheval de ce soldat était fumant et blanc d'écume.
— Eh bien! Ramageau? — dit le sous-officier.
— Monsieur Beaucadet, on commence la battue. Les paysans requis pour faire la traque du brigand ont enveloppé le bois de l'Aubépin de tous les côtés, et ils s'en viennent en rabattant sur cette lisière.
— Gendarmes! — s'écria M. Beaucadet avec le ton de général en chef haranguant ses soldats au moment de l'action; — gendarmes! l'affaire va s'engager; je compte sur vous! armez vos pistolets; sabre en main... *arche*...

Et M. Beaucadet, se grandissant dans son uniforme, fit de la main un signe protecteur au piqueur qu'il laissait au carrefour de la croix, et s'éloigna à la tête de ses cinq hommes, qu'il disposa en vedettes sur la lisière du bois.

Pendant ces opérations stratégiques de M. Beaucadet, l'on vit au loin apparaître une voiture découverte où se trouvaient deux femmes, accompagnées de plusieurs cavaliers vêtus d'habits rouges, et suivies de domestiques conduisant en main des chevaux enveloppés de couvertures.
— Allons, allons, mes garçons, — dit le vieux piqueur à ses compagnons, — rassemblez la meute; que les chiens ne s'écartent pas; voilà M. le comte et sa compagnie.

Et, ce disant, Latrace descendit de son cheval, qu'il donna à un valet de chiens, mettant ainsi pied à terre afin de recevoir avec tout le respect voulu le comte Duriveau, son maître.

CHAPITRE II.

Rencontre de Bamboche et de Bête-Puante. — Habitation du braconnier. — Les chiens sont dépistés. — Intrépidité de deux jolies femmes. — Poltronnerie de M. Alcide Dumolard. — Un jeune père de la fashion. — Le comte Duriveau et son fils. — Mme Wilson et sa fille.

Depuis longtemps la chasse a commencé; le soleil, bientôt à son déclin, jette sur le ciel ses chauds reflets; les touffes de chênes et les grands troncs des sapins semblent se détacher sur un fond de cuivre rouge. Au milieu d'un épais fourré rendu impénétrable par la luxuriante végétation des genêts, des ronces, des fougères et des églantiers, enfin au plus profond des bois dans lesquels on chassait alors, se trouvait une petite clairière semée çà et là de blocs de roches grises et mousseuses, presque entièrement cachées sous un inextricable enchevêtrement de lierres, de liserons, de chèvrefeuilles sauvages.

Le silence profond de cette solitude était interrompu, à de rares intervalles, par le sourd bruissement du branchage des sapins qu'agitaient de folles brises, ou par les sons très-lointains de la trompe.

Un craquement précipité se fait entendre dans le taillis dont est entourée la clairière; les branches de jeunes *tallées* de chênes, aux feuilles déjà jaunissantes, ondulent, s'écartent : un homme sort de ce fourré; il marche à demi courbé, presque en rampant.

Cet homme, dont le lecteur connaît déjà le signalement, est Bamboche, le prisonnier fugitif des prisons de Bourges, accusé de deux meurtres. Sa mauvaise blouse bleue, son unique vêtement, mise en lambeaux par les ronces, laisse à nu en différents endroits sa poitrine velue et ses bras d'athlète; son pantalon de drap, autrefois garance, souillé de boue, frangé de déchirures, est déchiqueté jusqu'aux genoux; de saignantes écorchures labourent ses pieds et ses mains; il est haletant; la sueur inonde son visage.

Un moment il s'arrête, prêtant l'oreille au moindre bruit; il s'appuie sur un arbre pour reprendre haleine, arrache une poignée de feuilles, les porte avidement à ses lèvres enflammées, et les mâche pour apaiser sa soif dévorante. Les yeux de cet homme brillent d'un éclat sauvage; ses cheveux gris emmêlés, hérissés sur son front déjà chauve, contrastant avec sa barbe brune et la juvénilité de sa figure énergique, lui donnent un aspect étrange. Pâlie par le besoin, par l'angoisse, sa physionomie exprime la douleur et l'épouvante.

Tout à coup une voix sonore, s'élevant pour ainsi dire de dessous les pieds du fugitif, s'écrie :
— Bamboche!

A ce nom, cet homme bondit de surprise, regarde autour de lui avec terreur, incertain s'il doit fuir ou rester. Puis, se baissant rapidement, il ramasse deux grosses pierres qui, entre ses mains, peuvent devenir des armes terribles.

Tout était rentré dans un morne et profond silence.
Bamboche regardait autour de lui avec une anxiété croissante. Soudain, à trois pas, et comme s'il fût sorti de terre, un homme vêtu d'une manière étrange se dresse devant lui.

Ce personnage de taille moyenne portait une ample casaque et des pantalons de peau de loup; le pelage fin et serré du chevreuil formait le fond imperméable de son bonnet orné d'une bande de blaireau; hâlés, tannés par l'intempérie des saisons, ses traits disparaissaient presque entièrement sous une barbe fauve et grise; ses yeux bruns, mobiles, perçants, semblaient intérieurement illuminés par une pupille dilatable et phosphorescente, comme si l'habitude de dormir pendant le jour et d'errer la nuit l'avait rendu nyctalope, ainsi que le sont presque tous les animaux de proie; néanmoins la figure de cet homme était loin d'offrir un type bestial et repoussant. Sur cet intelligent et hardi visage, souvent contracté par un sourire d'une ironie amère, on retrouvait ce cachet de grandeur indéfinissable qu'imprime toujours au front du proscrit l'habitude de vivre dans le danger, dans la solitude et dans la révolte.

On a sans doute déjà reconnu le braconnier surnommé Bête-Puante; caché dans le taillis près du carrefour de la Croix, il avait ainsi invisiblement assisté à l'entretien du piqueur et de M. Beaucadet.

Jusqu'au moment de sa brusque apparition aux yeux de Bamboche, le braconnier s'était resté blotti et caché dans ce qu'en termes de braconnage on appelle un *affût*, sorte de trou de cinq à six pieds de profondeur, recouvert de touffes de fougères et de genêts formant le dôme, et à travers lesquelles le braconnier, qui reste ainsi des heures immobile et guettant sa proie, peut l'apercevoir et la tirer presque à bout portant.

A la vue de Bête-Puante, Bamboche, malgré son audace, recula d'un pas, frappé de stupeur; les pierres qu'il avait ramassées pour se défendre tombèrent de ses mains : soit qu'à l'aspect d'une courte carabine à deux coups dont le braconnier était armé, le fugitif comprît que la lutte était trop inégale, soit enfin qu'un pressentiment lui dît qu'il devait exister quelque affinité sympathique entre sa condition de fugitif et la vie aventureuse de l'homme des bois qu'il rencontrait.

Toutefois, se reculant encore, il continua de jeter sur le braconnier un regard de farouche inquiétude.
— Tu t'appelles Bamboche, tu es évadé des prisons de Bourges... traqué comme une bête fauve, tu ne pourrais échapper... je viens à ton aide... au nom de... *Martin*.

A ce nom de Martin, la farouche physionomie de Bamboche se transfigura; une touchante émotion détendit ses traits jusqu'alors si durs et contractés; une larme voila le sauvage éclat de son regard : les mains jointes, les lèvres entr'ouvertes, le cœur palpitant, la poitrine bondissante, il ne put que s'écrier d'une voix étouffée par l'attendrissement :

— Martin !!!

Mais voyant le doute se peindre sur les traits du fugitif après cette explosion d'affectueux sentiments, le braconnier se hâta d'ajouter :

— Oui, Martin... BASQUINE... LA LEVRASSE... le...

Bamboche interrompit le braconnier, comme si les noms bizarres prononcés par celui-ci eussent suffisamment prouvé l'identité de Martin, et s'écria radieux :

— C'est lui... c'est bien lui.

Le fugitif oubliait ainsi la poursuite acharnée à laquelle il venait d'échapper par miracle, et dont il pouvait être victime dans quelques instants.

Aucune des impressions de Bamboche n'échappait au regard pénétrant de Bête-Puante. Soudain, formant avec sa main une sorte de conque, il l'approcha de son oreille, et quoique le plus profond silence continuât de régner dans cette solitude, il dit à voix basse, après avoir encore écouté un instant :

— On approche... tu es perdu.

— Vous connaissez Martin... il est donc revenu de l'étranger ? dit le fugitif, oubliant toujours le péril.

Cette abnégation de soi, dans un moment si formidable, toucha le braconnier, qui reprit :

— Martin est ici... il te doit beaucoup, je le sais; c'est en son nom que je te sauve, innocent ou coupable.

Le fugitif tressaillit.

— Mais par l'amitié fraternelle que tu as vouée à Martin, promets-moi que, s'il l'ordonne, tu te livreras toi-même à la justice.

— Que Martin me dise : — Livre-toi... — je me livrerai...

— Je puis te croire... je le sais; suis-moi... tu es sauvé.

S'enfonçant alors de quelques pas dans un épais taillis, à gauche de l'affût où il s'était caché, le braconnier démasqua péniblement l'étroit orifice d'une sorte de tanière. La trappe mobile qui la fermait se composait de gros cotrets de sapin, recouverts de pierres moussues, cimentées avec de la terre, où des touffes de ronces avaient depuis longtemps pris racine.

Le fugitif allait se glisser dans ce refuge inespéré, lorsque le braconnier lui dit avec un accent de tristesse solennelle :

— Respect et pitié... pour ce que tu vas voir... sinon tu serais un sacrilége indigne de compassion.

Et comme le fugitif attachait sur le braconnier un regard surpris et inquiet, le bruit des trompes, jusqu'alors confus, se rapprocha de plus en plus. Alors, Bête-Puante, poussant vivement Bamboche par l'épaule, lui dit à voix basse, après avoir de nouveau et attentivement écouté :

— J'entends le galop des chevaux... Vite... vite... cache-toi.

Puis, frappé d'une idée soudaine, pendant que Bamboche disparaissait par l'étroite ouverture, le braconnier, laissant l'orifice ouvert, s'élança d'un bond hors du taillis, se mit à plat ventre au milieu de la clairière, colla son oreille à terre, percevant ainsi plus distinctement que dans l'épaisseur du bois, les bruits les plus lointains.

Bientôt il se releva, en s'écriant d'une voix désespérée :

— Malédiction !... le renard... il amène la chasse de ce côté.

Doublement alarmé, le braconnier court au taillis afin de refermer l'entrée du repaire. Mais le fugitif en sort, livide, les traits bouleversés, en s'écriant d'une voix tremblante :

— Plutôt être pris... tué !! que de rester dans ce souterrain. Oh !... ce que j'ai vu... là... si vous saviez quelle fatalité ! ce nom !... BRUYÈRE !... C'est à devenir fou...

Soudain les aboiements de la meute, jusqu'alors éloignés, se rapprochent, et bientôt retentissent en formidables accords parmi ces grands bois silencieux et sonores. Au même instant, une bouffée de brise apporte un bruit confus de cris et de voix s'avançant de plusieurs côtés à la fois. Ces cris sont ceux des gens qui traquent le fugitif.

Ces deux incidents s'étaient passés en moins de temps qu'il n'en faut pour les écrire, et à l'instant où Bamboche, s'élançant du repaire du braconnier, s'écriait d'une voix palpitante de terreur :

« Plutôt être pris... tué, que de rester dans ce souter-» rain... Oh !... ce que j'ai vu... là... si vous saviez quelle » fatalité ! ce nom !... BRUYÈRE !... C'est à devenir fou ! »

— Tu es mort ! — s'écria le braconnier avec un accent terrible en levant sa carabine qu'il tenait à deux mains comme une massue, — je te tue... si l'on te trouve ici... avant que j'aie pu fermer ce refuge...

Il achevait à peine cette menace, que les branches du fourré dont était environnée la clairière s'agitèrent vivement, comme si elles s'écartaient devant une approche précipitée... Le fugitif tressaillit... et, soit qu'il obéit à l'injonction désespérée du braconnier, soit que l'instinct de conservation surmontât sa terreur, il se précipita dans le souterrain : Bête-Puante replaça la trappe pesante, effaça sur le sol la trace des pas de Bamboche, et n'eut que le temps de se jeter au fond de l'affût, où il s'était d'abord blotti.

Le braconnier venait de disparaître; soudain, au craquement des branches, succéda le bruit d'un léger galop, et un renard énorme, au pelage fauve rouge, aux pattes et aux oreilles noires, entra précipitamment dans la clairière; il ruisselait d'eau, il venait de traverser un étang, afin de dépister les chiens; sa ruse avait réussi, car, un moment rapprochée de cet endroit du bois, la meute s'en éloignait de nouveau, ainsi que l'annonçaient ses aboiements de plus en plus voilés.

Le renard haletait, essoufflé; sa langue, rouge, desséchée, sortait de sa gueule ouverte; ses yeux verdâtres flamboyaient, tandis que ses oreilles couchées, sa queue traînante, ses flancs battants, témoignaient de la rapidité de sa course, de l'épuisement de ses forces; un moment il s'arrêta, chercha le vent en tournant son museau noir de côté et d'autre; puis, pendant quelques minutes, il parut écouter du côté du couchant avec autant d'attention que d'anxiété... Il n'entendit rien...

L'affût du braconnier se trouvant à quelques pas et sous le vent du renard, celui-ci ne put éventer ce voisinage... le bruit des aboiements de la meute, alors complètement dévoyée, avait cessé... Ayant ainsi quelques minutes d'avance sur les chiens acharnés à sa poursuite, l'animal chassé reprit haleine, s'affaissa sur lui-même, les pattes étendues, la tête à plat sur le sol, la gueule entr'ouverte; on l'eût cru mort sans le mouvement incessant, presque convulsif, de son oreille, toujours prête à recueillir le moindre son.

Soudain, le renard se redresse sur ses quatre pattes, comme s'il était poussé par un ressort; il retient sa respiration haletante, dont les saccades bruyantes gênent la délicate perception de son ouïe... il écoute.

La chasse, dans ses capricieuses évolutions, dans ses retours soudains et rapides, se rapprochait de nouveau de la clairière; cette fois, les fanfares des trompes accompagnaient les hurlements de la meute.

A ce moment suprême, se sentant sur ses fins, l'animal épuisé tente un dernier effort, une dernière ruse pour dévoyer encore la meute et lui échapper. Il parcourt la clairière en tous sens, doublant, croisant la trace de ses pas en un réseau tellement inextricable, qu'il devait être impossible aux chiens de le démêler... Puis, se ramassant sur lui-même, d'un premier bond énorme, il s'élance de la clairière dans le taillis, tombe au milieu des roches, presque sur la trappe couverte de pierres et de ronces, qui masquait l'entrée du souterrain; puis posant à peine ses pattes sur la mousse des rocailles, d'un second élan désespéré, saut de six pieds de large au moins, il atteint le plus épais du fourré, y fait encore trois ou quatre bonds démesurés, et se prend à fuir de toute la vitesse de ses membres, raidis par la fatigue et par leur froide et récente immersion.

Grâce à ce merveilleux instinct de conservation, naturel à tous les animaux chassés, le renard, par ces bonds énormes et successifs, interrompait, dans un rayon de trente à quarante pas, la voie, odeur âcre et chaude que laisse après lui sur le sol, avec leur empreinte, l'odeur de ses pieds, fortes émanations, fumées pénétrantes qui, saisissant le subtil odorat des chiens, les guident seules dans leur poursuite.

Le renard disparu, le braconnier sort brusquement de son affût, s'élance dans la clairière, se courbe vers la terre, la parcourt d'un œil scrutateur, reconnaît les fraîches empreintes des pattes du renard, et se hâte aussitôt de soigneusement effacer sous son pied ces traces partout où elles existent, détruisant ainsi par le foulement du sol, non-seulement l'empreinte, mais l'odeur résultant du passage de l'animal, venant de la sorte encore en aide à la fuite et aux ruses du renard, ou plutôt voulant, avant tout, éloigner les chiens, et, conséquemment, les chasseurs de cet endroit, si voisin de son repaire.

Les hurlements de la meute, les fanfares des trompes, de plus en plus proches, redoublent de sonorité; de temps à autre s'y mêlent les cris et les appels servant de signaux aux traqueurs qui, de trois côtés différents, s'avancent à la recherche de Bamboche, le fugitif.

De plus en plus effrayé de ces menaçantes approches, le braconnier pénètre dans le taillis par lequel le renard était arrivé dans la clairière, y reconnaît nécessairement aussi les traces de l'animal. Puis, ainsi qu'il avait déjà fait, il efface ces empreintes sous ses pieds pendant environ deux cents pas, jusqu'à un énorme tronc d'arbre renversé, que le renard avait sans doute escaladé.

Sûr alors que cette immense solution de continuité dans la voie chaude et odorante que le renard laisse après soi, et qui seule, nous l'avons dit, peut guider la meute dans sa poursuite, devait rendre la chasse impossible et l'éloigner de son repaire, le braconnier s'élança au plus profond du bois.

Les prévisions de Bête-Puante ne furent d'abord pas trompées.

Il avait disparu depuis quelque temps; la meute criait à pleine gorge; soudain ces aboiements, ces hurlements si sonores, si retentissants, cessent comme par magie : les chiens étaient *à bout de voie*, c'est-à-dire qu'ayant sauté par-dessus l'énorme tronc d'arbre en deçà duquel le braconnier avait détruit, en foulant le sol, l'empreinte et l'odeur du passage du renard, la meute ne trouvant plus rien qui la guidât, la meute, qui n'aboie que lorsqu'elle est en plein sur la piste de l'animal, se tut tout à coup.

Allant et venant, inquiets, déconcertés de cette brusque interruption dans cette *voie* jusqu'alors si puissante sur leur odorat, les chiens, déroutés, quêtaient et requêtaient en vain de tous côtés, le nez collé au sol... ils étaient ce qui s'appelle *tombés en défaut* à deux cents pas environ de la tanière du braconnier.

Le vieux piqueur, instruit de cet incident par le brusque silence de la meute, se hâta de la rejoindre pour lui venir en aide; mais il s'arrêta net et court à la vue de l'arbre renversé qui le séparait de ses chiens, et dont le tronc hérissé de branches formait un obstacle des plus dangereux à franchir; maître Latrace, malgré son courage et la vigueur de sa monture, était un veneur trop expérimenté pour risquer, par prouesse inutile, une chute peut-être mortelle pour lui ou pour son cheval; voyant de chaque côté du tronc d'arbre le passage obstrué par un fourré inextricable, il fit un long circuit afin d'aller retrouver ses chiens.

Tout à coup deux femmes en habit de cheval, se suivant à peu de distance l'une de l'autre, arrivant à travers bois, se trouvèrent en face de l'arbre renversé devant lequel le vieux veneur avait sagement reculé... presque au même instant, elles furent rejointes par deux cavaliers, qui, à l'aspect du redoutable obstacle, s'écrièrent à la fois d'une voix effrayée :

— Madame... arrêtez votre cheval...
— Mademoiselle... prenez garde...

Malgré ces recommandations, ces prières, celle des deux femmes qui avait paru la première, n'étant plus en mesure d'arrêter l'élan de son cheval, ou se plaisant par témérité, à braver le péril, appliqua un vigoureux coup de cravache à sa monture, et lui fit sauter le tronc d'arbre avec autant d'audace que de grâce; seulement la violence du saut et l'action du vent soulevant un peu la longue jupe de cette femme intrépide, on vit le fin contour d'une jambe élégante, chaussée d'un bas de soie blanc, et, fermement appuyé sur l'étrier, un pied charmant, dont le brodequin noir était armé d'un petit éperon d'argent.

Les deux chasseurs, stupéfaits de tant de témérité, n'avaient pu retenir une exclamation d'effroi; tous deux, s'adressant alors à la seconde *chasseresse* qui semblait disposée à imiter sa compagne, s'écrièrent :

— Mademoiselle, au nom du ciel! arrêtez.....
— Je vais rejoindre ma mère, — répondit la jeune fille d'une voix douce en montrant l'autre femme.

Celle-ci, dont cheval arrêté au delà du terrible obstacle, tournait vers les spectateurs de cette scène un visage riant et légèrement coloré par l'orgueilleuse émotion du péril bravé; mais, à la vue de sa fille qui se disposait à l'imiter, elle pâlit affreusement et s'écria :

— Raphaële... je t'en prie...

Il n'était plus temps; la jeune fille, non moins audacieuse que sa mère, franchissait le tronc d'arbre, et en même temps, par un mouvement d'une grâce pudique, elle contenait du bout de sa cravache qu'elle tenait de la main gauche les longs plis de sa jupe, afin de l'empêcher de se relever indiscrètement, ainsi que s'était relevée celle de sa mère.

Les deux cavaliers qui avaient rejoint Mme Wilson et sa fille (ainsi se nommaient les deux intrépides *chasseresses*), étaient le comte Duriveau et son fils. Le comte Duriveau, maître de la meute qui chassait alors, avait eu pour père un aubergiste de Clermont-Ferrand; cet aubergiste, homme d'une cupidité féroce, devenu possesseur d'une fortune immense, commencée par l'usure, augmentée par l'achat des biens nationaux, complétée par des fournitures d'armées sous le Directoire, avait doublé, quadruplé ses biens par toutes sortes de fourberies, de voleries légales et par la plus sordide avarice.

A la mort de son père, Adolphe Duriveau, nullement comte alors, se trouva maître de trois cent mille livres de rente en fonds de terre. Sortant de l'état d'ilotisme, de pénurie, où l'avait tenu son père avec une dureté sans égale, et rencontrant un tuteur honorable, Adolphe Duriveau, malgré sa détestable éducation, inclina d'abord au bien, ressentit quelques élans vers les idées élevées; s'épanouissant à une vie splendidement heureuse, à tous les plaisirs dont il avait été jusqu'alors sevré, il se montra généreux et bon, cédant en cela au mouvement de son cœur et à l'espèce d'ivresse que cause souvent l'exubérance d'une félicité soudaine et jusqu'alors inconnue.

Les essais de générosité d'Adolphe Duriveau furent souvent payés par l'ingratitude; l'ingratitude... ce creuset où s'éprouvent les âmes véritablement généreuses et persévérantes; cet homme ne résista pas à cette rude épreuve : il commença par s'en affliger, puis il s'aigrit, puis il s'irrita, puis il se durcit; son cœur enfin se bronza. Ainsi que tant d'autres, s'armant du peu de bien qu'il avait tenté de faire, M. Duriveau érigea l'ingratitude humaine en principe, la dureté de cœur en devoir si l'on voulait ne pas être dupe des ingrats... Trop facilement désabusé du bien, parce que sa générosité novice et étourdie manquait de patience, de désintéressement, de discernement, de résignation, et surtout de mystère et de *pudeur*, si cela peut se dire, M. Duriveau ne se doutait pas qu'il lui avait manqué l'intelligence des maux qu'il croyait soulager, et qu'il aggravait parfois, parce qu'il était brusque, impatient, rude, et que l'apaisement de certaines infortunes timides, ombrageuses, demande un tact d'une douceur, d'une délicatesse extrêmes.

Cet essai louable, mais malheureux, dans la pratique des idées généreuses, devait amener et amena dans l'esprit d'Adolphe Duriveau une funeste réaction : pour lui l'insensibilité systématique devint : *expérience des hommes;* — la pitié : *faiblesse;* — l'égoïsme : *bon sens;* — la cupidité : *prévoyance;* — le profond dédain des autres : *conscience de sa valeur légitime;* — le malheur d'autrui : *juste punition des désordres, Fatalité inhérente à tout état social, Conséquence du péché originel, Volonté providentielle,* etc.

M. Duriveau se montrait, en un mot, furieux catholique à l'endroit de cette sacrilège imposture :

Qu'un Dieu tout paternel a créé l'homme pour le malheur.

Ce bel axiome légitimait la dureté de cet implacable égoïste.

Il en arguait, il en triomphait.

« Les hommes sont nés et faits pour le malheur, — di-

— Tu t'appelles Bamboche, tu es évadé des prisons de Bourges... — Page 5.

» sait-il avec une insolente ironie; — Dieu l'a voulu; que
» la volonté de Dieu soit respectée! ne la contrarions ja-
» mais! contentons-nous de vivre splendidement, joyeu-
» sement, dans une heureuse exception... qui confirme la
» règle. »

Cet homme, à son point de vue, pouvait donc dire et disait : — J'ai été bon, généreux, humain; — je n'ai rencontré que déception, ingratitude; — toute infortune mérite son mauvais sort; — bien niais qui s'apitoie.

Il faut l'avouer, M. Duriveau, doué d'un esprit naturel remarquable, d'une grande énergie de volonté, d'une rare audace de caractère, savait ainsi, à force de cynisme, d'effronterie, donner du piquant à ses cruels paradoxes, et, dans le monde qu'il fréquentait, il trouvait trop souvent des approbateurs ou des complices.

La fréquentation d'une certaine société, outrageusement fière de sa richesse ou de ses titres récents, la lèpre de l'oisiveté, la presque inévitable et mauvaise influence d'une immense fortune acquise sans labeur, étouffèrent bien vite les premières tendances de M. Duriveau. Il resta fastueux, mais il devint cupide; puis il ne lui suffit plus d'être riche, il voulut devenir noble... comme tant d'autres. Son mariage avec la fille d'un duc de l'empire rallié à la restauration l'affubla d'un titre de comte, et Adolphe Duriveau, le fils du père Duriveau, l'aubergiste usurier, spoliateur indigne, se crut comte et s'appela très-sérieusement le COMTE DURIVEAU. Sa femme, morte fort jeune, lui laissa un fils, Scipion, vicomte Duriveau, s'il vous plaît.

Le bonheur, ou plutôt l'orgueil d'Adolphe Duriveau s'était concentré, résumé, dans ces deux belles choses : — être un des grands propriétaires de France, — et se faire appeler MONSIEUR LE COMTE par ses laquais, ses fournisseurs et ses fermiers; plus tard, une velléité d'ambition politique (nous en expliquerons la cause) se joignit à ces vanités.

Archimillionnaire et comte, il ne rêva pas d'autre avenir, d'autre félicité possible pour son fils. Et peut-être encore plus glorieux que cupide, il vit, dans cet enfant, un nouveau moyen d'étaler et de faire envier son opulence. A quinze ans, Scipion Duriveau, d'une figure ravissante, d'une intelligence précoce, élevé par un gouverneur de grande maison... c'est tout dire, devint un nouvel aliment pour l'orgueil de son père, tout glorieux de produire ce trésor de gentillesse et d'impertinence.

Il existait alors dans la très-bonne compagnie de Paris ce qu'on appelait *les jeunes pères*.

C'étaient de plus ou moins jeunes *veufs*, gens d'esprit et de plaisirs, beaux joueurs, gais viveurs, et que tutoyaient généralement les plus considérables des filles entretenues de Paris; ces jeunes pères, partant de ce principe, excellent en soi : qu'il n'est rien de plus odieux, de plus funeste par ses conséquences, que la lésinerie et que la tyrannie paternelle qui, privant les enfants de tout plaisir, de toute liberté, dans l'espoir d'en faire de petits saints, n'en fait que de mauvais diables, ces jeunes pères affectaient, au contraire, la tolérance la plus excessive, et souvent même... plus que de la tolérance.

Ainsi, celui-là, père de deux petites filles charmantes, âgées de six ou sept ans, les conduisait au théâtre, où de tendres liens le rendaient assidu; et la grâce, le babil enfantin de ces petits anges faisaient les délices et l'admiration des comédiennes.

Il entrait dans le plan d'éducation pratique d'un autre jeune père de posséder les premières lettres de change de son fils. (Il appelait cela : *la virginité de l'acceptation*.) Pour ce faire, il lui facilitait sous main des emprunts en apparence effroyablement usuraires, dont lui, père, ne

La jeune fille, non moins audacieuse que sa mère, franchissait le tronc d'arbre. — Page 7.

bénéficiait nullement, bien entendu, prétendant qu'un jeune père est le *créancier né* de son fils.

Celui-ci, avec toute la réflexion, toute la maturité de l'expérience, cherchait, triait, appréciait... et choisissait, dans sa paternelle sollicitude, la première maîtresse de son fils.

Un autre avait pour principe inflexible d'enivrer d'abord son enfant chéri avec du vin exécrable, afin de lui inspirer de bonne heure, disait-il, une profonde, une invincible et salutaire horreur... pour le mauvais vin.

Deux ou trois de ces jeunes pères, gens du meilleur et du plus grand monde, étaient amis du comte Duriveau. Déjà fort glorieux de la gentillesse de son fils, il lui parut de très-grand air, dans sa manie d'imitation nobiliaire, d'être jeune père tout comme un autre; cela sentait sa régence d'une lieue; car M. le maréchal de Richelieu s'était montré tel dans ses rapports avec son fils, M. de Fronsac.

Le comte Duriveau fut donc bientôt cité parmi les plus fringants jeunes pères de Paris; il mit son orgueil, toujours l'orgueil, à voir Scipion éclipser les fils des autres jeunes pères, de sorte qu'à dix-sept ans, Scipion avait cent louis par mois pour ses menus plaisirs, un appartement séparé dans l'hôtel paternel, six chevaux dans l'écurie du comte et sa place avec lui dans une loge d'hommes à l'Opéra, location qui donnait de droit entrée dans les coulisses.

Il est inutile de dire combien Scipion, avec sa délicieuse figure et ses dix-sept ans, fut fêté dans ce voluptueux pandémonium, où il fut solennellement présenté par son père. Quelques mois après, l'adolescent comptait le nombre de ses faciles maîtresses; à dix-huit ans, il avait lestement tué son homme en duel, son père lui servant de témoin, et, plus d'une fois, le jour naissant surprit le comte et son fils au milieu d'une folle et bruyante orgie égayée par des *impures* en renom.

Si étrange que semble ce système d'éducation, pour peu que l'on sache le monde, on est obligé de s'avouer ceci :

A savoir, qu'étant données la position sociale et la fortune du vicomte Scipion Duriveau, sur cent jeunes gens, riches et oisifs, quatre-vingt-dix, tôt ou tard, plus ou moins, vivront de la vie que menait Scipion; seulement, cette vie, ils la mèneront, grâce à des ressources usuraires, à l'insu ou malgré les sévères remontrances de leurs familles, dont ils convoiteront l'héritage avec une impatience... légèrement parricide.

Ceci admis, on concevra que les jeunes pères ne manquaient pas d'un certain bon sens pratique, en tâchant au moins de guider, de diriger eux-mêmes des écarts de jeunesse qu'ils ne pouvaient contenir.

Sans doute, aux yeux des penseurs, le remède vaut le mal; sans doute, il est déplorable de voir dissiper ainsi des sommes énormes; il est douloureux de voir flétrir, dans la première fleur de la jeunesse, tant de nobles, tant de bons instincts qui la caractérisent; de voir si souvent s'étioler et mourir dans cette atmosphère viciée, des intelligences précieuses; mais tous ces maux et bien d'autres ressortent inévitablement de l'état de choses qui régit LA FAMILLE, LA PROPRIÉTÉ et surtout cette grande iniquité : L'HÉRITAGE.

On pense bien que, vivant depuis plusieurs années en jeune père, la dignité paternelle du *comte* et le respect filial du *vicomte* avaient dû singulièrement se modifier et s'amoindrir; mais cette pente était trop rapide, ce courant trop impétueux pour pouvoir être remonté; mainte fois le caractère hautain, l'énergique volonté de M. Duriveau furent dominés par le flegme railleur et impertinent de son fils; plus d'une fois, depuis quelque temps surtout, et malgré de vains et tardifs regrets, imitant en cela les maris de bonne compagnie qui, craignant de paraître jaloux, dévorent larmes et honte, le comte, redoutant le ridicule de la *gérontocratie*, joua son rôle de jeune père, le sourire aux lèvres, la rage et la douleur au cœur; mais il lui fallait se résigner à ce rôle.... dès longtemps son fils le traitait avec une impertinente familiarité, contractée au milieu d'une communauté de plaisirs indignes, familiarité dont le comte et ses amis avaient d'abord beaucoup ri; tout sentiment de déférence, de respect filial, devait donc être à peu près étouffé dans l'âme de cet adolescent.

Le comte Duriveau, quoiqu'il eût bientôt cinquante ans, ne paraissait pas en avoir quarante, tant sa taille haute et svelte, sa tournure agile, ses allures impétueuses annonçaient de jeunesse, de vigueur et d'énergie. Il avait le teint très-brun, les dents éblouissantes de blancheur, le menton et le nez un peu forts, les yeux très-grands et très-bleus, les sourcils, la barbe, les cheveux encore presque tous d'un noir de jais, malgré son âge; on pouvait rencontrer des traits plus réguliers, plus attrayants que ceux du comte Duriveau, mais il était impossible de rencontrer une physionomie plus expressive, plus spirituelle, plus audacieusement résolue, et qui annonçât surtout une puissance de volonté plus indomptable : aussi M. Duriveau inspirait presque toujours cette réserve, cette déférence, cette crainte, que commandent les caractères entiers et hautains; rarement on éprouvait pour lui des sentiments d'affection ou de sympathie.

Pourtant, cet homme si énergique se montrait d'une effrayante faiblesse pour son fils et il venait de pâlir, de trembler de tous ses membres, à la vue de Mme Wilson bravant si intrépidement un danger réel; à ce moment et durant toute la chasse, le comte Duriveau avait suivi les moindres mouvements de la charmante veuve avec une anxiété remplie de tendresse et de sollicitude; presque jamais son regard, inquiet, ardent, passionné, ne quittait cette femme enchanteresse, et l'on devinait facilement que le savoir-vivre et les convenances l'empêchaient seuls de témoigner plus ouvertement encore de l'irrésistible empire qu'elle exerçait sur lui.

Le comte ainsi que son fils portaient des capes de velours noir, de petites redingotes écarlates à boutons d'argent, des culottes de daim blanches et des bottes à revers.

L'extérieur du vicomte offrait le contraste le plus frappant avec l'extérieur de son père; la mâle figure de M. Duriveau, ses mouvements nerveux et alertes, révélaient une incroyable plénitude de vie, de passion et de force; les traits du vicomte, d'une finesse et d'une régularité toutes féminines, semblaient déjà flétris par des excès précoces. A peine âgé de vingt ans, déjà son visage, ombragé de favoris soyeux et blonds comme ses cheveux et sa moustache naissante, était amaigri, creusé. Depuis longtemps, la pâleur de l'épuisement remplaçait, sur cette jolie figure étiolée, le frais coloris de la jeunesse. Ses yeux, très-grands, très-beaux, d'un brun velouté, mais profondément cernés, avaient leurs paupières quelque peu rougies par l'âcre échauffement des veilles et des orgies; car, depuis quelques jours seulement, le vicomte Scipion avait quitté Paris, et, à Paris, encouragé par le comte et par les autres jeunes pères, amis du comte, le malheureux enfant passait à bon droit pour l'un des coryphées de cette vie oisive, prodigue, desséchante, dont les filles entretenues, le lansquenet, le club, l'écurie, la table et le bal Mabille remplissent tous les instants; dans la danse *prohibée*, Scipion n'avait que deux rivaux, un pair de France, fort spirituel diplomate, et le Nestor du *cancan*... le grand Chicard.

Pourtant le vicomte Scipion se glorifiait d'être déjà, disait-il, *blasé* sur ces plaisirs. De fait, il s'était si souvent et si longtemps abreuvé sans soif des vins les plus exquis, qu'à cette heure il les trouvait fades, insipides, et leur préférait souvent l'eau-de-vie... et encore l'eau-de-vie poivrée, l'eau-de-vie du cabaret du coin. Il s'était tellement habitué à la société grossière, dépravée, des filles qui l'avaient initié à l'*amour*, et dont il avait fait ses maîtresses... que, pour lui, la préférée était celle qui buvait le plus, qui fumait le plus, qui jurait le plus, et qu'il pouvait surtout mépriser le plus. Elle lui rendait ses outrages et ses mépris en argot des halles, qu'il parlait aussi à l'occasion fort couramment, et de tout ceci il se divertissait fort, mais toujours avec un sérieux glacial, avec un flegme insolent : les gens blasés ne rient jamais. Quant à ses sens, des excès prématurés, l'énervante action du vin et des spiritueux, les avaient à peu près tués. Il restait au vicomte Scipion les fiévreuses émotions du lansquenet, des paris de course, ou de certains amours terribles, dont on parlera plus tard... Cet adolescent n'avait pas encore vingt et un ans.

Cependant, quoique fatigués, flétris et malgré leur expression impertinente et ennuyée (le vicomte Scipion avait la prétention de n'être plus assez *jeune* et d'être trop blasé pour s'amuser de la chasse), ses traits étaient encore charmants; on ne pouvait voir une taille plus fine, plus élégante que la sienne, un ensemble plus séduisant : telle était du moins la secrète pensée de la fille de Mme Wilson, Mlle Raphaële.

Mme Melcy Wilson (d'origine française, mais veuve de M. Stephen Wilson, banquier américain) et Mlle Raphaële Wilson, *chaperonnées* par M. Alcide Dumolard (momentanément absent), frère de l'une et oncle de l'autre de ces deux femmes, suivaient, nous l'avons dit, la chasse en compagnie de M. le comte Duriveau et de son fils.

Si l'on n'avait pas si souvent abusé de la comparaison mythologique de Junon et d'Hébé, nous l'appliquerions à Mme Wilson et à sa fille; non que Mme Wilson eût dans les traits ou dans la tournure quelque chose qui rappelât le moins du monde la sévère majesté de *la reine de l'Olympe*; rien n'était, au contraire, plus piquant, nous dirions même plus mutin que la jolie figure de Mme Wilson, quoique cette femme séduisante, aux yeux bleus d'azur, aux cheveux noirs et à la peau de satin, atteignît alors sa trente-deuxième année. En parlant de Junon et d'Hébé, nous voudrions seulement peindre la différence qui existe entre la beauté dans l'épanouissement de sa maturité et la beauté dans sa première et plus tendre fleur; car Raphaële, la fille de Mme Wilson (celle-ci s'était mariée fort jeune), avait au plus seize ans.

Autant la physionomie de la mère était vive, mobile et agaçante, autant la physionomie de sa fille était candide et mélancolique. Jamais les nuageuses vignettes anglaises, jamais l'aristocratique pinceau de Lawrence, n'ont approché de ce type d'ange idéal. Quel coloris aurait pu rendre la pâleur transparente de ce teint si délicatement rosé, le bleu de ces grands yeux, à la fois vif et doux comme celui du bluet; la blancheur lustrée de ce front charmant encadré de cheveux châtains à la fois si souples, si fins, si naturellement ondulés, que la coiffure de Raphaële n'avait pas subi le léger désordre que cause ordinairement l'agitation d'une longue course à cheval? Les boucles élastiques de sa chevelure flottaient autour de son ravissant visage, aussi légères que son petit voile de gaze verte, relevé de côté sur le feutre noir de son chapeau d'homme.

Sous l'élégant corsage de l'habit de cheval en drap noir que portaient Mme Wilson et sa fille, leur taille, diversement charmante, se dessinait à ravir, plus svelte, plus élancée, on pourrait dire plus chaste, chez Raphaële... plus pleine, plus voluptueusement accusée chez sa mère.

La coupe de leur vêtement rendait cette différence plus sensible encore; ainsi le corsage de Raphaële, montant et rigoureusement fermé jusqu'au cou, ne laissait voir qu'une petite collerette plissée et retenue par une étroite cravate de soie d'un bleu céleste comme l'azur des yeux de la jeune fille, tandis que le corsage de Mme Wilson, ouvert par devant en forme de veste, quoique étroitement collé à la taille, découvrait un petit gilet chamois très-pâle, à boutons d'or, lequel coquet petit gilet, un peu entr'ouvert, permettait, à son tour, d'apercevoir une chemisette de batiste que deux rubis fermaient sur d'élastiques et durs contours; enfin, pour compléter les nuances de costume, aussi légères que significatives, le col d'homme, que portait Mme Wilson, se rabattait à demi sur une cravate de soie pourpre, d'un pourpre moins velouté, moins riche, moins vif que celui de ses lèvres rieuses et agaçantes.

Après qu'elles eurent franchi le dangereux obstacle dont nous avons parlé, la physionomie de la mère et de la fille différa d'expression : d'abord effrayée du péril qu'avait bravé sa fille, Mme Wilson, la voyant en sûreté, la contemplait avec toute la joie, tout l'orgueil de la tendresse maternelle; tandis que Raphaële, indifférente au danger passé, cherchait obstinément le regard distrait de Scipion.

Il est inutile de dire que le comte Duriveau et son fils ne se montrèrent pas moins résolus que Mme Wilson et sa fille; tous deux, à peu de distance l'un de l'autre, franchirent l'arbre renversé : le père, avec l'ardeur impétueuse de son caractère; le fils, avec une sorte de nonchalance dédaigneuse qui n'était pas sans grâce, car il montait parfaitement à cheval. Il poussa même la *crânerie* jusqu'à choisir le moment rapide où sa monture, qu'il guidait de la main gauche, s'enlevait par-dessus le formidable obstacle, pour retirer de sa main droite le cigare qu'il avait aux lèvres, et faire indolemment tourbillonner en l'air un jet de fumée bleuâtre.

Cette bravade, si elle eût été provoquée par la présence de deux femmes charmantes, et accomplie avec la folle pétulance de la jeunesse, aurait eu ce charme inséparable de tout ce qui est brillant, soudain, amoureux et hardi; mais, en sa qualité d'homme blasé, Scipion mettait son orgueil à montrer en tout, partout, et sur tout, du sang-froid et du dédain; aussi ses traits demeurèrent impassibles, pendant que Mme Wilson, et surtout sa fille, le félicitaient d'une si valeureuse présence d'esprit.

Le comte, choqué de l'attitude de son fils, choisissant un moment où il ne pouvait être ni vu ni entendu de Mme Wilson et de sa fille, dit tout bas à Scipion avec un accent en apparence cordial et familier, mais qui cachait un vif mécontentement à peine contenu par la présence des deux femmes, et par son habituelle tolérance de jeune père :

— A quoi songes-tu, Scipion? tu n'es pas même poli avec mademoiselle Wilson, et pourtant...

— Ah çà! mais sais-tu que tu fais là un drôle de métier? — répondit Scipion en interrompant son père et en allumant un cigare. Il est vrai que c'est pour le *bon motif*... mais c'est cela même qui te rend inexcusable, ô malheureux auteur de mes jours que tu es !...

Et Scipion jeta insoucieusement son bout de cigare éteint.

Si accoutumé qu'il fût à ce froid persiflage malheureusement encouragé par lui, M. Duriveau ne put, en ce moment et pour de graves raisons, contenir la colère que lui causait cette réponse; il dit à son fils toujours à voix basse, mais d'un ton ferme et bref :

— Trêve de plaisanteries, je vous parle très-sérieusement : votre conduite est inouïe, ce soir *nous causerons* et...

— Dites donc, madame Wilson, — s'écria le vicomte sans quitter son cigare et en interrompant de nouveau son père :

— Que voulez-vous, Scipion? — demanda la jolie veuve en se retournant, à la grande anxiété du comte.

— Quand vous voudrez voir *papa* dans tout son lustre, priez-le donc de vous jouer un rôle de père noble... il y est magnifique.

Un dépit et un courroux croissant contractaient les traits de M. Duriveau; mais sa figure redevint forcément souriante au premier regard de Mme Wilson, qui répondit gaiement au vicomte :

— Et vous, mon cher Scipion, vous jouez à ravir et au naturel les rôles de jeunes fous... Mais voici venir notre chaperon; il vous rappellera, au besoin, à tout le respect que vous devez à une femme de *mon âge*, étourdi que vous êtes.

Puis s'adressant à un nouveau personnage, Mme Wilson ajouta :

— Allons, allons... arrivez donc, mon frère !

Les deux femmes et les deux chasseurs étaient, nous l'avons dit, réunis de l'autre côté du tronc d'arbre, entourés des chiens toujours en défaut, au moment où M. Alcide Dumolard, frère de Mme Wilson, parut en deçà de l'obstacle.

M. Alcide Dumolard (veuf de Mme Dumolard, veuvage qu'il portait fort allègrement) avait quarante ans, la figure imberbe, et était d'une obésité difforme. Rien ne saurait donner une idée plus juste de cette large face aux joues pendantes, aux yeux éteints et bridés par l'embonpoint, au crâne étroit, que ces figures de mandarins aux joues pâles et bouffies, aux traits aplatis et effacés, qu'on voit sur les vases de Chine; le ventre énorme et les reins monstrueux de M. Dumolard, qui avait autant de dos que d'abdomen, menaçaient de rompre à chaque instant les boutonnières de sa courte redingote écarlate; enfin rien n'était plus grotesque que cette grasse et large face débordant de tous côtés une petite cape de chasse en velours noir, posée sur le sommet du crâne. M. Dumolard montait prudemment un double poney bai, d'une force herculéenne, membré comme un cheval de brasseur, qualités essentielles lorsqu'il s'agit, pour un pauvre quadrupède, d'être chevauché par une sorte de mastodonte.

Il est inutile de dire que M. Alcide Dumolard s'arrêta congrûment et modestement devant l'arbre renversé; le vicomte Scipion lui dit alors du bout des lèvres avec un flegme impertinent :

— Allons, voyons, Dumolard, sautez donc ça, mon gros !... N'ayez pas peur, vous êtes toujours sûr de tomber sur un matelas douillet et grassouillet !...

— Sauter... cela? Allons donc, ce sont de ces jeux qu'on ne joue pas, mon très-cher, quand on a cinquante mille écus de rente, — répondit le gros homme en enflant ses joues d'un air important, et cherchant du regard un passage moins aventureux.

— En quoi vos cinquante mille écus de rente vous empêchent-ils de sauter? — reprit Scipion en ricanant à froid, — à moins que ce ne soit votre fortune qui vous rende si lourd et si gonflé... Vous êtes donc bourré de lingots, matelassé de billets de banque.

— Mais, taisez-vous donc, — s'écria le gros homme d'un air inquiet, — c'est une très-mauvaise plaisanterie que vous faites là... Aller crier au milieu de ces bois, de ce pays de loups et de meurt-de-faim, que je suis bourré de billets de banque ! Si l'on vous entendait... il y aurait de quoi me faire égorger.

Puis, s'adressant au piqueur qui venait de rejoindre ses chiens de l'autre côté de l'arbre, Dumolard lui cria :

— Eh ! mon brave ? Est-ce que je ne trouverais pas un autre passage? Je ne suis pas un casse-cou, moi !

— Suivez le fourré à main gauche, monsieur, — répondit le veneur, — au bout de cinquante pas vous prendrez un petit sentier qui vous amènera ici...

— Un petit sentier ! — dit Scipion, — vous êtes perdu, vous n'y entrerez pas... mon gros; vous ne pouvez vous permettre que les routes royales.

M. Dumolard haussa les épaules, tourna bride, et suivit l'indication du piqueur.

Maintenant disons ce qu'il advint du défaut où était tombée la meute, à environ deux cents pas de la tanière de Bête-Puante, le braconnier.

CHAPITRE III.

Lumineau, le chien favori, retrouve la piste. — M. Duriveau pénètre dans la tanière de Bête-Puante. — Résultat d'un viol commis par un vicomte sur une gardeuse de dindons. — Un dandy blasé. — M. Beaucadet est toujours à la hauteur des circonstances. — Mésaventure de M. Alcide Dumolard.

Les chiens, toujours muets et dépistés, parcouraient en tous sens la partie du bois où le braconnier avait interrompu la *voie* du renard, le vieux piqueur venait de rejoindre la meute; stimulé par la présence de son maître et des personnes qui l'accompagnaient, le veneur parcourait attentivement l'enceinte, courbé sur son cheval, la tête baissée vers le sol, tâchant de *revoir* du pied de l'animal, et encourageant ses chiens par les mots consacrés :

— *Au retrouvé, mes petits valets, au retrouvé... mes beaux !*

Le comte Duriveau, très-bon veneur lui-même, portant dans ses plaisirs l'ardeur et la fougue de son naturel, mais heureux surtout de cette occasion de cacher l'irritation que lui causait la conduite de Scipion, s'était éloigné de Mme Wilson et de sa fille et secondait son piqueur, appuyant les chiens à grand renfort de voix.

Pendant que le comte déployait cette activité fiévreuse qui le caractérisait, Scipion, indolemment renversé sur sa selle, balançant sa jambe gauche, s'amusait à faire résonner l'acier de son éperon sur l'acier de son étrier, qu'il avait chaussé jusqu'au cou-de-pied; suivant, dans l'air, les légers tourbillons de fumée qu'il lançait de son cigare, ne disant pas un mot ni à Mme Wilson ni à sa fille, auprès de laquelle il se tenait alors.

Profitant d'un moment où sa mère, intéressée par les divers incidents de la chasse, détournait la tête, Raphaële approcha son cheval de celui de Scipion, et, la figure navrée, lui dit, d'une voix basse et tremblante :

— Scipion... qu'avez-vous contre moi?...

— Rien... — dit le vicomte, sans discontinuer de suivre en l'air les légères spirales de la fumée bleuâtre de son cigare.

— Scipion, — reprit la jeune fille d'une voix altérée, suppliante, et contenant à grand'peine les larmes qui lui vinrent aux yeux, — Scipion, pourquoi cette froideur... cette dureté?... Que t'ai-je fait?...

— Rien... — répondit le vicomte avec le même flegme dédaigneux.

— Lisez cela, et, peut-être... vous aurez pitié... — dit la jeune fille en glissant précipitamment dans la main de Scipion un petit billet que, depuis quelques instants, elle avait tiré de son gant.

Le vicomte mit nonchalamment le billet dans la poche de son gilet, et, voyant que Raphaële allait encore lui parler, il haussa la voix et s'adressant à Mme Wilson, qui suivait alors, avec une attentive curiosité, les évolutions des chiens, il s'écria :

— Dites donc, madame Wilson, est-ce que vous trouvez cela très-amusant, la chasse? Avouez que c'est un plaisir de convention comme l'Opéra... et les mariages d'amour.

A peine Scipion eut-il prononcé ces mots, que Raphaële abaissa rapidement sur son visage, et comme par hasard, le petit voile qui flottait à son chapeau d'homme, de sorte qu'en se retournant pour répondre au vicomte, Mme Wilson n'aperçut pas les larmes qui s'échappaient des yeux de sa fille.

Durant la chasse, Mme Wilson, malgré sa gaieté, son animation apparente, avait souvent et attentivement observé Scipion à la dérobée; aussi la surprise et même une vague inquiétude avaient parfois assombri le visage de la jeune veuve, frappée qu'elle était de l'impertinente distraction avec laquelle le vicomte traitait Raphaële... Puis, ensuite de quelques réflexions sans doute, le front de Mme Wilson s'éclaircit, et ce fut avec un sourire finement railleur qu'elle accueillit cette singulière question du vicomte :

« — Dites donc, madame Wilson, est-ce que vous trou-
» vez cela très-amusant, la chasse? Avouez que c'est un
» plaisir de convention... comme l'Opéra et les mariages
» d'amour. »

— Je gage, mon cher Scipion, — répondit la jolie veuve en riant, — qu'à douze ans, au lieu de vous contenter d'une de ces jolies vestes rondes qui vont si bien aux enfants, vous ambitionniez un affreux habit... afin d'avoir l'air d'un *petit monsieur*...

Malgré son aplomb, cette prétentieuse réponse à sa prétentieuse question dérouta quelque peu Scipion, qui reprit néanmoins avec son flegme habituel :

— Je ne comprends pas, ma chère madame Wilson.

— Mon Dieu! c'est tout simple... mon cher Scipion, l'enfant gâté qui, à douze ans, tient à paraître un *petit monsieur*, veut, à vingt ans, passer pour un homme blasé.

C'était toucher au vif la prétention de Scipion... prétention malheureusement justifiée chez lui par l'habitude de l'affecter (le visage finit par garder l'empreinte d'un masque trop longtemps porté), et aussi par l'abus des plaisirs dégradants.

Le vicomte, cachant son dépit, reprit, en redoublant de sang-froid et d'insouciance :

— Ah... bah!... je joue le rôle d'un homme blasé?

— Oui, et vous le jouez très-mal pour les connaisseurs, mon pauvre Scipion ; mais malheureusement... trop bien... pour les pauvres spectateurs candides.

Et Mme Wilson, après avoir jeté un regard touchant sur sa fille, reprit gaiement, certaine de bientôt rassurer Raphaële, dont elle avait plusieurs fois remarqué la tristesse :

— Allez, allez, mon cher Scipion, ne croyez pas vous faire passer pour vieux quand vous êtes jeune ; ces affectations s'arrêtent à l'épiderme... Vous portez le costume à la mode... voilà tout... Si étrange... si... bah! une *vieille* femme peut tout dire... si ridicule qu'il soit, il ne parviendra jamais à vous défigurer... Vous avez beau dire : *la chasse, plaisir de convention*, vous risquez de vous casser le cou en suivant vos chiens... *Le mariage... d'amour, plaisir de convention*... Mais, non... ne lui répondons pas à ce sujet, Raphaële... — Et Mme Wilson se tourna gaiement vers sa fille, dont le ravissant visage se rasséréna déjà aux paroles de sa mère, — non,.ne lui répondons pas; nous nous montrerions trop glorieuses... *L'Opéra, plaisir de convention*... et que *madame Stoltz* chante, que *mademoiselle Carlotta* danse, que *mademoiselle Basquine* chante et danse à la fois... vos avant-scènes sont en révolution, en combustion... dans vos transports de frénétique admiration pour ces deux merveilles de talent et de grâce, et surtout pour mademoiselle Basquine, à la fois gazelle et rossignol, on est aux gants glacés craquer, les plis de plus d'une cravate se déranger!... Et vous vous dites blasés !

Lorsque Mme Wilson avait prononcé le nom de Mlle Basquine, une étrange expression avait passagèrement animé les traits de Scipion ; c'était un mélange d'ironie, d'orgueil contraint et d'audacieux défi.

Jetant sur Mme Wilson un regard pénétrant, Scipion lui dit, toujours avec un flegme imperturbable et sans quitter son éternel cigare :

— Pourquoi ne me supposez-vous pas amoureux de mademoiselle Basquine?

— Est-ce que les gens blasés sont amoureux? Voyez donc comme vous jouez mal votre rôle !... — dit en riant Mme Wilson ; puis, son visage exprimant une douce gravité, elle reprit d'une voix affectueuse et convaincue : — Parlons sérieusement cette fois, mon cher Scipion ; oui, je vous crois blasé... et j'en suis ravie ; oui, je vous crois blasé... mais blasé sur toutes les faux plaisirs, sur toutes les jouissances décevantes ; aussi je crois, je sais, que ce qui est bon, sincère, généreux, délicat, élevé, doit avoir et a pour vous ce charme irrésistible de la nouveauté dans le bien et dans le vrai ; charme entraînant qui vous attachera pour toujours aux seuls objets dignes d'un homme de cœur et d'esprit comme vous l'êtes. Mais voici votre père, — reprit gaiement Mme Wilson, — n'allez pas lui dire, étourdi, que je viens, à mon tour, de vous parler en *mère noble*.

Et s'adressant à M. Duriveau qui s'approchait d'elle :

— Eh bien! mon comte, où en est la chasse?

— Je n'ai plus qu'à m'excuser auprès de vous, madame, de vous avoir fait assister à un divertissement qui se termine si mal.

— Comment?

— Il faut renoncer à prendre notre renard.

— Et pourquoi donc cela?

— Parce que les chiens sont malheureusement tombés en défaut, et qu'il est impossible de le relever.

— Et la chasse est manquée?

— Oui, madame, la meute perd le renard de ce côté-ci de ce tronc d'arbre... nous avons fait tout au monde pour retrouver la piste... impossible ; nous avons même fouillé les environs de cet arbre, supposant qu'il cachait peut-être la gueule d'un terrier... tout a été vain; c'est incompréhensible.

— Consolez-vous, cher monsieur Duriveau, — dit gaiement Mme Wilson, — il nous restera toujours le plaisir que nous avons pris.

— Et du moins l'espoir de passer la fin de la journée avec vous, car vous venez toujours, n'est-ce pas? avec mademoiselle Raphaële et Dumolard, dîner au Tremblay, en compagnie de quelques-uns de nos voisins?

— Choisis parmi les électeurs les plus influents du pays,

j'en suis sûre, — dit en souriant Mme Wilson, — car je sais vos ambitieux projets; allons, je me mettrai en frais auprès d'eux pour vous gagner toutes leurs voix; placez-moi auprès du plus récalcitrant, et vous verrez...

— Je ne doute pas de votre pouvoir, — dit le comte en souriant à son tour; — si vous plaidez ma cause, elle est gagnée... Allons, adieu la chasse! Nous n'avons plus, madame, qu'à regagner la croix du carrefour où vous attend votre voiture. Allons, Latrace, recouple tes chiens.

— Eh bien! mon enfant, nous renonçons à la chasse, — dit Mme Wilson en se retournant vers Raphaële dont elle se rapprocha et qu'elle entretint un instant à voix basse; aussi la figure de la jeune fille redevint-elle bientôt tout à fait heureuse et souriante.

A ce moment, M. Alcide Dumolard, qui, fort prudent, modérait beaucoup les allures de son cheval, ayant fait d'ailleurs un assez long circuit, pénétra dans l'enceinte et dit d'un air mystérieux au comte Duriveau :

— Qu'est-ce donc que cette troupe de gens armés de fourches et de bâtons qui viennent par ici en poussant, de temps à autre, comme un cri de signal?

— Je n'en sais absolument rien, mon cher Dumolard, — dit le comte assez surpris.

Le vieux piqueur se hasarda de dire timidement en s'adressant à son maître qui semblait l'interroger du regard :

— Ce sont des gens du bourg, monsieur le comte; ils prêtent main-forte à M. Beaucadet et à ses gendarmes.

— Main-forte? Et pourquoi faire? — dit le comte de plus en plus étonné.

— Pour traquer un assassin très-dangereux échappé des prisons de Bourges, et qui est depuis hier caché dans ces bois.

— Un assassin! caché dans ces bois-ci, où nous sommes? — s'écria M. Dumolard.

— Oui, monsieur, — répondit le piqueur. — Ce matin encore des bûcherons l'ont vu de loin, et...

Mais le piqueur s'interrompit brusquement, et, paraissant prêter l'oreille à un bruit lointain, il s'éloigna de quelques pas.

— Comment! un dangereux assassin! — s'écria Alcide Dumolard de plus en plus tremblant d'une frayeur rétrospective. — Et moi, qui étais tout seul tout à l'heure, je pouvais le rencontrer... Et ce Scipion qui va crier tout haut que je suis matelassé de billets de banque... C'est une plaisanterie détestable!

— Taisez-vous donc, mon cher, — lui dit le comte en haussant les épaules, — il n'y a pas le moindre danger, et vous effrayeriez madame notre sœur, qui, heureusement, cause avec sa fille et n'a rien entendu.

— Monsieur le comte, — s'écria tout à coup Latrace après avoir encore longuement et attentivement écouté, — monsieur le comte, rien n'est désespéré...

— Que dis-tu?

— *Lumineau* donne de la voix.

— Je n'entends rien... Es-tu bien sûr?

— Oh! bien sûr... c'est le roi des chiens; il aura, comme toujours, pris des *grands-devants* d'un demi-quart de lieue... Tenez, monsieur le comte... entendez-vous?

— En effet, — dit le comte en prêtant l'oreille à son tour, — oui... je l'entends; mais de quel côté est-il?

— A deux cents pas d'ici, du côté de la petite clairière, près des roches.

— Ah! par ma foi, mesdames, — dit le comte en se rapprochant des deux femmes, — voici un singulier retour de fortune! tout à l'heure nous désespérions, maintenant nous avons bon espoir; si nous prenons notre renard, ce sera un véritable prodige, et le magicien sera ce digne Lumineau.

— Il n'en fait jamais d'autre, — dit le vieux veneur.

Et il se dirigea au galop à travers le bois du côté de la clairière non loin de laquelle se trouvait le repaire du braconnier.

— Il n'y a rien de plus charmant que ces espérances qui succèdent tout à coup au désespoir, — dit gaiement Mme Wilson en jetant un regard d'intelligence à sa fille.

— Allons, mon cher comte, venez voir si ce miraculeux Lumineau, comme on l'appelle, accomplira le prodige qu'on lui demande.

Et Mme Wilson ayant mis son cheval au galop, la cavalcade partit rapidement, suivant, sous une futaie largement espacée, la direction que le piqueur avait prise.

Seul, M. Alcide Dumolard resta bientôt en arrière, car il fallait habilement manier un cheval pour galoper, en serpentant, à travers une futaie de pins énormes, plantés en *échiquier*. M. Alcide Dumolard, n'essayant pas de demander à sa monture cette preuve de souplesse serpentine, se contenta de suivre les autres chasseurs de loin, tantôt au pas, tantôt au petit trot. Cependant, se voyant, malgré ses efforts, de plus en plus distancé de ses compagnons, M. Alcide Dumolard se sentait talonné par une peur atroce; car la pensée de ce dangereux assassin que l'on traquait dans ce bois, et justement de ce côté, lui revenait sans cesse à l'esprit.

— Dans un moment désespéré, un brigand pareil est capable de tout; un malheur est si vite arrivé... ces bois sont si déserts! — murmurait le gros homme en trottant à travers les arbres autant que le lui permettait sa *prudence*... Et ce Duriveau qui sait cela et qui va, qui va, qui va... qui s'inquiéter de moi... Il y a des gens d'un égoïsme!... Et son fils qui va crier que je suis matelassé de billets de banque... Heureusement, je vois encore... là-bas... mon monde... à travers les arbres... Ces habits rouges sont si voyants, que cela vous guide.

Ce disant, M. Dumolard, poussé par la frayeur et par l'espoir de rejoindre les autres chasseurs, profita d'une disposition des arbres plus praticable, et mit son cheval au galop.

— Ah!... je me rapproche d'eux... enfin, — disait-il en soufflant d'émotion. — Je vais les appeler; ils m'attendront.

Et toujours galopant, afin de ne pas perdre sa distance, M. Dumolard s'écria :

— Ma sœur... Melcy... attends-moi!...

Sans doute, Mme Wilson n'entendit pas la voix essoufflée de son frère, car, suivant sa fille, qui la précédait, elle disparut au moment même de cet appel par une route latérale, un fourré très-épais et impraticable ayant succédé à la futaie.

— Duriveau!..... attendez-moi donc... que diable! — cria Dumolard de tous ses poumons.

Le comte Duriveau disparut, et son fils après lui.

— C'est hideux d'insouciance, — s'écria Dumolard, avec autant d'amertume que de frayeur; — mais, Dieu merci! je vois la route qu'ils ont prise... Ils ont tourné à gauche, et...

M. Dumolard ne put continuer; son cheval, lancé au petit galop, s'arrêta brusquement sur ses jarrets; la réaction de ce mouvement inattendu fut si violente, que M. Dumolard, jeté sur ses arçons, faillit passer par-dessus la tête de son cheval.

Il se remit en selle en maugréant, et s'aperçut de la cause qui avait si soudainement interrompu le galop de son cheval; il s'agissait d'un large fossé d'assainissement, parfaitement construit; huit pieds de largeur, avec hautes berges évasées et six pieds de profondeur; ledit fossé coupait la futaie dans toute sa largeur.

A la vue de cette large ouverture béante, qui interceptait son passage, le désespoir s'empara de M. Dumolard; il aperçut aux versants de la berge l'empreinte du pied des chevaux des autres chasseurs, qui avaient franchi cet obstacle. M. Dumolard ne pouvait plus espérer de les rejoindre, il eût préféré la mort à tenter le formidable saut du fossé. Retourner sur ses pas, c'était s'éloigner davantage encore des chasseurs, et déjà le soleil déclinait sensiblement: l'on se trouvait dans ces courtes journées d'équinoxe, où la nuit succède au jour presque sans transition.

— C'est jouer à me faire égorger par ce bandit, — dit M. Dumolard en gémissant. — Avec ça, ces maudits habits rouges sont si voyants!... Il m'apercevra d'une lieue... mais c'est affreux... c'est attirer le brigand, s'il est dans ces parages... Voyons, suivons le fossé... sa berge peut aboutir à un sentier.

Et M. Dumolard suivit piteusement le revers du fossé

jusqu'à un endroit où il faisait un coude, prolongeant un taillis de chênes impénétrables; s'engager dans ce sombre fouillis de branches croisées, entrelacées, où aucun chemin n'était frayé, semblait à M. Dumolard presque aussi effrayant que de sauter l'énorme fossé, car, pour percer dans un pareil *fort*, il faut s'abandonner à l'instinct et à l'adresse de son cheval, baisser la tête, la protéger avec son coude et marcher aveuglément.

Malgré la frayeur que lui causait cet expédient, M. Dumolard, voyant la nuit approcher, et réfléchissant que, s'il restait ainsi, vaguant sous cette futaie claire, son maudit habit rouge le ferait peut-être apercevoir de loin, et attirerait le brigand à ses trousses, M. Dumolard de deux maux choisit le moindre et tenta de faire une trouée à travers le taillis, dans l'espoir de rejoindre les chasseurs; bientôt on entendit dans cette enceinte un brisement de branches aussi formidable que si un sanglier eût traversé cet épais fourré.

Abandonnons M. Dumolard aux hasards de sa tentative, et expliquons en deux mots le prodige que l'on attendait de ce chien renommé, à la voix duquel les chasseurs s'étaient dirigés du côté de la tanière du braconnier.

Après avoir, ainsi que les autres chiens de la meute, en vain cherché de tous côtés à retrouver la voie du renard, le digne Lumineau, instruit par l'expérience, servi par son merveilleux instinct, s'était livré à ce raisonnement logique, à savoir : que le renard étant souvent assez rusé pour faire des bonds énormes, afin d'interrompre sa voie et de mettre ainsi dans l'embarras d'honnêtes chiens courants qui ne chassent que pour *l'honneur*, leur ambition se bornant à prendre le renard et à l'étrangler (sa chair leur inspirant une répugnance invincible), ces braves chiens, afin de retrouver les traces du traître, incapable, après tout, de s'être évanoui dans les airs, devaient s'éloigner à peu de l'endroit où ils perdaient ses traces, en décrivant des cercles de plus en plus grands, bien sûrs de rencontrer ainsi la piste du fugitif. En effet, malgré l'énormité des deux ou trois bonds grâce auxquels il interrompait sa voie, le renard devait reprendre ensuite son allure ordinaire, et continuer sa route, ou à droite ou à gauche, ou en deçà ou au delà de l'endroit où sa piste s'interrompait. Or, la quête circulaire et progressive des chiens, embrassant un rayon de plus en plus étendu, devait invariablement, à un endroit donné, avoir pour point d'intersection la passée de l'animal.

Cette manœuvre s'appelle en langage de vénerie prendre les *grands devants* et *les arrières*.

Pratiquant aussitôt cette excellente théorie et abandonnant le vulgaire de la meute qui quêtait et requêtait vainement au même endroit, Lumineau interrogea le sol du bout de son nez, commença de décrire au galop des cercles de plus en plus étendus, et ainsi arriva d'abord jusqu'à la clairière, qu'il traversa, puis jusqu'aux roches, parmi lesquelles se trouvait la trappe chargée de pierres et de ronces qui masquait l'entrée de la tanière où Bamboche s'était réfugié. Le renard, on s'en souvient, n'avait fait que se reposer une seconde à peine sur ces pierres afin de prendre un nouvel élan; mais grâce à la subtilité de l'odorat de Lumineau, l'âcre émanation frappa ses nerfs olfactifs; aussitôt ses longs aboiements de triomphe retentirent et attirèrent à lui les chasseurs, en ce moment désespérés.

Après ce premier succès, Lumineau, trouvant, ensuite de ces pierres, une nouvelle interruption dans la voie, aurait dû recommencer sa quête circulaire, car, à trente pas de là, il tombait en plein sur les traces du renard, alors continues; mais Lumineau sentit *le creux* résonner sous ses pas, à l'entrée pourtant si bien dissimulée du repaire du braconnier; croyant alors (l'erreur était excusable) le renard terré tout auprès de ces pierres, le brave chien redoubla ses hurlements en grattant de ses deux pattes de devant, et bientôt, à travers les ronces et la terre rapportée, il découvrit une partie de l'orifice du repaire.

Pendant ce temps, le piqueur d'abord, puis le comte, son fils, Mme Wilson et Raphaële arrivèrent successivement dans la clairière.

— Le renard est à nous, il s'est terré ! — s'écria le vieux veneur en voyant ainsi son chien creuser la terre avec furie.

Et sautant à bas de son cheval, il courut, armé du manche de son fouet, aider Lumineau à élargir le trou.

Le comte Duriveau, cédant à l'entraînement de la chasse et à la joie d'un succès, un moment si compromis, sauta aussi à bas de son cheval, et, sans vergogne, se mit à genoux à côté de son piqueur, afin de l'aider à déblayer rapidement l'entrée du souterrain qu'il prenait pour le terrier du renard.

Au bout de quelques minutes, le comte Duriveau et son piqueur eurent enlevé les pierres cimentées de terre plantée de ronces, qui dissimulaient la trappe de la tanière du braconnier, refuge inespéré où Bamboche avait disparu.

Mme Wilson et sa fille attendaient avec intérêt l'issue de cette nouvelle péripétie de la chasse, penchées sur l'encolure de leurs chevaux; Scipion lui-même, malgré sa dédaigneuse indifférence, partageait la curiosité générale.

— Mais ce n'est pas là un terrier ! — s'écria tout à coup le comte Duriveau en apercevant enfin la charpente de la trappe déblayée des pierres et des ronces qui la masquaient.

Puis distinguant, à travers ce treillis de fortes barres de bois, les ténèbres du repaire, le comte, de plus en plus surpris, ajouta :

— On dirait l'entrée d'un souterrain.

— Un souterrain, — dit gaiement Mme Wilson, — c'est très-romanesque : n'en voit pas qui veut : de ce temps-ci les souterrains sont rares.

— Souterrain ou non, notre renard doit y être terré, — s'écria le vieux piqueur en soulevant tout à fait la trappe qui, s'ouvrant sur ses charnières d'osier, laissa voir une pente étroite et rapide.

— Il est étrange, — dit le comte en réfléchissant, — qu'un pareil souterrain existe dans mes bois sans que j'en aie jamais été instruit... Tu n'en avais pas non plus connaissance, toi, Latrace ? — demanda-t-il à son piqueur.

— Non... non... monsieur le comte...

Et pour la première fois, depuis la découverte du repaire, le veneur, par réflexion sans doute, parut embarrassé.

— Je veux examiner par moi-même ce souterrain, et savoir où il aboutit, — dit le comte Duriveau.

— Monsieur le comte n'aurait pas besoin d'y descendre, — dit Latrace : — en y lançant Lumineau, on verra tout de suite si le renard y est terré... Au *retrouve* là dedans, mon petit Lumineau ! — ajouta le veneur en indiquant au chien l'entrée de la tanière.

Le chien s'y précipita.

Le comte, sans répondre à l'observation de son piqueur, se disposait à suivre Lumineau, après avoir confié son cheval à un des valets de chiens, lorsque Mme Wilson, s'adressant à M. Duriveau :

— Mon cher comte, prenez garde ; il est peut-être imprudent de vous aventurer ainsi.

— Quel enfantillage, madame ! — dit le comte en souriant ; — croyez-vous qu'il va sortir de cette *caverne* un lion ou un tigre ? Hélas ! ces bois sont trop modestes pour recéler un hôte si royal. Permettez-moi donc de vous quitter un moment, car ma curiosité, je l'avoue, est on ne peut plus excitée.

— Rassurez-vous, madame, — dit Scipion en ricanant, — je vais aller partager les glorieux périls de mon père.

Et, descendant aussi de cheval, il rejoignit le comte.

— Voilà qui est étrange, — disait celui-ci, qui, arrêté sur une des marches taillées dans la terre, plongeait son regard à travers les ténèbres du repaire, — on dirait la réverbération d'une lumière.

— Nous tombons dans le fantastique ! — dit Scipion en encadrant son lorgnon d'écaille noire entre ses deux paupières.

Le comte allait pénétrer dans le souterrain, lorsqu'un bruit de pas nombreux et précipités qui s'approchaient de différents côtés attira son attention et celle des autres spectateurs de cette scène ; le comte, un pied sur la première marche de la descente et un pied en dehors, resta immobile en voyant arriver dans la clairière, par plusieurs issues, une trentaine de paysans, misérablement vêtus et armés, ceux-là de fléaux, ceux-ci de fourches, d'autres de faux emmanchées à revers, d'autres, enfin, de bâtons noueux.

Lorsque ces différents groupes se rencontrèrent, les hommes qui paraissaient en avoir dirigé la marche échangèrent ces paroles du plus loin qu'ils s'aperçurent :

— Eh bien ?
— Rien... et vous ?
— Rien non plus ; et pourtant, nous n'avons pas laissé un buisson sans le fouiller.
— Et nous, pas un arbre sans regarder dans ses branches comme pour la chasse aux écureuils.
— Et nous, pas un fossé sans y descendre.
— Et pourtant rien... rien.
— Peut-être le père Lancelot, qui a rabattu droit sur M. Beaucadet, aura-t-il mieux rencontré que nous, lui, et qu'il aura tombé sur le brigand.
— Quelle est cette bande de drôles qui court ainsi à travers mes bois ? — dit à son piqueur le comte Duriveau le sourcil froncé.
— Ce sont les rabatteurs qui fouillent le bois pour traquer le brigand dont j'ai parlé tout à l'heure à monsieur le comte.
— Un brigand ! quel brigand ? — s'écria Mme Wilson en se rapprochant du comte, ainsi que sa fille.
— Ne voulant pas vous inquiéter, madame, — dit en souriant M. Duriveau, — je vous avais caché cet incident qui, avec la découverte du souterrain, compose une journée très-romanesque. En un mot, on prétend qu'un bandit, échappé des prisons de Bourges, s'est réfugié dans ces bois.
— Et ce souterrain où vous alliez pénétrer ! — s'écria Mme Wilson avec effroi, — songez donc que cet homme pourrait y être caché.
— C'est vrai, — dit le comte en se rapprochant vivement de l'entrée du repaire, dont il s'était un instant éloigné pour venir parler à la jeune veuve, — il se peut que ce bandit soit là, et je veux m'en assurer...
— Arrêtez... au nom du ciel ! — s'écria Mme Wilson en se laissant glisser de son cheval avec légèreté ; puis, s'approchant vivement du comte :
— Si cet homme est caché là, — lui dit-elle, — il se défendra comme un désespéré ! Je vous en conjure ! pas de folle témérité !
— Ma craintive et charmante amie, — répondit le comte en riant, — tout à l'heure aussi je me suis écrié, en vous voyant prête à franchir le plus dangereux obstacle : Pas de folle témérité !... Madame, souffrez que je prenne ma revanche.

Scipion, après avoir aidé Raphaële à descendre de cheval, dit tout bas quelques mots à la jeune fille et la conduisit auprès de sa mère, qui, s'adressant au vicomte :

— Scipion, joignez-vous à moi pour empêcher votre père de commettre une si dangereuse imprudence... Vouloir aller arrêter seul ce brigand qui est peut-être caché dans cette tanière.

— C'est juste, — dit Scipion à son père en ricanant froidement, — ton dévouement est sublime, héroïque, mais seulement un peu trop... gendarme ; voyons : pas de jalousie, n'ôte pas le pain... non, le malfaiteur, de la bouche à ces braves *arrête-coquin* ; puisqu'il y en a près d'ici, que les gendarmes, Latrace va remonter à cheval et les aller chercher.

— Avec toutes ses folies, Scipion a raison, — dit Mme Wilson au comte ; — je vous en supplie, ne vous mêlez pas de cette arrestation.

— Scipion a tort, madame, — répondit le comte avec fermeté, — le devoir de tout honnête homme est d'arrêter un criminel, quand il y a du danger surtout.

— Tais-toi donc... tu m'humilies, tu parles comme un commissaire de police dans l'embarras, — dit Scipion à son père en le poussant du coude.

L'insolent et froid persiflage de Scipion, cette fois encore, blessait doublement le comte, obligé, dans la crainte d'une scène plus désagréable peut-être, de souffrir ces sarcasmes en présence d'une femme qu'il idolâtrait, et qu'il croyait toucher par cet acte de bravoure, d'ailleurs

incontestée ; mais, forcé au silence, M. Duriveau se contint encore, haussa les épaules et se dirigea résolûment vers l'ouverture de la tanière.

— Mes amis, — dit alors Mme Wilson aux paysans, — n'abandonnez pas M. le comte, suivez-le... défendez-le au besoin.

Le comte Duriveau était redouté dans le pays ; l'on savait sa dureté envers ses métayers, l'implacable rigueur dont il poursuivait la punition de la moindre atteinte à ses droits de propriétaire ; puis sa parole impérieuse, ses manières hautaines, sa physionomie sévère, inspiraient à tous l'éloignement ou l'effroi ; aussi, au lieu d'écouter la prière de Mme Wilson et d'entourer le comte au moment où il se disposait à pénétrer dans le repaire, l'un des paysans dit à demi-voix :

— Si M. le comte veut arrêter à lui tout seul le brigand, qu'il l'arrête... nous n'y tenons pas, nous autres.

— Je le sais bien, poltrons, — répondit dédaigneusement M. Duriveau.

— Poltron... dame... — dit un pauvre diable aux lèvres blanches, aux traits altérés par les terribles fièvres du pays, — dame... poltron... que le brigand me mette à mal, ça sera pour moi ; ma femme et mes enfants en pâtiront... ils n'ont que moi.

— Oh ! la race lâche et abrutie ! — dit le comte avec un mépris amer. — Dans tout ceci, ils n'ont vu que l'occasion de venir hurler en bande, saccager mes bois, effaroucher mon gibier ou en voler au gîte, s'ils ne pouvaient... C'est une journée de fainéantise et de désordre ; les voilà contents !

— Ce n'est pas pour notre plaisir que nous sommes ici, monsieur le comte, — dit timidement un paysan ; — M. le maire nous a requis au nom de la loi... et, pour le pauvre monde comme nous... journée sans travail... journée sans pain.

— Vraiment ? C'est donc pour cela que, le dimanche, vos cabarets regorgent d'ivrognes, — répondit le comte avec un redoublement de dédaigneuse ironie. — Si, faute de travail, le dimanche est un jour sans pain, ce n'est pas, du moins, pour vous, un jour sans vin ; car vous vous enivrez comme des brutes. Allons donc ! autrefois j'étais assez niais pour être dupe de vos piteuses doléances ; maintenant je vous connais...

— C'est mieux, — dit Scipion à son père, — tu remontes dans mon estime ; mais tout à l'heure tu tournais au *Prud'homme* d'Henri Monnier... tu devenais diablement *chausson de lisière*...

Ces paysans pacifiques et débonnaires, rompus d'ailleurs à bien des humiliations, par la misère, par une déférence forcée envers ceux qui les exploitent, et aussi par le manque de dignité de soi, conséquence inévitable de l'asservissement et de l'ignorance, ces paysans écoutèrent avec tristesse, mais sans colère, les durs reproches de M. Duriveau ; cependant, l'un d'eux, vieillard à tête blanche, répondit timidement, à propos de la fainéantise du dimanche :

— Le bon Dieu s'est reposé un jour sur sept... monsieur le comte ; le pauvre monde peut bien aussi...

— Assez, — dit M. Duriveau avec hauteur. — Je vais faire ce que pas un de vous n'ose faire, c'est tout simple.

Et autant par véritable courage que pour prouver sa supériorité de valeur sur ces gens qu'il considérait sincèrement comme d'une espèce inférieure à la sienne, le comte, malgré les prières de Mme Wilson et celles de Raphaële, qui joignait sa voix à celle de sa mère, entra résolûment et sans armes dans le souterrain, après avoir, d'un geste impérieux, défendu à Latrace de le suivre.

Soit que M. Duriveau n'eût pas songé à ordonner à son fils de rester en dehors, soit qu'il comptât sur son concours, il fut suivi par Scipion ; celui-ci prit seulement le temps d'allumer un troisième cigare, et marcha sur les pas de son père, avec ce flegme railleur qui le caractérisait, après avoir dit à Mme Wilson :

— Ah çà... priez pour nous... voyons : un chœur... quelque chose dans le genre de la Prière de *Moïse*.

Et battant machinalement ses bottes poudreuses du bout de son fouet de chasse, il suivit insoucieusement les traces du comte.

Sur ce fond de pourpre pâle se dessina la figure de Bruyère. — Page 20.

Après avoir descendu huit ou dix marches grossièrement taillées dans la terre, le père et le fils se trouvèrent au milieu d'une grotte assez spacieuse, creusée naturellement au milieu des roches, dont la partie supérieure s'élevait en masses abruptes au milieu du taillis. Parmi ces rocailles extérieures, le hasard ou la main de l'homme avait ménagé une ouverture à demi voilée par le lierre et par les ronces; elle communiquait à la tanière et lui donnait suffisamment d'air et de jour. Ce rayon lumineux, joint à la pâle clarté d'une petite chandelle de résine, jetait une lueur étrange, funèbre, à la clarté de laquelle le comte Duriveau aperçut un tableau qui le fit tressaillir et reculer d'un pas.

Bamboche, aussi, avait tressailli d'émotion à la vue du même tableau; mais, à cette émotion, s'était joint, chez le fugitif, un souvenir qui l'avait frappé de douleur et d'épouvante.

Au fond de la grotte, exhaussé sur une sorte de plate-forme faite de pierres amoncelées, on voyait un berceau tressé en jonc des marais, et, dans ce berceau, jonché de fraîches bruyères d'un rose vif, un petit enfant mort tout récemment; sa pose était si calme, son coloris si blanc et si frais, qu'on aurait dit qu'il dormait; il devait avoir vécu un mois environ; au pied du berceau brûlait, sans doute comme flambeau de funérailles, une chandelle de résine.

La pénombre de ce repaire permettait d'apercevoir, dans un coin, une caisse de bois, servant de lit, et remplie de fougères desséchées; à côté de cette couche rustique, on distinguait un orifice étroit, comme celui d'une galerie de mineur; un homme pouvait y passer en rampant; la pente de ce long conduit s'élevait, du fond de la caverne, au niveau du sol extérieur, où il aboutissait, ainsi que le témoignait une faible lueur bleuâtre, produite par la filtration du jour à travers les feuilles; la double issue de ce repaire laissée ouverte, expliquait la disparition de Bamboche.

Le vicomte rejoignait son père au moment où celui-ci reculait en tressaillant à la vue des humbles et mystérieuses funérailles de ce petit enfant mort, couché dans un berceau jonché de fraîches bruyères. Lors même que le vicomte eût été passagèrement ému à l'aspect de ce tableau simple, touchant et douloureux, sa réputation d'*homme blasé*, de *roué*, l'eût obligé de dissimuler cette impression; mais la sécheresse de cœur de cet adolescent flétri vite et jeune dans la terrible atmosphère où il avait vécu depuis l'âge de quinze ans, était réelle. Il ne l'*affectait* pas, ainsi qu'on était tenté de le croire, il l'*affichait* audacieusement. Aussi, lorsque son père, cédant malgré lui à un sentiment involontaire d'intérêt et de pitié, lui dit d'une voix légèrement troublée, oubliant les griefs qu'il avait et qu'il voulait lui reprocher, au sujet de Raphaële Wilson:

— Scipion... vois donc... ce pauvre enfant mort.

Scipion répondit en plaquant son lorgnon à sa paupière:

— Pardieu!... je vois bien... un *moutard* supprimé... *faux-pas défunt* de quelque vertu champêtre... épisode de la vie d'une rosière. — Puis regardant autour de lui, et montrant à son père, du bout de son fouet, l'orifice de la seconde issue du repaire, il ajouta: — Si ce que ces imbéciles de paysans appellent *le brigand* s'est caché ici, il aura filé par ce trou... pas plus de brigand que de renard, double chasse manquée... Dis donc? c'est gentil, l'innocence des mœurs rustiques?... Après cela, croyez à la crème et aux œufs frais des campagnards.

Et, tournant les talons, le vicomte se disposait à quitter le souterrain.

Malgré la dureté de son caractère, le comte Duriveau s'était d'abord senti choqué, peut-être humilié (il avait

La terrine emplie, le petit vacher, la posant sur sa tête, regagna l'étable. — Page 21.

laissé, devant son fils, percer son attendrissement), de la cruelle indifférence de Scipion; mais ses dernières paroles, répondant à la pensée favorite du comte, et venant, pour ainsi dire, comme preuve à l'appui de son incurable mépris pour certaines races, il dit à son fils :

— Je le sais depuis longtemps, la plèbe des campagnes est aussi corrompue que la plèbe des villes... le fumier des champs vaut la boue des cités !

Puis cédant, comme toujours, à l'entraînement de son premier mouvement, le comte saisit le berceau, à la grande surprise de son fils, remonte précipitamment avec ce triste fardeau, et s'adressant aux paysans inquiets de savoir ce qui se passait dans le repaire, s'écrie d'une voix tonnante :

— Tenez, intéressants campagnards, malheureux et surtout vertueux mortels ! voilà ce que vos filles font de leurs enfants... quand ils les gênent.

Et il posa le berceau sur un quartier de roche.

Pendant la disparition momentanée du comte Duriveau, Latrace, cédant aux instances de Mme Wilson, était allé quérir M. Beaucadet et quelques-uns de ses gendarmes; le sous-officier arrivait suivi de deux hommes, et descendait de cheval au moment où le comte adressait aux paysans rassemblés sa terrible apostrophe.

— Un petit enfant mort !... — s'écrièrent les paysans en se reculant effrayés après avoir jeté un regard sur le berceau.

— Oh ! ma mère... c'est affreux, — murmura Raphaële en se jetant dans les bras de Mme Wilson.

— Ah ! monsieur... et ma fille ! — s'écria Mme Wilson en s'adressant au comte avec un accent de douloureux reproche.

Trop tard Duriveau sentit la cruelle inconvenance de son action.

— Un in-fan-ti-cide, — dit M. Beaucadet en scindant certains mots, selon son habitude, lors de graves circonstances, — un in-fan-ti-cide, — répéta-t-il, en fendant le cercle de paysans pour s'approcher du berceau dont il s'empara; — minute... ça me connaît, c'est de mon ressort.

Puis, regardant attentivement le corps de l'enfant, et apercevant un objet que le comte n'avait pu distinguer dans la demi-obscurité de la tanière, le sous-officier s'écria :

— Un papier !... L'innocente victime possède un papier au cou, attention ! ! !

Tous les spectateurs de cette scène, moins Mme Wilson, qui tenait entre ses bras sa fille tremblante, se rapprochèrent de M. Beaucadet et du berceau avec anxiété, en se disant à voix basse les uns aux autres :

— L'enfant a un papier au cou.

En effet, à un petit cordon noir, suspendu au cou de l'enfant, était attaché un papier, que Beaucadet déplia vite, et que, dans sa bouillante importance, il lut rapidement, sans l'avoir à l'avance parcouru du regard.

Ce billet contenait ces mots, prononcés à haute voix par le sous-officier :

Je désire que mon fils s'appelle Scipion Duriveau, comme son père...

— C'est drôle, — dit Scipion en allumant un quatrième cigare avec un flegme impassible.

Raphaële Wilson fut héroïque de courage. A cette révélation elle ressentit au cœur une douleur aiguë, féroce. Un moment ses forces l'abandonnèrent, et elle fut obligée de saisir, d'une main, le bras de sa mère pour ne pas glisser à terre; puis, se raidissant contre ce coup aussi affreux qu'imprévu, elle trouva l'énergie nécessaire pour ne pas succomber... Une seconde après, elle échangeait avec Mme Wilson un long et indéfinissable regard.

Je désire que mon fils s'appelle Scipion Duriveau, comme son père.

Tel était le contenu du billet suspendu au cou du petit enfant mort.

— C'est drôle, — avait dit le vicomte en allumant un cigare.

La lecture de ce billet, l'effrayante insensibilité, l'audacieux sang-froid du vicomte, avaient frappé de stupeur les spectateurs de cette scène.

Le comte, immobile, muet, regardait son fils avec un étonnement courroucé, en songeant aux funestes effets que cette révélation devait avoir sur l'esprit de Raphaële Wilson. Celle-ci serrait convulsivement la main de sa mère, en attachant sur elle ses grands yeux bleus, noyés de larmes. Les paysans, malgré leur naturel doux et craintif, exaspérés par la flegmatique insolence de Scipion, commençaient de faire entendre de sourds murmures d'indignation. M. Beaucadet, confus de sa maladresse (il professait la déférence la plus respectueuse pour M. Duriveau, le modèle du propriétaire), se trouvait dans un embarras piteux, et regardait machinalement le billet fatal, pendant que l'orage grondait de plus en plus. Tout à coup, songeant à la signature du billet, que jusqu'alors il avait tue par un premier mouvement de générosité, Beaucadet espéra qu'en faisant connaître le nom de la victime, il détournerait du séducteur l'irritation croissante, dont l'explosion devenait à craindre. Aussi le sous-officier reprit-il d'un ton important :

— Le billet est signé de la malheureuse qui... de la misérable que... Enfin... vous n'avez pas besoin d'en savoir plus long ; il est signé.

— Le billet est signé, — murmurait-on à voix basse.

— Oui... l'in-fan-ti-cide a signé ; l'étourdie scélérate, elle a signé, — dit Beaucadet de son air le plus solennel ; — elle a signé... et c'est...

Une sorte de bruissement d'inquiétude, d'angoisse, circula parmi les paysans, suspendus, comme on dit, aux lèvres de Beaucadet.

— C'est... la petite... *Bruyère*... la dindonnière de la métairie du grand Genévrier.

A ces mots, avec imperturbable assurance, Scipion tressaillit, le sang lui monta au visage; un instant, sa pâle figure se colora ; mais Raphaële, qui ne le quittait pas des yeux, remarqua seule la passagère émotion dont il n'avait pu se rendre maître.

Les paysans, en apprenant que la victime et la coupable était Bruyère, toute jeune fille de seize ans, à qui on attribuait certaine influence surnaturelle, et dont la beauté singulière, la bizarrerie charmante et la touchante bonté étaient populaires dans ce pauvre pays, superstitieux et ignorant, les paysans sentirent leur courroux, leur indignation contre le vicomte s'augmenter encore.

Beaucadet s'aperçut, mais trop tard, qu'il venait d'empirer la situation de Scipion ; les murmures, d'abord sourds, éclatèrent tout à coup en plaintes, en imprécations.

— Bruyère !... pauvre petite !...
— Le bon génie du pays !
— Et si douce !... si bonne !
— Avoir abusé d'elle, c'est d'une grande méchanceté.
— Mais les *bourgeois*... ça ose tout contre le pauvre monde !
— Et on ose dire qu'elle a tué son enfant...
— Elle... oh ! jamais !
— Et on nous appelle brutes ! poltrons !
— Si nous sommes brutes, à la fin aussi, les brutes se revengent.
— Oui, vous avez beau nous fumer au nez en ayant l'air de vous moquer de nous, monsieur, — dit l'un en s'adressant à Scipion, — vous ne nous ferez pas peur...
— Et si la pauvre Bruyère était ma sœur, — reprit un autre en brandissant un fléau, — il y aurait de votre sang après ce fléau-là...
— Chère petite Bruyère, — ajouta une voix émue, — c'est quasi notre sœur ; quoique *charmée*, tout un chacun l'aime autant que si l'on était son frère, parce qu'elle se sert de son *charme* pour faire du bien à tous.

Ce *crescendo* de récriminations devenait inquiétant. A l'irritation soulevée par l'insolente audace de Scipion se joignait l'animadversion que son père s'était généralement attirée par sa dureté, par ses dédains haineux, hautement affichés, animadversion longtemps contenue par l'habitude de la résignation, par le tout-puissant prestige dont la richesse est encore entourée dans ces contrées presque désertes.

Ces figures, naguère si humbles, si craintives, devenaient menaçantes; Mᵐᵉ Wilson et sa fille, de plus en plus effrayées, se rapprochèrent du comte et de Scipion, pendant que Beaucadet, mettant la main à la poignée de son sabre, disait à ses hommes :

— Attention au commandement!

Puis, s'adressant aux paysans ameutés, dont le cercle se rapprochait de plus en plus du vicomte et de son père, le sous-officier ajouta de sa voix la plus imposante :

— Ras-sem-ble-ment ! au nom de la loi, que personne n'est censé ignorer : ras-sem-ble-ment! dissipe-toi, et retournez à vos champs.

La voix de Beaucadet fut méconnue : les cris, les reproches redoublèrent de violence, encore exaspérés par l'attitude provoquante du vicomte ; car, durant cette nouvelle et rapide péripétie, Scipion ne s'était pas démenti : sachant son répertoire d'Opéra par cœur, il se rappelait sans doute le finale de l'acte du bal masqué chez *Don Juan*, alors qu'après sa brutale tentative chez Zerline, accablé d'injures, de récriminations, de menaces, le maître de Léporello relève audacieusement son front dédaigneux, et, seul contre tous, brave encore la foule ameutée.

Il en fut ainsi de Scipion : la tête haute, le pied ferme, l'air arrogant, la main gauche négligemment plongée dans le gousset de sa culotte de daim, sa main droite frappant machinalement ses bottes poudreuses du bout de son fouet de chasse, l'adolescent affrontait, avec une rare audace, cette rustique émeute ; le dépit, le dédain, la colère, donnaient alors à ses traits charmants, mais ordinairement efféminés, un caractère de résolution surprenante; ses yeux brillaient vifs et hardis, ses joues se coloraient légèrement, et, sous sa petite moustache blonde et soyeuse, ses lèvres, contractées par un sourire insolent, laissaient échapper, par bouffées un peu précipitées, la fumée de son cigare.

A ce moment, Raphaële, qui, de plus en plus épouvantée, se pressait contre sa mère, jeta sur Scipion un long regard de douleur et de reproche; hélas ! jamais Scipion ne lui avait paru plus beau.

Le comte Duriveau lui-même, malgré les secrètes raisons qui lui faisaient cruellement déplorer cet incident, ne put s'empêcher de ressentir une sorte d'orgueil à la vue de l'intrépide attitude de son fils. Cependant, voulant tâcher de calmer l'exaspération des paysans, et obéissant malgré lui à la toute-puissante autorité de certains sentiments de moralité que le père le plus sceptique, le plus dépravé, n'oserait méconnaître lorsqu'il parle à son fils en face d'autres hommes, M. Duriveau dit au vicomte d'une voix haute et ferme :

— L'accusation qui pèse sur vous est grave, mon fils ; aussi, malgré les apparences, j'espère qu'elle n'est pas fondée... Non que je craigne plus que vous ces folles menaces, mais parce que j'aime à croire que vous n'avez pas même donné le prétexte de vous les adresser.

Aux premières paroles du comte, un profond silence avait succédé au tumulte ; chacun attendait la réponse de Scipion, réponse qui devait ou apaiser ou exaspérer l'irritation générale. Le regard désolé, suppliant, de Raphaële, semblait conjurer le vicomte de mettre un terme à cette pénible scène.

— Répondez, Scipion... répondez ! — s'écria le comte.

— Je déclare, — dit le vicomte d'une voix aussi calme que railleuse, en promenant son lorgnon sur la foule menaçante, — je déclare que j'avais d'abord trouvé drôle qu'une gardeuse de dindons se fût amusée à orner de mon nom le fruit de ses loisirs champêtres et... décolletés ; mais, en présence des menaces mirobolantes de ces peu respectables champions de la dindonnière, qui me paraissent soûls comme des grives, je trouve amusant de proclamer que l'enfant est de moi.

Et, comme une explosion de cris furieux accueillait cette déclaration de Scipion, l'œil étincelant, la lèvre frémissante, le front indomptable, l'adolescent fit deux pas en avant, croisa ses bras sur sa poitrine, et, s'approchant presque à le toucher du paysan le plus avancé de tous, il répéta d'une voix brève et ferme :

— Oui, l'enfant est de moi... Eh bien... après?

Le regard, le geste, l'attitude de Scipion, décelaient une si incroyable intrépidité, que quelques paysans reculèrent d'abord involontairement; mais à ce premier mouvement succéda une réaction terrible. L'exaspération atteignit à son comble; l'un des paysans, qui avait déjà brandi son fléau, saisit d'une main vigoureuse Scipion par les épaules, lui fit faire pour ainsi dire volte-face, en le forçant de se retourner vers le berceau déposé sur une roche, et lui dit d'une voix menaçante :

— Malheureux ! vous avez le cœur de plaisanter devant votre enfant mort... Regardez-le donc... si vous l'osez...

Pour la seconde fois, Scipion tressaillit, non de frayeur, mais d'émotion : pendant un instant ses yeux s'attachèrent malgré lui sur le visage livide du petit enfant.

— Ah ! gredin, tu oses lever la main sur mon fils ! — s'écria impétueusement le comte en saisissant au collet le paysan qui avait forcé Scipion de se retourner.

— Oui, sur lui comme sur vous, puisque vous levez la main sur moi.

— Le père ne vaut pas mieux que le fils ! — s'écrièrent plusieurs voix.

Déjà, malgré les efforts de Beaucadet, de ses gendarmes et des gens du comte, Scipion et son père se voyaient dangereusement enveloppés, lorsque, soudain, ces cris : — *au secours! à l'assassin!* — de plus en plus retentissants et rapprochés, opérèrent, par la surprise qu'ils causèrent, une heureuse diversion en faveur de M. Duriveau et de son fils; tous deux se dégagèrent prestement, pendant que leurs agresseurs se retournaient avec une curiosité inquiète du côté de la clairière.

Un homme d'une obésité énorme, presque nu, il n'était vêtu que d'une chemise et d'un caleçon souillés de boue, se précipita au milieu de la clairière, les traits bouleversés par l'épouvante, en redoublant ces cris :

— Au secours ! à l'assassin ! défendez-moi ! sauvez-moi !

Malgré l'effroi de cet homme, sa figure, son accoutrement, sa tête absolument dépouillée de cheveux (car M. Dumolard, on l'a sans doute reconnu, cachait sous une perruque noire sa complète calvitie), son embonpoint concentré lui donnaient une si grotesque apparence, que les violents ressentiments dont le vicomte et son père avaient failli être victimes se changèrent en un irrésistible besoin d'hilarité.

A l'aspect de Beaucadet, revêtu de son uniforme, Dumolard, voyant sans doute en lui l'incarnation de la justice protectrice et vengeresse, se jeta dans les bras du gendarme avec une telle violence, que le sous-officier faillit être étouffé et renversé.

— Par-ti-culier trop peu nippé, — disait Beaucadet en tâchant de se soustraire aux étreintes convulsives de Dumolard, — vous êtes indécent... il y a des *fâmes*... retirez-vous, couvrez-vous... et expliquez-vous.

— Sauvez-moi, gendarme ! défendez-moi ! vengez-moi ! — criait à tue-tête M. Dumolard.

— Mais, malheureux sans-culotte ! ! ! je vous dis qu'il y a des *fâmes !...* — répétait Beaucadet; — vous êtes donc un gros dépravé, que vous vous costumez aussi peu que ça pour courir les bois !

— Il m'a pris mon habit, mon gilet, ma culotte et jusqu'à mes bottes, — s'écria Dumolard d'une voix éperdue et entrecoupée, — il m'a tout pris...

— Qui ? — demanda Beaucadet.

— Il m'a forcé de me déshabiller en me menaçant de me tuer; il a mis mes habits en se plaignant encore qu'ils étaient cent fois trop larges pour lui, le scélérat ! et notez que j'avais cinquante-trois louis dans ma bourse, et qu'elle se trouvait dans la poche de ma culotte... Enfin le brigand m'a pris jusqu'à ma casquette, jusqu'à ma perruque, pour se déguiser.

— Mais qui ? — cria Beaucadet de toute sa force, — mais qui ?

— Enfin, prenant mon cheval par la bride, il l'a fait sortir de l'épais taillis où je m'étais égaré et où je l'avais rencontré pour mon malheur, le monstre ! et il a disparu sans que j'aie osé le suivre.

— Mais qui ? qui ? qui ? — cria Beaucadet avec un effrayant *crescendo* d'exaspération.

— Et tout à l'heure, — continua l'autre, emporté par le feu de sa narration, — tout à l'heure, en me traînant ici, je l'ai vu passer tout au bout d'une longue allée; il galopait à bride abattue, et il a rencontré deux gendarmes qui l'ont laissé passer... les imbéciles !

— Mais vous en seriez un autre, — s'écria Beaucadet, — si vous ne disiez pas enfin qui est-ce qui vous a pris sur le corps votre cheval, vos effets, votre argent, vos bottes, et jusqu'à votre perruque.

— Mais qui voulez-vous que ce soit, si ce n'est pas lui ?

— Mais qui ? lui ! — hurla Beaucadet exaspéré.

— Le vôtre !

— Quel mien ?

— Je vous le dis depuis une heure, le scélérat que vous traquez.

— Bamboche ! ! ! — s'écria Beaucadet stupéfait.

— Comment, Bamboche ?... — reprit M. Dumolard outré, — c'est ainsi que vous prenez ma déposition... vous la traitez de bamboche !

— Mais, énorme sans-culotte ! c'est le nom de mon brigand !

— S'appeler ainsi quand on fait un tel métier... c'est une raillerie atroce, — murmura Dumolard.

— Et mes gendarmes l'ont salué !

— Parbleu ! ils l'ont pris pour un chasseur, — ajouta M. Dumolard; — sont-ils assez stupides !

— Ah ! Bamboche, tu es un fier gueux, — s'écria M. Dumolard avec une indignation concentrée : — abuser ainsi des effets, du cheval et de la perruque de ce gros monsieur... te faire saluer par mes hommes... toi, gredin, toi, évaporé des prisons de Bourges... toi, grand brigand... ah ! c'est dégoûtant, tu me payeras celle-là...

— Raphaële !... mon enfant !... qu'as-tu ?... — s'écria Mme Wilson en soutenant sa fille qui s'évanouissait dans ses bras. — Mon Dieu !... elle se trouve mal !... au secours !...

A cette nouvelle péripétie, l'attention, fixée naguère sur M. Alcide Dumolard, changea de nouveau d'objet : tous les regards se portèrent avec autant de surprise que de compassion sur Mme Wilson et sur sa fille.

Peu apitoyée, il faut le dire, non plus que sa mère, par la ridicule aventure de Dumolard, Raphaële cédait enfin à la violence de ses poignantes émotions, longtemps et courageusement contenues; son doux et beau visage, se décolorant peu à peu, devint bientôt d'une blancheur d'albâtre; à ses longues paupières fermées, étaient encore suspendues quelques larmes brûlantes; quoique sa mère, qui n'avait pu la retenir à temps, la soutînt toujours de son mieux, la jeune fille était tombée sur ses genoux, sa tête allanguie penchée sur son épaule... La commotion de cette chute ayant fait rouler à terre son chapeau d'homme, les admirables cheveux bruns de Raphaële se dénouèrent, et l'enveloppèrent à demi de leur soyeux réseau... tandis que sa mère, qui venait de s'agenouiller aussi pour la mieux maintenir, la serrait entre ses bras et la couvrait de baisers et de pleurs.

La menaçante indignation des paysans, déjà sinon calmée, du moins déroutée par la grotesque apparition de M. Dumolard, s'évanouit pour ainsi dire au milieu de ces péripéties d'un caractère si différent, et ils oublièrent de nouveau leur violent ressentiment contre Scipion, émus du touchant tableau qu'offrait Mme Wilson éplorée, serrant contre son cœur sa fille sans mouvement.

. . . .

Un quart d'heure après ces événements, au moment où le soleil se couchait dans un ciel d'une grande sérénité, trois groupes, bien différents d'aspect, quittaient le bois où avait eu lieu la chasse.

Une calèche rapide, suivie de domestiques tenant des chevaux de main, emportait Raphaële Wilson; sa mère la soutenait dans ses bras, pendant que M. Dumolard, auquel on avait prêté un manteau de gendarme, grelottait, encore inquiet et effaré, sur le devant de la voiture.

D'un côté de la calèche, était à cheval le comte Duriveau, les traits assombris, l'esprit en proie à la plus profonde anxiété. Le vicomte Scipion, fidèle à son rôle d'homme insensible à toute émotion, galopait à l'autre portière, avec un calme stoïque, bien que de temps à autre un nuage passât sur son front, et qu'un mouvement convulsif plissât ses sourcils.

Le brigadier de M. Beaucadet marchait, au pas de son cheval, à la tête du second groupe qui sortit des bois, non loin de la croix du Carrefour. Deux paysans portaient, sur un brancard, improvisé avec quelques branches d'arbres, le berceau dans lequel se trouvait le petit enfant mort : les autres paysans suivaient, tête nue, muets, tristes et recueillis.

Le brigadier, par ordre de M. Beaucadet, accompagnait ce triste cortége, qui transportait le corps de l'enfant chez l'autorité civile ; la justice et les gens de l'art devaient ensuite procéder à l'examen du corps.

Le dernier groupe qui abandonna le bois se composait de M. Beaucadet et de quatre gendarmes. Ils suivaient, au grand trot, le chemin de la métairie du Grand-Genévrier, afin d'aller y opérer l'arrestation de Bruyère, prévenue d'infanticide.

Ensuite de cette arrestation, M. Beaucadet devait faire toute diligence, afin de signaler aux autorités le déguisement sous lequel Bamboche était parvenu à s'échapper du bois dans lequel il eût été infailliblement arrêté sans sa rencontre avec M. Alcide Dumolard.

Un personnage qui, invisible, avait assisté aux scènes précédentes, se dirigeait aussi en hâte, mais par un chemin différent, vers la métairie du Grand-Genévrier.

Ce personnage était *Bête-Puante*, le braconnier.

CHAPITRE IV.

Une métairie en Sologne. — Repas des garçons et des filles de ferme. — Philosophie théorique et pratique de la Robin. — Une jeune fille charmée. — Devoirs des grands propriétaires.

Le soleil allait bientôt se coucher lorsque Beaucadet, accompagné de ses gendarmes, et résolu d'opérer l'arrestation de Bruyère, s'était dirigé vers la métairie du Grand-Genévrier, appartenant au comte Duriveau et dépendant de sa terre du Tremblay.

Il serait difficile de donner à ceux qui n'ont pas vu la plupart des métairies de cette partie de la Sologne la moindre idée du révoltant aspect de ces tanières fétides, délabrées, insalubres même pour des bestiaux, où végètent pourtant les métayers, leurs domestiques et leurs journaliers, presque toujours hâves et languissants ; car d'incessantes et terribles fièvres, causées par les exhalaisons délétères d'un terrain spongieux, imbibé d'eaux croupissantes, exténuent ces populations, affaiblies déjà par une détestable et insuffisante nourriture.

La métairie du Grand-Genévrier était ainsi nommée à cause d'un genévrier colossal, au moins deux fois centenaire, qui s'élevait non loin de ses bâtiments d'exploitation et du logement du fermier. Le tout se composait d'une espèce de parallélogramme de masures dégradées, crevassées, construites en *pisé*, sorte de mortier fait de terre et de sable auquel, lorsqu'il est à l'état liquide, on donne un peu plus de cohésion en y ajoutant du foin haché.

La toiture, effondrée en de nombreux endroits, était recouverte, ici de tuiles ébréchées, rongées par la mousse ou par la vétusté, là de chaume à demi pourri par l'humidité, plus loin de touffes de genêts desséchés, amoncelés sur une charpente boiteuse.

Ces bâtiments, formant la grange, la bergerie, l'écurie, l'étable et le logement du métayer, entouraient une cour aux trois quarts remplie d'une masse de fumier infect, baignant dans une mare assez creuse, aux eaux noires, fétides et stagnantes, entretenue par le *suin* et par les filtrations du sol marécageux. Cet amas de liquide nauséabond, couvert d'une couche de viscosité bleuâtre, envahissait tellement la cour du côté de l'habitation du fermier, que celui-ci s'était vu forcé de construire une sorte de digue en pierraille, recouverte de fagots d'ajoncs épineux, où aboutissaient trois ou quatre marches moussues, disjointes, qui conduisaient à la seule chambre dont se composait son logis.

Au levant de cette métairie, enfouie dans un bas-fond si malsain, s'étendait une immense plaine de landes tourbeuses ; au nord, s'élevait un massif de grands chênes, tandis qu'au couchant une étroite chaussée de gazon séparait seulement ces bâtiments d'un vaste marais, l'hiver et l'automne, toujours couvert d'un épais brouillard, et qui, l'été, lorsque, aux ardeurs du soleil, fermentait son limon, remplissait l'atmosphère de miasmes pestilentiels.

La nuit allait venir ; c'était l'heure à laquelle les animaux rentraient des champs. Bientôt, traversant la mare d'eau infecte pour regagner leur étable, arrivèrent quelques vaches efflanquées, osseuses, aux mamelles presque desséchées, au poil terne, couvert en quelques endroits d'une croûte épaisse de fange ; l'insuffisante pâture des bruyères, des ajoncs et des prés, presque constamment submergés, causait l'état de maigreur de ce troupeau ; il était conduit par un enfant de quinze ans, auquel on en eût donné dix à peine ; il avait les jambes nues, violâtres et crevassées par l'habitude de marcher sans cesse dans un sol marécageux. Pour unique vêtement, cet enfant portait un pantalon en lambeaux, et sur la peau (à cette race déshéritée, les chemises sont inconnues), un sarrau de grosse toile bise, trempé de la pénétrante humidité du soir. Ses cheveux jaunâtres s'emmêlaient raides et épais comme une crinière ; ses joues creuses et livides, ses lèvres d'une blancheur scorbutique, son œil éteint, ses pas traînants, annonçaient qu'il *avait*, ainsi qu'on le dit dans le pays, *les fièvres*. Quant aux moyens curatifs, ces malheureux n'y peuvent songer : le médecin demeure à des distances énormes, et d'ailleurs sa visite coûterait trop cher ; ils *ont donc les fièvres*, et ils les gardent jusqu'à ce que les fièvres, par leur retour périodique, aient usé leur vie ou qu'ils aient usé la fièvre. Ce dernier cas est singulièrement rare.

Un chien fauve demi-griffon, barbu, crotté, décharné, aidait à la conduite du troupeau ; le petit vacher parvint à grande peine à enfermer son bétail dans une vacherie boueuse, glaciale, au toit effondré en plusieurs endroits, inconvénient auquel on avait remédié en jetant sur les crevasses quelques fagots de sapin.

On voyait qu'une affection réciproque, basée sur un fréquent échange de services et sur une complète parité d'existence, unissait le petit pâtre et son chien. Que de longues heures d'automne et d'hiver cet enfant avait passées, abrité derrière quelque touffe de genêt, au milieu des landes désertes, son chien étroitement serré contre sa poitrine, afin de réchauffer à cette chaleur animale ses pauvres membres engourdis !

Ainsi niché, ne pensant pas plus qu'un animal, l'enfant tantôt regardait paître ses bestiaux à travers l'humide et froide brume qui les voilait à demi, tantôt suivait dans l'air, d'un regard machinal, la lente évolution des volées de vanneaux ou de halbrans ; tantôt, plongé dans une apathie plus stupide encore, ne vivant pas plus qu'un madrépore, il restait des heures entières son front dans ses mains, ses yeux fixes attachés sur les yeux fixes de son chien.

Et cette vie solitaire, animale, abrutissante, qui ravale l'homme au niveau de la bête, était celle de chaque jour pour ce malheureux enfant ; ainsi que des milliers d'êtres de son âge et de sa condition, absolument étranger à l'instruction la plus élémentaire, il vivait ainsi au milieu des landes désertes, ni plus ni moins intelligemment que le bétail qui paissait. Ignorant les moindres notions du bien et du mal, du juste et de l'injuste, l'instinct de cet enfant se bornait à associer ses efforts à ceux de son chien pour empêcher le troupeau d'entrer dans les taillis, ou de brouter les jeunes semis, puis à ramener, le soir, son bétail dont il partageait la litière.

Et une foule innombrable de créatures naissent, vivent et meurent ainsi, dans l'ignorance, dans l'hébêtement, n'ayant de l'homme que l'aspect, ne connaissant de l'humanité que les douleurs, que les misères, ne sachant pas que Dieu les a doués, comme tous, leur donnant une âme qui les rattache à la Divinité, une intelligence qui, cultivée, les élève à l'égal de tous.

Le petit vacher venait de conduire son troupeau dans l'étable, lorsque la fille de ferme rentra, ramenant des bords de l'étang voisin, où elle était allée les abreuver, deux chevaux malades; elle montait l'un d'eux à cru et à califourchon, les jupes relevées jusqu'au genou, hâtant la marche traînante de l'animal en lui battant les flancs de ses grosses jambes nues et rouges.

La misère, les travaux trop rudes, l'abrutissement, tendent tellement, en soumettant leurs victimes à un impitoyable niveau, à effacer les divers caractères d'élévation, de force ou de grâce, imprimés par Dieu à ses créatures, que cette fille n'avait plus de la femme que le nom.

Les traits grossis, tannés, brûlés par l'intempérie des saisons, la taille épaissie, déformée, par des labeurs audessus de ses forces; les vêtements en lambeaux et souillés de fange; les cheveux en désordre, rassemblés à peine sous un bonnet de coton d'un blanc sordide, l'air brutal et hardi, la voix rauque, les mouvements virils, cette infortunée appartenait pourtant à ce sexe que Dieu a nativement doué de cette délicatesse de formes, de cette finesse de carnation, de ces mouvements doux, de cette élégance naturelle, de cette candeur timide, de ce charme à la fois attrayant et chaste qui caractérisent la femme, et que l'éducation développe et féconde; car chacun de ces dons précieux semble devoir contenir le germe ou l'obligation d'une grâce ou d'une vertu.

Loin de là, cette pauvre fille de ferme, abandonnée, sans éducation, sans enseignement, sans soins, comme l'avait été sa mère et comme l'était la foule innombrable de ses pareilles, ne se trouvait-elle pas plus à plaindre encore qu'un homme, dans une condition semblable? Déshéritée de tout bonheur, de tout plaisir sur la terre, elle avait, de plus, à force de labeurs, de fatigues, de misère, perdu jusqu'à la physionomie, presque jusqu'à la forme que le Créateur lui avait donnée... et l'aspect de la dégradation physique chez l'homme attriste l'âme, la vue d'une femme telle que celle dont nous avons esquissé le portrait ne cause-t-elle pas un ressentiment plus chagrin, plus amer encore?

Bientôt rentrèrent aussi à la ferme deux valets de charrue; chacun descendit du cheval sur lequel il était assis. Les harnais sordides furent insoucieusement jetés dans un coin de la cour çà et là sur le fumier, ou dans l'eau croupissante; les chevaux, boueux jusqu'au poitrail, furent attachés en cet état à l'autre extrémité de la vacherie.

Pendant ce temps, le petit vacher prit une immense terrine de grès, qu'il essuya grossièrement avec une poignée de foin, et se dirigea vers la porte du logement du métayer. L'enfant, ayant monté quelques marches disjointes, posa sa terrine sur le palier, en disant d'une voix dolente :

— Toutes les bêtes sont rentrées; voilà notre terrine...

Et, assis sur la pierre, épuisé de fatigue, frissonnant sous l'impression de la fièvre et du froid, il attendit, son front appuyé entre ses deux mains.

Au bout de quelques instants, à travers la lueur rougeâtre qui tremblait à la porte de la masure, parut un bras décharné, armé d'une grande cuiller de bois, et bientôt l'immense terrine fut à peu près remplie d'un mélange alimentaire qui mérite une mention particulière.

La base de cette chose sans nom se composait de lait aigri et caillé, mêlé de farine de sarrazin et quelques morceaux de pain de seigle, pain noir, compacte et visqueux. Du mortier quelque peu détrempé d'eau ne produit pas en tombant dans l'augette du maçon un bruit, si cela se peut dire, plus pesant, plus mat, qu'en produisait cette nauséabonde nourriture, servie froide, bien entendu; le fermier et sa famille n'avaient pas d'ailleurs une alimentation plus saine et moins répugnante.

La terrine emplie, le petit vacher la souleva péniblement, et, la posant sur sa tête, regagna l'étable.

Lorsqu'il y arriva, la fille de ferme versait dans quelques vases de grès le peu de lait chaud et écumeux qu'elle avait pu extraire du pis des vaches, afin de préparer la confection du beurre que l'on vendait (l'on ne consommait à la ferme que le résidu caillé, aigri par la *présure*).

En voyant réserver pour la vente ce lait chaud, salubre et nourrissant, ces gens, résignés à la détestable nourriture qui les attendait ensuite d'une journée de grandes fatigues, ces gens, façonnés, rompus à la misère, n'éprouvaient aucun sentiment d'envie. Non, il en était d'eux ainsi que de ces travailleurs couverts de haillons, qui, au fond de leur mansarde, incessamment courbés sur leur métier de fer, sont accoutumés à ne pas envier ces fraîches et splendides étoffes de soie et d'or dont ils tissent sans relâche la trame fleurie, joyeuse, éblouissante, comme les fêtes qu'elle doit orner.

Lorsque le petit vacher, portant sur sa tête la terrine contenant la pitance commune, arriva près de l'étable, il y trouva ses compagnons assis sur le fumier et rapprochés de la porte afin de profiter des dernières lueurs du jour qui devaient seules éclairer leur repas; une lanterne autre que celle qui éclairait la demeure du métayer, aurait été forcément considérée comme une superfluité coûteuse.

A ce moment, des gémissements douloureux, sortant du fond de l'étable, se firent entendre.

— Bon ! — dit l'un des valets de ferme, — voilà père Jacques qui recommence sa musique.

— C'est que c'est l'heure où la petite Bruyère va le voir tous les soirs...

— Pauvre cher homme !... c'est lui vouloir du bien que de demander qu'il crève.

— Souffrir comme un possédé... Rester muet comme un poisson... et ça depuis plus de deux ans... C'est pis que la mort.

— C'est tout de même heureux que maître Chervin lui donne une litière dans l'étable et le reste de notre caillé... Sans cela, père Jacques crevait dans un fossé comme un chien.

— Et c'est bien de la part de notre maître, cette charité-là, car le guignon le poursuit, — dit la fille de ferme, appelée la Robin, qui, nous l'avons dit, n'avait plus de femme que le nom. — On dit que le régisseur de M. le comte va renvoyer maître Chervin de la métairie parce qu'il ne peut pas payer.

— Qu'est-ce que ça nous fait, à nous? — dit brutalement un des valets de charrue. — Il y aura toujours un métayer à la métairie. Obéir à Pierre ou à Nicolas... bon à crever dans un fossé; ça m'est bien égal, en attendant que je sois comme le père Jacques.

— Et dire que, dans les temps, le père Jacques a été un si habile et si fort travailleur ! — reprit l'autre charretier.

— Et à présent, fini... perclus de tous ses membres.

— C'est les froidures des défrichements marécageux qui l'ont tortillé comme ça en manière de manche de serpe.

— Et puis, plus tard, les rosées des nuits d'automne, quand il était berger.

— Et il nous en pend autant aux reins, à nous, quand nous serons vieux, et peut-être avant... Faut pas rire... moi, les fièvres ne me quittent plus.

— Dame !... il nous en cuit à nous ni plus ni moins qu'aux autres, — dit la Robin, pauvre et laide créature, qui ne manquait pas d'insouciance, la philosophie des humbles. — A force de piocher, les pioches s'ébrèchent, et quand elles sont usées, on les f...iche au rebut. Quoi qu'on peut faire à ça ?

— Rien... bien sûr... c'est le sort...

— Mais c'est un sort tout de même bien *peinant* au pauvre monde, — dit un des valets de ferme.

— Oh !... ça, oui... et dur à tirer.

— Dame !... on tire... — dit la Robin. — Le sort, c'est le sort.

— Oh ! toi, la Robin, — reprit le charretier, — on te couperait en quatre, que tu dirais : — Excusez... c'est de ma faute, je ne l'ai pas fait exprès.

— Mais, puisque c'est le sort ! — riposta la fille de ferme avec l'accent d'une conviction profonde; — et la preuve que ça c'est, c'est que c'est le nôtre, c'est le tien !

A cette triomphante explication de la fatalité de sa destinée, le charretier, assez empêché dans sa réponse, se gratta l'oreille, hocha la tête; il n'était qu'à demi convaincu.

— Tiens, — reprit la Robin, appelant les faits à l'appui

de son raisonnement, — je vas te prouver ça clair comme l'œil. Ce soir, j'ai trait mes vaches, le lait est encore tout chaud ; ce matin, par ordre du maître, j'ai tordu le cou à six oies grasses, qui sont accrochées dans la laiterie, pour être portées demain au marché du bourg, avec six des dindes de la petite Bruyère, vingt livres de beurre... un demi-cent d'œufs, deux setiers du plus beau froment que le maître a récoltés, un brochet de quinze livres au moins, et deux carpes, qui, ensemble, pèsent autant ; j'ai trouvé ce beau poisson, ce matin, aux lignes que maître Chervin avait tendues hier soir dans l'étang.

— Eh bien ! qu'est-ce que ça prouve pour le sort ? — dit le charretier tout ébaubi.

— Attends donc, — reprit la Robin. — Avec ce froment, on ferait du pain blanc superbe, n'est-ce pas ?

— Ah ! mais oui !

— Avec ce beurre et ces œufs frais, une belle grosse omelette ?

— Pardi !

— Avec ce lait, une bonne soupe ?

— Oh ! oui...

— Avec le brochet et les carpes coupés en tronçons, une fière friture ?

— Oh ! oui, oh ! mais oui.

— Et ces oies rôties feraient un fameux manger ?

— Étant petit, j'en ai beaucoup gardé, des oies ; mais je n'en ai jamais goûté ; ça doit être un *grand* fricot.

— Ainsi, — reprit la Robin d'un air de plus en plus triomphant, — ainsi, il y a ici tout près de nous, de quoi faire du pain blanc, de la soupe au lait, une omelette, un rôti d'oie ou de dinde, une friture, et même, après, une belle galette, puisqu'il y a farine, œufs et beurre : voilà un souper, j'espère !

— Un vrai souper de noce ! Il faut se marier pour en faire un pareil dans sa vie... mais, le sort ?... où que ça prouve notre sort ?

— Ça le prouve, — répondit magistralement la Robin, — ça le prouve, puisqu'à côté de ces bonnes choses, nous allons manger notre pâtée... de *carabin* (blé noir) et de caillé.

— Hum !... — fit le charretier en regardant son compagnon d'un air interrogatif... Mais son compagnon, brisé de fatigue, sommeillait à demi, indifférent à cette conversation philosophique, tandis que le petit vacher, accroupi, rassemblé sur lui-même, *tremblait la fièvre.*

La Robin, jugeant, à la physionomie de son interlocuteur, qu'il ne se trouvait pas encore complétement édifié, ajouta :

— Vois-tu, Simon, si notre sort était de manger de ces bonnes choses-là au lieu de notre pâtée... nous les mangerions ; mais, puisque nous n'en mangeons pas, ni le maître non plus... c'est donc pas notre sort ?

— Mais, tonnerre de Dieu ! — s'écria le charretier à bout de raisonnement, — à qui c'est-y donc le sort de les manger, ces bonnes choses ?

— C'est le sort des gens riches des bourgs et des villes, puisqu'ils les achètent et qu'ils les mangent, — répondit la Robin ; — comme c'est leur sort d'acheter nos veaux, nos moutons, nos bœufs, dont nous ne goûtons jamais.

— Hum !...

— Est-ce vrai ? — reprit la Robin triomphante, — oui ou non ? — mangent-ils tout, et nous rien ?

— Le vrai est qu'ils mangent tout, — dit le charretier d'un air piteux, après un moment de réflexion et comme frappé de l'évidente clarté du raisonnement de la Robin, — le vrai est qu'ils mangent tout, et nous rien.

— Ils ont donc leur sort, comme le nôtre ; seulement le leur est bon et le nôtre mauvais ; là-dessus, vite, les cuillers dehors ! — ajouta la Robin ; — mangeons la pâtée ; ce sera autant de fait, et un bon débarras.

Et chacun s'approcha de la terrine, poussé par un appétit que tempérait le dégoût ; la Robin, assise entre les deux charretiers, paraissait les traiter avec une bienveillance égale ; le petit vacher se tenait en face de la Robin.

— Ça vous dégringole lourd et froid dans la panse comme des glaçons fricassés dans la neige, — dit le charretier en replongeant lentement sa cuiller dans la terrine ; — moi qui étais transi en rentrant, ça me retransit encore plus.

— C'est pas les chiens à monsieur le comte, qui chassait tantôt dans les bois, qui s'arrangeraient de cette pâtée-là... au moins ! — fit l'autre charretier.

— Vrai, elles sont bien heureuses, bien choyées, ces bêtes-là, — reprit Simon ; — l'autre jour, en allant porter du foin au château, j'ai regardé, en passant, dans le chenil, maître Latrace, le piqueur, leur tremper la soupe... Ah ! mais, c'étaient des têtes de mouton, des tripes, du cœur de bœuf, une vraie soupe de marié !...

— Dame... tout le monde ne peut pas être des chiens de chasse, non plus... — dit la Robin avec une sorte de résignation naïve, et sans la moindre intention ironique. Le vœu de la fille de ferme parut d'ailleurs si naturel, que ces paroles ne donnèrent lieu à aucun commentaire.

A ce moment, les gémissements qui partaient de l'étable se firent entendre de nouveau, et la voix appela Bruyère avec un accent d'impatience croissante.

— Tiens, le père Jacques qui appelle Bruyère... le pauvre vieux s'impatiente, — dit la Robin.

— Au fait, c'est drôle, voilà bientôt la nuit... et la petite n'est pas rentrée avec ses dindes, — dit un des charretiers ; — c'est pas pour la pâtée que je dis ça... il lui en restera toujours plus qu'il ne lui en faudra.

— C'est vrai ; cette petite fille mange comme un roitelet, et encore elle mange... parce qu'elle le veut bien, — dit l'autre d'un air mystérieux ; — si elle voulait... elle ne mangerait pas du tout.

— Je ne dis pas non, — reprit la Robin en secouant la tête, — puisqu'elle est *charmée ;* témoin ses dindes qui la connaissent, l'aiment, lui obéissent, et sont pour elle comme pas un chien pour son maître.

— Sans compter que ses deux gros coqs d'Inde, qui sont si mauvais, vous dévisageraient, si on avait le malheur d'entrer la nuit dans le perchoir, où Bruyère perche dans le nid qu'elle s'est fait, au-dessus de ses bêtes, comme un *moigneau,* témoin le gros Sylvain, qui a voulu y entrer l'été passé, dans le perchoir, et qui a manqué être aveuglé.

— Et monsieur Beaucadet, le chef aux gendarmes, qui avait voulu bêtiser avec Bruyère, et qui a été obligé de filer plus vite que ça devant les deux coqs d'Inde, vrais enragés.

— Sûr que ses bêtes sont aussi *charmées,* et j'en voudrais pas manger... si mon sort était d'en manger, comme dit la Robin.

Plusieurs paysans : un vieillard, un homme d'un âge mûr et une femme portant un enfant, entrant alors dans la cour de la métairie, se dirigèrent vers le groupe des gens de la ferme.

— Bon, — dit la Robin, — voilà bien sûr des *pratiques* pour la Bruyère... Mais je ne les connais pas encore, celles-là.

— Bruyère est-elle à la ferme ? — demanda un des nouveaux venus.

— J'en étais sûre, — se dit la Robin en manière d'à-parté ; puis elle reprit tout haut : — Vous voulez lui parler pour qu'elle vous *conseille*, n'est-ce pas, mes bonnes gens ?

— Oui, ma brave fille... nous sommes du côté du Val ; on nous a parlé d'elle, et nous sommes partis après l'ouvrage.

— La petite devrait être rentrée, — reprit la Robin ; — mais vous ne l'attendrez pas longtemps... Si vous voulez la voir plus tôt, allez jusqu'au *ru,* à main gauche en sortant d'ici ; Bruyère reviendra pour sûr par la passerelle.

— Merci, ma bonne fille, — dit le plus vieux des deux paysans.

Puis ses compagnons et lui sortirent de la métairie.

— Bon, — dit la Robin en voyant s'éloigner les *pratiques* de Bruyère, — la procession continue ; maintenant, c'est les gens du Val, vous verrez que l'on viendra jusque de la *Beauce* pour qu'elle conseille.

— Preuve de plus qu'elle est *charmée*, cette petite.

— Oui, oui, à coup sûr, faut qu'elle soit *charmée,* — reprit la Robin, — pour rester si mignonne.

— Et ses cheveux luisants comme une écorce !

— Et sa couronne et ses bouquets !

— Et ses drôles de ceintures !

— Et puis ses bottines en jonc!

— Et ses grands yeux verts... c'est eux qui, on peut le dire... est des yeux *charmés*.

— Et puis, qu'elle devine le temps, le sec, la grêle, la pluie ou la brumaille.

— Je crois bien! pour ça, un marinier de la Loire, c'est rien du tout auprès d'elle!

— C'est ce qui fait qu'on vient de partout pour qu'elle conseille...

— Et qu'elle connaît la terre! Elle n'a qu'à dire des *paroles* à ceux qui lui en demandent, et les plus mauvaises terres deviennent bonnes; avec elle, il n'y a point de *raides de sable!* Mais faut l'écouter.

— Témoin la métairie d'ici: maître Chervin l'a écoutée; l'an passé, ça a été une récolte superbe.

— Oui, ça lui a servi à grand'chose, à maître Chervin! Son bail finissait; le régisseur à monsieur le comte a vu cette belle récolte, et il a augmenté le bail d'un tiers et d'un *pot de vin*. Maître Chervin a signé, tout y a passé; et, cette année, comme il ne peut pas payer... on le met dehors.

— C'est toujours pas la faute aux *paroles* de Bruyère.

— Oh! non! jamais elle ne se trompe!... Et qu'elle connaît les *herbes!*... car, un temps, les *herbures* qu'elle faisait pour le père Jacques l'ont soulagé... mais le mal finit par être le plus fort; c'est si *ostiné*... le mal!

— Oui, — reprit la Robin, — mais il y en a bien d'autres qu'elle a guéris.

— Il n'y a que les fièvres sur quoi ses paroles ne mordent pas.

— Elle dit que c'est les marais et les tourbières qui les donnent... les fièvres.

— Ha! ha! les marais qui donnent les fièvres! — s'écria un des charretiers en riant d'un gros rire. — Pour ça, quelle bêtise!

— Moi, puisqu'elle le dit, — reprit la Robin, — je la crois; si elle est *charmée* pour une chose, elle l'est pour une autre.

— Dame! — fit le charretier indécis, — c'est peut-être vrai.

— Il n'y a qu'à voir, — reprit la Robin, — quand on a perdu quelque chose, on n'a qu'à lui dire dans quels environs ça peut être; elle part dare-dare, avec ses dindes..., et elle les force à retrouver la chose, comme c'est arrivé pour la tabatière d'argent du régisseur.

— Et pour la poire à poudre, en cuivre, du garde champêtre.

— Et la petite Bruyère ne serait pas *charmée?*

— Pardi!

— Sans compter qu'après elle, pour le bon cœur, il n'y a pas meilleur.

— A preuve que, quand Bête-Puante, le braconnier, était traqué comme un loup, c'est elle qui veillait sur lui, et l'avertissait toujours.

— Aussi, voyant qu'on ne pouvait pas le pincer, on l'a laissé tranquille.

— Brave homme, tout de même, que Bête-Puante; on dit que, s'il braconne... c'est pour donner une pièce de bon gibier ou de poisson frais à un pauvre diable malade, qu'un peu de bonne nourriture reconforterait.

— On dit ça, c'est bien possible... la petite Bruyère ne l'aimerait pas tant, si ça n'était pas un bon homme.

— On les voit souvent ensemble depuis quelque temps.

— Elle aura, bien sûr, aussi charmé le braconnier, la *charmeuse* qu'elle est.

— Oh! oui, qu'elle est charmeuse et charmée; car enfin, — dit naïvement la pauvre et repoussante Robin, — il n'y a qu'à la regarder à côté de moi... avec ses pieds mignons, ses jambes mignonnes, ses mains mignonnes, sa taille mignonne, quoiqu'elle ait seize ans; à côté de moi, elle n'a l'air de rien du tout... bien sûr donc qu'elle est *charmée*.

— Et si elle ne l'était pas, pourquoi qu'au lieu de coucher avec nous pêle-mêle dans l'étable, elle a voulu, même toute petite, percher seule dans le perchoir avec ses dindes?

— C'est ce qui te chiffonne, mon gars; t'aurais voulu aussi bêtiser avec elle, toi! — dit la Robin en riant bruyamment et allongeant à son voisin de droite un vigoureux coup de poing dans les côtes: celui-ci, pour ne pas avoir *le dernier*, se pencha derrière la Robin, et bourra rudement le dos de l'autre charretier qui sommeillait; lequel charretier, au fait du *jeu*, riposta en donnant un grand coup de pied au petit vacher: l'enfant, toujours frissonnant, tâcha de sourire, et ne rendit le coup de pied à personne.

— Et c'est pas toi, la Robin, qui aurais fait comme la petite Bruyère, — reprit le charretier toujours riant; — toi pas si bête de quitter notre étable la nuit!

Et Simon embrassa bruyamment la repoussante créature en répétant:

— Toi pas si bête de quitter l'étable la nuit!

— Non, elle pas si bête!

Ajouta le voisin de gauche en embrassant à son tour et non moins familièrement, non moins plantureusement, la Robin, sans paraître nullement exciter la jalousie de Simon, pendant que le petit vacher restait indifférent aux grossières plaisanteries qu'il entendait; car nous n'entreprendrons pas de rapporter la conversation naïvement cynique dont les baisers retentissants, donnés à la fille de ferme par les deux charretiers, furent le signal, conversation qui se prolongea jusqu'à ce que la nuit fût à peu près venue.

Alors ce qui restait de *caillé* et de blé noir dans la terrine fut placé par le petit vacher en dehors de l'étable, sur une auge qu'il recouvrit d'un seau: c'était le souper de Bruyère, dont le retard à paraître étonnait un peu, mais n'inquiétait pas les gens de la ferme. Comment s'inquiéter d'une créature *charmée?*

Les portes délabrées de l'étable fermées, les deux charretiers, la fille de ferme et le petit vacher se couchèrent pêle-mêle sur la même litière, vêtus comme ils l'étaient, se pressant les uns contre les autres pour avoir chaud, celui-ci se couvrant avec un lambeau de couverture, celui-là avec une mauvaise roulière; car lits, draps et couvertures sont choses généralement inconnues aux races agricoles.

Quant aux incidents obscènes que couvrent souvent de leur ombre ces longues nuits d'hiver ainsi passées dans une métairie solitaire, ou les chaudes nuits d'été, alors qu'au temps de la moisson les granges regorgent de moissonneurs et de moissonneuses gîtant pêle-mêle, femmes, hommes, filles, enfants, sur la même paille, pourquoi s'en étonner, ou, plutôt... de quel droit s'en étonner?

Voici des créatures abandonnées, élevées sans plus de souci, sans plus de sollicitude que les animaux des champs, parquées entre elles sans distinction d'âge ou de sexe, comme des bêtes au retour du labour ou du pâturage: de quel droit leur demander d'autres mœurs que celles des bêtes? de quel droit exiger l'inassouvissement de leurs ardeurs brutales, le respect de l'enfance et la dignité de soi?

Aussi, combien de ces malheureux, livrés à eux-mêmes et aux funestes traditions de cette existence de misère et d'abrutissement, déshérités de tout ce qui cultive l'esprit, épure le cœur et agrandit l'âme, vivent comme ils le peuvent, et forcément dans la fange où on les fait croupir!

« Mais, — diront les optimistes et les repus, la pire es-
» pèce d'égoïstes, — cette race abrutie accepte son misé-
» rable sort sans se plaindre; souvent même elle se roule
» dans sa fange avec une joie, avec une sensualité gros-
» sière. Voyez ces prolétaires des campagnes: ils se con-
» tentent d'une insalubre et détestable nourriture, tandis
» que, chaque jour, ils récoltent, ils élèvent, ils engrais-
» sent, ils préparent sans envie des éléments de l'alimenta-
» tion la plus saine, la plus succulente, la plus recherchée!
» A quoi bon éveiller chez ces malheureux-là des besoins,
» des appétits qu'ils n'ont pas? Voyez-les: à peine rassa-
» siés, hommes, femmes et enfants se jettent pêle-mêle sur
» la même litière. Qu'importent les faits de promiscuité
» sauvage qui se passent souvent dans ces tanières! La
» nuit est complaisante, ses ténèbres cachent tout ce qui
» doit être caché. Cette race vit ainsi depuis des siècles;
» elle est patiente, elle est accoutumée au servage, elle ne
» demande rien, elle se résigne, elle travaille, elle souffre
» en paix; ne soyez donc pas plus de son parti qu'elle
» n'en est elle-même. Ces gens-là, tout malheureux que
» vous les dites, rient, chantent, font l'amour à leur

Faites cela, maître Chouart, faites cela... et c'est moi qui vous devrai... — Page 28.

» manière. N'espérez donc pas apitoyer sur leur sort. »

Et nous répondons :

C'est justement parce que ces races déshéritées n'ont souvent pas conscience de ce qu'il y a de grossier, de sauvage, d'abrutissant dans la vie animale où elles sont obligées de vivre, qu'au nom de la dignité, de la fraternité humaines, nous demandons pour elles une éducation qui leur donne la conscience et l'horreur de cette déplorable existence.

Une éducation qui, leur donnant aussi la mesure de LEUR FORCE, la connaissance de LEURS DROITS, la religion de LEURS DEVOIRS, permette à ces classes déshéritées de réclamer et d'obtenir une part légitime des biens, des produits, qu'elles concourent à mettre en valeur, part qui doit être équitablement proportionnée à la fatigue, au labeur, à l'intelligence du travailleur.

« Mais, — diront encore les optimistes et les repus, qui,
» las des plaisirs de l'hiver, choisissent en gens sensés le
» printemps et l'été pour leurs pérégrinations champêtres,
» — que vient-on nous parler de tanières humides et in-
» salubres, de landes solitaires et incultes, de marais pesti-
» lentiels? Voici la métairie du Grand-Genévrier, par
» exemple... Eh bien ! c'est tout bonnement... ravissant...
» Cabat ou Dupré ferait de cela un délicieux tableau. »

Et, en effet, au printemps, les bruyères incultes se couvrent de fleurs roses ; au bord fangeux des marais se développent en gerbes les feuilles lancéolées des iris aux fleurs d'or, ou les tiges des grands roseaux à aigrettes brunes; la mousse renaissante couvre de son velours et de ses reflets d'émeraude les tuiles et le chaume des toitures à demi effondrées ; les crevasses des masures en ruine disparaissent sous les plantes pariétaires, parmi lesquelles serpente le thyrse gracieux du liseron aux clochettes blanches et bleues. Enfin, les quelques grands chênes qui au nord abritent la métairie sont d'une verdure luxuriante.

Alors, à la vue de ces masures réfléchies par l'eau stagnante du marais et enfouies au milieu des bruyères roses, des iris fleuris et des grands arbres verdoyants, l'optimiste crie au *paysage!*... à la *fabrique!*... au *pittoresque!*... et il hausse les épaules de pitié, si on lui parle de l'horrible condition des gens condamnés à vivre dans un lieu qui, selon l'optimiste, *ferait un si délicieux tableau.*

Seulement, si l'optimiste amateur de *couleur* et de paysage prolongeait quelque peu son séjour dans ce site d'un effet si *pittoresque*, il s'apercevrait bientôt que l'ardeur du soleil faisant fermenter les masses de fumier humide qui encombrent la cour, il s'en exhale une odeur putride qui infecte l'habitation déjà privée d'air, pendant que la fange du marais, attiédie par les feux de la canicule, répand des miasmes délétères, non moins funestes que les épais brouillards dont il est couvert durant l'automne et l'hiver.

Oui, car l'on ignore ou l'on oublie que si, grâce à l'inépuisable profusion de la nature, ces pauvres demeures où s'abrite la population agricole sont, durant une courte saison, ornées au dehors d'une humble et agreste parure, l'intérieur de ces masures et la condition de ceux qui les habitent offrent en tout temps l'un des plus douloureux aspects qui puissent contrister le cœur.

Et nous disons que le sort, que la santé, que la vie de milliers de créatures de Dieu ne doit pas dépendre de la bonne ou mauvaise volonté, du bon ou du mauvais cœur d'un seul homme, sous le prétexte qu'il est détenteur d'une partie du sol d'un pays.

Ainsi... M. Duriveau, où, après lui, son fils, est propriétaire de deux ou trois lieues de territoire. Par l'incurie, par l'ignorance, par l'égoïsme ou par l'avarice de

— Oui, — reprit le vieillard, — c'était bien... comme cela dans mon rêve... — Page 34.

cet homme, par sa faute, enfin, cette partie du sol qu'il possède, et que de nombreuses familles de travailleurs habitent, est abandonnée à l'action homicide des eaux stagnantes, qui, écoulées, utilisées par de grands travaux d'assainissement, pourraient fertiliser, féconder ce sol, qu'elles frappent de stérilité et qu'elles rendent mortel à ceux qui le cultivent à si grande peine. M. Duriveau, non content de perpétuer ces foyers pestilentiels, force ses métayers à vivre dans les horribles demeures qu'il leur construit avec de la boue et du chaume, aux endroits les plus malsains de sa terre, sombres et humides tanières où ces misérables prolétaires des champs deviennent forcément fiévreux et perclus, jusqu'à ce qu'une mort prématurée les décime.

Est-il une autorité, une loi quelconque qui puisse empêcher cet homme de rendre homicide ce qui devrait être salutaire, stérile ce qui devrait être fécond ? Non, cet homme dispose à sa guise d'une fraction du sol de la France.

Et pourtant, voyez l'anomalie étrange...... Qu'à la ville une maison quelque peu borgne ou boiteuse empiète d'un pied sur une rue large de trente ou quarante pieds, vite la loi s'émeut... son cœur saigne, elle s'indigne, elle s'apitoie, elle s'exclame, et au nom de l'*utilité publique*, elle crie haro sur le propriétaire. De gré ou de force, il est obligé de démolir sa maison. Ne choquait-elle pas la vue ? Ne gênait-elle pas quelque peu, dans un endroit donné, la circulation ? N'y avait-il pas là effrayante urgence ? énorme péril en la demeure ? Ne s'agissait-il pas de la rectitude de l'alignement ? de l'élargissement du trottoir ?

Aussi, de par l'autorité de la *voirie*, les prétendus droits imprescriptibles de la propriété sont lestement foulés aux pieds, et l'on oblige cet homme à démolir à l'instant sa maison... maison paternelle peut-être... maison où peut-être il a vu mourir sa mère.

Cette subordination de l'intérêt privé à l'intérêt de tous part certes d'un principe admirable en soi, résumé par ces mots : — *l'utilité publique* (pour tous les bons esprits, il y a une sainte révolution sociale dans l'intelligente, large et féconde extension de ce principe d'expropriation) ; mais pourquoi limiter au seul embellissement des villes les conséquences de ce magnifique principe de fraternité ? Pourquoi la société, si radicalement, si légitimement agressive à la *propriété*, à l'individualisme, lorsque, en certaines circonstances données, la *propriété*, l'individualisme nuisent au bien-être commun, pourquoi la société reste-t-elle insoucieuse, désarmée, à l'endroit de questions tout autrement considérables que celles de l'alignement des rues, lorsqu'il s'agit enfin de la fertilisation, de la richesse du pays, surtout de la vie... oui, de la vie du plus grand nombre de ses enfants ?

Au nom de l'humanité outragée, au nom de la Divinité outragée, car c'est un sacrilége que d'user si indignement de ce que Dieu a créé pour la satisfaction de tous, certes, la société, aussi sévère envers M. Duriveau, grand propriétaire du sol, qu'envers celui dont la maison formait une impertinente saillie au milieu d'une rue, la société ne devrait-elle pas s'écrier :

— *Au nom de l'utilité publique*, assainissez vos terres, construisez des habitations humaines, et non des tanières pour les hommes laborieux qui seuls cultivent et mettent en valeur le sol dont vous êtes détenteur ; arrachez ces malheureux, après tout, vos frères, vos semblables, à des maladies qui les énervent, qui les tuent ! et dont vous êtes responsable aux yeux de Dieu et des hommes, *puisqu'il dépend de vous* de détruire la cause de ces mortalités ! sinon la société vous exproprie, ainsi qu'elle le fait lorsqu'un *propriétaire* refuse de subir l'alignement ou de rebâtir une maison dont la ruine imminente menace la sûreté des passants.

En vain M. Duriveau dirait-il :

— Les fonds me manquent pour défricher ou pour assainir mes terres, pour bâtir des maisons saines et logeables au lieu de tanières de boue et de paille.

La société ne devrait-elle pas lui répondre :

— L'assainissement d'une partie du sol commun, sa mise en valeur, sa fertilisation, et, en outre, la santé, la vie de cinquante familles, ne doivent pas être forcément subordonnées aux fluctuations de votre caisse, à l'insuffisance de vos ressources ou à la dureté de votre cœur. *Êtes-vous trop pauvre pour être si riche?* vendez vos terres... La société exigera de l'acquéreur les garanties que vous n'offrez pas. Les acquéreurs feront-ils défaut ? la société achètera ; la terre rend toujours, et certainement, et au double, les avances qu'on lui fait, mais à la condition que ces produits... on pourra les attendre. Une fois propriétaire, la société assainira, cultivera, défrichera, bâtira dans l'intérêt de tous, et, conséquemment, d'ellemême, car elle appellera les travailleurs agricoles en *association, en participation*.

Et alors la *communion* aura remplacé l'égoïste et stérile individualité, et alors ces landes, naguère marécageuses, solitaires, presque stériles, où végétait une population misérable, maladive, se transformeront en un pays riant, fertile et peuplé de gens heureux, jouissant, de par les droits du travail et de l'intelligence, des biens que Dieu a créés pour tous.

Et béni soit Dieu, telle est la force des choses, que ces temps-là approchent... Fassent les hommes qui gouvernent les hommes que l'émancipation des classes déshéritées s'effectue, ainsi qu'il est possible, sans secousse, sans violence, sans victimes, et à la satisfaction de tous les intérêts ! . . . .

Les gens de la métairie du Grand-Genévrier venaient de fermer la porte de l'étable où ils couchaient, lorsque Bruyère entra dans la cour de la ferme.

CHAPITRE V.

Bruyère. — Son logement. — Elle soigne les enfants et donne des conseils aux laboureurs. — Le père Jacques. — Comment finissent les travailleurs. — D'où venait la science de Bruyère. — Un rêve du père Jacques.

A peu de distance de la métairie, Bruyère venait de rencontrer les gens qui se rendaient auprès d'elle *pour être conseillés*, ainsi que disait la Robin ; voulant d'abord accomplir son devoir, la jeune fille avait prié ses rustiques *clients* de l'attendre quelques instants au dehors.

Lorsque Bruyère entra dans la cour de la métairie, le ciel crépusculaire, d'un sombre azur à son zénith où scintillaient déjà quelques étoiles, restait encore à l'occident d'une transparence lumineuse, dernier reflet du soleil couché, qui donne un charme si mélancolique aux belles soirées d'automne ; sur ce fond de pourpre pâle se dessina la figure de Bruyère ; de très-petite stature, mais parfaitement proportionnée, elle portait un sarrau à manches demi-longues, en grosse étoffe de laine blanchâtre largement rayée de brun, serré à la taille par une flexible ceinture de joncs fins comme de la soie, tressée par Bruyère avec une adresse merveilleuse. Grâce à son ampleur et à l'épaisseur de son tissu, le vêtement de la jeune fille, montant jusqu'à la naissance du cou et descendant à mi-jambe, se drapait en plis d'une simplicité gracieuse ; son peu de longueur l'empêchait d'être jamais souillé de la fange des marais ; ses larges manches, ne descendant pas plus bas que le coude, laissaient voir les bras ronds et légèrement hâlés de la jeune fille ; ses pieds enfantins chaussaient de petits sabots creusés dans le bouleau et noircis au feu ; l'eau d'un ruisseau limpide où Bruyère venait de faire son ablution du soir, leur avait donné un lustre d'ébène. Forcée par la pauvreté d'aller jambes nues,

Bruyère, avec l'industrieuse adresse du sauvage, s'était façonné aussi en jonc des espèces de bottines qui montaient au-dessous du genou et s'arrêtaient au cou-de-pied préservé par le sabot ; rien de plus joli, de plus net que ce tissu souple et luisant, serrant étroitement le contour arrondi d'une jambe charmante, ainsi garantie de la rougeur et des gerçures presque toujours causées par le contact de la fange.

Par une habitude singulière, malgré le froid, malgré la pluie, malgré l'ardeur caniculaire, la jeune fille ne portait jamais rien sur sa tête nue ; quelquefois seulement, lors de la floraison des bruyères, elle attachait quelques-unes de leurs flexibles branches dans sa coiffure, sans doute en glorification du nom dont on l'avait baptisée, en la trouvant, toute petite, abandonnée dans les landes et couchée au milieu d'une touffe de bruyères roses. (Depuis, le même mystère enveloppait toujours sa naissance.) Ses cheveux châtains, très-abondants, naturellement ondés et séparés en bandeaux, étaient d'une nuance si harmonieuse, qu'elle se fondait dans l'ombre légère projetée sur le front par l'épaisseur de la chevelure, où tremblaient alors quelques brindilles de bruyère rose. De fins sourcils, bruns comme les cils démesurément longs et frisés, qui frangeaient ses paupières, surmontaient les yeux de Bruyère ; ces yeux très-grands étaient d'une couleur bizarre : *vert de mer* ; selon l'impression du moment, ils devenaient tantôt clairs, brillants comme l'aigue-marine, tantôt d'un vert sombre et limpide, comme celui des flots, toujours transparents malgré leur profondeur. Cette couleur singulière et changeante donnait quelque chose d'extraordinaire au regard de Bruyère, regard déjà singulièrement pensif, et souvent aussi d'une mobilité et d'un éclat extrêmes.

Ses traits étaient encore remarquables par leur *fini* précieux, car il régnait une merveilleuse harmonie dans l'ensemble de cette charmante et mignonne créature. Sa beauté rare, rendue un peu étrange par un accoutrement original, sa grâce sauvage, son incroyable adresse pour mille petits ouvrages qu'elle inventait ; son intelligence, étonnamment vive et pénétrante à divers endroits, la surprenante et affectueuse obéissance des animaux dont elle prenait soin, l'espèce de divination ou plutôt de prévision presque immanquable, dont elle paraissait douée à propos de choses rurales ; toutes ces excentricités innocentes faisaient passer la jeune fille, aux yeux des naïfs habitants de ce pays désert, pour une créature *charmée*, c'est-à-dire soumise à l'influence d'un *sort* jeté sur elle lors de sa naissance ; mais au rebours du commun des habitudes superstitieuses, loin d'inspirer la crainte ou l'éloignement, Bruyère inspirait au contraire des sentiments de vive reconnaissance ou de sympathie sincère, car l'influence, quelque peu surnaturelle, qu'on lui accordait, ne se manifestait jamais que par des services rendus ; la pauvre petite gardeuse de dindons trouvait moyen, dans son infime position, d'être serviable à beaucoup et avenante à tous.

A son entrée dans la cour de la métairie, Bruyère était non précédée, mais entourée de son nombreux troupeau au plumage noir et lustré, à la tête écarlate. Deux coqs d'Inde énormes, portant orgueilleusement leur crête et leur jabot d'un pourpre éclatant, nuancé d'un vif azur, se rengorgeaient d'un air formidable, faisant, comme on dit, la *roue*, hérissant leur plumage et arrondissant leur queue, magnifique éventail d'ébène glacé de vert sombre. Tous deux ne quittaient pas un moment, l'un la droite, l'autre la gauche de Bruyère ; tantôt ils la regardaient de leur œil rouge et hardi, tantôt ils gloussaient d'une voix si triomphante, si insolente, si provoquante, qu'ils semblaient défier bêtes ou gens de s'approcher, malgré eux, de leur conductrice.

A la vue de ces deux monstrueux oiseaux, de trois pieds de hauteur, de cinq pieds d'envergure, à l'aile vigoureuse, au bec acéré, aux éperons aigus, on concevait assez que M. Beaucadet, malgré sa vaillance, devait avoir été quelque peu embarrassé de se défendre à coups de fourreau de sabre contre de si rudes assaillants.

A un signe de Bruyère, tout ce volatile s'arrêta en gloussant de joie devant la porte d'un perchoir, dont la jeune fille ouvrit seulement l'étroit guichet, afin de pouvoir compter son troupeau : il passa ainsi un à un devant elle, par rang de taille, les plus jeunes d'abord, le tout sans se presser, avec une discipline admirable, pendant que les deux gros coqs d'Inde, qui, par leur âge, par leur dévouement, jouissaient de quelques privilèges, laissaient majestueusement défiler leurs compagnons devant eux, hâtant même de quelques coups de bec fort équitablement répartis selon l'habitude des retardataires ou des flâneurs. Lorsque le troupeau eut gagné son gîte, moins ces deux importants personnages, Bruyère ouvrit la porte du perchoir. Quoique à ce moment la figure de la jeune fille fût empreinte d'une mélancolie profonde, un doux sourire de satisfaction effleura ses lèvres à l'aspect de l'ordre réellement surprenant qui régnait dans le hangar : la gent emplumée y était déjà symétriquement étagée par rang de taille; les plus petits du troupeau, entrant les premiers, allaient, selon l'habitude que leur avait donnée Bruyère, se percher au plus haut de trois perches de bois rustiques disposées en retraite, les unes au-dessus des autres. L'instinct observateur et l'intelligence de la jeune fille devinant l'inconcevable éducabilité dont sont doués tous les animaux, elle avait, dans son humble sphère, à force de patience et de douceur, accompli des prodiges.

Tout au faîte du hangar, et dominant le perchoir, était, si cela se peut dire, le nid de la jeune fille.

Toute petite, Bruyère, par un sentiment de pudeur précoce et de *dignité de soi*, un des traits les plus saillants de son caractère, avait invinciblement répugné à partager la litière commune où, ces métairies comme dans toutes les autres, filles et garçons de ferme couchent pêle-mêle au fond de quelque écurie, sans distinction d'âge ni de sexe; Bruyère avait obtenu du métayer la permission de se construire, au-dessus du perchoir, et attenant à la charpente, comme un nid d'hirondelles, un petit réduit auquel elle arrivait en grimpant les degrés du perchoir avec l'agilité d'un chat. L'enfant trouvait du moins dans cette espèce de nid, tapissé de mousse et de fougères bien sèches, mêlées d'herbes aromatiques, un coucher sain et l'isolement convenable à son âge et à son sexe. Bientôt aussi elle eut dans son troupeau des gardiens vigilants; car la burlesque aventure de Beaucadet n'avait pas été la seule de ce genre. L'année précédente, un garçon de ferme, dont l'audace ou son brutal amour, avait voulu pénétrer la nuit dans le réduit de Bruyère, la gent emplumée poussa de tels gloussements, s'abattit de tous les coins du perchoir avec une telle furie sur le téméraire amoureux, qu'il se hâta de fuir, étourdi par ce vacarme, effrayé par ces attaques imprévues.

Bruyère, sa tâche de chaque soir accomplie, ferma la porte du perchoir, plaça soigneusement dans un coin un petit panier recouvert de feuilles fraîches qu'elle tenait à la main, et sortit de la cour de la ferme afin de *donner audience* aux personnes qui venaient la consulter; celles-ci l'attendaient au dehors des bâtiments, assises sur un tronc d'arbre renversé, non loin de l'énorme genévrier qui donnait son nom à la métairie.

Que l'on ne s'étonne pas d'entendre l'humble gardeuse de dindons parler, dans l'entretien suivant, un langage témoignant une certaine éducation, une rare élévation d'esprit, et révélant des connaissances non-seulement variées, mais surtout admirablement applicables à propos des choses rurales : l'esprit le plus pénétrant, les dispositions les plus heureuses, n'auraient jamais doué un enfant de son âge de ce savoir pratique que peuvent seules donner la longue habitude des travaux agrestes et l'opiniâtre étude des lois et des phénomènes de la nature; car l'intelligente observation du passé sert presque infailliblement à prévoir l'avenir.

Sans aucun doute, Bruyère s'était assimilé avec un rare bonheur les enseignements et les fruits d'une expérience autre que la sienne.

Ainsi s'explique ce qu'il y avait d'extraordinaire dans le savoir de Bruyère, dans la sûreté de ses prévisions, dans la naïve sagesse de ses conseils. Quant aux gens simples et ignorants dont Bruyère était devenue l'oracle, ils devaient voir et voyaient en elle une créature quelque peu surnaturelle ou *charmée*, ainsi qu'ils disaient.

Deux hommes, l'un d'un âge mûr, l'autre vieillard à cheveux blancs, une femme jeune encore, tenant sur ses genoux un enfant de cinq ou six ans : tels étaient les nouveaux *clients* de Bruyère, tous d'ailleurs misérablement vêtus.

— Que voulez-vous de moi, ma chère dame? — demanda Bruyère d'une voix affectueuse et douce, à la femme qui tenait un enfant sur ses genoux.

A cette question, le vieillard et l'homme d'un âge mûr s'éloignèrent de quelques pas de leur compagne par un louable sentiment de discrétion.

— Hélas! mon Dieu, ma chère fille, — répondit tristement la femme, — je suis de Saint-Aubin; on dit dans le val que vous savez des *paroles contre les maladies*, et je viens vous demander de *parler contre* la maladie de mon pauvre petit que voilà.

Et elle montra son enfant couvert de haillons; il était pâle et d'une effrayante maigreur; ses yeux bouffis s'appesantissaient sous une somnolence invincible.

Bruyère secoua tristement la tête.

— On vous a trompée, ma chère dame... je ne sais pas de paroles contre les maladies des enfants...

— On dit pourtant dans le val, qu'au printemps passé, vous avez parlé *contre la maladie* de toute une *bergerée d'aigneaux*, et que presque tous ont réchappé... faites pour ce petit enfant malade ce que vous avez fait pour les *aigneaux*, ma bonne chère fille, — dit naïvement la pauvre femme d'une voix suppliante. — Je vas vous conter comme c'est venu. Ce petit a toujours été, voyez-vous, plus chétif que ses deux aînés... mais enfin il se traînait... L'hiver, comme vous savez, a été bien dur... A l'automne, mon pauvre homme avait pris les fièvres en arrachant des souches dans un terrain submergé; ces fièvres, ça lui a coupé bras et jambes; il est journalier; pourtant il allait comme il pouvait... Mais notre *met* (huche) restait vide le plus souvent; sans quelques paunerées de pommes de terre germées qu'un bon voisin nous a données, nous mourrions tout à fait de faim, et puis la dernière *grand'foudre* (ouragan) de février a emporté presque tout le chaume de notre toit; il ne tenait plus quasi à rien; mon pauvre homme est venu dans les bois de ce côté-ci du val, couper des genêts pour recouvrir un peu notre toit, et recueillir du *graine-épi* pour nous chauffer; mais les gardes à M. le comte ont défendu à mon homme de rien ramasser. Dame, alors, il a plu chez nous autant que dehors, et la nuit surtout, c'était froid... froid comme gelée; depuis ce temps-là, mon pauvre petit a pâli, a toussé, a tremblé... et puis enfin fondu comme vous le voyez, — dit la femme en pleurant. — Ah! ma bonne chère fille... je n'espère plus qu'en vous... vous pouvez ce que vous voulez... C'est rien... quelques paroles à dire. Délivrez-le donc de son mal, s'il vous plaît, comme vous en avez délivré les *aigneaux*.

Plusieurs fois, durant cette naïve et triste *consultation*, Bruyère avait été sur le point d'interrompre la pauvre femme; mais elle ne s'en était pas senti le courage; après avoir attentivement regardé l'enfant et pris ses deux petites mains livides et froides dans les siennes, elle dit à sa mère en soupirant :

— Aux agneaux, voyez-vous... il ne manquait ni le lait de leur mère pour les nourrir, ni sa toison pour leur tenir chaud; leur seul mal était d'être enfermés jour et nuit dans une bergerie basse, sans air, remplie de fumier... là dedans, les agneaux étouffaient, beaucoup mouraient. Au métayer j'ai dit : Pour vos agneaux de printemps, grand air, verdure et soleil... la nuit, étable ouverte et fraîche; les agneaux respireront un air pur; sous le flanc de leur mère, ils n'auront jamais froid; les petits levrauts, les petits chevreuils des forêts naissent, grandissent et deviennent robustes, sans autre abri que le sein de leur mère et la *tallée* de chênes où elle les a mis bas... Mais les petits du pauvre, — ajouta Bruyère, les yeux remplis de larmes, — mais les petits du pauvre sont plus à plaindre que les petits de la brebis de l'étable ou de la chevrette des forêts : leur mère ne peut les réchauffer sur son sein glacé... et, quand son lait se tarit, ils ne trouvent pas, eux, leur nourriture dans la plaine ou dans le bois. Votre enfant a souffert du froid, de la faim... chère et pauvre mère ; son mal vient de là... et contre ce mal, hélas !... je n'ai pas de paroles.

— Il faut donc qu'il meure, ma chère fille, puisque vous n'avez pas de paroles contre son mal ! — dit la mère en sanglotant.

— Un médecin... l'a-t-il vu ?

— Il n'en vient jamais chez nous... c'est trop loin, et puis, est-ce que nous pourrions jamais le payer... ni les drogues non plus ?... c'est pas le malheureux monde comme nous qui peut voir des médecins.

Bruyère regarda l'enfant avec un silencieux attendrissement ; son cœur souffrait à la pensée de renvoyer cette pauvre mère sans un mot d'espérance.

— Et pourtant... il faudrait si peu de chose, peut-être, pour sauver la chère petite créature ! — reprit Bruyère d'un air pensif : — un vêtement bien chaud... un lit bien sec... et chaque jour du lait pur et tiède...

— Bonsoir, petite Bruyère, — dit soudain une grosse voix joyeuse.

La jeune fille releva la tête, et vit venir à elle, les mains tendues, la figure rayonnante, un grand homme maigre et basané, portant large chapeau rond solenneau, blouse blanche et guêtres blanches.

— Que le bon Dieu vous garde, — ajouta-t-il en s'approchant de Bruyère, — et qu'il vous garde longtemps pour les bonnes gens, car m'est avis que vous êtes *un petit* (un peu) cousine avec le bon Dieu ; quand vous le voulez, il n'y a pas de malheur qui tienne.

— Qu'y a-t-il de nouveau, maître Chouart ? — demanda Bruyère.

— Ce qu'il y a de nouveau ? de ce soir... ma récolte est engrangée, mon froment battu... Je comptais sur une centaine de setiers de grain, c'était déjà superbe, j'en ai cent vingt et deux... Voilà de vos *charmes*... et...

Bruyère, un moment pensive, interrompit vivement l'homme au grand chapeau.

— Vous êtes content de votre récolte, maître Chouart ?

— Si j'en suis content ? à chaque boisselée de plus que je mesurais, je disais tout bas : — *Merci, petite Bruyère... merci, petite Bruyère...* comme si j'avais prié le bon Dieu, même que...

Bruyère l'interrompit encore.

— Puisque vous êtes content, maître Chouart, il faut me rendre contente aussi...

— Je venais pour ça ; et comme on dit que vous ne voulez jamais d'argent pour avoir dit des paroles... je...

Nouvelle interruption de Bruyère, qui reprit en montrant à l'homme au grand chapeau la pauvre femme dont le regard suppliant semblait dire à la jeune fille : — Vous qui pouvez tant... sauvez donc mon enfant.

— Voilà une digne femme du Val... son petit enfant est bien malade... il serait, j'en suis sûre, sauvé, s'il avait un petit lit bien chaud, un bon vêtement, et, pendant un mois ou deux, un peu de lait chaque jour... Eh bien ! je vous en prie, maître Chouart, donnez à sa mère une brassée de la dernière laine de vos brebis, dans un demi-sac de toile... voilà le matelas... Votre ménagère trouvera bien dans l'armoire une jupe de futaine dont on en fera deux pour l'enfant... voilà le vêtement. Chaque jour vous mettrez un pot de lait de côté pour le pauvre petit... sa mère ira le chercher à votre maison... Faites cela, maître Chouart, — ajouta Bruyère d'une voix douce et pénétrante, — faites cela... et c'est moi qui vous devrai...

— Oui... bien, — je ferai cela pour cette brave femme, — s'écria l'homme au grand chapeau, — et je le ferai de bon cœur... mais pour vous, petite Bruyère ? mais pour vous ?

— Un jour je vous ferai dire ce que je veux... par quelque autre pauvre femme, — dit Bruyère avec un sourire mélancolique.

— Ah ! j'entends... — dit maître Chouart d'un air fin, — vous... c'est les autres... Ah ! l'on a bien raison, petite Bruyère ! Petite Bruyère ! vous êtes *charmée*.

— Ah ! ma chère fille, — dit la mère en prenant les mains de Bruyère, qu'elle baisa deux fois avec reconnaissance, — comme on fait main de venir à vous ! Mon enfant est à demi sauvé... Mais, — ajouta-t-elle timidement et avec hésitation, — ce n'est pas tout, si vous vouliez dire seulement quelques paroles contre sa maladie... mon pauvre enfant serait sauvé tout à fait...

Bruyère crut, avec beaucoup de sens, que ses conseils doubleraient d'autorité et seraient encore plus scrupuleusement suivis, s'ils étaient accompagnés de quelque mystérieuse particularité ; aussi, semblant réfléchir à la demande de la mère, la jeune fille détacha lentement une des branches de bruyère qui ornaient ses cheveux bruns, l'approcha de ses lèvres vermeilles qui paraissaient murmurer de mystérieuses paroles, puis, d'un air solennel qui contrastait avec sa petite taille et sa figure enfantine, elle tendit à la pauvre femme cette brindille verte et rose, et lui dit :

— Prenez cette branche de bruyère...

— Merci, ma chère fille... — dit la pauvre femme en prenant le léger rameau avec une sorte de circonspection respectueuse.

— Dès que vous aurez le matelas que maître Chouart vous donnera pour votre enfant, — poursuivit la jeune fille, — vous couperez ce petit rameau de bruyère en sept morceaux... ni plus, ni moins... c'est important.

— En sept morceaux ? — répéta la femme en écoutant la jeune fille avec un profond recueillement.

— Mais, pour le couper, vous attendrez le coucher du soleil, — ajouta Bruyère en portant son index à ses lèvres, pour donner, par ce geste, plus de poids encore à sa recommandation.

— Oh ! bien sûr, j'attendrai le coucher du soleil, — reprit la mère.

— Alors, — poursuivit la *magicienne*, — vous mettrez dans la laine du matelas les sept brins de bruyère, et vous le recoudrez.

— Et à quel endroit du matelas faudra-t-il les mettre, ma chère fille ?

— Trois brins à un bout, quatre brins à l'autre.

— Trois brins à un bout, quatre brins à l'autre, — répéta la femme, toujours avec le même respectueux recueillement.

— Seulement vous mettrez un peu plus de laine du côté où seront les quatre morceaux, et de ce côté-là s'appuiera la tête de votre enfant.

— Je ne l'oublierai pas... ma chère fille.

— Mais faites bien attention, — ajouta Bruyère d'un air grave, — pour que les brins du rameau gardent l'effet des paroles, il faut que, tous les quinze jours... vous décousiez le matelas, que vous laviez bien sa toile, au lever du soleil.

— Bon ! ma chère fille.

— Et qu'ensuite vous mettiez la laine au grand air pendant sept heures.

— Tous les quinze jours... pendant sept heures... oui, ma chère fille, je n'y manquerai pas non plus.

— Et, dans un mois, vous viendrez me revoir, — ajouta majestueusement Bruyère.

— Oh ! je viendrai... je viendrai... et ça sera pour vous dire que mon enfant est sauvé, — répondit la femme en serrant son fils contre son sein avec un transport d'espérance.

Cet entretien semi-cabalistique semblait frapper maître Chouart d'une admiration profonde mêlée d'une innocente jalousie, car les avis excellents qu'il avait reçus de Bruyère n'avaient pas été entourés de ces belles formules magiques ; il allait sans doute en exprimer ses regrets à la petite magicienne, lorsque les deux autres clients, le vieillard et l'homme d'un âge mûr, s'approchèrent à leur tour.

Le plus âgé des deux nouveaux clients de Bruyère paraissait triste. Son fils, homme de quarante ans environ, qui l'accompagnait, semblait aussi grandement soucieux. La pauvre femme les laissa tous deux avec Bruyère, dont elle s'éloigna quelque peu, ainsi que maître Chouart, l'heureux métayer, possesseur d'une si belle récolte, grâce aux bons avis de la jeune fille.

— Que voulez-vous de moi, mon bon père ? — demanda celle-ci au vieillard d'une voix affectueuse et douce.

— Ma chère petite *sainte*, — s'écria le vieillard, tâchant d'exprimer par cette appellation l'espèce de respect et de confiance que lui inspirait le renom de Bruyère, — ma chère petite sainte, je viens pour que vous disiez des paroles contre notre terre de labour de l'autre côté du Val...

C'est lassant, à la fin... Depuis tantôt dix ans que j'en ai hérité d'un mien oncle, la récolte va s'amoindrissant, que c'est pitié ; on croirait qu'une année empire l'autre... les dernières étaient déjà bien mauvaises ; l'autre et celle-ci sont encore plus méchantes... Sur vingt arpents de froment... qu'est-ce que j'ai récolté ? à peine cinquante setiers. Quelle moisson !... des demi-épis... et si clairs et si chétifs !... Autant dire que ça m'aura produit semence pour semence... Ah ! maudite sois-tu, terre ingrate ! — s'écria le vieillard en frappant du pied avec désespoir.

— Oh ! le père a bien raison, — dit le fils, — tout va de mal en pis. Maudite soit la terre si ingrate au pauvre laboureur !... Maudite soit la terre si maligne et si revêche !

En entendant ces imprécations contre le *mauvais vouloir* de la terre, le charmant visage de Bruyère prit soudain une expression de tristesse et d'affliction, comme si elle avait entendu outrager injustement quelqu'un qui lui eût été cher et sacré. S'adressant au vieillard avec un accent de doux reproche mêlé d'une certaine exaltation, qui donna à sa beauté un rare caractère d'élévation :

— Oh ! respectez, aimez, bénissez la terre du bon Dieu ! mère généreuse, infatigable ; pour un grain ne rend-elle pas dix épis ? pour une glandée une forêt de chênes ? Toujours ouvert, son sein est prêt à tout féconder, depuis la graine que le vent sème, depuis le noyau du fruit tombant du bec des oiseaux, jusqu'à la semence que vous répandez dans vos sillons. Oh ! non, non, jamais la terre n'est ingrate ; si, à la longue, elle s'appauvrit, si elle s'épuise, la pauvre nourricière ! c'est qu'en mère prodigue, toujours elle a donné au-dessus de ses forces, parce que toujours on lui a demandé sans trêve ni repos... Oh ! terre ! terre sainte et bénie ! quand, selon la loi du bon Dieu, te couvriras-tu partout et sans peine de bois, de moissons et de fleurs ? quand verras-tu tous tes laborieux enfants vivre dans l'abondance et dans l'allégresse ! !

Il est impossible de rendre l'attitude, la physionomie de Bruyère en prononçant ces paroles ; ses grands yeux vert de mer, levés vers le ciel, brillaient aussi vifs que les étoiles qui commençaient à poindre au zénith... Les dernières lueurs rosées du crépuscule jetaient de mystérieux reflets sur la ravissante figure de la jeune fille, radieuse de foi, d'espérance dans la paternelle bonté du Créateur...

La femme avec son enfant, le vieillard et son fils, ainsi que l'autre métayer, écoutaient Bruyère en silence, et la contemplaient avec une admiration respectueuse. Pour ces gens simples et ignorants, ce langage, quelque peu poétique, qu'ils venaient d'entendre, était une sorte d'évocation magique qui augmentait encore le prestige dont était entourée la jeune fille.

Celle-ci, après avoir cédé à un mouvement d'entraînement involontaire, sentit qu'il était besoin de substituer des faits à des paroles, et, après un moment de silence, s'adressant au vieillard :

— Non, non, je vous le dis, mon bon père, la terre jamais ne refuse ses dons, à moins qu'elle n'ait trop longtemps et trop donné.

— Trop donné ! — s'écria le vieillard avec amertume et colère, — trop donné ! la misérable ! Depuis dix ans, qu'est-ce donc que je lui ai demandé ? Bon an mal an, sa récolte de froment. Si elle a été prodigue... ce n'est guère que la première fois... mais après, d'année en année, elle a été de plus en plus avare... Aussi, peut-être qu'en me donnant des paroles contre cette maudite, chère petite sainte... le mal changera en mieux, car je n'espère plus qu'en vous.

— Écoutez, bon père, — reprit doucement Bruyère, — après tout un jour de travail sans relâche, que faut-il pour réparer vos forces épuisées ? Nourriture et repos, n'est-ce pas ?

— C'est bien le moins, chère petite sainte.

— Oui, c'est bien le moins, et c'est justice... bon père... mais cette pauvre terre... que vous maudissez, lui avez-vous donné, après chaque récolte, nourriture et repos, c'est-à-dire hivernage et engrais ?

— Engrais ?... *Un petit* (un peu) ; hivernage... jamais... Il ne manquerait plus que cela, — s'écria le vieillard, — si peu qu'elle donne, la mauvaise ! ! du moins elle donne... vaut encore mieux ce peu que rien...

— Oui, bon père, peu vaut mieux que rien ; mais beaucoup ne vaudrait-il pas mieux que peu ?... Et elle vous donnerait beaucoup, la généreuse mère, si elle avait nourriture et repos suffisants... et encore, repos absolu, non, car le bon Dieu est si bon, qu'il a voulu que, pour la terre, changement de culture valût repos...

— Comment cela, chère petite sainte ? — dit le vieillard de plus en plus surpris.

— Depuis dix ans, vous ne donnez, à cette pauvre terre, qu'un *tout petit* de nourriture, et vous lui demandez du grain, et puis du grain, et encore et toujours du grain... rien que du grain... Que voulez-vous, bon père ?... à la fin la nourricière s'épuise, et ne peut plus produire.

Le vieillard et son fils se regardèrent, indécis et étonnés ; ils étaient de ces laboureurs qui suivent aveuglément les coutumes d'une routine ignorante, fument rarement et à peine, et n'ont aucune idée des cultures intelligemment *alternées* et *variées*, d'une action si puissante sur la production.

— Au lieu d'épuiser la terre en lui demandant toujours la même chose, — reprit Bruyère, — suivez mon conseil, bon père, et bientôt vous remplirez votre grange et votre bourse.

— Hélas ! chère petite sainte, faites, vous qui pouvez tout !

— Vous avez, n'est-ce pas ? quarante arpents de terre ; dans ces quarante arpents, il y en a de la bonne, il y en a de moins bonne, il y en a de mauvaise ?

— J'ai huit arpents qui, dans le peu qu'ils donnent, rendent, à eux seuls... autant que les trente-deux autres, — répondit le vieillard.

— Eh bien ! si vous donniez, à ces huit arpents toute la nourriture, si maigre qu'elle soit, que vous donnez aux quarante ?

— Oh ! avec ça ils seraient fumés... fumés comme de la terre à maraîcher.

— Et alors, bon père, en une année, ces huit arpents-là, en vous coûtant bien moins de frais, bien moins de peine, vous rapporteraient quatre fois plus que vos quarante arpents ne vous rapportent à cette heure, surtout si, après leur avoir demandé une année de froment, vous leur demandiez l'année d'ensuite des pommes de terre... l'autre année un seigle... l'autre année un trèfle, et après le trèfle un nouveau froment... allant toujours ainsi d'une culture à l'autre en alternant... car, vous voyez, bon père, ce qui épuise la pauvre nourricière... ce n'est pas de toujours produire... Elle ne demande qu'à donner... ce qui l'épuise, c'est de toujours produire la même chose ; vous n'employez ainsi qu'une de ses fécondités... et elle en a mille. Croyez-moi donc, votre grange sera pleine avec huit arpents bien cultivés ; elle sera presque vide avec quarante arpents mal cultivés.

— Et mes autres trente-deux arpents ? — dit le vieillard d'un air pensif.

— Les moins mauvais... mettez-les en sainfoins ; vous y nourrirez quelque bétail, le bétail vous donnera l'engrais, et sans l'engrais pas de grain.

— Et ma plus mauvaise terre ?

— Semez-y des sapins... cet arbre de notre pauvre Sologne... c'est l'arbre du bon Dieu ; son bois sert à bâtir les maisons, sa feuille chauffe le four, sa pomme flambe au foyer, sa sève coule en résine ; les pires terres sont bonnes pour lui ; il croît sans soins ni peines, et, à six ans, il rapporte déjà par son *dépressage*.

Ces conseils si simples mais si sages, basés qu'ils étaient sur l'étude et sur l'expérimentation des diverses aptitudes du sol, étaient trop clairs, trop logiques, trop pratiques surtout, pour ne pas frapper vivement l'esprit du vieillard ; mais la *coutume*, cette terrible fatalité des mœurs agricoles, luttait violemment contre les bons instincts du vieillard qui lui disaient de se rendre aux avis de Bruyère ; celle-ci, devinant la cause de cette hésitation, appela maître Chouart et lui dit :

— Maître Chouart, l'an passé... quel conseil vous ai-je donné ?

— Ah ! chère fille ! — s'écria le métayer, — un conseil *charmé* ! c'est le cas de le dire ! Je cultivais beaucoup de terre, à grands frais et mal, vous m'avez dit : cultivez peu et bien. Cette année j'ai deux fois moins de frais et quatre

fois plus de récolte; mais voilà le plus fort : je manquais de fumier... et l'engrais, comme vous dites, *c'est le pain de la terre*; je manquais donc de fumier, et je n'avais pas de quoi en acheter, car cela m'aurait coûté peut-être 70 francs par arpent... Qu'est-ce que vous me dites de votre jolie petite voix douce : « En août, semez un *carabin*, maître
» Chouart, il sera fleuri en octobre, enfouissez-le, fleurs,
» tiges, feuilles et tout, il n'y a pas d'engrais meilleur et
» moins cher; faites ensuite vos semailles sur la terre
» ainsi nourrie, et vous verrez la belle récolte ! » Je vous ai écouté, j'ai enfoui mon carabin en fleur : ça ne m'a presque rien coûté; j'ai fait ensuite mes semailles, et au printemps mon froment *tallait* dru et serré comme un pré... je viens d'engranger et de battre... j'ai plus de dix setiers à l'arpent... je vous dis que c'est *pire* qu'en Beauce !

— Dix setiers à l'arpent ! — s'écria le vieillard avec un mélange de doute et d'admiration.

A cet instant, Bruyère aperçut le petit vacher, qui, sortant de la métairie, accourait vers elle.

— Le père Jacques vous appelle... vous appelle que c'est pitié, — dit l'enfant à la jeune fille, — nous ne pouvons dormir dans l'étable, tant il gémit.

— Cours lui dire que je viens, — répondit Bruyère dont le visage s'attrista soudain; puis, s'adressant au vieillard :

— Mon bon père, maître Chouart vous dira ce qu'il a fait... sa bonne expérience vous encouragera, suivez mes conseils... vous vous en trouverez bien, et vous ne viendrez plus me demander de parler *contre* la terre nourricière... Mais je vais vous dire des paroles qui peuvent changer votre voeu épuisée en terre féconde; ces paroles, les voici, bon père; retenez-les :

— *Cultivez peu... cultivez bien.*
— *Année nouvelle, culture nouvelle.*
— *A fréquent engrais, terre fertile.*
— *Semez des prés... semez des prés...*
— *Sans pré, pas de bétail.*
— *Sans bétail, pas d'engrais.*
— *Sans engrais, pas de grain.*

— Pratiquez ces préceptes, bon père, — ajouta Bruyère d'une voix douce et pénétrée, — vous ne maudirez plus... vous bénirez la terre du bon Dieu...

Après avoir dit ces mots, Bruyère alla baiser au front le petit enfant endormi dans les bras de sa mère, serra cordialement de sa petite main la main calleuse de maître Chouart, fit au vieillard un geste d'adieu rempli de grâce et de respect; puis, regagnant rapidement la métairie... elle disparut légère et charmante comme une fée...

Avant d'entrer dans l'écurie abandonnée, du fond de laquelle le *père Jacques* l'appelait en gémissant, Bruyère prit, où elle l'avait déposé, le petit panier qu'elle rapportait des champs au moment où ses clients étaient venus à sa rencontre; ce panier contenait de superbes mûres sauvages d'un rouge violet; quelques gouttelettes de leur suc avaient teinté de pourpre les fraîches feuilles de vigne folle qui garnissaient intérieurement le panier.

Bruyère, en glissant par l'une des larges et nombreuses crevasses qui lézardaient les murailles, entra dans l'écurie.

La lune se levait ronde et éclatante; un de ses rayons, traversant le toit effondré, éclairait faiblement l'extrémité de ce hangar en ruine.

Là s'arrêta Bruyère, car, de cet endroit, partaient de temps à autre les douloureux gémissements qui, plusieurs fois, avaient attiré l'attention des gens de la ferme, durant leur repas. La jeune fille attachait tristement ses yeux sur un tableau peu nouveau pour elle, mais qui, pourtant, la navrait toujours d'une douleur nouvelle.

Une litière de paille de seigle jonchait le sol humide à peine défendu de la pluie et de la neige par quelques bottes de genêt, placées sur des perches, remplaçant à cet endroit la toiture dont la charpente, à jour et rompue, se dessinait en noir sur la transparence bleuâtre du firmament où la lune resplendissait alors.

Sur cette litière sordide, infecte, plus sordide et plus infecte que celle des animaux de labour, s'agitait faiblement une forme humaine, à demi enveloppée de quelques lambeaux de couverture : c'était ce que la vieillesse, la misère et d'incurables infirmités pouvaient offrir de plus horrible, de plus contristant.

Que l'on se figure un vieillard de quatre-vingts ans, perclus d'une si étrange, d'une si effrayante façon, que l'on aurait dit qu'une puissance impitoyable, le frappant de paralysie subite au moment où, le front baissé vers un sillon, il le fouillait péniblement, avait voulu condamner ce malheureux à rester à jamais le corps et la face inclinés vers la terre.

Et ce n'était pas une puissance surhumaine, mais la simple volonté de l'homme exploitant l'homme qui avait réduit cette créature de Dieu à une si effrayante déformation.

Et ce n'était pas là un de ces phénomènes aussi rares que désolants, çà et là enregistrés par la science. Qui n'a trop souvent rencontré dans les champs, des vieillards, hommes ou femmes, se traînant à l'aide d'un bâton, littéralement *pliés en deux*, de sorte que leur torse penché en avant formait un angle presque droit avec leurs membres inférieurs, et paraissait soudé dans cette position? Rien de plus fréquent que ces déviations de la taille chez des êtres voués à un travail incessant et au-dessus de leurs forces... Ces corps, déjà faibles, et affaiblis chaque jour par une nourriture insuffisante, perdant tout ressort, toute énergie, gardent peu à peu le *pli*, la position qui leur est la plus habituelle; incessamment courbés vers la terre, leurs articulations se rouillent, leurs membres débiles, exposés au froid, à l'humidité, deviennent perclus, l'âge arrive, et un jour ces malheureux augmentent le nombre des martyrs du travail.

Certes, on lirait dans une légende qu'un Dieu vengeur, voulant punir un meurtrier, l'a frappé d'immobilité alors que, penché vers sa victime, le poignard levé, il s'apprêtait à l'égorger... et que ce Dieu, pour donner aux hommes un exemple terrible, a dit à l'assassin :

— Tu vivras... mais ton corps maudit conservera toujours la position qu'il avait au moment où tu allais frapper ta victime...

Quoique bizarre, cette légende ne manquerait pas de moralité.

Mais quand on songe aux cruels paradoxes de certains oisifs et heureux du monde, renforcés de faux prêtres et de savants économistes qui légitiment les plus impitoyables égoïsmes en proclamant de par la volonté divine que l'homme est à jamais voué, sur cette terre, aux larmes, à la misère, à la désolation, l'on ne s'étonnerait pas d'entendre quelqu'un de ces religieux croyants à la fatalité du mal, s'écrier, à propos d'une pareille légende :

— Prolétaires des campagnes ! votre race maudite aura incessamment le front baissé vers cette terre aride que vous fécondez de vos sueurs; c'est votre destinée ! notre Dieu vous condamne par notre bouche à un labeur, à une misère, à une souffrance éternelles; et pour qu'il soit bien avéré aux yeux de tous que ce sort est fatalement le vôtre, grand nombre d'entre vous, frappés d'immobilité par la volonté divine, au moment où, accomplissant leur destinée, ils fouillaient péniblement le sillon, grand nombre d'entre vous resteront à jamais dans cette position pour être les vivants symboles du sort immuable de votre race maudite et déshéritée. . . . .

Et si des paroles d'une telle barbarie ne sont pas prononcées, des faits plus barbares encore s'accomplissent chaque jour.

L'isolement, l'abandon, une fin misérable, une agonie souvent remplie de tortures après des années d'un écrasant labeur : tel est le sort qui, dans notre état social, attend les *invalides* de l'agriculture.

Aucune prévoyance tutélaire, aucune sollicitude pour l'avenir de ceux-là, instruments infatigables de la richesse foncière du pays.

Et pourtant... ceux-là cultivent le blé... et ils ne mangent jamais de froment.

Ceux-là sèment les verts pâturages, engraissent de nombreux troupeaux... et ils ne mangent jamais de viande.

Ceux-là font fructifier la vigne... et ils ne boivent jamais de vin.

Ceux-là récoltent la chaude toison des brebis... et ils grelottent sous de sales haillons.

Ceux-là façonnent le bois dont le foyer s'emplit, dont le toit s'édifie... et ils meurent sans feu et sans abri...

Enfin, pour ceux-là insouciance impitoyable, mépris homicide, heureux encore s'ils trouvent, comme le vieillard perclus, protégé de Bruyère, la litière d'une étable abandonnée pour y mourir au milieu de douleurs atroces.

A la vue de Bruyère, le vieillard perclus, roulé dans sa litière, interrompit ses douloureux gémissements, tourna péniblement la tête vers la jeune fille.

La face de cet octogénaire était livide et d'une effrayante maigreur; le feu de la fièvre animait seul ses yeux caves à demi éteints; couché sur le côté, ses genoux osseux touchaient sa poitrine décharnée; depuis près de deux ans, ses membres étaient restés pour ainsi dire soudés dans cette position; sa main droite avait seule conservé quelque liberté de mouvement.

Ce vieillard devait à la charité du métayer, bien pauvre lui-même, cet abri et le peu de grossière nourriture qu'il partageait avec les gens de la ferme. Pendant de longues années, le père Jacques, c'était le nom du vieillard, avait travaillé dans cette métairie, d'abord comme laboureur défricheur; mais ce rude métier, pratiqué au milieu des landes marécageuses, ayant développé chez lui les premiers symptômes de sa cruelle infirmité, le métayer, sûr de son zèle et de sa probité, lui avait confié son troupeau. Les fonctions de berger, quoique actives, ne demandent pas, comme le labour et le défrichement, un déploiement de forces vives; le père Jacques conserva la garde du troupeau jusqu'au jour où, complètement perclus et absolument plié en deux, il tomba exténué sur la litière dont il ne devait plus se relever. L'isolement où on le laissait au fond de cette étable, l'acuité de ses douleurs incurables, la conscience de ne devoir être délivré que par la mort, avaient plongé le vieillard dans une apathie profonde, surtout remarquable par une opiniâtre taciturnité; la seule personne en faveur de qui le vieillard rompait ce silence absolu, était Bruyère.

Quelques hommes, aussi singulièrement que merveilleusement doués par la nature, *naissent* géomètres, astrologues, peintres, musiciens, etc., etc. Par quel mystérieux phénomène ces organisations privilégiées atteignent-elles et dépassent-elles, souvent sans labeur et de prime saut, la limite de certaines connaissances? Nul ne le sait... mais c'est un fait aussi évident qu'inexplicable.

Le père Jacques était une de ces organisations privilégiées. Né *agriculteur*, dès longtemps il avait pressenti, non-seulement les améliorations, mais les révolutions que la science, que les études agricoles devaient apporter dans la culture (études et sciences malheureusement encore peu appliquées, grâce à l'effrayante ignorance où on laisse obstinément croupir la population des champs); de nombreuses expériences, pratiquées sur quelques pieds de terrain, avaient convaincu le père Jacques de toute la valeur de ses idées. Touchant à la géologie par la connaissance de l'action de différents engrais calcaires, comparés aux différentes natures du sol; touchant à l'histoire naturelle par ses curieuses observations sur l'hygiène et sur la physiologie du bétail; touchant enfin à la botanique, par un classement et une appropriation très-intelligents des divers engrais végétaux, le père Jacques était un trésor de science pratique... et ce trésor, il l'avait longtemps tenu enfoui; nul n'en avait soupçonné l'existence.

Cette dissimulation n'avait eu pour cause ni la méchanceté, ni l'égoïsme, ni cette espèce d'âpre jalousie qui conduit quelquefois le savant à cacher ses découvertes avec autant de soin que l'avare son or... Non, une profonde, une incurable insouciance avait seule empêché le père Jacques de faire montre et application de son savoir. Quel intérêt, quelle incitation d'ailleurs pouvaient le pousser, l'encourager à cela? Que le champ de son maître rapportât beaucoup, ou peu ou point, que lui importait? Son salaire insuffisant et son rude labeur étaient les mêmes; dans sa naïve ignorance de soi, le vieux laboureur ne pouvait être poussé par l'ambition de passer pour un novateur. Pourtant, comme il était, après tout, bon homme, et que les désastreuses traditions de la routine le révoltaient, plusieurs fois il se hasarda de donner quelques conseils, admirables de raisonnement et de savoir pratique, on lui tourna le dos en le traitant de fou, et il se le tint pour dit; désormais, agriculteur ou berger, il se contenta de fonctionner ni plus ni moins intelligemment que ses compagnons; puis vint enfin le jour où, perclus de tous ses membres, il tomba sur la litière qu'il ne devait plus quitter. De ce moment, il sembla se vouer à un silence absolu.

Cependant, au bout de quelques mois de cette cruelle existence, privé de la distraction des objets extérieurs, en proie à d'atroces douleurs, face à face avec ses pensées, le vieillard ressentit comme un remords d'avoir rendu si longtemps stérile la merveilleuse aptitude qu'il tenait de Dieu, et qui aurait pu être si féconde.

Bruyère, alors âgée de quatorze ans, entourait le vieillard de la plus tendre sollicitude, et lui était chère à plus d'un titre; la gentillesse et l'intelligence de cet enfant étaient extrêmes; son esprit naturel s'était singulièrement développé, grâce à l'éducation; éducation que le plus étrange instituteur du monde, Bête-Puante le braconnier, lui donnait presque chaque jour au milieu de la solitude des landes ou des bois. Car cet homme, après avoir quitté une vie humble et obscure, mais tout intelligente, pour une vie vagabonde, s'était plu à cultiver avec amour ce qu'il y avait de généreux, de tendre, d'élevé, dans l'esprit et dans le cœur de la jeune fille.

Le père Jacques, de plus en plus frappé des rares qualités de Bruyère, résolut de se servir d'elle pour répandre et propager le trésor de connaissances qu'il avait amassé, et qu'il se reprochait si amèrement d'avoir enfoui si longtemps... A Bruyère... mais à elle seule... il parla depuis lors, résumant son savoir en axiomes concis, simples et lucides; il enseigna patiemment la jeune fille, dont l'esprit pénétrant s'assimila bien vite ces excellents préceptes.

Le père Jacques, connaissant, pour ainsi dire, les *besoins superstitieux* des habitants de ce pays solitaire, avait fait formellement promettre à Bruyère de ne jamais divulguer la source de son savoir, ses conseils devant avoir d'autant plus d'autorité, qu'ils sembleraient plus extraordinaires et plus mystérieux. L'espèce de prestige dont la jeune fille était déjà entourée, grâce à sa beauté, à son charme, à son originalité native, servit à souhait le père Jacques; on eût raillé les conseils de l'octogénaire perclus; dans la bouche de Bruyère, ils furent accueillis avec une surprise presque superstitieuse, et passèrent pour des oracles, lorsqu'on vit une heureuse réussite les accompagner presque infailliblement.

Tel était le secret de la science de Bruyère...

Malheureusement, plus tard, la douleur, l'isolement, l'âge enfin, vinrent affaiblir l'esprit du vieillard; sa mémoire s'effaça presque entièrement; si parfois encore le passé se retraçait à son esprit, il prenait ces rares et vagues ressouvenirs pour des rêves récents; depuis quelques mois surtout, à peine la présence de Bruyère pouvait-elle l'arracher à sa morne apathie.

Deux fois, cependant, le père Jacques était sorti de sa torpeur, et avait adressé la parole à d'autres qu'à la jeune fille.

La première fois, il avait instamment demandé à entretenir le comte Duriveau, propriétaire de la métairie; mais le comte avait accueilli cette prière avec un dédain railleur, le père Jacques avait seulement répondu:

— *Il a tort, il a tort.*

Puis, le pauvre perclus avait prié qu'on lui amenât le braconnier Bête-Puante.

Celui-ci vint.

Après un long et secret entretien avec l'ancien berger, entretien dans lequel le nom de MARTIN fut fréquemment prononcé, le braconnier sortit de l'étable, pâle, bouleversé.

Et le père Jacques retomba dans son silence obstiné.

En vain le braconnier, revenant le lendemain, tenta d'arracher de nouveau quelques paroles au père Jacques; celui-ci resta muet.

Une autre fois, ensuite de la visite d'un inconnu qui avait l'apparence d'un paysan, et que l'on ne revit plus à la ferme, le père Jacques avait de nouveau mandé le braconnier et s'était encore longuement entretenu avec lui... Un mois environ après cette conversation (il y avait peu de temps de cela), l'une des deux chambres délabrées, occupées par le métayer, fut séparée de son logement par un couloir, et rendue, sinon confortable, du moins à peu près

Mme Perrine. — Page 34.

habitable, grâce à des meubles simples et commodes apportés de Vierzon, la ville la plus voisine. Au bout de quelques jours, pendant la nuit, une petite charrette fermée de rideaux de coutil se rendit à la ferme du Grand-Genévrier; une femme, enveloppée d'une mante de paysanne, descendit de cette voiture, et, depuis lors, elle habita la chambre dont on a parlé, chambre qu'elle ne quittait jamais, vivant dans une si complète solitude, qu'excepté le métayer, qui l'avait reçue, et Bruyère qui la voyait chaque jour, les gens de la ferme avaient à peine aperçu cette inconnue.

Malgré ces événements, auxquels il n'était pas étranger, et dont il eut connaissance par le braconnier, le père Jacques ne vit jamais cette femme et se renferma dans son silence habituel; seulement, depuis le matin du jour où se passent les événements que nous racontons, le vieillard avait paru en proie à une agitation singulière.

Contre sa coutume, durant le cours de la journée, il avait impatiemment appelé Bruyère, qui, depuis plusieurs jours, lui rapportait des champs un panier de mûres sauvages dont la saveur légèrement acide rafraîchissait le palais desséché du vieillard.

— Voilà vos mûres, père Jacques, — dit Bruyère en s'agenouillant auprès de la litière, — pardonnez-moi si je vous ai fait attendre... mais de pauvres gens du Val étaient venus me demander conseil... et je leur ai enseigné ce que vous m'avez appris... Ils me remercient, ils me bénissent, — ajouta Bruyère d'une voix touchante et pénétrée. — Ah! combien il m'en coûte de ne pouvoir leur dire : C'est le père Jacques qu'il faut remercier... qu'il faut bénir...

On eût dit que le vieillard, perdant la mémoire qui lui était un instant revenue, oubliait déjà pour quelle cause il avait durant une partie du jour si impatiemment appelé Bruyère; paraissant à peine la comprendre et la reconnaître, il jetait sur elle un regard morne.

— Vous m'avez appelé, — lui dit tristement Bruyère, — vous voulez me parler, père Jacques?

— Le père Jacques ne parle plus à personne, — répondit le vieillard d'un air presque égaré, après un moment de silence, — et personne ne lui parle... pourquoi parlerait-il? Quand *Sauvageon*, le grand vieux bœuf noir à tête fauve, est mort de fatigue et fourbu, est-ce qu'il parlait? est-ce qu'on lui parlait?

A ces mots, qui ne prouvaient que trop l'affaiblissement de l'esprit du vieillard, Bruyère soupira; puis, voulant l'arracher à de sinistres pensées, elle lui dit :

— Souvenez-vous donc de ce que vous êtes, de ce que vous avez été, père Jacques; il n'y a pas eu dans votre temps de meilleur défricheur que vous; on parle encore de votre courage au travail; on dit dans le Val qu'à la houe vous avez défriché jusqu'à un quart d'arpent en un jour!

— Oui, — dit le vieillard avec une sorte de fierté, en paraissant rassembler ses souvenirs, — oui, j'avais une houe deux fois lourde et grande comme celle des autres, et de l'aube au soir je la maniais si dru et si près de terre, que je ne regardais pas le ciel... une fois par heure... Mais bah! — reprit-il avec accablement et amertume, — pourquoi se souvenir de ça? Sauvageon aussi était un brave bœuf de labour... il n'avait pas son pareil pour les défrichements de terrains à souches et à racines, il arrachait quasi seul la charrue... Aussi Sauvageon, devenu fourbu, comme moi, a crevé à la peine, dans cette étable là-bas, au coin à droite. Sauvageon où moi, c'est la même chose. Seulement il est mort, et, avant de mourir, il ne s'est pas souvenu de son temps de jeunesse et de force. Vaut-il pas mieux perdre la mémoire, et rester muet que d'envier tout haut Sauvageon?

Mme Perrine faisait souvent de longues promenades sur les bords de l'étang. — Page 35.

— Mais, père Jacques... vous n'étiez pas seulement un travailleur fort et courageux, songez donc à tout ce que vous m'avez appris, à ces préceptes, qui changent les terres stériles en terres fécondes... — reprit Bruyère d'une voix émue; — c'est une récompense... cela... que de se dire que l'on fait tant de bien, avec les choses que l'on sait.

Un nouvel éclair de fierté brilla un instant dans les yeux éteints du vieillard, et il répondit :

— C'est vrai... dans mon temps... j'ai su bien des choses... si j'avais parlé... si l'on m'avait écouté... misère serait devenue richesse, malheur... bonheur...

Puis, s'interrompant tout à coup, le vieillard, de plus en plus accablé, reprit avec une ironie amère :

— Non, je n'étais pas seulement un fort bœuf de labour, comme Sauvageon... l'intelligence ne me manquait pas... Elle ne manquait pas non plus à *Capitaine*, mon dernier chien... d'un signe il conduisait, poussait ou arrêtait le troupeau où je voulais, et, à lui seul, il défendait mieux qu'une *plaisse* (sorte de haie) la lisière d'un bois ou d'un champ... Eh bien !... tout intelligent et brave chien qu'il était, il est mort ici, entre mes genoux, aveugle, édenté... et presque estropié par un loup qu'il avait étranglé... Capitaine, moi ou Sauvageon, c'est la même chose ; va ! les méchants disent : Ils ne crèveront donc pas... ces *vole-pain*, ces *sert-à-rien*; les bons disent : Pauvre Sauvageon! pauvre père Jacques!... pauvre Capitaine ! Dans leur temps, quel bœuf!... quel laboureur !... quel chien ! Aujourd'hui les voilà tous trois sur la paille, estropiés par LEUR DEVOIR, et bons à rien, qu'à crever le plus tôt possible.

Des larmes roulèrent dans les yeux de Bruyère, jamais le vieillard ne s'était plaint de son sort avec autant d'amertume.

— Père Jacques, — dit-elle d'une voix émue, en se penchant vers le vieillard, — vous ne me reconnaissez donc pas? c'est moi, Bruyère, qui vous aime bien.... Tout à l'heure encore, vous m'appeliez, m'a-t-on dit... que me vouliez-vous? Parlez... votre fille vous obéira...

A ces mots de Bruyère, un éclair de mémoire et de raison brilla dans les yeux du vieillard; il passa la main sur son front, et répondit d'une voix faible :

— Oui... c'est vrai... tout le jour, petite, je t'ai appelée... Pourquoi donc?... Je ne sais plus... Peut-être pour te parler du rêve qui m'est venu... Mais pourquoi si tard? — ajouta le vieillard en se parlant à lui-même : — pourquoi si tard est-il venu, ce rêve?

— Quel rêve, père Jacques?

— Un rêve... comme déjà... je crois, j'en ai fait deux... il y a longtemps... longtemps... — dit le vieillard en tâchant de rassembler ses souvenirs, — une fois... après ce rêve... j'ai voulu voir monsieur le comte... Oui, je ne me trompe pas, c'était monsieur le comte... il n'est pas venu... il a eu tort... Pourquoi ?... je ne sais plus... mais le braconnier est venu à sa place... Et puis... après l'autre rêve... l'autre rêve... je ne sais plus...

— Vous m'appeliez, père Jacques, pour me parler de votre rêve ? — dit doucement Bruyère, afin de ne pas contrarier le vieillard. — Eh bien ! contez-le-moi, je vous écoute ; mais ensuite il faudra manger ces mûres que vous aimez et qui sont saines pour vous.

Le vieillard portait de nouveau les mains à son front, qu'il pressait convulsivement, comme s'il eût voulu arrêter la raison et la mémoire qu'il sentait prêtes à lui échapper ; il reprit d'une voix précipitée :

— Oui, c'est cela... Toute la journée je t'appelais... c'était pour te parler du rêve... Je rêvais, vois-tu... qu'on t'avait remise à moi toute petite, et que je t'avais apportée là-bas... dans la lande aux Vanneaux... près de la glandée, et que je t'avais mise au milieu d'une touffe de bruyère... tu avais à peu près cinq ans... et puis j'ai fait comme si je t'avais trouvée là par hasard.

— Vous!... vous! — s'écria la jeune fille, ne sachant si le vieillard délirait, ou se rappelant un fait depuis longtemps passé; aussi répéta-t-elle avec stupeur : — Vous...

— Je ne sais pas... c'est possible... puisque je rêve cela maintenant...

— Mais ces rêves, père Jacques, — reprit Bruyère, toute bouleversée par cette révélation inattendue, — mais ces rêves... c'est peut-être la mémoire qui, de loin en loin, vous revient... Mais qui donc m'avait remise entre vos mains ?

— Attends... C'était.... une personne.... une personne... je ne sais plus... il y avait pourtant en elle quelque chose... qui m'avait frappé... Qu'est-ce que c'était donc ?

Et de nouveau le vieillard passa sur son front sa main tremblante.

Bruyère, de plus en plus troublée, inquiète, contint sa curiosité dévorante, et se tut, craignant de rompre le fil si faible, si vacillant, qui reliait les pensées incertaines du vieillard.

— Tu sais bien, — reprit-il après quelques moments de silence, pendant lesquels il parut recueillir ses souvenirs, — tu sais bien, les ruines du fournil... sur la berge de l'étang, derrière la métairie.

— Hélas !... — murmura Bruyère à ces paroles, dont l'incohérence apparente semblait ruiner de vagues espérances trop tôt conçues, trop tôt acceptées.

— Oui, — reprit le vieillard, — c'était bien.... comme cela dans mon rêve... Au fond de ce fournil abandonné... il y avait un four, dont l'entrée était bouchée, alors... attends que je me rappelle. Oui, c'est bien cela... alors, en enlevant une brique, je cachai, dans ce four abandonné, ce... que m'avait remis... la personne... en me disant... — Pour donner cela... à cette enfant... que vous appellerez... Bruyère, vous attendrez qu'elle ait.... vous attendrez.... c'est pour cela... que jusqu'ici .. je ne... t'avais rien dit... et aujourd'hui je parle... parce que... parce que... Hélas ! mon Dieu !... je... ne sais plus... je ne me rappelle plus, — murmura le vieillard, dont la voix, d'abord assez sonore, se voilait de plus en plus.

Il y avait un fait si précis dans cette révélation du vieillard, que Bruyère s'écria :

— Cet endroit dont vous parlez... ces ruines du fournil.... je le connais... m'est-il permis d'y aller chercher ce que vous y avez caché? Cela a-t-il rapport à ma naissance? Oh ! par pitié, père Jacques ! encore un effort... répondez-moi...

— Oh !... ma tête tourne, — dit le vieillard en fermant les yeux, et comme épuisé par les efforts de mémoire qu'il venait de faire afin de raconter à Bruyère ce qu'il prenait pour un rêve, et ce qui n'était qu'un de ses rares retours de mémoire.

— Père Jacques, — s'écria Bruyère penchée sur la litière du vieillard, — je vous en supplie : encore un effort... Cette personne... était-ce ma mère ?... mon père ?... Savez-vous s'ils vivent encore ?...

— Je ne sais plus... — murmura le vieillard d'une voix anéantie.

— Ma mère ?... un mot encore, et ma mère ?

Le père Jacques agita machinalement ses lèvres; quelques sons inarticulés s'en échappèrent encore, puis il ferma les yeux, poussant de temps à-autre de douloureux gémissements, comme si, distrait un instant de ses souffrances par son entretien avec la jeune fille, il les eût ressenties avec une nouvelle violence.

Après de nouvelles tentatives, Bruyère, certaine que ses instances seraient vaines, et navrée de son impuissance à soulager le vieillard, rehaussa quelque peu la paille qui lui servait de chevet, plaça à sa portée le petit panier de mûres sauvages, et sortit de l'étable, tremblante, émue, agitée, pensant à l'étrange révélation du père Jacques.

Si ardente que fût sa curiosité à l'endroit de la mystérieuse cachette indiquée par le vieillard, la jeune fille surmonta son impatience; une pâle lumière se voyait encore dans la chambre du métayer, et Bruyère, pour se rendre aux ruines du fournil, attendit que tout le monde fût couché.

Et puis, d'ailleurs, chaque matin et chaque soir, Bruyère se rendait auprès de la femme inconnue qui, arrivée nuitamment à la métairie, y demeurait depuis assez longtemps.

La jeune fille, ayant donc longé les bâtiments dont la cour était bordée, sortit de cette espèce d'enceinte, et alla frapper à une petite porte qui s'ouvrait derrière la maison, et donnait sur la berge de l'immense étang marécageux dont on a parlé, et dont les eaux étaient alors très-hautes.

A ce moment aussi, Beaucadet, hâtant la marche de son cheval et celle de son escorte, se rapprochait de plus en plus de la métairie du Grand-Genévrier, où il venait arrêter Bruyère, accusée, ou plutôt soupçonnée d'infanticide.

CHAPITRE VI.

La chambre de dame Perrine. — Lettre d'un fils à sa mère. — Un roi qui ressemble peu aux autres rois. — Entretien de Bruyère et de dame Perrine. — La cachette. — Le coffret. — Reconnaissance. — Arrivée de M. Beaucadet, et ce qui en résulte. — Pour la première fois de sa vie M. Beaucadet ne se montre pas insensible.

Il fallait traverser un petit palier obscur avant de parvenir dans la chambre où était entrée Bruyère, en suivant les murs extérieurs de la métairie, le long de la berge de l'étang.

Cette chambre, d'un humble aspect, était presque luxueuse, comparée aux bâtiments délabrés de la métairie : un papier frais cachait les murailles de pisé, récemment enduites de plâtre; la haute cheminée, à chambranle de bois, était ornée d'une pente de serge verte, festonnée à l'ancienne mode et galonnée de jaune, tandis qu'un grand tapis, étendu devant le foyer, cachait en partie le luisant carrelage du sol; un bon lit, quelques meubles simples et propres, composaient l'aménagement de cette chambre, seulement éclairée durant le jour par une vieille petite fenêtre, à morceaux de vitres verdâtres et octogones, enchâssés dans du plomb.

Un de ces luminaires en usage dans les campagnes, composé d'une chandelle dont la clarté redouble d'intensité en traversant un globe de verre rempli d'eau limpide, éclairait cette pièce, et jetait sa vive lueur sur une femme assise au coin du foyer, dans un fauteuil. Elle semblait si absorbée, qu'elle ne s'aperçut pas de l'arrivée de Bruyère, qui resta muette et immobile près de la porte.

Cette femme avait, non loin d'elle, un petit métier, garni de drap vert, sur lequel se croisaient, attachés par des milliers d'épingles de cuivre, des fils blancs et légers, auxquels pendaient de petits fuseaux d'ébène; la dentelle commencée sur ce métier était d'une admirable beauté; on y reconnaissait la main d'une excellente ouvrière.

Mme Perrine, ainsi s'appelait cette femme, semblait âgée de quarante-cinq ans environ; elle avait dû être remarquablement belle. Serrés par sa coiffe blanche à la paysanne, deux bandeaux de cheveux d'un noir de jais, encadraient son front, très-brun comme son teint; ses yeux noirs, bien ouverts, bien brillants, et surmontés de sourcils fins et arqués, tantôt erraient dans le vide, tantôt se reposaient tour à tour sur deux objets dont nous parlerons tout à l'heure. Le teint très-brun de Mme Perrine était pâle et un peu maladif; la maigreur de son visage le faisait paraître plus allongé, et accusait trop la vive arête de son nez aquilin; sur sa bouche, d'une coupe gracieuse, errait un sourire mélancolique; son front pensif s'appuyait alors sur sa main. Mme Perrine portait un costume de paysanne fort propre, et dont l'étoffe noire faisait ressortir encore la blancheur de sa coiffe et de son grand fichu croisé.

Quelquefois un tressaillement presque imperceptible agitait simultanément les lèvres et les noirs sourcils de cette femme, frissonnement nerveux résultant des suites d'une maladie cruelle.

Mme Perrine, durant beaucoup d'années, avait été folle. Sa folie, d'abord furieuse, avait peu à peu changé de caractère : une mélancolie douloureuse, mais inoffensive, avait succédé à la frénésie. Le temps et des soins remplis de sollicitude avaient opéré une guérison à peu près complète, et le calme profond dont M⁽ᵐᵉ⁾ Perrine jouissait depuis son installation dans la métairie du Grand-Genévrier, avait tout à fait consolidé cette guérison.

Après une étude attentive du caractère de cette infortunée et surtout des ombrageuses susceptibilités qu'elle conservait, ensuite de son insanité, le médecin, contre les prescriptions ordinaires, lui avait recommandé, surtout pendant les premiers temps qu'elle passerait à la ferme, un isolement presque absolu. En effet, elle éprouvait une telle humiliation, une si pénible honte de son état passé, que la présence de personnes même bienveillantes lui eût causé un malaise, une souffrance indicibles. — Sans doute, avait ajouté le médecin, ces susceptibilités devaient s'effacer peu à peu ; mais, sous peine d'une rechute, alors peut-être incurable, M⁽ᵐᵉ⁾ Perrine devait vivre dans la solitude.

— Ces conditions de salut se trouvaient d'ailleurs si en rapport avec les goûts de cette femme, qu'elle fut heureuse de s'y conformer ; durant le jour, elle ne sortait jamais ; la nuit venue, et surtout lorsque la lune brillait d'un vif éclat, M⁽ᵐᵉ⁾ Perrine faisait souvent de longues promenades sur les bords de l'étang.

Bruyère seule, admise chaque jour auprès d'elle, lui rendait mille soins. D'abord accueillie avec une réserve défiante, qui cachait une honte pénible et ombrageuse, la jeune fille sut peu à peu, par son charme naturel, par ses prévenances, calmer les appréhensions de M⁽ᵐᵉ⁾ Perrine. Celle-ci n'éprouva bientôt plus pour Bruyère que le plus tendre intérêt, salutaire sentiment qui concourut encore à assurer, à confirmer la guérison de la pauvre folle.

Depuis son entrée dans cette demeure, Bruyère, ainsi que nous l'avons dit, restait inaperçue, grâce à la contemplation pensive où était plongée M⁽ᵐᵉ⁾ Perrine ; les objets sur lesquels, immobile et silencieuse, celle-ci reposait tour à tour son regard, étaient deux portraits et deux lettres.

L'un de ces portraits, peint en miniature, était placé sur ses genoux, dans sa boîte de maroquin entr'ouverte.

L'autre portrait, beaucoup plus grand (haut de trois pieds environ sur deux pieds de large), se trouvait placé au fond d'une espèce de placard, formant le corps supérieur d'un meuble de noyer, dont la partie inférieure servait de commode.

La miniature représentait un jeune homme de trente ans environ, au teint brun, aux yeux vifs, aux cheveux noirs bouclés, au visage légèrement allongé, à la physionomie spirituelle et hardie. Ses traits, sauf la différence d'âge et d'expression, offraient une extrême ressemblance avec ceux de M⁽ᵐᵉ⁾ Perrine ; ressemblance expliquée d'ailleurs par ces mots, gravés sur la bordure du médaillon :

MARTIN A SA BONNE MÈRE.

L'autre portrait, ou plutôt l'autre tableau (car les *accessoires* lui donnaient une certaine importance) portait la date de 1845. Son magnifique cadre de bronze, ciselé et doré, surmonté des insignes de la royauté, contrastait singulièrement avec la pauvreté de cette demeure.

Ce cadre splendide contenait le portrait en pied d'un roi... d'un roi régnant sur un peuple du nord de l'Europe ; ce prince, vêtu avec une simplicité bourgeoise, portait un habit bleu, un gilet blanc et une cravate noire.

La physionomie de ce souverain, jeune encore, exprimait un singulier mélange de haute intelligence, de résolution et de bonté ; son sourire était doux quoiqu'un peu triste, comme si une connaissance précoce des hommes avait peiné son cœur, sans altérer sa bonté native ; son regard semblait à la fois pensif et pénétrant ; ses traits d'ailleurs manquaient de régularité ; les lèvres étaient épaisses, le nez long, le visage carré, les yeux seuls étaient superbes et d'un bleu lapis qui s'harmoniait à merveille avec une chevelure blonde très-courte, très-lisse, et une épaisse moustache de même nuance.

L'attitude, le caractère des traits de ce prince révélaient une simplicité, nous dirions une bonhomie extrême, si la bonhomie ne passait pour être incompatible avec l'énergie : sa stature robuste et élevée, sa poitrine saillante et carrée, ses épaules larges, son cou charnu, ses mains musculeuses, offraient un type plus plébéien qu'aristocratique, et annonçaient la vigueur et la santé.

Nous avons parlé des *accessoires* de ce portrait ; ils étaient nombreux et singuliers.

Au milieu du fond sombre et bitumeux du portrait, élevés sur deux autels, sans doute en signe de pieuse adoration, deux bustes dessinaient leur sévère profil de marbre blanc, peints par l'artiste dans une mystérieuse demi-teinte.

L'un de ces bustes représentait Brutus ;
L'autre buste était celui de Marc-Aurèle.

Le bonnet phrygien dont on avait coiffé la figure inflexible de Brutus était peint de couleur écarlate et entouré d'une lumineuse auréole qui rayonnait dans la pénombre où l'artiste avait, à dessein sans doute, laissé ce buste ainsi que celui de Marc-Aurèle. Le front pensif de ce dernier semblait également resplendir d'une clarté divine.

Il était impossible de ne pas voir dans cette glorification une preuve éclatante du culte de ce roi pour ce grand empereur et pour ce grand tribun...

Si l'on conçoit la sainte admiration d'un souverain pour Marc-Aurèle, l'un de ces hommes-Dieu, de ces âmes adorables et trois fois sacrées qui semblent directement procéder de la Divinité, on comprendra moins peut-être qu'un prince absolu, les rois du Nord le sont tous, ait voué une religieuse admiration, une sorte d'idolâtrie à cet indomptable tribun, en qui semblent incarnées la mâle vertu, la fière indépendance des âmes *vraiment républicaines*...

Tels étaient les deux portraits que dame Perrine, la mystérieuse habitante de la métairie du Grand-Genévrier, contemplait d'un air profondément rêveur, et desquels parfois elle détachait son regard pour relire quelques passages de deux lettres posées sur ses genoux.

L'une de ces lettres était ainsi conçue :

« Paris, 20 octobre 1845.

» Bonne et tendre mère,

» Dans peu de jours je te verrai : jusque-là patience,
» courage et espoir ; surtout ne crains rien : *Claude* veille
» sur toi, il répond de la discrétion du métayer ; tu ne sors
» jamais pendant le jour, le comte Duriveau ne visite jamais ses métairies, et le hasard t'amènerait à la ferme,
» le hasard te mettrait même en sa présence, que tu n'as
» rien à redouter... Depuis plus de trente ans, le comte ne
» t'a pas vue... et tu as tant souffert, pauvre mère... tu
» es si changée, qu'il lui serait impossible de te reconnaître.

» Tu sauras bientôt mon projet ; tu sauras pourquoi, au
» retour de mon voyage dans le Nord, rappelé en France
» par la tardive révélation de Claude, je suis parvenu, non
» sans peine, et grâce aux excellentes recommandations
» de l'un de mes anciens maîtres, à me faire admettre
» comme valet de chambre chez le comte Duriveau.

» A ce sujet encore, tendre et bonne mère, ne crains
» rien, l'épreuve a eu lieu... Je suis satisfait de moi... En
» présence du comte... je suis resté calme, impénétrable ;
» et pourtant, pendant cette bizarre entrevue, je me disais,
» afin de mieux m'éprouver encore :

» — *Cet homme, qui m'interroge et m'examine avec
» un dédain si superbe... cet homme est mon père... il
» ignore que je suis son fils... le fils de cette pauvre enfant de seize ans... qu'autrefois, dans sa cruauté...
» il a...*

» Mais assez, assez, bonne mère ; à quoi bon rappeler
» ces terribles souvenirs ?... Seulement, d'après le calme
» que j'ai montré dans cette entrevue, juge de mon empire
» sur moi-même... et, je te le répète, rassure-toi. Durant
» ma conversation avec le comte, et malgré les pensées,
» les émotions de toute sorte qui bouillonnaient en moi...
» mon impassibilité ne s'est pas démentie, j'ai répondu
» aux interrogations hautaines du comte, avec tant d'à-
» propos, de respect et de sang-froid, que j'ai été agréé
» par lui sur-le-champ.

» Ne t'étonne pas trop d'ailleurs de ce puissant empire
» que j'ai sur moi-même ; car, vois-tu, bonne mère, la vie
» de domesticité, à laquelle j'avais dernièrement renoncé,
» mais que j'ai subie pendant si longtemps, m'a tellement

» habitué à refouler mes impressions au plus profond de
» moi-même, qu'une apparente impassibilité est devenue
» pour moi une seconde nature.

» Ainsi, je t'en conjure, mère chérie, et je te le répète
» encore, ne redoute rien à ce sujet... Ma cause est sainte
» et juste... mes projets réussiront.

» Tu m'as demandé comment le portrait que je t'ai
» envoyé, ne trouvant pas prudent de le conserver ici,
» était en ma possession; la lettre que je t'envoie, lettre
» simple, digne et touchante, te l'apprendra. En te l'adres-
» sant, bonne mère, en songeant qu'elle serait lue et
» comprise par toi, noble et grand cœur que j'ai cruellement
» éprouvé, j'ai, pour la première fois de ma vie peut-être,
» ressenti quelque orgueil en me disant que tu serais fière
» de ton fils... Et puis aussi, je glorifiais en moi l'enfant
» de la pauvre ouvrière, lâchement séduite, indignement
» abandonnée, l'enfant du peuple, qui, après la vie la plus
» misérable, la plus aventureuse, la plus humble, est arrivé
» à... Mais, pardon, pardon, bonne mère; je m'aperçois
» que ce mouvement d'orgueil, pour être le premier peut-
» être, n'en est que plus vif... Ce n'est pas à moi de
» m'enorgueillir... c'est à toi d'être fière de ton fils, si sa
» conduite te paraît digne et bonne.

» Adieu, tendre mère, à bientôt... dans trois ou quatre
» jours peut-être je te verrai, car mon *maître* part, je
» l'espère, après-demain pour la Sologne, et la prudence
» ne me permettra pas d'aller t'embrasser le jour même
» de mon arrivée...

» Adieu encore, et tendrement adieu, la plus adorée des
» mères ! je baise pieusement ton front et tes mains.

» Ton fils respectueux,
» MARTIN. »

La seconde lettre, sur laquelle M*me* Perrine jetait souvent les yeux avec orgueil, était écrite à Martin par le roi
dont on a donné le portrait.

« 3 août 1843.

» Je vous dois la vie, Martin... Je vous dois encore plus
» que la vie... Acceptez ce portrait comme gage de ma
» reconnaissance et de ma profonde estime.

» J'aime à me rappeler, j'aime surtout à vous rappeler
» la cause de cette reconnaissance, la raison de cette pro-
» fonde estime.

» Il y a un an qu'une aventure bien étrange vous a
» rapproché de moi... Vous ne pouviez deviner qui j'étais,
» grâce à l'incognito qui me couvrait; vous m'avez sauvé
» d'un danger de mort...

» Je voulus savoir à qui je devais la vie; votre histoire
» était simple : venu dans le pays à la suite d'un maître,
» puis las de cette domesticité, vous étiez fait artisan,
» revenant ainsi au premier métier de votre enfance, afin
» de gagner ce qu'il vous fallait d'argent pour retourner
» en France.

» Un tiers survint, me reconnut, me nomma... à ma
» grande surprise, je l'avoue, vous n'avez en ma *souve-
» raine présence* (ainsi que cela le dit à la cour) témoigné
» ni trouble, ni respect adulateur, et, à ma plus grande
» surprise encore, il n'y eut aucune jactance dans votre
» attitude : elle était digne et simple; vivement frappé de
» rencontrer autant de tact et de mesure chez un artisan,
» éprouvant pour vous un vif sentiment de gratitude, je
» désirai que nous restassions seuls tous deux. Alors je vous
» demandai comment je pouvais reconnaître le service que
» vous veniez de me rendre : je n'oublierai jamais votre
» réponse :

» — Sire, vous ne pouvez rien pour moi... je suis jeune
» et robuste, je n'ai pas de famille; encore quelques jours
» de travail, et j'aurai gagné ce qu'il me faut pour retour-
» ner en France... Mais ici... dans ce pays aussi... bien
» des artisans ne sont pas comme moi jeunes, robustes,
» sans souci de l'avenir... Il en est qui, chargés de famille,
» honnêtes et laborieux, endurent de cruelles privations;
» songez au sort immérité de ceux-là, *nos frères*, sire;
» faites qu'ils souffrent moins, et je bénirai Dieu de m'avoir
» choisi pour sauver vos jours.

» Ces paroles, prononcées par vous avec âme et fermeté,

» me causèrent un nouvel étonnement; pour la première
» fois (je vous l'ai dit depuis), ma pensée était appelée sur
» des misères toujours regardées comme fatales, inévitables
» et sans remède... La circonstance bizarre qui nous
» rapprochait, donnait un caractère particulier à votre
» généreuse demande... De plus en plus frappé d'un désin-
» téressement et d'une élévation de cœur que je croyais
» si rares parmi les gens de votre classe, je causai longue-
» ment avec vous, je voulus savoir toutes les particularités
» de votre vie... Vous avez sans doute pensé qu'une vaine
» curiosité avait une trop grande part dans mon désir, et
» vous m'avez fait comprendre que la confiance se gagne...
» mais ne se commande pas; je vous ai alors parlé de la
» misère de ces gens que vous appeliez *nos frères;* ceci
» ne vous était plus personnel, il s'agissait de la cause des vôtres
» que vous défendiez. Alors vous avez été plus qu'éloquent,
» vous avez été simple, touchant et vrai. Vous m'avez cité
» des faits, des chiffres irrécusables; vous m'avez, en
» quelques mots, peint des tableaux d'une inexorable
» réalité; vous m'avez révélé de terribles choses jusqu'alors
» inconnues pour moi, et si, lors de ce premier entretien,
» vous n'avez pas ébranlé des préjugés, des opinions, des
» convictions très-opiniâtres, vous m'avez laissé pensif et
» préoccupé.

» Je vous avoue mes soupçons avec d'autant moins de
» scrupule, que vous les avez détruits; un moment je crus
» que, vous exagérant l'importance de l'attention que je
» vous avais prêtée, votre orgueil... qui sait... votre ambi-
» tion peut-être s'éveillerait, et que bientôt vous tâcheriez
» de vous rappeler à mon souvenir : il n'en fut rien. A
» votre insu j'appris que, le lendemain de notre entrevue,
» vous aviez repris vos travaux d'artisan, et que vous les
» continuiez, gardant un secret absolu sur notre rencontre.

» Depuis, j'ai voulu vous revoir; nos entrevues, cachées
» à tous, ont été fréquentes; j'ai de plus en plus apprécié
» la droiture, le bon sens, l'élévation d'esprit qui vous
» distinguent; je ne vous ai pas demandé par quel concours
» d'événements extraordinaires, vous qui, par le cœur et
» la pensée, me paraissez supérieur au plus grand nombre
» des hommes, vous vous étiez résigné à la servitude; j'ai
» respecté vos secrets.

» Je vous ai écouté avec fruit. A ma prière, en acceptant
» seulement de moi un travail manuel que vous accomplis-
» siez avec une scrupuleuse exactitude, car votre délica-
» tesse est bien ombrageuse, vous aviez consenti à rester
» quelque temps dans mon pays; nos rapports, toujours
» ignorés, m'étaient précieux; enfant trouvé, vous aviez
» expérimenté toutes les conditions, toutes les misères de
» la vie du peuple ; plus tard, votre existence aventureuse
» et votre état de domesticité vous avaient mis en contact
» avec toutes les classes de la société, des plus infimes aux
» plus hautes. Né pensif et observateur, doué d'un esprit
» juste et pénétrant, vous avez profondément réfléchi à
» ce que vous avez vu, étudiant au moins autant les causes
» que les résultats; d'une loyauté scrupuleuse, vous n'avez
» jamais, j'en ai acquis la conviction, exagéré ou atténué
» ce qu'il y avait de bon et de mauvais dans ce peuple
» auquel vous vous glorifiez d'appartenir; une fois certain
» de votre sincérité, je méditai longuement les enseigne-
» ments que je trouvais en vous, enseignements vrais,
» variés, vivants, qu'il m'avait été impossible de rencon-
» trer jusqu'alors, rien n'étant plus rare que la combi-
» naison d'un sort tel que le vôtre avec un caractère et
» un esprit tels que les vôtres.

» Une fois amené, par de mûres réflexions nées de nos
» entretiens, dans une voie nouvelle, aux abords difficiles,
» dangereux, peut-être, peu à peu, lentement il est vrai,
» de nouveaux horizons ont commencé à s'ouvrir devant
» moi... de bien grandes vérités ont éclairé mon esprit.

» Vous le savez, j'ai tâché de n'être point ingrat envers
» vous... en essayant de vous prouver déjà ma reconnais-
» sance selon votre cœur.

» Vous êtes précipitamment parti pour la France; un
» devoir sacré vous y appelait, m'avez-vous dit... C'est
» avec tristesse et regret que je vous ai vu vous éloigner
» pour longtemps... pour toujours peut-être.

» Vous me devez, il me semble, une compensation; si

» vous pensez ainsi, accordez-moi une demande qui main-
» tenant, je le crois, n'est plus indiscrète.
» Vous souvient-il qu'une fois je me mis en doute, non
» votre sincérité, mais l'exactitude de vos souvenirs, à
» propos d'un fait extraordinaire dont vous aviez été té-
» moin ; à ce propos, vous me dites qu'il était presque im-
» possible que votre mémoire vous fît défaut, car depuis
» longues années vous écriviez presque jour par jour une
» sorte de memento de votre vie.
» Cette vie a dû avoir des aspects si étranges et des
» conditions si diverses depuis votre enfance jusqu'à ce
» jour, que ce récit, simple et sincère comme il l'est, je
» n'en doute pas, offre nécessairement un ample texte à
» de sérieuses réflexions... Quelques mots de vous, à ce
» sujet, m'ont aussi vivement frappé : — la domesticité,
» en vous ouvrant le sanctuaire du foyer, vous avait mis
» à même, — me disiez-vous, — de connaître des mys-
» tères impénétrables même au médecin, même au juge,
» même au prêtre... ces trois confesseurs de l'âme et du
» corps, et la *vicieuse constitution de la famille* observée
» de ce point de vue si intime, vous avait offert, — ajou-
» tiez-vous, — les plus curieux, les plus austères ensei-
» gnements.
» Ces mémoires de votre vie, confiez-les-moi... ; ce n'est
» pas une futile curiosité qui me porte à vous adresser
» cette demande. L'humanité est partout la même : ce qui
» est vrai en France, est vrai ici, et pour ceux qui sont ap-
» pelés à avoir une large part d'action sur les hommes,
» l'étude de l'homme est d'un puissant et éternel intérêt ;
» vous dirai-je enfin que la lecture de ces mémoires m'est
» encore désirable, parce qu'il y est peut-être question de
» moi, de mes actions, et que ces mémoires n'ont pas été
» *écrits pour moi*, car je vous connais et je sais qu'au-
» cune considération n'aura pu, en ce qui me touche, al-
» térer l'indépendance de vos convictions.
» Je n'insiste pas davantage : vous comprendrez les mo-
» tifs de ma réserve ; si vous me refusez, je serai certain
» qu'une raison, certainement honorable et que je res-
» pecte d'avance sans la connaître, sera la seule cause de
» votre refus.
» Adieu ; croyez toujours à l'estime et à la reconnais-
» sance profonde de votre affectionné
» ***—***.

» J'ai reçu votre lettre n° 2. Je vous remercie de la no-
» tice sur l'organisation des crèches, c'est admirable ; le
» nom du grand homme de bien, dont le tendre génie va
» sauver ainsi la vie de milliers d'enfants, était encore in-
» connu ici, tandis qu'au moindre coup de canon, le
» nom et le titre du plus stupide de nos tueurs d'hommes,
» pourvu qu'il ait beaucoup égorgé, beaucoup ravagé, re-
» tentit en huit jours d'un bout de l'Europe à l'autre. »

Mme Perrine, toujours absorbée par la lecture des lettres et par la contemplation des deux portraits dont nous avons parlé, ne s'apercevait pas de la présence de Bruyère.

La jeune fille, depuis l'incomplète révélation du père Jacques, révélation si intéressante pour elle, puisqu'elle lui donnait le vague espoir de pénétrer le secret de sa naissance, grâce à certains objets cachés depuis longtemps, disait le vieillard, dans un fournil abandonné ; la jeune fille éprouvait une impatience remplie d'angoisses ; malgré ces vives préoccupations, elle ne put s'empêcher, en entrant chez Mme Perrine, d'être vivement frappée à la vue du tableau royal, dont la bordure, splendidement dorée, attira tout d'abord son attention. Après y avoir presque involontairement jeté un rapide coup d'œil, elle détourna les yeux, trouvant peu digne d'elle de regarder plus longtemps ce portrait dont une sorte de surprise lui révélait l'existence ; car, jamais jusqu'alors, Mme Perrine n'avait ouvert devant Bruyère la partie supérieure du meuble qui renfermait et cachait ce tableau.

Afin de mettre un terme à une position embarrassante, et d'attirer l'attention de Mme Perrine, la jeune fille toussa d'abord légèrement, puis plus fort, puis enfin elle dérangea bruyamment une chaise, voyant Mme Perrine toujours pensive et rêveuse. Au bruit soudain qu'elle entendit, celle-ci tressaillit, se leva, d'un brusque mouvement, referma vivement les deux vantaux du placard, pour cacher le portrait, tandis qu'en même temps elle se hâtait de faire disparaître dans sa poche les deux lettres et la miniature qui représentait le portrait de Martin ; se tournant alors vers Bruyère, elle lui dit doucement d'un air assez embarrassé :

— Bonsoir... mon enfant... je ne vous avais pas vue...
— Je suis entrée, sans que vous m'ayez entendue... dame Perrine, — répondit Bruyère confuse de l'indiscrétion qu'elle venait de commettre sans le vouloir, — j'ai fait un peu de bruit pour que vous vous aperceviez que j'étais là... excusez-moi...

Mme Perrine tendit affectueusement la main à la jeune fille qui la pressa contre ses lèvres.

— L'heure à laquelle vous venez ordinairement étant passée, — reprit Mme Perrine, — je ne vous attendais plus, mon enfant.

Bruyère, voyant dans ces mots une occasion d'arriver aussitôt à l'entretien qu'elle se proposait d'avoir avec Mme Perrine, répondit d'une voix émue :

— C'est que le père Jacques... m'a parlé longtemps... dame Perrine.
— Le père Jacques ? ce pauvre vieux berger infirme... dont vous m'avez quelquefois entretenue ? Ne m'avez-vous pas dit que depuis longtemps il avait presque perdu la mémoire, et qu'il ne parlait à personne ?
— C'est vrai... dame Perrine... aussi j'ai été bien étonnée... d'autant plus... que ce qu'il m'a appris...

Bruyère n'acheva pas : le trouble, la crainte, se peignirent sur son visage. Mme Perrine, étonnée du silence et de l'émotion de la jeune fille, reprit :

— Vous voilà toute pâle... toute tremblante... mon enfant, vous vous taisez ; qu'avez-vous ?... Que s'est-il passé ?

Après une nouvelle hésitation, la jeune fille reprit timidement :

— Dame Perrine... je suis seule au monde... en ce moment, je n'ai personne ici pour me conseiller... je n'ose pas agir de moi-même, et je viens à vous...
— Parlez... parlez, — répondit Mme Perrine avec un affectueux empressement, — je n'ai pas grandes lumières... mais je vous aime, cela m'inspirera bien.. j'en suis sûre...
— Oh ! n'est-ce pas que vous m'aimez, dame Perrine ? — dit vivement Bruyère.
— Si je vous aime... mon enfant !... je vous aime comme j'aimerais ma fille, si le sort m'en avait donné une ; mais il m'a mesuré le bonheur maternel... Je n'ai jamais eu qu'un enfant... qu'un fils... le meilleur... le plus digne des fils, — ajouta-t-elle avec orgueil.

Puis s'adressant à Bruyère avec tendresse :

— Mais, vous le voyez, je n'ai pas le droit de me plaindre, j'ai un fils dont je suis fière, et vous m'aimez presque comme vous aimeriez votre mère, n'est-ce pas, mon enfant ?
— Oui, oh ! oui, comme j'aurais aimé ma mère. — Puis, se reprenant, la jeune fille ajouta à demi-voix : — Hélas ! non... à une mère on dit tout...

Et elle se tut de nouveau en essuyant ses yeux humides de larmes.

— Écoutez, mon enfant... Depuis quelque temps... vous m'inquiétez, — dit Mme Perrine en attirant Bruyère auprès d'elle, et, lui prenant les mains avec sollicitude : — Oui, depuis quelque temps, je vous ai trouvée pâlie... souffrante... préoccupée... il y a un mois surtout... vous savez, lorsque vous êtes restée trois jours sans me voir... je vous ai trouvée si changée...
— J'avais été malade, — répondit vivement Bruyère d'une voix altérée, — bien malade, dame Perrine... je vous l'assure.
— Je ne m'en suis que trop aperçu ; lorsque je vous ai revue, vous étiez méconnaissable... Et...
— Je vous en prie, — s'écria la jeune fille, d'une voix presque suppliante, — ne parlons pas de cela.
— Mon Dieu ! mon Dieu ! Bruyère, qu'avez-vous ? Pourquoi ces réticences, ce trouble, ces larmes ?
— Ce n'est rien, dame Perrine, — reprit Bruyère en tâchant de se montrer plus calme. — Les paroles du père

Jacques... l'espoir qu'elles m'ont donné, me font, je crois, perdre la tête... Excusez-moi, dame Perrine.

— Allons! ma pauvre enfant, — dit Mme Perrine en baisant Bruyère au front, — remettez-vous... causons... Tout à l'heure, à propos de votre entretien avec ce vieux berger, vous m'avez demandé conseil?

— Oui, dame Perrine... car, d'après ce que m'a dit le père Jacques, peut-être... un jour, pourrais-je connaître mes parents.

— Et, comment?

— Écoutez, dame Perrine, je suis une enfant abandonnée. Peut-être... mon père... ma mère... ont été forcés par la nécessité de me délaisser ainsi...

— A moins qu'on n'enlève... un enfant à sa mère, et cela de force... ou pendant qu'elle dort, une femme qui abandonne librement son enfant... est un monstre! — s'écria Mme Perrine avec une exaltation singulière.

Et, pour la première fois, depuis son entretien avec Bruyère, son pâle visage se colora d'une vive rougeur, ses yeux étincelèrent.

A peine la mère de Martin eut-elle prononcé ces mots, que Bruyère poussa un cri déchirant, couvrit son visage de ses deux mains, et tomba à genoux en criant :

— Grâce!!! grâce!

— Bruyère... qu'avez-vous?... Pourquoi me demander grâce? — dit Mme Perrine en voyant l'effroi, la douleur, le désespoir se peindre sur les traits de la jeune fille.

Puis, tout à coup, croyant deviner la cause de ce trouble, suppliante à son tour, elle reprit d'une voix désolée :

— Bruyère!... pardon; c'est moi, chère enfant, qui vous demande grâce, car, sans le vouloir... et emportée par un premier mouvement, j'ai peut-être outragé votre mère... Pardonnez-moi... pauvre petite... j'ai eu tort de parler comme je l'ai fait... Mon Dieu!... souvent... une malheureuse jeune fille... trahie... abandonnée... n'a plus la tête à elle... que voulez-vous? la crainte... la honte...

— Oh! oui, n'est-ce pas, dame Perrine, — s'écria Bruyère en frissonnant, — la honte... c'est si affreux, la honte... et puis les moqueries... les mépris... quand on n'est pas habituée à cela... Oh! la honte... voyez-vous... j'en mourrais.

Et Bruyère, s'apercevant qu'à ces derniers mots, Mme Perrine avait tressailli et la regardait avec une surprise et une curiosité inquiètes, elle se hâta d'ajouter :

— Aussi, dame Perrine... lorsque tout à l'heure le père Jacques m'a dit que peut-être je pourrais connaître ma mère... d'abord ma joie... a été grande... oh! bien grande... mais bientôt... je me suis dit : Si je découvre ma mère... si je vais à elle... peut-être je la couvrirai de honte... par ma présence; car enfin sa faute est peut-être restée cachée... oubliée... et c'est moi, sa fille... moi qui la ferai revivre, cette faute, cette honte!... Et pourtant, connaître sa mère... la voir... oh! dame Perrine... que faire?... Mon Dieu! que faire? Vous voyez bien qu'il faut que vous me conseilliez... Mais qu'avez-vous?... Comme vous pâlissez!... Vos mains tremblent.

— Ce n'est rien, mon enfant, — répondit Mme Perrine d'une voix altérée, en passant la main sur son front brûlant; — votre émotion me gagne... et puis, si vous saviez... des souvenirs... oh! quels souvenirs!... Mais ne parlons plus de moi... parlons de vous... Vos hésitations... je les comprends... elles prouvent votre excellent cœur... seulement, dites-moi... comment le père Jacques a-t-il pu vous donner l'espoir de connaître vos parents?

— Certaines choses qui pouvaient m'aider à connaître le secret de ma naissance, se trouvent, dit-il, cachées dans les ruines du fournil qui est là... sur la berge de l'étang.

— Comment le père Jacques a-t-il appris cela?

— En songe...

— Un rêve!... ma pauvre enfant... c'est au rêve d'un pauvre vieillard affaibli par les souffrances, que vous ajoutez foi?

— Ce qu'il appelle un rêve, dame Perrine... est un retour de mémoire comme il en a quelquefois.

— Mais ne vous a-t-il pas donné d'autres éclaircissements?

— Non, dame Perrine; après cette révélation, épuisé sans doute, il est retombé dans son morne silence.

— Mais ces objets, qui les a cachés?

— Lui.

— Comment ont-ils été en sa possession?

— Une personne inconnue les lui a remis... je n'ai pu en apprendre davantage... car, hélas! à ce moment, sa mémoire l'a abandonné...

— Cela est étrange, — dit dame Perrine en réfléchissant... Mais, d'ailleurs... rien de plus facile que de s'assurer de la vérité de cette révélation... où est la cachette qu'il vous a désignée?

— A deux pas d'ici...

— Un monceau de briques, tout couvert de mousse et de lierre? là... près de l'étang...

— Oui, dame Perrine, c'était l'ancien fournil de la métairie; il est tombé en ruines; on en a construit un autre plus près de la maison...

Après un moment de silence pendant lequel les traits de Mme Perrine semblèrent plus fréquemment agités par son frissonnement nerveux qu'ils ne l'avaient été jusqu'alors... elle dit à Bruyère :

— Écoutez, mon enfant... vous devez, il me semble, d'abord vous assurer de la réalité de ce que vous a dit le père Jacques... Les découvertes que vous ferez.... dicteront votre conduite.... N'est-ce pas votre avis?

— Oui, dame Perrine.

— L'heure est convenable; tout le monde dort dans la métairie... que n'allez-vous tout de suite visiter cette cachette?

— Dame Perrine... quelquefois... vous sortez le soir; si vous vouliez m'accompagner?

— Volontiers, chère enfant...

Au moment où Mme Perrine se disposait à sortir, Bruyère la prit vivement par la main, ses lèvres s'entr'ouvrirent comme si elle allait parler; puis, cédant sans doute à la réflexion, elle baissa la tête avec accablement, abandonna la main de sa protectrice, poussa un profond soupir et murmura :

— Non... la force me manque... je n'ose pas.

— Que n'osez-vous pas, mon enfant?

— Vous tout dire... Et pourtant il le faudra... car, voyez-vous, dame Perrine, ce n'est pas pour moi seule... que je voudrais connaître mes parents...

— Ce n'est pas pour vous seule?

— Venez... venez, dame Perrine, — dit précipitamment Bruyère, comme si elle eût craint de céder à un élan de confiance involontaire, — venez... ce que nous trouverons dans cette cachette.... me décidera à me taire... ou à tout vous dire...

Les deux femmes sortirent de la chambre, traversèrent le petit palier, et se trouvèrent en dehors des bâtiments. Le ciel était d'une admirable sérénité. La lune, alors dans son plein, resplendissait de clarté au-dessus du noir rideau de grands sapins qui s'étendait à perte de vue; à la surface des eaux dormantes de l'étang flottait une vapeur blanchâtre; mais ces exhalaisons méphitiques se dissipaient à mesure que s'opérait la lente ascension de la lune dont les brillants reflets changeaient l'étang en une immense nappe de lumière argentée.

Le silence était profond...

La brise du soir, agitant les roseaux desséchés par l'automne, les faisaient bruire par rafales... mais lorsque, de temps à autre, ce léger bruissement cessait avec le souffle capricieux du vent, une oreille attentive aurait pu distinguer au loin... bien loin... le bruit sourd et cadencé de plusieurs chevaux lancés au galop qui se rapprochaient peu à peu.

Dame Perrine et Bruyère étaient trop gravement préoccupées pour remarquer cette circonstance.

Mme Perrine et Bruyère arrivèrent bientôt auprès des ruines de l'ancien fournil; il n'en restait que deux pans de murailles, à demi écroulés, formant un angle droit. Au milieu de l'une d'elles on voyait l'orifice du four, grossièrement bouché au moyen de tuiles reliées ensemble avec de la terre; grâce à cette précaution, cette cavité ne pouvait servir de retraite ou d'embuscade aux fouines, aux putois, aux renards, et autres implacables ennemis des basses-cours. Le lierre, les ronces, couvrant cette maçonnerie, ne laissaient apercevoir à l'éclatante clarté de la lune que le demi-cintre de briques autrefois noircies et calcinées par les tourbillons de flamme qui sortaient de la bouche du four.

A quelques pas de ces ruines, situées sur la crête de la berge, les roseaux, dont l'étang était entouré, élevaient leurs tiges déjà fanées; au milieu d'elles apparaissait, au-dessus du niveau de l'eau, la partie supérieure d'une porte d'écluse, destinée à déverser, dans un large canal couvert de joncs, les eaux de l'étang, lorsqu'on le mettait à sec, afin de le pêcher.

L'agitation de Mme Perrine augmentait à chaque instant. Les divers incidents de ce jour, les souvenirs sur lesquels elle s'était tue, mais qui n'en avaient pas moins un grand retentissement dans son cœur; les demi-aveux, le trouble de Bruyère, causaient à Mme Perrine une émotion extrême; car depuis sa guérison, sa vie s'était passée dans le calme, dans l'isolement le plus complet... Elle attribua donc aux singulières circonstances de cette soirée, l'espèce d'étourdissement fiévreux qu'elle ressentait depuis quelques moments.

— C'est là!... — lui dit Bruyère, en s'arrêtant dans l'angle formé par les deux pans de mur du fournil, et désignant l'orifice du four à Mme Perrine.

Celle-ci reprit :

— La cachette est du moins bonne, en cela que l'on passerait mille fois à cet endroit... sans se douter de rien...

— Oh! dame Perrine... comme le cœur me bat! — dit Bruyère en tremblant; — ...c'est là, pourtant.

— Croyez-moi, mon enfant... ne vous abusez pas d'un trop vif espoir... Mais, hâtons-nous..... je ne sais si c'est la fraîcheur de la nuit, — ajouta Mme Perrine, d'une voix plus brève et en tressaillant, — mais je frissonne de tout mon corps.

A peine elle avait prononcé ces mots, que Bruyère, avec l'énergie et l'agilité d'une fille des champs, s'arma d'un débris de solive, gravit les décombres, arriva près de l'orifice du four, en écarta le lierre et les ronces, et fit facilement une trouée à travers la maçonnerie de briques et de terre.

Soudain, au loin... et comme si ce bruit fût venu de l'extrémité nord de l'étang... retentit, dans les airs, le cri de l'aigle de Sologne... mais la distance affaiblissait tellement ce cri, qu'il était à peine perceptible.

Cependant il frappa l'oreille de Bruyère; elle se redressa, inquiète, attentive.

— Qu'avez-vous?... — lui demanda Mme Perrine qui n'avait rien entendu; — que vous arrive-t-il, mon enfant?...

Bruyère, toujours muette, immobile, fit de la main un geste suppliant à Mme Perrine, pencha la tête, et écouta de nouveau avec anxiété.

Elle n'entendit plus rien... soit que le cri n'eût pas été répété, soit qu'il eût été refoulé par une des légères rafales de vent, qui, soufflant de temps à autre dans une direction justement contraire, avaient apporté naguère et venaient d'apporter encore le bruit, de plus en plus rapproché, de plusieurs chevaux lancés au galop.

— Mon enfant, dit Mme Perrine, d'une voix qui trahissait l'angoisse et la souffrance, — je vous en prie, hâtons-nous, je ne me sens pas bien.

Ces mots rappelèrent Bruyère à elle-même; en peu d'instants, elle eut pratiqué une ouverture suffisante pour pénétrer dans la sombre cavité; mais Mme Perrine la saisit par ses vêtements, et lui dit :

— Mon enfant..... prenez garde..... il y a de dangereux serpents dans le pays... Si quelque reptile était caché dans ce trou...

— Ne craignez rien, dame Perrine; ce n'est pas encore le temps où les serpents gîtent pour s'engourdir.

Ce disant, Bruyère, d'un léger mouvement, se dégagea des mains de Mme Perrine dont le cœur se serra en voyant disparaître la jeune fille au milieu des ténèbres formées par la voussure du four.

A ce moment... mais Bruyère ne pouvait plus l'entendre, retentit de nouveau, et, cette fois, perçant, distinct et rapproché, le cri de l'aigle de Sologne.

— Un oiseau de proie... c'est triste... mauvais présage... — dit tout bas Mme Perrine en tressaillant.

Puis, comme si cette pensée eût redoublé ses craintes pour la jeune fille, elle se pencha vers la noire entrée du four, et s'écria :

— Bruyère, mon enfant... parlez-moi donc...

— Je cherche au long de la voûte, et partout... dame Perrine; et je ne trouve rien... — répondit tristement la jeune fille.

— J'en étais sûre... pauvre enfant! — dit Mme Perrine. Puis, prêtant l'oreille du côté d'où venait le vent, elle ajouta à demi-voix :

— C'est singulier... on dirait le galop de plusieurs chevaux qui s'approchent.

Elle écouta de nouveau et reprit :

— Ce sont les poulains de quelque métairie voisine qui restent la nuit dans les prés, et s'ébattent au clair de lune... — Tout à coup, la jeune fille poussa un cri perçant :

— Qu'y a-t-il?... — dit Mme Perrine avec effroi. — Bruyère... en grâce... répondez!

— Un petit coffre... dame Perrine!

Et, presque aussitôt, la jeune fille, toute palpitante d'une joie inespérée, reparut à l'entrée de la voûte.

Un peintre aurait fait de cette scène un tableau d'une originalité charmante.

La vive clarté de la lune éclairait en plein Bruyère, qui, à genoux à l'entrée de la voûte, tenait le coffret entre ses bras; les feuilles vertes des lierres, les rameaux des ronces empourprées par l'automne encadraient de leurs souples guirlandes le demi-cintre rempli d'ombres au milieu desquelles resplendissait, inondée d'une blanche lumière, la figure de la jeune fille, immobile, agenouillée, les yeux noyés de larmes et levés au ciel avec une expression d'ineffable espérance.

Malgré son agitation, ses inquiétudes, et la curiosité mêlée de sollicitude que lui inspirait la découverte de Bruyère, Mme Perrine resta un moment muette à la vue de ce délicieux tableau.

— Merci, mon Dieu! le père Jacques ne m'avait pas trompée... peut-être, je vais connaître ma mère... — disait Bruyère d'une voix palpitante d'émotion; puis, d'un bond, elle fut auprès de Mme Perrine, et lui dit :

— Voici le coffret...

Ce coffret n'avait de remarquable que sa forme, assez bizarre; il était rond, à fond plat, et à couvercle bombé; on voyait, à quelques lambeaux d'étoffe épargnés par le temps et par l'humidité, qu'autrefois il avait été recouvert en serge verte, fixée au bois par de petits clous à tête de cuivre, alors rongés par le vert de gris; ce coffret avait dû servir d'étui à un métier à dentelle, à peu près pareil à celui que l'on a vu dans la chambre de Mme Perrine, auprès de son fauteuil.

Les têtes des clous destinés à retenir la serge, après avoir formé quelques grossières arabesques sur le couvercle, s'arrondissaient en lettres cursives qui dessinaient ce nom :

PERRINE MARTIN.

Mme Perrine, à la vue de ce coffret, était d'abord restée frappée de stupeur, comme si elle eût cherché à rassembler ses souvenirs; mais bientôt, en lisant à la resplendissante clarté de la lune ce nom qui était le sien, elle poussa un grand cri.

— Oh! mon Dieu!... dame Perrine... qu'avez-vous?... — dit Bruyère.

Mme Perrine, sans lui répondre, prit le coffret pour l'examiner de plus près encore, et, les mains tremblantes, les yeux hagards, elle s'écria d'une voix entrecoupée, sans songer à la présence de Bruyère :

— Cet étui... c'est à moi; comment se trouve-t-il ici? je l'avais emporté... dans cette maison... je m'en souviens; oui... dans cette maison... où l'on m'a conduite quand je n'étais pas encore... tout à fait folle.

— Vous... folle!... — s'écria Bruyère avec terreur.

— Dans cette maison, — poursuivit Mme Perrine de plus en plus égarée, — dans cette maison, où l'on m'a si longtemps gardée... et quand j'en suis sortie guérie... je me le rappelle bien... j'ai demandé... cet étui... et d'autres choses aussi... auxquelles je tenais... oh! je tenais tant... et l'on m'a répondu... qu'on ne savait pas ce que je voulais dire...

Presque aussitôt, la jeune fille reparut à l'entrée de la voûte. — Page 59.

— Ce coffret... vous appartient!... — s'écria Bruyère, et un moment un fol espoir vint luire à sa pensée, — si dame Perrine était sa mère... — mais elle se rappela bientôt que, peu de moments auparavant, celle-ci lui avait exprimé le regret de n'avoir jamais eu de fille.

N'osant parler, Bruyère attendait avec une angoisse inexprimable l'éclaircissement de ce mystère.

Mme Perrine avait placé le coffret sur un décombre. Faisant alors jouer, non sans difficulté, à cause de la rouille, un petit crochet presque inaperçu, qui fermait l'étui, elle l'ouvrit et y prit d'abord un vieux hochet en osier, garni de grelots, ainsi qu'en ont quelquefois les petits enfants pauvres.

— Son hochet ! — s'écria Mme Perrine ; — le hochet de mon fils ; je le croyais perdu... Quel bonheur !... le voilà, — et après avoir couvert ce jouet de baisers joyeux, elle le replaça dans l'étui ; puis, ce fut le tour d'un petit portefeuille de maroquin, garni d'ornements d'argent noircis par le temps, et parmi lesquels figurait une couronne de comte.

— Le portefeuille... que son père... avait une fois laissé tomber, — s'écria Mme Perrine, — et qui contenait ces lettres funestes... Et puis, voilà ces deux petits fuseaux de bois sculptés... pour moi, par ce pauvre Claude, le meilleur, le plus malheureux des hommes... Oh ! quel bonheur ! mes trésors chéris, mes reliques sacrées, si longtemps pleurées... je vous retrouve enfin... — et Mme Perrine couvrit ces objets de larmes et de baisers, avec une exaltation fiévreuse et funeste, car à ses sanglots se joignirent bientôt des mouvements convulsifs.

— Mais... ceci... je ne le reconnais pas, je n'avais pas laissé cela... — dit tout à coup Mme Perrine.

Et elle mit la main sur une bourse de peau assez lourde, qui, sans doute atteinte par l'humidité, creva sous le poids de son contenu ; un grand nombre de pièces d'or en tombèrent.

— De l'or ! — s'écria Mme Perrine avec une surprise croissante.

Puis elle ajouta :

— Qu'est-ce que ce parchemin ?

En effet, à la bourse était attaché un morceau de parchemin jaune et évidemment arraché à la couverture d'un vieux livre.

— Il y a quelque chose d'écrit !... — s'écria Mme Perrine.

— Lisez !... oh !... lisez !... — murmura Bruyère, dont les idées commençaient à se troubler en présence de faits si inattendus.

Grâce à l'éblouissante clarté de la lune, Mme Perrine put lire ce qui suit :

« Ce coffre, et ce qu'il renferme, doit appartenir à la
» mère de ma fille qui, à cette heure, a cinq ans... Je
» suis forcé de m'expatrier, de l'abandonner... je la confie
» à un homme fidèle... ces objets aideront ma fille à se
» faire reconnaître un jour de sa mère, si je le juge à
» propos ; plus tard, je donnerai d'autres instructions...
» mais comme je puis être tué bientôt, ces mots me ser-
» viront de testament... et dans ce testament je veux
» consigner un aveu qui m'oppresse.

» Moi qui ai jusqu'ici tout bravé, tout osé... j'éprouve
» en ce moment un remords... J'ai commis un crime
» affreux... sans nom... il faut que je commence à l'expier,
» en le dévoilant à celui qui doit lire... ceci... et que... »

A cet endroit, l'humidité ayant maculé et pénétré le parchemin, beaucoup de mots se trouvaient presque illisibles, d'autres complétement effacés, de sorte que les dernières lignes devenaient incompréhensibles ; mais Mme Perrine, de plus en plus égarée et emportée par l'élan d'une curiosité dévorante, continua de lire ces mots in-

Assise au bord du lit de sa fille, elle tenait, avec une sollicitude inquiète, une de ses mains dans les siennes. — Page 42.

cohérents, comme s'ils avaient présenté un sens complet.
« Il fal.... mais.... ien résolu.... la nuit.... je m'étais
» introduit pour... folle... mais si belle... il... voul... dans
» aussi... horreur de moi... au point du jour... alors
» emporté... l.... coffr... sav... m'y poursuivait partout...
» jusque. . . . .
» ... Revenu en... parvenir... ma fille... la mère toujours
» folle, ne sachant... j'ai soustrait... on ne lui apprendra...
» et... que lorsqu'elle aura... pour raison à moi... et imp...
» donnera le nom de *Bruyère* à... fille... et le mon... »

Le parchemin tomba des mains de Mme Perrine.

Cette nouvelle et terrible secousse rendit, pour un instant, si cela se peut dire, l'équilibre à son esprit, de même qu'un monument, dérangé de sa base par une oscillation profonde, est remis momentanément en place par une oscillation contraire, jusqu'à ce qu'une dernière commotion le fasse écrouler avec fracas.

Si incomplet que fût le sens de ces mots à demi effacés, Perrine Martin comprit vite leur signification. Ainsi, un infâme, frappé de la beauté de cette infortunée, avait abusé de l'état d'insanité où elle était plongée ; Bruyère était le fruit de ce crime affreux, et elle, Perrine Martin, avait été rendue mère sans en avoir gardé la conscience et le souvenir.

A cette épouvantable révélation, le cœur maternel de cette infortunée ne ressentit qu'une chose.... une joie immense.... divine.... une fille lui était née ; cette fille..., elle pouvait la presser sur son cœur...

Aussi, s'écria-t-elle en tendant ses bras à Bruyère :
— Tout à l'heure, je me sentais redevenir folle... maintenant je ne crains plus rien... Viens, viens, ma fille... tu me rends la raison...

Et elle disait vrai : il est des situations données où une mère ne veut pas devenir folle, et ne le devient pas.

— Vous !... ma mère !... — s'écria Bruyère avec stupeur, car elle était trop naïve pour pénétrer le sens odieux des demi-mots lus par sa mère avec égarement.

— Oui, ta mère !... je suis ta mère ! — disait Mme Perrine en sanglotant, et couvrant Bruyère de pleurs et de caresses, — peu nous importe le reste... vois-tu ? tu es ma fille... que nous faut-il de plus ? Oh ! mon Dieu !... et moi qui disais tantôt : J'aurais été si heureuse d'avoir à la fois une fille... et un fils à adorer... J'avais déjà un fils... Oh ! un digne fils !... Oh ! comme tu l'aimeras, ton frère !...

— Une mère !... un frère !... — murmurait Bruyère, en rendant à sa mère larmes pour larmes, caresses pour caresses, bonheur pour bonheur.

Tout à coup Perrine Martin tressaillit, et dit tout bas à Bruyère, qu'elle tenait serrée contre son sein :
— On t'appelle !...
— Moi, ma mère ?
— Oui... tiens... écoute...

En effet, à travers un bruit de sabres traînants, de pas de chevaux, de grosses bottes ferrées, de cris confus, tumulte croissant que l'émotion de Perrine Martin et de sa fille ne leur avait pas jusqu'alors permis d'entendre, retentissait la voix perçante et importante de M. Beaucadet.

— Il nous faut Bruyère, — disait le sous-officier de gendarmerie, — au nom de la loi, que personne n'est censé ignorer, où est Bruyère... je viens l'arrêter...

Il est impossible de rendre l'étreinte de maternité sauvage avec laquelle Perrine Martin, lorsque ces mots parvinrent jusqu'à elle, serra sa fille contre son sein, en s'accroupissant dans l'angle formé par les deux murailles du fournil, qui projetaient à cet endroit une ombre assez profonde.

— Arrêter... Bruyère, — criait la virile et bonne Robin, — est-ce que vous êtes fou... monsieur Beaucadet ?... arrêter cette pauvre petite ! la Providence du pays !

— C'est vrai, — reprenaient les garçons de ferme, — arrêter cette pauvre petite... et pourquoi ?

— Parce qu'elle est accusée d'in-fan-ticide, — répondit Beaucadet d'un ton péremptoire, en scindant les mots selon sa coutume.

— Qu'est-ce que vous nous chantez là ? — reprit la Robin, — vous parlez votre patois.

— En d'autres termes, ignare que vous êtes, — reprit dédaigneusement Beaucadet, — Bruyère est prévenue d'avoir tué son enfant.

A ces mots, deux cris terribles se firent entendre derrière l'angle formé par les murailles délabrées du fournil.

Au moment où Beaucadet accourait dans cette direction, suivi de ses gendarmes, Bruyère, avec la rapidité de l'éclair, se dégagea de l'étreinte convulsive de sa mère, d'un bond franchit les décombres du fournil, et de cette hauteur se précipita dans l'étang.

Tout ceci s'était passé en moins de temps qu'il n'en faut pour l'écrire.

Lorsque Beaucadet, accompagné de ses soldats et des gens de la ferme, arriva derrière l'angle formé par les deux pans de muraille dont l'élévation leur avait caché la funeste action de Bruyère, ils ne trouvèrent que Perrine Martin.

La malheureuse mère, la tête renversée sur une pierre, les bras raidis, les mains crispées, les yeux fixes et demi-clos, les dents serrées, était en proie à un effrayant paroxysme nerveux.

— Dame Perrine... — s'écria la Robin en se jetant à genoux auprès d'elle pour lui porter secours pendant que les gendarmes l'entouraient.

— La Robin !... au secours ! — s'écria tout à coup une voix de l'autre côté des ruines du fournil.

C'était un des garçons de ferme qui, entendant le bruit du corps de Bruyère tombant à l'eau, avait couru au bord de l'étang pendant que les autres acteurs de cette scène se précipitaient vers les ruines.

— La Robin ! — cria-t-il de nouveau, — Bruyère s'est jetée dans l'étang... voilà un de ses petits sabots dans les joncs... vite... au secours !... démarre la toue (le bateau)... on pourra peut-être encore la sauver.

Pendant que Perrine Martin, privée de tout sentiment, était transportée dans la métairie, le bateau fut démarré, l'étang parcouru, sondé en tous sens par la Robin, les garçons de ferme et les gendarmes...

On ne retrouva pas le corps de Bruyère...

La Robin, éclatant en sanglots, emportait comme une relique précieuse le petit sabot de la jeune fille... puis, se ravisant tout à coup, la Robin dit au charretier :

— Nous sommes bêtes de pleurer... une créature charmée comme était Bruyère, ça ne meurt pas... Nous la reverrons.

M. Beaucadet, après avoir dressé procès-verbal du suicide, remonta à cheval et regagna en hâte le château du comte Duriveau pour y porter cette funeste nouvelle.

Au bout de quelques instants de marche, le vieux soldat qui, plusieurs fois pendant cette journée, avait témoigné de l'impatience que lui causait la ridicule importance que se donnait Beaucadet, dit à demi-voix, en s'adressant à son camarade et lui montrant le maréchal-des-logis :

— Je l'ai bien vu tout à l'heure, il a pleuré en montant à cheval... Tant mieux... je l'avais toujours soupçonné d'être plus bête que méchant.

CHAPITRE VII.

Mme Wilson et sa fille. — Amours de Raphaële et du vicomte Scipion Duriveau. — Confidences. — Jusqu'où peut aller l'amour d'une mère. — Raphaële apprend la mort de Bruyère.

Pendant que les événements précédents se passaient à la métairie du Grand-Genévrier, d'autres scènes avaient lieu au cottage de la Sablonnière, résidence de Mme Wilson.

De retour chez elles, après cette malencontreuse journée de chasse, Mme Wilson et sa fille, tristes, abattues, avaient gagné leur appartement sans songer à dîner ; M. Alcide Dumolard, à peine revenu de la terreur dont il avait été saisi lors de l'audacieuse attaque de Bamboche, ne partageait cependant pas l'insouciance de sa sœur et de sa nièce à l'endroit du repas ; mollement étendu dans un fauteuil, au coin d'un excellent feu, il se faisait servir un copieux dîner, prétendant que tant d'émotions diverses, et surtout la douleur causée par la perte de sa bourse, lui avaient étrangement creusé l'estomac.

Cédant aux instances de sa mère, Raphaële Wilson venait de se mettre au lit ; à son chevet était sa femme de chambre, Mlle Isabeau, fille de trente ans au plus, point jolie, mais ayant une figure fine, expressive, intelligente, de magnifiques cheveux, des yeux étincelants, la main fluette, le pied cambré et une taille fort élégante, que faisait encore valoir une robe noire très-simple, mais façonnée à ravir. Mlle Isabeau paraissait aussi surprise qu'attristée de l'air souffrant, abattu, de ses deux maîtresses. A un signe de Mme Wilson, elle quitta l'appartement.

La mère et la fille restèrent seules.

La chambre à coucher de Raphaële, attenante à celle de sa mère, était tendue et meublée de toile de Perse fond blanc semé de gros bouquets de bluets ; une lumière, à demi voilée par un globe de cristal d'une opacité transparente, éclairait à demi cette pièce.

Mme Wilson avait quitté son habit de cheval pour une robe de chambre de cachemire gris de lin, bordée et ornée de passementerie d'un rose pâle, souple et fin tissu qui accusait les contours de ce corps charmant.

Assise au bord du lit de sa fille, elle tenait, avec une sollicitude inquiète, une de ses mains dans les siennes. La charmante figure de Raphaële, d'un coloris ordinairement si délicat et si rose, était alors tellement altérée, que, sans l'éclat fiévreux de ses grands yeux bleus et le châtain foncé de ses bandeaux de cheveux, la pâleur de son visage se fût confondue avec la blancheur neigeuse de la dentelle et de la batiste de son petit bonnet de nuit.

Cette toute jeune fille et cette jeune mère, ou plutôt ces deux sœurs ainsi groupées, offraient un ravissant tableau : une douce lumière jetait sa clarté douteuse dans cette chambre tapissée d'étoffes fleuries et tout imprégnée de la senteur légèrement parfumée qu'exhale toujours l'entourage des femmes élégantes et recherchées.

Pour la première fois depuis leur retour de la chasse, Mme Wilson et sa fille se trouvaient seules.

— Pauvre ange... tu souffres donc bien ? — dit Mme Wilson à Raphaële.

La jeune fille répondit par un douloureux soupir accompagné d'un regard chargé de larmes.

Mme Wilson prit entre ses deux petites mains la tête de sa fille, qui reposait sur son épaule, et la baisa plusieurs fois au front en lui disant :

— Toi souffrir... mon ange... toi... oh ! je n'ai jamais jusqu'ici... ressenti la haine... mais celui-là qui te causerait le moindre chagrin serait poursuivi par moi... d'une animosité terrible, implacable...

En parlant de la haine qu'elle éprouverait... la vive et agaçante physionomie de Mme Wilson se transfigura ; ses yeux, toujours si gais, si sereins, brillèrent d'un sombre éclat ; sa bouche, toujours si rieuse, se contracta ; les veines de son front se gonflèrent ; enfin, l'expression de son visage parut un instant si menaçante à Raphaële, qu'elle s'écria, épouvantée :

— Maman... ne le hais pas... je l'aime tant...

A ces mots de Raphaële, qui disaient son incurable passion pour le vicomte Scipion Duriveau, Mme Wilson, par un brusque revirement, cacha sa figure dans ses mains et fondit en larmes.

— Mère... mère chérie... je te désole. — s'écria la jeune fille en se jetant au cou de Mme Wilson, — oh ! combien je suis lâche... et malheureuse... il ne m'aime plus peut-être... et je te brise le cœur...

— Il ne t'aime plus ! — s'écria Mme Wilson en essuyant brusquement de sa main les larmes qui ruisselaient sur ses joues à fossettes, — il ne t'aime plus..... et ses joues pâlies s'empourpraient d'indignation. — Toi... toi... subir un tel mépris... Toi, belle entre toutes... toi belle... oh !

belle à réaliser l'idéal, l'impossible... — s'écria Mme Wilson, emportée par le fol orgueil de l'amour maternel.
— Ne plus t'aimer ! lui... — reprit-elle après un moment de silence. — Mais tu ne sais donc pas tout ce que m'a coûté...

Mme Wilson s'interrompit : emportée par son premier mouvement, elle allait dévoiler à sa fille un secret qu'elle voulait lui taire; elle se hâta donc d'ajouter en se reprenant :
— Non, tu ne sais pas ce que cet amour m'a coûté d'inquiétudes... Calme-toi, rassure-toi donc... mon adorée.
— Hélas ! ma mère, depuis notre départ de Paris, nous sommes fiancés... Et durant cette journée d'aujourd'hui, vous l'avez vu... rien... quelques politesses banales; à peine il s'occupait de moi... toujours distrait, insouciant; et qu'est-ce encore que cette indifférence, auprès de cette scène... horrible... où il a montré, comme toujours, tant de courage et de dédain!... Oh! cette femme... cette fille des champs, il l'aime. Voilà pourquoi il ne m'aime plus...
Il l'aime... et elle a tué son enfant ! — s'écria Raphaële, avec une inexprimable mélange de haine, de jalousie et de désespoir...

Puis, fondant en larmes, elle se jeta au cou de sa mère et cacha sa figure dans son sein.
— Ah! plaignez-moi... méprisez-moi... — reprit-elle. — Malgré tout cela... j'aime encore Scipion... je l'aime toujours... je l'aime davantage peut-être, car jamais il ne m'a paru plus beau que lorsque, seul, si jeune, si faible, mais si intrépide, il bravait dédaigneusement la furie de ces paysans qui le menaçaient...... Oui, maudissez-moi... ma mère, — ajouta Raphaële; et tournant vers sa mère son beau visage inondé de larmes, elle tendit ses mains suppliantes en répétant : — Maudissez-moi!... car vous ne savez pas tout...

Mme Wilson se redressa brusquement sur son séant, et, d'un regard inquiet, pénétrant, interrogea sa fille.
— J'ai abusé de votre aveugle tendresse... de votre confiance sans bornes... — reprit Raphaële avec abattement.

A ces mots, le premier mouvement de Mme Wilson fut de tressaillir en se rejetant en arrière, et d'abandonner les mains de Raphaële, qu'elle tenait entre les siennes; puis, rougissant d'avoir un instant douté de sa fille, quoique celle-ci s'accusât elle-même, elle lui dit :
— Toi ? abuser de ma confiance... Je ne te crois pas... pauvre ange.

Ces mots furent prononcés avec un sourire d'une telle sérénité, que Raphaële, frappée de stupeur, resta muette et accablée.
— Non, tu n'as pas pu abuser de ma tendresse, ma chérie, — reprit sa mère. — Selon ton habitude, ton candide et bon cœur s'exagère quelque enfantillage... comme tu t'exagères la froideur de Scipion ! ... Du reste, vilaine enfant, — ajouta Mme Wilson en souriant et abaissant, par un mouvement plein de grâce, sa jolie tête au niveau de celle de sa fille, — tu finiras par me rendre aussi peureuse que toi, car, tout à l'heure, lorsque tu t'es écriée, méchante petite aveugle : *Il ne m'aime plus !...* un moment, j'ai... tremblé... Me faire douter de toi!... de la toute-puissance de ta beauté, de l'adorable influence de ton esprit et de ton cœur... c'est ce que je ne saurais te pardonner... Venez, mademoiselle, que je ferme ces beaux yeux sous de gros baisers, puisque ces beaux yeux sont si mal voyants, si mauvais juges de l'amour de Scipion.

Et Mme Wilson appuya ses lèvres roses sur les blanches paupières de Raphaële.

Pour la première fois de sa vie, Raphaële se sentit douloureusement étonnée du langage de sa mère.

La confiance, la quiétude de Mme Wilson, après les incidents de cette journée, incidents si pénibles pour le cœur de la jeune fille, remplissaient celle-ci de surprise et d'inquiétude :
— Pardonne-moi, ma mère, — dit-elle avec embarras, — si je m'étonne de t'entendre traiter avec si peu d'importance tout ce qui s'est passé aujourd'hui, et...

Mme Wilson, interrompant sa fille, lui dit avec un accent de sérieuse tendresse :
— Écoute, chérie, nous sommes deux sœurs... je vais te parler en femme mariée... à toi, qui seras bientôt la femme de l'homme que tu adores. Il faut, vois-tu, mon enfant aimée, prendre le monde comme il est... les choses comme elles sont. Tu t'effrayes... tu souffres de ce que tu appelles l'insouciance, la froideur de Scipion. Que veux-tu? il est de son siècle... de son temps. Quoique bien jeune, il affecte... (et je le lui ai reproché devant toi), il affecte, comme la plupart des hommes de son âge, un détachement, une dédaigneuse insouciance de tous les sentiments tendres. Il regarderait comme parfaitement ridicules les airs empressés d'un fiancé; il croirait jouer le rôle d'un prétendu de province en t'accablant de soins et de prévenances... Au fond, qu'est-ce que ces affectations? des apparences... des semblants... qui n'altèrent en rien l'affection sérieuse, profonde, qu'il a pour toi... Oui... car il t'aime plus que tu ne le crois... Après tout, c'est à moi, qui sais ce que tu vaux, que tu es... de le défendre contre tes doutes funestes... pauvre ange idolâtré... tu as choisi Scipion... tu l'aimes tant, que tu as failli mourir. Il t'a fait demander en mariage par son père... Ce n'est pas ta modeste dot qui a pu le tenter... ce qui me reste de fortune est bien peu de chose; et tout ce que possède ton oncle est placé en viager...
— Ma mère...
— Mon Dieu ! toutes ces raisons que tu me forces à te donner pour te rassurer, pour te convaincre, sont pitoyables, sont odieuses, ange aimé... Mais puisque tu manques d'une légitime confiance en toi, il me faut bien entrer dans ces détails, si répugnants qu'ils soient.
— Hélas! ma mère, aujourd'hui, dans cette triste journée, ce n'est pas seulement du manque de prévenances de Scipion que j'ai eu à souffrir...
— Je te comprends; tu songes à cette cruelle découverte... à ce malheureux petit enfant... Ici encore, mon ange, il me faut te parler en sœur... en amie... ou plutôt en mère qui met de côté toute fausse réserve, toute pruderie mensongère, parce qu'il s'agit de t'éclairer et non pas de te tromper. Écoute-moi... L'an dernier, Scipion était ici seul avec son père; il ne te connaissait pas... Dans le désœuvrement de la vie de campagne, ayant rencontré cette jeune fille, il lui aura fait la cour. Elle l'aura écouté... et tu sais le reste... Maintenant, au point de vue moral, c'est mal, très-mal... mais, il faut bien le dire, au point de vue du monde... de ce monde où toi et moi nous vivons, l'action de Scipion est ce qu'on appelle une... peccadille de jeunesse... Demain, tout Paris saurait que le vicomte Scipion Duriveau a eu pour maîtresse une petite paysanne, et que cet amour a eu le dénoûment tragique dont nous avons été témoins; demain, tout Paris saurait cela... que pas un salon ne serait fermé à Scipion, et que pas un homme, pas une femme de quelque autorité dans le monde ne modifieraient en quoi que ce soit l'accueil qu'ils ont coutume de faire à Scipion... bien plus, mon enfant, pas un père ne lui refuserait, pour cela, sa fille en mariage... Tout ceci, je le vois, t'étonne un peu, ma chérie, mais en te parlant à cette heure le langage qu'une fois mariée tu entendrais dans quinze jours, en te montrant enfin le vrai des choses, et te rassure, je te console, je fais enfin justice d'une idée funeste à ton repos.
— Ainsi, maman, — dit Raphaële d'une voix altérée en devenant pâle et tressaillant de tous ses membres, — ainsi... dans le monde... aucune pitié pour la jeune fille... séduite... abandonnée... ainsi, dans le monde, pour le séducteur, aucun blâme... aucune réprobation; tous lui tendent la main comme de coutume; tandis que, pour la victime... c'est... indifférence... c'est mépris...
— Ma pauvre adorée, cela est sans doute cruel... injuste... déplorable; mais que veux-tu ? le monde est ainsi fait, il faut le prendre comme il est. Cette pénible scène de tantôt n'a donc pas, à ce point de vue, tu le conçois, la fâcheuse importance que tu lui attribues... S'agit-il de ton bonheur à venir? l'importance est moindre encore... car, enfin, il y a un an, Scipion ne te connaissait pas... et, je te le répète... il a eu tort sans doute de séduire cette fille... mais enfin... pourquoi a-t-elle été si faible? pourquoi n'a-t-elle pas eu assez de vertu, assez de courage pour résister?... C'est une juste punition de...
— Oh !... c'en est trop, — s'écria Raphaële en interrom-

paut sa mère ; — je suis trop lâche aussi !... Entendre cela... et me taire... c'est infâme...

Puis, s'adressant à Mme Wilson d'un air presque égaré, elle lui dit d'une voix profondément altérée :

— Ma mère... il ne faut pas parler avec cette dureté... des filles séduites...

— Raphaële... mon ange... qu'as-tu ? Comme tu trembles ! comme tu me regardes !...

— Je vous dis, ma mère... qu'il faut être indulgente et avoir pitié des filles séduites...

— Tu pâlis encore... tu m'épouvantes...

— Ayez pitié... oh ! bien pitié... des malheureuses qui n'ont eu ni la vertu... ni le courage de résister... à Scipion... entendez-vous, ma mère !...

Et les sanglots entrecoupèrent la voix de la jeune fille.

— Raphaële... reviens à toi... calme-toi...

— Dieu vous punit, ma mère...

— Dieu me punit ?

— Cette malheureuse enfant que Scipion a séduite... était pauvre, sans appui, — reprit Raphaële avec un sourire d'une effrayante ironie ; — aussi, vous avez dit, comme dira le monde... qu'importe !... mépris pour la victime... gloire au séducteur !

— Raphaële ! ! !

— Son enfant est mort... elle mourra peut-être aussi... qu'importe... une pareille créature ?... Peccadille de jeunesse du vicomte Scipion... Vous avez dit cela... et Dieu vous punit, ma mère...

— Oh !... mon Dieu ! mon Dieu !...

— Écho d'un monde égoïste et cruel, vous avez été sans pitié pour la pauvre fille des champs... Je vous dis que Dieu vous punit dans votre enfant... ma mère.

— Que dis-tu ?...

— Je dis que j'ai été aussi coupable... plus coupable encore que cette malheureuse créature, car je ne suis pas seule et abandonnée comme elle, moi... J'ai une mère tendre et adorée... que je n'ai pas quittée depuis mon enfance... Eh bien ! cette mère... si tendre... je l'ai trompée...

— Oh ! tais-toi...

— J'ai indignement abusé de sa confiance...

— Tu ne sais pas ce que tu dis... tu es folle... Raphaële, reviens à toi !...

— Non, non, je ne suis pas folle... — s'écria la jeune fille presque en délire ; — mais je le deviendrai... si je ne meurs pas de honte.

— De honte !...

— Moi non plus ! je n'ai pas su résister à Scipion !...

— Malheureuse !...

— Qu'importe ?... Peccadille de jeunesse du vicomte Scipion... dira le monde !... N'est-ce pas, ma mère ? — murmura l'infortunée dont les forces étaient à bout.

Et cachant son visage dans ses mains, elle retomba sans mouvement sur sa couche.

Quelques instants se sont écoulés depuis le terrible aveu fait par Raphaële à Mme Wilson, aveu complété par une explication donnée d'une voix mourante par la jeune fille.

Un mot sur Mme Wilson avant de poursuivre ce récit.

Cette femme idolâtrait sa fille ; les preuves de cette idolâtrie, de ce dévouement aveugle, passionné, nous dirions presque héroïque... abonderont tout à l'heure.

Les gens qui connaissent ce qu'on appelle *le monde* et qui l'ont vu tel qu'il est, tel que les conséquences, tel que les nécessités de l'ordre social actuel l'ont fait, trouveront le langage de Mme Wilson à l'endroit de la séduction de Bruyère par Scipion, déplacé peut-être dans la bouche d'une mère parlant à sa fille ; mais, en soi, ce langage est rigoureusement conforme aux idées, aux mœurs, aux habitudes, aux traditions de ce monde.

En peignant à Raphaële la société sous des couleurs si crues, Mme Wilson avait ses raisons, et ces raisons étaient, à son point de vue, excellentes.

La passion que Scipion Duriveau avait inspirée à Raphaële était née et arrivée à son paroxysme pendant un voyage que Mme Wilson avait été obligée de faire en Angleterre, au sujet de quelques créances laissées par son mari, banquier américain, mort en état de faillite. Mme Wilson n'avait donc pu défendre sa fille contre une passion si folle, si éperdue, qu'au retour de sa mère, Raphaële était mourante... et mourante de cette passion...

À cette époque, il ne s'était plus agi pour Mme Wilson d'examiner, de discuter si l'objet de cet amour insensé en était digne. Avant tout, elle avait voulu sauver la vie de sa fille en la mariant au vicomte Duriveau. Ce mariage présentait des difficultés incroyables ; il fallut, pour les surmonter, toute l'adresse, toute la puissance de volonté de Mme Wilson... il fallut surtout qu'elle se résignât à un sacrifice admirable...

Enfin, Mme Wilson était trop fière de l'adorable beauté de Raphaële, trop convaincue de ses rares qualités, pour ne pas leur supposer une irrésistible influence, et croire que Scipion cachait un amour véritable sous une apparence de froideur calculée, et puis enfin Raphaële l'aimait à en mourir ; Mme Wilson devait donc à tout prix calmer les craintes de sa fille et la rassurer sur l'avenir d'un amour qui était toute sa vie.

Telle avait été la ligne de conduite de Mme Wilson envers Raphaële jusqu'à ce moment, où celle-ci venait de lui faire un si pénible aveu, aveu bientôt complété par les révélations suivantes :

Quelques jours avant de partir de Paris pour la Sologne avec sa mère, Raphaële, profitant d'un moment de liberté, avait cédé aux instances passionnées de Scipion, et était allée au rendez-vous qu'il lui avait donné.

Un assez long espace de temps s'était écoulé depuis ces tristes aveux.

Raphaële et sa mère restaient silencieuses, mornes, accablées.

Mme Wilson, accoudée sur le bras d'une chaise longue, semblait en proie à une douleur profonde ; elle attachait sur sa fille un regard rempli de tristesse, de pitié, d'amour et de pardon...

Raphaële, pâle, la tête baissée, les yeux fixes, les mains croisées sur ses genoux, semblait inerte, insensible... de temps à autre de grosses larmes coulaient silencieusement sur ses joues blanches et froides comme le marbre.

— Raphaële, — dit tout à coup Mme Wilson, — écoute-moi... ma pauvre enfant...

À ces mots, qui disaient l'indulgence, la tendresse infinies de sa mère, la jeune fille tressaillit et couvrit les mains de Mme Wilson de larmes et de baisers.

— Relève-toi... calme-toi... mon ange... j'ai moi-même grand'peine à contenir mon émotion... Ayons du courage... parlons de toi... parlons de nous...

— Je vous écoute, ma mère... — dit Raphaële en tâchant de contenir ses larmes.

— Nous sommes, vois-tu, deux femmes, seules, isolées ; nous ne pouvons prendre conseil que de nous-mêmes ; tu sais ce que nous pouvons attendre de ton oncle... C'est à nous seules, chère, à prendre une résolution pour l'avenir... Tu as dit vrai... Dieu m'a punie de la cruauté avec laquelle j'ai parlé de cette pauvre fille des champs... Dieu m'a punie... mais qu'il ne nous punisse que nous, et je le bénirai... Il y a un instant, tes doutes sur l'amour de Scipion me paraissaient peu fondés... à cette heure ils me paraissent insensés, car maintenant je m'explique la froideur apparente de Scipion... cette froideur, il se l'imposait dans votre intérêt à tous deux.

— Ah ! ma mère... — répondit Raphaële avec abattement, — à la vue de ce pauvre petit enfant mort, qui était le sien... le regard de Scipion est resté sec et arrogant... Cela m'épouvante... Cela me fait douter de son cœur, et pourtant je sens que toujours je l'aime. Lui, à présent le maître absolu de mon honneur comme il l'est de mon cœur, oh ! c'est affreux à penser !... si à cette heure il manquait à sa parole... si le mépris... l'abandon...

— Pour toi ? le mépris... l'abandon... mais je serais donc morte alors ! — s'écria Mme Wilson avec une incroyable énergie. — Oh ! non, non, rassure-toi, mon enfant, Scipion tiendra sa promesse... il la tiendra parce qu'il t'aime... il la tiendra... parce qu'il faut qu'il la tienne... parce qu'il n'y a pas de puissance humaine, vois-tu ?... qui puisse maintenant s'opposer à ce mariage...

— Ah ! ma mère, si vous saviez l'inflexibilité du caractère de Scipion !... Oh ! s'il ne m'aime plus, rien ne l'empèchera de m'abandonner, — murmura la jeune fille avec un abattement douloureux.

Les anxiétés de Raphaële, l'altération croissante de ses traits, déchiraient le cœur de Mme Wilson. Elle connaissait l'excès de sensibilité de sa fille, que cet amour avait déjà failli tuer. De plus en plus effrayée de l'abattement de cette infortunée, voulant à tout prix lui donner foi dans l'avenir en lui dévoilant le passé, elle se résigna à une révélation jusqu'alors tenue secrète par la modestie de son dévouement maternel.

Après un moment d'hésitation, s'adressant à Raphaële :
— Réponds-moi, mon pauvre ange... Avant ce jour où, éperdue, insensée, tu es allée chez Scipion... on t'aurait dit : Renoncez à cet amour...
— Je serais morte...
— Aujourd'hui... on te dirait : Il faut renoncer à cet amour, à ce mariage...
— Je mourrais à la fois et d'amour et de honte...
— Oui... je le crois, je le sais, tu mourrais d'amour et de honte... mais je ne veux pas que tu meures, moi, et pour que tu vives, il me faut te rassurer ; et pour te rassurer, il me faut te prouver que rien au monde ne peut s'opposer à ton mariage... pas même la volonté de Scipion... entends-tu bien ? il me faut enfin te prouver que si, pour assurer cette union, j'ai fait, je puis le dire, l'impossible...
— Vous, ma mère ?
— Oui... et alors, tu le vois, le possible, à cette heure, ne sera qu'un jeu pour moi... Ceci t'étonne, pauvre chérie ; je vais tout te dire... non sans regret... car tu devais toujours ignorer...

Puis, après une pause, Mme Wilson reprit avec orgueil :
— Et pourquoi rougirais-je... de t'avouer ce que l'amour maternel m'a inspiré de généreux ? Écoute-moi donc. J'avais quitté Paris, tu le sais, dans l'espoir de recouvrer en Angleterre des créances contestées ensuite de la mort et des fâcheuses affaires de ton père ; la somme que je réclamais était très-importante ; l'obtenir, c'était t'assurer une dot considérable ; et, par ce temps de cupidité, cela devait, selon moi, importer beaucoup au bonheur de ton avenir. A mon arrivée en Angleterre, le hasard me mit en rapport avec sir Francis Dudley, intéressé dans les réclamations que je venais soutenir... Loyauté chevaleresque, délicatesse exquise, esprit charmant, noble cœur, grand caractère, sir Francis réunissait tout ce qui peut commander l'estime et l'affection. Je dus le voir souvent pour défendre auprès de lui des intérêts qui étaient les tiens... Que te dirai-je, mon enfant ? A nos relations toutes sérieuses succéda une vive amitié... puis un sentiment plus tendre... dont j'étais heureuse et fière, car je le partageais, et je me sentais digne de l'homme qui m'inspirait... Sir Francis Dudley était libre... je l'étais aussi.., je ne te dis pas toute la part que ton avenir avait dans mes projets de mariage... Mais à quoi bon maintenant ces souvenirs ? — ajouta Mme Wilson avec un sourire mélancolique, — tout ceci n'est plus qu'un vain et heureux songe...
— Et pourquoi, ma mère, parler de ce passé comme d'un songe ? — dit Raphaële, aussi surprise que touchée de cette confidence.

Mme Wilson secoua tristement la tête ; et, comme si elle eût voulu échapper à des souvenirs pénibles, elle ajouta, en embrassant tendrement sa fille :
— Parlons de toi, chérie... Durant ce voyage, je recevais, tu le sais, chaque jour une lettre de toi ; tout à coup tes lettres me manquent... par elle, par la tante m'écrit ; la nouvelle de ta maladie m'arrive comme un coup de foudre... Je pars... j'arrive : tu étais mourante...
— O ma mère !... tu aimais... et tu es venue... je comprends maintenant le sacrifice que tu m'as fait !...
— Si je me suis dévouée pour toi, mon enfant, tu ne connais pas encore mon sacrifice... je te trouve mourante ; tu me fais l'aveu de ta folle passion... Éperdue, voulant te faire vivre à tout prix... je te promets de te marier à Scipion ; l'espoir de ce bonheur, ton aveugle confiance dans ma parole, te causent une crise salutaire : tu renais, tu vis, tu es sauvée !... mais cette promesse, faite par moi dans le délire de la douleur, il me fallait la tenir... il me fallait t'unir à Scipion, ou tu retombais dans cet abîme de douleur et de mort dont je t'avais miraculeusement retirée par une promesse téméraire. Hélas ! je ne savais pas, pauvre ange, à quoi je m'étais engagée.
— Comment ?... mon mariage ?...
— Écoute... Une femme de mes amies connaissait intimement le père de Scipion, le comte Duriveau. Après un long entretien avec cette femme, je sortis désespérée : ton mariage était impossible ; M. Duriveau voulait alors marier son fils à une héritière de trois millions de fortune, d'une très-haute naissance ; et comme j'avais fait observer à mon amie que le consentement de Scipion était au moins nécessaire...
— Eh bien ! ma mère ?... — s'écria Raphaële.
— On me répondit que si je connaissais M. Duriveau, je saurais que, pour cet homme d'un caractère de fer, chose voulue était chose faite.
— Scipion consentait donc à ce mariage ! — s'écria douloureusement Raphaële. — Il me trompait déjà !...
— Non, non, il ne te trompait pas ; mais il ne voulait pas, sans doute, heurter tout d'abord de front la volonté de son père.
— Et tu m'avais caché cela, ma mère ?
— A quoi bon te le dire ? Je t'avais fait revivre en te promettant de te faire épouser Scipion ; ces craintes, ces anxiétés, ces doutes t'auraient tuée ; il me fallait te laisser ta foi aveugle à ma parole, à ma promesse.
— O ma mère !... ma mère !... — murmura la jeune fille comme accablée sous ces preuves d'attachement de sa mère...
— Je voulus personnellement connaître le comte Duriveau, — reprit Mme Wilson ; — je voulus juger par moi-même cet homme redoutable qui tenait entre ses mains, sans le savoir, la vie de ma fille. Cette amie dont je t'ai parlé me fit rencontrer avec le comte...
— Et alors... ma mère ?
— Trois mois après cette entrevue, — dit Mme Wilson sans chercher à cacher cette fois l'orgueil de sa joie maternelle, — le comte Duriveau, après avoir rompu brusquement l'union certaine qui flattait tant sa vanité, venait me demander en ma présence si tu voulais agréer Scipion pour ton mari.
— Et ce changement soudain... comment est-il venu ?
— Parce que j'ai su me faire aimer du comte Duriveau, — dit simplement Mme Wilson.
— Aimer du comte Duriveau ! — s'écria Raphaële.
— Aimer... éperdument... car, après deux mois d'une cour assidue... il me suppliait d'accepter sa main, sa fortune... j'acceptai...
— Vous, ma mère ? — dit Raphaële avec stupeur.
— Mais à une condition... c'est que ton mariage avec Scipion serait célébré en même temps que mon mariage avec le comte...

Après un nouveau mouvement de surprise si profonde, que la jeune fille resta silencieuse, elle s'écria en se jetant au cou de Mme Wilson :
— Ah ! ma mère, je comprends tout maintenant... je comprends le sacrifice douloureux, immense, que vous m'avez fait... Pour assurer mon mariage... vous avez renoncé à cet amour dont vous vous souvenez avec tant de bonheur et tant d'orgueil... vous allez épouser un homme que vous n'estimez pas... que vous haïssez peut-être... et c'est pour moi...
— Non, non, mon ange, détrompe-toi, — dit Mme Wilson afin de calmer les scrupules de sa fille, rassure-toi... je suis sincèrement attachée à M. Duriveau : n'a-t-il pas d'abord assuré ton bonheur ? cela ne lui mérite-t-il pas à jamais ma reconnaissance ?... Puis, — ajouta Mme Wilson avec un léger embarras, car le mensonge répugnait à cette âme loyale, — je te l'avoue, j'ai vu avec joie que mon influence sur le comte a été salutaire... ce qu'il y avait d'âpre, de dur dans son caractère, s'est effacé peu à peu... A son âge, vois-tu, et surtout avec l'ardente énergie de son caractère et de ses passions, l'amour opère bien des prodiges... Rassure-toi donc sur mon sort, mon enfant. Quant à toi, maintenant, — ajouta Mme Wilson en embrassant sa fille avec ivresse, convaincue de l'avoir absolument tranquillisée, rassurée, — crois-tu trouver assez de garanties pour la sécurité de ton avenir dans ma

volonté, dans celle du comte, enfin et surtout dans l'amour sincère que Scipion ressent pour toi, amour à cette heure indestructible, sacré... car de cet amour dépendent l'honneur d'une femme et l'honneur d'un homme?... Crois-tu enfin, pauvre ange, que si, comme je te le disais au commencement de cet entretien, j'ai pu l'impossible... en amenant le comte Duriveau à me demander ta main pour son fils, il ne me sera pas, à cette heure, facile de...
— Je te crois, je te crois, mère chérie! — s'écria Raphaële en interrompant Mme Wilson.

Et, son beau visage rayonnant d'espoir et de bonheur, la jeune fille se jeta au col de sa mère.

— Oh! je te crois, j'aime à te croire, — reprit Raphaële; — oui, tes bonnes paroles ont porté le calme, la confiance, le bonheur dans mon âme; et puis je suis heureuse, oh! mille fois heureuse d'apprendre que je te dois autant... d'apprendre les nouveaux sacrifices que tu m'as faits... cela m'impose tant d'obligations, de tendresse...

Quelques coups, discrètement frappés à la porte de la chambre de Mme Wilson, qui précédait l'appartement de sa fille, rompirent cet entretien.
— Qui est là? — dit Mme Wilson en quittant la chambre de Raphaële.
— Moi, madame, — répondit derrière la porte la voix de Mlle Isabeau.
— Que voulez-vous, Isabeau?
— Madame, c'est une lettre qu'on apporte de la part de M. le comte Duriveau; c'est très-pressé, on attend une réponse.
— Donnez, — dit Mme Wilson en ouvrant la porte à sa femme de chambre, — et voyez si ma fille n'a pas besoin de vous.

Et pendant que Mlle Isabeau se rendait auprès de Raphaële, Mme Wilson décacheta la lettre du comte.
— J'en étais sûre, — dit Mme Wilson en lisant cette lettre, — il est dans la plus grande anxiété... Que d'amour! que de passion! A cet âge, avoir conservé autant de chaleur de cœur!... Comment se fait-il qu'en dehors de cet amour, qui le domine, il n'y ait, dans le comte, qu'égoïsme, cupidité, orgueil et audacieux dédain de tout ce qui n'est pas riche, noble ou puissant?... Et cet homme a été bon, il a obéi, dit-on, dans sa jeunesse, aux plus généreuses inspirations. Les temps sont bien changés: l'âge a durci, a bronzé cette âme autrefois délicate et tendre.

Puis, continuant sa lecture, Mme Wilson ajouta lentement et d'un air pensif:
— Je m'y attendais: il craint que la terrible scène de tantôt n'ait changé les intentions de Raphaële et les miennes... il me supplie, au nom de son amour, d'user de toute mon influence sur ma fille pour l'engager à pardonner à Scipion... Car, — ajoute le comte, — le bonheur de sa vie... son mariage avec moi, dépend de l'union de ma fille avec Scipion...

Et, après une pause, Mme Wilson reprit en essuyant une larme furtive:
— Oh! mes beaux songes d'or... doux et chers souvenirs, avivés tout à l'heure encore...

Mais, s'interrompant, elle ajouta:
— Pas de faiblesses, pas de lâches regrets; il ne s'agit pas de moi. Courage... le comte est d'ailleurs plus pressant que jamais... il me supplie de fixer le 15 du mois prochain comme époque de notre mariage. Il le faut... hier, j'aurais hésité à hâter ce terme fatal, qui, pour moi, ne doit arriver que trop tôt; mais aujourd'hui... — et Mme Wilson rougit comme s'il se fût agi de sa propre honte, — aujourd'hui, la position de cette malheureuse enfant m'ordonne de presser ce double mariage...

Puis, continuant de lire la lettre:
— A quel triste événement, arrivé ce soir même, le comte fait-il allusion? Il ne veut pas m'en instruire, de crainte de m'impressionner trop vivement; mais demain il me dira tout, si je puis, comme d'habitude, le recevoir. Allons lui répondre.

Et Mme Wilson quitta sa chambre à coucher et passa dans un petit salon où elle écrivait d'habitude.

Mme Wilson terminait sa lettre au comte Duriveau, lorsque soudain Raphaële, pâle, demi-nue, égarée, entra dans le salon.

— Oh! c'est affreux!... — s'écria la jeune fille en se jetant dans les bras de sa mère, — morte!...
— Mon Dieu!... qu'y a-t-il?... Raphaële!... de quoi parles-tu?...
— Cette jeune fille!... la mère de ce petit enfant qu'on a trouvé ce matin!... elle est morte!...
— Que dis-tu?
— Elle s'est noyée!... on venait l'arrêter!...
— Mais comment sais-tu?...
— Tout à l'heure, un des gens du comte l'a dit à Isabeau.
— Plus de doute, — s'écria douloureusement Mme Wilson, — c'est l'événement auquel le comte faisait allusion.
— Oh!... ma mère!... Dieu nous punit... Cette mort!... c'est un présage!..., — murmura la jeune fille.

Et elle tomba dans les bras de sa mère épouvantée.

CHAPITRE VIII.

Dîner au château de M. Duriveau. — Un candidat à la députation. — Martin. — Mme Chalumeau. — Basquine. — Électeurs modèles. — Passe-temps de vicomte. — Le Jardin d'hiver. — Profession de foi d'un grand propriétaire. — Événement imprévu.

Jetons maintenant un coup d'œil rétrospectif sur les événements qui se passaient au château du Tremblay (résidence du comte Duriveau), pendant cette soirée où Bruyère cherchait la mort dans l'étang de la métairie; pendant cette soirée où Raphaële avouait sa faute et sa honte à sa mère.

De retour chez lui, le comte Duriveau regrettait doublement la présence de Mme Wilson et de sa fille, qui avaient dû, ainsi que M. Alcide Dumolard, venir, après la chasse, dîner au château du Tremblay; à la vive contrariété que lui causait l'absence de la charmante veuve, se joignait pour M. Duriveau l'ennui de recevoir plusieurs voisins de campagne, aussi conviés à ce dîner et dont les invitations n'avaient pu être contremandées.

Cet ennui était pourtant entouré de quelques compensations: ces voisins, gros propriétaires, industriels engraissés dans de hasardeux négoces, gens de loi enrichis et retirés des affaires, étaient tous électeurs influents; or, quelques amis de M. Duriveau, appartenant à un certain monde politique, lui avaient dit l'année précédente:

« Les temps sont graves; les abominables idées radi-
» cales, sociales et démocratiques, font un effrayant ra-
» vage parmi les classes laborieuses de la société; il faut
» qu'un parti compacte, énergique, inflexible, intimide et
» dompte ces penchants anarchiques qui nous conduiraient
» tout droit à la république, à la terreur, au maximum,
» etc., etc., etc. Grand propriétaire, vous êtes intéressé
» plus que personne au maintien de l'ordre et de la paix.
» Soyez des nôtres, soyez député à la place de M. de la
» Levrasse, homme rempli de bonnes intentions, mais
» sans valeur; préparez votre candidature, *le gouverne-
» ment du roi* l'appuiera, vous serez nommé et vous vo-
» terez avec nous pour la conservation du... meilleur des
» régimes possibles. »

Ces ouvertures flattaient l'orgueil du comte Duriveau et ce qu'il y avait d'entier, d'implacable dans son caractère; il suivit avec ardeur les conseils de ses amis, commença de se rapprocher de plusieurs électeurs influents du parti auquel il voulait appartenir, les reçut fréquemment au château du Tremblay, et le dîner auquel il les avait conviés ce jour-là, inaugurait son retour en Sologne.

Les divers incidents de la journée, l'espèce d'émeute soulevée par l'insolente audace de Scipion, lors de la découverte de l'enfant de Bruyère, devaient donc être doublement pénibles au comte Duriveau, d'abord parce qu'il craignait que Raphaële Wilson, après un pareil scandale, ne voulût rompre une union qui seule assurait son mariage, à lui, avec Mme Wilson, puis parce que le bruit de cette scène déplorable dont Scipion avait été le principal acteur, venant à se répandre dans le pays, pouvait avoir la plus fâcheuse influence sur les projets électoraux du comte. Du reste, ce triste événement était encore complétement ignoré des convives rassemblés au château du Tremblay.

Cette demeure, bâtie à la fin du dix-septième siècle et dominant la délicieuse vallée de la Sauldre, véritable oasis au milieu de ce pauvre pays, avait une apparence presque royale : le comte Duriveau y déployait un faste extraordinaire, et y tenait un très-grand état de maison.

Un immense vestibule où attendaient une douzaine de valets de pied, poudrés et en livrée brune galonnée d'argent, fut d'abord traversé par les convives du comte, qui passèrent ensuite dans un salon d'attente où se tenaient les valets de chambre, puis dans une galerie de tableaux au bout de laquelle s'ouvrait le salon de réception, magnifiquement doré et meublé dans le plus pur *style Louis XIV.*

Les longs rideaux de damas vert avaient été abaissés; les candélabres et les lustres de bronze doré, étincelants de bougies, se reflétaient dans des glaces de quinze pieds de hauteur au pied desquelles se voyaient de gigantesques vases de Chine, remplis des fleurs les plus rares.

L'heure de se mettre à table approchait. Le comte Duriveau, surmontant ses pénibles préoccupations, faisait seul, avec une politesse un peu hautaine, les honneurs de sa maison, soins hospitaliers dont le vicomte Scipion lui laissait tout le poids.

Le père et le fils offraient un contraste frappant et significatif, jusque dans les détails en apparence les plus puérils.

Le comte, quoique jeune père, loin d'approuver les modes débraillées et sans façon de la jeunesse de 1845, avait quitté ses habits de chasse, et était mis avec un soin et un goût parfaits : les larges revers de son habit bleu clair à boutons d'or ciselés, se rabattaient sur un gilet de piqué blanc étroitement serré à sa taille, encore d'une finesse et d'une souplesse toute juvénile ; le large nœud d'une haute cravate de satin noir s'épanouissait sur une chemise merveilleusement brodée et attachée par trois énormes perles fines, entourées de brillants, montées sur un feuillage d'émail vert ; un pantalon noir, assez juste, dessinant des formes à la fois nerveuses et élégantes, découvrait un fort joli pied chaussé de bas de soie blancs ; enfin, des souliers vernis, très-découverts et à larges bouffettes, complétaient le costume du comte Duriveau, qui, grâce à son teint brun, à ses cheveux noirs, à sa figure maigre, mais pleine de caractère et d'énergie, paraissait, malgré la *cinquantaine,* avoir au plus trente-cinq ou quarante ans.

Nous le répétons, puérils en apparence, ces détails de costume avaient une profonde signification : ainsi, le comte Duriveau aurait cru manquer singulièrement à ses hôtes ou à soi-même, si, pour dîner, même seul, il ne s'était pas habillé avec recherche ; chausser des bottes le soir au lieu de bas de soie, lui eût paru quelque chose d'énorme, et il ne se rappelait pas d'ailleurs avoir jamais eu cette énormité à se reprocher; il voyait là une sorte de dignité personnelle et une garantie, disant au figuré : — Qu'un homme chaussée de soie y regarde à deux fois avant de marcher dans la boue. — C'était une étrange manière de comprendre le *respect humain;* mais enfin c'était la sienne.

Le vicomte Scipion, loin de continuer cette cérémonieuse tradition, outrait au contraire le négligé, le *flottant,* que le sans-gêne des habitudes du club, de l'écurie et des filles a mis à la mode chez grand nombre de très-jeunes gens.

Ainsi le costume de Scipion contrastait avec celui de son père de la manière la plus tranchée : sa cravate noire, si étroite, qu'elle ressemblait à un ruban, était négligemment nouée autour d'un col de chemise carré et empesé, qui, lui effleurant les oreilles, laissait son cou presque entièrement nu ; son habit, d'un vert mélangé et d'une ampleur démesurée, quoique très-court et à basques arrondies, ressemblait à une veste de chasse ; un gilet écossais, d'une excessive longueur, et taillé sur le modèle de ceux que portent les grooms, s'échancrait sur un pantalon fond brun à grands carreaux bleus, flottant comme un pantalon de marinier sur des bottes vernies à très-hauts talons.

Tel était le costume du vicomte, costume dont le caractère sans façon et cavalier s'augmentait encore par un laisser-aller d'attitudes, par une affectation de *débraillé* plus facile à sentir qu'à peindre ; chemise entr'ouverte à la poitrine, larges poignets empesés, fripés, et à demi relevés sur la manche de l'habit, d'où sortait sa main blanche, fine et amaigrie comme celle d'une femme maladive ; attitudes molles ou ennuyées, distraites ou hautaines ; il faut renoncer à détailler ces nuances, ces riens, touches délicates, presque imperceptibles, qui concourent cependant à donner aux portraits un cachet particulier.

Selon son habitude, Scipion était arrivé fort tard dans le salon. Le voyant si négligemment vêtu, le comte, venant à sa rencontre, lui avait dit tout bas d'un ton de reproche amical : — Tu aurais dû t'habiller avec plus de soin ; tu sais qu'en province tout se remarque.

— Allons donc, — répondit tout haut Scipion, — c'est toi qui me fais honte avec ton pantalon demi-collant ; tu es costumé en *Saint-Léon....* en amoureux d'opéra-comique : sous l'Empire, tu aurais été le rival d'Elleviou pour ces *rôles à cuisse* dont raffolaient ces *belles dames* débris du Directoire !

Le comte se mordit les lèvres de dépit ; quelques personnes invitées entrèrent, il lui fallut aller les recevoir. Le contraste dont nous parlons se remarquait tout aussi frappant dans le maintien du père et du fils. Ainsi le comte, tantôt debout auprès de la cheminée, causait avec les hommes, ou se penchait au dossier des fauteuils des femmes pour leur adresser quelques paroles remplies de courtoisie.

Scipion, étendu ou plutôt *vautré* dans un large et profond fauteuil, les mains plongées dans les poches de son pantalon, sa jambe droite horizontalement croisée sur son genou gauche, tantôt regardait le plafond, tantôt bâillait bruyamment, ou bien, ricanant et raillant, il persiflait impudemment ceux que leur mauvais sort attirait près de lui. Quant aux femmes, après avoir, du fond de son fauteuil, curieusement examiné leur *entrée,* en plaquant son lorgnon d'écaille à sa paupière, il ne leur adressait ni une parole ni un salut.

Le comte Duriveau, déjà profondément blessé de la conduite de Scipion durant cette triste journée et, de plus, très-irrité des railleries mordantes dont son fils l'avait accablé en présence de Mme Wilson, le comte Duriveau, fatigué de plus en plus de son rôle de jeune-père, souffrait visiblement des impertinentes affectations de Scipion, qui pouvaient lui aliéner ses électeurs. Mais il redoutait tellement les railleries de cet adolescent, dont l'insolente audace ne ménageait, ne respectait aucune convenance, qu'il se contenait, remettant à la fin de la soirée une grave et sévère explication qu'il voulait avoir avec Scipion.

Celui-ci, toujours enfoui au plus profond de son fauteuil, avisant, non loin de lui, le régisseur du comte, lui fit, du bout du doigt, signe de venir à lui.

M. Laurençon, le régisseur, grand homme sec et basané, à la figure impassible et dure, s'approcha respectueusement de Scipion et lui dit :

— Vous désirez quelque chose, monsieur le vicomte ?

— Sonnez donc, mon cher, — lui dit Scipion du bout des lèvres, — je ne sais pas à quoi ils pensent... ils ne servent pas, et j'ai faim.

M. Laurençon s'approcha de la cheminée et tira un long cordon de soie.

Presque aussitôt un valet de chambre vêtu de noir, portant culotte courte, bas de soie et boucles d'or à ses souliers, ouvrit la porte du salon.

C'était Martin, le fils de Mme Perrine et du comte Duriveau...

Le portrait que Martin avait envoyé à sa mère était d'une ressemblance parfaite ; comme dans le portrait, il avait le teint brun, la physionomie ouverte, spirituelle, le regard à la fois pensif et pénétrant ; mais un observateur eût alors remarqué quelque chose de contenu et, si cela se peut dire, de *voilé* dans la physionomie de Martin, comme s'il eût senti la prudente nécessité de se montrer absolument l'homme de sa condition présente.

Le vicomte, assis de façon à faire presque face à la porte, vit entrer Martin et lui fit signe de venir à lui.

Scipion bondit, pour ainsi dire, du fond de son fauteuil, pour venir offrir son bras à Mme Chalumeau. — Page 48.

Martin s'approcha respectueusement du vicomte... *son frère*... avec un trouble intérieur que rien ne révélait, mais qu'il n'avait pu encore surmonter.

— Ah çà !... est-ce qu'on ne dîne pas ? — lui dit Scipion.

— Pardon, monsieur le vicomte... on sert...

— Faites donc presser le service... J'ai faim, moi !

Et comme Martin, après s'être incliné, se dirigeait vers la porte, le vicomte le rappela.

— Martin ! dites au sommelier que je ne boirai que du vin de *Porto*... Qu'on m'en fasse tiédir deux bouteilles... à la température du vin de Bordeaux... de douze à quinze degrés, pas plus, pas moins.

— Oui, Monsieur le vicomte.

— Veillez aussi, — ajouta Scipion, — à ce qu'on n'oublie pas de mettre près de moi du curry et des piments de Cayenne.

— Oui, Monsieur le vicomte, — dit Martin.

Et il sortit.

Les convives du comte étaient généralement de ceux qui disent mon *épouse* et qui appellent *lions* et *lionnes* les hommes et les femmes qu'ils supposent être à la mode. Pour la plupart de ces bourgeois ignorants et égoïstes, adulateurs et vaniteux, sottement confits dans leur importance électorale, les impertinences de Scipion étaient autant de charmantes *lionneries*; son dédaigneux aplomb, son insolent persiflage les extasiaient et les intimidaient à la fois ; ils ne l'appelaient jamais autrement que *Monsieur le vicomte* et riaient de confiance dès qu'il parlait ; ce qui l'impatientait outre mesure, car, ainsi que l'homme aux rubans verts, *il ne se croyait pas si plaisant*. Quant aux *épouses* de ces messieurs, tout en lorgnant du coin de l'œil la charmante figure de Scipion, elles le *détestaient*, c'est-à-dire qu'elles mouraient de dépit en se disant qu'elles n'étaient pas sans doute assez jolies, assez grandes dames, assez *lionnes*, pour mériter seulement quelques simples paroles de politesse, de la part de ce fat, de cet impertinent, etc. ; en d'autres termes, plus d'une de ces belles courroucées devait s'en aller toute rêveuse, en songeant au pâle et joli visage de Scipion, à ses grands yeux bruns, à son sourire railleur qui montrait ses dents charmantes, et à sa petite main blanche qui, de temps à autre, frisait si indolemment sa fine moustache blonde.

Soudain les deux battants de la porte du salon s'ouvrirent bruyamment; et Martin, d'une voix sonore, fit entendre les paroles sacramentelles :

— Monsieur le comte est servi...

— Scipion, offrez votre bras à Mme Chalumeau, — dit aussitôt le comte à son fils d'un air grave en donnant lui-même son bras à une autre femme.

Scipion, en sa qualité d'homme blasé, ne riait jamais ; sans cela, malgré le sérieux de son père, il fût parti d'un étourdissant éclat de rire, à ce nom saugrenu et inattendu de Mme *Chalumeau*. Mais un éclat de rire eût été encore moins insolent que l'empressement dérisoire avec lequel Scipion bondit, pour ainsi dire, du fond de son fauteuil, pour venir offrir son bras à Mme Chalumeau, après lui avoir fait un profond et ironique salut.

Mme Chalumeau, femme d'un électeur des plus influents, prit au sérieux ces politesses. C'était une petite *Ragote*, aurait dit Scarron, blanchette et grassouillette, aux cheveux et aux yeux noirs comme le jais, ayant seulement l'inconvénient d'avoir l'oreille trop rouge, le menton trop près de la gorge, et trop de végétaux artificiels plantés sur son bonnet, en manière de petit jardinet, ce qui lui faisait une tête grosse comme un boisseau. Du reste, ses lèvres étaient roses, ses dents éblouissantes, et son regard avait quelque chose de langoureusement amoureux.

M. Chalumeau, l'électeur influent, grand homme

— Chandavoine... tu ne vois pas mon épouse ? — Page 52.

chauve, à lunettes bleues, se dressait debout derrière sa femme, prodigieusement fier de la voir au bras de *Monsieur le vicomte*, tandis que l'heureuse Chalumeau, frétillant d'aise et d'orgueil sous sa robe gorge-de-pigeon largement côtelée de brandebourgs de soie, sentait son oreille passer du rouge à l'écarlate, et serrait fortement de son bras ferme et rond le bras fluet du vicomte, comme si elle eût craint que les autres femmes, qu'elle écrasait d'un regard triomphant, n'eussent comploté de lui ravir son *cavalier*.

— L'intrigante ! — dit une des invitées, femme d'un électeur beaucoup moins influent, en montrant à son mari, d'un regard flamboyant de férocité, l'enviée, la détestée Chalumeau.

— Ma mignonne, Chalumeau dispose de trente-sept voix, — dit piteusement le mari, — moi... seulement de onze... Sa femme doit donc passer avant toi...

— Ça n'empêche pas que si vous avez le malheur de voter pour le père de ce freluquet contre M. de la Levrasse, vous aurez affaire à moi... — dit Mᵐᵉ l'électrice tremblante de colère. — Je ne veux pas, moi, de votre comte Duriveau pour notre député, — reprit-elle d'une voix courroucée.

— Pourtant, sois donc juste, ma mignonne, — répondit l'électeur ; — dis-moi un peu, voyons, si M. de la Levrasse nous donne des festins de Balthazar, avec des domestiques poudrés comme des marquis ; il est pingre comme un rat d'église et fait très-mal nos commissions à Paris ; tandis que si nous avons pour député un comte, un archimillionnaire, qui chargera son intendant de nos petites commandes dans la capitale, ça sera bien plus flatteur et plus profitable.

Ce disant, l'humble électeur laissa prudemment passer devant lui sa colérique moitié, et se mêla parmi les groupes qui se dirigeaient vers la salle à manger.

Les convives de M. Duriveau avaient traversé une galerie remplie d'armures anciennes et d'armes précieuses (construite parallèlement à la galerie de tableaux), pour se rendre dans la salle à manger, aux boiseries blanches rehaussées de moulures dorées, et ornée de beaux tableaux de chasse de différentes époques.

Sur la table se dressaient quatre grands candélabres d'argent mat et ciselé, supportés par des groupes de figures aussi d'argent, mais teintées, par un heureux contraste, de cette nuance plombée particulière à la vieille orfévrerie. Chacune de ces magnifiques girandoles, véritables objets d'art, se terminait par six branches contournées, imitant des ceps de vigne chargés de feuilles et de grappes précieusement burinées et fouillées dans le métal ; ces bras, en s'évasant, laissaient au milieu d'eux une légère corbeille en *repoussé* d'argent, brodée à jour comme une dentelle, et remplie de fleurs naturelles, dont le frais coloris doublait encore d'éclat à la lumière des bougies. Çà et là le vin de Champagne se figeait dans des rafraîchissoirs de cristal de Bohême, étincelant comme le rubis, ayant pour supports des groupes de figurines d'argent, et pour montures de gros ceps de vigne, aussi d'argent, qui, après avoir contourné le bord de ces vases en souples guirlandes, venaient s'arrondir et se croiser en anses d'une courbe élégante. Une somptueuse argenterie, en rapport avec cette splendide orfévrerie, garnissait la table, et, par une heureuse innovation, au lieu d'être incommodément assis sur une chaise, les convives, confortablement établis dans d'excellents fauteuils, pouvaient mollement savourer les merveilles culinaires du chef des cuisines du comte Duriveau. Chaque personne ayant derrière soi un laquais, le service se faisait avec un ordre et une célérité remarquables. Il est inutile de dire que les vins les plus choisis, les mets les plus excellents circulaient en profusion, et que le miroitement de l'argenterie, le parfum des fleurs, le reflet prismatique des cristaux étincelants de tous les feux des bougies, donnaient un nouveau charme à ces jouissances gastronomiques.

Le comte Duriveau, placé au milieu de la table, avait à sa droite la femme du plus influent électeur, et en face de lui Scipion, accosté de l'heureuse Chalumeau et de Mme l'électrice dont le mari avouait naïvement (et il n'était pas le seul) qu'il préférait à son mandataire présent (M. de la Levrasse), homme avare et peu serviable, le député futur qu'il voyait dans le comte Duriveau, cet archimillionnaire si obligeant, et dont la table était si merveilleusement servie.

Un seul homme contemplait ce luxe princier avec une tristesse amère et cachée : c'était Martin. A l'aspect de ces fabuleuses somptuosités, de cet exorbitant superflu, il songeait à l'affreuse misère des gens de ce pays, décimés par la fatigue, par la maladie, par le besoin. Horrible détresse que le comte Duriveau, possesseur de presque toute la contrée, aurait pu si facilement, et sans presque rien retrancher à ses jouissances, changer en bien-être, en aisance... *Car richesse oblige,* — pensait Martin ; — *et il faut savoir se faire pardonner son luxe...*

Mais aucun de ces secrets sentiments ne se trahissait sur sa figure impassible, aucun autre des gens de la maison ne se montrait plus que lui intelligent et empressé dans le service des convives.

Scipion (le *frère* de Martin), malgré ses prétentions à une faim d'ogre, mangeait peu, et ce peu, il l'assaisonnait d'épices à brûler le palais; depuis longtemps son goût s'était dépravé; mais il buvait comme une outre, et cela impunément. De tous les vins le plus capiteux, *le Porto,* ne l'enivrait plus. Quand il ne buvait pas, il faisait boire du vin de Champagne à Mme Chalumeau, et lui adressait effrontément, à demi-voix, les déclarations les plus graveleuses et les plus risquées. La pauvre Chalumeau, craignant de passer pour une *bégueule* provinciale aux beaux yeux d'un si joli lion, commença par minauder en écoutant ces impertinences libertines ; puis la charmante figure de Scipion, l'excitation de la bonne chère et le vin de Champagne aidant, la jeune femme finit par sourire; puis peu à peu ses yeux s'allumèrent, son oreille passa de l'écarlate au cramoisi, elle faillit faire éclater ses brandebourgs par d'indiscrètes palpitations, lorsqu'elle sentit la botte de Scipion presser légèrement son brodequin, qu'elle ne retirait pas.

Le comte Duriveau, redoutant de plus en plus quelque nouvelle folie de son fils, car il ne se méprenait pas sur la portée des *attentions* que le vicomte prodiguait à sa voisine, jetait de temps à autre sur lui un regard empreint d'une irritation contenue, auquel Scipion répondait par un regard d'arrogant défi.

Soudain, le vicomte, son père et Martin qui se tenait debout derrière son maître, tressaillirent à un nom prononcé par l'un des convives.

Ce nom était celui de *Basquine,* nom déjà prononcé durant cette journée, d'abord par Beaucadet lors de la lecture du signalement de Bamboche, qui portait en tatouage sur le bras le nom de Basquine, puis par Mme Wilson lorsqu'elle avait parlé du transport que cette grande artiste, à la fois *gazelle* et *rossignol,* excitait sur la scène où elle jouait.

En entendant ce nom, les traits de Scipion exprimèrent une sorte de satisfaction contenue ;

Les traits du comte, une aversion pénible ;

Les traits de Martin, un étonnement profond, pensif, comme si ce nom éveillait en lui de nombreux souvenirs.

— Il faut prier M. le comte de nous *édifier* à ce sujet, puisqu'il arrive de la *capitale,* — dit M. Chalumeau.

— Sur quel sujet, mon cher Monsieur ? — dit le comte.

— Mon ami Chandavoine me soutient, — dit l'électeur influent en montrant son voisin, — qu'il a entendu dire que la fameuse Basquine, cette actrice de l'Opéra dont on parle tant dans les journaux, était reçue comme amie par les dames de la plus haute volée, et qu'elle est à tu et à toi avec elles ?

— Si nous étions à un dîner de garçons, mon cher monsieur Chalumeau, et si vous n'étiez pas trop prude, je pourrais vous dire, et encore en *gazant* beaucoup, ce que c'est que Mlle Basquine, — répondit le comte avec un sourire de mépris amer ; — mais la présence de ces dames rend un tel entretien impossible.

— Mon père se fait involontairement l'écho de bruits absurdes, Monsieur, — dit soudain Scipion, l'œil brillant, la joue légèrement colorée ; — oui, Monsieur, il est parfaitement vrai que les femmes du meilleur et du plus grand monde, que les hommes les plus hautement placés s'empressent de témoigner à Mlle Basquine, par les prévenances les plus délicates, la profonde, la respectueuse admiration qu'elle leur inspire. Et je suis d'autant plus impartial à son égard, — ajouta Scipion en appuyant sur ces mots, — que je n'ai pas l'honneur de connaître Mlle Basquine autrement que par l'enthousiasme que son talent m'inspire.

Le comte regarda son fils avec une profonde surprise : pour la première fois depuis bien longtemps, il l'entendait s'exprimer en termes graves, choisis, avec un accent convaincu, et cela, au sujet d'une femme sur laquelle couraient les bruits les plus contradictoires. Les uns (et le comte n'était pas de ceux-là) voyaient dans Basquine un modèle de vertu d'autant plus rare qu'elle était exposée, comme comédienne d'une immense renommée, à toutes les tentations, à toutes les séductions ; selon les autres (et le comte partageait cet avis), Basquine, monstre d'hypocrisie, était aussi un monstre de dépravation, de libertinage et de méchanceté, à la fois Messaline et Cléopâtre, et, comme elles, souveraine, non par la couronne, mais par le génie.

Le comte ne fut pas seul à s'étonner des paroles et de l'accent de Scipion, et à tâcher de pénétrer sur sa physionomie la cause de cette singulière dérogation à son persiflage habituel.

Attachant aussi sur le vicomte un coup d'œil attentif, Martin avait laissé percer une sorte de surprise mélancolique en entendant l'adolescent témoigner de son admiration pour le talent et pour le caractère de Basquine en termes si sérieux, lui toujours si insolemment dédaigneux et railleur.

A la façon dont le regardait son père, Scipion se reprocha de s'être laissé involontairement entraîner à un premier mouvement, et d'avoir tenu un langage, fort simple pour tout autre, mais tellement excentrique pour lui, qu'il devait être remarqué ; le vicomte cherchait le moyen d'effacer l'impression que ses paroles au sujet de Basquine avaient causée au comte, et de le dérouter complètement, Mme Chalumeau vint admirablement au secours de Scipion.

— Comme vous la défendez, cette *actrice...* Monsieur le vicomte ! — lui dit-elle à demi-voix et d'un ton aigre-doux.

Scipion, à ce tendre reproche, se disculpa victorieusement, car, après quelques explications, le nuage qui, un moment, avait assombri le front de la jalouse Chalumeau se dissipa tout à fait ; et bientôt le brodequin, qui, pendant l'éloge de Mlle Basquine, s'était brusquement retiré de dessous la botte de Scipion, revint timidement et de lui-même reprendre cette place.

M. Chalumeau, malgré ses lunettes bleues, ne voyait rien, et ne songeait d'ailleurs à rien observer ; il avait trouvé moyen de se placer à table côte à côte avec son ami Chandavoine. Tous deux s'évertuaient à manger de tout ce qu'on leur offrait, et tâchaient ensuite de deviner ce qu'ils avaient mangé, les appellations étranges données presque à chaque mets par le maître d'hôtel étant de véritables énigmes pour ces profanes convives.

Les deux amis, après avoir accepté un peu à l'aventure d'une *timballe de nouilles à la reine,* qui avait donné ample carrière à leurs conjectures, venaient de se faire servir des *gondolfes à la viennoise ;* qu'ils dégustaient curieusement, lorsque M. Chalumeau fut distrait de ses suppositions hasardeuses par Scipion, qui l'interpellait d'un côté de la table à l'autre.

Telle était la cause de l'interpellation du vicomte :

Après avoir pressé à plusieurs reprises le pied de Mme Chalumeau, Scipion, voyant ses impertinences accueillies avec une complaisance tout à fait *régence,* s'était légèrement penché vers sa voisine, et, attachant sur elle un regard licencieux et provoquant, lui avait dit quelques mots tout bas... Le vicomte alla sans doute trop loin; car la pauvre Chalumeau, malgré tant de circonstances conjurées pour lui tourner moralement et physiquement la tête, ne put retenir un mouvement d'indignation.

— Bien! — avait dit Scipion en ricanant à froid, — puisque vous me refusez, je vais me plaindre tout haut à votre mari.

Cette effronterie frappa Mme Chalumeau de stupeur, quoiqu'il lui fût impossible de croire Scipion assez audacieux pour donner suite à sa menace; mais que devint la pauvre femme, lorsqu'elle entendit le vicomte s'écrier tout haut :

— Dites donc, Monsieur Chalumeau !

A cet appel, le bourdonnement des conversations particulières cessa soudain; tous les regards se portèrent sur M. Chalumeau et sur le vicomte, qui reprit :

— Je viens me plaindre à vous, Monsieur Chalumeau...

— Et de quoi donc, Monsieur le vicomte ! — répondit l'électeur d'une voix étranglée, en rougissant jusqu'à ses lunettes de se voir ainsi bruyamment interpellé.

— Je vous déclare que Mme Chalumeau me refuse tout ce que je lui demande... il faut absolument que vous la grondiez... — ajouta Scipion avec un imperturbable sang-froid.

— Comment... ma belle? — dit l'électeur en s'adressant à sa femme, — M. le vicomte... te... te... demande... quelque chose...

Et le front de M. Chalumeau suait de si grosses gouttes, que le verre de ses lunettes en devenait humide; l'infortuné ne voyait plus rien qu'à travers un brouillard azuré; le trouble et l'embarras le serraient à la gorge; pourtant il fit un effort et ajouta :

— M. le vicomte veut bien te demander... quelque chose... et tu... tu... refuses... mais ce n'est pas bien du tout... ça, ma belle...

— Ah !... voyez-vous, Madame?... — dit Scipion en se retournant vers la pauvre Chalumeau qui se sentait mourir sous ses brandebourgs.

Puis, s'adressant au mari, Scipion ajouta :

— Voyons, Monsieur Chalumeau, priez vous-même Madame de ne pas me refuser; elle vous écoutera peut-être... et vous saviez ce que je lui demande encore !!

— Je m'en doute bien... Monsieur le vicomte... Ça ne peut-être que quelque chose... de... très-aimable... et de...

Le comte Duriveau était au supplice; il interrompit M. Chalumeau, et lui dit de l'air le plus riant :

— Je vais vous dire, moi, Monsieur, ce que mon fils a l'indiscrétion de demander avec tant d'instance à Mme Chalumeau... et ce qu'elle a parfaitement raison de lui refuser avant d'avoir eu votre consentement ; il lui demande pour moi votre suffrage aux élections prochaines...

— Comment, Monsieur le comte, — s'écria l'électeur influent; — mais vous savez bien que ma voix et celle de mes amis vous est acquise...

Puis, s'adressant à sa femme d'un ton de reproche formaliste et pénétré :

— Mais, ma belle, je vous l'ai répété cent fois, M. le comte est notre candidat... nous ne voulons que lui... M. de la Levrasse ne nous va plus... Comment alors n'avez-vous pas tout de suite répondu oui, à M. le vicomte?... Permettez-moi de vous le dire, c'est inexcusable.

— C'est vrai, mon ami, j'ai eu tort, — répondit modestement Mme Chalumeau.

Le comte Duriveau vit, à l'expression railleuse des traits de Scipion, que celui-ci allait relever la belle sentence de M. Chalumeau. Aussi, voulant couper court à un persiflage qui pouvait lui aliéner un de ses principaux électeurs, et voyant heureusement le dîner tirer à sa fin, le comte s'écria :

— Messieurs, puisque nous parlons des élections, sujet si grave pour des hommes *sérieux*, pour des hommes politiques comme nous le sommes, permettez-moi de porter un toast qui sera, je l'espère, bien accueilli de vous.

Puis, se retournant à demi vers Martin, qui, debout derrière son *maître* qu'il servait, assistait impassible à cette scène, le comte lui dit en tendant son verre :

— Donnez-moi du vin de Chypre.

Martin prit sur une étagère une carafe de cristal, et versa au comte un verre de ce nectar couleur de topaze liquide.

— Messieurs, — dit alors le comte en se levant, — *aux propriétaires !*... les seuls vrais soutiens, les seuls vrais garants de l'ordre et de la paix, les seuls, les vrais représentants de notre belle France, puisqu'ils nomment ses législateurs.

Ces mots, prononcés par le comte d'une voix mâle et sonore, furent accueillis avec acclamations, au choc bruyant des verres.

Quelques moments après, le comte se levait de table, offrant le bras à la femme qui était à côté de lui.

Scipion imita son père et donna son bras à Mme Chalumeau; celle-ci trouvait le vicomte bien effronté, bien libertin, bien *mauvais sujet*; mais, hélas ! ces méchantes qualités étaient loin de lui inspirer un prudent éloignement pour ce joli *monstre*. Elle ressentait même une sorte d'admiration en songeant à l'audace, au sang-froid avec lesquels le vicomte avait osé, en pleine table, se plaindre à M. Chalumeau des *refus* de sa femme. Quelle hardiesse! quelle présence d'esprit! pensait-elle... et si jeune! et si charmant! Puis, pour achever de lui tourner la tête, venait l'éblouissement de ce luxe princier pour lequel Scipion semblait si bien né, luxe qui dorait si splendidement ses vices; puis, enfin l'adolescent qui, par caprice d'homme blasé, par fantaisie libertine, *trouvait drôle*, comme il le disait, de mettre à mal la vertu de cette niaise créature, d'ailleurs assez appétissante, avait, à la fin du dîner, soudain changé de manières, excusant ses demandes trop hâtives, en les rejetant sur l'impétueuse ardeur d'une passion aussi subite que violente, etc., etc.

En un mot, lorsque le vicomte sortit de table, il sentit, avec un triomphe moqueur, l'imprudente Chalumeau serrer énergiquement son bras contre le sien, et il s'aperçut que les yeux noirs de sa *victime*, ordinairement vifs et brillants, étaient tout voilés de trouble et de langueur amoureuse.

— Ah çà ! maintenant, — lui dit tout bas le vicomte, — mon père et ces messieurs vont parler politique en prenant leur café dans le jardin d'hiver. Toutes ces femmes-là me font horreur, tant elles me paraissent laides ou sottes... et c'est votre faute... Pourquoi êtes-vous spirituelle et jolie? — Laissons-les donc... et allons voir la volière... c'est ravissant...

— Oh bien ! non, Monsieur le vicomte... oh ! pour ça... non !

— Que vous êtes méchante !... Vous me demanderiez cela... ou même quelque chose... de compromettant... de venir dans ma chambre, par exemple; eh bien ! moi, je vous l'accorderais tout de suite ! Vous le voyez... vous ne m'aimez pas... comme je vous aime... — dit Scipion avec une mélancolique amertume.

— Mais... songez donc... si l'on nous voyait...

— Soyez tranquille... la volière est au fond d'une serre chaude qui donne dans le jardin d'hiver. Rien de plus simple que d'y aller... Seulement, nous y serons un peu plus seuls... et la solitude avec vous... ça doit être le bonheur...

A cette délicatesse, la trop sensible Chalumeau baissa les yeux, palpita tumultueusement sous ses brandebourgs, et Scipion, qui ne pouvait être vu d'elle, lui fit, en manière de moquerie, une mine insolente et railleuse.

Pendant ce rapide entretien, Scipion et sa voisine de table avaient, ainsi que les autres convives, traversé un billard, dont les trois portes vitrées s'ouvraient dans une immense serre tempérée formant un jardin d'hiver, alors éclairé par des lampes de bois rustiques, chargées de bougies, et remplies de plantes retombantes, telles que géraniums à feuilles de lierre, verveines, cactus et ficoïdes de toutes sortes. Les allées tournantes, pavées en mosaïque de couleurs variées, circulaient autour d'énormes massifs de camélias, de rhododendrons, de magnolias, de mimosas, de bruyères, d'éricas, etc., etc. Au fond du jardin, on voyait une grotte de rocaille, dont les pierres mousseuses disparaissaient presque sous un inextricable réseau de passiflores, de glycynées, de bignonias, etc.

L'une des portes de ce jardin, faisant face à celle du

billard, s'ouvrait sur une serre chaude construite en galerie, et se terminant en rotonde, au centre de laquelle s'élevait une magnifique volière d'oiseaux les plus rares, qui ne pouvaient vivre que dans l'atmosphère des plantes tropicales.

Le café avait été servi dans le jardin d'hiver; quelques femmes se promenaient, d'autres causaient, assises sur des siéges rustiques, au fond de la grotte éclairée par des lanternes chinoises de couleurs variées, tandis que le plus grand nombre des hommes s'étaient groupés autour du comte Duriveau, et, debout comme lui, savouraient un moka brûlant.

Cette belle nuit d'automne était si douce, que plusieurs fenêtres du jardin d'hiver dont une des faces donnait sur le parc du château, avaient été ouvertes; le dîner s'étant prolongé assez tard, la clarté de la lune se réfléchissait au loin dans une rivière encaissée de gazon, qui serpentait à travers une pelouse immense semée çà et là de futaies séculaires. Un grand massif d'arbustes, bordant en dehors la principale façade du jardin d'hiver, s'élevait jusqu'au mur d'appui de l'une des fenêtres ouvertes, auprès de laquelle le comte Duriveau et ses convives s'entretenaient, pendant que Martin, debout, tenant un plateau de vermeil chargé de flacons, attendait les ordres de son maître.

Soudain, Martin tressaillit.

A la clarté de la lune, qui tombait en plein sur le feuillage touffu du massif d'arbustes groupés au-dessous de l'une des fenêtres, Martin venait de voir se dresser un instant la tête de Bête-Puante, le braconnier, qui disparut de nouveau dans le massif, après avoir fait à Martin un signe d'intelligence.

Bête-Puante arrivait en toute hâte de la métairie du Grand-Genévrier, où il s'était rendu par des sentiers détournés en même temps que Beaucadet et ses gendarmes.

A la brusque apparition du braconnier, qu'il savait avoir tant de motifs de haine contre le comte, Martin tressaillit si vivement, que ce brusque mouvement, imprimant une violente secousse au plateau qu'il portait, l'un des flacons tomba sur un verre et le brisa.

A ce bruit, le comte, qui parlait à ses convives avec une extrême animation, se retourna vers Martin, et, voyant les débris du verre, lui dit durement :

— Faites donc attention... maladroit.

— Pardon, Monsieur le comte... mais...

M. Duriveau interrompit Martin avec hauteur :

— Assez... puisque vous ne savez pas seulement porter un plateau, mettez-le sur cette table et attendez mes ordres.

Martin ne répliqua pas, déposa le plateau sur une des petites tables rustiques qui se trouvaient çà et là dans le jardin d'hiver, et se tint debout, à quelques pas du comte.

La figure de Martin reprit bientôt son impassibilité habituelle, et il eut assez d'empire sur lui-même pour surmonter les nouvelles angoisses en voyant le comte continuer sa conversation en s'accoudant sur le rebord de la fenêtre ouverte, au-dessous de laquelle s'étendait l'épais massif où était embusqué le braconnier.

Le comte Duriveau, dans son entretien avec ses futurs commettants, redoublait d'amertume et de violence ; car la conversation, d'abord politique, était ensuite et presque naturellement tombée sur un sujet qu'il n'abordait jamais sans une animosité passionnée : *Le mépris et l'aversion que lui causaient les vices des classes pauvres*.

Accoudé sur le mur d'appui de la fenêtre du jardin d'hiver, le comte éprouvait quelque soulagement à sentir l'air du soir rafraîchir son front échauffé par la haineuse irascibilité qu'il apportait dans cette discussion.

— Eh! mon Dieu, messieurs, — disait M. Duriveau, — dans ma jeunesse j'ai eu, comme un autre, plus qu'un autre, le cœur débonnaire, la main ouverte et la larme facile. J'ai cru aux vertus et aux malheurs immérités de la canaille... j'ai cru aux pères de famille manquant d'ouvrage, eux, les seuls soutiens d'enfants en bas âge et d'une femme infirme... j'ai cru aux gens privés de nourriture depuis quarante-huit heures... j'ai cru au malheur des veuves dénuées de tout, et forcées de mendier, le soir, en allaitant un nourrisson et traînant par la main un autre enfant... j'ai cru aux larmes de pauvres petites orphelines abandonnées, seules au monde, sur le pavé de Paris... j'ai cru aux filles séduites et délaissées sans ressources.

Puis, haussant les épaules avec un geste d'impitoyable dédain, le comte ajouta :

— Ces misères *intéressantes*, je les ai soulagées, messieurs... Quel niais je faisais!... Le père de famille manquant de travail, était un infâme soûlard chassé de son atelier; l'infortuné privé de nourriture depuis quarante-huit heures, sortait repu du cabaret; la veuve éplorée allaitait un nourrisson de carton, et traînait par la main un enfant volé. Les pauvres petites orphelines de douze ans se partageaient mon aumône avec des polissons de leur âge, à qui elles se prostituaient depuis longtemps, et les filles séduites et délaissées sortaient mères d'un mauvais lieu! Quelle leçon !

Il est impossible de rendre l'accent avec lequel le comte prononça ces paroles remplies de fiel, et qui produisirent, cela devait être, une vive impression sur son auditoire.

— M. le comte a parfaitement raison, — dit M. Chalumeau, qui des yeux cherchait çà et là, et par habitude, sa femme depuis quelques moments disparue avec Scipion, — M. le comte a parfaitement raison, on est toujours dupe de son bon cœur... faire du bien à ces canailles-là, c'est faire d'ingrates canailles !

Et le digne homme sirota son café avec componction.

— Ou la misère du peuple est feinte, ou elle est le résultat de ses vices, — ajouta sentencieusement M. Chandavoine, en remuant son sucre au fond de sa tasse, — et alors cette misère ne mérite aucune pitié.

— C'est évident, — reprit un industriel retiré, — les bons sujets s'enrichissent, les caisses d'épargne en font foi; et, d'ailleurs, lisez chaque année le discours du trône : *La prospérité va toujours croissant*.

— M. le comte sait mieux que personne l'ingratitude de ces gens-là. — *Experto crede Roberto*, — ajouta un ancien avoué. — N'a-t-il pas été cruellement dupe de sa générosité naturelle?

En écoutant les âpres paroles de M. Duriveau, la figure pâle et expressive de Martin annonçait, non de la surprise, non de l'indignation, mais une tristesse amère, nous dirions presque une pitié douloureuse. De temps à autre il jetait un regard inquiet sur le massif, où se tenait toujours blotti le braconnier qui, invisible, entendait aussi cet entretien.

— Mais ce que vous ne croirez pas, Messieurs, — reprit le comte, — c'est que j'eus la sottise de m'attrister de ces déceptions qui courent les rues.

— Vraiment! Monsieur le comte?

— Oui, Messieurs, et tant mieux est, je me dis, le cœur navré : Laissons dans la fange de l'abrutissement, où elle doit naître et mourir, cette ignoble populace des villes; allons dans mes terres : là, du moins, je trouverai des hommes simples, bons, reconnaissants... que n'a pas corrompus la crapule des cités... Là, je placerai mes bienfaits, sans craindre de les placer mal... Aux champs, on est si vertueux! J'arrive donc ici ; mon père, un maître homme...

— Oh!... — fit M. Chandavoine avec un geste de vénération profonde, en interrompant le comte, — oh !.. un fier homme !...

— Mon père, — poursuivit le comte, — avait défendu aux passants, sous des peines sévères, et empêché, à grand renfort de gardes inexorables, d'ébrancher le bois mort de ses bois, de glaner ses champs, de grappiller ses vignes; ses fermiers en retard de payement étaient expropriés; quant aux quémandeurs d'aumônes, ils étaient spécialement reçus par deux énormes dogues des Pyrénées.

— Eh! eh! eh!... — fit M. Chalumeau en ricanant; puis il dit tout bas à son ami intime :

— Chandavoine... tu ne vois pas mon épouse?

— Non, — fit l'autre avec impatience, — laisse-moi donc écouter M. le comte; il parle comme un avocat... quel homme!... Voilà un député qui n'aura pas sa langue dans sa poche... Il parlera bien mieux encore que M. de la Levrasse.

— J'arrive donc ici, — poursuivit le comte, — tout embâté de mes idées de philanthropie champêtre. Trouvant tout d'abord que mon père a agi en homme sans entrailles, je fais enchaîner les chiens des Pyrénées, et, dans ma sainte ferveur, je me lance dans la pratique de ces belles théories, évidemment inventées par quelque gredin ne possédant ni sou, ni maille, ni maison, ni terre : — *Le timide indigent ne doit jamais frapper en vain à la porte du riche. — Laissez glaner l'humble infortune dans le champ de l'opulence. — Soyez pour les petits enfants comme le bon Dieu pour les petits oiseaux ; la vendange faite, ils trouvent encore à picorer*, etc. — C'était touchant, comme vous voyez ; les larmes me viennent aux yeux en y songeant — ajouta le comte avec un éclat de rire sardonique. — Six mois après mes essais philanthropiques, la *timide indigence*, troupe de mendiants avinés, assiégeait journellement mon château ; mes fermiers ne me payaient plus. L'*humble infortune* coupait mes arbres sur pied, et paissait ses vaches dans mes blés, tandis que les *petits oiseaux du ciel*, sous la figure d'affreux gamins, prenaient mon gibier au lacet et saccageaient mes vignes ; alors je finis par trouver souverainement niais de jouer plus longtemps le rôle du bon Dieu...

De grands éclats de rire accueillirent cette péroraison.

— Je le crois... fichtre bien... à ce prix-là ! — dit l'ancien avoué, qui avait trop dîné. — Le rôle du bon Dieu revient fort cher.

— Plus on est bon, plus on en abuse ; je l'ai éprouvé en petit, comme M. le comte l'a éprouvé en grand, — dit M. Chandavoine d'un air capable.

— Chandavoine, — lui dit tout bas M. Chalumeau qui commençait à s'inquiéter sérieusement, — tu ne vois pas mon épouse ?

— Mais non, — dit l'autre en haussant les épaules.

— Monsieur le comte a bien raison, — reprit un autre convive, — c'est à dégoûter de la compassion.

— Ainsi ai-je fait, Messieurs, — reprit le comte ; ces audacieux abus, que ma sotte faiblesse encourageait, m'ont ouvert les yeux. Revenu du bon sens, à la raison, c'est-à-dire au plus légitime mépris, à la plus légitime aversion pour cette race haineuse, corrompue et abrutie, j'ai fait, autant qu'il était en moi, peser sur elle une main de fer. Et alors... tout est rentré dans l'ordre. En prison le premier drôle qui ose couper un fagot dans mes bois ! à l'amende, et en prison faute d'amende, la moindre malheureuse qui ose faire paître une vache dans mes prés ! Chassé sans pitié tout fermier en retard de payement. C'était la méthode de mon père, et la bonne... Quant aux gueux assez malavisés pour venir tendre maintenant la main à ma porte... deux magnifiques et féroces chiens de Terre-Neuve... (excellente tradition de mon pauvre père) reçoivent à grands coups de crocs cette vermine audacieuse et affamée. Aussi... croyez-moi, imitez mon exemple, Messieurs. Renfermons-nous dans notre droit légal. Tenons-nous bien, serrons nos rangs, nous qui possédons. Pas de concessions : c'est lâchement reconnaître ce tyrannique et insolent prétendu *droit du pauvre à être secouru par le riche*... Montrons-nous impitoyables, sans cela nous serons débordés, et, ma foi ! mieux vaut manger le loup que d'en être mangé !

L'accent convaincu du comte, l'animation de ses traits énergiques, son geste décidé, firent une impression profonde sur son auditoire ; ses cruels paradoxes légitimant l'égoïsme et l'érigeant en devoir, furent accueillis avec une approbation presque unanime.

A la pénible émotion manifestée par Martin au commencement de l'entretien du comte et de ses convives, succédait une angoisse profonde ; jetant tour à tour les yeux tantôt sur le comte, tantôt sur le massif d'arbustes où se tenait blotti le braconnier, massif alors noyé d'ombre, la lune venant de disparaître derrière les grands arbres du parc, Martin semblait redouter quelque péril pour le comte...

Après un moment d'hésitation, et profitant de l'un de ces silences qui coupent souvent les conversations les plus animées, Martin s'approcha de son maître toujours accoudé à la fenêtre ouverte, et lui dit avec un accent de respectueux intérêt :

— Monsieur le comte ne songe peut-être pas que l'air du soir est humide... et il n'est peut-être pas prudent que M. le comte...

M. Duriveau, aussi surpris que blessé, interrompit Martin, et lui dit durement : — Une fois pour toutes, sachez que je ne tolère aucune familiarité, même sous prétexte de prévenance... Débarrassez ces Messieurs de leurs tasses.

Martin s'inclina sans mot dire.

Après avoir été prendre et poser successivement sur un plateau les tasses de chacun, il les plaça sur la petite table, auprès de laquelle il se tint immobile, pâle, les yeux ardemment fixés sur le sombre massif, avec une anxiété qui augmentait à chaque instant.

L'incisif et âpre langage du comte avait fortement impressionné ses auditeurs ; néanmoins, l'un d'eux, M. Chandavoine, malgré son égoïsme traditionnel et son entendement assez borné, sentant ce qui restait d'*humain* en lui se rebeller contre les impitoyables maximes du comte, lui dit timidement :

— Permettez-moi, Monsieur le comte, une petite observation.

— Je vous écoute, mon cher Monsieur Chandavoine, — dit M. Duriveau.

— Comme vous, Monsieur le comte, je passe condamnation sur les vices, sur la corruption de la basse classe... Seulement, en reconnaissant que le pauvre n'a aucun *droit* à exiger des secours du riche... ne serait-il pas... dans certaines circonstances données, et avec toute restriction... ne serait-il pas, sinon du devoir, du moins de la politique du riche, de secourir le pauvre ?... à la charge du pauvre, bien entendu, de se montrer humble, soumis et reconnaissant de ce que le riche daigne faire pour lui...

— Sans doute la charité n'est pas légalement un devoir pour le riche, — dit l'ancien avoué : — mais enfin... il y a quelque chose de vrai dans ce que dit Chandavoine.

— Oui, oui, — dirent plusieurs voix, — car il y a bien de méchants drôles parmi les pauvres.

— Et il faut prendre garde de les irriter.

— Qu'en pensez-vous, Monsieur le comte ?

— Ce que j'en pense, Messieurs, le voici, — répondit le comte de sa voix la plus acerbe, la plus tranchante, — non-seulement la charité n'est pas un devoir pour le riche, mais la charité est chose stupide, dangereuse et détestable.

— La charité stupide !! — s'écria l'un.

— La charité dangereuse !! — s'écria l'autre.

— La charité détestable !! — s'écria celui-ci. — Et tous regardaient le comte avec stupeur.

— Oui, — répondit celui-ci d'un ton impérieux et absolu, — oui, la charité est stupide ; oui, la charité est dangereuse ; oui, la charité est détestable, et ce n'est pas moi qui dis cela, Messieurs... ce sont de grands esprits dont la science, dont le génie sont admirés de l'Europe entière ; et ce qu'ils disent, ils le prouvent par faits et par chiffres inexorables. Ces génies-là sont mes saints, à moi ; leurs écrits sont mon catéchisme et mon Évangile ; et comme, en bon croyant, je sais mon Évangile par cœur, voici ce que dit textuellement Malthus... saint Malthus, un des plus admirables économistes des temps modernes ; écoutez bien, Messieurs : — *Un homme qui naît dans un monde déjà occupé, si sa famille n'a pas le moyen de le nourrir, ou si la société n'a pas besoin de son travail*, CET HOMME N'A PAS LE DROIT DE RÉCLAMER UNE PORTION QUELCONQUE DE NOURRITURE ; IL EST RÉELLEMENT DE TROP SUR LA TERRE ; *au grand banquet de la nature*, IL N'Y A PAS DE PLACE POUR LUI.

— Au grand banquet de la nature... Hé ! hé ! hé !... ce Malthus est très-fleuri, — dit l'ancien avoué, qui se piquait de littérature ; — on dirait du Fénelon.

— *La nature commande à cet homme de s'en aller*, — reprit le comte, en poursuivant sa citation, — *et elle ne tardera pas à mettre elle-même cet ordre à exécution*. Est-ce clair, Messieurs ? — ajouta le comte avec une joie amère et triomphante : — comment ! lorsque cette excellente nature, en sage mère... de police, charge dame Misère de faire évacuer ce trop plein de populaire, j'irais, moi... par une sotte charité, contrarier les vues de la nature !... Allons donc, Messieurs, cela fait pitié.

Les auditeurs du comte, à cette effrayante citation, se regardèrent en silence.

— Comment! — dit M. Chandavoine, — comment... Malthus... dit positivement...

— J'aurai l'honneur de vous envoyer demain ses œuvres complètes, — dit le comte; — c'est une excellente lecture à l'usage des propriétaires. Lisez, méditez Malthus, Messieurs, vous retremperez dans cette saine lecture la conscience de vos droits; vous y trouverez encore ces paroles dont je vous engage à vous souvenir lorsque le démon de la charité vous tentera ; *Que chacun en ce monde réponde de soi et pour soi*, TANT PIS POUR CEUX QUI SONT DE TROP ICI-BAS; *on aurait trop à faire, si l'on voulait donner du pain à ceux qui crient la faim;* QUI SAIT MÊME S'IL EN RESTERAIT ASSEZ POUR LES RICHES, *la population tendant sans cesse à dépasser les moyens de subsistance?* LA CHARITÉ EST UNE FOLIE, UN ENCOURAGEMENT A LA MISÈRE... Eh bien ! Messieurs, que vous avais-je dit ?

— Le fait est, — dit l'ancien avoué, parfaitement convaincu, — qu'à ce point de vue, et c'est vrai, la charité est... illégale.

— Et notez bien, Messieurs, — reprit le comte, de plus en plus triomphant, — que Malthus était à la fois un homme de génie et un excellent homme ; il n'avait rien de commun avec ces insolents et stupides réformateurs contemporains qui rêvent à la lune et à ce qui *devrait être* au lieu de songer à ce qui *est*. Malthus, sachant le vrai des choses, ne voulait leurrer, tromper personne ; rigoureux logicien, convaincu que les masses ont été, sont et seront de tout temps vouées au plus misérable sort, il a, dans son admirable livre, sévèrement défendu aux pauvres de faire des enfants ; et il a raison : à quoi bon cette graine de meurt-de-faim? Marcus, disciple de Malthus et d'Adam Smith, autre grand économiste, a été plus... conséquent encore : il a courageusement proposé la suppression des enfants du pauvre.

— Diable, — dit M. Chandavoine en se grattant l'oreille, — ce Marcus était un gaillard...

— D'un esprit rigoureusement logique, — dit le comte avec son ironie acérée. — Enfin saint Jean-Baptiste Say, un autre saint de mon calendrier, a dit ces mémorables paroles ; méditez-les, Messieurs, lorsque vos journaliers se plaindront du bas prix de leurs salaires : *Quand les demandes de travail sont nombreuses, le gain des travailleurs décline* AU-DESSOUS DU TAUX NÉCESSAIRE POUR QU'ILS PUISSENT SE MAINTENIR EN MÊME NOMBRE; LES FAMILLES LES PLUS ACCABLÉES D'ENFANTS ET D'INFIRMITÉS DÉPÉRISSENT. *Dès lors l'offre du travail décline, et, le travail étant moins offert, son prix remonte.* En d'autres termes, Messieurs, ainsi que l'a dit RICARDO, encore un saint de mon antienne, *à force de privations le nombre d'ouvriers se trouve réduit, et l'équilibre se rétablit...* C'est tout simple ; la nature ne veut pas d'encombrement de populaire, et la mortalité fait l'office de sergent de ville.

— Sans doute, et puisqu'il n'en peut être autrement, — dit l'un des plus bénins auditeurs, — il faut se réjouir de ne pas faire partie... du *trop plein*.

— C'est évident. Ma foi ! les économistes ont raison : chacun pour soi.

— Tant pis pour les autres !

— Il faut tâcher de n'être pas *des autres*.... et allez donc !!

— Chandavoine, où peut donc être mon épouse? — dit à l'oreille de son ami M. Chalumeau, qui, préoccupé de la disparition de sa femme, n'avait prêté qu'une attention distraite à l'entretien.

— Mais laisse-moi donc en repos avec ton épouse ! — dit Chandavoine ; — cherche-la...

— Je n'ose pas, tant que M. le comte parle... Allons... bon... voilà qu'il repart.

— De tout ceci, Messieurs, — reprit le comte, glorieux de la profonde impression causée par ses citations et ses commentaires, — que conclure? qu'il faut, ainsi que je vous le disais tout à l'heure, bien nous soutenir, nous autres qui possédons, et sous le prétexte de charité, de pitié, ne faire aucune lâche concession dont on s'armerait contre nous, car plaindre ceux qui souffrent, c'est accuser indirectement la société, et la société ne peut pas avoir tort. Ceci posé, ne nous abusons pas : entre celui qui possède et celui qui ne possède pas, c'est une guerre à mort. Eh bien donc... la guerre ! Ce que l'on appelle les prolétaires, soit à la ville, soit aux champs, ressentent contre nous une jalousie féroce, parce que nous avons le superflu et qu'ils n'ont pas le nécessaire; c'est tout simple ; moi, dans leur position, j'en ferais autant. Ils voudraient piller nos maisons, boire notre vin, monter dans nos voitures ; soit : à leur point de vue, ils ont raison ; qu'ils le fassent s'ils le peuvent, c'est de bonne guerre. Mais que messieurs les prolétaires ne s'étonnent pas si, à mon tour, je leur rends haine pour haine, si mon instinct de conservation m'ordonne à moi de tout faire pour que cette bête féroce dont je crains la gueule et les dents soit muselée rudement et le plus longtemps possible. Aussi je vous le dis hautement, Messieurs, j'ambitionne la législature afin de pouvoir concourir, dans notre intérêt commun et dans celui de nos enfants, à forger le bât, le frein et les entraves de la bête féroce, le plus solidement possible... afin qu'elle n'ait ni la force ni l'envie de se déchaîner. Car elle a grand appétit de la propriété, cette affamée, et moi, j'ai la faiblesse de vouloir que mon fils hérite de mes biens, et que son fils, s'il plaît à Dieu, hérite de lui comme j'ai hérité de mon père. Or, la bête féroce en question voudrait hériter du passé, du présent et de l'avenir. Mais un instant, nous sommes là... et... sur ce... Messieurs... buvons au musellement indéfini de la bête !

Et se tournant vers Martin :

— Apportez les liqueurs...

Le comte avait à peine prononcé ces mots, que Martin, poussant un cri d'effroi, s'élança vers le comte, qu'il repoussa rudement, sauta d'un bond par-dessus le mur d'appui haut de quatre pieds environ, tomba au milieu du massif où s'était tapi le braconnier, et, de cet endroit, presque au même instant, un coup de feu retentit dans les ténèbres.

CHAPITRE IX.

Dévouement de Martin. — La volière. — Surprise conjugale de M. Chalumeau. — Ambition déçue de M. Duriveau. — Arrivée de M. Beaucadet. — Conversation entre le comte et Scipion. — Tel père, tel fils. — Cynisme d'un jeune homme blasé. — Conditions posées par Scipion. — Dernier mot de M. Duriveau.

Au bruit du coup de feu qui retentit si près de la fenêtre du jardin d'hiver, la stupeur et l'épouvante furent générales ; les femmes poussèrent des cris aigus et se précipitèrent vers les issues de la serre. Plusieurs des convives du comte, qui l'entouraient au moment de l'explosion, s'encoururent aussi de côté et d'autre (M. Chalumeau fut du nombre de ces fuyards) ; quelques-uns, au contraire, se groupèrent courageusement autour de l'amphitryon.

Le comte, un peu pâle, mais toujours ferme, revint auprès de la fenêtre dont Martin l'avait violemment écarté, et, après un premier mouvement de trouble et de surprise, ne sachant pas encore d'ailleurs la cause du coup de feu, il dit à ses convives avec un sang-froid railleur qui faisait honneur à son courage :

— Rassurez-vous, Messieurs... c'est sans doute le signal d'un feu d'artifice... une surprise que me ménageaient mes gens... Seulement mon valet de chambre m'a paru un peu empressé d'aller prendre sa place.

Au moment où il prononçait ces mots, Martin, après quelques minutes d'absence, revint en courant, ouvrit du dehors une porte du jardin d'hiver, entra et dit à son maître d'une voix émue :

— Il s'est sauvé du côté du chalet ; j'ai perdu ses traces dans l'épaisseur du bois.

— Qui cela? — s'écria le comte.

— L'homme qui était caché là, Monsieur le comte. Je l'avais vu, à la clarté des lampes du jardin d'hiver, se lever brusquement de ce massif où il était blotti... Peut-être n'avait-il pas de mauvaise intention ; mais, dans mon premier mouvement, je n'ai pas réfléchi : croyant que M. le comte courait quelque danger, j'ai sauté par la fenêtre pour atteindre cet inconnu... dans ma lutte avec lui, un pistolet dont il était armé est parti ; je me suis mis à sa poursuite... et...

— Mais vous êtes blessé... — s'écria vivement le comte en s'approchant davantage de Martin.
— Je crois que oui... Monsieur le comte... à la main... mais c'est peu de chose, la balle m'a effleuré le poignet.
— Il n'importe, il faut vous faire panser, — dit le comte; et comme plusieurs de ses gens étaient accourus au bruit de l'explosion, il dit à l'un d'eux :
— Qu'on aille à l'instant chercher le médecin de Salbris.
— Et ce brigand, quelle figure avait-il? — dit M. Chandavoine avec effroi; — c'est peut-être ce scélérat de Bamboche, que l'on traque de tous côtés et dont le signalement est affiché.
En apprenant que Bamboche, dont il entendait prononcer le nom pour la première fois depuis son arrivée en Sologne, était traqué de tous côtés, Martin, malgré les émotions qui l'agitaient, tressaillit de surprise, les paroles expirèrent sur ses lèvres.
Frappé de l'expression de ses traits, le comte lui dit :
— Qu'avez-vous donc, Martin ?
— Rien, Monsieur le comte... rien... Je me sens un peu faible... le sang que j'ai perdu, sans doute...
— Avez-vous au moins pu le bien dévisager, le brigand? — demanda M. Chandavoine.
— Oui, Monsieur, — reprit Martin, — il était très-petit, très-brun... et très-jeune... dix-huit ou vingt ans au plus, — ajouta Martin avec assurance, — il portait une blouse blanchâtre et une casquette.
— Ce n'est pas là le signalement de Bamboche, — dit M. Chandavoine, — mais puisqu'il portait un pistolet, ça ne peut être qu'un assassin.
— Un assassin ! Et pourquoi diable voulez-vous qu'on m'assassine, mon cher Monsieur ? — dit le comte avec une dédaigneuse insouciance, — à moins que ce ne soit un avertissement salutaire de certain correspondant anonyme, — ajouta le comte avec un sourire amer et contraint sans s'expliquer davantage. — Allons, Messieurs, ceci ne vaut pas la peine de vous occuper un instant : c'est l'affaire du brave Beaucadet, le maréchal des logis de gendarmerie, que je ferai venir demain pour entendre ma déposition... Martin, allez vous faire panser... Vous êtes, je crois, mon bon serviteur... Quant au misérable qui vous a blessé... quoiqu'il ait disparu, Beaucadet se mettra sur ses traces; c'est un fin limier, il le découvrira, j'en suis sûr, et on en fera bonne justice.
Pendant ces dernières paroles du comte, M. Chandavoine avait tiré de sa poche un papier qu'il lisait attentivement; tout à coup il s'écria :
— Ah ! voici qui est bien extraordinaire !
Et comme le comte le regardait d'un air interrogatif, M. Chandavoine ajouta :
— Je persistais à croire que l'homme embusqué pouvait être le scélérat nommé Bamboche, et je lisais son signalement qu'on a distribué dans le pays et que j'ai reçu au moment de venir chez vous, Monsieur le comte. Ce signalement, je l'avoue, ne ressemble en rien de l'homme qui l'a blessé par votre domestique. Mais voici le curieux de la chose; nous avons parlé à dîner de cette fameuse Basquine dont on a dit tant de bien et tant de mal.
— Eh bien ! — fit le comte dont le front s'assombrit au nom de cette femme.
— Lisez, Monsieur le comte, — dit M. Chandavoine en tendant le papier à M. Duriveau, qui le prit et le parcourut. — Vous verrez que ce brigand de Bamboche porte, tatoués sur le bras, ces mots : *Amour pour la vie à Basquine.*
— En effet, ce misérable porte écrit sur le bras le nom de cette horrible créature. Quel mystère ! — disait le comte, si profondément étonné, qu'il ne remarquait pas que, selon le signalement, le nom de Martin était aussi tatoué sur le bras de Bamboche.
Soudain, au milieu d'un assez grand tumulte, on vit, à l'extrémité de l'une des allées du jardin d'hiver, déboucher M. Chalumeau, pâle, effaré, courroucé, tenant rudement par le bras M⁽ᵐᵉ⁾ Chalumeau, confuse, éplorée, et qui, la tête baissée sur sa poitrine bondissante, aurait voulu, ainsi qu'on le dit vulgairement, « être à cent pieds sous terre. »

Immédiatement après les deux époux, venait Scipion, l'air insolent et railleur, les mains plongées dans les poches de son pantalon; à quelque distance derrière lui s'avançaient les autres convives du comte, tellement stupéfaits de l'aventure et de l'audace du vicomte, qu'ils gardaient un profond silence qu'a interrompu par un bourdonnement de paroles échangées à voix basse.
— Monsieur le comte ! — s'écria M. Chalumeau d'une voix tremblante de colère, en s'approchant du père de Scipion, — c'est une indignité !... et je vous en rends responsable...
— Puis-je savoir, Monsieur?...
— Je vous dis que vous en êtes responsable, Monsieur le comte ! — s'écria l'électeur infortuné en interrompant M. Duriveau. — Oui, vous êtes cause et responsable de tout; car lorsqu'on possède un fils comme le vôtre... Monsieur, on l'enferme... oui, Monsieur, on le séquestre lorsqu'on reçoit des dames.
— Mais, Monsieur !
— Mais, Monsieur, — s'écria l'électeur avec indignation, — savez-vous... ce qui vient de se passer? Savez-vous ce qu'il vient de m'arriver, Monsieur? Savez-vous où j'ai trouvé mon épouse, Monsieur?
— Je ne sais rien, Monsieur, — dit froidement le comte, refoulant à grand'peine les violents ressentiments soulevés en lui par cette nouvelle équipée de Scipion, — mais si vous avez quelques explications à me demander, je vous prie, dans notre intérêt commun, de vouloir bien passer chez moi, afin de ne pas rendre ces explications publiques.
— Ne pas les rendre publiques... — s'écria M. Chalumeau avec un éclat de rire sardonique; — mais, je voudrais que ma voix pût s'entendre d'ici... à Romorantin, afin de pouvoir proclamer de tous mes poumons que mon épouse est une malheureuse... et que votre fils est un...
Scipion, touchant du bout du doigt l'épaule de M. Chalumeau, l'arrêta net, en lui disant de sa voix claire et hautaine : — Un?
L'électeur se retourna brusquement vers le vicomte, le toisa d'abord d'un air indigné; puis, se campant résolument en face de lui, il s'écria d'un air de bravade :
— Je dis, Monsieur, que vous êtes un homme... un homme pétri de passions adultères... indécemment adultères!
Scipion, qui ne riait jamais, ne put s'empêcher de sourire, et dit à M. Chalumeau avec un geste de condescendance :
— Bon... maintenant allez !...
— Comment ! que j'aille ? je ne suis pas votre valet, Monsieur ! je n'ai pas besoin de votre permission pour...
— Monsieur, — dit le comte, — je vous en conjure; si ce n'est pour vous, que ce soit au moins pour Madame... mettez un terme à cette scène pénible... et, d'ailleurs, croyez-moi, les apparences sont souvent trompeuses, et...
— Ce ne sont pas les apparences qui sont trompeuses, ce sont les femmes ! — s'écria l'électeur en regardant la trop sensible Chalumeau, comme s'il eût voulu l'écraser sous ce sanglant sarcasme; — des apparences !... — reprit-il exaspéré, — des apparences !... Au bruit du coup de feu, la tête remplie de l'histoire de ce brigand que l'on poursuit, je me sauve, j'ouvre la première porte qui se trouve devant moi... c'était la serre chaude... je la traverse... j'arrive à une rotonde où était une volière... je m'y réfugie... j'entends à travers une porte comme un frôlement et une voix de femme... Cette voix... je la reconnais : je pousse la porte; c'était un boudoir, et, dans ce boudoir, Messieurs, qu'est-ce que je vois?... le fils de Monsieur... embrassant mon épouse...
— Je vous répète, Monsieur, — dit le comte pouvant à peine se contraindre et jetant sur Scipion un regard terrible, — je vous répète, Monsieur, que je suis confus de tout ceci; mais le scandale que vous faites est, en vérité, déplorable !...
— Je fais du scandale ! c'est moi qui fais le scandale ! — s'écria M. Chalumeau exaspéré, — c'est trop fort !... Ah ! l'on a bien raison de dire : tel père, tel fils !...
— Monsieur !
— Monsieur ! — riposta l'électeur influent, avec un

Soudain, on vit M. Chalumeau, pâle, effaré, courroucé, tenant rudement par le bras Mᵐᵉ Chalumeau. — Page 55.

courroux majestueux, olympique, — vous pensez bien que moi et mes amis politiques, nous ne pouvons être représentés devant la France par un père dont le fils nous a...

— Nous a... nous a... dit à l'électeur son ami Chandavoine, — parle pour toi... Dis donc... t'a...

— C'est vrai, mon pauvre bonhomme... — répondit M. Chalumeau en soupirant, — dont le fils m'a...

Le comte l'interrompit.

Outré de cette scène et voulant y mettre à tout prix un terme, il dit à l'époux outragé :

— Soit, Monsieur ; si précieux que m'eussent été votre suffrage et celui de vos amis... j'y renonce. Maintenant, je l'espère, vous comprendrez que, tout flatté que je sois de l'honneur que vous m'avez fait de venir chez moi, les choses, à mon profond regret, en sont venues à un tel point, que je dois craindre de vous retenir ici plus longtemps.

— Venez, madame... venez, effrontée, — dit l'électeur d'une voix formidable en entraînant la malheureuse Chalumeau, qui faisait tout au monde pour s'évanouir ; mais sa florissante, rebondissante et luxuriante santé s'opposait à son désir ; il manquait à cette innocente le manège nécessaire pour jouer convenablement un évanouissement simulé.

M. Chalumeau se dirigeait vers la porte, lorsque Scipion lui dit en ricanant :

— Ah çà ! vous savez que, quand vous voudrez... je suis prêt...

L'électeur, instruit par quelques mots que son ami Chandavoine lui dit à l'oreille, de la signification des paroles de Scipion, lui répondit avec une dignité suprême :

— Je ne suis pas un spadassin, Monsieur, je suis un époux abominablement outragé.

— Maintenant, — dit Scipion avec une gravité narquoise, — je puis déclarer que Monsieur est dupe d'une illusion et je dois proclamer la complète innocence de madame.

— Mon ami... vous l'entendez ? — hasarda la pauvre Chalumeau.

— Belle garantie ! — s'écria l'électeur. — Venez, Madame, venez. . . . .

Le départ des convives du comte s'effectua au milieu d'un profond silence et d'un embarras mortel ; la partie féminine de l'assemblée, qui jalousait généralement Mᵐᵉ Chalumeau, regardée dans le pays comme *une élégante*, était ravie de l'aventure, et témoignait de sa vertueuse indignation. Parmi les hommes, quelques-uns jalousaient M. Chalumeau, plus *gros propriétaire* que la plupart d'entre eux ; d'autres s'étaient occupés de Mᵐᵉ Chalumeau ; mais leurs soins n'avaient pas été agréés, bien qu'on eût parlé de certain neveu du mari, colossal lieutenant de carabiniers, qui avait passé plusieurs semestres à la *Gaudriole* (nom de fantaisie donné par M. Chalumeau à sa villa) ; somme toute, hommes et femmes furent délicieusement satisfaits de l'énorme scandale qui allait pour longtemps défrayer toutes les conversations du pays.

Le comte, doué d'assez d'empire sur lui-même pour se contraindre jusqu'à la fin, s'était tiré de son mieux de la position si difficile où il se trouvait à l'égard de ses convives, et avait courtoisement accompagné jusqu'au perron la femme qui, pendant le dîner, avait été placée auprès de lui.

Enfin, la dernière voiture sortit du château du Tremblay.

Le comte, au lieu de rentrer chez lui, descendit le perron : suffoquant de rage contenue, il espérait que la marche, que le grand air apaiseraient sa violente surexcitation, et qu'il retrouverait assez de calme pour avoir

— Scipion!! — s'écria le comte d'une voix terrible en interrompant son fils. — Page 58.

avec son fils un entretien décisif, entretien rendu plus indispensable encore par ce nouvel incident qui complétait la journée.

Héros, le matin, d'une déplorable aventure qui devait produire sur la population du pays la plus fâcheuse impression, Scipion venait le soir même de combler la mesure, rendant hostiles au comte les gens les plus considérables de la haute bourgeoisie.

Scipion blessait ainsi au vif les deux plus ardentes passions du comte, son ambition et son amour; son ambition, car la burlesque aventure du vicomte avec Mme Chalumeau ruinait les projets électoraux de M. Duriveau, en lui aliénant les voix qui pouvaient assurer sa candidature; son amour, car le même jour devait voir son mariage avec Mme Wilson et celui de Raphaële avec Scipion, et celui-ci semblait vouloir, à force de froideur, de scandales, retarder ou compromettre une union qui seule pouvait combler les vœux les plus ardents de son père.

Le comte, dans sa fiévreuse agitation, se promenait de long en large dans la cour d'honneur du château, pressant quelquefois son front brûlant entre ses deux mains crispées, et jetant de temps à autre un regard d'ironie amère sur les clartés resplendissantes qui s'échappaient de toutes les fenêtres de l'immense rez-de-chaussée à travers lesquelles il voyait passer et repasser l'étincelante livrée de ses nombreux domestiques.

Pour la première fois de sa vie, cet homme si infatué de son opulence, cet homme si glorieux de pouvoir dire qu'après lui son fils, et sans doute le fils de son fils, éblouiraient, domineraient les humbles par le prestige de cette immense fortune; pour la première fois, cet homme, poussé par la fatalité de sa position, ressentait une sorte de dépit amer, en songeant que tous ces biens, toutes ces splendeurs, seraient acquises de droit et sans peine à cet insolent et audacieux enfant, contre lequel il ressentait en ce moment presque de la haine; car, malgré la rare énergie de son caractère, le comte redoutait le flegme glacial et railleur de son fils; aussi la conscience de cette faiblesse l'exaspérait davantage encore contre lui-même et contre Scipion. Jamais... peut-être, le comte n'avait éprouvé plus péniblement le tardif et vain regret de s'être montré jeune-père envers ce fils audacieux; il se voyait, il se sentait débordé, s'il ne tranchait pas dans le vif, si, ce jour-là même, et de haute lutte, il n'imposait pas au vicomte une autorité jusqu'alors méconnue... ou plutôt inconnue.

Une vive lueur, accompagnée d'un bruit de sabre traînant et d'éperons retentissants, arracha le comte à ses pénibles préoccupations; il retourna la tête, et vit, à la lueur d'une lampe que tenait un de ses gens, M. Beaucadet descendre majestueusement les degrés du perron.

Singulièrement contrarié de cette visite, le comte s'avança vers le sous-officier, et lui dit brusquement :

— Que voulez-vous?

— Monsieur le comte, — dit Beaucadet d'un air grave et pénétré qui ne lui était pas naturel, — un grand malheur vient d'arriver.

— Quel malheur?

— J'ai été à la métairie du Grand-Genévrier, afin de procéder à l'interrogatoire de la fille dite Bruyère, soupçonnée d'infanticide...

— Eh bien?

— La malheureuse était coupable... car, en me voyant, moi et mes hommes... elle s'est jetée dans l'étang...

— Grand Dieu!!! — s'écria le comte.

— Et elle s'est noyée... — dit Beaucadet.

— Oh!... c'est affreux, — murmura M. Duriveau avec une expression d'horreur, en cachant sa figure dans ses mains.

— Je suis venu, Monsieur le comte, — reprit Beaucadet, — afin de vous...

— C'est bon... laissez-moi.

— Mais, Monsieur le comte...

— Laissez-moi, vous dis-je.

— Représentant de la loi... — dit Beaucadet de sa voix officielle, — j'ai le droit d'instrumenter en son nom. Je viens d'apprendre que, ce soir, un coup de pistolet a été tiré par un homme embusqué, sur un de vos domestiques... Mon devoir, Monsieur le comte, est de verbaliser et de...

— Eh ! verbalisez tant que vous voudrez ; mais laissez-moi en repos, — s'écria le comte hors de lui, en frappant du pied avec fureur.

— Mais, Monsieur le comte, ce n'est pas tout ; le domestique blessé se nomme Martin, et je le soupçonne... de...

Beaucadet n'acheva pas, car le comte, sans l'écouter davantage, disparut dans une des sombres allées du parc.

— Il m'importe peu qu'il ne m'écoute pas, — dit le sous-officier, — l'occasion est fameuse pour interroger ce Martin, que je soupçonne d'être un fier drôle, vu que son nom est écrit sur un des bras de ce brigand de Bamboche... qui s'est fait saluer par mes gendarmes, le grand gueux !...

Ce disant, Beaucadet regagna le château.

. . . .

Une demi-heure environ après sa rencontre avec le sous-officier, le comte gravissait les degrés du perron.

M. Duriveau était pâle, mais parfaitement calme. En entrant dans le vestibule, la première personne qu'il aperçut fut Scipion.

Le vicomte, se disposant à rentrer chez lui, allait allumer son cigare au bougeoir que son valet de chambre lui tendait d'une main, tandis qu'il portait de l'autre un flacon de rhum sur un plateau d'argent.

— Scipion... venez... j'ai à vous parler, — lui dit le comte d'une voix tranquille...

— Attends... j'allume mon cigare.

— Vous l'allumerez chez moi, — répondit patiemment le comte.

Scipion, tenant entre ses lèvres le cigare qu'il n'avait pas eu le temps d'allumer, suivit nonchalamment son père à travers les somptueux salons, étincelants et déserts.

Bientôt le comte ouvrit la porte de son appartement particulier, et son fils y entra après lui.

Le comte poussa les verrous de la porte de sa chambre à coucher, grande pièce garnie de meubles de laque noire et or, tendue de damas vert, éclairée par un candélabre à trois bougies, dont un abat-jour de soie affaiblissait l'éclat.

La physionomie de M. Duriveau était grave, sévère ; il resta quelques instants sans adresser la parole à son fils, et le regarda fixement.

Le vicomte, indolemment adossé à la cheminée, promenait entre ses lèvres son cigare non allumé, il est vrai, ses deux mains plongées dans les goussets de son pantalon, se *dandinant* tour à tour sur une jambe et sur l'autre ; sa charmante figure était plus pâle encore que d'habitude, et les paupières de ses grands yeux bruns s'injectaient légèrement, car, tout en mettant à mal la vertu de Mme Chalumeau, il avait prodigieusement bu de vin de Porto ; mais le vicomte n'était nullement ivre, comme on aurait pu s'y attendre ; le vin depuis longtemps ne l'enivrait plus, il possédait parfaitement sa raison, il avait toute sa tête, il était seulement ce qu'en argot d'orgie on appelle *plein ;* chez lui cette plénitude se manifestait d'ordinaire en redoublant encore son dédaigneux sang-froid, son flegme impertinent. Aussi, en attendant que son père prît la parole, il alluma tranquillement son cigare à l'une des bougies du candélabre placé sur la cheminée.

M. Duriveau lui arracha son cigare des mains, et le jeta au feu en disant :

— On ne fume pas chez moi, Monsieur.

— Ah bah ! — reprit Scipion en regardant son père avec ébahissement, — et depuis quand ne fume-t-on plus ici ?

— Depuis que je suis résolu de prendre ma place, Monsieur, et de vous mettre à la vôtre, — dit le comte Duriveau d'une voix dure et tranchante.

— Oh ! oh !... — repartit froidement Scipion, habitué à tourner en railleries les rares accès de sévérité de son père, — il paraîtrait que nous allons jouer un peu de *Poquelin...* je suis Clitandre ou Damis... et voici que tu prends le rôle du bonhomme Orgon ou du bonhomme Géronte. a sera-t-il long ? feras-tu mourir ton coquin de fils sous le bâton ? Où donc est Scapin pour me dire : Seigneur Damis, au diable votre père ! peste soit du fâcheux vieillard ! Quand ce maudit barbon nous fera-t-il donc ses héritiers ?

Il est impossible d'exprimer avec quel aplomb impertinent ce persiflage fut débité par Scipion.

Quoiqu'il s'attendît à ces sarcasmes, dont il s'était amusé longtemps, et qu'il se fût promis d'être calme, le comte, cédant à un involontaire emportement, s'écria, en faisant un pas vers son fils d'un air menaçant :

— Insolent...

— Bon ! voici la scène du bâton ; je m'y attendais, — dit Scipion avec un redoublement d'audace ; — or çà, vite... un bâton... vite un bâton au seigneur Géronte.

— Scipion !! — s'écria le comte d'une voix terrible en interrompant son fils et le saisissant par le bras d'une main tremblante.

Puis, après un moment de silence, il reprit avec une profonde amertume :

— C'est ma faute... je vous ai encouragé à ces effronteries... j'ai toléré ces familiarités insolentes... C'est le fruit de l'éducation que je vous ai donnée... Cette dernière leçon est rude... elle sera bonne...

— Bah ! — dit Scipion, — toutes les éducations se valent. Préval a été élevé par un prêtre, sous l'aile maternelle, et il vient de commettre un faux qui mérite les galères ; d'Havrincourt sort de l'École Polytechnique, et il vient d'être incendié comme prodigue... Allons donc ! tu es trop modeste ! ton élève te fait honneur.

— Assez... monsieur, assez ! vous ne me connaissez pas encore... mais nous ferons connaissance, et mordieu ! dès aujourd'hui, dès cette heure, je vous le répète, chacun de nous reprendra sa place... et désormais vous serez aussi soumis, aussi humble, aussi respectueux envers moi, que vous avez été jusqu'ici insolent et railleur.

Scipion, qui s'étonnait peu, fut surpris ; jamais, jusqu'alors, les rares remontrances de son père n'avaient résisté à une plaisanterie ; jamais, jusqu'alors, son père ne lui avait parlé avec cette fermeté, cette résolution de reprendre et de maintenir son autorité.

— Ainsi, — reprit-il en regardant M. Duriveau avec une compassion profonde, et comme s'il se fût apitoyé de le voir descendre à une mercuriale si bourgeoise, — ainsi, tu parles sérieusement ?

— Très-sérieusement, Monsieur.

— C'est nouveau... mais peu délectable... Et à propos de quoi choisis-tu ce beau jour pour venir ainsi *blaguer* morale et autorité paternelle ?

— Vous avez l'audace de me le demander... lorsqu'il n'y a pas une heure... un horrible scandale...

— Ah çà ! voyons, — dit Scipion en haussant les épaules, — regarde-moi sans rire... Rappelle-toi donc ta bonne histoire de la marquise de Saint-Hilaire... que tu nous as contée cet hiver à souper chez Zéphirine.

Un instant le comte resta muet, atterré, sous le souvenir que lui rappelait son fils.

— Allons, n'aie pas peur, — lui dit Scipion avec une bienveillance ironique, — je ne te dis pas ça, moi, comme un reproche... au contraire... Ne fais donc pas le modeste, c'est niais ; ton aventure valait cent fois la mienne, car la marquise de Saint-Hilaire était ravissante ; autant qu'il m'en souvient, tu étais à la campagne chez le marquis, brave et beau garçon d'ailleurs, tu lui avais gagné au whist deux mille louis dans la soirée, et, au milieu de la nuit, il te surprend chez sa femme... C'était superbe, sans compter le bouquet... un duel matinal dans le parc avec le marquis, duel où tu lui casses la cuisse d'un coup de pistolet dont il est allé mourir en Italie... Je t'ai toujours envié cette affaire-là... Tuer un si beau mari! moi qui n'ai jamais tué que ce gros capitaine, parce que je lui avais coupé la figure d'un coup de fouet en conduisant mon *four-in-hand*... Le vilain homme! il était grêlé, velu comme un ours, et n'avait pas de bas dans ses bottes... Pouah! quel *décédé*... comme ça vous fait honneur!

Le comte ne trouvait pas un mot à répondre.. La leçon était terrible... dans sa rage impuissante, il porta ses deux poings crispés à son front en murmurant :

— Mon Dieu!... mon Dieu!

— Sais-tu ce que tu aurais dû me dire à propos de ce que tu appelles le *scandale* de ce soir? — reprit Scipion avec une impitoyable ironie. — Car je suis juste, moi... je connais les devoirs sacrés d'un père. Tu aurais dû me dire :

— N'as-tu pas honte, ô mon fils!... une grosse petite femme ragotte, qui s'appelle Chalumeau, et qui porte une robe à brandebourgs! — Je t'aurais répondu respectueusement : — O mon père! par caprice de gourmand blasé, n'avons-nous pas quelquefois été au cabaret manger du miroton, vrai ragoût de portier... mais appétissant une fois en passant? — Cette excuse t'aurait désarmé; tu m'aurais donné ta bénédiction et nous aurions bu un flacon de rhum à la santé de la marquise de Saint-Hilaire, la belle de tes beaux jours.

— Soit, — reprit le comte, en tâchant de se relever de ce coup accablant. — J'ai eu tort de vous parler légèrement de quelques écarts de jeunesse que j'aurais dû vous taire; mais vous ne devez pas avoir l'audace de me les reprocher, et ils n'autorisent en rien votre indigne conduite de ce soir, doublement blessante pour moi, car vous saviez pourquoi j'invitais ces gens-là à dîner.

— Toi, député? allons donc : pour être député, tu prends encore beaucoup trop de choses au sérieux...

— Que vous ne respectiez ni ma maison, ni mes projets, — reprit le comte, sans relever le persiflage de son fils, — je n'ai pas le droit de m'en étonner... mes exemples vous autorisent... Soit encore, — ajouta le comte avec une profonde amertume. — Mais ce scandale n'est pas le seul d'aujourd'hui.

— Comment?

— Ce malheureux enfant...

— Ce malheureux enfant?

— Découvert tantôt... dans cette tanière.

— Eh bien?

— Mais... Monsieur, c'est horrible!

— Quoi?

— Votre action...

— D'avoir fait un enfant à cette petite? Allons donc! mais à ce jeu de paternité précoce, tu dois me rendre au moins dix points, car tu étais plus jeune que moi, m'as-tu dit, quand *tu as rendu mère*, style d'Ambigu-Comique, cette petite ouvrière en dentelles, ta première fantaisie de jeunesse... qui, je crois même, est devenue folle.

A ce nouveau coup, à ce nouveau reproche, plus terrible que le premier, les traits du comte s'altérèrent profondément, il tressaillit... puis, poussé à bout par l'inexorable et fatale logique de son fils, il s'écria :

— Mais elle n'est pas tuée de désespoir, elle!

— Qui ça... tuée? — demanda Scipion.

— Bruyère...

— Elle! — s'écria Scipion.

Et son pâle visage se colora.

— Elle! — répéta-t-il encore.

Et son front s'inonda de sueur.

— Oui... ce soir... on est allé pour l'arrêter... comme prévenue d'infanticide; alors, éperdue de honte... elle s'est noyée; noyée!... entendez-vous? Ah! du moins, ceci abat votre audacieux sang-froid, imberbe séducteur, indigne fanfaron de vice, — s'écria le comte avec une imprudence effrayante, car c'était risquer d'exaspérer jusqu'à la férocité le détestable cynisme de cet adolescent.

Ceci arriva :

Une larme involontaire venue aux yeux de Scipion disparut vite; son front, un instant incliné sous le poids d'une pensée terrible, se redressa insolent, hautain; sa voix altérée se raffermit, et, d'un ton railleur, il reprit :

— Ah bah!... cette petite est morte?

— Oui... morte... — répéta le comte en regardant attentivement son fils. — Morte!... entendez-vous? morte!...

— Eh bien! — répondit Scipion avec un flegme effrayant, — si tu as ton beau duel avec le marquis... j'ai une femme qui s'est jetée à l'eau pour moi... ça nous met manche à manche.

— Monstre! — s'écria le comte hors de lui.

— Mauvais joueur! — dit Scipion en haussant les épaules; puis il ajouta tranquillement : — A quand *la belle*?

Et il prit dans la poche de son gilet un cure-dent dont il se servit.

Il y eut un moment de silence profond, effrayant, dans cette grande chambre : le fils, triomphant de s'être montré si *fort;* le père, épouvanté de ce qu'il venait d'entendre.

— Il me fait peur, — dit à demi-voix le comte, en regardant son fils; puis il reprit d'une voix altérée : — Non... il est impossible qu'à votre âge vous soyez ainsi endurci... l'habitude de railler de tout et sur tout vous a emporté plus loin que vous ne le vouliez... c'est une plaisanterie... mais une plaisanterie... féroce... vous la regrettez... et...

Scipion interrompit son père, et lui dit avec un incroyable accent de supériorité :

— Ce que je regrette, moi, c'est de te voir, avec tout ton esprit, patauger comme tu fais dans ton vertueux bourbier! Ta position envers moi est si fausse, que tu déraisonnes. Tant que ce que tu appelles mes *vices*, mes *scandales*, mes *férocités*, n'a pas contrarié tes projets, tu as ri comme un fou de mes roueries, et tu les as encouragées en me citant les tiennes pour exemple! Est-ce vrai? oui ou non?

Cette fois encore, subissant la conséquence inexorable de l'éducation et des principes funestes qu'il avait donnés à ce malheureux enfant... le comte ne trouvait pas... ne pouvait pas trouver un mot à répondre... car Scipion était dans le vrai, et, comme il abusait avec une joie cruelle de son avantage, il poursuivit, en parlant de son père à la troisième personne, avec une explosion d'audacieux dédain :

— Il est délicieux!... parce qu'il s'agit de la femme d'un de ses imbéciles d'électeurs, mon aventure n'est plus drôle, et il s'en faut de l'épaisseur des... brandebourgs de la Chalumeau, que ce père dénaturé ne m'appelle aussi *adultère!!* Il est étourdissant!... Parce que le dénoûment de ma fantaisie champêtre pour cette vertu rustique peut, selon lui, m'empêcher de me marier avec Raphaële Wilson, il vient me moraliser dans le goût de ces brutes de tantôt, qui prétendaient argumenter à coups de fourches!

— Et quand cela serait! — s'écria le comte, — et quand ma susceptibilité, ma moralité, si vous voulez... s'éveillerait parce qu'il s'agit de vos intérêts?

— De mes intérêts, à moi?

— Et qui vous dit qu'en voulant être député, je ne songe pas autant à votre avenir qu'au mien? Et pour Mlle Wilson, n'ai-je pas le droit de craindre que le scandale de ce matin, de ce soir, ne compromette votre mariage avec elle?

— Vraiment! — dit le vicomte avec un sourire sardonique et en jetant sur son père un regard pénétrant. — Et si je changeais d'idée à propos de ce mariage, moi?

— Que dites-vous? — s'écria le comte avec une terreur secrète.

— Oui... s'il ne me plaisait plus d'épouser Raphaële Wilson? — reprit lentement Scipion, en jetant de nouveau sur son père un coup d'œil perçant.

Le comte ne répondit rien.

Un nuage passa devant ses yeux, tout son sang afflua vers son cerveau... mais cette émotion terrible, il tâcha de la dissimuler à son fils.

Deux mots d'explication sont indispensables au sujet de l'amour du comte Duriveau pour Mme Wilson.

Cet homme impétueux, énergique, aimait comme aiment les gens de son âge et de son caractère, lorsque, après une vie de plaisirs faciles ou éphémères, ils ressentent, pour la première fois, malgré les années, un amour ardent, profond et, chaque jour encore, avivé, irrité, tantôt par les provoquantes séductions d'un demi-abandon, tantôt par de sévères refus qui pourtant n'ôtent pas tout espoir. Car, il faut le dire, Mme Wilson aimait trop sa fille et aimait trop peu le comte, pour n'avoir pas déployé dans cette singulière intrigue les irrésistibles ressources qu'une femme charmante, coquette, spirituelle et usagée, qu'une femme surtout *qui n'aime pas*, peut employer afin d'atteindre un but d'où dépend la vie d'une enfant adorée.

Tous les incitants dont l'ensemble rend indomptable, presque insensé, l'amour qu'éprouve un homme entre les deux âges, lorsqu'il croit son amour partagé; la certitude d'avoir fait oublier ses années, à force de soins, d'esprit, de prévenances, de dévouement et de passion; la conviction, après tout vraisemblable, d'être ardemment aimé pour soi, à une époque de la vie où les hommes ne peuvent plus guère espérer de pareils succès; enfin l'idolâtrie aveugle qu'un homme, orgueilleux surtout, ressent alors pour la femme dont l'amour semble légitimer les prétentions du plus présomptueux amour-propre; tous ces incitants, disons-nous, avaient exaspéré la passion du comte jusqu'aux dernières limites du possible.

Et puis, chose peut-être grossière, mais capitale... en pareille occurrence, cet homme, que de nombreuses galanteries et l'abus des plaisirs avaient refroidi au moins autant que l'âge, sentait que son ardente passion pour la charmante veuve faisait de lui un nouveau Jason. Ceci semble-t-il tenir trop à la matière? Qu'on relise le penseur immortel qui a nom Molière; dans ses écrits comme dans la réalité, c'est surtout l'ardeur sensuelle et contrariée qui rend l'amour des vieillards si opiniâtre, si acharné, si implacable. Quoi de plus sérieux, de plus emporté... nous dirions presque de plus touchant, car cet homme souffre cruellement, que la passion d'Arnolphe pour Agnès; mais aussi quoi de plus lubrique que cette passion?

L'amour du comte ainsi posé, l'on comprendra son angoisse effrayante, lorsqu'il venait à songer que cet amour, que la possession de cette femme charmante, si chaudement désirée et attendue, était à la merci de son fils... car le comte savait l'inébranlable volonté de Mme Wilson : le même jour devait voir le mariage du comte et de son fils.

Que l'on songe donc à l'anxiété de M. Duriveau en se rappelant non-seulement les froids dédains de Scipion pour Raphaële pendant cette journée, mais encore la sinistre découverte de l'enfant mort et le suicide de Bruyère, mais encore la scandaleuse aventure de Mme Chalumeau. L'amour de Mlle Wilson résisterait-il à de si rudes épreuves? et si, par un soudain revirement de volonté, Scipion, ainsi qu'il semblait le faire pressentir, se refusait à ce mariage, et si la rapide émotion à peine dissimulée par Scipion, lorsqu'à table il avait pris contre son père la défense de Basquine, en termes dignes et sérieux, lui, toujours sardonique et railleur, si cette émotion était de sa part l'indice d'une passion dépravée pour cette créature si diversement jugée, passion qui détournait peut-être alors Scipion d'un mariage d'abord consenti, alors comment le décider, comment le contraindre à ce mariage?

La pensée du comte se perdait dans cet abîme; pour lui ce fut un moment terrible.

Bien tard, il est vrai, et poussé par le seul intérêt de ses passions, cet homme avait enfin conscience de sa dignité paternelle, si longtemps méconnue, outragée... cet homme avait enfin conscience des vices de son fils; pour la première fois de sa vie, il parlait en père, et son fils, à chaque reproche, lui jetait à la face ces terribles récriminations : — Qu'est-ce que le scandale auprès du scandale dont vous vous êtes vanté devant moi? — Qu'est-ce que cette infamie auprès de l'infamie dont vous vous êtes glorifié devant moi?... — Et ce n'était pas tout : à cet instant même, le comte se sentait, par son aveugle passion pour Mme Wilson, dans la dépendance absolue de son fils, celui-ci pouvant rendre impossible le mariage du comte en refusant d'épouser Raphaële.

— Que faire? que faire? — se disait le comte dans sa terrible angoisse. — S'il refuse d'épouser Raphaële, parler à Scipion de la sincérité, de la violence de mon amour... quels sarcasmes! invoquer mon autorité paternelle... quels persiflages!

Et cet homme impérieux, hautain, entier, cet homme qui ressentait alors instinctivement ce qu'il y a d'auguste, de sacré dans la paternité... en vint à regretter d'avoir parlé à son fils un langage digne et ferme; et bien plus... certain de ne rien savoir, de ne rien obtenir de cet adolescent en employant la sévérité, il se résolut lâchement, et frémissant de honte et de rage, à revenir à son rôle de jeune père, afin de tâcher de pénétrer ainsi les secrets desseins de son fils.

Toutes ces réflexions s'étaient présentées à la fois à l'esprit du comte, en moins de temps qu'il n'en faut pour les écrire; sachant que Scipion ne serait pas dupe d'une transition, si habilement ménagée qu'elle fût, mais ne voulant pas lui laisser deviner la cause de ce brusque changement dans son attitude et dans son langage, le comte fit quelques pas dans sa chambre d'un air pensif en se disant tout haut à lui-même, de façon à ce que Scipion l'entendît : — Ma foi! j'y renonce.

Puis, revenant vers son fils, et s'adressant à lui d'un ton cordial :

— Allons... mauvais sujet... allume ton cigare.

Malgré les précautions du comte, l'impression profonde qu'il avait ressentie en entendant son fils parler de la rupture possible de ses projets d'union avec Raphaële, n'avait pas échappé à Scipion ; mais celui-ci crut bon de cacher cette remarque, et lorsque le comte lui eut dit avec une apparente cordialité :

— Allons, mauvais sujet, allume ton cigare, le vicomte, tout en approchant son *panatellas* de la bougie, dit à son père :

— Maintenant je te reconnais; mais, tout à l'heure... je t'aurais renié.

— Que diable veux-tu que je te dise? — reprit le comte avec une feinte bonhomie; — tu as réponse à tout...; tu me bats avec mes propres armes... Je jouais de mon mieux mon rôle de... Géronte, comme tu dis, méchant garnement; mais il paraît que le rôle était mauvais.

— Pitoyable!... Ça te servira de leçon; du reste, rassure-toi... Je réparerai la brèche que j'ai faite à ta candidature... Il faut que tu sois député... ça sera amusant, ainsi, tu seras député... c'est dit, et moi aussi... Nous le serons tous.

— Toi aussi?... vraiment!

— Maintenant, non, je ne suis pas encore un *homme sérieux*, comme dit ton ami Guizot; mais quand je t'aurai fait payer un million de dettes, quand j'aurai enlevé avec éclat une duchesse et une femme politique (une femme politique, ça doit être drôle); quand j'aurai encore tué une couple d'hommes en duel... quand je fumerai du poivre-long parce que le *caporal* me semblera de la feuille de rose, quand je boirai de petites épingles parce que le *trois-six* me fera l'effet d'eau panée; enfin, quand je serai tout à fait éreinté, je serai un *homme sérieux*, et, à mon tour, ton ami Guizot me fera député; une fois que, par son appui, je serai *jeune député* comme d'Armainville et Saint-Firmin, tu verras mon aplomb. Tiens... écoute.

Et Scipion, baissant les yeux, mais haussant le front, dit d'un air de dédaigneuse suffisance que l'humilité affectée de ses paroles faisait ressortir davantage encore :

« — Je demande à la chambre, devant laquelle j'ai
» l'honneur de parler pour la première fois, la permis-
» sion d'apporter mon bien humble, mon bien infime,
» mon bien obscur concours *au gouvernement du Roi*,
» etc., etc...» Et en terminant mon *speech* ministériel :
« Puis-je espérer que la chambre daignera pardonner à
» ma timide inexpérience... J'ose attendre cette bonté de
» la chambre... car elle n'aura jamais pour moi autant
» de bienveillante indulgence que je ressens pour elle de
» profond respect...»

Puis, reprenant sa voix naturelle, Scipion ajouta:

— Et, après cela, que le diable m'emporte si, l'année suivante, ton ami Guizot, qui vénère les bons blagueurs, ne m'envoie pas ministre plénipotentiaire auprès de la reine Pomaré... A propos, en voilà encore une que je t'ai *fait faire* l'année dernière à Mabille. Avoue que j'ai été superbe! quand je lui ai dit : Rosita, je te présente *papa*... Nous souperons tous quatre avec Mogador... Mais, pas de bêtises! je réponds de l'auteur de mes jours devant mes créanciers.

— Silence donc, mauvais sujet! — dit le comte; — veux-tu bien ne pas parler ici de nos folies de garçon... nous, qui allons... bientôt nous marier!...

Malgré sa résolution, le comte ne put cacher une légère émotion lorsque, jetant sur son fils un coup d'œil à la fois inquiet et pénétrant, il prononça ces mots :

— Nous, qui allons bientôt nous marier...

Scipion regarda fixement son père, alluma lentement un second cigare, et lui dit :

— A propos de *notre* mariage... avoue que tu as voulu me rouer?

— Moi!... comment?... à propos de ton mariage, j'ai voulu te rouer !

— Voici : il y a peu de temps, grâce à toi, mon mariage était arrêté avec Mlle de Francheville d'Ormon ; trois millions de dot, orpheline, un des plus grands noms de France!... c'était sortable... cinquante mille écus de rente... ça met à flot; orpheline... ça ne gêne pas; un grand nom... ça restaure... surtout quand on est petit-fils d'un gargotier de Clermont, le père *Du-riz-de-veau*; prononcez Du Riveau, par corruption ambitieuse et nobiliaire.

Quoique les sarcasmes sur l'origine de la famille, habituels d'ailleurs à Scipion, fussent particulièrement désagréables à l'orgueil du comte, trop inquiet des suites de l'entretien pour se fâcher, il reprit :

— Allons, je t'abandonne ton grand-père... l'aubergiste; mets-le, selon ta coutume, à toutes sauces; mais conclus... où veux-tu en venir?

— Lorsqu'il s'est agi de ce riche mariage, je m'amusais alors (ce que tu ignorais) à jouer au parfait amour avec Raphaële Wilson.

— Toi?...

— Oui, je la voyais chez sa tante, lorsque nous allions aux matinées de jeu de ce gros imbécile de Dumolard. Cet amour de pensionnaire me réveillait assez; mais le mariage avec les trois millions, l'orphelinage et le grand nom, me plurent beaucoup, je consentis donc à me marier selon son désir ; ce qui ne m'empêcha pas, bien entendu, de continuer de faire ma cour à Raphaële Wilson... Tout à coup... tu tires la ficelle, et... changement à vue... le riche mariage devient impossible ; les trois millions de Mlle de Francheville d'Ormon se fondent en créances véreuses : la jeune fille a changé d'avis, son tuteur aussi, sornettes de ton invention... car tu ne voulais plus de ce mariage.

— Je t'assure...

— Tu veux être député? Apprends à ne pas interrompre l'orateur; tu répondras plus tard... Mlle de Francheville était en pension au Sacré-Cœur; impossible de la voir, de rien savoir par moi-même. Je n'épousai donc pas, je n'en mourus point ; mais je restai convaincu que l'auteur de mes jours m'avait drôlement roué... dans son intérêt personnel, et qu'il s'était posé à mon endroit en Robert-Macaire, me laissant le rôle désobligeant de Gogo ou de Bertrand.

— Scipion !

— N'interrompez pas l'orateur... Peu de temps après la rupture de cette riche union, tu viens me reparler mariage, et tu me proposes... qui ? Raphaële Wilson : mon amante! Fortune : absente! naissance : banquière écartelée de Dumolard... Toi, me proposer un tel mariage... une fille obscure et sans fortune; toi!!! je me dis : Je suis volé... Mais... *dissimulons*, — ajouta Scipion avec un accent de traître de mélodrame.

Le comte pâlit, une horrible angoisse lui brisa le cœur. Il dit à son fils, en tâchant de cacher ses sentiments :

— Continue...

— Pour la forme.. je fis quelques objections : — Mon père, pourquoi rompre un mariage magnifique pour une si piètre union ? — Rassure-toi, ô mon fils! tu n'y perdras rien; je t'assure, en toute propriété, cinquante mille écus de rente, le tiers du mariage, le jour de ton mariage. — Cette générosité de l'auteur de mes jours, qui me donnait, après tout, ce qui était ou serait à moi, parut me toucher de reconnaissance et me décider. Je dissimule toujours; et d'abord, comme je soupçonne la petite Wilson d'avoir manigancé dans tout cela, et qu'il ne me plaît pas d'être *fait* au même, je redouble de protestations d'amour. Je parle à Raphaële de notre prochain mariage; ce qui lui chauffe la tête; j'en obtiens un rendez-vous, et quoi qu'il arrive maintenant... j'ai *fait mes frais*.

— Raphaële ! — s'écria le comte.

— Pardieu!!! — reprit Scipion avec une incroyable impudence en secouant du bout de l'ongle la cendre de son cigare. — Quant à toi, — reprit-il en jetant sur son père un regard sardonique, — je continuai de te dire : J'épouserai, afin de voir le fond de ton jeu... Ça n'a pas été long ; atout de *dame de cœur*... Tu es fou de la mère qui, abusant de ta jeunesse, a probablement mis pour condition à son mariage avec toi, que j'épouserais la fille... C'est touchant ! Partie carrée dans le goût de notre souper avec Mogador et Pomaré. Or, voici la moralité de la chose : maintenant ma seule volonté peut te *conduire à l'autel avec l'objet de tes vœux*; et Raphaële Wilson a été ma maîtresse... De toi ou de moi, qui est roué?

— Ce n'est pas trop mal, — fit le comte en contraignant merveilleusement sa secrète épouvante. — Mais tu joues pour l'honneur ; car à quoi te sert d'avoir été l'amant de Raphaële Wilson et de tenir, comme tu le crois, mon mariage entre tes mains?

— Comment, à quoi ça me sert? Mais à beaucoup. J'ai le secret de ta passion,... ma volonté seule peut la satisfaire;... je te ferai *chanter*... comme on dit en argot.

— Voici qui est pitoyablement raisonné, mon garçon.

— Ah bah!

— Certainement ; j'admets qu'en refusant de te marier avec Raphaële, tu m'empêches d'épouser sa mère, quel avantage tires-tu de cela? Aucun. Si le contraire arrive, à quoi bon cet étalage de rouerie, puisque tu dois consentir à ce mariage?

— Oui... mais à quelles conditions? c'est ce que tu ignores...

— Et ces conditions?

— Ce n'est pas moi qui les poserai.

— Et qui donc ?

— Une femme charmante.

— Une femme? — dit le comte surpris.

— Oui... une femme qui m'adore, qui s'intéresse beaucoup à mon avenir ; mais comme elle est très-originale et surtout très-peu jalouse des *épousées*... elle tient à discuter avec toi, avec toi seul... et en secret, les conditions de mon mariage et les clauses de mon contrat.

— Tu plaisantes... Soit. Et le nom de cette femme, qui me paraît avoir tes goûts... un peu *notaire*?

— Le mot est joli... Le nom de la femme est : Basquine.

Le comte bondit comme s'il eût été mordu par un serpent ; l'indignation, le courroux, l'horreur éclatèrent à la fois sur ses traits jusqu'alors empreints d'une feinte cordialité.

— Il est donc vrai... Cette horrible créature dont vous avez pris à dîner la défense contre moi... vous la connaissez?

— Depuis un mois j'ai cet honneur... je ne voulais pas te dire cela ce soir devant tes électeurs.

— Ainsi, — s'écria le comte avec un redoublement d'effroi, — vous connaissez ce monstre de cupidité, de dépravation, de noirceur et d'hypocrisie.

— Jaloux... — dit Scipion en haussant les épaules ; — je t'aurais bien présenté... mais je te savais si amoureux...

— Et cette horrible créature... vous l'aimez, peut-être...

— Comme un fou. — Et les traits charmants de Scipion se colorèrent légèrement, ses grands yeux bruns rayonnèrent.

Et ce que j'adore en elle n'est pas son merveilleux et double talent de danseuse et de chanteuse; je laisse ces admirations aux frénétiques de notre avant-scène... ce que j'adore dans Basquine... le sais-tu ?... c'est ce que tu lui reproches ainsi que tant d'autres, mais, sans preuves : elle est trop superbement rouée pour en laisser ; ce que j'adore en elle, c'est sa dépravation enragée, son esprit audacieux, infernal, si admirablement caché par sa magnifique hypocrisie qui la fait passer pour un ange et lui ouvre le salon des femmes les plus prudes... des altesses et des impératrices... Eh bien! à moi... à moi seul Basquine a avoué ses vices, parce qu'elle m'a jugé seul digne de les idolâtrer! — dit Scipion avec un détestable orgueil.

— Le malheureux est perdu... cette horrible créature l'a pris par la vanité du vice, — murmura le comte épouvanté.

— Oui, ce que j'idolâtre en elle, — poursuivit Scipion avec une exaltation croissante, — c'est le contraste de cette âme noire comme l'enfer avec cette figure angélique, couronnée de cheveux blonds; aussi, j'ai défendu ce soir Basquine contre les accusations, afin qu'elle conserve toujours cette auréole de vertu qui nous réjouit tant, et qui éblouit si fort les naïfs et les prudes... Comprends-tu maintenant mon idolâtrie pour ce démon? Mais, hélas!... j'idolâtre platoniquement... car elle a remis *l'heure du berger*... l'heure du diable, a-t-elle dit, après mon mariage avec Raphaële, mariage dont elle, Basquine, veut seule avec toi régler les conditions... Ainsi, prends garde, — ajouta Scipion avec un accent de menace inexorable, — satisfais Basquine... mon mariage, et par conséquent le tien, sont à ce prix... sinon, non.

Le comte croyait assez connaître les antécédents de Basquine pour voir dans la passion dépravée qu'elle avait su inspirer à son fils, un abîme où pouvaient non-seulement s'engloutir ses plus chères espérances, à lui Duriveau, mais encore l'avenir, l'honneur, peut-être la vie de Scipion. Tout à coup, se frappant le front comme si un souvenir soudain lui venait à l'esprit, le comte tira de sa poche le signalement de Bamboche, que l'un de ses convives lui avait remis; sur ce signalement, on lisait, on le sait, que le prisonnier fugitif avait, entre autres tatouages, ces mots écrits sur la poitrine, à l'endroit du cœur :

Amour éternel à Basquine.

Le comte donna ce papier à son fils.

— Lisez, et vous verrez que cette infâme a été la maîtresse d'un assassin... du bandit que l'on traquait ce matin dans ces bois.

Scipion lut le papier, le remit au comte, et répondit froidement :

— Qu'est-ce que cela prouve? que c'est peut-être pour elle que cet homme est devenu bandit et assassin... Ça ne m'étonne pas.

— Mais moi, Monsieur, cela m'épouvante pour vous, — s'écria le comte en se redressant de toute sa hauteur, le regard menaçant, le geste impérieux, l'attitude énergiquement décidée.

Et comme un sourire de persiflage errait sur les lèvres de Scipion, le comte s'écria :

— Oh! il n'y a plus à railler, à parler de Géronte et d'Orgon! J'ai été faible, imprudent, lâche, criminel; oui, criminel, car je vous ai laissé impunément souffleter sur ma joue la dignité paternelle : mais c'est assez. Je vous dis, moi, que c'est assez, entendez-vous? — s'écria le comte effrayant d'indomptable résolution. — Il ne s'agit plus maintenant de rouéries insolentes ou infâmes, que le monde tolère, et que j'ai eu, je l'avoue, l'indignité d'encourager en vous citant mon exemple! il s'agit d'un amour affreux, qui peut vous conduire à l'infamie, oui, à l'infamie, parce qu'aimer cette infernale créature, c'est aimer sciemment le vice, la dépravation, et risquer d'arriver peut-être un jour au crime; parce que... — Puis, s'interrompant avec un violent mouvement d'indignation contre lui-même, — le comte ajouta : — Eh! après tout, je suis bien bon de discuter avec vous! Est-ce que ça se discute? Mais vous ne savez donc pas qu'oser vous enorgueillir devant moi de votre odieux amour; qu'oser ériger une horrible créature en arbitre de ma destinée et de celle d'un ange de candeur indignement séduite... vous ne savez donc pas qu'oser cela à vingt ans, c'est mériter, non plus l'indignation paternelle...

— Mais celle du *Père Eternel*... les foudres de *Jupin* probablement? — dit Scipion en ricanant.

— Non, c'est mériter la prison...

— La prison?...

— Oui, — s'écria le comte exaspéré, — oui, si vous m'y contraignez, vous saurez, mordieu ! ce que c'est qu'une maison de correction ; car vous ne serez majeur que dans dix mois!... oui, une maison de correction, entendez-vous! avec la rude discipline de la prison, vous qui raillez mon autorité; avec le pain de la prison, vous que la bonne chère a blasé ; avec l'habit de la prison, vous que le luxe a blasé! La transition est brusque et vous étonne... j'y comptais.

— Brusque? la transition? mais non, pas trop, — dit Scipion en reprenant son sang-froid un moment ébranlé ; — de la haute comédie, nous passons au drame, et du drame à la maison de correction ; c'est un peu *Gazette des Tribunaux*... voilà tout.

— Oui... et je veillerai ferme à ce que votre nom ne figure pas un jour dans ce journal... quoique ce nom ait été celui d'un misérable aubergiste, — dit le comte avec amertume. — Si ridicule que vous semble ce nom, il ne sera pas, du moins, entaché d'infamie. Ah! vous croyez qu'il ne s'agit que de se donner la peine de naître, pour abuser de toutes les jouissances de l'opulence, et être conduit par cet abus au blasement de tout, à la plus hideuse dépravation !

— Je déclare ce reproche absurde, — dit Scipion imperturbable en faisant tourbillonner la fumée de son cigare ; — vous n'avez eu, comme moi, que la peine de naître pour être riche et jouir du labeur hasardeux de grand-papa *Du-riz-de-veau*, abominable usurier, de plus, fripon du temps du directoire... c'est tout dire.

— Vous m'effrayez trop pour que j'aie souci de vos insolences, — s'écria le comte. — Ah ! vous parlez de conditions? Voici les miennes : Vous ne reverrez jamais l'horrible femme dont vous avez prononcé le nom. Vous réparerez une séduction indigne en épousant Mlle Wilson.

— Toujours afin que vous puissiez épouser la mère? Vous êtes bien vertueusement orfévre, monsieur Josse.

— Je vous dis que vous épouserez Mlle Wilson ; vous resterez ici, dans cette terre, à ma volonté, deux ou trois ans, plus peut-être, sans mettre les pieds à Paris. Ce séjour, l'affection d'une femme douée des plus rares qualités, ma sévère vigilance, suffiront pour apaiser votre fièvre chaude de perversité qui fait, après tout, pitié, parce qu'à votre âge ce n'est pas encore, Dieu merci ! vice incarné, mais folie exagération, déplorable monomanie... et de cela, on guérit : on guérit bien les fous. Soyez donc tranquille, je serai votre médecin.

— Vous êtes bon... mais si je refuse d'épouser Raphaële Wilson; en d'autres termes, si je vous empêche ainsi d'épouser sa mère?...

— Détrompez-vous... ne croyez pas tenir entre vos mains le sort d'un amour que j'avoue... Entendez-vous bien?... d'un amour dont je me glorifie, moi, parce qu'il est honorable. Ainsi donc, si vous refusez de réparer votre indigne séduction, je dirai loyalement à Mme Wilson... ce que vous êtes... Je lui dirai l'amour infâme que vous avez osé m'avouer; je l'éclairerai sur les malheurs affreux dont sa fille serait victime en vous épousant... Et comme, avant tout, Mme Wilson adore son enfant... elle s'estimera heureuse, trop heureuse, et pour elle et pour Raphaële, d'échapper au sinistre avenir que vous leur prépariez. Cette franche démarche, loin d'être un obstacle à mon union avec Mme Wilson, resserrera davantage encore la noble affection qui nous unit. Votre profonde rouerie n'avait pas envisagé la chose sous ce point de vue. C'est dommage.

Scipion haussa les épaules, et, reprenant le triste avantage qu'il paraissait avoir perdu, il répondit au comte avec une ironie amère :

— Je suis aux regrets d'abuser de ma supériorité ; mais vraiment vous me donnez trop beau jeu... vous oubliez que Raphaële a été ma maîtresse et, de plus, vous ignorez... ce que j'ai appris ce soir un petit billet qu'elle m'a remis à la chasse ; vous ignorez, dis-je, qu'hélas! cette chère fille sera peut-être prochainement, ainsi que l'on dit tous les ans de la reine Victoria, *dans une position intéressante.*

— C'est un mensonge infâme, dont je vois le but.

— Lisez, — dit Scipion à son père en lui remettant un billet.

Le comte lut... et resta consterné.

— Vous le voyez donc bien, à cette heure, pour ne pas mourir, non plus seulement d'amour, mais de honte, Raphaële voudra m'épouser à tout prix, — dit Scipion. — Ainsi, quoi que vous appreniez de moi à sa mère, celle-ci, poussée par sa fille, qui peut-être lui avouera tout, tiendra doublement à mon mariage avec Raphaële et en fera d'autant plus... l'impérieuse condition du vôtre... Vous voilà donc plus que jamais dans ma dépendance ; allons, avouez que vous avez agi en franc étourdi, ce qui est d'ailleurs d'assez *jeune air*. Quant à votre menace d'une maison de correction... pour un homme d'esprit comme vous, c'était bête et brutal... voilà tout.

Malgré sa prodigieuse impertinence, le raisonnement de Scipion, à propos du mariage de son père, était logique. Le comte resta un moment stupéfait ; puis, exaspéré par l'insolente audace de son fils, par la colère, par les violents ressentiments qui l'agitaient depuis si longtemps, pâle, égaré, cédant à l'emportement de son caractère, muet de rage, il s'élança sur son fils, le geste menaçant.

— Prenez garde ! — s'écria Scipion, sans rompre d'une semelle et regardant intrépidement son père, — il ne s'agit plus ici de Géronte et de Damis, mais de deux hommes qui se valent !!

Heureusement, deux ou trois coups frappés en dehors de la porte de la chambre à coucher firent retomber le bras du comte ; il essuya la sueur qui lui coulait du front, resta un moment silencieux ; puis, d'une voix encore altérée, il dit :

— Qu'est-ce ?

— C'est moi, Beaucadet, — reprit la voix importante du sous-officier.

— Eh ! Monsieur ! — s'écria le comte, — il est inconcevable que vous veniez ainsi me relancer chez moi !

— Il s'agit d'une affaire de vie ou de mort, — répondit la voix du gendarme.

Le comte, à ces mots, alla brusquement ouvrir la porte au sous-officier, pendant que Scipion allumait un nouveau cigare et se plongeait indolemment dans un fauteuil.

— Une affaire de vie ou de mort ? — demanda-t-il vivement à Beaucadet, qui entra d'un air mystérieux.

— Oui, Monsieur le comte... ça peut aller là... si l'on n'y prend pas garde... mais moi... en ma qualité d'œil de la justice... je veillerai tout grand ouvert...

— Mais enfin, de quoi s'agit-il ? — demanda impatiemment le comte.

— Vous avez, Monsieur le comte, un valet de chambre nommé Martin ?

— Oui.

— Il a été blessé légèrement ce soir ?...

— Oui, oui.

— Je viens d'interroger le susdit, qui m'était déjà suspect.

— Martin ?

— Oui, Monsieur le comte ; d'après les réponses évasatoires et équivoques dudit suspect, j'aimerais à croire qu'il fait partie d'une bande de malfaiteurs dont Bamboche, (Ah ! grand gueux, te faire saluer par mes gendarmes !) dont Bamboche serait le bourgeois et Bête-Puante et lui, le susdit Martin, les commis.

— Lui... Martin ? Vous êtes fou, — dit le comte en haussant les épaules, — j'ai sur cet homme les meilleurs renseignements.

— Mais vous ne savez pas, Monsieur le comte, que le susdit Martin a été l'intime de Bamboche, vu que celui-ci porte le nom de Martin enluminé sur sa gueuse de poitrine... le signalement que voilà vous prouvera..

— En effet, — reprit le comte, en se rappelant cette circonstance.

— Tiens ! ce brave Bamboche porte en tatouage le nom de Martin comme il porte celui de Basquine, — dit le vicomte en cachant son étonnement sous un accent de persiflage et de défi, car il semblait braver son père en prononçant de nouveau le nom de Basquine. — M. Martin se trouve là en très-bonne compagnie... mais qui vous a dit, mon digne gendarme, que ce Martin était notre Martin ?

— Ce doit être lui, Monsieur le vicomte, — répondit Beaucadet, — mon cœur de maréchal de logis me le dit.

— Puis se retournant vers M. Duriveau : — Aussi rusons, Monsieur le comte, rusons ! pour pincer mes gaillards, il ne faut pas leur donner l'éveil... n'ayez donc l'air de rien... n'ayez aucune crainte... dormez tranquille... Ayez seulement une paire de pistolets, une carabine et un bon couteau de chasse sous votre oreiller .. enfin, la moindre chose, et avant quatre ou cinq jours, foi de Beaucadet, nous saurons à quoi nous en tenir, vu que nous tiendrons ceux que j'aime à croire les commis de ce grand gueux, qui s'est fait saluer par mes gendarmes.

— Demain... je vous reverrai... nous causerons, — dit le comte à Beaucadet en faisant quelques pas vers la porte.

— Demain matin, Monsieur le comte, je serai respectueusement à votre sonnette.

Et le sous-officier sortit.

Scipion, durant cet entretien, était resté plongé dans le fauteuil, où il fumait ; plusieurs fois seulement, il avait haussé les épaules ; le sous-officier parti, il dit à son père avec une ironie amère :

— Nous avions laissé la conversation à un geste assez menaçant... de votre part... Vous alliez, je crois, lever la main sur moi...

— Et j'avais tort. Je vous en demande pardon... — dit froidement le comte, — la violence ne prouve rien, n'avance rien. J'aime mieux vous dire ces simples paroles : Dans quinze jours, sans condition et sans sortir d'ici... vous aurez épousé Raphaële Wilson.

— Ah bah ! j'épouserai ?... tout bonnement ?... comme cela ?

— Vous épouserez... tout bonnement, comme cela, — répondit le comte avec un calme parfait.

— Vous n'avez plus personne à me donner à épouser ? — demanda Scipion en se levant alors du fauteuil.

— Personne...

— Alors, bonsoir, — dit le vicomte en se dirigeant vers la porte ; puis, la main sur la clef, il se retourna et dit à son père :

— Dites donc, n'allez pas trop rêver à Mme Wilson, ça vous porterait malheur.

Le comte ne répondit rien.

Scipion sortit.

CHAPITRE X.

Saisie. — Inventaire. — *Un monsieur du Roi*. — Opinion d'un garçon de service à l'égard des maîtres. — Logement d'un fermier en Sologne. — Philosophie d'un métayer. — Consultation de Bête-Puante. — Conversation entre Martin et le braconnier. — Pourquoi Bruyère était accusée d'infanticide. — Le juge.

Trois jours se sont écoulés depuis que Bruyère s'est jetée dans l'étang de la métairie du Grand-Genévrier.

Le soleil est à son déclin. Un mouvement inaccoutumé règne dans la ferme ; les ustensiles de labour, charrettes, herses, charrues, harnais, etc., sont symétriquement rangés sur un tertre en dehors des bâtiments ; non loin de là, le maigre troupeau de vaches du métayer est aligné au long d'une barrière faite de pieux et de traverses de sapins. Ailleurs, les magnifiques dindons, naguère confiés aux soins de Bruyère, sont, ainsi que les oies, parqués dans un palis improvisé. Ici les chevaux de ferme, étiques et efflanqués, sont attachés à quelques arbres épars.

Les gens de ferme vont çà et là d'un air affairé : les uns transportent des sacs de blé, d'autres des sacs d'avoine, qu'ils disposent autour d'une *romaine* fixée à une traverse et destinée à les peser.

Deux hommes portant des blouses bleues par-dessus leurs habits noirs assistaient à ce mouvement insolite. L'un de ces deux hommes commandait à l'autre ; il avait l'air rogue, important ; sa casquette à la *Perrinet-Leclerc* (mode un peu surannée) était enfoncée jusqu'aux oreilles, son long nez portait une paire de besicles ; il tenait à la main un carnet sur lequel, après les avoir examinés, palpés d'un œil connaisseur, il inscrivait le nombre des animaux de la ferme ; cette besogne accomplie, vint le

— Mon cher bon Monsieur, ne montez pas! pour l'amour de Dieu, ne montez pas. — Page 64.

tour des instruments aratoires aussi notés sur le carnet de l'homme aux lunettes; puis ce furent les sacs de grain après leur pesée, puis enfin les fourrages qui restaient dans le grenier défoncé de la métairie : le tout fut compté, sac à sac, botte à botte, sous la surveillance de cet homme, qui n'était autre que M. Herpin, un des gens du roi, à la fois expert et huissier à Salbris, assisté de son clerc, tous deux se préparant, par une estimation approximative, à la saisie de ce qui appartenait à maître Chervin, métayer du Grand-Genévrier. Une grande affiche jaune, flottant au gré du vent, clouée sur les débris de la porte de la métairie, annonçait que cette vente par autorité de justice aurait lieu à ladite métairie le dimanche suivant, à l'issue de la messe.

L'*homme du roi*, ayant terminé l'évaluation des modiques valeurs que renfermait la métairie, se disposait à entrer chez maître Chervin le fermier, lorsqu'une femme âgée, misérablement vêtue, au visage pâle, aux yeux rougis par les larmes, descendit précipitamment les quelques pierres inégales et moussues qui conduisaient à la porte de la chambre du fermier; alors, timide, suppliante, s'approchant de l'huissier, elle lui dit en joignant les mains et lui barrant presque le passage :

— Mon cher bon Monsieur... je vous en prie...

— Eh bien? quoi? Encore des jérémiades? des pleurs? — reprit l'homme du roi avec une brusque impatience. — Que diable voulez-vous que je fasse à cela, moi? Vous devez votre fermage, vous ne pouvez pas payer, M. le comte vous fait saisir et vous renvoie de la ferme, c'est son droit.

— C'est vrai, mon cher bon Monsieur, c'est vrai... — répondit la pauvre femme, — nous ne pouvons pas payer... on nous saisit... on nous renvoie... je le veux bien.

— Vous le voulez bien? merci de la permission. Vous ne le voudriez pas, ce serait tout de même. Avec ça que M. le comte est un gaillard à se laisser intimider. Il ne connaît que la loi et son droit...: Il veut payer ce qu'il doit, il veut qu'on lui paye ce qui lui est dû, et il a raison.

— Hélas! mon Dieu... je le sais bien, qu'il a raison, puisqu'on nous saisit et qu'on nous chasse.

— Eh bien! alors, laissez-moi finir mon inventaire, — dit l'homme du roi en faisant un geste pour repousser la femme qui l'empêchait de monter l'escalier, — il faut que je passe à l'estimation de vos meubles... c'est par là que je finis... la nuit vient... je ne veux pas m'attarder dans vos bruyères et dans vos marais... car on n'a pu mettre encore la main sur ce scélérat de Bamboche; malgré les poursuites, il rôde toujours dans les environs, et je crains les mauvaises rencontres.

Ce disant, l'homme du roi fit de nouveau un mouvement pour monter l'escalier.

— Mon cher bon Monsieur, ne montez pas! pour l'amour de Dieu, ne montez pas! — s'écria la pauvre femme en joignant les mains avec effroi.

— Et pourquoi ne monterais-je pas?

— Hélas! mon Dieu, c'est que mon pauvre homme est couché... il avait déjà les fièvres quand est venue la mort de notre pauvre petite Bruyère... et puis après... l'annonce de votre saisie... tout ça lui a causé si grand'peine, que, depuis cinq jours, il n'a pas bougé. S'il vous voyait entrer, mon cher bon Monsieur, ça lui porterait un coup trop dur.

— Il est bien douillet, le père Chervin. Quand il est attablé aux foires, le jour de marché, et qu'il lève le coude avec un compagnon, il ne se plaint pas des fièvres. Allons, il faut que j'inventorie vos meubles... finissons...

— Mon bon Monsieur, mon digne et cher Monsieur, ça

— Elle m'accompagna presque tout un jour, tour à tour allaitant son enfant, le couvrant de larmes, de baisers... — Page 69.

tuerait mon pauvre homme... Nos meubles... je vas vous le dire... ça ne sera pas long.

— Au fait, — dit l'homme du roi, voyant le soleil prêt à se coucher, et songeant qu'il avait à traverser plus de deux lieues de bruyères désertes et de forêts de sapins, parfaitement solitaires, qui pouvaient offrir un excellent refuge au terrible Bamboche, — au fait... il faut que je revienne vendredi... j'attendrai jusque-là pour expertiser les meubles; je vais toujours les noter; voyons?

— Nous avons notre armoire de mariage, — dit la bonne femme avec un gros soupir.

— En noyer, l'armoire?

— Oui, mon digne Monsieur... ah! vous êtes bien bon et...

— Après?

— Notre mé.

— Comment? qu'est-ce que cela?

— Notre huche à pain.

— Ah! bon : neuve ou vieille?

— Voilà douze ans qu'elle nous sert.

— Après?

— Une table en bois blanc et deux escabeaux.

— Après?

— Notre lit.

— Votre lit, la loi vous le laisse... après?

— Et puis, c'est tout, mon cher bon Monsieur...

— Alors, à vendredi. — Puis, appelant son clerc, l'homme du roi lui dit : — Vite, Benjamin, haut le pied... voilà le soleil quasi couché, il nous faut plus d'une heure pour nous rendre chez nous... La lande est déserte, et, grâce à ce bandit de Bamboche, que l'enfer confonde, le pays n'est pas sûr...

Ce disant, l'huissier et son clerc, quittant la cour de la métairie, se mirent précipitamment en route, dans l'espoir de gagner leur gîte avant la nuit.

— Allez-vous-en, et que le diable vous torde le cou, oiseaux de malheur!... — leur cria la brave Robin, la fille de ferme, lorsqu'elle fut à peu près sûre que les deux hommes ne pouvaient plus l'entendre; car elle partageait l'espèce de crainte mêlée d'aversion que les gens du roi inspirent à ces pauvres populations.

— Et voilà que, dimanche soir, maître Chervin, le métayer, en sera ni plus ni moins que nous un journalier de vingt sous, avec sa blouse pour maison, comme un escargot, — dit un des valets de ferme en poussant devant lui les chevaux à l'écurie; — c'était pas la peine d'être métayer depuis trente ans... Après tout, c'est bien fait.

— Pourquoi que c'est bien fait? — demanda la Robin.

— Tiens!... c'est un maître, — répondit le charretier.

— Eh bien!

— Dame! ça amuse toujours de voir un maître embêté.

— Avec ça qu'il est méchant, maître Chervin, — dit la Robin, en haussant les épaules : — une vraie poule; il n'aurait pas osé dire un mot à un enfant; et il nous a toujours payé nos gages, en se privant bien pour cela.

— Qu'est-ce que ça fait?... C'est toujours un maître... un quelqu'un qui vous commande, — répondit le charretier avec une opiniâtreté stupide, — et moi, ça m'amuse de voir les maîtres embêtés; c'est mon idée.

Cette réponse irrita fort la Robin, mais fit rire aux éclats l'autre charretier, qui répéta :

— Hi, hi, hi! ça nous amuse, nous, de voir les maîtres embêtés.

— Est-ce qu'il ne faut pas toujours un maître? — demanda la Robin outrée.

— Justement, — poursuivit le loustic de ferme, — c'est pour ça que c'est toujours farce de les voir embêtés... les maîtres... puisqu'il en faut... et qu'ils viennent nous chercher à la louée, où nous sommes parqués comme des veaux!

Et les rires de recommencer.

A défaut de raisons meilleures, la Robin, courroucée, donna aux rieurs de grands coups de sabot dans les jambes, en s'écriant :

— Vous n'êtes pas non plus autre chose que des grands veaux !

Les coups de sabot que la Robin prodiguait à ses adversaires en manière d'arguments firent plus d'effet que les plus beaux raisonnements, et le jovial charretier, tout en se frottant les jambes, répondit, comme s'il se fût agi d'une simple objection :

— Voilà ton idée, la Robin ? A la bonne heure... mais je peux bien avoir la mienne... d'idée.

— Non, sans cœur, tu ne dois pas rire quand ce pauvre maître Chervin est dans la peine.

— Moi, je ris parce que c'est un maître, oui, parce qu'un chat est un chat, comme un chien est un chien.

— Quel chat ? quel chien ? — dit la Robin, impatientée.

— Eh bien ! un maître est un maître... et un valet est un valet, vois-tu, la Robin ? — reprit le loustic ; — c'est comme chien et chat, ça vit sous le même toit, ça mange à la même écuelle, mais ils auront toujours un chacun leur acabit, il *n'y a rien qui les concorde*.

A travers l'épaisse ignorance et l'abrutissement dans lesquels, ainsi que des milliers de ses frères, ce malheureux était condamné à vivre, son instinct entrevoyait cette triste vérité qui, si elle ne les justifie pas, explique quelquefois l'indifférence, la défiance, même l'aversion avec laquelle le travailleur agricole regarde généralement *le maître* qui l'emploie. Car, ainsi que le disait le loustic dans sa naïveté, rien ne *concorde* le maître et le laboureur, entre eux aucune communion, aucune fraternelle solidarité, aucun lien d'association ; en un mot, rien n'intéresse le travailleur au bon ou au mauvais succès de la culture de son maître ; que la récolte soit abondante ou nulle... pour le laboureur, c'est tout un, le métayer n'augmente ni ne diminue ses gages ; il en est ainsi du fermier à bail et à arrérages fixes (1), dans ses relations avec son propriétaire, aucune solidarité, aucun lien : bon an, mal an, il faut que le métayer paye son fermage ou qu'il soit saisi et expulsé, de sorte que cette défiance, cette aversion instinctive qui séparent le travailleur agricole du fermier, séparent aussi le fermier du détenteur du sol.

L'huissier parti, la femme du métayer avait remonté l'escalier composé de pierres disjointes qui conduisait au logement de maître Chervin.

Dans cette chambre, assez vaste, au plafond très-bas, quelques claies, suspendues à des solives noircies par la fumée, supportaient deux rangées de fromages aigres et rances, tandis qu'à l'autre extrémité, le plafond effondré laissait apercevoir à travers d'épaisses toiles d'araignées, le foin dont le grenier était rempli.

Durant le jour, la lumière ne pénétrait dans cette pièce obscure que par le panneau supérieur de la porte, panneau mobile, mais dégarni de vitres. La nuit on fermait le volet. Les murs, çà et là crevassés, étaient enduits d'une crasse humide d'un brun bistré ; le sol inégal et seulement composé de terre battue, suintait l'eau en quelques endroits.

D'un côté de cette chambre on voyait une haute cheminée, si toutefois l'on peut donner le nom de cheminée à un large tuyau maçonné en briques à quatre ou cinq pieds du sol, en saillie du mur, et au-dessus d'un âtre composé d'une grande pierre sur laquelle on faisait le feu comme dans une hutte de sauvage ; de sorte qu'à la moindre bouffée de vent, la fumée se rabattait en tourbillonnant dans cette pièce déjà si malsaine.

Ce soir-là, afin de conjurer un peu le froid humide et pénétrant de l'automne, qui envahissait la chambre, on avait placé dans l'âtre, du côté de leurs cimes, et croisé

(1) Le fermage *à moitié*, qui consiste en ce que le propriétaire donnant son terrain et le métayer son industrie, ils partagent également le produit, est un mode de fermage beaucoup plus équitable. Mais les simples travailleurs agricoles restent toujours exclus de cette association.

l'un sur l'autre, deux petits sapins morts, dont les racines terreuses s'étendaient jusqu'à la moitié de la chambre ; ce bois encore vert, au lieu de brûler, se charbonnait et répandait une fumée âcre et noire.

Non loin de la cheminée on voyait une huche à pain vermoulue, et au-dessus, sur une planche moisie, quelques poteries égueulées ; à cela faisait face une grande armoire de noyer ; enfin, au plus profond de la chambre, se dressait un lit d'une énorme hauteur composé d'une paillasse épaisse de trois pieds et d'un mince matelas de laine brute ; un banc de bois, une table boiteuse, quelques escabeaux composaient l'ameublement de ce logis, faiblement éclairé par une chandelle placée dans une vieille lanterne treillissée de fer, car il faisait nuit.

Telle était la demeure de maître Chervin... le fermier du riche comte Duriveau, telle est généralement la demeure des fermiers en Sologne. Le métayer semblait dormir, tandis que sa femme, agenouillée devant le feu, tâchait de le faire flamber en soufflant de toutes ses forces sur les tisons fumants. N'y pouvant parvenir, elle s'accroupit devant le foyer, le menton sur les genoux, tournant de temps en temps la tête du côté du lit où sommeillait son mari.

Soudain maître Chervin poussa un long et douloureux gémissement en se retournant sur sa couche humide et dure. Il avait soixante ans environ ; une physionomie honnête et douce ; son teint était pâle et plombé, ses yeux creux, ses lèvres blanches ; sa barbe grise, non coupée depuis longtemps, pointait rude et drue sur sa peau rugueuse.

Sa femme, l'entendant se plaindre et s'agiter, courut à son lit et lui dit :

— Tu ne dors donc pas, mon pauvre homme ?

— Hélas ! mon Dieu ! la mère... je rêvais du *Monsieur du Roi*. Est-il parti ?

— Oui, il voulait monter ici pour noter nos meubles... mais je l'ai tant prié de ne pas te réveiller, qu'il a écrit nos meubles comme je lui ai dit, et il s'en est retourné.

— C'est donc fini, c'est donc fini, — murmura le métayer en gémissant, — plus rien... Qu'est-ce que nous allons devenir ?

— Hélas ! mon Dieu ! je ne sais pas, mon pauvre homme.

— Et si faible... les fièvres m'ont miné. Ah ! c'est de ma faute aussi... c'est de ma faute !

— Ta faute ?

— Oui, quand, l'an passé, voyant les belles récoltes que j'avais eues en écoutant les bons conseils de cette pauvre petite Bruyère, le régisseur de M. le comte m'a demandé un pot de vin et une augmentation, parce que mon bail était fini, je n'aurais pas dû renouveler à ce prix-là... c'était notre ruine, car, avant, c'est tout au plus si nous pouvions joindre les deux bouts... sans mettre seulement un sou de côté pour nous ; et pour une belle récolte que nous avons eue, grâce à Bruyère, nous en avons eu tant et tant de mauvaises, faute d'argent pour bien cultiver. Aussi, dans le pot de vin a passé le profit de cette belle récolte ; et celui de cette année, quoique belle aussi, nous laisse en arrière de deux termes, parce que maintenant le bail est trop cher. Ah ! feu mon père avait bien raison de dire : — *N'améliore jamais ta culture, mon pauvre gars ; car, s'il le peut, ton propriétaire t'augmentera du double de ce que cette amélioration te rapportera.*

— Il faut que M. le comte ait bien besoin, bien besoin d'argent, pour faire vendre le tout petit peu que nous avons et nous renvoyer... après tant d'années.

— Dame ! oui, faut croire qu'il a besoin... Et puis, c'est son droit, et c'est dans la loi, a dit le *Monsieur du Roi*.

— Mais hors d'ici, mon pauvre homme, comment vivre ?... T'es trop affaibli pour travailler maintenant en journalier, et moi, ce que je gagnerais à la terre... si je trouvais à travailler, ça ne ferait pas seulement le quart de notre pain.

— C'est vrai.

— Que faire ?

— Hélas ! mon Dieu !... je ne sais pas.

— Mais pourtant, — reprit la métayère avec une sorte d'impatience douloureuse, après un assez long silence, — on ne peut pas souffrir que deux pauvres vieilles gens, qui n'ont rien à se reprocher, se trouvent comme ça, tout d'un coup, sans asile et sans pain; non, non... on ne peut pas souffrir ça.

— Qui ça qui ne pourrait pas souffrir ça, la mère?

— Je ne sais pas, moi; mais d'honnêtes créatures du bon Dieu ne devraient pas être abandonnées ainsi par tout le monde.

— Tous les malheureux se disent ça d'eux, la mère.

— Oui, — reprit la fermière avec une douleur amère, — *vis si tu peux, meurs si tu veux,* voilà notre proverbe.

— Bien sûr; mais c'est comme ça. A qui se plaindre? de qui se plaindre?... De M. le comte?... Il est dans son droit... c'est pas notre faute si nous ne pouvons pas le payer, c'est pas la sienne non plus.

— Il nous a trop augmentés.

— C'était à nous de ne pas signer.

— C'est vrai.

— Vois-tu, M. le comte est *seigneur*, nous sommes métayers. Que nous soyons malheureux, qu'est-ce que ça peut lui faire?... Faut croire qu'entre seigneurs ils s'entr'aident : un chacun est avec les siens et pour les siens... il n'est pas notre frère pour nous aider.

— C'est juste, — dit la métayère avec son humble et naïve résignation, — nous aurions un autre maître à la place de M. le comte, ça serait la même chose... Faut pas l'accuser; mais, hélas! mon Dieu! c'est bien dur pour nous... Et le pauvre père Jacques, à qui nous donnions au moins un abri et de quoi manger, qu'est-ce qu'il va aussi devenir, lui?...

— Dame... la mère... tant que nous avons pu, nous l'avons secouru... maintenant... on nous renvoie... Pauvre vieux! ça sera pour lui comme pour nous... à la grâce de Dieu!

— C'est pas par regret de l'avoir aidé que je dis ça...

— Je le sais bien, la mère; ce que je regrette, moi, c'est le petit peu d'argent que je dépensais dans les bourgs... à l'auberge, les jours de foire ou de marché, en allant vendre nos denrées. Si nous l'avions maintenant, cet argent-là...

— Tu te reproches pour une bouteille et un peu de viande par-ci par-là, quand toute la semaine tu avais quasi jeûné et travaillé si fort?... mon pauvre homme!

— C'est égal, la mère, petit peu et petit peu, ça finit par faire pas mal; et ces jours-là, pendant que je buvais quelques verres de vin et que je me régalais d'un morceau de viande, toi, la mère, tu buvais, comme toujours, de la mauvaise eau du puits, et tu mangeais du caillé avec ton pain noir... mais le malheur vous apprend... oh! oui... ça vous apprend... et...

— Écoute, — dit tout à coup la métayère en interrompant son mari, et prêtant l'oreille avec attention.

Les deux vieillards restèrent muets et écoutèrent.

Alors, au milieu du profond silence de la nuit, on entendit retentir à deux reprises différentes le cri de l'aigle de Sologne.

— C'est Bête-Puante, — dit tout à coup la métayère, — c'est son signal... Il veut peut-être me parler de cette pauvre chère dame Perrine. Pourvu que sa folie, qui lui a repris le jour de la mort de cette pauvre petite Bruyère, ait cessé... Bête-Puante le sait peut-être, car toujours il s'inquiétait de dame Perrine...

Le cri qui servait de signal à Bête-Puante ayant de nouveau retenti, la métayère prit une lanterne et sortit précipitamment, gagna l'étroite jetée qui bordait l'étang près des ruines du vieux fournil; alors, par trois fois, la mère Chervin éleva sa lanterne en l'air, puis l'éteignit et attendit.

La lune pure et sereine inondait l'étang d'une lumière argentée; bientôt sur cette zone resplendissante la métayère vit se dessiner la noire silhouette d'une forme humaine, tantôt marchant debout, tantôt courbée, se glissant et s'avançant à travers les roseaux dans la direction de la ferme.

Au bout de quelques instants, Bête-Puante sortit des joncs parmi lesquels il avait rampé, et gravit la chaussée où la métayère l'attendait toute tremblante.

— Martin est-il venu? — demanda le braconnier.

La métayère, au lieu de répondre, joignit les mains et s'écria :

— Hélas! mon Dieu!... c'est vous, Monsieur Bête-Puante, je vous croyais renfoncé dans les grands bois : vous ne savez donc pas que Monsieur Beaucadet et ses gendarmes...

— Martin est-il venu? — reprit le braconnier avec impatience, en interrompant la métayère.

— Non... Monsieur Bête-Puante, répondit celle-ci; pas encore.

Puis la métayère ajouta avec une hésitation craintive :

— Je n'ose pas vous demander d'entrer chez nous... Monsieur Bête-Puante, vous n'aimez guère à mettre le pied dans les maisons.

— Et le bonhomme? — demanda le braconnier sans répondre à l'offre qu'on lui faisait.

— Hélas! mon Dieu, — reprit tristement la métayère, — mon pauvre mari est de plus en plus faible... Depuis le jour où les gendarmes sont venus pour arrêter Bruyère, et où elle s'est noyée, le cher homme ne s'en est pas relevé, tant ça lui a fait une révolution... Nous l'aimions tant! cette pauvre petite.

— Elle est morte... bien morte; n'y pensons plus, — se hâta de dire le braconnier, d'une voix sourde.

— Et quand on pense qu'on n'a pas pu seulement retrouver son pauvre petit corps.

— Non, non, on ne pouvait pas le retrouver, — répondit le braconnier; — il y a des gouffres à tourbillon dans l'étang; son corps y aura été entraîné.

Puis, comme s'il eût voulu rompre cet entretien, le braconnier ajouta:

— Ainsi, le bonhomme ne va pas mieux?

— Que voulez-vous, Monsieur Bête-Puante? la mort de cette pauvre petite, la vente qu'on va faire chez nous... tout ça désespère mon mari... nous ne savons pas ce que nous deviendrons.

Et la pauvre femme essuya ses larmes, qu'elle avait eu le courage de contenir devant maître Chervin.

— Oui, on vend ici, parce que vous ne pouvez pas payer votre fermage... c'est justice, — dit le braconnier avec un sourire amer, — vous allez mourir de misère dans quelque coin, après quarante ans de travaux, de probité... c'est justice!

— Hélas! oui, c'est bien vrai que M. le comte est dans son droit envers nous...

— S'il est dans son droit! je le crois bien... le prix de votre fermage vous écrase... La tanière où l'on vous a parqués est si malsaine, que vous y avez contracté des fièvres incurables... l'âge, le malheur, les infirmités vous ont énervés... allons... dehors, canailles, dehors, on vendra jusqu'à votre chemise; heureusement votre peau vous tient au corps, sans cela l'homme du roi vous la prendrait... Mais que faire? votre seigneur et maître est dans son droit...

— Hélas, oui!

— On ne saurait lui en vouloir, au comte Duriveau.

— Hélas, non!

— Hélas oui, hélas non! — s'écria le braconnier avec un éclat de rire sardonique. — Voilà ce qu'ils répondent; on les écorche à vif, que voulez-vous? M. le boucher est dans son droit... la preuve, c'est qu'il nous arrache la peau...

— Comme vous dites cela, Monsieur Bête-Puante?

— C'est que le comte est un si digne homme, et son fils un si charmant jouvenceau! Je les aime beaucoup, voyez-vous; mais assez là-dessus. Il ne faut pas que le bonhomme Chervin se laisse abattre et s'alite; il faut qu'il se lève, qu'il marche, qu'il prenne courage... la vente n'est pas faite, et d'aujourd'hui à demain... il y a loin.

— Comment voulez-vous que le bonhomme prenne des forces et qu'il se lève, Monsieur Bête-Puante? il ne peut rien manger, le *caillé* le répugne.

— C'est étonnant, — reprit Bête-Puante toujours sardonique, — car depuis soixante ans il ne mange que cela avec du blé noir arrosé d'eau de puits...

— C'est pas que le cher homme soit délicat, Monsieur Bête-Puante, mais...

— Tais-toi, pauvre brebis, — dit le braconnier avec un singulier mélange de farouche ironie et d'attendrissement, — tu me rendrais cruel envers les loups.

Puis le braconnier, plongeant sa main dans une des

poches profondes de sa casaque, en tira un coq faisan magnifique, ayant encore au cou le collet de fil de laiton dans lequel il s'était pris.

— Voilà un coq de deux ans ; tu le mettras bouillir dans ton coquemar pendant trois ou quatre heures, avec une pincée de sel et un bouquet de thym des bois ; ce sera pour le bonhomme le meilleur bouillon que puisse boire un malade, et il retrouvera des jambes.

— Hélas ! mon Dieu ! vous braconnez donc encore, Monsieur Bête-Puante, — s'écria la métayère avec effroi, en tenant machinalement par le cou le faisan que le braconnier lui avait mis dans la main, — et les gardes ?... et les gendarmes ? Ils ont juré de vous détruire, Monsieur Bête-Puante, s'ils vous attrapaient. Prenez garde !!

— Et quand il aura bu ce bouillon de faisan, sain et léger, — continua le braconnier, sans faire la moindre attention à l'effroi de la métayère, — il ira mieux ; s'il est malade, c'est aussi de besoin.

— Mais, Monsieur Bête-Puante, ce faisan... c'est à M. le comte... ça vient de ses bois, c'est son gibier... c'est mal à nous de...

— Rassure-toi ; c'est aussi un peu le gibier du bon Dieu, qui l'a créé pour tout le monde... D'ailleurs, ton seigneur et maître en a plus qu'il n'en peut manger, de gibier ; ses valets y répugnent, et les valets de ses valets aussi... et ses chiens aussi...

— Mais, Monsieur Bête-Puante...

— Puisque je te dis que les chiens n'en veulent plus... prends donc ! — s'écria le braconnier, puis il ajouta : — Avec ce bouillon-là, le bonhomme mangera une de ces tanches que tu feras griller sur des charbons.... c'est à la fois léger, nourrissant et savoureux.

— Ce disant, le braconnier tira de dessous sa casaque deux superbes tanches, rondes, grasses et longues d'un pied ; un jonc passé dans les ouïes les attachait toutes deux, de sorte que le braconnier n'eut qu'à les placer, si cela se peut dire, à *cheval* sur le poignet de la métayère, où elles restèrent, se balançant à côté du faisan que la bonne femme tenait toujours machinalement par le cou.

— Sainte Vierge ! — s'écria-t-elle, — vous avez donc encore été tendre vos *fondrais* dans les étangs, malgré les gendarmes et tout ?

A ce moment, grâce à son oreille fine et exercée, le braconnier entendit au loin, derrière la métairie, un bruit de pas seulement perceptible pour lui qui avait les sens subtils d'un sauvage.

— C'est sans doute Martin, laisse-nous.

Ce disant, le braconnier poussa doucement dans la maison la métayère qui tenait toujours à la main le faisan et les deux tanches ; puis il resta seul, non loin des ruines du fournil.

Pendant quelque temps Bête-Puante marcha d'un air sombre, pensif, tantôt prêtant une oreille inquiète aux pas de Martin, qui se rapprochaient de plus en plus, tantôt jetant un regard perçant sur l'autre berge de l'étang où l'on entendait depuis quelques instants seulement le bruit lointain et toujours croissant d'une forte chute d'eau.

Bientôt Martin parut au milieu des ruines du fournil ; apercevant le braconnier qui venait à sa rencontre, il courut à lui, et, le serrant dans ses bras, il lui dit d'une voix douloureusement émue :

— Pardon... Claude... pardon...

— Pourquoi pardon, mon enfant ? — demanda le braconnier, avec l'accent d'une affection toute paternelle.

— Hélas ! Claude, il y a trois jours, lorsque, pénétrant dans le parc et vous glissant jusqu'auprès du château... pour tâcher de me voir... et de m'apprendre...

Martin s'interrompit un instant, tressaillit, et reprit d'une voix altérée :

— De m'apprendre ce cruel événement que votre lettre du lendemain...

Martin s'interrompit encore ; il ne put achever... Ses larmes le suffoquaient.

— Du courage... mon enfant... — lui dit le braconnier, — du courage... Quant à l'événement de l'autre soir... n'y pensons plus... Tu m'as vu me dresser menaçant... au moment où Duriveau étalait cyniquement à ses convives d'exécrables principes... tu as craint pour les jours de cet homme... tu t'es élancé sur moi... l'arme que je portais est partie par hasard... de là tout le tumulte...

— Vous êtes indulgent, Claude ; mais je me reprocherai d'avoir pu, dans ma folle épouvante, vous croire capable d'un meurtre... vous... vous, Claude !

— Je jure Dieu, qui nous entend, mon enfant, — dit le braconnier, d'une voix solennelle, — qu'emporté par une indignation légitime, je voulais seulement, à la face des convives de Duriveau, lui donner un dernier et redoutable avertissement, et lui crier : Repens-toi, repens-toi, il en est temps encore... et...

— Avez-vous besoin de me jurer cela ? — s'écria Martin, en interrompant le braconnier, — vous, Claude, meurtrier, vous...

— Un jour viendra où je serai à la fois juge et vengeur... — dit le braconnier d'une voix sourde, j'userai d'un droit terrible... mais meurtrier... jamais.

— Je le sais, Claude, — répondit Martin profondément ému. — Oh ! il a fallu, je vous le répète, que je fusse frappé de vertige pour concevoir de telles craintes ; mais la violence des paroles du comte, les justes motifs de votre haine contre lui...

— Tout à l'heure nous parlerons du comte, — dit le braconnier d'une voix brève ; — ta mère ?

— Je n'ai pu la voir encore, — répondit Martin avec un abattement douloureux ; — j'ai craint pour elle une impression trop vive. La personne chez qui elle a été transportée avant-hier, m'a fait savoir ce matin que l'état de ma pauvre mère n'avait pas du moins empiré.

Le braconnier soupira profondément et baissa la tête. Martin, non moins accablé que lui, ne s'aperçut pas qu'une larme tombait des yeux de son compagnon et se perdait dans sa barbe grise.

Surmontant son émotion, Martin reprit après quelques moments de silence :

— Et Bruyère ? ma pauvre sœur ?

— Je te l'ai écrit, elle ne court aucun danger... elle est seulement toujours bien faible... Demain tu pourras la voir.

— Pauvre enfant, — dit amèrement Martin, — je n'ai appris son existence qu'en apprenant aussi... les malheurs qui l'avaient flétrie si vite... et sitôt... Mais vous ne m'abusez pas, Claude ? demain je la verrai ? Elle ne court plus aucun danger ?

— Non... sa jeunesse a pu résister à tant de coups... à tant d'émotions. Sa santé est bonne, te dis-je, aussi vrai que j'ai retiré cette pauvre petite de cet étang maudit.

— Oui... Claude... brave Claude... encore une dette... envers vous ! Encore et toujours, je vous trouve sur mon chemin comme un génie tutélaire, — dit Martin avec attendrissement en tendant ses deux mains au braconnier qui les serra fortement entre les siennes ; — mais, dans votre lettre, écrite à la hâte, vous n'avez pu me dire comment vous aviez pu arracher ma sœur à une mort presque certaine.

— Caché dans le bois, j'avais assisté à cette horrible scène... de la découverte de l'enfant, — reprit le braconnier. — Entendant le gendarme déclarer qu'il se rendait à la métairie pour arrêter Bruyère, j'ai espéré le devancer. Je connaissais des sentiers plus courts que la route ordinaire ; une fois auprès de la métairie, je comptais, en poussant un cri bien connu de ta sœur, l'attirer dehors et la prévenir ; malheureusement les gendarmes sont venus si vite, que Bruyère n'a pas entendu mon signal. Arrivant trop tard, et voulant me cacher, je me suis tapi au milieu des roseaux de ce profond fossé que tu vois là... il n'est séparé de l'étang que par cette herse... Dieu m'inspirait...

— Et alors...

— A la clarté de la lune je vis la malheureuse enfant se précipiter dans l'étang... Soudain je compris que je pouvais la sauver ; je baissai rapidement la herse, auprès de laquelle ta sœur était tombée.

L'eau se déversant dans ce fossé, un courant s'établit aussitôt, et il m'amena la malheureuse enfant qui se débattait contre la mort ; d'une main je la saisis par ses vêtements, de l'autre je relevai la herse ; le trop plein s'arrêta, l'eau du fossé où j'étais alors, et qui me montait à la ceinture, s'écoula. Portant alors ta sœur entre mes bras comme un enfant, j'ai continué de marcher dans ce fossé jusqu'à ce que j'aie pu sortir sans danger d'être vu... puis, à travers bois, j'ai gagné un de mes repaires... et tu sais le reste...

— Et, pendant ce temps-là, on cherchait en vain le corps de l'infortunée que leur accusation infâme avait poussée au suicide... — dit Martin ne pouvant retenir ses larmes.

— Les misérables !... infanticide !... elle !... — s'écria le braconnier ; — elle, pauvre petite, qui, cédant à un irrésistible sentiment de honte et de terreur, était parvenue à dissimuler la naissance de son enfant ; elle qui, par un prodige de courage, venait deux fois chaque jour l'allaiter dans mon repaire situé à plus d'une lieue de la métairie ; mais voyant, malgré ses soins, malgré les miens, l'innocente créature dépérir dans cet antre humide et sans air, la fatale idée m'est venue de porter l'enfant à Vierzon, où il existait autrefois un *tour*. A cette proposition, il faut renoncer, vois-tu, à te peindre l'affreux désespoir de cette jeune mère de seize ans, ses sanglots, ses cris déchirants ; enfin, le salut de son fils la décida... Je partis ; elle m'accompagna presque tout un jour, tour à tour allaitant son enfant, le couvrant de larmes, de baisers... Lorsqu'il fallut s'en séparer... je crus qu'elle n'en aurait jamais le courage... pourtant elle se résigna. Je n'avais pas fait vingt pas qu'elle accourait à moi. « Encore une fois, la dernière, » disait-elle, suffoquée par les sanglots, et c'étaient de nouveaux baisers, de nouvelles plaintes. Elle tombait brisée sur le chemin... Je repartais... et bientôt, j'entendais des pas précipités derrière moi... c'était elle. « Encore une fois, bon Claude... la dernière, bien sûr... la dernière ! » Et moi qui ne pleure plus ; je pleurais aussi... Enfin elle m'a quitté pour revenir à la métairie, afin de ne donner aucun soupçon. J'arrivai à Vierzon... le *tour* était à tout jamais supprimé par économie... Vivant au milieu des bois, moi, j'ignorais cet honnête calcul.

— Par économie ! — dit Martin en regardant le braconnier comme s'il n'eût pas bien compris ses paroles.

— Oui, par économie, — reprit Bête-Puante avec un éclat de rire farouche ; mais mon... que dis-je ?... s'ils ont supprimé ce dernier refuge ouvert par un vrai prêtre chrétien à la misère, à la honte, au repentir des filles séduites... s'ils l'ont fermé, ce refuge, c'est par logique... ils savaient bien, ces hommes, que c'était vouer à une mort certaine le plus grand nombre des enfants qui eussent trouvé des soins maternels dans cet humble asile. Mais pour ces créatures, vouées, en naissant, à une misère fatale, à quoi bon vivre ? auront dit ces prudents calculateurs... N'y a-t-il pas déjà *trop de peuple* ? *Trop de convives ne se pressent-ils pas déjà au banquet de la vie* ? ainsi que l'affirmait l'autre soir Duriveau en citant les exécrables maximes de ses *évangélistes* à lui... Eh bien ! fermons les *tours*, se seront dit ces infanticides ; *ce sera toujours du populaire de moins...* et le fils de ta sœur a été de moins.

— Ah ! Claude... c'est affreux ! — dit Martin en cachant son visage dans ses mains ; — pitié... pitié !

— Tu as raison... pas d'ironie ! de la haine ! — s'écria le braconnier ; — oui, honte et exécration sur ce monde où la venue d'une créature de Dieu n'est pas bénie comme un don divin et accueillie avec autant de reconnaissance que de sollicitude... oui, anathème sur ce monde où celui qui naît pauvre et abandonné, est regardé comme une charge funeste, dangereuse pour la société, parce qu'il a forcément pour avenir presque certain la misère, l'ignorance, le malheur et souvent le crime... Anathème sur ce monde qui m'ôte presque le droit de m'affliger de la mort du fils de ta sœur... tant est affreuse la condition qui attend ses pareils ! Et pourtant... — reprit le braconnier en cédant à un attendrissement involontaire, — si tu savais ce que c'est que de voir peu à peu pâlir, s'éteindre et expirer sous ses yeux une pauvre innocente créature... Non... vois-tu ? je ne puis te dire les déchirements de mon cœur pendant cette nuit où, après avoir en vain frappé à l'asile où je comptais déposer l'enfant de

ta sœur, je tâchai en vain de le ramener. Hélas ! quoique bien accablé déjà par la maladie et par la fatigue du voyage, il aurait vécu, s'il eût trouvé, en arrivant, les soins empressés que réclamait sa faiblesse... mais non... Rien... rien... à cette heure avancée de la nuit... nuit pluvieuse et froide... pas une maison n'était ouverte... je sentais les membres du pauvre enfant se raidir... se glacer ; en vain je les réchauffai de mon haleine ; il tressaillit convulsivement... puis il fit entendre un petit vagissement doux et plaintif ; il sourit comme s'il souriait aux anges, et... il est mort.

Après un moment de silence que Martin n'eut pas la force d'interrompre, le braconnier reprit d'une voix plus assurée :

— Je me fis un pieux devoir de rapporter à ta sœur... son enfant... Pour une mère c'est quelque chose encore que de pouvoir prier et pleurer sur le tombeau de son fils... je regagnai donc mon repaire avec ce triste fardeau. Le jour de mon retour de Vierzon un hasard funeste a fait découvrir ma retraite ; je n'avais pu prévenir Bruyère ; elle apprit en même temps et la mort de son fils et l'accusation d'infanticide qui pesait sur elle... c'était trop... elle a voulu mourir... Tu sais maintenant les souffrances de la victime, — reprit le braconnier, — demain tu sauras l'indigne cruauté du bourreau, tu sauras à quelle violente et infâme surprise ta sœur a succombé... un jour... un seul jour... toujours chaste... quoique souillée... Ce terrible récit... que la honte et la crainte ont toujours retenu sur ses lèvres, et qu'elle n'a fait qu'à moi, presque mourante de confusion... ta sœur... te le fera... à toi... son vengeur naturel... car l'heure a sonné...

— Quelle heure a sonné, Claude ?

— L'heure d'un grand exemple... — répondit le braconnier d'une voix solennelle.

Soudain, Martin s'écria :

— Claude, n'entendez-vous pas le galop de plusieurs chevaux ?

— Depuis un quart d'heure, je l'entends... car mon oreille est plus exercée que la tienne...

— Mais qu'est-ce que cela ? — demanda Martin avec inquiétude.

— Ce sont les gendarmes qui me cherchent, — répondit froidement Claude... Ils viennent ici... pour m'arrêter.

Le braconnier semblait si indifférent au danger dont il était menacé, que Martin, le regardant avec stupeur, s'écria :

— On vient vous arrêter, et vous restez là, Claude ?...

Bête-Puante, sans lui répondre, prit Martin par le bras, le conduisit hors des ruines du fournil, où tous deux s'étaient retirés, lui fit faire quelques pas sur la jetée, et, d'un geste, lui montra au loin, sur la rive opposée de l'étang, à la clarté de la lune, plusieurs gendarmes s'avançant au galop de leurs chevaux, suivant une route qui conduisait directement à la métairie.

— Les gendarmes !... — s'écria Martin. — Fuyez, Claude, fuyez.

— J'ai de trop graves choses à te dire.

— Mais, avant dix minutes, ces soldats seront ici.

Bête-Puante fit un signe de tête négatif.

— Qui les arrêtera ? — demanda Martin.

— L'écluse... Écoute.

En effet, Martin, prêtant l'oreille, entendit, au milieu du profond silence de la nuit, le bouillonnement lointain d'une forte chute d'eau.

— Vous avez donc levé le *merrain*, Claude ?

— Oui... depuis une heure... lorsque, en me rendant ici, j'ai vu ces cavaliers paraître à la corne de l'étang... car, d'après leur route, ils ne pouvaient venir qu'ici... Et ici, ils ne pouvaient venir chercher que moi.

— Alors, vous avez raison, mon ami, la levée est submergée, les cavaliers seront obligés de rebrousser chemin.

— Et, une fois engagés au milieu des marais et des tourbières qui bordent l'étang de notre côté, ils mettront plus d'une heure avant de nous joindre, et, dans une heure, je serai hors de leur atteinte. Maintenant... écoute-moi.

— Je vous écoute... Claude.

— Il y a quelques mois, — dit Bête-Puante, — j'ai été

instruit du secret de ta naissance... tu étais en pays étranger; je t'ai écrit... tu es revenu en France... Je t'ai dit l'atroce conduite de Duriveau envers ta mère... qu'il avait rendue folle de désespoir... en te faisant enlever à elle pour t'abandonner tout enfant à la vie la plus misérable... Je t'ai dit comment, après m'avoir impitoyablement frappé au cœur... moi qui ne lui avais jamais fait de mal... Duriveau, mon mauvais génie... m'a une seconde fois outrageusement frappé dans mon honneur...

— Je le sais... tout cela a été infâme, Claude... bien infâme...

— Je t'ai dit comment enfin, et de son aveu... j'ai eu légitimement, légalement... entre les mains... la vie de cet homme qui, pâle... résigné, attendait la mort... que j'avais le droit de lui donner; mais, ayant foi dans une promesse solennellement jurée, dont il devait bientôt se railler, je l'ai laissé vivre...

A ces mots, les traits de Martin exprimèrent un attendrissement et une admiration indicibles.

— Oh ! mon ami, — s'écria-t-il, — combien, dans cette occasion, votre âme s'est montrée, comme toujours, grande et généreuse ! Je n'oublierai jamais qu'il y a quelques années, lors de l'une de nos dernières rencontres, après une longue séparation, vous m'avez dit, sans m'apprendre alors qu'il s'agissait de vous : — « Ecoute, mon enfant... un » trait qui porte avec soi un bon enseignement... Un homme » obscur et pauvre fut indignement outragé par un homme » riche et puissant... C'était, vois-tu, un de ces sanglants » outrages... que la loi vous autorise à punir de mort. » L'homme pauvre était armé... il dit à l'autre : « Vous » allez mourir... — Ma vie est à vous, faites... — dit le » riche. — Écoutez-moi, — reprit gravement le pauvre : — » jusqu'ici vous avez été méchant... soyez bon... soyez » humain... venez en aide à vos frères qui souffrent... » vous qui êtes pour eux sans pitié, jurez-le-moi, et vous » vivrez... mais, prenez garde, votre outrage m'a rendu » pour jamais l'existence odieuse, elle m'est à charge ; si » vous vous parjuriez malgré votre promesse solennelle, » tôt ou tard j'irais vous reprendre cette vie que je vous » laisse pour en bien user... Puis le juge et le condamné » auraient la même fosse... — Le riche a juré... »

— Va... continue... — dit le braconnier en interrompant Martin avec une ironie profonde et amère; — appesantis-toi sur ma niaise et coupable confiance. Va... j'ai été le plus sot, le plus criminel des hommes...

— Vous ne parlerez pas ainsi, Claude... quand vous saurez que votre exemple m'a été, comme vous le désiriez, d'un généreux enseignement.

— Je ne te comprends pas...

— Plus tard... j'ai pu, à mon tour... non pas noblement laisser la vie à qui m'avait outragé... mais arracher à une mort certaine... un homme puissant... aussi... bien puissant... et lui dire... en me souvenant de votre sublime exemple : — « Cette vie... que j'ai sauvée... consacrez-la au bien... Votre pouvoir est grand... venez au secours de vos frères qui souffrent ! »

— Et celui-là aussi... s'est parjuré ?

— Non, Claude... celui-là ne s'est pas parjuré, — répondit Martin avec émotion; — jusqu'ici il a tenu loyalement sa parole... Vous le voyez donc bien... j'avais raison de vous dire... que, cette fois encore, vous avez montré l'admirable et féconde générosité de votre grand cœur.

— Et je te le dis, moi, que, cette fois encore, j'ai été dupe... et que, cette fois, j'ai été criminel, — s'écria le braconnier avec une exaltation farouche, — oui, criminel, car j'ai laissé vivre un misérable qui, malgré son serment, a fait couler des torrents de larmes et a causé des maux affreux... un misérable qui, se glorifiant de ses vices, les a perpétués dans sa race... Non, je ne devais pas laisser vivre cet homme... non... je ne le devais pas... et pourtant, sacrifiant mes ressentiments personnels, j'ai tout tenté pour l'amener au repentir en lui rappelant la foi jurée... En vain j'ai voulu l'attendrir, lui donner la conscience du mal qu'il faisait, du bien qu'il pouvait faire ; j'ai surtout voulu l'éclairer sur la cause des déceptions qui l'avaient éloigné de la bonne voie; d'abord la raillerie et l'insulte, puis le silence, ont répondu à mes exhortations,

à mes prières, à mes menaces... Tu l'as entendu, d'ailleurs, l'autre soir...

— Jamais on n'afficha une haine plus cynique, plus féroce, contre tout ce qui commande le respect et la pitié, — répondit Martin d'un air sombre.

— Oui, c'était le plus insolent, le plus audacieux défi que l'on pût jeter à la face de l'humanité ; pourtant les avertissements ne lui ont pas manqué. Je t'ai dit tout cela... à toi, qui as aussi de terribles comptes à demander à cet homme... je te l'ai dit... Ceci a trop duré : ma clémence est à bout, l'heure du jugement est sonnée. Tu m'as répondu : « Patience, Claude... j'ai tout espoir de me » faire admettre dans la maison du comte... patience... » Te voilà dans la maison du comte... tu sais les exécrables principes qu'il affiche, le mal qu'il a fait... Son fils... son digne fils a été le bourreau de ta sœur... Vas-tu me dire encore : « Patience !... »

Et comme Martin regardait silencieusement le braconnier, avec une indéfinissable expression de douleur et d'angoisse, Claude s'écria :

— Tu ne me réponds pas ? m'approuves-tu ? me condamnes-tu ? Ne dis-tu pas, comme moi : L'heure est venue ? Cet homme sans cœur, sans entrailles, n'est-il pas le fléau de ce malheureux pays, dont il devait être le bienfaiteur, la providence ! ainsi qu'il me l'avait solennellement juré dans un moment suprême, que de ces champs qu'ils arrosent de leur sueur, de l'aube au coucher du soleil, la moisson est pour le comte ; à eux le travail, à eux les soucis incessants, à eux la misère, à eux la ruine... à lui calme, oisiveté, plaisirs, richesse !... et ce n'est pas assez... un fils indigne, vivante image de ce père indigne, héritera de ses biens acquis par la fraude, et perpétuera ses vices... Et ce fils, à son tour, aura peut-être un fils qui lui ressemblera... Ainsi le quart d'une province de France est voué à tous les maux parce qu'elle a le malheur de vivre sous la dynastie des Duriveau, dynastie dépravée, fondée par un heureux fripon, et l'on dit la féodalité abolie... et l'on dit le servage aboli, — s'écria le braconnier avec un éclat de rire amer. — Pitié ! dérision !

Puis il reprit, en s'adressant à Martin d'un air farouche et déterminé :

— Je te le dis, moi, puisque les temps de fraternité humaine ne sont pas encore proches, il est besoin, à cette heure, d'un exemple retentissant, terrible, salutaire, qui épouvante les méchants et fasse persévérer les cœurs généreux dans la bonne voie.

Martin avait écouté en silence ces imprécations d'un ressentiment poussé jusqu'à la plus féroce exaltation.

Plusieurs fois, son front avait rougi, son regard avait brillé, comme s'il eût été révolté de l'horrible résolution du braconnier.

Au bout de quelques moments, Martin dit à Claude, d'une voix affectueuse et triste :

— Claude, vous avez beaucoup souffert, et souffert depuis bien des années... Vos chagrins, encore aigris par la solitude et par la vie sauvage à laquelle vous vous êtes condamné depuis que...

— Assez, — s'écria le braconnier d'une voix sourde. — La plaie saigne toujours.

— Oui... elle saigne, et, je le vois, elle s'est cruellement envenimée ; je me tairai donc, Claude, je ne vous rappellerai pas les plus atroces douleurs qu'il ait été donné à un homme d'endurer, surtout lorsque cet homme a votre cœur... Claude... mais la souffrance la plus aiguë... mais les ressentiments les plus légitimes... ne feront jamais d'un homme comme vous... un homme de violence et de meurtre...

Le braconnier regarda Martin avec étonnement.

— Non, si impitoyable que soit le comte, si dédaigneux

qu'il soit de la foi jurée, si admirablement généreux que vous ayez été envers lui, si légitimes que soient vos ressentiments, non, Claude, vous n'avez pas le droit de disposer de cette vie que vous lui avez laissée. Ce droit appartient à Dieu...

— Je serai l'instrument de Dieu ! — dit le braconnier d'un ton farouche.

— Non, vous n'avez pas ce droit, et vous le reconnaîtrez bientôt vous-même, — répondit Martin avec douceur et autorité, — car la solitude n'a pu éteindre en vous cette brillante et noble intelligence... cet esprit si juste, si élevé, que nul n'a soupçonné lorsque vous remplissiez les obscures et vénérables fonctions d'instituteur de village, que vous avez quittées pour une vie errante, solitaire... Claude, — ajouta Martin, en serrant avec tendresse une des mains du braconnier dans les siennes, — oh ! mon vieil ami, si dans les étranges vicissitudes de ma vie... j'ai, après vous avoir connu, bien souvent effleuré d'effrayants abîmes sans pourtant y jamais tomber... c'est grâce à vous... c'est grâce à ces impressions ineffaçables laissées dans mon cœur par vos paternels enseignements... lorsque vous avez eu pitié de moi, pauvre enfant abandonné comme tant d'autres créatures de Dieu dont on a moins de souci que des animaux des champs... Eh bien ! Claude, c'est parce que je vous dois la vie du cœur et de l'intelligence... que je ne veux pas m'associer à vos projets, et que je vous associerai aux miens...

— Tes projets ?

Et le braconnier jeta sur Martin un regard pénétrant :

— Quels projets ?

— Mon but est le vôtre, Claude... Mes moyens seuls diffèrent.

— Il me faut un exemple...

— Nous ferons un exemple, — dit Martin d'une voix solennelle, — un grand exemple...

— Terrible ?

— Salutaire surtout... vous l'avez dit.

— Pour la race que je veux frapper... pas d'enseignement... sans épouvante...

— Peut-être...

— Non... la terreur... la sainte terreur....

— Quel est votre but, Claude ? Encourager les bons à persévérer dans le bien... empêcher les méchants de persévérer dans le mal...

— Et punir les méchants du mal qu'ils ont fait, afin que cette punition terrifie leurs pareils.

— Mais si les méchants deviennent aussi bons qu'ils ont été méchants, Claude ? mais s'ils deviennent aussi humains qu'ils ont été inhumains ?

— Bons ? humains ? — répéta Claude avec un étonnement profond, — il ne s'agit donc plus du comte Duriveau... ton père...

Et le braconnier prononça ces mots, ton père, avec une ironie cruelle.

— Il s'agit du comte Duriveau, mon père...

— Et du vicomte, ton frère ?

— Et du vicomte, mon frère...

— Adieu... ta livrée a déteint sur toi... la domesticité, c'est l'esclavage... l'esclavage t'a amolli, corrompu...

Et le braconnier fit un brusque mouvement pour s'éloigner.

Martin le retint, et lui dit d'une voix tristement émue :

— Vous êtes sévère pour moi, Claude.

— Parce que tu es lâche... parce que tu désertes la bonne cause, parce qu'il n'y a plus rien en toi de mâle et d'énergique... parce que tout à l'heure tu vas sans doute me vanter les vertus du comte Duriveau, ton père, et la douceur ingénue du vicomte, ton frère.

— Je ne sais rien de plus égoïste, de plus dur, de plus cupide, de plus monstrueusement orgueilleux que le comte Duriveau, — dit Martin d'une voix sévère et brève.

Le braconnier fit un mouvement de surprise.

— Je ne sais pas d'âme plus fermée que la sienne à tout ce qui est commisération, tendresse et charité ; je ne sais pas d'homme qui affiche un mépris plus cynique, plus inexorable et plus réel, pour ceux de ses frères qui souffrent et se résignent... Vous l'avez entendu comme moi, l'autre soir ; je connaissais le comte... mais jamais pourtant je ne l'aurais cru capable d'afficher aussi audacieusement ses exécrables maximes.

— Et tu avais peur... tu tremblais dans ta livrée.

— Oui, j'ai eu peur, j'ai tremblé, Claude, — répondit doucement Martin ; — j'ai eu peur de compromettre, de ruiner à jamais les intérêts sacrés qui me forcent à jouer le rôle que je joue auprès du comte... Mais, vous le voyez, Claude, je juge cet homme aussi sévèrement que vous. Et, comme vous, je dis : Oui, cet homme est doublement coupable, car il aurait pu faire de ses immenses possessions une terre promise... et il en a fait une vallée de misères et de larmes...

— Alors, que veux-tu ? qu'attends-tu donc ? je ne te comprends plus, — s'écria le braconnier avec une farouche impatience. — Et le fils n'est-il pas digne du père ?...

— Élevé à une telle école, comment s'étonner, Claude, que Scipion soit ce qu'il est ? Non, — ajouta Martin, avec un accent de douleur et de commisération profonde, — non, je ne sais pas de dépravation plus précoce, plus incarnée, plus effrayante que celle de ce malheureux enfant qui joue froidement, dédaigneusement, avec les vices les plus affreux... comme un adolescent s'ennuierait de jouets au-dessous de son âge, et il a vingt ans à peine !

— Alors... veux-tu, comme moi, ramener les méchants au bien par la terreur d'un grand exemple ?

— Par la terreur ? non ; voilà où nous différons, Claude...

— Et c'est après avoir peint sous les plus noires couleurs le portrait de ces deux hommes, que tu parles ainsi ! Tiens... tu n'as ni sang dans les veines, ni haine dans le cœur...

— De la haine ?... non, Claude, vous m'avez, dans mon enfance, désappris la haine par l'exemple de votre angélique résignation, de votre ineffable sérénité au milieu de votre pauvreté cruelle, de vos chagrins amers et des persécutions dont vous étiez l'objet de la part d'un prêtre indigne.

— Le temps de la résignation est passé, — répondit rudement le braconnier ; — il ne s'agit pas d'ailleurs de mes ressentiments personnels ; ce n'est pas seulement mon outrage que je veux venger... mais puisque cet homme ne t'inspire ni haine ni horreur, qu'éprouves-tu donc, alors ?

— De la pitié... Claude.

— De la pitié ! — s'écria le braconnier avec un éclat de rire d'une ironie sauvage, — de la pitié !...

— Oui, Claude, j'éprouve cette profonde, cette douloureuse commisération à laquelle vous m'avez habitué dans mon enfance... à la vue des difformités physiques...

— Il faudrait dire des monstruosités... mais la comparaison est fausse ; il s'agit de monstruosités morales ; et avoir pitié de ce qui est indigne d'intérêt, c'est faire preuve d'une criminelle tolérance.

— Et moi, je vous dis, Claude, qu'un malheureux enfant qui, élevé dans une atmosphère viciée, se flétrit et se corrompt, mérite pitié ; oui, une commisération sincère, et qu'il serait barbare, insensé, de lui faire un crime de la maladie qui le tue...

— Il s'agit de ton frère, intéressant enfant, il est vrai... soit, et de ton père, personnage attendrissant ?

— Comme son fils, il a été élevé dans un milieu perverti... pourtant, vous le savez, il y a eu chez lui le bien de généreuses aspirations... passagères sans doute, mais enfin, je l'avoue, inconnues à son fils...

— Assez ! — dit brusquement le braconnier ; — le temps presse... ton dernier mot ?

— Je vais vous le dire : — Claude, acceptez ma comparaison. Voici un être atteint d'une maladie terrible, contagieuse, qu'il a sucée avec le lait... Un homme vient et dit : A mort ce misérable... la vue de son supplice opérera sur ceux qui sont atteints de la même maladie une révolution à la fois si terrible, si salutaire, que, redoutant un sort pareil, la réaction de leur épouvante... les guérira.

— Eh bien !... soit... on agit ainsi avec les fous furieux... et avec succès... on prend un des leurs... et en présence de tous on le châtie d'une façon terrible... l'épouvante fait alors jaillir un éclair de raison de leur cerveau stupide,

Et, plus prompt que la parole, Beaucadet se précipita sur Bête-Puante. — Page 74.

et ils rentrent dans le devoir ; mais il s'agit ici d'un homme qui a toute sa raison, et qui l'applique au mal avec une exécrable intelligence.

Au moment où le braconnier prononçait ces paroles, l'ombre de deux personnes qui, marchant courbées, semblaient se diriger vers les ruines du fournil, se projeta sur la berge de l'étang, alors vivement éclairé par la lune. Martin et Bête-Puante, trop préoccupés, ne s'aperçurent pas de cet incident, et leur entretien continua.

CHAPITRE XI.

Une cure miraculeuse. — Arrestation de Martin et de Bête-Puante. — Surprise. — Cynisme du comte Duriveau. — Les métayers chassés de la ferme. — La chambre de Martin. — Lettre au Roi. — Mémoires de Martin.

Martin poursuivit, s'adressant au braconnier dont l'exaltation allait toujours croissant :

— Non, Claude, je ne crois pas à la toute-puissance des moyens terribles... l'humanité les désavoue...

— La gangrène se guérit par le fer rouge... ton père et ton frère sont pourris jusqu'à la moelle...

Après un moment de silence, Martin reprit :

— Tenez, Claude, laissez-moi vous citer un fait étrange, presque merveilleux, dont j'ai été témoin, et qui vous rendra ma pensée ; j'avais alors pour maître un médecin illustre, savant célèbre, penseur profond. Un jour il est appelé auprès d'un riche malade ; il trouve un homme expirant, épuisé par l'excès de tous les plaisirs ; le sang, appauvri, vicié dans son essence, circule lentement dans ses veines presque taries, non plus comme un fluide de vie, mais comme un fluide de mort. Les plus grands docteurs ont abandonné ce malheureux, prédisant sa fin prochaine... Le savant, le penseur profond, se souvient alors de ces histoires mystérieuses, effrayantes, qui parlent de sang jeune et généreux infibulé dans la veine épuisée de quelques vieillards exténués de débauches.

— Je te le disais bien, moi, qu'il fallait du sang ! — s'écria le braconnier avec un accent de farouche triomphe.

— Non, Claude, il ne fallut pas de sang ; mais cette sanglante et mensongère histoire mit le savant sur la voie d'une admirable idée... Des tentures de soie et d'or, imprégnées de funestes parfums, couvraient les murs de cette opulente demeure et la tenaient dans une demi-obscurité. Ces tentures sont arrachées, le soleil bienfaisant pénètre de toutes parts, et bientôt, par les ordres du savant, les murailles disparaissent sous des masses de rameaux verts, fraîche dépouille d'arbres résineux et balsamiques, exhalant en abondance ces gaz qui rendent seuls l'air viable et pur ; puis des nourrices jeunes, saines, robustes, viennent tour à tour tendre leurs mamelles fécondes à la bouche expirante du moribond. O prodige ! à peine ses lèvres desséchées ont-elles été humectées de ce lait régénérateur, à peine a-t-il aspiré l'air vivifiant et salubre exhalé par les frais rameaux dont sa couche est ombragée, que le malade semble renaître, qu'il renaît ! son sang, appauvri, corrompu, se renouvelle, se régénère ; il est sauvé ; il vit... il vit... et son salut n'a coûté ni larmes ni sang... Un lait pur et nourricier, quelques frais rameaux d'arbres verts... les rayons bienfaisants du soleil, tels ont été les instruments de cette cure merveilleuse (1) ; Claude,

(1) L'on excusera peut-être l'orgueil filial de celui qui écrit ces lignes, s'il dit que cette cure merveilleuse a été accomplie par son père, feu M. le docteur Suë. Le malade reconnaissant voulut faire élever un monument qui consacrât le souvenir de sa *résurrection*, disait-il. Ce monument était surmonté d'un groupe d'une vingtaine de figures, dont on peut voir la reproduction (grandeur demi-na-

Et, à la clarté de ses bougies, le comte Duriveau commença la lecture des Mémoires de Martin. — Page 77.

il en sera ainsi de ces deux malheureux dont j'ai si grande pitié : le dédain, l'orgueil, la dureté gonflent leur cœur; leur âme et leur esprit sont viciés. Eh bien ! Claude, ces cœurs gangrenés, je veux les régénérer, les sauver en les enlevant à leur atmosphère corrompue, en les transportant dans un milieu d'idées saines et pures, où ils ressentiront la chaleur vivifiante des pensées généreuses ; je veux donner enfin à ces âmes malades une nourriture à la fois douce, salubre et forte, comme le lait maternel... Alors, Claude, dites, dites, mon ami, ne sera-ce pas un grand et touchant exemple, que de voir ces malheureux revenir à la vie de l'âme ?... à tous les nobles sentiments qu'ils insultaient naguère ?... Cette transformation de méchants en hommes de bien ne sera-t-elle pas d'un enseignement plus fécond que le terrible mais stérile exemple que vous rêvez ?

— Laisse-moi... laisse-moi... tu me rendrais aussi faible, aussi lâche que toi, — dit brusquement le braconnier...

— Mais tu oublies donc que Duriveau était lié envers moi par un serment solennel, et qu'à toutes mes tentatives pour amener en lui cette régénération dont tu parles, il a répondu par le mépris ?

— Ce caractère de fer se révoltait contre l'idée de céder à la contrainte.

— Et son serment !...

— Il s'en est joué, indignement joué, Claude, je le sais... et tout cela ne me désespère pas...

— Tu as en toi la foi qui transporte les montagnes, grand thaumaturge, — dit le braconnier avec une raillerie amère.

ture) dans le riche Musée d'anatomie, d'histoire naturelle, géologie, etc., etc., que M. le docteur Sué a légué à l'École royale des Beaux-Arts de Paris, rare collection commencée par le grand-père de feu M. le docteur Sué.

— J'ai foi en moi, Claude, parce que je suis dans une position particulière à l'égard du comte... je suis son fils, et quand il l'apprendra...

— Il aura un motif de plus de persévérer dans le mal: par orgueil il ne voulait pas, dis-tu, céder à la contrainte que je lui imposais, il cédera moins encore à son fils... un bâtard... comme il dira... Je connais l'homme... Assez... assez... Berce-toi de chimères... moi, je veux faire un exemple... un terrible exemple... et je le ferai...

— Ah ! mon ami, — s'écria Martin, — votre cause est trop légitime, trop sainte, trop belle, pour la souiller par la violence; et puis enfin je crois, je sais, moi, que, quoi que vous disiez, *les temps approchent*; oui, les peuples ressentent de vagues espérances ; j'ai dernièrement traversé l'Europe entière. Partout un travail sourd, profond, continu, mystérieux, s'accomplit... A cette heure, l'émancipation universelle est conçue par les classes déshéritées jusqu'à ce jour... Maintenant nous assistons au lent et laborieux phénomène de l'enfantement. Mais cette émancipation naîtra à son jour, à son heure, mon ami, et sa radieuse apparition sera saluée par les fraternelles acclamations de tous ceux qui souffrent à cette heure.

Malgré sa sauvage résolution, le braconnier ne put cacher l'émotion que lui causait la parole de Martin, parole douce, pénétrante, convaincue, et remplie de foi dans un prochain et meilleur avenir.

— Peut-être il a raison, — murmurait le braconnier, — la violence est mauvaise conseillère... La vie d'un homme... si méchant qu'il soit... — Cela est grave, pourtant. — Et si la haine m'aveuglait... si... si, malgré tant de raisons qui me semblent légitimer mon action... c'était à la haine, à une haine personnelle... que j'obéissais... et puis... se constituer à la fois juge et bourreau... quel que soit le crime... oh ! c'est effrayant

Mais le braconnier, se révoltant bientôt contre ces réflexions salutaires et généreuses, s'écria tout à coup :

— Non ! non ! pas de lâche faiblesse !... et toi, qui me prêches la commisération, — s'écria-t-il en s'adressant à Martin avec une ironie cruelle, — du haut de ces régions de clémence et d'espoir, où tu t'égares, vois-tu ta mère... folle ?... vois-tu ta sœur déshonorée... forcée de passer pour morte ou d'être honteusement traînée devant un tribunal, accusée d'infanticide ? Du haut de l'empyrée, d'où tu aperçois les signes d'une émancipation prochaine, vois-tu, à côté des figures pâles, éplorées, de ta mère et de ta sœur, vois-tu les figures insolentes et impitoyables du comte et de son fils, crossant du pied leurs victimes ?

— Oui... Claude... je vois les tristes et douces figures de ma mère et de ma sœur... oui, Claude, durant notre long entretien, ces figures chéries ont été là sans cesse devant mes yeux.

— Même quand tu parlais de ramener Duriveau et son fils à des sentiments généreux ! — s'écria le braconnier.

— Surtout à ce moment, mon ami, car je compte sur ma sœur... sur ma sœur... pour m'aider à rendre le comte et son fils dignes, un jour... de nous serrer la main... Claude.

— Tu n'y songes pas, — s'écria le braconnier avec stupeur ; — ta mère... ta mère est...

— Ma pauvre mère est folle, — dit Martin d'une voix douce et ferme ; — je rendrai la raison à ma mère...

— Et l'honneur à ta sœur ?...

— Et l'honneur à ma sœur...

Martin parlait avec un accent, avec une autorité de conviction si profonde, si imposante, qu'un moment ses espérances... furent partagées par le braconnier... mais soudain, se reprochant cette faiblesse, il reprit : — Tu railles... adieu...

— Claude... — s'écria vivement Martin, avec un accent de douloureux reproche, — je parle de ma mère... de ma sœur... de ma mère, privée de sa raison ; de ma sœur... déshonorée... et vous dites que je raille ?

— Pardonne-moi, — dit le braconnier, en tendant sa main à Martin, — pardonne-moi... non, non, vaillant et généreux cœur... non... tu ne railles pas ; mais... tu t'abuses... Arriver aux fins que tu te proposes... serait... mais non... non, c'est impossible ; encore une fois, tu t'abuses... Ton illusion est sacrée... je la respecte ; ... mais moi...

— Un dernier mot, Claude... mon illusion, respectez-la... pendant un mois, à partir de ce jour...

— Que veux-tu dire ?

— Promettez-moi de ne rien tenter contre le comte pendant ce mois...

— Et ensuite ? Et si tu t'es abusé, pauvre et noble cœur ? Et si cette maladie que tu crois guérir est incurable ? Et si cet homme persiste fatalement dans le mal, que feras-tu ? car, enfin, si j'admets ta supposition... admets les miennes !

La figure de Martin, jusqu'alors calme, douce et triste, devint sombre, sinistre, et, après quelques moments de réflexion, il reprit :

— Cela est juste, Claude... je dois admettre aussi vos suppositions... j'ai aussi quelquefois pensé, je vous l'avoue, pensé... avec terreur, que le mal a d'effrayantes fatalités.

— Et dans ces heures désespérées, — reprit le braconnier avec une satisfaction farouche, — quel était ton projet ?... Oui, en songeant à tout ce que Duriveau a fait souffrir à ta mère... à la détestable influence de cet homme, que ni la foi jurée, ni les instances si puissantes... à toi, son fils, ne pourraient ébranler... tu as dû pourtant...

— Claude, — dit Martin en interrompant le braconnier d'une voix solennelle, — jurez-moi de ne rien tenter contre M. Duriveau pendant un mois... et au bout de ce mois...

— En avant, gendarmes ! — s'écria tout à coup une voix retentissante.

Et, plus prompt que la parole, Beaucadet, embusqué depuis quelques instants avec cinq gendarmes derrière les ruines du fournil, où il s'était glissé, se précipita sur Bête-Puante, tandis que les autres soldats se jetèrent sur Martin, qui, stupéfait de cette brusque attaque, ne fit aucune résistance.

Il n'en fut pas de même du braconnier : une lutte vigoureuse, opiniâtre, s'engagea entre lui et ses adversaires, qui parvinrent à grand'peine à le terrasser et à lui mettre les menottes.

— Ah ! je disais bien, vermine malfaisante, — dit Beaucadet triomphant, — que tôt ou tard je te pincerais... j'avais envoyé des hommes à cheval par la jetée de l'étang, mais j'étais venu à pied par les landes ; ainsi, une fois l'écluse lâchée, tu t'es cru en sûreté ? hein ! brigand ?

Le braconnier ne répondit pas.

S'adressant alors à Martin :

— Et vous, mon gaillard, l'ami intime de ce gueux de Bamboche, qui s'est fait saluer par mes gendarmes, j'avais bien raison de dire à M. le comte : Rusons... rusons... n'ayons l'air de rien... Nous n'avons eu l'air de rien, et vous êtes pincé.

— Et de quoi m'accuse-t-on ?... — demanda froidement Martin.

— De quoi l'on vous accuse, mon gaillard ? d'avoir été dans la connivence de la per-pé-tration du coup de feu tiré sur M. le comte il y a trois jours...

— Moi ! — dit Martin en haussant les épaules, — mais j'ai été blessé... légèrement il est vrai.

— Raison de plus, frime bien jouée... je le dis, mon malin... mais dans quoi je ne donne pas... Vous saviez si bien que vous avez voulu faire retirer M. le comte de la fenêtre qui donnait sur ledit massif, de peur que M. le comte n'y découvrit Bête-Puante... Vous étiez si bien son complice, que, pour favoriser son évaporation, vous avez donné un signalement qui ressemble au sien comme je ressemble à quelqu'un de très-laid...

Puis, s'interrompant, Beaucadet ajouta :

— Mais tenez, voilà justement M. le comte et son fils, je les avais fait prévenir... Ils ont voulu venir s'assurer par eux-mêmes de votre scélératesse, mon gaillard.

En effet, l'on vit bientôt descendre d'une légère voiture de chasse le comte Duriveau et son fils. Malgré la gravité de la scène qui s'était dernièrement passée entre eux, la meilleure, la plus cordiale intelligence régnait entre le père et le fils ; le comte, en un mot, semblait avoir oublié ses regrets passagers et avoir repris son rôle de jeune père à l'égard de Scipion.

Instruits de ce fait, fort grave en soi, ainsi présenté : que l'explosion dont on a parlé résultait d'une tentative de meurtre sur le comte, et qu'un de ses gens, complice du coupable, avait avec lui des entrevues nocturnes, M. Duriveau et son fils, prévenus par Beaucadet de l'arrestation qu'il allait tenter, voulurent y assister afin de s'assurer par eux-mêmes de la vérité.

A la vue du comte, Beaucadet s'écria :

— Victoire... nous les tenons, les brigands. Monsieur le comte, votre domestique a filé... doux comme miel... Je lui rends justice... il a été au-devant des poucettes... mais la Bête-Puante s'est débattu comme une bête enragée.

La lune brillait toujours. Le comte et Scipion s'approchèrent du groupe de gendarmes, au milieu duquel se trouvaient Martin et le braconnier.

— Ainsi, mauvais drôle, — dit le comte à Martin avec un dur mépris, — vous aviez, sans doute, avant d'entrer à mon service... des accointances avec ce misérable vagabond, qui, non content de braconner mon gibier... en veut, à ce qu'il paraît, à ma vie... et moi, qui vous ai pris de confiance... Croyez donc aux certificats... aux bons renseignements...

— És-tu jeune !... — dit Scipion en haussant les épaules.

— Autant croire aux qualités des chevaux vendus par un maquignon... chevaux et valetaille ne se connaissent qu'à l'user...

Martin, calme et pensif, sourit doucement et ne répondit rien.

— Et toi... — dit le comte en faisant un pas vers le braconnier, — et toi, gredin, pourquoi voulais-tu ?...

— Je m'appelle Claude Gérard, — dit le braconnier d'une voix solennelle, en interrompant le comte.

— Claude Gérard ! — s'écria M. Duriveau, en reculant pâle et frappé de stupeur.

Puis, se rapprochant vivement du braconnier pour mieux

voir sa figure et se convaincre d'une identité à laquelle il ne pouvait croire, il reprit, après quelques minutes d'examen :

— C'est lui... c'est bien lui...

— Qu'est-ce que ça... Claude Gérard ? — demanda Scipion en allumant un cigare, pendant que Beaucadet et ses gens se regardaient entre eux, très-surpris aussi de l'incident.

— Claude Gérard !... — reprit encore le comte avec un étonnement profond et comme écrasé par les souvenirs que le nom du braconnier éveillait en lui.

— Duriveau... comprends-tu... maintenant ? — dit le braconnier au comte qui, d'abord muet, accablé, releva bientôt la tête. Alors, le front hautain, la lèvre ironique et dédaigneuse, il s'écria en croisant ses bras sur sa poitrine :

— Ah ! c'est vous, monsieur l'homme de bien, l'homme aux épîtres ? C'est vous qui, caché sous un nom de guerre, vagabondiez depuis si longtemps dans mes bois et aviez l'insolence de me poursuivre de vos moralités épistolaires ? Et moi qui vous croyais si loin d'ici ! Et vous me demandez si je comprends ! Pardieu... je comprends et de reste... Votre pathos ne pouvait plus me toucher le cœur... Vous avez voulu voir si le plomb de votre carabine aurait meilleure chance... Ah ! vieux drôle, vous prêchiez la charité à coups de fusil !

— Cela n'est pas vrai... je n'ai pas tiré sur toi ; mais il y a longtemps que j'aurais dû le faire, — dit le braconnier... — Rappelle-toi ton serment... Duriveau...

— Ah !... *le bon billet qu'a la Châtre !* — s'écria le comte avec un éclat de rire sardonique.

Le braconnier, s'adressant à Martin, lui dit d'une voix sourde :

— Tu l'entends... tu l'entends ?

— Ah çà... je voudrais un peu comprendre aussi, moi, — dit Scipion à son père. — Qu'est-ce que tout cela signifie ?

— Tu vas le savoir, — répondit le comte en jetant sur le braconnier un regard de haine et de défi.

Puis, du ton le plus *jeune père*, et avec une désinvolture tout à fait *régence*, il poursuivit :

— Tu vois bien cet homme-là, il était maître d'école de village... Il l'aimait à la folie une très-jolie fille... qui l'aimait comme on peut aimer une espèce de cette tournure, moitié rustre et moitié pédant, c'est-à-dire qu'elle l'aimait en frère... Je lui soufflai... cette jolie fille...

— Ça s'est vu, — dit froidement Scipion sans quitter son cigare de ses lèvres.

— Quelques années après, dans un déplacement de chasse, le hasard me fait rencontrer la femme du rustre pédagogue, qui s'était marié pour se consoler... Elle était pardieu ! très-gentille et vraiment pas mal choisie par mon drôle... Il était alors absent... Je trouvai amusant de lui souffler sa femme comme je lui avais soufflé sa fiancée.

— Tu les entends... le père et le fils — dit le braconnier à Martin d'une voix sourde et entrecoupée, car la rage le suffoquait.

— Je les entends, — répondit Martin avec une tristesse profonde.

— Mais le diable voulut, — poursuivit le comte, — que Claude Gérard, un beau jour, revînt à l'improviste et me surprît avec Mme Claude Gérard.

— La femme d'un maître d'école ! — dit Scipion d'un ton de reproche. — Tu m'avais toujours caché ce faux pas... Et tu as eu le front de me reprocher cette pauvre Chalumeau !!

— Scipion, sois généreux... Or donc, Claude Gérard me surprend en conversation des plus criminelles. Il était armé d'un fusil à deux coups. Je savais ce drôle féroce comme un loup... Franchement, je me vis mort... Devine, alors, ce que fait le Claude ?

— Écoute-le... écoute-le... — dit le braconnier à Martin.

— J'écoute, — répondit Martin.

— Que diable a pu faire le Claude ? — dit Scipion en réfléchissant. — Embusqué au pied du lit de sa femme, il t'a demandé... la bourse ou la vie ?...

Le braconnier poussa un cri terrible, et fit un mouvement si violent, qu'il faillit rompre les liens qui l'attachaient.

— Claude... mon ami... — lui dit Martin d'un ton de doux reproche... — du calme et du mépris.

— Tu as deviné juste, mon garçon, — répondit le comte à son fils, — le Claude m'a demandé ma bourse... pas pour lui... le digne homme... mais pour ce qu'il appelle ses frères en humanité.

— Comprends pas... — fit Scipion.

— « Tu es riche, — me dit le Claude... — jure-moi de » venir en aide à tes frères qui souffrent... et je te laisse » la vie... sinon... non. »

— Eh ! mais... — dit Scipion en ricanant à froid, — c'est un nouveau *chantage*... le chantage philanthropique.

— Puis, s'adressant au braconnier :

— Ah çà ! dites donc, mon cher, si tous les... *maris trompés* pensaient comme vous... il n'y aurait plus de pauvres en ce monde...

A ces paroles de son fils, le comte partit d'un grand éclat de rire...

Un nouvel incident vint interrompre cette explosion d'hilarité.

Le métayer et la métayère du Grand-Genévrier, éveillés par le bruit, par le piétinement des chevaux des gendarmes, s'étaient levés, et avaient bientôt appris que le comte Duriveau, leur *seigneur*, comme ils disaient, se trouvait là.

Effrayés du sort qui les attendait ensuite de leur expulsion de la ferme, maître Chervin et sa femme avaient voulu tenter une démarche suprême ; et, les larmes aux yeux, les mains suppliantes, tous deux s'approchèrent timidement du comte au moment où Scipion venait de proférer son dernier et insolent sarcasme.

— Monsieur le comte... — dit la métayère d'une voix tremblante, — au nom du bon Dieu ! ayez pitié de nous...

— Qu'est-ce ? — demanda le comte avec une impatience hautaine. — Qui êtes-vous ? que me voulez-vous ?

— Nous sommes les Chervin, les métayers du Grand-Genévrier, mon cher seigneur. On a saisi chez nous... on nous chasse d'ici... où nous sommes depuis quarante ans... Nous avons toujours travaillé tant que nous avons pu, et nous n'avons jamais fait de tort à personne... Si nous sommes en retard de payement, c'est pas notre faute... et si pourtant vous nous chassez, mon cher seigneur du bon Dieu, qu'est-ce que nous allons devenir, mon pauvre homme et moi, à notre âge ?...

— Hélas ! c'est bien vrai, — reprit le métayer qui, plus confus que sa femme, n'avait pas osé parler, — qu'est-ce que vous voulez que nous devenions, Monsieur le comte ?

M. Duriveau avait d'abord dédaigneusement écouté cette humble supplique ; mais, songeant soudain qu'il trouvait dans cette circonstance l'occasion de mettre, pour ainsi dire, en action son mépris pour le serment qu'il avait fait autrefois à Claude Gérard, il lui dit :

— Vous entendez, Monsieur l'homme de bien, vous entendez vos *frères en humanité*, comme vous dites... je suis, pardieu ! ravi de l'aventure et de pouvoir ainsi vous prouver le cas que je fais d'une promesse arrachée par la violence... et que tout homme désarmé aurait faite à ma place pour se soustraire aux griffes d'une espèce de bête féroce. Soyez bien attentif à ce qui va se passer, Monsieur Claude Gérard ; et, puisque vous prétendez n'avoir pas tiré sur moi, ce qu'il vous sera facile de prouver, dès que vous serez libre... nous verrons si vous oserez exécuter la menace que vous avez eu *l'excessive bonté* de ne pas exécuter jusqu'ici... Je ne veux pas vous laisser manquer même de prétexte... c'est délicat à moi, n'est-ce pas ?

Puis, se tournant vers Beaucadet, le comte ajouta :

— Maréchal-des-logis, la saisie du mobilier de cette ferme, qui m'appartient, a été prononcée, l'expertise faite ; je vous prie, en prenant d'ailleurs sur moi toute responsabilité, d'expulser à l'heure même le métayer de cette maison ; et, afin que rien ne soit détourné, d'y laisser un de vos hommes jusqu'à demain matin : j'enverrai quelqu'un à moi prendre possession...

— Hélas ! mon Dieu !... nous chasser... à cette heure... — s'écria la métayère épouvantée, — faible et malade comme l'est mon pauvre homme... pour lui... mais c'est à en mourir, mon cher bon seigneur.

— Donnez-nous quelques jours... par pitié... Monsieur le comte ! — dit le métayer d'une voix suppliante.

— Que leur lit… que la loi laisse aux expropriés… soit à l'instant mis hors de la métairie, — dit froidement le comte en s'adressant à Beaucadet.

Si son détestable orgueil n'eût pas été exaspéré par la présence du braconnier, reproche vengeur, remords vivant, que le comte se plaisait à braver, il n'aurait pas affiché cette impitoyable dureté (quoiqu'il eût donné des ordres pareils à l'exécution desquels, du moins, il n'assistait pas); mais la crainte de paraître céder à l'intimidation, jointe à l'inexorable conscience qu'il avait, après tout, *de son droit légal*, auquel d'habitude il sacrifiait tout, poussa le comte à cette déplorable extrémité.

Ce qui fut dit fut fait.

Ensuite d'une scène déchirante que l'on se représente facilement, le métayer et sa femme furent ainsi cruellement chassés de la métairie, au milieu de la nuit, malgré leurs supplications.

Le braconnier et Martin assistèrent, muets et impassibles, à cette exécution.

Lorsqu'elle fut terminée, le comte dit au braconnier, d'un air de dédain et d'ironique défi :

— Maintenant, Claude Gérard, au revoir, si vous l'osez… il ne dépendra pas de moi que vous soyez bientôt libre… et… je vous attends… de pied ferme.

Le comte, accompagné de son fils, s'éloignant, bras dessus, bras dessous, regagna sa voiture.

Au moment où ils allaient y monter, Beaucadet dit à M. Duriveau :

— Monsieur le comte… une fameuse idée… ce brigand de Martin a peut-être encore des complices chez vous; avant qu'on ne sache qu'il est pincé, faites, en arrivant, une petite visite domiciliaire dans sa chambre… et emportez-en la clef jusqu'à demain… Comme ça, rien ne sortira de chez lui avant notre perquisition, que nous satisferons délicieusement dès l'aurore.

— Vous avez raison, mon brave, — dit le comte; — je n'y manquerai pas, tout à l'heure, à mon retour au château.

La voiture où montèrent le père et le fils s'éloigna rapidement.

— Allons, en route, mauvaise troupe, — dit Beaucadet, en revenant auprès de ses deux prisonniers.

— Eh bien! Martin, — dit lentement le braconnier, — tes espérances!… tes illusions!… Pauvre noble cœur! pauvre fou!…

Martin ne répondit rien… et baissa la tête avec accablement.

Quelques moments après, les prisonniers et les gendarmes s'éloignaient de la métairie du Grand-Genévrier.

Maître Chervin et sa femme, fondant en larmes, frissonnant de froid, étaient assis sur la paillasse de leur lit jeté sur la berge de l'étang, à quelques pas des bâtiments de la ferme…

La pauvre et bonne Robin, assise à leurs pieds, pleurait avec ses maîtres, et les consolait de son mieux.

En arrivant au château, le comte Duriveau se rendit aussitôt dans sa chambre à coucher. Puis, une lumière à la main, il entra dans un vaste cabinet de toilette, gravit rapidement un petit escalier qui conduisait au logement de Martin, sorte de soupente obscure, sans air, élevée de cinq pieds à peine, et presque inhabitable. Mais, peu importait au comte; il tenait à avoir, ainsi que l'on dit, son valet de chambre *sous la main*.

Cette pièce avait une seconde porte donnant sur un escalier de service; elle fut d'abord fermée à double tour par le comte, qui mit la clef dans sa poche; puis, posant son flambeau sur une table, il regarda autour de lui avec une sorte de curiosité. Obligé de se tenir courbé, tant le plafond était bas, M. Duriveau se dit naïvement :

— Je ne comprends pas qu'on puisse vivre ici!…

Le comte commença une perquisition qui semblait devoir être bientôt terminée, car le mobilier se composait d'un portemanteau où étaient accrochés les habits de Martin, d'une petite commode renfermant un peu de linge, d'une table, de deux chaises et d'un lit.

Dans la commode, le comte ne trouva rien de suspect, rien qui pût l'éclairer sur la nature des rapports existant entre Martin et Claude Gérard, surnommé Bête-Puante.

Cherchant en vain à pénétrer ce mystère, le comte allait se retirer, lorsque, dans un coin obscur, il aperçut une vieille malle dont la serrure était fermée. Descendre dans son cabinet de toilette, prendre auprès de la cheminée une paire de pincettes, et s'en servir comme d'un levier, pour forcer la serrure de la malle, ce fut, pour le comte, l'affaire de quelques minutes.

Le premier objet qui frappa ses yeux fut un paquet d'un pied carré environ, et épais de deux ou trois pouces, soigneusement ficelé et enveloppé de toile cirée; une carte servait d'adresse à ce paquet, et l'on y lisait :

A M. le baron de Frugen.

Assez surpris, M. Duriveau n'hésita pas à ouvrir ce paquet.

La toile cirée enveloppait une boîte de bois blanc fermée par une petite serrure; sur cette boîte était une large enveloppe contenant une lettre cachetée et un pli ainsi conçu :

« Monsieur,

» Le coffret ci-joint vous sera remis par une personne de confiance.

» D'après un ordre que vous devez avoir reçu, vous » voudrez bien, Monsieur, faire parvenir ce coffret au » *Roi*, le plus tôt possible, ainsi que la lettre incluse dans » cette enveloppe.

» J'ai l'honneur d'être, Monsieur, votre humble ser- » viteur,

» Martin. »

La lettre cachetée annoncée par Martin portait pour suscription : Au Roi, et à travers l'épaisseur de l'enveloppe on sentait une petite clef, sans doute la clef du coffret.

Le comte restait frappé de stupeur; il ne pouvait en croire ses yeux; deux fois il relut le billet de Martin avec un étonnement croissant. Quels rapports son valet de chambre pouvait-il avoir avec un roi?

Cet homme qui jusqu'alors avait, sans l'ombre d'un scrupule, forcé la malle de son serviteur et commis la plus grave indiscrétion, hésitait à poursuivre le cours de ses violations; mais la tentation était trop forte : il y céda, et, d'une main un peu tremblante, il décacheta la lettre au Roi, y trouva une petite clef et lut ce qui suit :

« Sire,

» Voici les Mémoires que vous désirez lire.

» Depuis longtemps, ainsi que je vous l'ai dit, j'avais » pris l'habitude de tenir une espèce de journal de ma vie.

» Du jour où, par suite de mon existence errante et » tourmentée, je me suis trouvé témoin ou acteur d'aven- » tures singulières, il m'a paru curieux, instructif, et » même utile pour moi (j'ai eu la preuve de cette utilité » en plusieurs circonstances), d'écrire ce memento et de » le conserver.

» Sauf quelques réflexions intercalées çà et là depuis » peu, et que j'ai pris la liberté de vous adresser, Sire, » ces Mémoires racontent ma vie depuis mon enfance » jusqu'au moment actuel, et sont tels qu'ils ont été écrits, » avant et depuis le jour où le hasard m'a rapproché de » Votre Majesté.

» La première condition d'un pareil travail, du moins » tel que je l'ai toujours conçu, est une sincérité absolue, » inexorable; je n'ai jamais failli à ce devoir.

» Les jugements sévères que j'ai portés sur moi-même, » lors de certaines circonstances de ma vie, me donnent, » je crois, le droit de me montrer non moins sévère envers » autrui.

» Ce n'est qu'à la longue et selon l'enseignement que je » retirais des événements de ma vie, que mon esprit » s'est mûri, que mon intelligence s'est développée, que » mon jugement s'est formé, que mes principes se sont » enfin fixés. J'ai donc tenu à conserver, dans ces Mémoires,

» cette lente transformation de mes idées, de mes convic-
» tions, de mes sentiments, qui, à travers mille événe-
» ments, m'a conduit du mal au bien.

» Lors de ma première jeunesse, je réfléchissais peu ;
» c'est à cette époque que j'ai raconté tout ce qui se rat-
» tache à mon enfance et à mon adolescence. Ces pages,
» selon les différentes phases du récit, seront donc sou-
» vent empreintes de l'insouciance et de la gaieté de cet
» âge... Plus tard, j'ai commencé de rechercher les causes
» des faits divers qui se passaient chaque jour à mes yeux.

» Si dans le cours d'une existence remplie de tant
» d'aventures, j'ai quelquefois malheureusement dévié de
» la ligne droite, pour y revenir et pour toujours, il vous
» paraîtra peut-être que c'est le milieu dans lequel j'ai été
» jeté, pauvre orphelin abandonné, a presque fatalement
» causé ces déviations.

» Croyez-le, Sire, ce n'est pas pour satisfaire à votre
» bienveillante curiosité, si honorable qu'elle soit pour moi,
» que j'ai rassemblé ces pages, depuis si longtemps écrites ;
» c'est dans l'espoir qu'elles vous confirmeraient peut-être
» davantage encore dans vos généreuses tendances.

» Bien humble, bien obscure... ou plutôt parce qu'elle
» a été bien humble et bien obscure... ma vie porte avec
» elle quelques enseignements ; l'histoire sincère d'un
» homme qui a vécu comme j'ai vécu, vu ce que j'ai vu,
» éprouvé ce que j'ai éprouvé, peut n'être pas stérile pour
» vous, Sire, car, dans bien des circonstances, cette his-
» toire est aussi celle de l'immense majorité des hommes
» pauvres et abandonnés à eux-mêmes... c'est-à-dire l'his-
» toire des diverses conditions où vit forcément le peuple...

» Agréez encore l'assurance de mon dévouement, Sire.
» Le saint et grand devoir que j'ai à accomplir ici m'em-
» pêchera sans doute de quitter désormais la France : mais
» croyez que je conserverai le souvenir de vos bontés, et
» que chaque jour je remercie Dieu de m'avoir mis à
» même de sauver une vie qu'il dépend de vous de rendre
» chère et précieuse à l'humanité...

» J'ai l'honneur d'être,

» Sire,

» Votre très-humble serviteur,

» MARTIN. »

Il est impossible d'exprimer les mille impressions du comte Duriveau à la lecture de cette lettre, et l'impatience, l'ardente curiosité avec laquelle il ouvrit le petit coffret de bois blanc renfermant les *Mémoires de Martin*.

Ils se composaient d'une liasse de papiers de grandeurs diverses, évidemment écrits à diverses époques ; la première partie de ces Mémoires était déjà jaunie par le temps.

Le comte Duriveau s'empara du manuscrit, descendit précipitamment dans sa chambre, où il s'enferma, et, à la clarté de ses bougies, commença la lecture des Mémoires de Martin.

Une heure du matin sonnait alors à l'horloge du château du Tremblay.

CHAPITRE XII.

Limousin. — Théorie de l'ivresse. — L'illusion fait le bonheur. — Relique. — La Levrasse. — Colporteur et sorcier. — Lucifer. — Besoin d'affection. — Martin s'enivre pour être heureux comme Limousin.

Je n'ai conservé qu'une idée confuse et incomplète des événements qui ont précédé ma huitième ou ma neuvième année. Cependant, de cet obscur passé, déjà si lointain, j'ai gardé la mémoire d'une belle jeune femme dont les doigts agiles faisaient presque continuellement bruire les fuseaux d'un métier à dentelle, tout couvert de brillantes épingles de cuivre ; ce cliquetis sonore des fuseaux faisait ma joie, il me semble l'entendre encore ; mais, le soir, cette joie se changeait en admiration : couché dans mon petit lit, je voyais cette même jeune femme,

ouvrière infatigable (ma mère, peut-être), travailler à la lueur d'une chandelle dont la vive clarté redoublait d'éclat en traversant une eau limpide renfermée dans un globe de verre ; la vue de ce foyer lumineux me causait une sorte d'éblouissement et d'extase auquel le sommeil seul mettait un terme.

Vient ensuite une longue lacune dans mes souvenirs, causée, je crois, par une maladie.

Mais, à dater de ma onzième année environ, mes souvenirs se réveillent, cette fois précis, vivants, continus et d'une incroyable fidélité quant aux personnes.

A l'âge de dix ou onze ans, je servais, selon mes forces, d'aide et de gâcheur à un ouvrier maçon appelé ou surnommé *Limousin* : je ne le quittais pas plus que son ombre, marchant toujours soumis et empressé derrière ses talons ; aussi, disait-on d'habitude, en nous voyant passer : *Voilà Limousin et son chien.*

Selon l'habitude du pays, je soutenais sur mes épaules, à la naissance du cou, l'*augette* où je gâchais le mortier que j'apportais ensuite à mon maître. Ce fardeau était si pesant pour mon âge, surtout lorsqu'il fallait atteindre au faîte des bâtiments, que, pendant longtemps, j'ai conservé l'habitude de marcher la tête voûtée, la tête baissée ; ma taille même dévia quelque peu ; plus tard, il est vrai, elle fut redressée, grâce à de singuliers moyens.

En toute saison, j'allais tête et pieds nus, à peine vêtu de quelques guenilles, d'abord portées par Limousin ; je me souviens surtout de certain vieux pantalon de droguet jaunâtre, rapiécé en vingt endroits de couleurs différentes ; il m'était échu après avoir servi pendant deux *campagnes* à Limousin, et lui-même le tenait de cinquième ou de sixième main. Grâce à l'exiguïté de ma taille, ce pantalon, rogné aux genoux, m'avait été, pour ainsi dire, froncé autour du cou au moyen d'une forte ficelle introduite dans la ceinture, tandis que les goussets fendus donnaient passage à mes bras. Enduit, pénétré de plâtre durci que cimentait une crasse de vétusté, ce singulier accoutrement participait plus de la muraille... que d'une étoffe quelconque ; il ne se déchirait pas, il se lézardait, et Limousin remédiait intelligemment à ces petites démolitions partielles au moyen d'une pincée de plâtre fin délayé dans l'eau, après quoi il égalisait la réparation avec sa belle truelle de cuivre à poignée d'ébène.

Ma nourriture se composait invariablement d'un morceau de pain dur et noir, accompagné, à neuf et à trois heures, d'une queue et d'une tête de hareng saur, soudées l'une à l'autre par l'arête dorsale ; Limousin se réservait le reste du poisson ; je trouvais la queue infiniment plus savoureuse que la tête.

Le soir, au retour du travail, mon maître trempait, deux fois par semaine, une soupe à la graisse, que nous mangions froide les autres jours, après quoi nous nous couchions sur une paillasse que, l'hiver, nous recouvrions d'une sorte de mince matelas garni de foin.

Contre l'habitude presque générale de ses compatriotes, mon maître ne retournait pas *au pays* à la fin de l'automne. Non loin d'un assez grand bourg dont j'ai oublié le nom, Limousin avait eu la permission de se construire, sur un terrain rocailleux et abandonné, une méchante masure où nous demeurions.

Durant la saison des bâtisses, Limousin était presque toujours employé par le maître maçon du bourg. Si plus tard, malgré le chômage forcé, il restait quelque travail urgent de maçonnerie, Limousin s'en chargeait ; sinon il s'occupait comme terrassier, tandis que j'allais ramasser sur les routes du crottin de cheval, que Limousin entassait et qu'il vendait à la hottée à un jardinier du bourg.

Nous nous couchions et nous nous levions avec le jour, sans jamais brûler de lumière ; lors des grands froids, nous passions nos longues nuits d'hiver, et quelquefois aussi nos journées, lorsque le travail manquait, dans une sorte d'engourdissement glacé qui devait avoir assez de rapport avec l'anéantissement léthargique où certains animaux restent plongés durant l'hiver.

Ni veille, ni sommeil, c'était une sorte de suspension momentanée de la vie et de ses besoins ; je me rappelle être resté durant des temps de neige quelquefois un et deux jours sans manger et sans éprouver la faim : cet état n'était pas d'ailleurs absolument douloureux. Il me semblait sentir mon sang se refroidir graduellement et la moelle de mes os se figer; à cette sensation, réellement pénible, succédait un engourdissement tolérable, tant que je restais immobile et ramassé sur moi-même; le moindre mouvement devenait une souffrance.

Quatre ou cinq fois par mois, c'est-à-dire chaque dimanche, cette vie laborieuse, sobre, monotone, s'incidentait de la manière la plus étrange.

Limousin était un grand homme maigre, osseux, robuste, âgé de cinquante ans environ; il avait l'air, — disaient ses compagnons, — de toujours rêver à quelque chose; son caractère était d'une douceur, d'une égalité parfaite; travailleur assidu, habile, infatigable, jamais il n'égayait son labeur par le moindre refrain; toujours taciturne, il ne parlait que comme à regret, et, une fois rentrés le soir dans notre masure, il ne m'adressait souvent pas un mot jusqu'au lendemain.

Mais, le dimanche, Limousin se transformait.

Au point du jour dominical, une servante de l'aubergiste du bourg arrivait avec un âne portant sur son bât un panier renfermant un morceau de lard salé, quelques œufs durs, la moitié d'un pain blanc, et un petit tonneau contenant environ une dizaine de bouteilles de vin du pays; la servante sortie, notre porte était barricadée, Limousin plaçait le tonnelet à portée de notre paillasse, sur laquelle il mettait le lard, les œufs; alors il commençait à boire jusqu'à la perte totale de sa raison.

Je n'oublierai jamais qu'un jour Limousin, après avoir bu deux ou trois bouteilles de vin, et conservant encore quelque suite dans les idées, me développa cette étrange théorie de l'ivresse.

« — Vois-tu, Martin, — me disait-il, — le dimanche » est à moi; si je ne me soûlais pas ce jour-là, je devien- » drais ivrogne toute la semaine, et de plus je deviendrais » paresseux, envieux, querelleur, et, un jour ou l'autre, » voleur, peut-être pis encore...

» Je me sens bien... ça serait pour moi trop de travail » et de misère, si ça devait être sans fin ni cesse, comme » ces grandes routes, rubans de queue de quatre ou cinq » lieues de long, qui, lorsqu'on est en marche, rien qu'à » les voir, toujours toutes droites et à perte de vue, vous » cassent les jambes.

» Moi, chaque dimanche, au lieu de l'infini ruban de » queue de ma s..... existence (tout sable brûlant et tout » cailloux pointus), je vois des cascades d'eau de roche, » des montagnes de fleurs, des palais enchantés, en- » fin... mon garçon, un tremblement de délices; aussi, » après ça je regarde les beaux châteaux où je travaille » comme des toits à porcs, et leurs parcs comme des tau- » pinières.

» Le lundi, quand je reviens de ces promenades-là, » qu'est-ce que ça me fait à moi, six chiens de jours à ti- » rer ? Est-ce qu'au bout de je ne vois pas mon dimanche ?

» Je ne bois jamais au cabaret; l'ivresse s'y évapore en » colère, en cris, en injures, en batteries; elle s'y » corrompt, elle y perd de sa dignité; je ne bois pas, » moi, pour me disputer, je ne bois pas pour le goût du » vin... mauvaise drogue... (je boirais de l'eau-de-vie, si » ça n'était pas si malsain) je bois, et, j'ai le droit de boire, » pour m'en aller d'ici... je ne sais où, quatre ou cinq » fois par mois. Ça ne vaut-il pas mieux que de prendre » la vie en rageur ?

» Les vrais ivrognes sont de même, seulement ils ne se » raisonnent pas.

» Jean-Pierre boit pour oublier qu'il a entendu toute » la semaine ses enfants pleurer de la faim et sa femme crier » misère; il boit aussi, et surtout, pour oublier qu'il les » entendra encore la semaine suivante;

» Simon boit pour oublier qu'il a entendu et qu'il enten- » dra sa vieille mère infirme gémir du lundi au samedi;

» D'autres enfin boivent pour se délasser du travail qui » les écrase.

» Je sais bien que les cadets, qui n'ont ni misère ni fa- » tigue à oublier, qui peuvent, avec leur argent, se pro- » curer toute sorte de plaisirs, de délassements honnêtes, » et qui pourtant se grisent comme des Anglais par amour » du bon vin, disent, en nous voyant soûls :

» — Oh ! les canailles, les pourceaux ! Faut-il qu'ils soient » de crapuleux et enragés ivrognes, pour avaler de si vilain » breuvage, attablés dans leurs puants cabarets?

» Mais, bonnes gens, après une semaine de privations, » de travail et de chagrins, où ces plaisirs délicats, à la por- » tée de notre bourse, et de l'ignorance où l'on nous laisse » vivre ? où trouverions-nous surtout l'oubli de ce qui » nous désespère ? »

Limousin se montrait rigoureusement fidèle et conséquent à cette manière d'envisager l'ivresse; une fois à l'ouvrage, et il s'y remettait invariablement chaque lundi, on ne pouvait voir un artisan plus laborieux, plus intelligent, plus sobre et plus honnête.

Une fois je lui demandais pourquoi il ne s'enivrait pas chaque soir, puisque l'ivresse était si douce; il me répondit sévèrement :

« — Ou je volerais afin d'avoir de quoi m'enivrer sans » travailler, et je ne veux pas voler; ou je gagnerais » assez pour acheter de quoi m'enivrer chaque jour, et » alors ce gain me suffirait, je serais heureux, et je n'au- » rais plus besoin de boire pour oublier. »

Maintenant je comprends le vrai sens de ces paroles de mon maître, et j'en suis frappé de leur justesse.

Enfant abandonné, j'ai assez vécu parmi les indigences et les douleurs de toutes sortes pour savoir que, presque toujours, chez nous autres du peuple, l'ivrognerie naît du besoin de s'étourdir sur des maux, sur des privations cruelles; c'est parmi les conditions les plus précaires, les plus déplorables, les plus affreuses, que l'ivrognerie se développe surtout d'une manière effrayante; puis elle diminue et devient d'autant plus rare que la condition s'améliore un peu par le bien-être, ou que l'intelligence se développe par l'instruction.

Sans doute, il est des exceptions; ainsi, plusieurs années après avoir quitté Limousin, je me trouvai domestique de confiance d'un grand seigneur dont je parlerai plus tard; encore jeune, sa fortune était immense; sa femme remplie de vertus et d'attraits... et bien souvent j'ai été secrètement chercher ce grand seigneur dans les cabarets les plus infects du quartier des halles, à Paris, où il s'enivrait toute la nuit avec la plus crapuleuse compagnie; de grand matin, je le ramenais ivre-mort, par une porte dérobée, dans l'antique et splendide hôtel dont sa noble famille était en possession depuis deux siècles, et que son père lui avait légué comme il devait le léguer à son fils, car il avait aussi un fils...

L'abus presque inévitable de la richesse acquise sans travail, l'aversion des plaisirs élevés, la satiété, le dégoût de toutes les jouissances devaient amener cet opulent seigneur au même point que Limousin, le pauvre maçon, en proie à toutes les privations.

Aussi, le riche cherchait dans une bruyante et fangeuse ivresse l'oubli de son opulence... le pauvre cherchait (en cela du moins plus digne) l'oubli de son infortune dans une ivresse solitaire.

Chaque dimanche, enfermé tout le jour avec Limousin, au fond de notre masure déserte, j'assistais donc, à jeun et dans un étonnement stupide mêlé de frayeur, aux extravagances, aux divagations que le vin inspirait à mon maître.

Quelquefois aussi Limousin m'obligeait à jouer des rôles secondaires dans les scènes étranges que suscitait son hallucination; son ivresse, d'ailleurs toujours inoffensive, était tantôt d'une bizarrerie qui allait jusqu'au grotesque, tantôt d'une tristesse qui allait jusqu'aux larmes... mais jamais elle ne lui inspirait des sentiments d'amertume ou de haine. Parfois encore, il racontait tout haut, — et à bâtons rompus, — les visions merveilleuses qui le ravissaient, ou bien il s'entretenait à voix basse avec des êtres imaginaires.

L'une des illusions fréquentes et chéries de mon maître, était de se croire le détenteur de tous les parapluies de France (ayant sa raison, il rêvait toujours à la possession de l'un de ces gigantesques parapluies de cotonnade bleue ou rouge, que les maçons seuls possèdent ; mais il lui eût fallu se retrancher sur le vin dominical, il ne pouvait se résoudre à ce sacrifice; je dois dire que, loin de songer à accaparer ces ustensiles, mon maître les distribuait généreusement à qui en manquait, exceptant toutefois de ces largesses les gens qui allaient en voiture; inexorable sur ce point-là, il ne trouvait pas de termes assez énergiques pour flétrir l'avidité de ces égoïstes qui, sans besoin, se *gorgeaient* des parapluies du pauvre monde.

Dans ces comédies solitaires, je représentais la multitude à laquelle mon maître distribuait les milliers de parapluies sous la forme de son bâton de houx.

Puis, l'ambition de Limousin prenant un essor plus élevé, il se voyait vêtu en tambour-major, le panache au front, la canne en main, traîné dans un char à six chevaux blancs, caparaçonnés d'écarlate. (Il était intraitable quant au nombre, à la couleur, au harnachement de cet attelage.) Probablement l'habit de tambour-major était, aux yeux de Limousin, l'idéal de la magnificence du costume; monté sur un escabeau boiteux, le poing gauche sur la hanche, la main droite appuyée sur sa toise, mon maître, trébuchant quelque peu, jetait de côté et d'autre des saluts de tête remplis de bienveillance; tandis que j'avais pour mission de crier, de ma voix la plus forte, en ma qualité de peuple masculin :

— Vive *Limousin, le bon enfant!*

Bientôt après, je représentais le peuple féminin, en criant de ma voix la plus aiguë :

— *Vive le beau Limousin!*

Cette manifestation doublement flatteuse, mon maître l'accueillait avec des sourires remplis d'aménité et de coquetterie.

Autant que je puis me rappeler les paroles incohérentes de Limousin, lors de cette espèce d'hallucination, il se croyait *élu*, à l'unanimité, le plus beau et le meilleur enfant de tous les maçons du globe; aussi allait-il ensuite recevoir ses électeurs, les traiter fraternellement et somptueusement dans le temple de Salomon. Suivait une description merveilleuse de ce lieu, qui me transportait d'admiration; alors presque toujours affamé, car je n'osais toucher aux bribes du repas de mon maître, j'écoutais en soupirant l'énumération du repas monstrueux que Limousin donnait à ses frères de la truelle, servi à table par les douze apôtres habillés en sauvages (sans doute il se mêlait à cette élucubration quelques souvenirs des rites du compagnonnage); le repas me semblait délectable, mais monotone : il se composait entièrement d'andouilles et de concombres au vinaigre.

A ces bouffonnes rêveries succédaient souvent de mélancoliques visions, qui attendrissaient mon maître jusqu'aux larmes.

Je me souviens qu'un jour il croyait voir et entendre la mère commune de tous les petits enfants voués, comme moi, à un pénible labeur dès un âge bien tendre, et que le besoin, l'épuisement, la maladie, font souvent mourir d'une mort précoce.

Cette mère attendait le retour de ses nombreux enfants avec une impatience à la fois joyeuse et inquiète, joyeuse parce qu'elle espérait les revoir bientôt, inquiète parce qu'ils tardaient à revenir...

Pour tromper son angoisse, la bonne mère préparait de son mieux une innombrable quantité de petits lits; mais les enfants n'arrivaient pas.

Alors la mère allait et venait deçà, delà, écoutant, regardant au loin... rien n'apparaissait... et la nuit venait...

Et la nuit était venue... Pauvre mère!! — disait Limousin, qui semblait assister à ces angoisses maternelles, et qui les racontait d'une voix remplie de larmes.

Enfin la mère commune entendait dans l'éloignement un bruit à la fois léger et tumultueux, qui se rapprochait de plus en plus...

— Voilà mes enfants! — criait-elle en pleurant de joie...

Et, comme la clarté de la lune resplendissait beaucoup, la mère abritait ses yeux sous sa main, afin de n'être pas éblouie, tandis que, tout heureuse, elle tâchait de découvrir au loin la troupe d'enfants...

Mais, chose étrange, le bruit augmentait toujours, se rapprochait toujours... et la mère ne voyait rien.

— « Je crois bien, que vous ne voyez rien... pauvre
» bonne mère, — disait Limousin d'une voix émue et
» avinée. Il avait raconté cette vision en s'interrompant
» de temps à autre par de longues pauses, — je crois bien
» que vous ne voyez rien; ce n'est pas le piétinement
» d'une foule d'enfants que vous entendez, c'est comme
» un grand vol de milliers de petits oiseaux, le bruit vient
» au-dessus de nos têtes... Tenez... tenez... les voilà... la
» lune en est obscurcie... Ce sont vos enfants... Tiens...
» ils sont tous pâles et ailés... Les voilà, les chers petits...
» les voilà... il y en a des cent, il y en a des mille et des
» milliers... Les entendez-vous... comme ils gazouillent
» en vous rasant de leurs ailes... en disant de leur petite
» voix douce : *Adieu, mère... nous ne souffrons plus...*
» *nous sommes délivrés...* Oh!... tenez, pauvre bonne
» mère... comme leur volée monte... monte, et monte
» encore... les voilà dans les nuages... et si-haut, si haut,
» qu'on ne les aperçoit plus que comme de petits points
» blancs au milieu des étoiles. Allons, bonne mère... cou-
» rage.. ils ne souffrent plus... Ah! bigre!!... elle ne
» répond pas.... la mère! elle chancelle.... elle tombe....
» elle est morte!.... C'est ma foi vrai, elle est morte!....
» Tiens, qu'est-ce que c'est donc que cette lueur blanche
» qui s'envole et qui monte là-haut, où sont montés les
» petits enfants ailés?... Bon! voici la lune qui se couche
» sous un gros nuage noir... Je vais faire comme la lune...
» Bonsoir la compagnie... »

Et Limousin tombait sur notre paillasse, épuisé, étourdi par cette double ivresse, dans laquelle l'imagination avait autant de part que le vin.

Tour à tour égayé, touché ou effrayé par ces récits ou par ces monologues étranges, je passais presque chaque dimanche dans une fiévreuse agitation; la nuit, des songes bizarres semblaient continuer pour moi les hallucinations de mon maître.

Le lundi matin, Limousin m'éveillait comme de coutume; son visage, son geste, son accent, si animés le jour précédent, étaient redevenus calmes et froids; à l'exubérance de paroles de la veille, succédait un flegme taciturne.

Mon maître reprenait alors sa tâche quotidienne avec son ardeur habituelle, toujours le premier et le dernier à l'ouvrage; mais, pendant la semaine, il ne m'adressait pas vingt fois la parole.

Avant de poursuivre, je dois parler d'un personnage qui joue un grand rôle dans mon récit.

Le personnage dont je veux parler était un colporteur bien connu dans le pays et surnommé *la Levrasse;* cet homme paraissait lié depuis longtemps avec Limousin; contre les habitudes de notre vie solitaire, plusieurs fois, le soir, le colporteur était venu s'entretenir longuement et tout bas avec mon maître; quelques gestes, quelques mots, quelques regards échangés entre eux, me firent croire qu'ils parlaient de moi, mais je n'ai jamais su le sujet de ces mystérieux entretiens; je me souviens seulement qu'un jour, le Limousin, ensuite de l'une de ces conversations, me demanda d'examiner ce qu'il appelait ma *relique.* C'était un vieux bouton argenté et armorié que je portais au col suspendu par un bout de ficelle; je n'ai jamais su comment ni depuis quand je possédais cet objet, auquel j'attachais d'ailleurs peu d'importance et que je conservais par habitude; après l'avoir regardée quelques instants d'un air pensif, le Limousin me rendit ma *relique* et depuis ne m'en parla plus qu'une fois, je dirai à quel propos.

La Levrasse se servait de sa profession de colporteur comme d'un manteau pour couvrir toute sorte de métiers hasardeux : en apparence il vendait dans les campagnes des chansons, des almanachs et des images de piété; mais, au vrai, il pratiquait la sorcellerie, jetait des sorts sur les animaux ou les en délivrait, faisait retrouver les objets perdus, guérissait les maladies qu'il emportait, disait-il, dans un sac mystérieux (le tout moyennant salaire); il vendait enfin en cachette des livres de magie, tels que le *Grand* et le *Petit Albert,* et surtout des livres et des gravures obscènes.

J'ai connu plus tard ces détails et d'autres encore.

Voyageant dans plusieurs contrées de la France et allant même, disait-on, jusqu'à Paris, le colporteur-sorcier ne paraissait jamais au bourg ou dans les environs durant la

Alors il commençait de boire jusqu'à la perte totale de sa raison. — Page 78.

belle saison, pendant laquelle il exerçait le métier de saltimbanque. Il ne venait dans notre bourg que l'hiver, et encore à de longs intervalles; personne ne savait sa demeure; il donnait ses audiences ou ses consultations chez les clients qui le mandaient, et il refusait de recevoir chez lui qui que ce fût.

Cet homme, jeune encore, avait une figure difficile à oublier : complétement imberbe et privé même de sourcils, il possédait cependant une chevelure noire comme de l'encre et longue comme celle d'une femme; il relevait ses cheveux à la chinoise, et son épais chignon se rattachait avec un peigne de cuivre au-dessus de sa figure blafarde et terreuse, presque continuellement grimaçante, car la Levrasse attirait d'abord la foule autour de lui par ses lazzis, par ses grimaces et par l'étrangeté de son costume. Malgré tant d'éléments grotesques, l'aspect de ce visage était plutôt sinistre que risible; ses deux yeux jaunes, ronds, perçants comme ceux d'un oiseau de proie, ses lèvres rentrées, presque imperceptibles, annonçaient la ruse et la méchanceté.

Son menton imberbe, son accoutrement bizarre, composé d'une veste ronde garnie de fourrure et d'une sorte de jupe de couleur rougeâtre qu'il portait par-dessus son pantalon, lui avaient valu le sobriquet féminin de la Levrasse, parce qu'il courait, disait-on, jour et nuit, par monts et par vaux, comme une *hase* vulgairement appelée dans le pays : *levrasse*.

Un grand âne noir nommé *Lucifer*, chargé des balles de livres et d'images du colporteur-sorcier-saltimbanque, avait aussi une physionomie particulière : à ses oreilles percées se balançaient deux gigantesques boucles d'oreilles en cuivre. Grâce au poids de ces joyaux, les oreilles de Lucifer, au lieu d'être droites, s'étendaient horizontalement; un large anneau de cuivre, gravé de signes symboliques et orné de sept petites clochettes, passé dans les naseaux de l'âne, complétant sa parure cabalistique, assortissait son aspect au bizarre aspect de son maître.

L'intelligence de Lucifer était aussi notoire dans le pays que sa méchanceté : s'il indiquait l'heure en frappant le sol de son sabot, s'il s'arrêtait devant la jeune fille la plus amoureuse de *la société*, pendant que la Levrasse distribuait ses almanachs et ses chansons, souvent aussi, saisi d'une sorte de frénésie, Lucifer s'était précipité sur les spectateurs, tâchant de les déchirer à belles dents; cet âne m'inspirait autant de frayeur que son maître; aussi, lors des trois ou quatre visites mystérieuses que celui-ci avait faites le soir à Limousin, la terreur m'avait causé de fiévreuses insomnies.

Lors de notre dernière entrevue, le colporteur-sorcier, m'ayant très-attentivement regardé, m'attira près de lui, et, à ma grande douleur, me fit craquer les jointures des bras et des jambes; après quoi, semblant très-satisfait, il dit à voix basse quelques mots à Limousin, qui répondit brusquement et d'un air fâché :

— Lui?... jamais... jamais.

Depuis, mon maître ne vit plus le colporteur qui le quitta d'un air irrité, en marmottant des paroles de malédiction.

Ce fut ensuite de cet entretien que mon maître me dit de garder précieusement *ma relique*, sans s'expliquer davantage à ce sujet.

Il fallut la vie presque animale que je menais pour engourdir, sinon pour éteindre la vive sensibilité dont j'étais naturellement doué.

Souvent je ressentais des accès d'attendrissement involontaire; mon cœur se gonflait, battait plus vite; mes yeux se noyaient de pleurs, et un irrésistible besoin d'af-

La Levrasse. — Page 83.

fection, qui me rendait encore plus assidu à mon devoir, me poussait à des démonstrations d'attachement toujours accueillies avec indifférence ou avec moquerie par ceux qui en étaient l'objet.

Ainsi plusieurs fois, en rentrant dans notre masure, tout heureux d'avoir fidèlement rempli ma pénible tâche et croyant, je ne sais pourquoi, trouver sur la froide figure de mon maître une expression d'encourageante bonté, je m'emparais de sa main, et, fondant en larmes, je la baisais avec effusion.

Le Limousin, ne comprenant rien, sans doute, à ce sentiment, me regardait avec surprise, puis, haussant les épaules, il retirait sa main en me disant :

— C'est bon, Martin... à bas, mon garçon...

Tout comme s'il eût été question d'un chien dont les caresses deviennent importunes.

Alors le cœur me manquait, tant j'y souffrais ; je m'étendais sur notre grabat, étouffant mes soupirs, cachant mes larmes, de crainte d'être importun ou de prêter à rire à mon maître, et je m'endormais tout en pleurs.

Après avoir en vain tâché de me faire aimer de mon maître, voyant mes témoignages d'attachement enfantin toujours accueillis avec une profonde insouciance, quand ils ne l'étaient pas avec impatience, je tombai dans un profond découragement.

Maintenant plus expérimenté, je comprends mieux et j'excuse la froideur de Limousin ; grâce à son habitude et à son genre d'ivresse, il ne vivait pour ainsi dire pas en ce monde... tout ce qu'il y avait en lui d'affectueux, de sympathique, trouvait son épanchement dans les illusions auxquelles il s'abandonnait. Cet homme, ordinairement si froid, si triste, si taciturne, une fois sous l'empire de ses hallucinations, répandait de douces larmes d'attendrissement, exprimait les sentiments les plus touchants,

ou se livrait à la plus folle gaieté ; l'offre de mon attachement devait donc lui être complétement indifférente.

Rebuté par lui, j'essayai de rechercher une autre amitié. Cette année-là, nous avions travaillé, durant l'automne, dans une maison de campagne dont les maîtres étaient absents ; la jardinière, grosse et robuste fille de vingt ans, avait paru me témoigner quelque intérêt : tantôt elle m'avait aidé, lorsqu'elle passait du côté de notre bâtisse, à charger une lourde augette sur mes épaules ; parfois elle m'avait donné un fruit à l'heure de nos repas, ou m'avait fait entrer chez elle pour me chauffer lorsque j'étais resté des heures entières, par une pluie fine et froide, à servir mon maître fort insoucieux de l'intempérie des saisons.

Une profonde reconnaissance des bontés de Catherine m'était restée au cœur ; croyant la lui témoigner de mon mieux en lui parlant de l'affection que la gratitude m'inspirait, cédant surtout à cet impérieux besoin d'attachement, d'expansion, que l'insouciance de mon maître avait redoublé en le comprimant, je dis timidement à cette fille, les yeux humides de larmes, le cœur tout gonflé d'espoir et de tendresse :

— Mademoiselle Catherine.... voulez-vous me laisser bien vous aimer ? vous êtes si bonne pour moi !

La robuste fille me regarda de ses gros yeux ronds, où se peignit d'abord la surprise ; puis, partant d'un bruyant éclat de rire qui ébranla toute sa massive personne, elle s'écria :

— T'es trop petit.

Puis elle reprit, en me regardant encore, et en redoublant ses éclats de rire :

— A-t-on jamais vu un crapaud comme ça !... A son âge !

Enfin, ajoutant quelques mots grossiers alors inintelligibles pour moi, elle me donna, en manière de plaisanterie ou de leçon, un grand coup de sabot.

Si je n'avais pas dit à cette fille, dont la corruption brutale me soupçonnait d'une cynique précocité :

— *Laissez-moi vous aimer comme j'aurais aimé ma mère, moi qui n'ai pas de mère....*

C'est que les mots me manquaient pour exprimer cette pure et vague aspiration vers l'affection maternelle, que je n'avais jamais connue, et dont pourtant je pressentais vaguement l'ineffable douceur.

Aussi, malgré ma candeur, un sentiment instinctif de dégoût se mêla à mon cruel désappointement, en voyant mes offres d'affection ainsi accueillies par Catherine.

Cette nouvelle déception ne corrigea pas de mon insurmontable besoin d'attachement, mais elle m'inspira un nouveau et amer découragement ; je me réfugiai alors dans le vague souvenir de cette belle jeune femme que j'avais vue travaillant auprès de mon berceau, faisant voltiger et bruire ses fuseaux sous ses doigts agiles à la lueur d'un globe lumineux dont l'éclat avait fait l'admiration et la joie de mon enfance. Cette douce figure m'apparaissait alors comme la fée tutélaire de mes premières années ; mais ces souvenirs, si lointains, si confus, ne pouvaient satisfaire à la soif de tendresse dont j'étais tourmenté.

Peu de temps après avoir été si cruellement repoussé par Catherine, j'eus le courage de tenter encore de me faire un ami. J'avais jeté les yeux sur un jeune ouvrier charpentier avec lequel nous travaillions aux réparations de la maison de campagne dont j'ai parlé ; d'un caractère doux et affectueux, il m'avait quelquefois adressé la parole avec bienveillance ; un jour, embarrassé, inquiet de la manière dont je l'aborderais, j'étais tristement assis sur une pierre à l'heure du repas ; je vis arriver cet ouvrier qu'on nommait le Beauceron ; Catherine l'accompagnait ; mon morceau de pain et mon arête de hareng étaient tombés à mes pieds.

— Tu ne manges donc pas, garçon ? — me dit le Beauceron en me frappant sur l'épaule.

— S'il ne mange pas, — reprit Catherine en éclatant de rire, — c'est qu'il a du chagrin.

— Pourquoi ? — dit le Beauceron.

— Parce que, l'autre jour, ce gamin-là, — et Catherine se mit à rire aux éclats, — a voulu... voyez-vous ça ?... a voulu... *être mon amoureux* (les expressions de Catherine furent bien autrement expressives).

— Lui ! — s'écria le Beauceron, en partageant l'hilarité de Catherine ; — à son âge... en voilà un roquet pas mal avancé...

Je devins pourpre de honte et de douleur ; je voulus répondre, ma voix tremblante s'arrêta dans mon gosier.

— Ah ! ah ! ah ! — reprit le Beauceron redoublant ses éclats de rire, — lui... le jeune *chian*... qui n'est pas tant seulement *évrevré*.

A la honte, à la douleur, succéda un sentiment de colère en me voyant ainsi brutalement raillé.

— Ne m'appelez pas chien... — dis-je résolûment au Beauceron, — je ne suis pas un chien.

— Toi, — reprit le Beauceron, — toi qui n'as ni père ni mère... t'es moins qu'un *chian*, t'es un fils de...

Je ne pouvais comprendre l'injurieuse signification du dernier mot que prononça le Beauceron ; cependant, au bondissement de mon cœur, au bouillonnement de mon sang, je pressentis la grossièreté de l'outrage ; quoique enfant, pour la première fois je connus un sentiment de haine et de fureur aveugle ; j'allais me précipiter sur le Beauceron sans songer à sa force, lorsque le souvenir de ces mots :

— *Tu n'as ni père ni mère*, qui avaient amené l'injure dont je souffrais si cruellement, me revint à la pensée ; alors ma colère se changea en un brisement de cœur inexprimable, les forces me manquèrent, et je retombai sur la pierre où je m'étais assis, sanglotant, je cachai ma figure dans mes mains.

— Allons, Martin, ne pleure pas. Que diable ! est-ce qu'on ne peut pas rire un brin ? — me dit le Beauceron, touché de mes larmes, bonhomme au fond ; mais il plaisantait, ainsi que Catherine, comme peuvent plaisanter de pauvres créatures déshéritées de toute éducation.

— Voyons, mon amoureux, — dit Catherine en me relevant le menton, — viens à la maison, je te donnerai une écuellée de soupe aux haricots, ça séchera tes larmes.

Tout en sachant gré à Catherine de son bon sentiment, je n'acceptai pas son offre ; dix heures sonnèrent, et je retournai à ma tâche, renonçant cette fois encore à l'espoir de trouver un *ami* dans le Beauceron.

Alors, abattu, chagrin, découragé... je me mis à penser que chaque dimanche mon maître, grâce à l'ivresse, échappait aux tristes réalités pour de merveilleuses illusions...

Limousin, dans son ivresse de chaque dimanche, divaguait donc tout haut en ma présence, et je jouais souvent un rôle passif dans les scènes touchantes ou grotesques, évoquées par son imagination en délire.

En écoutant les monologues étranges, les descriptions merveilleuses des pays enchantés que parcourait mon maître, une curiosité mêlée de frayeur s'était souvent éveillée en moi.

Il paraît peut-être singulier que l'envie de m'enivrer, à l'exemple de Limousin, ne me soit pas venue du premier jour où je le vis en proie à ses hallucinations, et où il m'eut développé sa théorie de l'ivresse... de l'ivresse, où chaque semaine il trouvait l'oubli du passé, du présent et d'un avenir non moins misérable ; j'avais toujours été retenu loin de toute mauvaise pensée par l'espoir de mériter l'affection de mon maître ; mais après les douloureuses et vaines tentatives où tout ce qu'il y avait d'expansif en moi fut brutalement refoulé, je me crus en droit de chercher aussi dans l'ivresse l'oubli du passé, du présent et de l'avenir.

Je ne pouvais guère être retenu par la crainte d'affliger Limousin ; je ne ressentais pour lui, on le conçoit, ni attachement ni éloignement ; sans me traiter avec dureté, jamais il ne me disait un mot affectueux. Une fois au travail, il me me parlait que pour me crier de sa voix rauque le mot consacré : *Apporte!!* et j'apportais mon augette remplie de mortier, que j'allais bientôt remplir de nouveau. Le soir, de retour dans notre masure, nous soupions sans échanger une parole ; enfin, je gagnais par mon travail le pain qu'il me donnait.

Aucun lien de tendresse, de gratitude ou de vénération ne pouvait donc m'arrêter ; cependant, malgré tant de motifs de faillir, je résistai quelque temps à la tentation, un peu par vertu, un peu par la difficulté de dérober du vin à mon maître, et beaucoup par des craintes vagues que, malgré mon ardente curiosité, je ressentais à la seule pensée de m'élancer comme lui dans cette sphère de visions extraordinaires et de mystérieux enchantements.

Enfin, mes irrésolutions cessèrent, je surmontai mes scrupules.

Il fallait d'abord me procurer du vin, chose difficile ; mon maître ne quittait presque jamais du regard le magique tonnelet, et il avait une telle habitude de s'en ingurgiter le contenu, qu'il ne s'endormait jamais sans l'avoir mis complétement à sec. Je méditai longtemps mes moyens d'*attaque*. Enfin, à peu près sûr de réussir, j'attendis l'occasion ; elle ne tarda pas : j'avais arrêté mon projet le jeudi ; le dimanche suivant je pus le mettre à exécution.

Je me le rappellerai toujours, c'était le dernier dimanche du mois de novembre, il faisait très-froid ; une neige abondante couvrait la terre ; j'avais passé la nuit dans l'agitation, dans l'insomnie ; le matin, selon la coutume, la servante de l'auberge du bourg apporta dans notre masure, charriés sur le bât de son âne, le baril de vin et les provisions ; lorsqu'elle se fut retirée, mon maître barricada la porte, et plaça le tonnelet garni d'un robinet au chevet de notre paillasse. S'armant alors d'un vieux gobelet de fer-blanc, Limousin, toujours taciturne, s'assit sur notre grabat, et commença de boire coup sur coup sans prononcer une parole ; d'habitude il demeurait silencieux, jusqu'à ce que les fumées du vin eussent agi sur son cerveau.

Pendant ces préliminaires, accroupi à dessein dans le coin le plus sombre de notre masure, mon regard oblique ne quittait pas Limousin.

Soit que l'intensité du froid, soit qu'une prédisposition accidentelle contrariât, ralentît l'excitation du vin, mon maître, contre son habitude, resta cette fois assez longtemps sans ressentir les symptômes ordinaires de l'ivresse ; enfin je vis se fondre peu à peu le masque de glace qui durant la semaine semblait pétrifier ses traits ; son visage hâve se colora, ses yeux ternes brillèrent ; il se redressa brusquement sur son séant et d'une voix vibrante se mit à entonner une chanson à boire ; puis, les progrès de l'ivresse suivant leur cours, il commença de parler à haute voix ; ce jour-là les visions ou les impressions de mon maître étaient fort gaies : de temps à autre il riait aux éclats et applaudissait bruyamment comme s'il eût été spectateur d'une joyeuse scène. Trop préoccupé pour prêter une oreille curieuse à ses divagations, je les entendais sans les écouter ; tapi dans l'obscurité, en apparence immobile, endormi, mes mains jointes sur mes genoux et le front appuyé sur les mains, je faisais lentement, et tous les quarts d'heure au plus, en me glissant le long du mur, un imperceptible mouvement qui me rapprochait du tonnelet : en deux heures j'avais gagné peut-être cinq ou six pouces de terrain.

Le jour devenait de plus en plus sombre, la neige recommençait de tomber à gros flocons ; notre demeure, seulement éclairée par deux petites vitres sordides placées à l'imposte de la porte, était presque plongée dans l'obscurité ; grâce à ces demi-ténèbres, je mettais moins de lenteur et de circonspection dans les mouvements qui me rapprochaient du baril.

Soudain mon maître m'appela en riant à gorge déployée.

Je restai immobile, accélérant et élevant ma respiration, afin de faire croire à mon sommeil.

— Il dort, — dit Limousin, — bah !... j'irai tout seul à la noce.

Et il commença de parler et de gesticuler avec une agitation, avec une hilarité croissantes.

Mon premier succès m'enhardit : deux heures après j'étais arrivé auprès du baril, placé entre la muraille et le chevet de notre grabat ; saisissant le moment où mon maître avait le dos tourné, je me blottis brusquement dans l'espace qui restait entre le mur et le tonnelet ; je jouais le tout pour le tout, car presque au même instant Limousin m'appela d'une voix de plus en plus chevrottante et avinée.

Je restai de nouveau silencieux, immobile. Mon maître se laissa pesamment tomber sur notre couche, puis s'accoudant en prenant le baril pour traversin, il appuya son menton dans sa main gauche, tandis que, de la main droite, il tenait son gobelet, prêt à le remplir encore, car le baril n'était pas vide...

Je voyais mon maître de profil ; il était à peine vêtu d'une chemise et d'un pantalon en lambeaux, troué de tous côtés ; la clarté douteuse que filtraient les carreaux de l'imposte se concentrait sur son visage radieux, épanoui.

Limousin fredonnait un chant joyeux ; cette figure empreinte d'une sérénité, d'une béatitude ineffables, se dessinait rayonnante de lumière et de félicité sur les ténèbres de notre masure... tandis qu'au dehors la bise sifflait et faisait tourbillonner la neige dans la plaine déserte...

Au moment de dérober le vin qui appartenait à mon maître, un dernier scrupule m'était venu ; mais, à l'aspect du bonheur idéal dont il semblait jouir... au milieu de notre misère, je n'hésitai plus.

Un gros clou dont j'avais aiguisé la pointe, le tuyau de la pipe d'un de nos compagnons de travail que j'avais cassée, comme par hasard, à l'heure du repas, furent les instruments dont je m'étais précautionné ; avec leur aide j'accomplis mon larcin ; le fond du baril facilement percé, j'adaptai à cette ouverture le tuyau de pipe... et je commençai à pomper le vin à longs traits, avec une angoisse, avec un battement de cœur terribles...

D'abord l'âcre saveur de ce vin épais, capiteux, me causa une grande répugnance ; je surmontai ce dégoût, et bientôt une chaleur inconnue circula dans mes veines : les artères de mes tempes battirent à se rompre, ma vue se troubla... à des éblouissements lumineux succéda un vertige si violent, que je me cramponnai des deux mains au baril, comme si le sol, emporté par un mouvement de rotation rapide, eût manqué sous mes pieds, et dans mon trouble je m'écriai :

— Maître... au secours...

A partir de ce moment, les souvenirs m'échappent presque complétement.

Il me semble pourtant avoir vu Limousin se dresser debout de l'autre côté du baril, puis, perdant l'équilibre, retomber sur notre grabat en poussant un grand éclat de rire...

Lorsque je revins à moi, je me sentis engourdi par un froid cuisant... j'ouvris les yeux, j'étais au milieu d'un bois, couché sur la neige, le jour touchait à sa fin...

J'éprouvais un violent mal de tête ; la raison encore troublée, je regardai autour de moi avec un mélange de frayeur et de curiosité...

Comment étais-je venu dans ce bois que je ne connaissais pas ? que s'était-il passé entre moi et Limousin ? étais-je loin de notre masure ? m'en avait-il chassé ? étais-je sous l'empire d'une de ces visions familières à mon maître ? Ces pensées incohérentes se pressaient, se heurtaient dans mon esprit, lorsqu'un bruit lointain et à moi bien connu me fit tressaillir. C'était un tintement de clochettes sonores, couvert çà et là par les éclats d'une voix claire, perçante, qui chantait cette vieille chanson de tréteaux :

La belle Bourbonnaise
A, ne vous en déplaise,
Le cœur chaud comme braise, etc.

C'était là la voix de la Levrasse le colporteur, accompagné de son âne Lucifer, qui faisait tinter ses sonnettes.

CHAPITRE XIII.

Suites de l'ivresse de Martin. — Il est emmené par la Levrasse. — La mère Major. — La Chambre aux chevelures. — Bamboche refuse de cramper en cerceau. — Visite amicale. — Origine d'une amitié à toute épreuve.

A l'approche de la Levrasse, je voulus fuir ; je n'en eus pas la force, mes jambes alourdies se dérobèrent sous moi, je retombai au pied d'un arbre.

Bientôt, à travers la futaie largement espacée, je vis s'avancer le colporteur et son âne. Malgré la rigueur de la saison, la Levrasse était, selon sa coutume, nu-tête et coiffé à la chinoise ; sa veste de gros drap brun tranchait sur sa vieille jupe d'un rouge sombre ; son âne, toujours aussi étrangement accoutré que son maître, disparaissait presque entièrement sous une énorme toile cirée, noire, flottante, qui recouvrait les ballots du colporteur ; on eût dit un caparaçon de funérailles. Ainsi enharnaché, sa grosse tête velue, coiffée de longues oreilles chargées d'ornements de cuivre cabalistiques, me paraissait plus effrayante encore.

A chaque pas du colporteur vers moi, mon épouvante augmentait ; une seconde fois je voulus fuir ; mais, pétrifié de terreur, il me fut impossible de faire un mouvement. Un dernier espoir me restait : le crépuscule rendait déjà le jour douteux ; quelques flocons de neige tombaient lentement du ciel d'un gris foncé, peut-être resterais-je inaperçu grâce à l'énorme tronc d'arbre derrière lequel je me cachais de mon mieux.

La Levrasse n'était plus qu'à quelques pas de moi, chantant d'une voix de plus en plus éclatante, pour charmer les loisirs du chemin, ces mêmes paroles que je n'oublierai de ma vie :

La belle Bourbonnaise
A, ne vous en déplaise,
Le cœur chaud comme braise.

Puis, en manière de refrain, le colporteur poussait un éclat de rire aigu en répétant :

Ha, ha, ha, ha, ha.

Ce disant, il grimaçait, en manière de répétition sans doute, toutes sortes de façons de rire grotesques et hideuses, avec de telles contorsions, que pas un des muscles de son visage ne restait en repos; tantôt il levait si violemment les yeux au ciel, que sa prunelle disparaissait absolument sous ses paupières, tantôt celles-ci se contractaient, et leur rebord apparaissait rouge et sanglant; tantôt enfin sa bouche, s'ouvrant énorme, semblait se fendre jusqu'aux oreilles.

L'accès, ou plutôt la convulsion de gaieté solitaire de cet homme, ses éclats de rire étranges, au lieu de diminuer mon effroi, le comblèrent. Tout à coup la Levrasse interrompit ses grimaces et ses chants : il venait de m'apercevoir ; il s'arrêta devant moi, son âne l'imita.

Saisi de terreur, j'eus encore la force de me dresser sur mes genoux, de joindre les mains, et, sans savoir presque ce que je disais, de crier :

— Grâce !

Puis, je retombai accroupi, replié sur moi-même, tremblant de tous mes membres.

A ma vue, le colporteur cessa ses grimaces, me regarda d'un air surpris en se rapprochant de plus en plus de moi, tandis que son âne noir, s'arrêtant en même temps que lui, allongeant sa grosse tête auprès de la mienne, me flairait avec inquiétude.

— Que fais-tu là ? si loin de chez ton maître ? — me dit la Levrasse.

Je n'osai pas répondre.

— Est-ce que Limousin est par ici ?

Même silence de ma part.

— Répondras-tu ! — s'écria le colporteur d'une voix courroucée en se baissant vers moi, et me secouant par le bras.

Saisi de frayeur, j'eus recours à un mensonge.

— Mon maître m'a chassé, — dis-je d'une voix tremblante.

— Pourquoi ?

— Parce que... parce que... j'étais paresseux.

Le colporteur ne me quittait pas du regard ; sans doute il soupçonna mon mensonge, car il reprit d'un air de doute :

— Limousin t'a renvoyé parce que tu étais paresseux ? C'est singulier, il ne s'est jamais plaint à moi de ta paresse... Du reste, il y a cinq ou six mois que je n'ai vu ton maître, — ajouta-t-il en réfléchissant ; puis il reprit :

— Tu es donc devenu un mauvais sujet, un paresseux ?

— Oh, non ! — m'écriai-je.

— Alors, pourquoi ton maître t'a-t-il renvoyé ?

Je ne sus rien répondre.

Après un assez long silence pendant lequel le colporteur m'avait attentivement regardé, il reprit :

— Que vas-tu devenir ?

— Je ne sais pas.

— Tes parents ?...

— Je n'ai ni père ni mère...

— Où étais-tu avant d'être chez Limousin ?

— Je ne sais pas.

— Qui t'a placé chez lui ?

— Je ne sais pas.

— Personne au monde ne s'intéresse donc à toi ?

— Personne...

La Levrasse se tut de nouveau, se rapprocha davantage encore de moi comme pour me mieux observer, car la nuit avançait ; mais, ne trouvant pas sans doute son examen assez complet, le colporteur me dit :

— Debout.

La peur m'empêchant de lui obéir, la Levrasse, avec une vigueur que je ne lui aurais jamais soupçonnée, me prit par le collet de ma souquenille, me releva d'un poignet de fer, et me planta droit sur mes jambes ; alors, me palpant par tout le corps de ses doigts durs et osseux, il dit à demi-voix, à mesure qu'il avançait dans ses investigations :

— Bonne poitrine... bons membres... bonne charpente... il n'a pas dépéri, la nourriture fera le reste ; la force et la souplesse viendront... deux ans de moins vaudraient mieux ; mais il est d'âge encore...

Cet examen, qui redoublait toutes mes terreurs, terminé, la Levrasse me dit :

— Tu ne veux pas retourner chez ton maître ?

— Oh non ! j'ai trop peur.

— Tu as raison... il te clouerait à sa porte par les oreilles, ou te ferait pis encore.

Je frissonnai.

— Où coucheras-tu cette nuit ?

— Je ne sais pas...

— Et les autres nuits ?

— Je ne sais pas...

— Tu mourras de froid dans ce bois, ou tu y seras mangé par les loups.

Je me mis à pleurer amèrement.

— Allons, voyons, ne pleure pas... Tu t'appelles Martin ?

— Oui, Monsieur.

— Eh bien, Martin, pour cette nuit je te logerai... après, nous verrons... tu vas monter sur mon âne...

Malgré la position désespérée où je me trouvais, loin d'accepter l'hospitalière proposition de la Levrasse, je poussai un cri d'effroi ; et, me levant brusquement, je me sauvai avec épouvante ; mais la Levrasse, me rattrapant en deux bonds avec une agilité surprenante, s'écria :

— Ah !... tu as peur de moi...

— Oui...

— Tu me refuses ?...

— J'aime mieux mourir dans ce bois, être mangé par les loups, que d'aller avec vous ! — m'écriai-je, les mains jointes, en tombant à genoux.

— Et pourquoi as-tu peur de moi, mon petit Martin ? — me dit la Levrasse d'un ton doucereux qui, loin de diminuer ma frayeur, l'augmentait encore, — ne crains rien... je serai ton protecteur...

— J'aime mieux retourner chez mon maître...

— Il est trop tard... tu ne le reverras plus, — me dit le colporteur.

Et le colporteur m'enlaça de ses bras noueux, surmonta facilement ma faible résistance, tira une courroie de sa poche, m'attacha solidement les mains derrière le dos et, m'enlevant comme une plume, il m'emporta jusqu'auprès de son âne, écarta le caparaçon qui le couvrait, m'étendit en travers sur ses ballots de marchandises, et me recouvrant de la toile cirée, il me dit en ricanant :

— Bonsoir, petit Martin, bonsoir.

Puis s'adressant à son âne :

— En route, Lucifer !

Et Lucifer se remit en marche.

Il était tombé dans la journée une grande quantité de neige ; le bruit des pas de l'âne et de la Levrasse s'amortissait complètement ; saisi de terreur, abandonnant mon corps aux mouvements de la marche de l'âne, je n'entendais de temps en temps, au milieu du profond silence de la nuit, venue bien vite, que la voix claire et perçante de la Levrasse, chantant sa chanson monotone, accompagnée de lazzis :

La belle Bourbonnaise
A, ne vous en déplaise,
Un cœur chaud comme braise.
Ha, ha, ha, ha, ha.

J'ignore pendant combien de temps nous marchâmes ainsi dans les bois : seulement, par deux fois, au bruit du clapotis de l'eau, je m'aperçus que l'âne traversait des gués, pendant que la Levrasse les franchissait sans doute sur des passerelles, car alors sa voix semblait s'éloigner.

Après avoir ainsi marché pendant deux ou trois heures environ, l'âne s'arrêta tout à coup.

J'entendis le bruit d'une sonnette agitée violemment, et, au bout de quelques instants, une grosse voix virile et enrouée demanda d'un ton bourru :

— Qui est là ? qui vient frapper à cette heure ?

— Moi... mère Major, — répondit la Levrasse, car la voix sonore et formidable à laquelle il répondait appartenait à une femme. — Oui, c'est moi, la vieille, — reprit la Levrasse.

— Qui ça, toi ?

— Mais moi, moi, ton homme, — s'écria la Levrasse courroucé, — ne me reconnais-tu pas ?

— Tonnerre de Dieu ! c'est toi ? Qui diable pouvait t'attendre par un temps pareil ?...Toi et Lucifer, vous avez l'air de deux tas de neige ; je descends... mon fils, je descends...

Bientôt j'entendis le bruit traînant d'une lourde porte qui s'ouvrait; l'âne s'avança avec précaution, car nous descendîmes une pente rapide, puis il s'arrêta.

La voix de la Levrasse s'éleva de nouveau.

— Apporte une flambée dans la chambre aux chevelures.

— Pourquoi donc faire? ta chambre est prête, — répondit la grosse voix.

— Apporte toujours...

— Allons, bon, j'y vais...

— Y a-t-il de quoi coucher dans cette chambre? — ajouta la Levrasse.

— Je le crois bien : il y a une couverture sur une litière de paille de maïs toute fraîche.

— Apporte aussi du pain, de la bière et un morceau de lard, — ajouta la Levrasse.

— Dans la chambre aux chevelures? — reprit la grosse voix, avec un accent de plus en plus étonné.

— Oui, — dit la Levrasse.

Quelques minutes après ce dialogue, je sentis que l'on soulevait la toile cirée dont j'étais couvert; l'air vif et froid me frappa au visage.

— Veux-tu marcher ou veux-tu que je te porte, petit Martin? — dit la Levrasse d'une voix toujours doucereuse.

Et m'aidant à descendre de dessus les ballots, il dénoua la courroie qui m'attachait les mains.

— Je peux marcher, — lui dis-je, en proie à une terreur indicible.

— Alors donne-moi la main et prends garde de tomber : il y a du verglas.

Après avoir plusieurs fois trébuché en descendant quelques degrés glissants, j'entrai sur les pas de la Levrasse dans une petite chambre voûtée. Un bon feu de fagots de peuplier, remplissant la cheminée, éclairait ce réduit de sa chaude et joyeuse clarté.

— Voilà ton gîte, ton souper et ton lit, — me dit la Levrasse, en me montrant du doigt une caisse remplie de paille de maïs et une escabelle, sur laquelle étaient un morceau de pain, un morceau de lard et un cruchon de bière.

— Maintenant, — ajouta-t-il en me pinçant l'oreille d'un air paterne, — bon appétit et bonne nuit, petit Martin.

Puis, la Levrasse sortit de la chambre et ferma la porte à double tour.

Resté seul et réchauffé par l'ardeur du brasier, je commençai à reprendre mes esprits, car jusqu'alors j'avais cru rêver.

Bientôt je regardai autour de moi avec un mélange de frayeur et de curiosité; les fagots de peuplier, mêlés de sarments de vigne, pétillaient dans le foyer en mille jets de flamme bleue et blanche, et épandaient par bouffées leur odeur aromatique et salubre. Cette gaie lumière suffisait à éclairer les murailles nues et blanches de cette chambre.

Ayant par hasard levé les yeux vers le plafond, je m'aperçus seulement alors que, des solives saillantes, pendaient, soigneusement étalées, lissées et étiquetées, un grand nombre de longues chevelures de toutes couleurs, blondes, brunes, châtaines et même rousses; il en était de si épaisses, de si luisantes, qu'on eût dit d'énormes écheveaux de soie.

Ce spectacle étrange me remplit d'un nouvel effroi; je m'imaginais que ces chevelures avaient appartenu à des cadavres; dans mon illusion, il me sembla même que plusieurs d'entre elles étaient ensanglantées; de plus en plus épouvanté, je courus à la porte, elle était solidement fermée; ne pouvant fuir, je m'appliquai à ne plus lever les yeux vers l'effrayant plafond.

La vue des autres objets qui m'entouraient fit une heureuse diversion à ma peur : la grande caisse de bois servant de lit était remplie de feuilles de maïs bien sèches, sur lesquelles je vis à demi dépliée une épaisse couverture de laine, le lard que l'on m'avait servi me paraissait fort appétissant : le pain était blanc; la bière, fraîchement tirée sans doute, couvrait d'une mousse épaisse les bords du cruchon de grès; de ma vie je n'avais eu à ma disposition un si bon gîte, un si bon lit, un si bon repas; pourtant il me fut impossible de toucher à ce souper; je n'o-

sais pas même, malgré ma fatigue, m'étendre sur la couche de maïs; je m'assis en tremblant sur les carreaux du sol, auprès du foyer dont la chaleur réchauffait mes membres engourdis.

En me voyant au pouvoir du colporteur dans un lieu inconnu, il me semblait avoir quitté mon maître depuis un long espace de temps, et être à une énorme distance de notre masure, dont je ne m'étais pourtant éloigné que depuis quelques heures; parfois je me croyais encore sous l'empire de l'ivresse; alors les événements dont j'étais acteur et témoin me paraissaient des illusions, des songes dont je me réveillerais tôt ou tard sous le toit de notre pauvre cabane.

Chose singulière, lorsque j'admettais cette supposition, loin d'être rebuté par ma première excursion dans les mystérieux domaines de l'ivresse, je trouvais une sorte de charme dans ces angoisses, et je pensais à ma joie lorsque, revenu à la raison, je me trouverais dans notre triste et paisible demeure.

Mais lorsque je venais à penser que j'étais réellement au pouvoir du colporteur, et que je ne reverrais plus jamais mon maître, froid, taciturne, indifférent, il est vrai, mais qui n'avait jamais été pour moi, ni dur, ni méchant, je ressentais d'amers regrets, des transes terribles, et je maudissais ma fatale curiosité.

La tension d'esprit causée par ces pensées, jointe à la fatigue, à la frayeur, me jeta bientôt dans une sorte d'abattement, auquel succéda un sommeil à la fois pesant et agité.

Je ne sais depuis combien de temps je dormais, lorsque je fus réveillé en sursaut par les cris déchirants et les supplications d'un enfant.

Il faisait à peine jour; une faible lueur, projetée par le crépuscule ou par la réverbération de la neige, filtrait à travers une petite croisée placée en face du foyer éteint auprès duquel je m'étais endormi.

Les cris de l'enfant qui m'avaient éveillé cessèrent un instant; alors j'entendis et je reconnus la grosse voix de la femme qui avait accueilli la Levrasse à son arrivée, et qu'il avait appelée mère Major.

— Tu ne veux pas *cramper en cerceau* (1) ? — disait cette femme d'un ton courroucé.

— Je ne peux pas... je n'ai plus la force, — répondait une voix dolente.

— Une fois, deux fois, tu ne veux pas ?

— Mais quand je vous dis que, quand je touche comme ça longtemps mes pieds avec ma tête... j'étouffe, moi ! — répondit l'enfant.

— Je vas t'apprendre à étouffer, moi, — reprit la femme de sa voix tonnante.

Et, à travers la même cloison, j'entendis des coups secs, précipités, qui furent accompagnés d'un redoublement de cris poussés par l'enfant qui, furieux de douleur et de colère, jurait et sacrait effroyablement.

— Maintenant... cramperas-tu ? — reprit la grosse voix de femme.

— Vous me battez si fort... que je vais tâcher encore, — répondit l'enfant, dont les dents s'entre-choquaient.

— Allons, pas de phrases, et crampe... — reprit la femme d'un ton menaçant.

Il se fit un moment de silence.

Bientôt la femme s'écria d'un air triomphant : — Vois-tu, feignant de *Bamboche* ! c'était de paresse que t'étouffais.

Au moment même où la femme parlait ainsi, l'enfant fut saisi d'un violent accès de toux convulsive, oppressée, coupée çà et là de sifflements stranguiés; on l'eût dit près de suffoquer.

— Ah ! tu fais la *frime* d'étouffer, — dit la grosse voix; — attends, attends, je vas te faire chanter si fort, moi, que ça t'élargira le gosier.

Et les coups secs et précipités retentirent de nouveau.

Cette fois l'enfant ne cria pas, ce fut la femme qui, jurant et blasphémant, s'écria :

— Brigand de Bamboche... il m'a mordue au sang... Ce gueux-là est plus traître et plus méchant qu'un chat sau-

(1) Nous expliquerons plus tard ce que signifient ces mots techniques.

vage... Ah! tu me mords, gredin... Viens... viens, je vas te donner la monnaie de ta pièce; mais dans la cave... car ici tes cris éveilleraient le *petit nouveau*.

Et après le bruit d'une faible lutte, accompagnée de murmures et de cris étouffés qui allaient en s'éloignant, tout redevint silencieux.

Je frissonnai de tout mon corps; le petit nouveau, c'était moi... sans doute.

Que faisait-on donc faire à cet enfant, lorsqu'on lui avait ordonné de *cramper en cerceau*? Que signifiaient ces mots étranges? Cela était donc bien douloureux, puisque j'avais entendu ce petit malheureux presque suffoquer? Un sort pareil m'attendait-il?

Alors je me rappelai que, la veille, la Levrasse m'avait étrangement et attentivement palpé les membres, exploré la poitrine, en prononçant des mots incompréhensibles; mon effroi augmentait d'autant plus, qu'il s'agissait de choses inconnues, mystérieuses. Enfin cette maison solitaire, ces chevelures de toutes les couleurs pendues au plafond, cet enfant que, sans doute, l'on martyrisait dans une cave afin que ses cris ne parvinssent pas jusqu'à moi, toutes ces circonstances redoublèrent tellement mon épouvante, qu'oubliant mes vaines tentatives de la veille, je m'élançai vers la porte; la trouvant fermée à double tour, je courus à la fenêtre, à travers laquelle commençait à poindre le jour naissant; elle était grillée au dehors...

Alors, saisi d'un désespoir indicible, je me jetai sur la couche de maïs, en m'écriant d'une voix entrecoupée de sanglots :

— Qui aura pitié de moi?... Personne... personne... je suis sans père ni mère!

Soudain ma porte s'ouvrit, la Levrasse parut.

— Bonjour, petit Martin, — me dit la Levrasse de sa voix doucereuse, en s'approchant de mon lit, me croyant sans doute endormi, car je m'étais couché à plat ventre, cachant ma figure entre mes mains; la Levrasse ajouta :

— Nous dormons donc comme un petit loir ?

Et il me secoua légèrement; je me redressai, le visage ruisselant de larmes. Je m'écriai les mains suppliantes :

— Laissez-moi m'en aller d'ici... et retourner chez mon maître.

— Comment? comment? t'en retourner, petit Martin ? — dit la Levrasse d'une voix aigre-douce.

— Je ne veux pas rester ici !

La Levrasse partit d'un grand éclat de rire.

— Ah! ah! ah! tu veux retourner chez le Limousin, pour qu'il te cloue les oreilles à sa porte, n'est-ce pas?

— J'aime mieux mourir chez mon maître que de mourir ici.

Et, sautant du lit où j'étais demeuré agenouillé, suppliant, je me précipitai vers la porte entr'ouverte; cette folle tentative de fuite fut vaine; la Levrasse me rattrapa sur le seuil, et me ramena vers le lit en me disant :

— Sois donc sage, petit Martin... Tu veux te sauver... pour aller chez ton maître ? Tu es fou... Qui t'enseignera ton chemin ? Personne; il n'y a pas d'habitation dans les bois que nous avons traversés; aussi ce soir tu serais, comme je t'ai trouvé hier, près de mourir de froid ou d'être mangé par les loups. Et puis enfin... — ajouta la Levrasse d'un ton menaçant, — je ne veux pas, moi, que tu sortes d'ici. Sois tranquille, les portes sont bonnes et les murailles hautes; lorsque je quitterai cette maison, tu viendras avec moi, et — ajouta-t-il, en reprenant sa voix doucereuse, — tu n'en seras pas fâché, petit Martin.

Me voyant absolument au pouvoir de la Levrasse, je n'essayai ni de l'apitoyer sur mon sort, ni de changer sa résolution; retombant sur ma couche, je poussai cette plainte, qui formulait toujours la suprême expression de mon désespoir :

— Je n'ai ni père ni mère; personne n'aura pitié de moi !

— Qu'est-ce que tu dis donc, que tu es sans père ni mère, petit Martin ? mais je serai ton père, moi, et je te donnerai une mère, — ajouta la Levrasse avec un sourire sardonique, — oh ! une mère comme tu n'en aurais jamais eu, j'en suis certain.

Et la Levrasse s'écria, de sa voix claire et glapissante, en faisant quelques pas vers la porte:

— Eh ! mère Major...

— Je finis de *bercer Bamboche*, — répondit une voix tonnante qui semblait sortir des entrailles de la terre, et qui sortait sans doute de la cave où cette femme avait emporté l'enfant.

Je compris le sens de ces mots : Je berce Bamboche.

La Levrasse ajouta :

— Hein... cette bonne maman ? Entends-tu ? comme elle berce ses *petits enfants* chéris : c'est comme cela que tu seras bercé, petit Martin.

— Oh! oui... oui, je le crois, — murmurai-je en frémissant.

— Viens donc, ma vieille; dépêche-toi, — répéta la Levrasse.

— Un moment, donc! tonnerre de Dieu ! me voilà, — répondit la mère Major d'une voix qui fit trembler les vitres.

Quelques instants après, la mère Major entra dans la chambre.

C'était une femme d'environ trente-six ans, grande de près de six pieds ; sa carrure et son embonpoint énormes, sa lèvre supérieure ombragée d'une véritable moustache noire, comme ses sourcils épais; sa figure large et colorée, sa tournure hommasse, sa voix rauque et mâle, sa physionomie dure et effrontée, enfin son apparence toute virile, formaient le plus bizarre contraste avec l'extérieur de la Levrasse.

J'ai vu depuis comment le hasard qui avait donné à cet homme la figure imberbe et la voix claire d'une femme et à cette femme la moustache et la voix virile d'un homme, était exploité par tous deux au profit du côté grotesque de leurs exhibitions. Parmi les différents métiers plus ou moins hasardeux, la Levrasse comptait celui de *saltimbanque nomade* ; c'était son état de prédilection; s'il l'abandonnait généralement pendant l'hiver pour celui de colporteur et de sorcier ambulant, c'est d'abord parce que les représentations en plein vent ne sont fructueuses et possibles que pendant la belle saison ; c'est qu'ensuite le personnel de la *troupe* de la Levrasse se désorganisait souvent.

En parlant des différents métiers de la Levrasse, je dois mentionner celui d'*acheteur de cheveux coupés sur place*; ce qui expliquait d'ailleurs l'abondance des dépouilles capillaires suspendues au plafond de ma chambre.

Oui, la Levrasse était aussi un de ces industriels qui, à l'époque de l'année où le froid est le plus rude, le salaire le plus rare, le plus minime, où la misère est enfin le plus intolérable, parcourent les plus pauvres provinces de la France, afin de tenter par une offre de quinze ou vingt sous les jeunes filles indigentes, et de leur acheter à ce prix leur belle et soyeuse chevelure, seule parure de ces infortunées.

La compagne de la Levrasse, la gigantesque mère Major, ainsi surnommée en raison de sa stature et de son apparence de tambour-major, remplissait, lors des représentations publiques, l'emploi de *femme géante*, véritable Alcide femelle qui, s'arc-boutant sur les pieds et sur les mains, la tête renversée en arrière, engage trois hommes de l'*honorable société* choisis parmi les plus robustes, à lui faire le plaisir de lui piétiner le ventre, ce qu'elle endure héroïquement sans ployer un instant les reins ; après quoi, passant à d'autres exercices, elle s'offre à faire des armes avec les premiers maîtres de la garnison, enlève des poids énormes avec ses dents, etc.

Lorsqu'elle entra dans ma chambre, la mère Major était en costume de *travail*, car, en ordonnant à Bamboche de cramper en cerceau (c'est-à-dire, étant debout, de se renverser en arrière pour que la tête allât presque toucher aux talons), cette femme répétait un exercice avec lui.

Le costume de la géante se composait d'un maillot éraillé, rapiécé en vingt endroits, autrefois de couleur saumon ; ce vêtement dessinait ses jambes d'Hercule et ses genoux raboteux comme le nœud d'un chêne; une manière de courte tunique, faite d'un restant de jupon noirâtre et graisseux, lui ceignait les reins, tandis qu'un vieux châle rouge croisé sur sa poitrine monstrueuse, s'attachait derrière son dos. Enfin, pour compléter son aspect viril, ses cheveux, noirs, épais, drus comme du crin, étaient coupés à la Titus.

Telle était la mère Major, lorsqu'elle m'apparut pour la première fois, tenant à la main un formidable martinet à plusieurs lanières.

— Arrive donc, mère Major, — dit la Levrasse à la femme géante; — voici le petit Martin qui n'a pas de maman et qui en demande une. N'est-ce pas que tu seras la sienne?

— Un peu... — répondit la mère Major de sa grosse voix.

Et, s'approchant de moi, elle me prit entre ses bras, comme elle eût pris un enfant au maillot et me déposa debout près de la fenêtre, afin de m'examiner plus à son aise.

— Il faut pourtant qu'on le voie, ce petit nouveau, — dit-elle. — Allons, mon fils, haut le nez, qu'on t'inspecte... Il est gentil : une fois *débourré*, ça sera leste comme un écureuil. Et ces bras... et ces jambes ? Voyons... si c'est souple... Bon, bon, ça se désossera... ça se déjointera.

En disant ces mots, la mère Major m'avait tordu les bras et les jambes en tous sens, en les faisant craquer dans leurs articulations; ce qui me causa une douleur affreuse, et je poussai des cris aigus en tâchant de me dégager.

— Tiens-toi donc, et tais-toi, on dirait que je t'écorche, — reprit la terrible femme.

Et, poursuivant son examen, elle ajouta, en me tâtant les reins :

— Et ce petit râble?... Allons, allons, c'est tout tendre, ça ne demande qu'à se déboîter. Mais, tonnerre de Dieu ! tais-toi donc, ou je t'épousette.

Et elle brandit le martinet.

Malgré cette menace et cette énergique recommandation de la mère Major, qui à ce moment m'ayant posé son énorme genou au milieu du dos, m'attirait d'une main si violemment en arrière et me saisissant par les épaules, que je crus avoir les reins brisés, je poussai de nouveau des cris de douleur.

— Petit Martin, petit Martin, si nous ne sommes pas sage, nous nous fâcherons, — me dit la Levrasse en me regardant de côté.

— Grâce... ayez pitié de moi, — disais-je en pleurant à la mère Major.

— Grâce... grâce... ils n'ont que cela à vous chanter sur toutes les ritournelles; on leur apprend de bonne heure à travailler, on leur donne un état gratis, et on dirait qu'on les *étripe*, — s'écria la mère Major avec une indignation courroucée; puis, s'adressant à moi :

— Ah çà, est-ce que tu crois qu'on va te loger, te nourrir et t'habiller pour l'amour de Dieu ? Faut que tu gagnes ta vie... et tu la gagneras, tonnerre de Dieu ! tu la gagneras; t'es bien bâti, t'es jeune, t'es mince; tu cramperas comme un autre, et mieux qu'un autre ; avant deux mois d'ici, moi, je te réponds que tu feras la *promenade turque* et le *saut du lapin* comme un bijou, sans compter que tu marcheras sur les mains la tête en bas et les pieds en l'air, comme si tu t'étais toujours promené ainsi de la canne à la main depuis ta naissance...

— Ce qui économisera ta chaussure, vu que tu ne portes pas de gants, petit Martin, — ajouta sentencieusement la Levrasse.

Je ne comprenais pas ce que l'on voulait faire de moi. Il me parut seulement que l'on ne me tuerait pas, puisque l'on parlait de certains exercices auxquels je devais me livrer dans deux mois. Je me rassurai un peu : d'ailleurs, la mère Major, malgré sa grosse voix, sa moustache, sa carrure énorme, sa brusquerie et son martinet, m'inspirait peut-être encore moins d'effroi que le saltimbanque, et heureusement c'était elle qui devait se charger de mon *éducation*.

— Allons, mon fils, — dit la mère Major, — venez baiser maman; soyons gentil; à demain ta première leçon; aujourd'hui je te donne congé pour que tu aies le temps de faire connaissance avec Bamboche, un gamin de ton âge. Dans quelques jours vous aurez du sexe... oui, gredins, une petite fille de votre âge; c'est alors que vous ferez de fameuses parties... brigands.

Après quoi la mère Major me fit signe de la suivre,

s'arrêta devant un escalier voûté qui descendait sans doute à la cave, et cria :

— Bamboche, monte ici... je te fais grâce en réjouissance du petit nouveau... vous pourrez vous amuser aujourd'hui dans la cour... mais demain nous cramperons, et roide... Ah çà, monteras-tu, Bamboche?

L'enfant ne montait pas.

— Allons, reste au frais, si ça t'amuse... Et toi, tu joueras tout seul, petit Martin... mais défie-toi de Bamboche... il est méchant et sournois en diable... Ah ! mais j'oubliais... pour t'encourager, faut que je te montre les beaux habits que tu auras si tu travailles bien; viens ici.

Et la mère Major me conduisit dans une chambre, où se trouvait une énorme malle qu'elle ouvrit, et dont elle tira une vieille veste turque en velours rouge râpé, semé de paillettes ternies.

— Endosse-moi ça, petit Martin ; bien, vois comme t'es beau !

La veste, deux fois trop longue pour ma taille, me faisait une redingote; malgré mes angoisses, j'avoue que ce vêtement me parut splendide, éblouissant, et que, malgré mes frayeurs, l'espérance de porter quelque jour un si magnifique vêtement me causa une certaine satisfaction.

— Quand, avec ça, tu seras orné d'un maillot couleur de chair, d'un *caneçon* à paillettes et de brodequins verts bordés de peau de chat, tu auras l'air d'un vrai chérubin, — ajouta la mère Major. — Maintenant va trouver, si tu veux, Bamboche dans sa cave, sinon joue dans la cour... je vous appellerai pour becqueter la pâtée.

La mère Major alla rejoindre la Levrasse; je restai seul dans une assez grande cour, entourée de hautes murailles délabrées, mais solidement fermée par une lourde porte. Sur cette cour s'ouvraient les fenêtres de la maison d'assez misérable apparence; sous un hangar était une grande et longue voiture, servant sans doute aux pérégrinations de la Levrasse et de sa troupe, lorsqu'elle était au complet.

La hauteur des murs m'empêcha de voir si cette demeure attenait ou non à un bourg, à un village ou à d'autres habitations.

Abandonné à mes réflexions, je ne pensai qu'à cet enfant dont la mère Major venait de me parler, et dont j'avais entendu les cris. Si pénible que dût être ma nouvelle existence, elle ne pouvait guère être plus rude, plus misérable que par le passé, et d'ailleurs ne la partagerais-je pas avec un enfant de mon âge? A cette seule pensée de trouver enfin un compagnon, un ami... la condition la plus dure me semblait supportable.

J'avais été jusqu'alors si malheureux dans mes tentatives d'affection, que la rencontre de Bamboche, dans les circonstances où elle se présentait, doublait de prix à mes yeux; mon cœur, jusqu'alors si douloureusement oppressé, se dilata ; à mes angoisses succédèrent de vagues espérances. J'oubliai dans ce moment la frayeur où m'avait jeté l'attente de ces mystérieux exercices, auxquels j'étais condamné et qui la nuit avaient arraché à Bamboche des cris si déchirants; je ne songeai qu'à aller retrouver ce malheureux enfant : il souffrait, il était puni, et je crus faire acte de bon compagnonnage, et me concilier son affection en allant à lui.

La mère Major m'avait indiqué la porte de la cave où il était renfermé, j'y courus aussitôt.

L'escalier voûté donnait sur la cour, je descendis quelques degrés encore couverts de neige, et j'arrivai à une sorte de palier, sur lequel s'ouvrait la porte de la cave. Mes yeux s'étant familiarisés avec les ténèbres, que tranchait durement un rayon de vive lumière tombant par un étroit soupirail, je pus distinguer Bamboche accroupi dans un coin de la cave, les coudes sur ses genoux, le menton appuyé dans le creux de ses deux mains.

Je fus d'abord frappé de l'éclat sauvage des grands yeux gris de cet enfant; ils me semblaient d'autant plus énormes, que sa pâle figure était plus maigre ; il paraissait avoir de douze à treize ans, sa taille était beaucoup plus élevée que la mienne; ses joues creuses faisaient paraître ses pommettes très-saillantes ; sa bouche, aux coins abaissés, aux lèvres presque imperceptibles, lui donnait un air sardonique et méchant; ses cheveux, noirs, rudes, coupés en brosse, étaient plantés très-bas et de telle sorte, qu'après

En disant ces mots, la mère Major m'avait tordu les bras et les jambes en tous sens. — Page 87.

avoir contourné le haut du visage, ils remontaient en pointe vers les tempes qu'ils découvraient entièrement; la noire racine de cette chevelure se dessinait si bizarrement sur la mate pâleur du front, que, dans l'ombre, il paraissait armé de deux cornes blanches.

Bamboche portait une mauvaise blouse trouée; ses pieds nus reposaient sur la terre humide de la cave; à mon aspect, il resta muet et me jeta un regard surpris et farouche.

— Tu dois avoir bien froid et t'ennuyer dans cette cave, — lui dis-je doucement en m'approchant de lui, — veux-tu venir en haut?

— F... moi la paix, je ne te connais pas, — me répondit brutalement Bamboche.

— Je ne te connais pas non plus, mais je dois comme toi rester ici avec la Levrasse. Cette nuit, quand on t'a battu, je t'ai entendu crier... cela m'a fait bien de la peine.

Bamboche se mit à rire et répondit :

— Est-il couenne, ce petit n... de D....là.., ! ça lui fait de la peine quand on bat les autres...

Tel était le langage de cet enfant de douze ans... tel il fut durant notre conversation, dont je supprimerai les jurons et les blasphèmes qui l'accentuaient à chaque phrase.

Aussi affligé qu'étonné de la réponse de Bamboche, je repris doucement :

— Cela m'a fait du chagrin de savoir qu'on te battait; si l'on me battait, moi... ça ne te ferait donc pas de peine?

— Ça me ferait plaisir... je ne serais pas seul battu.

— Pourquoi m'en veux-tu?... Je ne t'ai jamais fait de mal.

— Ça m'est égal.

— Tu es donc méchant... toi?

— Va-t'en!...

— Je t'en prie... écoute-moi...

— Tiens!! tu en veux... empoigne!

Et Bamboche, dont je ne me défiais aucunement, s'élança avec l'agilité d'un chat; plus robuste que moi, il me terrassa, puis, d'une main me saisissant à la gorge, sans doute pour étouffer mes cris, de son autre main il me frappa au visage, à la poitrine, partout où il put.

D'abord étourdi de cette brusque attaque, je n'essayai pas de me défendre; mais bientôt, excité par la douleur, par la colère que m'inspirait une si méchante action, je me dégageai des mains de Bamboche, je luttai, je lui rendis coup pour coup, je parvins même à renverser mon adversaire; le tenant alors, malgré ses efforts, immobile sous mon genou, je ne voulus pas abuser de ma victoire, mais, plus attristé qu'irrité de cette façon sauvage d'accueillir mes avances amicales, je lui dis :

— Pourquoi nous battre? il vaut bien mieux être amis...

Et abandonnant l'avantage de ma position, je laissai à Bamboche la liberté de ses mouvements; il en profita, se jeta sur moi avec une furie croissante, et me mordit si cruellement à la joue que mon visage s'ensanglanta.

La vue du sang changea la colère de Bamboche en frénésie; ses yeux flamboyèrent de férocité; il ne me battit plus, s'étendit sur moi et déchira mon sarrau pour me mordre à la poitrine...

Je crus qu'il allait me tuer;... je ne fis plus aucune résistance; ni la peur ni la lâcheté ne paralysaient mes forces; c'était un profond désespoir, causé par la gratuite méchanceté de cet enfant de mon âge, pour qui j'avais éprouvé une sympathie soudaine.

Je n'opposai plus aucune résistance; ma douleur morale était si intense, que je ressentais à peine les morsures aiguës de Bamboche; je ne me plaignais pas, je pleurais en silence...

Je pus distinguer Bamboche accroupi dans un coin de la cave. — Page 87.

Les caractères violents, vindicatifs, s'exaspèrent toujours dans la lutte; cette excitation les enivre; lorsqu'elle leur manque, souvent ils s'apaisent faute de résistance : il en fut ainsi de mon adversaire : il se releva, les lèvres couvertes de mon sang, et me crut évanoui.

Le soupirail de la cave projetait assez de clarté pour que Bamboche distinguât parfaitement mes traits, lorsqu'il m'eut de nouveau renversé sous lui; je le regardais fixement et sans colère... Il m'a dit depuis, que ce qui l'avait surtout frappé, c'était l'expression de résignation douce et triste, empreinte sur ma physionomie; il n'y trouva ni haine, ni colère, ni frayeur... mais un chagrin profond...

— Tu as les yeux ouverts... tu ne te défends pas ! et tu pleures... — s'écria-t-il, — tiens.. capon.

Et il me frappa de nouveau.

— Tue-moi, va... je n'en voudrai pas...

— Tu ne m'en voudras pas?

— Non, et pourtant, si tu avais voulu.... nous aurions été comme deux frères.

— Mais il est donc enragé, ce petit-là ! — s'écria Bamboche dérouté par ma résignation qui l'impressionnait malgré lui, — plus on lui fait de mal, plus il vous parle doux...

— Je te parle doux, parce que je te plains.

— Me plaindre... toi que j'ai roué de coups, et mordu... c'est toi qui es à plaindre.

— Tu es à plaindre aussi de refuser mon amitié....

— Tiens, va-t'en, — me dit brusquement Bamboche de plus en plus étonné de ma résignation, — va-t'en, tu es comme était ma chienne *Mica*.

— Et cette chienne?...

— Je l'avais trouvée, je prenais sur ma ration pour la nourrir... afin d'avoir quelque chose à battre quand on

m'avait battu; j'avais beau lui faire du mal... jamais elle ne se revanchait. Quand je la faisais bien souffrir... elle n'osait pas seulement crier... elle claquait des dents de douleur... et puis, après... elle venait me lécher les mains et se coucher à mes pieds...

— Et à la fin, — dis-je ému de ces paroles, — à la fin... tu l'as aimée, cette pauvre bête ?

— A la fin, voyant qu'il n'y avait rien à faire avec elle, je l'ai f...ichue à l'eau avec une pierre au cou...

— Cela valait mieux que de la tourmenter...

— Et je suis plus à plaindre que celle-là aussi peut-être ? — me dit Bamboche d'un air sardonique.

— Tu es plus à plaindre qu'elle... car tu l'as tuée... voilà tout; et maintenant tu es seul au lieu d'avoir toujours à ton côté une pauvre bête bien attachée, bien dévouée, qui t'aurait suivi partout, qui t'aurait défendu peut-être.

— Et que j'aurais battue comme plâtre.

— Tu l'aurais battue si tu avais voulu, mais elle serait tout de même venue après te lécher les mains et se coucher à tes pieds.

— La s..... lâche... elle aurait fait comme toi.

— Vois, comme tu m'as mordu... vois, comme je saigne ! Est-ce que j'ai crié? est-ce que je me suis plaint ? Un lâche, c'est celui qui crie et se plaint.

Bamboche fut touché de cette réponse, mais il tâcha de me cacher son émotion.

— Pourquoi ne t'es-tu pas défendu la seconde fois comme la première? — me dit-il; — quoique plus petit, tu es aussi fort que moi... je l'ai bien senti...

— Parce que la première fois j'étais en colère... la seconde j'étais triste de ce que tu me voulais toujours du mal.

Les traits de Bamboche se détendaient : à une aveugle méchanceté succédait chez lui, sinon la sympathie,

du moins une assez vive curiosité ; il me dit avec impatience, comme s'il cherchait à lutter contre les sentiments meilleurs qui s'éveillaient en lui :
— Puisque tu ne me connaissais pas... pourquoi voulais-tu être ami avec moi ?
— Je te l'ai dit, parce que je t'avais entendu crier cette nuit, parce que tu étais de mon âge, parce que tu étais malheureux comme moi... et peut-être comme moi... sans père ni mère.

A ces mots, la figure de mon compagnon s'assombrit, s'attrista ; il baissa la tête, et poussa un profond soupir.

CHAPITRE XIV.

Histoire de Bamboche. — Le bûcheron *de route*. — Mort du bûcheron. — Le mauvais riche. — Le *Cul-de-jatte*. — Cours de morale. — Avenir réservé à Martin. — Amours de la mère Major. — Comment Bamboche comprenait l'amitié. — Bamboche amoureux.

Bamboche continuant de garder le silence, je réitérai ma question.
— Comme moi, — lui dis-je, — tu n'as peut-être plus ni ton père ni ta mère ?
— Je n'ai pas connu ma mère, — me répondit-il brusquement, mais d'un ton moins sardonique et moins âpre.
— Et ton père ?
— Mon père était bûcheron de *route*.
— Bûcheron de route ?
— Oui, il voyageait et il s'arrêtait quand il rencontrait des endroits où l'on abattait des bois ; alors nous faisions une cabane dans la forêt avec de la terre et des fagots, et nous restions là tout le temps de l'abatage.
— Tu travaillais donc déjà avec ton père ?
— Je l'aidais comme je pouvais, je rangeais le bois qu'il mettait bas.
— Et ton père, où est-il maintenant ?
— Dans la forêt, — me répondit Bamboche avec un sourire sinistre.
— Dans la forêt ?
— Oui, un jour il s'est quasi abattu la jambe d'un grand coup de cognée... Il a tombé... le sang sortait de sa jambe comme par un robinet et sautait à dix pas.
— Ah ! mon Dieu !
— Moi, j'avais peur, je pleurais, je criais, — dit Bamboche d'une voix émue, — j'appelais au secours de toutes mes forces.
— Hélas ! je le crois bien.
— Mon père, lui, tenait sa jambe serrée entre ses deux mains pour empêcher le sang de couler ; mais ça coulait tout de même à travers ses doigts, et il me disait : Petit, arrache de la mousse... apporte-m'en... vite... vite ; moi, j'en arrachais tant que je pouvais et je l'apportais à mon père qui la tamponnait bien serrée sur sa blessure, presque tout de suite la mousse devenait rouge...
— Le sang ne s'arrêtait pas ?
— Non ; alors mon père m'a dit : — Petit, apporte de la terre humide, ça arrêtera peut-être le sang mieux que de la mousse.
— Eh bien ?
— La terre devenait tout de suite rouge comme la mousse, et puis la voix de mon père commençait à défaillir.
— On ne pouvait donc avoir de secours nulle part ?
— Des secours !... — et Bamboche haussa les épaules.
— Mon père me dit : — Petit, cours au grand carrefour qu'on a coupé à blanc : il y a un laboureur qui défriche à la charrue, je l'ai vu ce matin ; tu lui demanderas de l'aide. — J'y cours. — Mon père vient de s'abattre à moitié la jambe, et il demande de l'aide, — dis-je au laboureur ; — le village est-il loin ? — Hélas ! mon Dieu, mon cher petit, est-ce qu'il y a des chirurgiens dans les villages ? on y est trop pauvre... c'est bon pour les gros bourgs, et le plus proche est à quatre lieues d'ici. — Mais vous, venez au secours de mon père. — J'y connais rien aux blessures, je ne suis pas berger, moi, — me répond le laboureur, — et puis je ne peux pas quitter mes chevaux ; ils se mangeraient, briseraient tout, et mon maître me chasserait. — Enfin, je prie tant le laboureur, qu'il vient ; mais il n'avait pas fait dix pas avec moi, que voilà ses chevaux qui commencent à se mordre... à se battre. — Tu vois bien, — me dit-il, — je ne peux pas aller avec toi.
— Et il court à ses chevaux, moi je retourne auprès de mon père...
— Quel malheur !
— Quand je suis arrivé près de lui, il était toujours à la même place, courbé en deux, tenant à deux mains sa jambe, au milieu d'une mare de sang. En me voyant, mon père s'est redressé ; il avait le front en sueur, le visage tout blanc, les lèvres violettes. — Il n'y a de secours qu'au bourg, et c'est à quatre lieues d'ici, — lui dis-je ; — le laboureur venait ; mais ses chevaux se sont battus, il a été forcé de retourner à eux. Comment faire, mon père ? comment faire ? — Comme je sais, petit, perdre tout mon sang, me répondit-il d'une voix si basse, si basse, qu'à peine je l'entendais : — les médecins... les secours... c'est bon pour les gens riches... Pour nous autres... tiens... petit, les voilà ceux qui viennent à notre aide quand nous mourons. — Et il me montra une volée de corbeaux qui passaient au-dessus de la forêt ; alors mon père, faisant effort pour se redresser sur son séant, a ôté ses mains d'autour de sa jambe ; elles étaient toutes rouges ; il m'a tendu les bras en me disant : — Embrasse-moi, pauvre petit... Tu travaillais déjà bien pour tes forces... Qu'est-ce que tu vas devenir ? mon Dieu !... qu'est-ce que tu vas devenir ?... — Et puis mon père a voulu encore me parler ; mais le hoquet l'a pris... il est retombé sur le dos... et il est mort.

En prononçant ces derniers mots, Bamboche mit ses deux mains sur ses yeux et pleura.

Je pleurai comme lui ; il m'inspirait une compassion profonde ; je le trouvais bien plus à plaindre que moi... Il avait vu mourir son père sans pouvoir lui porter aucun secours.

— Et alors, qu'est-ce que tu es devenu ? — demandai-je à Bamboche après un moment de silence.
— Je suis resté auprès du corps à pleurer, et puis, la nuit est venue ; de fatigue, je me suis endormi... Au jour, j'avais grand froid, le corps de mon père était déjà roide, dans sa blouse blanche, tachée de sang. Je retournai au carrefour de la forêt, pour y trouver le laboureur de la veille, lui dire que mon père était mort, et qu'on vienne l'enterrer. Le laboureur n'y était pas ; il n'y avait que sa charrue... Comme il ne venait pas, j'ai retourné à notre cabane, bien loin du carrefour. J'ai pris un morceau de pain, car j'avais faim, et je suis revenu auprès du corps de mon père. Les corbeaux s'étaient déjà abattus sur lui, et déchiquetaient sa figure.
— Ah ! mon Dieu ! — m'écriai-je en frissonnant.
— Avec une gaule, je les chassais ; mais ils ne s'en allaient pas loin, restaient autour de l'endroit, tournoyaient au-dessus du corps en croassant et venaient tout proche se percher dans les branches ; voyant ça, j'ai pris la cognée de mon père, c'est au plus si je pouvais la manier. J'ai tâché de creuser un trou pour enterrer le corps ; je n'ai pas pu : c'était tout roches, tout racines... J'ai été plus loin, c'était moins dur, mais je n'avais pas de force, je n'avançais pas, et pendant que j'étais à l'ouvrage, les corbeaux, qui me voyaient éloigné, recommençaient à s'abattre sur le corps de mon père et à le déchiqueter. La nuit venait, j'ai traîné deux bourrées en long de chaque côté du corps, et puis d'autres en travers et par-dessus ; je les ai maintenues avec les plus grosses branches d'arbre que j'ai pu remuer ; j'ai encore mis des pierres par-dessus ; et puis j'ai emporté le bonnet et le bissac de mon père, son couteau aussi ; la cognée était trop lourde, ses sabots trop grands, je les ai laissés. J'ai ensuite retourné à notre cabane prendre ce qui nous restait de pain, et j'ai marché, marché, jusqu'à ce que j'aie trouvé une route.
— Et quand tu as rencontré quelqu'un, est-ce que tu n'as pas dit que ton père était mort et qu'il fallait venir l'enterrer, pour qu'il ne soit pas mangé par les corbeaux ?

Bamboche partit d'un éclat de rire sauvage et s'écria :
— On se fichait pas mal que mon père, crevé sans secours comme une bête dans les bois, ait été mangé par

les corbeaux..... on se moque pas mal les uns des autres, et comme me disait le *cul-de-jatte*, un mendiant avec qui j'ai mendié, il n'y a que les loups qu'on ne mange pas; faut être louveteau, mon gars... en attendant que tu sois loup...

— Et ton père... t'aimait bien? — demandai-je à Bamboche, espérant le ramener à des pensées plus douces.

— Oui, — répondit-il en redevenant triste au lieu de se montrer sardonique, — oui.... c'est pas lui qui m'aurait jamais battu.. il ne me faisait travailler au bois que suivant mes forces, qui n'étaient pas grandes, car je n'avais guère que huit ans. S'il pleuvait, il mettait son tablier de cuir sur mon dos, ou me faisait un abri avec des bourrées; si le samedi nous nous trouvions à court de pain, il n'avait jamais faim.... lui. Le dimanche, dans les beaux temps, il me dénichait des nids dans la forêt, ou bien nous faisions la chasse aux écureuils; s'il pleuvait, nous restions dans notre cabane, et il me taillait de petites charrettes avec son couteau pour m'amuser; d'autres fois, il me chantait des complaintes. Quand je pense à ce temps-là, vois-tu?... j'ai du chagrin...

— Parce que tu regrettes le temps où quelqu'un t'aimait, — m'écriai-je avec attendrissement. — Tu vois bien que c'est bon d'être aimé..... à défaut d'un père...... d'un frère... laisse-moi être ce frère...

Bamboche resta silencieux. Je me hasardai à lui prendre la main; il ne la retira pas d'abord, puis, faisant un brusque mouvement pour s'éloigner de moi, il dit :

— Bâh !... c'est des bêtises... les loups n'ont pas d'amis; je serai loup, comme disait le cul-de-jatte.

N'osant pas insister davantage, cette fois, de peur d'irriter de nouveau Bamboche, je repris :

— Et quand tu as été sur la grande route, après la mort de ton père, qu'est-ce que tu es devenu?

— Quand j'ai eu fini de manger le pain qu'il y avait dans le bissac, j'ai entré dans une belle maison de la route pour en redemander; disant que mon père était mort dans les bois : un gros monsieur, qui avait un foulard sur la tête, et qui déjeunait sous une treille où il y avait beaucoup de roses, me dit d'une voix dure : — Je ne donne jamais l'aumône aux vagabonds; va travailler, paresseux.

— Mon père est mort, je n'ai pas d'ouvrage. — Est-ce que je suis chargé de t'en procurer... de l'ouvrage, moi? va-t'en; tes guenilles puent à faire vomir. — Mon bon Monsieur... — Ici, Castor,... — dit le gros homme en appelant un grand chien, qui accourait du fond du jardin, — kis... kis... mords-le. — D'abord je me suis sauvé, et puis après je suis revenu en me cachant le long d'une haie auprès de la belle maison; j'ai ramassé des pierres, et j'ai cassé deux carreaux.... c'était sa tête que j'aurais dû casser... à ce brigand-là, qui, au lieu de me donner un morceau de pain, voulait me faire mordre par son chien, — dit Bamboche, qui ressentait encore une haineuse rancune. — Oh ! je n'oublierai jamais ça... C'est bon... c'est bon, — ajouta-t-il avec un courroux concentré.

— Qu'est-ce que ça lui aurait fait de te donner un peu de pain, à ce monsieur? Il était donc bien méchant?

— Les riches, c'est tous brigands : ils ne donnent que ce qu'on leur prend, — disait le cul-de-jatte. — Et il avait raison, — reprit Bamboche.

— Alors, comment as-tu fait quand tu n'as plus eu de pain et qu'on t'en a refusé?

— C'était l'automne, il y avait des pommes aux arbres, j'en ai abattu, j'en ai mangé tant que j'ai pu.

— Et le vieux mendiant dont tu m'as parlé?

— Un jour je dormais dans un bas-fond, le long d'une haie, pas loin d'une route; j'entends du bruit, je me réveille, je regarde à travers la haie : c'était un cul-de-jatte, les jambes en sautoir; il s'approchait en marchant sur ses mains, qu'il avait fourrées dans des sabots en guise de gants ; il s'assoit, décicotte les sangles qui lui attachaient les jambes autour du cou, se les détire, se met debout, et commence à piétiner, à sauter, à danser pour se dégourdir; il n'était pas plus cul-de-jatte que moi.

— Pourquoi donc faisait-il comme s'il l'était, alors?

— Pour tromper le monde, donc, et attraper des aumônes.... En allant et venant le long de la haie, il m'a vu... alors, colère d'être surpris; il a pris un de ses sabots à la main, a traversé la haie et m'a dit : — Si tu as le malheur de dire que tu m'as vu et que je ne suis pas cul-de-jatte, je te rattraperai, et je te crèverai la tête à coups de sabot. — J'ai eu peur, j'ai pleuré; dans ce temps-là, j'étais *couenne* comme toi, je pleurais. — A qui voulez-vous que je dise que vous n'êtes pas cul-de-jatte? que j'ai répondu à l'homme. — A tes parents, si tu es du pays. — Je ne suis pas du pays et je n'ai pas de parents. — Comment vis-tu alors?

— Tiens, — dis-je à Bamboche en l'interrompant, — c'est à peu près comme cela que j'ai rencontré la Levrasse.

— T'as fait une belle trouvaille ce jour-là, — me dit Bamboche, — et il continua : — Comment vis-tu? me demanda le mendiant. — Je couche dans les champs et je mange des pommes et du raisin quand j'en trouve. — Veux-tu mendier avec moi? Ça m'embête d'être cul-de-jatte, ça me donne des crampes aux jambes et des cors aux mains; pour changer, je veux me faire aveugle; tu seras mon fils, tu me conduiras, nous gagnerons gros et tu licheras bien. — J'ai consenti à aller avec le cul-de-jatte, nous avons attendu la nuit, et puis nous avons marché, marché pour quitter le pays où il passait pour cul-de-jatte; le lendemain nous avons commencé à mendier, lui comme aveugle, moi comme son fils.

— Et il était méchant pour toi?

— Quand les aumônes ne venaient pas, il disait que c'était ma faute, et le soir il me rouait de coups.

— Et tu ne quittais pas un si méchant maître?

— Je le haïssais, mais je ne le quittais pas; où est-ce que je serais allé? Au moins avec lui j'étais à peu près sûr de manger; et puis il m'apprenait des choses.... des choses....

— Quoi donc?

— Eh bien, il m'apprenait la vie qu'il faut mener pour ne pas être *enfoncé!*

Je regardai Bamboche, je ne comprenais pas.

— Est-il bête, ce petit-là! — dit-il avec dédain.

Puis il ajouta comme par condescendance pour ma naïveté :

— Le cul-de-jatte m'apprenait qu'il n'y a que les loups qu'on ne mange pas, et qu'il faut être loup; — que si un plus fort que vous vous fait du mal, il faut vous revancher sur un plus faible; — que personne ne se soucie de vous; qu'il ne faut se soucier de personne; — qu'on peut tout faire, pourvu qu'on ne se laisse pas prendre; — que les honnêtes gens sont des *serins*, et les riches des brigands; — qu'il n'y a que les imbéciles qui travaillent et qu'ils en sont récompensés en crevant de faim.

— Ton père... ne croyait pas cela, ne te disait pas cela, lui? n'est-ce pas?

— Mon père travaillait comme un cheval, et il est mort faute de secours, à demi mangé par les corbeaux : je ne demandais qu'un morceau de pain et à travailler... et on m'a chassé en voulant me faire mordre par un chien, — me répondit Bamboche avec un éclat de rire amer. — Le cul-de-jatte ne faisait rien, lui, que de se promener, que tromper tout le monde, et il ne manquait de rien... Nous faisions souvent de fameux soupers.... avec les aumônes du jour... Tu le vois bien, le cul-de-jatte avait raison.

A mon tour très-embarrassé de répondre à Bamboche, je me tus.

Il continua comme s'il se fût complu dans ces souvenirs.

— Et puis il me parlait *des femmes !* — dit Bamboche, dont les yeux étincelèrent d'une ardeur précoce.

— Des femmes? — lui dis-je avec une surprise naïve.

— Eh ! oui, de ses maîtresses, qu'il battait et qui lui donnaient de l'argent.

Je ne comprenais pas, et de crainte de m'attirer encore les moqueries de mon compagnon, je lui dis :

— Et à la fin... tu l'as quitté... le mendiant?

— On nous a arrêtés tous les deux.

— Qui ça?

— Les gendarmes.

— Et pourquoi?

— On l'a dit au cul-de-jatte... à moi pas; on nous a renfermés dans une grange; on devait le lendemain nous conduire à la ville ; la nuit, en me réveillant, j'ai vu le cul-de-jatte qui perçait le mur pour se sauver sans moi ; je lui ai dit que s'il ne m'emmenait pas avec lui, j'allais crier ; il a eu peur, je l'ai aidé, nous nous sommes enfuis... Une fois loin, il m'a dit : — Toi, tu me gênes, tu me feras reconnaître, — et il m'a donné un grand coup de bâton sur la tête ; je suis tombé du coup sans connaissance, j'ai cru que j'étais mort ; mais j'ai la caboche dure, j'en suis revenu. Quand j'ai été tout seul, j'ai encore mendié le long des routes et à la porte des postes aux chevaux ; je faisais la *roue* devant les voitures, j'attrapais quelques sous, et finalement je n'étais jamais plus d'un jour sans manger. Il y a un an, j'ai rencontré la Levrasse avec son monde et son fourgon ; je faisais la roue devant lui pour qu'il me donne un sou ; il a trouvé que j'étais leste, il m'a demandé si j'avais des parents.

— Comme à moi.

— Je lui ai dit que non, que je n'avais pas de parents et que je mendiais. Il m'a dit que si je voulais, il m'apprendrait un bon état, me donnerait de beaux habits, bien à manger, quelques sous pour moi, et qu'au lieu d'aller à pied j'irais en voiture... J'ai accepté... il m'a fait monter dans sa voiture et m'a dit que je m'appellerais *Bamboche* au lieu de Pierre. Depuis je suis resté avec lui... et j'y resterai jusqu'à ce que...

Bamboche s'interrompit.

— Jusqu'à quand resteras-tu avec lui ?

— Ça me regarde, — répondit Bamboche d'un air sombre et pensif.

— Mais cet état que la Levrasse devait t'apprendre ?

— Voilà un an que je l'apprends... Tu l'apprendras aussi... tu verras ce que c'est.

— Qu'est-ce qu'on a donc à faire ?

— Des tours de force pour amuser le monde.

— Pour amuser le monde ?

— Oui, dans les foires.

Je regardai Bamboche avec surprise.

— Eh ! oui... j'ai déjà *travaillé* en public ; la mère Major me tenait par les pieds, j'avais la tête en bas, les bras croisés, et je ramassais une pièce de deux sous avec mes dents ; ou bien elle m'attachait une jambe à mon cou, et je pirouettais sur l'autre jambe... et d'autres tours encore...

— C'est ça qu'on veut m'apprendre ? — m'écriai-je avec frayeur.

— Oui, et ça se montre à grands coups de martinet et en vous déboîtant les os ; tes cris m'éveilleront plus d'une fois comme les miens t'ont éveillé cette nuit, — dit Bamboche avec un sourire cruel.

— Ah ! mon Dieu ! comme tu as dû souffrir !

— Pas trop dans le commencement, car la mère Major m'apprenait l'état, mais tout doucement et sans me battre ; elle m'habillait bien et me donnait des friandises en cachette de la Levrasse... Et quand nous avons travaillé en public elle m'aidait et me rendait les tours bien plus faciles ; mais maintenant la grosse truie me laisse en guenilles, me met au pain et à l'eau plus souvent qu'à mon tour, et me roue de coups pour un rien ; il faut que j'apprenne en huit jours les tours les plus difficiles.... et elle m'assomme, parce que, quand j'ai la tête en bas très-longtemps, moi... le sang m'étouffe.

— Et pourquoi la mère Major, si bonne autrefois pour toi, est-elle maintenant si méchante ?

— Tiens, parce qu'autrefois j'étais son amant, et que maintenant je ne veux plus l'être, — répondit Bamboche avec une fatuité dédaigneuse.

Pour la troisième fois je ne compris pas Bamboche, et, dans ma candeur étonnée, je lui dis :

— Comment ? son amant ? Qu'est-ce que c'est ?

Mon nouvel ami partit d'un grand éclat de rire, et me répondit :

— Tu ne sais pas ce que c'est que d'être l'amant d'une femme... Es-tu serin... *à ton âge !*

(J'avais environ onze ans, Bamboche devait avoir une ou deux années de plus que moi.)

— Non, — lui dis-je, tout confus de mon ignorance.

— Alors, avec une assurance incroyable et un ton de supériorité railleuse, Bamboche, sans ménagement ni scrupules, éclaira mon innocence enfantine, et me raconta comment *la mère Major l'avait séduit.*

À cette époque, presque sans notion du bien et du mal, je n'étais et ne pouvais pas être frappé de ce qu'il y avait de repoussant, d'horrible dans la monstrueuse dépravation de cette mégère ; aussi la cynique révélation de Bamboche ne me fit éprouver qu'un assez grand étonnement, accompagné de cette sorte de honte que cause la peur du ridicule ; car je rougissais beaucoup d'être resté si longtemps ignorant.

— Et pourquoi maintenant ne veux-tu plus être l'amant de la mère Major ? — lui dis-je, troublé par cette révélation inattendue.

Bamboche ne me répondit pas d'abord...

Il garda quelques moments le silence, puis, obéissant à ce besoin d'expansion naturel aux amoureux de tous les âges, et songeant pour la première fois (il me l'a depuis avoué) qu'un ami devenait un confident obligé ; cédant aussi à un sentiment de sympathie aussi inexplicable qu'involontaire, que je lui avais soudain inspiré, il me dit, avec autant d'émotion que de sincérité :

— Écoute... quand tu es venu, j'ai eu plaisir à te faire du mal, parce que depuis longtemps on m'en fait.... tu t'es bravement défendu... tu m'as mis sous tes genoux ; ça m'a rendu plus méchant encore... A ce moment-là, vois-tu ? je t'aurais étranglé ; mais après, quand je t'ai vu, sans chercher à te défendre, pleurer, non des coups que je te donnais... mais de ce que je ne voulais pas être ami avec toi, dame... ça m'a fait un effet tout drôle... tout tendre.... je me suis senti le cœur gros comme je ne l'avais pas eu depuis la mort de mon père... et je ne sais pas comment m'est venue tout de suite l'envie de te parler de lui, et de te raconter mon histoire... que je n'avais dite à personne... Aussi maintenant, si tu veux être ami avec moi...

Et comme, dans un mouvement de joie indicible, j'allais me jeter au cou de Bamboche, il arrêta mon transport, et me dit :

— Un instant, si nous sommes amis..... je serai le maître.

— Tu seras le maître...

— Tu feras ce que je voudrai ?

— Tout ce que tu voudras.

— Si l'on me fait du mal... tu me revancheras ?...

— Sois tranquille, j'ai du cœur.

— Tu me diras tout ce que diront la Levrasse et la mère Major ?

— Tout.

— Tu ne me cacheras rien de ce que tu penses ?

— Rien... ni toi non plus ?

— Ce que je veux que tu fasses pour moi je le ferai pour toi, — s'écria vivement Bamboche, — sauf que je tiens à être le maître, parce que c'est mon genre ; je te dirai tout, tu me diras tout, je te revancherai comme tu me revancheras... et nous comploterons toujours ensemble. Ça va-t-il ?

— Ça va..., et de bon cœur..., — m'écriai-je tout heureux, tout fier d'être, après tant de peines, arrivé à mes fins, et de posséder un *ami.*

— Maintenant, — reprit Bamboche avec une précipitation qui me prouva combien il était ravi d'avoir trouvé un confident, — il faut que je te dise de qui je suis amoureux.

— Ce n'est donc plus de la mère Major ? — lui dis-je avec un nouvel étonnement.

Bamboche haussa les épaules.

— Tu es donc toujours *serin ?* — me dit-il.

Puis il ajouta d'un ton d'affectueuse compassion :

— Je vois que j'aurai du mal à te délurer... mais je serai pour toi ce que le cul-de-jatte a été pour moi.

— Merci, Bamboche, — lui dis-je, pénétré de reconnaissance ; — mais de qui es-tu donc amoureux, puisque tu ne l'es plus de la mère Major ?

— Je vais te le dire, — me répondit Bamboche.

Et j'attendis ce récit avec une vive curiosité.

Lorsque Bamboche prononça ces mots : Je vais te dire de qui je suis amoureux, ses grands yeux gris brillèrent d'un ardent éclat ; son teint pâle se colora légèrement : sa figure, qui jusqu'alors m'avait paru dure et sardonique, prit une expression de douceur passionnée ; il devint presque beau.

— Lorsque je suis arrivé dans la troupe, — me dit-il, — elle se composait d'un *pitre* (1), d'un Albinos qui avalait des lames de sabre, et d'une petite fille de dix ans, très-laide, maigre comme un clou, et noire comme un crapaud, qui dansait, qui jouait de la guitare et qui ne *travaillait* pas mal dans ses tours avec la mère Major ; mais comme cette petite avait, dans ses exercices, toujours le cou, les bras et les jambes nus, et qu'elle était chétive de santé, elle grelottait constamment, et toussait d'une toux sèche. On la faisait cent fois trop chanter et trop cramper, vu son âge et sa faiblesse ; ça la tuait petit à petit. C'était d'ailleurs un vrai mouton pour la douceur, et serviable autant qu'elle pouvait. Une fois ses exercices finis, elle se mettait dans un coin, ne parlait presque pas et ne riait jamais ; elle avait des petits yeux bleus, doux et tristes, et, malgré sa laideur, on aimait à la regarder. La mère Major qui, je crois bien, en était devenue jalouse à cause de moi, redoubla de méchanceté contre elle depuis mon entrée dans la troupe, tant et si bien, que la petite est tombée tout à fait malade, et qu'elle est morte dans une de nos tournées. Je ne sais pas d'où elle venait, ni comment la Levrasse l'avait amenée dans la troupe.

— Pauvre petite fille ! — dis-je à Bamboche, — je croyais que c'était d'elle que tu étais amoureux.

— Non, non, tu vas voir. La Levrasse lui avait donné le nom de *Basquine* comme il m'a donné le nom de *Bamboche*. Quand elle a été morte, il a dit à la mère Major : — « Faut trouver une autre Basquine, mais plus gentille ; » une fillette de cet âge-là, ça fait toujours bien dans une » troupe, surtout quand la petite est gentille et qu'elle » chante des polissonneries pour allumer les jobards. — » T'as raison, — répond la mère Major, — faut trouver » une autre Basquine. » Il y a deux mois, à la fin de la saison de nos exercices, la troupe était toute démanchée : l'Albinos avait avalé de travers une lame de sabre, et était entré à l'hospice, et notre pitre nous avait quittés pour entrer au séminaire.

— Au séminaire ?

— Oui, une maison où on apprend à être curé ; c'est dommage, car il n'y avait pas une plus fameuse blague que *Giroflée !*

— Qui ça, Giroflée ?

— Notre pitre donc, notre paillasse. Avec ça, naturellement les cheveux carotte foncée, économie de perruque à queue rouge. Il ne restait plus de la troupe que la mère Major, moi et la Levrasse ; le mauvais temps venait, c'était fini de la crampe pour l'année ; nous revenions ici, où la Levrasse passe l'hiver, lorsqu'un soir, après notre journée de marche, nous nous arrêtons pour passer la nuit dans un bourg ; il y avait quelque chose à raccommoder à la voiture, la Levrasse la conduit chez un charron, et il revient à l'auberge l'air tout content. « J'ai notre » affaire, qu'il dit à la mère Major, — j'ai trouvé une » Basquine. — Bah ! et où ça ? — Chez le charron. Il a » onze enfants, dont six filles ; l'aîné de cette marmaille » est un garçon de quatorze ans ; tout ça crève de faim, » une vraie famine, sans compter que la mère est infirme ; » mais sais-tu ce que j'ai vu au milieu de cette potée » d'enfants ? une petite fille de dix ans, un amour !... un » trésor !... des cheveux blonds superbes et tout bouclés, » des yeux noirs comme le doigt, une bouche comme » une cerise, une petite taille mince et droite comme un » jonc, et avec ça une petite mine futée, et de la gentil- » lesse... de la gentillesse à en revendre. Elle est bien un » peu pâlotte, parce qu'elle meurt de faim comme le reste de » la famille ; mais avec de la viande et du lait elle devien- » dra rose et blanche. Je la vois d'ici avec une jupe rouge » à paillettes d'argent, faisant ses grâces au haut de la » pyramide humaine, ou chantant de sa jolie petite voix » d'enfant des polissonneries comme : *Mon ami Vincent* » ou la *Mère Arsouille* (2) ; ça nous fera pleuvoir autant » de pièces blanches que notre autre Basquine, avec sa

---

(1) Paillasse.

(2) L'obscénité de ces chansons est assez connue pour qu'il soit inutile d'insister à ce sujet.

» frimousse moricaude et poitrinaire, nous a fait pleu- » voir de gros sous pendant sa vie. — Mais comment » l'avoir, cette petite ? — demanda la mère Major à la Le- » vrasse. — Attends donc ; j'ai dit au charron : Mon digne » homme, vous et votre famille vous crevez la faim, la » soif et le froid. — C'est la vérité, — m'a répondu le pa- » taud d'un ton geignard, — onze enfants en bas âge et une » femme au lit, c'est plus qu'un homme ne peut porter ; » je n'ai que deux bras, et j'ai douze bouches à nourrir. » — Voulez-vous n'en avoir plus que onze bouches à nour- » rir, mon brave homme ? — Le pataud me regarde d'un » air ébahi. — Oui, je me charge de l'aînée de vos filles, » tenez, de cette blondinette qui nous regarde de tous ses » grands yeux ; je l'emmène ; vous me la laisserez jusqu'à » dix-huit ans, et je lui apprendrai un bon état. — Jean- » nette, s'écria le pataud les larmes aux yeux, — mon » petit trésor la quitter, je n'ai que ça de joie ; jamais. — » Allons, bonhomme, soyez raisonnable, ça sera une » bouche de moins à remplir. — Je ne sais pas si je vous » donnerais un autre de mes enfants, ça serait à grand » peine. Pourtant... notre misère est si grande... ça serait » pour son bien ; mais Jeannette ! Jeannette !! oh, jamais ! » — Quant à prendre un autre des enfants, au lieu de la » blondinette, — dit la Levrasse à la mère Major, — merci » du cadeau : figure-toi une couvée de petits hiboux ; je » ne sais pas comment cette jolie fauvette a » pu éclore dans ce vilain nid. Aussi : — Non, Jeannette » et pas d'autre, — dis-je au charron, — et, bien mieux, » mon brave, je vous donne comptant cent francs en bons » écus, mais vous me laisserez Jeannette jusqu'à vingt ans. » — Cent francs, — reprit le pataud de charron, — cent » francs... — Et il n'en revenait pas : pour lui misère » c'était un trésor... A sa bête de face ébaubie, je m'at- » tendais à ce qu'il allait me lâcher Jeannette, car il l'ap- » pelle, la prend dans ses bras, baise et rebaise sa petite » tête blonde, la mange de caresses, pleure comme un » veau... mais, bah ! voilà-t-il pas l'animal qui me dit en » sanglotant : — Allez-vous-en, Monsieur, allez-vous-en, » je garde Jeannette... Si nous mourons de faim, eh bien ! » nous mourrons de faim, mais elle ne me quittera pas. » Alors, tu ne l'as donc pas, cette petite Basquine ? — dit » à la Levrasse la mère Major, qui n'en était pas fâchée » par jalousie, — ajouta Bamboche en manière de pa- » renthèse. — Attend donc la fin, — reprend la Levrasse ; » — je dis au charron : — Écoutez, mon brave : je ne » veux pas abuser de votre position ; réfléchissez, je vous » donne jusqu'à demain midi ; ce n'est plus cent francs, » mais trois cent francs que je vous offre pour Jeannette ; » vous me trouverez demain jusqu'à midi à l'auberge du » Grand-Cerf, et, plus tard, si vous vous ravisez, vous » pourrez m'écrire à l'adresse que je vous laisse. Là- » dessus, j'ai quitté le charron, et je suis sûr qu'il m'arrivera » demain matin, au chant du coq, avec sa blondinette. »

— Eh bien ! est-il venu ? — demandai-je à Bamboche.

— Non ; mais moi qui, en faisant semblant de dormir, avais entendu la Levrasse dire à la mère Major tout ce que je viens de te raconter, curieux de voir la nouvelle Basquine, je me lève de grand matin, je sors de l'auberge, je demande l'adresse du charron, j'y cours... et...

Le récit de Bamboche fut interrompu par la grosse voix de la mère Major, qui cria du haut de la porte de l'escalier de la cave :

— Ohé ! Martin.... Bamboche... à la pâtée ! !

— On nous appelle, — me dit précipitamment mon nouvel ami, — je te dirai le reste une autre fois ; mais, arrivé chez le charron, ce que j'ai vu, ce que j'ai entendu de Jeannette m'a rendu si amoureux d'elle.... si amoureux ! que, depuis ce jour-là, je ne fais plus que y penser. Son père n'a pas voulu la donner cette fois-là ;... mais, il y a huit jours, j'ai entendu la Levrasse dire à la mère Major que le charron venait de lui écrire... et que puisqu'un *homme-poisson* qu'il attend serait arrivé ici, nous partirions, et que nous passerions par le bourg du charron, pour prendre avec nous Jeannette, la nouvelle Basquine.

— Mais, tonnerre de Dieu !... vous êtes donc sourds ?... — cria de nouveau la mère Major. — Faut-il que je descende... crapauds ?

— Nous voilà ! Madame, nous voilà ! — m'écriai-je.

Puis, me jetant au cou de Bamboche, je lui dis avec effusion :
— Nous sommes amis... n'est-ce pas... et pour toujours ?
— Oui, amis... — me répondit Bamboche, en répondant cordialement à mon étreinte, — bien amis... et pour toujours.

Et voilà d'où date mon amitié pour Bamboche.
Quelques semaines plus tard je connus Basquine.
Personnages étranges, presque inexplicables, que j'ai toujours aimés autant qu'ils m'ont aimé, et que, durant le cours de ma vie, non moins aventureuse que la leur, je devais rencontrer tant de fois dans des circonstances si diverses.

CHAPITRE XV.

Lettre de Martin à un roi. — Pourquoi le pauvre s'enivre. — Éducation de Martin. — Le désossement. — Les grands bras. — Le torticolmuche. — La promenade à la turque. — Projets de fuite. — Preuves d'affection.

A cet endroit du manuscrit, était ajoutée une note marginale ainsi conçue et adressée par Martin au roi dont nous avons parlé :

Septembre, 1845.

« Si puérile que vous semble peut-être, Sire, l'histoire de ces premières années d'un pauvre enfant abandonné, veuillez réfléchir, et vous reconnaîtrez peut-être que ce récit touche aux plus graves questions sociales.
Le maçon, dont tout enfant j'étais le manœuvre, s'enivrait.
Pourquoi s'enivrait-il ?
Afin d'échapper, de temps à autre, par l'ivresse, à la pensée présente et à venir d'une vie trop pénible.
Par une singulière exception, cet homme poétisait un vice odieux... Oui, bien odieux, mais non plus odieux que les causes qui l'engendrent et qui le rendent fréquemment inévitable.
Parmi les causes nombreuses et diverses de ce vice, deux sont toutes-puissantes :
Oublier parfois une vie de privations et de fatigues incessantes.
S'étourdir sur les souffrances et sur les besoins, sans cesse renaissants, d'une famille exténuée, que le salaire insuffisant du prolétaire ne peut soutenir.
Sans doute il est, parmi les prolétaires, plus d'un homme assez fort, assez courageux, assez résigné pour contempler, sans jamais fermer les yeux, cette infinie et sombre perspective de jours, de mois, d'années, où, désespérant de tout repos, de tout bien-être pour son vieil âge, il se voit travaillant, et travaillant sans cesse... en attendant une mort misérable, fin misérable d'une vie misérable !
Sans doute il est, parmi les prolétaires, des hommes plus stoïques encore.
L'un, après douze heures d'un travail écrasant, rentre chaque soir au logis, demeure sombre, étouffante, infecte ; il a acheté, de son salaire insuffisant, un pain insuffisant pour sa famille affamée ; lui aussi est affamé par sa fatigue quotidienne, sa femme aussi est affamée par le pénible allaitement du dernier-né, à qui elle donne un sein tari ; mais l'insuffisante nourriture est presque tout entière abandonnée aux enfants, hâves, décharnés.
Et pourtant, durant leur insomnie, le père et la mère les entendront encore *crier* leur faim inassouvie.
Ainsi... chaque jour cet homme se lève dès l'aube, court à son labeur et l'accomplit... malgré l'obsession de cette pensée désespérante :
« Si rude que soit mon labeur, si infatigable que soit
» mon zèle... ce soir encore... et les autres soirs aussi je
» n'aurai pas assez gagné pour satisfaire à la faim des
» miens... et, cette nuit encore, et les autres nuits aussi...
» leurs plaintes me tiendront péniblement éveillé jusqu'au
» matin que sonne l'heure du travail .. Et j'épuiserai mes
» forces, ma vie, à tourner sans espoir dans ce cercle fatal. »
Oui, cet homme est stoïque et vénérable, car, pour quelques sous prélevés sur son salaire, il pourrait, comme tant d'autres, trouver au cabaret, pendant tout un jour... entendez-vous, Sire, *pendant tout un jour ! ! !* l'OUBLI des soucis renaissants dont il est dévoré.

Et, parce que ces hommes courageux sont dignes de vénération, parce qu'ils résistent à l'entraînement d'un vice presque inévitable dans leur horrible position, parce qu'ils souffrent résignés, inoffensifs, est-il juste... est-il prudent de les abandonner toujours à cette agonie ? Parce que l'innocent a résisté à la torture, faut-il prolonger le supplice ?

Mais malheureusement tous les prolétaires ne sont pas, ne peuvent pas être doués de cette énergie stoïque...
Il en est aussi beaucoup que l'ignorance hébête, que la misère dégrade, que *l'inespérance* étourdit et égare ; ceux-là cèdent aux funestes enchantements de l'ivresse, où ils trouvent l'oubli de leurs maux... d'autres, enfin, plus dégradés encore, et ceux-là sont peu nombreux, aiment l'ivresse pour l'ivresse.

Ceux-là sont blâmables.... Mais ceux-là le sont doublement, qui condamnent sans pitié ces malheureux à cette ignorance, à ce dénûment, à cette inespérance, causes premières, causes fatales du déplorable vice où ils trouvent l'abrutissement, la maladie, la mort...

D'autres raisons moins désolantes, mais de conséquences non moins fatales, poussent encore à l'ivrognerie les victimes du paupérisme.
Évidemment, après une semaine de rudes travaux, l'homme éprouve l'impérieux besoin du repos, du délassement, du plaisir.
Il est, parmi les prolétaires, des hommes qui, rompus par l'habitude d'une résignation austère, ou affaiblis par les privations, trouvent, dans l'apathique repos du corps et de la pensée où ils sommeillent le dimanche, une compensation suffisante aux durs labeurs de la semaine.
D'autres sont doués d'une certaine instruction, d'une délicatesse de pensées, d'une finesse d'aptitudes que n'a pu briser le faix écrasant des travaux manuels.
Parmi ceux-là, les uns cherchent chaque dimanche un délassement et un plaisir dans la lecture des poètes ou des penseurs ; les autres se récréent, se délassent dans l'intelligente contemplation des chefs-d'œuvre de l'art exposés au public ; ceux-ci se complaisent dans la reconnaissante admiration des beautés de la nature, sachant la trouver adorable, splendide, et dans son immensité, et dans ses plus petites créations ; ils restent également charmés, ou religieusement émus, par la vue des éblouissantes magnificences d'un radieux coucher de soleil, par l'aspect du scintillement des mondes, par une belle nuit d'été, ou par l'examen curieux d'une petite touffe de fleurs agrestes, ou d'un insecte au corselet d'or et d'émeraudes et aux ailes de gaze.
Mais forcément ils ne sont pas très-nombreux, ceux-là qui, malgré les soucis, les fatigues d'une condition toujours laborieuse, rude, précaire, souvent déplorable et abrutissante, peuvent acquérir ou conserver cette finesse de perception, cette fraîcheur d'impressions, cette noblesse de pensée, indispensables aux jouissances intellectuelles.
Parmi les prolétaires, beaucoup, bien que laborieux et probes, ont été élevés dans l'ignorance, dans la grossièreté, déshérités de cette éducation libérale qui seule élève, raffine les instincts et donne le goût des délassements choisis, des récréations délicates.
Qu'arrive-t-il ? après une semaine de contrainte, de privations, de labeur, ils cèdent à un naturel et irrésistible besoin de plaisir.
Emportés par l'ardeur de la jeunesse, par une sorte de fièvre d'expansion, ils se ruent avec une fougueuse impatience dans les seuls lieux d'amusements ouverts à leur pauvreté !
Alors d'horribles cabarets où se vendent du vin empoisonné, des mets nauséabonds, et des filles infectées, se remplissent d'une foule frémissante ; à l'entour de ces bruyantes tavernes surgissent de toute part des tréteaux, des bateleurs, et là, au milieu de scènes ignobles, dégradantes, tout ce qu'il y a de digne, de respectable dans l'homme, est raillé, est insulté en langage des halles.

Plus loin, ce sont des chanteurs, et parmi eux, vieillards, femmes ou enfants, chacun rivalise d'impudeur et de chants obscènes, pour exciter la gaieté brutale des buveurs attablés.

Toutes ces passions irritées, déchaînées, grondent bientôt comme un orage, à peine dominé par les éclats du clairon des saltimbanques, par le roulement de leurs tambours, par la volée de leurs cloches qui appellent les spectateurs. Une poussière suffocante, fétide, tourbillonne et jette une sorte de brume sur cette grande orgie du paupérisme.

La nuit vient; de rouges lumières illuminent ces figures avinées, incandescentes; c'est alors un redoublement de cris, de chants cyniques, de joie brutale; l'ivresse grondait sourdement depuis longtemps; elle éclate enfin!

Aux accents d'une hilarité grossière, succèdent les injures, les menaces, puis les brutalités, les violences; souvent le sang coule. Ces visages naguère joyeux et empourprés par l'ivresse, deviennent livides, ici meurtris, ailleurs sanglants, ou souillés de boue; ce ne sont plus des hommes, ce sont des bêtes féroces, ce sont des fous furieux. L'effrayante action du vin empoisonné qu'on leur vend, jette ces malheureux dans la frénésie... Parfois leurs femmes, leurs enfants, tremblants, éplorés, sont témoins de ces horribles scènes; des femmes, des jeunes filles, après avoir eu tout le jour la vue et les oreilles souillées par les gestes, par les chants des bateleurs, voient un mari, un père ou un frère, victime d'une rixe acharnée, rouler tout sanglant à leurs pieds; ses modestes vêtements du dimanche sont en lambeaux, souillés de fange; il se relève en trébuchant, et, dans son ivresse, méconnaissant des êtres si chers, il leur prodigue l'injure et la menace.

Mais il se fait tard, les lumières s'éteignent, la tourmente s'apaise; ces voix, naguère si éclatantes, chevrottent, balbutient, ou gémissent; ces hommes tout à l'heure si énergiques, si violents, s'affaissent sur eux-mêmes.

Un morne silence, interrompu çà et là par quelques cris lointains, succède à cet effrayant tumulte; à beaucoup la raison est revenue, et, honteux, abattus, repentants, tous regagnent leurs demeures, et se jettent tristement sur leur grabat, en songeant déjà au labeur du lendemain.

Oui, cela est hideux; oui, cela est horrible; oui, la pensée se révolte; oui, le cœur saigne de voir ces créatures de Dieu, douées d'une âme immortelle et ayant en elles tous les germes du beau et du bien, se complaire, s'abaisser, se dégrader dans de tels plaisirs...

Mais, pour les blâmer, où sont donc les plaisirs nobles, délicats, élevés, mis à la portée de ces malheureux en échange de leurs joies brutales?

Quelles preuves de sollicitude donne-t-on à ces masses déshéritées? On a bien songé à elles comme instruments de travail, on a bien songé à exploiter leur force, leur intelligence, leur vie. Mais quel souci a-t-on jamais pris de leurs plaisirs?

Oui, de leurs plaisirs; et pourquoi non? A-t-on jamais pensé que ceux-là surtout, car leur condition est rude, ont besoin de distractions, de délassements après de longs jours d'un travail pénible? A-t-on cherché à ennoblir, à élever leurs délassements? A ceux-là qui enrichissent le pays pendant la paix, qui le défendent et vient la guerre, a-t-on, au nom du pays, ouvert de vastes lieux de plaisirs honnêtes où chacun puisse, chaque semaine, trouver des récréations douces et pures, qui le charment, qui le consolent et qui l'enseignent?

Non, non... Et de quel droit alors blâmer ces malheureux de se ruer sur de grossiers plaisirs, les seuls qui soient à la portée de leur misère et de leur intelligence qu'aucune éducation n'a développée?

Encore quelques mots, Sire.

Dans ce récit sincère des divers événements de ma vie, vous verrez bien souvent apparaître les deux compagnons de ma première enfance...

Bamboche, le fils du bûcheron, cet enfant abandonné qui, après avoir vu mourir son père sans secours, au fond des bois, est repoussé avec un si cruel mépris, lorsque, pour la première fois, il demande à un homme riche *du travail et du pain*.

Cet enfant tombé d'abord entre les mains d'un abominable vagabond, qui lui enseigne la ruse et la fourberie, puis jeté par les hasards du dénûment entre les mains de saltimbanques qui, par leur dépravation et leurs brutalités, lui enseignent le vice et la haine.

Basquine... la fille d'un malheureux artisan qui, poussé à bout par une misère affreuse, est sur le point de vendre cette enfant à des bateleurs... qui se préparent à exploiter d'une façon infâme cet innocent trésor de beauté, de grâce et de candeur.

Quel que soit l'avenir de ces deux créatures, Sire, avant de porter sur elles un jugement inexorable.... veuillez vous souvenir de ce qu'a été leur enfance.... et le blâme fera peut-être place à la pitié... à la plus profonde, à la plus douloureuse pitié...

Et ce ne sont pas là des exceptions, Sire: parmi tous ceux qui tombent fatalement dans des abîmes sans fond de perversité, d'infamie, il en est bien peu.... bien peu qui n'eussent pas été honnêtes et bons, si leur vie n'avait pas commencé dans l'abandon, dans la misère, ou dans un milieu corrompu et corrupteur.

La Levrasse et la mère Major, craignant sans doute que je n'essayasse de m'évader, me surveillaient de très-près; ces précautions étaient inutiles...

— Oui, nous serons amis, bien amis, et pour toujours, — m'avait dit Bamboche, ensuite de notre première entrevue, commencée par une rixe et terminée par une cordiale étreinte.

Autant que moi, Bamboche se montra fidèle à cette promesse d'affection réciproque. Par un singulier contraste, cet enfant d'un caractère indomptable, d'une perversité précoce, d'infamie, il en est bien peu.... bien peu fois même d'une froide férocité, me témoigna dès lors l'attachement le plus tendre, le plus dévoué. Je l'avoue, sans la réalisation de cette amitié fraternelle si longtemps rêvée par moi, sans l'attachement qui me lia bien vite et étroitement à mon compagnon d'infortune, j'aurais tâché de me soustraire par la fuite au cruel apprentissage de mon nouveau métier.

Tout le temps qui n'était pas employé à mes *leçons*, je le passais avec Bamboche; je l'écoutais parler de Basquine avec une ardeur, avec une sincérité de passion qui, maintenant, en y réfléchissant, me semble extraordinaire pour un enfant de son âge; tantôt il fondait en larmes en songeant au sort cruel qui attendait cette pauvre enfant, car il se rappelait la triste vie et la triste fin de la première Basquine; tantôt il bondissait de joie en pensant que, dans peu de jours, la fille du charron serait notre compagne; tantôt enfin il éclatait en menaces furieuses contre la Levrasse et la mère Major, à la seule pensée que cette Basquine serait battue comme nous.

A force d'entendre mon compagnon parler de notre future compagne avec une admiration si passionnée, j'en étais venu, autant par affection pour Bamboche que par un sentiment de curiosité vivement excitée, à désirer aussi très-impatiemment l'arrivée de Basquine.

Soit que la mère Major ne me jugeât pas digne de succéder dans ses *affections* à l'infidèle Bamboche, soit qu'elle dissimulât ses projets de crainte de m'épouvanter (et elle ne se fût pas trompée), elle ne me disait pas un mot *d'amour*, et se montrait envers moi d'une sévérité extrême.

Malgré ses favorables pronostics qui m'avaient prédit qu'avant un mois je ferais de la manière très-satisfaisante le *saut du lapin* et autres exercices, ma constitution, plus encore que ma volonté, s'était d'abord montrée rebelle aux leçons de mon institutrice.

Mon premier état de manœuvre m'avait accoutumé à marcher le dos courbé, sous le poids d'une auge trop pesante pour mes forces, tandis que la mère Major me demandait, au contraire, non-seulement d'effacer mes épaules, mais encore de me renverser souvent le corps en arrière. Mon premier progrès fut de marcher droit au lieu de marcher voûté selon mon habitude; ma taille, qui eût dévié sans doute, fut ainsi forcément redressée; c'est là que je dois borner ma reconnaissance envers la mère Major.

Elle m'infligeait quotidiennement une sorte de torture, en procédant à ce qu'elle appelait, dans l'argot de son métier, mon *désossement*. Voici comment elle procédait

Je suis resté auprès du corps à pleurer. — Page 90.

à ces notions élémentaires et indispensables de mon *art*.

Chaque matin, elle m'attachait alternativement, à chaque poignet, un poids de trois ou quatre livres, puis elle m'obligeait, sous peine d'une rude correction, de décrire avec mon bras et parallèlement à mon corps, un mouvement de rotation, d'abord assez lent, puis de plus en plus rapide, et dont l'épaule était, pour ainsi dire, le point pivotal.

Une fois mon bras entraîné par le poids attaché à mon poignet, ce qui centuplait la vitesse du mouvement, je sentais mes articulations se distendre avec de cruels tiraillements, puis (sensation étrange et très-douloureuse), il me semblait sentir mon bras s'allonger... s'allonger outre mesure, selon que ce mouvement de *fronde* devenait plus rapide.

Dans nos entretiens avec Bamboche, nous appelions cela *faire les grands bras*.

Un enfantillage inexplicable me faisait quelquefois, malgré de vives souffrances, fermer les yeux afin que, pour moi, l'illusion fût complète; et, en effet, j'aurais alors juré que mon bras, à mesure qu'il décrivait ces cercles, atteignait de huit à dix pieds de longueur.

Mes jambes étaient ensuite soumises à une évolution analogue, toujours au moyen de poids alternativement fixés à chaque cheville. Il ne s'agissait plus d'un mouvement rotatoire, mais d'un mouvement de pendule, dont la hanche était le point articulé, et dont le pied, chargé d'un poids assez lourd, formait le balancier; les mêmes douleurs se renouvelaient peut-être plus vives encore aux jointures de la cuisse, du genou et du pied; il en allait de même de la singulière illusion qui me faisait croire que mes membres s'allongeaient étrangement à mesure que l'exercice auquel on me soumettait devenait de plus en plus précipité.

La leçon se terminait par ce que la mère Major appelait le *torticolmuche*.

Bamboche m'avait dit que lors de ses premières initiations à cette nouvelle torture, il avait failli devenir fou. Ceci me parut d'abord exagéré; mais, instruit par l'expérience, je reconnus la vérité des paroles de mon compagnon.

La mère Major me prenait la tête à la hauteur des oreilles, qu'elle tenait de l'index et du pouce, et qu'elle pinçait jusqu'au sang à la moindre résistance de ma part; puis, me serrant ainsi le crâne entre ses deux grosses mains, puissantes comme un étau, elle portait brusquement ma tête en avant, en arrière, à gauche, à droite, en imprimant à ces mouvements continus et successifs une telle rapidité, que j'en avais, pour ainsi dire, le cou tordu. Bientôt, saisi d'un vertige mêlé d'élancements aigus, il me semblait que mes yeux allaient sortir de ma tête, et que mon cerveau ballottait deçà et delà dans sa boîte osseuse. Chacun de ces chocs me causait la plus incroyable souffrance.

Une espèce d'hébêtement passager succédait presque toujours chez moi à cet exercice qui terminait la leçon.

Du reste, je l'avoue, le *désossement* portait ses fruits; j'acquis ainsi peu à peu, et au prix de cruelles douleurs, une souplesse étonnante; certaines positions, certains entrelacements de membres, qui m'eussent été physiquement impossibles, commençaient à me devenir familiers; mais ma terrible institutrice ne s'arrêta pas là; me trouvant sans doute suffisamment *désossé*, elle voulut me faire *travailler* à fond la *promenade à la turque*. Pourquoi *à la turque*? Je l'ignore. Voici comment la chose se passait :

La mère Major me faisait asseoir par terre, sur un lit de paille, m'attachait la main droite au pied droit, la

Un homme de petite taille en sortit lentement. — Page 101.

main gauche au pied gauche, puis me roulait ainsi en ligne droite, par une série de culbutes continues, dont le moindre inconvénient était de me briser les reins et de me donner, presque ensuite de chaque *séance*, une sorte de coup de sang, auquel mon institutrice remédiait au moyen d'un seau d'eau de puits dont elle m'arrosait. Cette cataracte improvisée me rappelait à moi-même, et nous passions à un autre exercice.

En public, la *promenade à la turque* devait s'exécuter librement, c'est-à-dire qu'au lieu d'avoir les mains attachées aux pieds et de recevoir une *impulsion étrangère*, l'on devait se saisir le bout des orteils et accomplir les culbutes de son propre mouvement.

Plusieurs semaines se passèrent ainsi, pendant lesquelles la Levrasse fit de fréquentes absences : à différentes reprises, il rapporta de nombreuses chevelures de toutes couleurs, car il continuait son commerce, trafiquant des cheveux des filles indigentes.

Mon affection pour Bamboche allait toujours croissant, par cela même qu'insolent et méchant avec tous, il se montrait pour moi bon et affectueux ; à sa manière ; il avait été témoin des souffrances que m'avait surtout causées la *promenade turque*, mais, à ma grande surprise, il ne m'avait ni consolé ni plaint ; pendant plusieurs jours, il me parut distrait, préoccupé ; je le vis souvent se diriger vers un grenier inoccupé, où il faisait de longues séances ; il me cachait un secret ; par fierté, je ne voulus pas aller au-devant de sa confiance.

Un jour, je sortais rompu, hébété par ma leçon, la *promenade turque* s'étant beaucoup prolongée ; je souffrais cruellement d'une enflure au poignet, car j'étais retombé une fois à faux, et la mère Major m'avait châtié de ma maladresse ; je trouvai Bamboche rayonnant ; mais apprenant ma double mésaventure, sa figure s'assombrit ; il s'emporta contre la mère Major en imprécations, examina ma main avec une sollicitude fraternelle, puis, me regardant tristement, il me dit d'une voix émue :

— Heureusement, c'est la dernière fois que tu seras battu !

— La dernière fois ? — lui dis-je tout étonné.

— Demain, tu ne seras plus ici, — me répondit-il après un moment de silence.

— Je ne serai plus ici ? — m'écriai-je.

— Écoute : hier, j'ai entendu la Levrasse parler avec la mère Major ; demain, l'homme-poisson arrive ; je connais le voiturier qui l'amènera : c'est un brave homme ; j'ai pris une grande corde dans le grenier, j'y ai fait des nœuds, je l'ai bien cachée : il y a une lucarne qui donne sur les champs, tu pourras y passer, puisque moi, qui suis plus grand que toi, j'ai essayé et que j'y passe...

— Moi y passer ! et pourquoi ?

— Attends donc... j'attacherai la corde d'avance, j'ai pris un pieu exprès ; sitôt que la voiture qui aura amené l'homme-poisson sortira d'ici, tu fileras par la lucarne ; tu prieras le voiturier de t'emmener avec lui et de te cacher jusqu'à ce que tu sois à trois ou quatre lieues d'ici. Une fois hors des pattes de la Levrasse, tu trouveras bien quelque part des maçons à servir, ou bien tu demanderas l'aumône en attendant.

A cette proposition, mon cœur se brisa... j'interrompis Bamboche par mes larmes.

— Qu'est-ce que tu as ? — me demanda-t-il brusquement.

— Tu ne m'aimes pas, — lui dis-je tristement.

— Moi ! — s'écria-t-il d'un ton de reproche courroucé... — moi ! et je tâche de te faire sauver d'ici... Voilà quinze jours que j'y pense. Je ne te parlais de rien pour ne pas te donner de fausse joie ! et voilà comme tu me reçois !

— Oui, — repris-je avec amertume, — ça t'est bien égal que je m'en aille... tu ne tiens pas à moi...

A ces mots, Bamboche tomba sur moi à grands coups de poing.

Bien qu'habitué aux singulières façons de mon ami, cette brusque attaque, dont je ne comprenais pas alors la signification, m'irrita beaucoup. A mon attendrissement succéda la colère, et je rendis à mon compagnon coup pour coup.

— Et moi qui me prive de toi !... moi qui ai manqué de me casser les reins, en essayant la corde pour voir si elle était assez longue ! — s'écria Bamboche furieux de mon ingratitude, — tiens... empoigne, — et il accompagna ce tendre reproche d'un vigoureux horion.

— Et toi qui m'avais dit que nous ne nous quitterions jamais ! — répondis-je, non moins indigné, — tiens... attrape, — et je ripostai par un coup de pied.

— Mais moi, je sais bien le mal que tu endures ici.... gredin !... — reprit Bamboche en continuant cette touchante scène de pugilat. — Voilà pour toi !

— Mais tu sais bien aussi que pourvu que nous soyons ensemble, ça me serait égal d'être battu comme plâtre ! — et je frappai à mon tour.

— A la bonne heure, — dit Bamboche en se calmant peu à peu. — Mais moi, je reste pour attendre Basquine... sans cela, est-ce qu'il n'y a pas longtemps que j'aurais mis le feu à la baraque pour y rôtir la Levrasse et la mère Major, et que nous aurions filé ? Mais puisque je suis retenu ici, file tout seul.

— Jamais, car, une fois Basquine ici, si tu veux te sauver avec elle, vous aurez besoin de moi...

Et la lutte fut un moment suspendue.

Bamboche, toujours violent dans ses amitiés comme dans sa haine, fit un mouvement pour se jeter de nouveau sur moi. Incertain de ses intentions, je me mis, à tout hasard, sur la défensive. Inutile précaution. Ce singulier garçon me serra contre sa poitrine avec effusion, en me disant d'une voix émue :

— Martin, je n'oublierai jamais ça...

— Ni moi non plus, Bamboche.

Et je lui rendis son amicale étreinte d'aussi bon cœur que je lui avais rendu ses bonnes coups de poing.

— Tonnerre de Dieu !.. qu'est-ce que j'ai donc pour toi ? — me dit-il, après un moment de silence. J'ai beau me tâter, je n'y comprends rien.

— Ni moi non plus; Bamboche, tu es pour tout le monde un diable incarné, tandis que, pour moi... au contraire... et c'est ça qui m'étonne.

Après un nouveau moment de silence pensif, Bamboche reprit d'un air moitié railleur, moitié triste, qui ne lui était pas naturel :

— Je ne sais pas comment ça s'est fait que je t'ai parlé de mon père.... Avant toi.... je n'en avais parlé à personne... mais, sur le coup, ça m'aura attendri en morceau de cœur... Tu te seras f...ichu en plein dans le morceau défrempé, et depuis tu y seras resté comme un lézard incrusté dans une pierre que montre la Levrasse en faisant ses tours... Et tu es d'autant plus comme le lézard dans la pierre, que, d'être amoureux fou de ma petite Basquine, ça ne t'a pas délogé... Et puis, vois-tu ? il me semble que depuis que je suis ami avec toi, ça m'amuse davantage d'être méchant pour les autres... et que j'en ai le droit.

— Alors c'est dit, je serai ton lézard, Bamboche, je garderai toujours mon petit coin ; mais tu ne me parleras plus de me sauver sans toi ?

— Non ; mais une fois Basquine avec nous, au bout de quelques jours, quand nous trouverons l'occasion belle... nous filerons nous trois.

— Et où irons-nous ?

— Tout droit devant nous.

— Et comment vivre ?

— Nous mendierons, nous dirons que nous sommes frères et sœur, que nos parents sont morts; les *serins* de passants auront pitié de nous, comme disait le cul-de-jatte : nous empocherons leur argent. Et nous nous amuserons sans autre peine que de mendier...

— Et quand on ne nous donnera pas ?...

— On ne se défie pas des enfants... nous volerons.

— Hum !... nous volerons... — repris-je d'un air pensif en songeant à Limousin, mon ancien maître, qui avait tant horreur du vol. Aussi j'ajoutai :

— Il vaudrait mieux ne pas voler.

— Pourquoi ?

— Parce que c'est mal.

— Mal ?... pourquoi ?

— Je ne sais pas, moi; Limousin disait que c'était mal.

— Moi, je dis que ça n'est pas mal; aimes-tu mieux croire Limousin que moi ?

— Il disait qu'il fallait gagner sa vie en travaillant.

— Mon père travaillait... et il n'a gagné que la mort, — répondit Bamboche d'un air sombre ; — le cul-de-jatte mendiait et volait quand il pouvait... ce qui n'empêche pas que jamais mon père ni moi nous n'avons fait un aussi bon repas que le plus mauvais repas du cul-de-jatte... Moi aussi, avant de mendier, j'ai demandé du travail aux passants quand mon père a été mort. J'avais bon courage... Est-ce qu'on m'en a donné, du travail ? Non. Qui est-ce qui s'est inquiété de moi ? Personne... Est-ce que les loups travaillent ? Quand le loup a faim, il mange... Travailler ! ah bien oui !... la Levrasse et la mère Major ne travaillent pas, ils volent des enfants comme moi, ils nous tortillent les membres, nous rouent de coups et nous font danser en public comme des chiens savants, et à ce métier-là ils mangent gras tous les jours et remplissent leur tire-lire... Et si jamais je la trouve, leur tire-lire, sois tranquille, nous rirons; ne t'inquiète donc pas. Si je n'attendais pas Basquine — et les yeux de Bamboche étincelèrent, sa robuste et large poitrine se gonfla en prononçant ce nom, — nous serions loin ; mais un peu de patience.... et tu verras la bonne vie à nous trois avec elle ! libres et gais comme des oiseaux et picorant comme eux. Avec ça qu'ils demandent la permission, eux autres, de prendre où ils peuvent ce qu'il leur faut pour vivre, et bien vivre, hein ? Qu'est-ce qu'il aurait répondu à cela, ton vieux serin de Limousin ?

— Dame !... écoute donc, Bamboche, nous ne sommes pas des oiseaux.

— Sommes-nous plus, ou moins ? Te crois-tu plus qu'un oiseau ? — me demanda Bamboche avec un accent de dignité superbe.

— Je me crois plus qu'un oiseau, — répondis-je avec conviction, éclairé par mon ami sur ma valeur individuelle.

— Par ainsi, — reprit Bamboche, triomphant d'avance du dilemme qu'il m'allait poser, — nous sommes plus que les oiseaux, et nous n'aurions pas le droit de faire ce qu'ils font ? Nous n'aurions pas comme eux le droit de picorer pour vivre ?

Je l'avoue, ce dilemme m'embarrassa fort, et je ne pus y répondre.

Je n'avais d'ailleurs, comme tant d'autres enfants abandonnés, aucune notion du bien et du mal, du juste et de l'injuste. Je me trompe; j'avais du moins retenu quelques sévères paroles de mon maître Limousin contre le vol ; mais ces paroles, simplement affirmatives, ne pouvaient laisser des traces bien profondes dans mon esprit, et lutter surtout contre les séduisants paradoxes de mon compagnon, car, je l'avoue, cette vie *buissonnière* et *ailée* passée avec Bamboche et Basquine, cette vie libre et aventureuse, alimentée par les aumônes des bonnes gens, et, au pis aller, par des moyens hasardeux, me paraissait l'idéal du bonheur.

CHAPITRE XVI.

Plus de besogne que de bruit. — Nouvelles fonctions de Martin. — Projet de fuite découvert. — *L'homme-poisson*.

Le soir même de ce jour où j'avais refusé de profiter des moyens d'évasion ménagés pour moi par Bamboche, la Levrasse me fit du doigt signe de le suivre dans sa chambre aux chevelures.

Cet homme, avec ses grimaces convulsives, son sang-froid, son sourire faux et narquois, sa voix aiguë, ses lèvres sardoniques et pincées, m'effrayait encore plus que la mère Major ; malgré ses gros poings et sa grosse voix, quelquefois celle-ci, me voyant brisé de fatigue, inondé de sueur, pris de vertige, les yeux injectés de sang, interrompait mes leçons acrobatiques par quelques moments de repos ; mais lorsque la Levrasse assistait à ces exercices, il se montrait impitoyable.

— Allons, allons, petit Martin, — disait-il d'un ton doucereusement ironique, — tu as chaud, ne nous refroidissons pas... c'est malsain... Si tu t'arrêtes, je serai obligé de te prendre, à grands coups de martinet, la mesure d'un gilet de flanelle de santé... mais tu n'auras le droit de le porter qu'à soixante et onze ans.

Et il me faisait une grotesque grimace.

Je fus donc très-effrayé de me voir seul avec la Levrasse dans la chambre aux chevelures. Après avoir fermé la porte, il me dit :

— Petit Martin, je suis très-content de toi, je vais te donner une preuve de confiance.

J'ouvris des yeux étonnés.

— Léonidas Requin arrive demain matin.

— Léonidas Requin ? mon bourgeois ? (Nous appelions la Levrasse notre *bourgeois*; c'était là sa formule officielle.)

— Oui, — reprit la Levrasse, — c'est l'homme-poisson ; et, comme tu es le plus nouveau ici, les corvées te regardent, petit Martin.

— Quelle corvée, bourgeois ?

— Une corvée de confiance, bien entendu, car ce brigand de Bamboche serait capable de le faire étrangler et le laisser sans eau.

— Et ma corvée à moi, bourgeois, qu'est-ce que ce sera ?

— Tu feras manger l'homme-poisson, vu qu'il n'a que des nageoires... ce pauvre minet, ce qui lui est peu commode pour manier une fourchette et un couteau.

— Il faudra que je fasse manger l'homme-poisson ! bourgeois ?

— Et que tu lui changes son eau tous les jours, petit Martin ; car il vit dans un grand bocal en sa qualité de poisson d'eau douce.

— Lui changer son eau ! — m'écriai-je de plus en plus consterné de ces nouvelles fonctions.

— Tu auras, en outre, à lui faire boire deux fois par jour de l'eau du Nil, dont il a fait provision, car il ne peut boire que de celle-là, c'est son fleuve natal; mais, prends bien garde à tes doigts, car il mord... vu que, par son grand-père, il descend de la famille royale des crocodiles d'Égypte, et que, par ses bisaïeuls, il descend des caïmans sacrés, révérés et honorés par ce peuple abruti...

Ces mots, prononcés avec l'accent du bateleur qui, la baguette à la main, *démontre* un phénomène, furent interrompus par la brusque arrivée de la mère Major ; elle se précipita comme un ouragan dans la chambre aux chevelures.

L'air furieux, menaçant, l'Alcide femelle tenait à la main une grosse corde à puits soigneusement lavée et garnie de nœuds de distance en distance.

Un pressentiment me dit que c'était la corde dont Bamboche m'avait parlé et qui devait servir à mon évasion.

— Il voulait s'échapper, le brigand de Bamboche, — s'écria la mère Major, — je le soupçonnais, je viens de le voir se glisser à pas de loup dans le grenier, près du pigeonnier, je l'ai suivi sans qu'il me voie, et je l'ai surpris cette corde sous le bras...

— Ah ! ah ! — fit la Levrasse avec une grimace facétieuse qui me fit trembler.

— Il y a plus, il avait emmanché comme un crochet là la barre de la lucarne, pour accrocher sa corde... et filer dehors...

— Oh ! oh ! — fit la Levrasse avec une seconde grimace plus grotesque que la première.

— Je l'ai attaché dans la cave, le scélérat ; donnez donc une éducation ! apprenez donc un état à ces filous-là, pour qu'ils se sauvent quand ils sont en état de travailler ! — s'écria la mère Major. — Mais je vais...

La Levrasse l'arrêta..

— Halte-là ! la mère. Il finit par s'habituer à tes *douceurs;* tu fais plus de bruit que de mal, la mère... Moi, je ne fais pas plus de bruit qu'une taupe dans son trou... on n'entend rien... et mes bons petits conseils entrent bien

plus avant dans la peau que tes gros tremblements de fureur... Il est dans la cave, ce petit Bamboche ?

— Oui, et solidement attaché... quoiqu'il ait voulu me dévorer les mains.

— Allons lui faire ma petite visite, — dit la Levrasse de sa voix doucereuse ; et il se dirigea vers la porte d'un pas souple, discret comme celui d'un chat sauvage qui va s'embusquer pour guetter sa proie.

Jamais, depuis mon arrivée dans la maison, la Levrasse n'avait infligé lui-même une correction à Bamboche ; aussi les menaces et le départ de notre *bourgeois* me glacèrent d'effroi pour mon compagnon.

Bientôt la mère Major mit mon épouvante à son comble, en arrêtant la Levrasse par le bras et en lui disant à mi-voix :

— Ne va pas trop loin, non plus...

— Sois donc tranquille, *nous n'avons besoin de lui* que dans quinze jours, — répondit la Levrasse, — ne te tourne pas le sang... tu n'entendras rien... je ne fais pas de bruit, moi... je ne fais pas de bruit... du tout... du tout.

Et il sortit en répétant ces mots, qu'il accompagna d'une grimace bizarre.

— C'est égal, — se dit la mère Major, l'air visiblement inquiet malgré sa dureté, et oubliant sans doute ma présence, — c'est égal, j'y vas aussi... c'est plus prudent... la Levrasse a ce soir quelque chose de mauvais dans l'œil.

Et, jetant le paquet de cordes qu'elle tenait sous son bras, elle s'avança vers la porte, me laissant désespéré, car c'était pour moi, pour avoir voulu faciliter son évasion, que Bamboche allait subir une punition qui me semblait d'autant plus terrible que j'en était plus mystérieuse.

Alors, saisissant la mère Major par le bras :

— C'est moi qui voulais me sauver... — m'écriai-je, — c'est pour moi que Bamboche avait préparé la corde,.... c'est moi qui la lui avais demandée.... c'est moi qui dois être puni.

— Ah ! tu voulais te sauver, toi ! C'est bon à savoir, — dit la mère Major en m'examinant avec attention, — et ce brigand de Bamboche t'aidait,... vous ne valez pas mieux l'un que l'autre. Vous voulez nous filouter l'état que nous vous donnons,... mais, minute, je suis là !

Et, ce disant, la mère Major me laissa dans la chambre aux chevelures, et ferma la porte à double tour.

Dans mon désespoir, je me jetai sur le carreau, je fondis en larmes, car je me reprochais d'être la cause involontaire de la punition de Bamboche.

Cette première crise de douleur passée, j'écoutai si je n'entendrais pas les cris de mon compagnon.

Tout resta dans le plus profond silence.

Je me hissai jusqu'à la petite fenêtre, grillée par deux barres de fer en croix, je ne vis rien.

La nuit vint. A l'heure du repas, j'entendis frapper à ma porte, et bientôt après, la voix de la Levrasse.

— Petit Martin.... tu te coucheras sans souper, ça calmera ton agitation; demain, l'homme-poisson, ta nouvelle connaissance, te consolera.

Je passai une nuit pénible, cent fois plus pénible que celle que j'avais passée dans cette même chambre, lors de mon arrivée chez la Levrasse.

Vers minuit, brisé de fatigue, de chagrin, je m'endormis d'un sommeil troublé par des rêves sinistres : je voyais Bamboche soumis à d'affreuses tortures, je l'entendais me dire : « Martin, Martin, c'est ta faute. » Au milieu de ces songes effrayants m'apparaissait la figure monstrueuse de l'homme-poisson ; il me poursuivait, et je ne pouvais échapper à ses cruelles morsures.

Deux coups bruyamment frappés à ma porte m'éveillèrent en sursaut au milieu de ce rêve. Il faisait jour. J'écoutai : c'était la voix de la Levrasse.

— Vite, vite, petit Martin.... l'homme-poisson vient d'arriver, il attend son petit serviteur.

Et la porte s'ouvrit.

La réalité continuant pour ainsi dire mon rêve, effrayé, je regardai la Levrasse d'un air hagard, puis, me souvenant des divers incidents de la veille :

— Et Bamboche ? — lui dis-je.

— Bamboche ? il est plus heureux que toi.... il se dorlote au frais... il a congé... pour quelques jours.

Puis après un silence, la Levrasse ajouta :
— Ah! tu voulais te sauver, petit Martin! on ne quitte pas ainsi papa et maman... ce n'est pas gentil.
— Où est Bamboche? je veux le voir, — m'écriai-je....
— Que lui avez-vous fait hier?

Et comme la Levrasse me répondait par une grimace sardonique, en me montrant la porte, je me tus, réfléchissant à l'inutilité de mes questions, mais bien décidé à profiter de la liberté qu'on me laisserait pour me rapprocher de mon compagnon.

Lorsque j'arrivai dans la cour avec la Levrasse, je trouvai la mère Major, qui, déployant sa force herculéenne, aidait un charretier à faire glisser le long des branches d'un de ces longs haquets dont se servent les conducteurs de tonneaux, une caisse assez pesante et de forme singulière, où était renfermé l'homme-poisson, ainsi que l'annonçait un énorme écriteau, composé de lettres rouges sur un fond blanc, et portant ces mots :

L'HOMME-POISSON,
Pensionnaire de monsieur la Levrasse,
artiste acrobate.

Cette caisse, oblongue, ressemblant assez à une grande baignoire carrée et à pans coupés, était surmontée d'une capote de tôle. Deux jours circulaires et vitrés de verre dépoli éclairaient l'intérieur de cette boîte, tandis que, sur le devant de la capote, on remarquait plusieurs trous destinés à donner de l'air, mais qui défiaient les regards curieux et indiscrets.

Au-dessous de la capote, vers la partie postérieure de la boîte, était fixé un large entonnoir paraissant destiné à recevoir l'eau dont on remplissait la boîte, eau qui, lorsqu'on voulait la changer, devait s'écouler à volonté par un robinet situé à l'extrémité inférieure de la caisse. Lorsque celle-ci eut glissé à terre le long des branches du haquet, le charretier, homme à figure honnête et naïve, et qui semblait regarder son chargement avec une sorte de crainte mêlée de curiosité, dit à la Levrasse :

— J'espère, bourgeois, que vous êtes content de ce voiturage-là? Je suis parti hier, et j'arrive; la nuit était si douce, que je n'ai arrêté que pour faire manger mes chevaux; j'ai, comme vous voyez, défilé mes vingt-deux lieues en quinze heures, et...

La Levrasse interrompit le voiturier :
— Vous avez, n'est-ce pas, changé l'eau de mon homme-poisson, hier soir... comme on vous l'a recommandé?
— Moi, monsieur la Levrasse... on ne m'a pas parlé de cela.
— Ah! malheureux!—s'écria la Levrasse en paraissant en proie à une terrible anxiété, — quel oubli!
— Mais M. Boulingrin, chez qui j'ai pris le poisson.... non.... l'homme-poisson, ne m'a rien dit du tout.
— Il ne vous a rien dit?
— Non, monsieur la Levrasse; il m'a dit seulement :— Père Lefèvre, voilà une caisse renfermant un homme-poisson, il n'a besoin de rien; je lui ai mis deux carpes et une anguille pour ses repas, et...

Sans entendre davantage la justification du voiturier, la Levrasse se précipita vers la caisse, et, collant sa bouche à l'un des trous pratiqués pour donner passage à l'air :
— Léonidas... mon bonhomme... comment te trouves-tu?...

Une voix dolente répondit d'abord quelques mots en une langue inconnue, qui nous fit ouvrir de larges oreilles au voiturier et à moi (j'ai su depuis que c'était une citation de *Sénèque* en langue latine); puis la voix ajouta bientôt en français :
— Changer d'eau... changer d'eau...
— Avez-vous entendu, père Lefèvre? — dit la Levrasse au charretier d'un air capable, — il a tant besoin de changer d'eau, qu'il l'a dit d'abord en égyptien!
— C'était de l'égyptien?
— Du plus pur égyptien du Nil... Ainsi il voulait changer d'eau; j'en étais sûr, — reprit la Levrasse avec inquiétude, — car il est, pour le changement d'eau, aussi délicat qu'une sangsue. Ah! père Lefèvre, — ajouta la Levrasse,

d'un ton de reproche solennel, — vous serez peut-être cause d'un grand malheur.

Puis, se tournant vers la mère Major :
— Vite!.... vite!.... des seaux d'eau fraîche! il est capable d'en mourir.

Et pendant que la mère Major et moi nous allions remplir des seaux d'eau à la pompe, la Levrasse ouvrant le robinet inférieur de la boîte, l'eau coula très-abondamment.

La Levrasse prit alors un des seaux que j'apportais et le vida dans le large entonnoir à deux ou trois reprises.
— Ah! cela fait du bien... — dit la voix avec une expression de béatitude extrême, et sans le moindre accent étranger. — Cela fait du bien...

Quelques mots latins suivirent encore cette exclamation.

Le charretier semblait navré d'avoir ainsi involontairement compromis la précieuse existence d'un homme-poisson égyptien qui parlait si bien français.
— Et moi qui ai si longtemps longé la rivière! — s'écria le voiturier avec une expression de pénible regret; — et dire que, sachant que je *chargeais* un homme-poisson, il ne m'est pas venu à l'idée de faire entrer mon haquet dans l'eau jusque par-dessus la capote de la boîte... et de la laisser comme ça une bonne heure dans le courant, pour bien le rafraîchir ce digne homme, non, ce digne poisson, non, ce digne homme-poisson!... Imbécile que je suis...

A peine le voiturier eut-il exprimé ces tardifs regrets, que l'habitant de la boîte parut s'agiter violemment, comme s'il eût été rétrospectivement épouvanté de la combinaison hydraulique de son conducteur.
— Malheureux! — s'écria la Levrasse, en se retournant vers le malencontreux voiturier,—vous auriez fait là un beau coup.

Puis, se penchant vers les ouvertures de la boîte, il ajouta :
— Léonidas.... mon minet.... ça va-t-il mieux maintenant?
— Mieux... mieux... — dit la voix, — mais la rivière... jamais... oh!... dites-le au voiturier.
— Ce gaillard a été gâté par la fréquentation du Nil, — dit la Levrasse d'un air capable; — il ne peut souffrir d'autre fleuve... Aristocrate! va! — ajouta-t-il en se tournant vers la boîte.
— Ah! monsieur la Levrasse,— dit le charretier en hochant la tête, — quelles fameuses recettes vous allez faire sur toute la route! A chaque village, à chaque bourg, à chaque ville, mon haquet était suivi d'une vraie queue de monde. — Ah! un homme-poisson... un homme-poisson!... ça doit être farce et curieux! — que chacun disait, en lisant votre écriteau. — Oui, mes amis, — que je répondais, — je le conduis à M. la Levrasse dont il est la propriété, et comme il repassera par ici avec sa troupe, vous verrez l'homme-poisson.

La Levrasse interrompit le voiturier.
— Tu as passé à Saint-Genêt? — lui dit-il.
— Oui, bourgeois.
— Et ma commission?
— J'ai remis votre lettre. Ah! bourgeois, c'est à fendre l'âme; le charron est quasi moribond.

A ces mots, mon attention redoubla; Bamboche avait complété ses confidences, en me disant le nom du village où demeurait le pauvre charron, père de la petite Jeannette, la future Basquine de la troupe.
— Ainsi, c'est vrai, le charron est bien malade! — s'écria la Levrasse, sans pouvoir dissimuler sa joie. — Sa femme ne m'avait pas trompé dans sa lettre; et elle, l'as-tu vue, la femme?
— Oui, toujours infirme et alitée de son côté. Ah! bourgeois, c'est à fendre le cœur de voir ce père et cette mère malades, entourés de ce troupeau d'enfants déguenillés et mourant de faim.
— Tu vois! le charron est moribond, — répéta la Levrasse d'un air pensif en regardant la mère Major.
— C'est ce qui te prouve, — dit celle-ci, — qu'il faudra nous dépêcher de partir d'ici.
— Oui, oui, le plus tôt sera le mieux, — répondit la Levrasse.

Cette détermination de la Levrasse me causa une grande joie. Bamboche serait si heureux d'apprendre que bientôt il verrait Basquine! Dès lors ma seule pensée fut de chercher le moyen de parvenir auprès de mon compagnon, afin de lui annoncer une si heureuse nouvelle.

La Levrasse, s'adressant au voiturier, lui mit quelque argent dans la main en disant :

— Allons! tiens, voilà pour toi; tes chevaux sont reposés. Va-t'en.

— Oh! oh! moi, je ne m'en vas pas comme ça sans deux choses, bourgeois, — répondit le charretier.

— Quelles choses?

— D'abord, bourgeois, je voudrais voir ce petit Bamboche, ce malin singe si fûté; il est méchant comme un diable; mais il m'égaye à voir...

— Bamboche dort, — dit brusquement la Levrasse.

— Allons, tant pis, bourgeois, tant pis : la seconde chose, c'est un pourboire.

— J'ai juré à ma grand'mère mourante de ne jamais donner de pourboire, — dit la Levrasse avec une solennité grotesque.

— Attendez donc, bourgeois : le pourboire que je vous demande, c'est de me laisser seulement jeter un petit coup d'œil sur l'homme-poisson; j'ai tâché, pendant la route, de voir à travers les trous, mais je n'ai rien vu.

— Quand nous arriverons dans ta ville d'Apremont, je te donnerai une place gratis, le lendemain de la dernière représentation.

— Mais, bourgeois...

— Ah çà! te moques-tu de moi? En t'en retournant, tu raconterais sur toute la route ce que tu as vu de l'homme-poisson, et comme il y a des gredins qui se contentent d'avoir vu par les yeux des autres, tu écornerais ma recette...

— Bourgeois, je vous jure...

— Assez causé là-dessus... — reprit la Levrasse; — as-tu prévenu, dans les endroits où tu t'es arrêté, qu'à mon passage j'achèterai des cheveux?

— Oui, oui, — dit le charretier en étouffant un soupir de curiosité trompée. — J'ai dit que vous feriez votre moisson, faucheur de cheveux que vous êtes, et vous aurez les chevelures à bon compte, car le pain est cher cette année.

— Allons, va-t'en, et bon voyage, — dit la Levrasse, en montrant du geste la porte au voiturier.

— Ainsi, bourgeois, vous ne voulez pas?...

— T'en iras-tu! — répondit la Levrasse en frappant du pied avec impatience.

Quelques instants après, les lourdes portes de la cour se refermaient sur le charretier et sur son baquet, et nous restions seuls, moi, la Levrasse et la mère Major, en face de la mystérieuse boîte où était enfermé l'homme-poisson.

Je l'avoue, malgré mes vives inquiétudes sur le sort de Bamboche, malgré la préoccupation que me causait mon désir de parvenir jusqu'à lui, afin de lui annoncer son prochain rapprochement de Basquine, j'éprouvais une curiosité mêlée de crainte à l'endroit de cet étrange personnage, à qui je devais, d'après les ordres de la Levrasse, rendre les services les plus assidus.

Ayant sans doute entendu les portes de la cour se refermer, l'homme-poisson dit d'une voix timide à travers les trous de sa boîte :

— Puis-je sortir maintenant?

— Attends, — dit la Levrasse; — ce gredin de voiturier est si curieux, qu'il est capable de se hisser sur sa voiture pour regarder par-dessus la porte, ou de coller son œil à la serrure. Mère Major, monte en haut et regarde s'il s'éloigne.

L'Alcide femelle se hâta d'obéir, disparut par une porte, reparut bientôt à une mansarde du grenier, et dit, en paraissant suivre du regard la voiture qui s'éloignait :

— Il n'y a pas de danger... le père Lefèvre est là-bas... voilà qu'il tourne le mur de la ruelle...

— Allons, Léonidas... tu peux prendre l'air, — dit la Levrasse à l'homme-poisson, en ouvrant la boîte.

A ce moment, mon cœur battit de crainte et de curiosité. J'allais enfin contempler ce mystérieux phénomène. Le couvercle de la boîte se leva.

Un homme de petite taille en sortit lentement, péniblement, comme s'il avait eu les membres roidis par un long engourdissement. Ce qui me frappa tout d'abord, ce fut de voir complètement sèche l'espèce de longue robe sans manches ou de sac dont ce personnage était enveloppé, et qui cachait complètement ses bras; je m'attendais à le voir, au contraire, ruisseler comme un fleuve, en me rappelant les deux ou trois seaux d'eau versés par la Levrasse dans l'entonnoir qui communiquait à la boîte.

Léonidas Requin (c'était son nom, nom véritablement prédestiné) paraissait âgé de vingt-cinq ans; ses traits irréguliers et grotesques, fidèlement reproduits, eussent ressemblé à une ébauche tracée par une main inexpérimentée : ainsi, l'œil droit, à la paupière supérieure toujours à demi baissée, par suite d'une infirmité naturelle, était placé beaucoup plus haut que l'œil gauche, toujours bien ouvert. De ceci résultait le plus singulier regard du monde. Le bout du long nez de Léonidas, au lieu d'être perpendiculaire à sa racine, empiétait considérablement sur la joue gauche, grave incorrection qui faisait paraître la bouche ridicule, quoiqu'elle fût à peu près à sa place et largement dessinée par deux lèvres épaisses, au-dessous desquelles le menton fuyait brusquement; le crâne était vaste, la chevelure rare, d'un châtain fade et sans reflets; quelques petits bouquets de barbe de même nuance pointaient depuis plusieurs jours à travers une peau blafarde cruellement sillonnée par les marques de la petite vérole.

Cette figure, d'une laideur surtout ridicule, était empreinte de tant de bonhomie et de timidité, qu'au lieu d'avoir envie de rire à la vue de notre nouveau commensal, je le regardai avec une sorte d'intérêt.

— EGO ET ANIMAL SUM ET HOMO, NON TAMEN DUOS ESSE NOS DICES. (Je suis en même temps animal et homme, sans qu'on puisse dire que je suis deux.)

Telle fut la citation latine dont l'homme-poisson, Léonidas Requin, nous salua en sortant de sa prétendue piscine.

Il est inutile de dire qu'à cette époque de ma vie, je ne distinguai pas même les mots prononcés par Léonidas; j'entendais seulement des sons incompréhensibles pour moi; mais ayant plus tard, dans le courant de mon aventureuse carrière, rencontré çà et là Léonidas Requin, subissant toujours des conditions non moins diverses qu'étranges, nous nous sommes si souvent rappelé notre entrevue chez la Levrasse, que j'ai su alors ce qui signifiait cette citation empruntée à Sénèque, l'auteur favori de l'homme-poisson, qui devait pratiquer plus que personne la stoïque philosophie de son maître.

Je trouve parmi quelques papiers un fragment de lettre que Léonidas Requin m'écrivait, quinze années plus tard. Malgré l'infime position où je me trouvais alors, j'avais espéré pouvoir assurer à mon ancien compagnon une position plus heureuse et plus convenable.

Dans cette lettre, destinée à être communiquée à un tiers, Léonidas abordait avec la plus naïve franchise les causes qui l'avaient conduit à accepter et à jouer son rôle d'homme-poisson.

Voici ce fragment, il fera connaître et peut-être aimer ce nouveau personnage, que l'on rencontrera plus d'une fois dans le cours de ce récit.

CHAPITRE XVII.

Une lettre de Léonidas Requin. — Sa vocation. — Il entre en pension. — Le premier prix. — Réclame vivante. — Éducation universitaire.

« .... J'étais né pour être tailleur; tout me dit que
» je serais devenu bon tailleur; mon ambitieux père ne
» l'a pas voulu; que sa mémoire soit respectée.... car c'é-
» tait bien le meilleur cœur, mais aussi l'esprit le plus
» faux que j'aie connu, mon brave Martin.

» Il était portier chez M. Raymond, maître de pension,
» boulevard Mont-Parnasse (on pourra prendre là des ren-
» seignements). Mon oncle, pauvre petit tailleur en cham-
» bre, demeurait auprès de la pension, il raccommodait
» les vieilles hardes des élèves; quand je lui portais quel-

» ques nippes à réparer, et que je le voyais manier dextrement l'aiguille, les jambes croisées sur son établi, dans sa chambre, bien chauffée en hiver par un poêle de fonte, bien aérée en été par la fraîcheur du boulevard, je ne m'imaginais pas de condition plus heureuse; le bruit de ses grands ciseaux d'acier qui taillaient en pleine pièce de drap bien luisant, la vue de ses écheveaux de fil de toutes couleurs me ravissaient d'aise; mais mon admiration pour mon oncle tournait à la vénération, presque à la superstition, lorsqu'il me rendait, en apparence vierge de tout accroc.... une culotte d'écolier de sixième... (c'est tout dire), que je lui avais apportée, dans quel état! grand Dieu.

» Je dois avouer aussi que l'immobilité de corps à laquelle vous assujettit cette belle profession, qui transfigure si merveilleusement les vieilles nippes, me séduisait beaucoup; car, chétif et poltron, j'ai horreur du mouvement; un secret pressentiment me disait aussi qu'étant moralement très-timide, et physiquement très-laid, d'une laideur ridicule et bête, avec un œil perché en haut et l'autre en bas, sans compter mon long nez de travers, ces désavantages ne nuiraient en rien à mon état de tailleur.... et à la confiance que pourraient me témoigner mes pratiques.

» Malgré ces heureuses dispositions, mon avenir fut détruit par la folle vanité de mon père... ET FIENT ET FACTA ISTA SUNT! (*et ces choses se sont commises et se commettront toujours*), comme dit le divin Sénèque.

» C'était le soir de la distribution des prix; mon père avait vu passer devant sa loge tant d'élèves couronnés de chêne et portant sous le bras de beaux volumes reliés; il avait été tellement exalté par les fanfares de la musique de la loterie qui faisait explosion après la nomination de chaque lauréat; il avait enfin été tellement frappé des paroles de Monseigneur le ministre de l'instruction publique, qui daignait honorer la cérémonie de sa présence, et avait proclamé *les jeunes élèves* : LA GLOIRE FUTURE DE LA FRANCE, que le soir même, mon père supplia M. Raymond de me prendre par charité chez lui et de me faire faire les études nécessaires pour entrer en septième l'année suivante, malgré mes regrets et mes regards incessamment tournés vers le petit établi de mon oncle le tailleur.... M. Raymond, qui avait d'ailleurs beaucoup à se louer de mon père, me confia à un maître d'études, et mon éducation universitaire commença.

» Malheureusement, en raison de ma figure ridicule, de ma timidité, de ma poltronnerie et de ma condition sociale de fils de portier, je devins, hélas! en peu d'années, un bon, un excellent, un surprenant élève.

» Que ceci ne vous semble pas un paradoxe, mon cher Martin : bafoué, moqué, poursuivi par tous mes camarades dont j'étais devenu le jouet, je m'évertuais à faire de grands progrès afin d'être un peu protégé par les maîtres, et je tâchais d'être souvent le *premier*, afin de me trouver aussi éloigné que possible des bancs inférieurs, ordinairement occupés par les *petits riches*, mes plus acharnés persécuteurs, en leur qualité de *cancres* et de *farceurs*.

» Ceux-ci, du reste, si j'avais eu le moindre orgueil, m'eussent bien vite rappelé de mon empyrée, car ils me faisaient presque régulièrement choir sur le nez en mettant leurs jambes en travers chaque fois que je montais trôner au premier gradin.

» L'un des jours les plus malheureux de ma vie fut celui où, en sixième, mon nom retentit pour la première fois sous la tente dressée au milieu de la cour du collège Louis le Grand, pour la distribution des prix.

» — *Léonidas Requin!* — cria d'une voix de stentor le censeur qui faisait l'appel des lauréats.

» A ce drôle de nom, premier rire général, et la musique de jouer à tout rompre : *Charmante Gabrielle*.

» J'étais sur ma banquette avec les autres élèves de la pension. En m'entendant appeler, je restai saisi d'épouvante à la seule pensée de traverser cette foule brillante, de monter sur une estrade avec accompagnement de fanfares, et... Allons donc, on m'eût coupé en morceaux plutôt que de m'arracher de ma banquette.

» — *Léonidas Requin!!* — répéta le censeur d'une voix plus retentissante encore.

» Redoublement d'hilarité, accompagné de la musique, qui allait *crescendo*.

» Perdant alors tout à fait la tête, je me jetai à quatre pattes sous mon banc, au moment où la musique s'interrompait soudain.

» — *Requin est là... caché sous la banquette!* — cria, de sa petite voix flûtée, un de mes camarades.... un vrai cancre, vous vous en doutez...

» A ces mots qui glapirent au milieu du brusque silence qui s'était fait tout à coup, les spectateurs se tournèrent de mon côté; j'entendis un grand mouvement autour de moi, on riait, on huait, on appelait *Léonidas Requin* sur les tons les plus hilares, avec les épithètes les plus saugrenues... Deux de mes camarades me tirèrent par les pieds, je me défendis comme un lion, en poussant des cris affreux; les rires redoublaient, la chose tournait au scandale; pour le faire cesser, le censeur courroucé me proclama *absent*. La distribution continua ; seulement de nouveaux rires firent explosion lorsque je fus nommé deux autres fois, car j'avais remporté deux-premiers et un second prix.

» Tout ceci n'est que ridicule, mon cher Martin ; voici qui devient atroce.

» Au retour de la distribution, M. Raymond, mon maître de pension, me fit venir dans son cabinet, et, après une remontrance pleine de bienveillance à propos de mon insurmontable timidité, il me dit :

» — Requin, vous devez être, vous serez l'honneur de ma maison ; de ce jour, je ne vous considère plus comme mon élève, mais comme mon fils ; je serai moi-même votre répétiteur et vous mangerez à ma table.

» Mon autre père.... le père Requin, qui, en rentrant, m'avait assez vertement battu, le cher homme! pour m'apprendre à ne pas donner une autre fois de pareilles déconvenues à son orgueil paternel, faillit mourir de joie, en apprenant les bontés de M. Raymond pour moi.

» Je vous ai dit que ces bontés étaient féroces, mon cher Martin ; vous allez en juger.

» Du jour où je devins l'élève favori de M. Raymond, je fus pour lui une amorce, une enseigne, une réclame vivante destinée à achalander son institution par le retentissement de mes succès extraordinaires, nécessairement attribués à l'excellente éducation que l'on devait recevoir chez M. Raymond, etc., etc.

» J'avais toujours fui les *récréations*, qui, malgré la surveillance protectrice des maîtres, n'étaient guère pour moi que des heures de tribulations de toutes sortes. Je passais donc le temps des récréations au fond de la loge paternelle, refuge inviolable, où, ne sachant que faire, j'étudiais. Mais, une fois l'élève de M. Raymond, non-seulement je continuai de travailler pendant les récréations, mais je travaillai les dimanches, les jours de fêtes, me couchant à minuit, me levant à cinq heures ; il n'y avait pas même de *vacances* pour moi : je travaillais sans repos ni cesse. Par suite de cette continuelle tension d'esprit, j'étais presque toujours en proie à d'horribles maux de tête, mais je n'osais avouer ces douleurs, je les surmontais et je continuais de *piocher* à outrance.

» En un mot, ce digne M. Raymond me mettait pour ainsi dire en serre chaude, afin d'obtenir de moi, par un labeur forcé, tout ce que mon intelligence pouvait donner de fruits précoces. Ce cher homme croyait sans doute qu'après une ou deux saisons, la plante s'étiolerait, épuisée par cette production trop hâtive; peu importait à M. Raymond, pourvu que l'effet fût produit sur le public : chétif et débile, comment résistai-je à ces travaux exagérés, à ces souffrances physiques presque continues? Je ne sais. Mais je continuai de fleurir à chaque été solaire et de courber tous les ans sous le poids des palmes universitaires.

» M. Raymond triomphait ; chaque année on pouvait lire dans les journaux cette réclame triomphante :

» *L'élève* LÉONIDAS REQUIN, *qui vient encore d'obtenir trois prix au grand concours, et cinq prix au collège*

» *Louis le Grand*, appartient à la fameuse INSTITUTION
» RAYMOND, *boulevard Mont-Parnasse. Nous n'avons*
» *pas besoin de recommander cette excellente maison*
» *d'éducation à la sollicitude des parents*, etc., etc.

» Vous le pensez bien, mon cher Martin, j'avais rare-
» ment le temps de réfléchir à ce que l'on ferait de moi ;
» mais lorsque, par hasard, cela m'arrivait, c'était pour
» songer avec un amer regret à l'établi de mon oncle, le
» pauvre petit tailleur ; car ce que l'on appelait *mes succès*
» était loin de me tourner la tête ; je ne fais pas ici le
» modeste, je m'étais promis (et jusqu'alors j'avais opiniâ-
» trément tenu ma parole) de ne plus jamais affronter le
» triomphe du *couronnement* public ; lors de la distribu-
» tion des prix, on me proclamait toujours absent, renon-
» çant de la sorte à la seule récompense qui aurait pu me
» causer quelque vertige d'orgueil. Mes succès ainsi dé-
» pouillés de tout prestige et réduits à leur plus simple ex-
» pression, se résumaient pour moi en horions, bourrades,
» moqueries et autres témoignages de la jalouse animad-
» version de mes camarades, qui, malgré la protection
» dont on m'entourait, trouvaient toujours moyen de
» m'atteindre ; et de plus, comme ma timidité, ma gau-
» cherie, ma poltronnerie et la conscience de ma laideur
» ridicule me rendaient très-sauvage et très-fuyard, on
» me croyait fier de mes avantages, aussi les gourmades
» de pleuvoir à la moindre petite occasion.

» Et pourtant, mon cher Martin (cela m'a toujours
» donné quelque estime pour mon bon sens), malgré mes
» douzaines de couronnes, et tout en me reconnaissant
» excellent humaniste... je me trouvais sincèrement très-
» bête.... Le dernier des cancres avait dans la conversa-
» tion cent fois plus d'esprit, d'initiative ou de ressources
» que moi.

» Une fois hors de mes traductions de latin en français
» ou de français en latin ou en grec, monotone et stérile
» exercice, en tout semblable à l'oiseuse et pénible évolu-
» tion de l'écureuil en cage ; une fois hors de ces inutiles
» et pesants labeurs qui, prolongés durant sept ou huit
» années, endorment, engourdissent ou tuent souvent
» tout ce qu'il y a de vif, de pénétrant, de curieux, de vi-
» vace dans l'intelligence des enfants et des adolescents,
» j'étais véritablement stupide.

» Deux ou trois fois M. Raymond eut la malencontreuse
» idée de me produire, dans *son phénomène*, dans de pe-
» tites réunions d'amis. J'étais hébété, incapable de prendre
» part à un entretien quelconque, à moins qu'il ne s'agît
» des auteurs latins ou grecs, et de la plus ou moins heu-
» reuse appropriation de la langue française, pour expri-
» mer fidèlement le texte... et encore je balbutiais, je ne
» pouvais parvenir à rendre mon idée lucide. Hors de là,
» je redevenais si complétement idiot que M. Raymond
» se dégoûta bien vite de ces exhibitions de ma classique
» personne.

» De cette exclusion j'étais ravi, et si j'avais pu m'en
» affecter, je me serais consolé de ma sotte timidité en
» disant avec le divin Sénèque : — *Sed semel hunc vidi-
» mus in bello fortem, in foro timidum*. (On voit sou-
» vent l'homme brave à la guerre timide aux luttes du
» forum.)

» Combien de preuves, mon cher Martin, j'aurais à vous
» citer à propos de ma sotte incapacité ! Tenez.... une....
» entre mille :

» J'aimais beaucoup mon père ; il alla passer quelques
» jours en Normandie. Je voulus lui écrire. Je fis vingt
» brouillons plus bêtes, plus impossibles les uns que les
» autres ; j'étais tellement habitué à vivre uniquement
» des mots, des phrases et de la pensée des autres, qu'il
» me fallut renoncer à exprimer mes sentiments à moi
» avec des mots à moi, des phrases à moi.

» Par un contraste assez piquant, le jour même où j'a-
» vais renoncé à écrire à mon père, je reçus une lettre
» d'un cancre de la pension.

» Dans cette missive, le cancre me donnait à savoir
» qu'en ma qualité de capon, de flatteur.... (capon, oh !
» oui, mais flatteur, je n'aurais jamais osé) ; et d'élève
» très-fort, je lui étais souverainement désagréable à con-
» templer, que je lui agaçais singulièrement les nerfs,

» en un mot, que je *l'embêtais*, et qu'à l'avenir si je ne
» m'arrangeais pas de façon à être quelquefois le dernier,
» *comme tout le monde* (ajoutait le cancre), je pouvais,
» malgré mes protecteurs, m'attendre à recevoir la plus
» belle volée, à jouir de la plus abondante raclée qui fût
» jamais tombée sur le dos voûté d'un *trop bon élève*.

» Je ne vous donne que la substance de la lettre, mon
» cher Martin, mais c'était étourdissant d'esprit, je
» n'aurais de ma vie écrit une lettre pareille.

» Le cancre terminait en me proposant, si j'avais assez
» de cœur pour ne pas abuser de ma position, de *jouter
» à qui ferait le plus de barbarismes lors de la pro-
» chaine composition des prix*, seul moyen, — disait le
» cancre, — d'égaliser les armes entre nous. »

» Cet audacieux et cynique mépris de la *composition
» des prix*, de ce qu'il y a de plus sacré dans la religion
» universitaire, me sembla monstrueux ; ce cancre me
» faisait l'effet d'un sacrilége, je rêvai qu'on le brûlait en
» manière d'auto-da-fé, sur un bûcher composé de tous
» ses *pensums*, il y en avait une montagne. Je m'éveillai
» en demandant qu'on lui fît grâce... et qu'on l'abandonnât
» à ses remords vengeurs... le malheureux !

» Mais il est des naturels indomptables. Ce cancre devait
» mettre le comble à ses forfaits, en fumant de l'anis dans
» une pipe et en donnant (c'est à n'y pas croire) un *gran-
» dissime* coup de pied dans le ventre à M. le censeur qui
» lui avait cassé ladite pipe entre les dents...

» Le cancre fut solennellement chassé du collége, et aux
» malédictions terribles, aux effrayants pronostics dont il
» fut accablé en quittant la classe, je le crus fatalement
» voué à finir sur l'échafaud.

» Plus tard, j'ai vu le nom du cancre (vous connaissez
» le personnage, mon cher Martin, puisque vous avez été
» son domestique) ; plus tard, dis-je, j'ai vu le nom du
» cancre rayonner en lettres rouges, longues d'un pied,
» derrière le vitrage de tous les cabinets de lecture. Il est
» devenu l'un de nos poètes les plus célèbres... Et moi,
» *eheu ! miser ! (hélas ! misérable !)* en qui S. Ex. Mgr le
» ministre de l'instruction publique voyait une des gloires
» futures de la France, je me suis vu un jour forcé d'abdi-
» quer ma dignité pour devenir homme-poisson...

» Mais aussi, une fois hors de la vie des *humanités*, j'ai,
» en expérimentant la vie humaine, appris à exprimer à
» peu près mes idées, et je peux, à cette heure, vous écrire
» une lettre comme celle-ci, mon cher Martin, chose qui
» m'eût été absolument interdite au temps de mes plus
» beaux triomphes scolaires.

» Encore quelques mots pour arriver à notre première
» entrevue... (il y a quinze ans de cela) chez cet abomi-
» nable saltimbanque appelé la Levrasse, où je vous ai
» rencontré tout enfant : avec cette *soudure* vous aurez
» ma vie tout entière. »

CHAPITRE XVIII.

Suite de la lettre de Léonidas Requin. — Il montre du courage.
— Second prix d'honneur. — Dernier *triomphe* de Léonidas. —
Il perd son père. — Choix d'une carrière. — Il quitte la pen-
sion. — Résultat de l'éducation universitaire.

« Je vous l'ai dit, mon cher Martin, M. Raymond triom-
» phait en moi, et triomphait fructueusement : les élèves
» affluaient chez lui, mes succès obstinés avaient une petite
» part dans cette affluence ; mais les triomphes de M. Ray-
» mond étaient mêlés de quelques soucis.

» Je finissais alors ma rhétorique. Depuis le jour funeste
» où je m'étais caché à quatre pattes sous une banquette,
» afin d'échapper à mon *couronnement*, jamais ni mon
» père, ni mes professeurs, ni M. Raymond, ni même
» M. le proviseur, n'avaient pu vaincre mon opiniâtre et
» négative résolution à l'endroit d'une ovation publique,
» avec accompagnement de fanfares et d'accolades minis-
» térielles, épiscopales, municipales et autres.

» D'un côté, ma modestie obstinée satisfaisait M. Ray-
» mond ; car si, par mes succès, j'étais le plus illustre
» représentant de sa maison, j'aurais été, physiquement
» parlant, le plus piètre, le plus grotesque représentant

Des cris de *casse-cou!* retentirent au milieu d'éclats de rire inextinguibles. — Page 105.

» de son institution, et, en toute circonstance, le ridicule
» est toujours dangereux.
» M. Raymond, homme habile, sentait bien cela; telle
» était la feuille de rose qui empêchait ce digne Sybarite
» de se reposer tout à fait voluptueusement sur mes succès;
» s'il eût été possible de faire paraître à ma place sur
» l'estrade de la Sorbonne quelque cancre leste, riche,
» pimpant, joli comme ils le sont presque tous, les mal-
» heureux! le triomphe de M. Raymond eût été complet.
» Mais c'était quelque chose de grave que cette substitu-
» tion de personne : il ne fallut pas y songer.
» Sur ces entrefaites, et à la fin de l'année scolaire,
» mon pauvre père tomba malade d'une maladie de lan-
» gueur. Je ne sais pas pourquoi ni comment lui vint la
» déplorable idée de me demander en grâce de le faire
» jouir de l'aspect de mon triomphe prochain, car on n'en
» doutait plus; pour moi, depuis longtemps, composer,
» c'était remporter le prix, et il s'agissait du *prix d'hon-
» neur*.
» Selon mon père, l'émotion qu'il ressentirait en me
» voyant *marcher dans ma gloire*, amènerait sûrement
» une heureuse révolution dans la maladie dont il était
» atteint; cette idée, si déraisonnable qu'elle fût, arriva
» bientôt chez lui à l'état d'idée fixe, de monomanie; à
» mon refus, il pleurait d'une manière si navrante, et il
» semblait si heureux, je dirais presque *si guéri* au
» moindre espoir que je lui donnais quelquefois, vaincu
» par sa douleur, que, malgré ma terreur d'une ovation
» publique... je me résignai, je promis.
» A cette promesse, mon père sauta de son lit, dont il
» n'avait pas bougé depuis deux mois, en s'écriant :
» — Tu me rends la vie, Léonidas.
» Au moment de la composition, il me vint une pensée
» monstrueuse;... je me rappelai la sacrilége proposition

» du cancre : — de jouter de barbarismes; — oui, Martin,
» un moment je songeai à faire un discours latin si détes-
» table, que toute chance de succès me fût enlevée : j'é-
» chappais ainsi à l'ovation tant redoutée... mais je reculai
» devant cette lâcheté.
» Le jour fatal arriva; *omnia patienter ferenda* (il faut
» tout supporter avec patience), me dis-je en endossant
» l'unique habit de mon père, l'habit barbeau des grands
» jours; (Mon pauvre oncle, le petit tailleur, était mort :
» sans cela quel habit il m'eût coupé dans son plus bel
» Elbeuf!) Cet habit, trop petit pour moi, et dont les
» manches me venaient à peine aux poignets, faisait pa-
» raître mes mains deux fois plus grosses et plus rouges;
» j'avais au cou une cravate à coins brodés, enroulée en
» corde, un gilet à raies, de couleur problématique, taillé
» dans quelque jupon de feu ma mère, un étroit pantalon
» de nankin blanchâtre, qui m'allait à la cheville, des bas
» de laine noire et des souliers de *boursier* (les souliers
» de charretiers sont des escarpins auprès de cela). Plantez
» sur cet accoutrement, la figure timide et effarouchée
» que vous me connaissez, mon cher Martin, et voyez-
» moi, accompagné de M. Raymond et de mon père, qui
» retrouvait, disait-il, ses jambes de quinze ans... mon-
» ter en fiacre pour me rendre au supplice, c'est-à-dire
» à la Sorbonne, où se distribuent les prix du grand
» concours.
» J'ai le droit d'avoir été et d'être poltron toute ma vie,
» car j'ai montré ce jour-là un courage héroïque.
» — Léonidas.... me dit mon père en me serrant la
» main au moment où je le quittai pour aller prendre
» place sur les banquettes réservées aux lycéens,— Léoni-
» das... tu n'auras pas peur?
» — Pas plus peur que Léonidas aux Thermopyles, mon
» père... répondis-je fièrement.

Je restai pétrifié. — Page 108.

» Et j'enjambai la banquette.
» Mon père n'avait pas compris l'allusion, mais ma physionomie l'avait rassuré.
» Le premier prix d'honneur fut décerné à un nommé Adrien Borel, du collége Charlemagne. Je suis certain que je l'aurais obtenu, ce premier prix, sans la préoccupation où m'avait jeté la fatale promesse faite à mon père; le second prix d'honneur me fut décerné, et après la formule d'usage, la voix fatale acclama :
» — *Léonidas Requin!*
» Et la musique joua la marche de *Fernand Cortez* pour mon *défilé.*
» Un sourd murmure de curiosité accueillit mon nom; les grandes nouvelles se communiquent toujours avec une rapidité électrique : on savait déjà (comment le savait-on?) que le fameux élève de la pension Raymond qui, cédant à une modestie exagérée, s'était jusqu'alors dérobé à des triomphes si flatteurs, se laisserait enfin publiquement couronner.
» Au premier appel de mon nom, accompagné de fanfares retentissantes, un nuage passa devant mes yeux, j'eus d'affreux bourdonnements dans les oreilles, mais je me dis : Mon père me regarde, courage...
» Sur ce, je me levai et marchai courageusement à gauche... c'était à droite qu'il fallait aller.... Une main compatissante me retourna tout d'une pièce, et l'on me dit : — Va tout droit.
» Je suivis la file des banquettes.
» — A gauche, maintenant! — me cria la même âme pitoyable.
» Je tournai à gauche, et me trouvai dans le large espace qui séparait la salle en deux parties, conduisait à l'estrade. Je me dirigeai vers ce but les yeux fixes, sans plus regarder ni à mes pieds, ni à droite ou à gauche, que si j'avais traversé une planche jetée sur un abîme..... j'avais pris pour unique point de mire la splendide simarre de S. Ex. Mgr le grand-maître de l'Université.
» Guidé par cette espèce d'étoile polaire, j'arrivai enfin aux premiers degrés de l'estrade; mais je les gravis si précipitamment, ou plutôt si maladroitement, qu'embarrassant mes pieds dans les tapis, je me laissai choir au milieu des marches; ma physionomie ahurie, mes habits ridicules, l'accouplement de noms singuliers auxquels je répondais, avaient déjà parfaitement disposé l'auditoire à l'hilarité; ma chute fut le signal d'une explosion de rire universelle.
» Je fus héroïque : songeant à l'angoisse que ce grotesque incident devait faire éprouver à mon pauvre père, je me levai bravement, au milieu des rires, j'atteignis enfin le plancher supérieur de l'estrade, et je me précipitai aveuglément dans les bras du grand-maître, qui, loin de s'attendre à cette brusque accolade, se préparait à poser sur mon front la couronne du lauréat; il y parvint cependant, quoique assez empêché par mon intempestive et convulsive étreinte; mais, fatalité!... la couronne trop large tomba jusque sur mes yeux, qu'elle cacha presque entièrement sous son épais feuillage; au lieu de me débarrasser de la couronne, je perdis tout à fait la tête, j'étendis machinalement les mains en avant, et le reste de l'ovation devint pour moi une sorte de colin-maillard. Des cris de *casse-cou!* retentirent au milieu d'éclats de rire inextinguibles; enfin j'eus le *bonheur*, au milieu de mes circonvolutions effarées, de tomber si violemment la tête la première du haut en bas de l'estrade, que je restai étourdi du coup.
» Cette chute fut en effet un *bonheur* pour moi, mon cher Martin, car le dénoûment quelque peu sérieux de

» cette scène burlesque me fit au moins prendre en pitié ;
» mon étourdissement ayant peu duré, j'eus l'excellente
» idée de feindre qu'il durait toujours, et de me laisser
» emporter hors de la salle, le visage ensanglanté par une
» blessure peu dangereuse ; je recueillis ainsi, sur mon
» passage, toutes sortes de paroles empreintes d'intérêt ou
» d'attendrissement.

» — Pauvre diable !... disait l'un, — pour un prix
» d'honneur.... il avait l'air bête comme une oie.... mais
» c'est dommage qu'il ait fait une pareille chute !...

» — Moi, disait l'autre, — je regrette que le *colin-mail-*
» *lard* n'ait pas duré plus longtemps ; j'ai vu le moment
» où il allait prendre l'évêque par la tête.

» — Ah ! ah !... c'est vrai ! — reprenait un troisième, —
» j'en rirai longtemps, etc., etc.

» Touchantes preuves de sollicitude qui m'accompagnè-
» rent jusqu'à ma sortie de la salle.

» Huit jours après ce dernier *triomphe*, je perdais mon
» pauvre père ; la douleur de me voir d'abord si moqué,
» puis la frayeur de me voir ensuite rapporter tout en-
» sanglanté, lui causèrent une telle révolution, qu'en
» quelques jours il succomba.

» M. Raymond, en homme habile, avait vendu sa mai-
» son d'éducation au moment où elle atteignait ce point
» de faveur qui ne peut que décroître. Pendant que j'as-
» sistais à l'agonie et à la mort de mon pauvre père,
» M. Raymond, après avoir installé son successeur à sa
» place, était parti pour la Touraine, où il comptait se re-
» poser désormais de ses travaux ; j'avais seulement reçu
» de lui un petit mot où il me disait que, craignant de
» me distraire des pénibles préoccupations qui me rete-
» naient auprès de mon père, il partait à son grand re-
» gret sans me voir, mais qu'il m'avait particulièrement
» recommandé à son successeur.

» Somme toute, je n'étais plus bon à rien à M. Ray-
» mond, et il était enchanté de cette occasion de se dé-
» barrasser de moi.

» Mes relations avec son successeur furent très-courtes
» et très-simples ; c'était un homme froid, parfaitement
» poli, mais, ainsi qu'il m'a paru, détestant d'encourager
» les illusions et allant droit au fait.

» Voici à peu près son langage :

» — Cher monsieur Requin, vous avez été le meilleur
» élève de la pension Raymond, vos brillantes études sont
» finies, la mort de M. votre père vous laisse complète-
» ment maître de vous-même. Cependant, si vous ne ju-
» giez pas à propos de quitter tout de suite cette maison
» dont vous avez été l'orgueil, je serais heureux de vous
» prouver l'estime que je fais de vous, l'un des plus bril-
» lants élèves de l'Université, en vous offrant une place
» au dortoir et au réfectoire de la maison, pendant...
» quinze jours... Après quoi, cher monsieur Requin,
» croyez que mes vœux vous accompagneront toujours
» dans la carrière que vous jugerez à propos de suivre.

» A ces mots : — *suivre une carrière*, — je restai stu-
» pide, abasourdi, pétrifié.

» Quelle carrière allais-je suivre ? je n'avais de ma vie
» pensé à cela, et M. Raymond, exploitant mon présent,
» ne s'était pas le moins du monde occupé de mon avenir.
» A quoi étais-je bon, à quoi plus je propre, avec ma pa-
» cotille d'une trentaine de couronnes fanées, avec mes
» cent cinquante volumes de prix magnifiquement reliés,
» sans compter mes qualités d'excellent humaniste ? Je sen-
» tis alors combien j'avais eu raison de me trouver très-
» bête malgré mes succès, et je regrettai plus amèrement
» que jamais l'établi de mon pauvre oncle le tailleur...

» Le successeur de M. Raymond devina mon embarras,
» et me dit :

» — Cher monsieur Requin, après vos brillantes études,
» vous devez nécessairement, pour qu'elles vous soient
» fructueuses, vous faire d'abord recevoir bachelier ès-
» lettres, puis suivre les cours de l'École de médecine, de
» l'École de droit ou de l'École normale, afin de devenir
» médecin, avocat, notaire, avoué ou professeur ; mais,
» pour suivre ces cours, il faut avoir de quoi vivre, de
» quoi payer les inscriptions. Avez-vous de quoi vivre ?
» avez-vous de quoi payer vos inscriptions ?

» — Je n'ai rien du tout que mes couronnes, mes livres
» et le mobilier de mon père, un lit, une commode, une
» table et deux chaises.

» — Cela n'est pas suffisant, — me répondit le succes-
» seur de M. Raymond avec son air froid et méthodique ;
» — je vous aurais bien proposé de faire ici des répéti-
» tions ; mais un professeur qui a été le camarade de
» presque tous les élèves ne peut jamais avoir l'autorité
» nécessaire pour les dominer, surtout lorsque sa timidité
» naturelle, et.... et je me permettrai même de dire...
» lorsque son physique... n'est malheureusement pas tout
» à fait apte à commander ce respect sans lequel il n'est
» pas de subordination possible.

» — Je n'ai pas de quoi étudier pour être médecin, ou
» avocat, ou notaire, c'est vrai, — m'écriai-je de plus en
» plus ébahi ; — mes élèves, si j'en avais, me riraient au
» nez, c'est tout simple ; je n'aurais jamais le courage et la
» fermeté nécessaires pour leur imposer, ça va de soi-
» même ; mais alors qu'est-ce que vous voulez donc que
» je fasse ?

» — C'est une question à laquelle il m'est impossible de
» répondre, cher monsieur Requin ; je n'ai pas résolu le
» problème de votre avenir : je l'ai posé clairement de-
» vant vous ; la solution future vous regarde, et, ainsi que
» j'ai eu l'honneur de vous le dire au commencement de
» cet entretien, mes vœux vous accompagneront toujours
» dans quelque carrière que vous suiviez.

» — Mais, Monsieur, puisque toutes celles que je pour-
» rais parcourir me sont fermées parce que je suis pauvre,
» à quoi bon m'avoir donné l'éducation que l'on m'a don-
» née ? Qu'est-ce que je vais devenir ?

» — J'ai déjà eu l'honneur de vous faire observer, cher
» monsieur Requin, que je posais le problème de votre
» avenir sans le résoudre... La solution appartient à vous
» seul... Sur ce... croyez que mes vœux, etc., etc., etc.

» Et il me fut impossible d'en tirer autre chose.

» Pendant les quinze jours *de grâce* que m'avait si gé-
» néreusement accordés le successeur de M. Raymond, je
» restai complètement inerte, abattu, hébété, incapable
» de prendre une résolution, par cette excellente raison
» que je n'en voyais aucune à prendre. Ainsi que les gens
» qui n'ont pas l'énergie de prendre un parti décisif en
» songeant pourtant qu'un événement fatal approche, je
» me disais que, sans doute, le successeur de M. Raymond
» m'accorderait quinze jours de plus, puis quinze autres
» encore. Je dois avouer qu'il me les eût accordés, qu'au
» bout de deux mois, de trois mois, je n'en aurais pas été
» plus avancé. Or, ce digne homme étant plein de bon
» sens et de pénétration, fit sans doute cette réflexion
» pour moi, car, le quinzième jour, à midi sonnant, il
» entra dans la classe vide et solitaire où je me tenais
» d'habitude (tous les élèves étaient alors en vacances), et
» me tendant la main d'un air à la fois moraliste et pé-
» nétré, il me dit :

» — Je viens vous faire mes adieux, cher monsieur
» Requin... très-cher monsieur Requin.

» Je compris qu'il n'y avait plus d'atermoiement pos-
» sible, et je répondis avec un soupir de résignation :

» — Allons ! Monsieur, je vais partir. Je vous demande
» seulement le temps d'aller quérir un commissionnaire
» pour emporter les meubles de défunt mon père, mes vo-
» lumes de prix et mes couronnes.

» — Vous avez donc arrêté un logement ?

» — Non, Monsieur.

» — Et ce mobilier... ces livres... où allez-vous les faire
» porter ?

» — Je ne sais pas.

» — Vous m'intéressez vraiment beaucoup, — me dit le
» successeur de M. Raymond, — et quoique je me sois fait
» une loi de ne conseiller jamais personne, c'est une trop
» grave responsabilité, voici ce que je vous propose : vos
» livres de prix et vos couronnes seraient, comme témoi-
» gnage et souvenir honorable de vos succès, parfaitement
» placés dans la bibliothèque de la pension ; cédez-les-moi.
» Je m'arrangerai aussi du mobilier de M. votre père : il
» servira au concierge qui le remplace, et, si vous m'en
» croyez, vous vous logerez en garni ; pour un jeune
» homme c'est plus commode. Je vais donc vous solder

» vos volumes à cinq francs pièce, c'est plus que vous n'en
» trouveriez chez un bouquiniste; un tapissier voisin va
» estimer le mobilier : je retiendrai sur ce solde le compte
» des funérailles de M. votre père, dont voici la petite
» note acquittée, et je tiendrai le surplus à votre disposi-
» tion.

» Deux heures après, je sortais de chez le successeur de
» M. Raymond avec un paquet sous le bras et 720 francs
» dans ma poche.

» L'un des plus graves inconvénients de l'éducation que
» j'avais reçue comme tant d'autres, était celui d'ignorer
» complètement les premiers rudiments de la vie pra-
» tique, de la vie réelle, dans cette condition donnée et
» malheureusement trop fréquente, *d'un homme absolu-*
» *ment livré à ses propres ressources, lesquelles res-*
» *sources se composent de son savoir de brillant huma-*
» *niste.*

» Je disais bien, avec mon divin Sénèque : Bonis ex-
» *ternis non confidendum* (il ne faut pas compter sur les
» biens extérieurs). Cela était d'une facile application; je
» ne possédais aucun bien; on m'avait encore enseigné à
» ne jamais me laisser voluptueusement amollir par les
» richesses. C'eût été bon si on m'eût d'abord enseigné
» le moyen d'en acquérir.

» Mes 720 francs mangés, je me sentais incapable de
» gagner même le nécessaire. Débile et habitué à un cer-
» tain travail d'intelligence purement mécanique, per-
» sonne n'eût été plus impropre que moi aux travaux d'un
» porte-faix, et c'eût été mon unique expédient, en tant
» que j'aurais trouvé quelque chose à porter, et que j'au-
» rais été assez fort pour porter ce quelque chose.

» Il faut le dire encore : une des conséquences d'une
» éducation semblable, est de rendre celui qui l'a reçue
» incapable d'un travail manuel, soit qu'un sot orgueil
» l'en éloigne, soit que l'impuissance physique l'en em-
» pêche, soit enfin qu'une pensée pareille, *travailler de*
» *ses mains*, ne puisse jamais venir à l'esprit, tant elle
» est exorbitante, tant elle est en dehors de la sphère où
» l'on a été accoutumé de vivre.

» Vous le sentez bien, mon cher Martin, je ne brillais
» pas par ma connaissance du *monde*. Je n'avais jamais
» quitté la loge de mon père ou la classe de M. Raymond
» que pour aller au collège, et durant le trajet de la pen-
» sion à Louis le Grand, je jetais à peine les yeux autour
» de moi, toujours absorbé par mes leçons de la veille ou
» du lendemain et très-peu curieux des incidents de la rue.
» Aussi étranger à la vie et aux mœurs de Paris que le
» provincial le plus renforcé, jugez de mon embarras, en
» me trouvant seul dans le quartier latin, obligé de cher-
» cher un logement et de pourvoir à tous mes besoins.

» Un complaisant épicier, auquel je m'adressai, m'in-
» diqua un modeste hôtel garni de la rue de la Harpe, où
» je m'établis. Ne sachant où cacher mon trésor, mes
» 720 francs, pour qu'ils ne me fussent pas volés, j'eus
» l'assez heureuse idée de les déposer entre les mains de
» l'hôtelier, qui se chargea volontiers du dépôt.

» Touché de cet acte de *condescendance* de sa part, je
» me sentis aussitôt porté envers lui à une extrême con-
» fiance, et je lui demandai où je pourrais trouver de
» l'occupation.

» Sa première question (et elle me fut répétée souvent)
» fut celle-ci :

» — Que savez-vous faire? à quoi êtes-vous bon ?

» Ma réponse aussi bien souvent répétée fut celle-ci :

» — J'ai eu le second prix d'honneur, je sais très-bien
» le latin et le grec.

» — Alors montrez le latin et le grec, — me répondit
» très-sensément l'hôtelier.

» — A qui?

» — Mon digne jeune homme, je n'en sais rien ; cher-
» chez.... je m'occupe de mon garni, et non de trouver
» des élèves.

» Chercher.... c'était facile à dire : où cela pouvais-je
» chercher, surtout avec mon manque complet de con-
» naissance du monde et d'entre-gens? Le conseil ressem-
» blait à une mauvaise plaisanterie; je ne pouvais de-
» mander au premier venu s'il voulait mes services.

» Je fis pourtant quelques tentatives, et m'adressai

» entre autres à deux étudiants de mes voisins ; l'un me
» donna sa parole d'honneur la plus sacrée qu'il me char-
» gerait de montrer le grec au premier enfant mâle qu'il
» aurait de son *étudiante;* l'autre me répondit qu'en fait
» de langues anciennes, il n'estimait que *la savate et le*
» *culottage des pipes.*

» Honteux et craintif, je n'eus pas le courage d'affronter
» de nouvelles plaisanteries, de nouveaux mécomptes, et
» je retombai dans une apathie pareille à celle où j'avais
» végété pendant les quinze jours de *grâce* passés chez le
» successeur de M. Raymond.

» Les quinze jours m'avaient paru ne jamais devoir
» finir. Je crus aussi à l'éternité de mes 720 francs : illu-
» sion malheureusement entretenue par la précaution que
» j'avais prise de prier le maître de mon garni de se payer
» de ma nourriture et de mon logement sur la somme
» dont il était dépositaire. Cette candeur, rare dans le
» quartier latin, toucha ce bonhomme, à ce point qu'il
» me fit faire trop bonne chère à mes *risques et périls.*

» Le temps s'écoulait. Je sortais peu ; plongé dans un
» engourdissement inerte, je n'avais qu'un but : détourner
» ma pensée de l'avenir qui m'attendait, lorsque mon
» petit trésor serait épuisé; souvent, aussi, de vagues et
» folles espérances m'abusaient.

» — Il est impossible, — me disais-je, — qu'un second
» prix d'honneur, plus de trente fois lauréat, meure de
» faim et de misère. Comment sortirai-je de cette impasse
» où la fatalité m'accule? Je ne sais ; mais un secret pres-
» sentiment m'avertit que j'en sortirai. »

CHAPITRE XIX.

Suite et fin de la lettre de Léonidas Requin. — Léonidas trouve un élève. — Sans domicile et sans argent. — *L'ogre vivant plus heureux que le prix d'honneur.* — Léonidas veut se suicider. — Il fait son apprentissage d'homme-poisson, et est engagé en cette qualité par M. Boulingrin.

« Quelquefois, cependant, je tentais de me roidir contre
» cet accablement apathique; j'appelais à mon aide mes
» meilleurs souvenirs classiques.

» — *Vana optari, vana timere, remedium à philo-*
» *sophiâ petendum,* — me disais-je avec Sénèque (aux
» vains désirs, aux vaines craintes, la philosophie seule
» peut porter remède). Et j'épuisais le fond de ma philo-
» sophie.

» — *Méprise les richesses.*

» — *Souffre avec résignation.*

» Je n'avais pas à mépriser les richesses ; mais je souf-
» frais avec résignation, selon la recommandation précise
» de la philosophie. Avec tout cela la solution pratique de
» la question de mon avenir n'avançait ni plus ni moins.

» Un jour mon hôtelier vint chez moi ; il rayonnait de
» joie.

» — Je vous ai trouvé un élève, me dit-il ; — vous
» gagnerez trente francs par mois, un franc par cachet ;
» il s'agit d'un brave garçon qui a fait d'assez mauvaises
» études et qui voudrait se mettre en état de passer son
» examen de bachelier ès-lettres.

» Je me crus sauvé, malgré quelques fâcheuses défiances
» à l'endroit de mon autorité morale et physique, car je
» me savais peu *imposant;* pourtant seul à seul avec un
» élève, je comptais vaincre ma timidité.

» L'élève me fut présenté ; il était aussi timide, aussi
» laid et à peu près aussi ridicule que moi ; il me parut
» être la meilleure créature du monde, et me témoigna
» tout d'abord la plus respectueuse déférence. Je me crus
» sauvé : je lui donnai sa première leçon.

» Là je rencontrai un effrayant écueil dont je ne soup-
» çonnais pas l'existence. De ce jour seulement je compris
» que l'on pouvait posséder une instruction réelle, savoir
» beaucoup, et être complétement, absolument inapte à
» enseigner les autres; j'avais la plus grande difficulté à
» m'exprimer; la moindre objection me déconcertait, et
» puis je sentais que pour que mes leçons fussent fruc-
» tueuses, il fallait traduire couramment et tout haut,
» entremêler cette traduction de dissertations destinées à

» faire ressortir telle beauté, goûter telle expression, criti-
» quer les fautes de mon élève et lui donner la raison de
» ces critiques : hélas ! cette facilité de travail, cette espèce
» de faconde oratoire, je ne les avais jamais possédées ;
» j'avais toujours été ce qu'on appelle un *piocheur* opi-
» niâtre, et aucune expression ne peut mieux rendre tout
» ce qu'il y avait de pénible, de lent, de pesant dans mon
» procédé de travail.

» Toutefois, je ne désespérai pas ; je pensai que l'habi-
» tude me viendrait peut-être ; qu'aux leçons suivantes je
» me mettrais plus en confiance avec mon élève... il n'en
» fut rien ; et comme j'étais, après tout, honnête homme,
» j'avouai franchement au bout de huit jours à mon élève,
» que tenter de l'enseigner plus longtemps serait lui voler
» son argent.

» — En effet, me répondit-il naïvement, — je m'aper-
» çois que je ne suis pas plus avancé aujourd'hui qu'à ma
» première leçon.

» Puis il me donna huit francs, le prix de mes huit ca-
» chets, et nous nous séparâmes pénétrés d'ailleurs l'un
» pour l'autre d'une égale et profonde estime.

» Ce dernier coup fut accablant, décisif : il me mon-
» trait le néant des seules ressources que j'aurais pu tirer
» de mon éducation ; je me replongeai dans mon engour-
» dissement apathique en redisant mon dicton favori :
» *omnia patienter ferenda* (il faut tout supporter avec
» résignation).

» Quatre mois environ s'écoulèrent ainsi ; un matin
» l'hôtelier entra chez moi :

» — Il ne vous reste plus que vingt francs, votre quin-
» zaine payée, monsieur Requin, — me dit-il ; — je viens
» vous en avertir, non que je sois inquiet, grand Dieu du
» ciel ! puisque vous ne devez rien, au contraire ; mais je
» tiens à vous mettre au courant de vos petites affaires.

» Je restai pétrifié.

» Avec mes 720 francs, je croyais devoir vivre un an,
» deux ans, toujours !!! que sais-je ? L'hôtelier, supposant
» que des soupçons outrageants pour sa probité causaient
» ma stupeur, revint quelques moments après avec une
» immense pancarte, où étaient détaillés mes repas de
» chaque jour, repas malheureusement trop délicats pour
» ma bourse et que j'avais mangés avec la plus complète
» distraction.

» L'hôtelier me dit avec dignité, en me remettant mon
» mémoire et mes vingt francs :

» — Voilà vos vingt francs, monsieur Requin, je n'ai
» pas l'habitude d'être suspecté : il vous reste onze jours
» à loger chez moi, puisque vous avez payé d'avance ;
» mais après ces onze jours, j'aime autant un autre loca-
» taire que vous.

» Et en sortant, il laissa les vingt francs sur la com-
» mode.

» Le cercle de fatalité qui m'enserrait se rétrécissait de
» plus en plus, et la même incapacité paralysait mes
» forces.

» Je dépensai le dernier sou de mes vingt francs la
» veille du jour où mon hôtelier me signifia que, ma quin-
» zaine étant terminée, il me fallait lui en payer une autre
» d'avance ou quitter son hôtel ; je sortis.

» Depuis longtemps je pratiquais l'insouciance la plus
» philosophique au sujet de mes vêtements ; ils tombaient
» en lambeaux, mes souliers prenaient le jour de toutes
» parts, mon chapeau était devenu un objet sans forme
» et sans nom ; depuis la veille, je ressentais les besoins
» d'une faim canine, et je ne savais où coucher le soir,
» n'ayant plus un liard dans ma poche.

» Marchant au hasard, j'arrivai par la rue Dauphine
» au pont Neuf, et je suivis machinalement les quais, re-
» passant, en désespoir de cause, toutes mes maximes de
» philosophie classique ; plusieurs entre autres auxquelles
» je m'étais quelquefois arrêté, me revinrent alors à l'es-
» prit ; elles étaient, celles-là, d'une application pratique
» et immédiate :

» *Nam ut quandoque moriaris, etiam invito positum
» est ; ut quum voles, in tua manu est — quid in mora
» est? Nemo te tenet ; evade, quà visum est ! Elige quam-
» libet rerum naturæ partem, quam tibi præbere exitum
» jubeas ! Hœc nempe sunt et elementa, quibus hic mun-
» dus administratur, aqua, terra, spiritus ! omnia ista,
» tam causæ vivendi sunt, quam viæ mortis, etc., etc.*

» (Mourir un jour quand tu ne le voudrais pas, voilà
» ton obligation ; mourir dès que tu voudras, voilà ton
» droit. Que tardes-tu ? Nul ne te retient. Fuis par où tu
» l'aimeras le mieux ; choisis dans la nature lequel des
» éléments tu chargeras de t'ouvrir une issue. Ces trois
» grandes bases qui constituent l'ensemble des choses,
» l'eau, la terre, l'air, sont à la fois sources de vie et
» agents de mort, etc., etc.)

» Cette large, commode et franche doctrine du suicide
» ne m'avait jamais paru plus sage qu'en ce moment. Je
» regardai la rivière qui coulait à ma gauche ; elle était
» calme, limpide et miroitait au soleil le plus coquette-
» ment du monde.... C'était tentant.... Néanmoins, je
» poursuivis ma route vers les Champs-Élysées.

» Bientôt j'entendis tinter au loin la cloche d'une église ;
» je n'avais jamais été dévot ; mais ce bruit mélancolique,
» en me rappelant tout ce que je savais de la morale du
» christianisme, m'en montra aussi la vanité... à l'endroit
» de ma condition présente...

» Cette morale, comme la morale des sages de l'anti-
» quité, prêchait le mépris des richesses, la résignation,
» l'espoir d'une vie meilleure, glorifiait et recommandait,
» il est vrai, la fraternité humaine, disant aux hommes :
» — Soyez frères.... aimez-vous les uns les autres !....
» — Hélas !... je ne demandais qu'à être regardé et aimé par
» quelqu'un comme un frère... qui m'eût dit : — Tu n'as
» pas d'asile ? tiens... voilà un abri.—Tu as faim ? tiens...
» mange. — Mais où le trouver, ce frère en Jésus-Christ ?
» La charité dépend de celui qui peut la faire, et non de
» celui qui l'implore ; c'est toujours la fameuse maxime
» du *civet*, il faut d'abord avoir un *lièvre*.

» En cela, du moins, la doctrine du suicide me semblait
» supérieure ; c'était immédiatement pratique, c'était fa-
» cile et à la portée de tous ; ce n'était pas de ces prin-
» cipes dont la réalisation dépend absolument du bon
» vouloir ou de la charité d'un tiers, votre délivrance dé-
» pendait uniquement, absolument de vous... c'était un
» moment à passer... et puis.... une autre vie. Et, ma foi,
» quelle qu'elle fût, elle ne pouvait guère être plus misé-
» rable que celle que je voulais quitter ; j'étais donc mo-
» ralement convaincu ; néanmoins, j'allais toujours devant
» moi. Ayant à ma gauche ma bonne petite Seine toute
» prête, toujours prête... là... à ma disposition, je ressen-
» tais une espèce de calme, seulement interrompu çà et
» là par les ardeurs et les défaillances d'une faim de
» chacal.

» J'avais ainsi gagné les Champs-Élysées ; un bruit de
» clairons et de cymbales attira malgré moi mon atten-
» tion ; je tournai la tête, je vis plusieurs théâtres de ba-
» teleurs en plein vent.

» Sur l'estrade élevée devant l'un de ces théâtres, un
» paillasse et son maître faisaient la parade, engageant la
» foule à entrer dans l'enceinte de toile, surmontée d'un
» tableau représentant un géant ouvrant une bouche
» énorme, dans laquelle deux hommes armés de four-
» chettes longues comme des fourches, jetaient une infi-
» nité de dindons rôtis, de saucissons, de pâtés.

» Au-dessous du tableau, on lisait en grandes lettres :

L'OGRE VIVANT.

*Il mange devant l'honorable Société, dix livres de viande,
un pâté de cinq livres, un fromage de Hollande, et
un pain de six livres.*

» La curiosité publique était vivement excitée, la foule se
» pressait autour des tréteaux où l'on annonçait l'exhibi-
» tion de l'ogre ; les deux autres théâtres restaient dé-
» serts, et les bateleurs rivaux contemplaient d'un œil de
» tristesse et d'envie la bonne fortune de leur voisin
» l'ogre.

» — Quel bel état !.... et facile..... et commode..... et
» souriant..... que le métier de cet ogre ! — dis-je en
» souriant avec tristesse. — Voilà un homme prédestiné !
» Ah !.... si les prix d'honneur avaient seulement ce bel
» avenir assuré !

» Et je passai, laissant derrière moi les bateleurs, l'ogre
» vivant et les fanfares lointaines qui m'arrachaient cette
» autre réflexion, mêlée d'un mélancolique orgueil :
» — Et pour moi aussi on a joué des fanfares !
» La nuit arriva, nuit tiède et douce, malgré la saison
» d'hiver ; les promeneurs devinrent de plus rares en plus
» rares, je me trouvai bientôt seul, méditant ma belle
» théorie du suicide antique ; je m'étais approché de la
» berge de la rivière, assez élevée en cet endroit...
» Soudain les étreintes de la faim devinrent horrible-
» ment aiguës, une espèce de vertige s'empara de moi, je
» me décidai à en finir avec la vie.... et, tournant le dos
» à la rivière, je me laissai tomber à la renverse.
» La fraîcheur de l'eau sans doute réveilla mon instinct
» de conservation ; machinalement je me débattis : à ma
» grande surprise, je m'aperçus qu'au lieu d'enfoncer,
» j'étais soutenu à fleur d'eau par un objet invisible ; mais,
» à un nouveau mouvement que je fis, je plongeai par-
» dessus la tête, et je me sentis, malgré ou à cause de
» mes efforts désespérés, de plus en plus enlacé au milieu
» des mailles d'un vaste filet. Au même instant, je bus
» deux ou trois gorgées d'eau qui me suffoquèrent, et je
» perdis connaissance.
» Que se passa-t-il ensuite ?... je ne sais : soit que le
» courant eût entraîné le filet arraché, par ma chute, des
» piquets où il était retenu, soit que mes brusques mou-
» vements m'eussent, à mon insu, rapproché du rivage,
» lorsque je revins à moi il faisait un clair de lune splen-
» dide, et j'étais mollement couché sur le bord du fleuve
» gazonné à cet endroit. J'avais le corps sorti de l'eau,
» mes jambes seulement y restaient encore ; mais j'étais
» aussi enchevêtré dans les mailles du filet que l'avait
» pu être Gulliver. En me dépêtrant de mon mieux, je
» sentis frétiller çà et là autour de moi différents corps
» humides et glissants, que je reconnus pour de fort beaux
» poissons, lorsque j'eus repris tout à fait mes sens.
» Au bout d'un quart d'heure, j'étais assis sur la berge,
» trempé jusqu'aux os, mais débarrassé du filet et souriant
» aux prodigieux ébats d'une douzaine de carpes et de
» barbillons étendus sur l'herbe à mes côtés.
» Je vous l'avoue, mon cher Martin, ma première pensée
» fut une pensée de joie d'avoir échappé à la mort, et la
» seconde impression qui me rappela tout à fait que j'appar-
» tenais à l'humanité, fut une faim dévorante. C'est gros-
» sier, c'est matériel, mais cela est... Aussi, avisant, au
» clair de la lune, le ventre brillant et argenté d'un barbil-
» lon, je le pris... et, horreur !... après l'avoir étourdi en
» lui frappant violemment la tête sur la berge, je le dévorai
» palpitant... Eh bien !... cette chair fraîche et dodue ne
» me fit éprouver aucune répugnance... au contraire... et
» une carpe de belle apparence y passa ; seulement, en
» homme blasé, rassasié, difficile, en dévorant une troi-
» sième victime, je choisis les morceaux... avec la délicate
» préoccupation d'un gourmet.
» Ce repas d'ichthyophage me ragaillardit, mais je
» tremblais de froid ; voyant au loin une vive lueur sur la
» berge, je me secouai, et emportant dans un morceau du
» filet ce qu'il me restait de poisson (un vol pourtant) ; je
» m'acheminai vers la clarté nocturne : c'étaient des ma-
» riniers qui, empressés de partir le lendemain au point
» du jour, faisaient chauffer du goudron dont ils endui-
» saient quelques parties de leur bateau.
» Avec une puissance d'invention qui m'étonna, et dont
» je n'avais jamais fait preuve dans mes amplifications
» latines ou françaises, je me donnai pour un amateur
» forcené de la pêche, affirmant qu'en levant mes filets,
» je venais de tomber dans l'eau, la tête la première :
» l'eau dont mes habits dégouttaient, le poisson que j'ap-
» portais, témoignaient suffisamment de ma véracité.
» Ces braves mariniers m'accueillirent cordialement,
» m'engagèrent à me sécher à leur feu, et, si la proposi-
» tion m'agréait, à attendre le jour sur un des matelas de
» leur cabine. Ils poussèrent même l'hospitalité jusqu'à
» m'offrir l'usage d'une gourde remplie d'eau-de-vie ; j'ac-
» ceptai le matelas, j'usai modérément de la gourde, et,
» bien séché, je m'étendis dans la cabine, le cerveau assez
» exalté par l'eau-de-vie et par l'évocation des étranges
» souvenirs de cette journée que j'avais terminée *en me*

» *pêchant* pour ainsi dire moi-même, et en soupant de
» barbillons et de carpes crus.
» Je ne sais comment le souvenir de l'ogre exhibé par
» les bateleurs me revint à la mémoire ; mais, dans l'état
» de surexcitation cérébrale où je me trouvais alors, ce
» souvenir fit naître une pensée à la fois bouffonne, iro-
» nique et sérieuse.
» — Pourquoi m'inquiéter de l'avenir ?... me disais-je.
» — J'ai un métier, un excellent métier tout trouvé. Ces
» bateleurs montrant cet ogre, dont le talent... assez mé-
» diocre talent... (je jugeais déjà l'ogre en *artiste rival*)
» dont le talent plus que médiocre se borne, après tout, à
» engloutir une énorme quantité d'aliments ; c'est, sur
» une grande échelle, un homme qui a *très-faim*, et qui
» mange... voilà tout ; cela n'a rien de bien nouveau, c'est
» commun ; je dirai même que c'est quelque chose de ré-
» pugnant à voir... que ce gladiateur, que ce goujat (j'en
» arrivai à injurier ce pauvre ogre), se livrant à sa révol-
» tante voracité. Ne serait-il pas beaucoup plus neuf,
» beaucoup plus curieux et de bien meilleur goût... (voyez
» où m'entraînait ma jalousie de l'ogre), de montrer un
» adolescent familier avec les belles-lettres de l'antiquité,
» second prix d'honneur de l'Université... trente fois lau-
» réat... se livrant, par un heureux contraste, à l'intéres-
» sant exercice de manger des poissons vivants ?... (Je me
» sentais le courage de les manger vivants pour m'élever
» sur les ruines de la réputation de l'ogre).
» Ainsi donc, pourquoi n'irais-je pas demain proposer mes
» petits services à l'un de ces deux bateleurs dont la foule
» désertait hier les tréteaux pour se presser autour du
» théâtre de l'ogre insipide, de cet intrigant vorace ? (Je
» finissais par exécrer sincèrement ce rival).
» — Votre voisin montre un ogre,—dirai-je aux bate-
» leurs, — il vous enlève votre public ; ramenez-le, cet in-
» constant, ce volage public, en lui montrant, non plus
» un ogre, mais un phénomène qui vit de poissons crus...
» Mieux que cela ! — m'écriai-je en sentant mon imagi-
» nation s'exalter et ma première idée se compléter par
» de nouveaux et ingénieux perfectionnements — oui,
» mieux que cela, montrez-leur un homme-poisson... qui
» vit dans l'eau.... et qui, au lieu de bras... possède des
» nageoires... Voyez quel effet ! Messieurs ! quel tableau à
» opposer au tableau de votre rival ; un homme avec des
» nageoires au lieu de bras, plongé dans une cuve im-
» mense, et mangeant toutes sortes de poissons ! Franche-
» ment, je puis le dire sans trop d'orgueil, mais avec con-
» science... franchement, Messieurs, pour attirer la foule,
» qu'est-ce qu'un ogre comparé à un homme-poisson ?
» J'étais ébloui de mon projet, de l'avenir calme, assuré,
» qu'il pouvait m'offrir. Dans mon ardeur, aucune diffi-
» culté ne m'embarrassait. Demeurer dans l'eau pendant
» mes exhibitions, qu'était-ce, après tout ? un bain pro-
» longé..... Restaient les nageoires ; je ne pouvais, à cet
» égard, me faire la moindre illusion, je ne les possédais
» pas.... Mais, à force de chercher, il me sembla qu'au
» moyen de gaînes de parchemin, façonnées et peintes en
» nageoires d'un beau bleu d'azur, dans lesquelles j'en-
» foncerais mes bras, et que l'on fixerait sur mes épaules
» au moyen d'une espèce de corselet en écailles de fer-
» blanc, une demi-obscurité aidant, parvenir
» à causer quelque illusion. Sans doute ce projet était en-
» core informe et à l'état d'ébauche ; mais si les bateleurs,
» très-experts en ces sortes de transfigurations, avaient la
» moindre intelligence, ils devaient féconder mon idée et
» la rendre des plus fructueuses.
» Je m'endormis au milieu de ces singulières élucubra-
» tions ; au point du jour, les mariniers m'éveillèrent.
» Après avoir fait mes adieux à ces braves gens, je les
» quittai, emportant ce qui me restait de poissons. Mes
» idées de la veille, à propos de mes projets de concur-
» rence contre l'ogre, au lieu de me sembler folles et ab-
» surdes, me parurent parfaitement pratiques, raisonna-
» bles, possibles.
» Surmontant ma timidité, je me dirigeai vers les es-
» pèces de voitures nomades qui servaient de logis aux
» saltimbanques voisins de l'ogre.
» Jugez de ma joie, de mon enivrement, mon cher
» Martin. Au bout d'une heure de conversation avec le

» père Boulingrin, *artiste-alcide* et professeur de pugi-
» lat, ainsi qu'il s'intitulait, je le vis adopter mes projets
» avec enthousiasme.

» Après m'avoir vu manger une carpe et un barbillon
» crus, l'estimable acrobate me proposa cet engagement
» fabuleux :

» Vingt-cinq sous par jour.
» Nourri et logé.
» Entretenu de nageoires.

» Huit jours après, pendant lesquels le père Boulingrin
» me fit ingénieusement confectionner des nageoires, on
» inaugurait à la porte de notre entourage de toile un
» magnifique tableau, où j'étais représenté le corps sor-
» tant à demi d'un vaste étang, les nageoires déployées et
» tenant entre mes dents un poisson d'une figure fantas-
» tique. Au bas du tableau, on lisait cette pompeuse an-
» nonce, à laquelle j'avais concouru pour la partie scien-
» tifique, géographique et historique :

L'HOMME-POISSON.

Phénomène vivant et surnaturel,

» *pêché par les Mamelucks du pacha d'Égypte dans le*
» *fleuve du Nil, situé au pays des Pharaons et des py-*
» *ramides. Ce phénomène ne peut vivre que dans l'eau,*
» *et se nourrit seulement de poissons vivants; ses bras*
» *sont remplacés par des nageoires que l'on ne laissera*
» *toucher qu'aux militaires et aux dames, ces êtres pri-*
» *viligiés de la France.* (L'honneur de ce trait à l'adresse
» du beau sexe et de la gloire du pays revient au père Bou-
» lingrin, je l'avoue en toute humilité.)

» *Cet incroyable phénomène peut répondre en quatre*
» *langues aux questions qui lui seront faites par l'ho-*
» *norable société.* Ces quatre langues sont LE LATIN, LE
» GREC, LE FRANÇAIS ET L'ÉGYPTIEN DU NIL.

» Il avait été convenu avec le père Boulingrin que,
» dans cette douteuse hypothèse où un membre de l'ho-
» norable société m'interrogerait en égyptien, je répon-
» drais par un petit langage de ma composition, moyen-
» nant quoi mon imprudent interlocuteur serait véhé-
» mentement soupçonné et bientôt convaincu de ne pas parler
» le *véritable égyptien du Nil.*

» L'effet de notre tableau fut prodigieux : *l'ogre* fut ou-
» trageusement abandonné pour *l'homme-poisson* (j'eus
» comme un remords de ce triomphe), et notre première
» recette atteignit le chiffre énorme de *trente-deux francs*
» *cinquante centimes.*

» Depuis j'ai trouvé supportable la condition d'homme-
» poisson ; j'ai accompagné en cette qualité le père Bou-
» lingrin dans ses pérégrinations, jusqu'au jour où, aban-
» donnant sa vie nomade pour une existence moins ha-
» sardeuse, il m'a proposé de me faire contracter un en-
» gagement avec la Levrasse, aux mêmes conditions que
» j'avais chez lui Boulingrin ; j'ai accepté, et c'est à mon
» entrée chez mon nouveau patron que je vous ai vu pour
» la première fois, mon cher Martin ; vous étiez alors
» enfant.

» Depuis cette époque vous connaissez ma vie ; main-
» tenant, grâce à ces détails rétrospectifs que je vous en-
» voie, vous la savez tout entière. »

Tels étaient les antécédents de Léonidas Requin, l'homme-poisson, qui venait augmenter le personnel de la troupe de la Levrasse.

CHAPITRE XX.

Philosophie de l'homme-poisson. — Comment Bamboche allait *voir son grand-père.* — Martin se casse un bras pour obtenir la grâce de Bamboche. — Départ de la troupe. — Les chevelures.

Telles étaient les causes qui avaient jeté Léonidas Requin dans la carrière aventureuse des *phénomènes vivants.*

— Ah çà ! bourgeois, dit-il à la Levrasse, lorsque la mère Major se fut assurée du départ du charretier, nous sommes *en famille...* je peux remuer les bras ?

Ma surprise fut extrême ; j'avais jusqu'alors sincèrement cru que la longue robe sans manches de l'homme-poisson cachait des nageoires ; la Levrasse, visiblement contrarié de l'indiscrétion de son nouveau commensal, lui fit un signe expressif, afin de l'engager à ne pas le démentir, et reprit :

— Si tu veux donner le nom de bras à tes *nageoires*, pour avoir l'air d'un homme comme un autre..... à la bonne heure... mon garçon. Mais, pour parler sérieusement, voici un gamin qui t'aidera en tout, et ses deux bras sup-pléeront aux tiens.

Léonidas regarda la Levrasse avec étonnement, et reprit :

— Le père Boulingrin, en m'engageant, ne m'avait pas prévenu de cette condition. Comment... je ne pourrais pas me servir de mes bras, même *en famille ?* Et l'on me donnerait la becquée comme à un infirme ? Allons donc, bourgeois ; ça a été déjà bien assez de rester immobile dans ma piscine pendant toute la route ; je joue mon rôle de mon mieux devant le public... mais, une fois rentré dans la vie privée, je reprends l'usage de mes droits naturels, et entre autres de ceux-ci :

Ce disant, l'homme-poisson fit passer, à travers les fentes latérales de sa robe, ses deux maigres bras, serrés dans le tricot d'un gilet de laine, les agita et les détira comme pour se délasser d'un long engourdissement.

— Apprends donc, maladroit, — s'écria la Levrasse, — que pour que le public donne dans nos *banques*, il faut que nous ayons l'air d'y donner nous-mêmes ; le bavardage d'un gamin comme celui-là (et la Levrasse me désigna) peut tout perdre ; ne valait-il pas mieux l'avoir pour compère sérieux ?... Du reste, ça te regarde... Léonidas : du jour où l'on ne croira plus à tes nageoires, tu es frit, mon garçon.

— Ceci, bourgeois, est une grande vérité philosophique, — répondit l'homme-poisson avec une gravité comique ; — toute la science de la vie est là : *faire croire à ses nageoires.*

L'arrivée de l'homme-poisson ne m'avait que momentanément distrait de mon inquiétude sur le sort de Bamboche, victime de son attachement pour moi. Durant plusieurs jours, tous mes efforts pour me rapprocher de mon ami furent vains ; chaque matin, je voyais la mère Major descendre dans la cave pour aller le chercher et lui donner sa leçon ; mais elle remontait courroucée, s'écriant qu'il refusait opiniâtrément de travailler la moindre crampe.

Alors, la Levrasse, rasant discrètement la terre, avec son allure de chat sauvage, se dirigeait vers la cave, où il disparaissait pendant un quart d'heure au plus ; après quoi il revenait sans qu'on eût entendu aucun bruit, aucun cri, et si je m'informais de mon compagnon, la Levrasse me répondait par une grimace grotesque.

Léonidas Requin, affectueux envers tous, naturellement apathique et craintif, ne désirait qu'une chose : le repos ; il semblait d'ailleurs parfaitement heureux de son sort, écoutait avec un calme stoïque les grossièretés de la mère Major ou les paroles sournoisement méchantes de la Levrasse, mangeait bien, dormait la grasse matinée et cherchait le moindre rayon de soleil pour s'y étaler ; là, sans doute, il philosophait à son aise lisant et relisant son divin Sénèque. Seulement, de temps à autre, il se posait et faisait jouer ses nageoires factices, puis mangeait un poisson cru pour *s'entretenir la main*, disait la Levrasse.

Léonidas m'a avoué plus tard qu'il n'avait pas tout d'abord trouvé ma condition fâcheuse, et qu'en comparant mon *éducation acrobatique*, qui développait ma vigueur, mon agilité, mon adresse, sans me rendre impropre à d'autres professions, lui paraissait très-préférable à la stérile éducation universitaire qu'il avait reçue.

Un jour, il me proposa de m'apprendre à lire ; malgré mon vif désir de m'instruire, je refusai, craignant de me montrer infidèle à l'affection de Bamboche en répondant aux avances amicales de ce nouveau compagnon et en devenant trop intime avec lui.

Ce faux homme-poisson me donna aussi beaucoup à penser ; ce fut pour moi comme une nouvelle preuve à l'appui des mauvais principes de Bamboche, car, un jour,

Léonidas Requin, se délectant au soleil, son cher Sénèque sur les genoux, et étendu sur le gazon de la cour, après un copieux déjeuner, me dit avec abandon :

— C'est pourtant au poisson cru que je mange et à mes fausses nageoires que je dois enfin la béatitude dont je jouis ; j'avais beau être savant, j'avais beau être rempli du désir de travailler pour gagner honnêtement ma vie, je crevais de faim.... Maintenant je trompe les bonnes gens avec mes nageoires et je me goberge comme un pacha...

Bamboche a donc raison, me disais-je ; — encore un homme qui n'a de bonheur que depuis qu'il trompe et qu'il ment !

A bout de moyens pour me rapprocher de mon ami, j'imaginai de l'imiter, pensant que l'on m'enfermerait peut-être avec lui. Un matin je refusai à mon tour de faire mes exercices.

— Petit Martin, — me dit la Levrasse de sa voix doucereuse, — je ne te donnerai seulement pas une chiquenaude ; mais puisque tu ne veux pas cramper, je doublerai la dose de ton ami Bamboche... à ton intention.

Cette menace me déconcerta ; je savais la Levrasse capable de la tenir, je tentai un autre moyen.

— Montrez-moi le tour le plus difficile, le plus dangereux, je l'apprendrai, quand je devrais m'y casser le cou, mais à condition que, lorsque je saurai ce tour, vous ferez grâce à Bamboche.

— Soit, — me dit la Levrasse avec son sourire narquois et méchant. — Quand tu sauras le *saut du lapin*, ton ami Bamboche aura sa grâce.

Rien de plus pénible et de plus périlleux que ce tour : il consistait à s'élancer du haut d'une sorte de plateforme d'une toise d'élévation ; à tourner une fois sur soi-même et à se retrouver sur ses pieds ; la moindre maladresse pouvait, en vous faisant retomber à faux, occasionner la fracture d'un membre ou la luxation du cou, luxation toujours mortelle. L'espoir d'obtenir la grâce de Bamboche me donna une telle ardeur, que je fatiguai même la robuste activité de la mère Major ; mes forces s'épuisaient, je m'opiniâtrais toujours. Enfin, pris de vertige et de faiblesse au milieu de mes évolutions, je retombai si malheureusement, que je me cassai le bras gauche.

Pour cette fois, accessible à un sentiment de pitié, la Levrasse m'accorda la grâce de mon ami. Je venais d'être transporté dans mon lit par Léonidas et par la mère Major, lorsque Bamboche entra. Je n'ai jamais su pourquoi ou dans quel but la Levrasse lui avait confié la cause de ma blessure ; mais cet enfant indomptable, à qui les plus cruels traitements n'arrachaient jamais une plainte, une concession ou une larme, se jeta sur mon lit tout en pleurs, et s'écria :

— C'est pour moi.... pour avoir ma grâce, que tu t'es cassé le bras ?

— N'est-ce pas pour moi que, depuis huit jours, tu es puni ? — lui dis-je en l'étreignant avec une joie indicible.

— Oh ! c'est touchant, oh ! c'est navrant, oh ! c'est attendrissant, hi, hi, hi, — fit la Levrasse, en grimaçant et en feignant de pleurer d'une manière grotesque, tandis que l'homme-poisson, sincèrement ému, voyant qu'on n'avait plus besoin de lui, s'en allait relire, disait-il, le fameux traité *de Amicitiâ* (de l'Amitié) :

Si j'insiste sur ces preuves réciproques de dévouement puéril que Bamboche et moi nous échangeâmes durant notre enfance, c'est qu'elles posent les bases de cette affection qui, plus tard, malgré les conditions les plus diverses, les croyances morales les plus opposées, ne fut jamais ébranlée, et nous commanda mutuellement les plus grands sacrifices, toujours accomplis avec une religieuse satisfaction.

Lorsque, seul avec Bamboche, je l'envisageai attentivement, je fus effrayé de la sombre altération de ses traits : il était encore plus pâle qu'à l'ordinaire, il avait dû horriblement souffrir.

— On t'a donc fait bien du mal ? — lui dis-je.

— Oh ! oui, reprit-il avec un sourire sinistre et une expression de joie sauvage ; oh ! oui..... bien du mal ! Dieu merci !

— Dieu merci ?

— Oui, j'aurai un jour tant de mal à faire à la Levrasse....

— Il te faisait donc beaucoup souffrir ?

— Il me faisait *voir mon grand-père*, — répondit Bamboche en riant d'un rire farouche.

— Qu'est-ce que tu veux dire ?

— Il m'attachait aux pieds un des poids en fer qui servent à nos exercices, et puis il me prenait par-dessous les oreilles et m'enlevait de terre pendant quelques minutes, et il recommençait deux ou trois fois.

— Je ne m'étonne plus : il disait que sa correction ne faisait pas de bruit.

— Un homme qu'on écorche ne souffrirait pas plus, — me dit Bamboche d'une voix sourde ; — quelquefois il me semblait que ma tête allait s'arracher de mon cou, il me passait comme des flammes bleues devant les yeux et je me trouvais mal. Alors je n'essayais pas de me débattre contre la Levrasse, il est trop fort : ça ne m'aurait servi à rien... mais je ne cédais pas, et je me disais : Va... va... fais-moi bien des tortures... c'est pour toi que tu amasses... Attends que Basquine soit ici.... tu verras comme je te rendrai tout cela *en monnaie rouge*...

Je fus épouvanté de l'expression avec laquelle Bamboche prononça cette dernière menace.

Les soins que réclamait ma blessure, à peu près bien pansée par la mère Major, habituée à ces sortes d'accidents, et aussi une lettre que reçut la Levrasse au sujet de la nouvelle Basquine que nous devions prendre en route, hâtèrent notre départ.

Selon la coutume de presque tous les saltimbanques, notre bourgeois possédait une espèce de voiture nomade, qui, en voyage et lors des représentations dans les fêtes foraines, servait de logement à la troupe.

Cette voiture, longue de quinze pieds environ, haute de dix, se divisait en trois compartiments éclairés au dehors par des chatières et communiquant intérieurement par de petites portes ; le compartiment du devant servait de magasin, celui du milieu, de cuisine, le dernier, de logement commun. Cette sorte de chambre, assez spacieuse, était emménagée comme la cabine d'un navire : huit lits, en forme de caisses, longs de sept pieds et larges de trois, s'y étageaient en deux rangs ; une ouverture grillagée, pratiquée dans l'impériale, donnait suffisamment de jour et de clarté ; trois chevaux, loués de ville en ville pour un ou deux jours, suffisaient à traîner cette sorte de maison roulante qui, dans l'épaisseur d'un double plancher, contenait les toiles et tréteaux nécessaires pour l'érection de notre théâtre en plein vent ; l'âne savant, Lucifer, aussi robuste qu'un cheval, s'attelait à un petit fourgon supplémentaire, tour à tour occupé par la Levrasse et la mère Major, qui, ainsi, surveillaient du dehors la marche de la grande voiture ; enfin le charretier qui avait amené la boîte de l'homme-poisson fut mandé avec son haquet, et un matin, notre caravane abandonna la maison louée jusqu'alors par la Levrasse.

Je n'avais pas eu la moindre nouvelle de mon ancien patron, Limousin. A toutes mes questions à ce sujet, la Levrasse avait répondu par le silence ou par une grimace. Je donnai donc un dernier souvenir au Limousin, chez qui, du moins, je n'avais jamais subi de mauvais traitements, et je fus établi dans un des lits de la voiture, ayant auprès de moi Bamboche, qui me rendait mille soins avec une fraternelle sollicitude, et, de temps à autre, il semblait possédé d'une joie délirante en songeant que bientôt nous allions retrouver Jeannette.

La Levrasse décida que nous ferions une première station au bourg voisin ; là devait se trouver un chirurgien qui mettrait un nouvel appareil sur mes blessures. Nous devions de plus rencontrer dans cet endroit plusieurs jeunes filles qui, prévenues à l'avance, attendaient le passage de la Levrasse pour lui vendre leurs chevelures qu'il achetait et *levait toujours lui-même sur pied*, ainsi qu'il disait en parlant de ces moissons capillaires.

Le lendemain de cette journée, nous devions arriver dans le village où demeurait le charron, père de Jeannette, la nouvelle Basquine de la troupe.

Je n'oublierai jamais le singulier et triste spectacle auquel j'assistai dans le bourg de Folleville, où nous nous

La Levrasse saisit d'une main avide et impatiente les longs cheveux noirs de la jeune fille. — Page 114.

arrêtâmes pour faire panser ma blessure. La fracture était *simple*, dit le chirurgien; le premier appareil avait été assez habilement posé par la mère Major, ma guérison devait marcher rapidement. La population du bourg étant nombreuse, et ayant été affriandée par le premier passage de l'homme-poisson, la Levrasse consentit à donner ce qu'il appelait une *petite représentation;* elle se composa de l'exhibition du *phénomène*, précédée de quelques tours de force exécutés par la mère Major et par Bamboche. Pour s'épargner les embarras de monter notre théâtre de toile, la Levrasse décida que la représentation aurait lieu dans une grange, et que la mère Major veillerait à la recette pendant qu'il irait récolter les chevelures.

Ma blessure m'empêchait de paraître et d'assister aux exercices. Le chirurgien m'avait pansé dans une salle basse de l'auberge; là, pour la première fois, je vis la Levrasse pratiquer l'un de ses étranges commerces.

Assis sur une chaise, je tenais mon bras en écharpe, lorsque je vis entrer dix ou douze femmes, presque toutes jeunes; deux ou trois étaient assez jolies, mais la pauvreté sordide de leurs haillons annonçait le plus grand dénûment; leurs visages exprimaient la tristesse et surtout la confusion, comme si elles eussent ressenti une sorte de honte en faisant à la misère ce dernier sacrifice.

Bien des années se sont passées; et pourtant cette scène m'est encore présente dans ses moindres détails.

Un jour sombre, pénétrant difficilement à travers les carreaux verdâtres de deux fenêtres dites à *guillotine*, obstruées par des toiles d'araignée, éclairait à peine cette grande pièce d'auberge, au plafond bas et rayé de solives noirâtres, aux murailles jadis blanchies par la chaux; deux tisons fumaient dans l'âtre au milieu d'un monceau de cendres.

Les *pratiques* de la Levrasse, comme il disait, l'atten-

daient, celles-ci assises sur un banc, les autres sur le bord d'une longue table ou sur des escabeaux. L'une de ces pauvres créatures restait à l'écart, à demi cachée dans l'ombre projetée par la saillie de la haute cheminée; je distinguais à peine dans l'obscurité sa coiffe blanche, un bout de jupe en lambeaux et ses pieds nus.

Toutes ces femmes semblaient inquiètes de savoir si leur chevelure conviendrait à la Levrasse, et, à quelques paroles échangées entre elles, je compris qu'elles ressentaient aussi beaucoup de honte d'être les seules du bourg qui, par besoin, pussent consentir à vendre leurs cheveux.

Quelques-unes d'elles pourtant paraissaient insoucieuses ou résignées : celle-ci, assise sur une table, chantonnait entre ses dents, battant une mesure monotone avec ses sabots qu'elle heurtait l'un contre l'autre; celle-là mordait avidement dans un morceau de pain dur et noir.

La porte s'ouvrit, la Levrasse parut; il portait son costume mi-parti masculin et féminin : pantalon rougeâtre, jupon d'un vert foncé, casaquin juste en gros velours de coton noir, chevelure retroussée à la chinoise. A sa vue, toutes les femmes se levèrent avec cette déférence humble et intéressée que le vendeur dans le besoin témoigne toujours à l'acheteur.

Mon bourgeois avait là à la fois l'air sardonique et guilleret; il fit un salut grotesque en jetant un regard circulaire sur ses pratiques.

— Salut à la compagnie, — dit-il de sa voix grêle; — le *marché* me paraît assez fourni…. Ah çà! mes poulettes, dépêchons-nous, je suis pressé; vite, vite, à bas les coiffes! et déployons les chignons… Mais il faut que les chevelures soient diablement belles pour que je les achète, je vous en avertis, car on m'en offre de tous côtés presque pour rien, vu que le pain est cher…

Une femme au regard morne, aux yeux caves, à la pâleur maladive, dominait cet amas de petites créatures. — Page 116.

A ces mots, une grande anxiété se peignit sur tous les visages.

La Levrasse, m'apercevant, me dit :

— Petit Martin, tu as un bras de bon ; aide-moi à approcher ce banc le plus près possible de la fenêtre ; je n'achète pas chat en poche, moi ; je veux voir clair à mes affaires...

J'aidai mon bourgeois à placer le banc auprès des croisées, formant un angle droit avec elles ; le jour, effleurant ainsi les chevelures, permettait de mieux juger leurs reflets.

— Allons, mes poulettes, allons, — dit la Levrasse, — le marché est ouvert.

Toutes ces pauvres créatures s'empressèrent de s'asseoir sur ce banc... moins celle qui restait toujours à demi cachée dans l'ombre de la cheminée, et dont je ne distinguais que la coiffe blanche et les pieds nus.

— Eh!.... vous, là-bas ! — lui dit la Levrasse, — est-ce que vous ne venez pas ?... il y a encore place.

— Tout à l'heure, Monsieur.... — répondit une voix douce et craintive qui me parut altérée par les larmes.

— Bien, bien, — dit la Levrasse, — aux derniers les bons... n'est-ce pas ? vous voulez vous faire désirer.... A votre aise, ma fille, ces *ficelles-là* sont connues... et vous n'y gagnerez pas un liard de surenchère.

Puis, se retournant vers les femmes assises sur le banc, il ajouta :

— Allons, mes poulettes... à bas les coiffes !

Pendant quelques secondes, un sentiment de regret, de honte, presque de pudeur, sembla tenir ces femmes immobiles. Enfin, une de celles qui paraissaient le plus résignées, ôta brusquement sa mauvaise coiffe d'indienne. Ce geste fut comme un signal, toutes les chevelures dénouées tombèrent sur le front et sur les épaules de ces femmes ; chevelures blondes, brunes, châtain, clair ou foncé ; ici rares et soyeuses, là épaisses et rudes, plus loin touffues et crépues ; ailleurs, enfin, mélangées de quelques cheveux blancs, dissimulés aussi soigneusement possible, car, hélas ! il était facile de voir que chacune de ces femmes avait de son mieux, ainsi que disait la Levrasse, *paré sa marchandise*... Triste et douloureuse coquetterie que celle-là !

— Hum, hum, on ne m'*enfonce* pas, moi, d'abord, — se disait la Levrasse en passant et repassant devant le banc, inspectant, maniant, soupesant et toisant même chaque chevelure au moyen d'un pied-de-roi, afin de juger de la longueur, de la souplesse, du poids... et de la couleur des cheveux. — Non, non, on ne me *fait pas la queue* à moi... et, c'est le cas de le dire.... — ajouta-t-il en ricanant, — nous connaissons les *frimes*... mes poulettes. Nous savons ce qu'on obtient avec la poudre de charbon, l'huile ou le saindoux... et comment on rend une vraie *teigneuse* à peu près présentable.

Puis ayant de nouveau examiné la *marchandise*, il s'écria :

— Par ma foi, je joue de malheur..... Dans mes tournées, cette année... je ne trouve rien à ma convenance... pas plus ici qu'ailleurs... Décidément...—ajouta-t-il d'un air dédaigneux et mécontent, après avoir jeté un dernier coup d'œil sur ces têtes cachées par des flots de cheveux qui retombaient sur le front ; — décidément, rien de tout ça... ne me va..... C'est de la pacotille.... de la vraie *camelotte*.

Un soupir de déception douloureuse s'exhala de toutes ces poitrines, jusqu'alors comprimées par les angoisses de l'attente ; puis un mouvement machinal, presque spontané, inclina davantage encore ces têtes échevelées.

— Que diable voulez-vous que je fasse de ce que vous

m'offrez là? Je ne suis pas marchand de crin et de filasse, — ajouta mon bourgeois avec cette brutale férocité du trafiquant qui veut, avant tout, déprécier ce qu'il désire acheter.

— Allons, mes poulettes, — reprit-il, — remettez vos coiffes... il n'y a pour moi rien à faire ici... C'était bien la peine de perdre mon temps.

Pendant cette scène dont je ne sentais pas alors la dégradante cruauté, mais qui me serrait le cœur, j'avais vu la femme au béguin blanc, jusqu'alors cachée dans l'obscurité projetée par la haute cheminée, sortir de ce recoin et se diriger à pas lents vers la porte, mettre sa main sur le pêne de la serrure, puis, s'arrêtant soudain... baisser la tête avec accablement comme si elle eût hésité à sortir.

J'ai rarement rencontré des traits plus réguliers, plus doux que ceux de cette jeune fille ; elle paraissait avoir au plus dix-sept ans ; un mauvais fichu de cotonnade rouge cachait à peine son cou et ses épaules ; sa jupe, rapiécée en vingt endroits avec des morceaux d'étoffes de couleurs différentes, était soutenue par des bretelles en lisière.

Il fallait que sa beauté fût bien grande pour être aussi remarquable malgré l'extrême maigreur de son pâle visage, où se voyait encore la trace de larmes récentes.

Après être restée quelques secondes à la porte, la main toujours posée sur le loquet de la serrure, la jeune fille sembla faire un violent effort sur elle-même, leva au ciel ses beaux yeux bleus, et revint lentement reprendre sa place dans l'ombre de la cheminée.

A ce moment la Levrasse disait brutalement :

— Allons, remettez vos coiffes, il n'y a pour moi rien à faire ici. C'était bien la peine de perdre mon temps !

Puis, faisant quelques pas vers la porte, la Levrasse ajouta :

— Bonsoir la compagnie...

Alors il se passa une scène de marchandage à la fois ignoble et pénible.

Scène pénible, parce que c'était pitié de voir ces malheureuses qui ne savaient que trop *combien le pain était cher*, ainsi qu'avait dit la Levrasse, prier, supplier cet homme, quelques-unes avec larmes, d'acheter à tout prix leurs cheveux, pauvre et dernière ressource sur laquelle elles avaient tant compté.

Scène ignoble, parce que la Levrasse, abusant avec une indigne rapacité de la misère de ces infortunées, marchandait opiniâtrement sou à sou, répétant sans cesse que *l'acquisition* ne lui convenait pas et la dépréciant sans merci.

Enfin, de guerre lasse, ces malheureuses subirent les offres de l'acheteur ; elles demandaient trois ou quatre francs de leur chevelure, la Levrasse consentit à grand'peine à leur en donner vingt sous...

Les vingt sous furent acceptés..... C'était du moins du pain pour trois ou quatre jours...

Il y eut encore un moment qui me causa une impression cruelle : ce fut de voir, pour ainsi dire rasées, toutes ces têtes naguère couvertes d'ondoyantes chevelures que la Levrasse moissonnait avec ses énormes ciseaux, et qu'il nouait ensuite soigneusement en écheveaux avec des rubans de fil.

Le marché était sans doute excellent, car la figure sardonique de la Levrasse rayonnait de joie, ses plaisanteries méchantes ne tarissaient pas.

— Au lieu d'être tristes, réjouissez-vous donc, mes poulettes, — disait-il en faisant grincer les ciseaux sur ces têtes penchées qu'il dépouillait. — Ces cheveux, qui ne vous servaient à rien du tout, vont avoir l'honneur de faire l'ornement de la tête des grandes dames d'un certain âge, qui portent des tours ou des perruques.... Ils seront ornés de turbans d'étoffes d'or et d'argent, de pierreries magnifiques, de superbes diamants.... Ces cheveux ! tandis que, sur votre tête, ils n'auraient été toujours couverts que de vos coiffes crasseuses.... Et puis, vous qui criez toujours misère, vous pourrez au moins dire qu'une partie de vous-mêmes ira en voiture, dans les plus belles fêtes de la capitale..... ce qui est joliment flatteur..... je m'en vante, et pourtant... vous ne payez rien pour ça... au contraire... c'est moi qui vous paye... Tenez, mes poulettes, je suis si bon que j'en suis bête... aussi, je vous le déclare, à l'avenir... je ne payerai rien... on me donnera ses cheveux... pour l'honneur...

Les cruels lazzis de la Levrasse furent interrompus par la belle jeune fille dont j'ai parlé.

Elle s'avança près de la fenêtre, s'assit timidement sur le bout du banc, ôta sa petite coiffe, et courba la tête sans prononcer une parole.

A la vue de sa magnifique chevelure d'un noir de jais qui se déroula si longue, qu'elle tomba jusqu'à terre, où elle se replia autour de ses pieds nus ; si épaisse, qu'elle cachait les haillons de la jeune fille qu'on eût dite alors enveloppée d'un manteau noir, la Levrasse, malgré son habitude de dépréciation, ne put s'empêcher de s'écrier :

— C'est superbe !..... extraordinaire !... je n'ai jamais rien vu de pareil !...

Un murmure de surprise avait accueilli l'apparition de la jeune fille, jusqu'alors restée inaperçue de ses compagnes ; l'une d'elles dit à voix basse :

— Tiens, Joséphine... qui vend aussi ses cheveux... elle qui va se marier...

— Avec Justin, qu'elle aime tant, — dit une autre.

Et l'on voyait sur presque tous les visages une expression de chagrin et de pitié... Joséphine était douce et bonne, puisqu'elle inspirait un tel intérêt à ses compagnes, qui venaient pourtant de se résigner, comme elle, à un pénible sacrifice.

— Vous allez vous marier, ma jolie fille ? — dit la Levrasse en contemplant d'un œil de convoitise la magnifique chevelure déployée devant lui, et la maniant avec un frémissement de joie. — Eh bien !.... vous avez raison de vous défaire de ça.... c'est inutile en ménage.... une bonne *dot* vaut mieux ! — ajouta la Levrasse d'un ton sardonique. — Et cette dot, moi, je m'en charge... Tenez... la voici... une bonne pièce de quarante sous toute neuve... J'espère que je fais bien les choses et de moi-même ; car je n'ai payé les chignons de ces dames que vingt sous pièce ;... mais aussi... quelle différence !...

— Je voudrais... Je voudrais bien... quatre... francs... — balbutia Joséphine d'une voix basse et tremblante.

— Quatre francs ! s'écria la Levrasse, — quatre francs ! Mais vous êtes folle !.... Vous voulez donc faire un festin de Balthasar pour vos noces ?... Quatre francs ! Impossible à moi de favoriser ces prodigalités-là... Quatre francs !... Voyons, mettons cinquante sous, et n'en parlons plus.

Ce disant, la Levrasse saisit d'une main avide et impatiente les longs cheveux noirs de la jeune fille.

— Pauvre Joséphine !... — murmura une de ses compagnes, tandis que les autres témoignaient par leurs regards attristés qu'elles partageaient cette commisération.

Mais Joséphine, se dégageant des mains de la Levrasse, dit avec une expression de douleur et de honte qui prouvait combien elle souffrait de ce débat :

— Je voudrais quatre francs... il me les faut...

Puis la pauvre fille, devenue pourpre de honte, se hâta d'ajouter comme pour faire excuser sa *cupidité* :

— Ce n'est pas pour moi... mais il me les faut... absolument.

— Quatre francs.... — dit brutalement la Levrasse, — quatre francs... Allons donc ! je serais volé.

Joséphine se leva brusquement. Ce mouvement dégagea sa charmante figure des épais cheveux qui la voilaient. Les larmes ruisselaient sur ses joues. Au geste résolu qu'elle fit pour ramasser sa petite coiffe, tombée à ses pieds, la Levrasse, craignant de perdre une pareille aubaine, s'écria : — Allons, voyons, méchante... vous aurez vos quatre francs... mais j'y perds... Tenez... voilà encore deux francs...

Joséphine se rassit sur le banc, courba le front, et dit bien bas, d'une voix tremblante :

— Je voudrais... garder.... quand vous les aurez coupés... une toute petite tresse... de mes cheveux...

— Encore ! — s'écria la Levrasse ; — mais vous êtes insatiable, ma chère...

Puis, après un moment de réflexion, il reprit : — Allons, il est dit que vous m'ensorcelez... Vous aurez votre petite tresse... mais une vraie queue de rat, pas davantage.

Et il approcha ses terribles ciseaux.
— Monsieur.... arrêtez.... — s'écria une jeune fille en saisissant le bras de la Levrasse... — ce n'est que quatre francs, après tout... et, en nous cotisant toutes,—ajouta-t-elle en consultant ses compagnes du regard...
— Oui... oui.... c'est ça.... cotisons-nous, — reprirent plusieurs voix.
— Vraiment.... Vous crevez de faim.... et vous faites les généreuses.... — dit amèrement la Levrasse en se dégageant de l'étreinte de la jeune fille, qui l'empêchait de faire jouer ses ciseaux. Vous oubliez donc que le pain est cher...
Hélas! cette fois encore, la misère paralysa les meilleurs instincts; cette fois encore, la voix impérieuse du besoin couvrit et fit taire un premier cri de générosité parti de l'âme.
Les dures paroles de la Levrasse rappelèrent à ces pauvres créatures qu'elles étaient trop infortunées pour pouvoir se montrer compatissantes... N'est-ce pas là le pire des infortunes que celle-là?
Un morne silence vint succéder à l'élan généreux des compagnes de Joséphine; celle-ci, qui s'était peut-être laissée aller à un moment d'espérance, dit vivement à la Levrasse : — Dépêchez-vous, Monsieur, dépêchez-vous.
La Levrasse ne se fit pas répéter cette recommandation; il plongea soudain et fit jouer ses ciseaux dans cette magnifique chevelure qui, tombant de tous côtés, laissa bientôt voir la douce et pâle figure de Joséphine inondée de pleurs et complètement rasée.
La Levrasse, fidèle à sa promesse, remit à la jeune fille une longue tresse, grosse à peine comme le petit doigt... Joséphine la roula et la plaça dans son sein.

Alors il me fut impossible de retenir mes larmes, et depuis ce jour, j'ai gardé bien présent le souvenir de cette scène douloureuse.

Sans doute, les gens *positifs* prendront tout ceci en profond dédain et diront en raillant :
Mon Dieu!... que voilà de phrases pour quelques poignées de cheveux! Qu'est-ce que ça nous fait à nous que ces paysannes soient tondues comme des enfants de chœur? C'est vingt sous de plus dans leur poche...
Mais vous aurez pitié de cette autre conséquence de la misère... (Elle en a tant... de conséquences... la misère!...)
Oui, vous en aurez pitié,... vous, jeunes femmes, qui, souriant devant votre miroir, vous plaisez à orner de fleurs et de pierreries votre belle chevelure,... ou bien,... coquetterie plus grande, à la laisser nue et sans parure...
Vous aurez pitié, vous, heureuses mères, si orgueilleuses des longues tresses qui couronnent le front angélique de l'enfant que vous embrassez si tendrement chaque soir.
Vous aurez pitié, vous, amants qui avez pressé sous vos lèvres ardentes les cheveux humides et parfumés de votre maîtresse...
Vous aurez pitié,.... vous enfin.... qui aimez, qui respectez, qui adorez Dieu dans sa créature, et qui souffrez amèrement de tout ce qui la flétrit, la dépare et la dégrade.

La petite représentation, composée des exercices de la mère Major et de l'exhibition de l'homme-poisson, avait été très-fructueuse.
Le lendemain matin nous partîmes au point du jour afin d'arriver le soir au bourg où nous devions trouver la nouvelle Basquine de la troupe.
Durant tout le jour, Bamboche extravagua de bonheur, de joie et d'amour, il allait enfin revoir Jeannette..... et elle ne devait plus quitter notre troupe.

CHAPITRE XXI.

Manière de se faire aimer. — Jalousie anticipée. — Arrivée chez le charron. — Logement d'un artisan de la campagne. — Jeannette. — Moyen de séduction. — La faim mauvaise conseillère. — Comment on enlève une fille à son père.

A mesure que nous nous rapprochions du bourg où nous devions trouver Jeannette, la nouvelle Basquine, ma curiosité devenait de plus en plus impatiente; la mère Major conduisait la voiture où était la baignoire de l'homme-poisson. La Levrasse occupait le siège couvert de notre grande voiture, où j'étais seul dans l'intérieur avec Bamboche. Aux accès de joie folle que lui causait l'espoir de se rapprocher de Jeannette, succédaient des moments de crainte, d'abattement; il me disait alors d'une voix altérée :
— Si le père de Jeannette, qui l'aime tant... ne voulait plus la donner à la Levrasse, tiens... je ne sais pas ce que je ferais.
Et sur ce front de treize ans, sur ces traits contractés, éclatait le choc de passions aussi violentes que précoces.
— Rassure-toi donc, — lui disais-je, — si l'on ne veut pas donner Jeannette à la Levrasse, eh bien! nous le quitterons et nous entrerons... comme domestiques chez le père de Jeannette.
Bamboche haussait les épaules à cette imagination naïvement romanesque.
— Son père meurt de faim, — me répondit-il; — est-ce qu'il peut prendre des domestiques? et puis il nous prendrait que je n'en serais pas plus avancé.
— Comment cela?...
— Es-tu simple!... est-ce que son père, sa mère, ses frères ne me gêneraient pas? Est-ce qu'elle et moi nous serions libres comme nous le serons dans la troupe de la Levrasse, en attendant le moment où nous prendrons notre volée?
— Ah! mon Dieu! — m'écriai-je tout à coup frappé d'une idée subite.
— Qu'as-tu?
— Tu es fou de Jeannette... tu veux te sauver avec elle... mais si elle allait ne pas t'aimer; as-tu pensé à cela?
— Quelquefois.
— Eh bien! que ferais-tu?
— Je la battrais jusqu'à ce qu'elle m'aime...
— Tu la battras... — m'écriai-je, — cette pauvre petite... tu la battras!
— Ça me coûtera... mais tant pis.
— Tu la battras pour te faire aimer! — répétai-je stupéfait; — mais elle te détestera au contraire.
Bamboche sourit de ma candeur et me dit avec un accent d'énergie farouche et d'assurance incroyable :
— Pour se faire aimer des femmes, il faut s'en faire craindre... le cul-de-jatte me l'a dit cent fois; il a eu des maîtresses qui se battaient à coups de couteau à cause de lui, elles se seraient mises dans le feu et elles lui donnaient tout ce qu'elles gagnaient. Pourtant elles avaient si peur de lui, qu'elles l'appelaient le tigre noir et elles *suaient froid* rien qu'en lui parlant.
Je m'inclinai devant l'expérience du cul-de-jatte.
— Puisque tu es sûr de cela... à la bonne heure... — dis-je, le cœur serré — mais ne la bats pas trop fort... Pauvre petite...
— Si elle m'aime de bonne volonté... je ne la battrai que plus tard... (pas pour mon plaisir... car, si ça faisait le même effet, j'aimerais mieux cent fois être battu moi-même...) mais je la battrai pour qu'elle me craigne... car, comme le disait le cul-de-jatte, une femme qui n'a pas peur de vous... vous fait aller...
— C'est dommage qu'il faille tant battre, — dis-je à mon ami avec un soupir.
Bamboche resta quelques moments pensif, et, après ce silence, il reprit d'un air sombre et concentré :
— Il n'y a qu'une chose qui m'effraye.
— Quoi donc?
— C'est que la Levrasse... ne soit aussi amoureux de Basquine... — me répondit Bamboche les dents serrées de colère et de rage.
— Lui!... à son âge?... — lui dis-je.
— Est-ce que la mère Major n'a pas fait de moi son amant? — me répondit brutalement Bamboche, — aussi, celle-là encore, va-t-elle abominer Basquine... Et puis le *pitre* (1) que nous attendons, s'il est aussi canaille que l'ancien paillasse Giroflée, qui est entré au séminaire... il est capable d'en être amoureux aussi, de Basquine... Je sais bien comme Giroflée tourmentait la petite qui est morte.

(1) *Pitre*, en argot de bateleur : *paillasse* ou *queue rouge.*

Puis, frappant du pied avec rage, ses grands yeux gris étincelants, les veines de son front gonflées par la colère, Bamboche s'écria :

— Tiens, vois-tu, Martin... je sens que je *ferai des malheurs* à cause de Basquine.

L'amour horrible, mais possible, de la Levrasse ou de notre futur paillasse pour cette enfant, la haine jalouse de la mère Major, les étranges moyens auxquels Bamboche devait recourir pour se faire aimer, me parurent d'une complication si effrayante pour l'avenir de Basquine et de Bamboche, que je gardai le silence pendant que mon compagnon semblait de plus en plus s'absorber dans ses tristes pensées.

A cette heure seulement, en écrivant ces lignes après tant d'années passées depuis ces événements, je sens tout ce qu'ils offraient de monstrueux ; et, malheureusement, l'expérience, une triste expérience, m'a prouvé que ces monstruosités étaient loin d'être des exceptions ; ceux qui n'ont pas forcément plongé au plus profond de certaines fanges sociales, ne sauront jamais, ne croiront jamais ce que la misère, ce que l'ignorance, ce que l'abandon engendrent de vices et d'horreurs.

Mais à l'époque dont je parle, tout enfant, et sauf quelques bons instincts, sans aucune notion du bien ou du mal, jeté dans ce milieu de cynique dépravation, je m'y accoutumai vite, et bientôt j'y vécus comme dans mon atmosphère naturelle ; ce qui me révolte aujourd'hui me semblait alors fort simple, faute de point de comparaison... j'accusais, non les vices d'autrui, mais ma plaisè ignorance ; quelquefois, il est vrai, certains principes, certains faits exorbitants m'ÉTONNAIENT, mais ne m'INDIGNAIENT pas... ils ne pouvaient pas m'indigner... A quelle école de morale et de vertu aurais-je appris cette indignation ?

Non, ainsi qu'un enfant élevé avec la plus tendre, avec la plus austère sollicitude, se sent de vagues préférences vers certaines qualités, certaines vertus, plus appropriées, si cela se peut dire, à son esprit, à son cœur, à son caractère, je sentais, depuis mon séjour chez la Levrasse, de vagues préférences pour certains vices ; la paresse, la fourberie, le vagabondage, le vol même comme expédient extrême, m'inspiraient assez d'attraits ; mais les violences, les cruautés me répugnaient, et, malgré les érotiques et amoureuses confidences de Bamboche, je n'éprouvais pas encore le *besoin d'aimer*.

Et pourtant... (preuve évidente que généralement l'homme naît bon, ou, du moins, apte à tous les sentiments généreux), malgré les détestables exemples dont j'étais entouré, malgré les déplorables tendances qu'ils développaient chaque jour en moi, j'étais digne, j'étais capable d'accomplir tous les devoirs, tous les sacrifices que l'amitié impose... Et il en était de même de Bamboche : plus d'une fois déjà il m'avait prouvé son dévouement, quoique d'horribles enseignements eussent depuis longtemps plongé ce malheureux enfant dans une corruption bien plus profonde, bien plus haineuse que la mienne.

Il était bientôt nuit lorsque nous arrivâmes au bourg ; nous descendîmes à l'hôtel du Grand-Cerf, où s'arrêtait ordinairement la Levrasse. En descendant de voiture, il demanda à l'aubergiste comment allait le père Paillet, charron.

— Il est à toute extrémité, — répondit l'hôtelier ; — et puis, quelle misère ! onze enfants, — une femme infirme... La Mairie leur donne deux pains de charité par semaine... mais qu'est-ce que ça pour tant de monde ?

— Très-bien ! — s'écria la Levrasse sans dissimuler sa satisfaction.

Puis prenant aussitôt un air apitoyé, il dit à l'aubergiste :

— Dites-moi, avez-vous quelques provisions froides... que je puisse emporter tout de suite ?

— Oui, Monsieur, il y a un superbe dinde qui sort de la broche et un gros pâté qui sort du four.

— Va pour le dinde et le pâté, enveloppez-les, mettez-les dans un panier avec deux pains de quatre livres et six bouteilles de vin...

— Pour cette pauvre famille ? — s'écria l'hôtelier avec admiration ; — ah ! monsieur la Levrasse... vous n'êtes pas assez connu ! quel bienfaiteur vous êtes !

— Allez, allez, mon ami, — répondit mon maître d'un ton modeste et contrit, — je ne fais pas encore tout ce que je voudrais.

Pendant que l'aubergiste se hâtait d'aller préparer les comestibles, la Levrasse dit à la mère Major :

— Donne-moi le sac.
— Le voilà.
— La couronne y est-elle ?
— Tout y est.
— Bon, reprit la Levrasse ; — maintenant fais donner une avoine aux chevaux, et quand ils auront mangé...

Je ne pus entendre ce que dit ensuite mon maître à l'oreille de la mère Major, qui répondit :

— C'est convenu, ça vaudra mieux.
— Ainsi, — reprit la Levrasse, — dans une heure... là-bas.
— Dans une heure là-bas, — répondit la mère Major.

Alors s'adressant à moi, mon maître me dit :

— Tiens, Martin, porte le sac d'une main... tu prendras le panier à ton autre bras.

Et il me donna un sac de vieille toile verte, fort léger d'ailleurs, quoique assez gonflé.

Bamboche était resté commis à la garde de l'homme-poisson ; je regrettais d'être chargé d'une commission qui eût été si douce à mon camarade en le rapprochant tout de suite de Basquine. Nous partîmes dès que l'hôtelier eut apporté un lourd panier dont s'exhalait la plus appétissante odeur. Je pris ce fardeau, et je suivis mon maître, qui, contre son habitude, s'enveloppa d'un manteau ; il semblait inquiet et marchait rapidement devant moi.

Nous arrivâmes à une ruelle boueuse, donnant d'un côté dans le bourg, de l'autre sur les campagnes ; quelques vieilles roues à moitié brisées, appuyées au mur, et un tas de débris de charpentes obstruant la porte, indiquaient la demeure du charron.

La nuit venait lorsque nous entrâmes dans une sorte de vaste hangar, qui servait à la fois d'atelier à l'artisan et de logement pour sa nombreuse famille.

Cette espèce de hangar, vaste, sombre, humide, était éclairé par une imposte vitrée, située au-dessus de la porte, et par la pâle lueur d'un petit feu de copeaux fumeux, autour duquel se pressaient une dizaine d'enfants, dont le plus âgé avait au plus quatorze ans, tous hâves, maigres, frissonnants, et à peine couverts de quelques sales haillons. Dominant cet amas de petites créatures qui l'entouraient, une femme au regard morne, aux yeux caves, à la pâleur maladive, et dont les os perçaient pour ainsi dire la peau, se tenait demi-couchée dans la longueur d'un banc de bois à dossier. La partie inférieure du corps de cette femme presque entièrement paralysée disparaissait sous des lambeaux de couverture. Au moment de notre entrée, plusieurs de ces petits enfants criaient, gémissaient... et leur mère, d'une voix dolente, épuisée, répondait à leurs plaintes :

— Mais, mon Dieu !... mon Dieu !... puisqu'il n'y a plus de pain... qu'est-ce que vous voulez que je vous donne ? Demain... vous mangerez, puisque c'est le jour du pain de charité ; mais d'ici là... dame... il faut attendre, mes pauvres petits.

— Demain, maman, c'est trop loin... — disaient les enfants en pleurant, — nous avons encore faim ce soir... nous !!!

Dans la partie la plus reculée du hangar, je vis un misérable grabat, où gisait étendu le charron, père de toute cette famille ; presque agonisant, les yeux tantôt fixes, tantôt demi-voilés, il paraissait complètement étranger à ce qui se passait. Il avait passé l'un de ses bras autour du corps de son enfant préférée, de sa petite Jeannette (la future Basquine), assise au bord de son lit. Il semblait vouloir instinctivement la protéger, en la retenant auprès de lui dans une étreinte convulsive ; il murmurait de temps à autre, à voix basse, avec un accent d'effroi :

— *L'homme... l'homme...* il va venir... prends garde, prends bien garde à *l'homme*.

Sans doute, l'homme dont le charron, dans son délire, redoutait l'arrivée, était la Levrasse.

Quant à Jeannette, je n'avais rien vu, et, depuis, je n'ai rien vu non plus qui pût approcher de la délicieuse figure de cette enfant, âgée de huit ou neuf ans. Elle n'avait pour tout vêtement qu'une mauvaise chemise de toile jaunâtre, trouée en maints endroits, et laissant nus ses bras et ses jambes, un peu amaigris, mais d'une blancheur d'albâtre; une forêt de cheveux blonds, naturellement frisés, mais tout emmêlés, tombant jusque sur ses grands yeux noirs, couvraient son cou et ses épaules; rien de plus pur, de plus gracieux que les traits de ce charmant petit visage, quoique il fût légèrement creusé par la misère. Sa physionomie était triste; deux ou trois fois, je vis Jeannette poser ses lèvres sur la main décharnée de son père, puis, grâce à cette mobilité d'impression naturelle à son âge, elle reprenait un petit chantonnement mélancolique et doux, dont elle marquait la mesure en frappant l'un contre l'autre ses petits pieds nus. Notre arrivée n'avait pas interrompu ce chant; mais lorsqu'elle nous vit approcher de sa mère, Jeannette cessa de chanter; puis, par un mouvement d'une grâce enfantine, elle écarta ses cheveux qui voilaient ses yeux; alors le front un peu incliné, sa petite main toujours plongée dans son épaisse chevelure, son coude appuyé sur son genou, elle nous observa d'un air étonné, curieux et inquiet.

Le charron, toujours à l'agonie, ne s'aperçut pas de notre arrivée; seulement, de temps à autre, rapprochant de lui sa petite fille, il répétait d'une voix affaiblie et effrayée:

— L'homme... l'homme...

La crainte de la Levrasse poursuivait le père de Jeannette dans son délire comme une idée fixe.

La femme du charron reconnut mon maître.

A sa vue, levant les mains et les yeux au ciel avec un mélange d'angoisse et d'espérance, elle s'écria:

— Ah! bonne sainte Vierge!! c'est l'homme!...

Tandis que les enfants, toujours groupés ensemble, tournaient vers nous leurs figures étonnées, la Levrasse ferma doucement la porte, mit son doigt sur ses lèvres d'un air mystérieux, puis de mes mains le panier de provisions, et avisant une table, il y déposa le dindon rôti, le pâté, le pain et le vin... bien en évidence...

A la vue de ces comestibles, les enfants affamés se précipitèrent tumultueusement vers la table, les plus grands culbutant les plus petits.

La Levrasse les arrêta court du geste et du regard, il leur dit:

— Un moment... ces bonnes choses ne sont pas encore à vous... Il dépend de votre mère de vous les donner.

— Comment!... — s'écria la femme du charron.

Mon maître, sans répondre, recommanda de nouveau le silence par un geste, tandis que les enfants, sans doute en proie à une faim dévorante, exaspérée par la vue de ce repas d'une splendeur jusqu'alors inconnue, restaient pour ainsi dire en *arrêt* à quelques pas de la table.

La femme du charron, muette de surprise, regardait la Levrasse. Celui-ci, alors prenant alors des mains le sac de toile verte, en tira une petite robe de soie rose, pailletée d'argent, des brodequins de velours vert aussi pailletés et une couronne de roses artificielles montées sur feuillage d'argent, puis s'approchant du grabat du moribond, dont les lèvres décolorées s'agitaient encore, mais ne rendaient plus aucun son inintelligible, mon maître fit scintiller aux yeux de Jeannette la robe rose pailletée d'argent.

L'enfant, éblouie, stupéfaite d'admiration, joignit ses deux petites mains, ouvrit ses grands yeux de toutes ses forces et s'écria:

— Oh! que c'est beau!... que c'est beau!

— Chut! chut!... c'est pour toi, — dit tout bas la Levrasse à Jeannette, en lui faisant signe de descendre du grabat de son père.

— Viens, — ajouta-t-il, — je vais te mettre cette belle robe pour que ton papa te trouve bien gentille à son réveil... prends garde de le déranger..... ne fais pas de bruit.

L'enfant se dégagea facilement de l'étreinte expirante de son père, et en un moment la Levrasse eut revêtu la future Basquine de la robe rose, eut chaussé ses petits pieds des brodequins de velours et placé sur ses cheveux blonds la couronne de roses à feuillage argenté; l'enfant se laissait vêtir avec un étonnement mêlé d'une joie naïve de se voir si belle, tandis que sa mère disait à la Levrasse:

— Mais, Monsieur, pourquoi habillez-vous donc notre petite de...?

La Levrasse porta de nouveau son doigt à ses lèvres, imposa silence à la femme du charron, et, amenant Jeannette auprès d'elle, lui dit:

— Voyez votre fille, n'est-elle pas, ainsi, gentille à croquer? Et vous, — ajouta-t-il en se tournant vers les autres enfants, — voyez-vous comme votre sœur est brave, mes petits amis?

Parmi ceux-ci, les uns n'avaient pas été distraits de l'attention famélique qu'ils portaient au repas; les autres avaient silencieusement assisté à la transfiguration de leur sœur; mais tous, à la voix de la Levrasse, s'écrièrent:

— Oh! qu'elle est belle ainsi, Jeannette..... qu'elle est belle!

— C'est comme un petit Jésus de cire, — dit l'un.

— C'est une robe de sainte, — dit l'autre.

Et, pour un instant, la faim fut oubliée pour la contemplation des éblouissants atours de Jeannette.

Mon maître, alors, comme dernier moyen de séduction, sans doute, tira de sa poche un sac d'argent et abandonna un instant la main de Jeannette.

L'enfant courut aussitôt près du grabat de son père, y monta, et, toute heureuse, toute souriante, se pencha vers lui, baisa son visage livide et froid en lui disant:

— Papa... vois donc... comme je suis belle... vois donc!

Le charron ne répondit pas... Ses yeux demeurèrent fixes et demi-clos; il agita faiblement les bras, et ses lèvres balbutièrent quelques mots sans suite.

— Papa dort... et il rêve, — se dit l'enfant en s'asseyant avec circonspection au bord du lit de son père; puis, attendant sans doute son réveil, elle se mit, tout en chantonnant, à jouer avec la couronne qu'elle ôta de sa tête, et dont le feuillage argenté, mêlé de roses, semblait surtout exciter son admiration.

Jamais, non jamais, je n'oublierai l'impression profonde, étrange, que, malgré mon âge, me causa la vue de cette enfant charmante, vêtue de rose et de paillettes, assise dans cette sombre demeure sur un misérable grabat, auprès de ce père presque moribond.

Pendant ce temps-là, mon maître, tenant son sac d'argent par le fond, et s'approchant de la femme du charron, avait fait pleuvoir sur les lambeaux de couvertures qui couvraient ses genoux, une assez grande quantité de pièces de cent sous... trois cents francs, je crois...

Puis, tirant de sa poche un papier tout préparé, et une de ces écritoires de corne dont se servent les écoliers, il y trempa une plume de fer, la présenta à la femme du charron ainsi que le papier, et lui dit:

— Signez cela, ma chère dame.... Ce bon souper est à vos enfants, cet argent est à vous.... le sort de la petite Jeannette est assuré... sans compter que...

Un grand cri du charron interrompit mon maître.

Je n'avais pas quitté Jeannette des yeux, aucun des mouvements de son père ne m'avait non plus échappé...

Lorsque le moribond entendit le tintement métallique de l'argent, il se dressa convulsivement sur son séant, promena autour de lui des yeux hagards, et s'écria:

— L'homme à l'argent!... c'est l'homme!.... il va me prendre Jeannette... Au secours... au secours...

A ces cris, à la vue de ces traits bouleversés, Jeannette, fondant en larmes, se jeta au cou de son père et s'y cramponna, tandis que le charron, serrant de toutes ses forces défaillantes son enfant contre son cœur, répétait d'une voix de plus en plus épuisée:

— L'homme!... l'homme!.... je ne veux pas... moi, j'aime mieux mourir.... et garder Jeannette.... c'est ma femme... qui a voulu... et qui a écrit à *l'homme*... moi... je ne voulais pas... et...

Une convulsion s'emparant du moribond, il ne put achever, se roidit, se renversa en arrière, entraînant avec lui Jeannette qui, poussant des cris déchirants... enlaçait de ses petits bras le cou de son père...

— Mon pauvre mari!... Bonne sainte Mère de Dieu,

ayez donc pitié de lui.... Soyez donc juste à la fin.... — s'écria la femme du charron avec une douloureuse amertume. — Oh! mon Dieu! le voir ainsi et ne pouvoir aller à son secours.... et ces enfants qui sont là.... autour de cette table... Malheureux !!! ils ne s'occupent pas de leur père seulement.... ils ne pensent qu'à manger.... — puis elle ajouta, comme si elle se fût reproché ces paroles :
— Hélas! pauvres petits... ils ont si faim !...
— Signez vite... signez, — dit la Levrasse en prenant avec impatience la main de la femme du charron. — Signez..... tout cet argent est à vous; vos enfants ne manqueront de rien, vous aurez de quoi faire soigner votre mari,..... et je me charge du bonheur de la petite Jeannette.
Puis s'adressant aux autres enfants :
— Priez votre mère de signer, vous n'aurez plus faim... ce bon souper sera pour vous, et d'autres encore...
Les pauvres enfants, sans comprendre ce dont il s'agissait, obéirent machinalement à la Levrasse, et s'écrièrent, en se jetant aux genoux de leur mère :
— Signe... maman... signe.
— Signer... mais... quoi?—dit la malheureuse femme, la tête à moitié perdue, en entendant les gémissements de son mari à l'agonie, les cris douloureux de Jeannette et les prières de ses autres enfants.
— Signez l'engagement de Jeannette jusqu'à vingt-un ans... c'est son bonheur que j'assure.
La pauvre femme, cédant à la frayeur, à l'émotion, au désir de mettre un terme à l'affreuse misère de ses enfants, signa à travers ses larmes, et même sans le lire, l'engagement de Jeannette.
— Maintenant, mes enfants... — s'écria la Levrasse, — à table... mangez...
Ce fut, hélas! une véritable *curée*; les enfants se ruèrent sur le souper avec une frénésie dévorante, déchirant, se disputant les morceaux, pendant que mon maître, ayant remis l'engagement dans sa poche, courait au lit du moribond pour lui enlever Jeannette.
La malheureuse enfant poussait des cris navrants, et s'écriait au milieu de ses sanglots :
— Papa!... je veux rester avec toi!... Laissez-moi !... laissez-moi !...
La femme du charron, ne pouvant supporter ce cruel spectacle, fit d'un geste désespéré rouler à ses pieds l'argent que mon maître avait laissé sur ses genoux, et s'écria :
— Reprenez votre argent... laissez-nous notre enfant... le bon Dieu fera de nous ce qu'il voudra.... mais vous n'emporterez pas notre enfant.
La Levrasse ne répondit rien, haussa les épaules et vint facilement à bout d'arracher Jeannette du cou de son père, qui semblait alors avoir perdu tout sentiment; puis, tenant entre ses bras l'enfant qui se débattait en vain, mon maître dit à la femme du charron en gagnant la porte :
— Il est trop tard pour vous rétracter.... j'ai l'engagement en poche.
— Ma fille !... je veux ma fille !... il m'emporte ma fille ! — s'écria la pauvre mère en voyant la Levrasse envelopper Jeannette dans son manteau.—Mes enfants... au secours !... empêchez-le de sortir... jetez-vous après lui... Sainte Mère de Dieu, venez à mon secours.... on me vole ma fille !.... mon mari me tuera !!!...
Les enfants affamés, ne songeant qu'à satisfaire une faim dévorante, n'obéirent pas aux ordres de leur mère, et la Levrasse, chargé de son léger fardeau, ouvrit bientôt la porte.
J'étais resté immobile, épouvanté, au milieu de la chambre; il fallut, pour m'arracher à ma stupeur, que mon maître se retournât sur le seuil de la porte et me criât d'une voix terrible :
— Viendras-tu?
Je courus machinalement vers la Levrasse, et lorsqu'il ferma prudemment la porte à double tour, j'entendis la voix de la femme du charron, criant avec l'expression d'une pitié fervente et désespérée :
— Bonne sainte Vierge.... ayez pitié de moi.... Sainte Mère de Dieu... venez à mon secours... C'est donc toujours en vain que je vous supplie !!!

Mon maître m'attira à lui, de sa main de fer, et me força de le suivre à grands pas.
Contre mon attente, au lieu de traverser le bourg, nous sortîmes dans la campagne par l'autre extrémité de la ruelle; après avoir marché environ un quart d'heure à travers champs, nous retrouvâmes nos voitures qui étaient venues sans doute par l'ordre de la Levrasse nous attendre sur la grande route.
Il faisait tout à fait nuit; nous laissâmes bientôt le bourg assez loin derrière nous, grâce à l'allure rapide que la Levrasse fit prendre à nos chevaux, comme s'il eût craint d'être poursuivi.

CHAPITRE XXII.

La nouvelle Basquine. — Jeannette et Bamboche sont malades. — Poireau, *la queue rouge*. — Sa haine pour Léonidas. — Vengeance de l'homme-poisson. — Entretiens de Basquine et de Martin.

D'abord accablée d'un chagrin profond, pleurant et sans cesse demandant son père, sa mère et ses frères, Jeannette, que j'appellerai désormais Basquine, tomba sérieusement malade, et l'on désespéra presque de ses jours; mais sa jeunesse et ce qu'il y avait en elle d'incroyablement vivace, la sauvèrent; au bout de quelque temps, elle sembla renaître plus jolie, plus charmante que jamais.
L'arrivée de Basquine, si ardemment désirée par Bamboche, produisit sur lui un effet étrange.... L'amour d'abord, puis la poignante anxiété qui l'avait agité en attendant l'issue de la démarche de la Levrasse chez le charron, agirent si violemment sur la nature énergique de cet enfant, qu'apprenant par moi l'arrivée de Basquine, et qu'elle se trouvait dans le fourgon avec la mère Major.... tout le sang de Bamboche reflua de son cœur à son cerveau; un coup de sang le frappa, il se trouva mal, et cette profonde commotion eut pour réaction une fièvre chaude qui se déclara presque aussitôt.
Basquine étant aussi, dès son arrivée, tombée malade de chagrin, la Levrasse fut donc, à son grand regret, obligé de s'arrêter, durant un mois environ, dans une petite ville, afin de faire donner les soins nécessaires à ses deux pensionnaires, non par affection, non pas même par respect humain, mais par intérêt pour son entreprise, car les exercices enfantins de Bamboche, de moi et de Basquine, accompagnés de l'exhibition phénoménale de l'homme-poisson, lui assuraient pour l'avenir d'abondantes recettes.
Les liens d'amitié qui m'unissaient à Bamboche étaient déjà bien forts; mais les divers accidents de sa maladie et de celle de Basquine, les resserrant encore, les rendirent indissolubles. Voici comment.
La Levrasse, profitant de ce séjour inattendu pour parcourir, comme colporteur et acheteur de chevaux, les environs de la petite ville où nous étions obligés de rester, était parti avec son âne Lucifer, espérant une fructueuse tournée.
Nous avions été rejoints par le paillasse (ou en termes techniques le *pitre*, la *queue rouge*) de la troupe ; il se nommait *Poireau*, et venait remplacer Giroflée, l'ancien comique de la troupe, entré depuis, *par vocation*, au séminaire, m'avait dit Bamboche ; plus tard je devais me convaincre que Bamboche disait vrai.
Poireau était un grand garçon, efflanqué, dégingandé, aux traits assez réguliers, mais flétris par une habituelle et ignoble expression de crapule et de méchanceté. Dans sa conversation ordinaire, il ne disait pas deux paroles de suite sans les accompagner de lazzis obscènes ou ordurierd, d'une grossièreté révoltante. Ce malheureux devint bientôt *le favori* de la mère Major, et lors même que Bamboche n'eût pas déjà éclairé mon innocence, le cynisme tranquille avec lequel cette Messaline de carrefour et le paillasse s'abandonnaient sans scrupule à leur amour immonde, m'eût révélé ce que mon jeune compagnon m'avait appris... m'eût révélé ce que Basquine, enfant si pure, si candide, devait bientôt apprendre... dans ce milieu de dépravation effrontée où elle était désormais

destinée à vivre.... pauvre petit agneau sans tache jeté presque en naissant au milieu de cette fange.

Mais je ne veux pas anticiper sur de poignantes, sur d'horribles révélations; elles ne viendront que trop tôt, et il me faut du courage pour me rappeler cette époque de ma vie... courage d'autant plus grand, que, grâce à mon commerce ingénu avec le vice, je n'éprouvais alors aucune indignation contre ce qui m'indigne à cette heure.

La Levrasse parti, la mère Major et Poireau, absorbés dans leur *amour*, Bamboche et Basquine alités, nous restions seuls, l'homme-poisson et moi, pour veiller deux malades et nous occuper du ménage.

Les soins domestiques, tels que cuisine, entretien et surveillance des habits de la troupe, du matériel, etc., avaient été délégués à l'homme-poisson, de par l'autorité de Poireau, qui tranchait du dictateur. Je ne sais pourquoi il avait tout d'abord conçu une profonde aversion pour Léonidas Requin, qu'il se plaisait à vexer, à tourmenter, à injurier, à battre avec une opiniâtre et lâche méchanceté; car Léonidas, malgré son nom héroïque, était le plus inoffensif et le plus craintif des hommes; mais le digne lauréat universitaire, appelant à son aide la philosophie stoïque et les maximes de son divin Sénèque, supportait tout, endurait tout avec une incroyable résignation.

« — Vois-tu, petit Martin, — me disait cette naïve et
» bonne créature, — j'ai ici le manger, le coucher, l'abri,
» les vêtements; j'ai le loisir de lire mon Sénèque en écu-
» mant le pot-au-feu ou en faisant mijoter le ragoût de
» la mère Major et de ce... (ici Léonidas, baissant la voix,
» regardait avec inquiétude et effroi de côté et d'autre,
» de crainte d'être entendu) de ce grand scélérat de Poi-
» reau qui m'a pris en grippe... comme autrefois, dans
» ma classe, les cancres m'abhorraient par jalousie de
» mes succès... mais ça m'est égal, j'y suis fait, et je bénis
» chaque jour l'habitude que j'ai prise de recevoir toute
» sorte de horions depuis ma plus tendre enfance; et puis,
» vois-tu? petit Martin, tout n'est pas rose dans la vie, et
» quand je me souviens qu'après avoir en vain travaillé
» comme un nègre pendant mon enfance et ma première
» jeunesse, je suis resté deux jours sans pain, sans abri,
» et que, de désespoir, je me suis jeté à l'eau, je n'ose
» pas accuser le sort.... Quant à me revancher, — ajou-
» tait-il, avec un soupir de regret et de confusion, — je
» suis fort comme une puce et poltron comme un lapin...
» La mère Major m'aplatirait d'un coup de ses gros
» poings, et Poireau me briserait d'un coup de ses grands
» pieds; mais comme il faut pourtant, après tout, que
» justice se fasse! mais comme il est pour les opprimés
» une Providence vengeresse! — reprenait Léonidas, d'un
» ton à la fois solennel et triomphant, — comme un lau-
» réat de l'Université couronné et embrassé cent fois par
» S. E. Mgr le ministre de l'instruction publique, au son
» des fanfares », et appelé par lui *l'espoir de la France;*
» comme un tel lauréat, dis-je, n'est pas, après tout, ab-
» solument destiné à servir impunément de plastron et de
» victime à une ignoble paillasse et à une grosse butorde
» d'Hercule femelle, je... (et la voix de Léonidas redeve-
» nait basse, craintive et mystérieuse), je.... leur flanque
» souvent une énorme poignée de suie dans leur pot-au-
» feu... et... ma foi! tant pis... je confie ce dangereux se-
» cret à ton honneur, Martin.... je me tapis quelquefois
» dans l'ombre de la cuisine comme un malfaiteur, et là...
» solitaire... et à l'insu de tous... je... je crache un peu...
» bah! pas de lâche réticence ici toi, mon cher ami...
» je crache beaucoup dans les ragoûts que mes tyrans me
» condamnent à leur préparer... Et ils les mangent... sans
» se douter de rien! les malheureux !!! ils les mangent!
» alors je crois ma vengeance assouvie !!! Mais non, elle
» renaît comme une hydre, et je recommence.... Si ça
» continue, je n'y suffirai pas... je deviendrai étique!!! »

En me confiant ce secret plein d'horreur, la voix de Léonidas expirait sur ses lèvres; il regardait autour de lui avec épouvante, comme s'il m'eût fait l'aveu de la plus noire scélératesse.

Léonidas, exclusivement occupé de ses fonctions domestiques et culinaires, ne pouvait donc que m'aider faiblement, et je restais à peu près seul chargé de soigner Bamboche et Basquine, tombés presque instantanément malades... celle-ci, de désespoir d'être séparée de son père et de sa famille qu'elle adorait... celui-là, de la violente émotion que lui avait causée la certitude de pouvoir vivre désormais auprès de cette enfant qu'il aimait avec une passion aussi profonde qu'incroyablement précoce pour son âge.

La fièvre chaude de Bamboche s'étant compliquée d'une fièvre typhoïde, on l'avait isolé de Basquine par ordre du médecin; je partageais donc mes soins entre ma nouvelle compagne et mon ami.

Basquine arrivée le soir, couchée aussitôt tout éplorée dans notre grande voiture, était tombée gravement malade cette nuit-là même, et n'avait pu voir Bamboche qu'environ un mois après qu'elle fut entrée dans notre troupe.

Le désespoir de Basquine se manifesta d'abord par des sanglots incessants, entrecoupés de ces cris : *Papa.... papa... au secours...* comme si son père pouvait l'entendre; puis, lorsque la malheureuse enfant n'avait plus la force de pleurer, elle tombait en proie à une crise nerveuse, bientôt suivie d'un morne accablement ou d'un pénible sommeil, agité par des rêves sinistres.

Je passais auprès d'elle tout le temps que je ne passais pas auprès de Bamboche; elle semblait à peine s'apercevoir de ma présence; sombre, concentrée, défiante, elle ne prononçait pas une parole; un médecin vint la voir. La mère Major s'était mise en règle en montrant l'engagement signé de la femme du charron, précaution inutile... car l'enfant resta opiniâtrement muette, ne répondit à aucune question et s'obstina à ne prendre rien de ce qu'on lui ordonnait; j'imaginai de lui promettre, si elle se montrait raisonnable, une prochaine entrevue avec son père.

Il me semble voir encore Basquine, couchée dans un grand lit d'une triste et misérable chambre; sa charmante figure, pâle, marbrée, avait incroyablement maigri en quelques jours; ses beaux cheveux blonds, ordinairement bouclés, mais alors humides d'une sueur froide et fiévreuse, tombaient en mèches presque droites autour de son visage et de ses épaules : elle tenait fixement levés vers le plafond ses grands yeux secs, rougis et gonflés, tandis que ses deux petites mains se croisaient sur sa poitrine.

Lorsque je lui eus dit :
— Écoute... Basquine... si tu es bien sage, si tu veux boire ce qui est dans cette tasse... tu reverras bientôt ton père!

Trop faible pour se lever sur son séant, elle retourna vivement la tête vers moi; ses yeux devinrent humides, de grosses larmes y roulèrent bientôt, ses lèvres tremblèrent, et elle me dit de sa petite voix douce et affaiblie :
— Tu ne mens pas?

Un moment troublé par l'innocence de ce regard, où se lisaient à la fois l'espoir et une douloureuse défiance, j'hésitai, puis je répondis d'une voix émue :
— Non... je ne mens pas.

Sans doute Basquine remarqua mon hésitation; car elle reprit, en me regardant fixément :
— Ne mens pas... vois-tu? la bonne sainte Vierge en pleurerait...

J'entendais parler pour la première fois de la bonne sainte Vierge; néanmoins, je répondis intrépidement :
— Non... je ne mens pas!
— Je reverrai papa... si je bois cela? — dit Basquine sans me quitter des yeux.
— Oui, bien vrai!... — lui répondis-je.
— Donne... — dit l'enfant.
Et elle but d'un trait ce que je lui présentais.

De ce moment, elle me témoigna quelque confiance, me demandant sans cesse quand elle reverrait son père.

Les conseils et l'exemple de Bamboche, la peur des mauvais traitements, la nécessité de cacher ou de pallier mes fautes à mes terribles instituteurs, m'avaient déjà familiarisé avec le mensonge; il me fut facile de tromper la candeur de Basquine en lui faisant espérer et attendre de jour en jour la venue de son père, qui, ajoutais-je, l'emmènerait certainement avec lui.

Ces tromperies, du moins, aidèrent à sa guérison; elle se résigna dès lors à suivre toutes les prescriptions du médecin, et, l'espérance de retourner bientôt dans sa

Contre mon attente, au lieu de traverser le bourg, nous sortîmes dans la campagne. — Page 148.

famille la tranquillisant, sa santé s'améliora chaque jour.

Il m'est resté une impression ineffaçable de mes premières conversations enfantines avec Basquine, et, en rassemblant à cette heure ces souvenirs toujours si présents, je suis frappé de tout ce qu'il y avait naturellement de droit, d'honnête et de loyal dans l'éducation ou plutôt dans les exemples donnés par le charron à son enfant, car ordinairement à *l'exemple* seul se borne l'éducation du pauvre, et presque toujours l'on peut, en parlant de nous autres gens du peuple, dire avec une certitude absolue, soit en mal, soit en bien :

— *Tels parents, tels enfants...*

Aussi, à juger d'après Basquine, son père devait être laborieux, probe, d'une conduite exemplaire. Quant à la femme du charron, elle devait partager cette touchante superstition de bien des pauvres mères affligées... une foi naïve, candide, dans l'intercession de la bonne Vierge, car souvent, durant sa maladie, Basquine m'avait parlé de la bonne Vierge...

Pauvre cher petit ange, que la fatalité devait bientôt initier, comme je l'étais déjà moi-même, à l'obscène et ordurier langage des coryphées de notre troupe... et à bien pis encore ! car il me reste de honteux, de pénibles aveux à faire. J'ai à parler de mon rôle étrange dans les amours précoces de Bamboche et de Basquine, rôle que je jouais d'ailleurs avec une incroyable ingénuité de corruption, aveuglé que j'étais par mon affection profonde, dévouée, presque fanatique, pour Bamboche.

Voici comment et à quel propos je prononçai pour la première fois son nom à Basquine.

Lors des premiers jours de sa convalescence, m'entretenant avec elle de son père, afin de la rendre contente, car elle en parlait sans cesse, je lui dis qu'il devait travailler beaucoup pour nourrir sa nombreuse famille.

Basquine me répondit :

« — Oh ! oui... papa travaillait beaucoup... il ne s'arrêtait pas même les dimanches, et la nuit aussi bien souvent il travaillait encore. Nous le voyions bien... puisque nous couchions avec maman dans le hangar. Une fois, papa avait déjà passé trois nuits sans décesser... moi je dormais avec mes petites sœurs... maman nous a éveillées... Elle pleurait. Elle nous a dit :

» — Mes enfants, regardez votre père...

» Nous avons regardé.

» Papa, qui avait commencé à percer du bois avec une grande vrille à manche, s'était mis à genoux ; mais trop fatigué pour sûr, il s'était endormi, tenant toujours les deux côtés du manche sur lequel il appuyait son front. Il restait comme ça... sans bouger. Maman pleurait toujours... elle nous a dit bien bas, pour ne pas réveiller papa :

» — C'est pourtant pour nous donner du pain que votre bon père se fatigue autant... Il faut prier la sainte Vierge d'avoir pitié de nous et de lui... et de le récompenser, car il n'y a pas au monde un meilleur père.... Allons, mes enfants... à genoux... et dites comme moi... mais tout bas pour ne pas réveiller votre père.

» Nous nous sommes mis tous à genoux, et maman a dit et nous avons répété à mesure et après elle :

» — *Bonne sainte Vierge.... n'abandonnez pas dans sa grande peine, s'il vous plaît, ce pauvre père qui travaille tant pour nous ; sainte Mère de Dieu, qui protégez les mères et les petits enfants, écoutez une mère et ses petits enfants, et récompensez notre père de son courage, s'il vous plaît !*

» Comme nous finissions de dire cela, bien bas pourtant... papa s'est éveillé, il nous a vus tous à genoux... les mains jointes ; il a demandé à maman pourquoi.

Basquine, assise sur son lit, jouait ingénument avec les cheveux noirs de Bamboche. — Page 124.

» Maman le lui a dit ;... alors il nous a pris dans ses
» bras... il pleurait aussi bien fort, lui... car nous avions
» les joues toutes mouillées pendant qu'il nous embras-
» sait. »

Bien des années se sont passées depuis le jour où Basquine me faisait ce simple et touchant récit.... Bien des événements, bien des malheurs, bien des ignominies, dont j'ai été acteur ou témoin, devraient avoir flétri, endurci mon cœur, et pourtant, au seul souvenir de la voix, de l'accent, de la physionomie de cette pauvre enfant, lorsqu'elle me racontait cet épisode de la misérable et laborieuse vie de son père, mes yeux deviennent humides, comme ils le devinrent ce jour-là en écoutant Basquine.

Profondément ému d'un langage si nouveau pour moi, enthousiasmé de la foi et de l'espérance que Basquine semblait avoir dans la toute-puissance providentielle de cette sainte Mère du bon Dieu, cette douce et tendre patronne des mères et des pauvres petits enfants, je dis à Basquine en toute sincérité :

— Et la bonne sainte Vierge a récompensé ton père, n'est-ce pas ?

— Oh ! non... — me dit naïvement l'enfant, en secouant avec tristesse sa jolie petite tête bouclée et faisant un grand soupir, — oh ! non... jamais....

Et me rappelant ce que mon émotion m'avait fait oublier, le douloureux tableau dont j'avais été témoin chez le charron, lors de l'enlèvement de son enfant, je repris :

— C'est vrai ; ton père n'a pas été récompensé de son courage par la bonne sainte Vierge.... Mais alors à quoi donc ça sert, de la prier ?

— Dame ! moi, je ne sais pas,... Maman nous disait de prier avec elle pour que nous soyons moins malheureux et que papa soit récompensé... Nous priions... comme disait maman.

Une détestable pensée me vint à l'esprit : je me souvins de l'horrible mort du père de Bamboche... Celui-là aussi avait travaillé avec une ardeur infatigable... Celui-là aussi avait tendrement aimé son enfant... Et pourtant celui-là aussi était mort, abandonné de la bonne sainte Vierge et des hommes.... Enfin l'homme-poisson, après avoir assidûment travaillé pendant son enfance et sa première jeunesse, avait voulu échapper, — me disait-il, — à la misère et à la faim en se donnant la mort.

Bamboche, le disciple du cul-de-jatte, avait donc raison de répéter sans cesse :

— Ceux qui travaillent sont des imbéciles ; ils crèvent de faim ou de misère.

Le naïf récit de Basquine, la scène douloureuse dont j'avais été témoin dans la demeure de son père, donnaient malheureusement, à mes yeux, un nouveau poids aux désolantes maximes de Bamboche.

Alors, tout glorieux de ma récente et triste *science des hommes*, je dis à Basquine :

— Tu vois bien, ton père se crevait à travailler, et la bonne sainte Vierge n'a eu ni pitié ni récompense pour lui ; le père de Bamboche se crevait aussi à travailler, lui, et il est mort au fond des bois, mangé par les corbeaux. Vois-tu, Basquine, c'est des bêtises de travailler ; il vaut mieux s'amuser quand on peut et se moquer des *couennes*... et puis...

Mais la contagion du mal et du vice ne m'ayant pas encore complètement gangrené, je ne pus continuer, tant je fus frappé de l'expression à la fois étonnée, triste et curieuse de Basquine, lorsqu'elle m'entendit parler ainsi.

Ce qu'il y avait encore de bon en moi se révolta à la pensée de donner, pour ainsi dire, la première leçon de

désespérance et de corruption à cette innocente petite créature, et je lui dis :
— D'ailleurs... Bamboche t'expliquera tout cela mieux que moi.

CHAPITRE XXIII.

Le dévouement. — Projets pour l'avenir. — Jalousie de Bamboche. — Sa première entrevue avec Basquine. — Serment d'amour.

Basquine, au nom de Bamboche qu'elle m'entendait prononcer pour la première fois, me regarda avec surprise et me dit :
— Qui ça Bamboche ?
— Un de nos camarades, un enfant comme nous...
— Et où est-il ?
— Dans un petit cabinet en haut ;... il est bien malade aussi... Mais tu le connais ?
— Moi ?
— Oui... il y a quelques mois,... te souviens-tu que la Levrasse avait déjà été chez ton père ? il voulait t'emmener...
— Ah ! oui... je me souviens... et quand il a été parti... papa s'est dérangé de son travail plusieurs fois dans le jour pour venir m'embrasser... il pleurait, et pourtant il était bien content. — Oh ! on ne me prend pas comme ça ma petite Jeannette... à moi... — disait-il en me mangeant de caresses.
— Et le lendemain matin ?
— Le lendemain ?
— Tu ne te rappelles pas qu'il est venu un petit garçon pour chercher un portefeuille que l'homme devait avoir perdu... chez ton père ?
— Ah ! oui... et il a demandé la permission de le chercher dans tous les coins... nous l'avons aidé... je l'ai cherché longtemps avec lui... il me regardait toujours... toujours.... et comme j'étais baissée avec lui, il m'a embrassé le cou, sans que papa le voie... et ça m'a fait bien rire...
— Eh bien ! ce petit garçon... c'est notre compagnon... c'est Bamboche... il ne t'a pas non plus oubliée, lui... Si tu savais comme il t'aime bien !
— Il m'aime bien ? Pourquoi donc ?
— Dame !.... — repris-je, assez embarrassé, — parce que tu es bien gentille... bien douce... bien bonne ; depuis qu'il t'a vue... il parle toujours de toi.... enfin, tu serais sa sœur qu'il ne te chérirait pas plus...
— Je l'aime bien aussi... alors...
— Oh ! et tu fais bien... il a été si malheureux !
— Lui ?
— Je crois bien !... Étant tout petit, figure-toi qu'il a vu mourir son pauvre père dans une forêt... les corbeaux voulaient manger le corps... et lui, les chassait tant qu'il pouvait.
— O mon Dieu !... mon Dieu !... — dit Basquine, dont les yeux se voilaient de larmes.
— Et ce n'est pas tout. Resté tout seul, sans personne, et bien petit que nous, il a été obligé de demander l'aumône sur les grandes routes.
— Pauvre petit !... sans père ni mère !
— Mon Dieu !... non ; alors il a rencontré un mendiant, très-méchant, qui l'a fait mendier avec lui, et qui le battait presque tous les jours...
— Être sans père ni mère !... demander l'aumône sur les routes !... être battu !... — répétait lentement Basquine avec une émotion et une surprise croissantes, qui disaient assez que, malgré la misère où elle avait jusqu'alors vécu, elle pouvait à peine concevoir un sort aussi cruel que celui de Bamboche.
— Et puis plus tard.... la Levrasse l'a rencontré mendiant sur les routes, et il l'a emmené... il a été aussi très-méchant pour lui, si méchant que ce pauvre Bamboche voulait se sauver... et il le pouvait...
— Et pourquoi ne s'est-il pas sauvé ?
— A cause de toi.

— A cause de moi ?
— Oui... Depuis qu'il t'avait vue en allant chercher le portefeuille.... il parlait toujours de toi ; et comme la Levrasse avait dit devant lui que, tôt ou tard, ton papa te laisserait venir avec nous, Bamboche a dit : « Ça m'est » égal d'être battu... on me fera tout le mal qu'on voudra, » mais je resterai.... parce que peut-être Basquine vien- » dra... et alors je ne la quitterai plus. »

A cette heure que l'expérience et la réflexion m'aident à interpréter et à compléter ces souvenirs si présents à ma mémoire, je m'explique l'étonnement et l'émotion de Basquine en m'entendant lui donner ces preuves de l'affection qu'elle avait inspirée à Bamboche ; dans l'ignorance de son âge, dans la candeur de son cœur, la pauvre enfant éprouvait pour notre compagnon une grande commisération sans doute, et se sentait disposée à l'aimer comme un frère, parce que, selon mes paroles, il l'aimait, lui, comme une sœur ; parce qu'il avait été jusqu'alors très-malheureux, et qu'il avait même bravé les plus mauvais traitements pour attendre le jour où elle devait faire partie de notre troupe... Mais de ce dernier trait d'affection un peu romanesque pour cet âge, Basquine semblait plus étonnée que touchée ; la seule chose qui frappa cette naïve et innocente créature, fut le malheur auquel Bamboche était voué depuis son enfance, car, après m'avoir écouté dans un silence rêveur, elle me dit :
— Tu ne sais pas ? quand papa viendra me chercher, il faudra qu'il emmène aussi Bamboche, puisqu'on est tant méchant pour lui... Chez nous, vois-tu ? quelquefois nous avons bien faim, bien froid, mais nous ne demandons pas l'aumône, papa et maman ne nous battent jamais, parce que nous ne faisons jamais mal.... Nous ne sommes pas menteurs, nous sommes sages, nous apprenons ce que maman nous montre... sans cela elle aurait beaucoup de chagrin ; et nous prions la bonne sainte Vierge pour nous et pour ceux qui sont encore plus malheureux que nous... Aussi, vois-tu ? — reprit-elle après un moment de réflexion et avec une grâce charmante, — comme ça j'aurai prié la bonne sainte Vierge pour Bamboche sans le savoir, et elle l'aura protégé, puisque papa l'emmènera avec nous... pour qu'il ne soit plus battu ici...

Quoique cette protection de la sainte Vierge me parût, cette fois encore, des moins efficaces, je n'osai pas troubler l'espérance de Basquine, et je lui répondis :
— C'est cela, ton père emmènera Bamboche.
— Et toi aussi, — ajouta-t-elle en me regardant avec une ineffable douceur, — toi aussi, car tu es bon pour moi.. tu es toujours là...
— Oh ! si Bamboche n'avait pas été malade, c'est lui qui t'aurait bien mieux soignée que moi...
— Tu crois ?
— Oh ! bien sûr.
— Et pourquoi serait-il pour moi encore meilleur que toi ?

Ce terrible *pourquoi*, si familier aux enfants, m'embarrassait beaucoup ; je tournai la difficulté en disant :
— Il t'aime encore plus que moi... parce qu'il y a plus longtemps qu'il te connaît que moi...

Cette raison ne parut qu'à demi satisfaire Basquine ; elle resta rêveuse quelques moments et me dit ensuite avec un accent de curiosité naïve :
— Quand donc est-ce que je le verrai, Bamboche ?
— Quand il ne sera plus malade.
— Il est donc plus malade que moi ?
— Certainement... il ne m'a pas encore reconnu...
— Mais puisque je peux me lever, j'irai avec toi le soigner, — dit Basquine. L'an passé, ma sœur Elisa a été malade... je l'ai bien veillée avec maman.
— Ça ne se peut pas, — dis-je à Basquine, — il y aurait du danger pour toi.
— Mais pour toi, il y en a aussi ?
— Non, moi je ne viens pas comme toi d'être malade...

Après un nouveau silence, Basquine me dit d'un air pensif :
— Mon Dieu ! que je voudrais que papa vienne bientôt, pour qu'il nous emmène d'ici, toi, Bamboche et moi.

. . . .

Plusieurs jours après cet entretien, et ce ne fut pas le seul de ce genre, dans lequel je lui parlai de mon compagnon dans les termes les plus favorables, Basquine me parut éprouver peu à peu une affection croissante pour Bamboche; celui-ci, pour la première fois depuis l'invasion de sa maladie, éprouva un mieux sensible; la connaissance lui revint, il me reconnut... et après avoir paru rassembler ses souvenirs, son premier mot fut :

— Où est-elle ?
— Elle est ici... et, comme toi!... elle a été très-malade.
— Elle aussi.... — s'écria-t-il avec une angoisse profonde. — Et maintenant ?... ajouta-t-il en se tournant vers moi tout tremblant.
— Maintenant elle est sauvée... — lui dis-je.

Bamboche ne me répondit rien, il fondit en larmes; je me jetai dans ses bras, il me serra sur son cœur autant que le lui permettaient ses forces épuisées; nous restâmes ainsi quelques minutes, muets, attendris, pleurant tous deux.

Bamboche, rompant le premier le silence, me dit avec une expression de reconnaissance impossible à rendre :

— Je n'avais presque pas de connaissance... mais pourtant.... je te voyais quelquefois, comme dans un rêve.... aller et venir; nuit et jour tu étais là.... j'en suis sûr... ça me faisait du bien... ça me rassurait... car, je ne sais pas pourquoi, je me figurais que la mère Major voulait m'empoisonner.

Puis s'interrompant soudain :

— Et Basquine ?... qui est-ce qui en a donc pris soin ?
— Moi...
— Toi !... mais tu étais toujours auprès de moi ?
— Pas toujours... quand tu étais plus tranquille, et c'était la nuit surtout... j'allais veiller Basquine.
— Elle... aussi, — s'écria Bamboche avec un nouvel élan de reconnaissance; — puis, après un moment de silence, il ajouta d'une voix grave, sincère, presque solennelle :
— Vois-tu, Martin ?... tu as le droit de me dire de me mettre au feu pour toi... j'irai...

Puis il répéta, avec une nouvelle expression de profonde gratitude :

— Elle... aussi...

Mais soudain sa pâle figure pâlit encore, son regard s'assombrit, devint farouche, et je remarquai le tressaillement nerveux de l'angle de sa mâchoire, symptôme certain, chez lui, d'une émotion vindicative; il retira brusquement sa main que je tenais dans les miennes... puis, tâchant de lire jusqu'au plus profond de mon cœur, en attachant sur moi ses grands yeux gris encore étincelants du feu de la fièvre, il me dit d'une voix sourde :

— Tu es donc resté bien des nuits auprès d'elle ?
— Oui, — lui répondis-je naïvement, quoique très-surpris de ce brusque changement dans sa physionomie.
— Oui, je suis resté près d'elle toutes les nuits et tous les moments que je ne passais pas auprès de toi...
— Et tu restais seul avec elle ? — me dit-il d'une voix de plus en plus concentrée.
— Tout seul; la mère Major était toujours avec Poireau; l'homme-poisson venait quelquefois aussi veiller Basquine, mais plus souvent, car il était si fatigué de faire la cuisine et le ménage, qu'il se couchait tout de suite.
— Tu restais tout seul avec elle ?... — répéta Bamboche, — et ses yeux brillaient d'un feu sombre.
— Eh ! oui... je restais seul avec elle. Mais... qu'est-ce que tu as donc ?... Comme tu me regardes !

Bamboche fit un brusque mouvement pour se précipiter sur moi, mais ses forces le trahirent et il tomba presque hors de son lit en murmurant :

— Brigand !... tu l'aimes... oui, — ajouta-t-il en se cramponnant péniblement à son chevet, car, frappé de stupeur, je ne songeais pas à lui venir en aide; — oui... tu l'aimes... tu t'es fait aimer d'elle... tu lui as dit du mal de moi... j'en suis sûr... je vous tuerai tous les deux...

Cette violente émotion épuisa ses forces à peine renaissantes, et il retomba sans mouvement sur son lit.

Je n'avais pas d'abord compris le sentiment de jalousie qui irritait Bamboche contre moi; mais lorsqu'il se fut plus clairement expliqué... je fus douloureusement indigné; puis, à cette indignation succéda au contraire une sorte de satisfaction remplie de mansuétude; j'avais la conscience de pouvoir non-seulement calmer les jalouses anxiétés de Bamboche, mais encore de lui prouver jusqu'à quel point j'avais poussé le dévouement pour lui.

A la violente sortie de mon compagnon avait succédé un grand abattement; il restait immobile, étendu sur son lit; je me penchai vers lui; je fus navré de l'expression de sa figure; ce n'était plus de la colère, de la haine, c'était un douloureux, un poignant désespoir. Ses joues creuses ruisselaient de larmes... Je me penchai vivement vers lui, il ferma les yeux pour ne pas me voir, et ses pleurs continuèrent de couler abondamment.

Je fus profondément, et si cela se peut dire, tendrement ému de cette douleur, de cette sorte de faiblesse si rare chez ce garçon ordinairement d'une rudesse, d'une violence extrêmes. Quel bonheur pour moi, tout à l'heure, — pensai-je, — de le détromper... de lui dire... de lui prouver combien j'ai été loin de vouloir éloigner Basquine de lui !

— Tu pleures... — dis-je à Bamboche.
— Eh bien ! oui... je pleure... c'est lâche... je le sais bien, — me répondit-il d'une voix désolée, — mais je ne peux pas m'en empêcher... On m'aurait coupé en morceaux qu'on ne m'aurait jamais arraché un cri... mais, à cette heure, je souffre au cœur comme si on me le tordait, et je pleure malgré moi.

Puis, revenant à la violence naturelle de son caractère, Bamboche ajouta entre ses dents :

— Mais je ne serai pas toujours aussi lâche !... va... de toi et d'elle... je me vengerai... Oh ! oui, je me vengerai...
— Je ne te demande qu'une chose, — lui dis-je en souriant : — c'est de ne pas faire d'imprudence et de te rétablir le plus tôt possible.

Bamboche crut que je le raillais; il me répondit par un sourd gémissement de douleur et de colère.

— Oui, — repris-je, — parce que lorsque tu pourras te lever... je te conduirai chez Basquine, et tu verras si c'est moi ou toi... qu'elle aime...

Bamboche fit un brusque mouvement sur son lit, et me regarda fixement.

Sans doute il lut sur mon visage la sincérité de mes paroles, car son front s'éclaircit, et il s'écria :

— Elle m'aime !...
— Oh ! oui... va... elle t'aime bien aussi déjà !
— Mais elle ne m'a jamais vu qu'une fois chez son père...
— Mais moi, depuis qu'elle est ici, je lui ai parlé si souvent de toi... dès qu'elle a pu m'entendre... je lui ai dit tant de fois combien tu avais été malheureux, en lui racontant la mort de ton pauvre père, toutes tes misères avec le cul-de-jatte... et tout le mal que tu as eu ici... que...
— Tu lui as dit cela ? — s'écria Bamboche.

Et il semblait aspirer chacune de mes paroles, comme si elles lui eussent rendu l'espérance, le bonheur, la vie... Sa poitrine se dilatait, il renaissait.

— Tu as dit cela de moi ? — répétait-il.
— Et bien d'autres choses encore... Je lui ai dit que tu aurais pu te sauver d'ici, où l'on te tourmentait sans pitié, mais que tu étais resté pour l'attendre, car, depuis que tu l'avais vue chez son père, tu ne rêvais, tu ne pensais plus qu'à elle... Mais puisqu'elle t'aime ! tu n'auras pas besoin de la battre, n'est-ce pas ?

A ces mots, les traits si mobiles de Bamboche changèrent encore d'expression; ce n'était plus de la reconnaissance, ce n'était plus de la défiance, ce n'était plus un haineux désespoir qu'on y lisait; mais une confusion, une honte douloureuse de m'avoir si cruellement méconnu; singulier mélange de tendresse suppliante et d'indignation contre lui-même. Ce garçon, si indomptable, joignit ses mains, et se mit péniblement à genoux sur sa couche, tant il était faible encore, et me dit d'une voix implorante :

— Martin !... mon frère... pardon... aie pitié de moi !...
— Tiens... tais-toi... tu me fais mal, — dis-je en détournant la vue, tant la physionomie de Bamboche trahissait de véritable souffrance. — C'est bien la peine d'être heu-

reux pour tourmenter ainsi les autres, — ajoutai-je en essuyant mes yeux.
— Martin... il faut que tu me pardonnes, — répéta Bamboche avec une anxiété fiévreuse... — il le faut.
— Est-ce que j'ai besoin de te pardonner?... — m'écriai-je en me jetant dans ses bras ; est-ce que tu n'es pas tout pardonné... puisque te voilà heureux et que tu m'appelles ton frère?
— Oh! oui, mon frère... mon seul et vrai frère... pour toujours, — murmura Bamboche d'une voix empreinte d'un bonheur ineffable.

Depuis ce jour, Bamboche et moi nous avons bien vieilli; nous nous sommes rencontrés dans des positions diverses, contraires, terribles... jamais nous n'avons pu retenir nos larmes, en nous rappelant cette scène de notre enfance.

Quelques jours après cet entretien, Bamboche fut complétement rétabli.
Un matin, le temps était sombre, orageux (je ne sais pourquoi cette circonstance m'avait frappé); je conduisis, pour la première fois, mon ami dans la chambre de Basquine...
Malgré la joie sincère que m'inspirait le bonheur de Bamboche, au moment où nous entrâmes dans cette misérable chambre, mon cœur se serra... se brisa...
J'eus sans doute instinctivement la conscience que, de ce jour... de ce moment... s'accomplissait fatalement la destinée de cette malheureuse enfant... et que j'étais involontairement, ingénument, l'un des instruments de cette fatalité.
Autant par discrétion que par crainte de troubler par ma tristesse soudaine et involontaire cette première entrevue... je m'éloignai après avoir dit à Basquine :
— Voilà mon bon frère, dont je t'ai tant parlé.
— Oh! oui... — dit naïvement Basquine, — aussi je l'aime bien déjà.

Environ une heure après, voyant revenir inopinément la mère Major et Poireau, que nous croyions absents pour toute la journée, mais que le mauvais temps ramenait, je rentrai précipitamment dans le cabinet où j'avais laissé Basquine et Bamboche; je voulais les prévenir de l'arrivée de nos maîtres; car il avait été convenu entre nous que lui et elle se diraient malades le plus longtemps possible, afin de reculer le moment de nos exercices.
J'entrai donc.
Basquine, assise sur son lit, jouait ingénument avec les cheveux noirs de Bamboche, qui avaient beaucoup allongé pendant sa maladie; lui, assis aux pieds de Basquine, sur un petit tabouret, ses coudes sur ses genoux, son menton dans ses deux mains, la contemplait en silence avec une tendresse ineffable mêlée d'une timidité craintive qui me frappa.
Mon retour soudain ne parut nullement surprendre mes deux amis.
Bamboche se leva, vint à moi et me dit d'une voix émue, en me montrant Basquine :
— Frère... voilà ma petite femme pour la vie...
— Oui... et Bamboche sera mon petit mari; nous nous en irons avec papa sitôt qu'il viendra me chercher... Bamboche l'aidera dans son travail, et toi aussi, Martin.
Bamboche me fit un signe d'intelligence et dit à Basquine :
— Oui, notre bon frère Martin viendra avec nous... nous ne le quitterons jamais, n'est-ce pas, Basquine?
— Oh! jamais, — dit l'enfant avec une grâce charmante, — c'est notre frère à nous deux.

J'ai su depuis, par Bamboche, que cette première entrevue avait été innocente et pure, comme elle devait l'être.
Et pourtant, quoique consacrés dans le langage naïf des enfants, ces mots : *petit mari, petite femme,* me causèrent une impression inexplicable, pénible; il me semblait que cette impression eût été tout autre, si Bamboche et Basquine se fussent traités de *frère et de sœur.*
Il n'y avait pas dans cette réflexion la moindre jalousie de ma part, car, malgré les confidences de Bamboche, mon cœur n'avait pas encore parlé; mais j'éprouvais une vague inquiétude pour l'avenir de Basquine; enfin ces mots de *petit mari* et de *petite femme,* me rappelant involontairement les amours de Bamboche et de la mère Major, j'éprouvai de nouveau, et plus violemment encore, ce brisement de cœur dont j'avais souffert en conduisant Bamboche à sa première entrevue avec Basquine.

CHAPITRE XXIV.

Annonce d'une *grande représentation*. — Nouveaux projets de fuite. — Éducation et succès de Basquine. — Bamboche met en pratique sa théorie de l'amour. — Basquine pour la vie.

Nous touchions à la fin de septembre; depuis huit mois environ, Basquine faisait partie de la troupe; nos diverses pérégrinations nous avaient amenés à Senlis.
Pour nos débuts nous devions donner une grande représentation; depuis la veille on pouvait lire une affiche colossale placardée dans toute la ville, et conçue en ces termes :

GRANDE REPRÉSENTATION

Pour l'inauguration de la troupe acrobatique du célèbre Joseph Bonin (dit la Levrasse).

PREMIÈRE PARTIE.

Scènes comiques entre Paillasse et son maître. — Chansons joyeuses par la petite Basquine, âgée de neuf ans, et son ami Paillasse.

DEUXIÈME PARTIE.

La grande pyramide humaine, par l'Hercule femelle, Martin, Bamboche et Basquine (le plus âgé de ces trois enfants n'a que treize ans).

On verra ensuite :

Le fameux HOMME-POISSON, *pêché dans les eaux du fleuve du Nil, par un amateur. La nature a remplacé les bras de cet incroyable phénomène par de superbes nageoires; il vit, couche, mange et dort dans l'eau, et ne se nourrit que de poissons vivants qu'il mangera* CRUS *et* LUI-MÊME *devant l'honorable société.*
Ce grand phénomène est tellement doux, caressant et apprivoisé, qu'il parle quatre langues : LE FRANÇAIS, LE LATIN, LE GREC *et* L'ÉGYPTIEN DU NIL, *son pays natal. Ceux de Messieurs les habitants qui voudront bien honorer* L'HOMME-POISSON *de leur visite, pourront, à leur choix, l'interroger dans l'une de ces quatre langues, et il leur répondra immédiatement.*

La représentation sera terminée par un grand assaut d'armes entre la célèbre FEMME-HERCULE, *et un prévôt des académies d'escrime de Moscou, de Constantinople, de Persépolis, de Caudebec, etc., etc.*

La Levrasse ayant obtenu un emplacement convenable près des dernières maisons de la ville, du côté de Paris, nous avions établi notre camp dans cet endroit : une vaste tente couverte était destinée aux exercices, l'entrée réservée au public s'ouvrait au pied de tréteaux assez élevés, surmontés de différentes toiles peintes, dont la plus considérable représentait l'homme-poisson.
Notre voiture nomade, où nous logions tous, était placée derrière la tente, qui, prolongée dans cette partie et séparée de l'arène par un pan de toile, servait à la fois d'écurie et de magasin à fourrages pour nos trois chevaux et le grand âne noir Lucifer.
Nous avions fait la veille une répétition générale en *famille :* tous les exercices s'étaient exécutés avec un mer-

veilleux ensemble. Depuis cinq mois que durait notre tournée acrobatique, jamais représentation ne s'était annoncée sous de meilleurs auspices.

Telle était la puissance de l'habitude, que, sauf les heures de leçons, tortures presque continuelles, je supportais assez allègrement mon sort. Une fois devant le public je m'évertuais de mon mieux, et ma vanité était singulièrement chatouillée, lorsque je recueillais ma part d'applaudissements. Je me serais sans doute résigné à accepter *sérieusement* pour l'avenir la profession de saltimbanque, sans l'espoir toujours éveillé de mener avec Bamboche et Basquine cette bonne vie de bohême oisive et vagabonde qui était devenue l'objet de nos rêves de chaque jour.

Si je demandais à Bamboche quand nous quitterions la troupe, il me répondait toujours d'un air mystérieux :

— Pas encore; j'ai plus envie que toi de me sauver avec Basquine, mais il faut attendre l'occasion.

— Chaque nuit ne pouvons-nous pas quitter la Levrasse? lui disais-je; — on ne nous enferme plus.

— Je le sais... rien ne nous serait plus facile.

— Eh bien !

— Il n'est pas temps encore.

— Pourquoi ?

— D'abord... parce que jusqu'ici *je n'ai pas trouvé ce que je cherche*. Et puis, — ajoutait Bamboche avec un accent de haine concentrée, — je ne veux pas quitter la Levrasse, la mère Major et le paillasse, *sans leur payer ce que je leur dois*... il faut bien que j'aie aussi mon tour, moi !

— Quand tu dis que *tu n'as pas trouvé encore ce que tu cherches*, — lui disais-je, — qu'est-ce que cela signifie donc ?

— C'est mon secret, — me répondait Bamboche avec un redoublement de mystère, — ni toi, ni Basquine, ne pouvez le savoir; mais, sois tranquille, il ne me regarde pas seul, il nous intéresse tous trois, ce secret, et dès que cela se pourra nous filerons.

J'attendais donc patiemment le moment fixé par Bamboche pour notre fuite, lorsque j'appris soudain que l'heure de notre liberté venait de sonner.

Quand le théâtre de nos représentations se trouvait au milieu des villes, nous logions à l'auberge; mais lorsque nous nous établissions en dehors des habitations, nous couchions tous pêle-mêle dans le fourgon et dans la voiture nomade, en partie distribuée comme une cabine de vaisseau; ceci rendait les entretiens secrets et nocturnes à peu près impossibles.

Pendant le souper qui suivit notre répétition générale, réfection prise en plein air, Bamboche m'ayant fait plusieurs signes dont je compris parfaitement le sens, je tâchai de me rapprocher de lui durant le court espace de temps qui séparait la fin du repas de l'heure de notre coucher.

— Pour cette fois, Martin, — me dit Bamboche d'une voix basse, émue sans doute par la gravité de la nouvelle qu'il m'annonçait : — pour cette fois j'ai enfin ce que je voulais.

Et il appuya étrangement sur ces mots.

— Aussi demain, — reprit-il, — dans la nuit... nous filons avec *ma femme*.

— Vrai ! — m'écriai-je, sans pouvoir cacher ma joie.

— Alors, pourquoi pas nous sauver cette nuit ?

— Impossible... je te dirai pourquoi. Seulement, fais attention à ne pas t'endormir demain soir; quand nous serons tous couchés dans la cabine, ferme les yeux, mais ne dors pas.

Puis, Bamboche reprit avec une expression de bonheur triomphant et concentré :

— Enfin... demain dans la nuit... libres comme des oiseaux... et vengés... oh ! bien vengés... car... voilà assez de temps que je cherche un bon moyen, et celui-là est...

La grosse voix de la mère Major interrompit mon rapide entretien avec Bamboche.

— Allons donc nous coucher, tonnerre de m... de Dieu !... — dit l'Alcide femelle, en prenant le bras du paillasse.

— Eh !... on y va... se coucher, grosse tour ! — reprit Basquine, en grossissant sa voix enfantine.

Puis, riant aux éclats, elle courut se pendre au cou de Bamboche, pendant que la Levrasse, resté attablé, jetait sur les deux enfants qui s'en allaient ainsi enlacés, un regard sombre, ironique et ardent.

Bientôt la nuit jeta son ombre sur la voiture, dans laquelle nous nous entassâmes pour dormir.

. . . .

Ce qui me reste à dire, pour expliquer la douloureuse transformation de Basquine, pauvre enfant, naguère encore si naïve et si candide... tout ce qui se rapporte enfin à cet effrayant changement, me brûle pour ainsi dire les lèvres.

A cette heure, que je jette un regard intelligent et expérimenté sur le passé, je ne sais qui l'emporte du dégoût, de l'indignation ou de l'épouvante; mais je tiens à poursuivre la tâche que je me suis imposée, et que je me félicite d'accomplir en écrivant ces pages.

Je le sens, il y a pour moi quelque chose de salutaire à reporter mes yeux vers cet odieux passé... Les mouvements de révolte et d'horreur qu'il excite de plus en plus en moi me prouvent que, chaque jour, je m'affermis davantage dans la voie du bien; la pénible émotion que j'éprouve aujourd'hui, l'espèce de tremblement dont je suis saisi à la pensée de traverser de nouveau, et seulement par le souvenir... cet abîme de perversité, de corruption, d'infamie, me dit assez haut qu'il ne suffit pas de ressentir de l'aversion pour le mal; mais qu'il me faut encore, malgré l'infimité de ma condition, faire tous mes efforts dans mon humble sphère, pour prévenir, empêcher ou guérir ce mal qui m'inspire cette haine, cet effroi salutaires.

Oui... ce que j'ai à raconter pour expliquer la transformation de Basquine me brûle les lèvres... Et cependant je serai loin de tout dire... il est des révélations devant lesquelles ma plume tombera malgré moi.

Cette malheureuse enfant avait quitté son père, innocente et pure comme elle devait l'être à son âge, élevée au sein d'une famille honnête et laborieuse.

Au bout de huit mois.... que dis-je ? au bout de deux ou trois mois de séjour dans notre troupe, entendant incessamment les plaisanteries ordurières ou obscènes du paillasse, les jurements, les blasphèmes, les propos cyniques de tous, Basquine commença par rire de ces obscénités, de ces ordures, bientôt mises à la portée de ses huit ans, et finit par jurer, par blasphémer comme nous tous... car, ainsi qu'elle et avant elle, ai-je besoin de le dire ? j'avais subi cette influence corruptrice.

Tout à fait rétablie de sa maladie, et quoique souvent encore elle demandât son père, Basquine se sentit peu à peu distraite de ses regrets par notre gaieté grossière. Bamboche et moi, nous nous ingéniions de mille moyens les retours de tristesse dont elle était parfois atteinte en songeant à sa famille; Basquine prit aussi, peu à peu, un goût extrême aux leçons de danse et de chant (ou plutôt de chansons licencieuses) que lui donnaient la mère Major, la Levrasse et le paillasse; naturellement douée d'une souplesse et d'une grâce incroyables, elle dansa bientôt à ravir deux ou trois pas de *caractère*; sa voix enfantine et pure, douée d'un charme indéfinissable, contrastait étrangement avec les paroles graveleuses des chansons qu'on lui enseignait.

La première fois que Basquine parut en public, dans l'une de nos représentations, elle eut un succès fou; la recette fut énorme; de ce moment, l'enfant ressentit un fatal attrait pour notre profession; et d'ailleurs, quelle créature, même plus raisonnable qu'elle, eût résisté à l'entraînement de ces sortes d'ovations, toujours si flatteuses, si enivrantes, quoique décernées par le public ignorant et grossier qui se pressait autour de nos tréteaux, seul spectacle accessible à sa pauvreté ?

Après nos représentations, c'est-à-dire après chaque triomphe, car elle faisait, comme on dit, *fureur*, la ravissante petite figure de Basquine rayonnait de bonheur et d'orgueil, et elle s'habitua tellement à cette vie de bohême, d'émotions irritantes, de voyages scabreux et de joies grossières, qu'au bout de six mois, elle me disait d'un air pensif :

— Il me semble que je mourrais d'ennui, si j'étais maintenant forcée de vivre comme autrefois, chez nous...

et pourtant, quand j'ai du chagrin, c'est que je pense à mon bon père... à ma pauvre mère... à mes sœurs...

— Basquine, en effet, pensa d'abord souvent à sa famille; puis ces ressouvenirs devinrent moins fréquents : je ne surprenais plus que bien rarement des larmes de regret dans ses grands yeux noirs, devenus tout à coup tristes et rêveurs.

Une fois aussi, je vis Basquine éprouver une sorte de frayeur involontaire et inexplicable.

Elle avait, comme toujours, chanté, dansé avec une grâce extrême, dans l'une de nos parades, on la redemandait à grands cris; elle disparut : on la cherchait partout; je la trouvai blottie sous notre voiture, au milieu de quelques bottes de fourrage; elle pleurait à chaudes larmes; sa figure était pâle, bouleversée.

— Qu'as-tu donc, petite sœur? — lui dis-je.
— Je ne sais pas... — me répondit-elle d'une voix altérée, — j'ai eu peur.
— Peur !... et de quoi ?...
— De tout le monde qui me rappelait...
— Mais on t'appelait pour te faire fête. Ils trépignaient tous comme des furieux tant ils te trouvaient gentille...
— Eh bien! j'ai eu aussi grand peur que s'ils m'avaient rappelée pour me faire du mal, et j'ai dit en moi-même, comme, autrefois, maman me le faisait dire chez nous :
— Bonne sainte Vierge.... mère du bon Dieu, ayez pitié de moi...

Était-ce instinct? pressentiment de tout ce qu'il devait y avoir de funeste pour elle dans cette carrière où elle entrait? Je ne sais; mais, quoique enfant, cette singularité de Basquine me frappa beaucoup.

— De quoi pouvais-tu avoir peur, — lui dis-je, — et pourquoi demander à la bonne Vierge d'avoir pitié de toi? Tu n'avais jamais mieux *flambé* (1).

— C'est vrai, — répondit Basquine en essuyant ses larmes, — et pourtant ça m'a fait peur.... C'est la première fois que cela m'arrive.

Puis elle ajouta d'un ton craintif :
— Mais n'en dis rien à Bamboche... il me battrait pour me punir d'être peureuse... et il serait ensuite à se martyriser, ce qui me fait tant de peine.

Bamboche, mettant en effet à exécution les ignobles principes du cul-de-jatte sur *l'art de se faire aimer*, battait quelquefois Basquine; puis, aussitôt après, par une étrange idée de compensation, il se causait à lui-même une douleur physique dix fois plus vive que celle dont Basquine avait souffert, et lui disait, en endurant cette torture avec un courage héroïque :

— Je t'ai battue pour te montrer que je suis ton maître, mais non par amour de te faire du mal, puisque je m'en fais à moi-même dix fois plus qu'à toi.

Entre autres preuves à l'appui de ce raisonnement insensé, dont il ne démordait pas, j'ai vu Bamboche se planter froidement, à une profondeur de cinq à six lignes, une épingle entre l'ongle et la chair... Malgré le ressentiment d'une douleur atroce, sa physionomie ne trahissait pas la moindre souffrance, et il disait avec une exaltation de tendresse sauvage :

— Je t'ai battue, Basquine, mais je t'adore.

Et Basquine, se jetant à son cou, lui demandait pour ainsi dire pardon d'avoir été battue.

Malheureusement, l'influence de Bamboche sur Basquine ne se bornait pas à lui faire oublier, par cette espèce de stoïcisme farouche, les brutalités auxquelles il se laissait quelquefois emporter contre elle. Le venin des mauvais exemples est si subtil, se communique, se propage avec une si effrayante rapidité, que la contagion des exécrables principes du cul-de-jatte, le mendiant vagabond, avait déjà infecté trois victimes... d'abord Bamboche, puis moi, et ensuite Basquine.

A force d'entendre répéter par Bamboche que les gens laborieux et honnêtes étaient les sots martyrs de leurs labeurs et de leur honnêteté (Bamboche n'avait pas manqué de citer à Basquine l'exemple de son père à elle); à force d'entendre préconiser la ruse, la tromperie, et, au pis-aller, le vol comme *moyens*, et, comme *fin*, une vie

(1) *Mieux réussi*, en argot de saltimbanque.

joyeuse, oisive et vagabonde; à force d'entendre répéter que l'on ne trouvait chez les riches que mépris, que cruauté pour les abandonnés, et que ceux-ci devaient regarder les riches comme *l'ennemi*; après avoir été enfin, peu à peu, amenée (et ceci était le plus grave) à regarder le mal que l'on pouvait faire comme de justes représailles, Basquine, prédisposée d'ailleurs à la corruption par le milieu où nous vivions, tomba bientôt, ainsi que j'y étais tombé, dans les funestes errements de Bamboche. L'influence qu'il exerçait sur elle fut, dès lors, doublement puissante, et la pauvre petite créature en vint à aimer follement ce garçon, à éprouver pour lui une affection mêlée de tendresse et de frayeur; le ressentiment des mauvais traitements dont elle avait quelquefois à se plaindre, cédant toujours à une admiration profonde pour l'indomptable énergie et pour la rare intrépidité de ce caractère.

Tout ceci, il est vrai, dans des proportions enfantines, mais complètes. Un grand penseur a dit, je crois, que *les enfants étaient de petits hommes*. Ce dont j'ai été témoin me prouve la vérité de cet axiome,... surtout lorsque le ferment d'une corruption précoce a donné un développement trop hâtif à l'intelligence, et a fait prématurément éclore, chez les enfants, les passions ardentes de la virilité.

Quelques mots encore, et seulement en effleurant cette fange.

L'amour passionné de Bamboche pour Basquine avait été d'abord l'objet des railleries obscènes, puis des encouragements infernaux de la troupe, et particulièrement de la Levrasse. (J'ai su depuis l'abominable calcul de cet homme contre lequel Bamboche nourrissait une jalousie d'instinct.)

Un jour, dans une farce sacrilège, on alla jusqu'à la parodie d'un mariage entre Bamboche et Basquine.

La Levrasse représentait le père du marié.... la mère Major la mère de l'épousée....

Le paillasse donna la bénédiction nuptiale en termes burlesques et graveleux, à la grande hilarité des assistants.

Je me trompe : un seul être protesta par une larme furtive contre ces horreurs dissimulées sous une apparence grotesque.

Le hasard me fit jeter les yeux sur Léonidas Requin, l'homme-poisson, qui, du fond de sa piscine, assistait à la cérémonie.... Sa physionomie exprimait une douloureuse indignation, et deux larmes, qu'il cacha en baissant le front, coulèrent sur ses joues.

Cette scène indigne eut lieu à Troyes, le soir de l'une de nos représentations, et en présence des gens de l'hôtel où nous demeurions.

Ces gens ne virent et ne pouvaient voir dans cette parodie qu'une plaisanterie, à peine inconvenante, suffisamment autorisée qu'elle était, en effet, par l'exemple de ces appellations fréquentes de *petit mari* et de *petite femme*, innocemment autorisées entre les enfants par les parents les plus scrupuleux.

Le lendemain de ce jour, Bamboche fit tatouer ces mots sur sa poitrine en caractères ineffaçables :

BASQUINE POUR LA VIE,
SON AMOUR OU LA MORT.

Tels étaient Basquine et Bamboche la veille de la grande représentation que nous devions donner à Senlis, et ensuite de laquelle nous devions prendre la fuite, Basquine, moi et Bamboche, qui, disait-il, *avait enfin ce qu'il voulait.*

CHAPITRE XXV.

Grande représentation. — Chansons joyeuses. — Basquine et le paillasse. — Jalousie de la mère Major. — Jalousie de Bamboche.

Jamais je n'ai vu plus belle journée d'automne que celle qui devait éclairer notre grande représentation à Senlis.

Le soleil s'était levé radieux; vers les quatre heures du soir, l'entrée de notre théâtre en plein vent s'encombrait de spectateurs, riant aux éclats des lazzis de notre paillasse et de son maître la Levrasse, qui faisaient la parade pour attirer et ameuter la foule; ces lazzis furent, comme d'habitude, accompagnés de prodigieux soufflets et de fabuleux coups de pied : le tout prodigué par la Levrasse avec une gravité grotesque, et accepté par le paillasse avec les récriminations, contorsions et exclamations d'usage.

Après la parade vint la *scène joyeuse*, chantée par le paillasse et par Basquine.

Lorsque celle-ci parut sur les tréteaux, sa renommée l'ayant déjà devancée, il se fit un grand silence, puis un sourd murmure d'admiration circula dans la foule.

— Qu'elle est gentille !...
— Est-elle bien mise !
— On dirait une petite femme.
— Quels beaux cheveux !
— A-t-elle l'air hardi ! hein.
— Et quelle jolie figure !
— Moi, je lui voudrais seulement cinq ou six ans de plus... avec cette figure-là... et ma foi ! alors...
— Et cette taille... est-elle bien faite !
— Et la jambe, donc... et la jambe ! voyez donc ce petit mollet...
— Et cette fossette aux épaules !
— Et l'air si malin... si fûté !
— On dit que quand elle chante des polissonneries, elle est à croquer.
— Dieu merci ! elle va en chanter... on dit la scène avec le paillasse fièrement croustilleuse.
— Quel bonheur !
— Gentil petit démon, va...
— C'est vrai, a-t-elle l'air lutin !
— C'est Diablotine qu'il faudrait l'appeler... au lieu de Basquine.

J'écoutais ces exclamations de la foule, à demi-caché sous une des toiles dont nos tréteaux étaient latéralement garnis. Maintenant, l'expérience se joignant à mes souvenirs, je me rends parfaitement compte de l'impression produite par cette enfant sur notre public.

Si Basquine était moralement transformée, elle était aussi physiquement presque transfigurée; ses traits, toujours charmants, avaient perdu leur suave expression de candeur enfantine, et ses joues, si cela se peut dire, n'avaient plus leur fraîche et innocente rondeur; son teint, quoique d'une clarté, d'une transparence qui annonçaient la force et la santé, était pâle, et non plus de ce rose lacté particulier à la carnation de l'enfance. Autrefois timides, presque craintifs, ses grands yeux, d'un noir velouté, alors légèrement cernés, s'abaissaient sur la foule, vifs, libres, assurés, tandis qu'un sourire malin et hardi errait sur ses lèvres vermeilles, naguère encore si ingénues.

La toilette d'une bizarrerie effrontée dont on avait vêtu Basquine, loin de choquer notre public, ne lui devait plaire beaucoup.

Sur ses beaux cheveux blonds, rassemblés en deux grosses nattes qui tombaient presque à terre, Basquine portait, crânement posé de côté, un petit bonnet grec en étoffe écarlate, semé de paillettes d'argent; son corsage, démesurément décolleté, aussi écarlate et argent, dessinait sa taille souple, et maintenait sa jupe au moyen de minces bretelles de clinquant, qui laissaient nus son cou, sa poitrine, ses épaules et ses bras d'une blancheur ferme et polie comme de l'ivoire; sa courte jupe de satin bleu pâle, pailletée d'argent, s'arrêtant bien au-dessus du genou, découvrait un maillot couleur de chair, étroitement collé aux plus fins contours, le pied, tout petit, se cambrait dans un brodequin de maroquin rouge bordé de fausse hermine.

J'ai vu et pu admirer depuis ce temps le marbre divin de l'*Amour antique*; les formes jeunes, sveltes et pures de ce chef-d'œuvre m'ont rappelé singulièrement Basquine.

Tel était son costume lorsqu'elle parut sur nos tréteaux pour chanter une scène avec le paillasse.

Le paillasse avait une figure non point laide, mais d'une expression ignoble; il portait l'habit de son rôle, une casaque et un pantalon de toile à matelas, un chapeau pointu et une perruque rouge.

Le plus profond silence régna soudain dans l'auditoire. La scène commença par une sorte de récitatif chanté, mêlé de couplets, trivialités depuis longtemps populaires dans les carrefours et ayant pour titre : *L'Amour de Paillasse.*

Paillasse s'avança d'un air piteux, et retirant sa jambe en arrière, salua gauchement Basquine, puis il chanta ce qui suit, alternant le récitatif avec sa compagne :

PAILLASSE.

Mam'zelle, c'est moi, j'viens vous parler d'amour.

BASQUINE, *avec une petite moue dédaigneuse.*

De ton amour?... Ah ! mon pauvre paillasse !

PAILLASSE, *tâchant de prendre la taille de Basquine, qui se défend en riant.*

C'est moi, Mam'zelle, qui voudrais à mon tour.

. . . .
. . . .
. . . .

BASQUINE, *lui donnant un soufflet.*

V'là pour toi, nigaud... tu n'es qu'un grand sot !

PAILLASSE, *pleurant, beuglant, et se mettant les deux poings sur les yeux, chantait, d'une voix lamentable et burlesque, sur un air connu.*

Hi, hi, hi, hi, Mam'zelle,
J'connais vot' ficelle,
Vous aimez Arlequin,
Un flâneur, un faquin.
Hier soir, à la brune,
Moi je vous ai bien vu,
Il vous prenait...

BASQUINE *l'interrompait en riant aux éclats, et lui demandait avec une malice effrontée.*

Crois-tu ?

. . . .
. . . .

La scène continuait sur ce ton aux grands éclats de rire de la foule.

Ces ignobles équivoques à peine rimées, ces misérables gravelures étaient surtout destinées à servir de prétexte, de cadre, *aux jeux de scène*, aux sales réticences du paillasse, et à faire valoir, comme contraste, la gentillesse enfantine et provoquante de sa compagne.

Jamais la verve immonde du bateleur ne m'avait apparu plus licencieuse que ce jour-là; l'allure effrontée, le geste obscène, les yeux étincelants, deux ou trois fois, en s'approchant de Basquine pour lui prendre la taille, il avait été tellement loin dans sa pantomime cynique, que quelques spectateurs le huèrent, mais le plus grand nombre applaudirent avec des rires grossiers.

J'assistais, invisible, à cette scène; à la faveur d'un trou pratiqué dans l'une des toiles de l'entourage, lorsque je vis la mère Major à quelques pas de moi. Elle ne pouvait m'apercevoir... Je fus effrayé de l'expression de colère, de haine presque féroce que je surpris sur son visage, enluminé d'une couche de fard éclatant, car elle était en costume de *sauvagesse*. Ses yeux brillaient d'un feu sombre; ses grosses lèvres, surmontées d'une légère moustache, tressaillaient convulsivement; deux ou trois fois, elle raidit ses bras en fermant ses énormes poings, comme si elle eût menacé quelqu'un.

Tout d'abord, il ne me vint pas un moment à la pensée que cette vindicative mégère, ayant le paillasse pour amant, pouvait être jalouse de ce misérable, dont l'ignoble pantomime, dans sa scène avec Basquine, avait pourtant exaspéré jusqu'à la rage la jalousie de l'Alcide femelle.

Basquine. — Page 125.

Je ne songeais donc pas à chercher la cause de la colère de la mère Major, qui, d'ailleurs, après la scène du paillasse et de Basquine, disparut rapidement par une échelle intérieure.

Soulevant alors l'un des pans de la toile qui entourait les tréteaux, je m'approchai de Basquine pour la complimenter, car son succès avait été immense... quoique rien ne dût être à la fois plus pénible, plus révoltant, que d'entendre la voix argentine et pure de cette enfant se souiller d'obscénités de carrefours.

Et pourtant tels étaient le charme, la mélodie, l'agilité de la voix de Basquine ; la grâce et l'agaçante gentillesse de son jeu, que la repoussante trivialité de cette scène disparut : des applaudissements frénétiques l'accueillirent, l'enthousiasme arriva à ce point qu'une grande quantité de sous et même de *pièces blanches* tombèrent de tous côtés sur les tréteaux, largesse d'autant plus spontanée que cette scène, uniquement destinée à attirer le public dans l'intérieur de notre établissement, se passait en plein vent, était considérée comme gratuite, et ne devait être suivie d'aucune *quête*.

Aussitôt après cette munificence populaire, des cris forcenés de *bis* retentirent avec furie.

Toujours à demi caché sous les toiles, je m'étais rapproché de Basquine, joyeux et fier de la complimenter ; car ce qui m'attriste à cette heure, me ravissait alors.

— J'espère qu'en voilà un triomphe ! — dis-je tout bas à Basquine, en soulevant la toile.

— Ne m'en parle pas, — me répondit l'enfant, tout animée, toute rayonnante, la joue en feu, le regard étincelant, — j'en suis folle !... comme c'est amusant !

A ce moment les cris de *bis* retentirent avec plus de force.

Basquine, dont l'exaltation était alors un peu calmée, fit un imperceptible mouvement d'épaules, et, me montrant le public d'un regard moqueur, me dit d'une voix encore palpitante de l'émotion du triomphe :

— Vois-tu, le *pingoin* (1), comme il s'allume... ça n'est rien... A la reprise je vais l'incendier.

— Et moi... je t'étrangle... si tu fais *bis*... Je ne veux plus que le pitre te touche et te regarde comme il l'a fait, — murmura derrière moi une voix sourde et courroucée.

Je me retournai.

C'était Bamboche, pâle, la figure bouleversée par la colère et par la jalousie.

— Mon Dieu !... ce n'est pas ma faute... c'est dans le rôle, — dit Basquine toute tremblante, en se retournant vers la toile qui cachait Bamboche.

— *Bis* !... *bis* !... la scène de Paillasse et de Basquine ! — criait la foule impatiente.

— Je te défends de faire *bis*, — reprit Bamboche, en soulevant à demi la toile pour lancer un regard terrible à Basquine ! — tu m'entends ?

Et il disparut.

— Je ne répéterai pas la scène, — me dit tout bas la pauvre créature, dont les yeux se remplirent de larmes ; puis elle ajouta :

— Va donc lui dire qu'il ne soit pas fâché...

Aux clameurs répétées de la foule, la Levrasse, ravi du succès de sa pensionnaire, grimpa sur les tréteaux, et, s'approchant de Basquine, lui dit à voix basse :

— Le *pingoin* flambe... Allons donc !... à quoi penses-tu ? Vite, la scène, la scène !

— Non, — répondit fermement Basquine.

Et elle fit un mouvement rétrograde pour se retirer derrière la toile, nos seules coulisses.

(1) Le *public* s'appelle le *pingoin* en argot acrobatique. Il y a le *pingoin maigre* (le public peu nombreux), le *pingoin gras* (le public nombreux).

LES MISÈRES DES ENFANTS TROUVÉS

Le paillasse donna la bénédiction nuptiale en termes burlesques et graveleux. — Page 126.

Les cris continuant toujours, la Levrasse salua par trois fois le public avec une grimace grotesque, et fit signe qu'il intercédait auprès de Basquine, pour obtenir d'elle la répétition demandée; mais, malgré son air riant et burlesque, il dit tout bas à sa *pensionnaire*, d'une voix courroucée :

— Petite gueuse, tu vas *fâcher le pingoin* et nous faire manquer une recette énorme.

— Je m'en fiche, — dit Basquine d'un ton si brusque, si résolu, que la Levrasse, n'espérant plus vaincre sa résistance, ajouta tout bas :

— Tu me payeras ça !

Puis reprenant son masque grimacier, et s'adressant au public, qui fit silence, il reprit, après s'être incliné de nouveau :

— Je prendrai la liberté de dire à l'honorable société que l'enfant... l'inimitable enfant devant tout à l'heure reparaître dans d'autres exercices de chant et de danse, elle risquerait de se fatiguer trop tôt en répétant ce morceau pour le plaisir de l'honorable société...

Et comme des cris furieux de désappointement accueillirent ces paroles, la Levrasse ajouta de sa voix perçante, qui dominait le tumulte :

— Que l'honorable société se rassure ! elle ne perdra rien... les exercices finiront par la répétition de ce fameux morceau qui a eu le bonheur de plaire à l'honorable société...

Et comme cette promesse, loin de satisfaire la foule avide d'entendre encore Basquine, était reçue par de nouvelles clameurs, la Levrasse, se montrant déjà grand politique, fit signe à Basquine de disparaître, et dit à la grosse caisse, aux trois clarinettes et aux quatre trombonnes qui composaient notre orchestre :

— En avant la musique.. et raide !... étourdissez le *pin, pin* !...

A cet ordre, l'infernal orchestre fit explosion, et le paillasse, en homme avisé, joignit le tintement redoublé d'une cloche énorme au bruit assourdissant de l'orchestre, qui domina bientôt les réclamations de la foule, tandis que la Levrasse et le paillasse, penchés sur la balustrade de nos tréteaux, criaient à tue-tête :

— Entrez, Messieurs... entrez... les bagatelles de la porte ne sont rien auprès de ce que vous allez voir... Entrez, Messieurs, entrez !!

Malgré l'habile manœuvre de la Levrasse, un grand nombre de spectateurs, irrités, se ruèrent sur les tréteaux ; il s'ensuivit un épouvantable tumulte, difficilement réprimé par quelques gendarmes, accessoires obligés de notre représentation ; mais force resta à la loi. Quelques amateurs trop passionnés du talent de Basquine furent arrêtés, et la représentation intérieure put enfin commencer devant une incroyable affluence de public, car cet incident avait naturellement redoublé la curiosité générale.

J'avais quitté les tréteaux afin de courir auprès de Bamboche et de calmer sa jalousie...

Au moment où je passais le long d'un petit entourage de toile qui nous servait de *foyer*, j'entendis la grosse voix de la mère Major. Quoiqu'elle voulût parler bas et qu'elle tâchât de se contraindre, ses paroles arrivèrent jusqu'à moi.

Je m'arrêtai aussitôt.

— Je te dis que tu veux l'entortiller, brigand, et que je la tuerai, moi... cette petite couleuvre, murmura la mégère ; — il y a longtemps que je te guette.

— Tu ne tueras rien du tout, ma grosse.... tu es trop lâche, — répondit la voix ignoble et enrouée du paillasse.

— Je ne la tuerai pas ? Non... non, *c'est que je tousse*... — dit la mère Major, en appuyant sur ces derniers mots avec un accent singulier.

Puis elle compléta sans doute la signification de ses paroles par une pantomime expressive; car, au bout d'une seconde de silence, le paillasse reprit, sérieusement cette fois : — Ah! EN TOUSSANT. Oui, c'est possible; mais je t'en défie... tu n'oseras pas... devant le monde...

A un mouvement qui se fit derrière la toile où se tenaient ceux que j'écoutais, je m'esquivai lestement.

Je compris alors la cause de l'accès de fureur de la mère Major, je fus doublement effrayé pour Basquine : plus d'une fois elle m'avait appelé à son aide pour se défendre des brutalités du paillasse, me suppliant, de crainte de quelque malheur, de cacher ces tentatives à Bamboche, dont la jalousie était des plus irritables. La pauvre enfant avait donc à redouter, et la jalousie de la mère Major et la haine du paillasse.

Je fus sur le point de tout révéler à Bamboche; mais songeant que, d'après sa confidence, nous devions quitter la troupe cette nuit même et ne voyant dans les paroles de la mère Major qu'une menace lointaine (paroles d'ailleurs incompréhensibles pour moi, puisqu'elle disait qu'en *toussant* elle pouvait tuer Basquine), je crus prudent de garder le silence, le danger ne me semblant pas imminent.

J'arrivai auprès de Bamboche presque en même temps que Basquine.

La pauvre petite s'approcha de lui, les mains jointes, les yeux humides, suppliants, la physionomie empreinte d'un indéfinissable mélange de déférence, de frayeur et de tendresse.

— Dis un mot.... et je ne parais plus ce soir, — murmura-t-elle d'une voix altérée.

Puis elle ajouta d'un ton résolu :

— Non, vois-tu... quand la Levrasse devrait me couper en morceaux, je ne parais plus ce soir, si tu ne le défends...

— Maintenant, ça m'est égal... tu n'as plus à cramper qu'avec moi, Martin ou la mère Major... — répondit Bamboche d'une voix brusque qu'il tâcha de rendre dure : mais son regard, mais sa figure trahissaient l'émotion que lui causaient le dévouement et l'énergique résolution de Basquine.

Aussi, voulant dissimuler son attendrissement, il se retourna en disant :

— On m'appelle.

Il nous quitta précipitamment, mais j'avais vu ses yeux se mouiller de larmes.

— Mon Dieu!... qu'est-ce qu'il a donc encore?—me dit Basquine, qui n'avait pu comme moi remarquer l'attendrissement de Bamboche.

— Il pleure... et il ne veut pas en avoir l'air, — dis-je à Basquine.

— Il pleure... et pourquoi ? — me demanda-t-elle.

— Parce qu'il est attendri de ce que tu viens de lui promettre, de tout risquer plutôt que de reparaître ce soir, s'il ne le voulait pas...

— Oh! vois-tu?... vois-tu?... malgré tout.... comme il est bon! — s'écria Basquine, profondément émue.

CHAPITRE XXVI.

Suite de la grande représentation. — La *pyramide humaine.* — Projets de vengeance déjoués. — *Assaut* entre la mère Major et le *prévôt des académies* de Moscou, Persépolis, Caudebec, etc., etc. — La pudeur de l'homme-poisson se manifeste.

Soudain la mère Major entra dans le foyer; elle était vêtue en *sauvagesse*, le front ceint d'une couronne de hautes plumes rouges et noires; elle portait une casaque en étoffe tigrée, simulacre d'une peau de panthère; ce vêtement ne cachait pas ses genoux raboteux, sur lesquels plissait un maillot couleur de chair. Elle était pâle sous l'épaisse couche de fard qui couvrait son visage; ses gros sourcils noirs semblaient se contracter malgré elle, son regard me parut sinistre.

Ces remarques me frappèrent d'autant plus, qu'elle nous adressa la parole avec une douceur inaccoutumée.

— Vite, vite, mes enfants, nous dit-elle cordialement,

— nous n'avons que le temps de préparer notre entrée pour la *pyramide humaine...* dont tu vas être l'obélisque, mon petit ange, — dit gaiement la mère Major à Basquine, en lui prenant le menton et la baisant au front.

Cette caresse hypocrite me fit trembler.

Évidemment le danger que je redoutais pour Basquine, mais que j'avais cru lointain, était proche.... mais quel était ce danger?

— Et ce farceur de Bamboche, où est-il?—ajouta doucement la mère Major, — il va nous faire manquer notre entrée...

— Bamboche!... — criai-je.

— Me voilà... me voilà! — dit mon compagnon, en accourant.

Bamboche et moi devions aussi concourir à la *pyramide humaine*; nous étions vêtus selon la plus pure tradition des saltimbanques : maillot saumon couvrant tout le corps; caleçon rouge, bouffant et pailleté; brodequins rouges garnis de peau de chat.

— Allons, Basquine, — haut la crampe, — dit la mère Major en tendant son dos et en appuyant ses mains sur ses genoux.

En une seconde Basquine eut légèrement grimpé le long de la monstrueuse échine qu'on lui présentait, puis atteignant les épaules, véritable plate-forme, l'enfant s'y tint debout, les bras croisés, un pied deçà, l'autre delà. La mère Major nous prit ensuite, Bamboche et moi, par la main.

Un pan de la tente se releva, et nous entrâmes ainsi dans le petit cirque où se donnaient nos représentations.

Bientôt je m'aperçus que la mère Major, qui me tenait par la main, tremblait par moments comme si elle eût ressenti une émotion violente et concentrée. Mes craintes pour Basquine redoublèrent, je levai rapidement les yeux sur la mégère; son énorme poitrine palpita si puissamment deux ou trois fois sous sa peau de panthère, que ce mouvement se communiquant à ses épaules, seul point d'appui des pieds de Basquine, l'enfant fut obligée de faire un ou deux mouvements presque imperceptibles afin de rétablir et de conserver son parfait équilibre.

Soudain les mots du paillasse : — *Tu peux la tuer en toussant* — me revinrent à la pensée.

Je compris tout...

Pour que l'exercice de la pyramide humaine fût complet, nous devions, Bamboche et moi, remplacer Basquine sur les épaules de la mère Major, afin que l'enfant, s'élevant sur nos épaules, à nous, y pût rester debout, les bras croisés.

Un mouvement brusque de la mère Major, qui nous supportait tous trois, suffisait donc pour amener l'écroulement de la pyramide humaine et la chute de Basquine, chute de neuf à dix pieds de haut, peut-être mortelle, mais inévitablement des plus dangereuses pour un enfant d'un âge aussi tendre... Or, ce mouvement inattendu, la mère Major pouvait parfaitement et impunément le produire en feignant un violent accès de toux qui, ébranlant soudain sa massive personne, nous faisait perdre à tous trois un équilibre déjà très-difficile à garder.

Ce raisonnement me vint à l'esprit avec la rapidité de l'éclair à l'instant même où la mère Major s'arrêtait au milieu du cirque et où Basquine glissait à terre, afin de nous laisser prendre d'abord sa place sur les épaules du colosse féminin.

Prévenir Bamboche de mes craintes... impossible : nous étions encore séparés par l'énorme rotondité de la mère Major. J'aurais dû refuser net de concourir à l'exercice, afin de rendre la *pyramide humaine* impossible et d'empêcher ainsi le malheur que je redoutais; mais, au milieu de ma frayeur et de mon trouble, cette idée ne me vint pas, et, obéissant à une habitude machinale (nous avions très-souvent répété cet exercice), je me hissai sur un côté sur l'épaule droite de l'Alcide femelle, pendant que Bamboche se hissait sur l'épaule gauche.

La mère Major, le dos légèrement voûté, les mains appuyées sur ses hanches, immobile comme une cariatide de pierre, resta inébranlable sous notre double poids; à peine nous eut-elle sentis en équilibre qu'elle dit tout bas à Basquine :

— A toi... vite.

Tout ceci se passait avec une incroyable rapidité, ces exercices, très-fatigants et très-dangereux, ne durant que quelques instants.

A peine placé sur l'épaule de la mère Major, avant de songer à prévenir Bamboche de mes craintes, je m'occupai forcément d'abord de chercher, comme lui, mon équilibre, puis, de mon bras gauche, j'entourai les reins de mon compagnon, pendant qu'il m'étreignait de la même manière.

Je saisis ce moment, à peine de la durée d'une seconde, pour dire rapidement à Bamboche et à voix basse :

— Défie-toi pour Basquine.

— Sois tranquille, — répondit Bamboche, croyant que je lui donnais un vague conseil de prudence.

— Mais non... — lui dis-je vivement, — défie-toi de la mère Major... prends garde.

Bamboche ne m'écoutait plus ; Basquine, après s'être aidée de la tunique, et même du chignon de l'Hercule femelle, pour grimper jusque sur les épaules de celle-ci, où elle resta un moment derrière nous ; Basquine, au moment où j'avertissais Bamboche, mettait déjà son petit pied dans le creux de la main de notre compagnon, main qu'il tenait à la hauteur de sa hanche, à lui, en manière de marchepied ; d'un léger et nouvel élan, Basquine atteignit l'épaule de Bamboche, où elle appuya son pied gauche, tandis que, sur la mienne, elle appuyait son pied droit ; se croisant alors les bras, elle salua le public d'un mouvement de tête rempli de gentillesse.

A ce tour de force, merveilleux d'adresse, de grâce et d'intrépidité, des bravos frénétiques éclatèrent parmi les spectateurs.

Soudain je sentis, si cela se peut dire, à un lent et progressif renflement des épaules de la mère Major, qu'elle se préparait à tousser avec force.... et, à cet instant-là même, Basquine, excitée par les applaudissements, se posa *en Renommée*, retirant son pied gauche qui s'appuyait sur Bamboche, et rejetant doucement sa jambe en arrière... la pauvre enfant n'avait plus ainsi, pour point d'appui, que le bout de son pied qui reposait sur mon épaule.

Obéissant à un mouvement instinctif, je n'eus pas le temps de calculer sa portée, je me rejetai tout à coup en arrière, en tendant les bras, au moment où la mère Major toussait violemment... Basquine, dont j'étais l'unique point d'appui, et qui se trouvait alors légèrement penchée en avant, tomba devant moi... j'eus l'incroyable bonheur de pouvoir, dans notre chute commune, la saisir entre mes bras, à la hauteur des épaules de la mère Major.... et de tomber sur mes pieds, en tenant Basquine ainsi embrassée.

A ces mouvements inattendus, Bamboche perdit l'équilibre ; mais, pour lui comme pour moi, ce saut n'avait rien de périlleux ; il s'en tira lestement.

Nous étions tous trois tombés sur nos pieds. Le public crut que l'exercice devait se terminer ainsi, et applaudit à tout rompre, pendant que j'emportais dans mes bras Basquine, tout étourdie, en disant à Bamboche :

— Viens... viens...

Et nous disparûmes tous trois derrière le pan de toile, laissant la mère Major au milieu de son feint accès de toux, et si troublée de cet incident, si déjouait son funeste projet, qu'elle resta quelques secondes pétrifiée, béante, dans sa posture de cariatide ; ce qui la fit quelque peu siffler et huer par le public.

Pour combler son désappointement, je dis aussitôt au prévôt des académies de Saint-Pétersbourg, Caudebec, etc., qui attendait le moment de faire son assaut avec l'Alcide femelle :

— L'ordre du spectacle est changé, c'est à votre tour. Allez vite, la mère Major vous attend pour l'assaut.

Je voulais ainsi me ménager un moment de liberté afin d'apprendre à Bamboche et à Basquine le danger que celle-ci avait couru.

Ainsi que j'y avais compté, le prévôt se hâta de se présenter dans l'arène, où il se rendit aussitôt respectueusement devant la mère Major, afin de lui proposer galamment de commencer par *tirer le mur*.

Ce prévôt était un petit grison sec et maigre, leste et preste, coquettement vêtu de son gilet d'armes et d'un pantalon de tricot blanc, sur lequel tranchaient merveilleusement ses belles sandales de maroquin rouge. Sans doute, ce digne homme ne pouvait pas se targuer d'avoir eu pour professeur l'illustre Bertrand, lui qui a su (ainsi que je l'ai entendu dire à l'un de mes maîtres) allier la grâce, la noblesse de l'académie classique à ce qu'il y a de plus foudroyant dans les fantaisies de l'escrime ; lui qui, chose rare ! donne au fer une puissance nouvelle.... en lui imprimant celle du raisonnement, du calcul et de la pensée. Cependant le petit prévôt ne s'était pas montré sans grâce et sans fermeté lorsqu'il était tombé en garde devant la mère Major ; mais alors la mégère, furieuse de voir échapper Basquine à sa haine, et ravie de pouvoir assouvir sa colère sur quelqu'un, saisit le masque, le gant, le plastron et le fleuret déposés sur une table, et, tombant en garde à son tour, se mit à charger le malheureux petit prévôt avec la furie d'un ouragan, redoublant sans attendre la riposte, *bourrant*, comme on dit, avec un emportement si enragé, qu'après avoir brisé, dans un corps à corps, son fleuret sur la poitrine du petit prévôt, et se voyant désarmée, l'Alcide femelle, dans sa fureur aveugle, continua à s'escrimer de ses poings énormes, de sorte que l'assaut d'escrime finit par le pugilat.

Ce fut à grand'peine, et aux rires redoublés du public, qu'on arracha le petit prévôt meurtri et contus aux terribles mains de la mère Major ; la représentation se poursuivit sans autre encombre et se termina par l'exhibition de l'homme-poisson.

Léonidas Requin fit noblement les choses : il mangea une belle anguille vivante, un brochet de deux livres et une douzaine de goujons tout frétillants, après avoir fait merveille dans sa piscine, grâce à ses belles nageoires bleues à ressort, qui, artistement soudées à un corselet d'écailles de fer-blanc et vues de loin à la lumière fumeuse de nos quinquets, produisaient une illusion suffisante. Léonidas avait, de plus, la tête couverte d'un serre-tête de taffetas gommé bleuâtre, sur les côtés duquel étaient ingénieusement adaptées des ouïes en toile cirée, ce qui lui donnait la plus étrange physionomie du monde.

Un seul incident faillit compromettre cette heureuse illusion ; mais heureusement, depuis un précédent pareil, l'homme-poisson se tenait prêt et sur ses gardes.

Léonidas Requin venait, à l'applaudissement général, d'avaler son dernier goujon cru, et semblait témoigner sa joie d'être repu si bien à son goût, en frétillant d'aise dans sa piscine, jouant des nageoires comme un oiseau qui bat des ailes, lorsqu'un spectateur aussi indiscret que sceptique se leva, et dit à voix haute :

— Je donne dix sous pour aller examiner de près les nageoires de *Monsieur* !

Cette dangereuse manifestation d'incrédulité trouva malheureusement de l'écho, et bon nombre de spectateurs ajoutèrent en se levant :

— Nous aussi.... nous aussi.... nous donnons dix sous pour approcher de la baignoire.

— Et pour toucher les nageoires de l'homme-poisson, — dit un sceptique endurci.

Craignant une invasion de curieux indiscrets, la Levrasse fit signe à deux gendarmes qui surveillaient la représentation, et, fort de leur appui, dit au public :

— Je commence par mettre l'homme-poisson sous la protection de la force armée et de la loi... car il n'est aucunement annoncé mon affiche que l'on s'approcherait de l'homme-poisson, et encore bien moins que l'on porterait la main sur ses nageoires...

Et comme des rires ironiques accueillaient cette protestation, la Levrasse ajouta majestueusement :

— Cependant... pour témoigner à l'honorable société que mon phénomène n'a rien à redouter du plus scrupuleux examen, du plus minutieux contrôle.... j'accepte la proposition des honorables spectateurs, mais à une condition...

— Ah !... ah !... voyez-vous ? il y met une condition, — s'écrièrent les sceptiques.

— Oui, messieurs, je mets une condition, — reprit la Levrasse... — mais une condition bien simple... c'est que quatre personnes au plus, et au choix de l'honorable société, pourront s'approcher de l'homme-poisson.

— Pourquoi seulement quatre personnes? — s'écria-t-on.

La Levrasse baissa modestement les yeux et reprit :

— Messieurs, en sa qualité d'homme-poisson, mon phénomène existe naturellement dans l'eau sans l'ombre d'un vêtement... mais cette habitude n'empêche pas l'homme-poisson d'être d'une pudeur.... extraordinaire. Pudeur louable et qui l'honore.... mais si ombrageuse, que je ne réponds pas que la seule présence de ces quatre honorables spectateurs, qui viendront, pour ainsi dire, scruter mon phénomène jusqu'au fond de sa piscine, ne blesse très-sensiblement cette même pudeur dont je le glorifie !

Un gémissement lamentable de l'homme-poisson sembla confirmer les paroles de la Levrasse ; mais celui-ci, se retournant vers Léonidas Requin, reprit d'un ton grave et pénétré, comme s'il eût voulu le préparer à un douloureux sacrifice :

— C'est égal, mon garçon, quoi qu'il nous en coûte, nous devons nous soumettre à l'investigation du public ; notre *piscine doit être de verre* afin que votre probité *phénoménale* ne puisse être suspectée... Résignez-vous donc, mon ami ; que votre pudeur se sacrifie encore une fois.

A ces mots, nouveau et douloureux gémissement de Léonidas, qui, plongeant dans sa piscine par-dessus les oreilles, disparut complètement.

— Soyez tranquilles, messieurs, — dit la Levrasse d'un air capable au public qui commençait à s'inquiéter, — il va revenir à la surface de l'eau pour respirer un air pur, à l'égal du cachalot et autres baleines.

Puis, s'adressant aux gendarmes :

— Gendarmes, laissez approcher quatre personnes.... Mais je dois les prévenir que je retire la permission que j'ai donnée, si ces honorables personnes s'entêtent à vouloir payer dix sous.... un droit que j'ai l'honneur de leur offrir gratuitement.

Il était impossible de se montrer plus généreux que la Levrasse.

Au moment où l'homme-poisson reparaissait à la surface de l'eau, les quatre élus, s'élançant, s'apprêtaient à sonder d'un œil avide les mystérieuses profondeurs de la piscine, lorsque la Levrasse leur dit avec un geste solennel :

— Rappelez-vous bien, Messieurs, que je vous ai prévenus que l'homme-poisson était d'une excessive pudeur.

— Qu'est-ce que cela nous fait ? — reprit un des curieux.

— Je ne peux vous en dire davantage, — répondit la Levrasse d'un ton sentencieux. — Maintenant, Messieurs, vous êtes prévenus... satisfaites votre curiosité... puisque vous le voulez.

« — Quand ces quatre imbéciles de curieux s'approchèrent de ma boîte, — me disait l'homme-poisson en me racontant cette scène, — je pris des airs de pudeur alarmée, me trémoussant dans mon baquet ni plus ni moins qu'une naïade lutinée par un fleuve ; mais, au moment où, s'appuyant sur les bords de la cuve, mes quatre curieux écarquillaient leurs yeux pour mieux voir... je fis un léger mouvement... et crac... l'eau, jusqu'alors limpide, devint soudain noire comme de l'encre, et de plus il s'en échappa une odeur sulfureuse si horriblement empestée, que mes quatre curieux, suffoqués, se renversant en arrière en se bouchant le nez, se reculèrent en hâte, se regardant les uns les autres pendant que la Levrasse s'écriait :

» — C'est la pudeur, Messieurs, je vous l'avais bien dit : c'est la pudeur blessée ; car à l'instar de la *sépia*, qui, fuyant le requin, a le don de s'envelopper d'une liqueur noire qui trouble l'eau et arrête la poursuite de son ennemi, l'homme-poisson, pour échapper aux regards qui blessent trop vivement sa pudeur, a le don de s'envelopper d'un nuage que...

» La Levrasse n'eut pas le loisir de s'étendre davantage sur les propriétés de mon nuage, car l'odeur de vingt bains de Barége eût été rose et jasmin auprès de celle qui s'exhalait de ma piscine ; j'en étranglais moi-même ; mais j'avais la satisfaction de voir la cohue de spectateurs se précipiter à la porte sans demander leur reste et bien punis d'avoir voulu examiner mes nageoires de trop près par l'œil de ses quatre imbéciles de *mandataires*... Je n'ai pas besoin de vous dire, mon cher

» Martin, qu'échéant le cas désespéré où je me voyais » forcé de m'envelopper de mon nuage pour échapper à » une dangereuse curiosité, je perçais aussitôt, au moyen » d'un clou, une grosse vessie cachée au fond de mon ba-» quet, congrûment remplie de noir de fumée délayé et » d'une forte dose de tout ce qu'il y a de plus subtil parmi » les plus infectes préparations d'hydrogène sulfuré et » autres abominables pestes... La triomphante invention » de cette vessie renfermant des nuages empoisonnants » m'est venue ensuite de l'embarras où je m'étais trouvé » une fois au vis-à-vis d'un curieux du même acabit que » les quatre d'aujourd'hui ; pour m'en débarrasser, j'ai » battu l'eau si fort des pieds et des mains, que, chaque » fois que le curieux s'approchait de la cuve, il était » aveuglé, inondé. Je m'en suis dépêtré ainsi ; mais la » vessie est bien supérieure, sans compter que ça chasse » vitement le monde, et qu'après la représentation, il ne » reste pas de traînards à me guigner du coin de l'œil en » lanternant autour de mon baquet. »

. . . .

A neuf heures du soir, lorsque les dernières lanternes de notre établissement furent éteintes, nous nous préparâmes à souper.

Bamboche, qui avait, à dessein sans doute, affecté de ne pas se rapprocher de moi, me dit rapidement à voix basse :

— Tout va bien !... tout est prêt... nous filons cette nuit !

CHAPITRE XXVII.

Le souper. — Projets de la Levrasse, de la mère Major et de Poireau. — Fuite. — Vengeance.

La place qui nous avait été désignée pour faire nos exercices, se trouvant assez loin des dernières maisons de Senlis, nous habitions dans la voiture nomade.

Quoique la recette eût été considérable, le souper qui suivit la représentation fut triste, contraint. La nuit était magnifique ; nous soupâmes sous notre tente. La mère Major, intérieurement courroucée, sans doute, d'avoir perdu l'occasion de tuer ou de blesser mortellement Basquine, en la faisant choir du faîte de la pyramide humaine, restait silencieuse, jetant de temps à autre un regard farouche sur la paillasse. Celui-ci buvait largement ; mais son habituelle faconde, ordurière et obscène, s'était presque entièrement éteinte ce soir-là. L'homme-poisson, timide comme toujours, mangeait discrètement, se faisait petit pour ne gêner personne, tâchant de ne pas attirer l'attention, afin d'échapper aux brutalités accoutumées du pitre.

La Levrasse semblait profondément préoccupé ; quoiqu'il fût généralement assez sobre, il buvait coup sur coup de grands verres de vin ; on eût dit qu'il cherchait à s'étourdir ; plusieurs fois je surpris son regard brillant et allumé attaché sur Basquine, avec une expression qui me troublait et me faisait frissonner, tandis que notre petite compagne, obéissant probablement aux secrètes instructions de Bamboche, s'efforçait de se montrer d'une pétulante gaieté ; mais à ces joyeuses explosions succédaient de fréquents temps d'arrêt, car ces éclats de gaieté factice cachaient des angoisses que je ressentais moi-même, en songeant que, durant cette nuit, nous devions pour toujours abandonner la troupe.

Bamboche affectait, au contraire, une maussaderie extrême : il parla peu ; pendant tout le repas, il bâilla, se détira, se prétendit très-fatigué, puis, au moment où il ne se croyait vu de personne, il se leva de table, en me jetant un regard significatif ; mais, à l'instant où il passait derrière la chaise de la Levrasse, celui-ci, qui n'avait pas paru faire attention à Bamboche, l'arrêta brusquement au passage et lui dit :

— Où vas-tu ?

— Me coucher : je n'en peux plus !

— On ne se couche pas les uns sans les autres, — ajouta la Levrasse d'un ton sardonique, — reste là !...

— Ça m'est égal, — dit Bamboche, — je vas me coucher par terre, je dormirai aussi bien là : on m'éveillera quand le souper sera fini.

Et il s'étendit le long de l'un des pans de toile de notre tente, qui la séparait d'un compartiment servant d'écurie au grand âne noir de la Levrasse.

— Attention, Lucifer... de ne pas m'envoyer de coups de pied à travers la toile, — dit Bamboche, en feignant de succomber au sommeil ; et il s'établit par terre de son mieux pour dormir.

Basquine me jeta à la dérobée un regard désolé ; Bamboche nous avait prévenus que, sous le prétexte d'aller se coucher, il quitterait la table au milieu du repas, afin d'achever quelques préparatifs indispensables à notre fuite, nous recommandant de ne pas nous inquiéter de son absence ; mais voyant la Levrasse l'arrêter au passage et lui ordonner de rester, nous crûmes tout perdu : j'imaginai que notre maître avait surpris ou deviné nos projets, et que quelque méchant piège nous attendait.

Bientôt mes craintes redoublèrent, car au bout d'un instant, la Levrasse tira un carnet de sa poche, y écrivit quelques mots au crayon, et, déchirant la feuille, la passa à la mère Major par-dessus la tête de l'homme-poisson.

La mère Major prit le feuillet sans le lire et regarda la Levrasse d'un air étonné.

— Les enfants ne peuvent pas entendre ces farces-là, — lui dit-il, en jetant sur Basquine un regard étrange.

La mère Major lut... aussitôt une expression de joie infernale éclata sur ses traits, et elle s'écria :

— Ça va...

Alors, remettant le papier au paillasse, elle lui dit d'un ton de défiance farouche :

— Et à toi ? Ça t' va-t-il ?

— Tiens, je crois bien... — reprit le pitre, avec un rire ignoble, après avoir lu. — Quand il n'y en a plus il y en a encore.

— Oui, — s'écria la mère Major d'une voix courroucée. — Mais je suis là.

— Enfin, ça va-t-il ? — reprit la Levrasse sans paraître se soucier de l'exclamation de la mégère.

— Oui... ça va, reprit celle-ci.

— Ça va, — dit le paillasse.

Et rendant le papier à la Levrasse, il chantonna de sa voix enrouée le refrain populaire de l'Enfant do... l'enfant do... l'enfant dormira tantôt.

Puis il éclata de rire, pendant que la Levrasse brûlait le feuillet à la lumière d'un quinquet.

J'échangeai un regard avec Basquine ; je vis que, comme moi, elle craignait que les mystérieuses paroles que nous venions d'entendre ne cachassent quelque nouveau péril pour nous et n'eussent rapport à la découverte de nos projets d'évasion.

Machinalement je jetai les yeux sur la place où Bamboche s'était couché... il avait disparu, en rampant sans doute et en soulevant la toile qui nous séparait de l'écurie de Lucifer, le grand âne noir.

Bamboche s'était-il ainsi éclipsé avant ou après la lecture du feuillet transmis par la Levrasse à ses acolytes ? Je l'ignorais ; mais mon anxiété redoubla.

Soudain la Levrasse se versa un grand verre de vin, fit signe au paillasse et à la mère Major de l'imiter ; puis, les verres pleins, il dit avec un accent singulier qui me parut sinistre : — A la santé de *Chatton !*

Ce toast fut accueilli par les éclats de rire redoublés du paillasse et de la mère Major ; éclats de rire qui me parurent faux, sinistres.

La mère Major, se levant ensuite de table, dit, de sa grosse voix enrouée :

— Allons, Bamboche, Basquine, Martin, allons coucher... graines de gueux.

— Est-ce que tu es sourd, toi ?... — dit la Levrasse en se baissant vers l'endroit où, quelques instants auparavant, il avait vu Bamboche s'étaler.

— Tiens !... il a filé, — dit la Levrasse, surpris. — Bamboche n'est plus là.

— Bon !... tant mieux ! — s'écria la mère Major comme frappée d'une idée subite, s'il est allé dans la voiture, on le mettra dehors, et pour lui apprendre... il couchera à la belle étoile.

— Oui, oui, dit la Levrasse, en échangeant un regard d'intelligence avec la mère Major, — c'est cela... le gredin couchera dehors.

— Et il n'aura pas de vin sucré comme Basquine et Martin, avant de faire dodo, — ajouta la mère Major.

— J'ai bien regardé dans les trois compartiments de la voiture, — dit le pitre en revenant, après une absence de quelques minutes, — Bamboche n'y est pas.

En disant ces mots, il me sembla que le paillasse mettait un petit paquet dans la main de la mère Major.

— C'est bien entendu ; puisque Bamboche fait une farce, — dit la Levrasse, — il faut qu'elle soit bonne, et elle durera toute la nuit.

A chaque instant je m'attendais à voir paraître notre compagnon ; il ne vint pas...

Croire qu'il nous abandonnait et qu'il fuyait seul, c'était impossible. Il nous avait bien dit que, cette nuit-là même, nous devions nous échapper ; mais, quant aux moyens d'évasion, nous les ignorions, et nous nous attendions à les apprendre de lui au moment même de notre fuite.

Nous nous étions tous levés de table au moment où la mère Major dit : Allons coucher.

Après s'être entretenu quelques instants à voix basse avec la mégère, debout à l'entrée de notre tente, la Levrasse appela le pitre et lui parla aussi à l'oreille.

Comme ces trois personnages se trouvaient dans l'ombre, je ne pus voir leurs mouvements ; seulement je crus entendre le choc de deux bouteilles l'une contre l'autre.

Pendant ce temps-là, l'homme-poisson, qui avait jusqu'alors paru complétement étranger à ce qui se passait, allait et venait, s'occupant, selon sa coutume, de rassembler nos couverts de fer nos gobelets et nos assiettes d'étain.

Basquine s'approcha de moi et me dit tout bas d'une voix altérée :

— Bamboche ne revient pas... où est-il ?... que faire ?

— Je ne sais pas, — lui dis-je, consterné.

— Ne buvez pas de vin sucré... et prenez garde à vous cette nuit... — nous dit rapidement et bien bas l'homme-poisson en passant auprès de nous, chargé d'une pile d'ustensiles.

— Allons... la marmaille... au chenil !

S'écria la mère Major en se retournant vers nous.

— Tant pis pour ce gredin de Bamboche, il couchera avec Lucifer si ça lui fait plaisir.

Quelques minutes après, nos quinquets étaient éteints et renfermés dans une forte caisse, ainsi que notre vaisselle ; il ne restait au dehors que notre tente, quelques chaises, nos tréteaux et Lucifer qui, deux ou trois fois, se prit à braire violemment ; nous rentrâmes alors tous dans la voiture où nous devions passer la nuit comme d'habitude.

Cette énorme voiture, vraie maison roulante, très-solidement construite, était divisée en trois compartiments : le magasin en avant, séparé par une porte du vestiaire qui était au milieu ; une autre porte séparait le vestiaire de la cabine. Elle n'avait qu'une portière à son arrière ; de petites lucarnes grillagées donnaient intérieurement du jour et de l'air ; la portière fut solidement verrouillée en dedans par la Levrasse, qui dit ensuite à Basquine et à moi, en nous emmenant dans le compartiment du milieu formant le vestiaire :

— Comme vous avez beaucoup crampé aujourd'hui, mes petits amours, et que vous devez avoir besoin d'une bonne nuit, au lieu de coucher dans la cabine avec nous tous, vous coucherez seuls, mais séparément, pour ne pas vous gêner, toi, petit Martin, dans le magasin de devant, toi, Basquine, ici dans le vestiaire... Et de plus, comme vous êtes bien gentils, vous allez boire, avant de faire dodo, chacun un bon grand verre de vin sucré... avec de la cannelle ; ça vous fera dormir comme de petits loirs... et ça vous donnera des reins et des jambes pour la représentation de demain. Voyez-vous les friands, ils s'en lèchent déjà les lèvres... — Puis se retournant du côté de la cabine :

— Eh bien, mère Major, ce vin sucré est-il prêt ?

— A la minute, mon homme, je fais fondre le sucre.

— Allons, va chez toi, petit Martin, je t'apporterai tout à l'heure ton vin sucré, — me dit la Levrasse, en ouvrant la porte du compartiment de devant.

Il y a un matelas par terre... tu t'étendras là-dessus, et tu dormiras comme un roi.

Il m'était impossible d'éluder cet ordre ou de me refuser à l'exécuter ; j'obéis machinalement, et jetant à Basquine un regard consterné, j'allais entrer dans ce qu'on appelait *le magasin*... Mais soudain la mère Major, ouvrant la porte de la cabine, dit vivement à la Levrasse :

— Viens donc, mon homme... Poireau a une fameuse idée.

La Levrasse nous laissa seuls et, en rentrant dans la cabine, referma la porte du vestiaire sur lui.

— Nous ne boirons pas ce vin sucré, et tu ne me quitteras pas... cette nuit, — s'écria Basquine.

Et pâle, tremblante, la figure bouleversée, elle se jeta dans mes bras en disant :

— Oh !... j'ai peur.

Sans répondre à Basquine, je courus pousser le verrou de la porte par laquelle la Levrasse venait de disparaître.

J'avais encore la main sur ce verrou, lorsque la Levrasse, voulant rentrer dans le vestiaire où nous étions, s'écria aussitôt avec un accent de colère et de surprise :

— Comment !... vous êtes enfermés !...

Haletants, épouvantés, nous ne répondîmes pas.

— Allons, voyons, — dit la Levrasse, d'une voix radoucie et mielleuse, — ouvrez, petits *farceurs*. C'est donc le jour aujourd'hui ? Bamboche se cache, vous deux vous vous enfermez... C'est très-drôle, très-amusant, j'en conviens ; mais il faut que ça ne dure pas longtemps; Allons, voyons, ouvrez, voilà votre vin sucré.

— N'ouvrons pas, — me dit Basquine, de plus en plus effrayée, car la malheureuse enfant comprenait ce que, dans mon ingénuité, moi, je ne comprenais pas.

— Ils enfonceront la porte... s'ils veulent... ils me tueront, mais heureusement Bamboche s'est sauvé, — s'écria-t-elle avec exaltation.

— Martin !... Basquine !... ouvrirez-vous à la fin ? — cria la Levrasse en ébranlant la porte.

Soudain, plusieurs coups sourds retentirent en dehors et du côté de la portière de la voiture.

J'entendis alors, dans la cabine, la mère Major dire à la Levrasse :

— Tiens... on cogne à la portière.

— C'est ce gueux de Bamboche qui frappe pour rentrer, — dit la voix du paillasse, — ne lui ouvrons pas...

— Bamboche est là... nous sommes sauvés, — s'écria Basquine radieuse en me pressant les deux mains.

— Ah çà, ouvrirez-vous, à la fin ? — cria la Levrasse, furieux ; — voulez-vous que nous fassions sauter la porte ?

— Bamboche est là... gagnons du temps... — dis-je tout bas à Basquine, un peu rassuré.

Basquine, de la main, me fit signe de garder le silence, et répondit en tâchant de dissimuler son émotion.

— Qui frappe ?

— Comment qui frappe ? Mais moi, la Levrasse.

— J'ouvrirai tout à l'heure, dit Basquine.

— Pourquoi pas tout de suite ?

— Ah ! parce que...

— Parce que... quoi ?...

— Parce que je veux... vous... *faire aller*.... répondit Basquine en essayant de donner à sa voix un accent de gaîté.

— Ah ! j'en étais sûr. C'était une plaisanterie, — répondit la voix plus rassurée de la Levrasse ; — mais, chère petite, la plaisanterie devient fastidieuse ; voyons, ouvrez donc.

— Bien sûr ? nous aurons du vin sucré ? — reprit Basquine.

— Mais puisque j'en ai deux grands verres pour toi et pour Martin, mauvaise petite diablesse.

Pendant cet entretien, hissé jusqu'à une lucarne de la voiture, je tâchais de voir au dehors ou d'entendre Bamboche ; à ma grande surprise, je sentis par bouffées une âcre odeur de soufre, et au milieu de l'obscurité de la nuit, j'aperçus une lueur faible d'abord, mais qui, augmentant rapidement, jeta bientôt ses reflets rougeâtres sur la toile blanche de notre tente.

D'un bond je sautai à bas de la chaise où j'étais monté, j'allais dire à Basquine ce que je venais d'observer au dehors, lorsque tout à coup un morceau du plancher du vestiaire où nous étions, se détacha presque sous nos pieds, comme s'il eût été scié à l'avance, et maintenu jusqu'alors par un support extérieur ; puis, par cette ouverture de dix-huit pouces carrés, nous vîmes soudain sortir la tête et les épaules de Bamboche.

— Vite... — nous dit-il, — venez...

Et il disparut pour nous faire place.

— Passe la première, — dis-je à Basquine.

En une minute elle eut disparu par cette espèce de trappe.

Au moment où je suivais Basquine, la porte s'ébranlait violemment sous les efforts de la Levrasse, et presque instantanément j'entendis la voix de la mère Major crier avec épouvante.

— Au feu !... au feu !...

Lorsque, après avoir marché courbé au milieu de plusieurs bottes de paille destinées à la litière de Lucifer, je sortis de dessous la voiture que nous venions de quitter, je fus ébloui par une grande flamme qui brillait à ma gauche et éclairait au loin la campagne.

Devant moi je vis Bamboche tenant à la main une grosse torche de paille allumée.

Me prendre par le bras de la main qu'il avait libre, m'écarter violemment et lancer son brandon enflammé au milieu de la litière étalée sous la voiture que nous venions de quitter, ce fut pour Bamboche l'affaire d'une seconde.

Le feu qu'avivait encore le courant d'air par le trou qui nous avait donné passage, se propageant avec une effrayante rapidité, bientôt la voiture fut intérieurement et extérieurement livrée aux flammes, car Bamboche avait déjà amoncelé plusieurs bottes de paille le long de la portière, seule issue qui restât aux gens enfermés dans la voiture.

— Le feu... — m'écriai-je lorsque je pus parler, car tout cela s'était passé avec la rapidité de l'éclair.

— Oui... le feu.

Me dit Bamboche, pâle, les traits contractés par une expression de joie féroce.

— Oui... le feu... ils vont rôtir dans ce brasier comme des démons qu'ils sont, car ils sont enfermés dans la cabine ; la porte du vestiaire est fermée, et j'ai cloué la portière en dehors...

— Oh !... comme ils crient... les entendez-vous ! — dit Basquine aussi effrayée que moi des hurlements qui s'échappaient de la voiture dont le plancher s'embrasait.

— Tout à l'heure, ils ne crieront plus, — dit Bamboche.

Puis il ajouta d'une voix précipitée :

— Maintenant, à cheval sur Lucifer... dans deux heures nous aurons gagné les bois... je connais le chemin.

— A cheval... nous trois sur Lucifer... — m'écriai-je, — c'est impossible... montes-y avec Basquine... je tâcherai de vous suivre.

— M'écouteras-tu ! — cria Bamboche, d'une voix terrible.

Et me faisant faire volte-face, il me jeta pour ainsi dire en selle sur Lucifer, tout bridé, tout bâté, et qui, effrayé par la flamme de l'incendie, rênaclait, couchait ses oreilles, frappait du pied, et tâchait de briser le licou qui l'attachait à un pieu.

— Tu es plus léger que moi, — me dit Bamboche, — reste là, tu assoiras Basquine devant toi, elle te tiendra à bras le corps, moi je monterai en croupe... vite... vite.

Basquine, légère comme un oiseau, fut d'un bond placée devant moi.

Les cris des victimes renfermées dans la voiture devenaient affreux.

Bamboche, d'un coup de couteau, trancha la longe qui retenait Lucifer... L'animal, épouvanté, bondit, partit comme un trait, et au même instant Bamboche, sautant en croupe derrière moi, s'écria :

— Laisse aller Lucifer, il tourne le dos au feu... il est en bonne route.

Notre poids n'était rien pour ce grand âne d'une vigueur extraordinaire ; mais nous eussions pesé trois fois plus, qu'il fût parti avec la même vélocité, grâce à la terreur que lui causait l'incendie.

Serrant étroitement entre ses genoux la croupe de Lucifer qu'il talonnait vigoureusement, Bamboche se retourna pour jeter un dernier cri de haine, de vengeance et de malédiction, sur la voiture en flammes déjà bien loin de nous, et, tendant le poing dans cette direction, il s'écria :

— J'ai attendu longtemps, brigands... mais j'ai mon tour...

Et nous allions toujours devant nous, à travers la nuit obscure, seulement éclairés çà et là par le feu des cailloux étincelants sous le galop furieux de notre monture... allure effrénée que Bamboche précipitait encore en labourant du bout de son couteau les flancs de Lucifer.

CHAPITRE XXVIII.

Projets d'avenir. — Espérances trompées. — L'oasis. — Martin, Basquine et Bamboche prennent possession de leur île.

Laissant derrière nous la voiture embrasée, nous avions galopé presque toute la nuit.

Peu de temps avant le jour, Lucifer, à bout de ses forces, complètement fourbu, s'était abattu ; impossible à nous de l'obliger à se relever ; nous attendîmes le jour au milieu des bois où nous nous trouvions depuis quelques heures, nous étions d'une joie folle ; l'impression de frayeur mêlée de pitié que la terrible vengeance de Bamboche nous avait inspirée, à Basquine et à moi, s'effaça bientôt devant le souvenir des mauvais traitements, des cruautés dont nous avions été victimes, et ces terribles représailles, dont nous n'étions pas d'ailleurs complices, nous semblèrent méritées.

Dans l'ivresse de notre délivrance, nous faisions vingt projets plus fous les uns que les autres : nous allions enfin goûter toutes les joies, toutes les douceurs d'une vie libre, oisive et riche, car nous étions riches, énormément riches, Bamboche nous l'affirmait ; nous nous gardions bien de le contredire ; d'ailleurs, au point du jour, il devait nous montrer notre trésor.

Cette richesse inattendue nous surprenait, nous charmait, mais nous étions surtout sensibles, Basquine et moi, au bonheur d'être maîtres absolus de nos volontés et de disposer de ces jours que nous allions passer ensemble le plus gaiement du monde.

Bamboche, positif et précis dans ses vœux, ne tarissait pas sur les belles robes que Basquine allait avoir, sur les festoiements sans fin auxquels nous allions nous livrer. Il me parlait aussi beaucoup d'une superbe montre d'or qu'il voulait m'acheter. J'avais beau décliner ce don, il y tenait opiniâtrement. Ce rare bijou devait être accompagné d'une chaîne, ornée de breloques en graines d'Amérique ; sur la boîte de la montre seraient gravés ces mots : *Donné par Bamboche et par Basquine à leur frère Martin*. Je ne pus résister à ce dernier trait, j'acceptai la montre, il ne s'agissait plus que de l'acheter.

Bamboche se complaisait aussi dans la description de son costume et conséquemment du mien, car nous devions toujours être habillés pareillement, comme deux frères : mon ami se proposait de nous vêtir d'habits bleu-barbeau, de gilets écarlates, de pantalons chamois collants et de bottes à cœur et à glands ; la question de savoir si les glands seraient noirs ou en or fut longuement débattue. Basquine décida, avec un bon goût précoce, que les glands seraient simplement noirs. Ce costume devait alterner avec une fière polonaise verte à brandebourgs noirs et à collet fourré, accoutrement tant soit peu militaire, dont le caractère héroïque serait complété par un pantalon gris à large bande écarlate. Quant aux toilettes de Basquine, ce n'étaient que plumes, satin, velours et pierreries. Nous devions aussi rouler voiture, bien entendu.

Le jour nous surprit au milieu de ces beaux rêves ; c'était au jour que Bamboche avait promis de nous prouver notre richesse colossale.

Nous étions assis au pied d'un grand arbre, en pleine forêt ; à quelques pas de nous gisait le corps inanimé de Lucifer ; Bamboche s'en approcha et détacha du bât, où elles étaient solidement attachées, deux pesantes sacoches que, dans la précipitation et la frayeur de notre fuite, je n'avais pas remarquées.

Bamboche nous apporta ces deux poches de cuir d'un air solennel ; nous attendions la vue de ce qu'elles contenaient avec une ardente impatience.

Bamboche déboucla l'espèce de chaperon qui couvrait la première sacoche et en tira, à notre surprise un peu désappointée, une paire de pistolets vulgairement dits *coups-de-poing*, et une poire à poudre.

— C'est là tout ! — s'écria Basquine ébahie, — c'est là notre richesse !

— C'était là de quoi la défendre cette nuit et nous-mêmes, si ce brigand de la Levrasse avait échappé de sa rôtissoire pour courir après nous.

— Ah ! bon, — reprit Basquine. — Maintenant, nos richesses... voyons... vite.

— Les voilà, — dit triomphalement Bamboche en tirant de la sacoche un sac de peau du volume d'un *ridicule* de femme, et fermé par une monture d'argent, noirâtre de vétusté.

— Pèse-moi ça, Basquine, — dit Bamboche ; — pèse-moi ça, Martin.

Basquine et moi nous soupesâmes le sac ; il était fort lourd.

— Comment ! ce sac est tout plein d'argent ? — s'écria Basquine.

— De l'argent ? — dit Bamboche en haussant les épaules avec dédain... — de l'argent ? belle rareté...

Prenant alors dans sa poche une petite clef, il me la donna (j'avais alors le sac entre les mains) et me dit :

— Frère... ouvre...

Je mis la clef dans la petite serrure du fermoir, le sac bâilla.

— Prends un rouleau, — me dit Bamboche.

Je pris au hasard un des deux ou trois rouleaux qui se présentaient à moi, rouleau de trois pouces de long, soigneusement enveloppé de papier, cacheté à l'un de ses bouts, mais seulement replié à l'autre.

— Regarde dans ce rouleau, — me dit Bamboche.

Je dépliai le papier et je m'écriai :

— De l'or !

— De l'or ! — s'écria Basquine à son tour, — tout ça de l'or !

— A un autre rouleau ! — me dit Bamboche avec une satisfaction de plus en plus triomphante.

Je donnai à Basquine le rouleau que je tenais, j'en pris un second.

— Encore de l'or, — lui dis-je.

— Toujours de l'or, — dit Bamboche radieux, — toujours de l'or... Ça serait ainsi jusqu'à demain... Ces rouleaux en sont pleins. Je n'ai pas eu le temps de les compter, mais il y en a peut-être là pour quinze ou vingt mille francs.

— Quinze ou vingt mille francs ! — répétai-je avec stupeur.

Tout à coup Basquine se mit à rire si bruyamment, en regardant le rouleau, que Bamboche et moi nous nous écriâmes :

— Qu'as-tu donc à rire ?

— Ah ! la bonne farce... — reprit Basquine en redoublant d'hilarité. — Sais-tu ce que c'est que ton or, Bamboche ?... C'est du plomb. Tiens, regarde...

Et tenant sa petite main ouverte, elle nous montra une poignée de rouelles de plomb de la grandeur d'une pièce de vingt sous...

Au milieu d'elles, on apercevait le louis d'or bien brillant qui s'était d'abord offert à ma vue quand j'avais ouvert le rouleau...

Bamboche devint blême et resta un moment pétrifié... Puis, saisissant le sac par le fond, il le vida sur l'herbe.

Une quinzaine de rouleaux tombèrent.

Bamboche se jeta à genoux, et les brisa tous alternativement par le milieu.

Hélas ! tous ne contenaient que des rouelles de plomb,

La mère Major se mit à charger le malheureux petit prévôt avec la furie d'un ouragan. — Page 131.

comme le premier ; seulement dans quatre ou cinq de ces rouleaux cette singulière monnaie était cachée sous une pièce d'or.

Lorsque Bamboche se fut assuré que notre fortune colossale se bornait à trois ou quatre louis, il s'écria furieux :
— Brigand de la Levrasse...
— Comment? — lui dis-je.
— Eh oui ! — reprit-il en frappant du pied avec rage, — je savais qu'il cachait beaucoup d'argent quelque part : depuis six mois j'étais à la piste... car je ne voulais pas quitter ce brigand-là sans me venger et sans lui prendre de quoi bien nous amuser... Enfin, avant-hier... je découvre la cachette... J'arrange tout pour que la Levrasse soit rôti... pendant que j'emportais son trésor... et ce trésor... c'est du plomb, sauf une centaine de francs.... double gueux, va !!!

Après la première stupeur causée par notre déconvenue, nous cherchâmes en vain à comprendre dans quel but la Levrasse avait préparé ce leurre.

Mieux instruit maintenant, je suis certain que la Levrasse joignait à tous ses hasardeux métiers, celui d'être, dans l'occasion, complice de ce vol si connu depuis, mais qui florissait alors presque toujours heureux et impuni, je veux parler du vol dit à l'*Américaine*. Ce sac avait sans doute été préparé par lui, de longue main, pour faire quelque dupe, si l'occurrence se rencontrait.

Pendant quelques minutes nous restâmes consternés de voir si brusquement s'évanouir nos beaux projets.

Basquine rompit la première le silence et s'écria gaiement :
— Bah ! qu'est-ce que ça me fait ? nous sommes libres comme des oiseaux... le temps est superbe, ces bois sont très-jolis, avec les quatre ou cinq louis d'or nous ne mourrons pas de faim... Promenons-nous, amusons-nous... Nous irons boire du lait dans un village... et toi, Bamboche, ne sois pas méchant, — ajouta-t-elle en se jetant au cou de notre compagnon.

Mais celui-ci, la repoussant brusquement, s'écria :
— Laisse-moi tranquille, je n'ai pas envie de rire, moi...
Les traits de Basquine s'attristèrent soudain ; elle regarda Bamboche d'un air craintif et triste, et lui dit doucement :
— Ne te fâche pas...
— Nous être crus si riches!... — reprit celui-ci avec amertume et colère.
— Écoute, Bamboche, — lui dis-je, — si c'est pour toi que tu regrettes nos trésors.... à la bonne heure ; fais du mauvais sang tant que tu voudras ; mais si c'est pour moi, ne t'en fais pas... c'est déjà bien assez de bonheur d'être libres... et tous trois ensemble.
— Martin a raison, vois-tu, Bamboche ? — dit timidement Basquine ; — nous sommes ensemble, tant pis pour l'argent... ça n'est pas moi qui le regrette, toujours... Et puis, — ajouta-t-elle avec une sorte d'hésitation craintive, — au moins... comme cela... nous n'aurons pas volé... et ça vaut mieux... n'est-ce pas, Bamboche, de n'avoir pas volé ?
— C'est vrai, — ajoutai-je. — Quant aux louis d'or qui sont avec le plomb, nous les avons joliment gagnés... car la Levrasse ne nous a jamais donné un sou depuis que nous travaillons pour lui... et pourtant il a ramassé de fameuses recettes.
— Qu'est-ce que ça me fait à moi, de voler ? — reprit rudement Bamboche, — et comme disait le cul-de-jatte, puisqu'on ne me donne rien, je prends où je peux... C'est comme les loups... on ne leur donne rien, ils prennent où ils peuvent... D'ailleurs voler les voleurs ce n'est pas voler... La Levrasse était un voleur.
— Enfin, puisqu'il se trouve que nous n'avons pris que

L'animal, épouvanté, bondit, partit comme un trait. — Page 134.

ce qu'on nous devait, Basquine a raison, ça vaut mieux, — dis-je à Bamboche. — Quant au trésor, ça nous est égal de n'être plus riches. Est-ce que tu y tenais beaucoup, toi ?
— Tonnerre de Dieu !... oui, j'y tenais... pour vous et pour moi ! — s'écria Bamboche.
— Mais ça nous est égal... à nous.
— Ça ne me l'est pas à moi.. tiens, — me répondit brusquement Bamboche.
— Ainsi Basquine et moi... nous ne te sommes rien... tu ne penses qu'à cet argent perdu, — dis-je à notre compagnon, — tu n'es pas juste, non plus.
Bamboche fut sensible à ce reproche ; car, d'un grand coup de pied, envoyant au loin le sac vide et les sacoches, il reprit gaiement :
— Ah ! bah ! tant pis... vous avez raison, vous autres... Quand je serai là une heure à me manger le sang, à quoi bon ! nous sommes volés... eh bien ! nous sommes volés... Embrasse-moi, Basquine... embrasse-moi, Martin ; ramassons les *jaunets*; vive la joie ! et en avant la vie buissonnière !
Nous nous embrassâmes tous trois dans une accolade demi-sérieuse, demi-comique, assez semblable à celle qui unit, sur les bords du grand lac, les trois libérateurs de la Suisse, et nous répétâmes :
— Vive la joie et en avant la vie buissonnière !
Puis nous triâmes soigneusement les rouelles de plomb, où nous trouvâmes en tout quatre louis d'or, que Bamboche mit dans sa poche, en disant : — C'est une poire pour la soif... Pourvu qu'ils soient bons, encore.
Et abandonnant le corps inanimé de Lucifer, nous nous mimes en marche à l'aventure, au milieu de la plus admirable forêt du monde (la forêt de Chantilly), par une belle et douce matinée d'automne.

Après deux ou trois heures de marche, entremêlées de haltes devant d'énormes buissons de mûriers sauvages, aux gros fruits d'un pourpre noir, sucrés et savoureux, le hasard nous conduisit au bord d'une petite rivière, dont la rive était couverte de plantes aquatiques, au-dessus desquelles bourdonnaient, scintillaient, voletaient des myriades d'insectes de toutes couleurs, entre autres de magnifiques *demoiselles* aux ailes de gaze, au corselet d'émeraude et aux yeux de rubis.
Nous nous amusâmes à poursuivre ces brillants insectes avec la folle joie de notre âge. A ma grande surprise, Bamboche se montra aussi ardent que moi et Basquine pour cette chasse ; je ne l'aurais jamais cru capable de prendre autant de plaisir à un pareil amusement...
Mon étonnement redoubla en voyant ses traits, ordinairement si contractés, si durs, et empreints d'une apparence de virilité précoce, se détendre peu à peu, dépouiller cette expression sarcastique et méchante qui n'était pas de son âge, et exprimer souvent, selon l'heureux succès de sa chasse, une joie naïve, enfantine ; on eût dit que sa perversité hâtive et hors nature commençait à se dissiper au grand air de la solitude et de la liberté.
— C'est drôle... me dit-il en s'arrêtant et en laissant Basquine se jouer à quelques pas devant nous, — la vue de cette forêt... ce beau soleil... ce grand silence me rappellent mes bons jours d'autrefois... quand, tout petit... je *bûcheronnais* au fond des bois avec mon pauvre père.
En me parlant ainsi, Bamboche était visiblement attendri ; mais, apercevant une superbe *demoiselle* posée sur le faîte d'un roseau, il s'écria :
— A moi celle-ci !...

Et il se précipita à sa poursuite.

Quant à Basquine, parfois l'expression de son charmant visage, aussi presque transfiguré, me rappela sa physionomie candide, alors qu'ayant encore l'innocence, la pureté d'un ange, elle me racontait, dans sa maladie, sa foi naïve à la bonne Vierge, cette sainte Mère du bon Dieu.

En courant ainsi, nous remontâmes le courant de la petite rivière jusqu'à un endroit où elle se bifurquait pour ceindre une île qui ne paraissait pas avoir plus d'un arpent de tour : elle était fort escarpée, fort abrupte, et des arbres immenses sortaient du milieu des massifs de roches grises dont la rivière baignait le pied.

A l'aspect de ce lieu d'un pittoresque si sauvage, nous nous arrêtâmes, saisis d'admiration et d'impatiente curiosité.

— Ah ! la belle petite île ! — s'écria Basquine en joignant les mains, — comme ça doit être joli là dedans !

— Il faut y aller, — dit résolument Bamboche.

— Et y passer la journée, — ajoutai-je. — Il doit y avoir des mûres comme dans les bois... nous dînerons avec ça.

— Sans compter les châtaignes... — ajouta Bamboche, en nous montrant d'énormes châtaigniers, poussés parmi les roches de l'île. — Nous mangerons des châtaignes grillées sous la cendre... quel bonheur... A l'île, — s'écria-t-il d'un air conquérant. — Suivez-moi... A l'île !... à l'île !

— Et du feu pour cuire les châtaignes ? — dit Basquine.

— Est-ce que je n'ai pas mon briquet ?... Nous trouverons des branches mortes... je me charge du reste, — ajouta-t-il d'un air capable. — Je connais la vie des bois ; quand je *bûcheronnais* avec mon père, j'allumais toujours le feu... Voyons... A l'île !

— A la bonne heure, — lui dis-je. — Mais pour traverser la rivière, c'est peut-être profond... comment faire ? Et Basquine ?

— Soyez donc tranquilles, — dit Bamboche, — je sais nager, je vais sonder le passage... S'il y a pied... nous passerons Basquine dans nos bras... S'il n'y a pas pied... je suis assez fort pour vous passer l'un après l'autre... Ce n'est pas large du tout.

Et ce disant, il ôta sa blouse, sa chemise, releva son pantalon jusqu'aux genoux et se déchaussa.

— Prends garde, — lui dit Basquine inquiète.

— Rassure-toi, — répondit Bamboche en coupant une longue baguette d'aulne.

— N'aie pas peur, — dis-je à Basquine. — Je l'ai vu nager... il nage très-bien...

Bamboche se mit hardiment à l'eau, qu'il sondait avec sa baguette, à mesure qu'il s'avançait.

Il est impossible de dire notre joie en le voyant arriver à l'autre bord, ayant à peine de l'eau jusqu'à mi-corps.

— C'est tout sable fin comme du grès, — nous cria-t-il, — attendez-moi, je vais repasser. Moi et Martin nous te prendrons entre nos bras, Basquine... n'aie pas peur.

Ce qui fut dit, fut fait. Ce ruisseau avait au plus une quinzaine de pieds de large ; bientôt nous entrions joyeux dans l'île, gravissant les blocs de roches qui la couvraient presque entièrement, et du milieu desquels s'élançaient des chênes, des sapins, des châtaigniers gigantesques.

Sauf un petit sentier, à peine battu, que nous trouvâmes au bout de quelques instants et qui serpentait à travers les blocs de grès, aucun chemin n'était tracé ; de hautes herbes sauvages croissaient abondamment dans quelques parties de terre végétale ; en dix minutes, notre sentier nous conduisit devant une masure inhabitée, sans porte ni fenêtres, et pourtant abandonnée depuis peu, sans doute car, du côté où nous arrivâmes, elle était entourée de quelques perches de terrain encore plantées de pommes de terre et de racines potagères ; plusieurs vieux poiriers chargés d'une énorme quantité de fruits étaient disséminés çà et là dans le petit potager, tandis qu'une superbe treille couverte de grappes d'un pourpre violet couvrait entièrement un des pignons de la masure.

Ne voyant, n'entendant personne, nous entrâmes dans cette masure composée de deux petites pièces, vides de tous meubles ; dans l'une était une haute cheminée dégradée par le feu ; cette demeure avait sans doute été naguère habitée par quelque forestier, préposé à la surveillance de cette île, car de nombreuses hardes de cerfs et de biches des forêts voisines venaient s'abreuver et se baigner dans la petite rivière, et traversaient quelquefois cette île solitaire (1).

Ravis de notre découverte, nous fîmes le tour de la masure ; son autre façade donnait sur une pelouse verte, beaucoup plus longue que large, encaissée de roches grises, couronnée d'une si belle châtaigneraie, que ces arbres séculaires formaient presque le berceau, entremêlant leurs branchages d'un côté à l'autre du gazon.

A quelques pas de la masure, une petite source sortait du creux d'un rocher, et, de cascatelle en cascatelle, tombait avec un léger murmure dans un bassin naturel rempli de cresson sauvage, d'où elle se perdait sans doute ensuite par quelque fuite souterraine.

— Si nous ne voyons personne dans l'île, — s'écria Bamboche, — je propose de nous établir ici pendant un jour ou deux... Il y a de l'eau... des pommes de terre... des châtaignes, du raisin, des poires... nous vivrons comme des dieux...

— Moi, je propose d'y rester huit jours, — s'écria Basquine ravie.

— Restons-y tant que nous nous y plairons, — ajoutai-je.

— Accordé, — dit Bamboche ; mais avant il faut nous assurer qu'il n'y a personne pour nous chasser d'ici...

— Hélas ! c'est vrai... on pourrait nous chasser, — reprit tristement Basquine, — quel dommage !...

— Ne nous chagrinons pas d'avance, — lui dis-je ; — fouillons d'abord l'île dans tous les sens... ça ne sera pas long.

Cela ne fut pas long, en effet.

Au bout d'une heure, nous nous étions assurés qu'il n'y avait que nous dans ce que nous appelâmes dès lors possessivement NOTRE ILE.

Le soir, un peu avant le coucher du soleil, Basquine, agenouillée près du petit bassin d'eau limpide et froide, situé au bas d'une roche, lavait de superbes pommes de terre jaunes, tandis que Bamboche, assis à ses côtés, *écalait* des châtaignes ; quant à moi, penché devant le foyer de la masure, j'avivais un feu de bois sec dont la cendre brûlante devait cuire les pommes de terre et les châtaignes qui devaient compléter notre souper, déjà composé de superbes grappes de raisin et d'une douzaine de poires d'un gris doré magnifique.

Telle fut la première journée que nous passâmes dans NOTRE ILE.

CHAPITRE XXIX.

Influence du milieu dans lequel on vit. — La chanson. — La dernière nuit passée dans l'île. — Bamboche revient à de bons sentiments. — Surprise désagréable.

Deux jours s'étaient à peine écoulés dans le calme et dans la solitude de *notre île*, que les symptômes d'amélioration morale que j'avais déjà remarqués chez mes deux compagnons, et ressentis en moi, se manifestaient de plus en plus...

Était-ce, si l'on peut s'exprimer ainsi, le *changement d'air* ?... Je ne sais... mais on eût dit que depuis que nous avions quitté la troupe de la Levrasse et l'atmosphère corrompue dans laquelle nous avions jusqu'alors vécu, nos aspirations devenaient meilleures et s'épuraient chaque jour.

Seulement nous nous cachions d'abord soigneusement les uns aux autres ces heureux et salutaires sentiments, car, hélas ! nous étions déjà assez corrompus pour éprouver la honte du bien.

Les circonstances de la seconde soirée passée dans l'île sont au nombre de mes souvenirs les plus présents.

Nous avions activement et joyeusement travaillé tout

(1) Je suis revenu dans ces lieux, qui, pour tant de raisons, devaient me laisser d'impérissables souvenirs, et j'ai su alors que cette petite île, située à gauche du *Désert* (immense plateau inculte et rocheux qui sépare les forêts d'Ermenonville et de Chantilly), s'appelait l'île *Motton*. La masure était alors complètement ruinée. (*Note de Martin*.)

le jour à sarcler *nos* pommes de terre et *nos* racines, déjà envahies par les mauvaises herbes; nous avions ramassé du bois mort pour notre feu, et, en ma qualité d'*ancien maçon*, j'avais rajusté quelques tuiles de la toiture, tandis que Bamboche et Basquine faisaient la cueillette des fruits; tel avait été pour nous le charme de ces travaux, que nous ne nous étions pas reposés deux heures.

Après avoir gaiement soupé de pommes de terre cuites sous la cendre et de fruits savoureux, nous étions, Basquine, Bamboche et moi, couchés sur la pelouse qui s'étendait devant la masure.

Depuis quelque temps le soleil avait disparu ; la soirée était d'une tiédeur charmante, et quoiqu'il n'y eût pas encore de lune, les étoiles scintillaient assez pour éclairer faiblement l'obscurité de la nuit... il ne faisait pas le plus léger souffle de vent; l'air était si pur, si calme, si sonore, que, parmi les bouillonnements de la source qui ruisselait entre les rochers, nous distinguions mille bruits divers... tantôt murmurants et voilés comme une plainte, tantôt clairs, argentins comme le timbre d'une cloche de cristal.

Contre notre habitude, nous restions silencieux et rêveurs.

— Comme c'est joli... le bruit de cette source !... — dit soudain Basquine.

— Oui, — répondit Bamboche ; — c'est à quoi je pensais... ça vaut mieux que la musique qui accompagnait nos exercices.

— Oh ! c'est bien vrai !... — dis-je avec un soupir.

Et tous trois nous redevînmes silencieux.

Bientôt le chant de je ne sais quel oiseau... chant plaintif, monotone, mais d'une douceur infinie, s'éleva au loin, à plusieurs reprises... assez espacées...

Puis l'oiseau se tut...

Nous n'entendîmes plus que le bouillonnement de la petite source.

Ce chant triste, voilé, solitaire, me causa un attendrissement inexplicable.

— Tiens... l'oiseau se tait... — dit Bamboche d'un ton de regret. — C'est dommage, n'est-ce pas, Basquine ?

Notre compagne ne répondit pas d'abord.

— Basquine... est-ce que tu pleures ? — lui dit Bamboche.

— Non... — répondit-elle doucement, — je pleure.

— Pourquoi donc ?

— Je ne sais pas... Je n'ai aucun mal, je me trouve bien heureuse là... avec vous deux... Mais j'ai pensé à mon père... à ma mère... à mes sœurs ; alors j'ai pleuré presque sans m'apercevoir, et ça me fait du bien...

Je m'attendais à ce que Bamboche allait railler ou gronder Basquine ; il n'en fit rien ; il lui dit d'une voix attendrie :

— Pleure, va... c'est quelquefois meilleur... que de rire... et puis... vois-tu ?...

Bamboche n'acheva pas sa phrase, soit qu'il fût trop ému, soit qu'il voulût cacher son émotion.

Pendant quelque temps nous gardâmes encore un profond silence.

Bamboche l'interrompit le premier en disant :

— Basquine... si tu ne pleures plus... chante-nous donc quelque chose... puisque l'oiseau ne chante plus.

— Je veux bien, — dit Basquine, — mais quoi ?

— Ce que tu voudras.

La pauvre enfant n'avait que le choix entre plusieurs chansons graveleuses ou obscènes : elle n'en savait pas d'autres.

Elle commença donc de sa voix enfantine, d'une pureté angélique :

Bonjour, mon ami Vincent,
Tu reviens de ton village,
Veux-tu me faire présent
De. . . . . .

— Non.... pas de paroles... — s'écria brusquement Bamboche en l'interrompant, — un air.... seulement... l'air que tu voudras... mais sans paroles.

— J'aime mieux cela aussi... — dit Basquine, — je ne sais pas pourquoi je m'aperçois que les paroles... *me gênent*...

Ainsi que Bamboche, j'avais été, pour la première fois, douloureusement révolté en entendant cette voix d'ange, dont l'accent mélancolique et doux ne m'avait jamais semblé plus enchanteur, dire ces premières paroles d'une chanson ignoble... Basquine avait éprouvé le même sentiment de dégoût et de honte, puisqu'elle avait dit, la pauvre créature, que, *ce soir-là, sans savoir pourquoi, les paroles la gênaient.*

Par quel phénomène éprouvions-nous, tous trois, cette délicatesse subite, Basquine, habituée à chanter effrontément des obscénités, nous, à les entendre.

Je ne pouvais alors me rendre compte de cette étrangeté ; mais, à cette heure plus expérimenté, il me semble voir dans la manifestation de cette délicatesse soudaine, ainsi que dans l'amélioration de nos sentiments, dues sans doute à la salutaire influence de la solitude et d'un travail attrayant, une preuve nouvelle que la corruption la plus incarnée ou la plus précoce n'est jamais incurable. Non ! non ! dans certains milieux donnés, elle cède à des aspirations involontaires vers le bien, vers le juste, vers le beau, moments divins où l'âme déchue tend à remonter vers la sphère dont elle est tombée ; moments précieux... mais, hélas ! fugitifs, où toute réhabilitation est encore possible.

Sur l'invitation de Bamboche, Basquine se mit d'abord à chanter sans paroles, l'air de *mon ami Vincent*... mais elle le chanta sur une mesure lente et triste qui, dénaturant le caractère commun de ce *flon-flon*, lui donnait un accent singulièrement mélancolique.

Puis, ainsi qu'un oiseau s'élance un peu de lui après avoir quelque temps rasé la terre... Basquine, s'animant peu à peu, parvint, grâce à des transitions d'un art aussi instinctif que merveilleux, à fondre ce premier thème dans une improvisation ravissante de douceur et de mélancolie.

C'était quelque chose de naïf, de triste, de tendre, d'ineffable... d'ailé, si cela se peut dire, qu'un poëte eût comparé peut-être au chant d'un petit séraphin, implorant de sa voix enfantine le pardon de quelque pécheur.

Cette comparaison me vint à la pensée, parce que Basquine avait commencé par chanter assise ; mais à mesure quelle parut céder à je ne sais quelle mystérieuse inspiration, d'un mouvement presque imperceptible, elle se mit à genoux et continua de chanter, les mains jointes et son adorable visage tourné vers le ciel tout rayonnant d'étoiles.

Bamboche et moi, nous écoutions Basquine dans une sorte d'extase recueillie ; jamais elle n'avait jusqu'alors ainsi chanté ; nous nous étions rapprochés l'un de l'autre et, machinalement, nous nous étions agenouillés comme elle.

Bientôt je sentis le front de Bamboche s'appuyer sur mon épaule... et ses larmes tombèrent sur ma main...

Jamais je n'avais vu Bamboche pleurer ; aussi, je ne puis dire mon émotion en sentant ses larmes tomber sur ma main, au milieu de l'obscurité... je jetai mes deux bras autour du cou de mon compagnon ; j'allais lui parler, lorsqu'il me dit d'une voix basse et entrecoupée :

— Laisse... laisse-la chanter... cela me fait tant de bien... *Il me semble qu'elle me demande pardon pour moi*. Pauvre petite... elle ne pensait pas à mal... Ni moi non plus autrefois, je n'y pensais pas à mal !... Mais on m'a perdu et je l'ai perdue aussi... elle...

. . . .

Si extraordinaires que dussent me paraître ces tardifs remords de Bamboche, ils ne m'étonnaient pas ; le chant de Basquine me plongeait aussi dans une émotion navrante.

Bien des années après cette scène, et alors que de toute la hauteur de son génie, Basquine dominait les plus illustres artistes, elle m'a avoué que de ce jour où, le cœur gonflé d'une tristesse infinie en songeant à son père, à sa mère, aux premières croyances de son enfance... et enfin au sombre avenir que lui préparait sa flétrissure si horriblement précoce... elle avait, pour ainsi dire à son insu, improvisé cette plainte désolée au milieu de *notre île solitaire*, de ce jour *l'art*, dans ce qu'il y a de plus naïf, de plus idéal, et pourtant de plus *humain*, s'était vaguement révélé à sa jeune intelligence.

« Des paroles eussent été impuissantes à exprimer ce
» que j'éprouvais, ce soir-là, de tendre et de déchirant à
» la fois, me disait alors Basquine. Il m'a semblé entendre
» une voix plaintive qui chantait en moi... et j'ai répété
» ce chant presque sans m'en apercevoir et tout naturel-
» lement, tant il rendait fidèlement mes impressions. Ce
» chant... je me le suis toujours rappelé avec attendris-
» sement, et, à cette heure encore, ajouta-t-elle avec un
» triste sourire, je ne peux le répéter sans fondre en
» larmes. »

. . . .

Au bout de quelques minutes, la voix vibrante de Basquine, que nous écoutions dans un silence recueilli, se voila... baissa peu à peu, et son chant expira progressivement sur ses lèvres, comme une plainte harmonieuse qui se serait évanouie au loin...

Puis l'enfant courba sa tête sur sa poitrine, et resta quelques instants silencieuse.

Mais... ne nous entendant pas parler, elle se retourna bientôt vers nous et nous vit Bamboche et moi fraternellement embrassés...

— Qu'avez-vous ? — s'écria-t-elle en entendant nos sanglots, car l'attendrissement de Bamboche m'avait gagné.

— Qu'avez-vous ? — reprit Basquine agenouillée devant nous en pressant ma main et celle de Bamboche, — vous pleurez ?

— Oui... nous pleurons comme tu pleurais tout à l'heure, répondit Bamboche, — et ces larmes-là font du bien...

Puis nous étreignant tous deux sur sa large poitrine, il s'écria avec un accent que je n'oublierai jamais :

— Nous ne sommes pas méchants... pourtant !!

Non... oh ! non, jamais je n'oublierai avec quelle expression Bamboche prononça ces mots empreints à la fois de repentir du mal qu'il avait fait, de douloureuse récrimination contre la fatalité de sa destinée qui l'avait poussé au mal, et d'une tendance sincère à rentrer dans la voie du bien.

. . . .

Nous nous étions fait deux lits de bruyère et de mousse, l'un pour moi dans la première pièce de la masure, l'autre pour Basquine et pour Bamboche dans la seconde pièce...

Cette nuit-là, Bamboche partagea ma couche après avoir baisé Basquine au front, en lui disant :

— Bonsoir, ma sœur.

. . . .

Bamboche dormit peu, je le sentis s'agiter pendant toute la nuit; plusieurs fois il soupira profondément; à la première lueur du crépuscule, il m'éveilla. Sa physionomie était pensive, douce et grave.

Nous entrâmes dans la pièce où dormait encore Basquine; elle avait le sommeil léger comme celui d'un oiseau. En nous entendant, elle ouvrit ses grands yeux, et nous regarda, souriante et étonnée.

Nous sortîmes tous trois.

Quelques étoiles scintillaient encore; le Levant commençait à s'empourprer; l'air était d'une fraîcheur délicieuse; mille senteurs aromatiques s'exhalaient des herbes baignées de rosée... La matinée s'annonçait digne de la soirée de la veille...

— Écoute, Basquine... écoute, Martin, — nous dit Bamboche en nous faisant asseoir à ses côtés sur l'un des blocs de rochers qui bordaient la pelouse, — il faut que nous nous parlions franchement, que chacun dise son idée sans honte... nous ne sommes que nous trois.

Basquine et moi, surpris de l'accent sérieux de Bamboche, nous le regardâmes en silence; il continua :

— Pour vous mettre à l'aise... je vais commencer... vous vous moquerez de moi après si vous voulez... mais je serai franc...

— Nous moquer de toi... et pourquoi ? — lui dis-je.

— Parce que je *caponne*... parce que je renie le cul-de-jatte dont je vous ai tant parlé... parce que je me renie moi-même... Mais, c'est égal, faut parler franc...

Puis s'adressant à moi :

— Frère, tu te rappelles comment notre amitié est venue : d'abord je t'ai roué de coups, tu me les as rendus ; je t'ai repris en traître, tu t'es laissé faire ; ça m'a touché... je t'ai parlé de mon père.

— C'est vrai...

— Alors ça m'a attendri... tu t'es fourré dans l'attendrissement... et depuis nous avons été frères...

— Oui... et nous le serons toujours...

— Plus que jamais... car je me sens meilleur que je n'étais... et c'est encore... en me souvenant de mon pauvre père... que ce qui m'arrive... m'est arrivé.

— Qu'est-ce qui t'arrive ? — demanda Basquine.

— Une fois mon parti pris sur le sac de plomb qui remplaçait le sac d'or, — répondit Bamboche, — nous avons commencé à courir les bois...

— Et ça t'a rappelé... ton père... et le temps où, tout petit, tu *bûcheronnais* avec lui, — dis-je à Bamboche, — tu me l'as avoué...

— C'est vrai... et depuis ces deux jours que nous sommes ici... seuls, tranquilles dans ce bel endroit... travaillant à la terre, ramassant du bois, cueillant des fruits, vivant en paysans, je ne me reconnais plus... Pourquoi suis-je changé ?... je n'en sais rien... mais ça est... Je n'ai pas dormi de la nuit... je me suis bien tâté, bien interrogé, et je me suis toujours répondu à moi-même : depuis la mort de mon pauvre père, j'ai mené une vie de gueux... pour moi et pour les autres... il faut que ça finisse... j'en ai assez... je n'en veux plus...

Et comme moi le regardions de plus en plus surpris :

— Ça vous étonne ?... moi aussi. Je vous dis que je n'y comprends rien ;... mais ce qu'il y a de sûr, c'est que depuis que je n'ai plus sur le dos la Levrasse, la mère Major, le paillasse et toute la s..... séquelle, je respire à mon aise, quoique j'aie, par-ci, par-là, le cœur bien gros... parce que... parce que...

Et, regardant Basquine avec une expression indéfinissable, il n'acheva pas.

Puis il reprit en étouffant un soupir :

— Mais, sauf ces moments où j'ai le cœur gros, je l'ai plein de joie... parce que je commence à me dire que cette canaille de cul-de-jatte pourrait bien m'avoir enfoncé; car cette nuit, je me disais : voyons, mon pauvre père est mort en travaillant; toute sa vie il a eu de la misère, quoiqu'il ait été honnête et laborieux... Bon, c'est vrai... mais ça n'empêche pas que tous les braves gens diraient de lui, avec estime : *pauvre b*..... je sais bien que les brigands comme le cul-de-jatte diraient : s..... dupe ! mais personne, ni bons ni méchants, ne diraient de mon père : *mauvais gueux !*

— Oh ! non, — m'écriai-je, ainsi que Basquine.

— Eh bien ! — reprit résolûment Bamboche, j'ai bien songé à ça cette nuit; on dira peut-être de moi : *pauvre b....., s..... dupe !* mais on ne dira jamais : *mauvais gueux.*

De nouveau Basquine et moi nous nous exclamâmes de joie.

— Quand mon père a été mort, — reprit Bamboche, — ma première idée, c'était la bonne, a été de travailler; j'ai demandé du pain et du travail à un riche... Il m'a répondu en aguichant contre moi son chien, c'est vrai, mais tout le monde n'est pas des brigands pareils.

— Bien sûr ! — m'écriai-je.

— Alors, pour mon malheur, j'ai rencontré le cul-de-jatte, et puis après la Levrasse et toute la bande, et ça m'a perdu... Mais, minute, il y a quelque chose qui regimbe là-dedans, — et il se donna un grand coup de poing dans la poitrine. — Et je reviens là... On ne dira plus de moi : *Mauvais gueux*, je l'ai déjà été assez pour moi... et pour les autres.

Et il regarda de nouveau Basquine avec une expression de tendresse et de commisération profonde, puis il ajouta :

— Et c'est à elle pourtant que je dois aussi une part de ce changement-là... Hier soir, pendant qu'elle chantait... comme pour demander pardon pour moi, mon cœur se fondait en larmes en regardant le ciel, et je me disais : *on parle du bon Dieu !...* comme il serait bon de nous laisser longtemps dans ce pauvre petit coin de terre où nous ne faisons de mal ni de tort à personne : vivant de cette vie-là, seuls, tous trois, nous deviendrions bons tout à fait... et une fois guéris des palabres du cul-de-jatte, bien résolus à ne plus broncher, nous...

Un fâcheux incident interrompit Bamboche.

Basquine et moi, préoccupés de ce qu'il nous disait, nous n'avions ni vu ni entendu certain personnage qui, après avoir tourné la masure, vint à nous et nous dit d'une voix formidable :

— Au nom de la loi... je vous arrête... suivez-moi chez M. le maire.

CHAPITRE XXX.

Le garde champêtre. — Moyen de se débarrasser d'un fonctionnaire public. — Fuite. — Projets. — Rencontre. — Scipion. — Robert. — Régina. — Caprices de *monsieur le vicomte*.

A cette injonction menaçante et réitérée :

— Suivez-moi chez M. le maire, nous restâmes, Basquine, Bamboche et moi, immobiles de surprise et d'effroi.

Le personnage qui causait notre terreur était un homme jeune encore, de haute taille, aux traits basanés, à l'air robuste et déterminé ; il portait par-dessus sa blouse bleue son baudrier officiel de garde champêtre, et tenait à la main, dans son fourreau, un grand sabre de cavalerie ; un dogue énorme, levant de temps à autre sur lui ses yeux rouges et farouches, ne quittait pas ses talons et pouvait lui servir de redoutable auxiliaire.

Ma première pensée fut que l'on nous poursuivait au sujet de l'incendie de la voiture de la Levrasse, je jetai sur mes deux compagnons un regard consterné.

— Au nom de la loi, je vous arrête, — répéta le garde champêtre en s'avançant vers nous. — Allons, en route chez M. le maire.

— Pourquoi voulez-vous nous arrêter, Monsieur ? — dit Bamboche, le plus hardi de nous trois ; — nous ne faisons pas de mal.

— Vous êtes des vagabonds, — reprit le garde champêtre d'une voix menaçante ; — un vacher m'a prévenu qu'il vous avait vus entrer dans l'île... il y a trois jours.

— C'est vrai, Monsieur, et nous n'en sommes pas sortis depuis, — répondit Bamboche.

— Et comment avez-vous vécu ici, alors ?

— Dame... avec des légumes et des fruits que nous avons trouvés là, Monsieur, — répondit Bamboche.

— Trouvés ?... comment trouvés ?... — s'écria le garde champêtre, — c'est tout bonnement un vol, ça, mes gaillards. Ah bien ! votre compte est bon... vagabonds et voleurs !

— Un vol ? prendre ce qu'il nous fallait pour manger, — lui dis-je.

— Nous ne croyions faire de tort à personne, mon bon Monsieur, — ajouta timidement Basquine.

— Vraiment, Blondinette ? tu croyais cela, toi ? — reprit le garde champêtre. — Nous allons voir si vos parents seront de cet avis-là... quand ils vont venir vous réclamer... ils vous rosseront ferme... et ça sera bien fait... De quel village sont-ils ?

— Nous n'avons pas de parents... Monsieur, — répondit Bamboche. — Et nous ne sommes d'aucun village.

— Comment, pas de parents ? — s'écria le garde champêtre. — Comment, d'aucun village ?

— Non, Monsieur, moi je n'ai plus ni père ni mère. Martin, que voilà, est un enfant trouvé, et Basquine...

— Mais où logiez-vous donc alors avant de venir ici ? — demanda le garde champêtre de plus en plus soupçonneux.

A cette embarrassante question, Bamboche répondit hardiment :

— Nous venons de très-loin... Monsieur, d'au moins cent lieues d'ici... et nous demandions l'aumône sur la route.

— Ah ! ah ! — s'écria le garde champêtre, — de mieux en mieux, vous êtes ça ce qu'il paraît de petits mendiants vagabonds, de petits voleurs ; vous n'avez pas de parents qui puissent vous réclamer, alors votre compte est bon... je ne vous dis que ça.

— Qu'est-ce donc qu'on nous fera, mon bon Monsieur ? — dit ingénument Bamboche tout en se reculant prudemment de deux ou trois pas.

Puis il me dit à voix basse :

— Va chercher deux bonnes poignées de cendre dans le foyer... reviens derrière moi et attention.

Puis il me dit tout haut, sans doute pour ne pas exciter la défiance du garde champêtre :

— N'est-ce pas ? nous allons tout dire à ce bon Monsieur... va chercher nos papiers...

— J'y vas, — répondis-je d'un air fin en me dirigeant vers la masure pour obéir aux ordres de Bamboche.

— Est-ce qu'on a des papiers à votre âge ? — dit le garde champêtre en haussant les épaules ; — il n'y a pas de papiers qui tiennent... Je vas vous remettre aux gendarmes, qui vous mèneront ce soir en prison au dépôt de mendicité... d'où vous sortirez pour être enfermés dans une bonne maison de correction jusqu'à dix-huit ans, mes gaillards... Ah ! ah !... vous ne vous attendiez pas à celle-là ?

— En prison jusqu'à dix-huit ans, — s'écria Bamboche, en regardant du coin de l'œil et là il arrivais.

— En prison... parce que nous sommes sans père ni mère, — dit Basquine en joignant les mains ; — en prison, parce que nous avons mangé quelques pommes de terre ramassées là !...

— Oui, en prison, c'est comme ça, — dit le garde champêtre ; — finalement, suivez-moi chez M. le maire... Assez causé, galopins... allons, en route, ou j'en prends deux par les oreilles, et je charge *Mouton* de m'apporter le troisième... Ici, Mouton, — ajouta le garde champêtre, en appelant son terrible chien.

Soudain Bamboche, qui tout en parlant avait pour ainsi dire *tourné* le garde champêtre, se précipita sur lui, le saisit à bras le corps par derrière et, au même moment, me fit signe de lui jeter la cendre aux yeux.

J'exécutai l'ordre de Bamboche avec dextérité ; la grosse tête du garde champêtre disparut au milieu d'un épais nuage de cendre.

Le malheureux fonctionnaire, momentanément aveuglé, porta ses deux mains à ses yeux, trépignant de douleur, nous accablant d'injures, et criant à son chien :

— Mords-les... Mouton... apporte...

Mais Bamboche, après avoir quitté les mains du garde champêtre, avait aussitôt ramassé deux poignées de sable, et au moment où Mouton se précipitait sur lui en aboyant et en ouvrant une gueule énorme, Bamboche lança si prestement le gravier dans cette ouverture béante, que Mouton, étranglant, toussant, crachant, renâclant, se mit à pousser des hurlements stranglulés, les plus pitoyables du monde, pendant que son maître, toujours ses mains à ses yeux, poussait de son côté des cris furieux, en trébuchant à chaque pas qu'il voulait faire.

Sans perdre un moment, nous traversâmes la masure en courant et suivant le sentier que nous connaissions déjà ; nous atteignîmes la rivière, nous la passâmes à gué, en portant Basquine sur nos épaules, puis, marchant rapidement, nous atteignîmes une des parties les plus fourrées de la forêt.

— Faut-il que cet homme ait été méchant, pour venir nous tourmenter dans cette île, où nous ne faisions de mal à personne ! — dit Basquine, lorsque notre course moins précipitée nous permit de réfléchir à notre position critique.

— C'est triste, — répondit Bamboche d'un air pensif, — l'éveil sera donné sur nous. Si l'on nous attrape... la prison...

— Comment... c'est vrai ? — lui dis-je, — parce que nous sommes de pauvres enfants abandonnés... la prison ?

— Oui, cet homme ne mentait pas ; quand j'ai été arrêté avec le cul-de-jatte, les gendarmes m'ont dit la même chose. Tu n'as personne pour te réclamer... Tu n'as pas d'asile... vagabond... et on m'y conduisait ; mais nous deux le cul-de-jatte nous avons pu nous échapper.

— Mon Dieu... qu'allons-nous faire ? — lui dis-je.

— Ah ! dame, c'est que de devenir de braves et honnêtes garçons, — reprit Bamboche en se grattant la tête, — il paraît que c'est pas encore si facile que ça en a l'air... il n'y a pas qu'à vouloir... enfin... nous tâcherons; mais d'abord il faut quitter ce pays-ci.

— Tôt ou tard, — dis-je à Bamboche, — nous aurions toujours été forcés d'abandonner notre île... Je sais bien que c'est du bon temps de perdu; mais enfin, une fois hors de l'île, qu'est-ce que nous aurions fait ?

— Mon idée était de retourner chez le père de Basquine.

A un mouvement craintif de l'enfant, Bamboche reprit :

— Sois tranquille... je sais ce que j'aurais à dire à ton père... Il est charron... nous nous mettrons en apprentissage chez lui... moi et Martin... nous deviendrons de bons ouvriers... Mais qu'est-ce que tu as, Basquine ? — dit vivement Bamboche, — tu pleures ?

— Mon père..... est peut-être mort, — dit-elle en fondant en larmes.

Puis elle ajouta avec un accent déchirant :

— Ah!... c'est il y a un an... que nous aurions dû... retourner chez nous, comme vous me le promettiez tous les deux pour me consoler.

— C'est vrai, — dit Bamboche d'un air sombre, — nous t'avons menti, nous t'avons trompée; mais il n'est plus temps de regretter cela... Allons toujours dans ton pays...

— Revoir ma mère... je n'oserai jamais, — dit Basquine en frémissant de honte, — oh! jamais!...

— Je te comprends... — répondit Bamboche, — tu as peut-être raison... C'est ma faute.

Et il baissa la tête avec accablement.

— C'est ma faute...

— Ecoutez, m'écriai-je, saisi d'une idée subite : — Bamboche disait ce matin que, parce qu'un homme riche lui avait refusé du secours et du travail après la mort de son père, il s'ensuivait que tout le monde fût méchant... Eh bien! allons dans une ville : sur cent personnes nous en trouverons bien une de compatissante; nous lui dirons tout et on aura pitié de nous.

— Martin a raison, n'est-ce pas, Bamboche ? — dit Basquine.

— Oui... si l'on nous refuse, nous frapperons à une autre porte; il faudra bien que nous trouvions un bon cœur...

— Avec nos quatre pièces d'or, nous aurons de quoi vivre pendant quelques jours, — repris-je, — et...

— Tonnerre de Dieu! — s'écria Bamboche en frappant du pied avec désespoir.

— Qu'as-tu donc ?

— Ces pièces d'or... de peur de les perdre, je les avais mises sous une pierre dans un coin de la masure, où elles sont restées... Nous voilà sans le sou...

— Silence... — dis-je tout à coup à voix basse. — Ecoutez, c'est le bruit d'une voiture...

— Ne bougeons pas qu'elle ne soit passée, — me dit Bamboche.

Et nous restâmes muets, immobiles, tapis au milieu de l'épais taillis où nous nous étions arrêtés pour nous reposer, après avoir erré quelques heures dans d'inextricables fourrés, dont les ronces avaient mis presque en lambeaux nos vêtements déjà bien usés.

Le bruit que j'avais remarqué se rapprocha de plus en plus, car nous nous trouvions sans le savoir près de l'un des carrefours de la forêt.

Une trouée à travers le feuillage déjà éclairci en quelques endroits par les premières froidures de l'automne, nous permit de distinguer une voiture qui bientôt s'arrêta auprès d'un poteau indicateur des routes, poteau dont la base était entourée d'une table de pierre circulaire.

Cet équipage, le plus beau que j'eusse jamais vu, était une calèche menée par quatre superbes chevaux montés par deux petits postillons en vestes couleur marron, avec un collet bleu de ciel ; deux domestiques en grande livrée, aussi marron et bleu, splendidement galonnée d'argent, étaient sur le siège de derrière.

Trois enfants et une femme, jeune encore, placée sur le devant, occupaient cette voiture.

Les chevaux arrêtés, l'un des domestiques descendit du siége de derrière, et, le chapeau à la main, s'approcha de la portière.

Avant qu'il eût parlé, un petit garçon de cinq ou six ans, d'une charmante figure, encadrée de longs cheveux blonds tout bouclés, s'écria impérieusement :

— Descendons là... je veux descendre là...

— Mademoiselle, — dit le valet de pied en s'adressant à la jeune femme, la gouvernante, ainsi que nous l'apprîmes bientôt, — Mademoiselle, *Monsieur le vicomte* demande à descendre ; faut-il ouvrir la portière ?

La gouvernante allait répondre, lorsque l'enfant, trépignant avec colère, s'écria :

— Mais je vous dis que je veux descendre là... ouvrez tout de suite, je le veux...

— Puisque M. Scipion veut descendre là... ouvrez, — dit la gouvernante, d'un ton formaliste et compassé.

Le valet de pied, après avoir déplié le marchepied, étendait les bras pour prendre l'enfant, qu'on appelait *Monsieur le vicomte* ou *Monsieur Scipion*. Mais celui-ci, levant une badine qu'il tenait à la main, en repoussa le domestique en lui disant :

— Ne me touche pas... je veux descendre seul.

— Monsieur Scipion veut descendre seul, — dit gravement la gouvernante en faisant signe au valet de pied de s'éloigner. — Laissez faire monsieur Scipion.

Alors M. Scipion descendit comme il put, mais lestement et adroitement, les trois degrés du marchepied, pendant que les deux laquais, hommes de six pieds et poudrés, se tenaient chapeau bas de chaque côté de la portière.

Après avoir pris terre, Scipion, voyant l'autre garçon se disposer à descendre, s'écria :

— Non... pas toi, Robert. Reste là, je veux que Régina descende la première... *C'est à moi la voiture*.

Robert haussa les épaules d'un air assez contrarié; mais, néanmoins, se résigna.

Une charmante petite fille, un peu plus grande que Basquine, descendit légèrement de la voiture, et fut suivie de Robert et de la gouvernante.

Celle-ci, s'adressant au vicomte âgé de six ans :

— Scipion... voulez-vous goûter maintenant ou plus tard ?

— Nous goûterons ici, n'est-ce pas, Régina ? — dit l'enfant à la petite fille.

— Oh ! — répondit celle-ci d'un air railleur, — je ne dirai ni oui ni non. Si je disais oui, tu es si contrariant et si volontaire, que tu dirais non.

— Oh ! ça, c'est bien vrai, — ajouta Robert, — Scipion est le plus petit, et il faut faire toutes ses volontés.

— Tiens... puisque j'ai une voiture et que vous n'en avez pas... — répondit orgueilleusement le vicomte.

— Mon père a aussi une voiture, — dit Robert, blessé dans son amour-propre.

— Oui, mais il n'en a qu'une, et il ne te la prête jamais... moi, mon père en a cinq ou six, voitures... et celle-ci est à moi tout seul pour que je me promène dedans.

— Moi, — dit gaiement Régina, — je suis encore bien plus à plaindre que Robert... papa n'a pas même une voiture...

— Aussi, je te donne une place dans la mienne, — dit le vicomte d'un air conquérant.

Pendant cet entretien, les domestiques ayant tiré des coffres de la voiture une cantine soigneusement organisée, étendirent des serviettes sur la table de pierre, et y déposèrent une succulente collation. L'argenterie et les cristaux étincelaient aux rayons du soleil à peine brisés par les branches des grands chênes qui ombraient le carrefour.

Bamboche, Basquine et moi, blottis dans notre taillis, serrés les uns contre les autres, immobiles et retenant notre respiration, nous contemplions ce luxe éblouissant si nouveau pour nous, avec un silencieux ébahissement, échangeant de temps à autre quelques coups de coude très-significatifs à chacune des excellentes choses que nous voyions servir dans des plats d'argent. Car depuis la veille nous étions à jeun ; il pouvait être alors trois ou quatre heures ; la vue de ces mets appétissants irritait encore notre faim ; tandis qu'à notre grande surprise, ces heureux enfants mangeaient à peine du bout des lèvres.

Le vicomte Scipion avait derrière lui un des deux grands domestiques galonnés, qui le servait avec une respectueuse obséquiosité, tâchant, ainsi que la gouvernante, de prévenir les moindres désirs de cet enfant.

M. le vicomte venait de toucher à peine à une tranche de je ne sais quel pâté qui excitait particulièrement ma convoitise, lorsque, prenant son verre rempli d'eau et de vin, il en versa le contenu dans le pâté en riant aux éclats.

— Mais, Scipion, pourquoi gâter ce pâté ? — dit la gouvernante.

— Je n'en veux plus, — dit le vicomte.

— Mais j'en aurais mangé, moi, — s'écria Robert.

— Ah bien, tu mangeras autre chose; il y a de quoi. Tant pis... c'était à moi le pâté.

Bamboche fit un brusque mouvement d'indignation et ne put s'empêcher de murmurer à voix basse :

— Cré... galopin... va !

Basquine et moi poussâmes notre compagnon du coude. Il se contint.

Mais voici que M. le vicomte s'écria tout à coup d'un air surpris et courroucé :

— Tiens ! il n'y a pas de crème ?

— Scipion, vous savez que la crème vous fait mal, voilà pourquoi on n'en a pas apporté, — dit la gouvernante.

— Je veux de la crème... moi.

— Mais..

— Je vous dis que j'en veux... Qu'on aille en chercher tout de suite...

Et comme la gouvernante résistait, il s'ensuivit de la part de M. le vicomte, devenu cramoisi de fureur, une de ces colères d'enfant gâté dont le paroxysme devint bientôt si violent, qu'il tournait à la convulsion.

La gouvernante, effrayée, dit alors à l'un des domestiques :

— Cet accès de colère peut rendre M. Scipion malade ; allez tout de suite, avec la voiture, chercher de la crème.

— Je t'en f... moi, de la crème... va !!! — murmura encore Bamboche malgré nous.

— Mais où trouver de la crème ? — demanda le laquais à la gouvernante. — En pleine forêt, c'est rare.

— Allez jusqu'à Mortfontaine... vous en trouverez probablement. Vous irez d'un côté, Jacques ira de l'autre. Arrangez-vous ; mais tâchez de rapporter cette crème ; sans cela M. Scipion tomberait dans une de ces convulsions si dangereuses pour lui.

Sans doute habitués dès longtemps à obéir aux caprices enfantins de M. le vicomte, les deux domestiques montèrent derrière la voiture après avoir dit aux postillons de prendre au grand trot la route de Mortfontaine.

— Je suis fâchée, Scipion, que vous ayez renvoyé ainsi la voiture, — dit la gouvernante, quelques instants après que les chevaux se furent éloignés ; — le temps se couvre, il pourrait bien y avoir de la pluie et de l'orage avant le retour de gens.

— Qu'est-ce que ça me fait, à moi ?... je veux de la crème, — répondit obstinément le vicomte, et, par passetemps, il se mit à jeter du sable, de l'herbe et de la terre sur les reliefs de la collation à laquelle d'ailleurs Robert et Régina ne touchaient plus.

A la dévorante attention qu'avait excitée en moi la vue de ce goûter succulent, succéda bientôt une préoccupation moins matérielle ; il me fut impossible de détacher mes yeux du charmant visage de mademoiselle Régina.

Jusqu'alors, ce que j'avais rencontré de plus joli était Basquine ; mais Régina offrait avec la beauté de notre compagne un contraste si frappant que l'admiration que l'on ressentait pour l'une ne pouvait nuire en rien à l'admiration que l'on ressentait pour l'autre.

Basquine était blonde ; mais son teint, d'abord d'un blanc rosé, était devenu, grâce à notre vie nomade et à nos exercices en plein soleil, mat et doré comme le teint d'une brune ; Régina, au contraire, avait les cheveux noirs comme de l'encre et la peau éblouissante ; trois grains de beauté, trois signes noirs veloutés, très apparents, trop apparents peut-être... l'un au coin de l'œil gauche en remontant vers la tempe, l'autre un peu au-dessus de la lèvre supérieure, le dernier plus bas sur le menton, faisaient ressortir davantage encore la transparent éclat de son teint et le pourpre de ses lèvres.

Malgré ces trois petites mouches d'ébène qui lui donnaient tant de piquant, la physionomie de Régina me parut un peu sérieuse pour son âge ; ses grands yeux noirs étaient à la fois pénétrants et pensifs ; tandis que sa petite bouche aux lèvres minces et son menton légèrement saillant donnaient à ses traits un caractère prononcé de réflexion et de fermeté, ses longs cheveux noirs bouclés se jouaient autour de son cou élégant et délié comme celui d'un oiseau. Elle portait une robe de mousseline blanche et un pantalon garni de dentelle ; ses petits pieds étaient chaussés de bas à jour et de souliers à cothurne en peau mordorée. Elle avait pour ceinture un large ruban cerise, pareil à celui de son grand chapeau de paille rond.

. . . .

Tous ces souvenirs ne me sont que trop présents... Hélas ! qui m'eût dit qu'un jour !... mais, non, chaque chose a son heure.

. . . .

Oubliant la faim, Basquine, Bamboche et les difficultés de notre situation présente, je ne pouvais détacher mes yeux de Régina ; deux ou trois fois, je sentis mes joues et mon front rougir, devenir brûlants, tandis que mon cœur tour à tour se serrait ou battait violemment ; sans l'exemple, sans l'enseignement des précoces amours de Bamboche, la rare beauté de cette enfant ne m'eût pas sans doute causé cette admiration mêlée de trouble, admiration qui s'augmenta bientôt d'une profonde sympathie ; car Régina me parut aussi discrète, aussi réservée que le vicomte était volontaire ou capricieux ; deux ou trois fois même elle lui résista avec un air de dignité enfantine ou de fine moquerie qui me charma.

Robert, l'autre garçon, à peu près de la taille de Bamboche, mais beaucoup plus frêle, avait une très-jolie figure ; il faisait un peu le *petit Monsieur*, et avait fréquemment des *à parte* à voix basse avec Régina.

Malgré moi, cette intimité m'irritait, non moins que les prévenances dont même Robert avait entouré Régina pendant la collation, avec une courtoisie remarquable pour son âge ; il était vêtu, comme Scipion, d'une veste ronde, d'un pantalon clair, et sa chemise se terminait par une collerette plissée, autour de laquelle se nouait une petite cravate de satin.

Je m'appesantis sur ces détails... d'abord parce qu'ils se sont tellement fixés dans ma mémoire, que, bien des années après, je reconnus à la première vue ces personnages que je n'avais pas rencontrés depuis cette scène de mon jeune âge, et ensuite parce que la tournure si élégante de ces heureux enfants devait bientôt offrir un étrange contraste avec nos haillons, les ronces de la forêt ayant singulièrement dépenaillé ma blouse et celle de Bamboche ; car, une fois dépouillés de nos brillants costumes acrobatiques, nous étions d'habitude horriblement mal vêtus.

Nous avions donc assisté, silencieux et cachés, à la collation des trois enfants.

Leur voiture s'était éloignée depuis quelque temps ; plusieurs coups de tonnerre lointain, de violentes rafales de vent, annonçaient un violent orage.

Soudain Bamboche, jusqu'alors pensif et absorbé, se leva brusquement et nous dit :

— Suivez-moi.

Écartant alors les branches qui nous avaient jusqu'alors cachés, nous parûmes tous trois dans le carrefour où se trouvaient la gouvernante, Régina, Robert et le vicomte Scipion.

CHAPITRE XXXI.

L'orage. — Les *petits pauvres* et les *petits riches*. — L'aumône, à qui demande du travail. — *Haine aux riches*. — Martin, Bamboche et Basquine enlèvent Scipion, Robert et Régina.

La figure pâle et creuse de Bamboche coiffée d'un mauvais bonnet grec qui laissait échapper ses longs cheveux noirs hérissés, sa blouse en lambeaux, sa taille robuste et élevée pour son âge, ce qu'il y avait de rude dans sa

— Sais-tu ce que c'est que ton or, Bamboche?... C'est du plomb. Tiens, regarde... — Page 133.

physionomie déterminée, devaient rendre notre apparition assez effrayante, car j'étais vêtu aussi misérablement que mon compagnon, et les vêtements de Basquine n'étaient pas moins délabrés que les nôtres.

A notre apparition, Robert et Régina se rapprochèrent instinctivement de la gouvernante, et Scipion, le moins intimidé de tous, quoique le plus petit, s'écria :

— Tiens... ces petits pauvres... Qu'est-ce qu'ils veulent donc ? Sont-ils laids et sales !...

Bamboche ôta son bonnet, s'approcha de la gouvernante, et lui dit d'une voix douce, émue, qui contrastait avec sa figure énergique :

— Ma chère dame... voulez-vous faire une bonne action qui vous portera bonheur... et à ces petits Messieurs... et à cette petite demoiselle aussi ?

— Mais... — répondit la gouvernante, de plus en plus surprise, — je ne sais... ce que vous voulez me demander... Pourquoi étiez-vous cachés dans ce bois ?

— Tenez, ma chère dame... — reprit chaleureusement Bamboche, — je vais vous parler franchement : nous sommes tous trois sans parents... sans ressources... nous venons de bien loin... nous faisions partie d'une troupe de saltimbanques, nous avons vu que cet état tournait mal pour nous... que nous y deviendrions de mauvais sujets... nous nous sommes sauvés ; vous êtes riche... donnez-nous les moyens d'être honnêtes gens... Nous ne demandons qu'à travailler... qu'à bien faire... Nous avons été si malheureux jusqu'ici, voyez-vous, que si peu qu'on s'intéressera à notre sort sera beaucoup pour nous... Allons, ma chère dame... un coin dans votre maison, en attendant que vous nous ayez mis en apprentissage où vous voudrez... ça nous est égal... Tout ce que nous désirons, c'est d'apprendre un état pour gagner un jour bravement notre vie... Nous avons du courage, nous avons eu tant de misère, qu'il n'y aura pas de métier trop dur pour nous... mais il nous faut avant tout vivre avec d'honnêtes gens... Vrai, il est temps... il est plus que temps...

La gouvernante restait muette, interdite.

Les enfants, se regardant les uns les autres, ne paraissaient pas comprendre les paroles de Bamboche : il s'était pourtant exprimé avec une si louable résolution, avec une émotion si sincère, que deux fois je vis des larmes rouler dans ses yeux.

Voulant venir à son aide, je repris :

— Allons, ma bonne dame... qu'avec la permission de leurs parents ce petit Monsieur (et je montrai Scipion) se charge de moi, que cet autre Monsieur se charge de mon camarade, et que cette jolie demoiselle se charge de notre compagne ; vous ne vous en repentirez pas...

— Oh !... non... bien sûr, Mademoiselle... — dit Basquine en cherchant de son regard suppliant le regard de Régina, que je ne quittais pas des yeux ; car, vue de près, sa beauté me semblait plus éblouissante encore, et je me sentais troublé jusqu'au fond de l'âme.

— Allons donc, — reprit la gouvernante en haussant les épaules d'un air rogue et pincé, — ça n'a pas le bon sens, ce que vous demandez là ; nous ne vous connaissons pas du tout... nous ne savons pas du tout qui vous êtes. Et vous voulez que ces Messieurs et mademoiselle prient leurs parents de se charger de vous ? est-ce que c'est possible ?

— Pourtant nous sommes trois enfants... bien malheureux... — dit Bamboche d'une voix vibrante. — trois enfants bien à plaindre, allez... et qui méritent pitié... vrai... Voyons, ma bonne dame... Martin vous l'a dit : que chacun de vos enfants se charge de l'un de nous ; ils sont si riches... si heureux !... Ça ne leur coûtera rien...

Bamboche lança si prestement le gravier dans cette ouverture béante, que Mouton se mit à pousser les hurlements les plus pitoyables. — Page 141.

et ça leur portera bonheur ; car un jour ils auront en nous des amis... des frères... qui se feraient tuer pour eux...

— Tiens... ces petits pauvres, — dit Scipion avec une moue dédaigneuse, — ils disent qu'ils seront nos amis... nos frères ! Est-ce que je veux aller avec des petits mendiants comme ça, moi ?

— Mon bon petit monsieur, — lui dit Bamboche d'une voix pénétrée en s'approchant de lui, — vous avez été toujours heureux... vous, n'est-ce pas ?... vous n'avez jamais eu ni la faim, ni le froid, ni la misère... vous n'avez jamais été battu... Eh bien ! mettez-vous un peu à notre place, à nous qui avons souffert tout ça... et vous serez bons pour nous...

— Est-il bête, ce grand-là ? — dit Scipion, — il me demande si j'ai eu faim et froid.

Je vis l'angle de la mâchoire de Bamboche tressaillir, ainsi que cela arrivait toujours lorsqu'il contenait sa violence naturelle, mais il resta calme.

Régina semblait seule émue ; par deux fois son blanc visage devint pourpre, et elle s'approcha de Basquine avec un mélange d'intérêt, de réserve et presque de crainte...

Basquine, encouragée, fit un pas vers elle en lui tendant les deux mains, puis, soit frayeur, soit indécision, Régina se recula vivement.

La seconde fois, elle parut vaincre son hésitation ; mais un coup d'œil sévère de la gouvernante, accompagné de ce mot : — Régina... — paralysa la touchante velléité de l'enfant.

Le ciel s'était couvert de plus en plus.

Quelques éclairs avaient déjà brillé à travers les arbres de la forêt ; la gouvernante commençait à s'inquiéter sérieusement ; car elle ne put s'empêcher de dire aigrement à Scipion :

— C'est pourtant un de vos sots caprices d'enfant gâté qui est cause que la voiture s'est éloignée, et voici l'orage qui approche...

— Qu'est-ce que ça me fait, à moi ?... Je veux de la crème, et j'en aurai, — dit Scipion.

La gouvernante haussa les épaules, et s'adressant à Bamboche, qui, humble, les yeux baissés, le front baigné de sueur, attendait respectueusement une réponse à nos demandes, cette femme lui dit :

— Je suis la gouvernante de M. Scipion, fils de M. le comte Duriveau : M. Robert et mademoiselle Régina m'ont été confiés par leurs parents pour venir goûter avec M. Scipion ; je ne puis donc pas prendre sur moi de me charger de vous... et de vos camarades, car ce que vous me demandez est fou... est absurde. En vérité, si l'on se chargeait de tous les petits mendiants que l'on rencontre... Allons, c'est ridicule.

— Ma bonne dame, — reprit Bamboche d'une voix suppliante en faisant un dernier effort pour attendrir cette femme, — si vous saviez notre position... d'un moment à l'autre on peut nous arrêter comme vagabonds... nous mettre en prison... oui, en prison... jusqu'à dix-huit ans... et pourquoi ? parce que nous sommes seuls, abandonnés... et pourtant, qu'est-ce que nous demandons ? un peu d'appui et les moyens de travailler ; du pain, de l'eau, de la paille et un bon apprentissage... voilà tout... Quel est le riche qui ne peut donner cette aumône au pauvre, quand il la demande du fond du cœur... et les larmes aux yeux ?...

En effet, deux larmes coulèrent sur les joues creuses de Bamboche.

Régina, la première, s'en aperçut, et, d'une voix tremblante, elle dit tout bas à la gouvernante :

— Voyez donc, Mademoiselle, il pleure.

La gouvernante elle-même parut émue, et Robert, s'adressant à elle, reprit comme Régina :

— C'est vrai, il pleure.

— Ah! oui... — reprit Scipion en ricanant, — papa dit que les mendiants ça a toujours l'air de pleurer... pour vous voler votre argent.

— Que je le déteste... ce petit-là ! — me dit tout bas Basquine. — Bamboche va tomber sur lui... tant mieux.

Mais Bamboche mettait trop de résolution, trop de cœur, trop de sincérité dans sa demande, pour s'arrêter aux impertinences du petit vicomte; aussi, s'adressant de nouveau à la gouvernante, qu'il voyait émue :

— Allons, ma bonne dame, cédez à ce bon mouvement, ayez pitié de nous, emmenez-nous auprès de ce M. le comte dont vous parlez; il ne vous en voudras pas, j'en suis sûr; d'ailleurs, soyez tranquille, nous le persuaderons bien; amenez-nous à lui... laissez-nous monter derrière la voiture...

— Dans *ma* voiture... ces petits mendiants ! — s'écria le vicomte stupéfait; — ah bien! par exemple.

— Si vous connaissiez M. le comte Duriveau, mon petit ami, — répondit la gouvernante à Bamboche, avec un soupir, — vous sauriez que lui moins que personne ne prêterait à cette folie.... Tout ce que je puis faire... c'est de...

Puis s'interrompant, la gouvernante, dont l'émotion était réelle, crut l'occasion convenable pour donner une leçon de charité pratique à ses élèves.

Elle tira sa bourse de sa poche, y prit trois pièces de dix sous, et après en avoir donné une à chacun des trois enfants riches, elle leur dit avec componction :

— Vous voyez, mes chers enfants, quelle différence il y a entre vous et ces pauvres petits misérables ; il faut avoir bon cœur et pitié d'eux, donnez-leur à chacun ces dix sous; de plus, ils pourront prendre les restes de la collation.

— Mais, — dit timidement Régina, — Scipion a jeté dans tout du sable et de la terre...

— Soyez tranquille, Régina, — reprit la gouvernante, — ils ne feront pas les délicats pour un peu de sable ; ils n'auront de leur vie goûté à une chère pareille.

Puis se retournant vers nous :

— On va vous donner quelques sous ; tendez vos blouses pour emporter les restes de la collation.

— Madame... — dit tristement Bamboche, — quelques sous et les restes de ce goûter ne changeront rien à notre position. Ce n'est pas cette aumône-là que nous demandons, — ajouta-t-il d'une voix suppliante, en joignant ses deux mains avec force : ce que nous vous demandons, c'est le moyen de travailler, de sortir de la mauvaise vie où nous sommes... et ce n'est pas avec la bourse... c'est avec le cœur qu'on fait cette aumône-là...

A son point de vue, la gouvernante devait croire avoir humainement fait pour nous tout ce qui était possible et raisonnable; aussi, impatientée de l'insistance de Bamboche, elle lui dit aigrement :

— Puisque vous êtes si dégoûtés, si difficiles, allez-vous-en... laissez-nous tranquilles. On vous a donné ce qu'on pouvait... retirez-vous; c'est insupportable à la fin.

— Si *mes* domestiques étaient là, ils vous chasseraient joliment à grands coups de pied, — dit résolument Scipion.

— C'est vrai, ça ; sont-ils ennuyeux, ces petits pauvres! — ajouta Robert; et jetant à nos pieds sa pièce de dix sous, il reprit : — Allez-vous-en donc...

Au lieu de jeter sa pièce à nos pieds, Scipion visa Bamboche à la figure et l'atteignit à la poitrine.

Je vis que Régina mourait d'envie de mettre son offrande dans la main de Basquine ; mais elle n'osait pas...

— Ils ne s'en iront pas, — reprit impétueusement la gouvernante en s'adressant à nous, — on n'a pas d'idée d'une opiniâtreté pareille ! Voyons... ramassez vos sous, prenez ou ne prenez pas ces restes... mais laissez-nous, sinon je vous avertis que s'il vient quelque garde nous vous ferons arrêter...

A ce moment retentit un violent coup de tonnerre.

Presque en même temps Bamboche, pâle de rage, s'écria en s'avançant vers la gouvernante, le regard terrible :

— Ah ! c'est comme ça... eh bien ! nous ne voulons pas de votre aumône... entendez-vous ! Nous ne voulons pas de vos restes, où ces gamins-là ont bavé, entendez-vous !...

Bamboche était effrayant, et je l'avoue, son indignation me gagnait ; tant de mépris, tant de dureté dans l'aumône me révoltait autant que lui ; et, puis, faut-il le dire ? je ressentais déjà vaguement une haine jalouse contre Robert, qui, au premier mot menaçant de Bamboche, s'était approché de Régina, comme pour la protéger.

Basquine semblait douloureusement humiliée ; elle me dit à voix basse, avec un accent de haine, et les yeux remplis de larmes d'indignation :

— Oh !... ces petits riches !

La gouvernante, un moment épouvantée, car la forêt était solitaire et nos physionomies peu rassurantes, s'était calmée, en pensant qu'elle n'avait affaire, après tout, qu'à des enfants ; aussi reprit-elle avec autant de mépris que de courroux :

— A-t-on vu de pareils petits va-nu-pieds, recevoir avec une telle insolence l'aumône qu'on daigne leur faire !...

Bamboche, après sa première explosion de colère, était resté un instant silencieux, jetant autour de lui des regards sombres, comme s'il eût médité quelque projet sinistre.

Soudain, avec l'agilité d'un chat sauvage, s'élançant à l'improviste sur la gouvernante, il la saisit au cou et me cria :

— Martin... empoigne les deux gamins... Basquine, tiens bien la petite.

Je me précipitai sur Robert, qui prit bravement une carafe et me la jeta à la tête ; j'évitai le coup, et, en serrant mon adversaire à bras-le-corps, leste et vigoureux comme je l'étais devenu, je le terrassai facilement, tandis que Scipion, naturellement courageux, se cramponnait à mes jambes et tâchait de me mordre ; mais, mon genou appuyé sur la poitrine de Robert, et une de mes mains suffisant à le contenir, de l'autre main j'attrapai Scipion par ses longs cheveux, et je parvins à le maintenir aussi en respect, tandis que Basquine, obéissant à la voix de Bamboche, sautait sur Régina, dont elle serrait fortement les deux bras, lui disant :

— Ne bougez pas... je ne vous ferai pas de mal.

Tout ceci s'était passé avec une extrême rapidité.

Lorsque nous eûmes ainsi machinalement obéi aux ordres de Bamboche, nous regardâmes où *il en était* avec la gouvernante.

La pauvre femme, livide d'épouvante, et facilement maîtrisée par Bamboche, très-robuste et très-grand pour son âge, se laissait attacher par lui à un arbre, au moyen d'une longue écharpe de soie qu'elle portait.

Tirant alors de dessous sa blouse ses petits pistolets qu'il nous avait montrés lors de la mort de Lucifer, Bamboche les fit voir à la gouvernante, et lui dit :

— Si vous poussez un cri... je vous brûle la cervelle !

La vue de ces armes porta le comble à la terreur de la gouvernante ; elle ferma les yeux, s'affaissa sur elle-même comme un corps inerte, seulement, de temps à autre, agité par un tremblement convulsif.

Bamboche, s'approchant alors de la table, y déposa ses armes, prit une carafe renfermant du vin de Madère, je crois, en remplit trois verres jusqu'au bord, puis s'adressant à moi et à Basquine :

— Laissez-les... ces petites canailles... elles ne bougeront pas, ou sinon...

Et il montra ses deux pistolets.

A cette effrayante menace, Robert et Scipion lui-même, malgré sa bravoure, restèrent immobiles d'épouvante, tandis que Régina, par un sentiment instinctif de pudeur et de courageuse pitié, courut auprès de la gouvernante, qu'elle tâcha de ranimer.

Bamboche, nous montrant du regard les verres qu'il venait de remplir, prit le sien, l'éleva et dit avec une exaltation sauvage, que je n'oublierai de ma vie :

— Buvons ce vin *à la haine des riches !*... Souvenons-nous toujours que, du plus profond de notre cœur, nous avons voulu devenir honnêtes, et que l'on nous a menacés de la prison et repoussés avec mépris et cruauté. Vous le voyez bien… le cul-de-jatte avait raison… Haine aux riches !

Et il vida son verre d'un trait.

— Haine aux riches ! — dit Basquine en vidant aussi son verre.

Et pour la première fois je vis sur sa figure enfantine une expression de méchanceté sardonique dont je fus frappé…

— Haine aux riches ! — dis-je à mon tour en buvant comme mes compagnons.

Si puérile que semblât cette scène, elle m'a cependant toujours laissé un souvenir sinistre.

Le tonnerre grondait avec fracas, le vent sifflait, une pluie d'orage tombait en larges gouttes, et il faisait déjà presque nuit sous cette voûte de verdure, car la fin du jour approchait, et le ciel se voilait de nuages noirs.

Ce verre d'un vin capiteux, bu d'un trait, et à jeun comme nous l'étions depuis la veille, ne nous enivra pas, mais nous jeta dans une surexcitation violente.

— Maintenant, — dit Bamboche en se retournant vers Robert et Scipion qui, n'osant fuir, s'étaient jetés éperdus sous la table de pierre où ils restaient tapis, pleurant à chaudes larmes, — maintenant… puisque les petits riches se sont f… de notre misère… nous allons leur montrer ce que c'est… que la misère

Puis se baissant et prenant Robert par le collet de sa veste, il l'attira près de lui malgré sa résistance et lui dit :

— En route… tu vas venir avec nous mendier comme nous… vivre comme nous. Martin, prends M. le vicomte, — ajouta-t-il avec ironie.

Mais réfléchissant et abandonnant soudain Robert, Bamboche le repoussa en disant :

— Bah… toi… je te laisse… Tu m'as l'air plus bête que méchant… mais M. le vicomte… M. Scipion, vraie graine de mauvais riche, va venir avec nous… Toi, Martin… prends la petite… tu n'as pas de femme… elle est gentille… tu lui as fait l'œil… je te la donne… empoigne-la !

— Oui… c'est ça… — s'écria Basquine, comme-nous animée par le vin, et ne cachant pas une sorte de joie farouche. — Empoigne-la… cette petite riche… Martin !… on m'a bien arrachée à mon père… moi… tant pis !

— Allons… vite ! — dit Bamboche en prenant d'une main ses pistolets, et traînant après lui Scipion qui se débattait en poussant des cris perçants.

— Allons, en route à travers la forêt… la voiture peut revenir. Martin, prends *ta femme* et filons… Toi, si tu cries, si tu bouges, je te brûle, — ajouta-t-il en posant un de ses pistolets sur le front de Scipion.

La tête exaltée par le vin que j'avais bu, la raison troublée par la beauté de Régina qui m'avait tant frappé, je courus à elle, et quoiqu'elle se cramponnât aux vêtements de la gouvernante en appelant au secours, je l'enlaçai brutalement dans mes bras : elle était si légère, que, malgré sa résistance désespérée, je l'emportai facilement.

— Passe devant, Basquine, — dit Bamboche, — et fraye-nous passage dans le fourré… Avant dix minutes il fera nuit… on aura perdu nos traces.

Aux ébats convulsifs de Régina succéda une sorte de lassitude et de brisement, comme si les forces de cette malheureuse enfant eussent été à bout ; je la sentis s'alanguir entre mes bras, et sa tête, retombant sur mon épaule, sa joue glacée toucha la mienne.

Nous avions alors déjà marché quelque temps au milieu du fourré ; épouvanté, malgré moi je m'écriai :

— Bamboche… la petite se trouve mal.

— Allons donc, — dit Bamboche avec un éclat de rire féroce et en continuant de traîner Scipion après lui ; — tout à l'heure tu la feras revenir.

Et la nuit étant tout à fait venue, nous nous enfonçâmes au plus profond de la forêt.

CHAPITRE XXXII.

Vie errante. — Le vol. — *Claude Gérard et dame Honorine*. — La gouvernante d'un curé. — Différents *devoirs* d'un instituteur communal.

Claude Gérard ! je ne puis écrire ce nom sans un profond sentiment d'admiration, de tendresse et de reconnaissance ineffable !

Je dirai tout à l'heure comment je connus Claude Gérard.

Quelque temps s'était passé depuis que, dans la forêt de Chantilly, j'avais enlevé Régina, tandis que Bamboche entraînait le vicomte Scipion. Après avoir erré dans ces bois, le hasard nous jeta sur le passage d'une ronde de gendarmes des chasses. Scipion cria au secours… Épouvantés, nous abandonnâmes les deux enfants et nous prîmes la fuite…

L'obscurité de la nuit, l'épaisseur du taillis, notre agilité, nous permirent d'échapper aux gendarmes pesamment montés ; au point du jour nous avions quitté la forêt, et nous suivions la route de Louvres, tournant le dos à Paris.

Déçus dans nos tendances vers le bien, toutes nos mauvaises passions étaient revenues, plus vivaces, plus amères, plus haineuses que par le passé ; les refus, les mépris que nous avions essuyés, légitimaient à nos yeux notre funeste résolution dans le mal.

Nous étions gais, railleurs, insolents ; chemin faisant, et allant droit devant nous, mais tournant seulement les grandes villes, où la police est plus vigilante, nous mendiions dans les villages, ou bien nous chantions dans les cabarets, dérobant çà et là ce que nous pouvions, tantôt du linge sur les haies où on le laissait au sec, tantôt faisant main-basse sur les volailles égarées, etc., et vendant pour quelques sous nos larcins, comme choses trouvées, et manquant rarement d'acheteurs sur les grandes routes ; couchant quelquefois dans une grange ou dans une écurie que l'on nous ouvrait par charité, nous passions d'autres nuits dans l'intérieur des meules de blé, où nous nous pratiquions un abri, car l'automne avait succédé l'hiver.

Jamais je n'ai connu les émotions du jeu ; mais Bamboche, qui, plus tard, put disposer, par des moyens sinon criminels, du moins peu scrupuleux, de sommes considérables qu'il joua, perdant ou gagnant tour à tour, m'a dit, et je l'ai compris, que rien ne ressemblait davantage aux émotions du jeu que les continuelles alternatives de crainte et d'espoir, de frayeur et de joie, d'abondance et de privation, qui caractérisaient chaque jour de notre vagabondage.

Où coucherions-nous le soir ? l'aumône serait-elle abondante ? les occasions de larcin favorables ? la recette des chansons de Basquine, fructueuse ? Et si l'occasion de dérober se rencontrait, serions-nous pris ? Aussi, en dérobant, quelle anxiété, quelle terreur ! Et après avoir impunément dérobé, impunément vendu, quelle joie, quel orgueil, et surtout quelles moqueries du volé !

Nous ne passions presque pas de jour sans ces fiévreuses émotions. *Le hasard,* — *l'imprévu*, — ces deux mots résumaient notre vie ; or, j'ai vécu depuis dans des conditions bien diverses, et je ne me souviens pas d'avoir vécu, non plus heureusement, mais *plus vite* qu'à cette époque aventureuse de mon existence.

Si, en dehors de la fatalité à laquelle nous obéissions, quelque chose pouvait racheter la honte et l'odieux de notre conduite d'alors, c'est que nous agissions avec une sorte d'espièglerie enfantine ; et, pour parler le langage de cet âge, c'était peut-être encore moins des vols que des *niches*, dont nous nous glorifiions : nous *chipions*, et le *gendarme* était pour nous ce que le *maître* est pour l'écolier révolté.

. . . .

Nous étions arrivés proche d'un village peu considérable ; nous l'avions découvert au loin dans la vallée, du haut d'une montée de la grande route, où s'élevait une croix de pierre. Le jour tirait à sa fin ; nous espérions trouver dans cet endroit un gîte pour la nuit, car le froid devenait cuisant ; nous étions alors au commencement de février.

Passant à travers champs, nous atteignîmes bientôt les dernières maisons de ce village ; l'une d'elles, assez isolée, pauvre et misérable demeure, avait une fenêtre ouverte sur le sentier que nous suivions ; de l'autre côté du sentier, s'étendait une peinture épaisse et fourrée.

Bamboche marchait le premier, ensuite Basquine et moi… Soudain Bamboche s'arrête, regarde attentivement par la fenêtre basse de la pauvre maison, fait un mouve-

ment de surprise, et, se retournant vivement vers nous :
— De l'argent !... — s'écrie-t-il tout bas, — plus de cent francs peut-être !...

Et, d'un geste, me recommandant le silence, il nous fit signe de nous approcher.

Nous vîmes alors par la fenêtre une sorte de réduit séparé d'une écurie par des claies de parc à moutons, laissant entre elles un passage étroit. Bamboche, du bout du doigt, nous montra dans un coin de ce réduit un grabat sur lequel étincelaient, frappées par un rayon du soleil couchant, plusieurs pièces de cinq francs.

La maison était silencieuse ; à travers l'étable on voyait au loin la porte ouverte, qui donnait sur une cour remplie de fumier.

Après un moment de réflexion, Bamboche nous dit :
— Basquine, va faire le guet dans le sentier ; moi et Martin, nous entrerons dans la maison par cette fenêtre ; Martin ira fermer en dedans la porte de l'écurie, afin d'empêcher que je ne sois surpris pendant que je ramasserai les pièces de cent sous... ce qui demandera un bout de temps.

— Ça va, — lui dis-je, — ramasse l'argent... je vais fermer la porte.

— Et, en cas de poursuite, — reprit Bamboche, — ne pensons qu'à filer chacun de son côté ; nous nous rallierons au bout de trois ou quatre heures à la montée de la grande route d'où nous avons aperçu le village, vous savez, à l'endroit où il y a une grande croix de pierre.

— Oui, — dis-je ainsi que Basquine, — je sais l'endroit, j'ai remarqué la croix.

Bamboche, faisant alors signe à notre compagne d'aller se mettre au guet au bout du sentier, sauta d'un bond dans le petit réduit par la fenêtre ouverte.

Je le suivis, et pendant qu'il courait au grabat pour prendre l'argent, je m'élançai à la porte de l'écurie... J'allais tirer cette porte à moi, lorsqu'un homme venant de la cour, et que je n'avais pu apercevoir, parut soudain, et, quoique un peu surpris, me dit doucement :
— Que fais-tu là, mon enfant ?

Au lieu de répondre, je poussai un cri d'alarme convenu avec Bamboche, et je me jetai aux jambes du nouveau venu, les saisissant si violemment entre mes deux bras, qu'à cette attaque imprévue, il perdit l'équilibre, tomba... et pendant quelques secondes il fit de vains efforts pour se relever, tant je me cramponnais à ses jambes avec acharnement.

Je ne pouvais avoir longtemps l'avantage dans cette lutte inégale ; aussi cet homme me saisissant bientôt d'une main vigoureuse, me fit sortir de l'écurie, et m'amena dans la cour, sans doute pour mieux m'examiner, ne soupçonnant pas alors qu'il venait d'être volé, et que j'étais complice de ce vol.

Je suivis cet homme sans la moindre résistance ; je pensais avec joie que Bamboche et Basquine avaient le temps de fuir.

— Ah çà ! — me dit Claude Gérard.

C'était lui, et son accent annonçait plus d'étonnement que de colère.

— A qui en as-tu ? Pourquoi venir te jeter ainsi dans mes jambes ?

Puis me regardant plus attentivement :
— Mais tu n'es pas du village ?

Je restai muet.

— D'où es-tu ? d'où viens-tu ?

Je continuai de garder le silence, la prolongation de cet interrogatoire assurant de plus en plus la fuite et l'impunité de mes complices.

— Voyons, mon enfant, — me dit Claude Gérard avec une paternelle douceur, — explique-toi... ceci n'est pas naturel... tu trembles... tu parais ému... tu es pâle... regarde-moi donc.

Pour la première fois, je levai les yeux sur Claude Gérard.

Il était alors instituteur dans cette commune, fonctions qui, acceptées comme il les envisageait, équivalent à un imposant sacerdoce... Je vis devant moi un homme de trente ans environ, de taille moyenne, d'apparence robuste, misérablement vêtu d'une blouse rapiécée çà et là ; ses pieds nus disparaissaient à demi dans des sabots garnis de paille ; il portait un vieux chapeau de feutre gris à fond plat et larges bords, pareil à ceux dont se coiffent les charretiers ; ses traits prononcés n'avaient rien de régulier ; mais ils me frappèrent par leur expression de mélancolique douceur et de gravité.

— Tu ne veux donc pas me répondre, mon enfant ? — continua Claude Gérard avec une surprise mêlée d'une légère inquiétude.

— Mais j'y songe, — reprit-il soudain, — j'étais dans la cour depuis un quart d'heure, et je ne t'ai pas vu entrer ?... Comment te trouvais-tu dans l'écurie ?...

Une idée soudaine venant alors sans doute à sa pensée, il s'écria :
— La fenêtre de ma chambre était ouverte... et cet argent ?...

Puis il ajouta par réflexion :
— Non... c'est impossible... un enfant... Pourtant lorsqu'il s'est jeté à mes jambes... il a poussé un cri... un signal peut-être...

En parlant ainsi, Claude Gérard m'avait repris par le bras ; il me fit traverser l'écurie, se dirigea précipitamment vers ce qu'il appelait *sa chambre*, y entra, jeta les yeux sur le grabat, et vit que l'argent avait disparu.

Alors, me secouant fortement, il s'écria :
— Petit malheureux !... on m'a volé... tu le savais !

Je ne répondis rien.

— Qui a volé cet argent ? Répondras-tu ? — s'écria-t-il d'une voix éclatante.

Même silence de ma part.

— Oh ! mon Dieu ! — dit Claude Gérard en portant ses deux mains à son front avec désespoir, — ce dépôt... qu'on vient de me remettre... volé... volé...

Profitant du mouvement désespéré de Claude Gérard, je lui échappai... il me rattrapa au moment où j'enjambais la fenêtre.

— Les voleurs dont ce petit malheureux est complice ne peuvent être loin, — s'écria-t-il.

Puis, me regardant avec un mélange de colère, de douleur et de pitié, il murmura :
— A cet âge... mon Dieu !... déjà !!...

Et sans rien ajouter, il m'entraîna, me fit rapidement traverser l'écurie, la cour, s'arrêta devant une espèce de loge maçonnée, un peu plus grande qu'une niche à chien, et malgré ma résistance désespérée, je fus enfermé dans cette cachette dont Claude Gérard assura la porte extérieurement avec un petit barreau de fer passé dans deux anneaux.

Me voyant prisonnier, je cherchai à m'échapper ; mais les murailles de ma loge étaient épaisses, je ne possédais aucun instrument propre à m'y ouvrir un passage ; la porte était solide ; quelques trous y étaient percés ; j'y collai mon visage... je ne vis... je n'entendis rien...

Reconnaissant l'impossibilité de m'évader, je tombai dans de cruelles perplexités. Oubliant les dangers de ma position, je ne songeai qu'aux périls que pouvaient courir Bamboche et Basquine, car si l'alarme était donnée par Claude Gérard, si tous les habitants du village se mettaient à battre les champs, les deux voleurs ne pouvaient manquer d'être arrêtés. Cette idée me désespérait, peut-être moins encore cependant que la possibilité d'une séparation.

— Au moins, en prison, — me disais-je avec l'égoïsme de l'amitié, — je serais avec Bamboche et Basquine.

Au bout d'une heure, je vis une douzaine de vaches entrer dans la cour et se diriger vers l'étable, conduites par un enfant de mon âge ; presque au même instant une femme, mise avec une certaine recherche, parut dans la cour et, d'une voix aigre, impérieuse, appela plusieurs fois très-impatiemment :
— Claude Gérard !

A ces cris le petit vacher sortit de l'étable et dit à la femme :
— Le maître d'école n'est pas là, madame Honorine.

— Comment ! il n'est pas là ? — reprit aigrement dame Honorine, — et où diable est-il ?

— Je ne sais pas, moi... Il n'y a personne dans sa chambre, et la fenêtre est ouverte.

— Vous allez voir que je vais être forcée d'attendre M. le maître d'école, — dit dame Honorine en se parlant à elle-même avec un courroux concentré.

Et dame Honorine se mit à aller de çà et de là, à quelques pas de ma logette, avec une irritation croissante.

C'était une femme de trente-cinq ans peut-être, assez petite et très-replète; elle avait les sourcils épais et noirs, la joue rebondie et vivement colorée, l'air gaillard et hautain; elle portait une belle robe de soie, une chaîne d'or au cou et un bonnet à nœuds de ruban, qui laissait voir des bandeaux de cheveux noirs bien lustrés.

Dame Honorine fulminait entre ses dents depuis dix minutes environ, lorsque je vis rentrer Claude Gérard, la figure pâle, bouleversée...

— Il était seul...

Mon cœur bondit de joie. Basquine et Bamboche étaient sauvés... ils n'avaient pu être atteints.

A l'aspect de Claude Gérard, dame Honorine s'avança vivement à sa rencontre, et, la joue empourprée de colère, s'écria brutalement :

— Savez-vous que voilà dix minutes que je suis à faire ici le pied de grue à vous attendre ? où étiez-vous ? Mais répondez donc !... où étiez-vous ?

L'instituteur paraissait à peine entendre cette femme; il passa sa main sur son visage décomposé, inondé de sueur, en murmurant à voix basse avec accablement :

— Plus d'espoir ! mon Dieu !... Cet argent est perdu !

Il ne me restait aucun doute : Basquine et Bamboche n'avaient plus rien à craindre. L'abattement de Claude Gérard me le disait assez.

Dame Honorine, aussi stupéfaite que courroucée du silence de l'instituteur, s'écria :

— Voilà qui est étonnant !... je parle à M. Claude Gérard... et il ne me répond pas...

— Pardon, madame Honorine, pardon, — dit Claude Gérard d'une voix altérée en revenant à lui, — j'allais...

— Qu'est-ce que cela me fait, à moi, où vous alliez ?... Voilà un quart d'heure que je vous attends.

A ma grande surprise, l'instituteur ne dit pas un mot du vol dont il venait d'être victime. Surmontant son émotion, il répondit à dame Honorine avec autant de douceur que de déférence :

— Je suis fâché de vous avoir fait attendre, madame Honorine... j'ignorais que vous dussiez venir... Qu'y a-t-il pour votre service ?

— D'abord, je voudrais bien savoir pourquoi vous n'avez pas rangé et balayé à fond la sacristie, comme je vous l'avais ordonné ce matin ?

— J'ai commencé à balayer, mais l'heure de ma classe est venue, madame Honorine, et...

— Je me moque bien de votre classe, moi !... la sacristie passe avant votre classe, peut-être. Est-ce qu'on ne vous paye pas pour la tenir propre ?

— Il est vrai, madame Honorine.

— Alors, si c'est vrai, pourquoi êtes-vous aussi fainéant ? Et le colombier ? Voilà plus de huit jours que vous n'y avez mis les pieds, il est dégoûtant ; monsieur le curé y est monté tantôt, il a eu le cœur soulevé... il est furieux contre vous !

— Madame... permettez...

— On ne vous paye pas pour nettoyer le colombier, allez-vous dire : si ça ne fait pas pitié !... comme si vous ne pouviez pas rendre ces petits services à monsieur le curé !

— Je rends autant de services que je le peux à monsieur le curé, vous le savez bien, madame Honorine, — répondit l'instituteur avec un calme et une douceur inaltérables.

— Dès que j'aurai un moment de libre, madame Honorine, je nettoierai le colombier.

— Il faut le trouver ce moment-là...

— Je le trouverai, madame Honorine.

— Pardi, je l'espère bien... Mais, autre chose : il y a une fosse à creuser pour demain matin ; voilà ce que monsieur le curé m'envoyait vous dire. Mais monsieur le maître d'école est à courir la prétantaine...

— Une fosse... — dit vivement Claude Gérard, — pour cette jeune dame sans doute ? C'est donc fini ?

— Oui, c'est fini, — répondit sèchement Mme Honorine,

monsieur le curé l'a administrée en sortant de table, — un joli *pousse-café* qu'il a eu là... merci...

— Pauvre jeune femme... — dit Claude Gérard avec un accent de douloureuse pitié; — mourir à cet âge... et si belle !...

— Je ne plains pas les belles femmes, moi, qui toutes baronnes qu'elles sont, se sauvent de chez leur mari avec leur amoureux, reprit aigrement Mme Honorine.

— Cette jeune dame, depuis deux ans qu'elle habitait le village... vivait absolument seule avec sa domestique; qu'a-t-on à lui reprocher ? — reprit Claude Gérard d'une voix sévère.

— Tiens, elle vivait seule parce qu'avant qu'elle ne vînt ici, son amoureux l'avait plantée là pour reverdir et ç'a été joliment bien fait.

— Quelle horrible douleur pour la pauvre petite fille de cette dame !... — dit mélancoliquement Claude Gérard, — elle sera arrivée ici pour voir mourir sa mère...

— Il faut que le mari ait été encore bien benêt de la lui envoyer, sa fille...

— Ah ! madame... n'avait-elle pas été assez punie d'en être séparée ?...

— Pourquoi avait-elle fait des siennes ?

— Si coupable qu'ait été une femme... peut-on lui refuser la vue de son enfant... lorsque, mourante... elle demande à l'embrasser une dernière fois ?

— Oui... je la lui aurais refusée, moi.

— Vous êtes sévère... madame Honorine... bien sévère, vous en avez le droit.

— Certainement... Mais, vous, un droit que vous ne prendrez pas, — reprit dame Honorine, — c'est celui de me faire attendre comme aujourd'hui... Ah çà ! que demain la sacristie soit balayée... le colombier nettoyé (1)....

— J'y tâcherai, madame Honorine.

— J'y compte, — dit la gouvernante du curé en s'éloignant d'un pas majestueux.

CHAPITRE XXXIII.

Logement de Claude Gérard. — Nouvelles fonctions imposées à un instituteur communal. — Offres faites à Martin. — Il est mis en liberté. — Ce qu'il trouve au lieu du rendez-vous.

La douceur parfaite, la résignation calme de Claude Gérard, me causèrent une impression étrange; je me sentis attendri ; j'eus comme un remords d'avoir participé à un vol qui paraissait causer à cet homme une peine si grande.

Il faisait presque nuit au moment où dame Honorine s'éloigna.

Claude Gérard se dirigea vers l'écurie... mais, se souvenant sans doute de moi, il retourna brusquement sur ses pas, vint à ma loge, l'ouvrit et me dit :

— Suivez-moi.

Marchant devant l'instituteur, je l'accompagnai dans ce qu'il appelait *sa chambre*.

Un entourage fait de ces claies dont on se sert pour parquer les troupeaux, séparait de l'étable le réduit où logeait Claude Gérard. A la faible lueur d'une chandelle qu'il alluma, je vis, au-dessus du grabat de l'instituteur, quelques planches chargées de livres ; dans un coin, ap-

(1) Quoique l'odieux et le ridicule rivalisent dans ce tableau de la misérable condition faite à l'*instituteur de la commune*, ce seul dispensateur de l'éducation populaire, il faut bien se garder de voir dans ces faits la moindre exagération, et surtout une exception. Nous lisons dans un excellent livre *officiel*, conséquemment fort modéré, mais écrit sous l'empire des plus généreuses pensées :

« Nous disons donc que l'instituteur est souvent regardé dans
» la commune *sur le même pied qu'un mendiant* (212), qu'entre le
» pâtre et lui, *la préférence est pour le pâtre* (213) ; que les maires,
» quand ils veulent donner à l'instituteur une marque d'amitié,
» *le font manger à la cuisine* (214). — Et plus loin : Toujours
» poursuivis par cette nécessité de se récupérer de la somme exor-
» bitante de 200 francs qu'il fallait donner à l'instituteur, bien
» des conseils municipaux ont voulu comprendre au moins dans
» cette allocation une foule de fonctions différentes, qui seules
» suffiraient à absorber son temps. — Il faut qu'il soit *fossoyeur*

puyé au mur, un tableau de bois noir, où l'on apercevait encore des chiffres tracés à la craie, tandis que, sur une table boiteuse, étaient empilés un assez grand nombre de cahiers d'écriture.

Je regardais Claude Gérard avec inquiétude, ignorant ce qu'il allait faire de moi.

Sans doute, pensai-je, il va vouloir me forcer de lui nommer mes complices, et ensuite me livrer aux gendarmes, qui me mèneront en prison, où je resterai jusqu'à dix-huit ans; mais, plutôt mourir que de dénoncer Basquine et Bamboche, me disais-je héroïquement, en songeant avec une douloureuse angoisse à notre séparation, peut-être bien longue, peut-être éternelle. Comment retrouver mes compagnons? comment m'échapper pour aller les rejoindre au rendez-vous que nous nous étions donné en cas de poursuites? Ne serait-il pas déjà trop tard?

Claude Gérard, sans m'adresser la parole, prit sur une planche un morceau de pain presque noir, et un sac de noix qu'il plaça au milieu de la petite table, ainsi qu'une potiche de grès remplie d'eau, puis coupant une tranche de pain et l'accompagnant de quelques noix, il me dit d'une voix calme :

— Si tu as faim... mange...

Malgré mon inquiétude, mon chagrin, je ressentais une faim dévorante; depuis le matin nous courions les champs à jeun; je fus donc doublement sensible à l'offre hospitalière de cet homme qui avait tant à se plaindre de moi.

Pendant que je mordais dans un pain très-dur et que je cassais les noix à l'aide du couteau laissé sur la table, Claude Gérard, assis sur son grabat, semblait m'observer avec attention; au bout de quelques moments, il dit à voix basse, comme se parlant à lui-même :

— Il y a pourtant dans cette physionomie de la douceur et de l'intelligence.

Soudain la porte de la vacherie, fermée seulement au loquet, s'ouvrit, et une grosse voix appela :

— Oh là! Hé! Claude Gérard!

— Qu'est-ce? — demanda l'instituteur, — qui est là?

— Moi, Bijou, le porcher à M. le maire (la voix prononça le mâre), je viens de sa part, et plus vite que ça?

— Que voulez-vous? — dit Claude Gérard. — Entrez.

— Merci, — fit Bijou, — je me toquerais dans les vaches... j'vas vous parler d'ici... je suis pressé.

— Eh bien... parlez.

— M. le mâre y vous dit de venir demain matin, au point du jour, avec votre cloche, pour sonner quelque chose qu'il vous dira... afin que le sonnage soit fini avant que le monde ne s'en aille aux champs... voilà...

— Mon garçon, vous répondrez à M. le maire que cela

» et tambour, qu'il nettoie le lavoir public; qu'il monte l'horloge, qu'il
» cumule les fonctions de chantre et de sacristain, qu'il paye les hosties,
» blanchisse le linge de l'autel, et qu'il paye les balais (284). »

Les notes suivantes, auxquelles renvoie l'auteur du livre que nous citons, sont extraites des rapports de quatre cent quatre-vingt-dix inspecteurs chargés d'inspecter les écoles de France.

(212) « Pour les instituteurs, vous les trouvez pauvres, mal
» vêtus, faisant la classe en sabots, sans bas, sans gilet ni cravate.
» Malgré les tristes idées que je me formais de l'instruction dans
» ces contrées, j'étais loin de penser que les instituteurs fussent
» dans état aussi déplorable. Retirant de chaque élève, avec
» beaucoup de peine, 30, 40, et quelquefois même 25 centimes
» par mois, mariés, chargés d'enfants, que peuvent-ils devenir?
» (214). Mais ne recueillant de sa profession d'instituteur qu'une
» centaine de francs par an tout au plus, B... sert de domestique
» chez un fermier (284). — Dans les marchés, toutes les fonctions
» du maître d'école se trouvent stipulées. Il est chantre, sacristain,
» fossoyeur, secrétaire gratuit de M. le maire et domestique de M. le
» curé (214). — A Saint-Antonin, R..., instituteur, valet de ville,
» sonneur et fossoyeur de tombes, était absent. »

Nous aurons occasion de citer plusieurs fois cet excellent livre, intitulé :

Tableau de l'instruction primaire en France d'après les documents authentiques, d'après les rapports adressés au ministre de l'instruction publique par les quatre cent quatre-vingt-dix inspecteurs chargés de visiter toutes les écoles de France, par M. LORRAIN, professeur de rhétorique.

Paris, Hachette.

me sera impossible, car M. le curé m'a ordonné de creuser une fosse demain au point du jour, pour l'enterrement d'une jeune dame. Ceci ne peut pas se remettre...

— Ah! dame... moi... je ne sais pas... M. le mâre, il a dit ça... je vous le dis... Ah! et puis les laveuses sont venues se plaindre à lui, ce soir, que le lavoir avait besoin d'être curé, car le linge en devenait tout noir et puait beaucoup, tant il y avait de bourbe; M. le mâre a dit aussi que vous curiez le lavoir demain après le sonnage...

— Mon garçon, — reprit Claude Gérard avec un calme parfait où perçait pourtant une légère ironie, — vous direz à M. le maire que, de son côté, M. le curé m'ayant ordonné de nettoyer son colombier sans retard, je me trouve fort embarrassé entre le lavoir et le colombier... Pourtant, le lavoir intéressant davantage la commune, je m'occuperai du lavoir, après avoir creusé la fosse, puis je sonnerai à l'heure du retour des champs.

— Je m'en vas lui dire, mais il ragera sur vous, car il est rageur... comme il n'y a pas de rageur.

— Bonsoir, mon garçon, — dit l'instituteur, voulant sans doute mettre fin à l'entretien.

— Bonsoir, Claude Gérard, — reprit le porcher, — je vas donc dire à M. le mâre que vous ne voulez pas sonner demain matin.

Et la porte se referma sur l'envoyé de M. le maire.

Je ne pouvais avoir alors des idées fort arrêtées sur l'étendue et la variété des fonctions d'un maître d'école, et cependant je venais d'entendre avec assez d'étonnement dame Honorine commander à Claude Gérard, de la part de M. le curé, de creuser une fosse, de balayer la sacristie et de nettoyer le colombier du presbytère. Mais ma surprise augmenta singulièrement lorsque Bijou, le porcher de M. le maire, vint à son tour, de la part de M. le maire, ordonner à Claude Gérard de sonner et de curer le lavoir public...

Ce qui me frappait beaucoup aussi, c'était la résignation remplie de douceur avec laquelle Claude Gérard semblait accepter cette multiplicité de fonctions et promettait d'accomplir des ordres si divers...

Après le départ du porcher, Claude Gérard resta un moment silencieux, puis me dit, en me regardant attentivement :

— Écoute... l'argent que l'on m'a volé ne m'appartenait pas... on me l'avait confié... tes complices m'ont échappé... l'argent est perdu pour moi... Quand on me le redemandera, comment le rendre?... Il y avait cent vingt francs... je suis trop pauvre et je gagne trop peu pour jamais pouvoir économiser une pareille somme... je n'aurais qu'un moyen de prouver que l'on m'a volé... ce serait de te faire arrêter... toi... le complice du vol.

Et Claude Gérard se tut quelques secondes, sans me quitter du regard; sa menace, qui, je le sus plus tard, n'était qu'une épreuve, me fit frémir.

— Tu as peur d'être arrêté?... — me dit-il.

— D'être arrêté seul... oui... parce qu'en prison... je serai pour toujours séparé de mes camarades, et j'aimerais autant être tué d'un coup de fusil que de renoncer à les revoir.

— Tes camarades sont ceux qui m'ont volé? tu les aimes donc bien?

— Oui... oh! oui... je les aime bien... — répondis-je les larmes aux yeux.

— Je crois que tu dis vrai... cela annonce chez toi... du cœur... Mais comment peux-tu aimer des voleurs, de misérables hommes qui, sans doute, ont abusé de ton enfance pour faire de toi leur complice?

Je ne répondis rien; je crus prudent et adroit de cacher que mes complices étaient de mon âge, de ne donner aucun détail sur Basquine et sur Bamboche, de laisser Claude Gérard dans son erreur.

Mon silence se prolongeant, l'instituteur reprit :

— Quels sont tes parents? Comment ont-ils pu te laisser si jeune livré à toi-même?

— Je n'ai pas de parents.

— Tu n'as pas de parents?...

— Non... je suis un enfant trouvé...

— Ah!... je comprends — s'écria Claude Gérard, avec

un soupir de commisération, — c'est cela, l'abandon d'abord... puis l'exemple du vice... puis le vice... Pauvre malheureuse créature... je n'ai plus la force de t'accuser !

La figure mélancolique de l'instituteur exprimait alors une pitié si tendre, que je me sentis ému.

Après quelques moments de réflexion, Claude Gérard ajouta :

— A ton âge... le retour au bien est presque toujours possible... Voyons... sois franc... avoue-moi tout... et peut-être...

— Je n'ai rien à avouer... — repris-je brutalement, — je ne veux dénoncer personne ; faites-moi mettre en prison, si vous voulez...

Au lieu de s'irriter de ma réponse, Claude Gérard reprit doucement en haussant les épaules :

— En prison ?... lorsque je t'ai surpris, lorsque j'ai vu qu'on m'avait volé... est-ce que je ne t'aurais pas fait arrêter... est-ce que je n'aurais pas dénoncé le vol... si je n'avais reculé devant cette pensée : — t'envoyer en prison ?... Si tu étais homme, je n'hésiterais pas ; le vol est un crime infâme, il faut que justice soit faite... Mais, à ton âge... malheureux enfant... tout n'est pas encore désespéré... et tout espoir serait à jamais perdu, si l'on te mettait en prison... tu y resterais jusqu'à dix-huit ans, et tu sortirais de là criminel endurci... incurable...

— Alors, monsieur, mon bon monsieur... laissez-moi m'en aller, — m'écriai-je les mains jointes, voyant luire un rayon d'espoir. — Oh ! je vous en supplie, laissez-moi partir ce soir.

— Et où irais-tu ?

— Je tâcherais de rejoindre mes compagnons.

— Et si tu parvenais à les rejoindre, que ferais-tu ?

— Je resterais avec eux.

— Pour voler encore ?

— Oh ! non... pas toujours...

— Comment ! pas toujours ?

— Nous ne volions... que lorsque nous ne pouvions faire autrement.

— Tu comprends donc... qu'il aurait mieux valu ne pas voler ?...

— Dame !... on ne risque pas d'être arrêté... et puis...

— Et puis ?...

— On dit que ce n'est pas bien de voler... mais quand on a faim, il faut manger.

— Puisque vous ne voliez pas toujours, comment viviez-vous le reste du temps ?

— Nous demandions l'aumône... et d'autres fois... Basquine chantait dans les cabarets, — répondis-je étourdiment.

— Basquine ? — reprit Claude Gérard en me regardant avec surprise.

Je ne répondis rien, regrettant de m'être ainsi échappé. Pendant quelques instants, l'instituteur garda de nouveau le silence. Enfin il ajouta, sans paraître avoir remarqué ma soudaine réticence :

— Pourquoi tiens-tu autant à rejoindre tes compagnons ?

— Parce que nous nous sommes juré de ne jamais nous quitter, — m'écriai-je.

— Ordinairement, un enfant de ton âge ne s'engage guère par de pareils serments avec de grandes personnes, — me dit Claude Gérard.

— Mes compagnons ne sont pas de grandes personnes, — m'écriai-je.

Voyant que je regrettais ce second aveu involontaire, Claude Gérard ajouta :

— Allons, ne sois pas fâché d'avoir dit la vérité... cela sera peut-être bon pour toi... et pour tes compagnons...

Je regardais l'instituteur avec autant de surprise que de défiance ; il me devina, car il poursuivit avec un accent rempli de franchise et de bonté :

— Tu te défies de moi ; est-ce que j'ai l'air d'un méchant homme ? est-ce que je t'ai maltraité dans le premier moment où j'ai découvert le vol ? est-ce que je te parle avec dureté ? est-ce que je ne te montre pas plus de pitié que de colère, malgré ta mauvaise action ? Et sais-tu pourquoi cela, mon pauvre enfant ? Parce que je crois qu'il y a du bon en toi, parce que je suis sûr que tu n'es qu'égaré, comme le sont peut-être aussi tes compagnons. Voyons... quel âge ont-ils ?

— Basquine a deux ans de moins que moi, et Bamboche deux ans de plus, répondis-je... incapable de résister à la pénétrante influence de Claude Gérard.

— Une petite fille... de cet âge... déjà complice de vol... et ce vol commis par un autre enfant ! ! Oh ! c'est affreux ! — s'écria Claude Gérard. — Malheureuses créatures ! Mais par quelles étranges circonstances vous êtes-vous ainsi réunis tous trois ? Tes compagnons n'ont donc plus de parents ?

— Non, monsieur...

— Et depuis longtemps peut-être vous vagabondez, vous mendiez ainsi sur les routes ?

— Oui, monsieur... depuis plusieurs mois.

— Tout à l'heure, tu m'as paru espérer de retrouver tes compagnons, si je te laissais libre... Sans doute vous aviez un rendez-vous convenu ?

— Je n'ai pas dit cela...

— Non, mais cela est presque certain... Tes compagnons, que je n'ai pu rattraper, t'attendent sans doute quelque part dans les environs de ce village ?

— Je vous jure que non, monsieur, — m'écriai-je, effrayé de la pénétration de Claude Gérard, — et d'ailleurs... quand je saurais où ils sont... vous me tueriez plutôt, voyez-vous, que de me forcer à les trahir...

Puis j'ajoutai sournoisement, et bien fier de montrer à mon tour ma pénétration :

— Tout cela, c'est pour faire arrêter mes camarades et pour ravoir votre argent... vous voulez m'enfoncer...

Claude Gérard sourit tristement.

— Une telle arrière-pensée quand je me montre si indulgent pour toi... c'est mal... Mais, après tout, comment en serait-il autrement, avec la vie que tu as menée ? Je te plains... va, mon pauvre enfant... je ne t'en veux pas.

— Si j'ai mené cette vie-là... ce n'est pas ma faute, — dis-je, touché de la mansuétude de Claude Gérard ; — nous avons voulu par deux fois... redevenir honnêtes... on nous a reçus comme des chiens... Eh bien ! tant pis... nous resterons comme nous sommes...

— Ainsi tes compagnons et toi... vous avez eu souvent... conscience... regret de la mauvaise vie que vous meniez ?...

— Oh ! oui... allez... plus d'une fois... et comme disait un jour Bamboche en pleurant : — Nous n'étions pas méchants pourtant...

Ces derniers mots parurent frapper Claude Gérard ; il marcha quelques moments en silence dans sa chambre, puis revenant auprès de moi :

— Écoute ! je te crois capable de revenir au bien... si un honnête homme se chargeait de toi. Si tu le veux... tu resteras ici... mais, je t'en avertis, ta condition sera pauvre et rude : le pain noir que tu as mangé ce soir est ma nourriture de chaque jour ; comme moi, tu coucheras dans cette étable ; tu partageras avec moi de pénibles travaux... mais je t'arracherai à une vie qui te mène au crime. Je développerai ce qu'il y a de bon en toi... je t'instruirai... je te mettrai à même de gagner un jour honorablement ta vie... et de rester honnête homme... Je sens pour toi un intérêt singulier... et... il m'étonnerait, si je ne songeais à la circonstance qui le fait naître, mon pauvre enfant, car voici le moment décisif de ta vie... A cette heure tu vas choisir entre le bien et le mal.

— Monsieur...

— Écoute encore... J'ai le désir de te garder auprès de moi, mais je ne puis te contraindre. Si tu acceptes, il faut que ce soit librement... volontairement... car à chaque instant du jour, tu pourras quitter cette maison. Ainsi... réfléchis... et prends un parti...

Ce triste et laborieux avenir m'effrayait. Je ne répondis pas, et pourtant je me sentais profondément touché des bontés de Claude Gérard, qui reprit :

— Maintenant voici ce que je te propose pour ton camarade et pour la pauvre enfant qui l'accompagne.

Je regardai l'instituteur avec surprise.

— Il est de bonne heure encore... la nuit est claire, cette fenêtre est basse... si tu sais où rejoindre tes compagnons, va les trouver.

Nous atteignîmes la rivière, nous la passâmes à gué, en portant Basquine sur nos épaules. — Page 141.

Et Claude Gérard ouvrit la fenêtre.
La lune était brillante, je vis au loin la campagne, et, à l'extrême horizon, le coteau assez élevé que coupait la grande route où Basquine, Bamboche et moi, nous nous étions donné rendez-vous auprès d'une croix de pierre.
Ne comprenant pas les intentions de Claude Gérard, je restais stupéfait.
Il continua.
— Si tes compagnons éprouvent encore le désir de revenir à une vie meilleure... dis-leur que je trouverai deux personnes... qui feront pour eux ce que je t'offre de faire pour toi... mais que, comme la tienne... la condition qui les attend est pauvre et rude... Tu leur diras aussi... que l'argent qu'ils m'ont pris ne m'appartient pas... que ce vol peut me causer de cruels chagrins. Si tes compagnons ont encore quelque chose dans le cœur, ils reviendront ici... avec toi... ils me rapporteront cet argent qui serait bientôt follement dépensé par eux... et ils auront ici un asile, du pain, de bons enseignements... et vous ne serez pas séparés.
— Nous ne serons pas séparés ? — m'écriai-je.
— Non... tes camarades, je l'espère, logeront dans ce village... vous passerez dans cette école vos journées ensemble. Si, au contraire, tes compagnons... persistent dans le mal... laisse-les. Si toi-même, tu n'es pas touché de mon offre... suis-les... ne reviens plus... Mais de cruels regrets te puniront un jour, pauvre enfant.
Je restais immobile, le regard fixé sur Claude Gérard, partagé entre l'émotion que me causaient ses paroles, et la crainte de tomber dans un piège.
Étonné de ma stupeur, Claude Gérard reprit :
— Pars... qu'attends-tu ?
— Je n'ose pas... vous voulez peut-être me tromper.

Claude Gérard haussa les épaules, et me dit avec une longanimité angélique :
— Te tromper ?... Comment le pourrais-je ?... Voyons, je te crois assez résolu pour résister à mes menaces si je voulais te forcer à me faire connaître le rendez-vous où tes camarades t'attendent ?
— Oh ! pour cela oui, vous me tueriez plutôt...
— Et bien !... je te laisse aller seul...
— Et si vous me suivez de loin ?
— Il fait clair de lune, le pays est découvert ; si tu me vois te suivre... tu t'arrêteras.
Ma défiance obstinée ne trouvant rien à répondre à ces objections, je restai muet.
— Allons... — me dit Claude Gérard, — dépêche-toi... il y a trois ou quatre heures que le vol a été commis... tes compagnons, ne te voyant pas revenir, peuvent se lasser de t'attendre... hâte-toi... hâte-toi...
J'avoue, quoique pénétré des preuves de compassion, d'intérêt, que me témoignait Claude Gérard, je ne songeais qu'à l'espoir de retrouver Basquine et Bamboche, et de continuer avec eux notre vie vagabonde, s'ils refusaient les offres que je leur apportais.
Je courus vers la fenêtre...
Au moment où j'allais y monter, Claude Gérard m'arrêtant, me dit d'une voix émue en me tendant les bras :
— Embrasse-moi, mon pauvre enfant... que Dieu te conseille et te ramène..... soit seul, soit avec tes compagnons.
Je me jetai dans les bras de Claude Gérard sans pouvoir retenir mes larmes, car plusieurs fois, pendant cet entretien, j'avais senti mes yeux humides d'attendrissement ; pouvais-je ne pas être touché de l'ineffable indulgence, de la bonté paternelle avec laquelle cet homme me traitait, moi complice d'une méchante action qui pouvait avoir

— Ma chère dame... voulez-vous faire une bonne action qui vous portera bonheur ?... — Page 144.

pour lui de si funestes résultats; puis enfin, à sa voix, s'étaient de nouveau réveillés ces remords salutaires dont mes compagnons et moi avions déjà plusieurs fois subi l'influence; aussi peut-être, sans mon aveugle affection pour Basquine et pour Bamboche, aurais-je accepté la généreuse proposition de Claude Gérard; mais, m'arrachant de ses bras, je m'élançai vers la fenêtre.

Pourtant au moment de mettre le pied dehors, j'hésitai une seconde à quitter l'asile tutélaire qui m'était offert. Mon cœur se serra cruellement, il me sembla que je renonçais à tout jamais au bien; mais le souvenir de mes amis d'enfance l'emporta et je sautai par la fenêtre.

Je courus d'abord quelques pas devant moi, puis songeant à tout ce qu'il y aurait d'ingratitude à m'éloigner sans dire un mot de reconnaissance à Claude Gérard, je m'arrêtai... et je me retournai.

A la clarté de la lune je vis l'instituteur assis sur l'appui de la fenêtre; il me suivait d'un regard plein de tristesse.

— Adieu, Monsieur, — lui dis-je, le cœur gonflé, — je vous remercie toujours d'avoir été si bon pour moi, et de ne m'avoir pas fait arrêter...

— Je ne puis me résigner à te dire adieu, mon pauvre cher enfant, — me répondit l'instituteur d'une voix touchante, — laisse-moi espérer que tu reviendras. Il est impossible que tu restes insensible à ce que je t'ai dit... à ce que je t'ai offert... ou alors... — ajouta-t-il avec une tristesse navrante, — c'est qu'il n'y a plus rien à espérer de toi... Que ton sort s'accomplisse !

— Je crois que je ne reviendrai pas, Monsieur, — lui dis-je en secouant la tête, — c'est un adieu... pour toujours... allez...

Et je m'éloignai rapidement dans la direction de la grande route où nous nous étions donné rendez-vous en cas de poursuite.

L'habitude d'une vie vagabonde m'avait donné une grande mémoire des lieux; aussi, je retrouvai assez facilement mon chemin à travers un dédale de sentiers qui coupaient les champs.

Après un quart d'heure de marche, je m'arrêtai sur une éminence d'où je pouvais voir encore la petite fenêtre de l'instituteur; elle brillait au loin, faiblement éclairée; sur cette pâle lumière je vis se dessiner la silhouette de Claude Gérard, toujours assis sur le rebord de sa croisée et continuant sans doute à me suivre du regard.

Je descendis le versant du pli de terrain où je m'étais arrêté. La maison disparut à mes yeux, je continuai précipitamment ma course.

Plus je m'éloignais de cette espèce de phare de salut, plus mes bonnes résolutions s'affaiblissaient.

Je réfléchissais à quelle rude et misérable condition je me serais voué en acceptant les offres de Claude Gérard; et bientôt, en comparant à l'avenir qu'il me proposait, cette vie oisive, joyeuse, vagabonde, remplie de hasards, dont j'avais déjà goûté le charme irritant, cette vie, enfin, partagée surtout avec mes deux amis d'enfance, je ne comprenais plus mes hésitations récentes, et je gourmandais ma faiblesse.

Au bout d'une heure, j'arrivais sur la grande route; je vis de loin, au sommet de la montée, cette croix de pierre auprès de laquelle nous nous étions donné rendez-vous en cas de poursuite.

La route, déserte et silencieuse, était éclairée en plein par la lune.

Je me croyais certain de rencontrer mes compagnons. Ils auraient pu fuir sans danger, mais ils devaient éprouver une vive inquiétude à mon sujet; je les supposais incapables d'abandonner le pays, sans tenter au moins de se rapprocher de moi. Voulant donc les avertir aussi prompttement que possible de mon retour, quoiqu'une assez grande distance me séparât encore de l'endroit du rendez-vous, je m'arrêtai, et poussai un cri connu de Bamboche et de Basquine.

Je ne puis dire avec quelle angoisse, avec quels battements de cœur j'attendis que l'on répondît à mon signal.

Mon attente fut trompée.

Rien ne me répondit.

Ils sont trop loin... ils ne peuvent m'entendre, — me dis-je en courant vers la croix de pierre dont les bras brillaient alors éclairés, mais dont le piédestal massif disparaissait dans une ombre épaisse.

Grâce à l'agilité de ma course et malgré la rapidité de la montée, j'arrivai en quelques minutes au pied de la croix.

Mes compagnons ne s'y trouvaient pas.

En vain je jetai les yeux au loin, car le point culminant où je me trouvais dominait les deux montées opposées de la route; je ne vis personne; le cœur brisé, j'appelai... je criai.

Aucune voix ne répondit à mes appels, à mes cris.

Alors, épuisé de fatigue, haletant, désespéré, je me jetai au pied de la croix en fondant en larmes... souffrant mille morts de l'odieux abandon de mes compagnons. Soudain je sentis mes mains, qui touchaient le sol, toutes mouillées : je regardai à côté de moi et je vis comme une large mare noirâtre au milieu de laquelle j'aperçus un assez grand morceau d'étoffe blanchâtre;... je le pris, et trois pièces de cinq francs qu'il cachait brillèrent à la clarté de la lune...

Mais quel fut mon effroi, lorsque, dans le morceau d'étoffe, je reconnus le mauvais petit châle que Basquine portait le jour même!... Ce petit châle était ensanglanté, car cette humidité noirâtre où j'avais mouillé mes mains, c'était une mare de sang...

Ce châle, ces trois pièces d'argent tombées par hasard ou oubliées là, me prouvaient assez que Basquine et Bamboche, fidèles au rendez-vous donné, s'y étaient rendus après le vol que m'attendre; mais que leur était-il arrivé ensuite? Était-ce le sang de Basquine? Était-ce le sang de Bamboche qui trempait la terre? Par suite de quel mystérieux événement ce sang avait-il été répandu?

Toutes ces pensées effrayantes se heurtaient à la fois dans mon esprit. Je sentis mes idées se troubler, j'eus comme un vertige, et je tombai sans connaissance au pied de la croix, tenant entre mes mains le petit châle de Basquine.

CHAPITRE XXXIV.

Hésitation. — Martin est amoureux. — Il revient chez Claude Gérard. — Première nuit passée chez l'instituteur. — Lettre d'un curé, qui fait connaître le caractère de Claude Gérard.

Je ne sais combien de temps je restai plongé dans cette espèce d'anéantissement, ne pensant plus, ne voyant plus; mais lorsque je revins à moi, la nuit était noire, la lune avait disparu. Je rassemblai mes souvenirs. Les trois pièces d'argent et le petit châle ensanglanté que je retrouvai près de moi me rappelèrent la réalité.

Que faire? Que résoudre?

Attendre le jour pour me mettre en quête de Basquine et de Bamboche? Comment espérer les rejoindre? De quel côté diriger mes recherches? Et ce sang fraîchement répandu... était-ce son sang à elle? était-ce à lui? Si l'un d'eux avait été grièvement blessé, tué... peut-être, où s'était réfugié l'autre? Dans quel asile le blessé avait-il été transporté? où avait-on caché le cadavre?

Ma pensée s'égarait au milieu de ces poignantes incertitudes; aucun parti possible et praticable ne se présentait à moi.

Las de chercher une issue à ces perplexités, je songeai à Claude Gérard, à ses offres généreuses.

Je fus peu séduit, il est vrai, par la pensée de continuer seul cette vie vagabonde et aventureuse qui m'avait surtout charmé, parce que je la partageais avec Basquine et Bamboche.

D'un autre côté, Claude Gérard me l'avait dit franchement : je devais, en acceptant ses offres, me résigner à une vie de privations, de travail; or, l'habitude de la fainéantise et de l'indépendance était déjà si bien enracinée en moi, que je n'envisageais pas sans effroi cette longue suite de jours sans joie et laborieusement occupés.... qui m'attendaient chez l'instituteur; pourtant je trouvais au moins chez lui une existence rude, pauvre, mais assurée; de plus, quoiqu'il y eût entre lui et moi une grande différence d'âge, peut-être son affection m'aiderait-elle à supporter la perte ou l'éloignement de mes amis d'enfance.

Ce besoin d'affectuosité, d'expansion, chez moi si naturel et si vif, loin de s'affaiblir, s'était développé davantage encore par la pratique de tous les dévouements que ma tendre amitié pour mes compagnons m'avait inspirés; aussi me paraissait-il cruel de me résigner à vivre désormais seul, sachant d'ailleurs par expérience combien j'avais eu de peine à trouver *un ami*.

Ces réflexions faisaient de plus en plus pencher la balance en faveur de Claude Gérard, quoique je sentisse qu'il n'y aurait jamais entre lui et moi d'intimité, de confiance, de camaraderie... Il m'imposait beaucoup, et déjà je me connaissais assez pour prévoir que cette impression de gratitude mêlée de respect ne se changerait jamais en une tendre familiarité...

Je ne sais combien de temps eussent duré ces hésitations peu honorables pour moi, je l'avoue, sans une pensée étrange dont je fus soudain frappé.

Je n'avais jamais oublié ma rencontre avec cette charmante petite fille appelée Régina, que j'avais enlevée dans la forêt de Chantilly, enlèvement demeuré très-innocent d'ailleurs, malgré les mauvais conseils de Bamboche; car mes témérités se bornèrent à un baiser pris sur le front pâle et glacé de cette malheureuse enfant que j'emportai évanouie dans mes bras jusqu'à l'instant où, effrayés par l'approche d'une ronde de gendarmes des chasses, Bamboche et moi abandonnâmes nos deux captifs, le vicomte Scipion et Régina.

Entraîné par l'exemple des amours prématurées de Bamboche, qui avait sans doute éveillé en moi une sensibilité précoce... j'étais devenu tout d'abord et j'étais resté passionnément amoureux de Régina, dont le souvenir m'était toujours présent.

Mes amis d'abord s'étaient moqués de moi, et avaient fini par prendre mon amour au sérieux. Souvent, au milieu de nos courses hasardeuses, nos entretiens n'avaient pas d'autre objet. Quant aux moyens de me rapprocher de Régina et de m'en faire aimer *lorsque je serais grand*, moyens maintes fois discutés entre nous, il faut renoncer à dire leur extravagance ou leur brutalité; un seul pourtant était un peu moins insensé, un peu moins grossier que les autres; quand nous aurions l'âge, nous devions nous engager moi et Bamboche, comme soldats, Basquine comme vivandière. (Nous ne pouvions pas nous quitter, et selon nous il n'y avait pas de soldats sans guerre.) Par mon courage, je devenais quelque chose comme capitaine ou général; alors j'épousais ou j'enlevais Régina, *pour de bon* cette fois.

Si absurde que fût ce roman enfantin, j'avais fini par le caresser avec une vague espérance... et, chose bizarre dont je me gardais bien de dire un mot à mes amis, souvent en songeant à Régina, j'avais comme un vague regret de la mauvaise vie que nous menions, et malgré l'exemple de Bamboche, un instinct inexplicable me disait qu'il y avait quelque chose d'honnête, de pur, d'élevé dans l'amour.

Au milieu du trouble, de la douleur où m'avaient jeté les craintes que m'inspirait le sort de mes amis disparus, le souvenir de Régina ne m'était pas d'abord venu à l'esprit; mais au milieu de mes incertitudes au sujet des offres de Claude Gérard je pensai à Régina et je me dis :

« — Pour rien au monde je ne me serais séparé de mes » amis; mais, puisque ce malheur est arrivé, il me semble » qu'en suivant les conseils de Claude Gérard, *je me rap-* » *proche de Régina*, et que cette pensée me rendra moins » dure, moins pénible, la condition qui m'attend. »

A cette heure où, pour tant de raisons... hélas! j'interroge scrupuleusement mes moindres souvenirs au sujet de Régina, je me rappelle parfaitement que, si extraordinaire qu'elle me paraisse maintenant, telle fut cependant la raison déterminante qui me ramena vers la maison de l'instituteur : — La pensée de me rapprocher de Régina en devenant meilleur.

. . . .

Ramassant le châle ensanglanté de Basquine et les trois pièces d'argent, je retournai dans mon chemin au village.

Arrivé à la petite éminence d'où l'on découvrait la maison de l'instituteur... je vis la fenêtre encore éclairée.

— Il m'attendait... — me dis-je.

Et, je ne sais pourquoi, j'éprouvai une sorte de ressentiment hostile contre l'instituteur. La sûreté de prévision que je lui supposais m'humiliait profondément ; aussi, malgré mes bonnes résolutions récentes, j'eus la velléité de retourner sur mes pas... J'avais quinze francs, débris du vol commis... c'était de quoi vivre pendant plusieurs jours... mais, en me rappelant que ces pièces d'argent étaient teintes du sang de Basquine ou de Bamboche, j'eus horreur de cette ressource, scrupule bizarre que ne m'avait pas donné la pensée de m'approprier ma part du larcin commis au préjudice de Claude Gérard... Je poursuivis donc ma route.

Arrivant auprès de la maison de l'instituteur, je m'arrêtai à quelques pas de distance, et dans l'ombre ; puis à travers la fenêtre restée ouverte, j'observai attentivement Claude Gérard.

Dans cette étude que j'accomplis sur moi-même, face à face avec ma conscience, je ne veux rien oublier, surtout lorsqu'il s'agit de sentiments mauvais que j'ai depuis, sinon vaincus, du moins énergiquement combattus.

Je n'observais pas Claude Gérard... *je l'espionnais* avec une certaine amertume. Il allait désormais être pour ainsi dire *mon maître*, et pendant qu'il se croyait seul, je voulais tâcher de surprendre sur sa physionomie s'il était autre qu'il ne s'était montré à moi.

Assis devant une petite table, où il s'accoudait, l'instituteur avait son front appuyé sur sa main gauche, et de la droite il écrivait lentement.

Au bout de quelques instants la plume sembla s'échapper de ses doigts ; puis, renversant sa tête en arrière, il resta ainsi, immobile, les deux mains crispées, violemment appuyées sur ses tempes, et, à ma grande surprise, je vis son visage baigné de larmes... Il tournait les yeux vers le ciel avec un expression déchirante...

Mais bientôt Claude Gérard, essuyant ses pleurs du revers de sa main, se leva et marcha çà et là d'un pas précipité.

Curieux, inquiet, je suivais tous ses mouvements. Après s'être ainsi promené dans sa chambre, il s'approcha de la croisée ouverte, et ensuite d'un assez long silence interrompu par profonds soupirs, il dit :

— Allons... ce pauvre enfant ne reviendra pas... il est perdu... je m'étais trompé...

Et la petite fenêtre se referma.

Mes défiances, mes sournoises arrière-pensées cédèrent encore une fois à l'attrait doux et austère que Claude Gérard m'inspirait. Afin de ne pas laisser soupçonner mon espionnage, j'attendis quelques instants avant de frapper aux vitres.

A peine y eus-je heurté timidement que la fenêtre s'ouvrit.

Il me semble encore entendre l'exclamation de surprise, de joie, qui salua ma venue.

D'un bond je fus dans la chambre, Claude Gérard me serra sur son cœur avec un bonheur inexprimable.

— Dieu soit béni... — disait-il, — non... non... je ne m'étais pas trompé... Pauvre cher enfant... je t'avais bien jugé.

Mais il ajouta par réflexion :

— Et tes compagnons ? ton exemple n'a pu les décider ?

Je racontai à Claude Gérard l'inutilité de mes recherches et je lui montrai en frissonnant le châle ensanglanté de Basquine et les trois pièces d'argent.

— Un crime a peut-être été commis, — me dit-il d'un air grave et pensif. — Demain, sans te compromettre comme complice du vol, je tâcherai de trouver le moyen d'éclaircir ce mystère... Calme-toi... mon enfant, et surtout repose-toi... des pénibles émotions de cette journée ; jette-toi sur mon lit... tu y seras mieux... je vais, moi, dormir dans l'étable... Tâche de dormir... demain, tu me raconteras le passé et nous parlerons de l'avenir... Allons ! bonsoir... Ton nom... quel est-il ?

— Martin... Monsieur.

— Martin ! — s'écria Claude Gérard en pâlissant... — Martin, — répéta-t-il avec une expression indéfinissable. — Et tu ne connais ni ton père ni ta mère ?

— Non, Monsieur... De plus loin que je me souviens, je servais d'aide à un maçon, et puis après j'ai été ramassé par des saltimbanques, que j'ai quittés il y a quelques mois, avec mes compagnons, pour mendier...

— J'étais fou... — dit Claude Gérard en se parlant à lui-même. — Quelle idée !... c'est impossible... Mais ce nom... mais cet intérêt singulier que je porte à cet enfant... Allons cet intérêt, je l'aurais ressenti pour toute autre malheureuse créature, prête aussi de tomber dans l'abîme... Mais ce nom... ce nom... il me semble qu'il me fera aimer cet enfant davantage encore.

Puis, s'adressant à moi :

— Ne te rappelles-tu aucune circonstance de... Mais non, dors... dors... mon enfant... demain il sera temps de causer.

— Je n'ai pas envie de dormir, Monsieur, je suis trop triste.

— Eh bien ! raconte-moi comme tu le pourras, en peu de mots, mais bien franchement, ta vie jusqu'à ce jour.

Et je racontai tout, à peu près tout, à Claude Gérard ; je lui cachai seulement mon amour pour Régina.

Mon récit naïf, sincère, attendrit et irrita tour à tour mon nouveau maître ; il me témoigna l'horreur que la Levrasse, la mère Major, etc., etc., lui inspiraient, et le sort de Basquine le navra. S'il accusait Bamboche, il le plaignait aussi. Durant le cours de mon récit, Claude Gérard me dit plusieurs fois qu'il regrettait amèrement la disparition de mes compagnons ; car d'après ce que je lui apprenais d'eux, il ne doutait pas de leur retour à de meilleurs sentiments.

Arrivant au récit de notre dernière tentative, afin d'obtenir l'appui des *petits riches* que nous avions rencontrés dans la forêt de Chantilly, je nommai le vicomte Scipion Duriveau, nom et titre que nous nous étions maintes fois rappelés moi et mes compagnons, soit pour nous moquer de ce titre donné à un enfant, soit pour nous remémorer l'insolence et la méchanceté précoces de ce petit riche.

A peine eus-je prononcé le nom de Duriveau, que Claude Gérard bondit sur sa chaise ; ses traits révélèrent une souffrance aussi aiguë, aussi soudaine, que s'il eût été frappé au cœur.

Après un long et silencieux accablement, il me dit avec un sourire amer :

— Toi... aussi... c'est avec douleur et aversion... que tu prononces le nom de Duriveau... n'est-ce pas ?

— Dame, — lui dis-je, surpris de cette question, — ce petit vicomte, comme ses domestiques l'appelaient, a été pour nous si méchant, si méprisant...

— Eh bien... — s'écria-t-il, — moi aussi je prononce ce nom... avec douleur... avec aversion... ce sera un lien de plus entre nous.

— Vous connaissez donc aussi ce petit vicomte, Monsieur ?... — lui dis-je — pour vous aussi il a été méchant et méprisant ?

— Non... mais son père... oh ! son père... jamais je...

Puis, s'interrompant, Claude Gérard passa la main sur son front et se dit en haussant les épaules :

— En vérité, la douleur m'égare... Que vais-je raconter à cet enfant ?... Oh ! mes souvenirs... mes souvenirs...

Et après un profond soupir, il me dit :

— Continue, mon ami.

Je terminai ma confession par le récit de ce qui nous était arrivé depuis notre rencontre avec les petits riches : vagabondage, mendicité, vol... je ne cachai rien.

Après m'avoir écouté avec intérêt, Claude Gérard me dit en m'embrassant :

— Je me félicite davantage encore, s'il est possible, mon enfant, d'être venu à toi... Quelque temps de plus passé dans le vagabondage, et ta réhabilitation eût été sinon impossible, du moins bien difficile... Ce qui t'a soutenu, ce qui t'a à demi sauvé, vois-tu? c'est l'*amitié;* c'est l'affection dévouée, profonde, que tu avais pour tes amis... et qu'ils avaient pour toi. Il a suffi de la présence d'un seul bon et généreux sentiment dans leur cœur et dans le tien pour préserver vos âmes d'une corruption complète... Oui, c'est parce que vous avez aimé que vous êtes restés meilleurs que tant d'autres à votre place!... Oh! béni soit l'amour, — dit Claude Gérard avec une expression ineffable; — il peut sauver l'homme comme il peut sauver l'humanité.

Je ne sais pas pourquoi les mots de Claude Gérard me rappelèrent peut-être plus douloureusement que je ne l'avais encore éprouvé, la perte de mes compagnons; je fondis en larmes.

— Qu'as-tu? — me demanda-t-il avec bonté.

— Rien, Monsieur... lui dis-je en tâchant de retenir mes pleurs, craignant de blesser mon maître par mes regrets.

— Voyons, mon enfant, — me dit Claude Gérard de cette voix pénétrante et douce dont je subissais déjà l'influence, — voyons... prends l'habitude de me tout dire... Si tu as pensé mal... si tu as fait mal... je ne te blâmerai pas... je te montrerai le mal... et le pourquoi du mal...

— Eh bien!... Monsieur... quand cette nuit j'ai trouvé ce châle et ces pièces d'argent au milieu d'une mare de sang; quand, après avoir appelé mes compagnons, rien ne m'a répondu... j'ai ressenti un bien grand chagrin; c'était comme un étourdissement de douleur; mais maintenant, il me semble que ma peine est plus grande encore...

— Et cela doit être, mon enfant, il faut t'y attendre; cette peine grandira encore... Ce n'est ni aujourd'hui ni demain que tu ressentiras le plus vivement l'absence de tes compagnons. Le changement d'existence, tes occupations nouvelles te distrairont d'abord; mais ce sera dans quelque temps, et surtout dans tes jours de tristesse, de découragement, que tu regretteras amèrement tes amis. Les amitiés nées comme la vôtre dès l'enfance, au milieu des malheurs et des hasards soufferts en commun, laissent dans le cœur des racines indestructibles... dans l'esprit, des souvenirs ineffaçables; au bout de dix ans, de vingt ans, mon enfant, tu rencontrerais ces compagnons de ton jeune âge, que ton affection pour eux serait aussi vive qu'à cette heure...

Je regardais Claude Gérard avec inquiétude; il reprit :

— A un autre je parlerais différemment; mais d'après le récit de tes premières années, d'après la connaissance que je crois avoir déjà de ton caractère, je suis certain que tu as assez de courage, assez de bonne volonté, assez d'intelligence, pour entendre la vérité sans déguisement; oui, tu es assez fort pour que je puisse te prévenir de certains découragements inévitables dont tu souffriras, mais qui du moins ne te surprendront pas... Encore un mot, Martin; promets-moi de me confier tes peines, tes doutes, tes mauvaises pensées... si tu en as... Promets-moi surtout, dans le cas où la condition que je t'offre te paraîtrait trop triste, trop misérable, de me le dire franchement au lieu de t'échapper furtivement d'ici... parce qu'alors je tâcherais de te caser d'une manière peut-être plus conforme à tes goûts, à tes penchants, que je veux d'abord étudier..... Allons, mon enfant, le jour va bientôt paraître... Tâche de reposer un peu, j'ai moi-même besoin de sommeil... Bonsoir, Martin.

Et Claude Gérard m'ayant fait coucher sur son lit, souffla sa lumière; bientôt je l'entendis s'étendre, dans l'écurie, sur la litière.

En vain je cherchai le sommeil dont je sentais le besoin; j'étais trop agité : je me mis à songer aux paroles de Claude Gérard.

Chose assez étrange : par cela même peut-être, qu'en me montrant l'avenir sous d'austères couleurs, il n'avait pas craint de s'adresser à mon courage, à ma bonne volonté, à mon intelligence, je me sentis encouragé, relevé à mes propres yeux, et disposé à bravement affronter cet avenir, dont il ne me cachait pas l'austérité; ma curiosité était aussi vivement excitée par la manière dont Claude Gérard avait accueilli les sauvages maximes du cul-de-jatte, dont je l'avais rapidement entretenu et dont j'étais devenu aussi quelque peu l'apôtre; mon nouveau maître ne condamna pas ces principes, il ne s'en indigna pas, il se contenta de sourire tristement. Je tâchai de m'expliquer cette tolérance apparente en me disant que l'existence de Claude Gérard était sans doute une preuve de plus à l'appui de la théorie du cul-de-jatte; car, bien que je connusse à peine mon protecteur, sa générosité envers moi, l'honnêteté, la noblesse de ses sentiments me disaient assez la bonté, l'élévation de son cœur, tandis que tout ce qui m'entourait retraçait la misère et les privations dont il devait souffrir.

Vaincu par la fatigue, je m'endormis au milieu de ces réflexions, mais d'un sommeil léger, inquiet, car, au bout de deux heures environ, je m'éveillai au bruit que fit Claude Gérard en entrant dans sa chambre, et pourtant il avait eu l'attention de marcher avec précaution.

Je me mis aussitôt sur mon séant. Ces deux heures de repos avaient calmé, rafraîchi mon sang.

— Je ne voulais pas t'éveiller, — me dit Claude Gérard d'un ton de regret, — mais le mal est fait, tâche de te rendormir.

— Merci, Monsieur, j'ai assez dormi pour aujourd'hui... si vous avez quelque chose à m'ordonner, me voilà... je suis prêt.

Et je me mis sur pied.

— Non, mon enfant, quant à présent, je vais accomplir une triste besogne...

— Creuser la fosse de cette pauvre jeune dame? — lui dis-je.

— Qui t'a dit cela? — me demanda-t-il avec surprise.

— Hier... — répondis-je en baissant les yeux, — lorsque vous m'avez eu enfermé dans la petite logette, pendant que vous alliez courir après mes compagnons, j'ai vu venir une grosse dame vous demander, et je l'ai entendue vous parler à votre retour.

— Bon... je comprends maintenant... Eh bien, oui, mon enfant, je vais creuser une fosse.

— Voulez-vous m'emmener avec vous, Monsieur?... je vous aiderai... et puis j'aimerais mieux vous suivre que de rester seul.

— Soit, — me dit Claude Gérard avec un sourire mélancolique. — Aussi bien, puisque tu dois, pendant quelque temps du moins, partager ma vie, cette journée, aussi complète que possible, sera pour toi une épreuve, une initiation. Allons... viens.

Je suivis Claude du regard; il prit dans la vacherie une pioche et une bêche.

— Voulez-vous que je porte ces outils, Monsieur?

— Prends la bêche, mon enfant, ce sera moins lourd.

Je pris la bêche, et mon maître fit quelques pas, et, à la porte de l'écurie, rencontra le vacher qui lui dit familièrement en riant d'un gros rire :

— Vous aurez une fameuse classe aujourd'hui, Claude Gérard.

— Comment cela, mon garçon?

— Vous aurez plus d'élèves aujourd'hui qu'hier.

— Expliquez-vous. Quels seront ces nouveaux élèves?

— Eh...eh... mes vaches, donc.

— Vos vaches? mais, depuis quelques jours, elles sont aux champs à l'heure de ma classe.

— Ah! oui, mais mon maître a dit comme ça : — Pour le peu que mes bêtes broutent aux champs l'hiver pendant trois ou quatre heures, je perds le meilleur du fumier. Elles resteront donc dans l'étable toute la mauvaise saison, sans en sortir.

— Eh bien! mon garçon, — dit Claude Gérard, — vous laisserez vos vaches à l'étable... et je tâcherai que mes écoliers ne soient pas trop distraits par le voisinage, — ajouta-t-il en souriant.

Puis se retournant vers moi :

— Allons, Martin, viens... mon enfant.

Et portant la pelle sur mon épaule, je suivis l'instituteur qui portait la pioche sous son bras.

Cet instituteur-fossoyeur, cette classe tenue dans une vacherie, tout cela, malgré mon ignorance des choses, me semblait très surprenant ; deux ou trois fois je fus sur le point de manifester mon étonnement à Claude Gérard, mais je n'osai pas, et j'arrivai bientôt avec lui au cimetière du village.

Avant de raconter cette étrange journée qui laissa dans mon esprit des souvenirs inneffaçables et dans mon cœur une impression profonde et salutaire, j'ai besoin de donner ici quelques fragments de correspondance qu'un singulier événement mit plus tard en ma possession.

Ces débris d'une lettre lacérée, écrite peu de temps avant ma rencontre avec Claude Gérard, expliquent parfaitement la résignation de celui-ci aux fonctions les plus diverses, les plus pénibles, les plus repoussantes, et l'irritation haineuse que cette résignation inspirait à ses ennemis.

Cette lettre, adressée à une personne restée inconnue pour moi, était écrite par l'abbé Bonnet, curé de la commune dans laquelle Claude Gérard était instituteur.

« . . . . En un mot, c'est intolé-
» rable...

» Il est impossible de trouver ce Claude Gérard en dé-
» faut ; il accepte tout, il se résigne à tout avec une pa-
» tience, avec une soumission qui, chez un homme de sa
» capacité (malheureusement elle est incontestable), ne
» peut être que le comble du dédain.

» M. Claude Gérard se croit sans doute d'un esprit trop
» élevé, d'une nature trop supérieure, pour se trouver
» humilié de quelque chose... Il remplit les fonctions les
» plus basses, les plus viles, avec une sérénité qui me con-
» fond ; non-seulement il se soumet rigoureusement à toutes
» les charges qui lui sont imposées comme annexes de ses
» fonctions d'instituteur, mais il trouve encore le moyen
» d'obéir à des exigences de ma part que j'espérais bien lui
» voir décliner (et il le pouvait à la rigueur), afin de m'armer
» contre lui, au moins d'un prétexte ; mais il est trop fin
» pour cela, et avec sa diabolique et dédaigneuse soumis-
» sion, il me force de reconnaître que je suis son obligé...
» peut-être enfin le lasserai-je... Espérons-le du moins.
» . . . . Il faudrait donc tâcher d'a-
» bord de le déconsidérer. C'est fort difficile, car il n'est
» pas jusqu'aux avilissants travaux dont il est chargé
» qu'il n'ait l'art de relever par l'espèce de dignité calme
» avec laquelle il les accomplit aux yeux de tous. C'est un
» lien de plus, au moyen duquel il se rattache toute cette
» plèbe, vouée forcément aux travaux grossiers ; il fait
» avant tout ressortir aux yeux de ces gens-là l'utilité des
» choses ; de cette manière, il s'honore et il se fait honorer
» de se soumettre aux fonctions les plus répugnantes.
» Déconsidérez donc un pareil homme !

» Que vous dirai-je ? Ce malheureux-là, avec sa douceur
» inaltérable, son obéissance, ses guenilles, ses sabots, son
» grabat, son pain noir et son eau claire, fait mon désespoir ;
» il me gêne, il m'obsède, il me critique de la façon la plus
» insolente, la plus amère... non que je sache qu'il ait
» jamais osé dire un mot de blâme sur moi... mais cette
» austérité, cette résignation qu'il affecte, jointes à son
» savoir et à sa rare intelligence, sont comme une protes-
» tation de tous les instants contre ma manière de vivre,
» contre l'espèce d'aisance dont je jouis grâce aux libéra-
» lités de cet excellent comte de Bouchetout, le diamant
» de mes paroissiens, mais je crains.

» ... Il faudrait une raison majeure pour éloigner
» Claude Gérard de cette commune, où il tient par mille
» liens invisibles, mais très-forts ; il exerce sur tout le
» monde une sorte d'influence, et ceux-là sur qui cette
» influence est la plus grande sont ceux qui s'en doutent
» le moins ; parce que ces butors-là le traitent familière-
» ment, ils ne se doutent pas qu'il fait d'eux ce qu'il veut.
» Vous n'avez pas idée des affaires contentieuses qu'il ar-
» range, des germes de procès qu'il étouffe ; il donne aux
» petits tenanciers contre leurs propriétaires les conseils
» les plus perfides ; car il a l'art infernal de ne jamais
» outrepasser la légalité, pour laquelle il affecte de profes-
» ser le plus grand respect.

» Tout ceci revient à mon dire : cet homme jouit

» d'une grande popularité ; il faut d'abord la détruire, là
» est toute la question.

» J'avais espéré découvrir quelque chose de fâcheux à
» propos des absences fréquentes de notre homme, absences
» qui duraient une partie de la nuit ; car pour ne manquer
» à aucun de ses devoirs, il prenait sur son sommeil le
» temps nécessaire pour ses excursions.

» J'ai su le fin mot de la chose : il se rendait ainsi, m'a-
» t-on dit, hebdomadairement, à la maison d'aliénés de votre
» ville. J'ai fait prendre des informations auprès du direc-
» teur de cette maison. En effet, Claude Gérard y vient à
» peu près régulièrement une fois par semaine ; il a telle-
» ment ensorcelé le directeur, que pour M. Claude Gérard,
» la règle de la maison est violée et l'on consent à le re-
» cevoir assez tard dans la nuit.

» La personne qu'il vient visiter si assidument est une
» femme de vingt-six à vingt-sept ans, qui, malgré sa fo-
» lie, est, dit-on, d'une remarquable beauté. Quoiqu'elle
» ne semble pas reconnaître M. Claude Gérard, la vue de
» ce personnage opère cependant sur cette malheureuse
» une impression salutaire : elle est plus calme après ces
» visites ; c'est pourquoi le médecin, non-seulement
» les autorise, mais encore le désire.

» Comme cette femme est dans la maison par charité,
» elle manque de bien des petites douceurs ; pourtant de
» temps à autre, Claude Gérard trouve le moyen, sans
» doute grâce aux privations qu'il s'impose, de laisser
» quelque argent, bien peu de chose, il est vrai, pour
» subvenir aux fantaisies de cette folle.

» De ceci qu'arguer contre Claude Gérard ? Rien que
» d'honorable en apparence ; seulement, il est très-évi-
» dent qu'il ne tient autant à rester ici qu'à cause de la
» proximité de notre commune avec la ville où est ren-
» fermée cette folle.

» On m'a dit encore, mais cela n'est malheureusement
» d'aucune importance contre lui, on m'a dit qu'avant la
» folie de cette femme, il en avait été éperdûment épris ;
» mais qu'elle l'a abandonné pour un autre, et que, par
» suite de son amour pour cet autre, elle était devenue
» insensée.

» Sans doute cette déception est pour quelque chose
» dans la profonde mélancolie dont Claude Gérard est évi-
» demment rongé, malgré son apparente sérénité.

» Je vous ai dit l'influence de Claude Gérard sur la
» plèbe ; il faut maintenant que je vous édifie sur son in-
» fluence sur des gens d'un ordre plus relevé ; ce qui me
» conduira naturellement à vous expliquer ensuite com-
» ment et pourquoi je crains qu'il ne me débauche cet
» excellent Bouchetout.

» Vous le savez : pendant très-longtemps, les riches
» propriétaires du pays ont lutté contre la fondation d'une
» école primaire dans cette commune. Ils avaient raison,
» ils comprenaient tout le danger qu'il y avait à éclairer
» les populations : c'était donner à celles-ci les moyens de
» se compter, de s'entendre, de se concerter, et surtout
» de s'animer, de s'exalter à la lecture des livres et des
» journaux exécrables qui s'impriment aujourd'hui. Selon
» moi, selon ces sages et prudents propriétaires, l'édu-
» cation du peuple devrait se borner à l'enseignement oral
» du catéchisme par le curé, — rien de plus (1).

(1) M. Lorrain, dans son excellent ouvrage officiel que nous avons déjà cité, déplorant certaine résistance systématique et inintelligente aux développements de l'éducation populaire, s'exprime ainsi :

« . . . . . Mais c'est souvent parmi les hommes franchement dévoués
» au gouvernement, que l'on entend des objections contre la loi ; —
» tantôt ils les puisent dans l'intérêt de l'agriculture : — Quand
» tous les enfants du village sauront lire et écrire, où trouverons-nous
» des bras ? — Nous avons besoin de vignerons et non pas de lec-
» teurs, — dit un propriétaire du Médoc. — Au lieu d'aller perdre
» leur temps à l'école, qu'ils aillent curer un fossé, — dit un bour-
» geois du Gers. — Tantôt un amour-propre insensé révolte les
» fermiers un peu aisés contre l'idée d'envoyer leurs enfants
» s'asseoir côte à côte sur le même banc que les indigents. Lire,
» écrire et compter, c'est pour eux un insigne de l'aisance, comme
» de pouvoir monter sur un bidet pour aller au marché, pen-
» dant que l'indigent chemine pédestrement près d'eux, comme
» de prendre place à la messe dans son propre banc, au lieu de
» s'agenouiller sur le pavé commun. »

» Malheureusement la force des choses en a décidé au-
» trement. La religion du gouvernement a été surprise
» par des brouillons inconsidérés; nous avons donc été
» obligés de subir l'école primaire.
 » Vous comprenez bien que tout a été employé pour
» rendre, pendant très-longtemps, la mesure complète-
» ment illusoire. Mais enfin, forcés dans nos derniers
» retranchements, nous avons relégué l'école dans une
» étable infecte, malsaine, et le taux de la redevance de
» chaque enfant en état de payer a été fixé à *un sou* par
» mois; ce qui élevait, pour l'instituteur, la redevance
» scolaire à environ 40 ou 50 fr. par an; de plus ledit
» instituteur était obligé à toutes sortes de fonctions
» rudes et avilissantes; le prédécesseur de Claude Gérard
» y a renoncé au bout de trois mois; l'école a été fermée
» deux ans; il a fallu un Claude Gérard pour venir affron-
» ter et surtout subir tant de misère, tant de dégoût, tant
» de déboires, avec une insolente abnégation.
 » Parmi les riches propriétaires du pays, était un assez
» bon homme, à qui j'avais facilement fait comprendre
» tout le danger qu'offre l'éducation du peuple. Je ne me
» défiais aucunement de lui, lorsque, par je ne sais quelle
» fatalité, il rencontre un jour le Claude Gérard.
 » Savez-vous ce qu'il devint? Au bout de deux heures de
» conversation, mon homme avait complètement changé,
» grâce à l'astuce diabolique de l'instituteur.
 » Voici le langage que la pauvre dupe me tint le soir
» même :
 » — Eh bien! monsieur le curé, j'ai rencontré ce pauvre
» Claude Gérard... Savez-vous qu'il parle à merveille... et
» qu'il donne des raisons excellentes en faveur de l'ensei-
» gnement populaire?
 » — Ou vous avez pour le peuple une sympathie frater-
» nelle, m'a dit Claude Gérard, — et alors vous devez
» tâcher qu'il reçoive autant d'instruction que vous en
» avez reçu vous-même, puisque l'instruction moralise,
» améliore; car sur cent criminels, il y en a quatre-vingt-
» quinze qui ne savent ni lire ni écrire;
 » Ou vous regardez au contraire le peuple, je ne dirai
» pas comme votre ennemi, mais comme un antagoniste
» dont les intérêts sont opposés aux vôtre... Eh bien,
» donnez-lui encore de l'éducation ; car, au lieu d'avoir à
» redouter un ennemi que la misère et l'ignorance peu-
» vent rendre farouche, stupide, brutal, féroce, vous au-

Puis suivent des notes extraites des rapports des inspecteurs généraux.

« Il est une autre cause qui nuit au progrès de l'instruction : c'est l'influence qu'exercent dans les campagnes certaines personnes distinguées par leur fortune; ces personnes prétendent qu'il est inutile de montrer à lire à des paysans qui doivent gagner leur pain à la sueur de leur front. — (ARDENNE, canton de Mézières, p. 185.)
 » — Les propriétaires aisés disent qu'ils se garderaient bien de faire instruire les enfants indigents de leur commune. S'il en était ainsi, ajoutent-ils, on ne trouverait plus personne pour cultiver les terres. (GIRONDE, p. 186.)
 » — *Nous ne voulons pas*, disent les propriétaires, — *instruire les enfants pauvres*, parce que la culture de nos terres *serait abandonnée; les enfants pauvres prendraient des métiers*. (GERS.)
 » (DORDOGNE.) — Les habitants d'une classe plus élevée ne sont pas en général favorables à l'extension des études primaires, persuadés que le paysan qui dépasse un certain degré de connaissances, devient un personnage inutile. (P. 185.)
 » (DROME.) — Les familles riches sont loin d'encourager l'instruction primaire, et témoignent hautement *qu'elles crai- gnent de voir l'instruction se répandre dans les classes pauvres*. » (P. 187.)
 » (CHER.) — Beaucoup de propriétaires sans aucune aversion pour le gouvernement, mais, avant tout, *amis de l'ordre et de la paix*, ne voient pas sans inquiétude propager l'instruction élémentaire dans ces temps où les journaux pullulent; ils redoutent les *avocats de village*, comme ils les appellent. Les propriétaires ne comprennent pas encore bien que les *avocats de village* (ajoute très-sensément l'inspecteur dans son rapport) ne doivent leur pernicieuse influence qu'au monopole de la lecture et de l'écriture, et que quand ces ressources seront à l'usage de tous, elles cesseront de profiter à quelques-uns contre le plus grand nombre. » (P. 188.)
 » (CHARENTE.) — Il n'est que trop vrai, en général, que les *propriétaires riches et aisés, sans éducation, ne voudraient pas voir les indigents recevoir de l'instruction comme leurs enfants.* » (P. 188.)

» rez un adversaire aux sentiments, à l'esprit, au cœur,
» à la raison duquel vous pourrez appeler avec succès,
» parce qu'il sera éclairé.
 » — Eh bien, monsieur le curé, me dit la dupe de l'ins-
» tituteur, ce simple langage m'a frappé, tellement frappé,
» que j'ai rougi de honte et de pitié en voyant un homme
» instruit, doux, résigné, laborieux comme Claude Gérard,
» vêtu ainsi qu'un mendiant, avec des sabots aux pieds ;
» j'ai rougi de honte encore, et de pitié aussi, en pen-
» sant à l'étable où notre instituteur donne ses leçons.
» Je suis donc presque décidé à faire les frais, pour la
» commune, d'un local plus convenable, et à porter les
» appointements de Claude Gérard à une somme qui lui
» permette de vivre au moins d'une manière décente.
 » Je regardai la dupe de Claude Gérard avec la conster-
» nation que vous imaginez.
 » Cela n'est pas sérieux, — dis-je à cet égaré.
 » — Si sérieux, mon cher monsieur le curé, que j'ai
» déjà en vue une maison qui me paraît sortable.
 » Heureusement la Providence vint à mon secours : la
» mort presque subite d'un oncle de cette pauvre dupe la
» força de quitter le pays; des affaires importantes la re-
» tinrent longtemps et la fixèrent enfin à Paris; aussi ce
» Claude Gérard est resté *Jean comme devant*, donnant
» ses leçons dans une étable infecte, malsaine... que les
» enfants devraient fuir comme la peste... et pourtant,
» quoiqu'ils tombent souvent malades par suite du mau-
» vais air qu'on y respire, la diabolique école est toujours
» comble..... »

CHAPITRE XXXV.

Le cimetière de village. — La fosse. — L'enterrement. — Martin retrouve Régina.

Le soleil se levait au moment où, après avoir attendu quelques instants Claude Gérard à la porte de la maison mortuaire où il entra, j'arrivai avec lui au cimetière, pauvre cimetière s'il en fut, où l'on ne voyait que d'humbles croix à demi cachées dans de grandes herbes, au milieu desquelles s'élevaient çà et là quelques cyprès. Il restait vers le milieu, sur une petite éminence, une place assez vaste. Claude Gérard se dirigea sur ce point et me dit :
— Allons, mon enfant, à l'ouvrage ; heureusement le dégel a amolli le sol. Je vais creuser ; tu relèveras la terre avec la pelle. Hâtons-nous, car le cercueil ne tardera pas à arriver.
Puis il ajouta comme se parlant à soi-même :
— Morte hier... enterrée ce matin... Heureusement je suis rassuré sur cette funeste précipitation qui cause parfois de si terribles malheurs.
— Quels malheurs, Monsieur?
— Hélas! mon pauvre enfant... des personnes ont été ainsi enterrées vivantes.
— Vivantes! — m'écriai-je avec effroi.
— Oui... seulement plongées dans une léthargie profonde... puis venait le moment du réveil... — dit Claude Gérard en frémissant, — oui... du réveil... dans une bière étroite... sur laquelle pèsent six pieds de terre...
— Oh ! c'est affreux, — m'écriai-je, — et vous craignez que cela fois?...
— Rassure-toi, mon enfant ; si je craignais cela... je ne comblerais pas cette fosse, et je veillerais... mais, tout à l'heure, je suis entré dans la maison mortuaire, je me suis informé de toutes les tristes circonstances de cette mort... Le médecin de la ville voisine, homme des plus instruits, a constaté le décès... et cette déclaration d'un homme tel que lui ne peut laisser aucun doute... Pauvre femme, elle a voulu, dit-on, être ensevelie dans une brillante parure, autrefois portée par elle... sans doute quelque souvenir se rattachait à cette dernière volonté. Allons, mon enfant, à l'ouvrage.
Et l'instituteur, jetant son vieux chapeau de paille, relevant les manches de sa blouse, commença de piocher vigoureusement le sol avec une dextérité qui annonçait une

longue expérience des travaux manuels. Je l'aidai de mon mieux et suivant mes forces.

— C'est la fosse.... d'un martyr..... que nous creusons là... mon enfant, — me dit Claude Gérard, au bout de quelques instants, en essuyant du revers de sa main la sueur qui inondait son front.

— La fosse d'un martyr?... — lui dis-je.

— Oui... d'une femme qui a compté, dit-on, presque chaque jour de sa vie par ses larmes, toute grande dame qu'elle était. Ah! mon enfant, il n'est pas de misères que sous les haillons.

— Et qui l'a fait tant souffrir cette pauvre dame?

Soit que Claude Gérard n'eût pas entendu ma question, soit qu'il ne voulût pas y répondre, il baissa la tête et se remit à piocher vigoureusement la terre; bientôt il reprit avec un soupir :

— Fasse le ciel que sa fille... soit plus heureuse qu'elle...

— Elle a une fille? —

— A peu près de ton âge. Elle est arrivée ici il y a quelques jours. Depuis longtemps on l'avait séparée de sa mère qui l'idolâtrait; mais quand la malheureuse femme s'est vue mourir... elle a redemandé son enfant avec tant de supplications, qu'on la lui a rendue... Hélas ! elle n'aura pas joui longtemps de sa présence... Ah! pauvre mère... pauvre mère!... et à sa fille... quel courage il lui faut...

— Pourquoi donc, Monsieur, lui faut-il du courage ?

— Pour suivre jusqu'ici le cercueil de sa mère...

— Oh! oui... — dis-je en frémissant. — Il faut qu'elle soit courageuse.

— Tu as été bien malheureux, — me dit Claude Gérard, — une vie laborieuse et rude t'attend... eh bien ! vois-tu, ton sort sera peut-être préférable encore à celui de cette pauvre enfant qui va accompagner ici les restes de sa mère... et pourtant elle est riche... elle ne doit jamais connaître les privations...

Hélas ! mon Dieu... si les riches ne sont pas heureux... qui le sera donc ?

— Ceux-là, mon enfant, qui peuvent se dire : J'ai rempli un devoir, j'ai accompli une tâche utile, si humble qu'elle soit; j'ai tendu la main à un plus faible ou plus malheureux que moi, je n'ai fait de tort à personne, j'ai pardonné le mal qu'on m'a fait...

Ces maximes contrastaient si vivement avec celles du cul-de-jatte, déjà si malheureusement infiltrées dans mon esprit, qu'elles m'étonnaient plus encore qu'elles ne me convainquaient. Sans doute, Claude Gérard me devina, car il reprit avec une grande douleur :

— Un jour, je l'espère, tu comprendras mes paroles... et ce soir, après cette journée, la première que tu auras passée sans avoir eu sous les yeux l'exemple du mal ou du vice... tu me diras ce que tu penses, ce que tu éprouves... et qui sait ? déjà, peut-être, te sentiras-tu moins à plaindre, quoique tes privations soient les mêmes.

En devisant ainsi, la fosse avait été complètement creusée; Claude Gérard venait de sortir de l'excavation, lorsque nous entendîmes au loin un chant funèbre accompagné des lugubres accords du serpent.

— Déjà le corps ! — dit Claude Gérard, — notre tâche a été terminée à temps !

Non loin de la fosse se trouvait un gros cyprès, branchu et rabougri, auprès duquel, par l'ordre de mon maître, je portai notre pelle et notre pioche. De cet endroit, un peu culminant, j'aperçus l'enterrement : il se composait d'un prêtre en surplis, d'un chantre, d'un enfant de chœur et du serpent. Quatre paysans, vêtus de blouses, portaient la bière au moyen de deux traverses, que chacun d'eux tenait par un bout.

Deux personnes seulement suivaient le cercueil... une femme en noir, qui tenait par la main une petite fille, aussi vêtue de deuil. De la distance où j'étais, il m'était impossible de distinguer leurs traits.

Claude Gérard, monté sur le revers de la fosse, regardait le cortège s'approcher avec une profonde tristesse.

— Pauvre créature... — dit-il, — poursuivie... humiliée jusqu'à la fin... Sans son enfant et cette vieille servante... personne n'eût suivi son cercueil.

Le peu de paroles que m'avait dites Claude Gérard au sujet de la mort de cette femme me serraient le cœur. Il me semblait que je n'étais plus tout à fait étranger à ces funérailles, et que j'avais pour ainsi dire le droit de m'y intéresser.

Le convoi disparut pendant quelques minutes derrière la haie dont le cimetière était entouré, mais bientôt les chants se rapprochèrent, le cercueil entra dans l'enceinte... les deux personnes qui seules le suivaient me furent d'abord cachées par les porteurs et par le prêtre; mais au tournant de l'allée du cimetière, je reconnus Régina..... Une femme âgée l'accompagnait.

Sans l'arbre vert au tronc duquel je m'appuyais, je serais, je crois, tombé à la renverse, de stupeur et d'effroi; heureusement Claude Gérard ne put remarquer mon trouble : il était resté au bord de la fosse qu'il devait combler après avoir aidé à y descendre le corps.

Tremblant d'être vu et reconnu par Régina, je me jetai derrière le tronc branchu de l'arbre vert, et je m'y blottis à genoux, osant à peine respirer.

La figure de Régina avait la blancheur et l'immobilité du marbre; ses trois signes noirs donnaient une expression étrange à ses traits pâles, pétrifiés; elle ne pleurait pas; son regard sec et fixe s'attachait si opiniâtrément au cercueil, que dès que la marche irrégulière des porteurs lui imprimait quelque oscillation de droite ou de gauche, un léger balancement de la tête de Régina annonçait que son regard suivait la même direction.

Les moindres mouvements de cette enfant avaient une sorte de roideur automatique; elle marchait pour ainsi dire par saccades, et comme si tout son être eût été sous l'empire d'une tension nerveuse. En me rappelant la brutalité avec laquelle j'avais enlevé Régina dans la forêt de Chantilly, je me rappelais aussi sa beauté; en la retrouvant si cruellement changée, mon cœur se brisa; je fus obligé de mettre ma main sur ma bouche pour étouffer mes sanglots.

La femme âgée qui tenait Régina par la main pleurait beaucoup. Sa physionomie était douce et bonne. Il me parut que le curé disait les dernières prières sur ce corps avec hâte et distraction. Lorsqu'il s'agit de descendre la bière au fond de la fosse, Régina parut faiblir et pour ainsi dire se ployer sur elle-même. La vieille servante fut obligée de la soutenir en la prenant sous les bras. Chose étrange! cette enfant ne versait pas une larme; son regard restait fixe, ses traits immobiles ; à peine ses lèvres, minces et pâles, se contractaient parfois, en se serrant l'une contre l'autre.

Enfin, le cercueil fut placé au fond de la fosse.

Régina parut alors faire un violent effort sur elle-même, se dégagea des mains de la servante, s'agenouilla au bord de l'ouverture béante, pendant que Claude Gérard commençait à jeter quelques pelletées de terre, qui résonnèrent sourdement.

A chaque pelletée de terre, Régina envoyait, pour ainsi dire, un baiser d'adieu au cercueil avec une expression de désespoir morne, glacé... mille fois plus déchirante que des explosions de sanglots.

Bien avant que la fosse fût comblée, le curé s'éloigna rapidement, suivi du chantre; l'enfant de chœur qui portait la croix la mit sur son épaule, le serpent passa son instrument autour de son cou, et ils sortirent pêle-mêle du cimetière.

Régina et la servante restèrent seules au bord de la fosse, que Claude Gérard finissait de combler : l'enfant, toujours agenouillée, immobile comme une statue.

Mon attention fut distraite de cette contemplation poignante par une puérilité. Je sentis une âcre et forte odeur de tabac.... Je jetai les yeux du côté d'où venait cette odeur, et j'aperçus au-dessus de la haie de clôture du cimetière la tête d'un homme à figure sinistre; il fumait imperturbablement sa pipe; il avait le teint couleur de brique, et ses cheveux, légèrement grisonnants, étaient à peine couverts par une mauvaise casquette.

Malgré le douloureux spectacle qu'il avait sous les yeux, les traits repoussants de cet homme exprimaient une indifférence tellement cynique, que, saisi d'indignation, de

— Qu'est-ce que cela me fait, à moi, où vous alliez?... Voilà un quart d'heure que je vous attends. — Page 149.

dégoût, je détournai la vue, ramené d'ailleurs vers Régina par l'intérêt qu'elle m'inspirait...

Claude Gérard ayant terminé le remplissage de la fosse, contemplait silencieusement, comme moi, l'enfant toujours agenouillée. La vieille servante lui dit quelques mots tout bas, mais Régina, lui faisant un signe de la main, comme pour l'implorer, retomba dans son immobilité...

Je jetai, presque malgré moi, les yeux du côté où j'avais vu l'homme à figure sinistre, il avait disparu...

Soudain j'entendis au loin le tintement des grelots d'un attelage de poste et le bruit d'une voiture qui s'approchait rapidement.

A ce bruit, que Régina ne parut pas remarquer, la vieille servante tressaillit, jeta un regard douloureux sur l'enfant et de nouveau lui parla tout bas à l'oreille, mais aussi vainement que la première fois.

La voiture s'était arrêtée à la porte du cimetière.

Bientôt s'avança un mulâtre assez âgé, vêtu de noir et portant sur son bras un petit manteau, et un chapeau d'enfant; il s'approcha de la servante et lui dit sèchement :

— Allons, Gertrude, la cérémonie est finie, vous savez les ordres de M. le baron?

Gertrude lui montra d'un regard suppliant Régina toujours agenouillée.

— Elle ne restera pas là toute la journée, n'est-ce pas? — dit le mulâtre. — Un quart d'heure de plus, un quart d'heure de moins ne sont rien... Et, vous le savez, les ordres de M. le baron sont exprès...

— Régina... — dit la vieille servante d'une voix entrecoupée de sanglots, — il faut partir... vous vous rendrez malade... venez, venez...

L'enfant fit un signe de tête négatif et resta immobile.

— On ne peut pas non plus l'arracher de la tombe de sa mère, — dit Gertrude au mulâtre; — que voulez-vous que je fasse?

Le mulâtre haussa les épaules, et, s'approchant de l'enfant, lui dit :

— Mademoiselle... j'ai l'ordre de vous ramener aussitôt que tout *cela sera fini*... M. le baron, votre père, le veut ainsi... veuillez donc me suivre.

Régina ne changea pas de position.

— Mademoiselle, — reprit le mulâtre, — je vous en prie... venez... ou je serai obligé de vous emporter.

L'enfant ne bougea pas.

— Il faut en finir pourtant, — dit le mulâtre.

Et il s'approcha vivement, afin sans doute de la prendre entre ses bras.

Je m'attendais à des pleurs, à des débats pénibles... il n'en fut rien...

Régina se laissa emporter sans aucune résistance, sans prononcer une seule parole.

Seulement, lorsqu'elle fut entre les bras du mulâtre, elle tourna la tête vers la fosse... sur laquelle elle continua d'attacher un regard fixe, obstiné, comme celui dont elle avait suivi le cercueil... Tant qu'il lui fut possible d'apercevoir la terre fraîchement remuée, l'enfant ne la quitta pas des yeux... envoyant de temps à autre, dans l'espace, un dernier baiser d'adieu.

Bientôt Gertrude et le mulâtre, qui emportait Régina, tournèrent la haie, et je les perdis de vue.

Quelques minutes après, les chevaux, lancés au galop, emmenaient la voiture.

Cette scène étrange, si inattendue, me frappait comme une apparition, comme un rêve.

Il fallut que Claude Gérard m'adressât deux fois la parole pour me tirer de ma stupeur. Il paraissait d'ailleurs aussi profondément ému que moi; dans notre distraction

Régina et la servante restèrent seules au bord de la fosse, que Claude Gérard finissait de combler. — Page 159.

communs, nous oubliâmes non loin de la fosse, au pied du cyprès, la pioche et la pelle dont nous nous étions servis, et nous regagnâmes le village.

CHAPITRE XXXVI.

La journée d'un instituteur. — Le lavoir. — L'école. — La quête.

« La mère de Régina est morte, et si malheureux que » soit ton sort, il l'est peut-être encore moins que celui » qui est réservé à cette pauvre enfant, » — m'avait dit Claude Gérard. Cette pensée résumait pour moi le triste spectacle auquel je venais d'assister.

Et pourtant je pus échapper à l'obsession obstinée de cette pensée et m'acquitter, à la grande satisfaction de mon maître, de la part qu'il m'attribua dans ses travaux du jour, réservant pour mes heures de solitude et de repos nocturne le triste bonheur de savourer à loisir les amers souvenirs, les idées de toute sorte qu'avait fait naître en moi la scène dont j'avais été témoin.

D'ailleurs, la variété de mes occupations durant le restant de la journée, la surprise que plusieurs particularités de la condition de Claude Gérard, l'instituteur, me causèrent, auraient, je crois, suffi à me distraire de mes préoccupations au sujet de Régina. J'appris aussi, dans la matinée, qu'elle ne devait plus revenir dans ce village ; la maison habitée par sa mère jusqu'à sa mort allait être mise en vente.

Tel fut l'emploi de la journée de Claude Gérard, l'instituteur communal. Sauf quelques variétés dans les travaux manuels, elles étaient généralement toutes ainsi partagées.

Après l'enterrement, nous nous rendîmes à la maison ; Claude Gérard s'arma d'une sorte de large ratissoire en bois, emmanchée d'une longue perche ; il me donna à porter un seau et une pelle creuse, pareille à celles dont se servent les mariniers pour étancher l'eau de leurs bateaux, et nous nous mîmes en marche, moi fort curieux de savoir ce que nous allions faire, Claude Gérard calme et grave comme de coutume.

En quelques minutes, nous gagnâmes une petite prairie confinant le village, et à l'extrémité de laquelle une source souterraine alimentait le lavoir public, réservoir d'eau alors noirâtre, vaseuse, grossièrement entouré de pierres plates formant parapet.

Claude Gérard, malgré le froid, ôta ses gros sabots, releva son pantalon jusqu'aux genoux, rehaussa sa blouse au moyen d'une corde dont il ceignit ses reins, et me dit :

— Mon enfant, nous allons curer le lavoir... Il serait malsain pour toi d'entrer dans l'eau... je vais y aller, j'attirerai la bourbe avec ce râteau... tu la mettras dans ce seau, et tu iras la répandre au pied de ces grands peupliers que tu vois là...

C'est avec la plus parfaite simplicité que l'instituteur m'avait donné cet ordre, et annoncé la part qu'il allait prendre lui-même à ce travail pénible, répugnant ; malgré mon ignorance des hommes et des choses, il me semblait exorbitant qu'un instituteur fût non-seulement fossoyeur, mais encore cureur de lavoir ; je regardai Claude Gérard avec ébahissement.

Il devina ma pensée, sourit doucement et me dit :

— Cela t'étonne beaucoup, n'est-ce pas, mon enfant, de voir un maître d'école, un *homme savant...* comme on m'appelle, curer un lavoir?

— Il est vrai, Monsieur, ça m'étonne...

— Et cela te semble humiliant pour moi, n'est-ce pas?

— Oui, Monsieur.

— Et pourquoi cela?

— Dame... Monsieur, quand on est savant comme vous... entrer dans la bourbe, et la ramasser avec un grand râteau, ça me semble bien humiliant.

— Écoute-moi, mon enfant... Les pauvres femmes qui viennent laver leur linge dans cette eau remplie de vase... le remportent presque aussi sale qu'elles l'avaient apporté; de plus, il lui reste une horrible odeur de bourbe; aussi, bien souvent les petits enfants qu'elles enveloppent dans ces langes humides, infects, tombent malades, et gagnent de mauvaises fièvres; mais une fois le lavoir curé, la bourbe enlevée... ces malheurs n'arriveront plus.

— A la bonne heure, Monsieur... mais il y a bien d'autres personnes qui pourraient s'occuper de cela à votre place... car elles ne pourraient...

— Car elles ne pourraient me remplacer ailleurs, n'est-ce pas?

— C'est ce que je voulais dire, Monsieur.

— Tu as raison; mais il s'agit ici d'un *devoir* que j'ai promis d'accomplir, il me faut tenir ma promesse. Quant à l'humiliation, où est-elle? Si j'avais de l'orgueil, ne pourrais-je pas, au contraire, me dire: Je fais à la fois ce que tout le monde peut faire, et ce que tout le monde ne peut pas faire... je suis donc doublement avantagé. Mais, sans raisonner ainsi, il me suffit de me dire, mon enfant, qu'il n'y a jamais d'humiliation à accomplir une tâche utile et profitable à tous.

Je ne trouvai rien à répondre.

— L'humiliation consiste-t-elle à aller jambes nues dans la vase? Alors, mon enfant, — reprit Claude Gérard en souriant, — ces beaux messieurs riches et nobles, qui, chaque hiver, viennent chasser au marais, s'humilient aussi profondément que moi, car ils entrent dans la bourbe jusqu'au ventre, pour le plaisir de tuer quelques pauvres oiseaux. Allons, mon enfant, du courage et du contentement au cœur... notre travail sera utile à tous... Dépêchons-nous... il faut que nous soyons de retour à midi pour préparer la classe...

Et Claude Gérard, se mettant bravement à l'œuvre, à grands coups de râteau, ramena un épais limon sur la berge du lavoir; je remplissais mon seau de cette vase, et j'allais la déposer tout le long d'un grand rideau de peupliers.

Je l'avoue, l'exemple, les paroles de Claude Gérard, en relevant à mes yeux le travail auquel je participais, me le rendirent moins pénible, moins répugnant.

Mon nouveau maître, afin sans doute de m'encourager encore, me dit, au bout d'une heure :

— Ce printemps, mon enfant, nous viendrons visiter ces peupliers... Grâce au limon que tu déposes à leur pied, tu verras comme ils pousseront verdoyants et touffus; car cette vase, si mauvaise dans le lavoir... devient un excellent engrais pour ces beaux arbres, dont elle nourrit les racines... Eh bien! dis, cher enfant, te sentiras-tu humilié d'avoir contribué à rendre ces grands arbres plus beaux, plus vigoureux que jamais, en jetant quelques seaux de vase à leur pied?

— Oh! non, Monsieur... je viendrai, au contraire, les voir avec plaisir, — m'écriai-je, de plus en plus enchanté des réflexions de Claude Gérard.

Et tel est le caractère des enfants, que ce n'est pas sans une certaine satisfaction d'amour-propre que je terminai une tâche commencée d'abord avec dégoût.

Si j'insiste ainsi sur quelques-uns des enseignements pratiques de Claude Gérard, c'est qu'ils eurent une action décisive, presque incessante sur ma vie; je dois dire aussi à ma louange peut-être, ou plutôt à celle de Claude Gérard, que ses enseignements simples, clairs, logiques, pénétrèrent presque immédiatement et très-avant dans mon esprit et dans mon cœur, tandis que c'est avec un certain malaise moral, avec une répugnance instinctive, que j'avais accepté les exécrables maximes du cul-de-jatte que Bamboche me prêchait naguère.

Après avoir ainsi commencé le curage du lavoir, nous revînmes en hâte au logis; un morceau de pain noir et quelques noix composèrent notre déjeuner, puis j'aidai Claude Gérard à faire dans l'écurie les préparatifs de sa classe, préliminaires singuliers, qui ajoutèrent un nouvel étonnement à mes étonnements de ce jour.

Les vaches ne sortant que rarement par les mauvais temps de l'hiver, leur présence presque habituelle durant cette saison rétrécissait de beaucoup l'espace laissé aux élèves de Claude Gérard. Du reste, je n'ai jamais bien pu comprendre si l'on devait dire que les élèves étaient dans l'étable ou que les vaches étaient dans la classe, le local se trouvant à peu près également partagé entre l'espèce humaine et l'espèce bovine.

Ainsi, du côté droit, se trouvaient le râtelier, la mangeoire et une litière de fumier vieux de deux ou trois mois, qui exhalait une puanteur insupportable, tandis que, au long de la muraille gauche, j'aidai Claude Gérard à placer quelques tréteaux boiteux sur lesquels nous posâmes des planches; devant ces tables portatives, nous alignâmes plusieurs bancs dans une sorte de boue fangeuse, infecte; car la pente du sol de l'étable amenait à cet endroit le suintement fétide de toutes les immondices des animaux.

Nous faisions ces préparatifs presque au milieu de l'obscurité; car rien n'était plus sombre que ce local de vingt pieds de longueur environ seulement éclairé d'un côté par la porte d'entrée, de l'autre par la petite croisée du réduit entouré de claies qui servait de chambre à l'instituteur; le plafond très-bas, composé de solives à jour, drapées d'épaisses toiles d'araignées, laissait apercevoir le foin et la paille dont le grenier était rempli. Quand venait le froid, on fermait la porte; alors les deux tiers de l'étable se trouvaient plongés dans les ténèbres; de sorte que, sur une trentaine d'enfants, cinq ou six seulement pouvaient travailler à la lueur du jour que filtrait la petite fenêtre de Claude Gérard. L'instituteur remédiait d'ailleurs autant qu'il le pouvait à cet inconvénient, en appelant tour à tour chacun des enfants relégués au fond de la partie la plus obscure de l'étable, et les faisant travailler environ un quart d'heure dans sa chambre et sous ses yeux.

A peine avions-nous préparé les tréteaux et les bancs, que les enfants commencèrent d'arriver. Le temps, assez clair le matin, s'était couvert, refroidi; la neige tomba bientôt abondamment; force fut donc de fermer la porte de l'étable encombrée de bestiaux et d'enfants. Il y fit alors presque nuit.

Blotti dans un coin, j'assistai avec une vive curiosité à la première leçon que je voyais donner. Les rustiques écoliers de l'instituteur, au lieu d'être bruyants, tapageurs, indociles, et de ne voir, pour la plupart, dans les heures d'école, qu'un travail ennuyeux ou indifférent, étaient calmes, soumis, attentifs; ils me parurent, si cela se peut dire, non-seulement s'intéresser, mais se plaire, s'amuser aux enseignements de Claude Gérard et avoir pour lui une affection presque filiale.

Je compris plus tard, en expérimentant moi-même, comment, à l'aide d'un procédé d'enseignement à la fois ingénieux et simple, où se combinaient la *curiosité*, l'*amour-propre* et l'*esprit d'imitation* (ces trois leviers tout-puissants sur l'enfance), Claude Gérard parvenait à des résultats aussi prompts que satisfaisants. Toujours bon, calme, indulgent, patient, pénétré de la sainteté du sacerdoce qu'il exerçait, et surtout guidé, soutenu, encouragé par son amour profond pour les enfants, il étudiait leurs caractères, leurs instincts, leurs passions, et savait presque toujours faire tourner au bien ces différents essors naturels qui, comprimés, faussés, mal dirigés, fussent devenus des vices et des passions mauvaises.

La leçon durait depuis une demi-heure environ, lorsque la chaleur de l'étable et l'odeur du fumier, encore augmentées par cette agglomération d'enfants, devinrent si suffocantes, si délétères, que je ressentis, ainsi que plusieurs écoliers, des nausées, une sorte d'étouffement, accompagnés de violents maux de tête, et la sueur ruissela de mon front.

Il fallut enfin ouvrir la porte de l'étable dont l'atmosphère n'était plus respirable. Un courant d'air vif et froid succédant brusquement à une température étouffante, je frissonnais, la sueur se glaçait sur mon front. Au bout de quelques instants, l'on referma la porte; mais alors, ainsi que ces pauvres enfants, presque tous misérablement vêtus, je grelottais transi. J'appris plus tard par Claude

Gérard que ces soudaines alternatives de chaud et de froid, que cet air vicié, infect, au milieu duquel vivaient ces pauvres créatures, leur causaient fréquemment des maladies graves, quelquefois mortelles; rarement un élève pouvait suivre les leçons quinze jours de suite.

La classe terminée, c'était un samedi soir, je ne l'oublierai jamais grâce à la circonstance suivante :

Claude Gérard prit un grand sac divisé en deux compartiments, me donna un panier et me dit :

— Allons, mon enfant, suis-moi.

Et il ajouta en souriant :

— Cette fois encore tu vas bien t'étonner de l'humiliation à laquelle je m'expose...

— Comment cela, Monsieur ?

— Nous allons demander de porte en porte, dans le village... notre nourriture pour la semaine prochaine, mon enfant...

Ces mots me causèrent un nouvel ébahissement.

— Le salaire que l'on m'accorde pour remplir mes fonctions d'instituteur et m'occuper des travaux que tu as partagés, cher enfant, est tellement insuffisant, que je suis obligé, comme mes confrères des autres communes, d'avoir recours à la charité publique afin d'avoir à peu près assuré le pain de chaque jour; puis, la plupart de mes écoliers sont si pauvres, que leurs parents préfèrent me payer leur petite rétribution en nature. Allons, mon enfant, parle franchement... n'est-ce pas là pour moi le comble de l'humiliation ?

— Moi, qui ai l'habitude de mendier, — dis-je à Claude Gérard, — je ne trouve pas cela humiliant... mais vous, Monsieur, vous qui êtes savant et qui rendez tant de services au village...

— Justement, mon enfant, j'ai la conscience de rendre quelques services à tous, aussi je n'éprouve aucune humiliation à recevoir de chacun ce qu'il peut me donner, pour m'aider à vivre... puisque je n'ai pas d'autres ressources... Si j'étais, au contraire, oisif, inutile ou paresseux, je commettrais une dégradante lâcheté en acceptant de pauvres gens un morceau de leur pain. Allons, viens, mon enfant, peut-être ton repas de ce soir sera-t-il moins frugal que celui d'hier, car mes petites provisions étaient épuisées...

A chaque instant, pour ainsi dire, Claude Gérard me donnait ainsi un nouvel exemple de sa résignation, remplie cependant de dignité de soi; je le suivis dans sa tournée.

En me rappelant plus tard ce nouvel incident de la journée et en y réfléchissant, j'ai eu la mesure de la considération dont devaient jouir, parmi les populations, ces instituteurs... qui, les moyens matériels leur étant donnés, pourraient cependant, en vingt ans, changer la face d'un pays et créer une génération toute nouvelle, par le seul fait de l'éducation... mais il est sans doute des raisons politiques qui s'opposent à cette grande régénération sociale...

Claude Gérard était généralement aimé, respecté même; cependant, en raison de son existence misérable et des fonctions accessoires qu'il remplissait, on le mettait au niveau d'un bon berger ou d'un honnête et intelligent garçon de charrue.

Les pauvres gens l'affectionnaient surtout : ce fut avec une cordialité fraternelle que ceux-là nous firent leur modeste offrande, l'un d'une petite mesure de légumes secs, l'autre de quelques fruits; ailleurs c'était un peu de seigle, ou un boisseau de pommes de terre; somme toute, nous étions, comparativement, beaucoup moins bien traités par ceux des habitants du village qui avaient quelque aisance; ceux-là éprouvaient contre l'instituteur une sorte de jalousie mêlée de dédain, qui se traduisait par de fréquentes tentatives d'humiliation; mais l'on n'humiliait pas facilement Claude Gérard.

Quelques petits propriétaires, appartenant à la faction du curé, voyaient d'ailleurs l'école d'un mauvais œil; ils trouvaient inutile, malséant, dangereux, de répandre l'enseignement dans la *populace*. — « Si tout le monde savait » lire, — disaient ingénument ceux-là, — à quoi distin» guerait-on l'enfant d'un homme qui a quelque chose, » de l'enfant d'un homme qui n'a rien ? » Aussi ces vaniteux concouraient-ils de tout leur pouvoir municipal à rendre presque impossible l'école de Claude Gérard, le reléguant dans une étable infecte, malsaine, et défendant aux gens qu'ils pouvaient tenir dans quelque dépendance d'envoyer leurs enfants à sa classe. Chez ces superbes personnages, notre collecte fut mince et presque toujours injurieusement donnée. Une moitié d'une dureté de roche, quelque morceau de lard rance, ou quelque fromage moisi, telle fut, à peu près, notre récolte chez plusieurs *notables* du village (1).

(1) Ces tristes tableaux des moyens d'éducation donnés aux populations agricoles, loin d'être exagérés, sont malheureusement bien au-dessous de l'effrayante vérité. Nous continuons de citer l'ouvrage officiel de M. LORRAIN, pages 5, 6, et 156.

« — Les leçons se donnent presque toujours dans des écuries
» malpropres, où l'on ne respire souvent qu'un air infect.
» — En général les classes sont étroites et insalubres; j'ai vu
» des enfants réunis dans une écurie, à côté des chevaux.
» — Souvent l'école se tient dans des écuries, dans des granges hu-
» mides, des salles basses, des caves où l'on est obligé de descen-
» dre en rampant; dans un local d'une petitesse incroyable, dont
» nous citerons un exemple : — l'école de P... a une *douze*
» *pieds carrés*; dans ce local se trouvent réunis, au fort de l'hi-
» ver, *quatre-vingts élèves*, et cet amas d'enfants n'a d'autres
» secours pour respirer l'air, qu'une croisée de la grandeur d'un
» carreau... Combien la privation d'un air pur doit-elle être plus
» préjudiciable encore à la santé de ces jeunes campagnards, ar-
» rachés à l'air libre des champs, et transplantés dans ces *prisons*
» *étouffantes*, dans ces *cloaques étroits, infects, malsains*, où le jour
» pénètre à peine, et qui offrent aux pieds nus des enfants un
» sol humide, sans carreaux, sans pavés... »

» J'insisterai sur les *rapports uniformes* d'un grand nombre
» d'inspecteurs qui n'hésitent pas à voir dans ces foyers d'infection
» *la cause d'une foule de maladies graves, épidémiques*, quelquefois
» *annuelles*, qui attaquent la jeunesse des écoles.

» — Il est un abus que nous avons observé dans les campagnes,
» c'est l'absence de tous moyens hygiéniques pour renouveler
» l'air par des croisées ou des ventilateurs. Aussi avons-nous
» appris sans étonnement *qu'après quinze jours de présence la plu-
» part des enfants tombent malades et quittent l'école*. (MEUSE.)

» — La salle d'école est très-malsaine, j'ai reconnu qu'il est
» *dangereux de l'habiter*; l'instituteur m'a déclaré que *les enfants
» sont souvent malades*. (HAUTE-MARNE.)

» — Le local des classes est presque partout malsain, mal
» aéré, mal éclairé; je suis certain que les trois quarts des *ma-
» ladies des enfants proviennent de leur séjour dans ces classes in-
» fectes*; dans le local de beaucoup de ces classes se trouvent des
» matériaux sous lesquels il ne serait pas rare de trouver des
» reptiles. (CALVADOS.)

» — Vous ne trouvez ici chez les enfants que des teints pâles,
» des visages abattus, que de la langueur dans tous les mouve-
» ments; *les parents, avertis par une fâcheuse expérience, retirent
» successivement les enfants de l'école.* (VAUCLUSE.)

» — L'école communale est si petite, si malsaine, que, *tous les
» hivers, il y a une épidémie qui enlève un grand nombre des enfants
» qui fréquentent l'école.* (SOMME.)

Et plus loin, page 61 :

« ... Nous disons donc que l'instituteur était souvent regardé
» dans la commune sur le même pied qu'un *mendiant*; — que
» les maires, quand ils voulaient donner à l'instituteur une mar-
» que d'amitié, *le faisaient manger à la cuisine*; que, dans bien
» des endroits, ils n'étaient pas payés en argent, mais que cha-
» que famille *mettait de côté ce qu'elle avait de plus mauvais dans sa
» récolte pour le donner à l'instituteur*, lorsqu'il viendrait mendier à
» chaque porte, la besace sur le dos. — Nous disons que l'insti-
» tuteur n'est pas toujours bien venu à réclamer dans un mé-
» nage son petit lot de pommes de terre parce qu'il faisait tort aux
» *pourceaux*. »

Puis viennent à l'appui des notes extraites, des rapports des inspecteurs généraux :

« ... On peut remarquer que, dans les quatre premières com-
» munes de ce canton, il n'est pas question de rétribution pécu-
» niaire : *les instituteurs vivent de ce que les parents veulent bien
» leur donner lors de chaque récolte*.

» — Les instituteurs se contentent d'une *certaine quête* qu'ils
» font chez l'un et chez l'autre. Supposez, dans la saison des
» vendanges, M. l'instituteur allant de porte en porte, avec une
» *brocotte*, mendier quelques litres de vin, le plus souvent donnés
» de mauvaise grâce. (SEINE-ET-OISE. — *Etampes*.) Il y a, dans
» plusieurs localités, un mode de rétribution qui renferme quel-
» que chose d'humiliant pour l'instituteur, en l'assimilant en
» quelque sorte à l'individu qui tend la main pour recevoir la ré-
» compense de ses peines... et quelle récompense !... des pois ! »

Deux ou trois fois cependant, au milieu de ces rudes épreuves, tout malheureux enfant abandonné, vagabond, mendiant que naguère j'étais encore, je sentis mon cœur se révolter, mon front rougir de colère en entendant de dures et méprisantes paroles accompagner la dédaigneuse aumône qu'on nous jetait... Mais, à ma surprise croissante, l'inaltérable sérénité de Claude Gérard ne se démentait pas, et, par son attitude, par son maintien, par sa physionomie, il semblait ne pas soupçonner un moment que l'on pût songer à l'humilier. Cette conscience d'être toujours au-dessus de l'outrage n'est-elle pas quelquefois le comble de la dignité ?

Nous revînmes à l'école, mon panier et le sac de Claude Gérard à peu près remplis.

Le jour tirait à sa fin ; la neige, continuant de tomber abondamment, s'était, durant notre absence, amoncelée devant la porte de l'étable. Claude Gérard, voulant déblayer l'entrée, chercha la pelle que nous avions oubliée au cimetière, ainsi que la houe, après avoir creusé et comblé la fosse de la mère de Régina.

— La pelle est restée près de l'arbre vert dans le cimetière, — dis-je à Claude Gérard, — je vais aller la chercher, Monsieur...

— Soit, mon enfant, — me répondit-il, — car si la neige s'amoncelle en dehors de l'étable, au moindre dégel nous serons inondés ; mais trouveras-tu bien ton chemin ?

— Oh ! oui, Monsieur, soyez tranquille, — et je me dirigeai rapidement vers le cimetière.

CHAPITRE XXXVII.

La tombe violée. — Le *cul-de-jatte*. — Punition du sacrilége. Tentation.

Quoique la lune eût à traverser d'épais nuages gris et neigeux, chassés par un vent violent, sa clarté suffisait à me guider : je distinguais parfaitement les objets.

Je me rapprochais du cimetière avec une sorte de satisfaction mélancolique ; distrait durant tout le jour des pensées dont Régina était l'objet, je m'abandonnais tout entier à ces souvenirs ; heureux de songer que je vivrais désormais non loin de la dernière demeure de la mère de Régina... de sa mère qu'elle paraissait si douloureusement regretter... c'était à la fois pour moi une consolation et un lien de plus qui m'attachait à cette enfant. Je me promettais de soigner avec un pieux respect ce tombeau devant lequel je l'avais vue agenouillée... de le défendre contre l'invasion des plantes parasites ; au printemps, je me proposais d'y transplanter quelques fleurs rustiques, dans le fol espoir que, si Régina revenait jamais, elle trouverait au moins ce tombeau entretenu avec un soin dont elle serait touchée et dont elle ignorerait toujours la source.

Je voyais enfin je ne sais quelle étrange coïncidence entre l'apparition inattendue de Régina et la bonne résolution que j'avais prise de revenir au bien. Cet incident singulier était pour moi une sorte de consécration de cette pensée : que toutes mes bonnes tendances me rapprochaient de Régina.

M'en rapprochaient ?... non... ce n'est pas le mot, car je ne pouvais espérer de la revoir, bien moins encore de jamais l'approcher... Mais il me semblait, tout en reconnaissant l'extravagance de cette passion enfantine et sans issue, que plus je deviendrais *honnête homme*, plus j'aurais, pour ainsi dire, le droit de songer à Régina, pensée douce et amère, secret sacré que je me promettais d'ensevelir pour toujours au plus profond de mon cœur.

Maintenant, mûri par les années, je m'expliquerais à peine comment ces idées bizarres, je dirais presque d'une sensibilité raffinée, avaient pu naître chez un enfant de mon âge ; mais je le comprends, en faisant la part de cette précocité de sensations que l'exemple des amours de Basquine et de Bamboche avait éveillée et développée en moi.

En m'abandonnant à ces réflexions, je m'acheminais lentement vers le cimetière.

La brise, redoublant de violence, avait chassé une partie des nuages qui jusqu'alors obscurcissaient la lune ; elle brilla bientôt d'un vif éclat ; la neige cessa de tomber ; mais elle couvrait tout le champ du repos comme un vaste linceul.

Le silence, profond, solennel, était seulement interrompu par les sifflements aigus du vent du nord à travers quelques arbres verts.

Je n'avais jamais été poltron ; d'ailleurs ma vie vagabonde m'avait depuis longtemps familiarisé avec toutes sortes d'incidents nocturnes ; la neige couvrait la terre à une telle épaisseur, que je ne m'entendais pas pour ainsi dire marcher.

J'arrivai ainsi non loin du cyprès auprès duquel j'avais le matin laissé la pelle et la houe après m'être caché derrière le tronc de cet arbre durant l'enterrement de la mère de Régina.

Soudain je m'arrêtai, frappé de stupeur et d'effroi.

Au lieu de voir à quelques pas de moi la fosse comblée ainsi que nous l'avions laissée le matin et couverte d'une couche de neige, comme le reste du sol, cette fosse avait été ouverte... récemment sans doute, car deux tas de terre noirâtre, s'élevant de chaque côté de ce large trou, tranchaient sur la blancheur de la neige dont le terrain était couvert.

Si cette violation sacrilége n'eût pas atteint la tombe de la mère de Régina, peut-être aurais-je reculé devant la pensée de pénétrer ce sinistre mystère ; mais l'indignation, la colère, redoublèrent mon courage ; sentant néanmoins le besoin d'être prudent, je m'avançai sans bruit avec une extrême précaution, et j'atteignis l'arbre vert derrière lequel je m'étais blotti le matin ; je retrouvais là notre lourde pelle de chêne ; la pioche avait disparu.

Jusqu'alors, je n'avais entendu aucun bruit, je prêtais l'oreille avec attention, lorsque tout à coup je sentis une forte odeur de fumée de tabac qui s'exhalait de la fosse ouverte.

Un pressentiment me dit que l'homme dont la figure sinistre m'avait frappé dans la matinée, et qui fumait cyniquement sa pipe en regardant les funérailles, violait en ce moment cette tombe... J'entendis bientôt une sorte de piétinement suivi de plusieurs coups, bruits sourds qui semblaient sortir des entrailles de la terre... Soudain une main invisible lança la pioche sur le revers de la fosse, puis je vis paraître la tête, et ensuite le buste d'un homme... il s'aidait de ses mains pour sortir de l'ouverture béante, et il venait sans doute d'abandonner sa pipe, car il tenait entre ses dents un paquet qui semblait assez lourd...

Je reconnus l'homme que j'avais vu le matin.

Caché par le tronc du cyprès et par l'ombre qu'il projetait, je ne pouvais être aperçu de ce misérable... Je restai immobile, ne sachant que faire, craignant d'être découvert et attendant des circonstances mes seules inspirations.

Cet homme, que j'appellerai désormais le *cul-de-jatte* (je dirai tout à l'heure comment j'acquis la conviction que tel était ce personnage), cet homme, l'exécrable instituteur de Bamboche, étant sorti tout entier de la fosse, redressa sa haute et robuste taille, un moment fatigué sans doute de s'être tenu si longtemps courbé. Prenant alors à la main le paquet que j'avais remarqué, il jeta les yeux de côté et d'autre, avisa le cyprès derrière lequel j'étais blotti, et s'en approcha.

Je retins ma respiration ; me ramassant sur moi-même, je me fis aussi petit que possible, afin de rester inaperçu dans l'ombre et derrière l'abri qui me cachait.

Le cul-de-jatte s'approcha encore... je me crus mort...

Heureusement, au lieu de faire quelques pas de plus, il s'assit par terre sur le sommet d'un petit talus, et il me tourna ainsi complétement le dos, pendant qu'il dénouait le paquet qu'il avait tenu entre ses dents pour sortir plus facilement de la fosse ; c'était un mauvais mouchoir où se trouvaient jetés pêle-mêle différents objets volés par lui, sans doute, dans le cercueil...

Le cul-de-jatte mit le paquet entre ses jambes, et s'occupa d'examiner attentivement son butin à la clarté de la lune, ne craignant pas sans doute d'être surpris à cette heure de la nuit.

L'inspiration que j'attendais des circonstances me vint subitement : ayant, par un mouvement involontaire, rencontré sous ma main le manche de la lourde pelle dont je m'étais servi le matin, je me levai sans faire le moindre bruit; et d'ailleurs, le vent, agitant bruyamment les branches du cyprès, eût empêché le cul-de-jatte de m'entendre... Je pris à deux mains le manche de la pelle; je la levais en l'air comme une massue, lorsque, calculant d'un dernier coup d'œil la portée de mon arme, je m'aperçus que, pour atteindre sûrement le cul-de-jatte et pouvoir lui asséner de toutes mes forces un coup sur le crâne, il me faudrait faire deux pas vers lui, et sortir absolument de ma cachette.

Un moment j'hésitai... ma résolution m'abandonna. Le moindre bruit, la moindre hésitation dans mon attaque, pouvaient me perdre... car cet homme n'eût pas reculé devant un assassinat.

Mais la pensée de Régina vint à mon aide, je l'invoquai mentalement comme on invoque son bon ange. D'un bond, je m'élançai, la pelle retomba sur la tête baissée du cul-de-jatte avec la rapidité de la foudre... coup si violent, que la pelle se fendit en deux...

Le cul-de-jatte éleva un instant les bras comme pour les porter à son front; puis les forces lui manquèrent, il tomba à la renverse et resta sans mouvement... Craignant de l'avoir seulement étourdi, je lui assénai de nouveaux coups avec un emportement farouche; bientôt le sang rougit la neige autour de nous.

La vue de ce sang me fit frissonner... je jetai la pelle loin de moi, tremblant d'épouvante, comme si j'eusse commis un crime... Mais je surmontai cette émotion en me disant qu'après tout je venais de frapper justement ce profanateur de tombes.

Je m'approchai du cul-de-jatte afin de lui enlever les objets dérobés dans la fosse.

Je vis un écrin ouvert, d'où s'échappaient une grosse chaîne d'or et un médaillon du même métal... puis plusieurs bagues où brillaient des pierres précieuses, arrachées sans doute aux mains du cadavre; enfin un portefeuille que le cul-de-jatte venait d'ouvrir, car une assez grande quantité de lettres qu'il renfermait étaient éparses çà et là... de l'une de ces lettres, sortait un lacet fait de cheveux, auquel pendaient une petite croix d'acier bronzé et une médaille de plomb, grande comme une pièce de dix sous...

Ma première pensée fut de ramasser ces objets, et d'aller à l'instant les porter à Claude Gérard, en le prévenant de ce qui venait de se passer; mais réfléchissant que le cul-de-jatte avait pu déjà mettre quelques bijoux dans ses poches, je me disposai à le fouiller, malgré une répugnance mêlée de crainte... Sa main, que je touchai, était glacée... cela m'enhardit... Il portait une mauvaise veste et un pantalon de drap. En tâtant les poches de sa veste, j'entr'ouvris accidentellement sa chemise presque en guenilles; alors, à la clarté de la lune qui tombait en plein sur cet homme, je vis tatouée sur sa peau une tête de mort de grandeur naturelle qui couvrait presque entièrement la poitrine de ce misérable... les orbites de cette tête étaient remplies par deux yeux rouges; elle tenait une rose entre ses dents.

— Le cul-de-jatte!... — m'écriai-je; car souvent Bamboche m'avait parlé du sinistre tatouage que ce brigand portait sur sa poitrine, tatouage assez particulier pour que je ne conservasse pas de doute au sujet de l'identité de ce personnage.

— Le cul-de-jatte!... — répétai-je, toujours agenouillé à côté de cet homme.—Oh! tant mieux!... tant mieux!... — m'écriai-je avec une joie farouche, — je suis content de l'avoir tué... après tout le mal qu'il a fait à Bamboche!...

Et je continuai de fouiller ce bandit. Je ne trouvai rien dans les poches de la veste, si ce n'est un briquet, un cornet de tabac à fumer et un couteau-poignard; mais quelle fut ma surprise et bientôt ma douleur, en trouvant dans les goussets de son pantalon les deux petits pistolets qui, la veille encore, étaient en la possession de Bamboche.

Par quel hasard étrange cet homme s'était-il donc encore une fois retrouvé avec Bamboche dont il avait causé la perte? En songeant à la mare de sang où, la nuit précédente, j'avais ramassé le petit châle de Basquine et les trois pièces d'argent, je ne pouvais douter de la complicité du cul-de-jatte dans ce nouveau crime, puisqu'il avait en sa possession les pistolets de Bamboche; mais je me demandais la part que ce misérable avait prise à ce tragique événement, toujours pour moi environné de mystère, car j'ignorais encore lequel de Bamboche ou de Basquine avait été victime, ou si tous deux avaient succombé.

D'un autre côté, je ne trouvai sur le cul-de-jatte aucun argent. Qu'était donc devenue la somme dérobée par Bamboche à Claude Gérard, somme qui avait pu seule tenter les meurtriers présumés de mes compagnons?

Toutes ces pensées, se présentant à la fois dans mon esprit, y laissaient le trouble et l'incertitude. Un moment je regrettai d'avoir tué ce bandit qui, seul peut-être, aurait pu m'éclairer sur le sort de mes compagnons; mais, en songeant à sa vie, à ses crimes, je m'applaudis de mon action.

Je rassemblai donc dans un pan de ma blouse la chaîne d'or, le médaillon, les bagues, le portefeuille où je remis les lettres, ainsi que le cordonnet de cheveux où étaient attachées une petite croix de bronze et une médaille de plomb; puis, laissant le cul-de-jatte étendu non loin de la fosse, je sortis précipitamment du cimetière afin d'aller avertir Claude Gérard de cet événement.

Il me reste un aveu pénible à faire...

Il s'agit de tentations mauvaises et d'une action honteuse... action dont le remords m'a poursuivi jusqu'au jour où loin de me repentir de ce que j'avais fait... j'ai...

Mais, hélas! chaque chose a son heure...

Quelles qu'aient été les suites réservées par le hasard à un fait indigne en soi, je ne pouvais les prévoir à l'heure où je le commettais; son indignité ne peut donc être atténuée en rien.

Je regagnai en hâte la demeure de Claude Gérard, regardant de temps à autre, et tout en marchant, les bijoux arrachés des mains du cul-de-jatte; ils me paraissaient d'une énorme valeur.

— Ah!... si je rencontrais Basquine et Bamboche, quelle joie... — me disais-je, — comme nous aurions de quoi vivre longtemps ensemble avec l'argent de...

Mais ma pensée s'arrêta là... et, malgré ce retour aux dangereuses tendances du passé, je compris que, penser ainsi, c'était me rendre complice du cul-de-jatte... complice de la violation du tombeau de la mère de Régina ; je repoussai alors cette tentation avec horreur. Puis, malgré moi, je fus assailli d'une idée à la fois puérile et mauvaise.

— Non, non, — me dis-je, — je respecterai ces bijoux, mais ce portefeuille renferme des lettres... sans aucune valeur sans doute, puisque bientôt l'humidité de la tombe doit les anéantir; d'ailleurs personne maintenant ne peut soupçonner leur existence, elles ne manqueront à personne... En les gardant à l'insu de Claude Gérard, je ne fais tort à qui que ce soit... ce sera pour moi un grand bonheur de les posséder, et puis... le désir ardent de savoir ce qu'elles contiennent *sera pour moi le plus grand encouragement à apprendre à lire et à écrire.*

Maintenant que j'y réfléchis de sang-froid, cette raison, ou plutôt cette excuse, que je donnais à une tentation coupable, me semble d'une puérilité stupide, incompréhensible; cependant rien n'est plus vrai.

Il est du reste certain que, dès le lendemain de ce jour, je commençai à apprendre à lire et à écrire avec un zèle, avec une suite, avec une application opiniâtre dont Claude Gérard fut très-étonné. Mon unique but était la lecture de ces lettres, pensant que ce qu'elles m'apprendraient serait peut-être un lien mystérieux qui me rattacherait à Régina, à son insu et à l'insu de tous.

Je ne cherche pas à pallier cette action; je tiens seulement à me rappeler sincèrement les raisons absurdes, mais réelles, qui m'ont poussé à un acte doublement coupable, car je ne retirai pas du portefeuille le cordonnet de cheveux ainsi que la petite croix d'acier bronzé et la médaille de plomb qui accompagnaient les lettres, m'autorisant aussi, pour garder ces objets, et de leur valeur insignifiante et de cette pensée qu'ils devaient être perdus pour tout le monde.

Enfin, une autre raison de ce vol était le désir de posséder quelque chose qui eût appartenu à la mère de Régina, puisque je ne pouvais rien posséder qui eût appartenu à celle-ci.

Je me décidai donc à ce larcin, et, avant de rentrer chez Claude Gérard, j'allai provisoirement cacher dans une grange attenante à notre étable, le portefeuille sous un tas de foin.

Quand j'entrai chez lui, Claude Gérard, assez inquiet de mon absence prolongée, s'apprêtait à venir à ma rencontre... Mais lorsque après lui avoir raconté la violation de la tombe et la mort du cul-de-jatte, j'eus remis à l'instituteur les bijoux et l'écrin, il m'embrassa tendrement, tout effrayé du danger que j'avais couru, loua beaucoup mon courage, en me disant néanmoins :

— Quoique la mort... même d'un criminel, nous charge toujours d'une grave responsabilité, mon pauvre enfant... car la mort est stérile... elle n'empêche pas les crimes d'avoir été commis, et elle rend impossible le repentir ou l'expiation salutaire... la vue d'une telle profanation, la peur d'être découvert et tué par ce misérable, légitiment ce meurtre... Il me faut, à l'instant, aller chez le maire, afin de déclarer cet événement, puis j'irai recombler cette fosse si indignement profanée; quant à toi, mon enfant, reste ici... réchauffe-toi dans l'étable, tu es transi de froid... A mon retour nous souperons...

Claude Gérard partit; je n'eus pas le courage de l'accompagner; je me sentais brisé par la fatigue et par les émotions de cette journée.

Dès que l'instituteur fut éloigné, ma première pensée fut de mettre à l'abri dans un endroit secret le portefeuille que j'avais dérobé. Ayant longtemps cherché les moyens de cacher sûrement mon larcin, je découvris d'abord, sous une des mangeoires de l'étable, un pot de grès fêlé, pareil à ceux dont on se sert dans ce pays pour conserver le lait; le portefeuille, quoique assez épais, pouvait parfaitement tenir dans ce vase; je l'y déposai avec soin; puis je creusai un trou assez profond sous la mangeoire, tout auprès du mur de l'étable; après avoir bouché l'orifice du pot avec du foin, je le cachai dans ce trou que je remplis de terre bien battue.

Cette opération terminée, je m'assis sur un banc, et, cédant à la fatigue, je ne tardai pas à m'endormir d'un sommeil fiévreux, troublé par des rêves bizarres, incohérents; dans l'un de ces songes, ayant sans doute l'imagination frappée de ce que m'avait dit Claude Gérard au sujet des personnes plongées dans une profonde léthargie et enterrées toutes vivantes, il me sembla voir la mère de Régina sortir de son cercueil, belle, brillante, parée; puis me regardant avec une ineffable douceur, elle me faisait signe de la suivre.

Au milieu de ce rêve, je fus éveillé en sursaut par Claude Gérard qui me secouait le bras; j'ouvris les yeux; sa blouse était couverte de neige... il tenait d'une main une lanterne, de l'autre une houe. Sa figure était d'une grande pâleur, ses traits me parurent bouleversés...

— Le misérable s'est échappé, — me dit-il en déposant sa lanterne sur une table. — Ton coup l'aura seulement étourdi.

— Qui cela ? — lui dis-je avec stupeur.

— Le cul-de-jatte.

— Il n'est pas mort ! — m'écriai-je.

— En te quittant, — me dit Claude Gérard, — je suis allé chez le maire, il a pris deux hommes avec lui, et nous sommes arrivés au cimetière... Nous avons vu, en effet, la fosse ouverte, et auprès du cyprès la neige rougie de sang... Étourdi sans doute et blessé grièvement, au bout de quelque temps ce bandit aura été rappelé à lui par la rigueur du froid; nous avons tâché de suivre la trace de ses pas empreinte sur la neige. Il nous a été facile de voir qu'ils étaient traînants, mal assurés... Cette trace nous a conduits hors du cimetière, dans une prairie... Mais là, au bout d'une vingtaine de toises, ces empreintes devinrent de moins en moins visibles; elles disparaissaient sous une nouvelle couche de neige, car il neigeait de nouveau et abondamment depuis une demi-heure... Bientôt la lune se coucha... Comme il y a de grands bois non loin de l'endroit où nous avons perdu la trace de ce misérable, et que la nuit était très-noire, nous avons renoncé à une poursuite inutile... Demain on fera prévenir la gendarmerie pour qu'elle se mette en quête... Je suis alors retourné seul au cimetière... Les objets précieux ont été replacés dans le cercueil. J'ai recomblé... la... fosse... — ajouta Claude Gérard d'une voix qui me sembla profondément altérée.

Puis son émotion fut si forte, qu'il s'arrêta en passant sa main sur son front baigné de sueur...

— Ah! Monsieur, — lui dis-je, — si vous saviez quel rêve... je faisais quand vous m'avez éveillé!...

— Quel rêve?

— Il me semblait voir... cette personne enterrée ce matin... sortir de son cercueil... et...

— Tu as rêvé cela ! — s'écria Claude Gérard avec stupeur; tu as rêvé cela!... — reprit-il.

Et il attachait sur moi un regard indéfinissable.

— Oui, Monsieur, — lui dis-je, tout surpris de l'importance qu'il semblait attacher à ce rêve, — ce matin... vous m'aviez parlé de personnes qui...

— Ah! c'est cela, — reprit Claude Gérard en paraissant accueillir avec une sorte d'empressement l'explication de mon rêve, — c'est cela... ton imagination frappée... Allons, c'est un songe étrange... étrange, — ajouta-t-il plus calme, — et, Dieu merci ! ce n'est qu'un songe, car... la fosse est recomblée... et il ne reste que le souvenir de cette violation infâme... Allons, mon enfant, espérons que le misérable qui en a été l'auteur n'échappera pas à la justice. Mais repose-toi, mon enfant. Quant à moi, je suis brisé de fatigue.

Et Claude Gérard se jeta sur son grabat.

CHAPITRE XXXVIII.

Pieux devoir accompli. — Martin revoit Régina. — Les anniversaires. — Méthode d'enseignement de Claude Gérard. — Éducation pratique. — Influence de l'éducation. — Tels maîtres tels élèves.

Pendant les premiers jours qui suivirent l'inhumation de la mère de Régina, d'absurdes bruits avaient été répandus par quelques vieilles femmes du village au sujet de prétendues apparitions qui auraient eu lieu dans la petite maison isolée que la pauvre femme avait occupée jusqu'à sa mort; mais, peu après, ces rumeurs cessèrent, grâce aux efforts de Claude Gérard, qui me parut singulièrement contrarié de cette superstitieuse crédulité et de l'attention qu'elle attirait sur la petite maison, qui fut d'ailleurs vendue deux ou trois mois après.

. . . .

Du jour où j'avais vu Régina assistant aux funérailles de sa mère, de ce jour qui fut aussi le premier que je passai chez Claude Gérard, datait pour ainsi dire le commencement de ma réhabilitation. Je me plaisais avec une tristesse plus douce qu'amère à confondre ces deux anniversaires dans ma pensée.

J'avais d'ailleurs scrupuleusement accompli cette promesse faite à moi-même d'entretenir avec un pieux respect la tombe de la mère de Régina, modeste tombe où se lisait seulement gravé le nom de Sophie, nom de baptême de cette jeune femme, dernière humiliation infligée à sa mémoire, puisqu'on avait voulu que sa pierre funéraire ne portât ni le nom de sa famille ni le nom de son mari.

Claude Gérard, profondément touché de la triste fin de cette infortunée, avait approuvé mon désir de préserver ce tombeau d'une dégradation prochaine. Je l'entourai d'un treillage rustique, qui, des deux côtés, venait circulairement aboutir au gros cyprès derrière lequel je m'étais blotti à la vue de Régina ; puis, tout autour de la pierre tumulaire, je plaquai du gazon bien vert, et je sablai de beau sable jaune l'étroite allée qui contournait cette petite pelouse; j'avais enfin ménagé, pour la saison des fleurs des bois et des prés, une plate-bande en forme de corbeille, à l'extrémité du gazon.

Plusieurs fois par semaine, je venais passer dans ce jardinet mélancolique une partie des *récréations* que m'accordait Claude Gérard.

L'hiver détruisit les dernières fleurs que j'avais plantées durant l'automne qui précéda le premier anniversaire de ces funérailles ; mais, vers le milieu de février, les perce-neige et les primevères sauvages dont nos prairies étaient couvertes, commencèrent de fleurir, et, le 27 février au matin, jour du *bout-de-l'an,* j'avais changé la plate-bande de la pelouse, alors très-verte, en une véritable corbeille de fleurs rustiques lilas et blanches, couleurs mélancoliques et douces d'une fraîcheur charmante.

Ma tâche accomplie, le sable de l'allée bien nivelé, je m'étais un instant reposé sur un banc de bois élevé par moi au pied du cyprès...

M'abandonnant alors à mes souvenirs, je pensais qu'à cette même place, une année auparavant, j'avais, pour la première fois, revu Régina... depuis son enlèvement dans la forêt de Chantilly.

Soudain, un bruit de chevaux de poste et de voiture, d'abord lointain, se rapprocha de plus en plus ; un secret pressentiment me fit tressaillir, j'éprouvai au cœur une violente commotion...

Bientôt la voiture s'arrêta ; quelques secondes après, je vis Régina s'avancer, vêtue de noir comme elle l'était l'année précédente.

La vieille servante lui donnait la main, le mulâtre à sombre figure suivait à quelques pas en arrière.

Je restai un moment immobile, à la fois charmé, ravi, et cependant frappé de stupeur ; mais voyant Régina s'approcher, je me sauvai aussi épouvanté que si je m'étais rendu coupable de quelque mauvaise action ; je franchis d'un bond l'entourage du jardin et je m'élançai à travers champs, non sans entendre pourtant une exclamation de surprise et de joie que la vue des fleurs qu'elle s'attendait si peu à trouver sur la tombe de sa mère, arracha sans doute à Régina.

J'arrivai en hâte chez Claude Gérard.

— Mon ami ! m'écriai-je en entrant (il avait désiré que je l'appelasse ainsi), — mon ami, si l'on vient demander qui a soigné la tombe de cette pauvre jeune dame, je vous en supplie, ne dites pas que c'est moi.

Mon inquiétude, mon effroi, mon désir d'échapper à la reconnaissance légitime que méritaient mes soins désintéressés étonnèrent vivement Claude Gérard ; il devina que je ne lui disais pas tout... Depuis un an, son influence sur moi avait beaucoup augmenté ; aussi, pressé de questions, je n'eus pas la force de lui taire *mon secret,* c'est-à-dire mon amour enfantin pour Régina.

Je cachai pourtant à Claude Gérard le vol du portefeuille et de la petite croix ; la honte m'empêcha toujours de lui faire cet aveu.

Je m'attendais à voir mon maître irrité contre moi ; il n'en fut rien ; seulement il me dit :

— Dans quelques années, mon enfant, je te rappellerai la confidence que tu viens de me faire ; jusque-là continue d'entretenir cette tombe avec vénération ; si l'on s'informe, je dirai que c'est moi qui ai accompli ce devoir, ou plutôt que tu as agi par mon ordre.

Régina voulut, en effet, savoir qui avait pris tant de soin du tombeau de sa mère ; avant de quitter le village, le mulâtre, domestique de confiance, se rendit au presbytère pour s'enquérir du fait. Le curé était absent ; mais, à son défaut, le mulâtre trouva madame Honorine qui, avec une merveilleuse présence d'esprit mercantile, répondit :

— C'est par ordre de M. le curé que *notre* fossoyeur a entretenu cette tombe avec tant de soin. Cet homme est payé pour cela, vous n'avez donc rien à lui donner, Monsieur. Mais votre offrande revient de droit à la *fabrique,* et si vous le désirez, on continuera au même prix.

Le mulâtre fit donc son offrande à la fabrique, conclut le même marché pour les années suivantes et repartit le soir même avec Régina, qui, dès ce moment, crut toujours que les soins donnés au tombeau de sa mère avaient été et étaient des soins intéressés et payés.

Depuis ce jour, chaque anniversaire de la mort de la mère de Régina fut pour moi la source d'émotions indéfinissables. L'année se passait ainsi presque rapidement, grâce à l'impatience, à l'anxiété mêlée d'espérance et de crainte avec laquelle j'attendais ce jour unique entre tous les jours, qui ramenait Régina au village.

Lors du troisième anniversaire, ayant remarqué du creux d'une haie où je m'étais blotti, que Régina restait auprès de la tombe de sa mère jusqu'à la nuit, quelle que fût l'inclémence du temps, j'avais, au moyen d'une natte de paille, maintenue par des perches, improvisé une sorte de toit au-dessus du banc adossé au cyprès ; je me félicitai d'autant plus de cette précaution, que la neige tomba presque sans interruption durant cette journée.

. . . .

Ce fut ainsi que, d'année en année, je vis Régina grandir et d'enfant devenir jeune fille. Ces rencontres, seulement annuelles et sans transitions, me rendaient plus frappant encore le développement des grâces de sa personne et de sa beauté qui devint éblouissante.

Lorsque Régina eut atteint l'âge d'environ seize ans, la perfection de sa taille élancée, la régularité de ses traits, le charme élégant et fier de sa démarche et de ses moindres mouvements étaient incomparables. Ses trois signes, d'un noir d'ébène comme ses cheveux, rendaient plus éclatante encore la transparente fraîcheur de son teint et le pourpre de ses lèvres.

A chaque anniversaire sa physionomie exprimait, non plus une douleur poignante, mais une mélancolie grave et résignée, un profond recueillement. Elle restait quelquefois une heure immobile, son front dans sa main, comme si elle eût opiniâtrement cherché la clef de quelque mystère ; souvent elle paraissait frémir d'une impatience pénible ; un jour, du fond de la cachette où je me blottissais d'habitude, je vis, ensuite d'une de ses longues méditations, l'indignation douloureuse contracter ses traits, des larmes couler sur ses joues, et elle s'écria :

— O ma mère ! ma mère !... je vengerai ta mémoire !...

. . . .

J'étais entré enfant chez Claude Gérard, j'y devins homme ; grâce à ses soins, à sa sollicitude toute paternelle, j'acquis en peu d'années une certaine instruction ; du reste, plus j'y songe, plus je suis émerveillé de la puissance de volonté dont Claude Gérard était doué : malgré des difficultés, des empêchements de toute nature, depuis l'insalubrité presque mortelle de son école, depuis le manque de livres les plus élémentaires, que les parents trop pauvres ne pouvaient donner à leurs enfants, et que lui ne pouvait non plus leur procurer (il suppléait en partie à cette pénurie par des manuscrits imitant l'*imprimé* qui lui coûtaient une partie de ses nuits), jusqu'à la malheureuse et coupable insouciance des familles et au mauvais vouloir des autorités de la commune, Claude Gérard obtenait généralement des résultats incroyables.

Loin de borner l'éducation de ses élèves à la lecture, il leur donnait, autant que possible, une instruction *utile* et *pratique* pour leur condition.

Ainsi ses enseignements, clairs, simples, variés, touchaient et résolvaient toutes les questions fondamentales de l'agriculture, appropriées à la culture de la contrée qu'il habitait, sauvegardant ainsi toute une jeune génération contre les préjugés et la routine.

De plus, deux fois par semaine, Claude Gérard conduisait ses écoliers chez un petit nombre d'artisans établis dans la commune ; là, chacun, selon son goût, apprenait du moins les premiers rudiments d'un de ces états manuels, pour ainsi dire indispensables au cultivateur isolé dans sa ferme, à de grandes distances des villages ; ainsi la plupart des écoliers de Claude Gérard, devenant un peu charpentiers, serruriers et maçons, pouvaient au besoin étayer une charpente affaissée, ferrer une charrue ou consolider un mur crevassé ; afin d'obtenir des artisans ces leçons pratiques pour ses écoliers, qui d'ailleurs leur servaient ainsi d'apprentis deux fois par semaine et les aidaient dans leurs travaux, Claude Gérard donnait à ces artistes eux-mêmes certaines notions de géométrie et de mécanique élémentaires, applicables à leur profession, et très-nécessaires au charpentier pour la coupe et l'assem-

Les pauvres gens l'affectionnaient surtout : ce fut avec une cordialité fraternelle que ceux-là nous firent leur modeste offrande. — Page 175.

blage des bois, au maçon pour la taille des pierres et la bâtisse, au serrurier pour le calcul des ressorts, des poids et des leviers.

Les dimanches on herborisait et l'on apprenait à connaître et à employer une foule de plantes rustiques douées de vertus salutaires ; le jeudi, Claude Gérard enseignait le chant par une méthode admirable de simplicité, de clarté, dans laquelle les signes si horriblement indéchiffrables de l'écriture musicale étaient remplacés par des chiffres ordinaires, 1, 2, 3, 4, etc., etc., connus et lisibles par tous les enfants(1). Claude Gérard écrivait lui-même ces simples et commodes partitions que ses écoliers copiaient ensuite ; chacun possédait ainsi sous un petit volume une sorte de bibliothèque musicale. L'influence de la musique sur les mœurs est un fait si évident, que je n'insisterai pas à ce sujet ; l'effet de ces voix d'enfants et d'adultes à l'église le dimanche était plein de charme ; souvent aussi par de belles soirées d'été on se rassemblait pour chanter sous une futaie de grands arbres.

Claude Gérard complétait l'instruction de ses écoliers par l'explication sommaire et lucide des principaux phénomènes de la nature et par quelques notions élémentaires d'hygiène, si indispensables à la salubrité des classes pauvres.

Quelques notions sur la *loi* (que personne n'est censé ignorer, et que l'immense majorité ignore de fait) en ce qui touche les principaux droits et devoirs des citoyens, l'analyse succincte des événements les plus importants, les plus glorieux de notre histoire, terminaient l'éducation des adultes.

Dans ces derniers enseignements, rapides, incomplets, mais tout palpitants de patriotisme, Claude Gérard enseignait, si cela se peut dire, L'AMOUR DE LA FRANCE.

« — Mes enfants, — disait-il toujours, — vous avez deux
» mères... à qui vous devez amour, tendresse et respect,
» à qui vous devez votre sang, votre vie... c'est *votre*
» *mère*... c'est *la France*... Envers toutes les deux, les
» liens, les devoirs sont les mêmes... faire rougir l'une...
» c'est faire rougir l'autre... enorgueillir celle-ci... c'est
» enorgueillir celle-là... Avant tout, ayez donc le culte de
» la France... soyez fiers de lui appartenir, de la servir, de
» la défendre... de la venger,... cette bonne vieille mère... »

Cette ardente et naïve croyance à un être de raison qui s'appelle la France, saint enthousiasme qui a enfanté les immortels prodiges de la France républicaine... ferait sourire de pitié des esprits forts de ce temps-ci. Mais les rustiques intelligences, droites, énergiques et aimantes, qui s'étaient façonnées aux enseignements de Claude Gérard, avaient encore la candeur de s'enflammer d'un bel amour pour la patrie ; ils ignoraient que le patriotique élan de nos glorieux pères de 93 touchait au ridicule et au *chauvinisme*, injure inventée pour flétrir le niais et farouche dévouement au pays, ainsi que disent ces mêmes *esprits forts de la lâcheté*, comme les appelait Claude Gérard.

Aussi, plus tard, les écoliers de l'instituteur, devenus hommes, éprouvaient un certain orgueil à servir la France ; lorsque venait l'heure du recrutement, c'est librement, fièrement, qu'ils payaient l'impôt du sang, au lieu de tâcher de lui échapper en se jetant dans les bois,

(1) Nous aurons occasion de revenir sur cette merveilleuse découverte de Galin, qui a donné un si magnifique développement à une excellente idée de Rousseau, et a fait de la musique vocale une science toute nouvelle et *à la portée de tous*, science que M. L. D. Emile Chevé et M. Aimé Pâris, deux des plus fervents adeptes de Galin, ont vulgarisée avec autant d'éclat et de bonheur que de désintéressement, et qui obtient chaque jour des résultats presque incroyables.

D'un bond, je m'élançai; la pelle retomba sur la tête brisée du cul-de-jatte. — Page 173.

pour y mener une vie de révolte et de vagabondage ; aussi les gens les plus hostiles à l'instituteur avouaient que, depuis dix ans qu'il avait action sur l'éducation des enfants, les réfractaires, autrefois si nombreux dans le pays, devenaient de plus en plus rares.

Encore une preuve frappante de l'influence de l'éducation, incomplète sans doute, mais remplie d'*honorabilité*, si cela peut se dire, que Claude Gérard était parvenu à donner à ces enfants, grâce à des prodiges d'intelligence, de dévouement et de volonté.

Voici un fait bien remarquable :

La révolution de juillet éclata : dans beaucoup de provinces (la nôtre fut du nombre), il y eut quelques velléités de troubles, bientôt comprimées ; certains souvenirs de la révolution furent exploités par quelques hardis meneurs ; de malheureux paysans plongés dans la misère, dans l'ignorance, jaloux et haineux parce qu'ils étaient misérables et exploités, se laissèrent entraîner à des pensées de violence ; une partie de la population de deux communes voisines de la nôtre, s'étant soulevée aux cris de : *Guerre aux châteaux !* vinrent chez nous afin de recruter des jeunes gens pour marcher sur un magnifique château, situé à quelque distance de notre village, et occupé par un propriétaire jouissant d'une fortune considérable.

Je n'oublierai jamais cette journée, dont le résultat imprévu dut un instant avoir une si grande influence sur ma destinée.

Cette bande de paysans armés de fusils, de faux, de fourches, précédée d'un tambour, et, chose assez étrange, du *serpent* de l'une des paroisses, avait un aspect funeste et redoutable. Elle fit halte sur la grande place de notre village ; un roulement fut battu, les chefs appelèrent aux armes tous *les bons enfants* pour aller *retourner* le château de Saint-Étienne.

Bientôt prévenu de cet événement, Claude Gérard sortit de chez lui et causa longuement avec les meneurs de cette bande, pendant que le maire et le curé fuyaient éperdus. Après cette conférence, l'instituteur promit de lever en une heure une vingtaine de garçons résolus et de marcher à leur tête contre le château.

En effet, une demi-heure après, vingt-cinq jeunes gens de notre paroisse, armés tant bien que mal, se joignaient à la première bande sous la conduite de Claude Gérard, qui demanda comme faveur de former l'avant-garde.

Durant le trajet du village au château, ceux dont nous étions les auxiliaires, s'exaltant par leurs cris, par leurs chants, s'abattirent sur une maison isolée, y défoncèrent deux ou trois barils de vin, et l'ivresse vint se joindre à tant d'autres excitations mauvaises.

Notre troupe, loin de participer à cette orgie, profita de ce désordre et de ce retard pour marcher rapidement vers le château, sans que le restant de la colonne s'en inquiétât le moins du monde : nous faisions, après tout, notre métier d'avant-garde.

Nous arrivâmes au château de Saint-Étienne. Claude Gérard me montra de loin le propriétaire de cette magnifique résidence. Ce personnage, ne soupçonnant pas le danger dont il était menacé, se promenait dans une avant-cour avec sa femme, ses enfants et plusieurs dames. Pour nous rendre au château, il fallait traverser un pont jeté sur un canal qui entourait le parc. Claude Gérard nous ordonna de garder ce pont, et, quoi qu'il pût en arriver, d'en refuser le passage... à nos auxiliaires, sur lesquels nous avions cinq ou six cents pas d'avance.

Claude Gérard, allant alors droit au maître du château qui commençait à s'inquiéter de ces rassemblements armés, lui dit :

— Monsieur... ne craignez rien... une cinquantaine

d'hommes, égarés par la misère ou par de mauvais conseils, ont résolu d'attaquer votre maison ; ils sont venus dans notre village nous demander main-forte ; au bout d'un quart d'heure de conférence avec eux, j'ai compris qu'il me serait impossible de les dissuader de leur dessein, je me suis donc décidé à les accompagner afin de vous protéger au besoin... Monsieur, j'ai rassemblé ces braves garçons que vous voyez là-bas gardant le pont ; je ne désespère pas encore de calmer ces malheureux égarés dont nous nous sommes faits les auxiliaires pour les maintenir. Si je ne puis y parvenir, ces jeunes gens que j'ai amenés, et moi, nous vous défendrons ; ne m'ayez aucune reconnaissance, Monsieur, — dit Claude Gérard au propriétaire stupéfait, — je ne vous connais pas ; mais en nous opposant, même au péril de notre vie, à un acte de violence que rien n'autorise, et qui n'a pas même le prétexte d'une vengeance légitime, c'est la cause, c'est l'honneur du peuple dont moi et ces jeunes gens faisons partie, que nous défendons. Rassurez-vous donc, Monsieur ; tout ce que des gens de cœur peuvent humainement tenter, nous le tenterons pour faire respecter votre personne et votre propriété.

Puis Claude Gérard revint dans nos rangs, recommanda de nouveau la garde du pont, défendit qu'aucun de nous l'accompagnât, afin d'éviter une collision, et seul il s'avança vers la bande à moitié ivre qui n'était plus qu'à quelques pas de nous. Il fallut le sang-froid, la résolution, l'incroyable autorité que possédait naturellement Claude Gérard pour dominer la fureur de nos auxiliaires, lorsqu'il voulut leur faire comprendre la déloyauté et l'indignité de l'action qu'ils allaient commettre. L'un de ces malheureux, dans son exaspération, porta un coup de fléau à Claude Gérard ; mais, quoique blessé, celui-ci, doué d'autant de vigueur que de courage, terrassa son adversaire, le mit hors de combat, et continua d'en appeler aux généreux sentiments de ses adversaires. Le plus grand nombre fut sourd à ses exhortations, et marcha tumultueusement vers le pont ; mais une minorité assez considérable, cédant à l'influence de Claude Gérard, se rangea de son côté.

Que dire de plus ? Après une lutte heureusement courte et peu meurtrière, nos agresseurs se débandèrent en désordre de crainte d'une seconde attaque. Nous passâmes la nuit sous les arbres du parc, et le lendemain, au point du jour, bien certains qu'aucun danger ne menaçait plus le château, nous revînmes au village.

. . . .

Ce fut au retour de cette expédition que Claude Gérard me dit ces mots que je n'oublierai jamais :
— Sais-tu, mon enfant, quels sont les instituteurs de ces deux communes dont la jeunesse a voulu se porter à ces violences ? Sais-tu entre quelles mains les gens qui gouvernent ont laissé tomber la sainte mission d'élever les enfants de ces deux villages et d'en faire d'honnêtes gens ? L'un de ces instituteurs est un cabaretier qui fait l'usure lorsqu'il n'est pas ivre. L'autre est un *forçat libéré* (1). Hélas ! tels instituteurs, tels élèves.

(1) Nous le répétons, nous n'exagérons rien. Ces dernières citations de l'ouvrage officiel de M. Lorrain, montreront entre quelles mains l'insouciance calculée du pouvoir a laissé tomber l'éducation du peuple.

— AUDE, *arrondissement de Carcassonne.* — Un certain V... exerce sans autorisation ; il mène une vie scandaleuse ; il est prétendu QU'IL SORT DES BAGNES. — NIÈVRE, *arrondissement de Château-Chinon.* — Je n'ai trouvé dans cette commune QU'UN FORÇAT LIBÉRÉ, qui exerçait clandestinement. — GERS, *arrondissement de Lectoure.* — Pas d'autre école que celle de N... homme taré, condamné POUR USURE et UN PEU BUVEUR. — GERS, *arrondissement de Mirande.* — L'instituteur a une mauvaise réputation ; il EST ACCUSÉ DE SE LIVRER A L'USURE. — PUY-DE-DÔME, *arrondissement de Thiers.* — Il est urgent de remplacer l'instituteur, il a de fréquentes ATTAQUES D'ÉPILEPSIE. — BASSES-PYRÉNÉES. — L'instituteur d'Aros est ÉPILEPTIQUE. — HÉRAULT, *arrondissement de S.int-Pons.* — A l'époque de la belle saison, où leur école est déserte, plusieurs instituteurs SE DON-

C'est impossible ! — m'écriai-je ; — il n'y aurait pas de termes pour flétrir un mépris si criminel de ce qu'il y a de plus sacré au monde : *l'éducation de l'enfance !*

Claude Gérard sourit amèrement, et me dit :
— Je n'accuse jamais à tort, mon enfant... Ce que je te dis est vrai... Sans doute ceux qui gouvernent n'ont pas spécialement choisi un usurier ivrogne ou un forçat libéré pour dispensateurs de l'éducation du peuple... mais les gouvernants, dans leur infernal... machiavélisme, savent rendre les fonctions d'instituteur si précaires, si misérables, si humiliantes, si intolérables, qu'elles ne peuvent être acceptées que par des gens qui comme moi se vouent par conviction à ce dur sacerdoce, ou bien par des ignorants, des infirmes, des gens grossiers, ou des misérables que la justice a flétris.

— Mais dans quel but, — dis-je à Claude Gérard, — abaisser ainsi ces fonctions qui devraient être si hautement honorées ?

— Dans quel but ! mon enfant ? — reprit Claude Gérard avec son triste et doux sourire, — parce que ces pouvoirs-là tiennent à gouverner des êtres abrutis par l'ignorance, par la misère ou par une crédulité superstitieuse... parce que ces pouvoirs-là redoutent les populations éclairées auxquelles l'éducation donne la conscience de leurs droits et de leur force. Aussi fait-on tout au monde pour que les écoles des FRÈRES envahissent et remplacent nos écoles... Les FRÈRES façonnent l'enfance au renoncement de toute dignité humaine et à un servilisme dégradant... Tu as lu leurs livres... ceux du P. Gobinet entre autres... et tu vois les générations que préparent à la France ces moines mystérieux dont personne ne connaît la règle et dont le souverain est à Rome.

— Mais ce calcul est horrible, — m'écriai-je, — et il est plus absurde encore. Hier nous avons vu à quels excès peuvent se porter des malheureux égarés par de mauvais enseignements.

— Mon pauvre enfant, le pouvoir craint peu la violence... il l'écrase dans le sang... mais il redoute les idées, que le fer et le plomb n'atteignent pas... Et, malheureusement, il faut le dire, le pouvoir a souvent les parents des enfants pour complices forcés, dans ces tendances abrutissantes... Et pourtant, si un père est civilement responsable devant la société des fautes que son enfant peut commettre jusqu'à un certain âge... POURQUOI CE PÈRE NE SERAIT-IL PAS AUSSI, MORALEMENT ET CIVILEMENT RESPON-

NENT A LOUAGE COMME DOMESTIQUES OU BERGERS. — AUDE. — L'instituteur est ÉPICIER. Il n'y a que MM. N. et V. instituteurs, qui font le métier de BARBIER avant ou après la classe. — EURE, *canton de Vernon.* — J'ai rencontré, parmi ces mauvais maîtres, UN BARBIER, UN TAILLEUR et UN FACTEUR DE VOITURES PUBLIQUES. — AUDE, *arrondissement de Limoux.* — L'instituteur, très-vieux et très-infirme, est frappé d'une SURDITÉ HÉRÉDITAIRE. — EURE-ET-LOIR. — O... l'instituteur, ANCIEN GARÇON D'ÉCURIE, n'inspire aucune confiance aux parents. — MEURTHE. — L'instituteur de Tramont-Lassier est SOURD. — SAONE-ET-LOIRE. — On éprouve un sentiment pénible lorsqu'on est forcé de dire que l'instituteur EST SUJET AU MAL CADUC. — BASSES-PYRÉNÉES. — J'ai remarqué, parmi ces mauvais instituteurs, un tiers au moins D'ESTROPIÉS, BOITEUX, MANCHOTS, JAMBES DE BOIS, etc., pour qui cette incapacité physique a été la seule vocation à l'état d'instituteur.

Nous nous arrêtons dans ces pénibles citations, dont le nombre est énorme, et qui nous conduiraient trop loin. Terminons en citant à l'appui de ce que nous avons avancé, les admirables paroles de M. Michelet.

Elles renferment un grand enseignement pour qui sait comparer, attendre et espérer.

« Dans sa terrible misère, dit M. Michelet, *la Convention*
» *voulait donner cinquante-quatre millions à l'instruction primaire...*
» Temps singulier, où ces hommes se disaient matérialistes, et
» qui fut en réalité l'apothéose de la pensée, le règne de l'es-
» prit. — Je ne le cache pas, de toutes les misères de ce temps-
» ci, il n'y en a pas qui me pèse davantage : l'homme de France
» le plus méritant, le plus misérable, le plus oublié, c'est le
» maître d'école ; l'État abandonne aux ennemis de l'État l'édu-
» cation des enfants. — Vous dites que les *frères* enseignent
» mieux. — Je le nie. — Quand cela serait vrai, que m'importe !
» — Le maître d'école, c'est la France, — le frère, c'est Rome.
» C'est l'étranger, c'est l'ennemi ; lisez plutôt leurs livres, suivez
» leurs habitudes et leurs relations. Flatteurs pour l'Université,
» et tous jésuites au cœur. » (*Le Peuple*, par Michelet, 141.)

sable de l'ignorance de son fils... l'ignorance... source de tout mal... comme la misère?...

— En effet, — dis-je à Claude Gérard, — cela serait juste.

— Hélas! mon pauvre enfant... tant de choses sont justes... et qui s'occupe à les faire prévaloir? Dans certains pays, il est vrai, le père qui n'envoie pas ses enfants à l'école est puni d'une amende... Il y a du bon dans cette mesure; car souvent il faut imposer sévèrement le bien... Et pourtant... une telle mesure serait-elle applicable ici? Vois autour de nous : telle est la misère des populations, que ces pauvres gens ne peuvent se passer des services que leurs enfants leur rendent, soit en gardant les troupeaux tout le jour, soit en travaillant à la terre malgré la faiblesse de leur âge. Alors... que veux-tu? Obligés de faire gagner à leurs enfants, par un rude travail, le pen de pain qu'ils leur donnent, ils ne peuvent les envoyer à l'école, et l'on n'a pas la force de blâmer ces malheureux parents. . Oh!... misère!... misère!... ajouta Claude Gérard avec un douloureux accablement; — misère! seras-tu toujours la source de tout mal sur la terre... ne viendra-t-il donc jamais, le jour de la répartition légitime... et du bonheur de tous!...

. . . .
. . . .

CHAPITRE XXXIX.

Conseils de Claude Gérard à Martin. — Martin apprend une profession.

Lors de la profanation de la tombe de la mère de Régina par le cul-de-jatte, j'avais soustrait un portefeuille contenant une grande quantité de lettres ainsi qu'une petite croix de fer bronzé et une médaille de plomb.

Afin d'atténuer à mes propres yeux ma honteuse action, j'avais fait un singulier compromis avec moi-même, je m'étais juré de ne lire ces lettres que le jour où Claude Gérard me reparlerait de mes confidences au sujet de Régina.

Peu de temps après l'un des derniers anniversaires, auquel j'avais, selon ma coutume, assisté invisible, Claude Gérard me dit :

— Mon enfant... tu dois avoir à cette heure seize ou dix-sept ans. Il y a quelques années, tu m'as fait l'aveu de l'amour précoce que tu ressentais pour mademoiselle Régina. Cette passion, quoique explicable par l'influence des tristes exemples que tu avais eus sous les yeux dans ta première enfance, était si peu en harmonie avec ton âge, que je n'ai voulu ni t'en parler, ni t'en blâmer... Cet enfantillage pouvait s'effacer peu à peu de ton cœur; alors pourquoi te le rappeler? Cet amour devait-il au contraire persister? je ne pouvais te blâmer... Je t'ai attentivement étudié... je suis convaincu de l'excellente action que cette passion a eue sur toi, et qu'elle aura, je crois, longtemps encore... Un tel amour, quoique sans aucun espoir, et peut-être même parce qu'il est sans espoir, est, pour un cœur comme le tien, la meilleure sauvegarde contre les entraînements de l'âge. Mais il faut bien te dire, mon cher enfant, que cet amour est pour toi sans espoir : ne te fais aucune illusion, Régina est de la plus éblouissante beauté, son pieux respect pour la mémoire de sa mère annonce une âme noble et tendre ; son caractère est sans doute d'une rare fermeté, sa volonté d'une grande énergie, car elle a dû avoir de grandes difficultés à obtenir de son père la permission de faire chaque année un voyage de deux cents lieues pour venir prier un jour sur la tombe de sa mère. J'ai su que le père de Régina, sans avoir une grande fortune, est riche cependant : il appartient à la plus ancienne noblesse. Sa fille paraît fière de sa naissance, puisque, il y a deux ans, une plaque émaillée représentant les armoiries de sa famille, a été apportée par elle et incrustée, d'après ses ordres, au milieu de la pierre humble et nue sous laquelle reposent les restes de sa mère... Cet orgueil de race, je ne le blâme pas chez cette jeune fille ; dans cette circonstance, elle a voulu sans doute protester contre la honte dont on semblait vouloir poursuivre la mémoire de sa mère...

Claude Gérard, en prononçant ces derniers mots, s'arrêta : il parut ému, et resta quelque temps silencieux.

Assez surpris, je le regardais avec attention; il semblait réfléchir. Puis, quelques paroles lui vinrent aux lèvres ; mais je ne sais quelle pensée le retint, puis il me dit d'un air grave et pénétré :

— Quoi qu'il arrive et quoi que le hasard puisse peut-être t'apprendre un jour, mon cher enfant, n'oublie jamais qu'il est quelque chose au-dessus de la plus tendre affection... c'est le respect qu'on doit à une promesse sacrée...

— Je ne vous comprends pas, — lui dis-je, de plus en plus étonné.

— Tout ce que je te demande, — reprit-il, — c'est de ne pas oublier ce que je viens de te dire au sujet de la mère de Régina... Il se peut que l'avenir t'explique le sens de ces paroles, maintenant incompréhensibles pour toi. Enfin, pour en revenir à Régina, mon cher enfant, cette jeune fille est donc admirablement riche et belle, elle est fière de sa haute naissance, et son caractère est aussi résolu que son cœur est généreux. Or, ces qualités naturelles, ces avantages du rang et de la fortune, sont autant d'obstacles insurmontables élevés entre toi et Régina... Aime-la donc comme tu l'as aimée jusqu'ici, invisible et inconnu... pour elle... Songe toujours à la distance incommensurable qui te sépare de cette jeune fille ; qu'elle soit l'étoile brillante qui guidera ta vie dans la voie du bien... Lorsque tu auras quelque tentation mauvaise, évoque, par la pensée, la fière et belle figure de Régina, et tu rougiras de tes funestes tendances... On adore... on vénère Dieu... on se sent soutenu par lui... dans le bien... on le redoute dans le mal ; et pourtant il n'apparaît pas à nos regards... il ne communique pas avec nous... Qu'il en soit ainsi de l'influence de Régina sur toi...

. . . .

Le soir du jour où j'eus cet entretien avec Claude Gérard, profitant d'une heure de solitude, je déterrai le pot de grès que j'avais souvent visité, et j'en tirai le portefeuille avec un violent battement de cœur, et la rougeur au front, comme si je me rendais coupable d'un indigne abus de confiance.

Quelle fut ma surprise, mon désappointement en retirant les lettres du portefeuille qui les contenait !

Les lettres n'avaient pour adresse que des initiales, et cette correspondance était écrite d'une écriture indéchiffrable pour moi (je sus plus tard que les lettres étaient écrites en allemand, et voilà pourquoi je sais l'allemand). Néanmoins, je les dépliai soigneusement une à une, espérant en trouver une écrite en français. Vain espoir, il me fut impossible d'en lire une seule.

Je trouvai du moins parmi ces papiers un objet singulier : c'était une petite couronne (couronne royale... je l'appris aussi plus tard), d'une forme particulière, découpée à jour dans une feuille de métal d'or très-mince. Cette couronne, fixée par deux fils de soie jaune et bleue, au milieu d'un carré de parchemin assez épais, était entourée de lignes symboliques bizarres, et d'S et de W entrelacés en chiffres.

Au-dessous de la couronne on lisait cette date en français :

Vingt-huit décembre 1815.

— *Rue du Faubourg du Roule, n° 107.*

— *Onze heures et demie du matin.*

Puis au-dessous de cette date, et en allemand, cinq lignes de longueur inégale et d'écritures différentes. La première, la troisième et la cinquième ligne étaient écrites d'une main ferme, tandis que les deuxième et quatrième lignes étaient tracées plus finement et d'une manière moins assurée.

Cet objet bizarre me surprit beaucoup ; je cherchai en vain à pénétrer le sens des signes symboliques qui le couvraient en partie ; la couronne d'or surmontant cette date excitait aussi vivement ma curiosité, mais nul moyen de la satisfaire.

Je remis tristement le parchemin, la croix, la médaille, les lettres dans le portefeuille, m'ingéniant à trouver un moyen de savoir, sans éveiller les soupçons de Claude Gérard, en quelle langue étaient écrites ces lettres.

Un incident, hélas ! inattendu, vint couper court à mes préoccupations à ce sujet...

Il me fallut quitter Claude Gérard.

J'étais entré chez lui enfant, j'en sortis homme, moins par l'âge (j'avais dix-huit ans environ) que par la raison et par une expérience précoce acquise à une rude école.

Durant ces années passées auprès d'un homme rempli de savoir, doué des plus rares qualités, philosophe pratique s'il en fut, mon intelligence se développa ; mon esprit se cultiva ; mon caractère acquit une trempe vigoureuse, et j'appris enfin une profession manuelle, celle de charpentier, qui pouvait m'être une ressource contre les mauvais jours.

Ces résultats ne furent pas soudains : souvent j'eus à lutter contre d'amers, de profonds découragements causés par la vie pauvre, rude, sans avenir, à laquelle je me trouvais enchaîné ; j'eus à subir des accès de tristesse désespérée en songeant à mes deux compagnons d'enfance, dont j'avais continué d'ignorer absolument le sort, et que, de souvenir, j'aimais aussi tendrement que le jour même de notre séparation.

J'eus à contenir enfin des ressentiments pleins de violence contre les indignes ennemis de Claude Gérard ; car jamais son admirable résignation ne s'était lassée, jamais son calme, à la fois digne et stoïque, ne s'était démenti, tandis que l'animadversion de ses persécuteurs, au lieu de s'apaiser, s'était exaspérée jusqu'à la rage. Aussi, après une résistance sublime d'humilité, d'abnégation, de renoncement... il dut succomber, car, chose étrange, c'est à force de soumission aveugle aux plus brutales exigences, aux plus criantes injustices de ses ennemis, que Claude Gérard trouva le moyen de les réduire à l'impuissance, qu'il parvint à conserver l'humble condition qu'il occupait dans ce village.

Mais vint enfin le jour du triomphe de l'ennemi le plus acharné, le plus infatigable de Claude Gérard : c'est nommer le curé de la commune.

Ce prêtre indigne, après des intrigues, des calomnies, des manœuvres infâmes, parvint à jeter la défiance et la froideur entre l'instituteur et les pauvres gens qu'il s'était depuis si longtemps affectionnés ; puis ce but, si opiniâtrement poursuivi depuis des années, une fois atteint, il fut facile alors d'arriver à forcer Claude Gérard à abandonner la commune.

. . . .
. . . .

Les derniers moments que je passai auprès de l'instituteur seront toujours présents à ma pensée.

Vers la fin de décembre 1832, lui et moi nous étions réunis dans le réduit séparé de l'étable par des claies à troupeaux.

Un jour sombre, pluvieux, pénétrait à travers la petite fenêtre par laquelle je m'étais introduit, huit ans auparavant, chez l'instituteur pour le voler en compagnie de Bamboche et de Basquine. (Je dois dire, pour atténuer quelque peu cette honteuse action, que, grâce à mon travail comme aide-charpentier, j'étais parvenu en deux années à rembourser cette somme à Claude Gérard, qui put ainsi restituer le dépôt qu'on lui avait confié.)

Ce matin-là donc, à la pâle lueur de l'aube d'un jour d'hiver, Claude Gérard marchait dans la chambre à pas lents, muet et le front courbé.

Assis sur le grabat où j'avais passé la première nuit de mon entrée dans cette humble maison, j'appuyais nonchalamment une de mes mains sur un petit sac de voyage déposé à côté de moi.

Claude Gérard, vêtu, selon sa coutume, d'une mauvaise blouse et chaussé de sabots où s'enfonçaient ses pieds nus, avait beaucoup vieilli ; des rides nombreuses creusaient son visage ; ses cheveux grisonnaient déjà vers les tempes ; mais l'expression grave et doucement mélancolique de ses traits était toujours la même. Seulement, à ce moment son visage semblait contracté par une violente émotion, qu'il tâchait de comprimer. Enfin, parvenant à la vaincre, il me dit d'une voix calme en étendant sa main vers la fenêtre :

— C'est par là... mon enfant, qu'il y a huit ans... tu t'es introduit dans cette demeure... L'abandon, la misère, le mauvais exemple, l'ignorance t'avaient poussé au vol... Aujourd'hui tu as dix-huit ans, tu vas sortir d'ici... honnête homme, instruit et capable de te suffire à toi-même.

— O mon ami !... ne croyez pas que jamais j'oublie...

— Écoute-moi, mon cher enfant, — dit Claude Gérard en m'interrompant, — je te rappelle le point dont tu es parti, et le chemin que tu as parcouru jusqu'à ce jour... non pour te glorifier du bien que je t'ai fait, mais afin que ce dernier regard jeté sur la vie passée te donne la force d'envisager tranquillement l'avenir. Depuis le moment où je t'ai recueilli, j'ai suivi ta vie pas à pas, jour par jour ; témoin de ces luttes, de ces épreuves dont tu es sorti à ton honneur, j'ai pu reconnaître ce qu'il y a en toi de bon, de généreux et d'énergique persistance à suivre la bonne voie. Courage donc, mon enfant... Accepter, ainsi que tu l'as fait, une vie laborieuse, rude, sans joies, sans plaisir, et seulement éclairée un jour par année par la brillante apparition d'une jeune fille que tu dois toujours aimer sans espoir... n'oublie jamais cela ; enfin cette vie de renoncement, d'abnégation, la supporter sans amertume, sans révolte contre le sort, c'est beau, c'est bien, mon enfant...

— Hélas ! mon ami... dans cette voie rude et pénible... si les forces me manquaient parfois, vous étiez là... quelques mots de vous me donnaient un nouveau courage. Mais, à cette heure, mon cœur se brise en songeant qu'il faut vous quitter pour longtemps... pour toujours peut-être.

— Pour toujours... non, non, mon enfant. On est parvenu à me chasser de cette commune... après une lutte de dix années ; mais enfin... dans la commune où je vais me rendre, je ne rencontrerai pas, je l'espère, les mêmes haines... Eh bien ! l'an prochain, peut-être la personne chez laquelle tu te rends à Paris t'accordera-t-elle un congé de quelques jours... Alors, pauvre enfant, nous aurons une grande joie... nous qui en avons eu si peu...

— Ah ! mon ami, si vous l'aviez voulu... je ne vous aurais pas quitté... j'aurais continué de partager vos travaux.

— Non, non, mon enfant... cet avenir ne saurait être le tien... Une position inespérée s'offre à toi... ne pas l'accepter serait insensé. Tu n'auras jamais de protecteur plus bienveillant que M. de Saint-Étienne. Il a cru contracter envers moi une grande dette de reconnaissance, parce qu'il y a deux ans j'ai sauvé son château du pillage.

— Et sa vie, peut-être... et cela au péril de la vôtre, mon ami...

— Soit... Mais sauf quelques livres élémentaires pour ma classe, j'ai toujours refusé les offres qu'il m'a faites pour lui témoigner sa gratitude... Il a cru enfin trouver le moyen de me la prouver. Il joue maintenant un rôle important à Paris. En cherchant un homme intègre et sûr pour remplir auprès de lui un poste de confiance, il m'a écrit et m'a proposé d'être son secrétaire intime, acceptant d'avance mes conditions... J'ai refusé...

— Vous avez refusé pour vous, mon ami, mais accepté pour moi...

— Parce que j'ai entrevu là pour toi une position honorable ; j'ai répondu de toi, cœur pour cœur... M. de Saint-Étienne a, je ne sais pourquoi, tant de confiance en moi, que, malgré ta jeunesse, il t'accepte comme secrétaire... à l'essai, il est vrai, mais cet essai pour toi, je ne le redoute pas... Encore une fois, mon enfant, tu le vois, cette condition est inespérée, il faut se hâter de l'accepter.

— Et c'est pour m'assurer ce sort si calme, si heureux, que vous vous résignez à poursuivre votre pénible carrière.

— Si humble, si misérable qu'elle soit, mon enfant, cette carrière est désormais sacrée pour moi... Je le dis sans orgueil, tu l'as vu : malgré tant d'obstacles à surmonter, j'ai souvent obtenu d'heureux résultats... Cette récompense me suffit... Faire d'une génération de pauvres enfants ignorants, déjà presque abrutis par la misère, une génération d'hommes intelligents, honnêtes, instruits et laborieux, cela est beau... cela est grand, vois-tu? et cela fait prendre en grand dédain ou en grande pitié toutes les indignités dont on m'accable... Maintenant le bien est fait ici... que m'importe leur haine !

Puis Claude Gérard ajouta avec une pénible émotion :
— Ah !... si je n'avais pas d'autres chagrins que ceux dont mes ennemis tâchent de m'accabler...
— Je vous entends, mon ami... cette pauvre folle... que vous alliez à la ville visiter chaque semaine... Maintenant vous allez être bien éloigné d'elle...

Claude Gérard garda longtemps le silence; ses traits étaient contractés, il semblait pensif, agité; enfin, paraissant faire un grand effort sur lui-même, il me dit :
— J'ai un aveu à te faire.... j'ai hésité longtemps... mais si pénible que me soit cet aveu, je ne dois pas me taire : puisque nous allons nous quitter... peut-être suis-je sage, peut-être suis-je insensé dans ma franchise... l'avenir décidera.
— Un aveu pénible à me faire! vous, mon ami ? — dis-je à Claude Gérard avec étonnement.

CHAPITRE XL.

Visite de Bamboche à Claude Gérard. — Mystères. — Changement de position. — Martin quitte l'instituteur.

— Oui, — me dit Claude Gérard, — cet aveu me sera pénible, parce qu'il te prouvera que j'ai douté de toi... et de moi.
— Et pourquoi ?
— Tu te rappelles cette absence de quinze jours que tu as faite, il y a à peu près un an, après ta maladie ?
— Oui, mon ami, vous avez voulu que j'allasse passer ma convalescence à quelques lieues d'ici... espérant que le changement d'air la hâterait.
— Eh bien !... pendant ton absence, — me dit Claude Gérard avec un embarras involontaire, — quelqu'un est venu ici... te demander.
— Moi ?... et qui cela ?
— Un de tes compagnons d'enfance...
— Bamboche! — m'écriai-je avec une émotion de joie impossible à rendre. — Ainsi mes craintes n'étaient pas fondées... il vit... il ne m'a pas oublié.

Puis, sentant les larmes me venir aux yeux, j'ajoutai :
— Pardon... mon ami... mais si vous saviez ce que j'éprouve...
— Je comprends, mon enfant, et je suis loin de blâmer ton attendrissement... Voici donc ce qui s'est passé pendant ton absence, il y a un an de cela : J'étais ici, un matin; je vois entrer un jeune homme de grande et robuste taille, d'une figure énergique, et vêtu, il m'a semblé, avec plus de luxe que de goût. — Monsieur, — m'a-t-il dit, — il y a environ sept ans que vous avez recueilli un enfant abandonné, c'est du moins ce que je viens d'apprendre par les informations que j'ai prises dans ce village. Et quel intérêt portez-vous à cet enfant, Monsieur ? — dis-je à cet homme en l'examinant avec autant de surprise que de curiosité. — Cet enfant... est mon frère, me répondit-il. — Votre frère !... — lui dis-je — et me rappelant tes confidences et le portrait que tu m'avais souvent fait de Bamboche, je répondis : — Vous n'êtes pas le frère, mais le camarade d'enfance de Martin, vous vous appelez Bamboche. — Malgré son air assuré, audacieux même, cet homme se troubla, et me dit en fronçant le sourcil : — Peu vous importe qui je suis, Monsieur, je veux voir Martin. C'est avec la plus grande peine que je suis parvenu à retrouver ses traces, et je vous dis, moi, que je le verrai, — ajouta-t-il d'un ton menaçant. — Je haussai les épaules, et je lui répondis froidement : — Et je vous dis, moi, Monsieur, que vous ne le verrez pas : depuis quinze jours Martin a quitté ce village. — Et à cette heure où est-il, Monsieur ? — s'écria Bamboche avec emportement, — je veux le savoir. — C'est impossible, Monsieur, — lui dis-je.

— Mon enfant, je ne pourrai jamais te donner une idée, — ajouta Claude Gérard, — de l'instance opiniâtre de Bamboche pour savoir où tu étais, employant tous les tons, depuis la menace (il en vit bientôt la vanité) jusqu'à la prière la plus humble, et, je serai vrai, la plus touchante; je restai inflexible. Alors, croyant m'ébranler par sa franchise, il m'avoua le vol que vous aviez commis autrefois, et voulut mettre dans ma main une bourse pleine d'or pour m'indemniser; je repoussai la bourse, et je répondis que tu étais parvenu à me rendre cette somme en travaillant trois fois par semaine comme aide-charpentier. Bamboche tenta un dernier effort : il me dit que depuis deux mois à peine qu'il se trouvait dans une position brillante, il n'avait eu qu'une pensée, qu'un but, te retrouver, et qu'après des efforts inouïs pour se rappeler la route et les lieux que vous aviez autrefois parcourus, il y était parvenu... et que c'était alors que je voulais te soustraire à son amitié. Il y eut dans les paroles de ce singulier homme un mélange d'astuce et de sincérité, d'effronterie et de sensibilité profonde, qui me frappa et me toucha malgré moi, et cette impression même m'affermit encore plus dans ma résolution de ne pas te laisser voir à Bamboche. Je connais les hommes; j'étais et je suis encore certain que ton compagnon d'enfance n'avait pu gagner honnêtement l'existence luxueuse qu'il voulait partager avec toi. Il me l'avoua d'ailleurs avec une cynique franchise, car il me dit à ce propos : — Je n'ai pardieu pas gagné mon argent en *travaillant pour le prix Montyon*, mais, foi de Bamboche, la justice la plus chatouilleuse n'a pas le droit de regarder dans mes poches. — Je restai inflexible. Trois jours durant, Bamboche, espérant vaincre ma résistance, revint chaque matin de la ville voisine, où il s'était arrêté. Voyant enfin l'inutilité de ses efforts, il se décida à repartir. Ses dernières paroles, que je m'attendais à trouver amères et irritées, furent au contraire respectueuses et pénétrées. — Tout bandit que vous me croyez, — me dit-il, — je ne suis pas sot ; quoique jeune, j'ai déjà rudement rôti le balai. Je sais mon monde, et je suis sûr que vous êtes un homme comme il y en a peu... Aussi, — ajouta-t-il avec ironie, — vous êtes parqué dans le coin d'une étable...
— Toujours le même... — dis-je à Claude Gérard.
— Oui, j'ai bien retrouvé le caractère que tu m'as dépeint, mais avec une sorte d'usage du monde, une facilité de parole et un cynisme railleur que j'étais loin de m'attendre à trouver chez lui. — Après tout, — reprit-il, — vous avez dû faire de Martin un solide garçon ; il y avait de l'étoffe : vous n'avez eu qu'à tailler en plein dans cette brave et loyale nature, car Martin ne mordait au mal que du bout des dents, tandis que moi, je mordais, moi, à pleins crocs... Seulement, quoiqu'il y mordit peu et n'y mangeât guère, le pauvre garçon n'osait pas en dégoûter les autres.

— Pauvre Bamboche ! — dis-je à Claude Gérard.
— Comme toi, — me répondit-il, — ces mots de Bamboche m'ont touché. — Mais vous, lui dis-je, vous qui croyez au bien, et qui pouvez même l'admirer, comment ne le pratiquez-vous pas ?
— Et que vous a-t-il répondu, mon ami ?
— Voyez-vous, mon digne Monsieur, — a repris Bamboche, — je crois à une belle statue de marbre, à l'attitude fière, à la figure douce et grave, comme doit l'être maintenant celle de Martin ; je l'admire, cette belle statue, qui, malgré pluie et vent, orage et tempête, reste immobile et sereine sur son piédestal... Oui, je trouve cela superbe... foi de Bamboche, c'est un spectacle que j'aime... Seulement, comme je suis de chair et non de marbre, je n'essaye pas de me faire statue... et je me dis : Va, roule ta bosse dans l'ouragan... mon vieux, — ajouta-t-il en terminant par cette plaisanterie grossière.

— Malgré cette dernière grossièreté, la première image était grande ! — m'écriai-je; — quel développement a donc pris l'esprit de Bamboche !...
— Oui, — me dit gravement Claude Gérard, — cette

image est grande, mais elle est fausse. L'homme fort, quoique fait de chair, peut devenir de marbre pour résister à l'ouragan des mauvaises passions. Néanmoins, je fus frappé comme toi de ce singulier langage, tour à tour trivial, cynique et élevé... Comme toi je me demandais à quelle école cet enfant perdu pouvait avoir acquis ces raffinements de pensée qui çà et là se remarquaient dans son langage...

Mais Bamboche, après un moment de silence, reprit d'une voix émue :

— Allons, adieu, Monsieur ; peut-être vaut-il mieux pour Martin que je ne le voie pas... je m'entends. Embrassez-le donc pour moi... mais là... de tout cœur... Ah ! vous êtes bien heureux... vous !... — ajouta-t-il en portant brusquement la main à ses yeux. — Dites-lui que je l'aime ni plus ni moins qu'il y a huit ans... et que je n'y comprends rien. Car tonnerre de Dieu ! je n'étais pas tendre, et je suis devenu diablement coriace. Ça ne fait rien... pour lui je n'ai pas changé... dites-lui ça... et que, quand il le voudra, je suis à lui, tête et cœur, bourse et bras... enfin, à vie et à mort... comme chez la Levrasse... et s'il vient jamais à Paris... voilà mon adresse... Ne craignez rien pour lui... je peux être utile à un honnête homme.

— Et cette adresse ! — m'écriai-je involontairement et les yeux pleins de larmes.

— Cette adresse... — dit Claude Gérard en faisant un pas vers sa petite table noire, du tiroir de laquelle il tira une enveloppe cachetée, la voici... Je l'ai mise sous ce pli, mon cher enfant... Une fois à Paris, tu seras libre d'en prendre connaissance.

Je saisis vivement l'enveloppe que je considérai silencieusement avec une sorte de crainte.

Claude Gérard poursuivit :

— J'ai longtemps hésité, mon enfant, à te faire cette confidence ; c'est de cette hésitation que m'accuse auprès de toi... Je devais être assez certain de la solidité des principes que je t'ai donnés, et de la fermeté de ton caractère, pour ne te rien cacher... Cependant, j'ai longtemps redouté pour toi l'influence souvent irrésistible d'une amitié d'enfance... Il ne se passait presque pas de jour où tu ne parlasses de tes anciens compagnons pour regretter, il est vrai, que, comme toi, ils n'eussent pas rencontré un guide austère et sûr... mais cette préoccupation même prouvait la persistance de ton affection pour Basquine et pour Bamboche.

— Et Basquine, — m'écriai-je, — il ne vous en a rien dit ?

— Rien...

— Pauvre petite ! Elle aura sans doute été victime du crime dont j'ai trouvé quelques traces.

— Il faut espérer que non, mon cher enfant... — me dit Claude Gérard ; puis il reprit :

— Telles ont été les raisons qui m'avaient engagé à te cacher mon entrevue avec Bamboche ; l'avenir décidera si j'ai eu tort de ne pas persister dans ma résolution... Un mot encore à ce sujet... Si... chose impossible d'ailleurs, je t'avais envoyé à Paris sans ressources, sans appui, sans une position assurée, Dieu m'est témoin que je ne t'aurais instruit ni de la venue de Bamboche, ni des moyens de le retrouver peut-être à Paris... mais tu te rends dans cette ville avec la certitude d'occuper à ton arrivée un poste honorable auprès d'une personne honorable. Je dois donc être sans crainte... et ne pas me repentir d'avoir eu confiance en toi.

— Non, non, mon ami... vous ne vous repentirez pas de cette confiance, — lui dis-je.

Et prenant l'enveloppe qui renfermait l'adresse de Bamboche, je la déchirai... à moitié... car, je l'avoue... je ne sais quelle puissance invincible me retint, je n'eus pas le courage d'achever cette lacération.

Claude Gérard ne m'avait pas quitté des yeux ; il avait vu que je n'avais déchiré qu'à moitié l'enveloppe qui contenait l'adresse de Bamboche, il sourit doucement, et me dit :

— Je te comprends, pauvre enfant...

Puis il ajouta en s'animant :

— Allons, pas de faiblesse, soyons plus sûrs et de toi et de moi... Pourquoi donc, après tout, renoncerais-tu à l'espoir de voir cet ancien compagnon de tes malheurs ? Est-ce parce qu'il a continué de marcher dans la voie mauvaise ? Qui nous dit que la bonne influence de ton amitié ne lui sera pas salutaire ? Est-ce parce que notre ami est malade que nous devons l'abandonner sans secours aux progrès de la maladie qui le ronge ? Non, non, mon enfant, tout bien considéré, je ne redoute plus cette entrevue pour toi... Tu n'as rien à y perdre... et ton ami a tout à y gagner.

Je partageai bientôt la généreuse conviction de Claude Gérard ; mes craintes s'évanouirent, toute ma fermeté revint.

— Maintenant, reprit Claude Gérard, après un assez long silence et avec une émotion pénible, — maintenant, mon enfant, un dernier mot de mes intérêts personnels.

Je le regardai avec étonnement, il poursuivit :

— Ton protecteur, en t'acceptant pour remplir les fonctions qu'il me destinait, m'écrit qu'il ne se croit pas encore quitte envers moi... Cette fois j'accepte ses offres, et, dans la lettre d'introduction que voici, et que tu lui remettras dès ton arrivée à Paris, je lui demande une faveur... une grande faveur...

— Vous, mon ami ?

— Oui, et je te conjure de lui rappeler cette demande, de crainte qu'au milieu du chaos de ses affaires, il ne l'oublie.

— Et cette faveur ?

— La commune dans laquelle je vais me rendre est située à proximité d'une ville importante. Il est probable que là aussi se trouve une maison d'aliénés... Dans ce cas...

— Je comprends... votre pauvre folle...

— Oui, je regarderais comme une précieuse faveur qu'elle pût y être transférée... Je pourrais la voir... presque aussi souvent que je la voyais ici... et mes soins lui sont devenus plus nécessaires que jamais...

— Plus nécessaires que jamais ? Expliquez-vous, mon ami.

Claude Gérard ne me répondit pas ; ses traits exprimèrent une angoisse pénible, son front rougit comme s'il eût ressenti quelque secrète honte...

— Je ne t'ai pas confié ce nouveau chagrin, — me dit-il, — parce que je ne puis penser à cet événement sans un mélange de douleur et d'épouvante ; il est des choses si horribles, que l'on éprouve une honte mortelle, moins qu'à les raconter... Mais en te faisant connaître ce sinistre secret... tu comprendras mieux encore l'importance de la demande que je fais en faveur de cette malheureuse créature. Hélas !... je croyais que la misère, que la dégradation humaine ne pouvaient aller au delà de la perte de la raison : je me trompais... — ajouta Claude Gérard avec un effrayant sourire. Oui, — reprit-il, — ce qui est arrivé à cette infortunée me prouve que je me trompais...

— Que dites-vous ?

— Écoute... et tu verras que toutes les horreurs dont ton enfance a été témoin chez ces misérables saltimbanques, ne sont rien auprès de cette monstruosité. Ceci s'est passé, par une fatalité étrange, le lendemain du jour où je vis ici Bamboche pour la dernière fois... Mais, — ajouta Claude Gérard en s'interrompant, — pour te faire comprendre ce qu'il y a d'affreux dans ce mystérieux événement... quelques détails sont indispensables... La maison de fous à un grand jardin, qui d'un côté est borné par des bâtiments et de l'autre par la cour de la meilleure auberge de la ville... La pauvre femme dont je te parle, malgré les horribles chagrins qui l'ont rendue insensée, est encore d'une beauté remarquable.

Et Claude Gérard mit ses deux mains sur ses yeux...

Je n'osai interrompre son pénible silence ; il reprit bientôt en frémissant :

— Je te disais qu'elle est encore d'une beauté remarquable. Sa folie, d'abord furieuse, est devenue tellement inoffensive, qu'on lui accordait une grande liberté. On lui permettait de se promener dans une partie réservée du jardin qui longe d'un côté les dépendances d'une auberge... Un soir, et je te le répète, par une fatalité étrange, c'était le lendemain du jour où Bamboche était venu ici pour la dernière fois... Un soir, donc, cette infortunée, qui éprouvait une sorte de bien-être quand on la laissait se promener au clair de lune, se trouvait dans le jardin de la maison d'aliénés...

Claude Gérard fit une nouvelle pause et reprit :

— Maintenant, par un mystère jusqu'ici impénétrable...

Claude Gérard ne put continuer ce récit.

Un petit garçon entra tout essoufflé dans notre réduit et s'écria :

— Monsieur le maître! voilà la patache qui passe au bout du village ; elle ne peut pas attendre plus de cinq minutes... car elle est en retard, et le conducteur craint de ne pas rejoindre la diligence au relais...

— J'aime mieux cela, — me dit brusquement Claude Gérard comme s'il eût été soulagé d'un grand poids, — je ne sais si j'aurais osé achever... mon cœur se déchirait et se soulevait à la fois... Je t'écrirai...

. . . .

Puis Claude Gérard me tendit les bras.

. . . .

Cette séparation me causa une des plus horribles douleurs que j'aie ressenties de ma vie.

Et cette douleur, un hasard cruel me la fit boire jusqu'à la lie.

La patache qui me conduisait au relais où je devais trouver la diligence de Paris, traversait dans sa longueur la genétière sur laquelle donnait la petite fenêtre de Claude Gérard.

Je parcourus ainsi, pour quitter le village, le même chemin que j'avais autrefois suivi pour aller au rendez-vous où Bamboche, Basquine et moi devions nous trouver après le vol commis chez Claude Gérard.

De la banquette où j'étais assis, je vis au loin l'instituteur, debout à sa petite fenêtre et me faisant de la main un dernier adieu...

Je pus à peine étouffer mes sanglots. La voiture tourna... et tout disparut à mes yeux.

Puis, dernière épreuve, la patache atteignit la montée conduisant à la croix de pierre au pied de laquelle j'avais trouvé le petit châle de Basquine dans une mare de sang.

Au bout d'une heure nous atteignîmes le relais, et je pris place dans la diligence de Paris.

Le protecteur que je devais à la paternelle bonté de Claude Gérard avait payé mon voyage et fait les avances nécessaires pour que j'arrivasse à Paris vêtu convenablement.

Cette idée d'aller *vivre à Paris*... ambition de tant de gens forcés de vivre en province, ne me causait aucun de ces éblouissements joyeux auxquels j'aurais dû m'attendre... Loin de là, en songeant à Claude Gérard et à l'isolement de cœur auquel j'allais être condamné, c'est avec une tristesse mêlée de regrets et presque de crainte que je m'acheminai vers la grande ville.

CHAPITRE XLI.

Les Recherches.

Dès mon arrivée à Paris, en descendant de diligence, je pris un fiacre, j'y plaçai mon modeste bagage, et je me fis conduire chez M. de Saint-Étienne, mon futur protecteur, rue du Mont-Blanc, numéro 90, adresse écrite sur la lettre d'introduction que m'avait donnée Claude Gérard. Il était environ trois heures de l'après-midi, lorsque la voiture s'arrêta devant une maison de belle apparence.

A mon grand étonnement, je vis sous la voûte de la porte cochère deux ou trois groupes de personnes qui s'entretenaient avec vivacité, pendant que des domestiques allaient et venaient dans la cour d'un air effaré.

Cherchant du regard la loge du portier, je m'approchai des groupes, et j'entendis ces mots échangés entre divers interlocuteurs :

— C'est un grand malheur!
— Et bien inattendu.
— Qui aurait dit cela hier?...
— Et sa femme, et ses enfants qui sont sortis, dit-on, depuis midi et qui ne savent rien.
— Quand ils vont rentrer... quelle nouvelle...
— C'est terrible!

Quoique inexplicables pour moi, ces paroles me causèrent une vague inquiétude; je me dirigeai vers la loge du portier; elle était vide. Après avoir quelque temps hésité, je m'adressai à un domestique en livrée qui traversait rapidement la cour, et je lui dis :

— M. de Saint-Étienne est-il visible?...

Cet homme s'arrêta, me regarda comme si ma question l'eût à la fois surpris et indigné; puis il me répondit brusquement en haussant les épaules et passant son chemin :

— Vous ne savez peut-être pas que *monsieur* vient d'être frappé d'apoplexie, et qu'on a rapporté le *corps* il y a une demi-heure.

Et le domestique me laissa immobile de stupeur.

Cette triste nouvelle était parfaitement claire, et je ne pouvais, je ne voulais pas y croire; aussi, avec cette obstination puérile assez habituelle aux désespérés qui s'opiniâtrent à espérer à tout prix, je m'approchai de l'une des personnes qui composaient le groupe, et je lui dis :

— Il n'est sans doute pas vrai, Monsieur, que M. de Saint-Étienne ait été frappé d'apoplexie, ainsi qu'on en fait courir le bruit?

— Comment, un bruit, Monsieur? Mais rien n'est malheureusement plus vrai... J'étais là, il y a une heure, lorsqu'on a ramené le corps de M. de Saint-Étienne dans sa voiture... C'est un bien grand malheur pour sa famille...

— Oh! bien grand, — m'écriai-je involontairement; puis j'ajoutai : — Mais... il reste sans doute quelque espoir?

— Aucun, Monsieur, aucun. L'événement est arrivé ce matin, sur les dix heures, au ministère de l'intérieur, où se trouvait M. de Saint-Étienne. L'on a envoyé chercher, bien entendu, les meilleurs médecins de Paris... et...

Mon interlocuteur s'interrompit. Une certaine agitation s'éleva tout à coup dans les groupes, à la vue d'un domestique tout haletant qui, accourant de la rue, s'écria, en s'adressant à celui de ses camarades auquel j'avais déjà parlé, et qui semblait placé en vedette :

— Voilà *madame*... j'ai vu la voiture...

A ces mots, l'autre domestique monta précipitamment les marches d'un perron, et presque aussitôt, un homme âgé, à cheveux blancs, sortit du rez-de-chaussée en essuyant ses yeux remplis de larmes, et se dirigea vers la voûte de la porte cochère, resta un instant sur le seuil, d'où il fit sans doute signe d'arrêter à la voiture qui s'approchait, puis il sortit rapidement dans la rue.

— Ce vieux monsieur est de la famille, — dit l'une des personnes des groupes, il ne veut pas laisser cette pauvre dame et ses enfants rentrer ici pour apprendre tout à coup un malheur si imprévu...

— On va probablement les emmener chez des parents, — dit un autre.

Si insignifiants que soient ces détails, je ne les ai pas oubliés, parce que, pour moi, chacun de ces mots portait coup, en détruisant les dernières et folles espérances que j'avais conservées jusqu'à la fin.

C'en était fait.

En quelques minutes, je venais de voir mon avenir s'écrouler, je me trouvais à Paris sans le moindre appui, presque sans ressources, car, sur la somme généreusement envoyée par mon protecteur à Claude Gérard, pour payer mon voyage et me vêtir, il me restait à peu près dix francs.

Ma première pensée fut d'aller aussitôt retrouver Claude Gérard, mais le voyage coûtait cent vingt francs, et, pour retourner à pied à notre village, il m'eût fallu quinze ou vingt jours.

Stupide, inerte, épouvanté, incapable de prendre aucune résolution, je ne sais combien de temps je restai ainsi sous cette porte cochère, d'où les groupes s'étaient peu à peu retirés.

Le portier de la maison me remarquant à la fin, me dit :

— Monsieur, qu'est-ce que vous faites là?

Le mulâtre fit donc son offrande à la fabrique. — Page 167.

Je tressaillis et le regardai d'un air hagard. Il fallut qu'il réitérât sa question, je ne trouvais rien à lui répondre. Enfin, reprenant un peu de courage et tirant de ma poche la lettre de Claude Gérard :

— Hélas! Monsieur, — dis-je au portier, — je viens de deux cents lieues d'ici, porteur de cette lettre pour M. de Saint-Etienne, qui devait être mon protecteur... et en arrivant j'apprends qu'il est mort... je ne connais personne à Paris, et je suis presque sans ressources.

Mon accablement, la sincérité de mon accent, la vue de la lettre que je lui montrais, touchèrent sans doute le portier ; il me répondit :

— Mon pauvre jeune homme, c'est bien malheureux, en effet... je vous plains, mais à cela je ne peux rien... il faut attendre quelques jours... Si vous étiez si fort recommandé à feu monsieur, madame fera peut-être quelque chose pour vous... mais quant à présent, vous comprenez qu'il n'y a pas moyen de parler de rien à madame, au moment où elle vient de faire une perte pareille... il faut patienter quelque temps.

— Patienter... Monsieur!... — m'écriai-je avec amertume, — je vous l'ai dit, je ne connais personne à Paris... je n'ai aucune ressource...

— Je n'y puis rien, mon pauvre jeune homme ; revenez dans une quinzaine de jours ; peut-être alors pourrez-vous voir madame, — me répondit le portier en me reconduisant peu à peu vers la porte, qu'il referma sur moi.

Dans une complète ignorance des usages de Paris, absorbé par la pensée de mon entrevue avec M. de Saint-Etienne, j'avais laissé à la porte de l'hôtel le fiacre dont je m'étais servi, et dans lequel se trouvait mon petit paquet.

— C'est donc à l'heure que nous marchons, bourgeois? — me dit le cocher lorsque la porte de l'hôtel de M. de Saint-Etienne se fut refermée sur moi. — Heureusement, j'ai regardé ma montre aux Messageries, il était deux heures vingt-cinq... Où allons-nous, bourgeois?

Je ne compris pas la signification de ces paroles du cocher : *Nous marchons à l'heure*, paroles que je ne savais pas si méchantes pour mes faibles ressources... D'ailleurs j'étais atterré par cette question qui résumait si nettement mon cruel embarras :

— Où allons-nous?

Où aller en effet?

Soudain je me rappelai Bamboche.

— Quelle Providence! — pensai-je; — et combien Claude Gérard a eu raison de m'engager à conserver son adresse !

Ouvrant aussitôt l'enveloppe qui la contenait, j'y trouvai une carte satinée, où je lus en lettres gravées presque imperceptibles :

Le capitaine Hector Bambochio,

19, *rue de Richelieu.*

Quoique ce grade militaire et que cette terminaison étrangère du nom de mon ami d'enfance me surprissent étrangement et me laissassent beaucoup à penser, je me trouvais dans une situation trop critique... et je le dis en toute sincérité, j'éprouvais un trop vif désir de revoir Bamboche pour m'arrêter à ces scrupules ; je me crus sauvé de la funeste position où je me trouvais, et je dis donc au cocher, avec un soupir de joie, en montant dans la voiture :

— Conduisez-moi rue de Richelieu, numéro 19; est-ce loin d'ici ?

— A deux pas, mon bourgeois.

Et le fiacre s'achemina vers la rue de Richelieu. Tout

Les dimanches on herborisait. — Page 168.

était oublié : l'effrayante incertitude de l'avenir, ainsi que les craintes que pouvait m'inspirer la mauvaise influence de Bamboche; j'allais le revoir après huit années d'absence... lui qui m'aimait toujours tendrement : sa démarche auprès de Claude Gérard le témoignait assez ! Peut-être, enfin, allais-je avoir, par Bamboche, des nouvelles de Basquine... Pour la première fois, depuis bien longtemps, je ressentis une émotion de bonheur, émotion d'autant plus douce, qu'un moment auparavant j'étais plus désespéré.

Le fiacre s'arrêta vers le commencement de cette rue si bruyante, si brillante : car nous étions à la fin de décembre, et quoiqu'il fît encore jour, les boutiques commençaient à étinceler de lumières. J'étais ébloui de tant d'éclat, étourdi de tant de bruit, et sous l'impression de bonheur que je ressentais en songeant à Bamboche, je commençai à trouver que Paris offrait un spectacle véritablement féerique.

Le cocher m'ouvrit la voiture; j'entrai dans une maison de somptueuse apparence, et je demandai au portier :

— Le capitaine Hector Bambochio est-il chez lui, Monsieur?

— Le capitaine Hector Bambochio ! — s'écria le portier en prononçant ce nom avec un accent de considération, de déférence et de regrets, — hélas ! Monsieur, il y a six mois que nous l'avons perdu !

— Il est mort ! — m'écriai-je.

— Mort ! non, non, Monsieur, à Dieu ne plaise qu'un tel malheur arrive... — me répondit le portier; — le capitaine Hector, un des libérateurs du Texas !... un seigneur si généreux... si peu fier... si bon enfant... si gai... Non, non, il y en a trop peu de ce calibre-là pour qu'ils meurent... Je veux dire seulement que, depuis six mois, nous avons perdu le capitaine Hector comme locataire.

Bamboche libérateur du Texas ?... Cela me surprit d'abord; mais dans ma crédulité naïve, il ne me parut pas impossible que mon ami, durant quelques années, eût émigré au Nouveau-Monde, où il avait sans doute gagné le grade de capitaine : la bravoure et l'énergie de Bamboche rendaient cette supposition acceptable. Heureux d'entendre parler de mon ami avec tant de respect et de sympathie, mon empressement de le revoir s'augmentait encore, et je dis au portier :

— Et à cette heure, où demeure le capitaine ?

— Rue de Seine-Saint-Germain, hôtel du Midi... M. le capitaine a quitté le superbe appartement qu'il avait loué et meublé dans cette maison, parce que le quartier était trop bruyant pour son père, le *signor marquis*.

— Son père... le marquis ! — dis-je machinalement, — car Bamboche fils d'un marquis me surprenait bien autrement que Bamboche transformé en capitaine... que Bamboche libérateur du Texas; aussi répétai-je sans songer à cacher au portier ma surprise.

— Son père le marquis?

— Oui, Monsieur, — reprit le communicatif portier, — vous ne savez donc pas que le signor marquis Annibal Bambochio, père du capitaine Hector, est arrivé à Paris pour assister à son mariage ?

— Au mariage du capitaine ?

— Certainement, un mariage superbe ! — me dit le portier d'un air confidentiel, — la fille d'un grand d'Espagne, de toutes les Espagnes... C'est plus que duc... m'a dit le capitaine.

— La fille d'un grand d'Espagne ? — repris-je avec un ébahissement croissant.

— Ni plus ni moins, Monsieur; le capitaine m'a dit en s'en allant : « Mon brave camarade... (le capitaine appelait tout le monde son camarade, même ses domestiques...

aussi on se serait jeté dans le feu pour lui), — ajouta le portier en manière de parenthèse ; puis il reprit : — « Mon brave camarade, — dit donc le capitaine, — quand » je serai installé au palais du papa beau-père, dans la » capitale de toutes les Espagnes... je vous prendrai pour » suisse, et vous porterez la hallebarde... » — Peut-être le capitaine ne pense-t-il plus à moi, — ajouta le portier en soupirant, — et puisque Monsieur le connaît... il serait bien bon de lui rappeler sa promesse...

— Certainement... je connais le capitaine, et je vous recommanderai à lui, — répondis-je sans trop songer à ce que je disais.

J'étais frappé d'une sorte de vertige moral : Bamboche épousant la fille d'un grand d'Espagne !! Malgré mon opiniâtre crédulité, ceci me sembla d'abord impossible ; mais bientôt, aveuglé par l'amitié : Pourquoi cela ne serait-il pas ? me dis-je. Bamboche est jeune, beau, hardi, entreprenant ; d'après sa conversation avec Claude Gérard, son esprit parait s'être développé, cultivé. Qu'y a-t-il d'impossible à ce qu'il ait tourné la tête d'une jeune fille ? Il est capitaine, l'uniforme nivelle toutes les conditions.

J'éprouvais tant de plaisir à entendre parler de Bamboche avec éloges que, malgré mon désir de me rapprocher promptement de lui, je ne pus m'empêcher de dire au portier, avec émotion :

— Ainsi, on l'aimait bien, le capitaine ?

— Si on l'aimait, Monsieur ! l'or lui coulait des mains, c'est le mot..., lui coulait des mains. On n'a jamais vu un homme pareil... Tenez, un exemple : il avait acheté un mobilier superbe, qu'il n'a gardé que six mois, au bout desquels il est allé demeurer avec son père, le signor marquis, dans le faubourg Saint-Germain ; eh bien ! ce mobilier il l'a revendu à un tapissier pour le quart de sa valeur, sans marchander ; il a seulement voulu garder le mobilier de la salle à manger, savez-vous pourquoi faire ? pour le donner aux garçons en leur disant que c'était leur pour-boire, et ça valait peut-être deux mille francs. A moi, il m'a donné en pour-boire, en s'en allant, une basse avec un superbe archet monté en or, et un ours apprivoisé qu'il avait dans son jardin. J'ai vendu la basse cent cinquante francs, et l'ours deux cents francs au Jardin des Plantes... et on n'aimerait pas un homme pareil !...

— Ainsi le capitaine avait bon cœur ? — lui dis-je après cette énumération des libéralités de Bamboche.

— Je le crois bien, Monsieur ; il payait tout sans marchander ; seulement il était vif comme la poudre : il ne regardait pas à un coup de pied ou à un coup de poing de plus ou de moins ; mais le moyen de se fâcher... quand il y avait au bout de ces vivacités un bon pour-boire ?

Cette humilité, servile, intéressée, me répugnait ; jusqu'alors Bamboche ne m'apparaissait que comme follement prodigue et habituellement brutal ; je connaissais trop mon ami d'enfance pour m'étonner de ces révélations.

J'espérais, avant de quitter cette maison, apprendre des nouvelles de Basquine, et je dis au portier, non sans un léger embarras :

— Une jeune fille... blonde... avec des yeux noirs... ne venait-elle pas souvent voir le capitaine ?...

— Une jeune fille ?... ah çà ! Monsieur, dites donc des douzaines de jeunes filles ! c'est un fier gaillard que le capitaine, et il faudra que sa petite grande d'Espagne ouvre joliment l'œil... à moins qu'elle ne les ferme tous les deux, et c'est le meilleur parti.

— Cette jeune fille — dis-je avec hésitation, — se nommait Basquine ?

— Basquine ?... connais pas, — dit le portier. — Après cela, comme toutes ne disaient pas leur nom en montant chez le capitaine... il se peut bien qu'elle soit venue... comme tant d'autres.

Je ne sais pourquoi mon cœur, d'abord doucement épanoui, se resserrait de plus en plus. Je dis au portier :

— Voulez-vous, Monsieur, avoir l'obligeance de m'écrire l'adresse du capitaine ?

— Avec grand plaisir, Monsieur. Qu'est-ce qu'on ne ferait pas pour un ami du capitaine Hector Bambochio ?

Et bientôt cet homme me donna un papier où étaient écrits ces mots :

M. le capitaine Hector Bambochio,
rue de Seine-Saint-Germain, hôtel du Midi.

Je remis cette adresse au cocher en remontant en fiacre.

Le portier releva respectueusement le marchepied et me dit :

— Monsieur n'oubliera pas de me rappeler au souvenir du capitaine pour la place de suisse en Espagne...

— Je n'y manquerai pas, — lui dis-je.

Et la voiture se mit en marche pour la rue de Seine. La nuit était alors tout à fait venue.

En y réfléchissant avec plus de sang-froid, je pressentis, malgré ma complète ignorance des choses et des hommes, tout ce qu'il devait y avoir d'exagéré, de mensonger, dans le récit du portier, et combien l'existence de Bamboche avait dû être aventureuse et hasardée depuis notre séparation, et malgré cela, à cause de cela peut-être, mon impatience de le voir augmentait encore.

Au bout de quelque temps, le fiacre s'arrêta dans une rue sombre et alors presque déserte, dont l'aspect contrastait singulièrement avec la rue animée, étincelante, que je venais de quitter.

La voiture s'ouvrit ; je descendis devant la porte d'une allée noire et étroite :

— Est-ce que c'est ici l'*Hôtel du Midi* ? — demandai-je au cocher, trouvant la demeure bien modeste pour le signor marquis Annibal Bambochio, futur beau-père de la fille d'un grand d'Espagne.

— C'est bien ici, bourgeois. Regardez la lanterne, — me répondit le cocher en me montrant une espèce de cage de verre oblongue et intérieurement éclairée sur laquelle on lisait en lettres rouges : *Hôtel du Midi*.

J'entrai à tâtons dans l'allée, et je m'arrêtai devant la lueur qui sortait d'une chambre fermée par une porte à demi vitrée.

Une femme, mal vêtue, sommeillait sur une chaise au coin d'un poêle ; derrière elle, je vis une planche numérotée et garnie de clous auxquels pendaient un grand nombre de clefs.

— Madame, — dis-je à cette femme en ouvrant le châssis supérieur de cette porte, — le capitaine Bambochio est-il chez lui ?

— De quoi ? — me dit la femme qui se réveillait en sursaut, se frottant les yeux et me regardant d'un air maussade, — que demandez-vous ?

— Je vous demande, Madame, si le capitaine Bambochio est chez lui.

— *Le capitaine !* — s'écria cette femme en accentuant ce mot avec un accent de colère sardonique, — le capitaine !! — et à ce mot, ses traits se courroucèrent, sa voix devint de plus en plus glapissante, et elle reprit avec une volubilité que je n'essayai pas d'interrompre :

— Le capitaine à dégueler (Dieu merci, et j'espère bien qu'il ne remettra jamais les pieds dans la maison... capitaine de malheur, va... brutal, tapageur, ivrogne, querelleur... Il y a plus de six locataires qui ont préféré abandonner leurs chambres plutôt que de demeurer avec ce chenapan-là... Il a blessé deux étudiants en duel, à cause d'une petite drôlesse qui est venue vivre avec lui, et il a cassé deux dents à mon neveu, parce que ce pauvre garçon se plaignait d'être obligé de lui ouvrir la porte à toutes les heures de la nuit... Le propriétaire a été forcé d'aller chercher la garde pour le faire sortir d'ici, ce bandit-là, et il avait pris les plus belles chambres au premier, s'il vous plaît ! Brigand d'Italien, va... je me souviendrai de toi...

Le contraste continuait. Il y avait autant de différence entre les souvenirs que Bamboche me paraissait avoir laissés dans cette maison, qu'entre l'apparence de cette demeure et de celle que je venais de quitter. L'illusion du beau-père, grand d'Espagne, du mariage, un moment caressée par moi, s'évanouit comme un songe ; et je rougis de n'avoir pas tout d'abord apprécié comme elles devaient l'être, ces hâbleries effrontées de mon ami d'enfance.

Peu désireux de continuer l'entretien, je dis à cette femme :
— Pourriez-vous, madame, m'enseigner où le capitaine demeure maintenant ?
— Je ne suis pas votre servante, — me répondit grossièrement cette femme, — cherchez ce bandit où vous voudrez.

Cette réponse m'effraya : mon seul, mon dernier espoir était de rencontrer Bamboche. Quelle que fût la position où il se trouvât, j'étais assez sûr de moi pour ne pas craindre sa mauvaise influence, et j'avais assez foi dans son amitié, et, il faut le dire, dans son intelligence remplie de ressources, pour croire qu'il m'aiderait à sortir, même honorablement, de la déplorable extrémité où j'étais acculé.

J'allais insister auprès de cette femme pour savoir où demeurait Bamboche, lorsque, changeant soudain de pensée, elle s'écria :
— Après tout, je vais vous le dire, moi, où il demeure... ça fait que, si vous le voyez, vous lui direz qu'on se souvient de lui ici, qu'on en parle souvent ; vous le préviendrez en même temps que, s'il a le malheur de revenir, il sera reçu par la garde et le commissaire ; il ne faut pas qu'il croie nous faire peur avec ses grands bras et ses airs de massacreur ?
— Veuillez alors m'apprendre, madame, où loge le capitaine, — dis-je avec impatience.
— Eh bien ! en s'en allant il a dit effrontément que si on recevait pour lui *des invitations de la cour*... *de la cour !* je vous demande un peu... un tel bandit aller à *la cour !* ou bien que si on lui adresserait des sacs d'or, d'argent, ou des boîtes de diamants, (des sacs d'or et d'argent, des diamants ! comptez là-dessus...) on lui envoie les invitations et les fonds *barrière de la Chopinette, impasse du Renard, n° 1.*
— Merci, madame, — dis-je en m'éloignant rapidement, de crainte d'oublier un mot de cette adresse compliquée que je donnai au cocher.
— Diable ! — me dit-il, — c'est comme qui dirait à Moscou... excusez du peu... Mais, après ça... nous sommes à l'heure... Eh bien ! on marche... à l'heure... *Barrière de la Chopinette*, c'est connu... mais *l'impasse du Renard*... connais pas ; il y a pourtant longtemps que je roule sur le pavé de Paris. C'est égal, je demanderai.

Et la voiture se remit en route.

Ma tristesse augmentait avec mes inquiétudes ; je commençais à craindre de ne pas retrouver Bamboche, et si, après l'avoir ainsi suivi de demeures en demeures, ma recherche était vaine, que faire ? que devenir à Paris ?

CHAPITRE XLII.

Martin continue ses recherches. — L'impasse du *Renard*. — Le cabaret des *Trois-Tonneaux*. — Singulière rencontre. — L'homme à la pièce d'or. — *Régina*. — Encore le cul-de-jatte.

Après avoir longtemps parcouru des quartiers déserts, nous entrâmes dans une rue beaucoup plus animée ; la voiture s'arrêta devant une boutique de marchand de vin, et j'entendis le cocher demander à quelques hommes qui causaient sur le seuil de cette taverne :
— *L'impasse du Renard*, s'il vous plaît, mes braves ?
— Quand vous aurez passé la barrière, prenez la première rue à gauche, et puis à droite, et puis encore à droite... ensuite vous traverserez un petit bout de champ et vous y serez. — dit un de ces hommes.
— Merci, — dit le cocher.
— Dites donc, mon vieux, — reprit un autre, — vous savez que les voitures n'entrent pas dans l'impasse... Vous vous arrêterez à un tourniquet, car c'est pas des gens à voiture qui perchent dans ces bouges-là...
— Aussi — reprit une autre voix — tu auras mérité la croix d'honneur, mon vieux, si tu arrives jusque-là.... tu seras le premier cocher qui aura abordé *l'impasse du Renard.*
— C'est bon, c'est bon, mauvais farceurs ! — répondit le cocher, et je l'entendis jurer d'impatience entre ses dents, tout en fouettant ses chevaux essoufflés.

Après avoir laissé la barrière derrière nous, traversé une ou deux ruelles complétement obscures et désertes, seulement éclairées par la faible lueur des lanternes, le fiacre, risquant à chaque instant de verser dans de profondes ornières, traversa un champ, et s'arrêta au bout de quelques minutes.

Le cocher vint alors m'ouvrir et me dit, sans cacher sa mauvaise humeur :
— Mille dieux ! quels chemins ! vous pouvez vous vanter, bourgeois, d'avoir des connaissances dans toutes sortes de quartiers, depuis les hôtels de la Chaussée-d'Antin jusqu'à *l'impasse du Renard*. Avec tout ça, il est plus de huit heures, je n'ai pas dîné, ni mes bêtes non plus. En avez-vous ici pour longtemps ?... mes bêtes mangeraient leur avoine.
— Je vais à l'instant savoir si la personne que je cherche est chez elle, — dis-je au cocher ; — dans ce cas, je reviendrai prendre mon paquet... De toutes façons vous n'aurez pas à m'attendre longtemps.

Et m'éloignant de la voiture, j'entrai dans une impasse étroite, boueuse, infecte, bordée de maisons ou masures noirâtres, dont quelques-unes seulement étaient intérieurement éclairées.

On m'avait donné pour adresse le numéro 1. L'obscurité m'empêchant de rien distinguer, je frappai à la porte de la première habitation de l'impasse.

Après un long silence, des pas traînants se firent entendre derrière la porte, et une voix me dit :
— Qui est là ?
— Est-ce ici le numéro 1 de l'impasse du Renard ?
— En face... imbécile !... c'est ici le numéro 2, — me répondit la voix en grommelant.

Je traversai l'impasse, et j'allai heurter à la porte d'une maison qui me parut un peu moins délabrée que l'autre. Les deux fenêtres du rez-de-chaussée étaient garnies de volets à travers les fentes desquels j'aperçus de la lumière. Quoique j'eusse frappé deux fois, l'on ne m'ouvrait pas, mais il me semblait qu'on allait et venait précipitamment dans l'intérieur de la maison, et même arrivèrent à mon oreille ces mots souvent répétés :
— Dépêchez-vous donc... dépêchez-vous donc.

Impatienté, je frappai de nouveau et plus bruyamment ; enfin, une des fenêtres du rez-de-chaussée s'ouvrit derrière les volets, on entrebâilla un peu ceux-ci, et une voix enrouée me demanda :
— Qui est là ?
— Est-ce ici le numéro 1 de l'impasse du Renard ?
— Oui.
— Le capitaine Hector Bambochio est-il chez lui ?
— Vous dites ?
— Le capitaine Hector Bambochio ?
— Il n'y a pas de ça ici... — me répondit la voix, et les volets furent brusquement refermés.
— Voilà ce que je redoutais, — me dis-je avec désespoir. — J'ai perdu les traces de Bamboche. Que faire, mon Dieu ! — que faire ?...

Les volets s'étaient refermés, mais la fenêtre était restée ouverte derrière eux. J'entendis plusieurs voix chuchoter dans l'intérieur du logis. J'allais m'éloigner, je restai un moment encore ; bien m'en prit, le volet s'écarta de nouveau, et la même voix enrouée me dit :
— Eh ! l'homme ! Etes-vous là ?
— Oui, que me voulez-vous ?
— Il n'y a pas ici de capitaine... de capitaine ?... comment dites-vous ?
— Hector Bambochio.
— C'est ça... il n'y en a pas ici... mais on pourrait connaître un nommé Bamboche.
— C'est lui que je cherche, — m'écriai-je en renaissant à l'espoir, — c'est son vrai nom ; mais il se fait appeler le capitaine Hector Bambochio... je ne sais pourquoi.
— Ah ! vous ne savez pas pourquoi il se fait appeler ainsi ? — reprit la voix avec défiance.

Et les chuchotements derrière le volet recommencèrent ; puis, après quelques instants, la voix ajouta :
— Avez-vous un mot de *passe* ?
— Un mot de passe ?... qu'est-ce que cela signifie ?
— Rien... histoire de rire... Bonsoir, — dit la voix en ricanant.

Et le maudit volet se referma.

Ne voulant pas renoncer ainsi au seul, au dernier espoir qui me restât, je frappai de nouveau au volet en m'écriant :

— Monsieur... je vous en supplie, écoutez-moi ; je suis un ami d'enfance de Bamboche. Il y a huit ans que nous ne nous sommes vus. J'arrive aujourd'hui même à Paris, où je viens pour la première fois... Pour vous prouver que je connais bien Bamboche, et qu'il n'a pas de meilleur ami que moi... il a ces mots tatoués sur la poitrine : *Amitié fraternelle à Martin*. Et Martin... c'est moi.

Sans doute la sincérité de mon accent et les particularités que je citais dissipèrent en partie les soupçons des habitants de la maison, car, après un nouveau conciliabule derrière les volets, la voix me dit :

— Savez-vous où est le cabaret des *Trois-Tonneaux*?

— J'arrive à Paris aujourd'hui... Je vous l'ai dit. Je ne connais pas ce cabaret.

— A la barrière de la Chopinette, on vous l'enseignera... Les *Trois-Tonneaux*... ce n'est pas loin... De onze heures à minuit, vous y trouverez Bamboche ; il y va tous les soirs...

— Bamboche ne demeure donc pas ici ?

— Bonsoir...

Et la fenêtre se referma cette fois, pour ne plus se rouvrir, quoique je visse les volets, malgré mes instances, mes prières, et je ne pus connaître la demeure de Bamboche.

Si incertaine que fût l'espérance qui me restait, j'y trouvais du moins la certitude que Bamboche était à Paris, et j'avais chance de le voir le soir même. Je revins auprès du cocher, et je lui dis :

— Savez-vous où est le cabaret des *Trois-Tonneaux*? On m'a dit que ce n'était pas loin d'ici. Une fois arrivé à ce cabaret, vous pourrez donner à manger à vos chevaux... et manger vous-même.

— Le cabaret des *Trois-Tonneaux*? je ne connais que ça, — me répondit joyeusement le cocher. — Le dimanche et le lundi soir, je stationne souvent à la porte. A la bonne heure, bourgeois, vous pourrez me faire attendre dans des endroits pareils tant qu'il vous plaira ; mes bêtes et moi, nous ne nous en plaindrons pas. Dans dix minutes vous y serez.

Et nous nous dirigeâmes vers le cabaret des *Trois-Tonneaux*.

Pour la première fois, depuis le matin, je songeai aux frais de la voiture, que je n'avais pas quittée depuis mon arrivée, devaient être considérables, relativement à mes faibles ressources. Mais, ne connaissant nullement Paris, cette dépense m'avait été imposée par la nature même de mes recherches. Voyant ces recherches à peu près à leur terme, je résolus d'abord de payer le fiacre... mais bientôt cédant à une pensée niaise, absurde, mais que peut-être comprendront ceux-là qui se sont trouvés dans une position analogue à la mienne, je n'eus pas le courage de renvoyer ce fiacre avant d'être certain de rencontrer Bamboche... Et pourquoi gardai-je cette voiture si coûteuse et si inutile pour moi ? Parce que, sans aucune connaissance dans cette ville immense, il me semblait *que le cocher, qui depuis le matin me voiturait, n'était pas un étranger pour moi*.

Certes une telle idée me paraît, à cette heure, tristement stupide ; mais quand je me rappelle l'effrayante, l'indicible sensation que je ressentais en me disant :

— *Si je ne retrouve pas Bamboche ce soir... je suis* SEUL *dans cette ville immense,* SEUL*, sans ressources, sans connaître personne*, — je comprends que j'aie été amené à considérer ce cocher presque comme une connaissance...

Aussi, lorsque la voiture s'arrêta devant la porte du cabaret des *Trois-Tonneaux*, je dis au cocher :

— Attendez-moi... je resterai ici quelque temps.

— Et votre paquet ? bourgeois.

— Laissez-le dans votre voiture.

— Pour qu'on vous le *pince*, n'est-ce pas ? Non, non... soyez tranquille, je vais le mettre dans un de mes coffres ; bien fin celui qui l'y trouvera.

Cette prévenante précaution me sembla d'un bon augure au nouveau point de vue d'où je considérais le cocher ; puis la figure de cet homme, assez âgé, me parut d'ailleurs honnête et franche. Un moment, j'eus l'envie de lui offrir de partager mon repas, car j'étais exténué de fatigue, de besoin, et je voulais profiter de cette occasion pour réparer un peu mes forces... mais je n'osai pas risquer cette invitation, non par fierté, on le conçoit, mais par un sentiment tout contraire ; je craignis que le cocher ne se défiât de moi.

Pendant qu'il s'occupait de préserver mon paquet de tout larcin, j'entrai dans le cabaret, à cette heure presque désert : pourtant, quelques buveurs y étaient encore attablés. A leurs vêtements, à leurs façons, à leur langage, je vis facilement qu'ils appartenaient à la classe ouvrière ; ils paraissaient être de braves artisans, qui buvaient joyeusement, grâce à quelque heureuse aubaine. Il n'y avait là aucun de ces types repoussants, ignobles, que, dans ma vie de vagabondage avec Bamboche et Basquine, nous avions souvent rencontrés dans des tavernes de bas étage, hantées par les fainéants et les malfaiteurs, tavernes où nous allions chanter et mendier.

L'inquiétude mêlée d'effroi que m'avait laissée la façon mystérieuse dont on venait de me recevoir au prétendu domicile de Bamboche s'effaçait un peu ; je ne trouvais pas d'un mauvais pronostic pour mon ami d'enfance qu'il fréquentât un cabaret hanté par d'honnêtes artisans.

M'attablant dans un coin isolé, loin en face de la porte, afin d'apercevoir Bamboche dès son arrivée, je demandai une petite portion de viande, du pain et de l'eau. Je regardai la pendule du cabaret : elle marquait neuf heures... J'avais encore, au pis-aller, deux ou trois heures à attendre.

Je commençais mon frugal repas, attachant mon regard inquiet sur la porte du cabaret, dès qu'elle s'ouvrait, épiant, et, comme on dit vulgairement, *lévisageant* tous ceux qui entraient, certain, d'ailleurs, de reconnaître Bamboche, malgré les années passées depuis notre séparation, car ses traits énergiques et accentués étaient trop profondément gravés dans ma mémoire pour que je pusse les méconnaître.

Tandis que j'avais ainsi les yeux fixés sur la porte chaque fois qu'elle s'ouvrait, je vis entrer un jeune homme qui pouvait avoir vingt-cinq ans au plus. Sa taille était svelte. Sa figure me frappa tout d'abord par la régularité, par la rare et mâle beauté de ses traits, cependant un peu fatigués ; il était pâle ; son visage paraissait d'une blancheur d'autant plus mate, que ses sourcils et ses favoris, assez longs, étaient très-bruns, et que le vieux paletot noirâtre que portait cet homme, boutonné jusqu'au cou, ne laissait voir ni col de chemise, ni cravate. La chaussure, le pantalon de ce personnage étaient souillés de boue, et il portait une casquette toute déformée.

Malgré ce misérable accoutrement, ou plutôt à cause du contraste qu'il offrait avec la figure si belle et surtout si distinguée de cet homme, il était impossible de n'être pas frappé de son aspect : faisant quelques pas dans le cabaret, il s'approcha davantage de l'endroit où je me trouvais ; seulement alors je m'aperçus que sa démarche était un peu chancelante, d'ailleurs, il avait parfois cette fixité morne particulière à l'ivresse.

Par hasard ou par choix, après quelques moments d'hésitation, cet homme se dirigea de mon côté, partie de la salle où toutes les tables étaient vacantes, sauf celle que j'occupais, et il vint s'établir à ma droite.

Après s'être assis pesamment, comme si ses jambes eussent été alourdies, il resta un moment immobile, puis il ôta sa casquette et crut la placer sur le long banc où nous occupions deux places ; mais cette casquette tomba à mes pieds.

Cédant à un mouvement de prévenance naturelle, augmentée peut-être par l'impression que me causait l'aspect de ce personnage, je me baissai pour ramasser sa casquette, et je la replaçai sur le banc ; mon nouveau voisin s'en aperçut... Alors, avec un accent de douceur et de parfaite courtoisie, il me dit, en s'inclinant de mon côté :

— Mille pardons de la peine que vous avez prise, Monsieur ; mille grâces de votre obligeance.

Je n'avais, de ma vie, eu la moindre idée de ce qu'on appelle le *grand monde* ; mais, à ces seules paroles de mon voisin, je ne sais quel instinct me dit qu'un homme du grand monde ne se serait pas autrement exprimé, et n'eût pas mis, dans son inflexion, dans son geste, plus d'exquise politesse.

Puis, chose singulière! pendant le peu de temps qu'il me parla, la physionomie de cet homme quitta son masque de morne impassibilité et devint charmante de grâce et d'affabilité. Puis, elle s'immobilisa de nouveau.

Le garçon marchand de vin, s'approchant de ce nouveau consommateur, lui dit sans façon :
— Qu'est-ce que vous voulez, mon brave?
— Une bouteille d'eau-de-vie... — répondit lentement mon voisin, et l'accent presque rauque de sa voix me parut tout autre que lorsqu'il m'avait parlé.
— Vous voulez un petit verre? dit le garçon.
— Je demande une bouteille d'eau-de-vie et je la paye... — répondit mon voisin, toujours imperturbable; puis fouillant dans la poche de son gilet, il en tira plusieurs pièces d'or, en fit glisser une entre son pouce et son index, et la jeta sur la toile cirée qui recouvrait la table.

Le garçon, surpris, regarda cet homme; puis prenant la pièce d'or, il l'examina avec un étonnement nuancé d'une légère défiance, inspirée sans doute par l'extérieur misérable du consommateur.
— Allez au comptoir... faites-la sonner... — dit mon voisin toujours impassible, et sans paraître le moins du monde choqué du soupçon injurieux du garçon.

Celui-ci, assez peu fait aux délicatesses, alla au comptoir, le maître du cabaret fit sonner la pièce d'or plusieurs fois, et le garçon revint dire en la rapportant :
— Elle est bonne.
— Alors donnez-moi une bouteille d'eau-de-vie, repartit mon voisin de sa voix lente et rauque.
— Une bouteille cachetée, Monsieur? — demanda cette fois le garçon avec une certaine considération, tout ce que nous avons de meilleur en eau-de-vie?
— Au contraire... une bouteille d'eau-de-vie pareille à celle que vous donnez aux chiffonniers s'il en vient... et payez-vous.
— C'est un Anglais, — dit le garçon à demi-voix en s'éloignant.

De plus en plus surpris, j'observai curieusement cet homme, sans pour cela perdre de vue la porte du cabaret par laquelle j'espérais toujours voir arriver Bamboche.

Le garçon revint, plaça la bouteille et un petit verre sur la table, ainsi que la monnaie restant de la pièce d'or.
— Donnez-moi un grand verre, — dit mon voisin; et, repoussant du doigt une pièce de vingt sous, il fit signe au garçon de la prendre comme pour-boire...
— C'est un milord, — dit le garçon toujours à demi-voix en courant chercher un grand verre qu'il apporta avec empressement.

Mon voisin empocha, sans la compter, la monnaie que l'on venait de lui rendre, se versa un demi-verre d'eau-de-vie, et le vida d'un trait.

Puis, appuyant le derrière de sa tête sur la muraille à laquelle était adossé notre banc, il resta immobile, regardant l'espace, et frappant en cadence, du bout de ses doigts, la toile cirée de la table.

Je l'observais à la dérobée. Ses traits, jusqu'alors immobiles et mornes, s'animèrent à plusieurs reprises; il sourit deux ou trois fois d'un air très-doux et très-fin, puis il haussa les épaules, chantonna entre ses dents, et ses traits reprirent leur impassibilité première.

Le souvenir du Limousin, mon premier maître, me vint à la pensée; je ne sais pourquoi je crus voir une vague analogie entre les hallucinations que le pauvre ouvrier maçon évoquait chaque dimanche dans son ivresse, et l'état d'hébétement extatique mêlé de visions intérieures où paraissait plongé cet homme, pauvrement vêtu, mais qui, d'après plusieurs indices, ne devait pas être ce qu'il paraissait. Ces souvenirs si lointains de mon enfance m'absorbèrent un instant, car ils se rattachaient à Bamboche. Un léger bruit me tira de ces réflexions. Je tournai la tête vers mon voisin; il venait de renverser la moitié du contenu de son verre. Après avoir bu ce qui restait, cédant sans doute à l'un de ces caprices puérils enfantés par l'ivresse, il trempa le bout de son index dans l'une des rigoles d'eau-de-vie qui serpentaient sur la toile cirée de la table, et commença d'y tracer çà et là des figures bizarres. Je suivais les mouvements de cet inconnu avec d'autant plus d'attention, qu'une dernière remarque venait confirmer mes soupçons : la main de cet homme, d'une blancheur parfaite, aux ongles longs, polis, était remarquablement belle; il portait à son petit doigt plusieurs anneaux d'or de formes différentes; l'un d'eux, orné d'une pierre rouge, me parut armorié.

Je suivais avec une curiosité machinale les capricieuses évolutions de l'index de mon voisin, qui avait abandonné la combinaison de figures bizarres pour tracer d'énormes lettres majuscules : ça avait été d'abord un R, puis un E... L'assemblage de ces deux lettres RE me causa une impression indéfinissable, c'était quelque chose d'étrange, de confus, d'inquiétant, d'inconnu... comme un pressentiment...

Je ne pouvais détacher mon regard du doigt de cet homme... Je hâtais, si cela se peut dire, de toutes les forces de ma pensée, l'achèvement de la troisième lettre qu'il venait de commencer, et cela (mes souvenirs ne me trompent pas) sans me rendre aucun compte de la cause de mon impatience. Enfin le contour de la lettre s'acheva sous le doigt de mon voisin... C'était un G...

Soudain ces trois lettres... les trois premières du nom de Régina, apparurent à mon esprit comme si elles y eussent été tracées en traits de feu.

Et pourtant bien d'autres mots commencent ainsi... Mais je ne sais quelle fatalité me disait que cet homme ivre d'eau-de-vie allait, de son doigt alourdi, écrire en entier ce nom sacré pour moi... sur une table de cabaret.

J'oubliai tout, Bamboche, ma position désespérée, l'avenir, pour suivre avec une angoisse dévorante les mouvements du doigt de l'inconnu. Il continuait de tracer une autre lettre... mais de temps à autre il s'arrêtait... Sa tête tantôt vacillait de droite à gauche, tantôt se penchait en avant, tandis que ses paupières gonflées se fermaient à demi... Enfin... la lettre fut tracée... c'était un N... Et bientôt, un A suivant cet N, je pus lire en entier sur la table, en grosses lettres, le nom de RÉGINA.

Dire ce que je ressentis alors est impossible! Il me ne vint pas un instant à l'idée que ce nom de Régina pût appartenir à d'autres personnes, et je me dis : Régina est à Paris; cet homme jeune et beau, noble et riche sans doute, aime cette jeune fille... car son souvenir lui est assez présent pour qu'au milieu même des abrutissements de l'ivresse il se plaise à tracer ce nom chéri de lui.

Ce nom... l'inconnu, après l'avoir écrit, le considéra pendant quelques instants avec une sorte de satisfaction stupide... pendant que les oscillations de sa tête appesantie devenaient plus brusques et plus fréquentes; puis il fit entendre une espèce de rire guttural, prononça quelques mots inintelligibles, croisa ses bras sur la table, et y laissa tomber pesamment son front, s'endormant ou s'engourdissant dans la somnolence apathique de l'ivresse...

Un peu au-dessus de l'endroit où était appuyé cet homme, le nom de Régina apparaissait encore à mes yeux; je me levai doucement, et j'allai effacer, avec un pieux respect, jusqu'aux dernières traces de ce nom profané.

Je revenais à ma place, lorsque la porte du cabaret s'ouvrit de nouveau. Je ne pus retenir une exclamation d'effroi involontaire.

J'apercevais, se dessinant sur les ténèbres extérieures, la figure sinistre du cul-de-jatte. Depuis huit ans que je ne l'avais vu, ses traits paraissaient encore plus bronzés qu'autrefois, et quoiqu'il parût toujours robuste et décidé, ses cheveux étaient devenus presque blancs; ses vêtements n'annonçaient pas la misère. Il resta sur le seuil de la porte ouverte comme s'il eût craint d'entrer dans le cabaret, car il paraissait inquiet alarmé. Avançant enfin sa tête par la porte entrebâillée, il dit d'une voix enrouée (je crus la reconnaître pour celle qui m'avait répondu à travers les volets de la maison de l'impasse du Renard), il dit au marchand de vin :
— Bamboche est-il venu ce soir?
— Non; — lui répondit sèchement le maître du cabaret, comme s'il eût voulu se débarrasser de cet hôte importun.
— S'il vient ce soir, — ajouta précipitamment le cul-de-

jatte, — dites-lui qu'il n'aille pas là-bas cette nuit, *il y fume*. Il comprendra... vous lui direz, n'est-ce-pas?

— C'est bon... c'est bon... — reprit le marchand de vin en allant fermer, comme on dit, la porte au nez du cul-du-jatte, et il ajouta, se parlant à soi-même :

— Tas de canailles, va!

CHAPITRE XLIII.

La première nuit à Paris. — Encore une mauvaise pensée. — Un cocher compatissant. — Le garni à *quatre sous*. — Martin est volé. — Conseils du logeur.

Je ne pouvais en douter : le cul-de-jatte avait renouvelé connaissance avec Bamboche; c'était de celui-ci qu'il s'agissait lorsque le bandit, entrant dans le cabaret d'un air alarmé, s'était écrié : *S'il vient ce soir, dites-lui qu'il n'aille pas là-bas cette nuit*... IL Y FUME... *il comprendra*...

Sans pénétrer le sens de ces mots mystérieux, je supposai qu'un danger, peut-être commun à lui et au cul-de-jatte, menaçait Bamboche.

Non-seulement la pensée d'une telle communauté de vie avec ce brigand me fit frémir pour Bamboche, mais elle me causa un embarras mortel : je n'osais plus, ainsi que j'en avais l'intention, interroger le cabaretier sur le compte de mon ami d'enfance, afin de savoir si je pouvais être certain de le voir le soir même; l'accueil fait au cul-de-jatte ne m'encourageait pas. Pourtant, voyant l'heure s'avancer, songeant à l'extrémité où je me trouvais acculé, je surmontai mon hésitation, je m'approchai du comptoir pour payer mon écot, et je m'aperçus seulement alors que tous les buveurs avaient peu à peu disparu; il ne restait dans le cabaret que moi et mon voisin, toujours endormi; cette solitude m'enhardit : m'adressant au cabaretier :

— Combien vous dois-je, Monsieur?

— Six sous de viande, deux sous de pain, c'est huit sous.

Je posai une pièce de monnaie sur le comptoir, et je dis :

— On m'a assuré, Monsieur, que le nommé Bamboche venait tous les soirs ici.

Au nom de Bamboche, le cabaretier fronça le sourcil d'un air mécontent et répondit :

— Mon cabaret est public... faut bien que j'y reçoive toute sorte de monde.

— Croyez-vous que Bamboche vienne ici ce soir, Monsieur? — lui demandai-je.

— Je n'en sais rien; mais, s'il y vient, — me répondit le cabaretier en regardant la pendule, — il restera dehors; voilà minuit, je vais fermer.

— Et demain, Monsieur, croyez-vous que Bamboche vienne?

— Est-ce que je sais, moi? Ce qu'il y a de sûr, c'est que j'aime autant qu'il vienne ici le moins possible... ça vous compromet une honnête maison, voilà tout.

Puis, me rendant ma monnaie, le cabaretier ajouta :

— Voilà minuit... bonsoir les pratiques !

Mais, regardant autour de lui, il vit mon voisin de table toujours endormi, et dit à demi-voix :

— Ah ! il reste encore le Monsieur à la pièce d'or et à la bouteille.

Et le cabaretier s'approcha respectueusement du dormeur; mais, n'osant pas le secouer, il l'appela plusieurs fois :

— Monsieur !... Monsieur !

L'inconnu resta sourd à cet appel.

Je ne pouvais plus espérer de voir Bamboche ce soir-là. Le moment fatal était venu, il me fallait compter avec le cocher. Une fois cette dette payée, qu'allait-il me rester? où allais-je passer la nuit ?

Je sortis du cabaret.

La nuit était noire, humide, froide. Une des lanternes du fiacre était éteinte, l'autre s'éteignait. Le cocher était sur son siége...... la rue était déserte.

Il me vint une pensée déloyale... m'éloigner sans payer cet homme... et lui laisser en nantissement le peu de linge et d'effets que contenait mon paquet de voyage... mais je ne cédai pas à cette tentation; ayant hâte de sortir à tout prix de mon anxiété, j'éveillai le cocher, non sans peine.

— Hem !... qu'est-ce ?... ah ! voilà, bourgeois, — dit-il en se secouant et frissonnant dans son épais carrik, — il fait un froid noir qui vous gèle jusqu'aux os... je m'étais endormi... Ah çà, où allons-nous, bourgeois ?

— Je reste ici, — lui dis-je, — veuillez me rendre mon paquet et me dire combien je vous dois.

Mon angoisse fut grande en prononçant ces derniers mots.

Le cocher tira sa montre, s'approcha de sa lanterne et me dit :

— Vous m'avez pris à deux heures et demie, bourgeois, il est minuit passé... ça nous fait neuf heures et demie... mettons dix heures avec le pour-boire... ça fait une pièce de 15 livres 10 sous, mettez 16 livres si vous êtes content, bourgeois... Je vas vous donner votre paquet.

Pendant que le cocher cherchait mon paquet, je fouillai dans ma poche, je comptai le peu d'argent qui me restait... Il y avait 9 francs et quelques sous.

Alors, chose lâche... stupide... puérile... je pleurai...

— Voilà votre paquet, bourgeois, — me dit le cocher.

— Monsieur, repris-je en lui mettant dans la main tout ce qui me restait d'argent, — je n'étais jamais venu à Paris, je me croyais certain en arrivant de trouver une place chez un protecteur... ce protecteur est mort ce matin même. Il me restait un ami d'enfance, je l'ai cherché inutilement toute la journée... J'espérais le trouver ici ce soir... ce dernier espoir me manque... Quand j'ai pris votre voiture, j'en ignorais le prix... Je n'ai pas de quoi vous payer tout ce que je vous dois... Il me reste en tout 9 francs et quelques sous... les voilà... Fouillez-moi, si vous voulez, je n'ai pas un liard de plus.

— Ça ne fait pas mon affaire à moi, — s'écria le cocher courroucé; — quand on n'a pas de quoi payer une voiture, on va à pied.

— Vous avez raison... Monsieur, mais je ne connaissais pas Paris, je comptais me rendre tout de suite chez mon protecteur... mais...

— Tout ça ne me regarde pas, moi, il me faut mon argent, — reprit le cocher, — ça ne peut pas se passer comme ça.

— Eh bien ! gardez encore ce paquet, Monsieur... c'est tout ce que je possède au monde... il ne me reste que les habits que j'ai sur moi.

Mes larmes, que j'avais d'abord contenues à grand'peine, s'échappèrent de nouveau malgré moi, tant j'éprouvais de honte et de chagrin.

— Ah çà... voilà que vous pleurez, — dit le cocher d'une voix moins rude, — c'est donc vrai ce que vous dites là?

— Cela n'est que trop vrai, Monsieur...

— Qu'allez-vous faire? Où allez-vous passer la nuit?

— Je n'en sais rien, — dis-je avec accablement. Et, chose étrange, je me souvins que, bien des années auparavant, j'avais fait la même réponse à la Levrasse après m'être sauvé de chez mon maître le Limousin.

Le cocher parut touché; il reprit :

— Allons, mon pauvre garçon, ne pleurez pas. Voyons, je ne peux pas perdre ma journée, moi... faut que je compte avec mon bourgeois... mais je ne vous laisserai pas sans le sou... et sur le pavé, par une nuit pareille. Tenez, reprenez ces vingt sous... et votre paquet... Vous trouverez un garni près de la barrière... une lanterne rouge... on y couche à la nuit pour quatre sous... Voilà le numéro de ma voiture... (Et la me donna une petite carte.) Si un jour vous pouvez me rendre ce que vous me devez, vous me ferez plaisir... car j'ai femme et enfants.

— Oh ! merci... Monsieur, merci, — m'écriai-je avec effusion.

A ce moment, le cabaretier ouvrit la porte; il soutenait sous le bras l'homme auprès duquel je m'étais trouvé durant cette soirée; il paraissait complètement ivre.

— Tiens, ça se trouve bien, — dit le cabaretier en voyant le fiacre. Êtes-vous chargé, mon brave ? — demanda-t-il au cocher.

— Non, — dit celui-ci.

— Alors, voilà une pratique, et une fameuse, — dit le

cabaretier en montrant l'homme qu'il tenait sous le bras, puis il lui cria à l'oreille :
— Monsieur, voilà un fiacre.
— Bon, aidez-moi, — reprit l'inconnu.
On le hissa non sans peine dans la voiture.
Quand il fut dans la voiture, — Votre adresse, bourgeois? — dit le cocher.
— A l'entrée... des... Champs-Élysées... vous y trouverez un fiacre jaune... vous m'arrêterez... auprès... — répondit lentement l'homme ivre, avec cette lucidité que les ivrognes conservent parfois pour certaines choses, malgré le trouble de leur raison.
— Voilà pour ta course... — ajouta-t-il, et il laissa tomber, moitié dans la main du cocher, moitié dans la rue, la monnaie de la pièce d'or qu'il avait changée.
Après quelques instants de recherche, le cocher s'écria joyeusement :
— Dix-sept francs !... quelle aubaine !... il n'y a que les pochards pour être de pareilles pratiques; — puis, ayant sans doute quelque scrupule d'accepter ce pour-boire considérable, il dit à sa généreuse pratique :
— Vous me donnez dix-sept francs, Monsieur... le savez-vous?... dix-sept francs?...
— Oui... garde-les... ces dix-sept francs... ta course est longue... mais... ne va pas trop vite... j'aime beaucoup à dormir en fiacre... n'oublie pas l'adresse... un fiacre jaune... à l'entrée des Champs-Élysées... il y a... un homme sur le siège... à côté du cocher; tu m'arrêteras près de cette voiture-là*(1).
— C'est dit, bourgeois, — répondit le cocher, en remontant joyeusement sur son siége, pendant que le cabaretier fermait sa porte en dedans au moyen de grosses barres de fer.
Le cocher fouetta ses chevaux, et il me dit en s'éloignant :
— Allons, mon garçon... vous le voyez, Paris est la ville des bons enfants.
Et la voiture disparut bientôt dans les ténèbres.

. . . .

Un moment, j'eus des pensées d'amertume, de haine, de révolte, contre la société, en songeant à cet homme, bien riche, sans doute, puisqu'il prodiguait si insoucieusement, pour de honteux et abrutissants caprices, une somme qui m'eût fait vivre, moi, pendant vingt jours, et qui m'eût donné le moyen de retourner auprès de Claude Gérard, de fuir cette ville immense au milieu de laquelle je me voyais perdu... En sera-t-il toujours ainsi?... me disais-je avec désespoir. A ceux-là tant de biens superflus, que l'ennui et la satiété les jettent dans les plus hideuses dépravations; à ceux-ci tant de privations, tant de misères, que, dans leur désespoir, ils n'aient le choix qu'entre l'infamie ou la mort.

Mais bientôt, songeant à la vanité de ces récriminations contre un sort inflexible, et me rappelant les enseignements de Claude Gérard, — voici l'heure de les mettre en pratique, me dis-je, — *résignation, courage, travail et respect de soi*; que ces mots me soutiennent, et qu'aux bonnes résolutions qu'ils m'inspireront se joigne l'influence du souvenir de Régina, nom sacré qu'un si triste hasard vient de rappeler encore à ma mémoire.

Étoile radieuse et pure, vers laquelle je dois toujours lever les yeux, du fond des plus fangeuses ornières de ma vie.

Je ne pouvais rester plus longtemps à la porte de ce cabaret; la rue était alors déserte, une neige fondue, tombant en brume épaisse, pénétrait mon habit et me glaçait jusqu'aux os; le cocher m'avait dit que je trouverais, un peu avant d'arriver à la barrière, le garni où on logeait à quatre sous la nuit. Je descendis la rue à la vacillante clarté des réverbères, qui, perçant la brume, se réfléchissait en pâles sillons sur la chaussée noire de boue.

Je marchais depuis dix minutes environ, lorsque je rencontrai un chiffonnier, qui, la hotte sur le dos, lanterne et crochet en main, fouillait les tas d'immondices déposées dans l'angle des bornes. Craignant de m'égarer, je lui demandai s'il connaissait près de là une rue où on logeait à la nuit.

— La seconde rue à gauche, ensuite la première à droite. Vous verrez la lanterne rouge, me répondit cet homme sans me regarder et sans cesser son travail.

Au bout de dix minutes, je me trouvai dans une rue étroite, en face d'une maison de solide apparence; on montait à la porte par un escalier de bois exhaussé de quelques marches au-dessus du niveau de la rue. Cette porte était ouverte; je fis quelques pas et m'arrêtai aux aboiements furieux d'un gros chien. Presque aussitôt, un homme trapu, de figure équivoque, tenant un énorme bâton sous son bras, et abritant la flamme d'une chandelle sous sa main, apparut devant moi, et me demanda brusquement ce que je voulais.

— Passer la nuit dans cette maison, Monsieur.
— Votre passe-port?
— Le voici, Monsieur...
— C'est quatre sous... et d'avance, — me dit l'homme, après avoir jeté un regard assez indifférent sur mon passe-port.

Je donnai quatre sous. L'homme marcha devant moi, traversa une petite cour boueuse, et m'ouvrit la porte d'une sorte de cave éclairée par une lampe fumeuse. Je fus presque suffoqué par l'odeur infecte qui s'exhala de ce bouge, où je vis huit ou dix lits, occupés, ceux-ci par des hommes, ceux-là par des femmes; mais, dans chaque lit, couchaient deux personnes; un seul était complètement vacant; le maître du garni me le montra du geste et me dit :

— Ici, comme on donne des draps, c'est défendu de coucher avec ses souliers, parce que ça troue le linge et qu'on racle les jambes de son camarade de lit.
— C'est bien... Monsieur... — lui dis-je.
— *Et je ne réponds que de ce que je garde*, — dit l'homme en s'en allant, sans que, malheureusement pour moi, je m'expliquasse ces paroles.

Le lit se composait d'une paillasse posée sur trois planches élevées de six pouces au-dessus du sol par de petits tréteaux; une couverture de laine trouée et des draps noirs de fange et de saleté recouvraient cette paillasse.

Les murs, sans papiers, suintaient l'humidité; le sol était seulement battu et salpêtré.

Je jetai un regard sur les autres habitants de cette chambrée; j'eus presque peur en voyant que la plupart d'entre eux avaient les yeux grands ouverts; mais ces gens, restant immobiles, me regardaient fixement sans échanger une parole; ce silence, ces regards attachés sur moi me troublaient étrangement; la plupart de mes compagnons de chambrée me parurent avoir des figures suspectes; il y avait aussi là, couchées, trois femmes, dont deux assez jeunes, mais de figures hâves, flétries, d'une expression repoussante.

Mon cœur se soulevait de dégoût, mais je me sentais brisé de fatigue; je mis sous mon chevet mon petit paquet, où se trouvait le précieux portefeuille dérobé par moi à la tombe de la mère de Régina; puis je plaçai mon habit sur mon lit, afin d'avoir plus chaud, car je tremblais de tous mes membres.

Pendant longtemps je cherchai en vain le sommeil, et avec le sommeil l'oubli momentané de ma position; je n'éprouvais qu'une sorte de somnolence fiévreuse, agitée... Enfin la fatigue l'emporta, je m'endormis profondément.

. . . .

A mon réveil, il faisait grand jour; je me mis sur mon séant; j'étais seul, mes autres compagnons de chambrée avaient sans doute depuis longtemps quitté leurs grabats. En reportant les yeux sur mon lit je cherchai mes habits...

---

(1) Nous l'avons dit, nous aimons autant que possible citer des analogies à propos de créations qui peuvent être suspectées de *non-réalité*. Il y a quelques mois, tous les journaux ont retenti de l'histoire de cette femme, surnommée *la belle Anglaise*, qui, riche et de noble race, hantait les plus ignobles cabarets des halles pour s'y enivrer avec de l'eau-de-vie. — On n'a *pas* oublié aussi certain membre de la *Dukery* anglaise dernièrement ramassé ivre-mort au théâtre d'Ashley, le marquis de N..., arrêté sous un faux nom et réclamé par son fils.

Rassurez-vous donc, Monsieur; tout ce que des gens de cœur peuvent humainement tenter, nous le tenterons. — Page 170.

ils avaient disparu; à leur place je vis un mauvais pantalon et un bourgeron de toile bleuâtre. L'idée ne me vint pas d'abord que j'avais été volé; je cherchai naïvement par terre, à droite, à gauche de mon grabat; je ne trouvai rien; mes chaussures, mon chapeau même, avaient été enlevés.

Aussi désespéré qu'irrité, car je regardais la vente de ces habits tout neufs comme une dernière ressource, j'appelai à haute voix le maître du garni; je frappai violemment contre la muraille où s'appuyait le chevet de mon lit.. personne ne vint.

Après un quart d'heure d'attente et de silence, force me fut d'endosser les haillons que l'on m'avait laissés, et de sortir pieds nus, portant mon paquet qui, heureusement, m'avait servi d'oreiller; je trouvai l'hôte dans une chambre à droite de la petite cour; il fumait tranquillement sa pipe en buvant un broc de vin; je me plaignis à lui avec indignation du vol dont j'étais victime.

— Ça ne me regarde pas, — me dit cet homme, — je vous ai dit hier... *Je ne réponds que de ce que je garde;*... il fallait me donner vos habits, vous les auriez retrouvés; ce matin j'ai vu sortir quelqu'un habillé comme vous l'étiez hier... j'ai cru que c'était vous... Tant pis... fallait dormir d'un œil.

Et comme j'insistais en élevant la voix, cet homme me dit brutalement :

— Ah çà! faut-il que je vous mette dehors? Je suis de taille, comme vous voyez, — ajouta-t-il en me montrant sa carrure et ses bras vigoureux.

— Et moi aussi, — lui dis-je exaspéré. — Je suis de taille à vous résister... je ne sors pas d'ici que vous ne m'ayez rendu ou remplacé mes habits... la garde viendra... soit, nous nous expliquerons... je ne crains rien.

— C'est comme ça! — me répondit l'hôte, — eh bien! au lieu de batailler, nous allons aller chez le commissaire et nous verrons... Il ne manquerait plus que cela... pour quatre mauvais sous qu'on me donne... risquer de répondre de cinquante ou soixante francs d'habits... Allons, en route chez le commissaire.

L'assurance de cet homme, son raisonnement, qui, je l'avoue, me paraissait juste, surtout en me rappelant ces paroles de la veille, *Je ne réponds que de ce que je garde;* cette réflexion, juste aussi, qu'en supposant même que l'hôtelier fût condamné à m'indemniser de mes habits volés, cette indemnité ne me serait accordée qu'après un procès jugé, et combien de jours, de semaines, se passeraient avant le jugement! réfléchissant enfin que, par ses relations sans doute fréquentes avec des gens aussi malheureux que moi, cet homme pouvait m'être utile, je lui dis dans ma résignation amère :

— Soit, monsieur; on m'a dépouillé chez vous. Vous n'êtes responsable de rien : je ne le pense pas. Mais enfin, je consens à vous épargner un scandale toujours fâcheux, en ne portant pas ma plainte... mais à une condition...

— Je ne crains pas le scandale... moi... Je suis dans mon droit... mais c'est égal, dites toujours la condition... Je me mets à votre place... C'est embêtant d'être déshabillé à vue, comme un changement de théâtre. Mais je vous l'ai dit, fallait mettre vos habits sous votre tête, ou vous coucher tout habillé. Règle générale, c'est ce qu'on doit faire quand on ne connaît pas la société avec qui on perche.

— Ces conseils sont tardifs... Monsieur; je vous en demanderai d'autres... J'ai bon courage, bon vouloir; je sais lire, écrire et compter; je connais bien le français... un peu d'histoire et de géographie; de plus, j'ai un état : je suis assez bon ouvrier charpentier. Vous devez souvent rencontrer des gens dans ma position... Comment faire pour trouver à Paris de quoi vivre honnêtement?

— Diable! trouver de quoi vivre honnêtement! Et... en

Le capitaine! — s'écria cette femme en accentuant ce mot avec un accent de colère sardonique. — Page 173.

en hiver? Vous n'êtes pas difficile, mon garçon. Vous croyez que de l'ouvrage, ça se trouve sous les pas d'un cheval. D'abord, en hiver, la charpente ne va pas, ça chôme… il n'y a pas mèche de ce côté-là… Quant à votre savoir lire, écrire et compter, il y en a des mille et des cents qui le savent comme vous et qui crèvent de faim.

— Mais que faire alors?… Vous, Monsieur, qui connaissez Paris et ses misères… par pitié, conseillez-moi… je ne connais dans cette ville personne au monde… et je suis arrivé d'hier…

— C'est ça, — dit l'hôte en haussant les épaules, — comme tant d'oisons, pour chercher fortune à Paris, n'est-ce pas?

— Enfin, Monsieur, quel que soit le motif qui m'ait amené ici, voilà ma position : je suis jeune, robuste, rompu à la fatigue, au travail; j'ai bon courage… je ne demande qu'à gagner mon pain.

— Eh pardieu! j'entends bien, il y en a des milliers qui demandent ça et qui ne le trouvent pas… Pourtant vous pouvez essayer d'aller sur le port, vous trouverez peut-être quelques sous à gagner, en aidant à décharger les bateaux… mais, attention, faudra jouer du poing et dur, vous serez nouveau, les anciens ne vous laisseront pas mordre à leur pain sans vous cogner… A toi! à moi! la paille de fer… atout pour les crânes!

— Ainsi pas d'autre alternative?

— Vous pourrez bien aussi, à la sortie des spectacles, ouvrir la portière des fiacres; mais faudra encore se cogner… parce que là aussi il y a des anciens; et puis, voyez-vous? tous ces métiers-là c'est toujours peuplé de filous, de repris de justice, ou autres crapules, et pour un jeune homme qui veut marcher droit, ça peut mal tourner.

— Je ne crois pas cela,… on peut être honnête partout. Merci, du moins, Monsieur… de vos conseils.., vous me direz où est le port… je commencerai par là.

Malgré sa rudesse et son endurcissement, causé sans doute par l'habitude de voir tant de misères hideuses, cet homme parut touché de ma position; il voulut m'être utile à sa manière, et reprit, après un moment de silence :

— Tenez, vous me paraissez bon enfant et honnête garçon; arrangeons vos affaires… Voyons, qu'est-ce qui vous reste… sonnant?

— Seize sous, ce paquet qui contient trois chemises, deux mouchoirs et une veste de travail.

— Voilà tout?

— Voilà tout.

— Si vos chemises et vos mouchoirs valent quelque chose, je vais vous les troquer contre une bonne paire de souliers et un bonnet grec, encore très-mettable; vous serez chaussé et coiffé; votre pantalon peut aller; vous mettrez votre veste sous le bourgeron, vous aurez moins froid. Vous voilà donc vêtu… Maintenant, pour aller gagner votre vie sur les ports ou à la porte des spectacles… vrai… si crâne que vous soyez, je ne vous donne pas quinze jours pour tourner au filou… sans vous offenser… et, encore, ça, c'est la bonne chance; la mauvaise, c'est de ne pas même trouver à gagner un sou pendant un jour ou deux, ça fait qu'au troisième jour… la faim vous tortille. C'est pas ça qui vous faut. Ce qui vous faut, je vais vous le dire. Ecoutez-moi bien : Descendez dans Paris… arrêtez-vous devant la première belle boutique que vous verrez; ramassez une écaille d'huître… et cassez un carreau… Attendez donc, c'est très-sérieux, mon garçon, ce que je vous dis là.. Aimez-vous mieux donner un coup de pied dans le ventre du premier sergent de ville que vous rencontrerez… ça va encore… tout ça, c'est pas déshonorant, n'est-ce pas?…. Mais voilà le bon de la chose : faites un coup pareil, on vous empoigne, on vous mène au violon, et vous aurez au moins pour deux ou trois mois de bonne prison, bien chauffé, bien couché, bien nourri... vous filez comme ça la fin de l'hiver, et au beau temps... vous verrez voir... la charpente recommencera, vous trouverez de l'ouvrage. Et puis l'été, c'est pas si dur; enfin, vous vous trouverez, après tout, comme vous êtes aujourd'hui. Et fichtre! savez-vous que c'est quelque chose ça? Mon garçon, je vous parle comme je parlerais à mon fils... Vous croyez que je ris... mais, au bout de huit jours de la vie de Paris, vous verrez que j'avais raison, et vous regretterez de ne m'avoir pas écouté.

— Il peut y avoir du vrai dans ce que vous dites, Monsieur... quoique cela soit bien triste à penser... cependant je veux essayer de trouver du travail, car la prison me fait horreur. J'accepte votre offre pour les vêtements, car je ne puis aller tête nue et pieds nus; maintenant pouvez-vous me donner ce qu'il faut pour écrire?

— Voilà... ma table, mon registre... et une feuille de papier dont je vous fais cadeau. Pendant ce temps-là, je vas examiner votre paquet, et, si ça me convient, chercher les chaussures et le bonnet...

J'écrivis, en quelques mots, ma déplorable position à Claude Gérard, le priant de me répondre courrier par courrier, à Paris, poste restante. J'éprouvai un peu de consolation dans ce rapide épanchement de tant de chagrins, de tant de déconvenues. Je cachetais ma lettre, lorsque l'hôte rentra avec une paire de souliers passables et un bonnet de laine autrefois rouge; j'endossai ma veste, je mis le bourgeron par-dessus, je cachai mon portefeuille dans ma poche, avec les quelques sous qui me restaient, et je quittai l'hôte, qui me dit encore:

— Croyez-moi, mon garçon, cognez le premier sergent de ville, ou cassez le premier carreau de boutique que vous rencontrerez, et vous serez hébergé pour votre hiver.

Je quittai ce singulier Mentor, la mort dans le cœur; cédant à un dernier et vague espoir, je voulus aller une fois encore impasse du Renard; peut-être serais-je plus heureux que la veille, et trouverai-je Bamboche.

En demandant mon chemin, il me fut facile de retrouver l'impasse; j'arrivais à peine dans le petit champ qui séparait cette ruelle sans issue des maisons du faubourg, lorsque je vis un grand rassemblement de monde, et, plus loin, luisant au-dessus des têtes de la foule, des baïonnettes de soldats; je m'approchai et m'informai.

— C'est un nid de contrebandiers que l'on vient de découvrir n° 1 de l'impasse (la maison de Bamboche), mais la police est venue trop tard, — me répondit-on, — on a trouvé des marchandises et d'autres choses suspectes, mais les contrebandiers avaient filé; on dit qu'ils avaient eu hier vent de la chose, et à cette heure ils sont loin.

Je m'expliquai l'apparition du cul-de-jatte au cabaret des *Trois-Tonneaux*, et l'air alarmé de cet homme : il venait sans doute prévenir Bamboche de ne pas retourner dans cette maison.

Bamboche, compromis dans cette dangereuse affaire, devait avoir aussitôt quitté Paris, ou s'y tenir caché. Tout espoir de le rencontrer était perdu pour moi.

Je me résignai... j'acceptai ma position tout entière. Telle fut la première journée, la première nuit que je passai à Paris.

CHAPITRE XLIV.

Du travail et du pain. — Conseils d'un commissaire de police. — Le débarcadère. — Le port. — L'inconnu des *Trois-Tonneaux*. — Robert de Mareuil. — Le cul-de-jatte.

La mort subite de M. de Saint-Étienne avait ruiné toutes mes espérances, la disparition de Bamboche m'avait privé de l'appui que je pouvais attendre de lui; je me trouvais jeté dans cet immense Paris, inconnu pour moi, ayant pour toutes ressources les misérables vêtements dont j'étais couvert, et le portefeuille soustrait à la tombe de la mère de Régina.

Selon le maître du garni où j'avais été dépouillé, il me restait deux partis à prendre pour ne pas mourir de faim :

Me faire arrêter pour un délit quelconque.

Aller sur les ports ou à la sortie des spectacles, dans le douteux espoir de gagner quelques sous, soit en aidant à transporter des fardeaux, soit en ouvrant la portière des fiacres.

Si vraisemblable, si vraie même que fût l'assertion du maître du garni, à propos de l'impossibilité de trouver du travail au jour le jour, surtout à cette époque de l'année, je ne pus d'abord me résigner à le croire.

— Il est, — me dis-je, — dans chaque quartier, un magistrat dont la porte est ouverte à toute heure : je veux m'adresser directement à lui, et, sans doute, au nom de la loi et de la société, il viendra en aide à un honnête homme qui ne demande que du travail.

En quittant l'impasse du Renard, je revins à la barrière, je demandai la demeure du commissaire de police du quartier. On me l'indiqua. Je fus introduit auprès de ce magistrat. En peu de mots je lui racontai ce qui m'était advenu depuis mon arrivée à Paris, omettant toutefois, selon ma promesse au maître du garni, le vol dont j'avais été victime dans sa maison.

D'abord je trouvai le magistrat froid, sévère et défiant; mais bientôt, convaincu de ma sincérité, il me parut ensuite rempli de bienveillance et de commisération; voici sa réponse :

« — Les détails que vous me donnez, votre manière
» de vous exprimer et mon expérience des hommes, me
» convainquent que vous dites la vérité; je crois votre
» position aussi déplorable que digne de pitié; malheu-
» reusement je ne puis rien... absolument rien, j'agis
» même contre mon devoir en ne vous faisant pas arrêter
» immédiatement, puisque, d'après votre aveu, il ne vous
» reste aucun moyen d'existence et personne à Paris ne
» peut vous réclamer. Je vous rends peut-être un mauvais
» service en vous laissant la liberté... Elle ne sera pour
» vous, je le crains, que la liberté de mendier, délit qui
» vous ramènera fatalement à la prison; mais je ne veux pas
» abuser de votre confiance; votre éducation ne peut vous
» être d'aucune ressource dans une position aussi pres-
» sante. Plus tard vous auriez pu vous occuper comme
» charpentier; mais malheureusement cette profession
» est en chômage absolu durant l'hiver. »

— Mais enfin, Monsieur, que faire? que me conseillez-vous?

« — Hélas! mon brave garçon, le seul conseil que je
» pourrais vous donner serait de vous laisser arrêter
» comme vagabond... au moins vous trouveriez en prison
» un asile et du pain; et encore, vous êtes si jeune, et la
» vie de prison est si contagieuse... que ce serait risquer
» d'y corrompre une bonne nature comme la vôtre; la loi
» ne peut pas tout prévoir. »

— Ne pas prévoir cette éventualité, hélas! si fréquente : qu'un honnête homme, malgré son bon vouloir, ne puisse trouver de travail! — m'écriai-je avec amertume; la loi prévoit bien les mille délits que l'on peut commettre..... comment ne prévoit-elle pas les causes qui peuvent amener ces délits?

— Que voulez-vous? *c'est comme cela*, — me répondit tristement le magistrat.

— A ce moment, son secrétaire vint le chercher pour je ne sais quel grave incident. Je sortis de chez le commissaire avec la désolante pensée que, sauf la brutalité des expressions, il m'avait tenu à peu près le même langage que le maître du garni.

Si accablant que soit cette nouvelle épreuve, je ne me rebutai pas encore. Je possédais SEIZE SOUS; or en vivant avec deux ou trois sous de pain par jour, en payant quatre sous par nuit pour coucher dans mon garni, j'avais au moins deux jours assurés, et je comptais malgré moi sur quelque bonne chance. Avant de me décider à aborder les industries aventureuses dont m'avait parlé le maître du garni, je voulus tenter de trouver des moyens d'existence moins précaires.

En cheminant au hasard par les rues, j'avisai l'échoppe d'un écrivain public; j'eus une lueur d'espoir : peut-être pourrait-il m'employer. Le jour de l'an approchait; à cette époque de l'année, les pauvres illettrés ont ordinairement des vœux à exprimer à des parents ou à des amis absents... J'entrai timidement chez l'écrivain public; à peine eut-il écouté ma requête et mes offres de service, qu'il referma brusquement la porte, voyant peut-être en moi un concurrent futur.

Je continuai d'errer çà et là; je rencontrai sur ma route une boutique de menuisier; connaissant assez bien l'état de charpentier, qui, en beaucoup de points, touche à la menuiserie, je hasardai une nouvelle demande au patron de cette boutique.

« Mon garçon, — me dit-il, — de vingt bons ouvriers » que j'employais dans la saison, je n'en emploie que » cinq, vu le chômage des bâtiments: comment diable » voulez-vous que je vous occupe, vous qui n'êtes pas de » l'état encore?... »

Cette réponse était juste; je m'éloignai la mort dans le cœur. La nuit vint; épuisé de besoin, de fatigue, j'achetai pour trois sous de pain chez un boulanger; je demandai si j'étais loin de la barrière de la Chopinette, car je comptais aller coucher dans le même garni, l'hôte étant déjà pour moi une sorte de connaissance; mais, pour me rendre à cette barrière, il m'eût fallu traverser tout Paris, car je me trouvais dans les environs du Pont-Neuf; alors je m'informai si dans ce quartier il existait des garnis; on m'indiqua les ruelles qui avoisinent le Louvre et la rue Saint-Honoré. Je me présentai dans une de ces sinistres demeures; on exigea de moi non pas quatre sous, mais six sous en raison du *quartier* et de la proximité du Palais-Royal, me dit-on; mais ces deux sous de plus, affectés à ma nuit, représentaient pour moi un jour de subsistance. J'étais si harassé, j'éprouvais un froid si pénétrant, j'avais tellement besoin de repos que je me résignai à ce sacrifice. Plus méfiant cette fois, je me couchai tout habillé, serrant précieusement dans mon gousset les sept sous qui me restaient. Il était à peine huit heures du soir; les habitués de ces maisons toujours suspectes n'arrivaient que fort tard dans la nuit, je trouvai déserte la chambre dont un des lits m'était destiné. Quels furent mes compagnons pendant cette nuit? je l'ignore, car je dormis d'un si profond sommeil, qu'il fallut que l'hôte vînt m'éveiller, mon droit de séjour expirant à midi.

Presque convaincu d'avance de la vanité de ma requête, je demandai au maître de ce garni s'il pouvait me procurer quelque occupation. Cet homme me regarda d'un air défiant, et, sans que je pusse comprendre quel sens odieux il avait attribué à ma proposition, il me répondit grossièrement:

— Tu es de la police... tu veux me tendre une souricière.

Puis il ajouta d'un air ironique et en appuyant sur les mots:

— Non, je n'ai pas d'occupation à te donner.

Voyant l'inutilité de mes démarches pour trouver un travail honorable, mes dernières ressources, composées de *sept sous*, devant être épuisées le lendemain, je me résolus de suivre les conseils du maître du garni de la barrière de la Chopinette.

En suivant les indications que l'on me donna, j'arrivai au port Saint-Nicolas. Je vis là un assez grand nombre d'hommes, vêtus peut-être encore plus pauvrement que moi. Ils travaillaient à la décharge de quelques grandes barques, tandis que d'autres, malgré le froid cuisant de l'hiver, plongés dans l'eau jusqu'à la ceinture, démolissaient des trains de bois, ou *déchiraient* de vieux bateaux hors de service.

Parmi ces travailleurs occupés, je tâchai d'en distinguer quelqu'un dont la physionomie m'eût inspiré assez de confiance pour m'ouvrir à lui. Malheureusement, toutes ces physionomies me semblèrent dures, soucieuses ou brutales. Cependant, remarquant un jeune homme de mon âge, qui, à l'aide d'une corde, traînait péniblement une grosse pièce de bois à laquelle il était attelé, je m'approchai et lui dis:

— Voulez-vous que je vous aide?

Ce jeune homme prit mon offre pour une raillerie, et y répondit par des injures.

— Je parle sérieusement, — lui dis-je, je suis nouveau venu à Paris et sans ouvrage. Si vous voulez, je vous aiderai dans votre travail..... vous me donnerez ce que vous voudrez.

— Tu n'es pas de Paris? et tu viens gruger dans notre port! et en hiver encore... quand l'*ouvrage* va si peu, que pour deux bras dont les patrons ont besoin, il s'en lève vingt qui crient à moi... à moi... Nous n'avons qu'une petite bouchée de pain, et tu veux y mordre? — s'écriat-il.

Puis s'adressant à quelques-uns de ses compagnons:

— Voilà un *camus*!... — leur cria-t-il d'un air courroucé, — à vous le *camus*!!! à vous!!

Ce mot, je l'ai su depuis, signifiait un nouveau *concurrent* au travail; je fus à l'instant entouré, menacé: il fallut ma résolution, appuyée d'une force corporelle assez respectable, pour que ma retraite ne fût pas accélérée par de mauvais traitements.

Mon premier mouvement fut de maudire la dureté de cœur de ces hommes; mais la pitié succéda bientôt à la colère. En effet, la saison était rude, le travail rare, précaire, et faire concurrence à ces malheureux, c'était, comme ils le disaient dans leur langage énergique, mordre à leur unique bouchée de pain.

Quittant tristement le port, je remontai sur le quai; je traversai un pont, et je vis au loin la fumée d'un bateau à vapeur, s'approchant. J'allai à sa rencontre dans l'espoir de trouver le débarcadère des voyageurs, et de pouvoir peut-être m'employer à porter les bagages de quelque passager; en effet, je vis bientôt sur la berge un écriteau désignant le point d'arrivée de ces paquebots; je me hâtai de descendre au bord de la rivière; mais déjà une double haie d'hommes et de très-jeunes gens dégueunillés se pressaient sur la rive, attendant, avec une impatience jalouse et farouche, la proie qui leur arrivait. Échangeant entre eux des injures, des menaces, des coups, afin d'être plus ou moins favorablement placés pour la descente, ils étaient là une trentaine peut-être, et, autant que j'en pouvais juger à mesure que s'approchait le vapeur, il n'y avait pas plus de dix à douze voyageurs sur le pont de ce bateau.

Saisi d'une répugnance invincible, je renonçai d'avance à faire, cette fois du moins, concurrence aux habitués du débarcadère.

Je m'assis sur une borne afin de juger, d'après ce que j'allais voir, de la chance qui m'attendait plus tard. A peine le bateau fut-il amarré, que tous ces commissionnaires déguenillés, l'injure, la menace à la bouche, se ruèrent en tumulte sur le point de la berge où l'on venait de jeter une planche pour servir à la descente des passagers; là je vis une scène ignoble de brutalité: huit à dix de ces gens, les plus vigoureux et les plus hardis, se partagèrent le transport des bagages, après avoir injurié, repoussé, frappé leurs concurrents avec férocité. Un malheureux enfant de quinze à seize ans avait le visage en sang, et sa voix grêle se mêla bientôt aux huées menaçantes et irritées dont le plus grand nombre de ces gens poursuivirent leurs compagnons porteurs des bagages.

La vue de cette misère et de tous les sentiments abjects, haineux ou cruels qu'elle engendrait, me fit un mal horrible; il me paraissait impossible de me résoudre à gagner mon pain de chaque jour en rivalité avec ces misérables; je frissonnais de dégoût, de frayeur et de pitié, en examinant ces figures hâves, flétries, farouches, fatalement marquées du sceau du malheur, du vice ou du crime; les travailleurs du port, auxquels je m'étais d'abord adressé, m'avaient accueilli avec une grossièreté menaçante; mais je n'avais pas vu parmi eux ces types à la fois dégradés, effrayants, si nombreux parmi les malheureux qui se pressaient à la descente du bateau à vapeur; je reconnus la vérité de l'observation du maître du garni à l'endroit de ces hommes, dont la plupart, m'avait-il dit, étaient malfaiteurs ou repris de justice.

M'approchant d'un homme qui me parut plutôt un désœuvré qu'un habitué du débarcadère, je lui demandai si les bateaux à vapeur abordaient journellement à cet endroit; il me répondit que chaque jour il arrivait un paquebot le matin et qu'il en repartait un autre le soir. Ce dernier renseignement m'intéressait peu, car, en quittant Paris, les voyageurs envoyaient leurs bagages par les commissionnaires des hôtels. La descente du bateau du matin m'offrait seule quelque chance de salaire, à la condition d'entrer en lutte ouverte avec mes sinistres concurrents.

Et pourtant, à cette pensée, malgré mes pressants besoins, j'éprouvais un dégoût insurmontable.

Je regardais tristement autour de moi, lorsqu'au milieu d'un des groupes de gens qui n'avaient rien pu transporter, j'aperçus le cul-de-jatte... Bientôt, accompagné d'un autre homme à figure sinistre et d'un enfant de quinze ans, il quitta le débarcadère et remonta sur le quai.

Cédant à un mouvement presque involontaire... je suivis ce bandit... Peut-être allait-il retrouver Bamboche.

Le cul-de-jatte, accompagné d'un homme à figure non moins repoussante que la sienne, et de l'adolescent dont les traits flétris avaient déjà, comme ceux de ses compagnons, une expression ignoble et cynique, quitta bientôt le quai pour entrer dans un dédale de rues sombres et étroites. Après une longue marche, nous arrivâmes à l'un des boulevards extérieurs de Paris; quelques rares maisons le bordaient d'un côté; je vis bientôt le cul-de-jatte et ses acolytes entrer dans une sorte de bouge autour duquel circulaient furtivement quelques femmes hideuses.

Malgré mon vague espoir de retrouver Bamboche, j'hésitais à entrer dans cette caverne, et le cul-de-jatte m'inspirait tant d'horreur, que je n'avais pas osé l'aborder pour lui parler de mon compagnon d'enfance.

Je me demandais comment ce bandit osait se montrer ouvertement après la découverte d'un délit de contrebande dont il paraissait complice, ainsi que Bamboche, lorsque soudain le bruit d'une rixe, de cris, de carreaux brisés, attira mon attention et me fit retourner sur mes pas.

Ce bruit partait du bouge où j'avais vu entrer le cul-de-jatte. Au moment où je me rapprochai, un homme, qui me parut complètement ivre, fut violemment expulsé de cette sinistre demeure; et au moment où la porte se referma, je vis confusément, dans l'ombre de l'allée, le cul-de-jatte et son compagnon, tandis qu'à une lucarne supérieure, apparaissait la tête d'une femme échevelée, derrière laquelle se dressait la figure cynique de l'enfant de quinze ans; tous deux injuriaient l'homme ivre que l'on venait de mettre hors de cette maison; mais celui-ci, trébuchant et s'appuyant çà et là aux arbres du boulevard, éclatait de rire à chaque instant en criant qu'on l'avait volé...

Un sentiment de curiosité, mêlé de pitié, me fit faire un pas vers la victime de ces bandits... Quelle fut ma stupeur!... je reconnus en lui l'homme aux manières de grand seigneur, que j'avais déjà vu ivre au cabaret des Trois-Tonneaux.

J'eus un mouvement de joie amère, en m'apercevant de l'état d'ivresse de ce personnage; ma première pensée fut d'essayer de le *faire parler*, afin d'apprendre si en effet la Régina dont il avait tracé le nom sur la table du cabaret était bien la Régina que je connaissais, et alors de tâcher de savoir de cet homme singulier quels rapports existaient entre lui et cette jeune fille, et si elle habitait Paris en ce moment.

La pensée de surprendre ainsi un secret était mauvaise, je l'avoue; mais j'y trouvai une excuse dans l'intérêt que m'inspirait Régina; si cet inconnu était aimé ou épris d'elle, quelle gravité n'acquerraient pas mes deux rencontres avec lui !

— Ces misérables vous ont volé... Monsieur? — lui dis-je, en m'approchant avec précaution, craignant qu'il ne reconnût en moi son voisin de table du cabaret des Trois-Tonneaux.

Il me regarda tout ébahi en se balançant sur ses jambes avinées, et il me répondit avec un nouvel éclat de rire :

— Ils m'ont tout volé... j'avais passé la nuit dans ce taudis... nous étions cinq... ou six... il y avait entre autres... un chiffonnier on ne peut plus spirituel... et des femmes... oh ! des femmes charmantes !... d'un entrain ! Décidément... on ne... s'amuse plus que là.

Et l'inconnu s'attacha à mon bras, afin de ne pas tomber.

Je regardais cet homme avec une surprise mêlée de pitié : vus au grand jour, ses traits me paraissaient peut-être encore plus purs, encore plus beaux que la surveille, et, quoiqu'il sortît sans doute d'une longue et crapuleuse orgie, sa figure paraissait fraîche, presque reposée; enfin, malgré le désordre de sa chevelure et de ses vêtements, malgré les oscillations de sa démarche, la douceur et l'inflexion de sa voix, l'espèce de distinction de manières qu'il conservait, même au milieu de l'ivresse, trahissaient à chaque instant sa condition élevée.

— Vous devriez retourner chez vous, Monsieur, — lui dis-je; — voulez-vous que nous allions à une place de fiacres?

J'espérais ainsi savoir sa demeure.

— Vous êtes... un très-galant homme, Monsieur... malgré votre bonnet grec... et votre blouse, me dit-il avec une urbanité gravement comique, — vous tendez... la main... à un noyé... dans le vin... c'est de très... bon... goût... Mais je vous remercie... je... je... ne rentrerai... que... ce soir... à la nuit... Vous sentez bien... vous... si galant homme... malgré votre bonnet grec... qu'étant parfaitement ivre... car je suis parfaitement ivre... je ne puis pas... rentrer... comme ça... devant... mes... gens...

— Vous avez raison, — lui dis-je, en attachant sur lui un regard pénétrant, — mais... si... mademoiselle Régina... savait que...

Il ne me laissa pas achever; sa physionomie, souriante et débonnaire, devint tout à coup grave et inquiète; un instant, sans doute, les fumées du vin se dissipèrent à demi, sous l'impression du profond étonnement qu'il éprouvait; il se redressa, son pas me parut plus ferme; alors, le regard impérieux, presque courroucé, il s'écria :

— De quel droit prononcez-vous ce nom-là, Monsieur?

— Je prononce le nom de mademoiselle Régina, — ajoutai-je, sans me laisser intimider, — de mademoiselle Régina... fille du baron...

— De Noirlieu!... — s'écria-t-il; — vous la connaissez?... vous?

Puis il garda le silence, et, dégageant brusquement son bras du mien, il se recula d'un pas et m'examina avec une surprise et une curiosité mêlées de défiance...

Mais, ainsi que je m'y attendais, son retour à la raison fut passager; peu à peu, l'ivresse reprit le dessus à mesure que s'effaça le saisissement dont avait été frappé l'inconnu en entendant prononcer le nom de Régina; son attitude, un instant raffermie, redevint chancelante, il hocha la tête et reprit d'un air qu'il tâchait de rendre fin et pénétrant.

— Oh !... oh !... mon galant homme... en bonnet grec et en blouse... vous connaissez?... suffit... Ne seriez-vous pas... un rival.. déguisé? Cela serait... piquant... Je ne... comptais... que sur ce... Robert de Mareuil... l'ami d'enfance... et... sur ce vilain décrassé... cet homme mûr, très-mûr... trop mûr... nommé...

S'interrompant encore, l'inconnu se prit à sourire d'un air de satisfaction et ajouta :

— Vous voilà... bien penaud... je ne dis que ce que je veux dire, moi... Ah ! vous m'espionnez... ceci est de très-mauvaise compagnie... mon cher... mais c'est égal, je sais comment me tirer d'affaire... si... vous... si vous... jasez...

Le nom de Robert de Mareuil, prononcé par l'inconnu, me rappela soudain la scène de la forêt de Chantilly, scène dont les moindres détails étaient toujours restés présents à ma pensée... En effet, le petit vicomte Scipion était accompagné, ce jour-là, d'un autre enfant nommé Robert, de quelques années plus âgé que lui, d'une charmante figure, et qui, par ses soins empressés auprès de Régina, m'avait inspiré une sorte de jalousie.

Sans doute ce Robert... était *l'ami d'enfance* de Régina... le rival dont parlait l'inconnu... Quant à l'autre rival, *l'homme mûr, le vilain décrassé..* je ne pouvais savoir de qui il s'agissait.

Voulant tâcher d'obtenir des renseignements plus complets, je dis à l'inconnu :

— Vous vous méprenez, Monsieur, sur mes intentions... je...

— Ah !... ah !... vous vouliez me faire parler... mon galant homme à bonnet grec... — reprit l'inconnu en m'interrompant. — je ne suis pas si gris... que j'en ai l'air... voyez-vous...

— Je vous parlais de mademoiselle Régina de Noirlieu, — lui dis-je, — parce que sa famille... a habité mon pays...

— Régina? — dit l'inconnu en jouant l'étonnement... je n'ai pas... l'honneur... de connaître... cette demoiselle.

— Vous allez pourtant fréquemment chez son père... vous savez? le baron de Noirlieu?... rue de...

Et j'espérais que l'inconnu achèverait l'explication de l'adresse.

Mais il reprit:
— Puisque... je ne connais pas cette demoiselle... je ne peux pas... aller chez elle... Ah!... vous croyez... me faire jaser...

— C'est vous qui, le premier, Monsieur, m'avez parlé de mademoiselle Régina.

— Puisque je ne la... connais pas... je ne peux pas vous... parler d'elle, — reprit-il.

Et l'inconnu, s'obstinant avec une ténacité d'ivrogne à ne pas se départir de ses réponses malgré toutes les questions que je lui adressai sur Régina, il fut impossible d'obtenir d'autres renseignements.

En devisant ainsi, nous avions marché le long du boulevard, et de loin nous voyions déjà la barrière; soudain l'inconnu me dit d'un air mystérieux:

— Dites donc... mon... galant homme... en bonnet grec, une excellente plaisanterie? Vous avez voulu me faire jaser... Si je vous faisais arrêter en disant que c'est vous qui m'avez volé,... je saurais... qui... vous êtes...

— Me faire passer pour voleur?... La plaisanterie n'aurait aucun sel, — lui dis-je, — car voilà ce qu'on trouverait sur moi.

Et je lui montrai les quelques sous qui me restaient.

— C'est toujours ça de rattrapé, — me dit l'inconnu en éclatant de rire.

Et il me saisit la main afin de s'emparer des sous, que son brusque mouvement fit tomber à terre. Alors l'inconnu se jeta sur moi, et, m'étreignant vigoureusement, il se mit à crier: Au voleur! de toutes ses forces.

Nous n'étions pas loin de la barrière, où je voyais un factionnaire. Effrayé des suites que pouvait avoir pour moi une pareille arrestation et n'ayant malheureusement pas le temps de ramasser les sous qui s'étaient éparpillés çà et là dans la boue, je me débarrassai, non sans peine, des mains de l'inconnu dont les cris redoublaient, et je m'élançai dans la campagne à travers champs, fuyant avec la plus grande rapidité.

Poursuivi par la crainte d'être arrêté, je marchai jusqu'à la tombée de la nuit, qui promptement venue à cette époque de l'année. Je me trouvais au milieu des champs; j'aperçus au loin, à ma gauche, un village, et, à ma droite, à deux cents pas environ, plusieurs meules de blé qui me rappelèrent celles où, plus d'une fois, Bamboche, Basquine et moi, nous avions trouvé un gîte pour la nuit lors de nos pérégrinations vagabondes.

Ne possédant plus un sou, je jugeai prudent de passer la nuit à l'abri de l'une de ces meules, au lieu de retourner à Paris pour y errer jusqu'au lendemain. Ayant vécu de bien peu depuis deux jours, et étant à jeun depuis la veille, je commençai de ressentir impérieusement la faim. Je cherchai des yeux si je ne découvrirais pas quelque champ de racines: la plaine était nue et creusée de sillons; au bout de quelques minutes, j'atteignis les meules; deux d'entre elles se trouvaient très-rapprochées. La nuit était complétement venue; je tirai quelques poignées de paille, je les étendis à terre, et je m'y couchai, en me couvrant avec les débris d'une autre gerbe; le temps était plus humide que froid; ce gîte m'offrait un abri à peu près sûr.

Tout en regrettant amèrement la perte de mes derniers sous, mon unique ressource, j'éprouvais une triste satisfaction à penser que Régina habitait Paris, et que je possédais un secret d'une grande importance pour elle. Je ne pouvais plus en douter: ou cet inconnu était aimé d'elle, ou il l'aimait; et, dans ces deux suppositions, mon esprit se perdait à comprendre comment un homme épris ou aimé de cette noble et charmante jeune fille pouvait s'abandonner fréquemment à une si honteuse dépravation.

Quant au secret dont ces égarements avaient sans doute été jusqu'alors entourés, je me l'expliquais par le choix et l'isolement des lieux où, pour la seconde fois, je venais de rencontrer cet inconnu.

Ces pensées eurent assez d'influence sur moi pour m'empêcher, durant quelques instants, de songer à l'avenir; mais bientôt je retombai accablé sous l'imminence de ma position; il fallait près de cinq jours pour que je pusse recevoir la réponse de Claude Gérard, et je ne possédais pas de quoi retirer cette lettre du bureau restant à Paris. Et le lendemain? et les jours suivants? comment vivre? où giter la nuit? Si misérable qu'eût été souvent ma vie, jusqu'alors le hasard avait du moins voulu que je ne connusse jamais ces terribles étreintes de la faim, dont je commençais à souffrir.

Un moment je crus trouver dans le sommeil le repos et surtout l'oubli du besoin.. Mais, à mon cruel désappointement, je restai éveillé presque toute la nuit, sauf quelques rares assoupissements remplis d'agitation et de vagues terreurs; l'humidité devint peu à peu si pénétrante, que, bien avant le jour, je fus forcé d'abandonner mon gîte, frissonnant de froid et tellement dominé par la faim, que je ne songeai plus qu'à une chose: — à manger, — c'est-à-dire aux moyens de me procurer du pain.

Alors, je m'orientai résolument vers Paris, guidé par l'espèce de nuée lumineuse qui, durant la nuit, semble planer au-dessus de la ville immense; je marchais d'un pas rapide, me disant avec une détermination farouche:

— Allons au débarcadère du bateau à vapeur; il ne s'agit plus de répugnance ou de crainte; je me sens résolu à tout... il faudra bien qu'à mon tour je trouve quelque bagage à transporter... j'ai faim!

Oh! ce fut alors... seulement alors, que je compris tout ce qu'il y avait de sentiments implacables, terribles, dans ces seuls mots: J'AI FAIM!...

J'arrivai au débarcadère du bateau à vapeur, il faisait grand jour; plusieurs habitués de la veille étaient déjà rassemblés sur la berge; j'oubliai le dégoût et l'horreur que j'avais ressentis, la veille, à la vue des luttes hideuses de ces misérables se disputant quelques bagages; je me jetai résolument au milieu du groupe déguenillé.

A la surprise que causa ma brusque invasion, succéda une irritation violente.

— Qu'est-ce que tu viens faire ici? — me dit un des plus robustes de la bande.

— Je viens pour transporter les bagages de voyageurs.

— Toi?

— Moi.

— Je te le défends.

— Oui, oui, nous te le défendons, — répétèrent plusieurs voix menaçantes.

Le sang me monta au visage, toutes sortes d'ardeurs jalouses, haineuses, féroces, s'éveillèrent soudain en moi.

— Vous me défendez de rester là? — dis-je sourdement, les dents serrées de rage.

— Oui... et sauve-toi, — me dit un de ces misérables, en me repoussant rudement.

Je devins furieux; saisissant mon adversaire à la gorge, je l'envoyai rouler sur la berge; un second assaillant eut, je crois, la mâchoire brisée; je me sentais en ce moment une force surhumaine; mes artères battaient à se rompre, de sourds bourdonnements bruissaient à mes oreilles.

— Est-ce assez?... — m'écriai-je. — Quelqu'un en veut-il encore?

La lâcheté de ces misérables me prouva leur dégradation, aucun ne répondit à l'appel; mon énergie, ma vigueur leur imposèrent; leur haine contre moi s'augmenta peut-être, mais ils furent forcés de la contraindre: malgré quelques sourds murmures, je me maintins au premier rang; bien m'en prit, le vapeur allait bientôt aborder.

— Tu as eu raison de les aplatir, ces brigands-là..., — me dit une voix rauque et enrouée que je crus reconnaître. Si tu veux, nous *ferons* ensemble pour le transport.

Un coup familièrement frappé sur mon épaule compléta cette proposition.

Je me retournai... c'était encore le cul-de-jatte.

— Je ne vous connais pas, — lui dis-je brusquement.

— Ni moi non plus, mais tu tapes; dur j'aime ça, je veux être ton associé.

— Je n'ai pas besoin d'associé, — lui répondis-je, me retournant, car les voyageurs allaient débarquer.

Le cul-de-jatte me jeta un regard étrange et disparut.

Les passagers étaient encore moins nombreux que la veille. Au premier rang je remarquai un homme de haute taille, enveloppé d'une longue redingote blanchâtre ; le bas de sa figure disparaissait entièrement sous un cache-nez, sorte de grande écharpe en laine rouge. Il portait des lunettes bleues, et sa casquette de voyage en fourrure et à oreillères achevait de dissimuler presque entièrement sa figure. Ce voyageur attirait surtout mon attention par l'empressement qu'il me paraissait mettre à prendre terre : deux fois il s'était précipitamment avancé vers le plat-bord du vapeur, et deux fois un des mariniers du bateau, le retenant, lui avait sans doute fait observer que le moment de débarquer n'était pas encore venu.

Ce voyageur portait un sac de nuit d'une main, et de l'autre un nécessaire de voyage ; enfin, pour être sans doute plus promptement descendu, il avait fait d'avance apporter sa malle de cuir sur le plat-bord.

Le signal du débarquement fut donné, j'avais jeté mon dévolu sur le voyageur en lunettes ; deux de mes concurrents voulurent passer avant moi; mais, luttant de brutalité avec eux, je les repoussai violemment ; d'un bond je fus auprès de mon voyageur, qui me dit d'une voix précipitée :

— Vite, vite... prends cette malle, ce nécessaire... je porterai le sac de nuit... Il y a des fiacres sur le quai.

La malle pesait peu. Dire avec quelle joie je la chargeai sur mon épaule serait impossible. On allait me donner quelques sous et j'achèterais du pain... Je pris de mon autre main le nécessaire à une poignée de cuivre adaptée au couvercle, et je suivis le voyageur, qui me précédait, marchant à grands pas.

En faisant tous mes efforts pour ne pas me laisser distancer, malgré le poids dont j'étais chargé, je trébuchai sur une pierre; ce brusque mouvement dérangea l'équilibre de la malle que je portais sur mon épaule, et je fus forcé de la laisser presque tomber à terre. En me baissant pour la relever, j'aperçus une adresse écrite en grosses lettres sur une carte fixée au couvercle de la malle; j'y jetai machinalement les yeux, et je lus :

Le comte Robert de Mareuil.

Ce nom me rappela et les demi-confidences que l'inconnu m'avait faites la veille dans son ivresse, et le souvenir de la scène de la forêt de Chantilly... Ce voyageur était donc l'ami d'enfance de Régina, le rival dont parlait l'inconnu.

Au moment où je faisais ces réflexions, tout en rechargeant la malle sur mon épaule, j'entendis un grand tumulte ; je vis à quelques pas un nombreux rassemblement ; bientôt le groupe s'écarta, le voyageur dont je portais le bagage s'avança vers moi en disant d'une voix altérée à deux hommes qui semblaient le surveiller et ne pas le quitter d'une semelle :

— Vous voyez bien, Messieurs, que j'ai des effets à attendre...

— C'est bien, Monsieur le comte, — dit un des deux hommes, — vos effets seront transportés dans le fiacre... Allons, avance, ajouta cet homme en me faisant signe de le suivre.

Nous traversâmes la foule ameutée, où j'entendis prononcer les mots de prison, de déguisement, de trahison.

Un fiacre attendait sur le quai ; le voyageur à lunettes y monta; ses effets furent placés à côté de lui, et l'un des deux hommes, avant d'entrer dans la voiture, dit au cocher : — En marche !... et bon train.

Après avoir refermé la portière, et, malgré la surprise où me jeta ce nouvel incident, je dis à un de ces personnages : — C'est moi, Messieurs, qui ai apporté les effets.

— Allons donc... du bateau ici, — dit un des deux hommes, — belle course !... Est-ce que ça se paye?

— M. le comte n'a pas de monnaie, — ajouta l'autre homme d'un air sardonique, en jetant les yeux sur le voyageur, qui, la figure cachée dans ses mains, semblait anéanti.

— Mais, Messieurs... — m'écriai-je.

— Marche, cocher! — cria un de ces hommes par la portière.

Le cocher fouetta vigoureusement ses chevaux; je fus obligé de me jeter de côté pour n'être pas écrasé par les roues.

Ce désappointement fut affreux pour moi!

Dans ma colère désespérée, je montrai le poing au fiacre qui s'éloignait, en m'écriant :

— Vous me volez mon pain... et je meurs de faim !...

— Viens déjeuner... — me dit tout bas une voix à l'oreille.

Je me retournai brusquement.

C'était le cul-de-jatte.

Je le regardais avec une surprise mêlée de terreur.

— Eh bien, oui !.. viens déjeuner... — reprit-il ; — tu es un gars déterminé... Tu tapes dur... j'aime les déterminés qui tapent dur... Je paye aujourd'hui... tu payeras demain... il n'y a pas d'affront... Allons ! en route...

J'avais faim...

J'acceptai l'offre du cul-de-jatte.

CHAPITRE XLV.

Le déjeuner. — Propositions. — Enlèvement de Martin. — Le logis du cul-de-jatte. — Martin est rendu à la liberté.

J'éprouvais autant de honte que d'humiliation à accepter l'offre du cul-de-jatte, *mais j'avais faim.*

Au bout de quelques pas, le bandit passa familièrement son bras sous le mien. Ce contact me fit tressaillir, je me dégageai brusquement.

— Que diable as-tu? — me demanda le cul-de-jatte, surpris de mon mouvement.

— Je ne veux pas vous donner le bras.

— Comment ?... à un camarade?

— Je ne suis pas votre camarade.

— Je te paye à déjeuner... et tu n'es pas mon camarade? Ah çà... est-ce que tu serais fier? Alors, bonjour, je n'aime pas les fiers...

— Je ne suis pas fier... dis-je en hésitant.

— Alors donne-moi le bras...

Et il me fallut prendre le bras de ce misérable; je baissai la tête, écrasé de honte. Un moment j'eus la pensée d'abandonner cet homme; mais je sentais de plus en plus les douloureux vertiges que cause le besoin de manger depuis longtemps inassouvi; mes forces, soutenues jusqu'alors par une surexcitation fébrile, commençaient à m'abandonner... deux ou trois fois une défaillance subite rendit mes pas chancelants, et, malgré le froid, la sueur inondait mon front. En marchant ainsi côte à côte avec ce bandit, j'éprouvais une secrète épouvante... Je pensais aux conséquences de la fatalité de la faim...

Puis, invoquant deux souvenirs sacrés pour moi, celui de Claude Gérard, celui de Régina...

Me blâmeraient-ils, réduit à la position désespérée où je suis plongé malgré mes efforts pour en sortir, me blâmeraient-ils d'accepter la ressource que m'offre ce misérable? et d'ailleurs, cette vie, que je dispute à la plus affreuse misère, peut être utile à Régina, maintenant que je suis sur la trace d'un secret sans doute très-important pour elle.

Absorbé par ces réflexions, silencieux, abattu, la tête baissée pour cacher ma confusion, je marchais au bras de mon sinistre compagnon.

— Tu n'es pas jaseur, — me dit-il.

— Non.

— Tu tapes mieux que tu ne parles... à ton aise, c'est comme crâne tapeur que je t'ai invité... Ah çà! nous voilà devant la cantine... allons... passe devant... je te fais les honneurs.

Et le bandit me poussa devant lui dans un cabaret situé à l'angle de l'une des petites rues qui avoisinent le quai.

— Donnez-nous un cabinet, — dit le cul-de-jatte à la fille de service.

Et s'adressant à moi :
— On est plus libre... on peut causer de tout...

On nous conduisit dans un sombre réduit, dont la fenêtre donnait sur une petite cour obscure.

Nous nous attablâmes.
— Qu'est-ce que tu veux manger?
— Du pain...
— C'est malin... Et puis ?
— Rien... Du pain seulement et de l'eau.

Par une susceptibilité sans doute puérile, je croyais rendre mon action moins honteuse en n'acceptant du cul-de-jatte que le strict nécessaire pour réparer mes forces.
— Comment! du pain et de l'eau? — dit le bandit tout étonné. — Est-ce que tu crois que je fais ainsi les choses, et que j'invite un ami pour lui donner un déjeuner de prison?... Eh ! la fille, une omelette au lard, du bœuf aux cornichons, un morceau de fromage, et deux litres à douze.

Puis se retournant vers moi avec une orgueilleuse satisfaction.
— Voilà comme je traite les amis...
— C'est inutile... faites-moi donner du pain tout de suite... je ne mangerai pas autre chose.
— Voilà une faim carabinée. Eh ! la fille, un croûton...

On apporta un morceau de pain de deux livres au moins... en peu d'instants je le dévorai.
— La fille !... un pain de quatre livres, — dit le bandit d'un air sardonique.

Le pain de quatre livres fut apporté... Quoique apaisée, ma faim était loin d'être assouvie; mais je craignais que cet excès de nourriture ne me fît mal ; je bus deux ou trois verres d'eau, et j'interrompis mon frugal repas.

Peu à peu je me sentis revivre. L'espèce de fièvre dont j'étais atteint se calma, et j'envisageai ma position d'un regard plus ferme et moins désespéré.

Le bandit m'avait silencieusement observé pendant que je dévorais le pain; il me dit ensuite :
— A la bonne heure, tu as mangé par faim... maintenant tu vas manger par gourmandise.
— Non...
— Allons donc !

On apporta les mets demandés par le cul-de-jatte ; malgré ses instances, je n'acceptai rien.
— Tu es un drôle de corps, — dit le cul-de-jatte en faisant honneur au repas, — je n'ai jamais vu un invité pareil... au moins, bois un verre de vin.

D'abord je tendis mon verre, espérant qu'un peu de vin ranimerait complétement mes forces; mais je craignis que, dans l'état de faiblesse où je me sentais encore, le vin n'agît trop sur mon cerveau, et je refusai.
— Comment ! pas même un verre de vin ? — s'écria le cul-de-jatte.
— Non... je prendrai encore un morceau de pain, si vous le permettez...
— Que le diable soit donc ton boulanger, — s'écria le bandit ; — si j'avais su cela...

Puis me regardant presque avec défiance :
— Tu n'es peut-être pas ce que je croyais... tu m'as l'air bien sobre...
— Que pensiez-vous donc de moi?
— Je t'ai pris pour un crâne qui ne craint rien, et qui a faim... Pour moi c'était une trouvaille, oui... et pour toi aussi... Mais tu ne bois que de l'eau, tu ne manges que du pain... ça me gêne.
— Quand on est sobre, — dis-je au bandit en le regardant fixement, afin de tâcher de deviner sa pensée, — on a le corps plus agile, l'esprit plus sain, et on est meilleur à toutes choses...
— Tu as raison dans un sens... l'ivrognerie peut faire manquer les plus belles affaires... Mais, dis-moi, puisque tu crevais de faim ce matin... ça pourra bien t'arriver encore demain... eh bien, si tu n'as pas d'autres banquiers que les voyageurs dont tu tâcheras de porter les bagages; je connais l'état... faut faire autre chose avec... pour avoir de l'eau à boire... Allons, un verre de vin?
— Non.
— Diable d'homme !...
— Ecoute... tu es jeune, vigoureux, alerte et crâne....

c'est de l'or en barre, ça, mon garçon... si tu sais t'en servir, sans compter que tu n'es pas connu sur la place... car tu n'es pas Parisien... ça se voit de reste.
— Je suis à Paris depuis trois jours seulement.
— C'est superbe... Ah ! si, au lieu d'être vieux... j'étais à ta place...
— Qu'est-ce que vous feriez ?

Le bandit cligna de l'œil, et dit, après une pause :
— Hum !... tu es bien pressé.

Et il garda de nouveau le silence en se frottant le menton avec satisfaction.

Depuis quelques instants, j'avais sur les lèvres le nom de Bamboche, mais je craignais que, dans sa défiance, le bandit ne voulût pas répondre. Enfin ne pouvant résister à ma curiosité :
— Et Bamboche? — lui dis-je brusquement.

Le cul-de-jatte bondit de surprise sur son banc.
— Tu connais Bamboche? — s'écria-t-il.
— Ou le capitaine Hector Bambochio, si vous l'aimez mieux ; — mais, voyant que son étonnement se changeait en méfiance, j'ajoutai :
— Tenez... je suis franc, c'est moi qui suis allé, il y a trois jours, à l'impasse du Renard, demander Bamboche, et je crois que c'est vous qui m'avez répondu.
— Ah ! c'était toi... et qu'est-ce que tu lui voulais à Bamboche ?
— Nous avons été camarades d'enfance, je me trouvais à Paris.... je venais demander à Bamboche de m'aider.... Maintenant dites-moi où il est...
— Ah ! tu connais Bamboche pour ce qu'il est... et tu.. venais lui demander aide... ça me rassure... nous pourrons nous entendre, — dit le bandit complétement rassuré.
— Mais Bamboche, où est-il ?
— Ne t'inquiète pas de lui, mon garçon... je ferai pour toi ce que ferait Bamboche en personne.
— Mais lui... où est-il, à cette heure?
— Lui?...
— Oui... la maison où vous demeuriez a été envahie par la police... j'ai vu les soldats dans l'impasse, le lendemain du jour où j'étais allé y demander Bamboche.
— Les gros oiseaux étaient envolés, on n'a pris que les oisillons...
— Ainsi Bamboche s'est sauvé comme vous ? Mais, encore une fois, où est-il ?
— Oh ! à cette heure il est bien loin, en Amérique ou en Chine.
— Bamboche était à Paris il y a trois jours, — m'écriai-je, — il doit y être encore.
— Alors cherche et trouve le si tu peux; mais que diable en veux-tu faire... puisque, si tu veux, je serai pour toi un autre Bamboche?
— Merci.
— Tu n'es pas juste : Bamboche est jeune, plein de moyens, tandis que moi, je suis vieux... je baisse... et j'aurais besoin d'un commis...
— Pourquoi faire?

Après une pause, le bandit reprit :
— Où loges-tu?
— Je n'ai pas d'asile...
— J'ai une chambre, nous habiterons ensemble... tu ne manqueras de rien... tiens... et il montra une douzaine de pièces de cinq francs, parmi lesquelles je vis même briller deux ou trois pièces d'or.

Je ne pus cacher mon étonnement; le bandit s'en aperçut et me dit :
— Ça te surprend que j'aille sur le port, quand je suis aussi bien lesté, pas vrai?
— Oui... cela me surprend...
— Je vais sur le port en amateur... depuis deux jours je cherche un commis... je n'avais rien trouvé à mon idée... mais, ce matin, je t'ai rencontré... je suis sûr que tu feras mon affaire; voyons, bois donc...

Je refusai.
— Tête de fer, va... Enfin, c'est égal, arrangeons-nous, vivons ensemble, tu n'en seras pas fâché.
— Vous ne voulez pas me dire où est Bamboche?
— Pas si bête... il te garderait.

Je suivais avec une curiosité machinale les capricieuses évolutions de l'index de mon voisin. — Page 194.

— Merci du pain que vous m'avez donné... — dis-je à cet homme en me levant, — si je puis un jour... je vous le rendrai...
— Tu t'en vas?
— Oui...
— Voyons, écoute donc... que diable!...
— C'est inutile...
— Où coucheras-tu cette nuit?
— J'espère ce soir gagner quelques sous à la sortie des spectacles.
— Oh!... oh!... — dit le cul-de-jatte en paraissant réfléchir à ce que je venais de lui dire, — tu connais déjà les bons endroits... Allons... tu me refuses... ça m'est égal... tôt ou tard je te repincerai... Oui, c'est moi qui te le dis : je t'attends.

Malgré moi je ne pus m'empêcher de tressaillir en entendant avec quel accent profondément convaincu le misérable prononça ces mots :
— Je t'attends...

Je me hâtai de le quitter, et il me cria :
— Au revoir!

Sans posséder une grande expérience, je comprenais, malgré les réticences du cul-de-jatte, que, frappé du courage, de la vigueur et de l'énergie presque féroce dont il m'avait vu le matin donner des preuves à mes concurrents du débarcadère, ce misérable espérait exploiter mon dénûment et mon désespoir pour me faire l'instrument de quelque criminelle tentative, se croyant suffisamment *rassuré*, ainsi qu'il le disait, sur ma moralité, par le fait même de mon ancienne intimité avec Bamboche, de qui je voulais me rapprocher, bien que sa vie hasardeuse me fût connue.

Je me révoltai d'abord à la seule pensée, non pas de devenir le complice du cul-de-jatte, une telle pensée ne me tombait pas sous le sens, mais d'avoir désormais le moindre rapprochement avec lui... Puis à cette résolution sincère succéda une réflexion pleine de terreur... en songeant à la honteuse concession que la faim m'avait déjà arrachée.

— Hélas! — pensai-je, — n'aurais-je pas repoussé avec l'indignation d'un honnête homme celui-là qui m'aurait dit qu'un jour... je marcherais côte à côte, bras dessus, bras dessous, avec ce bandit capable et coupable des plus grands crimes?... Et pourtant... cette honte, je viens de la subir, et l'espoir de savoir des nouvelles de Bamboche n'a été que secondaire dans ma détermination... l'espoir de *manger* a été tout pour moi.

À quelles terribles extrémités la faim et les horreurs de la misère peuvent-elles donc nous pousser, — me dis-je alors avec une tristesse navrante, — puisque moi, imbu des meilleurs, des plus solides principes, moi qui ai au cœur une sorte d'adoration divine qui m'impose l'observance du bien, j'ai pu m'abaisser à ce point? Qu'advient-il donc de ceux-là, mon Dieu! qui, livrés aux hasards de la vie, sans éducation, sans appui, sans foi, sans frein salutaire, se trouvent dans une position pareille à la mienne?

Et je m'écriai avec Claude Gérard : — O misère! misère! seras-tu donc toujours la cause ou la source de tant de maux, de tant de dégradations, de tant de crimes?..

. . . .

En attendant la nuit et l'heure de la sortie des spectacles, j'usai toutes les ressources de mon imagination à chercher un moyen de gagner ma vie par des moyens sûrs et honorables; mais mon esprit s'épuisa dans des combinaisons impossibles.

J'éprouvais une impression étrange, douloureuse, en voyant aller et venir cette foule affairée, qui ne se doutait

— Alors, voilà une pratique, et une fameuse, — dit le cabaretier en montrant l'homme qu'il tenait sous le bras. — Page 182.

pas, hélas! qui ne pouvait pas se douter que ce malheureux, auprès de qui elle passait insoucieuse, ne savait où il giterait pendant cette sombre nuit d'hiver, et que peut-être le lendemain on le trouverait sur le pavé, à demi mort de froid et de besoin...

L'incertitude où j'étais de gagner de quoi payer ma nuit dans un garni m'effrayait doublement. Être arrêté nuitamment au milieu des rues comme vagabond, c'était pour moi la prison... et la prison m'inspirait tant d'horreur, que je lui aurais préféré la mort... car la prison me mettait dans l'impossibilité d'être utile à Régina, et je ne sais quel instinct me disait que je pouvais atteindre ce but malgré mon obscure, mon infime condition.

Il me fallait donc à tout prix gagner au moins six sous ce soir-là pour m'assurer un gîte pour la nuit. Quant au pain du lendemain... je ne voulais pas y songer.

Le matin, l'ardeur de la faim m'avait rendu brutal, presque féroce... je sentis que la nécessité de gagner quelques sous, afin de n'être pas arrêté comme vagabond, me rendrait aussi, le soir... s'il le fallait, brutal... féroce...

La nuit complétement venue, je me dirigeai vers les boulevards et je bus, il m'en souvient, à même du bassin inférieur de la fontaine du Château-d'Eau; j'allai ensuite me poster aux environs du théâtre du Gymnase; il me sembla reconnaître, et j'en fus peu surpris, la plupart des gens que j'avais vus la veille et le matin à la descente du bateau à vapeur. Ils étaient assis, ceux-là sur les bornes, ceux-ci sur le rebord du trottoir; quelques-uns derrière les fiacres, dont la longue file s'étendait jusqu'à la porte Saint-Denis.

En voyant passer sur le boulevard les brillantes voitures qui se croisaient en tous sens, et dont les maîtres couraient sans doute à des fêtes, Dieu m'est témoin qu'il ne me vint au cœur nul sentiment d'envie ou de haine jalouse; je me disais seulement:

— Ces heureux du jour ignorent pourtant qu'à cette heure des hommes attendent avec une terrible anxiété un gain de quelques sous pour avoir un gîte et du pain, et que si ce soir ou demain... encore, leur attente est trompée... après demain... commencera pour eux l'agonie de la faim.

Cette réflexion me rappelait qu'un jour Claude Gérard me disait ces paroles remplies de sens:

— « Moralement, sainement parlant, faire l'aumône, » c'est avilir celui qui la reçoit, tandis que lui procurer » du travail, c'est à la fois le secourir et l'honorer; mais » au point où en sont malheureusement les choses, il » faut se contenter de l'aumône malgré ses dangers, car » elle a au moins un résultat immédiat. Aussi est-il une » chose qui devrait entrer dans l'éducation des enfants » riches, c'est de savoir, comme point de départ et de » comparaison, que, par exemple, *avec* VINGT SOUS DE PAIN, » *on peut rigoureusement empêcher* DIX HOMMES DE MOURIR » DE FAIM. . . . . »

J'avais attendu l'heure de la sortie du spectacle, assis au pied d'un des arbres du boulevard, dans un coin obscur et opposé à la chaussée sur laquelle s'ouvrait le théâtre. Brisé de fatigue, je sommeillais à demi.

Soudain je me sentis violemment secoué, j'ouvris les yeux, j'étais entouré d'un groupe de gens de mauvaise mine, parmi lesquels j'en reconnus plusieurs dont j'avais déjà remarqué la présence; au même instant, il me sembla voir, à la clarté d'un réverbère, sur la chaussée opposée, passer la figure sinistre et sardonique du cul-de-jatte; mais cette apparition fut si rapide, que je pus à peine y arrêter mes regards, de plus en plus alarmé, d'ailleurs, par l'attitude menaçante des gens dont je venais d'être subitement enveloppé.

— Que voulez-vous? — leur dis-je en me levant pour me mettre en défense.

— Tu es un mouchard! — me répondit une voix, — nous le savons!

Et au même instant, avant que j'eusse pu prévoir cette attaque, on me saisit par derrière, un mouchoir me fut appliqué sur la bouche et noué derrière la tête en guise de bâillon; puis, malgré ma résistance désespérée, je me sentis à la fois accablé de coups, poussé et presque emporté jusque dans une de ces petites rues montueuses qui, à cet endroit, débouchent sur le boulevard; le mouchoir étouffait mes cris; le grand nombre d'assaillants paralysait mes forces. Cette scène fut si prompte, que j'étais déjà jeté et terrassé au fond de l'allée obscure d'une maison de cette rue, avant que j'eusse pu me reconnaître. Le mouvement occasionné par cette violence fut, sans doute, à peine remarqué des passants, ou considéré par eux comme une de ces rixes ignobles, assez fréquentes aux abords des théâtres.

Renversé sur les pavés de l'allée, criblé de coups dont plusieurs m'ensanglantèrent le visage, ma tête porta rudement contre une pierre; le choc fut tel, que je perdis à peu près connaissance. Au milieu d'une souffrance à la fois profonde et sourde qui semblait vouloir faire éclater mon crâne, j'entendis une voix dire:

— Il en a assez... allons-nous-en... voilà la sortie...

Il se passa ensuite un assez long espace de temps pendant lequel je n'eus d'autre perception que celle de douleurs très-aiguës; puis, peu à peu, je repris mes sens; j'étais glacé et comme perclus; j'essayai de me relever, j'y parvins avec peine; sans savoir presque ce que je faisais, je sortis en chancelant de l'allée... la nuit était noire, la rue déserte; il tombait une neige épaisse; l'action du grand air me rappela tout à fait à moi-même. Je me souvins seulement alors clairement de l'agression dont je venais d'être victime.

Il devait être tard; le boulevard, couvert de neige, était absolument désert; un fiacre pourtant stationnait à l'angle de la rue Poissonnière.

Au bout de quelques pas, je fus forcé de m'arrêter, en proie à un frisson convulsif... Mes dents claquaient l'une contre l'autre; mes genoux tremblaient; je ressentais à la tête, et à la hanche droite surtout, une douleur si cruelle, que je pouvais à peine me traîner.

Soudain, le bruit des pas lointains et mesurés d'une patrouille me fit tressaillir d'effroi... Mes vêtements en lambeaux, mon visage ensanglanté, l'impossibilité où j'étais de justifier d'un asile, devaient me faire arrêter comme vagabond, si j'étais rencontré par ces soldats...

Je voulus fuir; mais, vaincu par la souffrance, à chaque pas je trébuchais...

Le bruit sonore de la marche de la patrouille se rapprochait de plus en plus... déjà je voyais luire au loin dans la pénombre de la contre-allée les fusils des soldats... je fis un dernier effort... il fut vain... je glissai sur la neige et je tombai à genoux.

— Mon Dieu!... mon Dieu!... m'écriai-je.

Et je fondis en larmes, car je n'avais pas la force de me relever.

Tout à coup, un homme, sortant de derrière un des arbres du boulevard, me saisit sous les bras, et me souleva de terre en me disant:

— Voilà une patrouille... on va t'arrêter.

Je reconnus le cul-de-jatte; il me guettait sans doute depuis la scène de violence qu'il avait provoquée.

— Voyons... veux-tu venir avec moi? — reprit-il, — ou te faire empoigner? Entends-tu?... la patrouille approche.

— Sauvons-nous... aidez-moi à marcher. — m'écriai-je épouvanté.

— Allons donc... flâneur, — ajouta le bandit d'un ton sardonique.

Appuyé sur lui, je pus traverser le boulevard.

— Cocher... vite... ouvre la portière, — dit le cul-de-jatte au conducteur de la voiture que j'avais remarquée.

Je montai dans le fiacre avec mon compagnon; la portière se referma sur nous au moment où la patrouille arrivait à l'endroit du boulevard où j'étais tombé.

Le fiacre marcha longtemps; pendant ce trajet, le bandit, je ne sais pourquoi, ne m'adressa pas une fois la parole. Ce silence, le balancement de la voiture, la chaleur que j'y trouvais après avoir tant souffert du froid, me jetèrent dans un engourdissement qui s'étendit presque jusque à ma pensée. Cette fatalité qui, une seconde fois, me rapprochait du cul-de-jatte, me semblait un rêve sinistre. La voiture s'arrêta, je revins à la réalité.

Mon compagnon, après m'avoir secoué à plusieurs reprises, m'aida à descendre de voiture; mes contusions me faisaient toujours éprouver d'atroces douleurs; j'ignorais dans quel quartier nous nous trouvions; guidé par le bandit, sur le bras duquel j'étais obligé de m'appuyer, je traversai d'abord une sorte de longue cour où de passage bordé de maisons; puis, suivant les sinuosités d'une ruelle tortueuse, nous arrivâmes devant un autre bâtiment, dont mon compagnon ouvrit la porte avec un passe-partout; nous nous trouvâmes alors dans une complète obscurité.

— Donne-moi la main... laisse-toi conduire, et suis-moi, — me dit le cul-de-jatte.

Je ne puis rendre l'impression de dégoût et d'horreur dont je fus saisi lorsque je sentis ma main dans la main de ce misérable... Une frayeur puérile, causée sans doute par l'affaiblissement de mon cerveau, me fit voir dans cette union de nos mains le gage d'une sorte de pacte entre moi et le cul-de-jatte. Il s'arrêta en haut d'un escalier assez rapide, ouvrit une porte, la referma sur nous; à l'aide d'une allumette chimique, il alluma une chandelle qui éclaira bientôt une assez vaste chambre où nous arrivâmes après avoir traversé un étroit corridor. La chambre en question était tellement encombrée d'objets de toute sorte, qu'il restait à peine la place du lit et de quelques meubles. Plus de la moitié de la fenêtre, dont les rideaux jaunâtres se croisaient scrupuleusement, était envahie dans sa hauteur par une multitude de paquets.

— Voilà un lit... dors... demain matin nous causerons, et, si c'est nécessaire, nous aurons un médecin, — me dit le cul-de-jatte, — tu verras que je ne suis pas si diable que j'en ai l'air.

Tirant alors un des matelas du lit, il l'étala sur le carreau, prit pour oreiller un des nombreux paquets dont la chambre était encombrée, souffla la chandelle et se coucha.

Brisé moralement et physiquement, presque incapable de réfléchir, je ressentis un moment de bien-être inexprimable en me jetant sur ce lit, où je ne tardai pas à m'endormir, car j'avais passé la nuit précédente au milieu des champs et dans une pénible insomnie.

Lorsque je m'éveillai, il faisait jour, mais l'épaisseur des rideaux fermés laissait régner dans la chambre une demi-obscurité. J'entendis le *ronflement* d'un poêle dont le brasier se reflétait sur le carrelage rougeâtre; je vis près de moi, sur une chaise, un morceau de pain et une tasse de lait. Surpris de ces prévenances de mon *hôte*, je regardai de côté et d'autre; j'étais seul...

Plus effrayé de cette solitude que de la présence du cul-de-jatte, je voulus m'habiller, et je cherchai mes misérables vêtements, mis presque en lambeaux lors de la rixe de la veille; ils avaient disparu; mais, à leur place, je vis sur le pied du lit un gilet, une redingote de drap, tout neufs, et une paire d'excellentes chaussures... Cet échange, quoique tout à mon avantage, me désespéra, car dans la poche de ma veste j'avais jusqu'alors soigneusement conservé le portefeuille enlevé à la tombe de la mère de Régina... mais bientôt, à ma grande joie, j'aperçus ce portefeuille, ouvert il est vrai, sur une table voisine de mon lit... je le saisis avec autant d'empressement que d'inquiétude... Heureusement je retrouvai tout ce qu'il contenait; je savais le nombre des lettres. Elles y étaient toutes, ainsi que la croix et le feuillet de parchemin où se voyait tracée une couronne royale entourée de signes symboliques.

Mais bientôt j'eus une crainte. Ce portefeuille enlevé par moi, et pour ainsi dire des mains du cul-de-jatte, huit années auparavant, alors que je l'avais frappé au moment où il venait de violer la tombe de la mère de Régina, ce portefeuille avait-il été reconnu par le bandit! Soupçonnait-il comment cet objet se trouvait entre mes mains? dans ce cas, voudrait-il se venger de moi?

Ma position se compliquait. Je n'osais appeler, j'éprouvais une invincible répugnance à me vêtir des habits posés sur mon lit, habits volés, sans doute... Pourtant, que faire? La seule pensée de rester dans cette maison m'effrayait. J'essayai de retrouver mes haillons, en vain je les cherchai parmi les objets dont la chambre était encombrée. Je vis là une réunion des objets les plus hétérogènes : des rideaux de soie, des pendules, des chaussures, des morceaux d'étoffes, des habits tout neufs, des châles de femme, des armes anciennes, des douzaines de bas de soie en paquet, des bouteilles de vin ou de liqueur soigneusement cachetées, des statuettes d'ivoire ou de bronze qui me parurent d'un précieux travail, du linge de toute espèce, et je ne sais combien de petites caisses de cigares étiquetées d'une adresse en langue espagnole, tous objets entassés au hasard. Ce rapide inventaire augmenta mes frayeurs ; ces objets devaient être le résultat de vols nombreux, dont le cul-de-jatte était complice ou recéleur ; je voulais à tout prix fuir cette maison, au risque de me couvrir d'habits d'emprunt. Malheureusement la porte était solide et solidement fermée à double tour...

Bientôt j'entendis ouvrir la porte extérieure du corridor; des pas pesants s'approchèrent, l'on frappa à la porte d'une façon particulière.

Je restai muet, immobile.

On frappa de nouveau et de la même manière... puis, après quelques minutes d'intervalle, je distinguai un léger bruissement sous la plinthe de la porte, et du dehors l'on poussa dans la chambre un petit papier à l'aide d'une lame de couteau longue et acérée ; après quoi les pas s'éloignèrent, la porte du corridor se referma.

Je jetai les yeux sur le papier que l'on venait d'introduire par-dessous la porte; il était plié en deux; je le ramassai, je l'ouvris, j'y lus seulement ces mots écrits au crayon, avec cette orthographe :

— Demin, — 1 heure du matin — on atand... cai prai.

Après un moment d'hésitation, je remis le papier près du seuil de la porte ; il s'agissait sans doute de quelque coupable rendez-vous.

Ce nouvel incident redoublait encore mon désir de fuir cette demeure. Afin d'être prêt à tout événement, je me revêtis, malgré ma répugnance, ces habits qui ne m'appartenaient pas; j'ouvris ensuite la fenêtre en la débarrassant des objets qui l'obstruaient. Elle donnait sur une cour et était élevée au-dessus du sol d'au moins vingt-cinq ou trente pieds. La fuite n'était pas, quant à cette heure, praticable de ce côté.

Après quelques moments de réflexion, je m'arrêtai à une détermination violente : dès que le cul-de-jatte ouvrirait la porte, je me précipiterais sur lui, et, malgré les vives douleurs que je ressentais encore, suites de la rixe de la veille, je comptais assez sur ma résolution et sur mon agilité pour sortir de cette chambre de gré ou de force.

A cet instant même, des pas résonnèrent dans le corridor... je m'armai de courage... prêt à m'élancer dès que le cul-de-jatte ouvrirait la porte ; mais quelle fut ma stupeur en entendant une voix, un chant, des paroles trop connues de moi !

Cette voix était celle de la Levrasse.

Il fredonnait les paroles de la *Belle Bourbonnaise*, air que le saltimbanque aimait de prédilection...

Tout en chantant, il frappa à la porte, absolument comme avait déjà frappé le visiteur précédent, avant de glisser sous la porte le billet dont j'ai parlé.

N'obtenant aucune réponse, la Levrasse suspendit un moment sa chanson et frappa de nouveau... puis une autre fois encore avec impatience... alors, convaincu sans doute de l'absence du cul-de-jatte, mon ancien maître s'éloigna en répétant son refrain favori.

Cette rencontre inattendue me frappa de stupeur ; mais je ne fus nullement étonné des rapports qui pouvaient exister entre la Levrasse et le cul-de-jatte, tous deux si bien faits pour s'entendre ; l'aversion que m'inspirait l'ancien bourreau de mon enfance, échappé sans doute à l'incendie de sa voiture, allumé par Bamboche, m'était un nouveau motif de fuir cette demeure, craignant à chaque instant une descente de la police : dans ce cas, malgré mes protestations, je devais, aux yeux les moins prévenus, passer pour le complice du cul-de-jatte et être jeté en prison comme voleur, quitte à prouver plus tard mon innocence... Cet avenir me paraissait bien autrement redoutable que d'être arrêté pour fait de vagabondage...

De plus en plus déterminé à user de la force pour sortir, je pris à tout hasard, parmi les armes anciennes, une espèce de masse en fer damasquiné, moins pour en frapper le cul-de-jatte que pour l'intimider en cas de menaces ou de résistance de sa part.

J'étais encore baissé vers l'amas d'armes que je venais de bruyamment déranger, pour y choisir la masse de fer, lorsqu'une main s'appuya sur mon épaule ; je tressaillis si vivement... (faisant presque face à la porte, j'étais bien certain qu'on ne l'avait pas ouverte) qu'en me retournant, la masse de fer me tomba des mains...

Je vis le cul-de-jatte debout derrière moi. Il venait d'entrer, non par la porte donnant sur le corridor, mais par un placard pratiqué dans une cloison, dont je ne soupçonnais pas l'existence ; la demeure du bandit avait deux issues. Ainsi échouait mon projet de fuite de vive force à la faveur de la porte entr'ouverte.

— A la bonne heure, — me dit le cul-de-jatte, en faisant allusion à mes habits, te voilà mis comme un seigneur.

Après un moment de silence, je répondis :

— Vous ne voulez pas me rendre les vêtements que je portais ?

— Tu te plains peut-être de l'échange ?

— Oui... car ces vêtements sont volés sans doute, comme tous les objets qui sont dans cette chambre.

— As-tu déjeuné ? — dit le bandit en regardant sur la chaise ; — non ? allons, mange un morceau, nous causerons... Je t'ai fait du feu, je t'ai préparé ton déjeuner. Bamboche ne t'aurait pas mieux traité.

— Une dernière fois, je vous demande de me rendre mes habits et de me laisser sortir d'ici... de bon gré...

Au lieu de me répondre, le cul-de-jatte se baissa, ramassa le billet, le lut, le déchira et me dit :

— Je savais ça. J'ai rencontré le camarade qui revenait d'ici... Tu as lu ce billet ?

— Je vous dis que je veux mes habits, et que je veux sortir d'ici...

— Calme-toi... et écoute-moi... Si tu veux être bon garçon, voilà ce que je te propose... Tu t'installeras dans deux petites chambres gentiment meublées. Tu n'es déjà pas mal vêtu. Je te nipperai complètement. Un traiteur t'apportera tous les jours à manger ; je ne veux pas que tu aies d'argent en poche dans les premiers temps... Plus tard, si tu vas bien... tu en auras... je t'en réponds...

— Et en échange de ces bienfaits, — dis-je au cul-de-jatte avec un sourire amer, — qu'attendez-vous de moi ?...

— Trois ou quatre heures de ton temps chaque jour, pas davantage, le reste de la journée... tu flâneras... tu feras ce que tu voudras...

— Et ce temps, à quoi l'emploierai-je ?

— Je t'ai dit que j'avais besoin d'un *commis*? tu seras mon commis.

— Votre commis ?

— Ecoute : jouons cartes sur table... depuis une huitaine, je vais sur le port et ailleurs... afin de trouver quelqu'un qui me convienne, je n'ai pas de chance... toutes figures qui, rien qu'à la mine, mettraient en arrêt les limiers de police... et puis des manières !!! Toi, au contraire, tu arrives de province, tu n'es pas connu, tu as l'air honnête, au besoin tu es crâne... et tu tapes dur... tu me vas donc comme un gant ; pour quoi faire ? voilà : je suis, comme tu vois, encombré de marchandises, j'ai des raisons pour ne pas les vendre moi-même... c'est pas par fierté, parole d'honneur! je voudrais donc vendre ceci, mettre cela au Mont-de-Piété, troquer autre chose, etc.; mais, pour commencer ainsi, sans trop éveiller les soupçons, il faut avoir un domicile, être bien vu dans son quartier, vivre de mes rentes, voilà pourquoi je te logerai bien, je te nipperai bien, je te nourrirai bien... plus tard tu auras ta commission... sur la vente. Ce que tu vois n'est rien... j'ai d'autres magasins... et...

— Ah !... vous voulez vous servir de moi pour vendre le fruit de vos vols ?

— Mes marchandises, jeune homme, mes marchandises... tu t'en occuperas d'abord.

— J'aurai donc encore d'autres fonctions ?

— Plus tard, tu iras dans certaines bonnes maisons que je t'indiquerai, présenter des échantillons de cigares de contrebande... et, sous ce prétexte...

— Sous ce prétexte ?

— Ah ! ah ! voilà que ça mord ; tu faisais le dégoûté, pourtant... Eh bien ! sous ce prétexte, tu me rendras de petits services ; je te dirai lesquels.

— Voilà tout ce que vous exigerez de moi ?

Pour le quart d'heure, oui. Quant aux garanties des offres et des promesses que je te fais, la confiance dont je t'honore te prouve que c'est sérieux.

— Écoutez-moi bien à votre tour. Je vous connais ; vous êtes un misérable... vous avez autrefois perdu Bamboche, et parmi bien des crimes encore impunis, sans doute, vous en avez commis un affreux... vous avez violé une tombe !...

— Ce portefeuille... c'est donc cela ? J'avais comme une idée de la chose, — s'écria le bandit avec un sourire farouche et contraint. — Ah ! tu connais celui qui m'a fait manquer ce beau coup ?

— Celui-là, c'est moi.

— Toi !

— Oui, moi. J'étais enfant, alors. Je vous dis cela pour que vous sachiez que je ne vous crains pas, car si, étant enfant, je vous ai à peu près cassé la tête avec une pelle, étant homme je vous la casserai probablement tout à fait avec cette masse de fer. Comprenez-vous ?

— Ah ! c'était toi, — murmura le bandit ; — nous parlerons de cela plus tard.

— Quand vous voudrez. En attendant, vous ne me retiendrez pas de force ici. Quant à vos offres... je mourrai de misère plutôt que de les accepter.

— Tu sens bien, mon garçon, que je ne t'ai pas amené dans mon magasin sans prendre mes sûretés ; à l'heure qu'il est, tu es aussi compromis que moi : les habits que tu portes sont des habits volés ; tu es venu coucher ici volontairement, tu as déjeuné ce matin avec moi, toujours volontairement... tout cela je peux le prouver. Ainsi, me dénoncer, c'est te dénoncer. Quant à aller gagner ta vie sur le port, je t'en défie... maintenant, je t'ai signalé comme mouchard... il y a des raisons pour qu'on me croie, et, si tu reparais, on t'assomme tout à fait cette fois-ci... Ne compte pas appeler la garde... tu serais empoigné et emprisonné toi-même comme vagabond, et, deux heures après, on saurait... c'est moi qui te le dis, on saurait que les habits que tu as sur le dos sont des habits volés..

Et, après une pause, le cul-de-jatte ajouta :

— Qu'est-ce que tu dis de cela ?

— Vous êtes un infâme, m'écriai-je.

Le bandit haussa les épaules.

— Un infâme ?... — reprit-il. — Un infâme... Voyons un peu ça. Hier matin... tu crevais de faim, je t'ai donné du pain ; hier soir tu crevais de froid, je t'ai donné un asile.. tu étais couvert de haillons... je t'ai habillé chaudement et à neuf de pied en cap. Trouve donc beaucoup d'honnêtes gens qui fassent pour toi ce que j'ai fait ?

— Mais dans quel but m'avez-vous ainsi secouru ? Pour m'amener au mal ?

— Pardieu !... — reprit le brigand, — c'est clair... ça ! Mais je voudrais bien savoir si les honnêtes gens t'en donneraient autant pour t'amener au bien ?

Quoiqu'il eût un côté paradoxal, ce parallèle m'atterra ; je ne trouvai pas d'abord un mot à répondre... Car, je l'avoue avec honte, avec remords, j'oubliai un moment que Claude Gérard, bien pauvre lui-même, m'avait recueilli pour faire de moi un honnête homme ; mais, je le répète, je fus d'abord d'autant plus frappé du paradoxe du cul-de-jatte, que le souvenir de ma démarche auprès d'un magistrat représentant pour ainsi dire la loi, la société, me vint aussitôt à la pensée... Qu'avait, en effet, répondu ce magistrat à ma demande de travail ? Quels encouragements avait-il donnés à mes résolutions d'honnête homme ? Quelle issue avait-il ouverte à ma position désespérée ?

Il me fallait bien le reconnaître, le bandit était venu à mon secours, lui ! il m'avait recueilli, il m'offrait pour faire le mal un avenir de bien-être et d'oisiveté. Sans doute, en acceptant, je risquais la prison ; mais la misère et la probité ne me conduisaient-elles pas aussi forcément à la prison, ainsi que me l'avait annoncé le magistrat, me disant que, faute d'asile, de ressources et de travail, je serais tôt ou tard arrêté et emprisonné comme vagabond ?

— Prison pour prison, autant attendre cette heure fatale dans le bien-être du cul-de-jatte, — pensai-je en raillant mon sort avec une profonde amertume, déjà aiguisée de ressentiment. — Bamboche avait raison de me vanter la logique du cul-de-jatte... l'expérience me prouve que mon ami d'enfance voyait juste : j'étais un niais, ce bandit possède la véritable science de la vie. Il compte, il est vrai, sans le déshonneur, sans la souillure ; mais une fois jeté au milieu de prisonniers souillés et déshonorés, quelle différence fera-t-on entre eux et moi ?

Le cul-de-jatte m'observait en silence : il crut deviner que ses propositions et que sa théorie cyniques commençaient d'ébranler ma résolution ; craignant sans doute de compromettre par une trop brutale insistance l'avantage qu'il supposait avoir acquis sur moi, il me dit :

— Écoute, mon garçon... après tout... ou fait mal ce que l'on fait par force... je ne veux pas te mettre, moi, le couteau sous la gorge... et abuser de ta position. Te voilà bien vêtu... ce pain et ce lait te suffiront pour la journée... Sors... cherche à gagner ta vie... honnêtement... comme tu dis. Il y a tant de gens vertueux, — ajouta-t-il d'un ton sardonique, — que tu ne pourras pas manquer d'en trouver un qui te mette tout de suite le pain à la main, pour t'empêcher de tourner à mal, comme ils appellent ça... tu n'auras qu'à parler... j'en suis sûr. Mais si pourtant, par le plus grand des hasards, tu étais reçu par ces honnêtes gens comme un chien affamé reçu dans une bonne cuisine... eh bien !... demain tu accepteras cette jolie petite place de commis que je te propose... Ça va-t-il ?

Je restais morne... pensif ; le bandit reprit :

— Il va sans dire que j'ai assez de confiance en toi pour ne pas te croire capable de vendre les habits que tu as sur le dos, afin d'en acheter de moins bons, et de vivre de la différence... du prix. Maintenant, pour te prouver que je fais ce que je dis, — ajouta le cul-de-jatte, — sors si tu veux... tu es libre.

Et il ouvrit toute grande la porte de la chambre.

CHAPITRE XLVI.

Démarches infructueuses. — Tentations. — Martin devient le commis du cul-de-jatte. — La rencontre. — Maladie de Martin.

La porte ouverte, mon premier mouvement fut de m'élancer dehors ; le cul-de-jatte ne s'opposa nullement à mon départ ; mais, à l'instant où j'allais sortir du corridor, il me dit :

— Mon garçon... un mot dans ton intérêt...

Je me retournai.

Le cul-de-jatte écrivait sur un morceau de papier.

— Tiens, — reprit-il, — voici mon adresse... car tu ne sais pas dans quel quartier nous sommes, et en revenant ce soir, il faut que tu puisses demander ton chemin ; si je suis rentré le premier, tu frapperas et te te nommeras... Si tu rentres avant moi, attends-moi dans le corridor. Ah ! tu n'as pas de quoi déjeuner...

— Ce pain sera mon souper de ce soir... si je reviens.

— Tu fais le délicat ? avec un ami ? A ton aise... Allons... bonne chance... dans ta chasse aux bonnes gens... qui auront pitié de toi...

Je m'éloignais ; le bandit me rappela.

— Dis donc...

— Quoi ?

— Si tu rencontres de ces bonnes gens-là... apporte-m'en donc un pour voir... Je le ferai empailler.

Je haussai les épaules, et je descendis rapidement l'escalier.

Une fois au grand air, une fois hors de la demeure et de la présence du bandit, il me sembla sortir d'un rêve ; je me demandais comment j'avais pu m'attrister des stupides et ignobles paradoxes de ce misérable ; alors je me reprochai amèrement d'avoir pu oublier un instant tout ce que je devais à Claude Gérard. Ce fait ne suffisait-il pas à ruiner les cyniques accusations du bandit contre les gens de bien ?...

Me voyant décemment vêtu (je n'osais néanmoins songer à l'origine de ces vêtements), je me sentis moins embarrassé. J'espérais davantage, l'avenir me parut moins sombre ; il me sembla que mon appel au cœur de quelque personne charitable serait mieux accueilli, qu'alors enfin je pouvais tenter certaines chances auxquelles il m'eût été impossible de songer auparavant, car souvent la vue d'un homme couvert de haillons inspire une défiance ou une répulsion insurmontables.

Ainsi je pensai à me présenter chez la veuve de M. de Saint-Étienne, mon défunt protecteur, tandis que, vêtu comme un mendiant, la honte m'eût retenu, ou bien je n'aurais pas dépassé l'antichambre.

Madame de Saint-Étienne devait être un peu remise du coup imprévu dont elle avait était frappée ; j'espérais qu'elle me viendrait en aide par respect pour la mémoire de son mari. Je me dirigeai donc vers la rue du Mont-Blanc.

Le concierge me reconnut parfaitement ; mais, hélas ! nouvelle déconvenue. Madame de Saint-Étienne était partie, le lendemain de la mort de son mari, pour sa terre, située à plus de deux cents lieues de Paris. Écrire à cette dame, attendre sa réponse, c'était l'affaire de cinq à six jours au moins ; et, dans ma position, six jours, c'était un siècle.

— Écoutez ! — dis-je au portier, qui semblait sincèrement me plaindre, — ce quartier est habité par des gens très-riches ; parmi eux il en est sans doute de généreux, de charitables, leur nom doit être venu jusqu'à vous ? Il est impossible qu'ils n'aient pas pitié de moi... lorsque je leur aurai franchement exposé ma position... et ce que j'ai souffert depuis mon arrivée à Paris.

Le concierge hocha la tête et me répondit :

— Il y a bien des gens très-riches dans le quartier, mais... c'est le tout d'arriver jusqu'à eux, mon pauvre garçon, et encore ;... enfin... tout ce que je peux faire pour vous... c'est de vous donner l'adresse de M. du Tertre, le fameux banquier. On dit qu'il fait beaucoup de bien. Risquez-vous.

J'arrivai chez le banquier.

— Qui demandez-vous ? — me dit le concierge.

— M. du Tertre, banquier.

— Passez à la caisse, l'escalier à droite, à l'entresol.

Mes haillons m'eussent fait arrêter à la porte, mes vêtements convenables n'inspirèrent aucun soupçon ; je montai, j'entrai dans une antichambre où se tenaient deux garçons de recette.

— M. du Tertre ? — dis-je à l'un d'eux.

— Si Monsieur veut parler au caissier... je vais le conduire.

Je fus introduit dans le cabinet du caissier ; au fond de cette pièce, une grande armoire de fer, où j'aperçus... des trésors, était entr'ouverte ; la vue de ces richesses ne me fit pas envie... elle me fit mal.

— Je désirerais, Monsieur, — dis-je au caissier, — parler à M. du Tertre.

— Pour affaires, Monsieur ?

— Non, — dis-je en hésitant et en rougissant jusqu'au front, — ce n'est pas... pour affaires...

— Vous êtes connu de M. du Tertre ? — me demanda le caissier commençant à m'examiner avec une sorte de défiance qui redoubla mon embarras.

— Non... Monsieur, — répondis-je, — mais je désirerais le voir... lui parler...

— Il est absent, Monsieur, — me répondit le caissier d'un air de plus en plus soupçonneux : sa longue expérience pressentait, sans doute, ma demande ; — veuillez écrire à M. du Tertre, ou me dire ce qui vous amène auprès de lui.

— Ce qui m'amène auprès de lui, Monsieur, — répondis-je en surmontant ma crainte et ma honte, — c'est sa réputation de bonté charitable, et... je viens...

Le caissier ne me laissa pas achever : habitué, sans doute, à de telles demandes, il me répondit avec une froideur polie :

— Certes, Monsieur, on vante à juste titre la charité de M. du Tertre, mais il l'exerce selon des principes dont il ne se départ jamais ; veuillez me laisser d'abord votre nom et votre adresse, ensuite le nom et l'adresse d'au moins deux personnes connues et recommandables, chez qui l'on puisse prendre des informations sur votre compte ; veuillez enfin spécifier quelle espèce de secours vous désirez obtenir de M. du Tertre ; dans trois jours, vous vous donnerez la peine de revenir.

— Monsieur... daignez m'écouter, — m'écriai-je, — ma position est bien pressante... je... n'ai pas.

— Pardon, Monsieur, mes moments sont comptés, — me répondit le caissier en m'interrompant, — veuillez passer dans la pièce voisine ; le garçon de caisse vous donnera ce qu'il vous faut pour écrire les renseignements que je vous demande.

Et comme j'insistais pour être entendu, le caissier se leva, sonna, me reconduisit très-poliment jusqu'à la porte, et dit à l'un des garçons de caisse :

— Donnez à Monsieur ce qu'il lui faut pour écrire.

— Je vous remercie... j'écrirai... chez moi..., j'enverrai ma lettre, — dis-je tristement au garçon, et je sortis la mort dans le cœur.

Je l'ai su depuis, M. du Tertre donnait beaucoup, mais sans jamais dévier des règles qu'il avait imposées à sa bienfaisance. Malgré mon cruel désappointement, je fus obligé de convenir que, Paris étant toujours exploité par une foule d'aventuriers ou d'audacieux fainéants, les précautions du banquier semblaient dictées par la raison, et par un louable désir de répartir dignement ses aumônes ; mais, quant à moi, quelle adresse pouvais-je donner ? Celle du cul-de-jatte ? A quelles personnes m'adresserais-je pour répondre de moi ?

Je ne désespérai pas encore ; il faut s'être trouvé dans une position pareille à la mienne pour imaginer à quelles opiniâtres illusions on se livre jusqu'au moment où elles disparaissent devant la réalité ; ainsi, en sortant de chez le banquier, comme il le faisait un assez beau temps, je me rendis aux Tuileries ; voici dans quel dessein.

— Je conçois, — m'étais-je dit, que M. du Tertre veuille placer sûrement, honorablement mes bienfaits, et qu'avant de les accorder il temporise, afin de s'informer ; il ne fait peut-être pas assez la part des situations pressantes, désespérées comme la mienne, et certainement si j'avais pu parvenir jusqu'à lui, la sincérité de mon accent l'eût ému et convaincu ; je n'ai pu lui parler, eh bien ! je parlerai à un autre ; je vais me rendre dans une promenade publique, ordinairement fréquentée par les personnes riches ; j'aviserai quelqu'un dont la figure m'inspirera de la confiance, je lui demanderai un moment d'entretien dans une allée : je suis sûr de n'être pas repoussé.

Je voulais ainsi tenter sur des personnes riches ce que j'avais en vain essayé sur les pauvres travailleurs du port.

Arrivé aux Tuileries, je m'établis dans l'allée de tilleuls qui longe la rue de Rivoli ; bientôt je vis descendre d'une belle voiture un homme jeune encore, d'une physionomie douce et un peu triste. Il commença de se promener lentement dans l'allée. Je le suivais pas à pas ; au premier tour, malgré mes résolutions, je n'osai pas l'aborder... je trouvai facilement un prétexte à un embarras que je ne voulais pas m'avouer, — je voulais revoir encore une fois sa figure, me disais-je, — afin de juger si ma première impression ne m'avait pas trompé ; je ralentis ma marche, il se retourna, revint sur ses pas, c'était toujours la même physionomie douce, triste, un peu distraite. — Je n'hésiterai plus, — me dis-je, — je sens ma confiance revenue ; je m'approcherai de lui lorsqu'il passera devant le café que surplombe la terrasse ; — mais cette fois encore, ma résolution, expirant, trouva un nouveau prétexte. Plusieurs promeneurs s'étaient, — soi-disant, trouvés entre ce personnage et moi; puis d'ailleurs, l'allée me semblait moins encombrée à son autre extrémité.

Dans l'intervalle que je mis à parcourir cet espace, en réglant ma marche sur celle de mon futur bienfaiteur, je cherchai du regard d'autres physionomies encore plus encourageantes que la sienne. Je n'en rencontrai point. Quelques pas à peine me restaient à faire pour atteindre le bout de l'allée où je me trouvai bientôt presque seul avec celui sur qui reposaient à mon insu mes dernières espérances; je m'armai d'un vouloir énergique, je hâtai ma marche, et, m'avançant parallèlement à lui sans qu'il parût m'apercevoir, je balbutiai d'une voix tremblante, étouffée :

— Monsieur...

Soit que la crainte et la confusion eussent rendu ma parole inintelligible, soit que mon futur bienfaiteur fût distrait ou préoccupé, il ne m'entendit pas, et continua lentement sa promenade jusqu'à la fin de l'allée. Rougissant alors de ma faiblesse, je fis un dernier effort sur moi-même, et, lui faisant face au moment où il se retournait, je le saluai en lui disant timidement :

— Monsieur...

— Monsieur? — me dit-il en s'arrêtant surpris et me regardant fixement.

Puis, comme je restais muet, interdit, il ajouta :

— Monsieur, vous vous trompez sans doute; je n'ai n'ai pas l'honneur de vous connaître.

Ces mots me glacèrent; ma résolution s'évanouit; je reculai devant l'impossibilité de raconter là, au milieu de cette promenade et de cette foule, presque toute ma vie à un inconnu, d'insister sur mille particularités qui, seules, pouvaient me rendre intéressant et me distinguer d'un mendiant ordinaire. Aussi, effrayé de ce que j'avais tenté, je répondis en balbutiant :

— Non, Monsieur, je n'ai pas l'honneur d'être connu de vous... je voulais... j'espérais...

Il me fut impossible d'articuler un mot de plus; mon gosier se contracta, je restai muet, immobile, mon chapeau à la main, n'osant pas lever les yeux sur ce personnage, qui, de plus en plus étonné, me dit d'une voix impatiente et haute :

— Enfin, Monsieur, que voulez-vous? pourquoi m'arrêter ainsi au milieu de cette promenade?

A ces mots, prononcés d'un ton assez élevé, deux ou trois personnes se retournèrent et s'arrêtèrent pour me regarder. J'étais resté jusqu'alors le chapeau à la main, le front courbé de confusion. Mais, m'apercevant que mon attitude et mon silence embarrassés, joints à l'étonnement très-naturel du personnage que je venais d'aborder, commençaient à attirer l'attention des promeneurs, parmi lesquels j'aperçus même un des inspecteurs du jardin, je m'esquivai en disant d'une voix altérée :

— Pardonnez-moi, Monsieur... je croyais... m'adresser à une autre personne.

Je ne me décourageai pourtant pas encore. — Je ne puis non plus posséder tout d'abord l'audace et la ruse habile, nécessaires au mendiant, me disais-je avec amertume. — Cela viendra peut-être... Essayons encore... et surtout du courage...

Je passais devant une église, j'y entrai, l'espoir dans le cœur ; celui qui prie est charitable : je devais trouver quelque âme compatissante. Une femme se préparait à sortir de l'église; un domestique en riche livrée la suivait, portant un sac de velours armorié. Au moment où cette femme, d'une figure douce et vénérable, traversait une sorte de corridor pratiqué en dehors de la porte du temple, je m'approchai d'elle et je lui dis précipitamment :

— Madame! au nom du ciel! ayez pitié de moi... je suis seul à Paris, sans connaissances... sans ressources... je ne demande que du travail pour gagner honnêtement ma vie.

— Êtes-vous de cette paroisse, mon ami? — me demanda cette dame.

— Non, Madame.

— M. le curé de votre paroisse vous connaît-il? Peut-il répondre de votre piété, de votre moralité?

— Hélas! Madame, je suis sans asile et n'ai pas de paroisse...

— J'en suis désolée, — répondit cette dame; — mais comme on ne peut malheureusement donner à tout le monde, je réserve mes aumônes pour les pauvres de ma paroisse qui remplissent exactement leurs devoirs religieux.

Et elle continua son chemin.

Lorsque le soir, vers dix heures, épuisé de besoin, je regagnai la demeure du cul-de-jatte, une brusque révolution s'était opérée en moi; à cette heure encore, je me demande comment elle put être si prompte; mon âme était noyée dans le doute et dans le fiel; la révolte, la haine, remplaçaient ma résignation habituelle; après tant de vaines et honnêtes tentatives pour échapper au sort qui m'accablait, les notions du juste et de l'injuste, du bien et du mal, commençaient à se confondre dans mon esprit; je commençai aussi... funeste symptôme... à séparer la pratique de la théorie, en fait d'honorabilité.

J'étais surtout las!... las de souffrir!... las d'espérer en vain! las de craindre pour l'avenir! las de me dire :

— Mourrai-je pas demain de faim et de froid?

« — Probité, délicatesse, honneur, ce sont là d'admirables mots, — pensais-je, — je le confesse; mais l'on ne vit pas de cela. Je n'ai rien à me reprocher, je n'ai tout fait, tout tenté pour trouver du travail, je n'en trouve pas; ou il est si précaire, si aventureux, qu'il faut affronter les ignobles brutalités d'une route infâme... la mort, peut-être, pour essayer de gagner un salaire incertain. Je ne serai pas assez sot pour pousser la pratique des bons principes jusqu'à mourir de faim plutôt que de faillir. J'accepterai provisoirement les offres du cul-de-jatte, je gagnerai ainsi quelques jours, pendant lesquels j'aurai le temps de recevoir une lettre de Claude Gérard ou une réponse de la veuve de M. de Saint-Étienne, à laquelle je vais écrire.

» Sans doute, ma conduite est lâche, indigne, — ajoutai-je, — c'est un premier pas dans la voie de l'ignominie... Mais ce sera le premier et le dernier... car si, dans huit jours, je ne reçois aucune nouvelle de Claude Gérard, ou de la veuve de mon protecteur... je me débarrasse d'une vie par trop misérable. »

A cette heure, où je puis envisager froidement le passé, l'expérience me prouve que presque toujours les gens de cœur qui faillissent, comme je me sentais faillir, s'aveuglent sur leur future ignominie... ainsi que je m'aveuglais moi-même, par de folles espérances d'un meilleur avenir, ou par une résolution de suicide expiatoire ; mais presque toujours, hélas! la vanité des espérances est bientôt reconnue, l'heure de la mort sonne... l'heure de cette mort qui doit vous délivrer d'une vie désormais souillée..... mais, ainsi que le condamné aspire sans cesse à reculer l'instant du supplice, on ajourne l'expiation... Qu'importe un jour de plus... une semaine de plus, tant que votre honte, que votre infamie n'est pas découverte?.... un heureux incident ne peut-il pas vous remettre dans la voie du bien? et vous ne la quitterez plus désormais?...

Et lâchement vous vous laissez vivre... Mais votre honte est découverte, est publique... Oh! alors... sans doute, plutôt que la mort... cette mort expiatrice à laquelle vous vous êtes condamné d'avance. La mort? Pourquoi? A quoi bon ce tardif et inutile héroïsme? N'êtes-vous pas à jamais flétri? Mieux vaut encore une vie déshonorée qu'une mort déshonorée... et la déchéance est à jamais accomplie, et vous vivez dans votre infamie.

. . . .

J'arrivai chez le cul-de-jatte, il m'attendait.

— Tu as fait *chou-blanc*, — me dit-il en riant aux éclats; — tu ne me rapportes pas le plus petit homme charitable à empailler?

— Je serai votre commis, — lui dis-je avec une sombre résolution.

— Demain?

— Demain.

— A la bonne heure, cordieu! Voilà l'ordre de notre marche : je comptais que tu me reviendrais; j'ai trouvé aujourd'hui une fin de bail, un petit appartement tout meublé. Je me suis arrangé pour les meubles; demain, nous irons le voir ensemble. Tu diras qu'il te convient, tu signeras un bail, le propriétaire est prévenu. Je ferai les conditions avec le traiteur pour les repas ; tu ne manqueras de rien ; seulement pour te mettre en haleine et me donner une garantie, tu iras mettre toi-même une montre au Mont-de-Piété ; après-demain tu auras congé, mais ensuite nous commencerons nos opérations.

— Très-bien, — lui dis-je, — mais j'ai faim et j'ai sommeil.

— Je t'attendais pour souper. Voilà des vivres qui valent mieux que du pain et du lait ; voilà un bon matelas, je reprends mon lit cette nuit, mon âge me le permet, jeune homme..

— Vous n'avez pas de vin ici ? — lui dis-je, sentant le besoin de m'étourdir.

— A la bonne heure,.. voilà qui est parler. J'ai là une fiole d'échantillon de Madère... déguste-moi ça, mon fils.

Je mangeai et je bus surtout avidement ; j'étais si peu habitué à boire du vin, que je me couchai, sinon ivre, du moins complétement étourdi, car mes souvenirs, toujours si présents, m'échappent quant à la fin de cette soirée.

Le lendemain, à mon réveil, je trouvai le cul-de-jatte debout et habillé.

— J'ai donné rendez-vous au propriétaire à onze heures, et il en est dix, — me dit-il, — habille-toi, et partons.

Je m'habillai, nous partîmes.

Au moment où nous quittâmes la demeure du cul-dejatte, il me dit :

— Tiens, prends la montre.

Et il me présenta une très-belle montre d'or avec sa chaîne.

— Je la prendrai au moment de la mettre au Mont-de-Piété, ce sera assez tôt, — lui dis-je.

— Comme tu voudras,.. allons d'abord voir l'appartement et signer le bail... avoue que je suis un très-bon homme d'affaires ?

— Excellent...

Nous arrivâmes rue du Faubourg-Montmartre, dans une maison de respectable apparence ; nous montâmes voir l'appartement ; il se composait de trois petites pièces donnant sur une cour et fort convenablement meublées.

— Tu seras ici comme un roi, — me dit le cul-de-jatte, — ça vaut mieux que la neige ou la boue de Paris pendant la nuit, hein ?

— Beaucoup mieux.

— Allons chez le propriétaire signer le bail et payer trois mois d'avance, voilà deux cents francs.

Et le bandit me remit dix pièces d'or.

Le propriétaire nous attendait, le bail était prêt ; le cul-de-jatte s'étant entendu avec le tapissier chargé de la vente des meubles, ce marchand ayant donné avis de cet arrangement au propriétaire ; je comptai les deux cents francs ; la double copie du bail devait être remise chez moi.

— Nous venons de faire une affaire d'or, — me dit mon compagnon en sortant de la maison. — Se *procurer* des marchandises, ça n'est rien ; les vendre, les bien vendre sans soupçons, c'est là le *hic*, tandis qu'il est tout naturel qu'un jeune homme établi, connu dans son quartier, se défasse aujourd'hui de bijoux ou d'argenterie, demain de linge, d'effets, en ayant surtout le soin de choisir ses acheteurs, comme tu les choisiras, aujourd'hui dans un quartier, demain dans un autre, en pouvant donner une adresse honorable où l'acheteur vient payer... ce qui ôte jusqu'à l'ombre de la défiance ; et puis, vois-tu ? ce ne sont encore là que les bagatelles de la porte... plus tard tu sauras tout le parti qu'on peut tirer de toi et de ton établissement dans ce quartier.

— Je n'en doute pas... Maintenant où allons-nous ?....

— Au Mont-de-Piété ; tu demanderas quatre cents francs sur la montre et sur la chaîne, on t'en donnera trois cents, que tu prendras..

— Très-bien, allons.

— Prends la montre.

— Tout à l'heure.

— Comme tu voudras...

Je me sentais dans une situation d'esprit à peu près analogue à celle d'un homme qui rêve, mais qui a vaguement la conscience qu'il rêve ; je n'éprouvais du reste aucun remords, je me croyais fermement excusable dans mon haineux ressentiment contre la société, je me disais :

— Je lui ai opiniâtrément demandé du travail et du pain, elle ne m'a pas répondu, elle m'a mis forcément dans l'alternative de mourir de faim ou de commettre une action indigne ; que mon infamie retombe sur cette société marâtre ; elle méconnaît *mon droit de vivre*, je méconnais ses lois.

Sans doute mon compagnon lut sur mon visage l'âcreté de mes pensées, car il me dit :

— Je t'aime comme ça, mon fils : tu es pâle, tu serres les dents... je suis sûr qu'un bon couteau à la main, tu ne craindrais pas dix personnes.

Mon compagnon venait de prononcer ces sinistres paroles, lorsque nous fûmes obligés de nous arrêter au milieu d'un attroupement causé par quelque embarras de voitures ; l'angle de la rue ainsi obstrué, les passants refluaient ; je m'étais arrêté au bord du trottoir ; soudain je poussai une exclamation involontaire. A quelques pas de moi... j'apercevais Régina dans l'une des voitures arrêtées par l'encombrement.

La jeune fille était vêtue de noir, ainsi que je l'avais toujours vue aux anniversaires de la mort de sa mère ; une légère pâleur couvrait son mélancolique et beau visage, elle semblait pensive.

Par hasard elle tourna la tête de mon côté... pendant une seconde à peine son regard triste et distrait s'arrêta machinalement sur moi...

Mes yeux rencontrèrent les siens... sans qu'elle parût d'ailleurs s'en apercevoir.

A ce moment, le passage devenu libre, la voiture où Régina se trouvait en compagnie d'une autre femme continua sa route et disparut.

Le regard de Régina fut électrique ; une lueur divine éclaira soudain l'abîme où j'allais tomber... Ma résolution fut prise en un instant.

Je me trouvais séparé du cul-de-jatte par plusieurs personnes arrêtées au moment comme nous ; à ma gauche je vis une porte cochère ouverte, et sous sa voûte les dernières marches d'un escalier ; profitant d'un moment où mon compagnon, sans défiance, regardait d'un autre côté, j'entrai vivement sous la porte cochère sans être remarqué du portier, je montai en hâte l'escalier jusqu'au premier étage, puis j'accomplis très-lentement mon ascension jusqu'au cinquième, prêt à demander un locataire inconnu pour expliquer ma présence dans cette maison.

Je voulais donner au cul-de-jatte le temps de s'éloigner et de courir à ma recherche à l'un ou à l'autre bout de la rue. Après m'être arrêté quelques instants au dernier étage, je redescendis très-lentement, faisant une pause à chaque palier ; je gagnai ainsi un quart d'heure environ, puis je sortis avec précaution, regardant à et là dans la rue, avant de quitter la voûte de la porte cochère.

Le cul-de-jatte avait disparu.

M'enfonçant dans le passage qui forme la cité Bergère, je marchai précipitamment, et, suivant les rues les moins fréquentées de ce quartier, j'arrivai à de vastes terrains vagues, bornés d'un côté par les dernières maisons du faubourg, de l'autre par le mur d'enceinte de Paris.

Une fois là je respirai, j'étais libre...

Durant cette marche précipitée, j'avais encore mûri ma résolution.

Je me sentais calme.

En jetant les yeux autour de moi, j'aperçus, confinant les dernières maisons du faubourg, plusieurs excavations profondes, résultant de constructions interrompues sans doute par la saison d'hiver ; une clôture de planches à claire-voie entourait à peu près ces bâtisses. L'une d'elles s'élevait à peine au-dessus des fondations ; j'y remarquai une cave à demi achevée, mais dont le cintre complet formait un renfoncement profond. La Providence me servait à souhait. J'attendis la nuit avec impatience ; le jour me faisait mal...

Je me promenai longtemps dans ces terrains déserts ; un sombre brouillard les couvrit bientôt d'une brume épaisse.

Plus j'y songeais, plus ma détermination me semblait sage, logique, plus je m'étonnais aussi du terrible vertige

— Ici, comme on donne des draps, c'est défendu de coucher avec ses souliers. — Page 185.

dont j'avais été saisi, et auquel la vue de Régina venait de m'arracher.

Enfin la nuit vint.

Je fis facilement une trouée à la clôture de planches dont était entourée la clôture inachevée. Je descendis dans les fondations et, au moyen d'un peu de paille, enlevée aux assises de pierre de taille que l'on recouvre pendant l'hiver, je me fis une sorte de litière au fond du caveau inachevé, je pris une grosse pierre pour oreiller, et je m'étendis là.... pour y attendre patiemment la mort.

Vous le savez, ô mon Dieu ! je pris cette résolution dernière sans haine, sans courroux, sans révolte contre ma destinée... Ces mauvais ressentiments étaient, comme mes coupables résolutions, tombés devant un seul regard de Régina.

Non, je me résolus à mourir, simplement parce que je ne trouvais pas les moyens d'exister...

Parce que je ne voulais pas vivre au prix du déshonneur, comme la pensée m'en était d'abord venue;

Parce qu'enfin je ne me sentais ni le courage, ni la volonté, ni la force de prolonger vainement la terrible lutte que depuis trois jours je soutenais contre la fatalité de ma position.

Je ne me tuais pas, je ne jetais pas un dernier et furieux anathème sur une société impitoyable; non, non, vous le savez, mon Dieu !... Résigné, plein de miséricorde et de pardon, j'acceptais, je subissais *l'impossibilité matérielle de vivre*... de même que l'on supporte avec sérénité une maladie mortelle.

Cette maladie c'était la misère... j'en mourais... mais je ne me tuais pas.

Pour me tuer... je me souvenais trop de mes entretiens avec Claude Gérard sur le suicide, qu'il était loin de considérer comme un crime ; il pouvait au contraire, selon lui, devenir sublime, mais il ne l'admettait qu'avec de grandes réserves.

« — Vouloir vous tuer, c'est vous déclarer à la fois vic-
» time, juge et bourreau, — me disait Claude Gérard ; —
» c'est devant le suprême tribunal de votre conscience,
» de votre raison, qu'il faut plaider, juger, exécuter votre
» décision, décision sans appel. Vous ne sauriez donc la
» méditer avec trop de circonspection, avec trop de gra-
» vité; surtout ne prenez aucune résolution avant d'avoir
» répondu à ces questions en votre âme et conscience :
» — La somme de vos malheurs dépasse-t-elle la somme
» des forces humaines?
» — Votre mort sera-t-elle profitable à quelqu'un ?
» — Vous est-il absolument prouvé que votre vie doit
être désormais inutile à vos frères ?
» — Songez-y bien ! si misérable qu'il soit, l'homme peut encore rendre bien des services à l'homme. S'il est jeune et fort, il peut avoir à défendre un plus faible que lui; s'il est intelligent et bon, il peut éclairer et améliorer ceux que l'ignorance rend méchants, enfin il n'est pas de *petits services* comparés à la stérilité du suicide, lorsque les circonstances ne le rendent pas héroïque, sublime; une vie oisive et stérile est seule comparable à une mort stérile... »

Je n'avais pas le droit de me tuer... Ma mort, s'il l'apprenait, affligerait profondément Claude Gérard... et ma vie aurait pu être utile à Régina.

Aussi, je ne me suicidais pas... je mourais...

De ce soir-là, commença pour moi une sorte d'agonie morale et physique, beaucoup moins douloureuse d'ailleurs que je ne l'aurais cru.

La température de cette cave humide et sombre était

— Est-ce assez ? — m'écriai-je... — Quelqu'un en veut-il encore ? — Page 189.

presque tiède; lorsqu'après la première nuit passée dans une sorte de torpeur du corps et de la pensée, je vis poindre la pâle lueur du matin à travers la voûte de mon réduit, j'éprouvai, chose étrange ! une sorte de jouissance à me dire : *Je ne sortirai pas... de la journée*. Je n'aurai à m'inquiéter ni de mon pain, ni d'un asile.

Ce jour, je le passai dans une immobilité calculée, car j'y trouvai un froid et complet engourdissement ; le visage tourné vers le mur de la cave, les yeux fermés, je m'absorbai dans le ressouvenir du passé.

Cette longue méditation fut comme un tendre et solennel adieu adressé du plus profond de mon cœur à tous ceux que j'avais aimés...

Bamboche... Basquine... Claude Gérard, Régina furent tour à tour évoqués par ma pensée de plus en plus affaiblie, car, sur le soir de ce jour, je commençai d'éprouver les douloureuses étreintes de la faim; heureusement elles réagirent presque aussitôt sur mon cerveau déjà très-épuisé...

De ce moment je dus être en proie aux hallucinations qui accompagnent toujours ce terrible paroxysme appelé *le délire de la faim*; et je perdis la conscience de ce qui m'arriva.

. . . .

Lorsque je revins à moi, le jour paraissait à peine; j'étais couché sur un lit de sangle, dans une sorte de soupente, d'où je découvris au-dessous de moi une longue écurie, remplie de trente ou quarante chevaux.

Je croyais rêver, je regardais autour de moi avec une surprise croissante, lorsque j'entendis monter à l'échelle qui de l'écurie conduisait à la soupente, et malgré ma faiblesse, malgré l'étourdissement dont j'étais encore

saisi, je reconnus tout d'abord la bonne et honnête figure du cocher de fiacre qui m'avait conduit durant la première journée de mon séjour à Paris.

— Ah... enfin !! vous voilà les yeux ouverts, — me dit-il joyeusement; — le médecin disait bien que vous n'étiez malade que de besoin... ce qui s'est vu du reste, car lorsqu'on vous a eu fait boire un peu de bouillon coupé... vous avez déjà paru mieux...

— Comment suis-je ici ? — lui demandai-je avec émotion, — grâce à vous sans doute ?

— Je le crois, et je m'en vante, mon garçon; je vas tout de suite vous conter ça, afin de ne pas vous faire chercher, votre tête se fatiguerait, ça ne vaudrait rien; voilà donc la chose. Hier, dans l'après-dînée, une jolie petite dame, voile baissé, et le nez idem, nous connaissons cela, vient à ma station, me fait signe de lui ouvrir ma voiture, et, leste comme une petite chatte, saute le marchepied, tire le store, et me dit : — Cocher ! barrière de l'Étoile ! une fois sur la route de Neuilly, vous irez au pas. — Connu, mes amours. Je remonte sur mon siège, j'arrive à la route de Neuilly; je me mets au pas... Au bout des cinq minutes, la petite dame me tiraille de toutes les forces de sa petite main par le collet de mon carrik, en me criant : — Cocher ! arrêtez, s'il vous plaît, et ouvrez la portière. — Je descends, j'ouvre la portière, à qui ? à un beau jeune homme, qui monte en me disant : — Cocher, faubourg Montmartre, près la barrière; vous nous arrêterez dans les terrains en construction.

— Je fouette mes bêtes, une fameuse course de longueur, comme vous voyez : et un peu dans le genre de celle que vous m'avez fait faire de la rue du Mont-Blanc à l'impasse du Renard. Arrivés aux terrains de la barrière Montmartre, mes tourtereaux descendent gais comme des pinsons, le jeune homme me paye en prince; ils avaient choisi sans doute cet endroit isolé afin de n'être pas vus descendant de fiacre ensemble. Je m'en revenais à vide, lorsque je vois à quelques pas un attroupement; j'oblique de ce côté-là. — Qu'est-ce qu'il y a donc là? — Des gamins, en allant jouer à cache-cache dans les constructions commencées, viennent d'y trouver un homme, on dit qu'il est quasi mort de faim. — Ça me serre le cœur; j'allonge le cou; qu'est-ce que je reconnais? vous, mon pauvre garçon! — Mon provincial! — que je m'écrie : ça ne m'étonne pas... Ma foi, je n'en fais ni une ni deux. Nous n'étions pas loin de nos écuries. Je descends, vous étiez évanoui; je dis que je vous connais, les vous emballe dans mon fiacre, je vous emmène ici, on va chercher le médecin, il vient, nous dit que c'est de besoin que vous mourrez, et qu'il faut vous faire avaler, petit à petit, un peu de bouillon; on suit l'ordonnance, et j'espère bien que tantôt c'est *beaucoup* de bouillon que vous voudrez avaler avec un bon verre de vin.

Et comme j'allais exprimer toute ma reconnaissance à cet excellent homme, il poursuivit :

— Minute... une bonne nouvel'e ne vient pas seule, les *chapeaux-cirés* sont des bons enfants; voilà ce que nous nous sommes dit les uns aux autres : — Michel, notre garçon d'écurie, est parti; ce pauvre jeune homme veut, en attendant, prendre sa place, ce n'est pas malin à faire. Il logera, comme Michel, dans la soupente de l'écurie; il veillera aux chevaux pendant la nuit, les fera boire le matin, et nous lui donnerons, comme à Michel, trente sous par jour; — sans doute, mon pauvre garçon, — reprit mon sauveur, — c'est pas fameux pour vous, qui veniez chercher une belle place à Paris; mais enfin c'est toujours du pain, et avec du pain... on voit venir... voilà toute la chose. Si la place de Michel vous va, c'est dit, vous la prendrez quand vous serez tout à fait remis, car le médecin a dit qu'il vous fallait des soins... Ne vous inquiétez de rien, nous sommes ici une vingtaine, et avec un *écot* de deux sous par jour chacun, nous vous nourrirons jusqu'à ce que vous soyez vaillant.

Grâce à Dieu, le temps de mes plus rudes épreuves était passé; je n'ai pas besoin de dire avec quelle reconnaissance j'acceptai de ces braves gens le secours inespéré qu'ils m'offraient; en quelques jours je revins complètement à la santé. Instruit par l'expérience et par les préceptes de Claude Gérard, j'accomplis fidèlement, et sans me trouver nullement humilié, une tâche qui me donnait un pain honorablement gagné.

Au bout de six semaines, le cocher mon protecteur me dit : — Mon garçon, j'ai un beau-frère portier, rue de Provence, dans un hôtel garni; il y a là un *coin de rue* excellent pour un commissionnaire actif, intelligent, et qui, comme vous, ça qui est rare, sait lire et écrire; mon beau-frère vous répond en outre de la pratique de l'hôtel; c'est un fixe d'à peu près cinquante sous ou trois francs par jour, ça vous va-t-il mieux que d'être ici valet d'écurie? Si ça vous va mieux, nous irons à la préfecture avec le beau-frère et un témoin, afin de vous faire *médailler*... ça n'est pas encore bien fameux; mais vous aurez un travail moins rude qu'ici, c'est toujours du pain assuré... et puis vous verrez venir...

J'acceptai d'autant plus volontiers cette nouvelle offre, que, malgré mon zèle et mon exactitude, mes relations avec mes nombreux maîtres, généralement bonnes gens, mais quelque peu brutaux, n'étaient pas des plus agréables; ceci soit dit sans altérer la sincère, la profonde gratitude dont je suis pénétré envers eux pour l'aide qu'ils m'ont portée dans la situation la plus cruelle de ma vie.

CHAPITRE XLVII.

Lettre de Martin au Roi. — Les commissions. — Illusions d'un poète. — Martin rencontre Robert de Mareuil.

« Deux mots, Sire, à propos de ce qui précède.

» Vous avez pu voir le résultat effrayant... fatal de l'exploitation de l'enfance par des saltimbanques vagabonds et corrompus.

» Presque chaque jour en France la publicité révèle des faits à l'appui de ceux dont j'ai été autrefois témoin ou acteur... Et la société tolère avec une égoïste insouciance ces monstruosités, dont les enfants du pauvre sont les seules victimes.

» Dérision amère... Il y a des lois (on ne les exécute pas, il est vrai) dont le but est, du moins, louable... puisqu'il tend à réglementer l'exploitation des enfants dans les manufactures; pourquoi cette loi reste-t-elle muette au sujet de l'abominable exploitation de l'enfance par des parents indignes ou par des bateleurs?... exploitation qui déprave, qui dégrade ces malheureuses petites créatures et les livre presque toujours, plus tard, à la prostitution ou au vol.

» Le récit des quelques années que j'ai passées chez Claude Gérard, Sire, vous a aussi montré comment ceux qui gouvernent la France ont entendu et entendent l'éducation du peuple des campagnes qui compose l'immense majorité de la nation; vous avez vu, Sire, de quel bien-être, de quelle considération, de quels honneurs ils entourent l'*instituteur*.

» Qu'ils aient quelque solennité, quelque cérémonie publique... qui voit-on au premier rang? le magistrat qui tient le glaive de la loi, le général qui tient le glaive de la force armée, le prêtre qui tient le glaive de la justice divine; ceux-là représentent le triste appareil des punitions humaines et divines : — la *compression*, — la *répression*, — l'*intimidation*, — dans ce monde et l'autre.

» Mais parmi ces pompeux cortèges, au même rang que ces hommes qui jugent, qui punissent, qui compriment, pourquoi ne voit-on jamais cet homme non moins important dans la société que le magistrat, que le soldat, que le prêtre? cet homme enfin qui devrait être honoré au moins à leur égal : — l'*instituteur du peuple*?

» Oui, l'*instituteur du peuple*; celui-là qui doit créer moralement le citoyen, l'instruire, l'améliorer, lui inspirer l'ardent et saint amour de la patrie et de l'humanité, le préparer à l'accomplissement de tous les devoirs, de tous les sacrifices qu'impose une vie laborieuse et honnête.

» Encore une fois, ces instituteurs qui exercent le plus sacré des sacerdoces, celui d'éclairer, de moraliser le peuple, ne devraient-ils pas marcher les pairs de ceux-là qui, si le peuple faillit, le jugent, le sabrent ou le damnent?

» Vous avez vu, Sire (les documents officiels ne le prouvent que trop), dans quel but les gouvernants de ce pays et leurs complices réduisent l'instituteur du peuple à la condition la plus dure, la plus abjecte, la plus révoltante.

» Un autre épisode de ma vie vous a fait connaître, Sire, un fait monstrueux qui devrait être considéré, dans tout Etat prétendu social, comme un phénomène aussi rare qu'effrayant, et pourtant ce fait est au contraire si fréquent, que les cœurs généreux s'en affligent, s'en indignent, mais ne s'en étonnent plus.

» Pour arriver à la solution de ce sinistre problème, Sire, il faut le poser ainsi :

» Etant donné un homme jeune, robuste, intelligent et probe, qui a reçu une bonne éducation élémentaire, qui possède un métier manuel, qui est rempli de bon vouloir, de courage, qui ne répugne à aucun labeur, qui se résigne à toute tâche, qui est rompu au travail, aux privations, qui vit et se contente de peu, qui ne demande enfin qu'à gagner honorablement *du pain et un abri*.

» Cet homme, avec cette vaillante résolution, avec cette abnégation complète, avec ces capacités de travail, pourra-t-il trouver à gagner honorablement, *ce pain, cet asile?*

» En un mot, son *droit au travail,* c'est-à-dire son droit de *vivre moyennant* labeur et probité, lui sera-t-il reconnu et rendu praticable par la société?

» L'épisode de ma vie que vous venez de lire a résolu la question, Sire.

» Je sais que des gens *sérieux*, des *économistes* probablement, répondront :

« — Les bons sujets sont trop rares pour qu'un homme doué de bon vouloir, d'intelligence et de capacité, ne

trouve pas immanquablement à s'occuper ou à se placer...
TÔT OU TARD. »

» Oui... TÔT OU TARD... Là est toute la question, Sire.
» TÔT OU TARD ?...

» Être absolument sans ressources, et trouver une occupation assurée au bout de deux ou trois jours... Cela est tôt... si tôt, qu'il faut un hasard presque miraculeux pour arriver à un tel résultat... J'en appellerai à ceux qui, comme moi, ont eu l'expérience de cette position désespérée.

» Eh bien ! Sire, pour un homme qui manque de tout et qui ne veut ni mendier ni voler... trouver au bout de deux jours une occupation quelle qu'elle soit... au bout de deux jours, entendez-vous, Sire... c'est déjà bien tard... parce que peu de créatures humaines peuvent endurer la faim... plus de deux jours...

» Trouver de l'ouvrage au bout de trois jours, Sire... c'est *trop tard*... on est alors en train d'expirer...

» — Deux ou trois jours ? c'est pourtant si peu de temps... c'est si vite passé ! — diront les heureux du monde...

» Ou bien encore...

» — On trouve des gens morts ou mourant de faim... c'est vrai... mais c'est rare...

» Il est déjà monstrueux qu'au milieu d'une société dont tant de membres regorgent de *superflu*, une créature de Dieu puisse MOURIR faute du *nécessaire*... mais encore, ces morts-là sont rares. Pourquoi ?

» Parce que le plus grand nombre de ceux qui, comme moi, ont connu cette horrible position d'offrir en vain ses bras, son intelligence, son zèle, en échange d'un travail quelconque, n'hésitent pas entre cette alternative :

» *Mourir de faim, honnête et pur.*

» Ou :

» *Vivre au prix de la honte, du vice ou du crime.*

» Et voilà pourquoi les prisons, les bagnes sont peuplés, et voilà pourquoi les *morts de faim* sont encore assez rares, Sire.

» A cela que faire ? L'aumône ? Non, l'aumône est impuissante, elle dégrade...

» Il faut reconnaître, pratiquer ce principe sacré :
» LA SOCIÉTÉ DOIT ASSURER A TOUS SES MEMBRES : — L'ÉDUCATION PHYSIQUE ET MORALE, — LES MOYENS ET LES INSTRUMENTS DE TRAVAIL, — UN SALAIRE SUFFISANT.

. . . .

» Ce n'est pas pour attirer rétrospectivement sur moi votre intérêt ou votre pitié, Sire, que j'appelle votre attention sur les pages précédentes ; c'est pour vous faire prendre en commisération le nombre immense de ceux qui se sont trouvés ou peuvent se trouver dans une position pareille à la mienne. »

Sans jouir d'une position assurée, je vivais, du moins depuis quelques mois, délivré des contacts odieux, horribles, dont j'avais été souillé ; grâce à la protection de mon ami le cocher de fiacre, j'étais commissionnaire médaillé à la porte d'un hôtel garni de la rue de Provence ; chose incompréhensible et bien douloureuse pour moi, je n'avais reçu aucune réponse de Claude Gérard, à qui j'avais fréquemment écrit ; la veuve de M. de Saint-Étienne avait aussi gardé le silence. J'attendais avec impatience le retour de la belle saison, espérant trouver de l'occupation comme charpentier. Mon métier de commissionnaire me plaisait médiocrement ; il avait un côté de domesticité dont je me sentais souvent blessé... Pourtant, bien des années de ma vie devaient se passer dans la domesticité... Cette contradiction s'expliquera bientôt.

La seule compensation (et, je l'avoue, elle était assez grande) de cette servilité, consistait, pour moi, dans un certain plaisir d'observation, faculté très-développée en moi, depuis que j'avais impérieusement senti le besoin de m'isoler dans mes pensées, dans mes réflexions, dans mes souvenirs, afin d'échapper aux hideuses réalités dont j'étais souvent entouré.

De la réflexion à l'observation, la pente est rapide, et lorsqu'à ce besoin d'observation se joint surtout un vif sentiment de curiosité... non pas de curiosité puérile, basse, mais je dirais presque de — *curiosité philosophique*, — si ce mot n'était pas ridicule sous ma plume, on comprendra que je trouvai, dans ma condition de commissionnaire, un vaste champ ouvert à mes études.

Cette fois encore, j'avais pu expérimenter la vérité de cette assertion de Claude Gérard, que : « — dans toutes les conditions de la vie, l'instruction était moralement et matériellement avantageuse ; » — les commissionnaires sachant lire et écrire étant fort rares, j'eus naturellement la préférence sur mes confrères dans plusieurs circonstances, préférence enviée qu'il me fallut d'abord soutenir à la force du poignet contre mes rivaux illettrés ; heureusement j'étais agile et robuste ; je n'eus pas de désavantage dans ces luttes ! Ma position, ainsi énergiquement défendue, fut établie, respectée ; plusieurs fois même je pus dans la suite rendre quelques légers services d'*écriture* ou de *lecture* à mes anciens ennemis du coin de la rue. Quant à l'humilité de ma condition, j'avais longtemps appris à l'école pratique de Claude Gérard qu'il n'était pas de position dans laquelle un homme ne pût faire acte de dignité.

Je vivais donc au jour le jour, trouvant un certain plaisir tantôt à tâcher de deviner la nature des missives dont on me chargeait, soit par l'empressement que l'on me recommandait de mettre dans ma course, soit par la façon dont la lettre était reçue ou dont la réponse était donnée ; tantôt à pénétrer le caractère, les goûts, les passions même de ceux qui m'employaient plus fréquemment.

Mes observations m'étaient d'autant plus faciles, que mon humble condition de commissionnaire n'inspirait aucune défiance ; aussi, bien souvent, des mots qu'on ne croyait pas à ma portée ou des faits sans valeur pour tout autre que pour un observateur attentif, intelligent, m'éclairaient et me mettaient sur la voie de bien des découvertes.

Ne faisant confidence à qui que ce fût du résultat de mes remarques, n'y voyant qu'une distraction à de pénibles chagrins ou un moyen d'augmenter mes connaissances pratiques des hommes et des choses, je me livrais sans scrupule à cette inoffensive observation de mœurs.

J'étais depuis un mois employé non-seulement chaque jour, mais durant presque tout le jour, par un jeune homme occupant un petit appartement dans l'hôtel de la rue de Provence, à la porte duquel je stationnais ordinairement.

Balthazar Roger (c'était le *cancre* qui avait rendu la vie si dure au pauvre Léonidas Requin, l'excellent élève réduit plus tard à la modeste condition d'*homme-poisson*), Balthazar Roger, dont le nom jouit aujourd'hui d'une célébrité européenne, n'était alors connu que de quelques amis initiés à ses œuvres. Ce jeune poète avait le meilleur cœur, l'esprit le plus joyeux, le plus original que j'eusse jamais rencontré. Il était laid, mais d'une laideur si spirituelle, si animée, si enjouée ; il riait de si bon cœur, et le premier, de toutes les folies qu'il débitait, ou bien encore il ajoutait une foi si naïve aux incroyables et inoffensifs mensonges qu'il débitait, et dont il finissait par être dupe lui-même, que l'on oubliait sa laideur pour ne songer qu'à son esprit et à sa bonté.

Malgré cette jovialité, cette verve spirituelle, la poésie de Balthazar avait un caractère sombre, passionné, farouche ; le jeune écrivain sacrifiait alors au goût du jour pour les titres bizarres et sinistres.

Les courses que me faisait faire Balthazar depuis un mois étaient d'autant plus longues, fréquentes et interminables, qu'elles avaient pour but le placement de ses œuvres, alors dédaignées, et qu'à juste titre l'on se dispute aujourd'hui. Les libraires se montraient intraitables. Après des pérégrinations dans tous les quartiers de Paris, je revenais tristement auprès de Balthazar avec le sac de toile qui renfermait ses manuscrits.

Malgré ces refus, ces déceptions, le calme de Balthazar était héroïque, sa bonne humeur imperturbable ; jamais je n'ai vu d'exemple plus noble, plus frappant, des consolations, des espérances et de la sérénité d'âme que l'on peut puiser dans le travail et dans l'étude, l'étude !!! cette *douce mère* (ALMA MATER, comme disait Balthazar) ! Il était pauvre ; parfois même réduit à une gêne cruelle, et jamais sa confiance dans le magnifique avenir dû à son talent, ne l'abandonnait; ce n'était pas orgueil, mais prévision, mais conscience; aussi, les yeux fixés sur cet éblouissant avenir, faisait-il souvent, tout éveillé, des rêves splendides, mais prématurés, et il devenait alors très-difficile de l'arracher à ses étincelantes visions.

Un matin, il m'avait dit, en me remettant son précieux sac rempli de plusieurs rouleaux de papier :

— Martin... il y a là dedans — 1° *un Cœur broyé*. — 2° *les Rires de Satan*. — 3° *les Facéties d'un Pendu*... — Une lettre accompagne chaque manuscrit... Chaque manuscrit et chaque lettre est adressée à un libraire différent. Je te défends expressément de te dessaisir de chaque manuscrit à moins d'une somme de quatre mille francs. Total, douze mille francs... pour les trois manuscrits. Et surtout... Martin... surtout! ne reçois ces sommes qu'en or, entends-tu bien?... en or, c'est convenu et arrêté avec mes libraires. Pas de billets de banque, pas d'écus, mais de l'or, tu comprends bien?

— Oui, Monsieur.

— Voici une petite boîte qui renfermera très-facilement ces six cents louis... en voici la clef... mets la boîte dans le sac.. et défie-toi, Martin... il est de bien habiles filous... ils rôderont autour de toi... prends bien garde; ces gaillards-là flairent l'or... d'une lieue.

— Soyez tranquille, Monsieur, je ferai bien attention.

Balthazar Roger me donnait ses ordres avec tant de bonne foi, il croyait si naïvement lui-même aux six cents louis futurs, que, malgré bien d'autres déceptions éprouvées déjà, je finissais par partager sa conviction; mais, hélas! l'illusion durait peu, et je revenais quelques heures après mon départ.

— J'espère que tu n'as accepté que de l'or! — s'écriait Balthazar, dès qu'il m'apercevait.

— Monsieur, on ne m'a rien offert...

— Que des billets de banque? Les cuistres!

— Non, Monsieur... mais...

— Des écus donc? Goujats! payer la divine ambroisie en gros écus... en vils écus... comme de la mélasse... ou des pruneaux... les épiciers! les pleutres!!! Il devrait y avoir une monnaie de diamants pour payer les poëtes!

— On ne m'a rien offert du tout, Monsieur, — disais-je tristement.

— Tu n'as pas trouvé les libraires?

— Si, Monsieur.

— Eh bien?

— Eh bien! Monsieur, l'un m'a remis cette lettre; les autres m'ont dit que, dans ce moment-ci, le commerce n'allait pas... qu'ils ne pouvaient rien publier, et surtout d'un inconnu!

— Les bœufs! les ânes! — s'écriait Balthazar; — ils ne savent pas toute la puissance qui se dégage de l'inconnu! Bonaparte... avant le siége de Toulon, c'était l'inconnu!... L'inconnu... mais c'est la seule certitude de notre époque! Enfin... ces Philistins n'ont pas ouvert mes manuscrits?

— Non, Monsieur... ils n'ont pas seulement voulu que je les tirasse du sac...

— Ils ne les ont pas lus... ils les refusent... c'est tout simple... — dit Balthazar Roger, d'un ton calme et superbe, — c'est un manque d'intelligence qui leur coûtera bon... cent louis de plus à chacun par manuscrit? Est-ce assez, Martin? cent louis?

— Monsieur...

— Tu es naïf, tu es vrai, tu es désintéressé dans la question, Martin! cent louis, est-ce assez? Je me plais à te faire l'arbitre de la bourse de ces pharisiens... veux-tu que je les impose à deux cents louis?

— Oh! Monsieur...

— Va donc pour cent louis... Tu es clément, jeune homme! tu es grand!... C'est donc neuf cents louis en or que tu me rapporteras demain... car ils les liront, mes poëmes, ces brutes, ils t'en répondu, ils les liront, séance tenante; j'ai un moyen infaillible pour cela. Reviens demain matin de bonne heure... je veux avoir mes fonds avant deux heures... il y aura vingt-cinq louis pour toi... une petite fortune... tu achèteras un petit fonds... de ce que tu voudras. Tu peux devenir millionnaire... Jacques Laffitte est venu à Paris avec deux louis... dans sa poche... tu en as vingt-cinq... tu peux donc devenir vingt-trois fois plus riche que Jacques Laffitte... C'est gentil? Et voilà comme quoi les bons commissionnaires sont récompensés... Vingt-trois fois plus riche que Jacques Laffitte... A demain, Martin; prends mes bottes... ne les chatouille pas trop fort avec ta brosse... car il y a une de ces deux orphelines qui rit déjà beaucoup trop à travers l'empeigne... A demain, mon garçon.

Toutes ces folies sur la fortune qui m'attendait étaient dites sérieusement et avec foi par Balthazar. Dans l'exaltation de sa puissante imagination, l'espérance la plus insensée devenait pour lui une réalité... puis il s'éveillait, et se remettait au travail avec une ardeur infatigable, restant quelquefois deux et trois jours sans sortir de chez lui.

Le poëte m'avait promis vingt-cinq louis; cette somme, ou seulement la vingt-cinquième partie de cette somme fût venue très à propos. Depuis près d'un mois, Balthazar employait presque tout mon temps à ses commissions littéraires; il ne m'avait pas encore payé, je me trouvais fort embarrassé, et à la fin d'une épargne d'une dizaine de francs.

Balthazar, à qui j'avais une fois, bien à contre-cœur, demandé quelque argent, me dit majestueusement :

— Fi donc! je songe pour toi à quelque chose de mieux que ce misérable salaire quotidien.

Cette réponse, peu compréhensible, m'empêcha du moins de réitérer ma demande. Balthazar était si bon, si cordial, que j'aurais craint de le blesser. Je me résignai donc à attendre, sans trop savoir comment je ferais pour sortir de cette situation, si elle se prolongeait.

Sans croire absolument aux vingt-cinq louis de pourboire et au recouvrement des neuf cents louis que je devais opérer le lendemain, je voyais Balthazar si sûr de son fait, et j'avais tant besoin de voir personnellement ses espérances réalisées, que presque involontairement je les partageai un peu.

Mais, hélas!... le lendemain, nouvelle déconvenue. Cette fois-là, les libraires, ne se contentant pas de refuser de lire les lettres et de recevoir les manuscrits, me mirent à peu près à la porte...

Je montai lentement les cinq étages de l'appartement de Balthazar, mon sac de manuscrits sous le bras, et à la main mon inutile boîte à recettes, cherchant de quelle façon peu blessante pour l'amour-propre du poëte je pourrais lui demander une seconde fois quelque à-compte, car on venait, faute de payement, de me donner congé d'un petit cabinet garni que j'occupais rue Saint-Nicolas.

J'arrivai à la porte de Balthazar, elle était ouverte; à mon grand étonnement, je vis une malle et un sac de nuit dans la petite pièce qui précédait la chambre du poëte, dans laquelle j'entendis à travers la porte entrebâillée des éclats de rire et des exclamations joyeuses, parmi lesquelles revenaient ces mots :

— Ce brave Robert... ce cher Robert... quelle bonne surprise!...

A ce nom de Robert, je me rappelai le voyageur dont j'avais porté les bagages lors de sa descente du bateau à vapeur; ce personnage qui, malgré le déguisement de ses traits, avait été reconnu, arrêté devant moi, et conduit sans doute en prison.

Je jetai les yeux sur la malle restée dans l'antichambre de Balthazar, j'y reconnus cette même adresse, déjà remarquée par moi : LE COMTE ROBERT DE MAREUIL.

Plus de doute, il s'agissait de l'ami d'enfance de Régina, de ce Robert dont l'inconnu de la taverne des Trois-Tonneaux, lors de ma rencontre avec lui, m'avait parlé comme d'un rival.

Depuis sa brusque et rapide apparition, devant laquelle s'étaient évanouies mes résolutions, je n'avais pas revu Régina; mais mon fol amour pour elle, loin de se calmer, avait encore grandi au milieu des rudes épreuves que j'eus à supporter, ayant toujours présents à la pensée ces mots de Claude Gérard :

« — Dieu échappe à nos regards, et cependant nous
» l'adorons, nous le respectons, nous sentons qu'il nous
» guide et nous soutient dans la bonne voie... Qu'il en
» soit ainsi de ton amour pour cette jeune fille mysté-
» rieuse, étoile de ta vie... »

Et il en avait été ainsi : dans mon adoration pour Régina, invisible et absente, j'avais puisé la force de combattre les entraînements que la misère rendait presque irrésistibles.

La rencontre imprévue de Robert de Mareuil était donc, pour mille raisons, d'un puissant intérêt pour moi. Aussi fut-ce avec un grand battement de cœur que je frappai à la porte de la chambre où se trouvaient Balthazar et Robert.

— Entrez, — me dit le poëte.

Puis, à ma vue, il s'écria avec une joyeuse exaltation :

— Robert... voici notre galion !... tu arrives à propos... nous allons prendre un bain d'or...

Ce disant, le poëte, dont les yeux étincelaient comme des escarboucles, s'empara de la fameuse boîte à recettes, que je tenais entre mes mains ; mais la trouvant, hélas ! d'une terrible légèreté, il haussa les épaules, et s'écria avec un accent d'impatience et de reproche :

— Allons... *encore* des billets de banque ?... de ces graillons sordides, imprégnés de toute la crasse des doigts des caissiers !

Il est impossible de peindre l'expression de dégoût réel avec lequel Balthazar Roger ouvrait la boîte qui devait contenir ces ignobles billets de banque.

La boîte ouverte... il ne vit rien.

Toujours calme et superbe, il ne sourcilla pas.

— Dis donc, Balthazar ! — dit Robert, qui me parut au courant des imaginations de son ami... — et notre bain d'or ?

— Attends à demain, — répondit majestueusement Balthazar, — et au lieu de le prendre dans une ignoble et étroite baignoire, nous le prendrons dans un fleuve... notre bain d'or ! Oui, nous nagerons en plein *Pactole*, nous y ferons la planche, nous y barboterons, nous y plongerons, nous en aurons par-dessus les oreilles. Et, en attendant ce fortuné moment... tu ne me quittes pas... Il y a une chambre voisine de celle-ci... tu la prendras.

— Je l'entends bien ainsi, — dit Robert. — Est-ce que tu crois que je pensais à loger ailleurs ?... Ah ça ! il faut que je fasse part de mon arrivée à mon cousin... c'est très-urgent.

— De quel cousin parles-tu ? — lui dit Balthazar. — Je suis jaloux de ce cousin-là. Comment se nomme-t-il ?

— Et pardieu... le baron de Noirlieu...

— Ah ! très-bien... ce farouche original. Le père de cette fille charmante... que tu...

Un signe de Robert interrompit Balthazar.

Les deux amis se regardèrent..... mon trouble leur échappa.

Le baron de Noirlieu... c'était le père de Régina.

— Je te comprends, Robert, — dit Balthazar à son ami...

— En de telles affaires, d'abord la discrétion, et puis encore la discrétion. Mais sois tranquille... Martin que voilà, et que je te recommande, est la simplicité, la probité en personne ; il a le bonheur d'être bête comme une oie... agile comme un daim... ponctuel comme une montre, ce qui fait de lui un messager sans égal... Je te demande donc ta protection pour Martin.

Robert jeta un instant les yeux sur moi avec une distraction dédaigneuse ; je baissai les yeux, tremblant qu'il ne me reconnût ; mais cette crainte fut vaine, et Robert dit à son ami :

— Qu'est-ce que c'est que ce garçon ?

— C'est mon garçon de recettes... — répondit Balthazar en se drapant dignement dans sa vieille robe de chambre, — un trésor de probité ; quoique je l'emploie, il n'a jamais manqué un liard, un centime... aux comptes qu'il me rend...

— J'en suis certain, — répondit Robert en riant, — et comme ses fonctions de garçon de recettes doivent lui laisser assez de loisirs, tu me permettras de le charger d'une commission.

— Je t'y autorise, Robert.

— D'abord donne-moi ce qu'il faut pour écrire.

— Tu sais bien, Robert, qu'il y a deux classes d'êtres privilégiés chez lesquels on trouve toujours des plumes tortillées en manière de cors de chasse et de l'encre à l'état de saumure. Ces deux classes d'hommes sont les portiers

et les poëtes. Or, comme poëte, voilà tout ce que je peux faire pour toi...

Et, d'un geste, Balthazar indiqua à son ami un pot à pommade, au fond duquel croupissait une sorte de limon noirâtre... Telle était l'épaisse viscosité de cette chose, qu'une plume ébarbée, rougée, s'y trouvait encore plantée.

— Maintenant, du papier... — dit Robert de Mareuil, en cherchant en vain ce qu'il demandait sur la table du poëte, et où se trouvaient en revanche une pantoufle, une carafe, une paire de pincettes et une redingote ; enfin, après de laborieuses recherches, les deux amis finirent par trouver une feuille de papier présentable ; l'encre fut convenablement délayée, le comte Robert de Mareuil se fit une place à l'un des bouts de la table si étrangement encombrée et se mit à écrire, tout en disant à son ami :

— Après tout, je ne sais pas trop si cette lettre me servira à grand'chose...

— D'abord, à qui écris-tu ?

— A mon cousin.

— Le baron de Noirlieu ?

— Lui-même...

— Et pourquoi ta lettre ne servirait-elle pas à grand'chose ?

— On dit que le baron est devenu à peu près fou.

— Ah bah ! Et pourquoi ?

— De chagrin...

— Quel chagrin ?

— Du chagrin dont Georges Dandin se plaignait à son beau-père et à sa belle-mère, — dit Robert de Mareuil, en regardant son ami d'un air d'intelligence.

Évidemment, tous deux croyaient ces paroles incompréhensibles pour moi.

— Tiens... tiens... tiens... ce pauvre baron, — dit Balthazar avec un accent de pitié comique ; — il est fou de cela... ça lui aura porté à la tête... — Puis, se reprenant :

— Pardonne à ton ami, ô Robert, cette plaisanterie de notaire ou de dentiste en bonne fortune... Mais, sérieusement, cette folie, si elle est réelle... doit te contrarier.

— Pourquoi cela ? — dit vivement Robert de Mareuil en relevant la tête.

— Mais... à cause... de... ce que tu sais bien...

— Au contraire, — dit Robert en regardant fixement le poëte.

— Comment, au contraire ?

— Certainement...

— Mais je te parle... de doña Elvire... ou, si tu l'aimes mieux, de doña Anna, don Juan ! — dit Balthazar.

— Précisément... — répondit Robert de Mareuil ; — une fois sur son piédestal, le Commandeur ne gêne personne.

— Ah ! bien !... très-bien !... alors je te comprends, — dit Balthazar Roger. — Mais il sera facile de t'assurer si le baron est réellement quasi-fou...

— Pas si facile... il y a là un vieux mulâtre... un certain Melchior... domestique de confiance... qui ne laisse pas facilement approcher du baron.

— On amadoue le Cerbère... et d'ailleurs on s'informe... Qui portera cette lettre ?

— Ce garçon... — répondit Robert de Mareuil en me désignant d'un léger mouvement de tête, sans discontinuer d'écrire.

— Une idée ! — s'écria Balthazar Roger.

Et, sans doute, méditant, mûrissant son idée, il se mit à se promener de long en large dans sa chambre, pendant que le comte Robert de Mareuil terminait sa lettre.

CHAPITRE XLVIII.

Martin devient le domestique de Robert de Mareuil et de Balthazar. — Le palais du poëte. — La lettre.

Il me fallut un grand empire sur moi-même pour rester en apparence complétement insensible et étranger à cet entretien, qui touchait pourtant à ce que j'avais de plus vif dans le cœur... J'allais savoir où demeurait le père de Régina, et peut-être l'apercevoir elle-même dans cette maison...

Grâce aux enseignements de Claude Gérard, je m'étais

assez familiarisé avec les chefs-d'œuvre de notre langue pour comprendre le sens de la comparaison empruntée à Don Juan par Balthazar et le comte de Mareuil ; il s'agissait de Régina. S'il était réel, le trouble de l'esprit de son père devait rendre celui-ci moins *gênant*.

Moins gênant ?... pour les projets de Robert, sans doute ? Mais quels étaient ces projets ?... C'est ce qui me restait à savoir et m'inquiétait vaguement.

Je croyais assez connaître Balthazar pour être sûr qu'il ne prêterait pas son concours à de mauvais ou indignes desseins ; mais j'ignorais le caractère, les antécédents de Robert de Mareuil. Tout ce que je savais de lui, c'est qu'il avait été arrêté trois mois auparavant. — Sortait-il de prison ? Balthazar ignorait-il cette arrestation ? Telles étaient mes pensées du moment.

Il m'importait trop de pénétrer ce que pouvait être Robert de Mareuil pour que je ne l'étudiasse pas sa physionomie avec la plus grande attention ; je me livrai à cet examen pendant que Robert écrivait et que Balthazar se promenait çà et là dans sa chambre d'un air méditatif.

En observant curieusement Robert de Mareuil, je remarquai seulement alors qu'il portait des vêtements çà et là blanchis ou lustrés par la vétusté ; un chapeau à reflets roux, des bottes éculées, un linge d'une blancheur douteuse. Cependant, tels étaient l'élégance naturelle et l'agrément des traits de ce jeune homme, que je n'avais pas été tout d'abord frappé de la pauvreté de son costume ; sa figure, sans être d'une beauté régulière, avait infiniment de charme et d'expression ; ses cheveux châtains, comme sa barbe soyeuse, ondoyaient naturellement : il avait le port de tête altier, le front élevé, les yeux vifs et hardis, tandis que sa lèvre légèrement pincée, son nez droit et effilé semblaient annoncer à la fois la résolution et la finesse.

L'ensemble de ce visage devait inspirer plutôt de l'attrait qu'un sentiment contraire, et cependant, par prévention ou par instinct, à quelques plissements de sourcils, à quelques clignements d'yeux, accompagnés de sourires légèrement sardoniques, dont Robert de Mareuil ne put se défendre en écrivant, sa physionomie me parut à plusieurs reprises trahir je ne sais quoi de faux, d'insidieux et de dur, dont je fus vivement frappé.

Je restais silencieux, immobile à la porte, prenant un air et un maintien aussi hébétés que possible, attendant la lettre de Robert de Mareuil, pendant que le poëte, allant et venant dans sa chambre, continuait de mûrir son idée ; enfin elle fut à terme, car, s'arrêtant soudain, il me dit :

— Martin... tu es un honnête et fidèle garçon...
— Monsieur... vous êtes bien bon...
— Je veux t'assurer une position honorable...
— A moi, Monsieur ?

Je crus ingénument qu'il allait être de nouveau question des vingt-cinq louis de pour-boire qui devaient me rendre un jour vingt-trois fois plus riche que Jacques Laffitte ; mais point. Balthazar Roger oubliait souvent, avec une modestie incroyable, les millions dont il douait sa féconde imagination et ceux qu'il prodiguait aux autres.

— Oui, Martin, — reprit-il, — je veux t'assurer une position honorable.
— Vous êtes bien bon, Monsieur.
— Dis-moi un peu... depuis que tu fais des commissions pour moi... je ne t'ai jamais payé... ce me semble ?
— Non, Monsieur... mais...
— Ne parlons plus de cette misère, tout se retrouvera... tout à l'heure... Maintenant, écoute-moi : M. le comte Robert de Mareuil, mon ami, va désormais habiter avec moi ; au lieu de l'avoir en manière de domestique de raccroc, nous préférons posséder un serviteur fidèle et dévoué ; veux-tu entrer chez nous comme notre serviteur ?
— Monsieur...
— Attends avant de me répondre..... Tu seras logé, nourri, blanchi, chauffé, éclairé, habillé, chaussé, ciré, coiffé... et estimé !... Tu auras cinquante francs de gages par mois... ils se capitaliseront et seront payés... tous les ans... avec les intérêts... or, tu n'as pas d'idée, Martin, de ce que c'est que la capitalisation des intérêts... et des intérêts des intérêts... En cinquante ans, avec tes seuls gages ainsi capitalisés, tu seras archimillionnaire. Cela te convient-il ?

Je ne pouvais échapper à la fatalité des millions... Vingt-trois fois riche comme Jacques Laffitte... archimillionnaire avec cinquante ans de gages capitalisés... c'était pour moi immanquable... Ce que je vis de plus clair dans la position de Balthazar, ce fut que l'excellent homme, se trouvant alors fort empêché pour me payer mes commissions, trouvait plus court et plus facile de me prendre pour domestique.

Avant l'arrivée du comte Robert de Mareuil j'aurais refusé l'offre du poëte, et en attendant le retour de la belle saison, époque à laquelle j'espérais trouver du travail comme charpentier, j'aurais changé de rue, afin de n'être pas tenté de me charger de nouveau et sans salaire des commissions de Balthazar, car, malgré sa folle exaltation, son cœur était si bon, son caractère si généreux, que je l'aimais beaucoup ; mais la présence de Robert de Mareuil, un vague sentiment de crainte au sujet de Régina, m'engagèrent à accepter, momentanément du moins, cette proposition ; si puis que fût ce lien qui allait me rattacher à l'existence de Régina, je le saisis, espérant pouvoir peut-être lui rendre quelque service à son insu, et continuer cette mission de dévouement obscur et inconnu d'elle, qui avait commencé par le culte du tombeau de sa mère...

Balthazar crut sans doute que je réfléchissais à sa proposition, car il me dit :

— Ne te presse pas de me répondre, Martin... mais qu'une fois prise... ta résolution soit immuable...

Craignant d'inspirer des soupçons si j'acceptais trop vite, je répondis en hésitant :

— Mais, Monsieur, je ne sais pas si je pourrai... il faut tant de choses pour être bon domestique...

— Tu possèdes toutes les qualités requises : tu es surtout simple et naïf... oui, tu es de ceux à qui le royaume des cieux est promis, et qui auront un jour une belle paire d'ailes blanches qui leur caresseront les reins pendant l'éternité. Le diable me garde des Frontin ! des Scapin ! des Figaro ! Tu ne sais pas ce que je veux te dire avec ces noms-là ? Tu me regardes d'un air stupide, mon brave Martin... Tant mieux... voilà ce que j'aime. Tu n'as qu'un défaut... c'est de savoir lire... mais au moins tu ne sais pas écrire ?

— Pardon, Monsieur... un peu.

— Tant pis... mais on ne peut être parfait. D'ailleurs avec de la suite et de l'application, tu peux parvenir à désapprendre très-joliment... Voyons, est-ce dit ? veux-tu être notre domestique ?

— Si vous croyez que je pourrai vous convenir, Monsieur... dame... moi je veux bien essayer.

— Tu es à nous, je te donne quarante-cinq francs de denier-à-dieu... ils seront capitalisés avec le reste...

— Merci, Monsieur.

— Il n'y a pas de quoi... Eh bien ! Robert, as-tu fini ta lettre ?... — dit Balthazar à son ami.

Et comme ce dernier, occupé de relire sa lettre avec une attention profonde, ne se pressait pas de répondre, Balthazar l'appela de nouveau.

— Robert... à quoi penses-tu ?

— Je relisais ce que je viens d'écre, — dit le jeune homme en pliant sa lettre.

Il fallait trouver de la cire, ou du moins des pains à cacheter : nouvel embarras ; il n'y en avait pas.

— Comment ! — dit Robert, — pas moyen de cacheter une lettre ? Comment fais-tu donc ?

— Je ne les cachette jamais, — répondit Balthazar avec une simplicité antique, — je défie qu'on les lise... je fais mieux... je le permets.

— Pardieu... je le crois bien... de pareils hiéroglyphes ; il faut avoir la clef de ton écriture... et encore, bien souvent, je suis réduit à deviner... à improviser... Mais moi qui n'ai malheureusement pas, comme toi, une écriture à l'abri des indiscrétions... je tiendrais absolument à cacheter cette lettre.

— J'ai notre affaire, — s'écria tout à coup Balthazar.

Et il alla chercher sur une commode un énorme rouleau de ce papier dont se servent les architectes pour dessiner leurs plans.

Ce rouleau contenait des plans, en effet.

— Que diable apportes-tu là ? — demanda Robert, fort étonné.

— C'est le plan du palais que je me fais bâtir, — répondit modestement Balthazar.

— Tu te fais bâtir un palais?

— Après-demain l'on commence... et je veux que ce soit toi... Robert, qui poses la première pierre, — dit Balthazar en serrant cordialement la main de son ami.

Puis, se tournant vers moi, le poëte ajouta gravement :

— Il faudra t'enquérir pour demain soir, sans faute, d'une truelle d'argent et d'une augette en ébène, nécessaires à cette cérémonie... N'oublie pas cette commission, Martin.

— Non, Monsieur, — répondis-je, avec ébahissement cette fois; je croyais au palais.

Mais Robert de Mareuil, connaissant mieux que moi, sans doute, les écarts et les échappées d'imagination de son ami, lui dit avec le plus grand sans-froid :

— Soit... je poserai après-demain la première pierre de ton palais... mais...

— Faubourg Saint-Antoine! — s'écria le poëte avec exaltation; — je veux faire dériver la population de ce côté... l'ancien quartier seigneurial de Paris. J'aurai des imitateurs... Nous fonderons une capitale dans la capitale;.. la capitale, c'est le pays;.. le pays, c'est la France;.. la France, c'est la tête de l'Europe... Je baptiserai ce nouveau quartier : *Quartier de l'Europe!!!*

— A la bonne heure, — dit Balthazar, craignant une nouvelle pointe de la vagabonde pensée du poëte, — tu bâtiras ton palais dans le faubourg Saint-Antoine... mais je te rappellerai qu'il s'agit de cacheter ma lettre...

— Justement, — dit Balthazar en haussant les épaules, et il déroula l'énorme feuille de papier, où se trouvait en effet le plan d'un splendide palais, entouré de jardins. Élévations, coupes, profils, rien n'y manquait. On y voyait aussi çà et là, ajoutées, de petites bandelettes de papier, soigneusement collées.

— Vois-tu ces bandelettes? — dit Balthazar à son ami.

— Balthazar, il s'agit d'une lettre à cacheter; je ne sors pas de là.

— Ces bandelettes sont des augmentations, des changements, que chaque jour j'ai apportés au plan primitif de mon palais... On écrit, on corrige un monument comme un poëme; un palais, c'est un poëme de marbre et de bronze, voilà tout...

— Balthazar... il s'agit d'une lettre à cacheter, — reprit imperturbablement le comte.

— Je le sais bien... c'est pour cela que je parle de ces bandelettes; je les colle... avec quoi?... Avec ce morceau de colle à bouche que voici... Hein? dis donc que je ne vais pas droit au fait!... Plus tard, nous causerons du palais; tu me donneras ton avis; j'ai à commander l'ornementation des jardins, cinquante ou soixante groupes ou statues du plus beau marbre pentélique... Je suis très-indécis. Pradier est charmant, plein d'élégance et de grâce... mais le ciseau de David est bien puissant... c'est large et sévère... Il y a aussi Duseigneur! Antonin Moyne, Barrye, qui sont remplis d'originalité. C'est le diable que de choisir... C'est comme pour les peintures... Delacroix, Paul Delaroche et Amaury-Duval se chargent de quelques-unes... Je voudrais avoir M. Ingres; mais M. le duc de Luynes l'accapare pour son château de Chevreuse, c'est désolant... Ah! Robert, Robert... — ajouta mélancoliquement le poëte, — que je comprends bien à cette heure tous les ennuis, tous les tracas des Médicis!

Robert de Mareuil, une fois en possession du précieux morceau de colle à bouche, s'était occupé de cacheter sa lettre de son mieux, paraissant prendre peu de part aux doléances du poëte, au sujet de l'ornementation de son palais. Quant à moi, je fus parfaitement convaincu; la vue du plan avec ces bandelettes rajoutées, et surtout la commande d'une truelle d'argent et d'une augette d'ébène pour la pose de la première pierre du palais, furent pour moi d'un effet irrésistible. Je commençai de croire Balthazar un de ces millionnaires au caractère bizarre qui se plaisent à cacher leurs trésors sous une pauvreté apparente; aussi le pour-boire de vingt-cinq louis qui m'était promis ne me parut plus trop fabuleux; mais de plus graves pensées m'occupèrent bientôt, car Robert de Mareuil, me remettant la lettre qu'il venait d'écrire, me dit :

— Sais-tu, mon garçon, où est la rue du Faubourg-du-Roule?

— Oui, Monsieur... à peu près... Il n'y a pas longtemps que je suis à Paris... mais je demanderai... et je la trouverai, bien sûr.

— Tu iras au numéro 119...

— Oui, Monsieur.

— Tu demanderas le baron de Noirlieu. D'ailleurs, tu sais lire... et le nom est sur l'adresse...

— Bien, Monsieur.

— Et mon idée... — s'écria Balthazar en interrompant son ami.

— Quelle idée?

— Savoir si réellement le baron est dans la position d'Hamlet ou d'Ophélie pour avoir été dans la position de Georges Dandin?

— Eh bien! — dit Robert, — comment s'en assurer?

Le poëte haussa les épaules et me dit :

— Une fois arrivé à l'hôtel du baron de Noirlieu... tu diras au portier que tu as à remettre une lettre au baron.

— Oui, Monsieur.

— Mais au baron lui-même... et tu ne la remettras qu'à lui, entends-tu bien?

— Dame! Monsieur, je tâche.

Balthazar se retourna vers son ami d'un air triomphant, et me montrant du geste :

— Quand je te disais que celui-là ne serait jamais un Frontin?

— Comment! — reprit Robert de Mareuil avec impatience, — tu ne comprends pas qu'on te demande de ne remettre cette lettre qu'au baron lui-même?

— Ah! si, Monsieur... j'y suis maintenant; je ne la donnerai à personne autre qu'à M. le baron.

— Enfin! — dit Balthazar. — Maintenant, autre chose... As-tu de la mémoire?

— Plaît-il, Monsieur?

— Trésor d'innocence, va!... Quand tu as vu ou entendu quelque chose, t'en souviens-tu ensuite?

— Oh! non, Monsieur; un ou deux jours après je ne me rappelle presque plus rien.

— Eh bien! tout en remettant ta lettre au baron... regarde-le attentivement, examine sa figure, observe bien ce qu'il fera, écoute bien ce qu'il dira en recevant ou en lisant la lettre... tâche surtout de te rappeler toutes ces choses-là... et tu reviendras tout de suite nous les dire... En si peu de temps tu ne les auras pas oubliées?

— Oh! non, Monsieur... tout de suite comme ça... Mais, demain, par exemple, je ne me rappellerai plus rien.

— Quand je te dis que j'ai découvert dans ce garçon... l'anti-Scapin! — s'écria Balthazar.

— Si l'on te demande de quelle part vient cette lettre, — ajouta l'ami du poëte, — tu diras que c'est de la part de M. le comte Robert de Mareuil, qui vient d'arriver...

Et Robert de Mareuil hésita un instant et reprit :

— Qui vient d'arriver... de Bretagne.

— De Bretagne, entends-tu bien? — me dit Balthazar, et il me parut qu'il retenait un violent éclat de rire; — de Bretagne? — reprit-il.

— Oui, Monsieur...

— Allons, va... dépêche-toi... — me dit Robert.

Puis il ajouta :

— Mais j'oubliais... si l'on refusait absolument de te laisser parler au baron... tu rapporterais la lettre... en disant au domestique que tu reviendras demain matin vers neuf heures.

— Oui, Monsieur.

— Et par la même occasion, — reprit Robert après un moment de silence, — tu remarqueras si, parmi les domestiques qui te recevront, il en est un qui soit mulâtre.

— Mulâtre; Monsieur? qu'est-ce que c'est?

— Un homme couleur de pain d'épice ou environ, — dit Balthazar.

— Ah! bien, Monsieur... je comprends.

— Et si, par hasard, — poursuit le comte Robert avec un certain embarras, — on t'introduisait auprès du baron... et que tu visses auprès de lui une jeune personne... grande... très-jolie... et qui a trois petits signes noirs sur le visage... tu vois qu'elle sera bien facile à reconnaître?

— Oui, Monsieur.

— Comment! pas même un verre de vin? — s'écria le cul-de-jatte. — Page 191.

— Eh bien! — reprit le comte, — tu remarqueras si cette jeune fille est bien pâle… si elle a l'air bien triste.
— Ça n'est pas malin, — ajouta le poëte.
— Bien sûr, Monsieur… quelqu'un qui est pâle et qui a l'air triste… ça se voit tout de suite…
— Alors, mon brave Martin, — dit Balthazar, — ouvre tes ailes… et file le long des escaliers.
Je me dirigeai vers la porte; mais, au moment de partir, je me ravisai; et m'adressant naïvement à Balthazar :
— Monsieur, où faudra-t-il m'adresser pour la truelle d'argent?
— Hein? — fit le poëte en ouvrant des yeux énormes.
— Oui, Monsieur, pour la truelle d'argent que je dois acheter?
— Tu dois acheter une truelle d'argent? — me répondit le poëte en me regardant.
— Et une augette d'ébène, Monsieur.
— Une augette d'ébène?…
Et le poëte n'en revenait pas.
— Eh! sans doute! — reprit Robert en partant d'un grand éclat de rire, — pour la pose…
— Quelle pose? — demanda le poëte, de plus en plus ébahi, en se retournant vers son ami.
— La pose de la première pierre…
— De la première pierre?
— De ton palais… tête sans cervelle.
— De mon palais?
— De ta capitale… dans la capitale… de ton quartier de la Nouvelle-Europe… A quoi diable penses-tu, Balthazar?
— Eh!… parbleu! tu ne peux pas me dire cela tout de suite? — s'écria le poëte. — Vous êtes là tous les deux à égrener les mots un à un comme un chapelet… Certainement il faut que Martin m'achète la truelle et l'augette consacrées!

— Monsieur, où ça se vend-il?… — demandai-je au poëte, — et puis je n'ai pas d'argent…
— Un instant! — s'écria Balthazar, comme s'il eût été frappé d'une réflexion subite. — Quel jour est-ce après demain?…
— Nous sommes aujourd'hui mardi, — lui dis-je naïvement, — c'est après demain jeudi!
— Jeudi!!! la veille d'un vendredi! — s'écria le poëte avec une explosion d'épouvante et d'indignation, — poser la première pierre de mon palais la veille d'un vendredi… c'est donc pour qu'il s'écroule sur ma tête… Fatalité! quel augure!… quel triste pronostic!…
Et il ajouta lentement, et d'un ton pénétré :
— Non, Martin, non, ne rapporte ni truelle ni augette… mon garçon, à moins que tu ne tiennes à voir ton pauvre maître enseveli un jour sous les décombres de son palais.
— Oh! Monsieur…
— J'étais sûr de ton cœur… Va donc faire ta commission et reviens au plus vite…
— Je pars, Monsieur, — lui dis-je en me dirigeant vers la porte.
Et au moment où je la fermais, j'entendis la voix du poëte répéter :
— La veille d'un vendredi… Jamais! je suis sur ces choses-là aussi superstitieux que Napoléon!!!

Je me dirigeai vers le faubourg du Roule avec une impatience fiévreuse, dévorante…
L'adresse du baron de Noirlieu était aussi l'adresse que j'avais vue écrite sur le parchemin, orné d'une couronne royale et de figures symboliques… parchemin trouvé par moi dans le portefeuille qui contenait les lettres de la mère de Régina.

J'étais encore baissé vers l'amas d'armes, lorsqu'une main s'appuya sur mon épaule. — Page 193.

CHAPITRE XLIX.

L'hôtel du baron de Noirlieu. — Le mulâtre. — Le comte Duriveau. — Régina.

J'arrivai bientôt à l'extrémité du faubourg du Roule, où se trouvait la maison du père de Régina : je ne vis d'abord au dehors qu'un long mur, au milieu duquel s'ouvrait une porte-cochère; non loin de cette porte stationnait une voiture, attelée de deux superbes chevaux; en m'approchant, il me sembla reconnaître la même livrée brune et bleue à galons d'argent que portaient les gens du vicomte Scipion Duriveau, lors de la scène de la forêt de Chantilly.

Frappé de cette rencontre, désireux d'éclaircir mes doutes, je m'adressai au cocher, et, feignant d'être ébloui de la beauté de son attelage, je lui dis :

— Cette superbe voiture, ces magnifiques chevaux, n'appartiennent-ils pas à M. le comte Duriveau, Monsieur?

— Oui, — me répondit dédaigneusement le cocher.

Mon intérêt, ma curiosité redoublaient. Claude Gérard m'avait parlé du comte Duriveau avec une telle aversion; il me l'avait peint sous de si noires couleurs, que mon inquiétude s'augmentait en songeant aux motifs qui pouvaient appeler le comte chez le père de Régina; car, alors je me rappelai que l'inconnu du cabaret des Trois-Tonneaux m'avait parlé d'un homme d'un *âge mûr* qui était aussi son rival auprès de Régina.

Sous l'influence de ce redoublement d'intérêt et de curiosité, je frappai à la porte-cochère; l'on m'ouvrit. Ne voyant pas de loge de portier, je me dirigeai vers un grand pavillon carré, situé entre cour et jardin. Aussitôt parut, sur les premières marches d'un large perron, ce domestique mulâtre qui accompagnait d'habitude Régina lors de ses voyages pour assister à chaque anniversaire de la mort de sa mère : ce mulâtre était vêtu de noir; il avait l'air dur et sombre.

— Que voulez-vous? — me dit-il brusquement en me barrant la porte.

— Je voudrais, Monsieur, parler à M. le baron de Noirlieu.

Le mulâtre me regarda des pieds à la tête comme s'il eût été surpris de mon audacieuse prétention, et me répondit en me tournant le dos :

— M. le baron ne reçoit personne.

— Mais, Monsieur, j'ai une lettre à lui remettre.

— Une lettre? — reprit-il en se retournant, — c'est différent... où est-elle?

— J'ai l'ordre, Monsieur, de ne la remettre qu'à M. le baron lui-même...

— Je vous ai dit que M. le baron ne recevait personne... Donnez-moi cette lettre.

— Impossible, Monsieur... elle est très-importante, et je ne puis la donner qu'à M. le baron lui-même...

— Si vous ne voulez pas me la donner, mettez-la à la poste, — répondit le mulâtre d'un ton bourru.

— Je ne peux pas, Monsieur, il me faut une réponse tout de suite... Si je ne peux voir aujourd'hui M. le baron, indiquez-moi l'heure à laquelle je pourrai revenir demain.

— A-t-on vu un pareil entêté? — s'écria le mulâtre courroucé. — Je vous répète que vous ne pouvez voir M. le baron ni aujourd'hui, ni demain, ni après : est-ce clair?... Une dernière fois, votre lettre, ou allez-vous-en.

— M. le comte Robert de Mareuil, qui m'envoie, — repris-je en observant attentivement les traits du mulâtre, — m'a ordonné de...

Le mulâtre ne me laissa pas achever. Tressaillant au nom de Robert de Mareuil, il s'écria :

— M. de Mareuil est à Paris!!!

J'allais répondre, lorsque le bruit de plusieurs portes qui se fermaient, et des pas qu'il entendit derrière lui, firent retourner vivement le mulâtre. Au même instant, je vis sortir du vestibule de la maison un homme, jeune encore, d'une tournure et d'une mise élégantes, d'une figure très-caractérisée, dont l'expression me parut hautaine et dure.

— Monsieur le comte veut-il que je fasse entrer sa voiture dans la cour? — reprit respectueusement le mulâtre.

Plus de doute, ce personnage était le comte Duriveau.

— Non, c'est inutile, Melchior, — répondit affectueusement le comte.

Puis il ajouta, en continuant de marcher, et tout en descendant le perron :

— Écoutez... j'ai à vous parler...

Et le comte gagna ainsi lentement la porte cochère, accompagné du mulâtre auquel il parlait bas avec une certaine animation.

Profitant du moment de liberté que le hasard me laissait, je jetai de côté et d'autre des regards furtifs, curieux, inquiets; Régina habitait sans doute cette maison... je tâchai de plonger mon regard au delà du vestibule d'où était sorti le comte Duriveau, mais je ne pus rien distinguer.

Soudain dans l'intérieur du rez-de-chaussée de la maison dont les fenêtres s'ouvraient au niveau du perron, un bruit de voix s'éleva peu à peu, comme si deux personnes eussent discuté très-vivement; presque au même instant, une des fenêtres s'ouvrit violemment à quelques pas de moi, et Régina y parut la joue enflammée, les yeux brillants de larmes, la physionomie à la fois altière et douloureusement irritée.

— Non, non, — s'écria-t-elle d'une voix altérée; — jamais !!!

Puis la jeune fille, passant sa main sur son front et semblant chercher à calmer son émotion, s'accouda un instant sur le balcon de la fenêtre, comme si elle eût voulu à la fois mettre un terme à un entretien qui l'indignait, et rafraîchir son front brûlant au froid contact de l'air du dehors.

Le mulâtre et le comte Duriveau, continuant de s'entretenir sous la voûte de la porte cochère, n'avaient ni entendu le bruit de la fenêtre qui s'ouvrait, ni aperçu Régina.

Jamais celle-ci ne m'avait paru d'une beauté plus imposante; ses longs cheveux noirs, tressés en deux nattes épaisses, encadraient son visage pur, chaste et fier comme celui de la Diane antique; une robe noire très-simple, dessinant sa taille noble et svelte, complétait l'austère ensemble de la figure de cette jeune fille.

Je la contemplais avec une sorte d'admiration craintive, respectueuse, et, involontairement, mes yeux se mouillèrent de larmes quand je me dis :

— Pauvre malheureux, cache cet amour qui est ta vie, ta force, ta persévérance dans le bien, ta haine contre le mal; cache-le, cet amour, au plus profond de ton cœur; que cette unique divinité de ton âme ignore à jamais que tu la pries, que tu l'invoques, que tu l'implores, que tu te dévoues pour elle... autant que peut lui être utile le dévouement inconnu d'une créature obscure et misérable comme toi.

Régina, sans doute sous l'empire d'une violente émotion, ne m'avait pas aperçu, car elle regardait en face d'elle, et je ne la voyais que de profil, à demi caché que j'étais dans l'embrasure de la porte; mais ayant, par hasard, tourné la tête de mon côté, la jeune fille se retira brusquement, et la fenêtre se referma aussitôt.

Ce mouvement fut si rapide, qu'il était impossible que Régina m'eût seulement regardé; elle avait vaguement aperçu quelqu'un là... et elle s'était à l'instant retirée.

Tout ceci se passa en si peu de temps, que lorsque le mulâtre, après avoir respectueusement salué le comte Duriveau, en suite de son entretien avec lui, eut ouvert la porte cochère, Régina avait disparu et la fenêtre était fermée.

Le comte Duriveau allait sortir; déjà il avait le pied sur le seuil, lorsque, se retournant vers le mulâtre qui revenait à moi, mécontent sans doute de m'avoir laissé ainsi seul, il lui dit à voix assez haute pour que je l'entendisse :

— Melchior... j'ai oublié de vous prier de rappeler au baron que je viendrai demain à deux heures le prendre, ainsi que mademoiselle Régina, pour aller au Louvre.

— Je n'y manquerai pas; monsieur le comte peut y compter, — dit Melchior en se retournant vers M. Duriveau.

Celui-ci sortit. Le mulâtre vint rapidement à moi.

— Pourquoi êtes-vous resté à cette porte? — me dit-il d'un air défiant.

— Dame!... Monsieur... je vous attendais là, ne sachant pas où aller.

— Il fallait descendre dans la cour, et ne pas rester sur le perron.

Puis, après un moment de silence :

— Ne m'avez-vous pas dit que vous veniez apporter à M. le baron une lettre de M. Robert de Mareuil?

— Oui, Monsieur.

— Y a-t-il longtemps que M. Robert de Mareuil est à Paris? — me demanda Melchior, en attachant sur moi un regard pénétrant.

— Il est arrivé ce matin, Monsieur.

— Où demeure-t-il?

— Rue de Provence, hôtel de l'Europe, Monsieur.

— Êtes-vous à son service?

— Non, Monsieur... je suis commissionnaire.

Melchior réfléchit un instant, et me dit :

— Et cette lettre?...

— La voici, Monsieur... mais j'ai ordre de ne la remettre qu'entre les mains de M. le baron.

— Suivez-moi, — me répondit Melchior, et il passa devant moi.

Je le suivis, traversant le vestibule; puis il tourna dans un corridor, ouvrit la porte d'une espèce de salon d'attente, me fit signe d'y rester, et entra dans une autre pièce.

Le salon dans lequel je me trouvais était simplement meublé, et les murs disparaissaient presque entièrement derrière de nombreux tableaux de famille, remontant par leurs costumes jusqu'à des temps bien reculés, car sur le fond noir d'un des portraits représentant un cavalier portant casque et cuirasse, je vis écrit en lettres blanches : *Gaston V, sire de Noirlieu*, 1220. Sur presque tous ces portraits étaient blasonnées, dans un cartouche, les armes de cette antique maison, avec cette devise, souvent répétée : *Fort et fier*.

Cette devise me rappela l'expression énergique et altière que je venais de remarquer sur la figure de Régina, digne fille de cette race.

Au bout de quelques instants, le mulâtre reparut, et me dit ironiquement :

— Ainsi que je vous en avais prévenu, M. le baron ne peut recevoir personne ni aujourd'hui, ni demain, ni après; laissez-moi donc cette lettre, sinon mettez-la à la poste.

Je sentis l'inutilité d'insister, et je me retirai sans laisser ma lettre, accompagné du mulâtre qui ferma la porte sur moi.

Néanmoins, en un quart d'heure, j'avais appris bien des choses; j'ignorais encore si elles devaient intéresser mon maître, Robert de Mareuil, autant qu'elles m'intéressaient moi-même.

Ainsi, je savais d'abord que le comte Duriveau, homme orgueilleux, égoïste et dépravé (je pouvais en croire Claude Gérard), paraissait dans des rapports assez intimes avec le baron et Régina, puisque, le lendemain, il devait les conduire au Louvre : preuve évidente que la raison du baron ne devait pas être bien dangereusement troublée, puisqu'il se proposait d'aller voir l'exposition des tableaux.

Puis, Régina semblait avoir eu, ce jour-là même et aussitôt après le départ du comte Duriveau, une discussion très-vive avec le baron, sans doute discussion bien pénible puisque la jeune fille, les yeux remplis de larmes, avait brusquement terminé l'entretien en énonçant un refus plein de résolution.

Enfin, le baron ne semblait pas avoir pour son jeune cousin, Robert de Mareuil, une sympathie fort grande, à en juger du moins par la froideur avec laquelle il avait accueilli mon message... En réunissant à ces faits le souvenir de l'inconnu du cabaret des Trois-Tonneaux, je ressentais une vague impression de crainte pour cette jeune fille; peut-être sa main était-elle convoitée par ces trois personnages :

Le comte Duriveau, dont Claude Gérard m'avait révélé l'odieux caractère;

Cet inconnu qui se cachait sous des vêtements misérables pour aller s'enivrer d'eau-de-vie dans les bouges et les cabarets des barrières;

Robert de Mareuil... récemment prisonnier... pauvre en apparence, et qui, je ne sais pourquoi, m'inspirait une défiance involontaire...

Mais, hélas! en admettant que les poursuites de l'un de ces trois prétendants pussent être couronnées d'un succès funeste peut-être pour Régina... quel moyen avais-je de la protéger contre des gens si riches, ou si haut placés dans le monde? moi, si misérable et si obscur, moi qui, dans l'espoir de me rattacher à mademoiselle de Noirlieu par le lien le plus fragile, venais d'accepter la domesticité chez le comte Robert de Mareuil.

A ces questions, mon découragement parfois devenait écrasant; pourtant une voix secrète me disait de ne pas abandonner Régina, et que, si humble que fût mon dévouement, il ne lui serait peut-être pas inutile, puisque le hasard m'avait fait du moins connaître les gens dont elle pouvait avoir à redouter les poursuites, ou dont elle ignorait sans doute les vices cachés ou les projets ténébreux.

Après de mûres réflexions, et tout en gagnant à la hâte la demeure de Balthazar, je me traçai la ligne de conduite suivante:

Tâcher d'abord de pénétrer quels étaient les desseins du comte Robert de Mareuil sur Régina, observer, étudier sincèrement, loyalement et sans injuste parti pris la conduite de ce jeune homme; tâcher aussi de savoir quelles pouvaient être les vues du comte Duriveau, et user de tous les moyens que le hasard ou les circonstances pourraient me suggérer, afin de retrouver les traces de l'inconnu du cabaret des Trois-Tonneaux. Pour arriver à ces fins, je me promis, dans mon prochain entretien avec Robert de Mareuil, de raconter, de cacher, ou même de dénaturer au besoin les divers incidents dont je venais d'être témoin dans la demeure du baron de Noirlieu.

Je pris cette résolution sans hésitation, sans remords... Robert de Mareuil avait voulu faire de moi l'instrument aveugle de je ne sais quels desseins, en m'engageant à observer et à lui rapporter ce qui se passerait chez le baron en ma présence. Cette incitation à une basse manœuvre, que j'eusse repoussée s'il n'eût pas été question de Régina, me donnait le droit d'agir sans scrupule envers Robert de Mareuil.

Et puis, enfin, mes intentions étaient pures, droites, loyales... sans la moindre jalousie, sans la moindre arrière-pensée d'intérêt personnel; plus que jamais, je renonçais au stupide et fol espoir, non-seulement d'être remarqué de Régina, mais d'être même connu d'elle; aussi, je l'avoue, je trouvais une sorte de charme mélancolique à cette pensée de poursuivre toujours, invisible, ignoré, mes preuves de dévouement, de respect et d'adoration envers mademoiselle de Noirlieu, qui dataient des funérailles de sa mère.

. . . .

Balthazar, avec une confiance digne de l'âge d'or, et aussi motivée peut-être par l'absence de tout objet digne d'être convoité par les voleurs, Balthazar laissait toujours la clef sur sa porte. J'entrai donc dans la petite pièce qui précédait la chambre à coucher du poëte, et j'entendis celui-ci s'écrier avec ces exclamations admiratives et exagérées qui lui étaient habituelles:

— On dit qu'elle est magnifique... étourdissante... renversante... d'avance j'adorerais cette créature... je l'idolâtre, rien que pour son nom... ce nom est tout un poëme!!!

J'entrai dans la chambre au risque d'interrompre le monologue du poëte, mais ma présence ne calma pas son exaltation.

— Oui, ce nom est un poëme... tout un poëme... — s'écriait Balthazar en marchant à grands pas; — c'est plus qu'un poëme... c'est un caractère... c'est un portrait... Duparc l'a vue aux Funambules dans un bout de rôle, il dit que c'est un diamant caché qui ne peut tarder à étinceler de tout son éclat!

— Eh bien... le baron? — me dit vivement Robert de Mareuil, qui, préoccupé de pensées graves, semblait impatienté des folles exclamations de son ami.

— Avant de répondre, — s'écria Balthazar, — écoute-moi, je t'en fais juge, anti-Frontin; je veux faire une expérience sur ton intelligence si honorablement bornée.

— Trêve de folies! laisse-le d'abord me rendre compte de sa commission, — dit vivement Robert; — c'est très-important.

— Je te rends Martin dans une seconde, prête-le-moi un instant, — dit Balthazar, et s'adressant à moi: — Voyons, Martin, réponds, quel effet te fait ce nom: BASQUINE?

La question fut si imprévue, mon saisissement tel, que je reculai d'un pas en regardant le poëte avec stupeur.

— Vois-tu, — s'écria Balthazar triomphant, — quand je te dis qu'il y a des noms fulgurants même pour les natures les plus rebelles à toute électricité morale.

Robert de Mareuil haussa les épaules.

Mon premier étonnement passé, je sentis tout le danger qu'il y aurait pour moi à inspirer la moindre défiance à mes nouveaux maîtres. Je ne sais quelle inspiration me dit que, dans cette circonstance, je ne pouvais agir plus adroitement qu'en disant à peu près la vérité; aussi je répondis:

— Ah! mon Dieu! Monsieur... ce nom... si vous saviez...

— Ce nom t'éblouit, n'est-ce pas? — s'écria le poëte; — il miroite à tes yeux comme une jupe rose étoilée d'argent... Ce nom brille, tourne, fourmille à ton esprit comme un tourbillon de paillettes d'or, hein?

— Non, Monsieur, ce n'est pas cela, — lui dis-je; mais ça m'a fait un grand saisissement quand vous m'avez dit ce nom...

— Et pourquoi? — me demanda Balthazar, pendant que le comte frappait du pied avec une impatience croissante.

— Étant enfant, — répondis-je au poëte, — j'ai connu une petite fille à qui on avait donné ce nom-là... Elle chantait comme un rossignol, et elle dansait comme une fée; elle était blonde... avec des yeux noirs.

— Fatalité! — s'écria Balthazar. — Cette merveille d'art, d'expression, de poésie... qui, aujourd'hui obscure encore, éclatera peut-être demain aux yeux de tous comme une bombe lumineuse... Basquine a été saltimbanque! Robert, il faut aller dès ce soir aux Funambules... Nous la révèlerons aux crétins qui l'ignorent, nous lui décernerons un triomphe... une apothéose!!!

Robert de Mareuil, poussé à bout par les excentricités de son ami, lui dit d'un ton triste et peiné:

— Balthazar... tu oublies trop qu'il s'agit pour moi d'une affaire... plus que sérieuse.

— Pardon, mon ami, j'ai tort, — répondit Balthazar avec un accent pénétré. — Appelle-moi fou, mais non pas égoïste. — Puis, se tournant vers moi: — As-tu vu le baron?

— Non, Monsieur.

— J'en étais sûr, — s'écria Robert avec dépit, — c'est le mulâtre qui t'a reçu!

— Oui, Monsieur... j'ai insisté beaucoup, et le mulâtre m'a...

Puis m'interrompant:

— Vous m'avez recommandé, Monsieur, de bien regarder ce qui se passerait... et de m'en souvenir si je le pouvais.

— Certes... eh bien! que s'est-il passé?

— Voyez-vous, Monsieur, ça me brouille de ne pas commencer par le commencement afin de dire les choses à mesure...

— Allons, mon garçon, commence par le commencement, — me dit le poëte, — c'est rococo en diable, mais tu as l'encolure classique... Voyons... dis.

CHAPITRE L.

Le passage Bourg-l'Abbé. — Les rencontres.

— Eh bien! Monsieur, — dis-je à Balthazar, — je suis arrivé rue du Faubourg-du-Roule, j'ai frappé, l'on m'a ouvert, je suis... entré... le mulâtre est venu; il m'a demandé ce que je voulais. — Remettre en mains propres une lettre à M. le baron de Noirlieu. — On ne peut pas voir M. le baron, — m'a répondu le mulâtre. — A ce moment-là, comme j'étais sur le perron avec le mulâtre, il est sorti de la maison un monsieur encore jeune et très-bien mis; il a parlé au mulâtre, qui l'a appelé M. Du... Du... — et je feignais de rassembler mes souvenirs, — Du... Duri...

— Duriveau!... — s'écria Robert de Mareuil avec autant d'étonnement que d'inquiétude; puis, il ajouta : — Le comte Duriveau... est grand... brun... a l'air dur. N'est-ce pas?

— Oui, Monsieur, c'est bien le nom de ce monsieur et sa figure.

Robert de Mareuil regarda le poëte, et lui dit, en secouant la tête :

— Tu connais la volonté de fer de ce diable d'homme; il est puissamment riche. Rien pour moi ne serait plus dangereux que...

Mais, s'interrompant par réflexion, Robert de Mareuil reprit, en s'adressant à moi :

— Continue. Pendant que tu parlais au mulâtre, le comte Duriveau est sorti de chez le baron?

— Oui, Monsieur, et le mulâtre l'a accompagné jusqu'à la porte. Alors, ce monsieur a dit au mulâtre de rappeler à M. le baron qu'il viendrait le lendemain, sur les deux heures, le chercher pour aller au Louvre avec mademoiselle Re... Re...

— Régina... — s'écria Robert.

— Oui, Monsieur... c'est bien ce nom-là...

— Ah! ah!... demain... à deux heures... au Louvre... — dit Robert avec une sorte de satisfaction mêlée de dépit. — Très-bien! l'on y sera; c'est bon à savoir. Le baron n'est donc pas devenu si sauvage ou si fou qu'on veut bien le dire. A merveille! demain l'on sera au Louvre.

Et m'adressant de nouveau la parole, le comte ajouta :

— Mon garçon, tu vaux ton pesant d'or, malgré ton air niais. Continue : après le départ de Duriveau, tu es resté avec le mulâtre?

— Oui, Monsieur.

— Et que t'a-t-il dit?

— Comme je voulais absolument remettre ma lettre au baron, le mulâtre m'a dit que son maître ne recevait personne; mais j'ai tant fait qu'à la fin le mulâtre m'a conduit dans un salon où il y avait beaucoup de portraits; là, il m'a fait attendre.

— Et tu as vu le baron, enfin?

— Oh! non, Monsieur; au bout de quelques instants, le mulâtre est revenu, et il m'a dit avec un drôle d'air : — Si vous ne voulez pas laisser la lettre, que M. le comte de Mareuil écrive à M. le baron par la poste; il lui répondra. Là-dessus, sans vouloir rien entendre, le mulâtre m'a reconduit jusqu'à la porte.

— Toujours la même rancune, ou la même défiance, — dit Robert, en s'adressant au poëte, qui, fidèle au mutisme qu'il s'était imposé pour ne pas interrompre son ami, baissa la tête en signe d'assentiment.

— Et tu n'as pas vu de jeune fille dans la maison? — reprit Robert.

— Non, Monsieur...

— Tu n'as rien remarqué de particulier?

— Non, Monsieur... seulement en sortant...

— Eh bien! en sortant?

— C'est-à-dire quand j'ai été sorti...

— Voyons... dis donc vite!

— J'étais à quelques pas de la porte lorsqu'une superbe voiture s'y est arrêtée; alors je ne sais pas si j'ai bien fait, Monsieur; mais comme vous m'aviez dit de tout observer... j'ai regardé qui descendait de cette belle voiture.

— Tu as parfaitement bien fait, — me dit vivement Robert. — Et qui est descendu de cette voiture?

— Un monsieur d'une figure très-douce et très-jolie, bien plus jeune que le comte Duriveau, moins grand que lui, mais aussi très-bien mis...

Et pour compléter cette fable, je dépeignis, autant que cela me fut possible, l'inconnu du cabaret des Trois-Tonneaux, espérant qu'il serait peut-être connu de Robert de Mareuil; j'aurais ainsi appris par ce dernier quel était cet homme singulier que j'avais tant d'intérêt à connaître.

Mon espoir fut déçu; malgré les détails minutieux dans lesquels j'entrai à propos de ce personnage, le comte de Mareuil, après m'avoir écouté avec une grande attention et une anxiété visible, me dit :

— Je ne connais pas cet homme... As-tu remarqué la couleur de sa livrée?

— Monsieur? — dis-je, en feignant de ne pas comprendre cette question.

— As-tu remarqué de quelle couleur étaient les habits de ses domestiques? — reprit Robert.

— Oh non!... je ne regardais que le monsieur...

— Cela est fâcheux... Cette remarque aurait pu m'être utile, — dit Robert en réfléchissant. — Tu n'as rien observé autre chose?

— Non, Monsieur.

— Cherche... Souvent les moindres choses sont significatives... pour qui a intérêt à les comprendre...

— Non, Monsieur... je ne me souviens de rien... J'ai beau chercher... Ah!... pourtant si... si... je me rappelle...

Et j'eus recours à une nouvelle fable pour irriter encore la jalousie de Robert de Mareuil; je voulais le rendre aussi ardent que moi à découvrir quel était cet inconnu.

— Dis vite... — reprit le comte.

— Un des domestiques, celui qui était monté derrière la voiture de ce monsieur, a dit à celui de devant...

— Au cocher?

— Oui, Monsieur; il a dit au cocher, quand le jeune homme a été descendu : « Nous en voilà, comme à l'ordinaire, pour une ou deux heures d'attente... »

— Comme à l'ordinaire... pour une ou deux heures d'attente! — s'écria le comte de Mareuil. — Ce domestique a dit cela? Mais c'est très-important à savoir.

— Dame, Monsieur, moi, j'en ignore.

— Mais, butor, cela prouve que ce jeune homme vient d'habitude dans cette maison.

— C'est possible, Monsieur...

— Il faut absolument que d'ici à trois ou quatre jours au plus, tu saches quel est ce jeune homme, me dit Robert de Mareuil après quelques moments de réflexion. J'en avais venu à mes fins... j'avais rendu le comte aussi désireux que moi de pénétrer ce mystère, et il devait ainsi m'aider dans mes recherches.

— Oui, — reprit-il, — il faut que tu découvres quel est ce jeune homme.

— Moi, Monsieur, et comment voulez-vous que je fasse?...

Robert de Mareuil resta un moment pensif, et me dit :

— A partir de dix ou onze heures du matin, tu t'établiras dès demain auprès de la maison du baron... tu examineras toutes les personnes qui entreront chez lui, et tu observeras si parmi elles se trouve ce jeune homme dont tu m'as parlé. S'il y vient en voiture, rien de plus facile que savoir qui il est.

— Comment cela, Monsieur?

— En interrogeant les domestiques, en leur demandant le nom de leur maître.

— Oh! Monsieur... moi... je n'oserai pas... et puis ils ne voudront pas me le dire...

— S'ils refusent de te répondre, il y aura un moyen très-simple de faire parler ces gens, — reprit Robert. — Cet homme, dis-tu, est jeune, élégant et beau?

— Oui, Monsieur, très-beau, très-beau de figure.

Robert fronça le sourcil et ajouta :

— Eh bien! tu diras d'un air mystérieux à ses gens que tu viens de la part d'une très-jolie femme qui a remarqué leur maître, et qui voudrait savoir son nom et son adresse. Il est impossible, alors, que les domestiques ne te le disent pas. Comprends-tu bien?

— Mais, Monsieur, puisque ce n'est pas vrai... — dis-je à Robert d'un air niais et embarrassé. — Il faudra donc que je mente?

— Bravo, anti-Frontin! — s'écria Balthazar, ne pouvant rester muet plus longtemps, — tout à l'heure tu m'effrayais, tu tournais légèrement au Figaro, mais ce dernier trait me rassure! Aussi, — s'écria le poëte avec une exaltation croissante, — aussi j'élève tes gages à quinze mille livres tournois pour cette vertueuse réponse, — s'écria Balthazar. — Seulement, tu me fourniras de tire-bottes, d'allumettes chimiques, de cirage et de faux-cols.

— Mais, Monsieur, si ce jeune homme ne vient pas en

voiture? — dis-je à Robert, — comment parler à ses domestiques?

— S'il vient à pied, tu attendras qu'il sorte et tu le suivras...

— Où cela, Monsieur?

— Partout où il ira... il faudra bien qu'il couche quelque part.

— Ah! ça c'est vrai, — dis-je d'un air fin et triomphant, — et comme on ne couche que chez soi... je saurai bien où il demeure.

— On ne couche que chez soi! — s'écria Balthazar épanoui. — Martin, pour rémunérer ta chaste croyance, je porte tes gages à soixante mille livres tournois; mais tu me fourniras de chaussettes, de socques articulés, de bretelles, de sous pour passer le pont des Arts, et tu m'offriras cinq melons dans la primeur...

— Vous êtes bien bon, Monsieur, — dis-je au poète; puis, m'adressant au comte : — Une fois que je saurai où demeure ce monsieur, je ne saurai pas son nom pour cela.

— Tu entreras chez le portier, tu lui dépeindras l'homme qui est rentré le soir, et tu lui demanderas son nom... je te trouverai un prétexte.

— Ah! Monsieur... comme vous êtes donc malicieux! — m'écriai-je avec admiration.

— Maintenant, autre chose, — me dit Robert de Mareuil en me remettant une lettre probablement écrite pendant mon absence. — Tu vas porter ceci passage Bourg-l'Abbé, chez le nommé Bonin, marchand de jouets d'enfants.

A ce nom de *Bonin*, de vagues souvenirs me revinrent à l'esprit; il me semblait avoir déjà entendu prononcer ce nom; mais je ne pus me rappeler dans quelle circonstance, et à quelle personne il appartenait.

— Il n'en sera pas de cette lettre comme de celle du baron, — me dit Robert de Mareuil, — tu la remettras à M. Bonin lui-même, il ne sort guère de sa boutique... et il te donnera une réponse.

— Bien, Monsieur.

— Allons, va... et reviens vite...

— Et tu diras, en revenant, au petit traiteur de la rue Saint-Nicolas d'apporter à dîner... pour deux, — me dit majestueusement Balthazar, — car nous te nourrissons, Martin, nous te logeons... et nous t'habillerons quand tes vêtements, encore excellents, seront usés... tu coucheras dans l'antichambre; le buffet te servira de commode; je te prêterai ma peau d'ours de Sibérie, en attendant que je t'aie organisé un lit convenable; tu dormiras là comme un roi.

— Oh! je ne suis pas difficile, Monsieur, — lui dis-je. — En rentrant, je prendrai à mon garni le peu d'effets que je possède; je me trouverai bien partout où vous me mettrez.

— Allons, dépêche-toi... me dit Robert de Mareuil, — tu attendras M. Bonin, dans le cas où il ne serait pas rentré.

— Bien, Monsieur. — Et je sortis.

J'arrivai passage Bourg-l'Abbé, passage triste, sombre s'il en est ; au moment où j'y entrais, je fus assez violemment heurté par un tout jeune homme qui venait de s'élancer d'un élégant cabriolet, pendant que le groom se tenait à la tête d'un beau cheval impatient et fougueux. Après m'avoir adressé une légère excuse, ce jeune homme ou plutôt cet adolescent, d'une figure imberbe et assez vulgaire, mais vêtu avec beaucoup de recherche, passa devant moi : je le suivis en cherchant des yeux la boutique de jouets d'enfants.

Au moment où je venais de la découvrir, j'y vis entrer l'adolescent qui était descendu de cabriolet devant moi ; je le trouvai auprès du comptoir lorsque je m'y présentai à mon tour : deux autres personnes attendaient dans cette boutique; la première était un chasseur portant le couteau de chasse en sautoir, les épaulettes d'argent et le tricorne empanaché de plumes de coq : la seconde une fort jolie fille qui me parut une fringante soubrette, à en juger du moins par sa mine éveillée, son frais petit bonnet, son tablier bien blanc et sa mise proprette. Le chasseur, grand garçon leste et dégourdi, me parut en conversation réglée avec la femme de chambre, assise à ses côtés; tandis qu'une vieille au teint jaune et ridé, à l'air revêche, aux yeux gris perçants, était pour ainsi dire accroupie derrière le comptoir.

L'adolescent dont j'avais été précédé s'approcha de cette mégère et, à ma grande surprise, il lui adressa la parole avec une sorte de déférence affectueuse.

— Bonjour, ma chère madame Laridon, — lui dit-il, — comment vous va?

— Si vous venez pour l'affaire, — dit la vieille d'un ton maussade, — vous pouvez vous en retourner... ça ne se peut pas.

— Comment? — s'écria l'adolescent, qui me parut cruellement désappointé; — hier c'était convenu...

— Hé bien ! aujourd'hui c'est déconvenu... voilà.

— Mais, ma chère madame Laridon, c'est impossible, M. Bonin savait bien que je comptais là-dessus, moi...

— Restez là dix heures, parlez-moi dix heures, — reprit brusquement la mégère, — ça sera comme si vous chantiez vêpres : le patron a dit non, c'est non !

— Mais alors, — s'écria l'adolescent désolé, — il ne fallait pas qu'il me promît pour aujourd'hui...

— Assez causé, — dit la mégère en croisant ses bras sous son tablier, et restant insensible à toutes les instances du jouvenceau.

— Ça m'est égal, — dit enfin celui-ci avec un accent de désappointement courroucé, — j'attendrai M. Bonin.

La vieille femme fit un geste de tête et d'épaules qui semblait dire :

— Faites ce qu'il vous plaira.

Puis, m'avisant à la porte où je restais, attendant que l'adolescent eût quitté le comptoir, cette femme me dit :

— Qu'est-ce que vous voulez ?

— J'apporte une lettre pour M. Bonin, Madame.

— Il va rentrer... vous la lui remettrez, — me répondit-elle brusquement.

Il n'y avait que deux tabourets dans cette boutique, ils étaient occupés par la soubrette et par le chasseur. L'adolescent me parut blessé de ce que le laquais de grande maison ne lui offrît pas le siége qu'il occupait; mais le chasseur, fort insoucieux de commettre cette grave *inconvenance*, échangea un regard ironique avec la fringante soubrette, en lui faisant remarquer la rougeur de dépit qui montait au visage du jouvenceau.

De plus en plus surpris de ce que je voyais et de ce que j'entendais, j'examinai cette étrange boutique avec une curiosité croissante. Au lieu d'être riante et gaie, comme le sont habituellement les magasins de ce genre, avec leurs poupées fraîchement vêtues de satin et de paillettes, avec leurs petits *ménages* étincelants comme de l'argent ou leurs chevaux enharnachés d'écarlate et d'oripeaux, cette boutique était d'un aspect sombre et nu; à l'exception de quelques vieux *joujoux*, fanés, décolorés et poudreux, étalés pour *la montre*, je ne vis, dans l'intérieur de ce magasin, aucun autre jouet d'enfants; elle était garnie, du haut en bas, de grands casiers bruns remplis de poussière.

J'en étais là de mes observations, presque caché dans l'ombre du fond de la boutique, car la nuit s'approchait, lorsque je vis entrer un homme de haute taille, portant de longues moustaches grises sur sa figure bistrée, un col noir, une grande redingote bleue, militairement boutonnée jusqu'au menton, une grosse canne plombée, et un vieux feutre sur l'oreille.

Je ne me trompais pas..... c'était le cul-de-jatte. Ses épaisses moustaches, sa tournure militaire, m'avaient tout d'abord empêché de le reconnaître. De crainte d'être aperçu de lui, je me retirai dans l'angle le plus obscur du magasin.

A la vue du bandit, la vieille femme parut sortir tout à coup de son apathie. Elle se leva à demi et s'écria vivement :

— Eh bien?...

— Ça se gâte, — dit le cul-de-jatte à voix basse. — Il paraît que c'était un loup sous une peau de mouton.

— Comment? ce n'est pas fini? — dit la vieille femme d'un ton de reproche.

— Fini!... ah? bien oui! fini, — reprit le cul-de-jatte. — Le *capitaine* aura du fil à retordre...

— Avec un... un poulet pareil, — fit la vieille en haussant les épaules de dédain.

— Je vous dis que le poulet est un coq... — répondit le cul-de-jatte, — un coq bien armé d'éperons, et qui ne se laissera pas manger la tête... C'est moi qui vous le dis...

— Alors, qu'est-ce que vous voulez? — dit la vieille en grommelant. — A quoi bon venir ici?

— Le capitaine engage le patron à accepter le tiers... Comme ça... il aura moyen... de moyenner.

— Le patron n'y est pas, ça le regarde : il écrira ce soir au capitaine, — répondit la vieille.

— Ainsi, c'est convenu, au port d'arme jusqu'à demain, — dit le cul-de-jatte, — je vais en prévenir le capitaine.

— Le patron lui écrira, — reprit la vieille.

Le cul-de-jatte sortit.

En entendant ces mots *le capitaine*, un singulier pressentiment me dit qu'il s'agissait de Bamboche, toujours en rapports avec le cul-de-jatte. Je cherchais aussi vainement à deviner quels singuliers intérêts pouvaient amener des personnes de conditions si différentes dans cette sombre boutique de jouets d'enfants, où il n'était nullement question d'acheter ou de vendre des jouets d'enfants.

Soudain la vieille femme, collant, pour ainsi dire, sa figure sèche et ridée aux carreaux de la boutique, dit d'une voix creuse :

— Voici le patron!

A ces mots, le chasseur, la soubrette se levèrent avec empressement, et l'adolescent s'écarta de la porte vitrée à travers laquelle il avait jusqu'alors regardé dans le passage, afin de dissimuler, sans doute, sa mauvaise humeur.

CHAPITRE LI.

Le marchand de jouets d'enfants. — Martin retrouve une ancienne connaissance. — Moyen d'apprendre ce que l'on veut savoir.

La porte de la boutique s'ouvrit.

Le jour baissant, rendu plus sombre encore par l'obscurité du passage, m'empêcha d'abord de distinguer les traits du marchand de jouets d'enfants; il portait, d'ailleurs, un vieux chapeau enfoncé sur les yeux, et le collet de sa redingote couleur tabac d'Espagne, relevé, sans doute crainte du froid, lui cachait les oreilles et une partie du visage.

Malgré le dépit courroucé qu'il avait témoigné, l'adolescent s'approcha du marchand et lui adressa la parole avec une sorte d'obséquiosité timide, inquiète, presque suppliante :

— Bonjour, mon cher monsieur Bonin, — lui dit-il, — je venais pour...

Le marchand, interrompant le jouvenceau, dit vivement à la vieille :

— Tu ne l'as donc pas averti que ça ne se pouvait pas?

— Je le lui ai dit, archi-répété, — grommela la vieille; — il a voulu rester...

Alors, s'adressant à l'adolescent, M. Bonin lui dit d'un ton fort significatif :

— Bonsoir, jeune homme.

Et il lui tourna brusquement le dos.

— Mais, monsieur Bonin, — reprit le jouvenceau d'une voix suppliante, — je vous en supplie... si vous saviez... je vais vous expliquer pourquoi je...

— Inutile... inutile... — s'écria M. Bonin, sans même regarder l'adolescent, — j'ai dit non... c'est non... Bonsoir.

— Mais, monsieur Bonin... je vous en conjure... écoutez-moi donc.

— Allez vous coucher, jeune homme, ça vous rafraîchira le sang, — dit M. Bonin au jouvenceau. — Encore une fois, bonsoir.

Puis, s'adressant au chasseur, le marchand de jouets d'enfants lui dit :

— Vous venez de la part du duc?

— Oui, Monsieur; voilà une lettre de mon maître...

Au moment où le chasseur remettait son message à M. Bonin, l'adolescent, furieux sans doute d'être ainsi humilié devant témoins, s'écria :

— Eh bien! puisqu'il en est ainsi, je vous dénonce comme un fripon que vous êtes, monsieur Bonin... je dirai que je ne songeais pas à mal, lorsque j'ai reçu une lettre dans laquelle on me disait qu'une personne sachant que mon père était riche, me proposait des avances sur l'héritage qui me reviendrait un jour... Je dirai...

— Ta, ta, ta, vous direz... vous direz!!! quoi? que direz-vous? Voilà comme sont ces petits messieurs-là, — reprit le marchand en haussant les épaules avec une expression de dédaigneuse insouciance, — ils viennent vous proposer d'escompter la mort de *papa* ou de *maman*, parce qu'ils n'ont pas la patience d'attendre l'héritage dont ils sont friands... et quand d'honnêtes marchands refusent de favoriser leurs désordres, ils viennent les injurier chez eux : ça fait pitié... voilà tout.

— Comment! vous osez dire, — s'écria l'adolescent en s'exaltant de plus en plus, — vous osez dire que vous n'êtes pas complice de ce capitaine de hasard qui m'a fait signer pour cent mille francs de lettres de change en blanc pour lesquelles j'ai été censé recevoir de lui un chargement de bois de campêche et de jambons d'ours, — un brevet d'invention et d'exploitation pour les *aérostats lycophores*, — mille bouteilles de lacryma-christi, — deux mille exemplaires de *Faublas*, — je ne sais combien de quintaux de rhubarbe, — une cession de dix lieues carrées de territoire au Texas, — une partie de plumes d'autruche, — et une créance hypothécaire sur le bey de Tunis... objets et propriétés imaginaires, dont je n'ai jamais vu que les bordereaux et les prétendus titres, et que vous m'avez rachetés en bloc, vous...; pour la somme de treize mille trois cents francs?

A l'énumération des étranges valeurs données à l'adolescent, le chasseur et la soubrette partirent d'un fou rire. Je ne partageai pas cette hilarité; car j'ignorais complétement alors ce que c'était que les prêts usuraires.

L'adolescent n'eut pas l'air de remarquer cette impertinente gaieté; mais sa colère redoubla, et il s'écria en s'adressant au marchand :

— Je vous dis, moi, que vous êtes complice de ce fripon de capitaine; vous le sentiez si bien, que vous m'aviez proposé une affaire soi-disant bien meilleure, puisque, au lieu de prétendues marchandises, il s'agissait d'espèces, et qu'aujourd'hui même vous deviez me remettre vingt mille francs contre un blanc seing signé de moi... et vous osez nier votre promesse!

— Une dernière fois, jeune homme, je déclare que jamais je ne serai complice de vos folles prodigalités... Allez être gentil papa et maman. Soyez bien gentil, et ne faites pas de bruit dans ma boutique... sinon j'enverrai Laridon chercher la garde...

— Puisqu'il en est ainsi, — s'écria le jeune homme exaspéré, — vous entendrez parler de moi...

— Quand vous voudrez... je suis en règle... — dit le marchand avec calme, pendant que l'adolescent sortait en refermant violemment la porte.

— Imbécile, — dit à demi-voix M. Bonin.

Et il prit des mains du chasseur, et lut la lettre que celui-ci était sur le point de lui remettre, au moment où la colère de l'adolescent fit explosion.

Plus j'entendais la voix de M. Bonin, voix claire, aiguë, à l'accent sardonique, plus il me semblait la reconnaître. En vain je tâchais de distinguer les traits de cet homme; je ne pouvais y parvenir, grâce à son collet toujours relevé, à son chapeau toujours enfoncé sur les yeux, et au jour de plus en plus sombre qui envahissait la boutique, au fond de laquelle je me tenais immobile.

— Vous direz au duc, — dit au chasseur le marchand de jouets d'enfants, après avoir lu, — que je n'ai pas le temps d'aller aujourd'hui chez lui, examiner les objets dont il me parle... qu'il les apporte ou qu'il les envoie demain soir, de sept à huit heures, à l'heure de mon dîner, je les verrai, et je dirai ce que ça vaut.

— Comment? comment? — reprit le chasseur avec l'impertinente familiarité d'un laquais de grande maison, — ce n'est pas ça; M. le duc entend que vous veniez le voir aujourd'hui.

— Eh bien! M. le duc ne me verra pas, voilà tout, — répondit M. Bonin avec une froide ironie; — qu'il vienne demain... à l'heure de mon dîner... il me trouvera...

— C'est tout de même joliment drôle qu'un duc et pair,

fils d'un maréchal de l'Empire, soit obligé d'être à vos ordres, dit le chasseur, blessé pour ainsi dire dans l'amour-propre de son maître.

— Ah bah; vraiment! — dit le marchand de jouets. — Il faut pourtant qu'il se donne cette petite peine-là, puisqu'il veut emprunter sur les crachats, l'épée et autres brimborions en diamants de feu son père, ce cher petit seigneur! Quant à vous, mon garçon, croyez-moi, si votre jeune maître vous doit des gages, faites-vous payer... Il est à bout de pièces. Quand la maison se lézarde... les rats s'en vont... et ils ont bon nez... Profitez de l'apologue... Bonsoir.

Le chasseur parut en effet assez frappé de l'apologue, et sortit après avoir fait un signe d'intelligence à la soubrette.

Celle-ci remit, à son tour, une lettre au marchand de jouets, qui dit, en la lisant :

— A la bonne heure, ta maîtresse à toi est une femme d'ordre, mon enfant; elle est cupide, elle est avare; elle songe à l'avenir, elle pense au solide, et elle n'a pas dix-huit ans! et elle est belle comme un astre... Mais aussi elle connaît ses fils de famille par cœur, et elle joue de ces imbéciles-là sur tous les airs, tant qu'ils sont ses amants... Voyons ce qu'elle me veut.

Et, ce disant, M. Bonin décacheta la lettre.

J'ai su depuis ce qu'elle contenait; la voici dans toute sa naïve simplicité, sauf une horrible orthographe qu'il est inutile de rapporter :

« Mon bon vieux,

» Le petit marquis veut me donner pour soixante mille » francs de diamants, mais il n'est pas en fonds pour le » moment; son intendant attend des rentrées d'ici à trois » ou quatre mois... des *vraies rentrées... j'en suis sûre...* » mais trois mois!... c'est long, et puis vaut mieux tenir » qu'attendre... et puis, il y a un Russe très-riche dont » on m'a parlé... vous comprenez; enfin, ce serait comme » le *denier d'adieu* du marquis; aussi je lui ai dit que » je voulais les diamants tout de suite, et que, comme il » n'avait pas d'argent comptant... je connaissais quelqu'un » qui pourrait lui prêter soixante mille francs, mais à » 20 0/0 d'intérêts payés d'avance pour six mois.

» *Ce quelqu'un-là*, c'est moi; mais, en apparence, ça » sera vous ; j'ai ordonné à mon agent de change de vendre » pour 3,200 livres de mes rentes, vous vous aboucherez » avec l'intendant du petit marquis, vous exigerez une » lettre de change, à six mois, bien en règle, et vous serez » censé lâcher les fonds, que l'on ira toucher chez mon » notaire sur un mot de vous : il est prévenu. De cette » façon-là, je toucherai les diamants tout de suite, et je bénéficierai des 15 0/0 d'intérêts, car il y aura, bien entendu, » 5 0/0 de commission pour vous.

» Si vous flairez quelque affaire solide et avantageuse » (je ne veux pas de *carottage* ni de *mineurs*), écrivez-» moi; j'ai encore une centaine de mille francs dispo-» nibles pour un an environ, car je *guigne* toujours cette » fameuse ferme de Brie... C'est un gros *nanan*, mais, » tôt ou tard, il sera dans mon sac.

» N'oubliez pas d'aller demain matin chez l'intendant » du petit marquis. Toute à vous, mon bon vieux.

» MALVINA CHARANÇON. »

— Et cet amour de femme-là n'a pas dix-huit ans! — s'écria le marchand de jouets après avoir lu. — Quelle tête! quelle intelligence pratique des affaires!

Puis s'adressant à la soubrette :

— Tu diras à ta maîtresse que c'est bien... Je ferai exactement ce qu'elle demande. En voilà une qui te paye régulièrement tes gages... j'en suis sûr, hein ?...

— Oh! monsieur... je crois bien! je les place chez elle... Ma maîtresse!! c'est plus sûr qu'un notaire!!

Et la soubrette sortit pour aller sans doute rejoindre le chasseur, qui n'avait probablement pas quitté le passage.

La nuit était alors tout à fait venue. Soudain d'éblouissants jets de gaz éclairèrent le passage et l'intérieur de la boutique du marchand de jouets. Cet homme ôta son chapeau et rabaissa le collet de sa redingote.

Je reconnus mon ancien maître... la Levrasse.

Une sorte de frayeur rétrospective me fit un instant frissonner, surtout lorsque j'eus remarqué les profondes cicatrices d'une large brûlure qui s'étendait depuis le bas de la joue jusqu'au front, brûlure sans doute occasionnée par l'incendie de la voiture nomade allumé par Bamboche; la figure de la Levrasse était toujours imberbe, blafarde et sardonique. Il me parut à peine vieilli; seulement, au lieu de porter ses cheveux à la chinoise, il les portait coupés très-ras et en brosse, ce qui changeait peu l'aspect de sa physionomie. Je ne pus maîtriser une certaine émotion en présentant la lettre de Robert de Mareuil; mais je ne ressentais pour le bourreau de mon enfance aucune haine personnelle, si cela peut se dire; c'était un mélange de dégoût, de mépris et d'horreur, qui me soulevait le cœur; j'aurais voulu, par un sentiment d'équité, voir ce misérable livré à toutes les rigueurs des lois; mais j'aurais cru me souiller en exerçant sur lui de violentes représailles, que ma jeunesse, ma force et ma résolution eussent rendues faciles.

Avant que la boutique fût éclairée, je m'étais tenu à l'écart et dans l'ombre, dans une espèce de renfoncement formé par la baie de l'arrière-boutique; la Levrasse n'avait donc pas jusqu'alors remarqué ma présence; aussi, à ma vue, il recula d'un pas, et dit à la vieille femme, d'un air surpris et contrarié :

— D'où diable sort-il ? Il était donc là ? Et moi qui, tout à l'heure, me croyais en *famille*.

— Comment! — reprit la vieille, — vous ne l'avez pas aperçu? Moi, je croyais que vous le gardiez exprès pour la fin.

La Levrasse haussa les épaules, frappa du pied et me dit en m'examinant avec attention :

— Qui êtes-vous? d'où venez-vous? que voulez-vous?

— Monsieur, je viens vous apporter une lettre de la part de M. le comte Robert de Mareuil.

A ce nom, une vive satisfaction se peignit sur les traits de la Levrasse, et il me dit :

— Donnez, donnez cette lettre... je m'attendais à la recevoir hier.

Après avoir lu la lettre que je lui donnai, et dont le contenu sembla lui plaire beaucoup, il me dit avec un accent d'extrême bienveillance :

— Mon garçon, vous direz à M. le comte Robert de Mareuil que j'aurai l'honneur d'être chez lui demain matin sur les dix heures, ainsi qu'il le désire.

Puis la Levrasse m'ouvrit fort poliment la porte de la boutique et me répétant :

— Demain, à dix heures... ne l'oubliez pas, mon ami, je serai chez M. le comte Robert de Mareuil.

Je sortis de la boutique de la Levrasse avec de nouveaux et puissants motifs de réflexions, d'intérêt, de crainte et de curiosité; j'étais presque certain que le capitaine dont avait parlé le cul-de-jatte était aussi ce même capitaine que l'adolescent regardait comme le complice des prêts usuraires du marchand de jouets d'enfants; en un mot, qu'il s'agissait encore du capitaine Bambochio.

Quant à la Levrasse, que je retrouvais sous le nom de M. Bonin, marchand de jouets d'enfants, alors seulement je me souvins qu'en effet l'ancien saltimbanque s'appelait *Bonin*, nom quelquefois inscrit sur nos affiches, mais que j'avais complètement oublié. Je m'étonnai peu du ténébreux métier qu'il faisait, sous le prétexte de vendre des jouets d'enfants; plus tard seulement j'eus une idée complète de cette nouvelle infamie.

Quelle singulière fatalité, après tant de vicissitudes, de pérégrinations, réunissait ces trois hommes : — Bamboche, — le cul-de-jatte, — et la Levrasse?

Quelle communauté d'intérêts avait pu leur faire oublier la haine implacable dont ils devaient être animés les uns contre les autres? Comment Bamboche avait-il pu renoncer à ses sentiments de vengeance contre la Levrasse ?

Je n'en pouvais douter, Bamboche avait été l'auteur ou le complice de bien basses, de bien coupables actions... pourtant je ne sentais pas diminuer mon attachement

Je réserve mes aumônes pour les pauvres de ma paroisse qui remplissent exactement leurs devoirs religieux. — Page 198.

pour lui. Il se mêlait à cette amitié une sorte de pitié douloureuse, car j'avais été témoin des sincères velléités de retour vers le bien auxquelles avait souvent obéi Bamboche; je ne sais quel vague espoir me disait que mon influence sur cette nature énergique lui serait peut-être salutaire. Mon désir de le revoir était bien vif, mais j'eus assez d'empire sur moi pour ne hasarder aucune tentative de rapprochement avant d'avoir arrêté le plan de conduite que je devais tenir à l'endroit des hommes et des choses qui me semblaient importer aux intérêts de Régina.

De retour chez mes nouveaux maîtres, je rapportai au comte Robert de Mareuil la favorable réponse du marchand de jouets d'enfants; il me parut radieux, et son ami Balthazar se livra aux démonstrations de joie les plus bruyantes et les plus excentriques. Il voulait absolument aller le soir même aux Funambules pour décerner une ovation à Basquine, qu'il admirait de confiance, car il ne l'avait jamais vue jouer; mais Robert de Mareuil ayant rappelé à son ami que leur soirée devait avoir un but plus sérieux, le poëte dut, en soupirant, ajourner son projet.

Après leur frugal dîner, dont les reliefs me suffirent, mes maîtres me prévinrent qu'il serait inutile de les attendre, et m'engagèrent à me coucher, ajoutant qu'ils m'éveilleraient à leur retour, s'ils avaient besoin de quelque chose.

Avant son départ, Robert de Mareuil m'avait ordonné d'ouvrir sa malle, son sac de nuit, et de mettre en ordre les effets qu'ils contenaient.

Cette besogne fut bientôt accomplie, car il était difficile de voir une garde-robe moins nombreuse et plus *fatiguée* que celle du comte Robert. Le seul objet de luxe que je trouvai dans cette espèce d'inventaire fut un beau nécessaire à écrire, en cuir de Russie, à fermoir et à serrure

d'argent, dont Robert de Mareuil possédait sans doute la clef.

En allant et venant dans cet appartement, j'observai une chose qui ne m'avait pas frappé tout d'abord.

Je remarquai, dans la cloison qui séparait la chambre de mes maîtres de celle que je devais occuper, une sorte de replâtrage circulaire de six pouces environ de diamètre, et élevé de trois pieds au dessus du plancher.

Évidemment cette muraille avait été primitivement percée pour un tuyau d'un poêle (destiné sans doute à chauffer alors la pièce où j'allais coucher) qui allait se perdre en formant un coude à travers la cheminée de la pièce voisine.

Dans cette chambre, occupée par mes maîtres, le papier de la tenture cachait ces vestiges; mais dans la pièce où je couchais l'on n'avait pas pris soin de les dissimuler...

Il me vint alors une pensée blâmable en soi, je l'avoue, mais qu'autorisaient peut-être les craintes croissantes que m'inspiraient les étranges relations de Robert de Mareuil et ce que j'avais pu pénétrer de ses desseins sur Régina...

En laissant du côté de la chambre voisine le papier de tenture qui cachait l'ancien passage du tuyau, mais en retirant de mon côté les matériaux qui l'obstruaient, je pouvais ne perdre aucune parole de mes maîtres, lors même qu'ils eussent parlé à voix très-basse... Pour masquer l'ouverture de cette espèce de conduit acoustique, je n'avais qu'à prendre derrière le buffet un morceau de tenture et à l'ajuster soigneusement à la place du replâtrage apparent dans ma chambre.

J'hésitai avant de me décider à commettre cet abus de confiance, je m'interrogeai sévèrement, me demandant à quel mobile j'obéissais?

Quel but je me proposais?

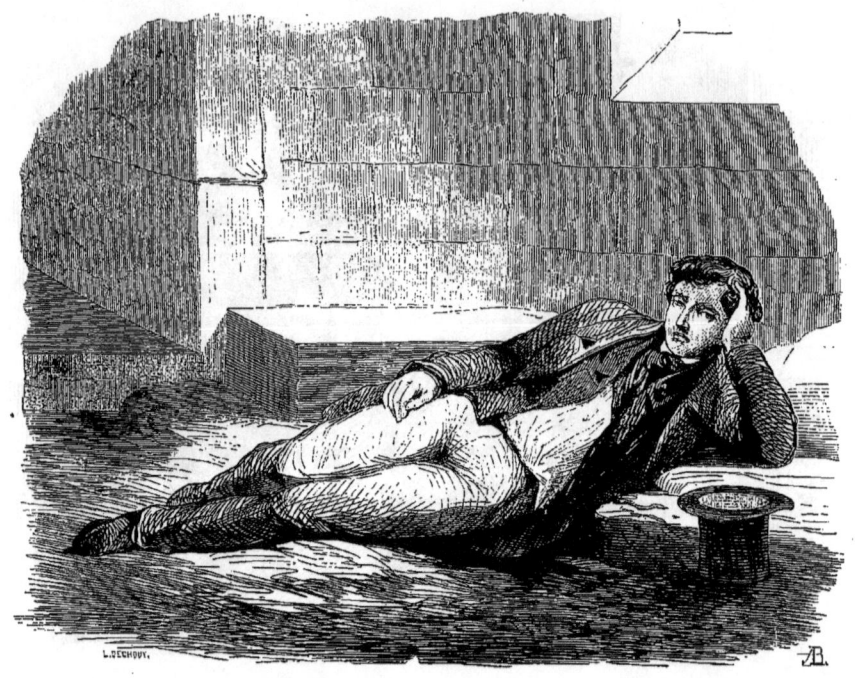

Je pris une grosse pierre pour oreiller, et je m'étendis là... pour y attendre patiemment la mort. — Page 200.

Et enfin, si une nécessité absolue m'autorisait à agir ainsi?

A ces questions, que je me posais en toute sincérité, je répondis :

Le mobile auquel j'obéis est le dévouement le plus absolu que puisse inspirer un amour aussi passionné que respectueux et désintéressé, un amour qui doit être et sera toujours ignoré de celle qui l'inspire...

Le bien que je me propose est de protéger, de défendre, autant que me le permet mon humble condition, une noble jeune fille que je crois... que je *sens* menacée.

La nécessité qui m'impose l'obligation d'agir comme je fais est absolue : je n'ai aucun autre moyen de m'assurer des véritables intentions de Robert de Mareuil... et d'ailleurs, j'en atteste le ciel!... si mes soupçons ne sont pas fondés, si je reconnais la droiture du caractère de ce jeune homme, si ses projets, si ses espérances sont partagés par Régina, quelque douloureuse que me soit cette résolution, je serai aussi zélé pour servir les desseins de Robert de Mareuil que je leur aurais été hostile dans le cas contraire.

Enfin, dernière épreuve, après m'être demandé en mon âme et conscience si mon action aurait été approuvée par Claude Gérard, à la sanction de qui je reportais toujours mentalement mes actions... je me décidai...

Au bout d'une demi-heure, une communication *acoustique*, parfaitement masquée, existait entre la chambre voisine et la mienne. Les sons m'arrivaient si distinctement, qu'ayant allumé du feu dans la cheminée de cette chambre occupée par mes maîtres, j'entendis parfaitement les légers pétillements du bois quoique la porte fût fermée.

Ceci fait, j'attendis avec impatience le retour de Robert de Mareuil en m'étendant sur la peau d'ours que Balthazar m'avait généreusement octroyée, mon chevet tourné du côté de la communication que je venais d'établir.

CHAPITRE LII.

L'entretien. — Le budget d'un homme comme il faut. — Un plan de haute comédie. — Martin porte la livrée. — Un usurier.

Au bout de deux ou trois heures, Robert de Mareuil et Balthazar rentrèrent, traversèrent rapidement la pièce où j'étais couché, feignant de dormir profondément, et s'enfermèrent dans la chambre voisine. Presque aussitôt, j'entendis le bruit d'une chaise heurtée ou renversée avec colère.

Approchant alors mon oreille de l'espèce de conduit acoustique pratiqué presque à mon chevet, j'écoutai l'entretien suivant :

— Allons donc, Robert! — dit le poëte, d'un ton d'affectueux reproche, — du calme... du courage... que diable! rien n'est désespéré...

— Tout est perdu... — s'écria Robert de Mareuil en marchant à grands pas, et en murmurant des imprécations de fureur.

— Non, tout n'est pas perdu... puisque rien n'est fait, — reprit Balthazar, — et encore quelle créance faut-il ajouter à ces bruits?... Voyons, Robert, pas d'égoïsme; tu sais combien je déteste d'être attristé, et tu es là, à me navrer le cœur avec ton désespoir.

Après un moment de silence, Robert de Mareuil reprit :

— Tiens... Balthazar... je n'ai que toi d'ami... tous ceux que j'ai comblés dans mon temps de prospérité...

— Une fois la bise de la ruine venue, ont filé à tire d'aile! comme les oiseaux de passage aux approches de l'hiver!... Parbleu!... tu t'étonnes de cela? — dit le poëte, — alors à quoi t'a donc servi d'avoir mené la vie de Paris? Oublie tout cela, le passé est passé, causons du présent, en vieux amis de collège...

— Oui... — reprit Robert avec amertume, — maintenant je te reviens. Tant que j'ai été riche... je t'ai délaissé.
— Un instant!... — s'écria Balthazar. — Ne confondons pas... c'est moi qui t'ai délaissé... quand je t'ai vu lancé... Je te demande un peu la belle figure que j'aurais faite dans ton grand monde... avec mes pauvres 1,200 francs de rentes et mon hydrophobie de travail et de rimaille. Mais je ne t'ai pas oublié pour cela, je t'ai vu cinq ou six fois dans ton bel équipage. Tu passais sur le boulevard comme un brillant météore... Je te saluais de la main. Et, tout météore que tu étais, tu t'arrêtais, tu descendais de de voiture, tu venais me parler; c'était intrépide de ta part, car je portais des bas de laine noire, des souliers lacés, et un chapeau gris en toute saison. Tu devais être peu flatté d'être vu en conversation avec moi; mais...
— Balthazar!...
— Avoue cette petitesse... je t'en avouerai une autre, c'est que moi j'étais superbement fier d'être vu causant avec un jeune homme aussi élégant que toi! mais j'avais toujours du guignon, jamais un de mes pairs en souliers lacés ne m'a vu causer avec toi. Parlons sérieusement : nous avons obéi à nos destinées : tu t'es amusé comme un dieu... j'ai rimaillé comme un diable, et nous nous retrouvons, moi avec quelques milliers de vers de plus, toi avec quelques milliers de louis de moins, ce qui égalise nos fortunes... Seulement... moi je suis très-heureux de mon sort; grâce au travail, je vis huit à dix heures par jour au milieu du monde enchanté de l'imagination; le reste du temps... j'espère... qu'est-ce que je dis?... je vis dans la certitude de nager, un jour ou l'autre, demain peut-être, en plein Pactole : j'en jure par le Styx et par la tête de mes libraires. C'est donc maintenant moi qui suis le riche, l'heureux, le millionnaire, et pardieu! je ne te laisserai pas te désespérer ainsi... Ce matin tu étais feu et flamme, te voilà de neige et frimas, pourquoi? pour une nouvelle qui, fût-elle vraie, se borne à ceci : qu'il se trouve peut-être un obstacle sur ton chemin? Allons donc, Robert, je ne te reconnais plus...
— Ni moi non plus, — reprit le comte avec abattement.
— Ah! le malheur fait douter de tout...
— Avec ces découragements-là, — s'écria le poète, — sais-tu où l'on va?...

Puis s'interrompant, il ajouta d'un ton grave et pénétré qui ne lui était pas habituel :
— Ecoute, Robert, si je te croyais capable de vivre de très-peu en attendant le moment où, grâce à tes anciennes relations et à quelques protections de famille, tu pourrais obtenir un modique emploi, je te dirais : Que l'avenir ne t'inquiète pas, partage avec moi... l'excessivement peu dont je vis; avant un mois ou deux tu seras casé dans quelque coin avec une bonne petite place de douze ou quinze cents francs... modeste, mais assurée... alors je...
— Ecoute, à ton tour, Balthazar... dit Robert en interrompant son ami, — élevé dans le luxe et dans l'oisiveté, j'ai pris l'habitude de satisfaire à tous les goûts dispendieux, à tous les caprices d'une opulence prodigue. Je suis ignorant, paresseux et fier... j'aime dans la richesse non-seulement les délices qu'elle donne, mais encore toutes les jouissances que l'orgueil en retire; en un mot, j'aime autant à jouir... qu'à tenir mon rang; oui, car à tort ou à raison, je crois qu'un homme de ma naissance doit vivre autrement qu'un autre : qu'il doit représenter... comme on dit, et porter splendidement son nom... voilà pourquoi, tant que je l'ai pu, j'ai mené la vie d'un grand seigneur... A cette heure, me voici ruiné, criblé de dettes; eh bien! je te le dis brutalement, je suis incapable de gagner ma vie par mon travail... D'abord à quel travail serais-je propre? A aucun... Et en admettant même que le hasard, ou une toute-puissante protection, me donnât un emploi, non pas de douze ou quinze cents francs, mais de douze ou quinze mille francs par an, je suppose...
— Comme dirait les appointements d'un préfet, d'un maréchal de camp, d'un évêque ou d'un conseiller à la Cour royale, — dit Balthazar.
— Eh bien!... à part même l'espèce d'humiliation qu'il y a à avoir une place, c'est-à-dire à être aux ordres de quelqu'un, que diable veux-tu que je fasse de douze ou quinze mille francs par an... moi qui ai pris l'habitude d'une existence de cent mille livres de rentes, au moins!... Ce que je te dis là te paraît peut-être absurde, c'est pourtant la vérité.
— Je te crois, Robert; que diable ferais-tu de dix ou douze mille francs par an?... Sérieusement, très-sérieusement, je te regarde comme incapable de pouvoir vivre à moins de soixante mille livres de rentes au minimum, et encore en te gênant beaucoup, en étant très-serré; tu m'as prouvé cela une fois très-mathématiquement, je me souviendrai toujours de ton budget raisonné. Laisse-moi te le rappeler, et pour cause.

« 1°, — me disais-tu, — on ne peut pas aller à pied :
» mettons huit à dix mille francs pour mon écurie; —
» 2° les femmes du monde obligeant à des soins assommants, il faut chercher une maîtresse ailleurs, et le
» moins que l'on puisse donner à une fille un peu à la
» mode, c'est quinze cents francs par mois sans les cadeaux; — 3° on ne peut pas dîner au cabaret à moins
» d'une carte de trente à quarante francs, si l'on veut être
» quelque peu considéré et choyé par les garçons; il faut
» compter aussi quarante à cinquante francs pour une
» loge d'avant-scène à envoyer à sa maîtresse, ce qui, avec
» le bouquet quotidien obligé, et le dîner au cabaret,
» monte à environ cent francs par jour. — Ajoute à cela :
» — le loyer d'un appartement confortable, — l'entretien,
» l'imprévu, — les soupers, — les cadeaux à ma maîtresse, — les infidélités, — les fantaisies, — le jeu,
» — les paris de courses, — et tu verras qu'au bas mot,
» un homme d'un certain rang ne peut pas vivre, mais
» réellement pas vivre, à moins de quatre-vingt ou de
» cent mille francs par an, sans compter une centaine de
» mille francs de premier établissement; et encore doit-
» il vivre en garçon et sans maison montée. »

— C'est vrai, — dit Robert de Mareuil avec un amer soupir de regret, — oui, je défie un homme comme il faut de vivre à moins à Paris s'il veut tenir son rang...
— Tu es plus près de la vérité que tu ne le crois peut-être, Robert, en disant que tu ne peux pas vivre à moins, et je remets ce budget sous tes yeux pour bien constater la somme de tes besoins; maintenant, pour toi, le superflu, passé à l'état chronique, est devenu tellement nécessaire, que, s'il te manquait par trop longtemps...
— Je me tuerais, — dit froidement Robert.

Ces mots furent si résolûment prononcés par le comte, que je ne doutai pas qu'il ne dît la vérité. Le poète partagea cette conviction, car, après un silence, il reprit d'une voix très-émue :
— Oui... je le crois, tu te tuerais. Aussi te le disais-je, tu ne peux pas vivre à moins de soixante mille francs... Oui, je comprends cela, moi qui pourtant vis avec mes douze cents francs... Oui, je comprends cela, car il faut prendre ses amis comme ils sont; au lieu d'être borgne ou bossu, tu as l'infirmité du superflu, mais voilà tout. Mais je ne veux pas que tu te décourages, parce que, si tu te décourages, tu manqueras un mariage de cent ou cent cinquante mille livres de rentes, et de désespoir tu te brûleras la cervelle. Or, que diable! je ne veux pas, moi, que tu te brûles la cervelle... Je veux, au contraire, que tu épouses mademoiselle Régina de Noirlieu... qui est au moins trois fois millionnaire... et tu l'épouseras... Les obstacles, nous les vaincrons; pour cela je me mets tout à ton service... Et comme ce que je possède de plus clair en fait de bien-fonds est... mon imagination, je mets surtout à ton service mon imagination et ma longue expérience de l'intrigue... dramatique, car j'ai là onze drames ou comédies entièrement vierges... Maintenant si tu m'en crois, nous commencerons par bien résumer ta position, celle de Régina... et le caractère des gens qui doivent prendre part à l'action... Débrouillons tout ça... absolument comme s'il s'agissait d'un drame à composer. Ceci nettement établi, nous aviserons. Figure-toi enfin que je suis ton collaborateur, et que c'est le plan d'une haute comédie.. peut-être même d'un drame, que nous allons tracer... Voyons... d'abord le nom des acteurs... En fait de femme, nous avons Régina de Noirlieu... Jusqu'à présent... c'est tout.
— C'est tout? — répondit Robert.
— Bon... Maintenant, les hommes : toi d'abord : Ro-

bert de *Mareuil, le baron de Noirlieu,* père de Régina, *le comte Duriveau...* et...

— Et *le prince de Montbar,* — s'écria Robert avec amertume, — c'était sans doute de ce maudit prince que Martin voulait parler... car le prince est très-jeune, très-beau, et il vient souvent chez le baron.

Ces mots de Robert de Mareuil justifièrent mes soupçons; je n'en pouvais presque plus douter : l'inconnu du cabaret des Trois-Tonneaux se nommait le prince de Montbar.

Balthazar reprit après un moment de silence :

— Sont-ce là... tous nos acteurs?

— Oui, tous... et Dieu me damne... il n'y en a que trop... — répondit Robert.

— En fait de petits rôles, — reprit Balthazar, — n'oublions notre anti-Frontin. Tout bête qu'il est, il peut nous être utile. Les renseignements qu'il t'a donnés ce matin ne t'ont-ils pas mis sur les traces de Duriveau et du prince de Montbar?...

— C'est vrai...

— Ajoutons donc *Martin,* laquais de Robert de Mareuil (tu verras que ma manière de procéder, quoique bizarre, n'est pas mauvaise). La scène se passe... à Paris... Maintenant jetons un coup d'œil rapide sur l'avant-scène.

— Allons! des folies... maintenant, — dit Robert avec impatience.

— Des folies... mais sache donc qu'on appelle l'*avant-scène* les événements qui ont précédé le moment où l'action va s'engager... En d'autres termes, pour voir clair à nos affaires, résumons en quelques mots ta position jusqu'à ce jour... à l'endroit de Régina. Quelques-unes de tes confidences datent de loin, j'ai pu oublier certaines circonstances... rectifie mes souvenirs s'ils me font défaut... éclaire-moi sur ce que j'ignore... pour tout prévoir, il faut tout savoir... et je crois que je ne sais pas tout.

— Non... — répondit Robert de Mareuil avec embarras...

— Tu m'instruiras à mesure que les faits se présenteront, — dit Balthazar. — Maintenant, voyons notre avant-scène. Tu as été élevé avec Régina, dont tu es parent... A cette amitié enfantine a succédé une habitude d'intimité entre vous, qui, à mesure que vous avez grandi, s'est changée en amour... Est-ce bien cela?

— Oui... amour tendre, passionné chez moi, — reprit Robert; — mais froid, grave et réservé chez Régina...

— Très-bien... vous avez ainsi atteint, elle sa seizième année, toi tes dix-huit ou dix-neuf ans, — reprit Balthazar; — vous vous voyiez aussi souvent que l'autorisaient vos relations de famille, et vous continuiez de vous aimer, elle d'un amour de chaste pensionnaire, toi d'un amour de collégien... candide... vous promettant, comme cela se dit entre innocents, de vous aimer toujours... de n'être jamais que l'un à l'autre.

— Mais à une condition... — dit Robert.

— Quelle condition?... tu ne m'en avais pas parlé.

— Régina m'a juré de n'être jamais qu'à moi, — reprit Robert de Mareuil, — mais à la condition que je vengerais un jour la mémoire de sa mère...

— La venger... de quoi? — demanda Balthazar de plus en plus surpris, — la venger... comment?

— Régina ne s'était pas expliquée davantage... plus tard elle devait compléter cette confidence... mais nous avons été séparés par suite d'une rupture entre nos deux familles. Or voici ce que tu ne sais pas, Balthazar, — ajouta Robert de Mareuil : — Lors de notre dernière entrevue... Régina me dit d'un ton solennel : « On nous
» sépare... mais l'on ne peut séparer nos cœurs. Je vous
» ai aimé, je vous aime, Robert, parce que je vous con-
» nais depuis mon enfance, parce que je vous crois un
» noble cœur, un caractère généreux... parce qu'enfin
» vous m'avez juré de m'aider un jour à venger, à réha-
» biliter la mémoire de ma mère... indignement calom-
» niée... Partez donc, Robert, puisqu'il le faut... mais...
» je vous le jure par le souvenir sacré de ma mère... le
» temps, la distance ne me feront jamais oublier la pro-
» messe solennelle que je vous fais aujourd'hui de n'être
» jamais qu'à vous... Le jour où je croirai le moment op-
» portun... je vous dirai : *Venez...* et vous viendrez... je
» le sais. »

— Ce langage est touchant... Cette promesse est formelle... — dit Balthazar avec émotion. — Et étant donné le caractère ferme, loyal, chevaleresque de Régina, elle tiendra évidemment ce qu'elle a promis.

— Oh! il le faudra bien... — s'écria Robert avec une sorte de ressentiment amer, — mon avenir repose sur cette seule espérance.

Balthazar garda quelques moments le silence.

— Qu'as-tu? — lui dit Robert de Mareuil.

— Vraiment, — reprit le poëte d'un ton pénétré, — Régina est une noble créature... mais reprenons l'avant-scène... Le baron emmène sa fille vivre au fond d'une terre dans le Berri. Tu oublies vite ton premier amour, et fidèle au *budget* dont tu m'avais posé les chiffres, tu y appliques joyeusement la fortune que t'a laissée ton père... Tout a une fin... même les héritages... Ta fortune à sec, les emprunts à bout, tu apprends que Régina, grâce à un héritage imprévu, se trouve riche de trois millions environ; tu te rappelles alors la promesse solennelle de ton *amie* d'enfance... Maintenant... dis-moi franchement : Te sens-tu absolument dégagé de toute affection passée et à venir pour Régina? Jouer le jeu que tu vas jouer... cela demande du sang-froid... je dirai même qu'il faut pour cela l'égoïsme inflexible de l'homme d'affaires; car tu ne dois pas te le dissimuler, c'est une affaire, une excellente affaire que tu veux faire... Rien de plus, rien de moins... Si tu réussis, je te dirai plus tard mon opinion personnelle là-dessus.

— Comment? — s'écria Robert, — explique-toi.

— Nous parlons maintenant au point de vue... dramatique, et non pas au point de vue... moral... pardon du mot... Une position difficile... presque désespérée (c'est la tienne) et des caractères étant donnés, nous tâchons de trouver les moyens de dénouer heureusement cette position diabolique... En cela, tu cherches à faire, je te le répète, une excellente affaire; moi je cherche à faire de la comédie d'intrigue... Il n'est donc pas question de morale là-dedans...

— Trouves-tu que j'agisse d'une façon déloyale? — s'écria Robert.

— Allons donc!... tu es ruiné... criblé de dettes. Une jeune fille, belle et riche, t'a promis d'être à toi, tu viens réclamer sa promesse. Sur cent personnes, quatre-vingt-dix-neuf et demie agiraient comme toi... Sois donc tranquille : au point de vue du monde... tu es pur, sans tache, comme l'agneau pascal...

— Mais à ton point de vue... à toi?

— A mon point de vue... à moi?

— Oui...

— Curieux !!

— Sois franc, tu n'agirais pas comme moi, Balthazar?

— Peut-être...

— Tu me blâmes?

— Mais je t'aide... parce qu'il s'agit pour toi, je le sais, d'une question de vie ou de mort, — dit gravement Balthazar.

— Tu me blâmes... et tu m'aides; pourquoi cette contradiction?

— Une contradiction? — s'écria le poëte, en reprenant sa bonne humeur; — au contraire... c'est une fusion... un accord parfait... En te blâmant, j'obéis à mon opinion personnelle; en t'aidant, je partage l'opinion du plus grand nombre.

— Toujours bizarre...

— Que veux-tu... Robert... un poëte... c'est une si drôle de chose...

Quoiqu'elle fût passive, je sus gré à Balthazar de cette protestation contre les projets de Robert de Mareuil; j'écoutai la fin de l'entretien de mes maîtres avec une inquiétude croissante.

— Continuons notre exposition, — répondit Balthazar. — En apprenant l'héritage inespéré que vient de faire Régina, tu apprends, en outre, qu'elle est très-malheureuse chez son père... car elle n'est pas, dit-on, sa fille... Le baron, quoique des années se soient passées depuis cette découverte, a pris tellement au tragique cet accident comico-conjugal, que sa misanthropie semble tourner, dit-on, à la démence... ce qui rend la position de sa fille parfaitement intolérable, surtout depuis que le baron l'a ramenée à Paris. Tout ceci te paraît tissé par ta bonne fée; jeune fille tourmentée est à moitié enlevée... Or, tu te proposes d'enlever Régina, bien certain que, pour mille raisons, son père ne te la donnerait pas... en mariage. Cette visée d'enlèvement n'est pas déraisonnable, tu as le serment de la plus chevaleresque des filles; seulement elle ne t'a pas encore dit : *Venez...* mais, c'est égal, tu viens tout de même pour prévenir ses vœux; c'est ainsi que tu arrives à Paris afin de faire le siège en règle de Régina et de ses millions... Voilà où nous en étions ce matin à midi. Ce soir, incident nouveau complétant l'avant-scène : tu apprends, de source à peu près certaine, que tu as deux compétiteurs à la main de Régina : l'un, accepté par le baron, est M. le comte Duriveau, un veuf... un vilain enrichi et décrassé... L'autre prétendant, agréé, dit-on, par Régina, qui aurait dans ce cas oublié son serment à ton endroit... l'autre prétendant est le prince de Montbar, jeune homme de vingt-cinq ans, beau comme l'Antinoüs, noble comme un Montmorency, distingué, spirituel et suffisamment riche. Je n'ai rien oublié, je crois, de ce que je sais, du moins.

— Rien, — dit Robert de Mareuil.

— Quant à ce que j'ignore, — reprit Balthazar, — vois... si tu trouves à propos de m'instruire... à cette heure.

Après un moment de silence, Robert de Mareuil reprit d'une voix un peu embarrassée :

— Ce matin... je t'ai dit que j'arrivais de Bretagne... du château du marquis de Keroüard... chez qui j'avais été chercher un asile contre mes créanciers...

— Eh bien?

— Ce matin, je suis sorti de la prison pour dettes... où j'étais depuis le mois de janvier.

— Toi... en prison... et je n'en ai rien su, — s'écria Balthazar d'un ton de reproche.

— J'ai voulu, autant que possible, tenir cela secret, je crois avoir réussi. On m'a arrêté au moment où je revenais d'un voyage de quelques jours, entrepris pour dépister mes créanciers.

— Mais tes dettes... sont considérables, — dit Balthazar, — qui les a payées?

— Elles ne sont pas payées...

— Mais alors qui t'a fait sortir de prison?

— Mes créanciers.

— Tes créanciers!

— Ils m'ont même facilité les moyens de contracter un nouvel emprunt chez ce marchand de jouets d'enfants à qui j'ai écrit ce matin.

— Cela tient du prodige.

— Pourtant rien de plus simple : j'ai convaincu mes créanciers qu'ils n'avaient rien à attendre de moi en me retenant prisonnier, tandis qu'en me remettant en liberté, et même en me procurant quelques fonds indispensables, ils rendraient possible un riche mariage que j'avais en vue...

— Je comprends.

— Ils ont, du reste, pris leurs sûretés... J'ai renouvelé, avant de sortir de prison, toutes mes lettres de change à trois mois... Si le mariage a lieu... ils seront payés... S'il n'a lieu... Mais à quoi bon cette hypothèse? Si le mariage m'échappe... ma résolution est bien prise...

— Maintenant que je sais tout ce que tu risques, tout ce que tu as souffert, — s'écria le poëte, — je te dis, moi, que si, comme je l'espère, tu épouses cette noble fille... il est impossible que tu ne l'adores pas de nouveau, fût-ce au moins par reconnaissance.

— Je le crois comme toi. Elle m'aura sorti d'une position si désespérée... Mais à cette heure... je suis trop bourrelé d'incertitudes, de craintes, pour songer à l'amour...

— J'aime cette franchise... et je te crois; cela redouble mon zèle... Tout ceci posé, la première chose à faire pour toi, c'est de revoir Régina... Qu'elle ait accueilli les prétentions du comte Duriveau, c'est impossible... Qu'elle accueille celles du prince de Montbar, c'est peu probable... Elle t'a fait un serment... tu ne l'en as pas déliée, et avec son caractère, elle ne peut pas se parjurer...

— Toute ma crainte est que le bruit de mes prodigalités, de ma ruine, peut-être même de mon emprisonnement, ne soit arrivé jusqu'à elle...

— Si Régina t'aime toujours, qu'importe?... — dit Balthazar à Robert de Mareuil.—L'amour est indulgent, et puis c'est pour t'étourdir sur une séparation trop cruelle que tu te seras jeté à corps perdu dans toutes les dissipations. Encore une fois... si elle t'aime toujours... le reste n'est rien.

— Demain, du reste, je saurai si elle m'aime.

— Demain?

— Ne va-t-elle pas au Musée avec son père et le comte Duriveau! Que je rencontre seulement le regard de Régina, je saurai mon sort... Fière et franche comme elle est... il lui sera impossible de dissimuler... Je la connais, l'impression de sa physionomie me dira tout.

— Tu as raison; avant de rien combiner, il nous faut attendre le résultat de la rencontre de demain.

— Et si mes espérances sont trompées ! — s'écria Robert de Mareuil. — Et encore... non... non... — reprit-il, et je l'entendis repousser sa chaise avec violence, se lever et marcher avec agitation. — Non, à cette seule pensée, j'ai l'enfer dans le cœur.

— Voyons, Robert, calme-toi, — dit Balthazar avec émotion; — vrai, tu m'effrayes... tu es pâle, tes yeux sont injectés de sang... Viens à la fenêtre respirer un peu l'air... cette chambre est petite... on étouffe. Voyons, calme-toi, remets-toi... Ce soir, tu es nerveux en diable.

J'entendis la fenêtre s'ouvrir, et Robert, presque au même instant, dire à Balthazar, en s'approchant de la croisée :

— Tu as raison... j'ai la tête en feu; l'air me fera du bien... me calmera... Et alors je te dirai avec calme, mais avec résolution, que si Régina trompait mon espérance... je suis décidé à...

La voix de Robert de Mareuil s'affaiblissant de plus en plus à mesure qu'il se rapprochait de la fenêtre, il me fut impossible d'entendre la fin de sa phrase...

Seulement, quelques instants après, la voix de Balthazar, qui venait sans doute de se retirer brusquement de la fenêtre, arriva soudain jusqu'à moi, non plus joyeuse ou émue par l'affection, mais ferme, sévère, presque indignée.

— Je ne te crois pas... — disait-il à Robert de Mareuil, — je ne veux pas te croire.

— Écoute-moi... Balthazar.

— Je te dis, Robert, que tu te calomnies... car tu es incapable d'une action si noire. La plus indigne trahison de mademoiselle Régina de Noirlieu... ne t'excuserait pas!

— Et l'extrémité à laquelle je serais réduit n'excuse-t-elle pas tout? — s'écria Robert. — Oublies-tu... ma position?

— Je l'oublie si peu, Robert, que cette position peut seule étouffer en moi des scrupules dont je ne te veux pas parler... et c'est déjà beaucoup... mais aller au delà... Jamais ! Malgré ma vieille amitié pour toi, malgré mon dévouement dont tu n'as pas le droit de douter... je ne te reverrais de ma vie, si...

Robert de Mareuil, interrompant le poëte par un éclat de rire contraint, qui me parut même presque convulsif, s'écria avec une gaieté que je crus aussi factice que l'éclat de rire :

— Comment, innocent poëte dramatique que tu es, collaborateur par trop naïf, tu ne te rappelles pas que tout à l'heure tu m'as dit toi-même : « C'est le plan d'une haute comédie, peut-être d'un drame, que nous allons tracer !... » Eh bien! je voulais tout bonnement te montrer que je pouvais trouver ma petite scène dramatique tout comme toi... et tu as été ma dupe... et tu auras cru sérieusement que je serais assez indigne pour... Allons donc, Balthazar, je me fâcherais, si nous n'étions pas de vieux amis.

En parlant ainsi, l'accent de Robert de Mareuil devint si naturel, si convaincu, que je fus tenté de croire à la sincérité de ses paroles. Balthazar, lui, n'en douta pas un moment, car il s'écria, d'un ton moitié joyeux, moitié fâché :

— Que le diable t'emporte ! Robert, ou plutôt que le diable m'emporte, car, après tout, c'est moi qui ai été assez sot pour te croire capable d'une atrocité... Tu te moquais de moi... tu as eu raison... Ah çà! il se fait tard, notre exposition est clairement posée, nous tenons nos personnages... A demain l'action.

. . . .

Chose étrange : autant Balthazar, une fois emporté par ses incroyables imaginations, se laissait follement aller aux rêves qu'il faisait tout éveillé, autant, quand il entrait dans les voies de la vie pratique, il se montrait bon, généreux, sensé ; il n'offrait plus alors à son ami de partager avec lui ce Potose, ces bains d'or, ces galions et autres fantastiques rémunérations qu'il attendait de ses œuvres, et qu'il reçut plus tard ; il offrait à son ami tout ce dont il pouvait raisonnablement disposer : son modeste logis, son pain et les fécondes ressources de son imagination. J'avais aussi vu avec une satisfaction profonde que, malgré sa vive amitié pour Robert de Mareuil, le poëte mettait de sévères limites à son dévouement ; je le croyais d'autant plus incapable de se rendre complice d'une action indigne contre Régina, qu'il ne prêtait pas sans quelques scrupules son concours aux projets de mariage de Robert de Mareuil. L'accent résolu, froid, de celui-ci, en parlant de ses projets de suicide, m'avait convaincu de la sincérité de sa détermination ; je l'avoue, si je ressentis une sorte de pitié pour cet homme, elle fut dépouillée de tout intérêt, de tout sentiment sympathique... Cette inertie, cette lâche résignation qui préférait la mort au travail, sans l'avoir seulement tenté, cet aveu d'une cynique franchise que la vie lui serait même *impossible* avec douze ou quinze mille francs de revenu... cette prétention aussi insolente que malheureusement ridicule de ne pouvoir accepter qu'une existence de millionnaire ; tout ceci, je le répète, m'avait d'abord soulevé de dégoût, de mépris et d'indignation contre ce malheureux.

Mais me rappelant bientôt les enseignements de Claude Gérard, enseignements remplis de mansuétude et de sagesse, je songeai à l'éducation qu'avait reçue Robert de Mareuil, éducation dont la scène enfantine, autrefois passée dans la forêt de Chantilly, m'avait donné un spécimen. Je songeai à ce qu'il y a d'inévitablement funeste dans cette pensée commune à presque tous ceux qui doivent, non à leur labeur ou à leur intelligence, mais au hasard de la naissance, les dons de la fortune.

— *Je ne suis pas fait pour travailler ; mon père est riche... je serai riche... et je tiendrai mon rang.*

Je songeai enfin à cette incurable lèpre d'oisiveté, à cette habitude de luxe, à ces *nécessités* du superflu qui changent pour ainsi dire notre nature, en nous créant, à ce qu'il paraît, presque de nouveaux sens, de nouveaux organes, aussi impérieux que les autres...

Alors j'en vins à plaindre sincèrement Robert de Mareuil, non pas d'être ce qu'il était, mais d'avoir été fatalement amené, par une des plus funestes conséquences de *l'héritage,* — UNE JEUNESSE OISIVE, — à ce point de lâcheté, d'impuissance et de dépravation....

Cette fois encore je le reconnus... Souvent l'abus de la richesse abrutit, déprave autant que l'excessive misère, et l'on doit à ces victimes du superflu, non pas sans doute cette tendre commisération, cette sympathie sacrée, qu'inspirent toujours les martyrs des plus extrêmes privations, mais cette sorte de douloureuse pitié que commande, ainsi que me disait Claude Gérard, — le sort de ces misérables infirmes dont le sang est infecté par quelque vice héréditaire.

Je me laissais d'autant plus aller à ces sentiments d'équitable pitié, que je craignais de subir, à mon insu, l'influence d'une animosité jalouse contre Robert de Mareuil, car il avait été aimé... il était peut-être encore aimé de Régina.

Aimé de cette jeune fille, dont je respectais, dont j'admirais plus encore les rares vertus après l'entretien que je venais de surprendre... lui, aimé de Régina.

Et ce mariage était possible... Régina, fidèle aux serments d'un premier amour, aveuglée par sa confiance dans un homme qu'elle croyait digne d'elle, maltraitée peut-être dans la maison paternelle, comptant trouver enfin dans Robert un concours généreux, dévoué, qui l'aiderait à poursuivre et obtenir la réhabilitation de la mémoire de sa mère... Régina pouvait... devait peut-être combler les désirs de Robert de Mareuil.

Une seule chance était contre celui-ci... Régina ne lui avait pas dit : *Venez...*

Était-ce de la part de la jeune fille temporisation nécessaire, oubli, manque de foi, connaissance récente du caractère de Robert ? ou soumission aux volontés de son père, qui voulait, dit-on, lui faire épouser le comte Duriveau ? était-ce, enfin, amour pour le prince de Montbar ?

Au milieu de ces perplexités, mes craintes changeaient alors d'objet, sans être pour cela moins vives. Quel choix, mon Dieu, pour Régina entre ces trois hommes :

— Robert de Mareuil,
— Le comte Duriveau,
— Ou le prince de Montbar, — si celui-ci, comme je le soupçonnais, était l'inconnu du cabaret des Trois-Tonneaux !...

Peut-être pourtant me trompais-je au sujet de ce dernier... Cette erreur était la seule chance heureuse qui restât à Régina, et j'en jure Dieu... je la lui désirais de toutes les forces de mon âme... La savoir heureuse et aimée d'un époux digne d'elle... pour moi qui n'espérais rien de mon amour... cette consolation m'eût paru grande...

. . . .

Harassé de lassitude, l'esprit fatigué par les nombreux et singuliers événements de cette journée, j'imitai mes maîtres.

Plusieurs violents coups de sonnette m'éveillèrent en sursaut.

Il faisait grand jour. J'allai ouvrir à un tailleur chargé d'un gros paquet d'habits confectionnés d'avance ; Robert de Mareuil avait fait sans doute cette commande la veille. Triste ressource pour un jeune homme habitué à toutes les minuties, à tous les scrupules d'une toilette recherchée ; mais le temps pressait, les habits de Robert de Mareuil étaient si piètres, si usés, qu'il valait mieux encore pour lui se présenter le jour même, à Régina, vêtu au moins convenablement.

Du reste, tels étaient l'extérieur distingué, la bonne grâce et l'élégance naturelle de Robert, que, malgré la mode sans doute un peu surannée de ces habits, il paraissait mis avec le meilleur goût. A mon grand étonnement, je vis que mes maîtres ne m'avaient pas oublié ; le tailleur tira de son paquet une redingote de livrée bleue à collet rouge et à boutons d'argent, un gilet rouge aussi, une culotte et des guêtres noisette. Il me fut enjoint de quitter mes humbles vêtements de travail pour endosser cette livrée, à peu près faite à ma taille.

J'eus un cruel serrement de cœur en revêtant pour la première fois ces insignes de la domesticité ; un moment même j'hésitai ; mais songeant au service que je pouvais rendre à Régina dans cette humble condition, et me rappelant cette maxime de Claude Gérard, où j'avais jusqu'alors puisé tant de courage, tant de résignation, qu'*il n'est pas une position dans laquelle l'honnête homme ne puisse faire acte de dignité* ; me disant enfin que ma résistance à mes scrupules à l'endroit de la livrée pouvaient éveiller des soupçons dans l'esprit de mes maîtres, je ne voulus pas, en m'exposant à être renvoyé par eux, risquer de rompre le fil unique et fragile qui me mettait, pour ainsi dire, en communication avec Régina.

— Te voici à peu près sortable, Martin, — me dit Robert de Mareuil en m'examinant de pieds à la tête.— N'aie pas l'air si empêtré, dégourdis-toi... ne colle pas ainsi tes bras le long de ton corps, sinon tu nous feras honte ; mais surtout conserve tes habits de commissionnaire ; ils te seront peut-être utiles dans certaines circonstances pour lesquelles ta livrée serait trop voyante.

— Ça n'est pas mal, — dit Balthazar, en me considérant à son tour ; — j'aurais préféré un chapeau à cornes, un habit ventre de biche, à la française, gilet et culotte bleu clair, jarretières d'argent, bas de soie blancs, boucles aux souliers et œil de poudre. C'eût été, par la sambleu ! quelque chose de crâne, mais c'eût été trop Frontin pour toi, mon digne garçon... Cette modeste tenue bourgeoise conservera au frais ta naïveté, que je prise si fort, ô Martin... D'ailleurs, la livrée ventre de biche est la mienne... je veux en conserver la primeur... Je m'étais commandé une centaine d'habits de cette nuance, pour vêtir mes gens lors de l'inauguration de mon palais du faubourg Saint-Antoine... Mais cette diable de veille d'un vendredi a tout changé... c'est partie remise...

Un coup de sonnette discret, timide, interrompit Balthazar; le tailleur était sorti, je refermai la porte de la chambre de mes maîtres, et j'allai ouvrir...

C'était la Levrasse.

— M. le comte de Mareuil? — me demanda-t-il d'une voix doucereuse, et il me parut jeter un coup d'œil rapide et investigateur dans la pièce où nous nous trouvions.

— C'est ici, Monsieur, — répondis-je. — Si vous voulez attendre, je vais aller prévenir M. le comte...

Et laissant la Levrasse seul, j'entrai dans la chambre voisine.

— C'est le marchand de jouets d'enfants, — dis-je à mes maîtres...

— Il n'a pas manqué à sa promesse..... bon augure, excellent augure, — dit le poëte à voix basse.

Loin de partager le joyeux espoir que l'arrivée de la Levrasse inspirait au poëte, Robert parut inquiet, pensif, et, au grand étonnement de Balthazar, il lui dit d'un air contraint :

— Mon ami, laisse-moi seul avec cet homme.

— Seul... avec le marchand de jouets? — dit Balthazar.

— Oui.

— C'est singulier... tu ne m'avais pas dit...

— Mon ami... si je te demande de te retirer, — reprit Robert de Mareuil... — c'est que le secret m'est indispensable... Excuse-moi...

— A la bonne heure, Robert, à la bonne heure... — dit le poëte désappointé. — Après cela, un peu de mystère ne nuit pas à l'effet d'un drame... va pour le mystère.

— Il y a là... de quoi écrire? — ajouta Robert.

— Tu veux dire... de quoi signer... — reprit le poëte en souriant. — Oui... tiens, voici la tasse et la plume... Allons, viens, Martin.

Nous sortîmes; la Levrasse nous remplaça auprès de Robert de Mareuil. Je fermai la porte sur ces deux personnages.

— Pourquoi, diable! Robert me renvoie-t-il? — dit le poëte en se parlant à lui-même, dès que lui et moi nous fûmes seuls dans la pièce qui servait d'antichambre.

Puis Balthazar se mit à se promener silencieusement en long et en large, pendant que, non moins curieux que lui de savoir ce qui se passait dans la chambre, je m'occupais de ranger quelques hardes afin de me donner une contenance. Une table placée à dessein par moi devant la porte conduit acoustique l'obstruait complètement, et l'on n'entendait rien de l'entretien de Robert de Mareuil et de la Levrasse.

Néanmoins, en allant et venant, Balthazar s'était plusieurs fois approché de la porte de la chambre, paraissant en proie à un vif sentiment de curiosité.

Soudain, le profond silence qui jusqu'alors avait régné fut interrompu par ce mot dit par Robert de Mareuil d'une voix éclatante et courroucée :

— Misérable!!!

A cette exclamation en suite de laquelle tout redevint silencieux, Balthazar mit la main sur la clef de la porte; il allait sans doute entrer; mais réfléchissant, je suppose, aux recommandations de son ami, il s'arrêta, puis recommença de marcher en disant à demi-voix :

— Hum... ça se gâte... Robert croyait pourtant que cela irait presque tout seul... Ce diable d'homme me paraît avoir une mauvaise figure.

Puis se retournant vers moi :

— N'est-ce pas, mon garçon, qu'il a une mauvaise figure?... tu as dû le voir à ton aise hier.

— Qui cela, Monsieur?

— Le marchand de jouets d'enfants.

— Dame!... Monsieur... je ne l'ai pas regardé beaucoup.

Soudain la porte s'ouvrit ; Robert de Mareuil avança la tête et dit :

— Balthazar... tu peux rentrer.

Le poëte entra.

Je restai seul, frappé de la pâleur de la figure de Robert et de la sombre expression de sa physionomie ; mais bientôt je vis sortir Balthazar, la figure rayonnante, l'œil étincelant de joie ; il me mit plusieurs pièces d'argent dans la main et me dit :

— Tu vas aller tout de suite au bureau de tabac de cette rue... tu demanderas au buraliste *cinq timbres*... rappelle-toi bien cela, *cinq timbres de dix mille francs chacun*, ce qui fait *cinquante mille francs*... comprends-tu?

— Oui, Monsieur... je demanderai *cinq timbres* de dix mille francs chacun, ce qui fait cinquante mille francs, — dis-je avec stupeur, car j'ignorais complètement alors l'existence du *papier timbré*, sa valeur relative, et je croyais avoir à rapporter réellement cinquante mille francs.

— Il est donc bien entendu, — reprit Balthazar, — que tu vas me rapporter tout de suite cinq timbres de dix mille francs chacun, et que tu les payeras?

— Et avec quoi, Monsieur? — m'écriai-je avec ébahissement.

— Comment ! avec quoi? mais avec l'argent que je viens de te donner.

— Avec cela, Monsieur... — lui dis-je, — payer cinquante mille francs?

— O innocence de l'âge d'or! ô simplicité antique !... s'écria Balthazar ! — O Martin ! sans la gravité des circonstances, je te porterais moi-même en triomphe tout autour de cette chambre, en chantant toutes tes louanges, en chœur... mais le temps manque... dépêche-toi... cours au bureau de tabac, demande cinq timbres de dix mille francs chacun, paye... et reviens.

Tout abasourdi, je descendis rapidement l'escalier, et j'arrivai chez le buraliste : c'était un vieux petit homme, à l'œil fin et pénétrant, au sourire narquois.

— Monsieur, — lui dis-je, — je voudrais avoir cinq timbres de dix mille francs chacun...

— Oh ! oh ! — me dit le buraliste en cherchant dans un mauvais carton un paquet de ces papiers qui me semblaient devoir être si précieux.

— Oh ! oh ! — reprit-il, — il paraît que nous avons affaire à de gros capitalistes... Voilà des gaillards qui n'y vont pas de main morte... Cinquante mille francs !... ils *font du papier* comme s'il en pleuvait... Mais bah ! ajouta-t-il d'un air paterne, — c'est de leur âge. Puis, regardant ma livrée neuve, il me dit d'un air railleur :

— Je parie que votre maître est jeune.

— Oui, Monsieur...

— J'en étais sûr, — dit le buraliste, — car, ordinairement, c'est sur ce papier-là que les jeunes gens apprennent *l'écriture commerciale*. Ils en font comme cela beaucoup de petits cahiers... Hélas !... que de papier perdu ! — ajouta le buraliste d'un air narquois en me rendant ma monnaie.

Je ne compris pas alors l'épigramme, assez juste d'ailleurs, et je revins en hâte chez mon maître.

Je trouvai Balthazar vers le milieu de l'escalier.

— Les timbres ! les timbres ! — s'écria-t-il.

— Les voilà, Monsieur.

— Bon... Maintenant, cours rue Grange-Batelière, il y a là un loueur de voitures ; tu lui commanderas pour midi un coupé, tout ce qu'il y a de plus soigné, genre anglais ; on ne tient pas à l'argent... Que la voiture soit à midi à notre porte... Tu entends bien?

— Oui, Monsieur.

Et je repris ma course. Ma livrée inspira toute confiance au loueur de carrosses ; il me proposa une très-belle voiture ; j'acceptai, et je retournai chez mes maîtres.

La Levrasse avait disparu, Balthazar était de plus en plus radieux, mais Robert me semblait pensif.

— Y a-t-il un changeur dans cette rue? — me demanda Balthazar.

— Oui, Monsieur, — lui dis-je, — il y a un horloger qui tient un change...

— Cours donc changer ce billet de mille francs pour

cinquante pièces d'or... tu payeras l'escompte, — me dit le poëte.

— Balthazar, — s'écria Robert, en arrêtant son ami au moment où celui-ci allait me donner le billet de banque. Puis il ajouta quelques mots à l'oreille du poëte.

Robert se défiait de ma probité, car son ami, plus confiant, reprit tout haut :

— J'en réponds... c'est bête... mais honnête ; je connais les hommes.

Puis me donnant le billet :

— Tiens bien cela dans ta main, à poing fermé, et tu rapporteras l'or en un rouleau ; dépêche-toi, car l'heure approche, et il faut que nous soyons au Louvre avant une heure.

J'allai changer le billet, je rapportai le rouleau d'or à Balthazar, qui le rompit, compta les pièces, les fit un instant bruire, miroiter complaisamment dans sa main, puis il les remit à Robert, qui lui dit :

— Eh bien !... prends donc.

— Quoi ?

— Eh ! pardieu... ce que tu voudras... de ces cinquante louis.

— Merci... Robert.

— Ah çà, es-tu fou ? n'avons-nous pas là encore...

— Mon brave Robert, — dit le poëte avec une fermeté douce, — tout sera commun entre nous... moins l'argent qui vient de cet homme-là...

— Quel caprice étrange !

— Arrière... arrière, — s'écria Balthazar, non plus gravement cette fois, et reprenant le cours de ses folles imaginations. — Est-ce que j'ai besoin de ton or ? Est-ce que demain ou après, ou après... je n'en serai pas gorgé, repu, saturé d'or... Est-ce que mes scélérats de libraires ne vont pas m'envoyer le prix de mes œuvres dans des coffres de bois de sandal portés par des nègres ?...

Et comme midi sonnait à la petite pendule :

— En voiture... — s'écria Balthazar à son ami, — vite, en voiture... Il faut prendre les devants et être arrivé au Louvre avant Régina...

— Ainsi... tu ne veux pas m'accompagner ? — dit Robert au poëte.

— Tout bien considéré, non ; il vaut mieux que tu sois seul... je pourrais distraire l'attention de Régina... Tu me retrouveras ici... je ne bouge pas... Reviens vite... et n'oublie pas que tu me laisses sur un gril... Robert, sur le gril de la curiosité... Allons, adieu... et bonne chance.

— A bientôt !... dit Robert.

Et comme je lui ouvrais la porte pour sortir :

— Eh bien !... et ton chapeau ? — me dit Balthazar.

— Pourquoi faire, Monsieur ?

— Ah çà ! est-ce que tu crois que tu vas monter derrière la voiture nu-tête ?... On croirait que tu as fait un vœu à la Vierge !

— Monter derrière la voiture... — lui dis-je, fort contrarié de cette nouvelle conséquence de ma domesticité improvisée.

— A moins que tu n'aimes mieux monter dedans, — me dit Robert en haussant les épaules... — Allons, prends ton chapeau... et suis-moi.

J'obéis ; j'ouvris la portière, et je montai derrière la voiture, qui se dirigea rapidement vers le Louvre.

CHAPITRE LIII.

Le perron du Musée. — Mœurs du grand monde. — L'inconnu du cabaret des Trois-Tonneaux.

Un grand nombre de voitures encombraient déjà les abords du Louvre, lorsque mon maître descendit à la grande porte du Musée.

— Tu vas suivre la voiture, — me dit Robert de Mareuil, — tu remarqueras bien où le cocher va se placer, puis tu reviendras m'attendre à cette porte...

— Oui, Monsieur... lui dis-je.

Après avoir refermé la portière, j'exécutai les ordres de Robert, et je revins me placer près de la porte du Musée, au milieu d'un grand nombre d'autres domestiques.

Cette première épreuve *publique* de ma condition, si cela se peut dire, me fut d'abord pénible ; les manières de Robert à mon égard étaient dures, méprisantes ; mais bientôt je trouvai une sorte de consolation dans ces pensées : que d'abord j'avais accepté cette humble condition dans le seul espoir d'être utile à Régina ; puis, que j'avais sur mon maître Robert de Mareuil quelque supériorité morale.

Je me disais cela sans orgueil, je me connaissais des sentiments de droiture, d'honneur, de délicatesse, auxquels Robert de Mareuil était toujours demeuré étranger, si j'en jugeais du moins par ce que je savais de sa conduite. J'avais enduré des souffrances, résisté à des épreuves dont la seule pensée eût épouvanté Robert de Mareuil ; certes, dans une position aussi désespérée que la mienne l'avait été souvent, il fût tué, ou il fût devenu criminel.

Cette supériorité de moi sur lui bien constatée par une comparaison réfléchie, mon état de servitude ne m'humilia plus : je ne pourrais mieux exprimer ce que je ressentais qu'en me comparant à un homme de cœur, doué d'une grande force physique et d'un grand courage, qui, pour accomplir un devoir sacré, supporterait les mépris ou les menaces d'un pauvre être, lâche et frêle, qu'il briserait d'un souffle.

En un mot, nos rôles me semblaient complétement intervertis ; je regardais ma subalternité envers Robert de Mareuil comme une singularité ; j'acceptais ma position comme une position bizarre, mystérieuse, qui non-seulement pouvait me mettre à même d'accomplir une action généreuse, mais qui offrirait une ample matière à mes observations et à ma curiosité.

Confondu au milieu d'un grand nombre de domestiques, à la porte du Musée, je regardais, j'écoutais attentivement ; je devais déjà à mon état de domesticité des renseignements trop précieux pour ne pas trop désespérer d'en acquérir encore.

En me mêlant çà et là aux groupes de domestiques, je remarquai qu'à l'exemple de leurs maîtres ils se séparaient en classe aristocratique et en classe bourgeoise : les valets de pied de grandes maisons, reconnaissables à leur haute taille, aux boutons armoriés de leurs livrées, à la légère couche de poudre qui couvrait leurs cheveux, formaient un groupe très-distinct des laquais de la bourgeoisie, auxquels ils n'adressaient jamais la parole, non par orgueil peut-être, mais par une conséquence de leurs *relations sociales* ; les maîtres fréquentant le même monde, les serviteurs se retrouvaient, chaque soir, ainsi que leurs maîtres, dans un petit nombre de maisons qui, avec certaines ambassades (ainsi que je l'appris plus tard), composaient les lieux de réception de la fine fleur de la haute aristocratie parisienne ; les relations de la bourgeoisie étant, au contraire, immensément divisées, ses domestiques, ne se rencontrant pas dans les mêmes centres de réunion, ne formaient point de groupe compact comme celui des laquais des *grands seigneurs*.

Ce fut vers ce dernier groupe que je me dirigeai, espérant peut-être apprendre quelque chose sur l'inconnu du cabaret des Trois-Tonneaux, que je croyais être le prince de Montbar.

Au bout d'un quart d'heure d'*audition* (mes *camarades* étaient loin de parler bas), je fus presque effrayé de ce que je venais d'apprendre sur le grand monde parisien : intrigues amoureuses, scènes de famille, intérêts de fortune, rien ne paraissait ignoré de mes aristocratiques camarades, que l'espèce même de leur service, les reléguant au vestibule ou derrière la voiture, ne les introduisait pas dans l'incessante et complète intimité du foyer, ainsi qu'il arrive pour les valets de chambre.

Cet entretien à bâtons rompus, que je venais d'entendre, les faits qu'il m'avait révélés, me frappèrent tellement, pour plusieurs motifs, qu'il m'est resté presque tout entier à la mémoire.

— Tiens ! te voilà au Musée, — avait dit un laquais aristocratique à un autre de ses camarades ; — hier, aux Italiens, tu m'avais dit que *vous* alliez à la course du bois de Boulogne ?

— Oui, mais l'ordre de la marche a changé : nous avons été, après les Italiens, à l'ambassade de Sardaigne, et là

— Allons... *encore* des billets de banque. — Page 205.

on a changé d'avis, et on s'est donné rendez-vous pour ici, c'est sûr.

— *Il* y était donc hier soir, à l'ambassade?

— Parbleu... puisque nous y allions... *il y était*. Mais *il* a filé presque aussitôt que nous sommes arrivés... Je crois que nous commençons à joliment l'embêter... le fait est que *Madame* se fane diablement...

— Je l'ai vue avant-hier chez la duchesse de Beaupréau... ta maîtresse est une femme finie, mon cher.

— Que veux-tu?... les blondes... et puis le chagrin, car ELLE a l'air d'y tenir à mort... et LUI, plus du tout... Autrefois IL arrivait partout avant ELLE, et s'en allait en même temps, lui donnait son manteau, faisait appeler ses gens quand ELLE venait seule... Mais à présent... ah! bien oui, *il* arrive le dernier et *il* s'en va le premier... Et puis, c'étaient des visites de deux et trois heures dans la matinée... Voilà cinq jours qu'*il* n'a pas mis les pieds à l'hôtel.

— Ta maîtresse est enfoncée... mon cher.

— Ça me fait cet effet-là... Tiens, aujourd'hui encore... ELLE croyait le trouver ici... je ne vois nulle part son cabriolet et son superbe cheval gris, qui fait retourner tout le monde quand il passe.

— C'est malin... il lui aura dit qu'il venait au Musée pour qu'ELLE n'aille pas le relancer au bois, où IL sera allé. Je te dis que ta vicomtesse est flambée... Mais tiens, la voilà qui sort déjà; cours vite chercher ta voiture.

— C'est vrai... IL n'est pas venu, ELLE est vexée d'attendre, et elle file... Adieu, Pierre.

— Adieu, mon vieux.

Puis, se retournant vers quelques-uns de ses camarades présents à l'entretien précédent, le valet de pied ajouta :

— Regardez donc le mari, a-t-il l'air coq d'Inde?

— Jocrisse, va!

— Quel grand flandrin!

— C'est égal, ELLE est encore gentille...

— Fait-ELLE une moue?

— Le fait est qu'ELLE a l'air vexé.

Je tournai les yeux vers l'endroit que mes voisins (dont je gaze et dont j'abrége les propos) indiquaient du regard, et, sur le perron assez élevé qui précède la grande porte du Musée, je vis une jeune femme blonde, aux traits un peu fatigués, mais charmante encore; elle semblait profondément triste, abattue; elle était mise avec autant de goût que d'élégance; parfois elle jetait au loin sur la place des regards navrés; celui qu'elle attendait, sans doute, ne venait pas... Un grand jeune homme, à figure fade et niaise, le mari sans doute, donnait le bras à cette jeune femme, d'un air nonchalant, ennuyé; pendant quelques minutes qui précédèrent l'arrivée de leur voiture qu'ils attendaient, le mari et la femme n'échangèrent pas une parole.

Je ressentais une impression douloureuse à la vue de cette jeune et jolie femme, qui, ignorant les graveleux et honteux propos provoqués par sa présence, restait accablée, pensive, sur ce perron changé pour elle en pilori... puis j'éprouvais une sorte de stupeur en songeant que ce qui me paraissait devoir être enveloppé d'un mystère impénétrable, *le secret du cœur d'une femme*, était aussi facilement pénétré et livré aux lazzi grossiers des antichambres; je ne pouvais concevoir que l'écho de ces plaisanteries brutales ne vînt jamais jusqu'à l'oreille de la femme, de l'amant ou du mari, et je m'étonnais singulièrement de ce bizarre mélange d'insolente raillerie et de discrétion si profonde...

Soudain, je tressaillis de surprise; un très-beau coupé vert, à livrée verte et orange, venait de s'arrêter au pied du perron; de cette voiture je vis descendre lestement l'inconnu du cabaret des Trois-Tonneaux. Je pus d'autant

— Monsieur le comte veut-il que je fasse entrer sa voiture dans la cour? — Page 210.

mieux m'assurer de son identité, que, connaissant probablement la jeune femme blonde, il l'aborda, lui serra la main familièrement, ainsi qu'à son mari, et causa quelques instants avec ces deux personnages.

Si la distinction, la rare beauté de cet inconnu m'avaient déjà frappé, alors que, vêtu d'habits sordides, il venait s'enivrer d'eau-de-vie dans une taverne, cette distinction, cette beauté me semblèrent plus remarquables encore... à cette heure que je le voyais vêtu avec élégance et recherche; sa physionomie, tandis qu'il parlait à cette pauvre jeune femme blonde, était remplie de grâce, de finesse et de charme; j'admirai avec quelle exquise courtoisie il conduisit la triste délaissée jusqu'à sa voiture avancée au pied du perron; puis l'inconnu remonta rapidement les degrés, et entra au Musée d'un air empressé.

J'allais enfin connaître le nom de ce jeune homme; j'avais remarqué la couleur de la livrée de ses gens, et je vis bientôt s'avancer de mon côté le valet de pied qui venait d'accompagner la voiture.

— Monsieur, — dis-je à ce garçon d'une taille de tambour-major, — cette belle voiture verte derrière laquelle vous étiez n'appartient-elle pas à M. le prince de Montbar?

— Oui... jobard, — me répondit le colosse après avoir dédaigneusement toisé ma modeste livrée bourgeoise, et paraissant très-choqué de ma familiarité.

Trop satisfait du renseignement que je venais d'obtenir pour me soucier beaucoup de la peu flatteuse épithète dont on m'avait salué, je m'éloignai de cet orgueilleux confrère.

Plus de doute pour moi, l'inconnu du cabaret des Trois-Tonneaux était le prince de Montbar; sans doute, il venait au Musée dans l'espoir d'y rencontrer Régina. Celle-ci était sans doute déjà arrivée, car, après quelques recherches, je découvris parmi les domestiques la livrée du comte Du-riveau, qui avait dû conduire au Louvre Régina et son père. Désirant autant que possible m'assurer du fait, je m'approchai du groupe où j'apercevais deux valets de pied vêtus de livrée brune à collet bleu et galonnée d'argent. L'entretien paraissait fort animé de ce côté.

— Voyez-vous, *chez nous* on s'enfonce, — disait un laquais à livrée bleue et à collet jaune. — Hier encore, malgré l'ordre de ne pas les recevoir, le tailleur et le boucher, qui n'avait, lui, rien reçu depuis près d'un an qu'il a cessé de vouloir fournir la maison, ont forcé la consigne; ils ont trouvé monsieur sur le grand escalier. Et ils lui en ont dit... ils lui en ont dit... que d'en bas nous les entendions se disputer.

— Ne pas payer le tailleur... ça se fait encore... à la rigueur, dit un autre d'un air sentencieux, — mais ne pas payer le boucher... c'est dégoûtant... c'est des gens qui dégringolent;... faut pas rester là, mon garçon.

— Sans compter que M. le marquis avait fait des billets à Hubert, son cocher, pour la nourriture des chevaux, et voilà le troisième billet qui n'est pas payé. Avant-hier... c'était la couturière qui a fait une *scène* en remportant une robe de bal qu'elle ne voulait laisser à *Madame* que moyennant de l'argent comptant... C'est tous les jours des avanies... quoi... on nous croit si riches... Avec notre grand train, qui est-ce qui dirait cela pourtant?

— C'est comme chez nous, dit un chasseur que je reconnus pour l'avoir vu la veille dans la boutique de la Levrasse. — Monsieur le duc a tout fricassé... et il va mettre en gage, chez un usurier, l'épée et les décorations en diamants de son père.

— Filez de là, mes enfants... filez de là.

— Et mes gages?... — dit l'un, on me doit cinq mois...

— Restes-y un mois de plus, c'est six mois que tu perdras... Tiens, voilà justement les valets de pied du comte

Duriveau; si tu pouvais entrer là... c'est une maison solide comme le pont Neuf.

Puis faisant quelques pas vers un des domestiques du comte Duriveau, l'un des deux interlocuteurs lui dit :
— Bonjour, Auguste...
— Bonjour, mon vieux.
— Dis donc, il n'y aurait pas une place de valet de pied chez vous, pour un ami?
— Chez nous... non... mais je crois qu'il y a une place à l'antichambre de M. le vicomte.
— Le fils de ton maître?
— Oui.
— Un gamin de cet âge-là! une antichambre?
— Ne m'en parle pas, ça fait suer, mais c'est comme ça; il a un appartement complet, et, pour son service, un valet de chambre, deux valets de pied et sa voiture; il sort quand il veut, avec ses camarades et son gouverneur... le plus grand farceur qu'on puisse voir. Tiens... à preuve qu'il mène ce soir M. le vicomte aux Funambules : c'est Jacques qui a été louer la loge. Il se peut bien d'ailleurs que M. le comte y aille aussi... Le petit vicomte est à bonne école... allez!!! Il est déjà revenu gris deux ou trois fois.
— Ça commence bien.
— Et méchant, et insolent... C'est égal, j'oublierai jamais la danse qu'il a reçue, il y a plusieurs années, dans la forêt de Chantilly ; c'était des petits mendiants qu'il avait *agonisés* de sottises, et qui se sont joliment revengés; ils l'ont entraîné dans le bois, et, sans une ronde de gendarmes, on ne sait pas ce qu'il serait devenu...
— C'est ça qui est bien fait...
— Eh! mon Dieu!... tiens, mademoiselle de Noirlieu, que nous avons amenée aujourd'hui au Musée avec M. le comte, était de la même partie, elle avait aussi été enlevée par ces petits bandits. Elle avait huit ou neuf ans alors... Je n'oublierai jamais ça; quelle drôle de scène!

Régina était au Musée, je continuai d'écouter, espérant apprendre autre chose.

— Hum! — dit celui des deux laquais qui cherchait une place pour son compagnon, — ça doit être un dur service avec un gamin pareil?

— Bah! on s'y accoutume, et puis il n'y a pas grand'-chose à faire, on est deux pour son antichambre.

— Ma foi! s'il est si méchant qu'on dit, il n'y a pas de presse.

— C'est pas encore tant méchant que méprisant qu'il est. Tiens, il y a deux ans, il avait été avec trois de ses camarades et son grand farceur de gouverneur dîner à Sceaux... chez un restaurateur; le gouverneur, que ça n'amusait guère et qui avait choisi Sceaux exprès, attable les trois gamins, prend la voiture et file chez une femme qui habitait Châtillon...

— A la bonne heure! voilà un gouverneur!

— Quand nous sommes revenus, les gamins avaient fait monter une petite chanteuse des rues de treize ou quatorze ans qui jouait de la guitare, et ils lui avaient fait tant d'horreurs et l'avaient tant maltraitée, le petit vicomte surtout, que c'était comme une émeute autour du restaurant; on voulait faire un mauvais parti au petit vicomte et à ses amis. Mais... — dit tout à coup le laquais à son camarade, — je te raconterai cela une autre fois... voilà mon maître... quand je te reverrai, nous parlerons de la place...

Ce disant, le valet de pied du comte Duriveau se dirigea en hâte vers le perron, dont il m'approcha aussi, supposant que Robert de Mareuil, mon maître, ne devait pas arriver longtemps après Régina; je la vis s'arrêter sur le perron; elle donnait le bras à un homme de cinquante ans environ; c'était (je l'appris plus tard) le baron de Noirlieu, son père; d'une taille grêle déjà voûtée, il avait les cheveux gris, les yeux caves, ardents, les orbites profondes; la maigreur de son visage, le sourire amer, contracté, presque stéréotypé sur ses lèvres, donnaient à ses traits une expression de tristesse maladive, presque farouche.

Régina, vêtue avec une simplicité austère, portait une robe noire et un chapeau de crêpe blanc, moins blanc que son pâle visage encadré de cheveux de jais... sa physionomie était d'une gravité glaciale. Le prince de Montbar et le comte Duriveau s'empressaient auprès d'elle; le comte, souriant, obséquieux, s'adressait tour à tour soit au baron, qui lui répondait brièvement d'un air distrait, soit à Régina, qui me parut l'accueillir avec une extrême froideur. Le prince de Montbar, au contraire, se tenait envers la jeune fille sur une réserve calculée peut-être, car elle me sembla un peu affectée; néanmoins l'air riant, dégagé, il s'occupait surtout du baron, qui paraissait un peu se départir, à son égard, de sa sombre taciturnité; deux ou trois fois, cependant, le prince adressa quelques mots à Régina; elle lui répondit, non pas comme au comte Duriveau avec une apparence de froideur hautaine, mais en baissant les yeux comme si elle se fût sentie contrainte, embarrassée.

Enfin, à quelques pas derrière ce groupe principal, dont il ne faisait pas partie, j'aperçus Robert de Mareuil; la joie rayonnait sur son visage.

Les gens de M. Duriveau arrivèrent; Régina, son père et le comte prirent place dans une magnifique berline brune, derrière laquelle montèrent les deux valets de pied. Au moment où elle s'éloignait, le regard de Régina se leva et s'arrêta si directement, si longuement, sur Robert de Mareuil, que le prince de Montbar, resté un moment sur la dernière marche du perron, se retourna vivement d'un air surpris pour tâcher de voir à qui s'adressait l'expressif et long regard de mademoiselle de Noirlieu; mais soit hasard, soit calcul, Robert de Mareuil trouva moyen de se dissimuler aussitôt derrière deux ou trois personnes qui sortaient du Musée. Le prince, assez dérouté, rejoignit son coupé, qui s'éloigna bientôt.

Robert de Mareuil, m'apercevant alors, me fit signe du doigt d'aller chercher la voiture. Je l'amenai. Au moment où je fermais la portière, mon maître me dit, sans dissimuler sa joie :
— Chez moi, mon garçon... et vite.

Arrivés dans notre demeure, je montai sur les pas de Robert; nous fûmes reçus par Balthazar, qui, ayant sans doute épié notre retour, nous attendait penché sur la rampe de l'escalier.

Incapable de se contenir, Robert de Mareuil s'écria du plus loin qu'il aperçut le poëte :
— Elle est à moi!!!
— Elle est à nous... victoire!... — s'écria le poëte.

Et lorsque la porte de l'appartement fut refermée sur nous, Balthazar se livra aux plus folles démonstrations de joie. Robert de Mareuil, qui aurait dû à moins sentir tout ce qu'il y avait de grave même dans son triomphe, partagea néanmoins les joyeuses excentricités du poëte, excusables chez celui-ci, mais révoltantes chez Robert... et, sans songer sans doute à ma présence, les deux amis se prirent par la main et commencèrent à bondir, à sauter, à danser de joie et en s'écriant :
— Victoire!... viva Régina!

Cette première effervescence passée, le poëte s'écria :
— Robert, soyons reconnaissants envers la Providence... célébrons dignement ce beau jour... Il y a des semaines que je vis de l'exécrable cuisine du gargotier de la rue Saint-Nicolas... Offre-moi ce soir à dîner au Rocher de Cancale.
— Adopté!...
— Et après, nous irons au spectacle... Je n'ai pas besoin de te dire où je grille d'aller, aux Funambules!!! pour y voir enfin ce diamant caché! cette merveille ignorée! cette Basquine dont m'a parlé Duparc.
— Adopté... les Funambules, — dit Robert, — ça sera doublement gai, car ce petit théâtre est aussi le rendez-vous de tous les viveurs quelque peu atteints d'ébriété.
— Martin va aller avec la voiture commander pour six heures un dîner à cinquante francs par tête... sans le vin... et louer une avant-scène ou une loge aux Funambules, s'il y en a, — dit Balthazar.
— Très-bien, — reprit Robert.
— Allons, Martin, tu partageras nos liesses, — s'écria Balthazar, — on te fera servir à dîner dans un coin du Rocher de Cancale, et tu iras au parterre des Funambules.
— Tiens, — me dit Robert de Mareuil, en me mettant de l'or dans la main, — tu donneras cent francs au Ro-

cher à compte sur le dîner... tu payeras la loge, le reste sera pour toi.

— Mais, Monsieur, je ne sais pas où est le Rocher de Cancale et...

— Tu vas monter sur le siége, à côté du cocher, il te conduira, naïf Martin, — reprit Balthazar ; — dis-lui seulement ces deux mots sacrés : *Rocher*, *Funambules*, et il t'emportera sur l'aile de ses zéphyrs à quatre pattes.

— Maintenant, — dit Robert à son ami, au moment où je sortais de l'appartement, — il faut que je te raconte comme ça s'est passé... *elle* est à moi, oh ! bien à moi, te dis-je.

Au moment où je fermais la porte, j'entendis Balthazar s'écrier :

— Viva Régina !

CHAPITRE LIV.

Les Funambules. — Le vicomte Scipion. — Bamboche. — Basquine, le mauvais génie.

— Allons aux Funambules ; nous y verrons cette Basquine, dont un connaisseur m'a parlé comme d'une merveille inconnue, — avait dit Balthazar à Robert de Mareuil.

Je ne pouvais en douter, il s'agissait, cette fois, de la compagne de mon enfance. A cette pensée, ma joie fut bien grande. J'allai d'abord, d'après l'ordre de mes maîtres, commander le dîner au Rocher de Cancale, puis le cocher de remise me conduisit aux Funambules ; je lus l'affiche, on donnait le Bonnet enchanté ; parmi les noms des actrices, je cherchai celui de Basquine, je le trouvai humblement inscrit tout au bout d'une ligne. Sans doute la réputation de la pauvre fille n'était pas alors brillante. Ce devait être, ainsi que l'avait dit Balthazar, une merveille encore peu connue ; je me fis indiquer le bureau de location des loges, espérant apprendre là quelque chose de Basquine ; le buraliste, après avoir reçu mon argent en échange du coupon de la loge, me dit :

— C'était la dernière qui me restait, mon brave ; notre théâtre devient à la mode... il y a aujourd'hui des loges louées par des marquis, des comtes, des capitaines ; enfin du beau monde, comme aux Italiens.

— Mademoiselle Basquine ne joue-t-elle pas ce soir, Monsieur ? — lui demandai-je.

— Non, c'est la fameuse Clorinda qui joue le rôle de la fée d'Argent.

— Pourtant j'ai vu sur l'affiche le nom de Basquine.

— Ah oui !... la petite figurante... elle a un bout de rôle... celui du mauvais génie ; elle ne reste pas un quart d'heure en scène...

— On dit que, malgré cela, Basquine a montré déjà bien du talent, Monsieur ?

— Du talent ! une figurante à dix sous par soirée !... du talent !... ah ! jeune homme, vous me faites de la peine !

— Pourriez-vous me dire où demeure mademoiselle Basquine, Monsieur ?

— Où elle demeure ! — s'écria le buraliste en éclatant de rire, — apprenez, jeune homme, que des figurantes à dix sous par soirée ne demeurent pas... ne demeurent jamais... ça *perche* quelquefois, et encore...

Et le buraliste me tourna le dos.

Assez désappointé, je pensai que du moins je verrais Basquine le soir, me fiant à mon inspiration du moment pour trouver le moyen de lui parler après le spectacle.

. . . .

Balthazar tint sa promesse ; pendant qu'il dînait joyeusement avec Robert de Mareuil, célébrant d'avance la *conquête* des millions de Régina, on me servit, dans une espèce d'office, le plus splendide repas que j'eusse vu de ma vie ; je fis peu d'honneur à ce régal, préoccupé que j'étais et des moyens de revoir Basquine et des craintes que m'inspiraient, pour l'avenir de Régina, les espérances de Robert de Mareuil, certain, disait-il, d'être aimé d'elle.

Le dîner de mes maîtres terminé, ils me firent appeler : j'ouvris la portière de leur voiture, et elle roula jusqu'aux Funambules.

Balthazar m'ayant donné de quoi largement payer ma place, j'entrai au parterre ; je n'avais de ma vie été au spectacle ; aussi mon étonnement, ma curiosité furent d'autant plus excités, que j'arrivais durant un entr'acte et au milieu d'un épouvantable tumulte, incident d'ailleurs commun à ce bruyant théâtre.

La position irrespectueuse de plusieurs spectateurs de l'avant-scène causait ce grand tapage. Tous mes voisins du parterre, montés sur les banquettes, vociféraient de toutes leurs forces :

— A la porte ! à la porte ! face au parterre !... — tandis que les galeries et le *paradis* répétaient ces cris en chœur, avec accompagnement de sifflets, de huées, de trépignements à assourdir.

Les spectateurs de l'avant-scène, causes de ce vacarme, se tenaient assis sur le rebord de leur loge, continuant de tourner le dos au public.

Enfin, soit qu'ils craignissent une véritable émeute, soit qu'ils crussent avoir, par la persistance de leur attitude, suffisamment protesté contre la *tyrannie populaire*, ils se retournèrent lentement, en jetant sur la salle un regard de dédain ; néanmoins cette *défaite* de l'avant-scène fut saluée par un immense cri de victoire formulé par des *ah, ah, ah*, triomphants, partis de tous les coins *insurgés* de la salle, et cet incident n'eut pas de suite.

Cette loge, voisine de celle où se trouvaient Robert de Mareuil et Balthazar, était occupée par quatre personnes. Je connaissais déjà deux d'entre elles, le comte Duriveau et son fils le vicomte Scipion. J'avais vu le premier la veille chez le père de Régina, et, le matin même, au Louvre ; quant à Scipion, quoiqu'il eût plusieurs années de plus que lors de la scène de la forêt de Chantilly, et qu'il eût beaucoup grandi, ses traits avaient peu changé : c'était le même charmant visage aux cheveux blonds et bouclés, remarquable par une expression de hardiesse et d'impertinence précoces. Quoique le vicomte Scipion fût à peine adolescent, il ressemblait bien plus à un *petit jeune homme*, comme on dit, qu'à un enfant.

Lorsque le vicomte se retourna vers la salle, il avait le teint animé, l'œil brillant, irrité ; je fus frappé du geste insolent et hardi dont il sembla défier les spectateurs en leur montrant la badine de jonc qu'il tenait de sa petite main, gantée de gants glacés.

De la part d'un homme, cette forfanterie eût sans doute soulevé un nouvel orage ; mais la bravade de Scipion fut, au contraire, accueillie par de grands éclats de rire et des bravos ironiques. Je ne sais où la colère eût entraîné cet enfant, dont les lèvres se serraient de rage, si son père ne l'eût amicalement emmené au fond de la loge. Un adolescent à peu près de l'âge de Scipion, et un homme à figure intelligente, mais basse et sournoise, accompagnaient le vicomte et son père ; d'après ce que j'avais entendu dire le matin par les gens du comte, l'homme à figure sournoise devait être et était en effet le gouverneur de Scipion ; l'adolescent, un des compagnons de ce dernier.

Malgré mon peu d'usage du monde, il me semblait singulier que le comte eût choisi ce spectacle pour y conduire son fils, non à cause de l'espèce des pièces que l'on y jouait, les féeries semblent faites au contraire pour amuser les enfants ; mais le comte ne devait pas ignorer que ce théâtre servait souvent, disait-on, de rendez-vous aux gens qui voulaient passer une folle et bruyante soirée après des libations exagérées.

Bientôt les trois coups, solennellement frappés derrière le rideau, commandèrent un silence général, l'orchestre joua une lugubre ouverture ; dans mon impatience de voir paraître Basquine, je m'adressai à l'un de mes voisins.

— Verra-t-on bientôt mademoiselle Basquine ? — lui dis-je.

— Qui ça, Basquine ?... Ah ! cette blonde qui joue le mauvais génie... non, pas encore... sa scène est à la fin de l'acte.

— Basquine a beaucoup de talent, n'est-ce pas, Monsieur ?

— Ma foi ! je ne sais pas ; elle est assez drôlette. Quand elle fait ses simagrées diaboliques, elle a l'air méchant comme un démon ; mais il y a un moment où elle veut chanter; oh! alors... merci... c'est aussi embêtant qu'à l'Opéra.

— Ah! Monsieur, comment pouvez-vous dire cela! — reprit mon voisin de gauche, — Basquine joue son bout de rôle avec une expression! et puis elle a une voix!... une voix!... Moi, je ne viens que pour l'entendre chanter ce petit morceau.

— Chacun son goût, — reprit mon voisin de droite.

Puis, s'adressant à moi, il me dit tout bas :

— N'écoutez pas ce monsieur, il n'y connait rien; cette Basquine n'est pas une actrice, c'est une mauvaise figurante de deux liards, maigre comme un clou... et qui fait sa tragédienne... je vous demande un peu... aux Funambules!... si ça ne fait pas pitié! Mais regardez-moi Clorinda, qui joue la fée d'Argent... A la bonne heure! voilà une actrice! je vous recommande ses mollets, etc., vous allez voir cette prestance!

Je laissai dire le partisan des mollets et des etc. de mademoiselle Clorinda; la toile se leva : je jetai un regard dans la loge occupée par Robert de Mareuil et par Balthazar : ce dernier, placé sur la première banquette, était radieux, épanoui : il semblait s'amuser fort; tandis que Robert, assis dans le fond de la loge, paraissait soucieux et sombre. Je ne pouvais concilier cette tristesse avec la certitude où était Robert de Mareuil d'être toujours aimé de Régina. Cette étrangeté me rappela l'altération des traits de Robert ensuite de son entretien secret avec la Levrasse, entretien dont Balthazar même avait été exclu. Quoique ces observations me donnassent fort à songer, je ne m'occupai plus que de la féerie, ne pensant qu'au moment où allait paraître Basquine.

Ces dernières pensées me ramenèrent aux mille souvenirs de mon enfance, souvenirs à la fois si doux et si amers. Bientôt même j'oubliai la pièce qui se jouait et ce qui se passait autour de moi, certain d'être rappelé à la réalité par la voix de Basquine dès qu'elle entrerait en scène.

Un nouvel incident vint m'arracher à mes réflexions.

En face de la loge du comte Duriveau, une loge était restée vide : deux hommes mal vêtus venaient de s'y installer, en enjambant la séparation de la galerie où ils avaient d'abord pris place; les locataires de la loge arrivant et la trouvant occupée, il s'ensuivit une bruyante altercation, la représentation fut un moment suspendue.

Les deux intrus, dont l'un était de petite taille, gesticulaient dans l'intérieur de la loge et semblaient vouloir défendre le terrain pied à pied; soudain on vit deux grands bras saisir le plus petit des récalcitrants, le soulever, le passer par-dessus la séparation de la galerie et le laisser retomber à la place qu'il avait quittée pour s'introduire dans l'avant-scène.

Cette preuve de vigueur et de sang-froid comique causa un enthousiasme général; le paradis, le parterre éclatèrent en bravos, et une foule de voix s'écrièrent :

— L'auteur! l'auteur!

Car l'homme aux deux grands bras, jusqu'alors presque inaperçu, s'était retourné vers le fond de la loge, afin, sans doute, d'en exclure l'autre intrus de la même façon; mais celui-ci, ainsi que son compagnon *transbordé* dans la galerie, disparurent presque aussitôt pour échapper aux huées de la salle.

Cette exécution ne suffit pas; la curiosité générale était trop vivement excitée; on voulait, à toute force, contempler l'auteur de cette vigoureuse plaisanterie, et le parterre, le paradis, la galerie reprirent avec un formidable ensemble :

— L'auteur! l'auteur!

Cet appel flatteur ne parut pas faire violence à la modestie de l'*auteur* du fait si admiré; il s'avança au bord de la loge d'un air extrêmement satisfait de lui-même, et salua cavalièrement le public en mettant la main sur son cœur avec un air de confusion grotesque.

Les cris, les bravos redoublèrent. L'homme aux grands bras, voulant sans doute alors faire participer à cette flatteuse ovation une personne qui l'accompagnait, se retourna, et moitié de gré, moitié de force, il amena au milieu de la loge une assez jolie femme, à l'air effronté, quoiqu'un peu troublée par cette présentation inattendue.

Les avis furent partagés sur ce procédé de l'homme aux grands bras.

Les uns l'applaudirent avec enthousiasme, et ceux-là... il les salua de nouveau.

Les autres sifflèrent (Scipion Duriveau et son camarade furent de ce nombre); l'homme aux grands bras les salua aussi avec un imperturbable sang-froid.

Une division hostile allait peut-être éclater entre les siffleurs et les approbateurs, lorsque les *neutres* dans la question réclamèrent à grands cris la continuation de la pièce...

Ce dernier avis réunit les dissidents, le silence se rétablit peu à peu. L'homme aux grands bras s'assit d'un côté de sa loge, la jeune femme à l'air effronté s'assit de l'autre, et la pièce continua.

Quant à moi... je restais immobile... palpitant... Dans l'homme aux grands bras je venais de reconnaître BAMBOCHE.

Sa taille était haute, robuste et dégagée. Il portait comme autrefois ses cheveux noirs très-ras, qui, marquant ainsi leurs cinq pointes autour de son large front, donnaient à ses traits un caractère particulier; aussi j'avais tout d'abord reconnu mon ancien compagnon d'enfance; ses favoris bruns et touffus, son épaisse moustache de même nuance augmentaient encore l'expression résolue de sa figure énergiquement accentuée; mais sa physionomie, au lieu d'être, ainsi qu'autrefois, farouche et sardonique, me parut à la fois joviale, insolente et railleuse. La mise de Bamboche annonçait à la fois le luxe et le mauvais goût : une grosse chaîne d'or serpentait sur son gilet de velours nacarat : il portait des boutons de brillants à sa chemise, et les manches de son habit marron, retroussées jusque par-dessus le poignet, pour plus de commodité, laissaient voir ses larges mains d'une propreté douteuse; il les étalait ainsi sur le rebord de la loge afin de faire admirer sans doute les bagues de pierreries qui étincelaient à ses gros doigts. Croyant sans doute du meilleur air de paraître avoir la vue basse, Bamboche, malgré l'éclat de ses grands yeux gris ouverts, joyeux et brillants, regardait de temps à autre, et fort gauchement, à travers un binocle d'or. La compagne de Bamboche, à laquelle il ne prêtait d'ailleurs qu'une médiocre attention, était coiffée d'un frais chapeau rose, et portait un très-beau châle sur ses épaules.

La féerie continuait; mais je n'avais d'yeux que pour Bamboche; mon cœur battait violemment, je reconnaissais la vérité de cette prédiction de Claude Gérard :

« Tu retrouverais tes compagnons dans dix ans, dans
» vingt ans, que tu ressentirais aussi profondément que
» par le passé cette amitié d'enfance qui te lie à Basquine
» et à Bamboche. »

En effet, il me semblait que depuis quelques jours à peine je venais d'être séparé de mes compagnons. Je ne me demandais pas par quels moyens hasardeux, coupables sans doute, peut-être, criminels peut-être, Bamboche, naguère ruiné, poursuivi comme contrebandier, et complice avoué de la Levrasse et du cul-de-jatte dans je ne sais quelles affaires ténébreuses, pouvait de nouveau afficher un certain luxe. Je ne me demandais pas si la confiance avec laquelle il osait se montrer en public témoignait de son incroyable audace ou de son innocence... je songeais qu'à la joie de le revoir. Malgré moi mes yeux devenaient humides en pensant que bientôt nous allions nous dire : — Te souviens-tu? — Une chose m'inquiétait. Bamboche savait-il que Basquine allait paraître sur le théâtre?... avait-il pour elle le même amour qu'autrefois?... La présence de la femme dont était accompagné mon ami d'enfance compliquait encore les questions que je m'adressais à moi-même, et dont j'espérais connaître la solution dans l'entr'acte. Bien décidé que j'étais à aller demander Bamboche à la porte de sa loge, en attendant, je ne le quittais presque pas des yeux. Sa compagne, s'étant penchée à son oreille, lui dit quelques mots tout bas; aussitôt, et quoiqu'il parût s'amuser de la féerie comme un enfant, Bamboche fit à sa compagne un signe affirmatif et sortit de la loge.

— Vous désirez voir Basquine, — me dit, quelques moments après, mon voisin de gauche, partisan déclaré de la pauvre figurante. — Attention! elle va paraître... Voilà déjà le tonnerre, les flammes de l'enfer et tout le bataclan qui annoncent son entrée.

Je laisse à penser quels regards curieux, impatients, je jetai sur la scène.

Le théâtre représentait alors une forêt sombre et profonde, le tonnerre grondait, de fréquents éclairs illuminaient la scène...

La vue de ce décor, le bruit de ce tonnerre amenèrent dans mon esprit un rapprochement puéril peut-être, mais qui me causa une impression étrange, presque effrayante.

Plusieurs années auparavant, dans une sombre forêt, où retentissait aussi le bruit de la foudre, qu'illuminait aussi la sinistre lueur des éclairs... trois enfants abandonnés et trois enfants riches s'étaient rencontrés...

Cinq de ces enfants : Scipion presque adolescent, — Robert de Mareuil, — moi et Bamboche — devenus hommes, — Basquine devenue jeune fille, se retrouvaient ce soir-là, ignorant mutuellement leur présence à ce théâtre bouffon, représentant encore une forêt dont les échos répétaient le bruit de la foudre.

Régina seule manquait... mais le souvenir que je conservais d'elle la rendait pour ainsi dire présente à cette scène.

. . . .

Au moment où le tonnerre redoublait de fracas derrière le théâtre, une trappe s'ouvrit et vomit de grosses flammes rouges, ainsi que le comporte l'introduction de quelque personnage diabolique, puis, l'éruption ayant cessé peu à peu, je vis sortir Basquine du fond des enfers.

Elle devait avoir seize ou dix-sept ans ; sa taille, au-dessus de la moyenne, était svelte et remarquablement élégante, on pouvait seulement lui reprocher un peu de maigreur... maigreur causée sans doute par la misère ou par les chagrins...

Basquine portait un maillot couleur de chair qui dessinait le charmant contour de ses jambes ; la beauté de ses bras, l'éclatante blancheur de sa poitrine et de ses épaules, semblaient plus éblouissantes encore par le contraste de sa courte jupe noire semée de figures cabalistiques rouges et argent ; sur son front couronné de magnifiques cheveux blonds relevés en tresses, se dressaient deux petites cornes d'argent mobiles comme des aigrettes, tandis que, derrière ses larges épaules, polies comme du marbre, se balançaient deux ailes de crêpe noir... onglées de griffes d'argent.

Malgré cet appareil satanique bien voisin du ridicule... cette apparition me causa une impression profonde, tant je fus frappé du caractère véritablement diabolique que Basquine avait donné à ses traits cependant si remarquables par leur angélique pureté ; ne portant pas de rouge, elle semblait d'une pâleur alarmante ; ses grands yeux illuminaient seuls de leur éclat son visage blanc comme un linceul... Il faut renoncer à peindre l'indéfinissable contraste de ce regard brûlant d'une ardeur presque fiévreuse, et de ce sourire amer... glacé... qui contractait cette figure d'une beauté divine... Un vague instinct me disait que ce n'était pas là un masque pris à plaisir, et seulement pour le besoin du rôle... Non... non... je me rappelais trop bien avec quel accent de ressentiment farouche Basquine avait porté ce sinistre toast de *haine aux riches*, après avoir été comme nous dédaigneusement repoussée par les *petits riches* de la forêt de Chantilly ; je me rappelais trop bien quelle joie sauvage avait éclaté sur ses traits jusqu'alors si doux, lorsque, la nuit venue, j'emportai dans mes bras Régina évanouie... Non, non, je sentais que dans ce rôle de *mauvais génie*, l'âme de Basquine, exaspérée sans doute par le malheur, se révélait tout entière sur son visage... La fatalité l'avait faite pour ce rôle... que le hasard lui donnait... L'impression profonde qu'elle produisait sur quelques esprits d'élite prouvait assez qu'il y avait là autre chose que la reproduction d'un rôle insignifiant par lui-même.

L'apparition de Basquine, son attitude, son geste, sa physionomie puissamment dramatiques ne furent pas d'abord applaudis ; pourquoi ? Je me l'explique maintenant : pour le plus grand nombre des habitués de ce théâtre, Basquine n'était qu'une jolie figurante, un peu maigre et trop pâle. Quant aux rares spectateurs capables d'apprécier sa valeur, ils applaudissaient généralement peu... Je me trompe : Balthazar s'écria :

— Elle est étourdissante... sublime !...

Et il applaudit avec fureur.

Peut-être ces applaudissements auraient-ils eu de l'écho, car souvent rien n'est plus électrique que l'admiration, mais souvent aussi un rien glace l'enthousiasme ; il en fut ainsi cette fois : des ricanements railleurs, des *chut* réitérés partant de l'avant-scène du vicomte Scipion, paralysèrent l'entraînement que les chaleureux bravos de Balthazar allaient peut-être provoquer ; le poëte ne se découragea pas, il recommença d'applaudir de toutes ses forces... Cette maladresse d'ami causa de nouveaux *chut* qui ne partirent plus seulement de la loge du vicomte.

Quant à Basquine, sans doute complétement absorbée par son rôle, elle semblait étrangère à ce qui se passait dans la salle ; mais un nouvel incident vint arracher la pauvre figurante à ses illusions scéniques.

CHAPITRE LV.

Succès et mésaventures de Basquine. — Scène dramatique sur la scène et dans la salle. — Les trois amis sont réunis.

Pour comprendre cet événement qui vint brusquement troubler Basquine au milieu de son rôle, quelques mots sur la marche de la scène sont indispensables, scène puérile, niaise si l'on veut, mais dont Basquine savait tirer des effets saisissants.

Une fois sorti des enfers, le *mauvais génie*... (elle représentait le mauvais génie, antagoniste de la bonne fée) Basquine, un moment immobile, croisait ses bras sur sa poitrine, puis s'approchait lentement d'Arlequin endormi sous l'égide tutélaire de la fée d'Argent, représentée par Clorinda, actrice rondelette, à la figure épanouie et aux appas indiscrètement accusés.

Vêtue de gaze rose et argent, tenant d'une main une corne d'abondance en or, la protectrice d'Arlequin y puisait des fleurs qu'elle jetait de toutes ses grâces sur son protégé endormi, emblème significatif des riantes destinées qu'elle lui ménageait.

Basquine, les bras toujours croisés sur sa poitrine, s'avançait à pas lents vers la fée d'Argent ; il est impossible de rendre avec quelle pitié sardonique elle semblait contempler les vains enchantements de la fée, qui s'évertuait à couvrir son protégé de fleurs allégoriques... Il y eut surtout un moment où Basquine, haussant légèrement les épaules, fit un dernier pas vers Clorinda..., un seul pas... mais accompagné d'une ondulation de cou si vipérine, et d'un regard si chargé de menaces et de sombre fascination, que la bonne fée semblait frappée de cette immobile épouvante dont est saisie la victime que le reptile charme avant de la dévorer. S'avançant alors pas à pas vers Basquine, comme entraînée par un attrait magique, Clorinda, d'une main tremblante, lui tendait sa corne d'or. Basquine prenait une fleur, une belle rose fraîchement épanouie : elle la montrait avec un sourire satanique et glacé, comme pour lui faire admirer encore le tendre éclat de cette fleur ; puis, l'approchant de ses lèvres, elle jetait sur la rose un léger souffle... et la rose, devenant noire à l'instant, s'effeuillait d'elle-même.

Non, jamais je n'oublierai le geste, l'attitude, le regard, le sourire, la physionomie de Basquine... tout ce qui se révéla enfin chez elle d'impitoyable ironie, de sanglant sarcasme, lorsque, de son souffle mortel, elle flétrissait cette fleur fraîche, brillante comme les espérances et les illusions du jeune âge... avec quel dédain, abaissant ses grands yeux brillant d'un feu sombre, elle contemplait ensuite les débris de la fleur qu'elle foulait aux pieds.

Je ne pensais pas que la scène pût monter encore : je me trompais, bientôt vint une péripétie plus émouvante.

Après la rose, Basquine prenait dans la corne d'or un frais et virginal bouquet de myrte et d'oranger... emblème, sans doute, de la fiancée d'Arlequin... Saisie d'un nouvel effroi, la fée d'Argent se jetait aux genoux de Basquine, les mains jointes, suppliantes, semblant demander grâce pour le bouquet.

Basquine... d'abord impitoyable, repoussant de son froid dédain les prières de la fée, serrait le bouquet d'une main convulsive et triomphante;... mais soudain Basquine parut s'attendrir... regarder le bouquet avec une compassion croissante... Peu à peu les traits de la jeune fille se transfigurèrent, son visage reprit cette expression de douceur angélique, d'adorable candeur... que je lui avais vue si souvent dans son enfance... Loin de flétrir le bouquet de myrte, Basquine le caressait du geste, le baisait avec une tendresse innocente et charmante... Il est impossible d'imaginer ce qu'il y avait alors de grâce enchanteresse, d'irrésistible séduction dans le jeu de Basquine; aussi la fée d'Argent, souriante, heureuse, rassurée, baisait les mains du *mauvais génie*, croyant le bouquet sauvé... Hélas! vaine espérance... Tout à coup l'ange redevenait démon; d'un souffle Basquine flétrissait le bouquet en poussant un éclat de rire sardonique, mais sonore, harmonieux; puis elle *fondait*, si cela se peut dire, les dernières vibrations de ce sinistre éclat de rire dans l'andante d'un air de *bravoure*, d'un caractère puissant et farouche (musique composée par elle, je l'ai su depuis), dont les paroles avaient à peu près ce sens:

« Je suis le génie du mal, le mal est mon domaine; mon
» souffle glacé flétrit toutes les joies; je n'ai qu'à paraître,
» et le bonheur se change en tristesse, etc. »

Basquine chantait cet air, aux paroles plus que médiocres, avec une si admirable expression, qu'elle leur donnait un accent terrible; sa voix de *mezzo-soprano*, à la fois grave, veloutée, sonore, vibrante, faisait tressaillir toutes les cordes de mon âme...

Et je n'étais pas seul profondément impressionné par ce rare talent...

Suspendu, comme on dit, aux lèvres de Basquine, je jetai par hasard les yeux sur la loge occupée par Balthazar et par Robert de Mareuil, loge située presque sur le théâtre.

Le poëte écoutait Basquine avec un intérêt et une admiration qu'il traduisait par les gestes, par les mines, par les attitudes les plus excentriquement enthousiastes; Robert de Mareuil, au contraire, écoutait dans une extase recueillie... D'abord assis dans le fond de la loge, puis, comme attiré malgré lui par le chant, par le jeu, par la beauté de Basquine, il avait peu à peu avancé la tête, et, s'appuyant d'une main sur le rebord de la loge, ne quittait pas Basquine du regard, il semblait fasciné.

En face, mais à un étage supérieur, se trouvait la loge de Bamboche. L'absence de celui-ci se prolongeait; la jeune femme qui l'avait accompagné était encore seule. Elle me parut, comme le plus grand nombre des spectateurs, il faut l'avouer, assez indifférente ou ignorante du merveilleux talent qui se révélait tout à coup chez Basquine, pauvre figurante inconnue.... talent qui néanmoins s'imposait tellement, que les plus rebelles à son empire le subissaient à leur insu. Car, pendant que mon voisin de droite écoutait Basquine avec un muet ravissement, mon voisin de gauche, s'adressant à moi:

— Je vous l'avais bien dit... l'entendez-vous, cette Basquine... comme elle vous serre le cœur, comme elle vous attriste!... Ne dirait-on pas qu'on a peur d'elle, qu'on la déteste?... et c'est ma foi vrai... je la déteste! A-t-elle l'air méchant! pour un rien je la sifflerais. Parlez-moi de Clorinda... à la bonne heure! elle ne vous attriste pas... cette grosse réjouie.

Je ne sais ce que j'aurais répondu à mon voisin, sans l'incident dont j'ai parlé et qu'il me faut expliquer.

Basquine était, je crois, à la moitié de son air : elle le chantait avec une énergie, une puissance croissante, lorsqu'un événement inattendu l'interrompit tout à coup.

Le vicomte Scipion avait trouvé plaisant de jeter sournoisement sur la scène une poignée de pois fulminants, sans doute achetés d'avance pour cette espièglerie... déjà plus d'une fois essayée, disait-on, sur ce petit théâtre.

Basquine, au milieu du morceau qu'elle chantait, posa par hasard le pied sur plusieurs de ces pois; leur explosion lui causa une frayeur si vive, qu'elle sauta en arrière; mais son pied s'embarrassant dans une partie du décor, presque à fleur de terre, qui cachait la trappe d'où elle était sortie, Basquine trébucha... et tomba, mais tomba d'une manière si déplorablement ridicule... que des éclats de rire inextinguibles, accompagnés d'une bordée de sifflets aigus, partirent d'abord de l'avant-scène du vicomte, et eurent pour écho une explosion générale d'hilarité. Le ridicule atroce de la chute de Basquine prêtait d'autant plus à rire aux spectateurs, que la pauvre fille représentait un personnage menaçant et terrible... La malheureuse créature, se relevant livide, jeta sur la loge du vicomte Scipion un regard effrayant de désespoir et de haine... puis elle voulut fuir la scène; mais, dans son trouble, elle se trompa deux fois de coulisse. Alors, les huées les sifflets, les éclats de rire redoublèrent jusqu'à ce qu'elle pût enfin trouver une issue où elle disparut éperdue.

A ce moment, de nouveaux faits portèrent le tumulte à son comble.

Porteur d'un sac d'oranges galamment achetées pour sa compagne, Bamboche rentrait dans sa loge alors que se passait l'incident des pois fulminants et de la chute de Basquine, incident dont les péripéties, malgré leur gravité, furent rapides comme la pensée... Reconnaître notre compagne d'enfance... s'écrier d'une voix de stentor: — *Basquine, me voilà!* — sauter sur le théâtre, courir à la loge du vicomte, souffleter, pour ainsi dire, d'un seul revers, Scipion, son père, le gouverneur, à l'instant où disparaissait Basquine, enfoncer d'un coup de pied le châssis d'une des coulisses, et pénétrer ainsi derrière le théâtre pour y rejoindre la pauvre figurante, tout cela fut pour Bamboche l'affaire d'une minute.

La stupeur causée par l'incroyable audace de cet homme tint pendant quelques secondes les spectateurs muets, immobiles; ils en étaient encore à se demander s'ils devaient en croire leurs yeux, que déjà Bamboche avait disparu : mais bientôt le tumulte, un moment suspendu, devint effroyable.

Quant à moi... dès que Bamboche eut pénétré dans la coulisse au pas de Basquine, une pensée prompte comme l'éclair me souleva pour ainsi dire de ma place, me fit traverser en un clin d'œil, et je ne sais comment, les rangs pressés des spectateurs dont j'étais entouré; puis, sortant du théâtre, je fus en quelques bonds à la porte des acteurs, s'ouvrant sur le passage où j'avais été le matin louer la loge; à l'instant où j'arrivais là, palpitant, je fus violemment heurté par deux personnes qui, s'élançant de l'intérieur, s'enfuyaient. C'étaient Bamboche et Basquine, enveloppée d'un manteau; elle se soutenait à peine... — Sentant le danger, l'inopportunité d'une reconnaissance en pareille situation, et apercevant la voiture de mes maîtres, à deux pas de moi, je dis à Bamboche en lui prenant le bras :

— Voilà une voiture... montez vite.

Et en une seconde j'eus ouvert la portière aux deux fugitifs. Ce secours inespéré venait si à propos, que Bamboche, sans chercher à savoir comment cette voiture se trouvait là si à point, y jeta, pour ainsi dire, Basquine, s'y élança après elle, en me disant :

— Vous serez bien payé... Allons où vous voudrez, mais grand train.

— Barrière de l'Étoile, très-vite, — dis-je au cocher, éveillé en sursaut sur son siége.

Et je m'élançai derrière la voiture.

Nous nous éloignâmes rapidement; mais je pus voir une grande foule s'ameuter tout à coup autour du théâtre, tandis que brillaient au loin des fusils des soldats que l'on venait sans doute de chercher au poste voisin.

Je ne me sentais pas de joie, je couvais des yeux cette voiture derrière laquelle j'étais monté et où se trouvaient mes amis d'enfance. Soudain le cocher, averti sans doute par une secousse du cordon qu'il tenait enroulé autour de son poignet, arrêta ses chevaux... Presque en même temps, l'une des glaces s'abaissa brusquement, et j'entendis la voix de Bamboche s'écrier avec un accent d'effroi :

— Arrêtez... arrêtez... elle se trouve mal, mon Dieu!... que faire?...

Nous ne courions plus aucun danger d'être poursuivis, nous nous trouvions sur le boulevard Saint-Denis; je courus à la portière.

— Mon garçon, — me dit Bamboche, — je ne sais pas d'où diable tu es sorti pour me venir en aide si à propos, je sais encore moins pourquoi tu nous es venu en aide; mais tu ne t'en repentiras pas... Cette chère fille qui est avec moi se trouve mal... Il faudrait tout de suite de l'éther, du vinaigre... Après cela nous irons chez moi... et tu pourras emmener la voiture... Voici d'abord pour acheter de l'éther; tu garderas le reste.

Et Bamboche me mit un double louis dans la main.

— Merci, monsieur, — lui dis-je en dissimulant mon émotion, et éprouvant un certain plaisir à garder quelques moments encore mon incognito. — Il doit y avoir plus d'un pharmacien dans la rue Saint-Denis, nous allons la parcourir avec la voiture.

— Tu as raison... vite... vite.

Et Bamboche abaissa les autres glaces de la voiture pour donner plus d'air à Basquine, qu'il soutenait entre ses bras et qui me parut sans mouvement.

Mon conseil était bon; en quelques minutes nous eûmes trouvé une boutique de pharmacien; j'y achetai un flacon d'éther... Bamboche le fit respirer à Basquine; peu à peu elle reprit ses sens...

— Maintenant, chez moi, — me dit Bamboche. — *Hôtel des Pyrénées*, rue du Petit-Lion-Saint-Sauveur, n° 17.

Je donnai cette adresse au cocher, et je repris mon poste, rassuré sur la santé de Basquine, ravi de la surprise que j'allais causer à mes deux amis, et oubliant complètement mes maîtres, probablement fort inquiets de moi et de leur voiture, s'ils étaient sortis du théâtre.

Arrivé rue du Petit-Lion-Saint-Sauveur, je dis au cocher avant d'ouvrir la portière :

— Lorsque les personnes que nous avons conduites, par ordre de mon maître, seront descendues, vous vous en retournerez, on n'a plus besoin de vous...

Basquine, bien que revenue à elle, semblait toujours très-faible; il fallut que Bamboche la prît presque dans ses bras pour la faire descendre de la voiture; puis, une fois dans la rue, et pendant que les chevaux s'éloignaient, Bamboche dit à la jeune fille :

— Attends... avant d'entrer dans l'hôtel, laisse-moi bien croiser ton manteau et en rabattre le capuchon; ces imbéciles de portiers d'hôtels garnis sont si curieux, si bavards, que la vue de ton costume de théâtre ferait événement dans la maison.

— Tu as raison, — répondit-elle d'une voix faible et en frissonnant.

Pendant que Bamboche s'occupait de cacher le costume de Basquine sous son manteau, j'étais resté dans l'ombre; je dis alors à mon ami, parlant le plus bas qu'il me fût possible, pour dissimuler ma voix :

— Monsieur... voilà le restant des quarante francs que vous m'avez donnés.

— Je t'ai dit que c'était pour toi, mon garçon.

— Merci, Monsieur... mais si vous croyez me devoir quelque reconnaissance, accordez-moi autre chose.

Et je remis l'argent dans la main de Bamboche.

— Et que diable veux-tu me demander? — reprit-il de plus en plus surpris.

— Permettez-moi de vous dire deux mots chez vous en particulier....

— Allons, soit; aussi bien, il y a dans cette aventure quelque chose que je tiens à éclaircir. Suis-nous.

Bamboche frappa, la porte de l'hôtel s'ouvrit, mon ami passa rapidement devant la loge du portier; mais celui-ci s'écria en s'avançant :

— Qui êtes-vous, Monsieur?

— Eh pardieu! moi... vous ne me reconnaissez pas! — dit Bamboche sans s'arrêter.

— Mais qui, vous?

— Eh! tonnerre de Dieu! le capitaine Bambochio.

— Ah! pardon, mille excuses, monsieur le capitaine, je ne vous avais pas reconnu, — dit le portier avec une humble déférence, qui me prouva que mon ami jouissait d'une certaine considération dans la maison.

Je coupai court à l'interrogatoire que le portier allait m'adresser à mon tour en lui disant :

— Je monte avec M. le capitaine.

— Très-bien! mon garçon, — reprit le portier. Puis, se ravisant, il fit précipitamment quelques pas en dehors de sa loge, et, s'adressant à Bamboche qui commençait à gravir l'escalier :

— Monsieur le capitaine, j'ai oublié de vous dire que M. le major était venu trois fois vous demander.

— Que le diable l'emporte et vous aussi! — répondit Bamboche en continuant son ascension.

— Monsieur le capitaine a toujours le mot pour rire, — dit le portier, qui me parut habitué aux façons brutales de mon ami, et ne s'en formaliser nullement.

Bamboche s'arrêta sur le palier du second étage; nous entrâmes chez lui; une petite lampe brûlait dans l'antichambre; Bamboche ouvrit une porte latérale, et dit à Basquine :

— Entre là... il doit y avoir de la braise sous la cendre, rallume le feu, réchauffe-toi... je reviens dans cinq minutes.

Puis, se retournant vers moi lorsque nous fûmes seuls :

— Maintenant, mon garçon, à nous deux... dis-moi d'abord...

Mais ma dissimulation était à bout, je me jetai brusquement au cou de Bamboche, en m'écriant :

— Tu ne reconnais pas Martin!...

Bamboche stupéfait recula d'abord d'un pas, se dégagea de mon étreinte comme pour mieux m'envisager; puis m'attirant et me serrant à son tour contre sa poitrine, il s'écria d'une voix étouffée par l'émotion en tournant la tête du côté de la pièce voisine :

— Basquine!... C'est Martin!!!...

J'entendis, pour ainsi dire, faire un bond dans la chambre; la porte s'ouvrit, et Basquine, encore à demi enveloppée dans son manteau, se précipita dans l'antichambre, me sauta au cou, mêlant ses embrassements muets, ses larmes, aux embrassements, aux larmes de Bamboche et aux miennes, car nous pleurions tous trois.

Il y eut un moment de long silence... pendant lequel nous nous tenions tous trois étroitement serrés... silence seulement interrompu, çà et là, par le bruit de ces sanglots de joie profonde, convulsive, qui font bondir le cœur.

Oh! béni soyez-vous, mon Dieu! qui, par de tels instants, faites oublier des jours... des années d'infortune! Béni soyez-vous, mon Dieu, qui avez si magnifiquement doué vos créatures, que les plus perverses, que les plus misérables, puissent encore goûter ces ravissements, dont l'ineffable douceur, dont la sainte élévation les rapproche de votre divinité!

Nous étions là trois victimes de la fatalité. Nous avions bien souffert, nous avions commis bien des actions coupables, notre avenir était sombre, plus sombre encore que notre passé. Et pourtant, dans cet élan divin qui confondait nos âmes, nos souffrances, ce sombre passé, cet effrayant avenir, étaient oubliés. Et ces fautes! conséquences presque forcées de la misère et de l'abandon, ces fautes ne devaient-elles pas être aussi oubliées, pardonnées par votre paternelle miséricorde et votre justice, ô mon Dieu!... car tout n'était pas flétri, tout n'était pas mort dans l'âme de ceux qui, après avoir failli, étaient encore capables de ressentir si religieusement les célestes enivrements de l'amitié.

CHAPITRE LVI.

Confidences.

— Allons donc dans ma chambre, que nous nous voyions au moins le blanc des yeux! s'écria Bamboche après la première explosion de joie causée par notre rencontre.

Nous entrâmes dans la pièce voisine, beaucoup mieux éclairée par deux bougies, allumées sur la cheminée.

Basquine, ayant quitté sa coiffure démoniaque, restait enveloppée de son manteau de soie noire, serré à la taille par une ceinture.

Régina. — Page 210.

Il y eut un nouveau moment de silence, pendant lequel nous nous regardâmes tous trois avec cette curiosité pleine d'intérêt et d'attendrissement qu'inspire toujours la première entrevue qui suit une longue séparation.

L'énergique figure de Bamboche avait dépouillé son caractère habituel de railleuse audace, ses yeux encore humides s'attachèrent tour à tour sur moi et sur Basquine, tandis que celle-ci, une main dans la main de notre compagnon et l'autre fraternellement appuyée sur mon épaule, me contemplait en souriant de ce sourire triste et pensif qui lui était habituel dans son enfance lorsqu'elle parlait de sa famille et de son père.

Vus de près, les traits de Basquine paraissaient encore plus fins, encore plus purs qu'à la scène, mais aussi on y remarquait davantage l'empreinte de la misère et du chagrin ; son teint, autrefois d'une transparence rosée, quoique un peu bruni par le hâle, s'étiolait alors sous une pâleur maladive ; ses lèvres, jadis d'un vermillon si vif, avaient blanchi ; enfin il fallait la grâce, la svelte élégance des attaches de son cou et de ses épaules, pour faire oublier sa maigreur. Hélas ! que dirais-je, ce charmant visage de seize ans, déjà flétri, décoloré, trahissait l'habitude de privations et de peines si amères, que les larmes me vinrent aux yeux.

— Tu me trouves bien changée, n'est-ce pas, Martin ? — me dit Basquine, devinant la cause de mon émotion, — moi... je t'aurais reconnu tout de suite...

Puis s'adressant à Bamboche, en me montrant du regard :
— Comme il a l'air loyal et bon ! n'est-ce pas ?
— Ça me rappelle... ce que je disais à Claude Gérard... l'homme que nous avons volé et qui a recueilli Martin, — reprit Bamboche. — « D'après ce que vous m'apprenez de » Martin, je vois d'ici sa figure grave et douce, où se peint » son caractère. » — Je ne m'étais pas trompé, c'est bien cela, — ajouta Bamboche en me regardant fixement, — oui, c'est bien cela ; c'est bon à voir, une loyale figure... ça repose...

— Toi... — dit Basquine à Bamboche, avec un singulier accent d'affection, de reproches et de mélancolie, — tu n'es pas changé, tout s'émousse sur toi... rien ne peut mordre sur ta nature de fer...

— Rien n'y peut mordre... excepté Martin... excepté toi...

Basquine secoua la tête.

— En vous revoyant tous deux, j'ai pleuré comme un enfant... — poursuivit Bamboche, sans paraître remarquer le mouvement de Basquine ; — dame... après tant d'années d'absence... nous voir enfin réunis...

— Vous retrouver le même jour... toi, — me dit Basquine en me tendant la main. — Et toi ! — ajouta-t-elle en donnant son autre main à Bamboche.

— Tu ne m'en veux plus ? — lui demanda Bamboche presque avec crainte.

— Entre nous trois... ne devons-nous pas tout nous pardonner ? — dit doucement Basquine ; puis un éclair brilla dans ses yeux, sa lèvre sardonique se contracta, et elle ajouta :

— C'est pour d'autres qu'il faut cultiver nos haines.

— Il y a donc longtemps que tu n'avais vu Bamboche ? — demandai-je à notre compagne.

— Trois ans, — me répondit-elle.

— Oui... trois ans, — reprit Bamboche sans oser, pour ainsi dire, regarder Basquine.

— Ainsi, tu ignorais qu'elle dût jouer ce soir ! — dis-je à notre ami.

— Je ne la savais pas à Paris, et je n'avais pas seulement lu l'affiche, — reprit-il. — Quand je suis entré dans ma loge, le tapage commençait... cabale montée, j'en suis

— Eh bien! puisqu'il en est ainsi, je vous dénonce comme un fripon que vous êtes, Monsieur Bonin. — Page 234.

sûr... par ces méchants gants jaunes de l'avant-scène. Malheureusement... je n'ai eu que le temps de les souffleter.
— Dans cette loge, tu l'as reconnu? — lui dis-je.
— Qui?
— Scipion!... le petit vicomte!
— Le gamin de la forêt de Chantilly! — s'écria Bamboche.
— Martin a raison, — dit Basquine d'une voix sourde, — c'était le vicomte.
— Tu le savais donc là? toi, ma pauvre Basquine, — lui demandai-je.
— Non; tout entière à mon rôle, je ne me doutais pas de la présence du vicomte; sans cela, je me serais attendue à tout de lui...
— Pourquoi donc? — dis-je à notre compagne.
— Tu l'avais donc déjà revu depuis la scène de la forêt? — ajouta Bamboche aussi surpris que moi.
— Oui... car on croirait qu'une fatalité me rapproche toujours de cette méchante petite créature... — reprit Basquine avec un ressentiment concentré. — Il y a deux ans je l'ai revu, et il y a deux ans, j'ai été, comme aujourd'hui, humiliée, outragée... jusqu'au vif... jusqu'au sang...
— Le misérable! — m'écriai-je; — mais d'où lui vient cet acharnement contre toi?
— Je n'en sais rien... — reprit Basquine.
— Oh! vicomte... vicomte... — dit Bamboche, — toi, ton père... je vous rejoindrai... Je te vengerai, Basquine...
— Je n'ai besoin de personne... — dit fièrement la jeune fille; — je sais vouloir et attendre.
— Et il y a deux ans... crois-tu que Scipion t'ait reconnue? — lui dis-je.
— Non... pas plus qu'il ne m'a reconnue aujourd'hui, j'en suis certaine... L'instinct du mal et le hasard l'auront guidé... Je vous dis... qu'il y a des fatalités...

Puis, passant sa main amaigrie sur son front, Basquine reprit tendrement :
— Et toi... as-tu aussi beaucoup souffert? Es-tu heureux à cette heure?
— Mais j'y songe maintenant, — dit Bamboche en m'examinant avec une expression de surprise presque douloureuse, — toi... toi... une livrée!!
— En effet... — ajouta tristement Basquine, — réduit à cela... toi?
— Pardieu, c'est tout simple... — s'écria Bamboche avec un accent de raillerie amère, — c'est une âme d'or... il n'y a pas de condition assez misérable pour lui... c'est comme toi, Basquine... tu as été admirable pour moi et...
— Oublions cela, — dit la jeune fille en interrompant Bamboche.
— Oui... oublions cela, — reprit-il avec amertume, et il ajouta d'un ton grave dont je fus pénétré :
— Tu l'entends, Martin, et pourtant pour elle j'ai été brutal, méchant... impitoyable...
— Tout cela est passé... — répondit simplement Basquine.
— Tout cela est passé, — dit Bamboche d'un air navré, — cela est passé... comme ton amour pour moi...
— L'amour!!! — dit Basquine en haussant les épaules, et ses traits reprirent cette expression d'ironie glaciale dont j'avais été si frappé dans son rôle du mauvais génie, — tu vois, Martin... il me parle d'amour... à mon âge... mais, mes pauvres enfants... j'ai commencé si jeune... que maintenant... pour l'amour... J'AI CINQUANTE ANS...
Il y eut entre nous trois un moment de pénible silence. Malgré son rude cynisme, Bamboche restait atterré, comme moi, de voir cette jeune fille, ce trésor de beauté, de grâce, d'intelligence et de génie, déjà et à jamais flétrie

dans ce qui fait rayonner ou ambitionner la beauté, la grâce, l'intelligence et le génie...

— Rassurez-vous, — nous dit Basquine en nous prenant la main, à Bamboche et à moi, — dans ce cœur que toutes les misères humaines ont fait saigner jusqu'à ce qu'il fût desséché ; dans ce cœur où l'amour a été tué par une dégradation précoce, il restera toujours, comme disait autrefois Bamboche, *un petit coin* de tendre amitié pour vous deux... Mais nous oublions que Martin doit être impatient de savoir ce qui nous est arrivé à tous deux...

— Ah ! mes amis, — leur dis-je, — combien de fois j'ai été préoccupé de ces pensées : où sont-ils ? que deviennent-ils ? et surtout par quel sinistre événement ont-ils disparu, le soir du jour où j'ai été arrêté après le vol commis chez Claude Gérard ? Car jugez de mon désespoir, mes amis, lorsque arrivé au rendez-vous que nous nous étions donné en cas de poursuite... vous savez...

— Oui, — dit Bamboche, — au pied d'une croix de pierre, située au haut de la montée de la grande route...

— Mais puisque tu avais été pris, toi, comment es-tu venu le soir à notre rendez-vous ? — me demanda Basquine.

— Grâce à la généreuse confiance de Claude Gérard ; je vous expliquerai cela : j'arrive donc près de la croix de pierre... là, que vois-je ? le petit châle de Basquine et quelques-unes des pièces d'argent au milieu d'une mare de sang.

— Raconte-lui tout, — dit Basquine à Bamboche, — il saura ensuite ce qui m'est arrivé.

— Je finissais d'empocher l'argent de Claude Gérard, quand tu nous as donné le signal d'alarme, — reprit Bamboche, — je voulais aller à ton secours.

— C'est moi qui l'en ai empêché, — dit Basquine ; — nous nous perdions sans te sauver, Martin, et il m'était venu un autre projet...

— Tu avais raison ; Claude Gérard fût facilement venu à bout de moi et de Bamboche.

— Peut-être... car j'avais mes pistolets... — reprit celui-ci, — j'étais déterminé... il y aurait peut-être eu un meurtre... ce qui est arrivé vaut mille fois mieux... quoique j'aie manqué de laisser ma peau dans l'affaire... Je suis donc le conseil de Basquine. Je voyant pris, nous nous sauvons en nous faufilant au milieu de genêts ; nous trouvons, au bout du champ, un tas de fagots ; j'en déplace trois ou quatre, et nous nous blottissons dans cette cachette.

— Voilà quel était mon projet, — reprit Basquine, — nous devions d'abord t'attendre toute la nuit au rendez-vous convenu... si tu n'y venais pas, plus de doute, tu étais pris : nous voulions alors le lendemain parcourir le village, soit en mendiant, soit en chantant, et, une fois instruits de ton sort, nous aurions agi en conséquence.

— Mais le diable en a voulu autrement, — reprit Bamboche.

— Oui, — lui dis-je, — le diable ou le cul-de-jatte ?

— Comment sais-tu cela ? — s'écrièrent à la fois Basquine et Bamboche.

— Continuez... continuez, mes amis.

— Eh bien ! tu ne te trompes pas, — reprit Bamboche, — le cul-de-jatte en a décidé autrement ; car, comme dit Basquine, il y a de singulières fatalités... Donc, une fois la nuit venue, nous avions été t'attendre à notre rendez-vous : il faisait un clair de lune superbe. Assis au pied de la croix de pierre, je m'amusais à compter notre argent dans le châle de Basquine. La route était déserte ; nous nous croyions seuls ; mais voilà qu'une main de fer m'empoigne brusquement par la nuque : — Sauve-toi, Basquine !

— Ça a été son premier cri, — dit la jeune fille.

— Mon second cri a été quelque chose comme : Tonnerre de Dieu ! Et me voilà à me débattre de toutes mes forces, afin de me dégager et de prendre un de mes pistolets... J'y parviens, mais le gredin de cul-de-jatte...

— Je ne me trompais pas, — dis-je à Bamboche. — Il s'était sans doute tenu caché derrière la base de la croix de pierre.

— Juste, — poursuivit Bamboche. — Dans la lutte, le brigand m'arrache mon pistolet au moment où je venais de l'armer, et me le tire dans les côtes, ici, à droite, j'ai une cicatrice à y fourrer le pouce. Comment ne m'a-t-il pas tué ? Que le diable m'emporte si je le sais...

— Mais ce misérable, tu l'as revu ? — m'écriai-je.

— Pardieu... il est venu aujourd'hui ici me demander trois fois... c'est lui qu'on nomme *le Major*. Tu n'as pas entendu le portier m'annoncer sa visite ?

— Tu vois ce misérable ? répétai-je avec un accent de reproche.

— J'en ai revu bien d'autres, — s'écria Bamboche. — Que veux-tu ? je pratique sur une grande échelle l'oubli des injures... et des coups de pistolet à bout portant. Recevant donc du cul-de-jatte une telle dragée en pleine poitrine... je tombe sur le coup... Basquine se sauve en criant à l'assassin ! au secours !... et la pauvre enfant est tellement saisie d'épouvante, que, perdant complètement la tête, elle court sans savoir où elle va... Finalement, pendant une quinzaine de jours, elle est restée folle de frayeur. Elle te contera ça... car c'est à dater de ce coup de pistolet qu'elle et moi nous avons été séparés... pour la première fois...

— Pauvre Basquine, — dis-je en prenant dans mes mains les mains de la jeune fille, — et toi, qui t'a sauvé, Bamboche ?

— Un brave voiturier ; il s'en allait à vide sur cette route, environ une heure après l'événement... il me voit baigné dans mon sang, quasi mort, à quelques pas de la croix ; il me relève, me met sur sa charrette, comptant me transporter à cinq ou six lieues de là, dans un bourg où il y avait un chirurgien. Mais, comme le lendemain dans la matinée nous approchions de ce bourg, des gendarmes rencontrent la voiture, le charretier raconte la chose, on fait mettre le premier appareil sur ma blessure, et l'on me mène à l'hospice de la ville voisine ; on me guérit, et comme je suis bien forcé d'avouer que je n'ai ni asile ni ressources, on m'envoie finir ma convalescence en prison, comme vagabond.

— En prison ! — m'écriai-je.

— Oui, reprit Bamboche, — et j'y suis resté jusqu'à dix-sept ans. Tu conçois que ça m'a achevé, car les mépris, les duretés de la geôle ne vous rendent pas tendre, quand on est déjà coriace, et la société des petits voleurs n'est pas faite pour développer en vous le sens moral. Après cela, il faut être juste, il y a du bon dans la prison : soyez un tantinet vagabond ou voleur, vous recevez là une éducation que le plus grand nombre des enfants du peuple ne reçoivent jamais : en prison on apprend à lire, à écrire, à compter, un peu de dessin, et un métier si on n'en a pas... on emporte une petite épargne ; et souvent même, vois comme cela est encourageant, en sortant, on est placé tout de suite. Cependant, je n'appréciai pas comme je devais les avantages de ma position : j'ai d'abord voulu me briser la tête contre les murs, et puis, par réflexion, j'ai voulu la briser aux autres, et puis enfin je me suis résigné à ne rien briser du tout, me disant : J'ai treize ans, c'est trois ans à faire : faisons nos trois ans. Je vais bien t'étonner, Martin ; ces trois ans ont passé comme un songe, car une fois que j'ai eu mordu à la lecture, j'ai été possédé de la rage de lire et d'apprendre. On obtenait tout de moi, en me promettant des livres. Ce que j'ai lu est incalculable ; je faisais en deux heures la tâche d'une demi-journée, afin de consacrer le reste du temps à la lecture. On m'avait montré le métier de serrurier, et je martelais comme un Vulcain, pour qu'on me laissât ensuite dévorer des volumes. Du reste, c'est une justice à me rendre, mes amis, et à vous aussi, je ne contractai pas la moindre amitié en prison : la place était prise : j'étais fort, j'eus des flatteurs, je les méprisais ; j'étais méchant, j'eus des ennemis, je les bravais ; mais des amis, jamais : je vécus seul, confit dans mon fiel. Car j'en ai fait... le diable le sait, et il y avait de quoi. Tu comprends, Martin, ce que j'étais devenu à l'âge de seize ans, surtout si tu joins à tous mes mauvais ressentiments ma cruelle incertitude sur votre sort à tous deux, et la violence de mon amour pour Basquine, poussé parfois jusqu'au vertige, car entre ces quatre murs de prison, l'éloignement et mes souvenirs rendaient ma passion encore plus ardente qu'avant notre séparation. Je sortis de prison, bronzé au mal, noué moralement, comme un arbre tordu par le vent.

— Je m'explique maintenant, — dis-je à Bamboche, — l'effroi que la prison inspirait à Claude Gérard. — « Te » faire mettre en prison, malheureux enfant, — me di- » sait-il, lorsqu'il m'eut arrêté lors de notre vol, — c'est » te perdre, c'est te dépraver à jamais. »

— Claude Gérard avait raison cette fois, comme tant d'autres, — reprit Bamboche; — le mauvais pli était pris, et bien pris; en sortant de prison, où j'étais devenu assez bon ouvrier serrurier, je fus tout de suite recommandé à un patron. Ma ligne ainsi tracée, j'avais un gagne-pain et l'intelligence ouverte par l'instruction. Avec ça je pouvais crever de misère, comme tant d'autres... mais j'avais du moins une chance. Il était trop tard : la vie de prison m'avait achevé complétement, le travail m'était insupportable, tous mes appétits, comprimés pendant si longtemps, faisaient rage. J'entrai néanmoins chez un maître serrurier; il avait une sœur, une veuve de trente-six ans, coquette, avenante et riche d'une soixantaine de mille francs. Si je travaillais peu à la boutique, je faisais en revanche le beau parleur, je chantais des chansons joyeuses, souvenirs de notre pitre et de la Levrasse, sans compter les grimaces et les tours d'équilibre; grâce à ces belles séductions, je tournai la tête de la veuve : un beau jour, je l'enlevai; je jetai ma blouse aux orties et nous vécûmes en riches bourgeois. Ça ne m'empêchait pas de ne songer qu'à Basquine et à toi. Entreprendre un voyage à votre recherche, c'était mon idée fixe; mais il fallait du temps, de l'argent, et la veuve gardait la bourse. Tout cela est ignoble, mon brave Martin; j'aurais pu gagner mes cinquante sous ou trois francs en travaillant comme un nègre, mais j'avais eu jusque-là en prison tant de misère... que, ma foi !... tiens, ça me coûte de te raconter à toi ces vilenies-là... J'arrive à quelque chose qui te plaira davantage... parce que, là... j'ai été à peu près bien... Sur ces entrefaites, le hasard me fit rencontrer Basquine... elle avait alors treize ans...

Deux coups frappés assez rudement à la porte de l'appartement interrompirent le récit de Bamboche; il fit un geste de surprise et d'impatience, alla dans l'antichambre, et moi et Basquine, nous entendîmes les paroles suivantes échangées entre Bamboche et son interlocuteur à travers la porte qui s'ouvrait sur l'escalier.

— Qui est là? — demanda Bamboche.
— Moi... le Major.
— Va-t'en au diable... et reviens demain matin.
— C'est très-pressé.
— Ça m'est égal.
— C'est pour l'affaire Robert de Mareuil, c'est la Levrasse qui m'envoie.
— Écoutez bien, monsieur le Major, si vous ne descendez pas à l'instant l'escalier, de moi-même... je vais sortir et vous le faire descendre plus lestement que ne le comporte votre âge vénérable.
— Mais je vous dis, capitaine, que c'est si pressé que...
— Monsieur le Major!!! — fit Bamboche d'une voix tonnante en donnant un tour de clef à la serrure, comme s'il allait sortir.

Sans doute la menace de Bamboche fut efficace, car il referma la serrure à double tour, en disant :

— A la bonne heure...
Et il rentra dans la chambre.

— Tu connais Robert de Mareuil, — lui dis-je frappé de ce que je venais d'entendre.
— J'ai cet honneur-là... — dit Bamboche d'un ton sardonique. — Quelle canaille !...
— Lui !... — m'écriai-je.
— Je crois bien...
— Tu en es sûr?
— Je m'y connais et j'en réponds.
— Nous parlerons plus tard de Robert de Mareuil, — dis-je à Bamboche, après un moment de réflexion. — Continue ton récit.
— C'est moi qui le continuerai pour lui, reprit Basquine, car il dirait mal ce qu'il y a eu de bon, de généreux dans sa conduite envers moi.

— Tu as raison, Basquine... — lui dis-je, — nous t'écoutons.

CHAPITRE LVII.

Histoire de Basquine. — Elle devient servante d'auberge. — Changement de position. — Le sérail d'un lord.

Plus j'examinais Basquine, plus je remarquais en elle une élégance de manières dont je n'avais pas été tout d'abord frappé, et qui me rappelait vaguement Régina, car je ne pouvais juger d'après un autre point de comparaison, ma vie s'étant jusqu'alors passée dans les plus infimes conditions.

La révélation du talent de Basquine m'avait causé plus d'admiration que de surprise; il me paraissait la conséquence, le développement presque logique de ses dons naturels, déjà si remarquables dès son enfance; mais cette grâce, cette distinction de manières, qui ne s'acquiert que par l'habitude du grand monde, comment Basquine les possédait-elle? comment son langage était-il devenu toujours correct, réservé, souvent choisi, quelquefois éloquent et élevé?

Bamboche, avec sa verve cynique, railleuse, et son éducation de prison; alimentée par une foule de lectures bonnes ou mauvaises, parlait le langage qu'il devait tenir, et son geste trivial, ses façons grossières ou violentes ne démentaient en rien ses paroles; mais chez Basquine, d'où venait cette harmonie si complète entre la distinction de ses manières et celle de son langage? Comment avait-elle pu désapprendre à ce point les enseignements vulgaires, ignobles, obscènes, de la mère Major, de la Levrasse et du paillasse, horribles enseignements dont la corruption avait infecté son enfance?

Ce mystère dont j'étais vivement préoccupé devait bientôt s'expliquer.

— Tu vas entendre Basquine, — me dit Bamboche, — tu verras ce que la pauvre petite a souffert... Auprès d'elle... je menais en prison une vie de sybarite.

— J'ai toujours subi le malheur avec résignation... — dit Basquine; — mais l'humiliation, le mépris... l'insulte, oh! c'est de cela... que j'ai le plus souffert.

Après un moment de silence, Basquine reprit :

— Écoute, Martin, et tu verras que nos destinées, sans doute diverses, sont du moins pareilles en misères... Bamboche te l'a dit, en le voyant tomber sous le coup de pistolet du cul-de-jatte, l'épouvante me rendit à peu près folle; je pris la fuite en criant au secours!... à l'assassin!... Le cul-de-jatte me poursuivit sans doute pour me tuer aussi... mais la frayeur me donna une telle célérité, qu'échappant au bandit, je me jetai dans un taillis où il perdit mes traces. Ces souvenirs sont pour moi très-vagues, car l'épouvante troublait complétement ma raison; je passai la nuit blottie dans ce taillis. Au point du jour, je sortis et marchai à l'aventure; il paraît que je rencontrai dans la campagne un bouvier qui conduisait son troupeau à la foire d'hiver de Limoges.

— Comment : il paraît que tu rencontras? — dis-je à Basquine, surpris de cette expression dubitative.

— Je dis : il paraît, mon bon Martin, parce que c'est seulement plusieurs jours après une rencontre que je sortis peu à peu de l'hébétement où m'avait plongée la vue du meurtre de Bamboche; j'appris alors par le bouvier les détails de ma rencontre avec lui : le tintement des clochettes que portaient quelques-unes de ses vaches ayant probablement attiré mon attention, je me dirigeai du côté de ce troupeau, et je l'accompagnai pendant assez longtemps, rendant même quelques services au bouvier avec un instinct purement machinal, en aidant ses chiens à conduire son bétail. Cet homme eut pitié de moi; il me prit pour une idiote dont on avait voulu se débarrasser en l'abandonnant et en la perdant; à la couchée, il me fit donner à souper et une bonne litière dans l'étable : au point du jour, je fus sur pied; malgré la neige qui tombait avec abondance, je suivis courageusement le bouvier. Plusieurs jours se passèrent ainsi, pendant lesquels, à la croissante surprise de mon protecteur, mon hébêtement se dissipa peu à peu; ma raison commençait à se remettre de son violent ébranlement; enfin la veille, je crois, de notre arrivée à Limoges, après une nuit passée dans un profond et lourd sommeil, je m'éveillai complétement revenue de cette longue aberration. Ma première pensée fut de m'écrier, presque machinalement, en regardant autour de moi : — *Bamboche! Martin!...* Puis seulement alors j'eus vaguement conscience de ce qui m'était arrivé, tout étonnée de me trouver seule couchée dans une étable... Entre ce réveil de ma raison et l'instant du meurtre de Bamboche, il existait une lacune que je tâchais en vain de combler; le bouvier entra et me dit : — Allons, en route, petite. — Je lui demandai ce qu'il me voulait, comment je me trouvais dans cette étable, et je lui racontai (sauf quelques détails) l'aventure qui m'avait rendue sans doute folle d'épouvante; la commisération de ce digne homme augmenta, et il me dit comment il m'avait rencontrée et regardée comme une idiote abandonnée. Je sus de lui que je me trouvais alors à trente ou quarante lieues de l'endroit où Bamboche avait été tué, (je le croyais mort) et où tu avais sans doute été arrêté, Martin. Malgré la pitié que je lui inspirais, le bouvier ne pouvait me garder à sa suite; son commerce forain le conduisait d'une province à une autre, et, son troupeau vendu, il devait acheter des mulets dans les environs de Limoges. — Je ne peux pourtant pas, petite, te laisser comme ça sur le pavé, — me dit-il; — l'hôtesse chez qui je loge ordinairement dans mes voyages est une bonne femme; je lui demanderai de te prendre pour aider ses servantes; tu auras, du moins, en attendant mieux, du pain et un abri. Nous arrivâmes le soir dans un des faubourgs de Limoges, à l'auberge où s'arrêtait ordinairement le bouvier; sa demande en ma faveur fut assez mal accueillie par l'aubergiste; mais enfin elle consentit à me garder. Je restai quelque temps dans cette auberge, servante des autres domestiques, vivant de leurs restes, et couchant dans un coin de l'écurie. Je croyais Bamboche mort; quarante lieues peut-être me séparaient de l'endroit où je t'avais perdu, mon bon Martin, et si dure que me semblât ma position dans l'auberge de Limoges, je n'osais pas en sortir pour recommencer seule une vie vagabonde comme l'avait été la nôtre. Depuis un mois je vivais dans cette auberge, lorsque j'en sortis par une étrange aventure...

Et comme Basquine semblait hésiter à continuer :

— Peut-être ces aveux te sont pénibles, — lui dis-je en voyant sa physionomie s'attrister.

— Non... — reprit-elle avec son sourire amer et glacé, — non... souvent, au contraire, j'évoque ce souvenir et bien d'autres... Ils retrempent mon courage, mon énergie, ma volonté... j'y puise de nouvelles forces pour marcher opiniâtrément vers le but que je veux atteindre... et je l'atteindrai, oh! oui... je l'atteindrai!

Je fus frappé de l'inflexible résolution avec laquelle Basquine prononça ces dernières paroles, et du sombre éclat de ses grands yeux.

— Quel est donc ce but que tu poursuis? — dis-je à Basquine en interrogeant aussi Bamboche du regard.

— Je n'en sais rien, — me répondit-il; — il y a trois ans que je l'ai vue, et elle ne m'a fait là-dessus aucune confidence... n'est-ce pas, Basquine?

— Non, reprit-elle.

Et elle continua après un nouveau silence :

— J'étais donc servante des servantes dans cette auberge. Elle se trouvait à mi-côte d'une pente rapide où les voitures ne pouvaient cheminer que très-lentement. Un jour où le givre glacé, tombé pendant la nuit, rendait cette montée presque impraticable, je me trouvais assise sur un banc à la porte de l'auberge, lorsque je vis passer d'abord un courrier vêtu de rouge, magnifiquement galonné d'or; il précédait de peu de temps plusieurs voitures appartenant, selon ce que j'entendais dire autour de moi, au milord-duc de Castleby, grand seigneur irlandais, immensément riche, voyageant avec une suite nombreuse. Il avait séjourné pendant deux jours à Limoges, et ses cuisiniers étaient partis la veille au soir avec deux fourgons remplis de provisions pour aller préparer son repas dans la ville où il devait passer la nuit.

— Quel luxe! — m'écriai-je.

— Cela n'était rien, mon pauvre Martin, — reprit Basquine, — le matin même un autre fourgon rempli d'un mobilier portatif, accompagné d'un valet de chambre tapissier, devançait ce haut et puissant seigneur, qui trouvait ainsi à son arrivée dans toutes les auberges plusieurs chambres meublées de la manière la plus splendide et la plus commode.

— Tant de prodigalités, c'est à n'y pas croire...

— Le gaillard entendait la vie, — dit Bamboche.

— Et que dirais-tu donc, mon bon Martin, — reprit Basquine, — si je te parlais d'une espèce de voiture qui terminait la suite du duc de Castleby, et où se trouvaient deux chevaux de selle (1), avec leurs palefreniers, car il se pouvait que monseigneur eût la fantaisie de faire une partie de la route à cheval.

— Faire voyager des chevaux en voiture? que dis-tu de cela, Martin? — me demanda Bamboche.

Et comme je regardais fixement Basquine, croyant qu'elle se jouait de ma crédulité, elle reprit d'un ton sardonique :

— Sans doute ces prodigalités étaient folles, mais le duc de Castleby jouissait de près de quatre millions de rentes en terres, et quelqu'un de sa suite me disait plus tard que bien des fois il avait vu en Irlande, dans les domaines de sa seigneurie, des familles entières de paysans *rester nues* sur la paille pourrie de leur tanière, pendant que la mère ou une des filles lavait au ruisseau les haillons de ces misérables... Que veux-tu, mon bon Martin, sans ces contrastes, le monde serait d'une désolante platitude...

Ce froid sarcasme, chez cette jeune fille de seize ans, me navrait et m'effrayait à la fois. Basquine continua :

— J'étais donc assise sur un banc à la porte de l'auberge, regardant de tous mes yeux cette file d'équipages qui s'avançaient lentement, lorsque, tout à coup, la première voiture, celle du duc, s'arrêta, d'après l'ordre transmis aux postillons par un des domestiques placés sur le siége de devant. A travers la glace de la portière de cette voiture, j'aperçus deux petits yeux d'un bleu clair dont je n'oublierai jamais l'expression, attachés opiniâtrement sur moi; je ne vis que ces deux yeux, car la figure de ce personnage qui me regardait m'était obstinément disparaissait presque entièrement cachée au milieu des fourrures d'une pelisse et d'un bonnet de voyage.

Toutes les voitures s'étaient arrêtées. Au bout de quelques minutes d'attente et de plusieurs allées et venues de la part de différentes personnes de la suite du duc qui, le chapeau à la main, venaient lui parler à la portière, je vis une femme de trente ans environ, d'une figure agréable et distinguée, descendre de l'une des voitures de suite, se diriger vers l'auberge et demander l'hôtesse. « Va conduire » cette dame à notre bourgeoise, au lieu de rester là à re» garder les mouches, » — me dit une des servantes en me poussant rudement par le bras. — « C'est justement » ce que je désirais, ma chère fille, » — dit l'étrangère à la servante avec un accent anglais assez prononcé; puis me prenant par la main, elle me dit du ton le plus caressant : — « Conduisez-moi à la maîtresse de l'auberge, mon enfant. » Je conduisis l'étrangère; elle resta quelques moments enfermée avec l'aubergiste, et celle-ci me dit en sortant : « Petite, tu es ici par charité, tu n'as pas de che» mise sur le dos, on ne sait pas d'où tu viens, tu n'as pas » de parents, je ne pourrais pas te garder longtemps, » parce que tu manges plus que tu ne gagnes. Cette dame » te trouve gentille, elle a pitié de toi; si tu veux aller » avec elle, tu monteras dans de belles voitures que tu » vois, et tu seras bien heureuse; décide-toi. Mais je te pré» viens que si tu refuses une si bonne aubaine, demain je » te mets à la porte, vrai comme je te le dis. »

— Pauvre enfant! comment refuser une pareille offre, dans la position où tu te trouvais? — dis-je à Basquine.

— Aussi j'acceptai bien vite, me répondit-elle, — et pourtant non sans un serrement de cœur inexplicable, quoique tout cela me parût un beau rêve. La dame, que

(1) Ces sortes de voitures s'appellent des *caravanes*; elles sont conduites en poste et servent au transport des chevaux de course ou des chevaux de chasse lorsqu'on veut leur éviter les fatigues d'une longue route.

je nommerai désormais miss Turner, me prit par la main, ayant sans doute l'ordre de ne pas me présenter alors au duc de Castleby : elle me fit monter dans la voiture qu'elle occupait, et la file d'équipages poursuivit sa route. Lorsque je fus un peu remise de ma stupeur, je regardai autour de moi ; je me trouvais dans une berline à quatre places, toutes occupées, car j'étais entre miss Turner et une jeune négresse aux traits non pas difformes et épatés, mais d'une grande régularité ; son manteau de voyage laissait entrevoir un costume d'une originalité charmante ; à ses bras nus, polis comme de l'ébène, brillaient des bracelets d'argent ; en face de moi, je vis deux autres jeunes femmes : l'une, très-grasse, d'une blancheur éblouissante, avait les cheveux d'un blond très-pâle, les yeux bleu clair et les joues très-roses : celle-ci était flamande ; enfin la quatrième, d'une figure commune, quoique assez piquante, était coiffée d'une *marmotte*, et vêtue avec le luxe des riches écaillères de Paris lorsqu'elles s'endimanchent. *Catherine* (elle s'appelait ainsi) était en effet une fille du quartier des Halles. Elle avait l'air *gouailleur*, insolent, hardi, et, ainsi que je l'ai su depuis, elle empruntait presque toujours son langage à ce vocabulaire toléré au carnaval. Ces grossièretés ne manquaient pas d'un certain esprit, et divertissaient fort le duc de Castleby, qui souvent, après boire, s'amusait du cynisme effronté de cette créature, ramassée par le duc lui-même dans l'un des cloaques les plus fangeux de Paris.

— C'est impossible... — m'écriai-je... — de notre temps, de pareilles mœurs ! Cette espèce de sérail voyageant à la suite d'un homme...

— Pauvre Martin, il s'étonne encore de quelque chose, — dit Basquine à Bamboche.

— Basquine n'invente rien, et ne dit même pas tout, — reprit Bamboche. — Ce milord-duc a existé. J'ai connu, dans la plus que mauvaise société où je vis, des témoins ou des complices de ses... bizarreries.

— Que veux-tu, Martin ? — reprit Basquine avec son rire sardonique, — on naît tout-puissant par la fortune et par le rang : on est blasé vite et tôt ; il faut alors du nouveau, de l'étrange... Je ne vis d'ailleurs, à bien dire, que ce jour-là les créatures qui composaient le sérail du duc, car une fois arrivée au terme de ma destination, ma vie fut la plus isolée et la plus étrange du monde. Au relais suivant, miss Turner, mandée auprès du milord-duc, me quitta un instant, revint bientôt, me fit signe de la suivre. Je quittai la voiture du sérail, et, seule avec miss Turner, je m'installai dans une calèche ordinairement occupée par l'intendant et le secrétaire du duc de Castleby ; mais cette fois ces importants personnages se placèrent comme ils purent dans d'autres voitures de suite. Dans la première ville où nous passâmes, miss Turner m'acheta de quoi me vêtir convenablement. Je voyageai toujours seule avec elle ; on nous servait à part dans les auberges, et je partageais sa chambre. Très-silencieuse, très-réservée, cette jeune femme ne répondait que par monosyllabes à toutes mes questions, et ses réponses, empreintes d'ailleurs d'une sorte de déférence, se bornaient à peu près à ceci : — Soyez tranquille, mademoiselle, Monseigneur vous donnera l'éducation qu'il donnerait à sa fille. — Vous ne savez pas le bonheur que vous avez eu de rencontrer Monseigneur sur votre route. — Il n'est pas de seigneur meilleur, plus généreux.

— Tout ceci est bien étrange, — dis-je à Basquine.

— Plus étrange encore que tu ne peux le penser, Martin ; du reste, lorsque nous fûmes arrivés au château du duc, je m'abandonnai complètement aux douceurs d'un bien-être si nouveau pour moi. La femme de chambre de miss Turner me servait ; la table du duc était d'une délicatesse, d'une somptuosité inouïes, mais nous mangions séparément. Ma santé, appauvrie par les privations, devenait de plus en plus florissante ; miss Turner s'extasiait sur ma beauté croissante, disant qu'en quelques jours je n'étais plus reconnaissable ; j'occupais un appartement meublé avec une élégance, un luxe, une recherche dont il est difficile de se faire une idée ; tous les jours je montais en voiture avec miss Turner, et nous nous rendions dans un parc réservé, où je pouvais courir et jouer à des jeux de toute espèce. Souvent aussi miss Turner me faisait monter sur un petit cheval, doux et apprivoisé comme un chien ; la fille du plus grand seigneur ne pouvait, je crois, avoir une existence comparable à la mienne.

— Et tu n'avais pas encore vu le milord-duc ? — lui dis-je.

— Non. Je ne lui fus présentée que trois semaines environ après notre arrivée au château, résidence toute royale, j'oubliais de te le dire, et si admirablement située au milieu d'un des plus beaux sites du midi de la France, que la température y était, disait-on, aussi douce qu'à Hyères ; c'est là que milord-duc passait souvent une partie de l'hiver.

— Mais pourquoi tardait-on ainsi à te présenter à cet homme ? — demandai-je à Basquine.

— On attendait l'arrivée de plusieurs caisses d'habillements composant un magnifique trousseau, commandé pour moi à Paris, chez les meilleures faiseuses... Avant de poursuivre, je dois te dire, Martin, que miss Turner était une personne de manières accomplies, et qu'elle m'avait sans cesse reprise avec douceur et fermeté sur les manques d'usage et sur les grossières expressions qui m'étaient familiers. Je m'étudiais, pour lui complaire, à observer ses recommandations. La veille du jour où je fus présentée au duc de Castleby, miss Turner me dit : — « Vous voilà » presque une petite lady accomplie, pour les manières et » pour le savoir-vivre ; j'espère que Monseigneur sera très-» content de ce que vous avez si bien profité de mes le-» çons. » Le jour de la présentation arriva. Si j'entre dans quelques détails sur ma toilette, mon bon Martin, c'est non par coquetterie, mais parce qu'elle avait, d'après les ordres du duc, un caractère enfantin très-prononcé : mes cheveux, séparés au milieu de mon front, tombaient en grosses boucles sur mon cou et sur mes épaules ; j'avais les bras nus et une robe de magnifique mousseline des Indes brodée, avec un pantalon pareil, des bas de soie blancs à jours et de petits souliers de satin noir ; à force de m'entendre répéter par miss Turner et sa femme de chambre que j'étais charmante ainsi, je finis par me regarder dans une psyché placée dans mon cabinet de toilette (il va sans dire que mon appartement était des plus complets, depuis l'antichambre jusqu'à la salle de bain) ; après m'être ainsi contemplée, j'avoue en toute humilité que je me trouvai très-belle. — Maintenant, — me dit miss Turner de son air grave et compassé en tirant d'une caisse une magnifique poupée, — voici une poupée que Monseigneur vous donne ; il faudra l'en remercier, entendez-vous ? — Oui, miss Turner, dis-je en admirant ce jouet, véritable merveille, sans oser y toucher. — Prenez donc votre poupée, — me dit ma gouvernante. — Mais, — lui répondis-je, — est-ce que nous n'allons pas chez Monseigneur ? — Si, Mademoiselle, nous y allons, et Monseigneur désire que vous apportiez votre poupée avec vous. — Assez surprise, je l'avoue, de cette recommandation, je suivis ma gouvernante chez Monseigneur.

Cette dernière partie du récit de Basquine me déroutait complètement, et, dans ma naïveté, je dis à la jeune fille :

— Ces soins, cette éducation que l'on te donnait prouvent du moins que ce milord-duc n'était pas un méchant homme.

Basquine me regarda fixement et partit d'un éclat de rire sardonique qui me fit frémir.

CHAPITRE LVIII.

Suite de l'histoire de Basquine. — Elle est présentée à lord Castleby. — Singulier passe-temps d'un homme blasé. — Éducation de Basquine.

— Avant de continuer ce récit... mon bon Martin, et pour te préparer à entendre des choses... que tu croiras à peine, — reprit Basquine, — dis-moi : connais-tu l'aventure du *bon Louis XV* avec mademoiselle Tiercelin ?

— Non... — répondis-je à Basquine, assez surpris de cette question, — je ne connais pas cette aventure.

— Durant mon séjour chez le duc de Castleby, — reprit Basquine, — j'ai été par hasard à même de lire beaucoup d'écrits sur le règne de Louis *le Bien-Aimé*. Voici l'aventure. Ce bon roi, passant un jour par les Tuileries, remarqua dans le jardin une petite fille de *onze ans à peine!*... entends-tu bien, Martin, de *onze ans.* C'était l'enfant d'un bourgeois de Paris, nommé *Tiercelin,* qui vivait de ses rentes... le roi eut un caprice pour cette petite fille, et... elle fut mise dans le lit royal par la marquise de Pompadour, rivale indulgente, comme vous voyez.

— Oh!... cela est infâme, — m'écriai-je avec stupeur.

Basquine poursuivit avec impassibilité :

— Louis XV fut, chose assez rare, fidèle pendant deux ans à la petite Tiercelin... Cette fidélité épouvanta courtisans et courtisanes, et, par suite de je ne sais quelle intrigue du duc de Choiseul, la pauvre enfant fut, ainsi que son père, jetée à la Bastille... tous deux y restèrent quatorze ans (1).

— Aussi, l'histoire dit-elle Louis le *Bien-Aimé!*... — reprit Bamboche en éclatant de rire.

— La morale de ceci, — reprit Basquine, avec son accent de raillerie amère, — c'est que Louis XV était un naïf écolier auprès du milord-duc de Castleby, et qu'il eût mieux valu pour moi rester en prison quatorze ans que de vivre comme j'ai vécu... dans l'opulente maison du milord-duc.

Effrayé de l'expression de Basquine, lorsqu'elle prononça ces derniers mots, je m'écriai :

— Tu as donc été retenue par force auprès de cet homme?

— Non... — me dit-elle, — j'y suis restée volontairement.

Et comme je paraissais ne pas comprendre la contradiction de ses paroles, Basquine continua :

— Avant de citer l'aventure de Louis *le Bien-Aimé,* j'en étais restée, je crois, à ma présentation au milord-duc : vêtue d'une magnifique toilette enfantine, portant ma belle poupée d'une main, je donnai l'autre à ma gouvernante ; et nous traversâmes d'abord une admirable galerie de tableaux, puis des salons tous plus splendides les uns que les autres, et nous arrivâmes à l'appartement particulier du milord-duc ; à l'exception de ses deux valets de chambre de confiance, aucun des gens de la maison ne pénétrait jamais dans ces appartements. Ma gouvernante, s'arrêtant avec moi devant une porte recouverte de velours rouge, sonna d'une façon particulière ; l'un des deux hommes de confiance nous ouvrit, il échangea quelques mots en anglais avec miss Turner, qui me remit alors aux mains de ce nouveau personnage et me dit : «— *Corso* » (c'est le nom de ce valet de chambre italien) va vous » conduire auprès de Monseigneur ; soyez bien sage, com» portez-vous comme une petite lady bien élevée, et sou» venez-vous de tous mes conseils. »—La porte se referma sur ma gouvernante, je restai seule avec ce Corso, dont la figure à la fois efféminée et basanée, les yeux noirs, perçants, profondément charbonnés, m'inspiraient une vague répulsion. — « Si Mademoiselle veut me suivre, » me dit-il respectueusement en me prenant la main, — » je vais la conduire auprès de Monseigneur. » — Et Corso me fit traverser un premier salon, puis une espèce de boudoir complètement lambrissé de glaces, dont le pla-

(1) Voici ce qu'on lit dans les *Mémoires historiques* de PEUCHET, *tirés des archives de la police,* tome III, pages 106, 108, 114, etc. :

« Un des traits qui ont le plus mis en évidence la corruption de
» la police sous le règne de Louis XV, c'est l'affaire de la demoi» selle Tiercelin. C'était une enfant d'une figure charmante, *âgée*
» *au plus de onze ans,* que Louis XV remarqua sur son chemin,
» en passant à pied dans les Tuileries... Il en parla le soir même
» à Lebel, son valet de chambre. Celui-ci, pour qui les goûts de
» son maître n'étaient pas un mystère, pensa vite aux moyens de
» satisfaire les nouveaux désirs du monarque... La jeune fille
» fut donc enlevée et livrée au roi... »

Et, plus loin :

« La marquise de Pompadour saisit avidement cette occasion
» de se débarrasser d'une rivale qui pouvait devenir très-dan» gereuse ; elle fortifia M. de Choiseul dans ses soupçons, et le roi
» signa, dans un moment de colère, une lettre de cachet contre
» la fille Tiercelin et contre son père... Les notes expresses relatives
» à cette ignominieuse intrigue font voir qu'elle dura depuis 1754,
» que la jeune Tiercelin fut mise dans le lit du roi, jusqu'en
» 1756, que l'ordre de renfermer le père et la fille à la Bastille
» fut signé. Ils y restèrent pendant quatorze ans. »

fond était en glaces, ainsi qu'une partie du parquet ; Corso toucha à un ressort que je n'aperçus pas, un panneau de glace glissa dans une rainure, et tenant toujours mon guide par la main, je le suivis avec une inquiétude croissante dans un corridor complètement obscur, et garni d'épais tapis où s'amortissait le bruit de nos pas. Au bout de quelques minutes, une porte s'ouvrit, Corso me poussa légèrement devant lui, et lorsque je me retournai vivement vers mon conducteur, il avait disparu, et il me fut impossible de reconnaître par quelle issue j'étais entrée. De ma vie, je n'oublierai cette scène : je me trouvais dans une espèce de rotonde toute tendue de draperies noires semées de larmes d'argent et éclairée par une lampe funéraire aussi en argent ; la senteur pénétrante des parfums les plus suaves et les plus violents remplissait cette pièce sépulcrale, meublée d'une sorte de banc circulaire en ébène poli, sans oreillers ni coussins. Au milieu de la rotonde était une table recouverte d'un tapis de velours noir, brodé d'argent comme la housse d'un cercueil ; sur cette table, je vis un *petit ménage,* comme disent les enfants, mais un petit ménage d'une magnificence incroyable ; toutes les pièces de ce service en miniature étaient en or, rehaussé d'émail et de pierres fines ; je remarquai surtout une soupière grande comme une tasse, un chef-d'œuvre d'orfévrerie ; rien ne manquait, depuis des plats de toute dimension jusqu'à des huiliers et carafes de cristal de roche, grands comme des flacons de poche, et des salières où un pois eût tenu à peine.

— Et les paysans des domaines de cet homme, parqués à moitié nus dans des tanières, disputaient leur nourriture aux pourceaux, — lui dis-je, car le tableau de cette horrible misère était sans cesse devant mes yeux.

— Ces gens-là, mon brave Martin, — dit Bamboche, — élèvent, nourrissent et *conservent* le gibier à grands frais, mais ils ne tiennent pas à conserver le paysan...

— J'étais à la fois éblouie et effrayée de ce que je voyais, — reprit Basquine. — J'aperçus plus loin, sur une étagère à dessus de marbre noir, toute une batterie de cuisine en argent et dans les mêmes proportions que le service. Un grand réchaud, sous lequel brûlait de l'esprit-de-vin, devait servir de foyer et de fourneau ; il n'y avait dans ces préparatifs enfantins rien d'inquiétant ; mais le profond silence qui régnait dans cette pièce tendue de draperies funèbres commençait à m'effrayer, lorsque l'un des pans de la tenture se souleva. Alors... je crus rêver ; je vis entrer, à cheval sur un de ces grands chevaux de bois, superbes jouets qui se meuvent par un ressort caché, je vis entrer un homme de taille moyenne, assez replet, et paraissant avoir soixante ans environ ; il portait une perruque blonde à longs tire-bouchons, un grand col de chemise rabattu et une veste très-courte à laquelle se boutonnait son pantalon... en un mot, ce singulier personnage était vêtu comme un petit garçon de mon âge... Pour compléter l'illusion sans doute, il soufflait de toutes ses forces dans une petite trompette de fer-blanc. Ce fut ainsi qu'il fit le tour de la rotonde, en cavalcadant sur son cheval de bois.

— Heureusement c'était un fou ! — m'écriai-je en respirant après un moment d'horrible angoisse.

— Un fou ? — dit Basquine en me regardant ; — puis elle ajouta, en échangeant un regard avec Bamboche, — oui, mon bon Martin... c'était un fou...

Et après un instant de silence, Basquine reprit :

— Milord-duc, car c'était lui, se laissait en effet aller parfois à des... manies qui touchaient à la folie. Ma première impression, à la vue de ce vieillard, grotesquement vêtu en enfant de dix ans et jouant comme un enfant de cet âge, fut d'éclater de rire... Mais ce rire n'ayant aucun écho dans cette profonde et sinistre solitude, car milord-duc, ayant cessé sa cavalcade, était descendu de cheval, et, muet, impassible, me couvait de ses petits yeux bleu clair, qui luisaient au milieu de sa figure d'un rouge de sang, l'épouvante me gagna de nouveau et atteignit bientôt à son comble, car ce qui m'avait d'abord paru si bouffon me semblait alors de plus en plus effrayant ; je me mis à pleurer et à pousser des cris aigus.

— Et cela était effrayant, en effet, — dis-je à Basquine ; — il me semble faire un rêve horrible...

— Il fallut, — reprit-elle, — les paroles affectueuses, paternelles du milord-duc (il parlait très-bien français) pour me calmer et me remettre en confiance... Lorsqu'il me vit rassurée, changeant aussitôt de ton et sans faire la moindre allusion à la manière dont il m'avait fait recueillir sur la grande route, et aux soins que depuis l'on avait eus pour moi, il me dit en affectant le zézayement d'une prononciation enfantine : — « Tu m'appelleras *Toto*, » tu me tutoieras, nous allons faire la dînette... Tu as là » une bien belle poupée!... Oh! mais moi aussi j'ai de » beaux joujoux... je te les ferai voir, mais faisons d'abord » la dînette... »

Et comme je regardais Basquine d'un air stupéfait, pouvant à peine croire ce que j'entendais, elle reprit avec son sourire sardonique :

— Et Toto, duc et pair d'Angleterre, jouissait naturellement dans le monde de toute la considération, de toute l'autorité qu'imposent un grand nom et une fortune immense... De plus, comme il avait daigné représenter son pays dans je ne sais quelle ambassade de cérémonie, deux ou trois souverains l'avaient bardé de leurs plus beaux cordons... Du reste, — ajouta Basquine avec un redoublement d'ironie, — lorsqu'il n'était pas habillé en Toto, milord-duc avait l'air respectable et sévère. Par hasard, je le vis un soir se promener dans sa galerie bras dessus bras dessous avec l'archevêque de la ville voisine, car milord-duc était fort bon catholique... et chaque dimanche on disait la messe au château; le duc, te dis-je, marchait le front haut et fier, portant un grand cordon bleu sur son gilet blanc et une plaque de diamants sur son habit noir... Et vraiment, dans ce grand seigneur... je n'aurais jamais reconnu Toto, avec qui j'avais fait ma première dînette.

— Ah! si l'on pouvait, pour les voir *en dedans*, *retourner* la peau de bon nombre de respectables vieillards, surtout parmi les vieux roués politiques, la pire espèce de dépravés! — dit Bamboche, — que de Toto on trouverait sous ces masques austères!

— Pour revenir à ma première dînette, — reprit Basquine, — nous la fîmes dans le petit ménage d'or, après avoir préparé ce dîner en miniature dans les casseroles d'argent sur le réchaud à l'esprit-de-vin. Bientôt, chose assez étrange, les goûts et la gaieté de mon âge reprirent le dessus; je finis par m'amuser beaucoup de ce passe-temps; mon camarade Toto se montrait fort expert dans cette cuisine enfantine. Immédiatement après la dînette, Toto me fit voir ses joujoux; il y en avait d'admirables... et de singuliers... de véritables merveilles de mécanique. Ils avaient dû coûter des sommes considérables. Mais soudain, Toto, s'interrompant au milieu de son exhibition, me dit d'un air désolé : « — Voilà bientôt trois heures, bobonne va ve- » nir me chercher pour ma leçon, c'est ennuyant; à de- » main, pas vrai? » — Telle fut ma première entrevue avec milord-duc, car, ayant sans doute tiré une sonnette invisible, la porte masquée par laquelle j'étais entrée s'ouvrit, Corso y apparut, et, sur un signe de son maître, m'emmena par le même chemin que j'avais suivi pour venir, puis il me remit aux mains de miss Turner, qui m'avait attendue en dehors de la porte de l'appartement particulier de milord-duc. Lorsque, encore tout étonnée, je racontai ces étrangetés à miss Turner, elle y coupa court en me disant sévèrement : « Une fois pour toutes, » Mademoiselle, pas un mot de tout cela, ni à moi, ni à » personne, vous perdriez toutes les bontés de Monsei- » gneur. » Cette première dînette ne fut pas ridicule, — reprit Basquine, — mais le ridicule préludait à l'horrible.

. . . .

En effet, dans ma naïveté j'avais dit à Basquine : — Cet homme est un fou... — La suite de notre entretien, que ma plume se refuse à rapporter, me prouva que cet homme était un de ces monstres conduits à d'effroyables monomanies, et par la satiété, et par le précoce abus de tous les plaisirs que peuvent procurer d'immenses richesses acquises sans labeur, dès l'adolescence, par le fait seul de l'héritage.

. . . .

— Du reste, — continua Basquine, — ma gouvernante miss Turner, semblant complétement ignorer ce qui se passait, toujours réservée, impassible, s'occupait de mon éducation avec une persévérance, avec un zèle résultant de son obéissance aux ordres de son maître. Miss Turner m'apprit donc à lire et à écrire : excellente musicienne, elle cultiva et développa mes dispositions naturelles pour le chant, m'enseigna le piano, le dessin, l'histoire, la géographie; j'aurais été, comme elle le disait, la fille du milord-duc, que mon éducation, je crois, n'eût pas été suivie avec plus d'intelligence et plus de soin.

— Ce qu'il y a d'affreux, — m'écriai-je, — c'est de faire tourner une action généreuse en soi à l'accomplissement des plus monstrueux caprices... de faire marcher ainsi de front le développement de l'esprit... et la plus exécrable souillure...

— En effet, — reprit Basquine, — tandis qu'une moitié de ma vie se passait dans l'étude et dans une sorte d'austérité, car miss Turner ne se départait jamais à mon égard de son extrême réserve, l'autre moitié de ma vie... se passait dans un enfer... dont l'effroyable souvenir me poursuivra jusqu'à la mort.

— Et tu ne pensais pas à fuir? — dis-je à Basquine.

— Je ne le voulais pas, — reprit-elle avec une sorte d'exaltation, — car à cette époque j'en entrevu, pour la première fois, le but que je veux atteindre, et que j'atteindrai, — ajouta-t-elle avec une sombre résolution.

— Je ne te comprends pas, Basquine.

— Écoute, Martin... tu m'as connue bien malheureuse, n'est-ce pas? tu as vu ma douleur quand on m'a arrachée des bras de mon père mourant... tu sais combien mon enfance a été misérable, maltraitée, flétrie... nous avons été saltimbanques, vagabonds, voleurs... eh bien! malgré cette dégradation si précoce... j'avais toujours au moins conservé au fond de l'âme quelque vague remords, quelque vague aspiration vers une vie moins souillée... Vous vous rappelez cette soirée dans notre île...

— Oh! oui... oui... m'écriai-je.

— On n'en a pas beaucoup, de ces souvenirs-là, — dit Bamboche, — et on les garde... incessante.

— Eh bien! — reprit Basquine avec une exaltation toujours croissante, — alors je me respectais encore assez à mes propres yeux pour tâcher d'excuser ma flétrissure, en me disant : — C'est la fatalité, c'est l'abandon qui m'ont fait ce que je suis. — Mais, après quelque temps de séjour chez le milord-duc, je fus si effroyablement dégradée par ce *monstre*, que je perdis même jusqu'au remords de cette dégradation dernière... Mais aussi, à mesure que l'éducation développa mon intelligence, s'éveilla en moi un besoin, un désir de vengeance, qui grandit de jour en jour... et devint mon idée fixe... incessante. De ce moment, j'acceptai mon sort avec une joie sinistre... Et j'accomplis des prodiges de travail; tout le temps dont je pouvais disposer, je l'employais à m'instruire, à acquérir autant qu'il était en moi ces talents aimables, ces manières distinguées, séduisantes, qui donnent aux femmes une grande puissance. Le milord-duc, par un raffinement de corruption diabolique, favorisait mes goûts d'étude. Il fit venir pour moi, et moyennant un prix excessif, un excellent professeur de chant et de composition, qui avait, pour ainsi dire, créé les artistes les plus remarquables de cette époque, et dont les œuvres sont maintenant populaires. Mais, à propos de cet artiste, — ajouta Basquine en souriant doucement, — apprends, mon bon Martin, un trait qui t'épanouira le cœur, qui te reposera un moment de toutes les sinistres choses qu'il me faut te conter... Aux yeux de l'artiste dont je te parle, excellent et digne homme s'il en fut, je passais pour la fille adoptive du duc, car je serais morte de honte si mon professeur avait pu supposer ce que j'étais alors... Ce dernier admirait d'autant plus l'apparente sollicitude dont j'étais entourée, qu'il devait lui-même, me disait-il, sa carrière à un être aussi généreux que mystérieux. — « J'étais possédé du feu sacré, — me disait l'ar- » tiste, — mais pauvre, inconnu, sans ressources, les » moyens d'étudier me manquaient, car c'est à peine si » j'avais du pain. Un jour je vois entrer dans ma mansarde » un homme assez âgé, mal vêtu, à l'air dur, à la parole

Approchant alors mon oreille de l'espèce de conduit acoustique pratiqué presque à mon chevet, j'écoutai l'entretien suivant : — Page 217.

» brusque, au regard pénétrant; ses questions me prou-
» vent qu'il connait toutes les particularités de ma vie, de
» ma vocation, et le résultat de sa visite est l'assurance
» d'une pension qui, en effet, m'a donné les moyens d'étu-
» dier, de travailler, de me produire... et de me faire un
» nom; malheureusement pour ma reconnaissance, je n'ai
» vu mon mystérieux bienfaiteur que cette seule fois... »—
Mais savez-vous au moins son nom? — dis-je à l'artiste,
qui me répondit : — « Il m'a dit se nommer monsieur
» Just, et l'homme d'affaires chez qui je touchais ma pen-
» sion n'a jamais voulu m'en apprendre davantage sur cet
» homme singulier. »
— Monsieur Just, — s'écria Bamboche en interrompant
Basquine, — voilà qui devient fort étrange...
— Pourquoi cela? lui demandai-je.
— Un jeune peintre, que j'ai connu dans mes jours de
prospérité et qui est maintenant illustre, m'a raconté qu'il
devait aussi sa carrière au généreux appui d'un protecteur
mystérieux, et qui se nommait monsieur Just.
— Sans doute, c'est le même ! — m'écriai-je.
— Probablement, — reprit Bamboche, — car, peu de
temps après que l'avenir du jeune peintre, le meilleur et
le plus honnête garçon du monde (quoiqu'il m'ait connu),
a été assuré, un jeune statuaire de ses amis, artiste de la
plus belle espérance, mais plongé dans une misère atroce,
a été, comme le jeune peintre, miraculeusement secouru
par ce diable de M. Just, que ni l'un ni l'autre n'ont vu,
non plus, qu'une seule fois... mais qui doit être d'ailleurs
joliment renseigné, ou avoir le nez diablement fin, pour
si bien placer ses bienfaits, car le jeune statuaire, son protégé, a déjà une grande réputation.
— Ah! merci, Basquine, — m'écriai-je en respirant,
— cela fait du bien... cela calme d'apprendre ces belles et
nobles actions... Non, non, tous les hommes ne se dépravent pas par l'opulence; il est de grandes âmes qui font
de la richesse un sacerdoce... car, Dieu soit loué! s'il y a
des ducs de Castleby, il y a aussi des M. Just!... Ah! que
ne donnerais-je pas, — m'écriai-je avec enthousiasme, —
pour contempler ce grand homme de bien !

CHAPITRE LIX.

*Suite de l'histoire de Basquine. — Mort de lord Castleby. —
Basquine chante dans les cafés et retrouve Bamboche. — Histoire
de Bamboche. — Divers moyens d'existence.*

— Hélas ! mon pauvre Martin, me dit Basquine, il faut
que du ciel je te fasse retomber dans l'enfer... et que je
continue mon récit : avec un professeur comme celui dont
je t'ai parlé et que j'eus pendant trois mois, tu dois penser
que je fis des progrès rapides. Enfin, ce que je vais te
dire, mon bon Martin, te semblera absurde ; pourtant rien
n'est plus vrai et ne prouve plus la force de ma volonté;
je n'avais pas d'*esprit*, je voulus apprendre à avoir de
l'esprit... Pour savoir ce que c'était que l'esprit... je lus,
j'étudiai les écrivains les plus remarquablement spirituels,
et je retirai du moins de leur commerce un jargon qui
pouvait tromper les moins connaisseurs, car le milord-duc,
qui avait connu dans ses nombreux voyages les gens les
plus distingués de l'Europe, me dit un jour, tout émerveillé : — Je crois, Dieu me damne! que cette petite est
devenue spirituelle..... — Rassure-toi, Martin, — ajouta
Basquine avec un triste sourire, — je ne serai jamais d'esprit avec toi...
— Mais cette vengeance que tu poursuivais ? — lui dis-je.
— Cette vengeance !... — s'écria-t-elle, — pour l'assurer, il me fallait travailler chaque jour à acquérir ces ta-

Il l'aborda, lui serra la main familièrement, ainsi qu'à son mari. — Page 225.

lents, ces avantages, ces séductions qui me seraient un jour des armes terribles... non contre le milord-duc, cela m'eût été impossible, mais contre toute cette race oisive, stupide, insolente ou infâme, dont le milord-duc personnifiait l'horrible vieillesse... et dont le petit Scipion personnifie l'horrible adolescence!

— Je commence... à te comprendre, Basquine, — dis-je, frappé de l'expression implacable des traits de la jeune fille.

— Ah! race impitoyable! — s'écria-t-elle avec une exaltation menaçante, — ah! pendant que vous regorgiez du superflu, mon père mourait de douleur, de misère... et l'on m'achetait, tout enfant, pour quelques pièces d'argent. Ah! votre exécrable insouciance de notre sort, à nous autres misérables, m'a laissé flétrir à cet âge sacré où les plus criminelles ont du moins été pures! Ah! lorsque je vous ai tendu une main innocente encore, quoique souillée... vous m'avez repoussée!... Ah! grands seigneurs blasés, vous avez fait de moi... le jouet et la victime de vos sanglantes débauches, prenant plaisir, par une ironie infernale, à éclairer d'autant plus mon intelligence, que vous me dégradiez plus affreusement comme créature... Ah! vous m'avez abîmée d'outrages, d'opprobres! de tortures! Ah! la contagion de votre effrayante perversité m'a corrompue jusqu'à la moelle, et je n'ai pas *douze ans!*... Mais attendez... attendez... un jour j'aurai seize ans... l'âge de la candeur et de l'innocence... l'âge où la beauté brille de tout son éclat, l'âge qui met en relief les séductions, les talents que j'ai acquis et que j'acquerrai encore; attendez, attendez, et alors, forte des vices que vous m'avez donnés, forte de la haine impitoyable que vous m'avez inspirée, forte de mon cœur mort avant l'âge où il s'éveille... forte de mes sens éteints avant l'âge où ils s'allument, forte surtout du mépris, de l'horreur que votre race soulève en moi... attendez... et vous verrez de quelles passions éperdues, folles, criminelles, je saurai vous enivrer!... Oh! vous m'aimerez... un jour!... et je serai vengée!...

L'attitude, le geste, la physionomie de Basquine pendant qu'elle prononça cette imprécation furent empreints d'une résolution si formidable qu'involontairement je m'écriai :

— Basquine... tu m'épouvantes...

Basquine passa la main sur son front couvert d'une rougeur brûlante, garda un moment le silence, et dit :

— Pardon, mon bon Martin, de me laisser aller à ces entraînements... mais avec toi et Bamboche, je ne cherche ni à me dissimuler ni à me contraindre... Je poursuis mon récit. Il me reste d'ailleurs peu de chose à vous dire. Un événement imprévu me fit quitter la maison du milord-duc... Il mourut subitement d'apoplexie... Son neveu, son unique héritier, arriva bientôt par la diligence pour recueillir cette immense succession. Ce neveu, déjà fort riche, mais aussi avare, aussi rigoriste que son oncle avait été prodigue et débauché, chassa du château toutes les femmes que le milord-duc y avait rassemblées, et auxquelles il n'avait d'ailleurs laissé aucun legs... Miss Turner seule avait amassé un pécule considérable. Elle garda son impassibilité ordinaire en me voyant chasser comme les autres créatures du sérail; cependant elle me donna vingt francs et une fort belle guitare dont elle m'avait appris à jouer. — Petite, — me dit-elle, — avec ce gagnepain, la jolie figure, vingt francs dans ta poche, une bonne robe et un petit paquet de linge, tu ne dois pas être inquiète de ton sort. — Ce fut ainsi que je quittai le château du duc de Castleby au commencement de l'été, n'ayant qu'un but, celui d'aller à Paris, songeant déjà vaguement au théâtre... où je pouvais mieux que partout ailleurs, à force de travail, de zèle et de volonté, atteindre le premier degré de la position que je rêvais, idée fixe, unique, opiniâtre, ardente comme la vengeance. Ma route du midi à Paris se passa sans incident remarquable ; le temps fut presque toujours magnifique, et grâce à ma guitare, dont j'accompagnais mon chant dans les cafés et autres lieux publics des villes où je m'arrêtai, je possédais en arrivant ici à peu près le double de ce que je devais à la générosité de miss Turner... Bientôt le hasard me fit rencontrer Bamboche, je croyais mon cœur mort... bien mort... pourtant, à la vue de notre compagnon d'enfance, je tressaillis de bonheur, de joie et d'espoir...

— Quand je la rencontrai, — dit Bamboche, — je vivais avec ma *veuve*, sœur de mon bourgeois ; je quittai la veuve, bien entendu...

— Oui, dit Basquine, et tant que je restai avec lui, il se mit à travailler résolument de son état de serrurier, afin de subvenir à mes besoins, parce qu'il ne voulait pas, par jalousie, me laisser aller jouer de la guitare dans les cafés...

— Je le reconnais là — lui dis-je.

— Mais... — reprit Bamboche avec un accent de regret, — elle ne te dit pas tous les chagrins dont je l'ai accablée pendant ce temps-là ; mes brutalités, mes violences causées par ma jalousie et par...

— A quoi bon parler à Martin de ces tristes souvenirs ? — dit Basquine en interrompant notre compagnon, — tu n'avais pas tort, Bamboche, de te plaindre, non de mon affection... mais de ma froideur... Je n'en aimais pas d'autre, il est vrai... mais je ne t'aimais pas comme tu aurais voulu être aimé... En te revoyant, j'avais cru un moment sentir revivre ce malheureux amour qui datait de l'enfance... je me trompais ; les sentiments hors nature ne se survivent pas... c'est déjà bien assez étrange qu'ils durent quelque temps... Et puis, vois-tu... Martin, j'étais uniquement possédée du désir d'étudier mon art ; une voix secrète me disait que par lui seul j'atteindrais ce but, cette vengeance... qu'alors je poursuivais, comme aujourd'hui, avec une opiniâtreté invincible, avec une foi aveugle dans l'avenir ; la jalousie, les reproches incessants de Bamboche à propos du peu d'amour que je lui témoignais, m'affligeaient ; j'eusse été mille fois plus heureuse s'il eût accepté, comme je l'en suppliais, une affection fraternelle ; mais ses obsessions, ses emportements me devinrent à la fin insupportables, car il souffrait cruellement de ma froideur, et mes chagrins de chaque jour étaient autant d'obstacles à la voie que je voulais suivre... aussi un soir...

— Quand après mon travail je rentrai chez nous, — reprit Bamboche en interrompant Basquine, — elle avait disparu... Depuis ce jour... je ne l'ai revue... qu'aujourd'hui...

— Et depuis ce temps-là... qu'es-tu devenu ?... — lui demanda Basquine avec un touchant intérêt, — dis-le-nous, car pour moi, tu seras toujours mon frère, comme Martin !... Dans quelque position que nous nous trouvions jamais tous trois, nous serons, oh !... j'en suis sûre... j'en atteste notre émotion de tout à l'heure et l'inaltérable souvenir que nous avons conservé les uns des autres... nous serons fidèles aux serments de notre enfance.

— Oh ! oui !... toujours !... — m'écriai-je, ainsi que Bamboche.

Et nous prîmes chacun une des mains de Basquine.

Après un moment de silence, je dis à Bamboche :

— Reprends ton récit... Après la disparition de Basquine, qu'es-tu devenu ?

— J'ai d'abord cru que j'allais devenir fou, tant son départ m'exaspéra. Je l'aimais, vois-tu, Martin, comme je n'ai jamais aimé ni n'aimerai jamais... La preuve... c'est que pour elle je m'étais senti des délicatesses qui me vont... comme des souliers de satin à un bœuf... car, au lieu de travailler comme un enragé pour faire aller notre petit ménage... quand j'ai eu rencontré Basquine, j'aurais pu retourner chez ma veuve et lui soutirer d'un coup plus d'argent que je n'en ai gagné en me carnageant pour nous faire vivre nous deux Basquine, tant qu'elle est restée avec moi. Eh bien ! non... faire manger à Basquine le pain de ma veuve... ça ne m'allait pas, et pour tout autre que Basquine ça ne m'aurait-il pas été comme un gant ? Quand je te dis, Martin, qu'après toi et elle il faut tirer l'échelle aux bons sentiments.

— Avoue du moins, — lui dis-je, — qu'il est déjà grand et beau de voir notre affection mutuelle nous imposer des sentiments pareils... si restreints qu'ils soient.

— Pour restreints, ils le sont, je t'en réponds ; aussi, après le départ de Basquine, j'ai repris ma volée... d'oiseau de nuit ou de proie... Vers ce temps-là, je rencontrai la Levrasse. — Ah ! vieux gueux ! — lui dis-je, — tu es donc toujours en vie ? — Ah ! grand brigand, — me répondit-il, — tu as donc voulu me faire cuire en daube dans ma voiture ? — Et toi tu as donc été assez coriace pour ne pas vouloir cuire ? Ça ne m'étonne pas ; mais la mère Major ? — Elle était plus *tendre*, elle... tu le sais bien, mauvais garnement, — me répondit la Levrasse. — Elle a parfaitement cuit.

— Ah ! mon Dieu, — m'écriai-je ; — et l'homme-poisson ? — car j'avais souvent songé à lui depuis notre séparation.

— C'est vrai, — dit Basquine. — Pauvre Léonidas ! il était aussi enfermé dans la voiture au moment où tu y as mis le feu. La Levrasse t'en a-t-il donné des nouvelles, Bamboche ?

— L'homme-poisson a échappé au court-bouillon, — m'a dit la Levrasse ; mais ce gredin de Poirèau, le pître, a été asphyxié. C'est toujours ça, — reprit Bamboche, et il continua : La Levrasse était déjà établi marchand de jouets d'enfants passage Bourg-l'Abbé ; mais il faisait, disait-il, par délassement, la banque... vieux *banquiste* ! Il s'y connaît. Allons, — lui dis-je, — je te pardonne ; tu n'as eu qu'une joue de rissolée, c'est mesquin, n'y pensons plus. — Ah ! tu me pardonnes ? A la bonne heure, — me répondit la Levrasse, — et pour te prouver que je suis sensible à ta clémence, je t'invite à dîner demain, nous causerons. — Je n'eus garde de manquer au rendez-vous ; le vieux brigand m'étudia, m'observa, me fit jaser, et au dessert, entre la poire et le fromage, il me dit : — Écoute, je fais la banque, et, comme banquier, j'achète souvent, pour un morceau de pain, des créances très-légalement exigibles, mais difficiles à recouvrer, tantôt parce que les débiteurs ont filé en pays étranger, tantôt parce que les compères trouvent moyen de mettre leurs biens à couvert... Jusqu'ici, faute d'un associé intelligent, je n'ai pas tiré tout le parti possible de ces affaires, il y aurait pourtant de l'or en barre à gagner. Tiens, un exemple entre plusieurs : j'ai acheté quinze mille francs une créance de soixante-douze mille et tant de livres sur un M. Rondeau ; il a de quoi payer largement : il possède six à sept cent mille francs, réalisés, avec lesquels il a filé en Angleterre, où le gaillard mène grande et joyeuse vie ; légalement je ne peux rien, car, dans ce cas, il n'y a pas d'extradition possible, mais, en employant la *contrainte morale*... — Comment ? — Suppose, mon ami Bamboche, que je te fasse don de ma créance, bien valable, bien en règle, à toi qui es sans le sou ? Qu'est-ce que tu ferais, sachant que de autre côté du détroit il y a un compère qui a de quoi grandement payer, et qui... j'oubliais cette circonstance importante, est poltron comme la lune ? — Pardieu, — dis-je à la Levrasse, — ce n'est pas malin, j'irais trouver mon débiteur, je le prendrais par les oreilles, à grands coups de canne, je me ferais payer... — Il y a du bon dans ce que tu dis là, — reprit la Levrasse ; mais, — en Angleterre comme en France, on pince les créanciers qui instrumentent à coups de canne, mais on n'arrête pas un créancier qui, je suppose, suivrait incessamment son débiteur dans les rues, dans les promenades, dans les spectacles, en lui disant tout haut et en public : — Monsieur, vous me devez légalement soixante-douze mille francs, vous avez de quoi me les payer, vous vous y refusez, vous êtes un fripon. — Or, devant un pareil cauchemar, le débiteur s'exécute ; s'il ne s'exécute pas, on cherche d'autres moyens... et avec ta caboche... Bamboche... on les trouve. — Combien me donnez-vous ? — dis-je à la Levrasse. — et dans huit jours je vous fais payer de votre M. Rondeau. Je paye les frais de ton voyage et je te donne vingt-cinq mille francs... Voyons, ne me fais pas les gros yeux ; je te donne dix mille francs. — veux-tu bien laisser ta canne tranquille ; je consens à quinze mille... tu toucheras chez le correspondant, où le sieur Rondeau ira payer. — Va donc pour quinze mille francs. — Je pars pour Londres ; huit jours après, la Levrasse avait son argent, moi ma part ; quand

je me suis vu à la tête de cette fortune, je me suis dit : il faut que je retrouve Martin et qu'il en goûte.
— Brave Bamboche !
— Claude Gérard ne l'a pas voulu... Ç'a été pour moi un mauvais voyage... oui, doublement mauvais, — ajouta Bamboche en prenant tout à coup un air sombre qui me surprit.
— Pourquoi doublement mauvais ? — lui dis-je, voyant que, pensif, il gardait le silence.
— Parce que je ne t'ai pas trouvé, Martin... Et puis...
— Et puis?...
— Maudite... maison de fous... va... — murmura-t-il à demi-voix.
— Pour le moment ces paroles me semblèrent inexplicables ; aussi dis-je à Bamboche :
— Explique-toi.
— Non, — reprit-il en tressaillant ; — à quoi diable vais-je songer ?... Claude Gérard n'ayant donc pas voulu te lâcher, — ajouta Bamboche en reprenant son entrain, — je suis revenu à Paris, et alors, ma foi ! roule à la bosse ; mais, comme il n'y a généralement que les chenapans de ma sorte qui aient du bonheur, quand j'en ai été à mes derniers mille francs, j'ai joué au n° 113, et, en deux jours, j'ai gagné cinquante mille francs ; tu me manquais d'autant plus, mon brave Martin, que j'avais plus d'argent... Je ne dis rien de toi, Basquine... Si j'avais su où te trouver...
— Je te crois, Bamboche, — dit Basquine ; — partager avec moi cet argent si facilement gagné, qu'était cela auprès du rude travail d'artisan que tu t'es imposé pendant que nous avons vécu ensemble ?...
— C'est vrai, ça ne m'a pas été si rude à gagner, mes cinquante mille francs. Au lieu de la lime et du marteau toute la journée... quelques coups de râteau sur le tapis vert... et encaissés les doublons !... Alors, ma foi ! grand tralala ! Appartement superbe, chevaux, voitures, table ouverte, et un calendrier de drôlesses, depuis Amélie jusqu'à Zélie... toutes les lettres de l'alphabet y ont passé, mordieu ! Je me faisais appeler le capitaine Hector *Bambochio*, je m'étais fabriqué cette capitainerie-là en entendant le père la Levrasse parler du Texas, où il avait manigancé je ne sais quelle affaire. Pendant que j'étais en train, je me suis orné d'un père marquis et d'un futur beau-père grand d'Espagne. Pendant un an, j'ai mené la vie d'un joueur ; ça ressemblait comme deux gouttes d'eau, pour les émotions, à notre vie vagabonde. Mais tout a une fin, même la bonne chance : la *rouge* m'avait toujours traité en enfant gâté, elle a fini par me traiter comme *feu* la mère Major après mes amours ; alors j'ai voulu folâtrer avec la *noire* : la *noire* a été cent fois pire encore. J'avais déjà dégringolé de mon bel appartement de la rue de Richelieu pour tomber dans un méchant hôtel de la rue de Seine... Là, pendant quelque temps, j'ai caroté ma vie en excitant des duels entre mes voisins les étudiants et leurs amis. Je me faisais accepter comme témoin : déjeunant du pistolet, dînant de l'épée, soupant de l'espadon. J'oubliais de te dire que j'avais un goût passionné pour l'escrime, et tant de dispositions, qu'en dix-huit mois *Bertrand*... l'incomparable *Bertrand*, à la salle duquel je me présentai comme fils de famille, avait fait de moi, non pas un tireur élégant, habile, correct et foudroyant comme il en fait tant, ma nature sauvage ne s'y prêtait pas, mais il m'avait donné, comme gaucher, un jeu horriblement dangereux et hérissé. Cette réputation-là, pratiquement établie par un duel où j'avais crevé le ventre d'un créancier révolté, qui passait pour gros mangeur d'hommes, m'avait aidé singulièrement dans mes recouvrements pour la Levrasse... mais enfin son sac à créances s'était vidé ; mes petits étudiants et leurs amis s'étaient tous battus les uns contre les autres... On m'avait mis à la porte de mon hôtel, j'étais pendu au croc du diable et prêt... ma foi... à faire cent fois pis que je n'avais fait, lorsque je rencontre le cul-de-jatte, le Mentor de mon jeune âge. Le digne homme s'était rangé ; il *mitonnait* alors une affaire de contrebande, cigares, étoffes, liquides, le diable et son train ; je connaissais pas mal de monde, plus de mauvais que de bon ; je me charge de placer sa contrebande chez des jeunes gens et chez des filles, moyennant courtage. Je vivotais, demeurant au *siége de notre* SOCIÉTÉ, *impasse du Renard*, mais la mèche contrebandiste est éventée... Il n'y avait pas de preuves contre moi, je file... Je ruminais un mauvais coup, lorsqu'une idée me vient : je suis vigoureux, la nature m'a doué de cinq pieds sept pouces, — me dis-je, — je vais me vendre comme remplaçant militaire. Une fois acheté, je joue le prix de ma vente. Si je gagne, je me remplace moi-même ; si je perds, je me fais soldat, et je n'en ai pas pour deux mois sans être fusillé comme insubordonné...
— Ce que c'est que les cartes, pourtant !... Juste comme les femmes : un caprice reprend à la *rouge*. Je gagne dix mille francs, je rachète un remplaçant, et me voilà remonté sur ma bête... Mais, à moi, un malheur ne vient jamais seul, ni un bonheur non plus, — et Bamboche nous tendit avec émotion la main à moi et à Basquine. — Le vieux gueux de la Levrasse avait de nouvelles créances à recouvrer ; il joignait à cela l'agrément d'offrir de l'argent comptant aux fils de famille qu'il savait devoir être riches à la mort de papa et de maman. Les bonnes chances du jeu me permettaient de me mêler à une compagnie déjà diablement mêlée, bien entendu ; là j'amorçais quelques jeunes pigeons égarés du colombier paternel. La Levrasse les plumait, et j'avais ma part du duvet... Le cul-de-jatte avait fait le plongeon pendant un bout de temps ; il reparaît à la surface de la boue de Paris, j'en fais mon second... et par respect pour ses cheveux blancs, je lui confère le grade de major... ce sont ses invalides ; lorsqu'il y a des créanciers récalcitrants, il sonde le terrain... et me sert au besoin de témoin... Tel est l'état de mes affaires, mes enfants... J'ai dans ce secrétaire, que vous voyez là, cinq mille et quelques cents francs à votre service... J'avais pris depuis quelques jours la drôlesse que vous avez vue ce soir aux Funambules, où j'étais allé avec la retrouve, m'avait dit : — Allons aux Funambules, c'est bon ton... — j'y suis allé... et... je vous l'ai dit, mes enfants, comme toujours j'ai eu deux bonheurs à la fois, qu'est-ce que je dis deux ?... j'en ai eu trois, quatre, cinq, car je me suis donné la douceur de souffleter le vicomte Scipion, son père et d'autres en allant au secours de cette pauvre Basquine. Voilà ma confession ; maintenant, Basquine, comment diable t'avons-nous retrouvée sur ce théâtre ?

CHAPITRE LX.

Fin de l'histoire de Basquine. — Elle rencontre à Sceaux le vicomte Scipion. — Elle entre au théâtre. — Fin des confidences. — Balthazar quitte Paris. — Ses dernières recommandations à Martin.

— Après avoir quitté Bamboche, — reprit Basquine, — je m'éloignai de Paris, de crainte de le rencontrer et de céder à de nouvelles instances ; je continuai de chanter dans les cafés des villes où je passais. Quoique mon public fût aussi grossier que notre ancien public, lorsque nous faisions partie de la troupe de la Levrasse, je tâchais de donner à ma voix, à mon accent, à ma physionomie, le plus d'expression possible ; tout devenait ainsi pour moi un sujet d'étude et d'observation sur les moyens de captiver, d'émouvoir les spectateurs. J'essayai même de composer les paroles et les airs de quelques chansonnettes qui furent assez goûtées de mon auditoire en plein vent. Préoccupée du seul but où tendaient toutes mes pensées, j'étais à peine sensible à la dure pauvreté, aux dégoûts, aux ignobles contacts que m'imposait mon nouveau vagabondage, misères qui m'auraient dû m'être d'autant plus pénibles, que durant mon long séjour chez le milord-duc, j'avais connu tous les raffinements d'une vie opulente. Le hasard m'ayant amenée à Orléans, un soir je chantai dans un café d'assez bas étage ; je me trouvais en voix, mon succès fut très-grand. Parmi les auditeurs, je remarquai un homme de cinquante ans environ, d'une figure très-intelligente, mais dont la couleur empourprée trahissait son ivrogne d'une lieue ; l'aspect de ce personnage me frappa d'autant plus qu'il était vêtu d'une façon bizarre.

Sa mauvaise redingote laissait entrevoir une espèce de vieux justaucorps de velours bleuâtre éraillé où se voyaient les vestiges de quelques anciennes broderies de similor, et son pantalon rapiécé s'échancrait sur des bottes de maroquin éculées, autrefois rouges.

— Quelque vieil acteur, je parie? — dit Bamboche.
— Justement, — reprit Basquine. — Ce personnage, qui usait à la ville sa défroque de théâtre, était un vieux comédien d'opéra-comique de province; son ivrognerie continuelle l'avait fait récemment expulser du théâtre de la ville; on l'appelait *la Baguenaudière*. Doué d'assez d'esprit naturel, très-gai, très-bon convive, les oisifs se le disputaient: aussi était-il toujours entre deux vins, à moins qu'il ne fût complétement ivre. La Baguenaudière, après m'avoir écoutée chanter avec beaucoup d'attention, ne m'applaudit pas, mais vint à moi, et me dit : — Je suis un vieux routier... je me connais en voix et en talents... Si tu travailles, ma petite, avant quatre ou cinq ans tu seras première chanteuse à l'Opéra de Paris... Si tu le veux, je te donnerai des leçons, je n'ai rien à faire, ça m'amusera. — J'acceptai avec une vive reconnaissance.

— Et cet homme avait-il véritablement du talent? — demandai-je à Basquine.

— Si ce malheureux, — reprit-elle, — avait pu mettre en pratique les excellentes théories qu'il professait sur son art, il se fût fait un nom illustre parmi les grands comédiens de son temps. Le professeur que le milord-duc m'avait donné était un excellent chanteur et un compositeur remarquable, mais il n'était nullement acteur. La Baguenaudière, au contraire, était assez bon musicien (il remplissait les rôles de bouffe dans l'opéra-comique), surtout comédien consommé. Personne mieux que lui ne connaissait théoriquement les innombrables ressources de son art, depuis les effets du comique le plus franc jusqu'aux effets dramatiques les plus élevés; pourquoi cet homme d'une si merveilleuse intelligence, et qui détaillait, analysait également un rôle de Molière, de Racine ou de Corneille, avec une incroyable profondeur de sentiment et d'observation, pourquoi cet homme était-il devenu et resté médiocre chanteur d'opéra?... C'est une de ces contradictions aussi fréquentes qu'inexplicables. J'acceptai l'offre de la Baguenaudière, il fut pour moi dans ses leçons d'une sévérité, d'une dureté presque brutales; mais dans les moments lucides que lui laissait l'ivresse, il me donna des enseignements qui furent pour moi une véritable révélation... Malheureusement, ces inestimables leçons eurent un terme. De plus en plus dominé par l'ivresse, la Baguenaudière tomba dans un abrutissement qui devint de l'idiotisme; on fit acte de générosité en le plaçant, je crois, dans un dépôt de mendicité; plusieurs fois ce malheureux homme m'avait conseillé de me rendre à Paris, et de tâcher de me faire accepter, à quelque prix que ce fût, dans un petit théâtre, certain, disait-il, qu'une fois casée, n'importe où, et si je continuais à travailler, je finirais par me faire connaître... Je partis donc d'Orléans pour venir à Paris, continuant de gagner mon pain en chantant sur ma route. J'arrivai ainsi à Sceaux... ce fut là, — dit Basquine dont le front redevint sombre, menaçant, — ce fut là que, depuis la scène de la forêt de Chantilly, je revis le vicomte Scipion pour la première fois; c'était jour de fête: espérant gagner quelque chose en allant chanter dans la meilleure auberge du village, je me fis enseigner. Je venais d'achever une chanson devant plusieurs personnes attablées au milieu du jardin de ce restaurant, lorsqu'un garçon de service vint me prévenir que l'on désirait m'entendre dans l'un des salons du premier. — Tu vas avoir des pièces blanches, — me dit le garçon, — car ce sont des personnes riches... — Je suivis mon guide, il ouvrit une porte, et je me trouvai en présence de Scipion et de deux de ses camarades. La scène de la forêt de Chantilly m'était restée si présente, que je reconnus tout d'abord le vicomte; lui ne se souvint sans doute pas de moi; d'ailleurs il me parut, ainsi que ses amis, très-animé par le vin. — Allons, chante, petite gueuse, — me dit-il grossièrement et presque sans me regarder, — je te payerai mieux que ces canailles du jardin. — Tiens, ramasse, — et il me jeta insolemment une pièce de cinq francs qui roula par terre. J'étais si émue des souvenirs de

toute sorte que la vue de ce méchant enfant éveillait en moi, que je ne fis d'abord aucune attention à ses grossièretés; muette, immobile, je ne ramassai pas l'argent; mon silence attira son attention; se levant alors de table, il dit quelques mots à l'oreille de ses deux camarades; l'un courut pousser le verrou de la porte... et alors commença contre moi une scène d'ignoble brutalité. Je me défendis, pleurant, suppliant à voix basse, sans oser appeler au secours, sachant qu'en cas de scandale, le maître de l'hôtel me donnerait tous les torts et me chasserait ignominieusement... Mes prières, ma frayeur enhardirent ces petits misérables; ma résistance obstinée exaspéra Scipion; déjà animé par le vin, il entra dans un accès de rage, malgré d'injures, me frappa si méchamment au visage... que mon sang coula... Me dégageant alors par un effort désespéré, je me précipitai à la fenêtre, que j'ouvris en criant au secours... J'avais la figure ensanglantée; les personnes attablées dans le jardin, me voyant ainsi, se levèrent en tumulte; un des camarades de Scipion, épouvanté, courut ôter le verrou de la porte; le maître de l'auberge entra, rejeta tout sur moi et me chassa brutalement; mais plusieurs spectateurs de cette scène prirent parti pour moi, et sans l'arrivée du gouverneur de Scipion, qui, aidé de l'aubergiste, fit passer le vicomte et ses camarades par une porte de derrière, la foule indignée leur eût fait peut-être un mauvais parti.

— Mauvais gredin, — s'écria Bamboche, — c'est toujours le même méchant gamin de la forêt de Chantilly... faudra pourtant que ça finisse pour lui par quelque chose d'un peu rude... Il commence à avoir l'âge...

— Cela me regarde... j'attendrai. — dit Basquine avec sa froide ironie. — Si je vous parle de cette autre indignité de Scipion, mes amis, c'est que, rapprochée de la scène de ce soir... cela prend un caractère de fatalité étrange... — ajouta Basquine en s'animant peu à peu, — c'est que, sans doute, le mauvais génie du vicomte le jette toujours sur ma route... le pousse à m'accabler d'outrages faits pour exalter la vengeance d'une femme jusqu'à la férocité... — s'écria Basquine, l'œil étincelant, les narines gonflées, les traits contractés par une expression de ressentiment implacable, — ce n'était pas assez de m'avoir, toute petite, impitoyablement repoussée, de m'avoir plus tard injuriée, souffletée, il faut encore que le mauvais sort du vicomte l'amène ce soir au théâtre... car vous ne savez pas, vous deux, ce qu'il y a de désespérant pour moi dans ce qui s'est passé; je ne vous parle pas de l'humiliation à la fois ridicule et atroce que j'ai soufferte... des injures, des insultes dont j'ai été poursuivie; mais sachez que ce n'est qu'après des efforts de volonté inouïs, après des privations incroyables, que j'étais parvenue à entrer à ce malheureux théâtre; ne chantant plus dans les rues, j'étais obligée de vivre avec les dix sous par jour que l'on me donnait comme figurante, c'est-à-dire de ne pas manger de pain à ma faim, et de coucher pêle-mêle dans d'horribles repaires, avec ce qu'il y a de plus crapuleux dans Paris.

— Ah! pour une femme, c'est affreux, m'écriai-je. — Mon Dieu! que tu as dû souffrir!

— L'espoir, la conviction de réussir et de me venger un jour me soutenaient, — dit Basquine; — je redoublais de zèle; aussi, chance imprévue pour moi, un directeur de théâtre de province assistait ce soir à la représentation; s'il eût été satisfait de mon chant et de mon jeu, il m'offrait un engagement de huit cents francs... c'était bien peu... et cependant c'était tout pour moi, car, une fois le premier pas fait, je me sentais certaine d'arriver, à force de travail et d'opiniâtre volonté ;... mais, vous le concevez, — ajouta Basquine avec un accent de sombre désolation, — après ma ridicule et ignominieuse chute de ce soir... toute espérance est perdue de ce côté... Je ne sais si j'oserai même me représenter à ce malheureux théâtre où j'avais eu tant de peine à me faire admettre... Il n'importe... je n'ai que seize ans !... — poursuivit Basquine avec un accent d'indomptable opiniâtreté, — je recommencerai sur de nouveaux frais... je chercherai d'autres moyens... je n'abandonne pas ma vengeance, moi... je veux parvenir... je parviendrai. Oui, tout avilie, toute faible, tout isolée, toute misérable que je suis, je parviendrai... Oh! béni sois-tu, Scipion... la nouvelle haine que tu m'inspires doublera mon énergie... Béni sois-tu... car si je ne meurs à la peine... toi et ceux de ta race... vous...

Puis s'interrompant soudain, en nous regardant Bamboche et moi, presque avec confusion, Basquine nous dit :

— Pardon... pardon, mes amis, de vous oublier pour ces ressentiments... Plus tard nous parlerons de l'avenir... mais aujourd'hui que nous voilà réunis, après tant d'années d'épreuves et de séparation... ne songeons qu'au bonheur de nous revoir et de pouvoir au moins nous dire ce que nous n'avons peut-être dit à personne... cela calme, cela console... cela encourage... Ma confession est terminée, Martin ; celle de Bamboche l'est aussi... A ton tour maintenant. Tu ne sais pas avec quelle impatience nous attendons ton récit.

. . . .

Je racontai aussi brièvement que possible tout ce qui m'était arrivé depuis notre séparation... et, je l'avoue, emporté par l'effusion, me faisant presque scrupule de cacher quelque chose à ceux-là qui, dans leur confiance expansive, venaient de m'initier aux plus secrètes pensées de leur cœur, aux plus tristes mystères de leur vie... je ne leur cachai ni mon respectueux amour pour Régina, ni les alarmes que me causaient les diverses poursuites dont elle était l'objet.

Et d'ailleurs, en outre de l'aveugle et légitime confiance que m'inspirait l'affection de Basquine et de Bamboche, je comptais sur la connaissance que ce dernier semblait avoir des antécédents de Robert de Mareuil, pour attendre au besoin un utile concours de mon ami d'enfance.

Je fus enfin amené à cette confidence, peut-être indiscrète, et par l'émotion sincère, profonde, que témoignèrent Basquine et Bamboche en m'entendant raconter ma lutte obstinée contre le mauvais sort, et par leur angoisse, je dirais même leur effroi... lorsque, dans mon récit, ils me virent sur le point de faillir.

Ah! je respire... s'écria Basquine. — *Martin... un moment tu m'as fait peur...* dit Bamboche, lorsque je leur eus raconté comment la rencontre providentielle de Régina m'avait sauvé de l'infamie.

Contraste bizarre, encore pour moi inexplicable à cette heure, ces deux êtres n'espéraient plus rien, n'attendaient plus rien des sentiments honnêtes, élevés, généreux, et ils comprirent et ils apprécièrent avec la plus touchante sympathie tout ce qu'il pouvait y avoir de courageux et de bien dans ma conduite, durant ces temps de rudes épreuves. Il en fut de même au sujet de mon amour pour Régina.

— Tu crois en Régina, comme ma pauvre mère croyait à la sainte Mère de Dieu, dit Basquine, émue, — ce n'est plus de l'amour... c'est de la religion.

— Martin, — me dit Bamboche d'une voix grave, lorsque j'eus terminé ma confession, — tu es la meilleure créature qu'il y ait au monde... Tu vas rire, quand je te dirai que je suis content d'être ce que je suis... parce que je t'apprécie mieux... que si je te valais... que si j'étais à ta hauteur.

— Bamboche, l'amitié t'aveugle, — lui dis-je en souriant.

— Eh! tonnerre de Dieu... je ne veux pas faire de phrases, — s'écria-t-il, — et pourtant ça n'empêche pas que plus on est bas placé et mieux l'on juge de l'élévation d'une montagne...

— Il a raison, — reprit Basquine ; — l'amitié ne nous aveugle pas... Elle nous empêche seulement d'être envieux ou injustes... Va... mon bon Martin... — ajouta Basquine avec un sourire navrant, — ce n'est jamais la beauté qui sait le mieux apprécier... la beauté... c'est la laideur... lorsqu'elle est inoffensive et sans envie...

— Et puis, vois-tu, — reprit Bamboche, — le diable n'y peut rien... Tu resteras Martin, comme Basquine et moi nous resterons Basquine et Bamboche ; nous sommes maintenant coulés en bronze, toi dans le bon moule, nous dans le mauvais ; gratter ce bronze, c'est s'amuser à s'arracher les ongles ; et c'est un sot jeu, car, après tout... qu'est-ce que cela fait ? Basquine et toi, m'aimez-vous moins parce que je suis un saprisant... en attendant que je devienne cent fois pis ? Non... vous m'aimez comme je suis...

— Parce qu'il y a encore en toi d'excellentes qualités, — dis-je.

Il secoua la tête et me répondit :

— Je n'ai que deux qualités : être à Basquine, à la vie, à la mort... et d'une ; être à toi, Martin, à la vie, à la mort... et de deux... c'est le fond de mon sac... Mais qu'est-ce que cela fait ? Basquine et moi, t'aimons-nous moins, parce que tu es aussi haut par le cœur que nous sommes bas ? Non, nous t'aimons comme tu es... Mais où nous sommes égaux et pareils, c'est par notre dévouement les uns pour les autres... Quant à cela, vois-tu, Martin, ne fais pas le fier... je te vaux, et Basquine nous vaut tous les deux. Nos confessions ont eu cela de bon, qu'elles nous apprennent que nous avons besoin les uns des autres ; quant aux moyens de nous aider, nous les trouverons... et, comme je ne m'embête pas... pensons d'abord à moi... Pour le quart d'heure, je n'ai besoin de rien du tout. Reste vous deux : Basquine et Martin... Il faut que Basquine, malgré sa chute de ce soir aux Funambules, conserve en province l'engagement qu'elle espérait... ou plutôt, mieux que cela... il faut qu'elle ait un superbe engagement à Paris.

— Comment cela ? dit Basquine.

— Que le diable m'emporte, si je le sais, — dit Bamboche ; — mais tu l'auras, et un engagement de premier rôle encore, j'en réponds...

— Oui, nous en répondons, — m'écriai-je. — Balthazar Roger, le poëte, un de mes maîtres, est fanatique du talent de Basquine. Un journaliste influent, de ses amis, partage cette admiration... il n'y a pas de meilleur cœur que celui de Balthazar... il aura été navré de l'événement de ce soir, ma pauvre Basquine... Je me fais fort de l'engager à te recommander de toutes ses forces à son ami le journaliste.

— Et une fois lancée par les journaux, — s'écria Bamboche, — c'est toi, Basquine, toi, qui dicteras les conditions... Quand je te disais que nous te ferions engager comme premier rôle !... Quant à toi, Martin... ou plutôt quant à mademoiselle Régina, qui maintenant n'aura pas de saveur plus zélé que moi, puisque tu l'aimes autant que tu la respectes, elle ne tombera pas entre les mains du Robert de Mareuil... c'est moi qui te le dis. Tu ne sais pas ce que c'est que cet homme-là... je suis un saint auprès de lui... mais, sois tranquille, on le démolira, et une fois celui-là démoli (il paraît que c'est le plus menaçant), nous nous occuperons des autres... du prince de Monthar et du père de ce gredin de petit vicomte. Ça fera deux bouchées... pas plus... A quelle sauce les mangerons-nous ? Je n'en sais rien, mais nous la trouverons... nous venons bien, grâce à toi, de trouver le moyen de faire engager Basquine...

Et comme je paraissais douter un peu de ses procédés expéditifs et immanquables, Bamboche ajouta :

— Si tu dis un mot de plus, je m'engage formellement à te faire épouser mademoiselle Régina... Mais non, — reprit aussitôt Bamboche en me tendant la main d'un air repentant, — pas de plaisanteries avec ce nom-là... Pardon, Martin... pardon, j'ai eu tort... C'est déjà beaucoup que tu acceptes mon aide... Mais, vois-tu ?... mon brave... pour lutter contre les Robert de Mareuil, des Bamboche valent mieux que des Martin.

— Robert de Mareuil, m'as-tu dit, Martin, était ce soir aux Funambules ? — reprit soudain Basquine après un silence pensif...

— Oui, repris-je, — à l'avant-scène à gauche...

— C'est cela... — dit-elle vivement. — Quoique placé dans le fond de la loge, il s'était beaucoup avancé... vers le théâtre.

— Justement, — dis-je à Basquine ; il semblait attiré, fasciné par ton jeu et par ton chant.

— Singulier hasard ! — reprit Basquine, — je l'avais un instant remarqué ; car, toute à ma scène... je ne pensais qu'au personnage que je représentais...

— Le Robert de Mareuil paraissait fasciné, — s'écria Bamboche en regardant Basquine d'un air d'intelligence.

— Oui... — reprit celle-ci en souriant de son rire sardonique, — comprends-tu ? un ami du vicomte ? un des coryphées de cette race que j'abhorre ?

— Pardieu ! si je comprends ! — s'écria Bamboche.
— Moi aussi, — leur dis-je, — je crois comprendre. Mais prenez garde... Robert de Mareuil... est...
— Ne te mêle pas de ça, Martin, — dit Bamboche en m'interrompant. — Il y a de la *grosse ouvrage* dont tu ne dois pas t'occuper... ça te salirait les mains, tu es trop délicat ! D'ailleurs, sois tranquille... nous ne ferons rien sans ton avis... Mais au diable les affaires pour ce soir... ça nous vole notre meilleur temps... Nous n'avons plus rien à nous apprendre, régalons-nous un peu du temps passé ; commençons les : — *Te souviens-tu ?* — et soupons... Moi, la joie m'allonge les dents. Heureusement, j'avais fait préparer à souper pour moi et pour *feu* madame la capitainesse Bambochio. A table, mes amis... à table... Ça ne vaudra peut-être pas la cuisine de ce pauvre Léonidas Requin. Vous souvenez-vous ? quels fameux ragoûts de mouton il nous faisait !
— Et les matelotes donc... il y excellait... en sa qualité d'homme poisson, — dit Basquine, en cédant ainsi que moi au joyeux entraînement de Bamboche.
— Et sa manière d'éloigner les curieux, — dis-je à mon tour, — lorsqu'ils venaient l'étudier de trop près dans sa piscine... vous rappelez-vous ?
— Parbleu, si je m'en souviens, — dit Bamboche en approchant du feu une table somptueusement garnie qu'il alla chercher dans son salon, où elle était toute préparée...
— C'est lors de notre dernière représentation chez la Levrasse, que Léonidas a fait sa plus belle peste en manière de niche aux curieux !... J'étais dans la seconde enceinte, et j'ai senti cette odeur empoisonnée... c'était à étrangler.
— Et ce jour-là même, pauvre Basquine, — lui dis-je, — te souviens-tu du danger que ce monstre de mère Major t'a fait courir... tu te rappelles ! dans la pyramide humaine.

. . . .

Et sous le charme irrésistible de ces mots magiques pour des amis d'enfance, enfin réunis après une longue séparation : — TE SOUVIENS-TU ?... tout au souvenir de notre vie passée, nous oubliâmes le présent et l'avenir, dans ce cordial souper qui dura jusqu'au jour.

. . . .

Au matin, je regagnai le logis de mes maîtres, gravement inquiet de savoir comment ils auraient considéré mon absence, car il me fallait à tout prix rester au service de Balthazar, ou plutôt au service de Robert de Mareuil, dont j'avais tant d'intérêt à pénétrer les démarches ; je me préparai donc à m'excuser, grâce à une fable assez adroitement arrangée. J'entrai dans l'appartement de mes maîtres ; la clef était sur la porte ; j'ouvris.
A ma grande surprise, je trouvai Balthazar faisant sa malle. Pauvre et digne poète ! elle fut bientôt pleine, et le plan architectural du splendide palais qu'il devait faire bâtir la remplissait en grande partie.
La physionomie de Balthazar était grave, triste ; je ne l'avais jamais vu ainsi ; en m'apercevant il me dit affectueusement :
— Ah ! te voilà, Martin ?
— Monsieur, — lui répondis-je tout confus, — excusez-moi... si... hier... j'ai manqué...
— Ne parlons pas de cela, Martin... je n'ai plus le droit de te gronder... mon pauvre serviteur d'un jour... Je pars...
— Vous partez, Monsieur ? — m'écriai-je, et involontairement j'ajoutai :
— Et M. le comte de Mareuil... votre ami ?...
— Mon ami ?... — reprit le poète en accentuant ces mots presque avec amertume, — mon ami ?... il reste ici... il gardera cet appartement : l'hôtel et le quartier lui conviennent.
— Mais vous... Monsieur ?...
— Moi, mon garçon... je vais passer quelque temps à la campagne.
Sans aucun doute, une grave et brusque rupture avait éclaté entre le poète et Robert de Mareuil.
Après un assez long silence, Balthazar me dit en tirant un papier de son portefeuille :
— Je te dois une soixantaine de francs pour les commissions que tu as faites pour moi, mon garçon... car tu sens bien que les gages capitalisés en millions... ce sont de mauvaises plaisanteries... bonnes quand on est gai... Excuse-moi de t'avoir fait attendre si longtemps... ton argent.
— Ah ! Monsieur,..
— Je voudrais mieux récompenser tes soins, ton zèle et ta délicatesse, car... jamais, pauvre garçon... tu n'as osé me demander un argent qui t'était bien nécessaire sans doute... si je ne t'en ai pas donné plus tôt, c'est que... tout bonnement, je n'en avais pas... le trimestre de ma petite pension n'était pas encore échu, mais il le sera demain. Voici le reçu que tu porteras à l'adresse qui est indiquée... tu toucheras cet argent pour moi, sauf soixante francs que tu garderas, et tu m'enverras le reste par un mandat sur la poste, à Fontainebleau, au bureau restant.
— Oui, Monsieur... je vous remercie bien, — lui dis-je en prenant le papier.
— Mais j'y songe, — reprit le poète en souriant, — j'ai une si indéchiffrable écriture, que je ne sais si tu pourras lire l'adresse... Essaye un peu.
Je lus le reçu assez difficilement, il est vrai ; il était ainsi conçu :

« *Je reconnais avoir reçu de monsieur Renaud, rue Montmartre, n° 10, la somme de trois cent cinquante francs pour le trimestre échu de la pension que* MONSIEUR JUST *a la générosité de me faire.*

» *Paris, etc., etc.* »

— Ah ! mon Dieu ! — m'écriai-je après avoir lu : — Encore *monsieur Just !*
— Qu'as-tu donc ? Que veux-tu dire ? — me demanda le poète.
Et je racontai à Balthazar ce que j'avais appris des autres libéralités de cet homme singulier.
— C'est extraordinaire, — me répondit le poète d'un air pensif ; — il faut que M. Just soit le diable en personne : je mourais aussi de faim, quand il m'a déniché ; comment savait-il que j'étais orphelin ? que mon pauvre père, le meilleur des hommes, ruiné par une banqueroute, m'avait laissé sans ressources, et qu'avec la rage d'écrire j'avais la conscience d'arriver un jour à me faire un nom à force de travail ? je l'ignore. Ce qu'il y a de certain, c'est que M. Just, qui a bien l'air le plus rébarbatif et le plus brutal du monde, m'est apparu un beau jour ; qu'après un long entretien, où il m'a fait voir qu'il était incroyablement instruit de tout ce qui me regardait, il m'a laissé une lettre pour ce M. Renaud, qui depuis m'a toujours payé cette pension, à vue, pour moi et peu attendue. Je n'ai jamais revu d'ailleurs M. Just ; seulement l'homme d'affaires me disait chaque fois : — « Ça va bien, continuez, vous êtes un garçon laborieux... vous arriverez, on vous surveille, on sait ce que vous faites... » Mon seul désir, — ajouta le poète en soupirant, — est de voir un jour M. Just, car c'est à lui que je devrai tout... si j'y parviens...
— Oh ! je l'espère pour vous, Monsieur.
— Et moi aussi... Maintenant... dis-moi... je te sais un brave garçon... écoute mon conseil : il se peut que M. Robert de Mareuil, qui me remplace dans cet appartement garni... te propose de rester à son service...
— Eh bien ! Monsieur ?
— Eh bien ! n'accepte pas... ne te laisse pas séduire par l'appât du gain... reste ce que tu étais, un bon et fidèle commissionnaire, je ne puis t'en dire davantage... Mais, du reste, — reprit dignement le poète, — comme jamais je ne désavoue mes paroles, tu pourras dire à M. le comte de Mareuil que c'est moi... entends-tu bien ? que c'est *moi* qui t'ai donné le conseil de ne pas rester à son service. Allons, mon pauvre Martin, une dernière commission ; porte cette malle aux voitures de Fontainebleau.
Je me sentais tout ému de l'accent affectueux du poète, et malgré les mille pensées qu'éveillait en moi la rupture soudaine avec Robert de Mareuil, me souvenant des intérêts de Basquine, je dis à Balthazar :
— Hélas ! Monsieur, vous partez justement lorsque j'ai un grand service à vous demander...
— Quel service, mon garçon ?
— Hier soir... Monsieur, vous avez été témoin du grand malheur qui est arrivé à cette pauvre Basquine.

— Les misérables! les bélîtres! les ânes! — s'écria le poëte. — Elle est sublime... elle, sur ce théâtre... c'est une perle... au fond d'une huître...
— Eh bien! monsieur... je vous l'ai dit, j'ai connu Basquine toute petite... Hier soir, j'ai trouvé moyen de la revoir... après son malheur; un de nos compagnons d'enfance et moi, nous sommes restés près d'elle cette nuit... tout son avenir est perdu après un tel scandale, car, pour comble de malheur, la pauvre fille comptait sur un engagement pour la province, qui devait se décider hier soir... le directeur assistait à la représentation; mais, après un tel événement... vous concevez... et pourtant, Monsieur, si vous vouliez..
— Que puis-je faire à cela?
— Vous n'êtes pas sans connaître des journalistes... On dit que les journaux disaient du bien de Basquine...

Le poëte m'interrompit.
— Je ne devrais pas m'intéresser à Basquine, non à cause de son talent, je l'admire; de son caractère, je ne le connais pas; mais parce que, sans le vouloir... elle a...

Mais le poëte n'acheva pas et reprit :
— Il n'importe, la justice avant tout... j'écrirai à Duparc le journaliste, le tout-puissant Duparc... justement il est fanatique de Basquine... il va l'entreprendre,... c'est une révélation à faire, une nouvelle étoile à signaler au monde ! — s'écria Balthazar, en s'animant malgré lui. — Sois tranquille, Martin, je ferai mieux que d'écrire à Duparc, tout à l'heure avant mon départ j'irai le voir, et, de plus, je me charge d'illustrer Basquine : je lui dédierai une épître... qui paraîtra dans tous les journaux, pendant que Duparc battra la grosse caisse dans son feuilleton, le commun des martyrs de la presse fera chorus... et *fiat lux*... un nouvel astre aura lui.

— Ah! merci, Monsieur, — m'écriai-je, merci de...
— C'est moi qui te remercie, mon digne Martin, — me répondit Balthazar d'une voix émue. — Je m'en allais de Paris le fiel au cœur, l'amertume à la bouche; grâce à toi je m'en irai avec une douce et bonne pensée, celle de faire rendre justice à une pauvre sublime créature ignorée et persécutée... Allons, merci, Martin! adieu, mon garçon!... compte sur moi pour ta protégée... reste un bon et honnête garçon, et surtout... surtout n'entre pas au service de M. de Mareuil.

Puis, prenant son vieux chapeau et son parapluie, le poëte jeta un dernier coup d'œil presque mélancolique autour de lui, et dit :
— Chère et modeste petite chambre, que de beaux songes d'or j'ai faits dans tes murs! que de bonnes heures de travail et d'espérance j'ai passées ici!

Puis, haussant les épaules, comme s'il se fût reproché ces adieux, il s'écria :
— Allons, voilà-t-il pas que j'adresse de poétiques adieux aux murailles d'une chambre garnie! Allons... au revoir, Martin, compte sur moi pour Basquine... je serai l'Herschell de cette nouvelle constellation... et si cela est nécessaire pour ta protégée, écris-moi poste restante, à Fontainebleau, en m'envoyant l'argent. D'ailleurs je reviendrai à Paris... dans un ou deux mois peut-être... et en passant, je regarderai si tu es à ton *coin*. Adieu, mon garçon... n'oublie pas ma recommandation, c'est capital pour toi : — N'entre pas au service de M. Robert de Mareuil.

. . . .

Le poëte partit.
Le jour suivant, malgré les avis réitérés de Balthazar, j'entrai au service de Robert de Mareuil.

CHAPITRE LXI.

Un mariage secret. — Robert de Mareuil, Régina, Basquine, Bamboche, Martin, la Levrasse et le cul-de-jatte se trouvent en présence.

Depuis un mois qu'avait eu lieu ma rencontre avec Basquine et Bamboche, j'étais entré au service de Robert de Mareuil, malgré les conseils de Balthazar; un soir, j'assistais, invisible, à la scène suivante, qui se passait dans une petite maison située vers la partie la plus déserte du quartier des Invalides.

Il était nuit.

Au fond d'une chambre du rez-de-chaussée, assez délabrée, se dressait un autel improvisé; néanmoins le tabernacle, l'Evangile, les burettes, etc., etc., rien n'y manquait; quatre grands flambeaux plaqués d'argent, garnis de cierges, éclairaient seuls cette pièce et y répandaient une triste clarté.

A quelques pas de l'autel on voyait deux chaises placées à côté l'une de l'autre; le plus profond silence régnait dans cette chambre, où il ne se trouvait alors personne.

Minuit sonna lentement au loin, depuis un quart d'heure, lorsque le roulement sourd d'une voiture ébranla les vitres, puis j'entendis le bruit de plusieurs portes brusquement ouvertes et refermées, pendant que des pas précipités couraient sur le plancher d'un appartement situé au-dessus du rez-de-chaussée, où je me tenais caché.

Il se fit ensuite un nouveau silence, et une femme, enveloppée d'un manteau à capuchon rabattu, après avoir traversé rapidement la chambre où était dressé l'autel, disparut par une porte latérale; mais, au bout de quelques instants, cette porte s'entr'ouvrit et se referma à différentes reprises, comme si la femme qui venait d'entrer dans cet endroit voulait épier ce qui se passait ou plutôt ce qui allait se passer.

Un homme de haute taille, entrant ensuite, examina un instant les préparatifs; il trouva sans doute encore trop de clarté, car il éteignit deux des quatre cierges et sortit, laissant cette grande chambre presque plongée dans les ténèbres que de si faibles luminaires dissipaient à peine.

Ce personnage venait de disparaître, lorsque les deux battants de la porte du fond s'ouvrirent... un homme, accompagné d'une femme, s'avança lentement vers l'autel.

Cet homme était Robert de Mareuil; cette femme était Régina.

Deux autres personnes les suivaient à quelques pas de distance.

La jeune fille avait l'air calme, recueilli, résolu; les tresses de ses épais cheveux noirs encadraient son beau visage, pâle et transparent comme un camée; sa robe noire un peu traînante, sa taille élancée, son port de tête haut et fier donnaient à sa démarche une grande majesté... Robert de Mareuil était pâle aussi, et, malgré son assurance affectée, un observateur eût surpris çà et là les tressaillements d'une profonde angoisse sous ce masque menteur.

Robert et Régina s'agenouillèrent sur les deux chaises préparées à l'avance; les deux hommes dont ils étaient accompagnés se mirent aussi à genoux, mais à quelques pas en arrière.

Pendant un instant, le regard de Régina s'arrêta sur le comte avec une touchante expression de confiance et de tendresse; puis détournant soudain la vue et courbant le front, elle joignit les mains et sembla prier avec ferveur... La jeune fille venait de voir entrer un prêtre revêtu de ses insignes sacrés; marchant à pas comptés, il tenait le saint calice entre ses mains.

Le prêtre s'approcha de l'autel, donna sa bénédiction aux assistants, et commença à célébrer la messe du mariage, pendant que les deux hommes, les *témoins* de Robert et de Régina, tenaient, selon l'usage, une pièce d'étoffe étendue au-dessus de la tête des deux fiancés.

Lorsque le prêtre vint à demander à Robert et à Régina s'ils consentaient à se prendre pour époux, la jeune fille releva le front et prononça le *oui* solennel d'une voix ferme. Robert, qui de temps à autre jetait autour de lui des regards inquiets, répondit d'une voix mal assurée.

Après l'échange des *alliances*, et alors que le prêtre faisait aux deux époux une exhortation sur leurs devoirs, j'entendis le tintement des grelots de plusieurs chevaux de poste qui entraient dans la cour de la maison. A ce bruit, Robert tressaillit de joie, et de ce moment il contraignit si peu son impatiente anxiété, que, se levant de sa chaise avant la fin de la cérémonie, il prit Régina par la main et lui dit d'une voix précipitée :

Et moitié de gré, moitié de force, il amena au milieu de la loge une assez jolie femme. — Page 228.

— Partons, Régina... partons... nos moments sont comptés...

La jeune fille jeta sur le comte un regard surpris, et d'un geste expressif sembla le rappeler aux convenances qu'il oubliait si étrangement. Le comte se mordit les lèvres, ses traits se contractèrent, et le bout de son pied frappa convulsivement le plancher, jusqu'au parfait accomplissement de la cérémonie sacrée.

— Venez... vite... — dit alors le comte à la jeune fille.

Et la prenant brusquement par la main, il fit un pas pour s'éloigner de l'autel; mais Régina, se dégageant de la main du comte, et s'adressant au prêtre, lui dit d'une voix remplie de douceur et de dignité :

— Mon père... maintenant que j'ai l'honneur de porter le nom de monsieur de Mareuil... maintenant que, bénie par vous, notre union est indissoluble et sacrée, je puis vous exprimer ma profonde reconnaissance pour le saint concours que vous venez de nous prêter. Ce concours me prouve assez, mon père, qu'instruit de tout par monsieur de Mareuil, vous approuvez ma conduite, et que vous appréciez la gravité des circonstances qui m'ont forcée à contracter mystérieusement un mariage qui demain ne sera secret pour personne...

— Régina...— s'écria Robert de Mareuil en frappant du pied,—vous ignorez le prix du temps que nous perdons...

— Qu'avez-vous, mon ami?—lui répondit la jeune fille, — que craignez-vous ? ne suis-je pas votre femme devant Dieu et devant les hommes ? Est-il, à cette heure, une puissance humaine qui puisse rompre... nos liens ?

— Non... oh! non...—s'écria Robert avec un accent de triomphe, —Régina, vous êtes à moi... pour toujours, vous êtes ma femme !

— Ah! bah!... tu crois cela, toi? — dit tout à coup l'un des deux hommes qui avaient servi de témoins au mariage.

Cet homme était Bamboche.

— Vraiment ! Monsieur le comte, — reprit-il, — tu crois que mademoiselle est ta femme?...

A ces mots de Bamboche, Robert de Mareuil, livide, effrayant de rage et de désespoir, s'élança d'un bond sur mon ami d'enfance; mais celui-ci, d'une force athlétique, lui prit les deux mains, et le contenant malgré ses efforts, dit à Régina, d'un ton respectueux :

— Excusez-moi, Mademoiselle... mais il fallait laisser aller les choses jusqu'au bout; vous allez maintenant tout savoir.

A ces mots le prêtre, qui se préparait à sortir de la chambre, s'arrêta aussi stupéfait que le compagnon de Bamboche... le second témoin... qui n'était autre que le cul-de-jatte.

Régina, promenant tour à tour ses regards effarés sur les acteurs de cette scène, incompréhensible pour elle, restait immobile comme une statue.

— Fermez les portes... — cria Bamboche à voix haute

Puis il prêta l'oreille... Presque aussitôt on entendit les clefs des deux portes tourner à l'instant dans les serrures; sortant de ma cachette, où je revins bientôt, j'avais été fermer l'une de ces portes... la femme à manteau encapuchonné avait fermé l'autre.

— Maintenant, Monsieur le comte, — dit Bamboche à Robert, en lui rendant la liberté de ses mouvements, — développez vos grâces... mais à bas les mains, ou je vous casse la tête avec ce joujou.

Et Bamboche tira prestement de sa poche un fléau brisé, arme terrible entre les mains d'un homme aussi alerte et aussi vigoureux.

Robert, retrouvant bientôt son sang-froid et son audace, se rapprocha vivement de Régina, en s'écriant :

— Régina... nous sommes tombés dans un affreux guet-

Basquine, les bras toujours croisés sur sa poitrine, s'avançait à pas lents vers la fée d'Argent. — Page 229.

apens... mais, ne crains rien, je te défendrai jusqu'à la mort.

Ce disant, il entoura Régina de l'un de ses bras, comme pour la protéger.

— Mon Dieu! mon Dieu! Robert, — murmura la jeune fille d'une voix éteinte, en se serrant contre M. de Mareuil avec épouvante, — où sommes-nous?... qu'est-ce que cela veut dire?

Et du regard elle montra Bamboche.

— Je ne sais ce que prétend ce misérable... il est capable de tout... il veut nous voler peut-être... ou exploiter le mystère dont nous avons été obligés d'entourer notre mariage... — répondit Robert à la jeune fille. — Il n'importe... ne crains rien de ce bandit... je suis là.

— Mais, Robert... — reprit Régina avec stupeur, — vous m'avez dit que cet homme... témoin de notre mariage, était... un de vos amis... et cet autre homme aussi?

Et elle montra le second témoin, le cul-de-jatte.

Atterré par cette observation, Robert reprit en balbutiant :

— Sans doute... et je ne comprends pas... je les croyais tous deux mes amis... des hommes honorables...

— Nous?... des hommes honorables! — dit Bamboche en éclatant de rire. — Puis s'adressant au cul-de-jatte : — Dis donc, vieux brigand, entends-tu M. le comte?... Il nous traite d'*honorables*! Bah! un jour de noces... on est généreux!

— Régina... — s'écria Robert hors de lui, — ils ont raison, ce sont des infâmes!... Oui, je vous l'avoue... pressé par le temps, craignant d'ébruiter, de compromettre notre mariage... en m'adressant à des personnes de tout monde, j'ai été forcé de m'abaisser jusqu'à demander à ces misérables d'être nos témoins... mais...

Régina, par un mouvement rempli de dignité, se dégagea brusquement des bras de Robert.

Ce n'était plus l'épouvante, mais un étonnement douloureux qui se peignait sur les traits de la jeune fille, et elle s'écria :

— Ainsi... Robert... vous m'avez menti!... vous m'avez avilie!! Convier, comme témoins de notre union, deux misérables... deux infâmes... ainsi que vous le dites... c'est une cruelle insulte, c'est un sacrilège.

Puis se retournant vers le prêtre qui, plongé dans une incroyable stupeur, paraissait croire à peine à ce qu'il entendait, à ce qu'il voyait, Régina lui dit, avec un accent de honte et de douleur navrante :

— Ah!... mon père... pourrez-vous pardonner?...

— Assez, Mademoiselle, — s'écria Bamboche en interrompant Régina, — assez, je vous en supplie... tout ceci a trop duré pour vous.

Puis il ajouta en s'adressant au prêtre, accompagnant ses paroles d'un geste menaçant :

— Allons vite! Monsieur le curé, à bas ta défroque, ou je te l'arrache... vieille canaille...

En un instant, le faux prêtre eut dépouillé le surplis et l'étole...

Ce faux prêtre était la Levrasse.

— Mon Dieu! où suis-je?... — s'écria Régina, en proie à une croissante épouvante, — où suis-je?... mon Dieu, ayez pitié de moi.

Et, éperdue, les mains jointes, suppliante, elle se jeta à genoux devant l'autel.

— Quoi! — s'écria Robert à son tour en feignant la surprise et l'indignation, — cet homme serait un faux prêtre!

— Pas mal! — dit Bamboche, — pas mal l'étonnement!

Puis s'adressant à la Levrasse :

— Entends-tu Robert de Mareuil?... Il ignorait, le pauvre agneau, que tu étais devenu curé... de rencontre.

La Levrasse grinçait des dents de rage; mais, contenu

par la frayeur que lui inspirait Bamboche, il se borna à lui montrer le poing en s'écriant :

— Ah! grand gueux!... ah! traître... c'est plus de cent mille francs que tu me fais perdre...

Puis il ajouta en frappant du pied avec fureur, et s'adressant à Robert de Mareuil :

— Y comprenez-vous quelque chose, Mareuil ? Quel intérêt peut-il avoir à tout perdre, ce brigand-là? quand c'est lui qui a tout mené? quand tout était fini et allait comme sur des roulettes?

— Ah! vous ne savez pas quel intérêt j'ai à vous démasquer ? — reprit Bamboche, — j'ai un intérêt bien simple... vous allez le connaître.

S'adressant alors à Régina, toujours agenouillée, et qui se croyait sans doute sous l'obsession de quelque horrible vision :

— Excusez-moi, Mademoiselle, si je suis forcé de prolonger quelques instants encore cette scène si pénible pour vous, mais vous devez tout savoir. Vous souvenez-vous... il y a huit ou neuf ans de cela... d'avoir rencontré dans la forêt de Chantilly trois petits mendiants qui vous ont implorée?

— Oui... je me rappelle... cela, — dit Régina qui semblait rêver.

— Vous seule, — reprit Bamboche, — avez eu pour ces trois enfants... j'étais l'un d'eux... des paroles de douceur et de pitié. Pourtant, exaspérés par la dureté des personnes qui vous accompagnaient, ces enfants un instant ont voulu vous entraîner avec eux... Je n'ai oublié, Mademoiselle, ni notre cruelle conduite ni l'intérêt que vous nous avez témoigné, et aujourd'hui je m'acquitte... Le bonheur a voulu que je devienne un franc gredin ; je dis le bonheur, parce que si j'avais tourné à l'honnête, je ne me serais certainement pas trouvé en relations d'affaires et d'amitié avec M. le comte de Mareuil que voilà...

Robert ne répondit rien... il méditait sans doute le moyen de sortir de cette position désespérée.

— Si M. le comte de Mareuil n'était que criblé de dettes, contractées pour subvenir aux passions les plus bêtes et les plus dégradantes, ce ne serait peut-être rien ; son amour ou au moins sa reconnaissance pour vous, Mademoiselle, aurait pu opérer sa conversion... Mais, loin de là... non-seulement il vous ment, il vous trompe, il vous trahit d'une manière infâme... mais... encore...

Et comme le comte, exaspéré, allait de nouveau s'élancer sur Bamboche, celui-ci dit d'une voix impérieuse à la Levrasse et au cul-de-jatte :

— Contenez Monsieur dans une position décente... ou sinon... puisque je suis en train, demain j'irai causer ailleurs de choses qui vous concernent.

A ces mots, la Levrasse, le cul-de-jatte et Robert de Mareuil échangèrent un regard rapide et farouche qui me fit bondir de la place où je me trouvais, prêt à courir au secours de Bamboche; j'étais armé et préparé à tout ; mais mon ami d'enfance reprit avec une dédaigneuse audace :

— Pas d'enfantillages... D'abord à moi seul je ne vous crains pas... — et il tira de sa poche une paire de pistolets qu'il déposa sur l'autel, bien à sa portée.

— Et puis, — poursuivit-il en jetant un regard du côté où j'étais, — il y a là, tout près, un bon et solide garçon qui ne me laisserait pas dans l'embarras...

— C'est ce damné Martin... j'en suis sûr, — s'écria la Levrasse.

En entendant prononcer mon nom, Robert tressaillit, parut un moment rassembler ses souvenirs et ferma ses deux poings avec rage, pendant que Régina, muette, le regard opiniâtrement attaché sur Robert, ne semblait pas remarquer l'incident soulevé par mon nom.

— Que ce soit Jacques, Pierre ou Paul, qui soit là.... prêt à venir me donner un coup de main, — reprit Bamboche, — peu importe ; mais je vous ordonne à tous deux de contenir les emportements de M. le comte... Je veux dire tranquillement ce qui me reste à dire...

Robert de Mareuil, redoublant d'audace, haussa les épaules avec dédain et dit à Bamboche :

— Parlez... parlez... je ne vous interromprai pas... et vous, Régina... écoutez-le aussi, je vous en conjure... au nom de notre amour.

Régina ne répondit rien; ses yeux restèrent obstinément arrêtés sur Robert, qui ne put soutenir ce regard d'une fixité menaçante ; la physionomie de la jeune fille n'exprimait plus alors ni douleur, ni épouvante, mais une indignation mêlée de mépris, dont une sombre curiosité semblait seule arrêter le terrible éclat.

— En deux mots, j'ai fini, — reprit Bamboche. — M. le comte était en prison pour dettes... il a dit à la Levrasse, ce digne usurier que vous voyez là : « Je peux faire un » riche mariage, qui me mettra à même de vous payer : » Rendez-moi la liberté provisoirement ; si je n'accroche » pas la dot, vous me ferez retourner en prison... » — Ça me va ; mais, pour vous éperonner davantage, — répondit l'autre, — faites-moi de fausses lettres de change, en contrefaisant ma signature ; une fois richement marié, je vous rends vos faux billets contre les espèces que vous me devez... mais si vous ne savez pas empaumer l'héritière, ma foi ! vous irez aux galères... Talonné par cette peur-là, il faudra bien que vous enleviez le mariage... — Le mariage a été en effet enlevé...

— Continuez, Monsieur... — dit Régina avec un calme impassible.

— Régina... si vous saviez... — s'écria Robert, — je...

La jeune fille interrompit le comte d'un regard de mépris écrasant, et dit à Bamboche :

— Poursuivez, Monsieur... La leçon pour moi... est terrible... je la subirai jusqu'au bout.

— Ayez ce courage, Mademoiselle, vous vous en trouverez bien... L'affaire du faux curé fut arrangée entre M. le comte et mes deux complices, vu l'impossibilité de trouver un véritale prêtre ; cependant, comme il fallait, pour que M. le comte fût maître de votre fortune, que non-seulement vous crussiez mariée, mais que votre mariage fût parfaitement en règle... M. de Mareuil, lors de votre majorité, vous eût fait contracter une autre union à l'État civil... Celle-ci, réelle, valable, aurait eu pour prétexte de régulariser votre premier mariage devant le prêtre, mariage qui, légalement, ne signifie rien ; M. le comte, vous le voyez, est très-ferré sur son code conjugal.

— Et moi qui ai donné en plein dans le panneau ! — murmura la Levrasse.

— Tu sais bien, vieille canaille, — pardon, Mademoiselle, entre nous autres ça se dit, — que j'ai dû prendre part au complot, afin d'être à même de le faire échouer. Si j'ai laissé aller les choses jusqu'au point où elles en sont, Mademoiselle, ç'a été pour vous démontrer clairement l'indignité de M. le comte... et aussi pour vous prouver ma reconnaissance à ma manière, en vous empêchant, Mademoiselle, d'épouser un homme déshonoré... qui eût fait la honte et le malheur de votre vie.

— Je vous remercie... Monsieur... Votre conduite est en cette circonstance celle d'un homme d'honneur et de cœur, — dit Régina avec une sombre tranquillité, et elle continua de tenir sous son regard fixe, implacable comme celui d'un juge, Robert de Mareuil, sans lui adresser un seul mot.

Ce silence, auquel le jeu de la physionomie de Régina donnait une expression terrible, était plus effrayant que les reproches les plus amers, les plus véhéments.

Robert, anéanti, éperdu, semblait fasciné par ce regard d'un inflexible acharnement. Enfin, voulant tenter un effort désespéré, il s'écria :

— Eh bien ! oui... Régina, j'ai été coupable ; j'ai été criminel... mais si vous saviez à quels égarements peut vous entraîner un amour insensé!... si vous saviez combien ma passion pour vous...

— Basquine... — s'écria Bamboche en interrompant Robert, — viens, ma fille... et apporte la lettre si passionnée qu'avant-hier encore t'écrivait ce cher comte...

Au nom de Basquine, Robert devint livide; son saisissement fut tel, qu'il s'appuya au long du mur de la chambre pour ne pas défaillir.

— Vous n'avez pas idée, Mademoiselle, — reprit Bamboche en s'adressant à Régina, — de la vivacité de la passion de ce gentilhomme pour cette pauvre fille ; ça a commencé le jour même où ce digne comte vous avait rencontrée au Musée... Le soir il a vu jouer Basquine aux

Funambules... et, ma foi! il a été fasciné... ce qui ne l'a pas empêché de songer à son mariage avec vous, Mademoiselle; au contraire... car, une fois enrichi, il aurait tenu les magnifiques promesses qu'il faisait à Basquine... Allons donc, ma fille...

Une des portes latérales s'ouvrit, Basquine parut, toujours enveloppée dans son manteau, dont le capuchon à demi relevé découvrait sa figure empreinte alors d'une joie véritablement diabolique; ses yeux brillaient d'un sombre éclat; un sourire glacé contractait ses lèvres sardoniques; elle tenait à la main plusieurs lettres ouvertes.

CHAPITRE LXII.

Robert de Mareuil est démasqué. — Arrivée de la police. — L'évasion. — Balthuzar devient célèbre. — Blessure de Martin. — Mort de Robert de Mareuil. — Martin recouvre la vue.

A la vue de Basquine, Robert, anéanti, s'écria avec une rage folle :
— Mais c'est donc l'enfer, ici !
Basquine s'approcha lentement de mademoiselle de Noirlieu, et lui tendit les lettres du comte. Régina, toujours calme, prit une des lettres, la parcourut d'un regard attentif et la rendit à Basquine en lui disant d'une voix ferme :
— Je vous remercie, Mademoiselle... c'est bien...
— C'est ma reconnaissance envers vous, Mademoiselle, — dit Basquine, — qui m'a aussi engagée à démasquer cet homme...
— Votre reconnaissance ?
— Oui, Mademoiselle, et aussi le désir d'expier un tort... un grand tort envers vous.
— Envers moi ?
— Il y a bien des années, dans la forêt de Chantilly...
— C'était vous ! — dit vivement Régina, — c'était vous ?
— Oui, Mademoiselle, moi... lui, — et elle montra Bamboche, — et un autre enfant... Mais oubliant la générosité de votre accueil, nous avons osé...
— Vous aviez été si durement repoussés, que votre colère était concevable; mais je me rappellerai toujours, — poursuivit Régina en détournant dès lors les yeux de dessus Robert avec dégoût et aversion, — qu'aujourd'hui vous m'avez rendu un grand service... vous m'avez sauvée de la honte.

M. de Mareuil, poussé à bout, écrasé sous les témoignages de son ignominie, jeta soudain le masque, il s'écria avec une horrible expression de rage et de méchanceté, en s'adressant à Régina :
— Eh bien ! oui... je vous ai trompée, oui, je vous ai trahie, oui, je vous aurais sacrifiée à cette créature infernale; mais si je suis déshonoré, vous le serez aussi... on saura que je vous ai enlevée... votre père refusera de vous recevoir, votre honte sera publique, on croira que vous avez été ma maîtresse, et je serai vengé... fière et orgueilleuse femme que vous êtes. Oui... on dira... telle mère... telle fille...

A cette injure, qui blessait au vif ce qu'il y avait au monde de plus sacré pour Régina, la mémoire de sa mère, la jeune fille, à la fois sublime et effrayante d'indignation, s'élança, prompte comme la foudre, et frappa Robert au visage en lui disant :
— Lâche !...
— Bien... noble fille ! — s'écria Basquine avec transport.
Sans Bamboche, qui se jeta au-devant de Robert, qui, livide, furieux, se précipitait sur elle, Régina eût couru le plus grand danger; mais, rudement contenu par la main puissante de Bamboche, M. de Mareuil, malgré ses efforts, ne put exhaler qu'en imprécations et en menaces sa rage impuissante.
— Oh... tu seras déshonorée... toujours !... — murmurait-il contenu par Bamboche, qui lui dit avec un sang-froid moqueur :
— Allons donc, mon cher comte, pas de ces infâmes illusions-là... mes précautions sont parfaitement prises. Mademoiselle... sous la conduite d'un guide sûr et dévoué, va rentrer chez son père... personne ne se sera aperçu de la courte absence qu'elle aura faite... moi et Basquine

nous garderons le secret, c'est tout simple. Ces deux gredins, nos honorables amis, seront muets sur la chose... et pour cause. Quant à vous, mon gentilhomme, si vous avez le temps de parler avant de prendre la fuite ou d'être arrêté... vous voudrez en vain diffamer Mademoiselle, on ne vous croira pas...
— Prendre la fuite, lui ! — s'écria la Levrasse exaspéré, — il faudra bien que je me venge sur quelqu'un, ce sera sur lui... il ira aux galères... et...

Plusieurs coups violemment frappés du dehors aux volets de la chambre où se passait la scène que je raconte, interrompirent la Levrasse; au même instant on entendit ces mots prononcés d'une voix forte :
— Au nom de la loi... ouvrez...
A ces mots redoutables tous les personnages dont je parle restèrent interdits, effrayés.
— Diable !... — dit Bamboche, — je ne m'attendais pas à cette politesse... de la police... elle est par trop honnête.
Puis s'élançant vers Régina :
— Ne craignez rien... Mademoiselle... fiez-vous à moi.
Profitant de ce mouvement, Robert de Mareuil, sans être remarqué par Bamboche, s'empara des pistolets que celui-ci avait déposés sur un des coins de l'autel.
— Au nom de la loi... ouvrez... — reprirent les mêmes voix du dehors.

Bamboche était resté auprès de Régina; soudain il renversa d'un coup de poing les chandeliers et leurs cierges. La chambre ainsi plongée dans une obscurité profonde, je ne vis plus rien...
Connaissant les êtres de la maison, je me précipitai hors de l'endroit où je m'étais tenu jusqu'alors, j'ouvris la porte fermée un quart d'heure auparavant sur l'invitation de Bamboche, et je me précipitai dans la pièce où s'était célébré le faux mariage et où se heurtaient à tâtons, éperdus d'effroi, la Levrasse, le cul-de-jatte et Robert de Mareuil.

Afin de savoir où se trouvait Bamboche et de me rapprocher de lui, je poussai un cri qui, dans notre enfance, nous avait souvent servi de signal. Remarquant alors que je passais devant une porte ouverte (je m'en aperçus au courant d'air frais qui aussitôt frappa mon visage), je restai un moment immobile, et j'entendis, dans la direction d'un corridor qui aboutissait à cette porte, la voix de Bamboche qui répondait à mon appel; guidé par sa voix, et suivant ce corridor, j'arrivai dans le jardin de la maison.

La nuit était si noire, qu'on ne voyait pas à deux pas.
— C'est toi ? — me dit vivement Bamboche.
— Oui.
— Où est le fiacre?
— Dans la ruelle... il attend... près de la petite porte.
— Mademoiselle, — dit Bamboche à Régina, — rien n'est perdu, suivez le guide que je vous donne, il vous reconduira chez vous... Vite, vite, vous n'avez pas un moment à perdre. J'avais tout prévu... sauf une descente de police. Allons, Basquine, filons de notre côté, j'aperçois là-bas de la lumière.

J'entendis Bamboche et Basquine s'éloigner en courant, pendant que Régina, se cramponnant à mon bras, me disait d'une voix étouffée, palpitante de terreur :
— Oh ! sauvez-moi, Monsieur, sauvez-moi de la honte...
— Suivez-moi, mademoiselle, — lui dis-je.
Et je l'entraînai, mon bras forcément passé autour de sa taille, car je la sentais prête à s'évanouir; il fallut qu'elle se mît à courir avec moi; l'allée que nous suivions nous conduisait à une petite porte, un fiacre y attendait, le cocher sur le siège, le fouet en main, la portière ouverte; j'avais choisi l'excellent homme qui m'avait recueilli mourant de faim.

Je portai, pour ainsi dire, Régina dans la voiture, et m'adressant au cocher :
— Ventre à terre... rue du Faubourg-du-Roule... je vous dirai où il faudra vous arrêter... je monte derrière la voiture pour vous laisser plus libre dans la conduite de vos chevaux.

Le cocher fouetta son attelage.
J'allais m'élancer derrière la voiture, lorsque je me sentis violemment arrêté, et à la lueur des lanternes du fiacre qui s'éloignait, je distinguai un moment les traits livides

de Robert de Mareuil ; à la vue de la voiture déjà loin de nous il cria de toutes ses forces :

— Arrêtez ! arrêtez !...

J'empêchai les cris du comte en lui appuyant ma main sur la bouche, craignant qu'il ne fût entendu des gens de police dont la cohorte venait d'envahir la maison.

Grâce à ma force, de beaucoup supérieure à celle de *mon maître*, je conservai, malgré ses efforts désespérés, l'avantage dans cette courte lutte ; quoique dans sa rage il me mordît cruellement la main, je parvins à étouffer sa voix jusqu'à ce que la voiture eût disparu dans un tournant.

Je comptais sur l'agilité de ma course pour la rejoindre, pensant qu'au pis aller Régina aurait la présence d'esprit d'arrêter le cocher à quelques pas de l'hôtel de Noirlieu, et d'y rentrer par la petite porte qui, après avoir servi à son évasion, était par nos soins demeurée entr'ouverte.

Lorsque je voulus mettre fin à ma lutte avec Robert, ce fut lui qui, à son tour, m'étreignit de toutes ses forces en me disant :

— Ah !... c'était toi... fidèle serviteur... cette fois... tu ne m'échapperas pas...

— Oui... c'est moi, — lui dis-je en tâchant de me débarrasser de lui. — Vous vouliez commettre une infamie... je l'ai empêchée.

— Ainsi... tu me trahissais... tu étais le complice de Bamboche et de Basquine... Et tu m'as perdu... fidèle Martin, — murmura-t-il entre ses dents serrées de fureur.

Puis déployant dans ce moment suprême une vigueur incroyable, il parvint à passer sa main entre mon cou et ma cravate, à saisir celle-ci, et à lui imprimer un mouvement de torsion si puissant, que je suffoquai... mes forces m'abandonnaient.

— Tu comprends, fidèle serviteur, dit le comte avec un ricanement féroce en continuant de me maintenir à demi étranglé, — tu comprends qu'un comte de Mareuil n'est pas du gibier de galère... Je me tuerai... mais avant, tu mourras...

Cette lutte acharnée, désespérée, se passait dans une profonde obscurité ; mais à un mouvement que je sentis faire au comte, de sa main droite, pour fouiller dans sa poche, tandis que, de sa main gauche, il tordait violemment ma cravate, je me rappelai les pistolets de Bamboche que le comte avait saisis sur l'autel au moment de l'arrivée de la police ; soudain je sentis le froid du canon de l'une de ces armes appuyé sur ma tempe.

Un dernier effort de ma part fit dévier le coup, mais ne l'empêcha pas de partir... une flamme éblouissante me brûla la vue ; il me sembla qu'un fer rouge me traversait le cou, tandis qu'une commotion foudroyante me jeta à la renverse.

Au moment où ma tête rebondit sur le sol, j'entendis une seconde détonation... et je perdis connaissance . .

. . . .

Quant aux événements qui avaient précédé le faux mariage du comte et de mademoiselle de Noirlieu, on les devine facilement ; Robert de Mareuil était parvenu à correspondre avec Régina, et, à force d'instances menteuses, de passion feinte, il avait su l'amener à l'imprudente démarche si heureusement déjouée par Bamboche.

Quoique toujours inconnu et invisible à Régina, je fus le seul intermédiaire de cette correspondance entre elle et mon maître, pour qui mon zèle ne parut pas se démentir. Il y avait, je le sais et je me le reproche quelquefois, une sorte de trahison dans ma conduite envers Robert de Mareuil. Mon but était louable, car il s'agissait de faire échouer l'odieuse machination de cet homme et de le démasquer ; mais la voie était tortueuse, perfide. Pourtant, effrayé du danger que courait mademoiselle de Noirlieu, je n'hésitai pas à tenter de la sauver par le seul moyen qui fût à ma portée, et puis, en obligeant M. de Mareuil à choisir un autre agent que moi, la réputation, l'honneur de mademoiselle de Noirlieu pouvait être compromis par des indiscrétions dont j'étais incapable ; du reste, Bamboche, qui avait trouvé moyen d'entrer assez avant dans la confiance de Robert, par l'intermédiaire de la Levrasse, m'épargna la répugnante combinaison du mariage simulé ; l'idée appartenait au comte, l'exécution à Bamboche.

J'ai su plus tard la cause de la rupture de Balthazar et de Robert de Mareuil.

Celui-ci, lors de la représentation des Funambules, avait éprouvé à la vue de Basquine une impression si soudaine, si profonde, que sans chercher à la dissimuler au poète, il lui dit : « — J'ai maintenant un motif de plus d'épouser » Régina et ses millions, je veux être l'amant de cette » Basquine... Je la rendrai une des femmes les plus à la » mode de Paris, dût-il m'en coûter des monceaux d'or. »

Balthazar, jusqu'alors assez aveuglé par l'amitié pour surmonter les scrupules que soulevait en lui la cupide spéculation du comte, fut révolté de ce dernier trait de cynisme, il rompit à jamais avec Robert, après de pressantes et vaines tentatives pour le ramener à des pensées plus dignes, en lui remontrant l'odieuse noirceur de sa conduite.

Néanmoins, Balthazar n'oublia pas la promesse qu'il m'avait faite au sujet de Basquine. Le lendemain du jour où la pauvre fille s'était vue si outrageusement traitée aux Funambules, par suite d'une cruelle plaisanterie du vicomte Scipion, on lisait, dans l'un des journaux les plus influents de Paris, un long article sur Basquine, écrit et signé par un célèbre critique, ami intime de Balthazar. Cet article racontait d'abord avec une indignation sincère l'espèce de guet-apens dont Basquine avait été victime sur le théâtre des Funambules ; puis, arrivant à l'appréciation du talent de cette jeune fille jusqu'alors inconnue, le critique en parlait avec une admiration si chaleureuse, si persuasive, si convaincue ; il appuyait son enthousiasme sur une analyse à la fois si délicate, si savante et si profonde, du jeu et de la rare puissance de Basquine, qu'il proclama dès ce jour la plus grande tragédienne lyrique de notre temps, que cet article excita une attention, une curiosité universelles ; et la foule... mais une foule des plus choisies, se porta aux Funambules.

Le directeur, ébloui de ce succès inattendu, courut supplier à mains jointes la pauvre figurante, qui n'avait pas osé reparaître au théâtre, de venir y reprendre son rôle du *mauvais génie*. Lorsque Basquine reparut, ce fut un enthousiasme général, une véritable ovation. Car, — chose peu commune, — le talent incontestable de Basquine se trouvait à la hauteur des éloges presque hyperboliques qu'en avait publiés l'ami de Balthazar : une fois l'attention publique éveillée sur ce nouveau prodige dramatique, la presse se fit l'écho des louanges que l'on décernait à la jeune actrice. Enfin, Balthazar, fidèle à ses promesses, publia, dans le journal de son ami le critique, une *Épître à Basquine*.

Chose étrange, cette épître, véritable chef-d'œuvre, étincelante de verve et d'esprit, sublime d'enthousiasme, et remplie de la plus touchante mélancolie, de la plus noble émotion, alors que le poète racontait la lutte douloureuse, incessante, d'une jeune fille de seize ans, pauvre, inconnue, isolée, sans appui, ayant à surmonter les obstacles sans nombre dont sont hérissés les abords du plus obscur théâtre, cette épître, ici saisissante comme un roman, là tendre comme une élégie, ailleurs amère et incisive comme une satire, plus loin folle, bizarre et hardie comme un rêve fantastique ; cette épître, enfin, généreuse comme une bonne action, fut aussi pour Balthazar le signal d'un succès étourdissant. Son talent, jusqu'alors seulement connu de quelques amis, fut publiquement révélé par cette épître, son nom retentit dans toutes les bouches, et ses œuvres jusqu'alors dédaignées, ou plutôt ignorées, commencèrent d'être recherchées, appréciées ainsi qu'elles devaient l'être.

Peu de jours après l'apparition de cette épître, je reçus de Balthazar un joyeux billet ainsi conçu :

« Gloire à toi ! mon digne Martin, ton amie d'enfance » est lancée, mon nom fait un train d'enfer, et les libraires » se battent à ma porte, mais je ne les admets en ma pré- » sence que marchant à quatre pattes... tenant entre leurs » dents une bourse de *sequins* d'or (je veux des sequins, » c'est vénitien en diable).

» Voilà ma vengeance... elle est simple et digne... Sé- » rieusement, mon brave Martin, tout ceci ne serait peut- » être pas arrivé, si tu ne m'avais pas supplié de faire

» rendre justice à l'incomparable Basquine... et de lui
» rendre moi-même hommage ; encore une fois, gloire et
» merci à toi, mon digne Martin ; tu as fini ce qu'avait
» commencé mon protecteur inconnu *Just*, le bien nom-
» mé, à qui je puis maintenant remettre la pension qu'il
» me faisait si généreusement ; un autre aussi malheureux
» que je l'étais en profitera à ma place.

» Je termine par ce *rébus* à la hauteur de ta naïve et
» respectable intelligence :

» Une bonne action a toujours sa récompense.

» Ton ex-maître et toujours affectionné,

» BALTHAZAR. »

L'éclatant triomphe de Basquine fut un nouvel aliment pour la folle passion de Robert de Mareuil ; cette passion servait trop nos projets et l'inexorable haine que Basquine avait vouée *à la race des Scipions*, ainsi qu'elle disait, pour que notre compagne ne parût pas encourager l'amour insensé qu'elle inspirait. Elle berça le comte des plus ardentes espérances, et tous deux échangèrent une correspondance passionnée, qui, révélée à M. de Noirlieu, devait être une arme terrible contre Robert.

Cet homme se vengea d'ailleurs cruellement de moi, car non-seulement je faillis succomber à la blessure que j'avais reçue, la balle m'ayant traversé les muscles du cou, mais je faillis être aveuglé par l'explosion de ce coup tiré à brûle-pourpoint ; pendant près d'une année je fus complètement privé de la vue.

Ensuite de cette lutte avec Robert, les agents de police, venus pour arrêter Bamboche qui leur échappa, me ramassèrent baigné dans mon sang à quelques pas du comte de Mareuil, qui s'était fait sauter la cervelle, et je fus transporté à l'Hôtel-Dieu.

Lorsque je revins à moi, couché dans un lit de cet hôpital, j'avais les yeux couverts d'un bandeau. A un mouvement que je fis pour ôter ce linge, un infirmier, qui me veillait sans doute, me dit :

— Ne cherchez pas à ôter ce bandeau, mon garçon, vous n'y verriez pas plus clair.

— Il est donc nuit ?... où suis-je ?

— Vous êtes à l'Hôtel-Dieu, et il fait grand jour.

— Alors, pourquoi ne verrais-je pas clair ?

— Parce que vous êtes aveugle.

A ces mots effrayants, j'arrachai le bandeau ; j'ouvris les yeux malgré d'atroces douleurs... je ne vis rien.... que de vagues ténèbres.

A ce coup affreux, ma première pensée fut pour Régina... J'étais à jamais hors d'état de la servir, de veiller sur elle, car les événements passés me prouvaient que, si infime et si obscur que fût mon dévouement, il pouvait être utile à mademoiselle de Noirlieu.

Je me demandai aussi avec inquiétude ce qu'étaient devenus Basquine et Bamboche ; de secrets pressentiments me disaient que lui et le cul-de-jatte étaient l'objet des recherches de la police ; je songeais enfin avec anxiété qu'il restait deux prétendants à la main de mademoiselle de Noirlieu, qui, délivrée du comte de Mareuil, pouvait fixer son choix sur le prince de Montbar... ce jeune homme en apparence si merveilleusement doué, si séduisant, et dont les brillants dehors cachaient une dégradation profonde...

Et malheureusement ma cécité, mes cruelles douleurs, l'absence ou la fuite de Bamboche devaient me laisser, au sujet de Régina, dans une longue et cruelle incertitude.

Un singulier événement vint cependant fixer mes doutes.

J'étais à l'Hôtel-Dieu depuis un an : ma blessure du cou était cicatrisée, mais l'état de ma vue ne s'améliorait pas ; je faisais partie de la division confiée aux soins du docteur Clément, l'un des premiers chirurgiens de l'Hôtel-Dieu ; cet homme, d'une réputation européenne et d'une puissante originalité, s'était tout d'abord intéressé à moi, m'a-t-il dit plus tard, en raison de la courageuse résignation avec laquelle je supportais d'horribles douleurs, et de la manière simple, digne, réservée, avec laquelle j'avais subi plusieurs interrogatoires d'un juge d'instruction, au sujet du tragique événement dont j'étais l'une des victimes ; mon langage, la manière dont je remerciai le docteur Clément de ses soins augmentèrent encore la bienveillance qu'il me portait.

Depuis quelque temps le docteur m'avait soumis à un nouveau traitement dont il espérait beaucoup de succès. Le jour vint où l'on devait lever un certain appareil qui recouvrait mes yeux ; le docteur convia à cette opération, sans doute curieuse, l'un de ses confrères. Il lui fit l'historique de ma maladie, pendant les préparatifs dont s'occupaient sans doute les aides.

— Et depuis combien de temps est-il dans cet état ? — demanda le confrère du docteur Clément.

— Depuis un an, — répondit-il ; puis il ajouta plus bas à son ami : — Eh ! mon Dieu... tenez, ce pauvre garçon est entré ici juste la veille du jour où je vous ai demandé de venir en consultation avec moi auprès de mademoiselle de Noirlieu ; car, je l'avoue... je ne pouvais et je ne puis me rendre compte des étranges symptômes nerveux qui s'étaient tout à coup manifestés chez elle.

— Je crois que nous ne nous trompions pas, — reprit l'ami du docteur, — en attribuant ces singuliers symptômes à quelque émotion violente et soudaine ;... pourtant, notre chère malade niait opiniâtrément avoir éprouvé le moindre saisissement. A propos, comment va-t-elle ?

— Moins bien qu'avant son mariage, — reprit le docteur Clément ; — aussi, je la veille avec une grande sollicitude... c'est une femme si rare... quel cœur ! quelle âme ! comme c'est beau, comme c'est pur, comme c'est élevé !...

— Du reste, il est impossible de voir une union mieux assortie... — reprit le confrère du docteur ; — le prince de Montbar est un des hommes les plus aimables, les plus distingués que l'on puisse rencontrer.

— C'est possible, — reprit brusquement le docteur Clément.

Puis, apercevant sans doute un de ses aides qui était allé chercher quelques objets nécessaires à la levée de l'appareil, le docteur ajouta :

— Ah ! voilà... ce que j'attendais... nous allons maintenant lever l'appareil.

Il est aussi inutile qu'impossible de rendre les émotions auxquelles je fus en proie pendant cette opération qui allait peut-être me rendre la vue... au moment où j'apprenais le mariage de Régina et du prince de Montbar... mariage que pour tant de raisons j'avais redouté.

La vue me fut rendue...

Après de longues et minutieuses précautions destinées à empêcher la lumière de me frapper trop brusquement, il me fut enfin possible de contempler les traits de mon sauveur...

CHAPITRE LXIII.

Le docteur Clément. — Martin entre à son service. — Le prix d'une opération.

Lorsque ma guérison fut complète, j'entrai comme valet de chambre secrétaire chez le docteur Clément. Il m'avait proposé cette place ensuite d'une longue conversation dans laquelle, lui racontant fidèlement les principaux événements de ma vie (sauf ce qui touchait Régina), je lui annonçai qu'en sortant de l'Hôtel-Dieu, je me trouverais absolument sans ressources.

En acceptant l'offre généreuse du docteur, sans tenter de chercher au moins les moyens d'échapper à cette nouvelle domesticité, j'obéissais à cette même pensée qui déjà m'avait mis au service de Balthazar, ou plutôt de Robert de Mareuil : — l'espoir de ne pas rester étranger à la vie de Régina. — Car le hasard m'avait instruit de l'intérêt rempli de sollicitude que le docteur Clément lui portait ; par cela même que ce mariage, dont j'avais été si fort effrayé pour mademoiselle de Noirlieu, était accompli, mon œuvre de dévouement ignoré, loin d'être achevée, m'imposait de nouveaux devoirs : de cette union avec le prince de Montbar pouvaient résulter pour Régina de nouveaux malheurs.

Faut-il enfin avouer un rêve qui me semblait alors presque insensé?... je songeais souvent qu'ayant, par ma condition chez le docteur, quelque accès dans la maison de la princesse de Montbar, je pourrais peut-être un jour entrer à son service... Et alors... de quels soins, de quelle vigilance, de quelle ardente sollicitude n'aurais-je pas entouré ma MAITRESSE !

. . . .

Le docteur Clément était un homme de soixante ans environ, de taille moyenne; il avait la tête énorme, une forêt de cheveux crépus couvrait son vaste front souvent contracté par un froncement de muscles tout léonin; l'ensemble de son visage sombre, tanné, était disgracieux, d'une expression dure, presque farouche; pourtant ses yeux, d'un bleu pur et doux, quoique à demi couverts par d'épais sourcils noirs toujours hérissés, avaient parfois l'expression la plus douce et la plus touchante... De formes rudes, acerbes, le docteur, toujours vêtu avec une négligence sordide, portait invariablement de grosses bottes à cœur par-dessus un pantalon à pied de drap gris; une longue redingote bleue râpée, un gilet noir et une cravate blanche roulée en corde autour de son cou. Il se présentait ainsi chez les personnes les plus considérables et même les plus augustes, qui acceptaient discrètement les excentricités de cet homme illustre, car son savoir et ses succès pratiques comme médecin et comme chirurgien étaient immenses.

Je n'oublierai jamais la première journée que je passai auprès du docteur Clément; il m'emmena de l'Hôtel-Dieu dans un fiacre dont il se servait habituellement pour ses visites. J'avais voulu respectueusement monter à côté du cocher, il m'arrêta et me dit de sa grosse voix rude :

— Où vas-tu ?

— Je vais me placer à côté du cocher, Monsieur...

— Est-ce qu'il n'y a pas de place auprès de moi ?

— Pardonnez-moi, Monsieur... mais le respect... je...

Il haussa les épaules, monta le premier, et me fit signe de m'asseoir à ses côtés.

Lorsque le fiacre se fut mis en marche, le docteur me dit :

— Tu as souffert, tu as lutté, tu es sincère, il y a de *l'homme* en toi... J'aime ça, tu te plieras à mes habitudes... et tu ne regretteras pas ton sort pendant les trois ou quatre mois que nous passerons ensemble, et après... si... tu m'as satisfait...

— Comment, Monsieur ? — lui dis-je avec surprise, en l'interrompant, — dans trois ou quatre mois ? vous me... renverrez ?

— Dans trois ou quatre mois au plus tard, et peut-être bien auparavant, — me répondit le docteur, — je serai mort...

— Vous, Monsieur ?... — m'écriai-je, — et pourquoi à cette époque ?

— Pourquoi mourras-tu un jour, toi ?

— Dame... Monsieur... parce que nous sommes tous mortels... Mais comment prévoir ?...

— Avec une bonne maladie incurable... de l'expérience et du coup d'œil... on connaît son affaire sur le bout du doigt, — me répondit-il d'un air brusque, — puis il ajouta :

— Voici tes fonctions : Brosser mes habits... si tu veux, je n'y tiens guère... Tenir exactement la liste des visites que je fais et que je reçois... en dresser le compte et me le présenter tous les huit jours... car moi je me fais payer tous les huit jours... sans cela je serais atrocement volé... Oui, — reprit-il avec un dédain amer, — les gens riches trouvent toujours de l'argent pour entretenir des coquines, acheter des chevaux, faire chère lie, meubler des palais, et ils n'ont jamais le sou pour le médecin à qui ils doivent pourtant cette santé qui leur permet de caresser ces coquines, de monter ces chevaux, de faire cette chère lie et de se gonfler d'orgueil dans leurs palais. Moi je vends la santé à ce monde-là comme d'autres vendent du drap... Qui me doit me paye... sinon en avant l'huissier.

Puis, fixant sur moi son regard pénétrant, le docteur me dit brusquement :

— Cette âpreté au gain te paraît ignoble... n'est-ce pas ?

— Monsieur...

— Sois sincère, — reprit-il d'une voix presque menaçante. — Je t'ai pris avec moi surtout parce que je t'ai cru *vrai*... j'ai chassé celui que tu remplaces, parce qu'il m'avait menti... indice certain d'une mauvaise et vulgaire nature; j'ai cherché longtemps ce que je dois trouver en toi, une âme loyale, élevée, quoique dans une condition infime... Prouve-moi que je ne me suis pas trompé... et souvent je penserai tout haut devant toi... Voyons, que dis-tu de ma cupidité ? hein ?

— Eh bien ! Monsieur, — lui répondis-je résolûment, — je m'étais fait une tout autre idée de l'art de guérir.... Selon moi... c'était...

— Un sacerdoce... n'est-ce pas ! c'est le mot consacré, — dit-il, en m'interrompant avec un éclat de rire sardonique.

Puis il reprit :

— Va pour sacerdoce... Eh bien ! après, est-ce que le prêtre ne vit pas de l'autel ?

A ce moment notre fiacre s'arrêta devant la façade d'un magnifique hôtel... Sans doute on attendait impatiemment mon maître, car à peine eut-il paru qu'un domestique placé en vedette s'écria, en accourant ouvrir la portière :

— Ah ! Monsieur le docteur... on dit Monsieur le marquis dans un cas désespéré... et qu'il n'y a pas un instant à perdre... Une voiture vient de partir pour aller vous chercher à l'Hôtel-Dieu... une autre pour aller chez vous... tant on craignait que vous n'ayez oublié...

— C'est bon, c'est bon, — dit rudement le docteur, — mes aides sont-ils arrivés ?

— Ces messieurs sont ici depuis une demi-heure...

— Attends-moi, — me dit mon maître, — il y a un fameux coup de filet à donner; mais j'aurai du mal...... ce vieux marquis est le roi des avares et des roués...

Et le docteur Clément entra dans l'hôtel.

Pendant l'absence de mon maître, je réfléchissais à la cupidité blâmable dont il se glorifiait. Son désir d'être rémunéré de ses soins par les gens riches dont il était le médecin me parut légitime, mais cette juste prétention aurait pu être posée avec moins d'âpreté; j'éprouvais aussi un triste sentiment en me rappelant la prédiction du docteur Clément à propos de sa mort, selon lui assez prochaine, et qu'il prévoyait sans doute, grâce à l'espèce d'intuition que donne souvent la science.

Ce détachement de la vie que le docteur savait, disait-il, devoir quitter à heure fixe, me semblait extraordinaire. Alors me revinrent à la pensée les bruits singuliers qui, dans les salles de l'Hôtel-Dieu, couraient sur ce célèbre médecin; on disait sa vie pleine de mystères, et on la supposait des plus étranges. Riche à millions, car sa clientèle était aussi énorme que la cupidité qu'il affichait, il vivait, disait-on, avec la plus sordide avarice; veuf depuis de longues années, son fils unique, sorti l'un des premiers de l'École polytechnique et alors ingénieur, devait seul hériter de cette fortune immense, car depuis vingt ans peut-être le docteur Clément gagnait plus de cent mille francs par an, et il ne devait pas, assurait-on, en dépenser plus de dix mille.

Enfin, les histoires les plus incroyables, pour ne pas dire les plus absurdes, circulaient à propos de la maison qu'il habitait, située dans une des rues désertes du Marais; personne n'y pénétrait; il donnait ses consultations dans une chambre d'une maison voisine de la sienne.

Le cynique aveu du docteur ne pouvait me laisser aucun doute sur son âpreté au gain, âpreté d'autant moins concevable, qu'on le disait puissamment riche et qu'il savait ses comptes. Cependant, le généreux intérêt qu'il me témoignait, et surtout la sollicitude presque paternelle que semblait lui inspirer Régina, me paraissaient difficilement se concilier avec son affectation d'insatiable avidité. Les cupides et les avares ont le cœur sec : or, un homme capable et digne d'apprécier la princesse de Montbar ne pouvait, selon moi, avoir une âme égoïste et basse.

Le retour du docteur interrompit mes réflexions; il sauta dans le fiacre, ses yeux étincelaient de joie, et il s'écria (je rapporte ses paroles dans toute leur énergie grossière) :

— Il est sauvé... mais il a payé, le vieux b...

Puis, tirant du gousset de son pantalon un paquet de billets de banque, il me dit, en me les montrant d'un air triomphant :
— Vingt mille francs !
— Vingt mille francs, — répétai-je avec stupeur.
— Gagnés en sept minutes... L'opération n'a duré que cela.
— Vingt mille francs, — répétai-je, — c'est énorme...
— Enorme? — reprit-il en haussant les épaules d'un air de dédain. — Enorme... un vieux fesse-mathieu qui a plus de deux millions de rentes, et qui en dépense à peine deux cents? Sans l'opération que je viens de lui faire, il crevait comme un chien... Qu'est-ce qu'il aurait fait de ses deux millions de rentes? Mais quelle bonne scène de comédie ! — ajouta mon maître en se frottant les mains. — J'arrive. Le marquis était sur le lit de douleur. Une hernie étranglée... cas mortel s'il en est. Mes aides étaient déjà là. En me voyant, le marquis s'écria : — « Ah ! mon cher docteur, venez à mon secours... je n'espère qu'en vous... Je sais que ça peut être mortel ; mais vous êtes un dieu sauveur, vous... oui, un dieu ! » — J'examine, et je lui dis : — Si l'opération n'est pas faite et dextrement faite, avant un quart d'heure vous êtes mort.
— « Mon admirable docteur, je vous devrai la vie. »
— C'est possible ; mais d'abord, qui est-ce qui paye ici ?
— « Moi, docteur... et royalement, vous le savez bien ;
» mais ne parlons plus de cela... Vite..: vite. »
— Parlons de cela, au contraire. Je vous connais de reste ; je serais deux ou trois ans avant de vous arracher un sou, et encore il me faudra plaider avec vous. Donc, donnez-moi vingt mille francs à l'instant, ou... bonsoir.
A ces paroles impitoyables je ne pus réprimer un mouvement d'horreur. Le docteur ne parut pas s'en apercevoir, et continua :
— « Jésus, mon Dieu, — reprit le marquis, — vingt
» mille francs comme ça tout de suite... tout d'un coup...
» tout d'une fois. Mais c'est un guet-apens affreux, et
» puis l'heure passe. Mon Dieu ! mon Dieu ! cher docteur,
» l'heure passe. »
— Je le crois bien, qu'elle passe... Voilà déjà deux minutes, — lui dis-je.
— « Mais puisque l'heure passe, — s'écria le marquis d'une voix déchirante, — opérez-moi, docteur. »
— Mais puisque l'heure passe... payez-moi, marquis. — La peur de mourir l'a enfin emporté sur l'avarice ; il a donné la clef de son coffre à un sien parent, et l'a suivi d'un œil consterné, en le voyant me remettre les vingt mille francs. Ce n'est pas tout ; le marquis s'écria au plus fort de l'opération : « *Mille francs de rentes* ! hélas ! »
Et après avoir de nouveau contemplé les vingt mille francs d'un œil de convoitise, le docteur Clément ajouta :
— Je n'ai qu'un remords... c'est de ne pas avoir exigé cent mille francs, comme je les ai exigés d'un certain milord, duc de Castleby, féroce débauché ; le marquis les eût donnés... Mais je commence à avoir des scrupules... et à voir, comme tu dis, tout ce qu'il y a d'ignoble dans cette âpreté au gain...
A ce moment, notre voiture s'arrêta dans je ne sais plus quelle sombre et sinistre rue du faubourg Saint-Marceau ; nous montâmes au dernier étage d'une maison délabrée. Mon maître ouvrit la porte d'une mansarde, le tableau d'une effrayante misère s'offrit à notre vue. Ils étaient là, le mari, la femme et trois enfants, hâves, exténués, demi-nus ; la femme, d'une beauté remarquable, allaitait un nouveau-né ; l'homme, à peine couvert de haillons, coloriait de ces cornets recouverts de gravures informes sur lesquels les épiciers vendent des dragées.
L'arrivée du docteur Clément, absolument inconnu de ces malheureux, leur causa une surprise inquiète ; ils nous regardaient en silence, presque avec crainte.
— Vous vous nommez Auguste Levasseur ? — dit mon maître, attachant sur ce malheureux un regard scrutateur, et l'observant avec une attention pénétrante, comme s'il eût voulu lire jusqu'au fond de sa pensée.
— Oui, Monsieur, répondit avec embarras ce jeune homme, dont la figure, amaigrie par la misère et couverte d'une barbe inculte, avait une remarquable expression d'intelligence, de douceur et de franchise.

— Vous avez été reçu docteur médecin à Montpellier?... — poursuivit mon maître.
— Oui, Monsieur... — répondit timidement le jeune homme, en échangeant avec sa femme un regard de surprise croissante.
— Vos examens ont été des plus brillants, votre conduite toujours excellente, — reprit le docteur Clément ; — vous avez fait de magnifiques travaux anatomiques... vous êtes aussi habile chirurgien que bon médecin... et pourtant, étouffé par la rivalité, ne trouvant pas à gagner votre vie à Montpellier, où vous avez épousé par amour cette digne et charmante femme que voilà... vous êtes venu à Paris... espérant y trouver meilleure chance...
— Mais, Monsieur... — reprit le jeune médecin avec stupeur, — qui... a pu vous instruire?...
— A Paris, — reprit mon maître, — ça a été comme à Montpellier ; dénué de toute protection, vous n'avez trouvé aucun appui, aucune bienveillance chez vos confrères, forcés pour vivre de se disputer les malades avec acharnement ; car ici, comme en tout et partout, les gros mangent les petits... Mais comme il vous fallait soutenir votre famille, vous avez été obligé de vous abaisser jusqu'aux plus misérables expédients pour recruter quelques clients ; vous avez été réduit à flatter les portiers, afin d'être recommandé par eux à leurs locataires, ou bien à promettre une prime à la fruitière du coin, afin d'être prôné par elle aux servantes qui venaient le matin lui acheter du lait... Je connais ça, et bien d'autres turpitudes encore, engendrées par une concurrence impitoyable... fatale, et vous, vous, homme de cœur, homme de savoir et d'intelligence, vous vous êtes soumis à ces bassesses parce qu'il vous fallait faire vivre vos enfants, votre femme... un ange... je le sais... un ange... de courage et de résignation...
A ces mots, le jeune homme, ne pouvant vaincre son émotion, tendit la main à sa femme, qui s'était rapprochée de lui ; tous deux fondirent en larmes.
Mon maître, très-ému lui-même, continua :
— Et malgré tant d'humiliations dévorées, votre clientèle ne se formait pas... vous étiez pauvre, timide, modeste, et, de plus.... mal logé, dans un hôtel garni, vous n'inspiriez aucune confiance... enfin votre misère en est venue à ce point qu'il a fallu vendre vos habits pour manger... alors plus aucun moyen de vous présenter nulle part, vous vous êtes réfugié dans cette mansarde, où vous et les vôtres seriez morts de faim, si vous n'aviez pas trouvé quelques ressources dans votre talent de coloriste ; vous gagnez ainsi à peu près quinze sous par jour en travaillant dix heures ; vous et votre famille vivez de cela... pourtant !!...
— Monsieur ! — s'écria le jeune homme avec une expression de douloureuse dignité, — je ne me suis jamais plaint... et je ne sais comment vous, que je n'ai pas l'honneur de connaître... vous êtes instruit de ces tristes particularités de notre existence... j'ignore dans quel but vous venez ici... Monsieur... j'ignore jusqu'à votre nom... et...
— Mon nom? — dit le docteur Clément, en interrompant son jeune confrère, — je m'appelle... je m'appelle... *monsieur* JUST.

CHAPITRE LXIV.

Pourquoi le docteur Clément faisait payer si cher ses visites. — M. Just. — La maison du docteur. — Opinion de M. Clément sur l'héritage.

Ce nom de Just me rappela le protecteur mystérieux dont Bamboche, Basquine et Balthazar m'avaient parlé... Plus de doute, le docteur Clément cachait ses bienfaits sous ce nom.
— Maintenant, — reprit-il, — causons affaires, je suis pressé... Vous ne pouvez rester à Paris... vous n'avez ni l'intrigue, ni l'entregent nécessaires pour y réussir. Vous y seriez écrasé ; Paris regorge de bons, d'excellents médecins, tandis que les trois quarts des campagnes de la France sont exploitées par des ânes ou des empiriques ; voulez-vous accepter ceci : dix mille francs comptant,

Basquine, encore à demi enveloppée dans son manteau, se précipita dans l'antichambre. — Page 251.

une place à l'année de quinze cents francs, une jolie maison dans un gros bourg du Berri, le bourg de Montbar?

A cette proposition inespérée, le jeune homme et sa femme se regardèrent avec une stupeur mêlée de doute, cet avenir leur paraissait trop beau, sans doute.

— Mon Dieu, Monsieur, excusez-moi, — dit le jeune homme d'une voix altérée, — mais... cette offre nous paraît si extraordinaire, que nous n'osons pas y croire; pourtant tout nous dit que vous nous parlez sérieusement.

— Un instant! — s'écria mon maître... — voici les conditions : moyennant les quinze cents francs et cette jolie maison, vous serez le médecin du prince et de la princesse de Montbar (leur château touche au bourg), pendant le temps qu'ils habiteront leur terre... située dans le Berri. Vous pourrez d'ailleurs vous faire une clientèle assurée, car à cinq ou six lieues à la ronde, il n'y a dans le pays qu'un officier de santé ignare comme une brute, et qui tue plus de paysans à lui seul que le choléra. Mais, — ajouta le docteur Clément avec amertume, — un officier de santé... c'est bien assez bon pour soigner des paysans... quand ils peuvent le payer ; la loi autorise... ces demi-savoirs. C'est tout simple : pain noir pour les pauvres, pain blanc pour les riches... C'est donc la santé, la vie que vous porterez dans un rayon de cinq ou six lieues, jusque-là abandonné aux empiriques, et comme vous êtes bon, très-humain, très-éclairé, vous rendrez d'immenses services à ces malheureuses populations rurales. Un mot encore... Quant à ces dix mille francs, — et le docteur Clément déposa dix billets de banque sur la table du jeune médecin, — vous en payerez l'intérêt en visites gratuites aux pauvres gens, et en achat de médicaments hors de leur portée... c'est un placement qu'on m'a chargé de faire... Voici de plus une lettre pour le régisseur du château de Montbar... La maison que vous habiterez est une des dépendances de l'habitation ; tout est arrangé d'avance avec la princesse, sauf votre consentement ; si vous acceptez, vous partirez quand vous voudrez...

— Si j'accepte, Monsieur! — s'écria le jeune homme en joignant les mains avec ivresse. — Mais si tout ceci n'est pas un rêve... nos vœux les plus chers sont comblés. Ce n'est qu'à regret que nous nous étions décidés à venir à Paris... car...

— Car vous aimez beaucoup la campagne, — reprit le docteur ; vous et votre ange de femme vous êtes de passionnés botanistes, témoin ce bel herbier que vous aviez tous deux récolté à Montpellier et dont vous vous êtes séparés avec tant de chagrin...

— Mais, Monsieur, — dit le jeune médecin en regardant sa femme avec une nouvelle surprise, — comment savez-vous de tels détails ?

Soudain je vis mon maître pâlir d'une manière effrayante, quoiqu'il parût lutter énergiquement contre la douleur ; ses traits s'altérèrent profondément, soudain il posa sa main sur son cœur comme s'il y eût éprouvé une souffrance aiguë... Semblant faire alors un effort sur lui-même, il dit d'une voix entrecoupée :

— Vous acceptez... c'est convenu... une personne de confiance viendra demain de ma part pour les derniers arrangements...

Et le docteur Clément fit un pas vers la porte.

— Monsieur, — s'écria le jeune médecin, — je n'accepte pas ces inconcevables bienfaits sans savoir...

— Vous ne voyez donc pas que l'émotion me tue... Laissez-moi, — s'écria mon maître avec un accent si impérieux, que le jeune médecin resta muet, immobile, pendant que le docteur Clément sortait précipitamment de la mansarde.

Mon maître fut obligé de s'appuyer sur moi pour des-

Après m'être ainsi contemplée, j'avoue en toute humilité que je me trouvai très-belle. — Page 257.

cendre l'escalier et de s'arrêter plusieurs fois, posant avec force sa main sur son cœur, comme pour en comprimer les élancements; sa respiration était saccadée, difficile, on l'eût dit oppressé par une horrible suffocation.

Nous regagnâmes ainsi la voiture; le docteur y monta, après avoir donné au cocher l'adresse de l'hôtel de Montbar...

— Mon Dieu, Monsieur, — m'écriai-je alarmé, — qu'avez-vous?

Sans me répondre, mon maître me prit le bras et me repoussa doucement; je crus comprendre la signification de ce geste, j'attendis en silence la fin de la crise à laquelle mon maître était en proie.

Dès lors, je pressentis vaguement que je venais d'être témoin de l'un des accès de cette maladie incurable, dont le docteur se disait certain de prochainement mourir.

Peu à peu, cependant, sa respiration devint moins difficile, sa pâleur diminua, il me parut moins souffrir. Alors, ne pouvant contraindre plus longtemps mon admiration, en songeant à la généreuse action dont je venais d'être témoin, et à tant d'autres que le hasard m'avait révélées :

— Ah! Monsieur! — m'écriai-je, — je comprends maintenant que vous fassiez si impitoyablement payer les riches!

Le docteur Clément, sans me répondre, me fit signe de garder le silence; il appuya sa tête sur l'un des côtés de la voiture, ferma les yeux, et resta sans mouvement, comme s'il se fût senti brisé, anéanti.

J'examinais en silence cette figure d'un caractère si puissant, si énergique, ce grand front sillonné par tant d'années d'étude et de méditation, cette bouche au contour ferme et sévère; je ne sais si ce que je venais d'apprendre de l'admirable générosité de mon maître influença mon jugement, mais alors sa physionomie me semblait austère et sereine, comme celle que l'on prête aux sages de l'antiquité.

Mon cœur battait violemment, lorsque notre voiture s'arrêta devant l'hôtel de Montbar.

— Monsieur... vous accompagnerai-je? — demandai-je au docteur.

— Non... reste là, — me répondit-il.

Et la grande porte de l'hôtel se referma sur lui ; en attendant son retour, je quittai la voiture : poussé par une irrésistible curiosité, j'examinai les dehors de la demeure de Régina. C'était l'un de ces anciens hôtels si nombreux dans ce quartier aristocratique ; la cour devait être immense, car des bâtiments je n'apercevais que les grands toits à pans coupés et presque droits, surmontés de lourdes cheminées de pierres sculptées représentant des trophées d'armes ; à gauche régnait le long mur d'un jardin. Ce mur, formant l'angle d'une rue voisine, se prolongeait en retour ; à son extrémité je remarquai une petite porte par où l'on pouvait sans doute mystérieusement sortir de l'hôtel ; alors me revinrent à la mémoire les faits de dégradation bizarre dont j'avais été témoin lors de mes deux rencontres avec le prince de Montbar : la première dans l'auberge des Trois-Tonneaux, la seconde à la porte d'un bouge des boulevards extérieurs. — C'est peut-être par cette issue, — me disais-je, — que le prince, déguisé sous de misérables vêtements, quittait sa riche demeure héréditaire pour aller se livrer aux plus tristes excès. — Après avoir examiné curieusement cette porte, afin de deviner si elle avait été récemment ouverte, je regagnai la voiture; bientôt j'y fus rejoint par mon maître.

— *Chez moi*, — dit-il brusquement au cocher.

Puis, abîmé sans doute dans de pénibles réflexions, il ne m'adressa pas la parole jusqu'à notre arrivée chez lui. Durant ce trajet, je le vis deux ou trois fois lever les yeux au ciel en haussant convulsivement les épaules, comme s'il eût pris Dieu à témoin de quelque grande iniquité.

Cette tristesse douloureuse, que semblait éprouver mon maître en sortant de l'hôtel de Montbar, excitait mon inquiétude et ma curiosité ; le docteur venait-il de faire quelque fâcheuse découverte ? quelque malheur menaçait-il Régina ? Le fiacre s'arrêta devant la maison du docteur, située au fond du Marais, dans une rue si déserte, que l'herbe poussait entre les pavés. Au tintement réitéré d'une sonnette, une porte bâtarde s'ouvrit ; nous entrâmes, mon maître et moi, dans cette demeure solitaire.

— Suzon, — dit-il à la vieille servante qui nous reçut, — voici le brave garçon dont je t'ai parlé... mets-le au fait du service... et n'entre pas dans mon cabinet avant que je sonne.

— Et ton déjeuner, Clément ? — dit Suzon.

— Je sonnerai... je sonnerai, — répondit le docteur en disparaissant par un corridor qui aboutissait à l'espèce d'antichambre où nous nous trouvions.

La vieille servante qui tutoyait son maître me fit signe de la suivre. Nous traversâmes deux pièces situées au rez-de-chaussée et donnant sur un jardin inculte, planté de quelques grands arbres à l'écorce noircie ; la margelle ruinée d'un bassin sans eau et les débris d'une statue de marbre, rongée de mousse, à demi enfouis sous de hautes herbes, me rappelèrent la triste verdure des cimetières.

Suivant ma conductrice, j'entrai dans une vaste chambre dont la fenêtre donnait sur la rue.

— Voilà votre logement, — me dit Suzon. — Cette sonnette que vous voyez est celle de Monsieur... cette autre est celle de M. Just, le fils de mon maître.

— M. le docteur a un fils qui se nomme Just ? — demandai-je avec émotion.

— Sans doute... Et c'est moi qui l'ai élevé, — reprit Suzon, non sans un certain orgueil.

Je compris alors que, par une pensée touchante, le docteur Clément plaçait ses nombreux et intelligents bienfaits sous le nom de son fils.

Suzon reprit :

— Lorsque M. Just est à Paris, vous faites, pendant son séjour ici, son service et celui de Monsieur. Ordinairement vous m'aiderez à ranger et à approprier la maison... puis vous irez au cabinet de consultation de Monsieur, ici à côté, annoncer les visites et en tenir la liste. A six heures on prend le café, à midi on déjeune, à sept heures on dîne avec Monsieur.

— Avec Monsieur le docteur ! — m'écriai-je, — à sa table ?

— Certainement, à moins que Monsieur n'ait des visites imprévues. Il est onze heures ; à midi je frapperai à cette cloison, ce sera l'heure du repas, car pour ce qui est du déjeuner... Monsieur déjeune seul.

Et sans me donner le temps de répondre un mot, Suzon me quitta.

Très-étonné de cette singulière et patriarcale habitude de mon nouveau maître, qui faisait manger ses domestiques à sa table, je jetai un regard curieux sur ma nouvelle demeure. Rien de plus triste et pour ainsi dire de plus claustral que l'aspect de cette silencieuse maison ; mais j'avais vu de si près la terrible misère, ou bien j'avais été placé dans des conditions si cruellement antipathiques à mon caractère, que, songeant à tout ce que je découvrais à chaque instant de généreux et de vénérable dans le caractère de mon nouveau maître, ce fut avec un sentiment de bonheur et de quiétude inexprimable que je pris possession de ma chambre.

Un bon lit, quelques chaises, une grande armoire, une commode et un bureau, tel était mon ameublement, très-simple, mais très-propre : en tirant un des tiroirs du bureau pour y déposer mon précieux portefeuille, qui ne m'avait jamais quitté, je trouvai au fond de ce tiroir quelques papiers froissés ou à demi déchirés, laissés sans doute par mon prédécesseur. En ôtant ces débris pour les jeter dans la cheminée, ma vue s'arrêta machinalement sur un fragment de papier où était tracé un plan ; mon attention et ma curiosité s'éveillèrent bientôt en lisant sur ce plan le nom de la rue et le numéro de la maison où demeurait mon maître ; après quelques minutes d'examen,

je reconnus facilement, en me remémorant la disposition des pièces que je venais de parcourir, que ce plan était celui de notre logis ; mais ma surprise augmenta en voyant une ligne rouge qui, partant de la fenêtre de la chambre que j'occupais, traversait plusieurs pièces, et allait aboutir à une vaste salle située au premier étage et désignée sur ce plan par une tête de mort grossièrement dessinée. Que signifiait ce tracé, cette espèce d'indication de marche, d'itinéraire à travers la maison ? Je ne pus parvenir à m'en rendre compte. Néanmoins, ma curiosité éveillée par cette découverte, j'examinai plus attentivement les papiers déchirés ou froissés que j'avais d'abord jetés, je n'y vis que des nomenclatures de visites faites par le docteur Clément ; c'était sans doute le brouillon du registre que faisait tenir mon maître par le serviteur auquel je succédais. Je jetai au feu ces débris de papier insignifiants, réservant cependant le plan chargé du bizarre tracé qui excitait en moi une curiosité mêlée d'inquiétudes.

J'étais occupé à l'examiner encore, lorsque la vieille gouvernante rentra ; je lui montrai ce papier. Elle le regarda, et quoiqu'elle n'attachât, — me dit-elle, — aucune importance à cette découverte, elle m'assura qu'elle en ferait part au docteur ; puis elle ajouta :

— Monsieur vient de sonner pour son déjeuner. Venez le prendre à la cuisine, vous irez le lui porter dans son cabinet. Suivez-moi, je vais vous conduire.

Ce déjeuner se composait invariablement d'une tasse de lait et d'un morceau de pain. Le docteur ne buvait jamais de vin ; son dîner, d'une sobriété extrême, se bornait à un potage et à quelques légumes cuits dans le bouillon. Il n'entendait pas d'ailleurs soumettre ceux qui l'entouraient à ce régime frugal, qu'il suivait depuis plus de vingt ans, autant par goût que par hygiène.

Suzon me mit entre les mains un plateau où était servi le frugal déjeuner, et marcha devant moi. Songeant alors involontairement à l'espèce d'itinéraire tracé sur le plan trouvé dans mon bureau, je m'aperçus que je suivais exactement cette indication, et que, si elle était exacte, je devais, après avoir monté l'escalier, bientôt arriver à la pièce signalée dans le plan par une tête de mort grossièrement dessinée. Je ne me trompais pas : Suzon s'arrêta devant une porte, qu'elle me montra en me disant :

— C'est là... entrez.

Le docteur était occupé à écrire, il me fit signe de la main de déposer le plateau sur une petite table voisine de son bureau de travail ; comme il ne me dit pas de sortir, je crus devoir rester pour le servir. En attendant ses ordres, j'examinai curieusement l'endroit où je me trouvais. C'était une vaste pièce carrée très-élevée, sans fenêtre ; mais une partie du plafond, arrondi en dôme, étant vitrée, cette salle recevait seulement du jour d'en haut ; de grandes armoires vitrées garnissaient un des côtés de ce cabinet, et renfermaient une magnifique collection anatomique. En face je vis une bibliothèque, simplement construite en bois de sapin jauni par le temps, et dont les rayons regorgeaient de livres de toute grandeur ; les innombrables signets de papier blanc qui dépassaient la tranche de ces volumes maculés, usés par un fréquent usage, disaient assez les longues et continuelles études du docteur Clément. Cette bibliothèque, sans doute insuffisante, refluait en piles ; de gros in-folio étaient çà et là rangés sur le plancher. Une autre partie du cabinet était consacrée à des collections géologiques et minéralogiques, ainsi qu'à des herbiers, classés avec le plus grand soin. Dans un coin je remarquai encore un fourneau de chimiste avec ses accessoires obligés d'alambics, de cornues et de fioles rangées sur des tablettes. Enfin, faisant face à la table immense surchargée de livres, d'instruments de toutes sortes, de papiers, de cartons au milieu desquels le docteur Clément, toujours occupé d'écrire, était comme enfoui, deux portraits attirèrent mon attention. Le premier représentait le buste d'une jeune femme d'une admirable beauté ; elle était coiffée en cheveux, une gaze blanche cachait à demi ses épaules et son sein. Le second portrait était celui d'un très-jeune homme d'une mâle et belle figure, au regard doux et fier ; il portait l'uniforme de l'École Polytechnique, et ses traits offraient une certaine ressemblance avec le portrait de la jeune femme qui avait d'abord attiré mon attention.

Sans doute le docteur Clément m'observait en silence depuis quelques moments, car il me dit avec une expression d'orgueilleuse satisfaction :

— C'est, n'est-ce pas, une charmante figure que celle de ce jeune homme ?

— Oh ! oui, Monsieur, — lui dis-je, en me retournant vers lui.

— C'est mon fils, — me dit mon maître, dont la physionomie austère rayonna soudain de ce qu'il y a de plus pur, de plus divin, dans l'amour paternel. — C'est mon bien-aimé Just, et quoiqu'il ait à cette heure quelques années de plus qu'à l'époque où fut peint ce portrait, quoique le soleil d'Afrique ait bruni son teint et qu'une glorieuse cicatrice ait sillonné son front... tu le reconnaîtras tout de suite à cet air de douceur, de franchise et d'énergie qu'il a toujours conservé.

— Il est encore militaire, Monsieur ?

— Capitaine du génie, s'il vous plaît, et des plus distingués de son arme. Mais c'est là le moindre de ses titres... Il a, faute d'une voix, failli entrer à l'Académie des sciences ; mais à la prochaine élection sa nomination est assurée, sans compter qu'on lui a fait de magnifiques propositions pour aller fonder à l'étranger des établissements métallurgiques ; on lui offrait soixante mille francs par an, et plus tard une large part dans les bénéfices. Voilà ce que c'est que le savoir ! voilà la vraie richesse. Mais ne va pas croire, Martin, — ajouta mon maître en s'animant, — que mon fils ne soit qu'un savant pédant en A plus B : il est aimable, spirituel et gai comme pas un ; il chante comme un ange, dessine à ravir, et je te réponds que jamais l'uniforme n'a fait ressortir une tournure plus naturellement élégante... avec cela courageux comme un lion et doux comme un enfant... car il a la bonté de la force, et puis, un cœur ! — dit le vieillard avec émotion, — un cœur ! — et après un moment de silence, il reprit : — Je n'en connais qu'un au monde qui puisse lui être comparé...

— Le vôtre, Monsieur ?

— Non... il y a dans le sien des fibres délicates que ma rudesse n'a pas... car, pour la délicatesse et la sensibilité, c'est un cœur de femme... que celui de mon Just... aussi je le compare à celui de la plus noble femme que je connaisse.

Involontairement je songeai à Régina, pour laquelle le docteur Clément paraissait ressentir la plus tendre sollicitude.

Le vieillard reprit :

— D'ailleurs, tu verras bientôt mon fils, et tu l'aimeras, puisque tu fais désormais partie de ma famille... car je suis un peu patriarche dans ma façon d'envisager les serviteurs, — ajouta-t-il en souriant doucement. — Suzon t'a dit que vous dîniez tous deux avec moi ; quant à tes fonctions domestiques... la différence d'âge qui existe entre nous deux te les rendra naturelles... il n'y a rien d'humiliant dans les services qu'un jeune homme rend à un vieillard...

— Cela est vrai, Monsieur, — lui dis-je, pénétré de tant de bontés, — et d'ailleurs, celui qui m'a recueilli et élevé m'a enseigné par son exemple qu'il n'y a, comme il me le disait, *aucune position de la vie, si infime qu'elle soit, dans laquelle l'homme ne puisse faire acte de dignité*.

— Cela est d'un jugement sain et d'un esprit élevé, — reprit mon maître, touché de ces paroles que m'avait si souvent répétées Claude Gérard. — Tout ce que tu m'as raconté de la vie, du caractère et des habitudes de cet homme me donne, d'ailleurs, la haute idée de lui... Et...

Puis s'interrompant soudain, comme si quelque souvenir lui revenait à la pensée, le docteur reprit :

— Mais, j'y songe, cet homme d'un si grand cœur était instituteur de village, m'as-tu dit ?

— Oui, Monsieur, il se nomme Claude Gérard.

— N'était-il pas instituteur d'un village près Evreux ?

— Non, Monsieur ; la commune où il enseignait était dans le Midi...

— Alors ce n'est pas lui, — me dit mon maître.

— Comment cela, Monsieur ?

— Dans sa dernière lettre, mon fils, qui est chargé de travaux géologiques du côté d'Evreux, me dit que, logeant pendant quelques jours dans un village du pays, il a rencontré là, par hasard, un pauvre instituteur communal, dont il ne me dit pas le nom, mais dont le caractère et l'esprit l'ont si vivement frappé, qu'il m'a écrit : — Mon père, *cet homme est un des nôtres*... et...

— C'est Claude Gérard ! — m'écriai-je ; — ces paroles de M. votre fils m'en assurent. Oh ! soyez béni, Monsieur ! c'est à vous que je devrai de le retrouver.

— Ne m'as-tu pas dit cependant que la commune à laquelle il appartenait se trouvait dans le Midi ?

— Oui, Monsieur ; mais au moment où je l'ai quitté, il devait, à son grand regret, être changé de résidence, et... il ignorait encore où l'on devait l'envoyer... Toutes les lettres que je lui ai adressées l'ont été à son ancienne commune... Était-il déjà parti lorsqu'elles sont arrivées ? ne lui ont-elles pas été remises ? ont-elles été égarées en route ? je l'ignore ; mais il ne les a certainement pas reçues, car il m'eût répondu... Mais c'est de lui, oh ! j'en suis sûr, Monsieur... c'est de lui que M. votre fils vous parle... car Claude Gérard est, en effet, digne d'être *un des nôtres*.

— Maintenant, je le pense comme toi ; aujourd'hui même j'écrirai à Just, je lui demanderai si l'instituteur dont il m'a parlé se nomme Claude Gérard, et sous peu de jours, nous saurons à quoi nous en tenir... Maintenant, donne-moi mon déjeuner.

Lorsque mon maître eut pris son frugal repas, il me donna une clef, et m'indiquant un vieux meuble d'acajou, composé de plusieurs tiroirs étagés au-dessus les uns des autres :

— Ouvre le premier tiroir de ce meuble... et donne-moi un grand registre qui s'y trouve.

J'obéis, et je remis à mon maître une espèce d'in-folio à dos de basane, relié en parchemin vert, in-folio qui, à sa vétusté, à ses brisures, paraissait dater de bien des années.

Le docteur ouvrit ce registre, déjà presque entièrement rempli sans doute, car il écrivit quelques lignes sur l'une des dernières feuilles ; comptant alors celles qui restaient, il dit en se parlant à lui-même :

— Oh ! il en restera bien assez.

Après avoir pendant un instant regardé ce registre d'un air à la fois satisfait et mélancolique :

— Tiens... remets ce registre à sa place, — me dit mon maître, tu ouvriras ensuite le tiroir du dessous, et tu y mettras ces billets.

Ce disant, il me remit les dix billets de mille francs restant des vingt mille francs reçus de ce marquis avare et millionnaire, si rudement rançonné le matin.

Et comme j'exécutais ses ordres, il ajouta :

— Compte cent louis, et mets-en cinquante dans chacun des côtés de ma bourse, car elle est, ma foi, vide... Tiens... prends-la... — dit-il en me la remettant.

J'avais attiré difficilement à moi le second tiroir, fort lourdement chargé ; dans une case séparée, je vis un assez grand nombre de billets de banque, auxquels je joignis ceux que mon maître venait de me donner. Deux autres cases, de grandeurs différentes, étaient remplies de pièces d'or et d'argent en si grande abondance, que les cent louis que je pris dans la case contenant l'or firent un vide presque imperceptible.

Le tiroir fermé, je remis la clef à mon maître ; il me dit alors, en me conduisant auprès d'un bureau placé dans une petite pièce contiguë à son cabinet, et qui n'avait d'autre issue que la porte par laquelle nous entrâmes :

— Tu vas, en attendant mon retour, mettre au net les premiers feuillets de ce mémoire sur une organisation du service médical, à laquelle je travaille depuis bien des années ; puissé-je vivre assez pour le terminer ! car dans ce malheureux pays, tout languit, tout se démoralise, tout se perd, par le manque d'organisation... Une concurrence impitoyable accoutume les hommes à être impitoyables... Aussi, pour parvenir, tout moyen leur est bon ; heur aux forts, malheur aux faibles... ajouta-t-il en soupirant, puis il reprit : — Une fois la copie de ces pages terminée, tu pourras disposer de ton temps jusqu'à l'heure du dîner. Et le docteur me laissa seul.

La confiance qu'il m'avait témoignée, à moi inconnu de lui, en me montrant, dès le premier jour, l'endroit où il renfermait des valeurs considérables, me toucha encore plus qu'elle ne me surprit; sûr de ma probité, je m'étonnais peu que l'on me crût probe; néanmoins, ce dernier trait augmenta encore ma gratitude et ma vénération pour mon nouveau maître.

Le surlendemain de ce jour-là même se passa une scène doublement intéressante pour moi; elle complétait dignement l'exposition du caractère du docteur Clément, cet homme d'une si puissante originalité.

J'étais occupé à écrire, sous la dictée de mon maître, la suite de ce plan d'*organisation médicale* rempli de vues aussi neuves que pratiques, aussi élevées que généreuses, car il considérait cette immense question au point de vue de l'hygiène et de la santé des populations des villes et des campagnes, lorsque Suzon lui annonça monsieur Dufour d'Évreux, chargé, disait-il, d'une lettre de M. Just, le fils de mon maître.

— Un ami de mon fils! — dit vivement le docteur à Suzon. — Introduis-le tout de suite... Ceux-là ont toujours chez moi leurs grandes entrées.

Bientôt je vis paraître un petit vieillard propret, et tiré, comme on dit à *quatre épingles*. Quoique la mode de la poudre fût passée depuis longtemps, il portait des *faces* et une petite queue enrubanée de noir qui flottait sur le collet légèrement blanchi de son habit bleu barbeau; une culotte de satin noir et des bas de soie complétaient le costume un peu suranné de ce personnage.

Dès que M. Dufour avait paru, je m'étais, selon mon habitude, retiré dans une pièce voisine, qui n'avait d'issue et d'entrée que par le cabinet du docteur. Celui-ci ayant par mégarde sans doute laissé la porte entre-bâillée, j'entendis forcément l'entretien suivant:

— Vous êtes chargé, Monsieur, d'une lettre de mon fils?... — dit mon maître à M. Dufour.

— Oui, Monsieur le docteur... la voici.

Il se fit un moment de silence pendant lequel mon maître prit connaissance de la lettre; après quoi il reprit :

— Vous désirez me consulter, Monsieur?...

— Non, Monsieur le docteur.

— Comment? — reprit mon maître avec un accent de surprise, — voilà ce que m'écrit mon fils :

« Mon bon père, M. Dufour, l'un des plus grands pro-
» priétaires de France, désire te consulter et t'être parti-
» culièrement recommandé. Je m'empresse d'accéder
» à son désir, et je lui remets cette lettre pour toi, le re-
» merciant d'avance de ta bienveillance pour M. Dufour,
» chez qui j'ai été reçu avec la plus cordiale hospitalité
» lors des travaux géologiques qui m'ont conduit dans
» l'une de ses propriétés. Je t'embrasse tendrement. »

Après cette lecture, mon maître reprit :

— Voilà ce que m'écrit mon fils, Monsieur; je vous suis très-obligé de l'hospitalité que vous lui avez accordée; mais si vous ne venez pas pour me consulter, à quel motif dois-je l'honneur de votre visite?

— Cette lettre, Monsieur le docteur, n'était qu'un prétexte pour m'introduire auprès de vous.

— Un prétexte?...

— Pas autre chose... Monsieur le docteur... j'ai huit millions de fortune en biens-fonds.

— Fort bien, Monsieur... Après?

— Je suis veuf, Monsieur le docteur, et je n'ai qu'une fille de dix-huit ans que j'adore...

— Permettez... Monsieur, pourquoi ces confidences?

— Monsieur le docteur... ma fille est charmante... soit dit sans aveuglement paternel, et de plus elle a été élevée comme doit l'être une excessivement riche héritière.

— Mon fils aime votre fille, Monsieur? Est-ce cela?

— Je l'espère, Monsieur le docteur, car je crois que ma fille a trouvé Monsieur votre fils de son goût durant le séjour qu'il a fait chez moi. Elle ne m'a fait aucune confidence... mais vous savez... un père qui idolâtre sa fille

est clairvoyant... Enfin, Monsieur, pour parler net, je donne à ma fille, en la mariant, une terre évaluée cinq millions et qui rapporte cent vingt-quatre mille livres de rentes en bons fermages notariés... payés rubis sur l'ongle. Le reste de ma fortune appartiendra à *nos enfants*... après ma mort. Vous le voyez, je m'exécute paternellement... je vais rondement en affaires. J'espère qu'à votre tour, vous m'imiterez, Monsieur le docteur, car le bruit public, et, s'il faut vous le dire, les informations que j'ai prises, vous attribuent une fortune au moins égale à la mienne...

Après un moment de silence, mon maître reprit :

— Un mot d'abord, Monsieur; je ne crois pas que mon fils soit instruit de votre démarche... car il m'en eût parlé.

— Votre fils, Monsieur le docteur, ignore ma démarche et ma fille l'ignore aussi. M. le capitaine Just a été appelé à vingt lieues d'Évreux pour d'autres travaux, nous nous sommes fait des adieux pleins de cordialité... mais pas un mot de mariage n'a été échangé entre nous. C'est après le départ de Monsieur votre fils, voyant ma fille toute pensive, assez triste, je me suis rappelé certaines circonstances, et j'ai supposé... ou plutôt deviné qu'il y avait de l'amour sous jeu. Or, comme ce mariage réunirait toutes les convenances de position, d'âge, de caractère et de fortune... de fortune surtout...

— De fortune... surtout? — dit mon maître en interrompant M. Dufour, — vous croyez?

— Parbleu ! Monsieur le docteur, vous sentez bien que si Monsieur votre fils, malgré toutes ses qualités, ses talents charmants et sa jolie figure, n'avait que la cape et l'épée... je ne viendrais pas...

— Monsieur, — dit mon maître en interrompant encore M. Dufour, — avant de poursuivre cet entretien, je dois vous prévenir qu'après moi je laisse à mon fils, pour tout héritage, *mille écus de rentes*...

— Mille écus de rentes ! — s'écria M. Dufour.

— Mais s'il se marie, — reprit le docteur, — je lui donnerai en dot ces mille écus de rentes... c'est tout ce qu'il aura à attendre de moi, soit de mon vivant, soit après ma mort.

— C'est une plaisanterie, Monsieur le docteur; vous gagnez au su de tout le monde plus de cent mille francs par an depuis vingt ans, et vous vivez... on me l'avait bien dit... avec la plus... honorable... économie... il est donc impossible que...

— Je gagne, en effet, au moins cent mille francs par année, Monsieur; l'année dernière a même été de cent vingt mille francs et plus.

— J'avais donc raison, Monsieur le docteur, de croire que vous plaisantiez.

— Monsieur, — reprit mon maître, — si avant de venir ici, vous aviez consulté mon fils à propos de votre démarche, basée surtout sur des *convenances de fortune*, il vous eût, je n'en doute pas, rapporté ce que je lui ai dit lorsqu'il a eu l'âge de raison.

— Et que lui avez-vous dit, Monsieur le docteur?

— Le voici, Monsieur: « — Mon cher enfant, — ai-je
» dit à mon fils, — je te donne une excellente éducation
» pratique, elle t'ouvre plusieurs carrières honorables; en
» travaillant tu pourras donc gagner largement ta vie;
» mais comme la société est constituée de telle sorte, qu'il
» n'existe ni solidarité ni fraternité entre les hommes, et
» que, si malheureux, si honnête que tu sois, mon pauvre
» enfant; tu n'aurais à attendre aucun secours de cette so-
» ciété marâtre, dans le cas où la maladie, où des événe-
» ments imprévus, te frappant dans ton travail, t'auraient
» réduit à la misère, je t'assurerai *mille écus de rentes*;
» tu seras ainsi, quoi qu'il arrive, au-dessus du besoin. Si
» cette aisance ne te suffit pas, s'il te faut du superflu, du
» luxe... tu le gagneras par ton travail, par ton intelli-
» gence... *à chacun selon ses œuvres*... Quant à moi, mon
» cher enfant, j'aurai payé ma dette paternelle en te don-
» nant — l'éducation qui fait l'homme, — la profession
» qui le rend utile, — l'argent qui le met au-dessus du
» besoin et de la dépendance : un père ne doit à son fils
» rien de plus, rien de moins. »

— Allons donc, Monsieur le docteur, — s'écria M. Dufour, — ce sont là de ces moralités, d'ailleurs excellentes en soi, que tous les pères fortunés disent et doivent dire à leurs enfants, pour les détourner de l'oisiveté ; mais au fond les parents s'enorgueillissent de laisser à leurs enfants une grande opulence... qui leur permette de vivre sans rien faire et d'avoir l'existence la plus heureuse du monde.

— Ainsi, Monsieur, — dit le docteur en souriant, — il y a dans ce fait : *de rendre nos enfants maîtres d'une grande fortune qu'ils n'ont pas acquise par leur travail*, quelque chose de si révoltant que les pères les plus infatués de l'opulence sont forcés de dire, au moins par pudeur, à leurs enfants, ce que j'ai dit à mon fils, par devoir et par conviction : — *Travaillez, et ne comptez pas sur mon riche héritage.*

— Mais enfin, cette fortune immense que vous possédez, — s'écria M. Dufour, — qu'en ferez-vous donc, si vous en déshéritez votre fils ?

— Eh ! eh ! Monsieur, écoutez donc... chacun a ses petites fantaisies... — dit mon maître avec un accent railleur...

— Ainsi, Monsieur, vous l'avouez, — s'écria involontairement M. Dufour exaspéré, — vous avez des vices cachés ?

Le docteur Clément riait rarement ; mais, à cette étrange accusation, il partit d'un éclat de rire si franc, que j'entendis M. Dufour bondir sur sa chaise.

— Je conçois votre hilarité, Monsieur... — reprit M. Dufour, — l'inconvenance des paroles qui me sont échappées l'a provoquée ; pourtant un mot encore... Vous aimez M. votre fils, vous l'aimez tendrement... eh bien ! s'il était amoureux de ma fille, si son mariage avec elle devait assurer son bonheur... et que ce bonheur fût au prix de quelques-uns de ces millions... dont vous voulez le déshériter ?

— De deux choses l'une, Monsieur : ou mon fils n'est pas aimé, et alors peu importe qu'il ait ou n'ait pas de millions ; ou bien il est aimé de votre fille avec autant de sincérité que de désintéressement, alors à quoi bon des millions ?

— Comment ! à quoi bon ? mais sans ces millions je n'autoriserai pas ce mariage, Monsieur le docteur.

— Alors, si votre fille aime mon fils, elle se mariera malgré vous, j'ai l'honneur de vous en assurer.

— Je le déshériterai, Monsieur.

— Qu'importe ? mon fils aura ses mille écus de rentes et sa place ; lui et sa femme vivront ainsi dans l'aisance ; s'ils veulent du superflu, mon fils acceptera de riches propositions qu'on lui fait à l'étranger.

— Mais cela est précaire, Monsieur ; et s'ils ont des enfants ?

— Mon fils aura de quoi les élever ; ensuite ils accompliront la tâche que Dieu a imposée à chacun ; ils *travailleront* comme a fait leur père... comme a fait leur grand-père, je parle de moi qui suis venu à Paris en sabots... Sur ce, Monsieur, — ajouta mon maître en se levant, — permettez que je vous quitte... j'ai quelques consultations à donner...

Ensuite de cette conversation, où se révélaient dans toute son austère élévation la sagesse de mon maître et sa tendresse éclairée pour son fils, je ne pus m'empêcher de me rappeler comme point de comparaison le déplorable sort de Robert de Mareuil, pauvre victime de la stérile oisiveté de l'héritage, — l'éducation non moins oisive, non moins fatale, du vicomte Scipion, éducation qui semblait lui présager aussi un si funeste avenir !

. . . .

CHAPITRE LXV.

Vol nocturne. — Mort du *cul-de-jatte*. — Une bonne place. — Recommandations du docteur à Martin.

Quelques détails de localité sont nécessaires pour l'explication d'un événement qui arriva dans la maison de mon maître, quatre jours après mon entrée chez lui. Sa chambre à coucher, située au premier étage et au-dessus de la mienne, était séparée de son cabinet par un assez long corridor, qui régnait également au rez-de-chaussée,

et sur lequel s'ouvrait ma porte ; un escalier, aboutissant au milieu de ce corridor, conduisait au premier étage, et le palier se trouvait absolument en face de la porte du cabinet du docteur ; aussi la communication entre cette pièce et ma chambre était-elle facile et prompte.

Suzon, la vieille servante, couchait à côté de la cuisine, à l'autre extrémité du corridor ; ses fenêtres s'ouvraient sur le jardin.

Le soir, après avoir pris pour le lendemain les ordres de mon maître, je me retirai chez moi, résolu à passer une partie de la nuit à étudier l'allemand ; le docteur avait accueilli avec une extrême bienveillance mon désir de savoir cette langue, m'assurant qu'il était lui-même intéressé à ce que je l'apprisse, car alors, disait-il, je pourrais lui être d'une grande utilité pour sa correspondance avec les savants étrangers. Un professeur était venu, il m'avait déjà donné deux leçons, et, grâce à mon ardent désir de m'instruire, je pouvais déjà continuer d'étudier seul à l'aide de la grammaire.

Je me mis au travail.

La nuit était orageuse, la pluie fouettait mes vitres ; dans ce vieux quartier solitaire aucun bruit ne dominait les mugissements du vent, dont la violence agitait parfois les volets intérieurs de ma fenêtre.

Un bon feu brûlait dans ma petite cheminée, je me sentais pour longtemps dans une maison hospitalière et calme. L'étude me charmait ; aussi éprouvais-je un bien-être d'autant plus profond que je me plaisais avec une sorte de satisfaction mélancolique à me rappeler mes plus mauvais jours... jours affreux où j'avais si cruellement souffert de la misère, du froid, de la faim, et où, dans mon désespoir, cédant aux obsessions du cul-de-jatte, j'avais effleuré un abîme d'infamie... enfin, souvenir effrayant, cette nuit d'hiver où, trop las de souffrir, et me couchant au fond de la cave d'une maison à demi construite, j'attendis la mort que je ne voulais pas me donner.

En comparant mon sort présent à ce sinistre passé, il me montait au cœur comme des bouffées de gratitude et d'attendrissement ineffables ; j'éprouvais un bonheur inouï à songer que, sans les austères enseignements de Claude Gérard, renforcés de mon culte religieux pour Régina, j'aurais failli... comme tant d'autres pauvres abandonnés.

Il devait être environ minuit lorsque, vaincu par le sommeil, je me couchai, après avoir éteint ma lumière et fermé hermétiquement mes rideaux ; je m'endormis pour ainsi dire bercé par le bruit de la tourmente qui mugissait au dehors ; ma dernière pensée fut une pensée de commisération profonde pour ceux-là qui, pendant cette nuit orageuse, se trouvaient sans asile... comme je m'y étais trouvé moi-même.

Je ne sais depuis combien de temps j'étais couché, lorsque je fus éveillé par une sensation de froid très-vif. Je me levai sur mon séant, j'écartai mes rideaux. Le vacillant et pâle reflet d'un réverbère suspendu presque en face de la maison jetait dans ma chambre une faible clarté, car, à ma grande surprise, je vis ma fenêtre ouverte ; la pluie continuait de tomber à torrents, le vent de souffler avec furie ; je crus avoir mal fermé le soir les volets de ma fenêtre, et qu'ils avaient cédé à la violence du vent ; j'allais me lever pour les aller fermer, lorsque, de plus en plus étonné, je m'aperçus que ma porte aussi était ouverte. Saisi d'une vague inquiétude, je passai un vêtement à la hâte, et, prêtant l'oreille, il me sembla entendre quelqu'un s'approcher en marchant avec précaution dans le corridor sur lequel s'ouvrait ma chambre, et qui, par l'escalier, conduisait au cabinet de mon maître. Soudain une assez vive lueur éclaira l'épaisseur d'une des baies de ma porte... je m'élançai dehors, mais, sur le seuil, je me heurtai à un homme en blouse ; le rat-de-cave qu'il portait s'éteignit, une main vigoureuse me saisit à la gorge, me repoussa violemment dans ma chambre, puis je sentis la pointe d'un couteau sur ma poitrine nue, et une voix me dit :

— Si tu bouges, tu es mort !

— Bamboche !... — m'écriai-je en reconnaissant la voix de mon compagnon d'enfance, et en distinguant vaguement ses traits aux pâles reflets du réverbère qui pénétraient par la fenêtre ouverte.

— Martin! — s'écria Bamboche en reculant d'un pas; — il y avait... quelqu'un dans ce lit... c'était toi!...

— D'où viens-tu? qu'as-tu fait? — lui dis-je tout bas avec épouvante.

— Toi ici!... Tu te portes bien?... c'est bon... Ah! je suis content, — dit Bamboche, et sa voix s'émut.

— Tu viens de voler mon maître!

— Eh bien! oui... — reprit-il résolûment. — Après?

— Mon maître! — m'écriai-je par une réflexion pleine de terreur, en voulant franchir la porte, — tu l'as tué, peut-être!

— Non; il n'a rien entendu, — me dit Bamboche en s'opposant à ma sortie; — je n'ai vu personne... je te le jure... par notre amitié.

Je le crus... son accent était vrai.

— Toi... voler! — lui dis-je avec indignation.

— Ce n'est pas toi... que j'ai volé...

— Mon bienfaiteur...

— Tant pis... il lui en reste assez... je n'ai pris qu'une poignée de billets de banque...

— Mais voler, c'est infâme!

— Allons donc!

— Voler... c'est lâche! et tu as du cœur, toi!...

— Assez de morale.

— Bamboche, tu ne sortiras pas d'ici avec cet argent...

— Ah bah!

— Au nom de notre amitié...

— J'ai faim... et j'ai un enfant qui a faim.

— Toi?

— Oui... une petite fille... Quand j'ai été pour te chercher chez Claude Gérard... j'ai séjourné dans une auberge de la ville voisine... il y avait à côté le jardin d'une maison de fous...

— Et là, — m'écriai-je avec effroi en me rappelant la demi-confidence de Claude Gérard, — là tu as vu une femme jeune, belle?

— Elle m'a fait des signes, je ne la savais pas folle... j'étais à moitié ivre... mais comment sais-tu?...

— Ah! c'est horrible!!

— Enfin c'est fait... — reprit Bamboche d'une voix sourde; — il y a quinze jours j'ai revu la femme... toujours folle... j'ai pu enlever l'enfant... ma petite fille... je suis sans le sou... c'est pour elle que je vole...

— Ce pain-là... à la fille... jamais!

— Je n'ai pas le choix.

— Si...

— Comment?

— Fais-toi soldat... pars... mon maître prendra soin de ton enfant... je le jure... et de toi aussi... plus tard, il aura pitié... mais pas de vol...

— J'ai l'argent... c'est plus sûr... je le garde.

— Malgré ma prière?

— Oui.

— Malgré notre amitié?

— Oui.

— Malgré... moi... frère, — lui dis-je d'une voix étouffée en lui prenant la main, et je fondis en larmes.

Bamboche tressaillit, hésita un instant et reprit :

— Eh bien! oui... malgré toi.

— Frappe-moi donc, alors!

— Et toi, — reprit-il d'un air de défi, — crie donc au voleur!

Soudain, par la fenêtre ouverte, j'entendis à quelque distance, dans la rue, le bruit pesant, régulier, de la marche d'une ronde de nuit qui s'approchait.

— Une patrouille... — m'écriai-je, — elle vient!

— Te voilà en force, — me dit Bamboche avec un sourire affreux en me voyant courir à la fenêtre...

Je la fermai précipitamment.

Quelques secondes après, nous vîmes luire, dans l'obscurité de la rue, les fusils des soldats; ils passèrent lentement. Bientôt le bruit de leurs pas se perdit dans le lointain au milieu des sifflements de la tourmente.

— Martin... — s'écria Bamboche, quand je revins à lui, — j'ai douté de toi... pardon... merci pour ma petite fille...

— Attends... — lui dis-je avec amertume, — attends, pour te sauver... que la patrouille soit loin... tout dort encore dans la maison... tu pourras fuir avec ce que tu as volé... il ne restera aucun indice contre toi... n'aie pas peur.

— Comme tu me dis cela... Martin...

— Quant à moi, — repris-je, — ce sera différent... Mon maître sait que je connais l'endroit où il renferme son argent... je suis nouveau venu ici... on n'accusera que moi... je ne te dénoncerai pas, tu le sais... car je tiens les serments faits à l'amitié... moi.

— Martin...

— Je passerai pour le voleur... je te devais une dette de reconnaissance, je te paye... va-t-en.

— Martin... tu me méprises...

— Mon maître peut s'éveiller... va-t'en!!!

— Écoute-moi.

— Veux-tu nous perdre tous deux?... Va-t'en, nous sommes quittes!!!

— Tu me crois donc bien lâche! — s'écria Bamboche en jetant à mes pieds le paquet de billets de banque qu'il avait volés.

J'allais me jeter dans les bras de mon ami d'enfance, lorsque tout à coup un piétinement sourd, rapide, se fit entendre au-dessus de nous, dans la chambre de mon maître, comme si celui-ci se fût précipité à la poursuite de quelqu'un, et nous l'entendîmes crier avec force :

— Au voleur!... au voleur!

Entendant ces cris : *au voleur!*

— Bamboche! tu n'étais donc pas seul? — m'écriai-je.

— Non... le cul-de-jatte est resté en haut... à emplir ses poches...

— Le cul-de-jatte?

— On lui avait indiqué le vol.

— Qui?

— Le domestique que tu remplaces.

Je compris alors la signification du plan indicateur trouvé par moi dans le bureau de ma chambre.

Les cris redoublèrent en se rapprochant.

— C'est la voix de mon maître... il est peut-être en danger; sauve-toi, Bamboche, — m'écriai-je.

Et je me précipitai vers la porte pendant que, d'un bond, Bamboche courut à la fenêtre, qu'il ouvrit.

J'avais fait à peine deux pas dans le corridor, lorsque je fus violemment heurté par le choc du cul-de-jatte, qui s'enfuyait. Je le saisis à bras-le-corps; mais la peur d'être arrêté doublant ses forces, il se dégagea de mon étreinte, me repoussa violemment dans ma chambre. M'étant heurté contre un meuble, je trébuchai en criant à l'aide.

— Ah! tu cries, — dit le cul-de-jatte, — et il se précipita sur moi; je vis luire la lame de son couteau, et presque aussitôt je sentis un rude coup à l'épaule, suivi d'une fraîcheur aiguë. Néanmoins je parvins à étreindre encore mon adversaire au moment où Bamboche se précipita sur lui en s'écriant :

— Tiens... vieux gredin.

Le bandit s'affaissa si lourdement sur moi, que je roulai par terre avec lui, et j'entendis la voix de Bamboche...

— Dis que c'est toi qui l'as tué... n'oublie pas ma petite fille... je t'enverrai l'adresse... Ramasse les billets de banque; adieu, frère...

Et d'un saut, Bamboche disparut par la fenêtre ouverte.

Il venait de s'échapper, et je me débarrassais péniblement de l'étreinte agonisante du cul-de-jatte, lorsque ma chambre fut vivement éclairée par le docteur Clément, qui entra tenant un bougeoir d'une main et de l'autre un couteau de chasse; quelques secondes après, Suzon, vêtue à la hâte, entrait aussi, portant une lumière.

— Mon pauvre Martin, tu es blessé! — s'écria mon maître, en me voyant me relever tout ensanglanté.

— Il s'est battu avec le voleur, et il l'a tué, — s'écria Suzon avec effroi, à la vue du cadavre.

Avant que j'eusse pu répondre, le docteur se précipita vers moi, déchira ma chemise à l'endroit où elle était ensanglantée, regarda la plaie et s'écria :

— Grâce à Dieu, la lame a glissé sur l'os... ta blessure n'est rien... mon courageux Martin.

Et le vieillard me serra sur son cœur.

— Quel bonheur qu'il ne lui soit pas arrivé plus de mal! — dit Suzon en joignant les mains; puis, épouvantée d'un tressaillement subit des membres du cul-de-jatte, elle se recula en s'écriant :

— Monsieur, prends garde... le voleur remue encore...

— Lui? — dit le docteur en examinant la face moribonde du cul-de-jatte étendu sur le dos, et qui, par deux fois, ouvrit à demi la mâchoire par un dernier mouvement convulsif, — il n'a pas deux minutes à vivre...

En effet, une espèce de râlement caverneux s'exhala de la poitrine du bandit avec son dernier souffle... une écume sanglante rougit ses lèvres, et il retomba dans l'immobilité de la mort.

Étourdi, frappé de vertige, ensuite de cette scène terrible, je fus forcé de m'asseoir sur le bord de mon lit.

— Pardon, Monsieur, — dis-je au docteur, — mais l'émotion... le saisissement...

— Monsieur, vois donc ce paquet de billets de banque, — dit Suzon en ramassant la somme considérable abandonnée par Bamboche... et tout cet or qui est tombé de la poche de ce scélérat... il faudrait le fouiller... je n'ose pas...

— Suzon, — dit vivement le docteur, — cours tirer la sonnette qui correspond dans la loge du portier de la maison voisine... j'ai oublié cet appel d'alarme dans le premier moment de mon réveil.

— C'est vrai, nous n'y songions pas...

Et Suzon disparut précipitamment.

— Tiens, mon brave garçon, — me dit mon maître en me soutenant et en approchant un verre d'eau de mes lèvres, — bois un peu, remets-toi... tout à l'heure... je panserai ta blessure... sois tranquille... ce ne sera rien... En attendant le retour de Suzon, je vais toujours étancher ta plaie.

— Oh!... vous êtes bon, Monsieur!...

— Tu te fais assassiner pour m'empêcher d'être volé, et tu me parles de ma bonté... — dit le docteur en continuant d'étancher ma blessure. — Mais comment ce malheur est-il donc arrivé?

— Monsieur... — dis-je en hésitant un peu, car j'allais mentir, mais je ne voulais pas compromettre Bamboche, — je m'étais couché... et, après avoir fermé mes rideaux, je m'étais profondément endormi... un froid vif m'a réveillé;.. alors seulement j'ai vu ma fenêtre ouverte...

— Et tu n'avais rien entendu? — dit le docteur en tournant la tête du côté des volets, dont mon lit était proche, et en les examinant. — C'est tout simple, ce misérable a coupé le carreau extérieurement, et à l'aide d'instruments de son métier, il a pratiqué une ouverture au volet, par laquelle il a passé le bras pour ouvrir la croisée. Dans ton premier sommeil, tu n'as dû, en effet, rien entendre.

— Rien, Monsieur... et au moment où je me levais très-inquiet... j'ai entendu vos cris.

— En sortant de mon cabinet, le voleur s'est heurté dans le corridor; il a renversé un meuble. Éveillé par le bruit, je me suis levé... j'ai pris ma lumière, j'ai ouvert ma porte; voyant un homme fuir dans le corridor, j'ai saisi une arme, et je me suis élancé à sa poursuite en criant au voleur.

— C'est alors, et en vous entendant, Monsieur, que je me suis précipité dans le corridor... armé d'un couteau-poignard, j'ai voulu arrêter ce bandit : dans notre lutte, il m'a frappé... j'ai riposté... et je l'ai tué...

— Ce misérable devait connaître les êtres de la maison... il aura su que... j'avais... renvoyé... mon domestique... il aura... cru que personne... ne couchait ici... et...

— Mon Dieu, Monsieur, — m'écriai-je en entendant mon maître parler d'une voix entrecoupée, et en voyant ses traits, couverts d'une pâleur de plus en plus livide, exprimer le sentiment d'une vive douleur, — Monsieur... qu'avez-vous ?

— Rien... rien, — me dit le docteur en s'appuyant néanmoins d'une main au dossier de mon lit... tandis qu'il portait vivement son autre main sur son cœur, comme s'il y eût éprouvé une souffrance aiguë.

— Ce n'est rien, te dis-je, — reprit-il d'une voix de plus en plus oppressée, les émotions violentes... me sont contraires... et... ce vol... tu conçois... mais, — ajouta-t-il, en paraissant faire un violent effort sur lui-même :

— J'aurai toujours le temps... de te panser... Heureusement, voilà... Suzon.

En effet, Suzon rentrait, accompagnée de deux hommes, le portier de la maison voisine et son fils.

— Suzon... vite... ma boîte à pansement, — s'écria mon maître; — je ne me sens pas bien, mais j'aurai le temps de mettre un premier appareil... sur la blessure de ce digne garçon.

Et, surmontant ses douleurs atroces avec un courage héroïque, mon maître, quoiqu'il fût obligé de s'y reprendre à trois fois, pansa ma blessure d'une main ferme; mais à peine m'eut-il donné ses soins, qu'il fut saisi d'une crise si violente que l'on fut obligé de le transporter chez lui.

Lorsqu'il fut couché, il me dit d'une voix éteinte, car j'avais voulu l'accompagner :

— Écris à mon fils de venir... au reçu de ta lettre... Suzon te donnera son adresse, je veux le voir encore... mon bien-aimé Just...

— Comment ?... Monsieur, — m'écriai-je, effrayé de l'accent avec lequel mon maître avait prononcé ces derniers mots, — vous craignez...

Il m'interrompit, en souriant tristement :

— Je comptais sur quelques mois, mais... les émotions vives... et depuis quelque temps... j'en ai eu beaucoup, ont, je le crois, bien avancé le terme... Écris donc... à l'instant à mon fils.

Je m'aperçus bientôt avec un douloureux étonnement que l'état du docteur Clément empirait; ses traits s'altérèrent de plus en plus; mais, au milieu de ses vives douleurs, sa sérénité ne l'abandonna pas; sa seule inquiétude était de savoir si son fils arriverait assez tôt pour recevoir ses derniers embrassements.

Je croyais mon maître incapable de parler de sa fin prochaine, sans être convaincu qu'elle approchait; pourtant je ne pouvais me résigner à admettre la réalité de ses sinistres prévisions; la vieille servante, moins incrédule que moi, ne cachait pas sa morne tristesse. Vers le soir, le docteur eut une crise très-douloureuse, pendant laquelle il parut privé de sentiment. A cette crise succéda un calme passager; il prit une potion dont il indiqua la préparation à sa servante, et s'assoupit.

Seul, à côté de son lit, je contemplais cette physionomie vénérable, toujours douce, paisible, quoique défaillante ; à la vue de cet homme, si puissant par le savoir et par l'intelligence, si grand par le cœur, qui s'éteignait ainsi, j'étais navré. La chambre où il gisait, bien plus pauvrement meublée que celle que j'occupais, semblait témoigner du désintéressement de cet homme, qui, après avoir gagné des millions, devait mourir dans une pauvreté sublime.

Vers dix heures du soir, le docteur sortit de son assoupissement, il tourna sa tête de mon côté et me dit :

— Quelle heure est-il ?

— Bientôt dix heures, Monsieur.

— Je t'ai souvent demandé l'heure, n'est-ce pas ?

— Oui, Monsieur.

— Mauvais symptôme... on s'inquiète d'autant plus de la durée du temps, qu'il vous en reste moins à dépenser... j'ai toujours remarqué cela chez ceux dont la vie s'éteint... Allons ! je ne reverrai pas mon bien-aimé Just; c'est à peine s'il pourra être ici après-demain, je n'irai jamais jusque-là... Nous nous sommes si souvent entretenus lui et moi de mon heure dernière, pour nous habituer à la pensée de cette absence, que nos adieux n'auraient eu rien de pénible. Enfin ! — ajouta-t-il avec un soupir de résignation.

— Monsieur, — lui dis-je, — vous reverrez M. votre fils... vous vous abusez...

Ne partageant pas mon espérance, le docteur reprit :

— Parlons d'autre chose... Tu sens bien, mon digne garçon, que je ne t'aurai pas sorti d'une position presque désespérée, pour t'y laisser retomber après moi ; tu es intelligent, honnête, courageux, tu as l'expérience du malheur... le meilleur des enseignements, j'assurerai ton sort...

— Monsieur...

— Non pour que tu restes oisif, l'oisiveté déprave, mais

Je vis entrer un homme de taille moyenne, assez replet, et paraissant avoir soixante ans environ. — Page 238.

tu auras ainsi le moyen d'arriver à quelque carrière honorable... A ton âge, avec ton amour du travail, tu parviendras... Te sens-tu quelque vocation déterminée ?
— Monsieur... — lui dis-je en hésitant.
— La domesticité ne te convient pas... telle du moins qu'elle est malheureusement comprise et pratiquée ; car, selon moi, le serviteur devrait faire partie de la famille... et, dans cette condition aussi, il est de grandes réformes à provoquer... Oh ! le temps... le temps ! — s'écria-t-il avec une expression de douloureux regret, puis il ajouta :
— Revenons à toi.
— Je sais, Monsieur, que jamais je ne rencontrerai un maître comme vous... cependant...
— Tu voudrais encore servir ?... — me dit le docteur en me regardant avec stupeur.
— Oui... Monsieur... mais...
— Mais ?
— Il n'est qu'une personne au monde que je voudrais servir.
— Qui cela ? Mon fils, peut-être ?
— Non, Monsieur... quoique je sache toute la noblesse de son cœur.
— Qui donc voudrais-tu servir alors ?
— Monsieur... accordez-moi une grâce.
— Parle.
— Soyez assez confiant en moi pour me promettre de ne pas m'interroger sur les motifs de la demande que je vais vous faire... ces motifs sont honorables, purs, je vous le jure...
— Je te crois... je les respecterai...
— Eh bien ! Monsieur... si... un jour... par un événement quelconque, je devais être séparé de vous, je vous supplierais de me faire entrer, par votre protection, au service de...

— Achève !
— De madame la princesse de Montbar.
A ces mots, mon maître, d'abord presque pétrifié, parut ensuite ressentir une satisfaction si inespérée, qu'à mon tour je le regardai avec surprise...
— Il est des rencontres de pensée bien étranges, — dit-il d'un air pensif et pénétré.
— Comment cela, Monsieur ?
— Si j'avais soupçonné qu'au lieu d'accepter l'indépendance que je t'offrais, tu pouvais penser à servir quelqu'un, je t'aurais demandé comme une grâce... comme un sacrifice, d'entrer chez madame de Montbar...
— Il serait vrai, Monsieur !
— Tu la connais ?
— Monsieur...
— Cette question m'est échappée... ce sera la dernière... Eh bien donc ! que tu la connaisses personnellement ou non, madame de Montbar est la meilleure, la plus noble créature qui existe... et comme un grand danger peut la menacer un jour ou l'autre... juge de mon bonheur de savoir auprès d'elle un serviteur tel que toi...
— La princesse serait menacée ?
— Mais tu veilleras sur elle... car heureusement ton service exigera que tu sois là... toujours là.
— Oh ! oui, toujours là ! — m'écriai-je. — Mais qui donc peut menacer la princesse ?
Après un moment de silence, mon maître reprit :
— Les malheurs qui accablent et qui menacent madame de Montbar sont de plusieurs sortes... Fille admirable... elle a perdu l'affection de son père... épouse aimante, dévouée... elle est... je le crains, indignement trompée par son mari. Le chagrin la menait au tombeau lorsqu'il y a deux mois elle s'est roidie contre la douleur... sa fierté s'est révoltée contre l'injustice du sort ; depuis lors elle

Si tu travailles, ma petite, avant quatre ou cinq ans tu seras première chanteuse à l'Opéra de Paris. — Page 244.

affecte le calme, la gaieté, l'amour des plaisirs... mais je la connais, tout cela ment... Elle tâche de s'enivrer pour échapper à de cruelles souffrances ; sa beauté paraît plus éclatante que jamais... mais à moi Régina m'a semblé belle, de cette beauté suprême de ceux que la fatalité doit frapper bientôt...

— Ciel ! Monsieur... que dites-vous ?

— A ces maux... tu ne peux rien, toi... mais il est un danger matériel, imminent, dont, par ta condition de domesticité même, tu pourras peut-être préserver la princesse.

— Oh ! dites, dites, Monsieur !

— Il est un homme d'un caractère indomptable, d'une volonté de fer, d'une rare énergie, d'une richesse immense... cet homme est capable de tout... du sacrifice de sa vie même, pour assouvir ses passions ou sa haine... sa haine surtout.

— Et cet homme ?...

— Il a été blessé dans ce qu'il y a de plus douloureux chez un homme de sa trempe... dans son orgueil... Il avait demandé la main de mademoiselle de Noirlieu...

Je tressaillis ; le nom du comte Duriveau me vint aux lèvres ; le vieillard reprit sans remarquer mon émotion.

— Deux fois cet homme a été dédaigneusement refusé par mademoiselle de Noirlieu, refus d'autant plus sanglant pour lui, qu'il était durement motivé par cette fière et courageuse jeune fille. De là, la haine implacable de ce misérable... Il y a peu de jours, j'ai appris... de science certaine... trop certaine... que, lors du mariage de mademoiselle de Noirlieu avec le prince, l'homme dont je te parle a dit : — *Mademoiselle de Noirlieu m'a insolemment dédaigné... je me vengerai d'elle à tout prix...* — et il est malheureusement probable que l'heure de sa vengeance approche ; car il a dit récemment : *Ma vengeance marche !*... Cet homme se nomme le comte Duriveau...

— Je n'oublierai pas ce nom, Monsieur.

— Prends garde !... Pour parvenir à ses fins, il est capable de tout... les moyens les plus bas, les plus ténébreux, les plus diaboliques, ceux-là surtout : soudoyer des domestiques, introduire peut-être dans la maison de la princesse une créature à lui... attirer cette malheureuse femme dans quelque piège horrible... que sais-je ? Imagine ce que l'âme la plus noire, la plus impitoyable, et, il faut le dire aussi, la plus intrépidement mauvaise, peut tramer de plus abominable, et tu seras encore au-dessous de la réalité.

— Mais c'est un monstre ! — m'écriai-je.

— C'est un monstre... et c'est parce que cet homme peut être horriblement dangereux pour la princesse que je meurs heureux de te savoir là, près d'elle... au sein de son foyer... Aussi, observe, épie, écoute, veille... interroge... défie-toi de tout ce qui te paraîtra suspect, défie-toi même de ce qui te paraîtra innocent, car la haine de cet homme saura prendre tous les masques, tous les détours pour arriver à son but... Que ta surveillance soit de tous les instants... et je ne sais quel pressentiment me dit que tu sauveras peut-être cette femme angélique d'un grand péril.

— Mais, Monsieur, avez-vous au moins prévenu la princesse du péril qu'elle court ?

— Oui... mais dans sa courageuse fierté elle a ri de mes craintes, trouvant d'ailleurs, disait-elle, une sorte d'audacieux plaisir à braver la haine de cet homme... Effrayé de cette dédaigneuse insouciance, j'ai voulu prévenir le prince... mais alors madame de Montbar m'a supplié de tout cacher à son mari.

— Cela est étrange ! n'est-il pas vrai, Monsieur ?

— Si étrange... que dans l'intérêt même de la princesse

je voulais passer outre... mais alors ses supplications sont devenues si pressantes, elle a invoqué des intérêts si sacrés...

Je regardai le docteur avec surprise, il ne s'expliqua pas davantage et continua :

— Ses instances ont été telles enfin, que je lui ai promis sur l'honneur de ne rien dire au prince.

— Monsieur... je puis bien peu dans ma condition... mais madame de Montbar n'aura pas un serviteur plus dévoué, plus vigilant que moi... Je n'ai que ma vie... mais ma vie lui appartient.

— Aussi je me sens plus rassuré... Mais, dis-moi, — reprit mon maître, — la princesse te connaît-elle déjà? Il faut que je le sache cela pour la forme de ma recommandation.

— Je suis complétement étranger, inconnu à la princesse, Monsieur.

— Et tu te dévoues si vaillamment?... Va, ne crains rien; je ne chercherai pas à pénétrer ton secret.

Et le docteur continua, après un moment de réflexion :

— C'est cela... j'écrirai à la princesse... je chargerai mon fils de lui remettre ma lettre. Régina, j'en suis certain, remplira cette dernière volonté d'un vieil ami, et te prendra à son service.

— Votre fils! Monsieur!

— Oui... je laisserai ainsi à madame de Montbar deux protecteurs dévoués qui exerceront leur sollicitude pour elle dans deux sphères différentes...

— M. votre fils connaît déjà la princesse, Monsieur ?

— Souvent je lui ai parlé d'elle, il a appris de moi à l'aimer, à la respecter... Elle, de son côté, m'a bien des fois entendu parler de mon fils avec toute l'affection qu'il mérite ; aussi la princesse m'a prié plusieurs fois depuis son mariage... de lui présenter Just... — Non pas, mon père, — m'a-t-il dit gaiement quand je lui ai parlé du désir de Régina. — Je deviendrais amoureux fou de la princesse ; attends que j'aie le cœur pris ailleurs, alors je la verrai impunément. — J'ai raconté cette folie à madame de Montbar; elle en a beaucoup ri ; elle riait alors... mais, à cette heure qu'il s'agit de graves intérêts... mon fils comprendra ce qu'il y a de sacré dans la mission que je lui laisse... et que je lui détaillerai par écrit... si j'en ai la force.

Et le vieillard, dont la voix s'était de plus en plus affaiblie, paraissant fatigué par cet entretien, retomba dans une sorte d'accablement.

Malgré moi, mon cœur se brisait.

Autant j'eusse été fier, heureux, de braver toutes les humiliations, pour accomplir obscurément l'œuvre de mon dévouement ignoré... mais à la condition de l'accomplir seul, autant je souffrais à la pensée de partager cette noble tâche avec le fils de mon maître, qui, brillant de tous les avantages extérieurs, doué de rares qualités d'esprit et de cœur, devait être admis dans l'amicale intimité de Régina, tandis que je poursuivrais ma tâche, inconnu de tous...

Je l'avoue à ma honte, un moment dominé par ces basses et jalouses pensées... j'eus la lâcheté de reculer devant ma première résolution, lâcheté doublement indigne, car les dangers de Régina semblaient s'accroître... mais cette faiblesse odieuse faillit à étouffer en moi tout sentiment généreux ; je fus sur le point d'avouer à mon maître que je renonçais à mon projet, n'ayant ni assez de courage, ni assez de vertu pour le poursuivre.

Heureusement, après de douloureux efforts, je sortis vainqueur de cette lutte, et m'adressant au docteur :

— Monsieur, encore une prière.

— Parle...

— Veuillez... je vous en conjure, ne pas dire à M. votre fils dans quelles circonstances singulières j'entre au service de madame de Montbar.

— Comment ?

— Pour des raisons dont je puis seul apprécier l'importance, et qui n'ont rien que d'honorable, veuillez cacher à M. votre fils que je suis peut-être... au moins par mon dévouement bien désintéressé, je vous le jure... au-dessus de la condition à laquelle je me résigne avec bonheur...

— Ainsi, tu désires?...

— Que M. votre fils ne voie en moi qu'un serviteur honnête auquel vous vous intéressez, et à qui vous voulez seulement assurer *une bonne place*... chez la princesse.

— Ton secret t'appartient, il sera sacré pour moi... En tous cas, je n'eusse pas, sans ton consentement, dit à mon fils un mot de ce que tu m'as confié... Je le prierai... donc... ou plutôt, — dit le vieillard en se reprenant avec un accent mélancolique, — je lui écrirai tout à l'heure dans les termes que tu désires... quant à ce qui te concerne... et...

Le docteur Clément ne put achever : la porte de sa chambre s'ouvrit brusquement, et le capitaine Just parut.

A l'aspect imprévu du capitaine, le docteur se dressa sur son séant, et s'écria : — Mon fils! — tandis que son visage décoloré accusait une indicible expression de souffrance aiguë et de joie ineffable... car si cette émotion soudaine, profonde, lui portait un dernier et terrible coup, le bonheur inespéré de revoir son fils triomphait de la douleur matérielle.

En entrant chez son père, la physionomie du capitaine Just était souriante, épanouie; il ignorait tout; profitant d'une interruption de quelques jours dans ses travaux, il se croisait avec la lettre qui lui apprenait la position alarmante du docteur.

Par une fatalité déplorable, Suzon, occupée dans sa chambre, avait ignoré l'arrivée du capitaine ; celui-ci avait été reçu par le fils du portier de la maison voisine ; ce jeune garçon, depuis les événements de la veille, était, pour plus de sûreté, resté dans notre demeure. Abasourdi par la brusque arrivée du capitaine Just, n'osant le prévenir du triste spectacle qui l'attendait, il s'était borné à lui dire que M. le docteur était couché; comme il était assez tard, le capitaine Just n'avait conçu aucune inquiétude.

Mais au moment où il entra et où le vieillard, saisi de joie, s'écriait : — Mon fils! — Suzon, instruite alors du retour subit du capitaine, et craignant que sa présence ne causât une dangereuse émotion au vieillard, accourait, pâle, haletante, effrayée... afin de le préparer au moins à cette entrevue.

Il était trop tard.

L'apparition de la vieille servante, son air alarmé, la douloureuse altération des traits du docteur éclairèrent soudain le capitaine, et il se jeta dans les bras de son père avec une angoisse profonde.

Après un silence de quelques instants, durant lequel le père et le fils étaient demeurés étroitement embrassés, tandis que Suzon et moi nous contenions à peine nos larmes, le docteur dit d'une voix faible mais tranquille:

— Allons... du calme... mon Just bien-aimé, que cette heure ne nous soit pas... amère... Pourquoi de la tristesse dans les adieux de deux amis comme nous? S'ils se quittent un moment, n'est-ce pas pour se retrouver plus tard?...

En prononçant ces simples paroles, l'auguste sérénité des traits du vieillard révélait sa foi profonde à la réunion et à l'immortalité des âmes.

Just, quoiqu'il partageât la foi de son père, ne pouvait imiter son stoïcisme ; debout, au chevet du docteur, les deux mains sur son visage, il tâchait de cacher ses larmes.

— Mon enfant... — dit le vieillard d'un ton de doux reproche en se retournant à demi, et cherchant de sa main défaillante la main de son fils, — pourquoi ces pleurs? Ne sais-tu pas... qu'il s'agit non d'une séparation éternelle, mais d'une *absence*?

— O mon père... mon père... déjà! — s'écria Just d'une voix pleine de sanglots.

Et il tomba agenouillé près du lit du vieillard.

— Mon enfant aimé... encore une fois, pourquoi cette douleur? Qu'y a-t-il donc de si attristant dans ces mots : *Au revoir?* Nos âmes ne sont-elles pas pures, tranquilles et toutes confiantes dans la justice du Dieu des honnêtes gens?

Après la première expansion de sa douleur, le capitaine Just retrouva ce calme stoïque auquel son père l'avait habitué ; il essuya ses larmes, et dit d'une voix ferme :

— Rassure-toi... mon bon père... le souvenir de nos adieux ne me sera jamais cruel; chaque jour, au contraire, j'y songerai avec bonheur, car chaque jour abrégera pour moi... la durée de notre séparation.

— Et dans les vies laborieuses et remplies comme les nôtres... le temps passe si vite, — dit le docteur en souriant doucement; — il me semble que je date d'hier... mais les instants me sont comptés... j'ai à te parler de choses graves, et à te charger de quelques commissions avant mon départ.

Puis, me faisant un signe:

— Martin, — me dit mon maître, — prends cette clef qui est là sur ma commode, et va chercher dans le meuble d'acajou de mon cabinet le registre que tu sais.

J'obéis, et me rendis dans le cabinet du docteur.

CHAPITRE LXVI.

Le père et le fils. — Mort du docteur Clément. — Martin apprend par Claude Gérard des détails sur la vie de Régina.

Je restai quelques minutes absent.

Le docteur Clément avait sans doute profité de mon absence pour parler à son fils de la visite matrimoniale que lui avait rendue M. Dufour, le millionnaire d'Évreux; car lorsque je rentrai, le capitaine Just disait:

— Jamais, mon père. Mademoiselle Dufour est charmante; mais je n'y ai aucunement songé. D'ailleurs, j'ai toujours pensé, comme toi, que le mariage sans la possibilité d'un divorce libérateur ou vengeur n'était pas un lien équitable, mais une lourde chaîne dont la femme supportait presque seule tout le poids.

— Mon enfant, — dit le vieillard à son fils, après avoir d'un signe de tête approuvé ses paroles et pris de mes mains le registre, — tu trouveras dans ce livre, — et il le remit au capitaine, — le total exact de l'argent que j'ai gagné depuis quarante et tant d'années... Cela s'élève à deux millions sept cent et quelques mille francs... qui... si je les avais *placés*, comme on dit, me feraient à cette heure une fortune de cinq à six millions.

— Tu as gagné tant que cela? — s'écria le capitaine Just dans son orgueil filial, — et par ton seul travail?

— Oui... par mon seul travail... mon enfant aimé... Tu trouveras dans ce registre l'emploi que j'ai fait de ces sommes considérables.

— Me rendre compte de ton bien? à moi, ton fils? à cette heure? — répondit le capitaine, avec un accent de surprise mêlé de désintéressement sublime, — à quoi bon? Ne m'as-tu pas donné un état, et assuré plus qu'il ne me faut pour vivre?

— Ce n'est pas de mon bien... que je dois te rendre compte... mon enfant, mais de mes actes.

— De tes actes?

— Écoute-moi... je t'ai toujours tendrement aimé... je te l'ai prouvé... mais tu avais des milliers de *frères en humanité*... pauvres enfants délaissés par une société marâtre, et pourtant remplis d'intelligence, de cœur, de courage, de bon vouloir... Il leur manquait que les moyens, que les instruments de travail: un peu de loisir et d'argent pour se faire un nom dans les arts... dans les lettres... dans les sciences...

Just regarda son père avec un étonnement mêlé d'admiration; il commençait à comprendre.

— Quand un de ces pauvres déshérités m'était signalé, — poursuivit le vieillard, — je m'assurais sévèrement qu'il méritait assistance... et il était assisté... non pas en mon nom.. mon enfant... mais au tien... au nom de *Monsieur Just*... afin que ton nom fût béni!...

Just ne trouva pas un mot à répondre; de généreuses larmes coulèrent de ses yeux.

Le docteur continua:

— Si au lieu de te laisser après moi... oisif et riche à millions... je te laisse une modeste aisance, un avenir assuré et une noble carrière que tu honores, mon cher enfant, c'est que j'ai obéi à une pensée qui devrait être inscrite au front de l'édifice social... Cette pensée, la voici: NUL N'A DROIT AU SUPERFLU... TANT QUE CHACUN N'A PAS LE NÉCESSAIRE... C'est donc parce que j'ai donné le *nécessaire* à des milliers de tes frères en humanité, mon enfant, que je ne te laisse pas de *superflu*. Tu sais maintenant l'emploi de notre fortune.

Il m'est impossible de rendre la grandeur et la simplicité de cette scène, la majesté de la parole et de la physionomie du vieillard, l'admiration religieuse avec laquelle son fils l'écoutait encore, alors qu'il avait cessé de parler.

Quant à moi, cette scène imposante me frappait doublement... je comprenais, j'admirais d'autant plus la pensée austère du docteur Clément, qu'involontairement je pensais à la vie passée du malheureux Robert de Mareuil... à la vie à venir du vicomte Scipion... ces deux victimes de l'oisiveté... conséquence presque fatale d'un opulent héritage...

— Just... ai-je bien fait? — dit le vieillard.

— Oh! le plus glorieux des héritages! — s'écria le capitaine Just avec transport, en baisant pieusement le vieux registre que lui avait remis le docteur. — Merci, mon père... je me sens grandir avec toi!

— Viens... viens... mon noble et digne enfant! — s'écria le docteur saisi d'une émotion ineffable, en tendant ses bras à son fils qui s'y jeta...

Et tous deux restèrent un moment étroitement embrassés.

Bientôt le docteur, s'adressant à moi et à Suzon, nous dit avec bonté:

— Laissez-nous, mes amis... j'ai à parler à mon fils... Je n'oublierai pas ce qui te regarde, Martin. . . . .

Nous avions quitté mon maître et le capitaine Just depuis une demi-heure environ, lorsque le bruit précipité d'une sonnette venant de la chambre du docteur nous appela. Suzon et moi, nous courûmes en hâte, notre maître expirait.

— Ma bonne Suzon... — dit-il d'une voix éteinte, — je n'ai pas voulu... m'en aller... sans te dire... merci... de tes soins... Mon fils se chargera de toi... allons... au revoir...

— Oui... va... et à bientôt...—dit Suzon en sanglotant; et se jetant à genoux, elle colla ses lèvres sur la main du vieillard.

— Et à toi aussi... Martin...—me dit-il,—j'ai voulu te dire adieu... Tout est convenu avec mon fils... ton indépendance est assurée... et si tu gardes... un bon souvenir de moi... fais pour... *qui tu sais bien*... ce que tu ferais pour ma fille... Allons... ta main... aussi...

Et, portant à mes lèvres avec une vénération filiale cette main déjà glacée, je m'agenouillai de l'autre côté du lit.

— Just... mon bien-aimé Just... — dit le docteur Clément d'une voix expirante et la physionomie illuminée par un dernier éclair de bonheur, — mon tendre fils... grâce à toi... je m'en vais bien heureux... au revoir... mon fils chéri...

Mon fils... ce fut le dernier mot du vieillard...

Quelques secondes après, le capitaine Just fermait pieusement les paupières de son père. . . . .

La mort du docteur Clément me laissa des regrets douloureux. Malgré ses pressantes recommandations si bien d'accord avec mon ardent désir d'entrer au service de Régina, je ne voulus pas prendre cette détermination sans consulter Claude Gérard; je me rendis auprès de lui, dans le village qu'il habitait aux environs d'Évreux. Je lui racontai ma vie depuis notre séparation; le redoublement d'affection qu'il me témoigna ensuite de ce récit me paya de toutes mes souffrances passées; il me parut fier et heureux de voir de quel puissant secours m'avaient toujours été ses enseignements de morale pratique, au milieu de mes luttes pénibles contre le sort.

Quant à ce qu'il y avait de pur, d'élevé, dans mon amour pour Régina, Claude devait y sympathiser d'autant plus, qu'il aimait passionnément et qu'il devait bientôt épouser une pauvre et charmante jeune fille, habitante du village où il était instituteur. Le père de sa fiancée, originaire de Sologne, où il avait des parents métayers, était depuis longtemps établi dans la commune: il y exerçait la profession de voiturier; je vis plusieurs fois cette jeune fille; elle me parut, par sa douceur, par sa grâce naturelle, par sa beauté ingénue, mériter l'amour de Claude; il me parla d'ailleurs avec admiration des qualités de cœur dont elle était douée; de ma vie je n'avais vu Claude aussi profondément heureux; j'étais presque ébloui des mille radieux bonheurs qu'il attendait de cette union pourtant bien pauvre : sa fiancée lui apportait en dot sa beauté, son bon cœur, son habitude d'une vie rude et laborieuse. . . .

Claude ne douta pas que mes lettres n'eussent été méchamment interceptées par la misérable haine des ennemis qu'il avait laissés dans la commune où ma première jeunesse s'était écoulée auprès de lui; car quittant ces lieux le surlendemain de mon départ pour Paris, il avait donné sa nouvelle adresse à quelqu'un sur la fidélité de qui il croyait pouvoir compter; cependant mes lettres, au lieu de parvenir à Claude par cette voie, furent détournées, perdues ou envoyées à une fausse adresse.

Si Claude Gérard avait des ennemis et des envieux, il comptait aussi quelques amis, grâce à l'élévation de son caractère; parmi ceux-là s'était trouvé le médecin en chef de la maison d'aliénés où avait été d'abord renfermée la femme folle, entourée par Claude d'une si touchante sollicitude, et qui, un jour... victime du brutal égarement et de l'ivresse de Bamboche, avait mis au monde une petite fille.

Grâce à la puissante intervention du médecin ami de Claude, l'enfant et sa mère toujours insensée avaient été transférés à Évreux, ville voisine du village où l'instituteur exerçait ses fonctions.

A la folie d'abord furieuse de cette infortunée, avait succédé une démence inoffensive. Entre autres manies bizarres, elle portait toujours avec elle, attaché à sa ceinture, un de ces petits coffrets ronds, recouverts de drap, sur lesquels travaillent les ouvrières en dentelle, et elle agitait presque constamment ses doigts sur ce coffret, comme si elle eût mis des fuseaux en mouvement; sauf cette aberration d'esprit, la voyant de plus en plus calme, espérant que la vue de sa petite fille opérerait peut-être sur elle une révolution salutaire, le médecin ménagea cette rencontre dans la maison d'une paysanne chez qui Claude Gérard avait placé l'enfant; en effet, quoique la pauvre mère ne parût pas reconnaître sa fille, elle ressentit à son aspect un grand attendrissement, pleura beaucoup en la tenant embrassée... puis à ces larmes succéda une sorte d'abattement pensif, à travers lequel le médecin crut voir poindre quelques lueurs de raison; satisfait de cette première expérience, il se promit de la renouveler.

Ce fut lors de cette seconde entrevue de la folle et de sa fille, entrevue qui se passa dans le petit jardin de la nourrice, que Bamboche, sans doute aux aguets et profitant d'un moment où la malheureuse mère était restée seule avec sa petite fille, enleva celle-ci, et, chose inexplicable, déroba aussi le coffret à dentelles que la folle portait constamment avec elle.

Ensuite de quels événements Bamboche se trouvait-il dans ce pays?

Comment avait-il acquis la certitude que cette enfant était la sienne?

Dans quel but avait-il dérobé ce coffret, objet de nulle valeur?

Je ne pus rien savoir sur toutes ces questions, car les recherches de Claude à ce sujet avaient été vaines, et lors de la scène du vol chez le docteur Clément, Bamboche ne m'avait donné aucun détail; et enfin, la veille du jour où j'étais allé rejoindre Claude Gérard, Bamboche m'avait écrit qu'il n'avait besoin de rien, ni pour lui ni pour sa fille, qu'un hasard heureux était venu à son secours, qu'il s'éloignait, content de m'avoir prouvé que lui aussi savait être fidèle *aux serments de notre enfance.*

Claude Gérard et moi, cruellement affligés de savoir cette pauvre enfant aux mains de Bamboche, nous nous promîmes de tout tenter chacun de notre côté, afin d'en avoir quelques nouvelles.

J'eus, au sujet de Régina, de longs et graves entretiens avec Claude Gérard; je ne lui cachai rien : ni la part que j'avais prise à la ruine des méchants desseins de Robert de Mareuil, ni même ce que j'avais découvert la bizarre dépravation du prince de Montbar, ni cette menace du comte Duriveau : *Cette femme m'a dédaigné; à tout prix je me vengerai; ma vengeance marche...* menace effrayante de la part d'un homme de ce caractère... Je ne cachai pas non plus à Claude les craintes que l'avenir de madame de Montbar avait inspirées au docteur Clément, et la reconnaissance de ce dernier, lorsque, sous le sceau du secret, je lui eus demandé comme une faveur inespérée les moyens d'entrer au service de la princesse.

A mon grand étonnement, Claude m'apprit sur Régina beaucoup de choses que j'ignorais, et qui augmentèrent encore mon intérêt pour elle: toutes ces particularités, Claude les tenait du capitaine Just.

Ces deux hommes, une fois rapprochés par le hasard, s'étaient trouvé tant de points de contact, qu'ils se lièrent bientôt d'une étroite amitié. Venant un jour à parler de l'ignoble esprit de négoce et de la cupidité sordide qui, *de par* l'autorité paternelle, préside presque toujours aux mariages des jeunes filles riches, pauvres créatures ainsi mariées sans amour, sans désirs, sans foi dans l'homme qu'elles épousent, sans respect pour un lien qu'aucune sympathie ne resserre, et forcées de choisir entre une vie morne, froide, qui glace le cœur, ou l'entraînement des passions coupables; à propos de jeunes filles, le capitaine Just cita comme type de beauté, de charme, d'esprit, et de vaillance une jeune personne que son père, le docteur Clément, connaissait depuis longues années... mademoiselle Régina de Noirlieu...

Claude écouta son nouvel ami avec un redoublement d'attention, mais sans laisser pénétrer l'intérêt qu'à cause de moi il portait à Régina. Le capitaine Just lui apprit que l'un des plus grands chagrins de mademoiselle de Noirlieu résultait de l'éloignement que lui témoignait son père, qui l'avait pourtant idolâtrée pendant son enfance et sa première jeunesse : l'injuste accusation qui pesait encore sur la mémoire de la mère de Régina était le seul motif de l'aversion du baron de Noirlieu, qui avait cru découvrir, depuis peu d'années, que Régina n'était pas sa fille. La baronne de Noirlieu avait cependant dit en mourant : — « *Un serment m'oblige à me taire... même à cette heure suprême; mais, un jour, mon* INNOCENCE SERA RECONNUE. » Les espérances de Régina, à propos de la réhabilitation de la mémoire de sa mère, étaient-elles basées sur ces seules paroles ou sur des faits plus précis? Claude ne put m'en instruire. Se souvenant de la tendresse dont son père l'avait d'abord entourée, Régina l'aimait toujours, l'aimait d'autant plus, qu'elle le voyait en proie à une douleur farouche, incurable, qui le minait sourdement; ayant la conscience de l'innocence de sa mère, Régina poursuivait sa réhabilitation de vœux ardents, parce que cette réhabilitation devait aussi lui rendre le cœur de son père. Dans l'espoir d'attendrir cet homme inexorable, qui, dans la bizarrerie de sa douleur, n'avait pas voulu voir sa fille depuis son mariage, chaque jour Régina se rendait chez son père, sollicitant, les faits en main, à sa porte, la permission de le voir; à chaque refus, elle opposait une patiente espérance, et, sans jamais se lasser d'être rebutée, elle revenait le lendemain, toujours respectueuse et résignée.

Quant au suicide de Robert de Mareuil, et au mariage de Régina avec le prince, ces faits furent ainsi expliqués à Claude par le capitaine Just, selon les bruits du monde :

Mademoiselle de Noirlieu, ayant aimé M. de Mareuil dès son enfance, lui avait promis de n'être jamais qu'à lui; cependant l'éloignement, l'absence, le silence absolu du comte, peut-être aussi de vagues rumeurs sur la dissipation de sa vie stérile et prodigue avaient refroidi chez Régina les sentiments de ce premier amour.

Le baron de Noirlieu, ayant hâte de marier sa fille, dont la présence lui pesait douloureusement, lui proposa plusieurs partis, entre autres le prince de Montbar et le comte Duriveau. Si, malgré l'incompréhensible obsession de son père, Régina refusa obstinément M. Duriveau, sans agréer davantage les soins du prince, elle fut cependant frappée du charme et de l'esprit de M. de Montbar. Vers cette époque, M. de Mareuil vint rappeler à Régina une promesse sacrée; la loyauté chevaleresque de cette jeune fille, la vue et probablement la correspondance de celui qu'elle avait aimé dès son enfance, fixèrent sa résolution : elle déclara à son père qu'elle voulait épouser Robert. Le baron de Noirlieu fut inflexible, malgré les prières, les supplications de Régina. Soudain l'on apprit le suicide de M. de Mareuil, suicide inexplicable et inexpliqué pour tout le monde, excepté pour Régina, pour moi, et pour les complices des ténébreuses machinations de Robert.

Un moment éloignés par la force des circonstances, M. Duriveau, M. de Montbar renouvelèrent leurs instances auprès de mademoiselle de Noirlieu. Toujours sincère, elle ne cacha pas à M. Duriveau sa profonde antipathie, et dit à M. de Montbar :

— « Liée par une promesse sacrée, j'ai dû refuser de vous épouser; un funeste événement m'a rendue libre; j'accepte l'offre de votre main, et vous pourrez compter sur un cœur loyal et digne de vous. » Le prince, passionnément épris de Régina, parvint à surmonter la résistance du baron de Noirlieu, qui tenait toujours pour M. Duriveau, et, au dépit furieux de celui-ci; le mariage eut lieu.

Pendant six mois la princesse de Montbar parut la plus heureuse des femmes; mais au bout de ce temps, une grande froideur régna tout à coup entre le prince et sa femme; celle-ci tomba dans une mélancolie profonde dont le docteur Clément avait été douloureusement alarmé; le prince parut aussi pendant quelque temps sombre, agité, car il adorait, disait-on, sa femme... Puis à cette tristesse succéda chez lui une indifférence, réelle ou feinte? on ne savait.

La santé de la princesse s'altérait de plus en plus... lorsque, environ deux mois avant la mort du docteur Clément, un changement extraordinaire se remarqua dans les habitudes de madame de Montbar; elle avait depuis longtemps vécu retirée, dans une solitude presque complète; soudain elle rechercha le tumulte des fêtes; jeune, spirituelle, charmante, la princesse de Montbar fut bientôt une des femmes les plus entourées de Paris; les hommes à la mode se disputèrent ses moindres préférences, mais la médisance continua de respecter la vie de Régina.

La position de la princesse de Montbar ainsi résumée dans nos entretiens avec Claude Gérard, il approuva, il encouragea ma résolution. Je devais, selon lui, poursuivre jusqu'au bout mon œuvre de dévouement ignoré de Régina, dévouement qui m'était alors doublement imposé et par mes propres sentiments et par le vœu suprême du docteur Clément, dont la bonté généreuse m'avait mis pour toujours au-dessus du besoin.

« Une fois cette œuvre accomplie, autant qu'il aura été
» en toi de l'accomplir, — me dit Claude Gérard en nous
» quittant, — tu reviendras auprès de moi; nous ne nous
» séparerons plus, et puisque tel est ton désir, tu partageras ces travaux d'enseignement qui, par les résultats
» que j'obtiens, me deviennent de jour en jour plus
» chers... Si tu éprouves quelque doute sur la ligne de
» conduite, si tu as besoin de quelques avis, écris-moi...
» Mon sentiment du juste et du bien, joint à ma paternelle
» affection pour toi, guidera sûrement mes conseils. »

Fort de l'appui et de l'approbation de Claude Gérard, je le quittai avec une foi nouvelle et profonde dans la mission que je devais accomplir et qui pour moi se résumait ainsi :

Déjouer la vengeance du comte Duriveau.

Rendre à Régina l'affection de son père.

Concourir à la réhabilitation de la mémoire de sa mère.

Ramener le prince à ses pieds...

Voir enfin la princesse de Montbar heureuse... complétement heureuse.

Tâche immense, impossible, si je jugeais d'après le peu de moyens d'action dont, hélas! je pouvais disposer, moi si humble, si obscur, si infime...

Tâche réalisable peut-être, si j'en croyais cette *foi dans mon amour*, qui pouvait, comme la foi dont parle l'Évangile, transporter des montagnes. . . . .

CHAPITRE LXVII.

Martin entre au service de la princesse de Montbar.

Je revins à Paris...

La recommandation du docteur Clément, transmise par son fils à la princesse de Montbar, avait été si puissante, qu'à mon retour de chez Claude, le capitaine Just me prévint que le maître d'hôtel du prince avait l'ordre de me recevoir parmi les gens de la maison dès mon arrivée à Paris, et de me présenter à la princesse.

Je fus tout à fait certain que le docteur Clément m'avait scrupuleusement gardé le secret, car à la manière dont le capitaine Just m'annonça ma réception dans la maison de la princesse, il ne parut pas soupçonner les graves intérêts qui me faisaient entrer chez elle; il ne vit sans doute en moi qu'un domestique enchanté de trouver *une bonne condition.*

Enfin je touchais à ce jour depuis si longtemps et si impatiemment désiré; j'allais voir réaliser cette espérance jusqu'alors regardée par moi comme un rêve... J'allais habiter sous le même toit que Régina.

Je ne puis dire avec quel battement de cœur je frappai pour la première fois à la porte de l'hôtel de Montbar. Je demandai le principal domestique, qui, après avoir lu un mot que je lui remis de la part du capitaine Just, afin de constater mon identité, me dit de le suivre chez la princesse.

Après avoir gratté à la lourde portière d'un petit salon, il m'introduisit, en disant à Régina occupée à écrire :

— Voilà le valet de chambre que Madame la princesse attendait.

— C'est bien... — répondit-elle sans discontinuer d'écrire et sans me regarder.

Le maître d'hôtel sortit; je restai seul avec ma future maîtresse.

La princesse était enveloppée dans une robe de chambre de cachemire fond orange à palmettes, qui dessinait sa taille de Diane chasseresse; ses admirables cheveux noirs, naturellement ondés, se tordaient en une grosse natte derrière sa tête, et son petit pied, chaussé d'une mule de maroquin brodé d'argent, dépassait les plis traînants de sa robe, dont la manche un peu flottante laissait voir le commencement d'un bras blanc, poli comme l'ivoire, et le poignet élégant de sa main charmante.

Un suave parfum remplissait ce salon, tendu de damas vert, rehaussé de baguettes dorées; la table à écrire de la princesse était pour ainsi dire entourée d'un buisson de fleurs massées dans une jardinière demi-circulaire, très-basse et placée sur le tapis; il y avait encore une grande quantité de fleurs disposées dans des coupes et des vases de magnifique porcelaine placés çà et là sur des meubles d'une rare somptuosité.

Je n'avais de ma vie vu une pareille profusion de fleurs rares et un luxe de si bon goût. La lumière arrivait dans ce parloir à travers un store de satin où étaient peints des oiseaux de mille couleurs. Ce demi-jour mystérieux, le profond silence qui régnait dans l'appartement, situé sur le jardin, la douce odeur des fleurs et du léger parfum qui s'exhalait de la chevelure ou des vêtements de Régina, que dirai-je enfin? la vue de cette femme si belle et si longtemps adorée du fond de ma misère et de mon obscurité, me causèrent d'abord une sorte d'enivrement... de vertige.

Régina, ayant terminé d'écrire sa lettre, me dit en me montrant un bougeoir de vermeil placé sur sa table :

— Allumez cette bougie, je vous prie... il y a sur la cheminée du papier pour cela...

Obéissant à l'ordre de la princesse, je pris à l'endroit indiqué, dans un petit cornet de porcelaine, une sorte de longue allumette de papier rose, je la présentai à la flamme du foyer et j'allumai le bougeoir.

— Merci. — me dit la princesse de sa voix douce et bonne.

Puis, tout en cachetant sa lettre et en y écrivant l'adresse, elle ajouta sans lever les yeux sur moi :

— Vous vous nommez... Martin?

— Oui, Madame la princesse.

— M. le docteur Clément, un des hommes que j'aimais et que je vénérais le plus au monde, — me dit la princesse d'une voix légèrement émue, — vous a si instamment recommandé à moi, que je vous prends à mon service en toute confiance.

— Je tâcherai de mériter les bontés de Madame la princesse, — lui dis-je en m'inclinant.

Régina, sa lettre écrite, quitta son bureau et alla s'asseoir dans une bergère au coin de sa cheminée; s'accoudant alors sur le bras de ce meuble, et voulant sans doute juger de ma physionomie, elle attacha pendant un instant sur moi un regard pénétrant quoiqu'un peu embarrassé; ses grands yeux noirs et humides ayant ainsi rencontré les miens, je les baissai aussitôt, et malgré moi mon visage se couvrit d'une vive rougeur.

Je frémissais à la pensée que la princesse allait peut-être remarquer cette maladroite rougeur; heureusement il n'en fut rien, je pense, car elle reprit bientôt :

— Je dois vous dire d'abord à quelles conditions vous servirez ici, vous aurez mille francs de gages, cela vous convient-il?

— Oui, Madame la princesse.

— Vous serez habillé et vous mangerez à l'office, bien entendu; d'ailleurs, si, comme je l'espère, votre service me satisfait, vos gages seront augmentés l'an prochain.

— Je ferai mon possible pour contenter Madame la princesse...

— Cela vous sera facile... Je ne vous demande que du zèle et de l'exactitude dans votre service, — me dit la princesse avec bonté.

— Je crains seulement de n'être pas tout de suite bien au fait du service de Madame la princesse.

— Mon service est très-simple, voici en quoi il consiste : vous aurez soin de ce parloir et des deux salons qui le précèdent; vous veillerez à ce que mes jardinières et mes vases soient toujours remplis de fleurs fraîches et arrangées avec goût; vous vous entendrez pour ces fournitures avec ma fleuriste ; vous essuierez ensuite, avec précaution, ces porcelaines et ces objets d'art que vous voyez sur ces étagères; de temps à autre vous épongerez légèrement les tableaux qui sont dans cette pièce et dans les autres; vous me servirez ensuite mon déjeuner ici; puis, l'après-dîner, lorsque je ne sortirai pas, vous vous tiendrez dans le salon d'attente, afin de m'annoncer les personnes qui viendront me voir... Si je sors, vous irez faire les commissions dont je vous aurai chargé; sinon, vous pourrez disposer de votre temps. Vous servirez ensuite au dîner avec le maître d'hôtel et le valet de chambre de M. de Montbar; si le soir je suis chez moi, vous resterez au salon d'attente ; si je sors, votre soirée vous appartiendra. Voilà à peu près en quoi consistera votre service.

— Du moins, la bonne volonté ne me manquera pas, Madame la princesse...

— J'en suis persuadée; si vous êtes embarrassé pour quelque chose, adressez-vous au maître d'hôtel... ou à Mademoiselle Juliette, ma femme de chambre; ils vous mettront au fait de ce que vous ne saurez pas... Je n'ai pas besoin de vous dire que M. de Montbar tient à ce que la meilleure intelligence règne parmi les gens de sa maison... Je ne doute pas de la facilité de votre caractère... Dites-moi, vous savez lire et écrire?

— Oui... Madame la princesse.

— Et compter?

— Oui, Madame la princesse.

— Vous serez chargé de régler, chaque mois, avec certains fournisseurs dont je vous donnerai la liste, et chaque mois aussi vous m'apporterez votre livre de dépenses très-exactement... je n'aime pas les mémoires en retard.

— Je me conformerai aux ordres de Madame la princesse.

— Allons... j'espère que vous resterez longtemps chez moi, et que je serai satisfaite de vous.

— Madame la princesse peut être certaine que je ferai pour cela tout mon possible.

— Dès demain vous commencerez votre service auprès de moi... Aujourd'hui vous vous mettrez au fait des habitudes de la maison... seulement vous porterez cette lettre à son adresse...

Et Régina me donna la lettre qu'elle venait d'écrire.

— Faudra-t-il demander une réponse, Madame la princesse?...

— Oui... vous monterez vous-même la lettre à l'antichambre et vous attendrez... Mais dans le cas où Madame Wilson... c'est le nom de la personne à qui j'écris, ne serait pas chez elle... vous laisserez la lettre.

Après un moment de silence, la princesse reprit :

— Dites-moi, Martin... il est entendu que lorsque je sors en voiture vous ne me suivez jamais... Ceci est le service des valets de pied. Cependant, comme il se pourrait qu'une fois par hasard j'eusse besoin de vous pour me suivre, je préfère vous prévenir... D'ailleurs, lors de ces rares sorties, vous ne porterez pas plus la livrée que vous ne la porterez habituellement.

— Je serai toujours prêt à obéir aux ordres de Madame la princesse, c'est mon devoir.

— Ah! j'oubliais... — reprit Régina, et son visage trahit une impression pénible. — Une fois pour toutes... et sans que j'aie jamais besoin de vous réitérer cet ordre, vous irez chaque matin de très-bonne heure vous informer des nouvelles de M. le baron de Noirlieu... mon père...

— Oui, Madame la princesse...

Puis, comme si elle eût voulu se distraire des tristes pensées que venait sans doute d'éveiller en elle l'ordre qu'elle m'avait donné, ou voulant peut-être ne pas me laisser pénétrer son émotion, Régina me montra un bouquet de *daphné* blanc, placé dans une petite coupe de verre de Venise enrichi de pierres fines, et posée sur une table de bois de rose, où je vis aussi un mouchoir brodé, un livre entr'ouvert et un ouvrage de tapisserie commencé.

— J'aime beaucoup l'odeur du *daphné*, — me dit la princesse; — vous vous entendrez avec ma fleuriste, afin que chaque jour j'aie dans cette coupe une branche fleurie de cet arbuste...

Madame de Montbar ayant de nouveau gardé un moment le silence, reprit avec une certaine hésitation :

— Le docteur Clément m'a écrit, et son fils m'a répété que vous étiez la probité même... Je sais avec quel courageux dévouement vous avez, au péril de votre vie, lutté contre un misérable qui s'était introduit chez votre maître pour le voler...

— J'ai fait mon devoir, Madame la princesse.

— Je le sais, mais ceux qui accomplissent si bravement leur devoir... sont rares... En un mot, tout le bien que l'on m'a dit de vous doit me faire penser qu'à ces deux excellentes qualités : le dévouement et la probité... vous joignez sans doute la discrétion...

Et la princesse attacha de nouveau sur moi un regard ferme et pénétrant.

J'avais un dangereux écueil à éviter dans cette première entrevue avec Régina : — paraître au-dessus de ma condition par mon langage, je dirais par mes sentiments... si je n'avais rencontré d'admirables dévouements domestiques. — Il me fallait donc m'observer sans cesse, et résister surtout impitoyablement à la funeste tentation de me *rendre intéressant* aux yeux de la princesse. Tout eût été perdu pour mes projets, du moment où elle aurait vu en moi autre chose qu'un serviteur simple, honnête et zélé.

Ainsi, la princesse, en me demandant si elle pouvait compter sur ma discrétion, songeait sans doute à me charger de quelque commission délicate. L'espoir d'obtenir déjà une preuve de sa confiance me rendit heureux; je répondis avec un accent de simplicité sincère, en affectant cependant un peu de surprise :

— Madame la princesse veut dire que je ne rendrai compte qu'à elle de ses commissions ?

— Voici ce que je veux dire, — reprit la princesse avec un léger embarras : — On s'adresse souvent à moi pour des secours... et s'il est des infortunes dignes de pitié... il en est malheureusement d'autres qui sont feintes ou causées par l'inconduite... Je voudrais donc vous charger d'aller quelquefois aux informations sur les personnes qui me demandent des aumônes, afin d'obtenir des renseignements certains ; vous vous mettrez pour cela en rapport avec les portiers, les voisins, que sais-je ?... Enfin comprenez-vous ce que j'entends de vous dans ces circonstances, — ajouta la princesse en paraissant douter un peu de mon intelligence, — me comprenez-vous bien?

— Oui, Madame la princesse... et je tâcherai que Madame puisse avoir confiance dans les renseignements que je lui fournirai.

Après un moment de réflexion, la princesse me dit :

— Alors je vous donnerai aujourd'hui même une commission de ce genre.

Et tirant le tiroir de la petite table de bois de rose placée près d'elle, Régina prit un papier, le lut, et me demanda :

— Connaissez-vous la rue du Marché-Vieux?

— Non, Madame la princesse.

— Cette rue doit être du côté de la rue d'Enfer.

— Je la trouverai facilement, Madame la princesse.

— Eh bien! au numéro 11 de la rue du Marché-Vieux, habite une malheureuse veuve nommée madame Lallemand... elle est paralytique et hors d'état de quitter son lit. Sa fille, âgée de onze ou douze ans au plus, est déjà venue ici deux fois m'implorer pour sa mère. Cet enfant m'a tellement intéressée, que je lui ai donné des secours... Avant-hier je l'ai revue; elle m'a suppliée de venir voir sa mère, celle-ci ayant, disait-elle, à me confier quelque chose de la plus grande importance pour elle; mais ne pouvant bouger de son lit, ne sachant pas écrire et ne voulant pas charger un enfant de l'âge de sa fille d'une commission si grave, elle était forcée de me prier de venir la voir. Je le lui ai promis, et j'irai demain; seulement, comme l'enfant m'a dit que les voitures pouvaient à peine entrer dans cette petite rue d'un quartier perdu, où l'apparition de ma voiture ferait d'ailleurs événement, ce qui me serait fort désagréable, vous irez tantôt chez cette pauvre femme, afin de savoir à quel étage elle demeure, et de m'épargner ainsi l'embarras de la demander dans la maison, où il n'y a pas de portier, m'a dit l'enfant.

— Faudrait-il annoncer à cette femme la visite de Madame la princesse pour demain?

— Oui, cela la rendra heureuse un jour d'avance. Vous lui direz que je serai chez elle sur les neuf ou dix heures du matin, — ajouta la princesse après un moment de réflexion.

— Madame la princesse désire-t-elle que je tâche de prendre quelques informations sur cette femme?

— Cette fois, c'est inutile... je crois tout ce que m'a dit sa petite fille... un enfant de cet âge serait incapable de mentir ou de tromper à ce point.

A cette réflexion de Régina, j'aurais dû, instruit par l'expérience, me souvenir, hélas! que trop souvent la corruption atteint jusqu'à l'enfance; mais j'étais loin de prévoir que cet appât tendu à l'âme généreuse de Régina cachait un piége horrible... une machination diabolique...

Cette triste révélation ne viendra que trop tôt.

— Tenez, voici l'adresse de cette pauvre femme, — me dit Régina en me remettant un papier. — Allez d'abord chez madame Wilson porter ma lettre, puis vous ferez cette autre commission.

Au moment où j'allais sortir, la princesse ajouta avec beaucoup de bienveillance et de dignité :

— C'est grâce aux excellentes recommandations du docteur Clément que je vous donne une preuve de confiance dès le premier jour de votre entrée à mon service; j'espère que vous y répondrez par votre zèle et par votre discrétion.

— Je ferai tout ce que je pourrai afin de satisfaire Madame la princesse.

Et je quittai l'appartement de madame de Montbar.

Il m'est impossible d'exprimer les mille pensées dont je fus agité ensuite de ma première entrevue avec Régina; ce fut une sorte d'étourdissement d'esprit si violent que je montai en hâte à ma chambre, afin de me recueillir et de reprendre le sang-froid nécessaire pour supporter, sans trouble, les regards de mes nouveaux *camarades*.

L'impression terrible qui domina d'abord toutes les autres et que je ne cherchai pas à me dissimuler, tant elle m'épouvantait, fut un ressentiment d'amour passionné... brûlant... sensuel, que je n'avais jamais éprouvé pour Régina. Jusqu'alors toujours grave et austère, entourée du prestige sacré de sa tristesse filiale, Régina m'était apparue dans une sphère si élevée, elle placée si haut, moi si bas et si loin, que je n'avais pu subir l'influence de la *femme*... de la femme jeune, belle, charmante.

Anéanti sous ces impressions remplies de charme et de terreur, un moment j'eus peur... ma résolution m'abandonna... j'entrevoyais un avenir de tortures sans nom, que je n'avais pu soupçonnées. Ce beau rêve, de vivre sous le même toit que la princesse, de jouir à chaque instant d'une intimité presque forcée par mes relations domestiques... ces transports, à la seule pensée de la voir, de l'entendre chaque jour... ce bonheur ineffable de pouvoir me dire, en parlant d'elle, *ma maîtresse*, de lui appartenir en effet, corps et âme... tant de ravissantes visions se dissipèrent du moment où j'envisageai cette réalité : UN VALET AMOUREUX FOU DE SA MAÎTRESSE... passion insensée à force de honte, de ridicule, de bassesse; passion irritée, exaspérée à chaque instant par la femme qui la cause à son insu; car, si réservé qu'on soit, l'on *se gêne encore si peu devant son valet!*

Et ce n'était pas tout : la moindre émotion trahie, un regard, une rougeur furtive, le plus léger trouble dans ma voix, un tremblement involontaire, pouvaient non-seulement me faire chasser de cette maison avec ignominie, mais je perdais à jamais l'occasion de servir peut-être grandement la princesse; car j'avais déjà eu, quoiqu'elle l'ignorât, une part d'action assez large, assez salutaire sur la vie de Régina pour espérer encore quelque fruit de mon dévouement.

En présence d'un tel avenir, mon courage fut encore sur le point de faillir; puis surmontant mon lâche effroi, songeant aux dernières recommandations du docteur Clément, aux encouragements de Claude Gérard, je résolus de poursuivre ma tâche et de lutter courageusement; comparant enfin ma position présente, si pénible qu'elle fût, à mes misères passées, alors que, las de souffrir de la faim et du froid, j'avais attendu, espéré la mort au fond de la cave où je m'étais enseveli vivant, il me sembla entendre la voix amie et austère de Claude Gérard me reprocher mon indigne faiblesse, comme une outrage aux jours meilleurs qu'un sort providentiel m'avait récemment assurés.

La cloche du déjeuner sonna et me réunit à mes nouveaux *camarades* : le maître d'hôtel, le cuisinier, le valet de chambre du prince et les deux femmes de la princesse. Les gens de livrée et d'écurie prenaient leurs repas chez le portier de l'hôtel. Je fus cordialement accueilli par mes compagnons de service; mademoiselle Juliette, première femme de chambre de la princesse, proposa même de donner le soir chez elle un *thé* pour fêter ma bienvenue; il me fut facile de voir, à la réserve ou à l'insignifiance des propos tenus à l'office pendant ce premier repas, que l'on n'était pas encore en confiance avec moi. Je crus utile et prudent de faire acte de bon compagnonnage, en offrant à mes convives de me charger des commissions qu'ils pourraient avoir en allant remplir les ordres de la princesse; mademoiselle Juliette, la femme de chambre, accepta et me pria, puisque j'allais porter une lettre chez madame Wilson, d'inviter mademoiselle Isabeau à venir le soir même prendre le thé avec nous, si elle était libre.

Je me rendis d'abord chez madame Wilson; elle occupait une très-élégante maison de la rue de Londres, où se trouvaient les bureaux de M. Wilson, riche banquier américain. Le domestique qui me reçut à l'antichambre me dit que madame Wilson était sortie; je lui remis la lettre de ma maîtresse, et le priai de me conduire auprès de mademoiselle Isabeau, la femme de chambre. Je trouvai cette jeune fille occupée à coudre. Elle était loin d'être belle; mais elle avait une taille svelte et gracieuse, de magnifiques cheveux et une certaine distinction de manières.

Ayant appris que madame Wilson était *l'amie intime* de la princesse, il ne me parut pas sans intérêt de causer avec mademoiselle Isabeau, qui d'ailleurs s'y prêta avec la meilleure volonté du monde, car elle me parut singulièrement *parlante*.

— Je suis chargé, Mademoiselle, — lui dis-je, — de vous prier de venir prendre le thé chez mademoiselle Juliette.

— Avec grand plaisir, Monsieur, — me répondit mademoiselle Isabeau d'un air jovial. — Donnez-vous la peine de vous asseoir... Mais je n'ai pas l'avantage de...

— Je suis nouvellement entré, comme valet de chambre, chez madame la princesse de Montbar, et j'apportais une lettre de ma maîtresse pour madame Wilson.

— Vraiment ! monsieur le comte, — reprit-il, — tu crois que mademoiselle est ta femme ?... — Page 248.

— Ah ! très-bien, Monsieur... c'est différent... Madame est sortie, elle ne doit pas rentrer avant quatre ou cinq heures... Vous remercierez bien, n'est-ce pas ? Juliette pour moi. Comme Madame va au spectacle et au bal ce soir, je crois même avec la princesse... j'aurai, je l'espère, ma soirée libre... C'est bien aimable à Juliette d'avoir pensé à moi... une nouvelle amie.
— Ah ! il n'y a pas longtemps que vous connaissez mademoiselle Juliette ?
— Mon Dieu, non ; notre amitié date de l'amitié de nos deux maîtresses... Madame m'a envoyée plusieurs fois chez la princesse, c'est comme cela que j'ai fait connaissance avec Juliette.
— Je croyais madame Wilson l'amie intime de ma maîtresse ?
— Certainement, mais on peut être intime sans se connaître pour cela depuis longtemps... Aussi, tenez, entre nous, ce n'est pas pour vanter ma maîtresse... mais sans elle... la princesse...
— La princesse ?...
— Ma foi, écoutez donc, du train où elle allait, elle serait peut-être à cette heure morte de chagrin.
— Vraiment ! — m'écriai-je ; puis j'ajoutai : — Vous concevez, Mademoiselle, mon étonnement... étant tout nouveau dans la maison... et n'ayant pas remarqué que *Madame*... fût triste...
— A cette heure, elle n'est plus triste, certainement ; mais il y a deux mois c'était à fendre le cœur ; heureusement la princesse a fait connaissance avec *Madame*, et alors tout a changé.
— Votre maîtresse fait des miracles, il me semble...
— Je crois bien, elle est si vive, elle aime tant le plaisir pour elle et pour les autres, elle a tant d'esprit, elle est si gaie, qu'il n'y a pas de mélancolie qui tienne avec elle...

Aussi, elle vous a joliment arrangé la tristesse de la princesse. Elles sont maintenant toujours en fêtes, en plaisirs. Tenez, aujourd'hui encore, je crois qu'elles vont ensemble aux Italiens et de là au bal...

Notre entretien fut interrompu par l'arrivée d'une gouvernante anglaise, tenant par la main la plus jolie enfant que j'eusse jamais vue, un ange de beauté, de fraîcheur et de grâce.

— Si Madame rentrait avant moi, mademoiselle Isabeau, — dit la gouvernante, — vous la préviendriez que j'ai emmené mademoiselle Raphaële se promener, car il fait très-beau.

— Très-bien, madame Brown, — dit la femme de chambre.

— Adieu, ma bonne Isabeau, — dit Raphaële, en embrassant affectueusement la camériste ; — je te rapporterai un gâteau...

Et l'enfant, toute joyeuse, sortit en sautant.

— Quelle charmante petite fille !... — dis-je à Isabeau.

— N'est-ce pas qu'elle est jolie, mademoiselle Raphaële ? Et gentille, et bonne, jamais fière ; il n'y a pas un meilleur cœur... Ah ! l'on peut dire que si celle-là ne rend pas un jour un mari heureux... c'est bien qu'il ne le voudra pas... Pauvre petite... Seulement, ça sera si bon, que ça n'aura pas de défense... C'est pas comme Madame !... Ah ! elle... par exemple...

Cet entretien qui, pour mille raisons, m'intéressait extrêmement, fut de nouveau interrompu ; on demanda mademoiselle Isabeau à la lingerie ; je ne jugeai pas devoir rester plus longtemps, et je pris congé de mademoiselle Isabeau, qui me dit :

— A ce soir, Monsieur... Votre nom, s'il vous plaît ?
— Martin.
— M. Martin, vous direz à Juliette que j'aurai ce soir

— Une flamme éblouissante me brûla la vue; il me sembla qu'un fer rouge me traversait le cou. — Page 252.

de bonnes histoires *toutes chaudes* à lui raconter.... pas sur mes maîtres, bien entendu... monsieur Martin, mais sur les maîtres des autres....
— Je comprends, — lui dis-je en riant, — c'est un échange; de cette façon, le diable n'y perd rien.
— Que voulez-vous, monsieur Martin, — me dit ingénument mademoiselle Isabeau; — on voit, on écoute, on se souvient, on confie cela à des amis... comme un secret... et puis après on ne répond de rien.
Un pressentiment presque certain me dit que le soir, *au thé* que donnait mademoiselle Juliette, je devais entendre de curieuses révélations.
En sortant de chez madame Wilson, je me hâtai de me rendre rue du Marché-Vieux, près de la rue d'Enfer, afin de visiter la pauvre femme paralytique chez qui la princesse de Montbar devait se rendre le lendemain.

CHAPITRE LXVIII.

Mme Lallemand. — Le soupçon. — Conversation entre deux époux.

J'arrivai rue du Marché-Vieux, sorte de ruelle si étroite, qu'une voiture pouvait difficilement y pénétrer. Guidé par l'adresse que m'avait remise la princesse, j'entrai dans la maison de la femme paralytique; une sombre allée où je ne vis pas de loge de portier conduisait à l'escalier, aussi très-obscur. Afin de me renseigner sur l'étage où demeurait madame Lallemand, je frappai à deux portes s'ouvrant sur le palier du premier.
Personne ne me répondit.
Supposant ces chambres habitées par des ouvriers alors en journée, je montai au second; je frappai encore.
Même silence.

Assez étonné de cette solitude, je montai au troisième et dernier étage, sauf les combles; je heurtai de nouveau et inutilement à plusieurs reprises. J'allais redescendre, croyant m'être trompé de numéro, lorsque j'entendis un bruit de pas se rapprocher de la porte, et une voix d'enfant demanda :
— Qui est là ?
— C'est quelqu'un qui vient voir madame Lallemand de la part de madame la princesse de Montbar... — répondis-je.
Aussitôt la porte s'ouvrit; je vis une petite fille de onze ou douze ans, d'une figure douce et naïve.
— Madame Lallemand demeure ici ? — lui dis-je en jetant un regard sur une première pièce nue, délabrée, où aboutissait l'escalier d'un grenier, sans doute.
— Oui, Monsieur, — me répondit l'enfant, — elle est couchée et ne peut pas se lever.
— Puis-je la voir, et lui parler de la part de madame la princesse ?
— Je vais le lui demander, Monsieur, — me dit la petite fille, qui revint au bout de quelques instants m'ouvrir une porte, et j'entrai.
Une femme jeune encore, à l'air souffrant, à la physionomie intéressante, était couchée sur un grabat au milieu d'une chambre qui trahissait une profonde misère. Lorsque j'eus dit à cette femme qu'elle recevrait sûrement le lendemain matin la visite de la princesse, des larmes coulèrent de ses yeux, et par un mouvement de joie touchant, elle embrassa son enfant avec effusion, puis elle m'exprima sa reconnaissance pour la princesse en des termes si simples, si naturels, si profondément sentis, que, vivement ému de cette scène, je me promis de rendre compte à ma maîtresse de cette impression si favorable à sa protégée.

Quand je pense, à cette heure, que tout cela était de la part de cette créature une comédie qui cachait un infâme guet-apens, je suis encore à comprendre la possibilité d'une si effroyable dissimulation.

Je quittai la rue du Marché-Vieux si complètement rassuré par ce que je venais de voir et d'entendre, qu'il ne me vint pas à la pensée de prendre des renseignements sur madame Lallemand; j'oubliais même l'étonnement que j'avais ressenti en trouvant cette maison uniquement habitée par la protégée de la princesse.

Rentré à l'hôtel, je m'habillai avec soin; je devais le soir servir à table. Le tailleur du prince était excellent. Je revêtis un habit du plus beau drap noir, élégamment coupé. Lorsque ma toilette fut terminée, je me regardai dans la petite glace de ma chambre; soigneusement cravaté de batiste blanche, chaussé de bas de soie noire et d'escarpins bien luisants à boucles d'or, je ne craignis pas d'être reconnu par le prince, qui ne m'avait adressé la parole qu'une fois, et alors qu'à moitié ivre il me plaisantait sur les haillons dont j'étais couvert.

En entrant dans l'office de la salle à manger, je trouvai le maître d'hôtel et le vieux valet de chambre du prince, qui me dit affectueusement :

— Avant d'aider au couvert, mon cher ami, avez-vous été voir si le feu du parloir de *Madame* allait bien ? Elle ne peut tarder à rentrer...

— Non, Monsieur Louis, lui dis-je ; je n'y avais pas songé et j'y vais...

— N'oubliez pas aussi, lorsque *Madame* rentrera, de vous trouver à la porte du parloir d'attente pour la recevoir.

— Je vous remercie, Monsieur Louis ; mais comment serai-je instruit du retour de *Madame* ?

— C'est bien simple, par le bruit de sa voiture d'abord, et puis par deux coups du timbre qui correspond à la loge du portier... Le timbre frappe un coup lorsque *Monsieur* rentre, deux coups lorsque c'est *Madame*...

Je me rendis donc dans le parloir de la princesse pour veiller à son feu ; je ne pus m'empêcher de tressaillir en sentant de nouveau le parfum particulier à cette pièce, où Régina se tenait de prédilection, parfum doux, suave, quoique pénétrant ; oubliant, je l'avoue, un instant mon service, je regardais autour de moi avec émotion, contemplant ces fleurs, ces tableaux, ces livres, ces meubles qui ornaient le sanctuaire de la princesse, lorsque j'entendis marcher dans une petite galerie de tableaux qui séparait le parloir où je me trouvais de la chambre à coucher de la princesse.

Au moment où, de crainte d'être surpris inactif, je me baissais vivement vers la cheminée, le prince entra... J'étais courbé, je ne pus voir son visage, mais un assez brusque temps d'arrêt dans sa marche me prouva qu'il était surpris de trouver là quelqu'un. Il referma la porte de la galerie de tableaux, je me redressai et m'inclinai respectueusement.

— Vous êtes le nouveau valet de chambre de madame de Montbar ? — dit le prince, presque sans me regarder, et en s'arrêtant à peine un instant.

— Oui, mon prince.

— C'est bien, — me dit-il, et il sortit.

Quoique j'eusse à peine eu le temps d'envisager M. de Montbar, il me parut assez contrarié d'être vu sortant de l'appartement de sa femme, contrariété que je ne m'expliquai pas ; lorsqu'il fut parti, jetant par hasard les yeux sur la petite table placée auprès du fauteuil de Régina, il me sembla voir un certain désordre parmi les objets placés sur ce guéridon. La tapisserie commencée était tombée à terre, ainsi qu'un livre, et le tiroir à demi ouvert, je ne sais pourquoi. En me rappelant la surprise : l'espèce de contrariété manifestées par le prince à mon aspect, l'idée me vint que, profitant de l'absence de sa femme, il avait peut-être cherché quelque chose dans les meubles de l'appartement... Je frémis, pensant que cette indiscrétion ou cet abus de confiance, s'il se découvrait, pourrait m'être attribuée.

Cette pensée m'accablait, lorsque j'entendis un roulement de voiture dans la cour de l'hôtel ; presque aussitôt après retentirent deux coups de timbre.

Fidèle aux instructions de Louis, je courus au salon d'attente ouvrir la porte à la princesse ; je crus bien faire en la saluant respectueusement ; mais elle me dit avec bonté, quoique en souriant un peu :

— Une fois pour toutes, vous ne me saluerez plus chez moi... n'est-ce pas ?

Confus de ma maladresse, je balbutiai quelques excuses ; mais Régina me dit, tout en traversant le second salon qui conduisait à son parloir :

— Vous êtes allé chez madame Wilson ?

— Oui, Madame la princesse.... mais je ne l'ai pas trouvée.

— Vous direz alors à la porte que, dans le cas où il viendrait pour moi une lettre de madame Wilson, on me la monte à l'instant.

— Oui, Madame la princesse...

— Et madame Lallemand ?

Je l'ai vue, Madame la princesse ; elle demeure au troisième étage de la maison dont Madame m'a donné l'adresse...

— Vous l'avez prévenue que j'irais la voir demain matin ?

— Oui, Madame la princesse.

— Il y a là bien de la misère sans doute... — me demanda tristement Régina.

— Oui, Madame... une bien cruelle misère.

— Et cette femme, j'en suis certaine, est intéressante ?

— Je crois qu'elle mérite toutes les bontés de Madame la princesse.

— Allons, tant mieux ; car...

Puis, s'interrompant, la princesse me dit en regardant la petite table placée à côté de son fauteuil :

— Quelqu'un est donc entré ici pendant mon absence ?

— Je l'ignore, Madame la princesse, — répondis-je avec un embarras stupide, car je ne doutais pas de la cause de l'étonnement de la princesse, et je tremblais d'être soupçonné.

— C'est singulier, — dit madame de Montbar, et se retournant, elle me regarda fixement.

Je m'abusais sans doute, mais il me sembla lire sur sa physionomie une expression d'étonnement et de défiance. Je me troublai tellement, que, malgré moi, je devins pourpre, et au lieu de lui dire, chose bien simple pourtant, que, devant moi, le prince était sorti du salon des tableaux, je restai muet, aussi péniblement ému que si j'avais été coupable. Sentant néanmoins le danger de ma position, j'allais faire un effort pour éloigner de moi tout soupçon, lorsque la princesse me dit sèchement :

— Vous demanderez ma voiture pour huit heures et demie...

Et la princesse, après avoir un instant chauffé ses pieds au feu de son parloir, entra dans la galerie des tableaux qui précédait sa chambre à coucher, et disparut.

Navré de ma maladresse, je descendis chez le portier afin d'exécuter les ordres de ma maîtresse ; les gens d'écurie prenant leur repas chez M. Romarin, c'était le nom du maître de la loge, je pouvais remplir ma double commission.

M. Romarin, poudré à blanc et habillé en grande livrée, homme important s'il en fut, se chargea de prévenir le cocher de la princesse et me remit deux lettres, dont l'une venait d'être apportée à l'instant même de la part de madame Wilson ; avec cette lettre, le portier me donna trois magnifiques bouquets de bal soigneusement enveloppés, et me dit :

— L'un de ces bouquets a été apporté avec ce carton de fleurs, par le garçon de la fleuriste de madame la princesse... les deux autres bouquets l'ont été par des commissionnaires qui n'ont pas dit de quelle part ils venaient.

Parmi ces deux bouquets *sans noms* que je remportai, j'en remarquai un de magnifique lilas blanc et de violettes de Parme.

En gravissant lentement l'escalier, je contemplais avec une mélancolie amère ce frais et mystérieux bouquet de fête qui exhalait un doux parfum ; car, par un étrange contraste, je me rappelais ces pauvres bouquets de perce-neige blancs et violets, mystérieux aussi, que, pendant tant d'années, j'avais, à chaque funèbre anniversaire, déposés sur la tombe de la mère de Régina sans que la jeune fille eût jamais connu la source de cette pieuse offrande... A ces souvenirs, une larme me vint aux yeux. Ces humbles et tristes fleurs dont mon dévouement ignoré ornait autrefois un tombeau, n'étaient que trop l'emblème de mon humble et triste amour.

. . . .

En remontant dans l'appartement de la princesse, j'y trouvai sa femme de chambre. Elle se chargea des fleurs et des bouquets, et j'allai attendre dans la salle à manger l'heure de servir à table.

Presque aussitôt la porte s'ouvrit à deux battants ; le prince entra avec sa femme. Sur un signe du maître d'hôtel, j'allai me placer derrière la princesse.

Pour la première fois, je voyais M. de Montbar et sa femme réunis. Quoique leur entretien dût être nécessairement contenu par la présence de leurs gens, je redoublai d'attention afin de tâcher de pénétrer dans quels rapports ils se trouvaient ; j'avais acquis, en l'exerçant, une telle faculté d'observation, qu'il me fallait peu de chose pour me mettre sur la voie de ce que je désirais connaître.

Le prince me parut froid, distrait, et affecter envers sa femme une politesse presque cérémonieuse ; tel fut, à peu près, leur entretien après quelques paroles insignifiantes.

— Vous sortez ce soir ? — dit le prince à sa femme.
— Oui... je vais aux Italiens.
— Mais, ce n'est pas votre jour, il me semble ?
— Madame Wilson me donne une place dans sa loge ; elle vient me prendre, nous irons ensuite chez madame de Beauménil.
— Il y a grand bal, je crois ?
— Elle ouvre son nouvel hôtel... On dit que c'est merveilleux, éblouissant... n'y viendrez-vous pas un instant ?
— Certes non, — dit le prince, — je déteste ces cohues où l'on est convié de venir louer en chœur un faste insolent quand il n'est pas ridicule, à moins qu'il ne soit à la fois insolent et ridicule ; d'ailleurs je soupe ce soir avec quelques amis chez Véry ; de là, nous partons pour Fontainebleau, où nous allons chasser pendant plusieurs jours.
— Vous serez absent longtemps ?
— Six ou huit jours au moins... le temps de faire trois ou quatre chasses, l'équipage ne pouvant chasser que tous les deux jours.
— Ce sera une partie charmante ; serez-vous nombreux ?
— Non, pas trop : le marquis d'Hervieux et son beau-frère, maître de l'équipage, Blinval, Saint-Maurice, Thionville, moi et Alfred de Dreux, le célèbre peintre de chevaux, qui peindra des sujets d'après nature... Mais, à propos de peinture, — ajouta le prince, — savez-vous que je suis jaloux de vos tableaux ?
— Vous leur faites vraiment trop d'honneur.
— Il y a surtout cette nouvelle marine d'Isabey... elle ne me sort pas de devant les yeux... c'est un chef-d'œuvre.
— Elle est charmante en effet.
— Si charmante, que tantôt, pendant votre absence, je suis allé encore l'admirer...

Ce disant, et à ma grande surprise, le prince leva un instant les yeux sur moi, comme si cette explication de sa présence dans l'appartement eût été donnée à mon intention, explication dont je fus d'ailleurs ravi, car elle apprenait à madame de Montbar ce que j'avais eu la maladresse de ne pas lui dire : — que, pendant son absence, son mari s'était introduit chez elle.

Ainsi devaient tomber les soupçons qu'elle pouvait avoir sur moi dans le cas où elle se serait aperçue de quelque acte indiscret.

— Je suis très-heureuse que le tableau vous plaise, — avait répondu la princesse à son mari, — seulement je regrette que vous ne veniez l'admirer que... pendant mon absence.

Je ne sais si ces mots, prononcés par la princesse avec autant de froide politesse que s'ils se fût adressée à un étranger, parurent au prince renfermer un double sens, mais il arrêta sur sa femme, pendant une seconde, un regard pénétrant ; puis il ajouta :

— Lorsque vous êtes chez vous, vous êtes toujours très-entourée, et, vous le savez, il n'y a rien de plus fâcheux qu'un mari dans le salon de sa femme, le matin. A propos de vos amis, le beau d'Erfeuil est-il toujours aussi sot qu'il est beau ?
— Il est plus beau que jamais.
— Et d'Hervillier a-t-il toujours ses désolantes prétentions de chanteur ? Supplie-t-il toujours tout bas qu'on lui demande de chanter, afin de minauder une feinte résistance ?... Comme ça lui va, un homme de six pieds... avec une carrure de tambour-major et une voix de chantre de cathédrale ?
— M. d'Hervillier a fait un progrès : il chante sans qu'on le lui demande.
— C'est le cri du désespoir, — dit le prince en continuant son persiflage ; — et cet énorme Dumolard, le frère de votre amie intime, — et M. de Montbar accentua ces mots avec une extrême malveillance, — cet homme d'une grosseur irritante prête-t-il toujours sa voiture et ses loges aux belles dames, généreuses complaisances qui l'ont fait appeler l'omnibus ?
— M. Dumolard est toujours cité pour son obligeance énorme... — répondit la princesse, qui me parut vouloir lutter d'ironie avec son mari. Mais il y avait dans cet échange de plaisanteries quelque chose d'amer, de froid, bien éloigné de cette gaieté douce, communicative, qui naît de la confiance et de l'affection.
— Mais à propos de sa sœur, — reprit le prince presque avec aigreur, — savez-vous qu'on parle beaucoup... mais beaucoup, de votre nouvelle amie ?
— De ma nouvelle amie ?
— Oui, de madame Wilson...
— C'est tout simple, une femme à la mode... De qui et de quoi... parlerait-on sans cela ?
— Est-ce qu'il y a... un Monsieur Wilson ? — demanda le prince d'un ton de raillerie presque insolente.

La princesse fronça légèrement les sourcils, puis répondit avec un sourire contraint :
— Quelle singulière question me faites-vous là ?
— D'abord... c'est qu'on ne le voit jamais, ce M. Wilson.
— Si l'existence des maris qui ne paraissent jamais dans le monde était mise en doute... — reprit Regina, — avouez que la vôtre serait un peu compromise.
— Je ne crois pas... ou plutôt j'espère qu'il n'y a aucune comparaison à établir entre moi et M. Wilson, — dit le prince avec hauteur et un dépit mal contenu ; — car il est de ces ridicules qui...
— Monsieur de Montbar, permettez-moi donc de vous offrir de cette gelée d'ananas... Elle est parfaite, — dit la princesse en interrompant son mari, qui, comprenant que madame de Montbar ne voulait pas continuer cette espèce de discussion devant nous autres domestiques, accepta sans doute par convenance le mets qui lui était offert, car il n'y toucha pas, et reprit après quelques moment de silence.
— En allant tantôt chez vous admirer un de vos tableaux, j'ai vu sur une table trois gros volumes in-folio... Qu'est-ce que c'est donc que cela ? Est-ce que vous devenez femme savante ?
— Ce sont des gravures... une collection de portraits historiques, que M. Just Clément a bien voulu me prêter... Je cherchais un costume pour un bal costumé, M. Just m'a conseillé de choisir parmi les gravures qui lui viennent de son père.
— Et... comment va le capitaine Just ? — demanda le prince, non plus avec cet accent sardonique dont il avait accompagné ses questions sur quelques-uns des amis de sa femme, mais avec gravité et une sorte d'hésitation....

Du moment où il eut nommé le capitaine Just, je remarquai que le prince, assis à table en face de sa femme, ne la quittait pas des yeux et semblait l'observer.

Regina ne parut pas s'apercevoir de l'attention presque inquiète du prince et répondit avec une parfaite simplicité :
— M. Just Clément est toujours triste de la mort de son père... mais cette tristesse est douce et calme. Loin de craindre les occasions de parler de celui qu'il regrette, il les recherche, au contraire... et il me trouve toujours disposée à lui offrir cette consolation, car j'avais pour son père autant de vénération que d'attachement.
— Le docteur Clément était un homme des plus respec-

tables, en effet, — répondit le prince, — et puisque nous parlons de lui, je vous dirai que son protégé et le vôtre, ce jeune médecin qu'il nous avait recommandé, est parti hier pour Montbar.

— Je le savais, il est venu prendre congé de moi, — répondit la princesse, — et je vous remercie d'avoir...

— Ne parlons plus de cela, — dit le prince en interrompant sa femme ; — vous savez que je suis toujours heureux de pouvoir vous être agréable ; mais, pour en revenir au capitaine Just, sa tristesse doit se trouver mal à l'aise au milieu de tous vos élégants.

— Lorsque M. Just Clément désire me voir, — répondit la princesse, — il m'écrit un mot le matin, et je le reçois d'assez bonne heure pour qu'il n'ait aucune chance de rencontrer quelqu'un.

— Je vous approuve fort ; le capitaine Just a droit à être particulièrement distingué, non-seulement à cause de la triste position où il se trouve, mais encore par sa valeur, par son mérite personnel ; et, quoique jeune encore, c'est un homme qui, je l'avoue, commande la considération.

Ces derniers mots furent prononcés par le prince avec un accent de loyauté, de sincérité, qui me toucha. Madame de Montbar parut ressentir la même impression, car, au lieu de continuer de parler à son mari d'un ton sec et froidement poli, sa voix se détendit et s'adoucit.

— Je vous sais infiniment de gré, — reprit la princesse, — d'apprécier avec une si généreuse impartialité un homme qui n'est pas, comme on dit, de *notre monde*, et qui deviendra, je le crois, un de mes plus sûrs et de mes meilleurs amis...

Soit que le prince se reprochât le premier mouvement auquel il avait d'abord cédé en rendant justice au capitaine Just, soit que la réponse de la princesse lui eût causé quelque secret dépit, il reprit avec un sourire qui me parut ironique et forcé :

— Vous n'accorderez probablement au capitaine ces entrées privilégiées que jusqu'à la fin de son deuil ?

— Pourquoi cela ? — demanda gravement Régina.

— Mais, c'est que le capitaine, pour n'être pas de la même élégance que vos élégants, n'en est pas moins charmant, au contraire... — dit le prince en riant, — et s'il est aussi spirituel que savant, aussi aimable que distingué, aussi beau que brave, ce n'est pas une raison pour qu'il ne soit pas très-dangereux.

— Quelle folie !... — dit la princesse.

— Vous ne savez pas ce que c'est que le capitaine Just... au point de vue de la séduction, — dit le prince en continuant de rire d'un air un peu contraint. — Il a eu des aventures fort bizarres, il a entre autres causé une passion folle... C'est un vrai roman ; la pauvre femme a tout quitté pour suivre le capitaine en Algérie malgré lui, et elle a été tuée dans une rencontre avec les Arabes.

— Vous avez raison, — dit la princesse en souriant, — c'est invraisemblable et impossible comme un roman.

— Mais je vous parle très-sérieusement, — dit le prince, — et je puis vous citer le nom... de l'héroïne.

— Je préfère l'ignorer... afin de croire à l'aventure, — répondit la princesse en souriant.

Puis, se levant de table, elle ajouta :

— Je vous demande pardon de vous quitter si tôt, mais je ne suis pas encore habillée ; madame Wilson doit venir me chercher, et je ne voudrais pas la faire attendre.

Le prince quitta la table à son tour, et dit à la princesse :

— Adieu... car je ne vous verrai pas avant mon départ pour Fontainebleau.

— Adieu ! — dit la princesse, — et ne prolongez pas trop votre absence.

— J'aurai toujours hâte, vous le savez, d'être de retour auprès de vous, — dit le prince ; et il entra dans son appartement, tandis que sa femme rentrait dans le sien.

CHAPITRE LXIX.

Départ pour le bal. — Toilette de Régina et de madame Wilson.

Quoique fort insignifiant en apparence, l'entretien de la princesse et de son mari avait été pour moi plein de graves révélations. Il régnait évidemment une froideur contrainte entre M. de Montbar et sa femme. Il voyait avec peine l'intimité de la princesse et de madame Wilson. Il rendait loyalement hommage à la supériorité du capitaine Just, contre lequel il ressentait cependant une jalousie d'instinct... et cet instinct ne devait pas tromper le prince... car, le dirai-je... cette jalousie, je la partageais... mon cœur s'était douloureusement serré en apprenant l'espèce d'intimité qui existait déjà entre le capitaine Just et Régina, jalousie folle, basse et stupide de ma part, car, hélas ! je n'espérais rien de mon amour... Mais quoique fou, bas, stupide, ce ressentiment n'en fut pas moins navrant, et j'entrevis vaguement une torture... plus cruelle encore que celle d'aimer sans espoir.

Après avoir dîné avec mes camarades, je remontai dans le salon d'attente de la princesse. J'y étais depuis peu de temps, lorsque j'entendis le bruit d'une voiture qui entrait dans la cour de l'hôtel ; bientôt après j'introduisis madame Wilson dans le parloir de la princesse.

Lorsque après un quart d'heure environ ces deux charmantes femmes sortirent par une des portes du salon dans lequel j'attendais, je fus ébloui... il était impossible de rencontrer deux beautés plus complètes, et pourtant plus différentes, que celles de la princesse et de son amie.

Madame Wilson, blanche et rose, avec des yeux bleus et des cheveux noirs, portait une robe de velours vert pâle, garnie de flots de dentelle rattachés par des bouquets de roses-pompons ; une élégante coiffure des mêmes fleurs complétait cette charmante parure.

La princesse, d'une taille plus élevée que madame Wilson, mais non moins svelte, avait une robe de moire paille, recouverte d'une courte tunique de gaze blanche, garnie de feuilles de camélias naturels, attachés avec des diamants qui brillaient, au milieu de cette luisante verdure, comme autant de gouttes de rosée cristallisées ; une couronne de feuilles vertes sans fleurs, aussi constellée de diamants, ceignait le front blanc et superbe de Régina... Cette robe, très-décolletée, ainsi qu'on les portait alors, laissait nus les épaules, les bras et la poitrine de la princesse, qui semblaient avoir la blancheur, le poli, la fermeté du marbre. Ses cheveux, d'un noir plus bleuâtre que ceux de madame Wilson, au lieu d'être relevés en bandeaux comme le matin, se déroulaient en longs anneaux, qui caressaient son sein demi-nu ; plantée très-bas derrière sa tête, cette magnifique chevelure se tordait à sa naissance en une tresse épaisse, nette, luisante, qui faisait valoir parfaitement l'attache élégante d'un cou svelte et rond.

Une légère rougeur colorait les joues de Régina ; ses trois petits signes noirs, veloutés, coquets, contrastaient comme autant de mouches d'ébène avec l'humide carmin de ses lèvres et le feu de ses grands yeux noirs, alors brillants et animés...

Bien plus encore que dans son négligé du matin, Régina m'apparaissait ainsi dans toute la voluptueuse splendeur d'une beauté que je ne lui soupçonnais pas...

Lorsqu'elle sortit de son parloir avec madame Wilson, elles riaient toutes deux ; le rire de Régina était charmant, car il montrait des dents d'un émail éblouissant ; elle riait tout en approchant du bouquet de ses lèvres un mouvement rempli de grâce, comme pour voiler cette gaieté à demi.

— Méchante. — lui disait madame Wilson... — parmi cet arsenal de bouquets magnifiques, choisir celui... de votre fleuriste.

— Que de noms les jaloux vont lui donner, à ce pauvre bouquet marchand ! — dit Régina.

— Les noms des hommes les plus à la mode de Paris y passeront, — reprit gaiement madame Wilson.

— Avouez, ma chère, que ceci est un peu l'image de bien des choses... Si l'on savait ce que l'on envie !... — dit la princesse avec un accent singulier, — et il me sembla voir un nuage attrister un instant son front rayonnant.

En échangeant ces paroles avec madame Wilson, la princesse s'était à demi enveloppée d'un ample manteau de satin cerise doublé d'hermine, que sa femme de chambre, qui l'avait suivie, venait de lui poser sur les épaules,

après quoi Juliette me remit une paire de petits chaussons de taffetas noir ouaté, et me dit à demi-voix :
— Vous donnerez les chaussons de *Madame* au valet de pied de madame Wilson; recommandez-lui bien de ne pas les perdre.

Puis la femme de chambre rentra dans l'appartement, en me disant à voix basse :
— A tout à l'heure pour le *thé*.

Au moment de sortir du salon, madame Wilson dit à la princesse :
— Croisez bien votre manteau, ma chère amie, il fait horriblement froid.

Se trouvant gênée sans doute par son bouquet et par son mouchoir pour se bien envelopper dans son manteau très-ample, très-long, qu'il lui fallait relever pour descendre l'escalier, la princesse me remit son bouquet et son mouchoir en me disant :
— Vous me donnerez cela dans la voiture.

En recevant de sa main dans ma main son mouchoir et son bouquet, dont le parfum monta vers moi par bouffées, je tressaillis, et je suivis lentement ma maîtresse, la voyant descendre, svelte et légère, les larges degrés de l'escalier de marbre.

Madame Wilson, qui la précédait de quelques pas, s'apercevant que le petit pied de la princesse était seulement chaussé de son soulier de satin blanc, lui dit d'un ton de reproche affectueux :
— Comment, ma chère, par le froid qu'il fait, vous n'avez pas mis de chaussons?
— Votre valet de pied me les donnera en sortant du bal... — répondit la princesse, — il sera temps alors.
— Et pendant toute la durée de l'Opéra, vous voulez rester les pieds glacés... et à la sortie?... attendre ainsi notre voiture pendant une heure? vous auriez un froid mortel... je ne souffrirai pas cela... vous allez mettre vos chaussons à l'instant même... et vous ne les quitterez qu'à notre arrivée au bal.
— Allons... cher tyran, — dit en souriant la princesse à madame Wilson, — il faut bien vous obéir.

En parlant ainsi, la princesse et son amie s'étaient arrêtées aux dernières marches de l'escalier; Régina me dit :
— Donnez-moi mon mouchoir et mon bouquet, et mettez-moi mes chaussons.

Et prenant de mes mains le bouquet et le mouchoir, madame de Montbar s'appuya sur l'un des balustres de l'escalier et me tendit son pied.

Je me mis à genoux devant la princesse... Lorsque je pris dans ma main, où il tenait tout entier, ce pied d'enfant chaussé de satin blanc et de bas de soie si fins, qu'à travers leur tissu diaphane je voyais la transparence rosée de la peau... d'où s'exhalait une faible senteur d'iris... lorsqu'en attachant la bride du chausson de taffetas mes doigts tremblants rencontrèrent la cheville délicate d'une jambe déliée... lorsque enfin les plis traînants de la robe de ma maîtresse effleurèrent mon visage... je crus devenir fou... les artères de mes tempes battaient à se rompre... mes mains frémissantes brûlaient d'un tel feu, que ma maîtresse aurait dû sentir leur ardeur à travers la soie et le satin qui la chaussaient.

Heureusement elle ne s'aperçut de rien... et tandis que, éperdu, j'étais agenouillé à ses pieds, elle causait à voix basse avec madame Wilson; quelques petits rires contenus interrompaient seuls le léger bruissement de leur causerie.

Ma tâche accomplie, je me relevai presque étourdi, sentant mes genoux vaciller; la princesse, sans me regarder, me dit en se dirigeant vers le vestibule servant de première antichambre :
— Martin... vous m'attendrez...
— Oui, Madame la princesse... — répondis-je en balbutiant.

Les valets de pied de la maison se levèrent respectueusement sur le passage de la princesse; deux d'entre eux allèrent ouvrir à deux battants la porte du perron.

A travers les vitres et à la clarté des grandes lanternes de cuivre de la voiture, je vis les deux jeunes femmes monter dans une élégante berline, que deux magnifiques chevaux gris, aux brillants harnais, entraînèrent rapidement.

Frémissant encore de l'âcre et terrible volupté que je venais de goûter, je regardais cette voiture s'éloigner, plongé dans une sorte d'extase, lorsque je fus rappelé à la réalité de ma condition par la grosse voix de l'un des valets de pied de l'hôtel, qui, refermant bruyamment la porte du vestibule, après le départ de notre maîtresse, s'écria brutalement :
— Emballée!!! . . . .

En proie à un trouble indicible, à des pensées folles, ardentes, douloureuses, j'éprouvais une grande répugnance à me rendre au *thé* que la femme de chambre de la princesse donnait pour fêter ma bienvenue; j'aurais préféré rentrer chez moi jusqu'à l'heure de descendre au salon, pour y attendre ma maîtresse; mais songeant à la recommandation du docteur Clément, au sujet des projets ténébreux du comte Duriveau, je crus que cette réunion domestique m'offrirait peut-être l'occasion de découvrir quelque chose.

D'ailleurs, ainsi que cela arrive lorsque l'on a l'esprit tendu vers les éventualités d'un péril à la fois menaçant et inconnu, tout vous devient sujet de défiance, et l'on se livre aux suppositions les plus hasardées; ainsi, en réfléchissant à la récente et étroite intimité de la princesse et de madame Wilson, intimité qui semblait avoir une grande influence sur madame de Montbar, je me demandai dans quel but madame Wilson avait entraîné si soudainement Régina au milieu d'un tourbillon de fêtes et de plaisirs, elle qui vivait naguère dans une tristesse solitaire; si ce changement si brusque dans ses habitudes ne favorisait pas les projets de vengeance du comte Duriveau?

Et puis, enfin, pourquoi reculerais-je devant l'aveu de certaines pensées enfouies au plus profond des replis du cœur? Malgré moi, je me sentais presque jaloux de madame Wilson; ses conseils avaient, sans doute, engagé Régina à s'étourdir sur ses chagrins; et, dans l'inflexible égoïsme de mon dévouement, je n'aimais pas à la voir porter si fièrement ses souffrances. Sa fiévreuse ardeur pour le plaisir était sans doute factice; mais il me semblait, et mon cœur s'en navrait, que mon dévouement devenait moins utile à madame de Montbar, du moment où elle trouvait quelque distraction au milieu des enivrements du monde. J'aurais préféré la trouver triste, abattue, comme par le passé, afin de pouvoir un jour peut-être la tirer de cette tristesse, de cet isolement, en lui rendant les affections qu'elle devait regretter amèrement.

Ces réticences, ces jalousies, ces calculs dans le dévouement, sont puérils, quelquefois indignes; mais, hélas! c'est l'histoire de mon cœur qu'à cette heure je me raconte avec sévérité . . . .

Une autre raison m'engageait aussi à me rendre au thé de mademoiselle Juliette, malgré ma répugnance. — Il est très-possible, — m'avait dit encore le docteur Clément, — que le comte Duriveau, pour servir ses projets, ait parmi les gens de la princesse une créature à lui.

Je ne savais encore jusqu'à quel point cette crainte pouvait être fondée; n'ayant vu mes nouveaux camarades que le matin à déjeuner et le soir au dîner, repas assez court et dont ma présence, à moi nouveau venu, avait nécessairement dû bannir la confiance et la liberté habituelles, je n'avais pu rien observer.

La réunion du soir, plus animée, plus intime, allait peut-être faciliter mes remarques; d'ailleurs, à la première vue, mes compagnons de domesticité semblaient braver le soupçon : mademoiselle Juliette et une autre femme de la princesse, chargée de la lingerie, toutes deux assez jeunes, et dont l'une, mademoiselle Juliette, était fort laide, paraissaient d'honnêtes et inoffensives créatures; le valet de chambre du prince, vieux serviteur qui l'avait vu naître, me paraissait ne devoir pas exciter la moindre défiance, et le maître d'hôtel, homme grave, minutieux, paraissait continuellement absorbé par l'importance de ses fonctions. Quant à notre chef de cuisine (je ne parle du garçon et de la fille de cuisine que pour mémoire), il eût fallu un regard bien prévenu pour chercher un ténébreux machinateur sous son masque débonnaire, pâle et bouffi.

Parmi les gens de la maison, les personnages dont je viens de parler assistaient seuls au thé, car il régnait une sorte de démarcation entre eux, domestiques tout à fait d'intérieur, et les valets de pied, gens de livrée ou d'écurie qui ne vivent pas dans l'intimité du foyer.

Lorsque j'entrai dans la chambre de mademoiselle Juliette, mes compagnons et la plupart des invités étaient déjà réunis.

Je me souvins à ce moment des révélations dont l'entretien de plusieurs valets de pied, rassemblés autour du perron du Musée, avait été si prodigue ; je devais entendre dans cette soirée trahir des secrets domestiques d'une bien autre importance que ceux que j'avais déjà surpris ; et la vie de bien des personnages éminents, envisagés sous ce point de vue intime, allait s'offrir à moi sous l'aspect le plus singulier.

CHAPITRE LXX.

Le thé. — Présentation. — Les domestiques du grand monde. — Un dîner diplomatique. — Adresse d'un valet de chambre.

Je fus accueilli avec beaucoup de bienveillance par la *société* de mademoiselle Juliette ; celle-ci me présenta à ses invités en leur disant :
— C'est M. Martin, notre nouveau valet de chambre. — Puis, m'indiquant à mesure les personnages qu'elle me nommait, mademoiselle Juliette ajouta :
— Mademoiselle Isabeau, de chez madame Wilson.
— J'ai déjà eu le plaisir de voir Mademoiselle ce matin, — dis-je en m'inclinant.
— Madame Lambert, de chez madame la marquise d'Hervieux, — ajouta mademoiselle Juliette, en me signalant une jeune femme d'une figure très-agréable, coiffée en cheveux et mise avec goût.

Je me rappelai qu'à dîner, le prince avait annoncé à sa femme qu'il chassait avec le marquis d'Hervieux. M. d'Hervieux était le mari de cette jeune et charmante femme que j'avais vue sur le perron du Musée, si cruellement exposée aux lazzi effrontés des domestiques.

Mademoiselle Juliette termina sa nomenclature féminine en me disant en souriant :
— Mademoiselle Astarté, de chez madame la *ministre* de la justice.

Je saluai mademoiselle Astarté, dont le nom était si prétentieux ; la physionomie de cette fille me parut impertinente et moqueuse. Astarté avait environ trente-six ans. Elle devait avoir été remarquablement jolie ; ses cheveux étaient beaux et très-noirs, ses dents charmantes, sa taille d'une élégance parfaite ; la plus grande dame n'eût pas été mise avec plus de goût et de simplicité que mademoiselle Astarté. Elle portait, sur ses cheveux lissés en bandeaux, un charmant bonnet de soirée en tulle garni de petites grappes de fleurs cerises ; sa robe de velours noir était montante, et son pied, cambré et chaussé de satin noir, me rappelait celui de la princesse.

— Nous attendions madame Gabrielle, la femme de charge du comte Duriveau, — me dit mademoiselle Juliette, — mais son maître est un si affreux *tyran*, qu'on ne sait jamais sur quoi compter avec lui.

A ces mots, je me félicitai doublement d'assister à cette soirée.

Le personnel masculin de la société était moins nombreux ; il se réduisait à deux de mes *confrères* ; mademoiselle Juliette me les présenta de la sorte.
— M. Bénard, homme de confiance de M. Lebouffi, le fameux député ; M. Charles, dit *Leporello*, valet de chambre de M. le baron de Saint-Maurice, le lion des lions, surnommé don Juan :

Il y avait entre les dehors, la mise, la figure de ces deux serviteurs, la même différence qui devait exister entre leurs maîtres. L'homme de confiance de M. Lebouffi, le célèbre député, était un grand homme, de noir vêtu, grave, composé, satisfait de soi, à cheveux gris et rares.

Il me rendit mon salut avec une suffisance toute *parlementaire.*

Leporello (surnom qui me prouvait que l'antichambre n'était pas sans quelque littérature), loin de ressembler du reste au type du valet trembleur de don Juan, était un jeune et joli garçon, à la figure éveillée, hardie, à la tournure leste, aux manières cavalières ; il portait assez élégamment des habits ayant sans doute appartenu à son maître ; il me parut être la *coqueluche* de ces dames, et se montrer fort assidu auprès de mademoiselle Astarté, la reine de la soirée.

— Nous attendions bien encore le *beau Fœdor*, — me dit mademoiselle Juliette après cette présentation en forme,
— mais il ne faut pas plus compter sur lui que sur madame Gabrielle, la femme de charge du comte Duriveau.
— Son maître, — dis-je à Juliette, tâchant de me mettre au ton médisant de notre réunion, — son maître est-il donc aussi *tyran* que le comte Duriveau ?

Ma question fut accueillie par un éclat de rire général. Me voyant un peu déconcerté, l'homme de confiance du député vint officieusement à mon secours, et dit d'un air capable :
— Notre *honorable collègue*, ignorant sans doute quelle est la personne que sert le beau Fœdor, sa question est toute naturelle.
— C'est vrai, c'est vrai, — dirent plusieurs voix.
— Mon cher, — me dit Leporello d'un air dégagé, — le beau Fœdor n'a pas de maître, mais il a une maîtresse... qui est la sienne... Comprenez-vous ?
— Ah !... Leporello ! Leporello ! — s'écrièrent plusieurs voix d'un ton de reproche, — êtes-vous mauvaise langue !
— Dire cela... tout de suite à monsieur Martin...
— Voyez, vous le confusionnez.

En effet, par un rapprochement stupide, j'avais involontairement songé à Régina... le rouge m'était monté au front, et, malgré mes efforts pour répondre d'une voix assurée à Leporello, je balbutiai :
— En effet... je... ne... je ne comprends pas bien.
— Voilà la chose, mon cher, — reprit Leporello avec un aplomb insolent, — le beau Fœdor est au service de madame la marquise Corbinelli ; il a cinq pieds sept pouces... vingt-cinq ans ; il est frais comme une rose et a de superbes favoris aussi noirs que les cheveux d'Astarté. Maintenant, surmontez-moi ce physique de sa vieille marquise italienne de cinquante ans, qui porte des diamants dans le jour, du rouge comme en carnaval, une perruque brune à raies de chair, et vous comprendrez, mon cher, pourquoi je dis que la maîtresse du beau Fœdor... est la sienne. C'est vrai ? est-ce que cela vous étonne ?
— Ma foi, oui, ça m'étonne, — repris-je en surmontant mon trouble, — et il me semble que cela doit paraître fort étonnant à tout le monde ! N'est-ce pas, Mesdames ? — ajoutai-je, espérant généraliser la conversation et échapper à l'attention dont j'étais l'objet.
— Étonnant ? mais non... pas si étonnant, — dit Astarté,
— ça n'est peut-être pas si commun que de voir des maîtres avoir pour maîtresses nous autres femmes de chambre de leur *légitime*... mais ça se rencontre... et sans aller plus loin, quand j'étais chez la duchesse de Rullecourt, il y a eu la fameuse histoire de la baronne de Surville avec le grand Laforêt, le piqueur de son mari ; mais il faut dire aussi que la baronne aimait beaucoup la chasse.
— Du reste, — reprit le vieux Louis, valet de chambre du prince de Montbar, — je me suis laissé dire par mon père, qui avait été élevé dans la maison de Soubise, que sous l'ancien régime bien des dames de la cour avaient des valets de chambre coiffeurs, et que les gaillards... enfin... suffit.
— Sous l'ancien régime... je crois bien, — dit l'homme de confiance du député en gonflant ses joues, — il n'y avait pas de mœurs, c'était le temps du droit du seigneur, du Parc-aux-Bœufs et de l'OEil-de-Bœuf... Cerf, non... du Parc-aux-Cerfs, de l'OEil-de-Bœuf et des talons rouges...
— Bon, — dit Leporello en riant, — voilà le vieux Bénard parti... comme son maître...
— A propos de ça, — dit Bénard, — ma belle Astarté, vous pouvez prévenir la femme de votre ministre que demain son époux n'a qu'à se tenir ferme...

— Comment ça ?
— *Monsieur* a péroré et gesticulé aujourd'hui pendant plus de deux heures dans le cabinet de toilette de Madame, devant sa psyché..
— Ah! la bonne farce! — dit Astarté.
— Une vraie comédie, — reprit l'homme de confiance de l'homme politique. — Pour figurer la tribune, il avait mis la baignoire de Madame en travers, et il était là à taper sur le couvercle en faisant les grands bras devant la glace comme un imbécile, se lançant à lui-même des regards foudroyants, se montrant le poing, ayant l'air de se traiter comme le dernier des derniers.
— Il répétait donc sa parade ? — dit Astarté, — la scène qu'il doit faire demain à notre ministre ?
— Certainement, — reprit Bénard, — d'autant plus qu'il parlait avec son organe de tribune, comme il dit... Il a répété plus de vingt fois... et même c'en était embêtant à la fin, car je l'entendais de l'antichambre : *C'est sous l'empire d'une émotion soudaine que j'accours à cette tribune*... *La France est là... je veux qu'elle m'entende...* Il paraît que c'est surtout les mots : *Émotion soudaine* qu'il ne pouvait pas arracher au naturel... A la fin... il les a tirés...
— Parole d'honneur, — dit Leporello, — ça serait à payer sa place.
— Et quand il disait : *La France est là !...* il faisait un grand geste en montrant la porte de la garde-robe de Madame, — ajouta l'homme de confiance de l'homme politique, en partageant l'hilarité que causait ce récit.
— Et dire... — reprit Astarté en riant aux éclats, — que votre maître travaille comme ça pour rien... pour le ridicule... voilà tout... C'est pas comme tant d'autres ; car j'ai entendu dire à mon ministre qu'on trouvait pour mille écus par an... des très-bons petits députés, qui ne parlaient pas encore trop mal.
— Et à ta *ministresse*, lui rends-tu toujours la vie dure ? — demanda mademoiselle Juliette à Astarté.
— Tiens, je crois bien... Ainsi, ce soir, elle ne voulait sortir qu'à dix heures pour aller au bal de l'intérieur. Ah! bien oui, moi qui voulais être ici à huit ; je lui ai dit que j'avais à sortir, et je vous l'ai fait s'habiller en sortant de table, et plus vite que ça... C'était pour en crever, car elle mange comme un ogre... Et maintenant, parée comme une châsse, elle est à attendre devant sa pendule l'heure d'aller au bal... Et quelle toilette ! quel paquet ! comme c'est fagoté !...
— Vous avez donc un talisman, Mademoiselle, — dis-je à Astarté, — pour faire ainsi ce que vous voulez de votre maîtresse ?
— Son talisman, — dit Juliette en riant, — c'est qu'elle a été pendant quinze ans première femme de madame la duchesse de Rullecourt, la beauté la plus à la mode de la Restauration, et que madame Poliveau, c'est le nom de la *ministresse* d'Astarté, se trouve si fière, si honorée d'avoir à son service la première femme de chambre de la duchesse, que Astarté fait tout ce qu'elle veut dans cette maison, où on est trop heureuse de l'avoir.
— Ah! maintenant je comprends, — dis-je à Astarté.
— Voilà tout mon secret, — me répondit-elle ; — mais ces gens-là, c'est si bourgeois, si bête, si encrassé !... Il n'y a rien à faire... Du reste, il est très-drôle : quand il vient une des collègues de ma *ministresse* la voir, comme qui dirait madame Galinard de la justice, ou madame la ministresse de l'intérieur, dont le grand-père du côté maternel était portier, ma maîtresse me sonne sous prétexte de me donner un ordre, et puis elle dit à demi-voix à ses collègues, en se rengorgeant et en me montrant du coin de l'œil :
— *C'est ma femme de chambre ; elle a été pendant quinze ans chez la fameuse duchesse de Rullecourt*, et ma *ministresse* fait la roue pendant que les autres enragent.
— Oh! comme c'est ça! — s'écria Leporello en éclatant de rire. — Je connais un imbécile de maître qui salue toujours son cocher le premier, parce que cet Anglais a servi chez le fameux lord Chesterfield.
— Autre comédie, — reprit Astarté. — Du matin au soir, ma maîtresse est à me dire : Ma chère petite (*elle est familière...* — dit Astarté en manière de parenthèse avec une incroyable insolence), ma chère petite, comment s'habillait madame la duchesse? comment se coiffait madame la duchesse? quel linge portait madame la duchesse? quels bonnets de nuit portait madame la duchesse?... Je crois, Dieu me pardonne! qu'un jour elle me demandera comment mangeait madame la duchesse.....
Un éclat de rire général interrompit à propos la verve d'Astarté, qui reprit :
— Et le ministre donc! c'est la même chanson sur un autre air. Comme ce bourgeois est aussi vaniteux qu'ignorant du savoir-vivre, il est toujours à me dire : *Ma bonne* (épicier, va!!!), ma bonne, est-ce que ça se faisait comme ça, chez M. le duc?... Ma bonne, comment s'habillait M. le duc, le soir? Ma bonne, comment servait-on à table chez M. le duc?
— Vous ne dites pas tout, belle Astarté, — dit galamment l'homme de confiance de l'homme politique. — Je suis sûr que votre ministre vous a dit : Ma bonne, est-ce que M. le duc ne vous faisait pas la cour?
— Il n'y a pas de doute, — reprit Astarté ; — il a un jour voulu bafouler, et m'a dit : Ma bonne, je suis sûr que M. le duc vous trouvait charmante, et qu'il vous le prouvait.
— Non, Monsieur, — ai-je répondu à ce gros homme, — car, pour le prouver, M. le duc aurait commencé par me meubler un appartement et me donner une centaine de mille francs pour m'établir. — Là-dessus, le ministre est resté coi, a fait hum! hum! et s'est esquivé ; pourtant ça aurait été drôle de faire l'éducation d'un ministre de la justice et de lui apprendre les belles manières ; mais il est si laid, si crasseux, si avare, que je l'ai menacé de tout dire à sa femme s'il insistait, et même s'il n'insistait pas. Aussi, grâce à ma vertu, je fais du ménage ce que je veux, je donne des places de garçons de bureau et d'huissiers comme s'il en pleuvait. Qui est-ce qui en veut ?
— Ma foi! ça n'est pas de refus dans l'occasion pour un intime, — dit Leporello.
— J'avais même une de mes amies qui servait une femme dont le mari était sous-chef dans *nos bureaux*; je l'ai fait nommer chef par une injustice atroce... Et voilà!
— Je réclame ta protection pour le frère d'une de mes camarades, — dit la femme de chambre de la marquise d'Hervieux. — Je te reparlerai de cela, Astarté.
— Tu n'as qu'à demander... je n'aurai qu'à dire à mon ministre : — M. le duc, qui était gentilhomme de la chambre de Charles X, n'aurait jamais refusé une grâce à quelqu'un de sa maison. — Je vous dis qu'il n'y a rien de plus orgueilleux que ces parvenus.
— Et quand je pense, — reprit notre maître d'hôtel, — que j'avais un cousin, brave et digne garçon, commis-marchand de son état, qui, avant la révolution de juillet, était d'une société secrète où l'on jurait sur des poignards *haine aux rois, aux nobles et aux prêtres*... et qu'il a vu cent fois votre ministre, Astarté, qui était alors M. Poliveau tout court, jurer et rejurer, comme un enragé, haine aux rois, aux nobles et aux prêtres !
— C'est donc pour ça, — reprit Astarté, — qu'il est à plat ventre devant la moindre robe noire, et qu'hier encore il me disait en roulant des yeux : — Ma bonne, M. le duc allait tous les dimanches à la messe, n'est-ce pas ?
— Oui, Monsieur, il allait à la messe, mais il faisait tous les ans pour vingt-cinq mille francs d'aumônes dans ses terres.
— A cela le crasseux bourgeois a encore fait *hum!* et a rentré sa grosse tête dans ses épaules rondes comme un colimaçon borgne dans sa coquille.
Cet entretien fut interrompu par l'arrivée de notre cuisinier : ce personnage fit une entrée magistrale, suivi de son aide de cuisine, portant sur un plateau cinq ou six assiettes de petits gâteaux sortant du four. L'assemblée accueillit cette galanterie culinaire avec une faveur marquée. Les gâteaux furent placés sur une table, à côté d'un service de thé en fort jolie porcelaine anglaise ; l'aide de cuisine, soumis aux lois de la hiérarchie, sortit en jetant un regard de convoitise sur les gâteaux et sur les *invitées* de mademoiselle Juliette.
— Je vous demande pardon, Messieurs et Mesdames, — dit le cuisinier, — de me présenter en uniforme, — et il

Le docteur Clément. — Page 254.

montra sa veste blanche et son bonnet de coton; il était resté fidèle à ce bonnet traditionnel et classique, méprisant la *toque* de percaline blanche des novateurs, des *romantiques*, — disait-il.

— Vous excuserez donc la tenue d'un soldat qui sort du feu... ajouta-t-il.

— Voilà votre meilleure excuse, *Monsieur le chef*, — dit gracieusement Astarté, en montrant les petits gâteaux élégamment *montés* sur les assiettes.

— Je crois, en effet, que les dames les goûteront, mon excuse, — riposta le cuisinier; — je vous recommande... vanité à part..... ces *bergères à la crème, piquées aux fraises*; c'est un entremets de primeur. Le grand Carême, sous les ordres duquel j'avais l'honneur de servir au congrès de Vienne, les avait inaugurées sur la table de S. E. M. l'ambassadeur de France... la veille de ce fatal dîner...

— Voyons, *chef*, en faveur de M. Martin, qui ne connaît pas l'histoire, — dit Juliette en riant, — nous l'écouterons encore une fois.

— Quelle histoire? — dit Leporello.

— Ça fait deux qui ne la connaissent pas, — reprit Astarté en riant; — allez, Monsieur le chef, allez de confiance.

— J'ai le plus grand désir pour ma part d'entendre ce récit, lui dis-je.

— Si je reviens si souvent sur cette histoire, — reprit le cuisinier d'un ton pénétré, — c'est pour protester toujours, protester sans cesse, contre une lâcheté, une trahison dont je maintiens un cuisinier français absolument incapable.

— Diable! c'est grave, — dit Leporello.

— Il y allait de notre honneur, Monsieur! — s'écria ce cuisinier formaliste, qui savait, d'ailleurs, parfaitement son monde; — en deux mots, voici le fait. Nous étions à Vienne, j'avais l'honneur de servir sous les ordres du grand Carême, chez M. l'ambassadeur de France; MM. les membres du corps diplomatique dînaient alternativement les uns chez les autres; ils avaient la bonté d'appeler cela dîner en *France*, en *Angleterre*, en *Russie*, etc., et vous concevez quelle rivalité existait entre MM. les chefs de cuisine... La veille de la signature des traités, on dînait chez Mgr le prince de Metternich : c'était conséquemment la séance, c'est-à-dire le dîner le plus important du congrès... si important que Mgr le prince de Metternich avait daigné corriger le menu de sa main, et ajouter au bas : *Traiter ce dîner comme un dîner de têtes couronnées...* J'ai vu l'autographe... j'en ai une copie dans mes papiers.

— Cela devient très-intéressant, — dis-je au cuisinier; on dirait qu'il s'agit d'une affaire d'État.

— Il s'agissait d'une affaire d'Europe, Monsieur!... — s'écria le cuisinier diplomatique, — et vous allez voir pourquoi : il y avait eu jusqu'alors, comme je l'ai dit, une rivalité terrible entre MM. les ambassadeurs, mais une rivalité loyale... Malheureusement, cette loyauté eut son terme; le jour de ce dîner solennel... un lâche, un infâme, au lieu de combattre à ciel... ou plutôt à fourneau découvert, soudoie à prix d'or un des aides du chef des cuisines de Mgr le prince de Metternich... je ne sais quelle abominable drogue fut mélangée à la plupart des mets de ce dîner royal... traité avec tant d'amour, tant de respect par le chef des cuisines du prince... et...

— Oh ! oh !... je devine la chose, — dit Leporello en riant.

— On n'était pas au dessert, — s'écria le cuisinier dans son indignation généreuse contre un si indigne procédé, — que déjà plusieurs de MM. les membres du corps diplomatique, ressentant de graves incommodités, étaient obli-

— Si j'accepte, monsieur! — s'écria le jeune homme en joignant les mains avec ivresse. — Page 256.

gés de quitter la table... Quelques légères indispositions s'ensuivirent, la signature des traités fut reculée de plusieurs jours... et Dieu sait les intrigues qui se croisèrent pendant ces trois jours! — ajouta le cuisinier d'un ton mystérieux et diplomatique.

— Le fait est que c'était faire aller un peu drôlement la diplomatie, — dit Leporello.

— Le pis de l'affaire... — ajouta tristement le cuisinier, — c'est que l'auteur de cette infamie n'ayant jamais été connu, les soupçons ont tour à tour plané sur l'Angleterre, sur la Russie, sur la France!!... Sur la France!... oh! jamais, je proteste... je protesterai toujours... Si je me permettais d'accuser quelqu'un, j'accuserais la Prusse, car son chef de cuisine était un malheureux *fouille-au-pot*... digne à peine de fricoter... c'est le mot, pour un de vos ministres, Mademoiselle Astarté.

— Je crois bien... dîner de ministre, c'est tout dire, — reprit Astarté.

— Sauf un... — reprit le cuisinier, — car il faut être juste... S. E. Mgr le comte M*** a été le seul ministre, lorsqu'il avait l'honneur de diriger les affaires étrangères, chez qui on ait jamais mangé un dîner de cinquante couverts *chaud* à point et exquis; mais cela s'explique: M. le comte M*** est un grand seigneur qui a conservé les bonnes traditions. Du reste, après les dîners de ministre, ce que j'ai vu de plus atroce... ce sont les dîners de famille d'un Américain colossalement riche, chez qui je me suis fourvoyé pendant trois mois... Gigot aux haricots, pièce de bœuf aux choux, flan aux pommes de terre, tel était le menu de tous les jours... mais six fois par mois des dîners... oh! des dîners dignes du grand Carême!... Il est vrai que le lendemain on vendait la desserte aux restaurateurs de moyen ordre... Ces *extrêmes* n'allaient pas à ma manière de travailler, et j'ai déserté... Il y a, du reste, beaucoup de maisons pareilles... — ajouta philosophiquement le cuisinier; — tout pour paraître... rien pour être...

— C'est comme beaucoup de nos *élégants*, — reprit Leporello, — je dis *élégants*, — ajouta-t-il avec suffisance, — parce qu'il n'y a plus que les femmes de notaire ou de ministre qui disent *lions*; ces gaillards-là ont un compte de cent francs chez la lingère et de deux mille chez le tailleur... je ne dis pas ça pour mon maître, car après M. le maréchal S***, mon maître est le *plus grand homme de linge* qui existe. A propos de mon maître, je vous dirai que je lui ai tout bonnement sauvé la vie ce matin... car, sans moi, demain il se battait à mort avec M. de Blinval... et il était tué... aussi vrai que vous avez les plus beaux yeux du monde, Astarté...

— Ah! mon Dieu! contez-nous donc ça, Leporello, — dit Juliette.

— Ah çà!... c'est bien entre nous... comme toujours? — dit Leporello avant de commencer son récit, et se posant carrément devant la cheminée, les deux pouces passés dans les entournures d'un gilet flamboyant, — c'est tout à fait entre nous?...

— Parbleu! — lui fut-il répondu tout d'une voix.

— Mon maître, — reprit Leporello, — est, comme vous savez, l'amant de mesdames de Beaupréau et de Blinval, mais plus communément de madame de Blinval.

— Tiens, de madame de Beaupréau aussi? — dit la femme de chambre de la marquise d'Hervieux, — c'est donc du fruit nouveau?

— Du 17 novembre, dans l'après-midi, — répondit Leporello. J'ai été faire du feu le matin de ce jour-là dans un second petit appartement que mon maître a été obligé de louer à cause de l'augmentation de sa clientèle; mais pour en revenir à M. de Blinval, il est nécessairement l'ami intime de mon maître, vu que mon maître est l'amant de sa femme.

— Ce n'est pas comme chez nous, — dit la femme de chambre de la marquise d'Hervieux, cette charmante jeune femme blonde que j'avais remarquée sur le perron du Musée. — Monsieur le marquis ne peut pas souffrir M. de Bellerive.

— A propos de ta maîtresse, — dit Juliette à sa compagne, — quand Leporello aura fini son histoire, fais-moi penser à te dire quelque chose qui lui fera plaisir...

— Bon... continuez, Leporello.

— Ce matin donc j'avais quitté l'appartement de mon maître pour aller donner un ordre à l'écurie; le frotteur était resté en haut pendant mon absence. M. de Blinval arrive, on lui ouvre et il entre chez mon maître; je rentre, l'imbécile de frotteur ne me dit rien, et voilà qu'au bout de dix minutes arrive un commissionnaire avec une lettre de madame de Blinval. C'est très-pressé, me dit le commissionnaire, il faut tout de suite une réponse. Ne me doutant pas le moins du monde que de M. de Blinval fût là, j'entre avec ma lettre, et je vois le mari fumant tranquillement son cigare avec mon maître, et riant comme un... bossu.

— Ah! mon Dieu!

— Comment vous êtes-vous tiré de là, Leporello? — s'écrièrent les femmes avec intérêt.

— Mais pas trop mal... — dit Leporello avec fatuité, — pas trop mal... Mon maître, me voyant entrer avec la lettre sur mon plateau, tend la main pour la prendre en me disant : — De qui est cette lettre? — Le mari était si près, qu'il devait nécessairement reconnaître l'écriture... très-reconnaissable... des jambages longs de ça...

— Mais achevez donc, Leporello; comme vous nous faites languir! Moi, je suis toute saisie, — dit Juliette.

— Donner un faux nom... ne m'avançait à rien, — reprit Leporello, — la diable d'écriture était toujours là.

— Mais achevez donc, au nom du ciel!

— Reculant alors le plateau hors de la portée de mon maître, et conséquemment hors de la vue du mari, je dis à mon maître en riant : — Je ne peux pas donner cette lettre à M. le baron... devant monsieur le vicomte. — Pourquoi cela? — me dit mon maître tout bêtement. — Parce que monsieur le vicomte connaît l'écriture de cette lettre, — ai-je répondu en souriant. Voyez-vous ce drôle de Leporello? quel aplomb de Frontin! — dit le mari en riant aux éclats, tandis que mon maître, averti par un coup d'œil de moi, se lève, prend la lettre et la met dans sa poche, après l'avoir parcourue.

— Bravo! Leporello, — fut-il crié tout d'une voix.

— Pendant le temps que mon maître lisait, — reprit-il, — le mari disait en levant le nez en l'air et en se frottant les jambes devant le feu : — Voyons, je connais l'écriture?... De qui diable ça peut-il être? — Puis tout à coup il s'écrie : — Je parie que c'est une lettre de Fifine?... — Fifine est un rat de l'Opéra, drôle de petit corps, qui est un peu la maîtresse de tous ces messieurs du club. — Tu devines tout, Blinval! on ne peut rien te cacher, — répondit mon pauvre maître, dont le front était couvert de gouttes de sueur. — Eh bien! — ajoute Leporello, — avouez que, sans mon aplomb, et j'ose dire sans mon intelligence, il arrivait de beaux malheurs, car M. de Blinval est brave comme un lion; il tire le pistolet comme un dieu, et demain mon maître était mort... si le mari avait vu cette lettre; ce qui n'empêche pas qu'on dit de nous : Ces canailles de domestiques!

— Ça me rappelle un admirable trait de sang-froid du dernier amant de madame la duchesse de Rullecourt, — dit Astarté, — et vous pourrez donner, dans l'occasion, *la recette* à votre maître, Leporello. Cet amant reçoit une lettre de la duchesse dans des circonstances absolument pareilles... sauf qu'il n'avait pas un intelligent Leporello pour le servir... L'imbécile de valet de chambre apporte donc la lettre de la duchesse. — Tiens, — dit le duc à l'amant, — une lettre de ma femme? Elle t'écrit donc? — L'amant ne répond rien, lit la lettre avec un sang-froid superbe, et répond ensuite au duc. — Que le diable l'emporte, va! ta femme! — Comment! — Tiens, tu feras la commission. — Et l'amant prend sur sa cheminée deux louis qu'il donne au mari. — Pourquoi ces deux louis? — dit celui-ci. — Et, pardieu, pour une de ces insupportables quêtes dont toutes les dames patronesses nous poursuivent, et ta femme ne m'a pas manqué. — Ce disant, l'amant jette la lettre au feu.

— Bravo...

— C'est très-fort, — dirent plusieurs voix.

CHAPITRE LXXI.

Le Thé (suite). — Cancans de domestiques. — Inquiétude de Martin causée par la joie de M. Duriveau. — Retour du bal.

Plus j'entrais avant dans le milieu de ma condition, plus j'appréciais la justesse de la réflexion de Leporello. Évidemment, la plupart des invités de mademoiselle Juliette possédaient des secrets effrayants pour le repos et l'honneur de bien des familles. Cette pensée fut justifiée presque aussitôt par madame Lambert, femme de chambre de la marquise d'Hervieux.

— Leporello a bien raison, — dit-elle; — le plus souvent les maîtres nous traitent mal, et pourtant bien des fois il ne tiendrait qu'à nous de mettre le feu dans je ne sais combien de ménages, de causer des séparations, des procès, des duels à mort...

— C'est pourtant vrai, — dirent plusieurs voix.

— Pour ma part, — reprit madame Lambert, — je connais quelqu'un qui pourrait faire aller... au criminel, et même, je crois, aux galères, c'est comme je vous le dis, un des personnages les plus huppés de ce temps-ci... et sa femme aussi, qui est toute la journée dans les églises, et qui fait sa grande dame.

— Ah bah! — dirent plusieurs voix avec surprise.

— Et de plus, — poursuivit madame Lambert, — ruiner complètement le ménage, qui est encore plus avare qu'hypocrite, et qui a plus de trois cent mille livres de rentes.

— Dis donc comment!

— Il fallait, pour que le ménage dont je vous parle héritât d'un oncle immensément riche, que la femme eût un enfant. Voyant qu'elle ne pouvait pas parvenir à être grosse, elle est convenue, d'accord avec son mari, de simuler une grossesse. Il a bien fallu que ma maîtresse, car, après tout, c'est de moi que je parle, il a bien fallu que ma maîtresse me mît dans la confidence, moi, sa femme de chambre. Je me suis occupé de trouver une femme grosse, je l'ai logée dans une maison isolée. Ça se passait à la campagne; ma maîtresse a feint d'être en mal d'enfant dès que l'autre femme a été sur le point d'accoucher; et c'est moi qui ai reçu l'enfant... un beau garçon, ma foi... Je l'ai apporté dans un carton à chapeau, et quand une bête de sage-femme de campagne, qu'on est allé exprès chercher trop tard, est arrivée, elle a trouvé un gros poupon criant comme un brûlé pour teter la nourrice dont on s'était précautionné.

— En voilà des roués! — dit Leporello.

— Eh bien! — reprit madame Lambert, — vous me croirez si vous voulez, on m'a renvoyée de la maison pour cause... de *moralité*, parce qu'on avait surpris le cocher dans ma chambre; ça m'a outrée... J'ai menacé ma maîtresse; je lui ai dit que je pouvais parler sur bien des choses... Savez-vous ce qu'elle m'a répondu?

— Quoi donc?

— *Parlez si vous voulez, ma chère... les complices sont autant punis que les coupables.*

— La coquine! — dit Astarté.

— Et ça ne quitte pas les églises! — reprit Juliette.

— Elle avait raison, — reprit madame Lambert; — je la perdrais et moi aussi. Après cela, je me fais plus méchante que je n'en ai l'air; j'aurais pu me venger sans me perdre, que je ne l'aurais pas fait... Mais à propos, — reprit la femme de chambre de la marquise d'Hervieux en s'adressant à Juliette, — tu m'avais dit que tu savais quelque chose qui ferait plaisir à ma maîtresse.

— Elle le sait peut-être déjà; mais enfin voilà ce que c'est : le prince part cette nuit pour Fontainebleau; il va chasser cinq ou six jours avec le mari de ta maîtresse.

— Cet homme-là est-il sournois! — s'écria madame

Lambert. — On n'en savait rien ce soir chez nous ; mais il n'en fait jamais d'autres. Quand le marquis s'en va, il ne veut qu'on se soit content qu'au dernier moment. Ah ! pour ça, oui, Madame va être contente. Pendant cette absence-là, voilà la vie de presque tous les jours : Le matin son bain, après ça son déjeuner, et puis vite un petit fiacre, et en voilà jusqu'à six heures, où elle rentrera à l'hôtel pour dîner ; après dîner elle écrira une lettre de huit pages, que je porterai le lendemain matin (M. de Surville y répondra par un billet de deux lignes), et, la lettre écrite, elle s'habillera pour aller dans le monde revoir son *trésor*. Ses plus jolies, ses plus fraîches toilettes sont pour ce soir-là.

— Je *les* croyais brouillés ? — dit Juliette.

— Oui, pendant six mois, cette pauvre Madame... (elle est si bonne !) a manqué d'en mourir ; elle se fanait que c'était pitié... mais, maintenant, elle est redevenue charmante ; son amant lui va si bien !

— C'est bien fait, — dit Astarté, — un mari si bête !

— Et si sale ! — dit madame Lambert. — Nous voyons cela, nous autres... Tenez, si le monde savait ce que nous savons, on excuserait les trois quarts des femmes qui ont des amants.

— Je les excuse toujours, moi d'abord, — dit Astarté ; — ce sont les meilleures maîtresses à servir... ça vous les rend d'une douceur... d'un onctueux !... Et chez vous, Isabeau, y a-t-il du nouveau ?

— Oh ! chez nous, — reprit la femme de chambre de madame Wilson, — on est toujours gaie, toujours folle ; on dit bonjour et bonsoir au père Wilson, qui ne met pas le nez hors de ses bureaux... et on adore un ange de petite fille... voilà tout.

— C'est drôle, — dit Astarté.

— Le fait est, — reprit Leporello, — que je n'ai jamais entendu rien dire sur madame Wilson chez mon maître ; et Dieu sait comment on y habille les femmes du monde.

— C'est peut-être aussi parce que ces messieurs en déshabillent beaucoup, — dit Astarté.

— Bravo ! — fit Leporello.

— Et ici ? — dit Astarté en interrompant du regard la femme de chambre de Régina.

J'éprouvais une angoisse singulière en attendant la réponse de Juliette, qui dit tout à coup :

— Tiens, où est donc le père Louis ?

C'était le vieux valet de chambre du prince ; tous les yeux se tournèrent vers la place que cet ancien serviteur avait occupée ; il avait discrètement disparu, sans que l'on eût remarqué son départ.

— Il aura filé, bien sûr, — reprit Juliette, — quand il a vu la soirée tourner aux *cancans* ; il les déteste... Après tout, tant mieux, il est gênant, et puis on ne peut rien tirer de lui... sur notre maître.

Je fus en effet frappé de la discrétion de ce domestique, le seul qui fût sans doute dans le secret des excursions nocturnes du prince de Monthar ; je me demandai par quel prodige d'adresse il avait pu cacher jusqu'alors aux autres domestiques de la maison les absences de son maître, qui, je l'ai su depuis, se renouvelaient assez fréquemment.

— Vous avez raison, Juliette, — reprit la femme de chambre de madame Wilson, — le vieux Louis nous aurait gênées... Eh bien ! je vous disais : Et ici, depuis que la princesse court les bals et les fêtes avec ma maîtresse ?...

— Voilà tout ? rien de nouveau ? — dit Astarté.

— Ma foi non ; Madame reçoit le matin la *fleur des pois* des élégants, comme dit Leporello ; elle fait toujours de superbes toilettes ; on lui envoie des bouquets *sans nom*, comme ce soir ; elle porte de préférence celui de sa fleuriste. Je n'en sais ni plus ni moins. Après cela, si les femmes de chambre, pour bien des raisons... savent souvent la fin des choses, elles en ignorent les commencements... ça regarde les valets de chambre. Dame ! ils annoncent les visites, ils peuvent donc remarquer celles qui sont plus ou moins longues... selon que Madame est seule ou avec du monde... Ils peuvent encore observer la figure triste ou gaie que les assidus font en sortant... s'ils sont rouges ou s'ils sont pâles, et surtout si, ayant leurs gants en entrant, ils les ont encore en sortant... C'est très-important... J'ai entendu dire au vieux Lapierre, qui a été longtemps au service de la fameuse princesse Romanof, que presque toujours on se dégantait chez elle au cinquième ou sixième tête-à-tête.

— C'est très-vrai d'observation, — dit Astarté. — Allez donc prendre la main d'une femme avec des gants !

— Aussi, — ajouta Juliette, — quant au nouveau qu'il pourrait y avoir ici, je vous dirais : Adressez-vous à M. Martin, comme ce soir ; mais il n'est valet de chambre de Madame que d'aujourd'hui.

— Ma foi, Mademoiselle, — dis-je à Juliette, — je vous assure qu'il faudrait que les choses me crèvent les yeux ; je ne suis pas fort pour l'observation.

— Bah ! bah ! — me dit Juliette en riant, — on voit ça malgré soi. Honoré, qui était ici avant vous, monsieur Martin, n'était pas malin, ça n'empêche pas qu'il avait remarqué que M. le capitaine Just, ce beau grand jeune homme, était venu trois fois à l'heure où Madame ne reçoit habituellement personne.

— Ah ! ah ! voyez-vous ça ! — dit Astarté en éclatant de rire, — et vous disiez, Juliette, qu'il n'y avait rien de nouveau ici.

— Je suis de l'avis de Mademoiselle Juliette, — dis-je à Astarté, — il y a peu de temps que M. le capitaine Just a perdu son père, qui était l'ami de Madame, et elle disait au capitaine, aujourd'hui même à dîner, que le capitaine Just était encore si triste qu'il craignait de rencontrer du monde chez elle ; voilà sans doute pourquoi Madame le reçoit à une heure différente de ses autres visites.

— C'est égal, — dit en riant Astarté, — il n'y a rien de plus traître que les beaux grands garçons mélancoliques ; je vous recommande ce jeune homme-là, Monsieur Martin, et lorsque vous me ferez le plaisir de venir prendre une tasse de thé au ministère de la justice, vous aurez aussi votre petit *cancan* à faire ; écoutez donc, chacun son écot.

— Et ce sont nos maîtres qui payent, — dis-je en riant à Astarté, afin de cacher la pénible émotion que me causaient ces malignes remarques.

— Après ça, — reprit Astarté, — c'est, vous le voyez, en tout bien tout honneur. Entre nous, tout se dit, mais rien ne se sait au dehors. Tous, tant que nous sommes ici, nous pourrions être des *domestiques terribles*, comme dirait M. *Gavarni*... Eh bien ! je suis sûre que parmi nous, personne n'a à se reprocher d'avoir abusé d'un secret contre un maître.

— C'est vrai, — dit l'homme de confiance du député.

— Pourtant... si l'on voulait !

— Ah ! bah ! — dit Leporello, en éclatant de rire, — votre crâne de député a donc des *fêmes*... vous pourriez donc le livrer à une foule de maris furieux ?

— Non, farceur... mais à la rage de ses électeurs, qui sont aussi venimeux... que des maris. Tenez, ce matin, j'annonce à *Monsieur* le plus fort d'entre ses électeurs, le *bélier du troupeau*, comme dit mon maître, il l'appelle toujours comme ça avec Madame... le *bélier* ; en apprenant donc que le *bélier* était là : — Que le diable vous emporte ! — me dit mon maître en fureur, — je vous ai dit que je ne recevais jamais ces gens-là qu'une fois sur cinq ; mon Dieu ! que ça assomment ! Allons, puisque vous avez dit que j'y étais, faites entrer. — Et une fois que le *bélier* est entré, il fallait voir les poignées de main, et entendre le : *Comme vous êtes rare, mon cher Monsieur ! on ne vous voit jamais !* etc. ; ce qui n'a pas empêché Monsieur de me dire, une fois que le *bélier* a eu les talons tournés : — Si vous avez le malheur de recevoir ce Monsieur-là avant quinze jours d'ici... *je vous laisse avec lui*... Et vrai, ça m'a fait peur... seul avec le *bélier* !!

— Ah ! fameux, le *bélier* ! — s'écria Leporello en éclatant de rire. — Fameux ! le mot restera ! Ça me rappelle qu'il y a un an je cherchais un petit appartement pour les rendez-vous de mon maître ; j'entre dans une maison superbe... trop superbe pour la chose ; c'est égal, je parle au portier. — Avant tout, mon garçon, — me dit cet animal de *loge*, — je dois vous prévenir que le propriétaire tient à ce que sa maison soit parfaitement propre. — Après ? — Votre maître a-t-il des chiens ? — Non. — Des enfants? — Il en fait, mais il n'en a pas, vu qu'il y en a qui en ont et qui n'en font pas. — *Est-il député?* — Non plus : mais pourquoi, diable ! cette question ? — dis-je au portier. — Parce que nous avons logé un député au cinquième, — me répondit le cerbère, — et en deux mois ses gredins d'électeurs limousins ont fait une telle procession avec leurs souliers crottés, qu'ils nous ont perdu l'escalier ; c'était une boue comme dans la rue.

La gaieté causée par le récit de Leporello fut interrompue par l'arrivée de madame Gabrielle, femme de charge du comte Duriveau.

La venue de cette femme excita au plus haut degré mon inquiétude et mon attention. Ses moindres paroles, sa physionomie, furent pour moi l'objet d'un examen pénétrant.

— Ah! bonsoir, ma chère ; comme vous venez tard ! — lui dit Juliette. — Les gâteaux sont tout froids, et le thé aussi.

— Je suis encore bien heureuse d'avoir pu venir, allez ! — répondit cette femme assez âgée, grande, forte, à la figure virile, — je n'y comptais plus... Monsieur est un si fameux tyran !!

— C'est ce que je disais à ces dames, — reprit Juliette ; — mais par quel heureux hasard avez-vous pu vous échapper ?

— Hasard est le mot, un vrai hasard : Figurez-vous que, depuis quelques jours, — reprit la femme de charge du comte Duriveau, — Monsieur était d'une humeur de dogue, à peu près comme à son ordinaire ; il a par là-dessus la manie, vous le savez, de ne pas vouloir souffrir qu'on mette le pied hors de l'hôtel sans lui en demander la permission, toujours pour la chose d'exercer sa tyrannie.

— Quel homme !... quel homme ! — dit Astarté.

— Quant à ça, Juliette, — dit la femme de charge du comte Duriveau, — votre maîtresse peut brûler une fière chandelle à je ne sais quel saint, de n'avoir pas épousé mon maître...

— Je crois bien, on dit qu'elle ne pouvait pas le voir, — reprit Juliette, — et, depuis le mariage de Madame, il n'a pas mis les pieds ici.

— Et il enrage, j'en suis sûre. Enfin, pour en revenir à mon affaire, je lui demande donc ce matin à sortir ce soir : — Non ! — me répondit-il durement, et avec une figure... une figure noire comme l'enfer. Bien obligé, je me dis, et je remonte chez moi quatre à quatre ; car, avec lui, non, c'est tout. Ce soir, après dîner, comme il allait chez son fils, il me rencontre dans l'escalier... ce n'était plus le même homme, il était rayonnant ; je ne lui ai jamais vu qu'une fois l'air aussi gai, c'était le lendemain du duel où il avait cassé la cuisse à ce pauvre marquis de Saint-Hilaire, qui en est mort.

— Ah ! oui... un duel dans le parc du marquis, — dit Astarté. — J'ai entendu parler de cela dans le temps... M. Duriveau était alors l'amant de la marquise.

— Justement, — dit la femme de charge, — ça se passait à la campagne. Celui-ci les a surpris. Ils se sont battus, et Monsieur, qui met à soixante pas une balle dans une carte, lui a flanqué son affaire, à ce pauvre marquis. Finalement, ce soir, Monsieur avait la même figure de jubilation que le lendemain de ce duel-là, il avait l'air d'être d'une joie... d'une joie atroce... quoi !... — Vous m'avez demandé à sortir et je vous ai refusé, ma chère Madame Gabrielle, — m'a-t-il dit. — Oui ; Monsieur le comte. — Eh bien ! sortez si vous voulez, je suis content, je veux qu'on soit content.—Et il a continué de monter l'escalier.

— Et qu'est-ce qui pouvait donc le rendre si content ? — demanda Juliette.

— C'est ce que je me suis dit, — reprit madame Gabrielle. — Il y a donc du nouveau dans Landerneau ; il faut que je tâche de le savoir, ça sera *mon écot* pour le thé de chez Juliette ; je cours dare dare chez le valet de chambre de Monsieur ; nous sommes très-bien ensemble parce que je lui fournis du linge de l'hôtel pour sa famille qui loge dehors. — Eh bien ! Balard, — que je lui dis, — qu'est-ce qu'il y a donc ? Monsieur avait tantôt l'air méchant comme un diable, et ce soir, il est gai comme un chat-huant qui va croquer une souris ! — Je ne sais pas, — me répond Balard. — Il avait l'air aussi fou de joie à dîner.—Mais à propos de quoi cette joie-là ?—Je n'en sais rien de rien... parole d'honneur. — Voyons, Balard, entre amis ? — Je vous jure, ma chère, que tout ce que je sais, c'est qu'au moment où Monsieur allait se mettre à table, un commissionnaire a apporté une lettre, vilain papier, vilaine écriture, et je crois même cachetée avec du pain mâché. Je remets cette lettre à Monsieur ; il la lit et s'écrie : *Enfin !* d'un air aussi content que si tous ceux qu'il déteste avaient la corde au cou, et qu'il n'ait plus qu'à la tirer ; enfin après avoir jeté la lettre au feu et l'avoir vue brûler, il s'est mis à marcher ou plutôt à sauter dans sa chambre, en se frottant les mains et le menton, en riant... en riant, mais tout de même d'un drôle de rire...—Et voilà tout ce que vous savez? — dis-je à Balard. — Voilà tout, ma chère Madame Gabrielle, je vous jure... par la dernière douzaine de taies d'oreiller en batiste de rebut que vous m'avez délicatement donnée pour mon épouse, — m'a répondu Balard. — Il fallait bien le croire... Et voilà, pour ce qui est de chez nous, tout ce que j'ai de plus frais à vous servir... Là-dessus, donnez-moi une tasse de thé avec un peu de rhum, ma petite Juliette, car j'étrangle de soif.

Étrange pressentiment... je fus effrayé de ce que je venais d'apprendre par la femme de charge du comte Duriveau. Je ne sais quel instinct me disait que la joie *atroce* de cet homme, ainsi qu'avait dit madame Gabrielle, avait pour cause la réussite de quelque détestable projet ; que peut-être il se voyait sûr de sa vengeance contre Régina. Cette lettre, qui avait causé une joie folle au comte Duriveau ; cette lettre écrite et cachetée d'une manière si vulgaire, et ensuite soigneusement brûlée par lui... ne semblait significative ; ne trahissait-elle pas des relations complètement en dehors des relations habituelles de M. Duriveau ? Et s'il machinait une basse vengeance contre Régina, n'était-ce pas dans quelque milieu ténébreux qu'il devait chercher ses complices, ainsi que l'avait redouté le docteur Clément ?... Enfin, l'espérance ou même la certitude d'une vengeance *éloignée* n'eût pas causé une joie si vive à M. Duriveau. Sans doute, il croyait toucher au but qu'il poursuivait depuis longtemps ; mais si mon pressentiment ne me trompait pas, ce but, quel était-il ? cette vengeance, où et comment devait-elle s'accomplir ?

Prévenir directement la princesse de se tenir sur ses gardes m'était impossible ; ma position envers Régina m'imposait la réserve la plus absolue ; je me compromettais tout en laissant voir à la princesse l'intérêt extraordinaire, inexplicable pour elle, que je portais à tout ce qui la touchait... Sa défiance s'éveillait alors, et la moindre imprudence me faisait à l'instant chasser de la maison. J'aurais pu lui écrire d'être en défiance, mais contre quoi? et puis quelle créance accorderait-elle à un écrit anonyme, alors qu'elle n'avait tenu compte des vives appréhensions du docteur Clément, se plaisant, au contraire, — disait-elle, — à braver les ressentiments de M. Duriveau. Si j'avais eu quelque renseignement positif, précis, j'aurais pu à la rigueur, et dans une si grave conjoncture, écrire anonymement au prince, le défenseur naturel de sa femme ; mais il était malheureusement parti dans la soirée pour Fontainebleau.

Ces pensées m'effrayèrent tellement, qu'un moment je voulus croire à la vanité de mes craintes, et je continuai d'écouter attentivement, sans avoir le courage d'y prendre part, l'entretien des invités de mademoiselle Juliette, tâchant de pénétrer si la femme de chambre du comte Duriveau n'était pas envoyée par lui, enfin si les récriminations de cette femme au sujet de la dureté de son maître n'étaient pas une feinte adroite ; malgré mon attention, il me fut impossible de rien découvrir à ce sujet. Les invités de mademoiselle Juliette quittèrent l'hôtel vers une heure du matin sans que le beau Fœdor, l'amant de la marquise italienne, eût paru.

La princesse m'avait ordonné d'attendre son retour. Je venais de descendre de son appartement, d'aviver le feu de son parloir, et d'allumer ses bougies, lorsque le bruit d'une voiture entrant dans la cour m'annonça le retour de Régina.

Lorsque je lui ouvris la porte de l'antichambre, je fus saisi de l'expression de sa physionomie.

J'avais vu la princesse partir avec madame Wilson, riante, la joue animée, l'œil brillant, le front superbe; je la voyais rentrer morne, pâle, la fatigue et l'ennui peints sur tous les traits...

Le docteur Clément ne se trompait donc pas? Cette ardeur de plaisir, qui entraînait la princesse au milieu des fêtes, était donc véritablement factice? En présence de madame Wilson, comme en présence du monde, Régina avait donc, ainsi qu'on le dit vulgairement, *fait la brave*. Et à cette heure que, rentrant chez elle, il lui était inutile de feindre, elle retombait dans son douloureux abattement... Ou bien avait-elle déjà été atteinte par la vengeance du comte Duriveau?

Ces pensées me vinrent si rapides, qu'elles s'étaient présentées à mon esprit pendant le temps que mit Régina à gagner son parloir. Après avoir jeté son manteau sur un fauteuil, elle me dit:

— Vous n'oublierez pas, ainsi que je vous l'ai recommandé, d'aller demain matin, à huit heures, vous informer des nouvelles de mon père...

— Je ne l'oublierai pas, Madame la princesse.

Régina ne me donnant pas d'autre ordre, je m'éloignai; elle me rappela et me dit:

— Comme vous ne serez peut-être pas revenu à l'heure où je voudrai sortir, vous recommanderez à la porte que l'on me fasse avancer un fiacre pour huit heures et demie...

— Alors, Madame la princesse ira chez la femme Lallemand? — dis-je à Régina.

Elle était debout devant la cheminée, lorsque je lui fis cette question; elle se retourna vers moi d'un air à la fois si étonné, si altier, que je compris l'indiscrète familiarité de ma demande; je baissai les yeux tout interdit. Probablement la princesse s'aperçut de ma confusion, car elle me dit avec bonté:

— N'oubliez pas d'aller chez mon père; à votre retour, vous vous occuperez de soigner cet appartement et mes fleurs, ainsi que je vous l'ai dit ce matin.

Je sortis après avoir laissé retomber la portière du parloir.

Je restai involontairement une seconde à peine; ce temps me suffit pour entendre Régina, tombant dans un fauteuil, s'écrier avec un accent de lassitude, d'ennui, de douleur inexprimable:

— Seule... mon Dieu!... toujours seule... oh! quelle vie!... quelle vie!...

Effrayé de l'espèce de secret que je venais de surprendre, je me hâtai de quitter l'appartement de la princesse, je fermai soigneusement la porte extérieure, et je remontai dans ma chambre, oserai-je me l'avouer à moi-même? avec des pensées moins amères que lorsque j'avais vu Régina partir pour le bal dans tout l'éblouissant éclat de sa parure et de sa beauté.

. . . .

CHAPITRE LXXII.

La découverte. — Jérôme, le cocher. — La journée aux fiacres.

Après une nuit presque entièrement passée dans l'insomnie, occupé de chercher vainement le moyen de deviner et de conjurer le péril qui, je le pressentais, menaçait Régina, je me levai, ne comptant plus que sur le hasard d'une heureuse inspiration; je me rendis chez le baron de Noirlieu, où je n'étais pas retourné depuis la commission que j'avais faite auprès de Melchior, le mulâtre, pour Robert de Mareuil; j'étais préparé à l'inconvénient de me voir reconnu par Melchior, il n'en fut rien.

— Je viens, Monsieur, — lui dis-je, — de la part de madame la princesse de Montbar, au service de qui je suis entré depuis hier, savoir des nouvelles de M. le baron de Noirlieu.

— M. le baron est toujours dans le même état, — me répondit brusquement le mulâtre; — vous ferez part de cela à madame la princesse.

Melchior avait l'air si rogue, si peu communicatif, qu'il me paraissait difficile d'engager quelque conversation avec lui; néanmoins je repris:

— Je porterai cette réponse à madame la princesse, qui en sera sans doute affligée.

— C'est probable, — me dit brusquement le mulâtre en me tournant le dos, après m'avoir du geste montré la porte cochère, car ceci se passait sur le perron du vestibule.

J'allais me retirer lorsque je vis venir le baron du fond de l'antichambre; il portait une robe de chambre de flanelle grise et s'appuyait sur une canne; il me parut encore plus abattu, plus cassé que lorsque je l'avais vu une année auparavant à la porte du Musée. La même farouche expression de tristesse contractait les traits du vieillard.

En entendant les pas traînants de son maître, Melchior parut vivement contrarié. Aussi, quoiqu'il m'eût impérieusement répété à voix basse: — Allez-vous-en... allez-vous-en! — je restai, et j'entendis le baron dire à Melchior en m'apercevant:

— Melchior... quel est cet homme?

— Allez-vous-en donc, — me répéta encore tout bas le mulâtre.

Puis se retournant vers son maître, il lui dit d'un ton de reproche affectueux:

— Rentrez donc, monsieur le baron... il fait très-froid ce matin... Venez, venez.

Et il fit un pas pour emmener le baron, qui lui obéissait machinalement, lorsque, m'approchant, je dis à haute voix à M. de Noirlieu.

— Je viens de la part de madame la princesse de Montbar m'informer des nouvelles de monsieur le baron.

Le père de Régina tressaillit. Son visage me parut trahir le pénible effort d'une lutte intérieure; puis, revenant sur ses pas, tandis que le mulâtre me lançait des regards courroucés:

— Comment se porte ma fille? — me dit le vieillard avec une émotion qu'il voulait en vain dissimuler.

— Madame la princesse est toujours souffrante, Monsieur le baron.

— Souffrante! Régina? — s'écria le vieillard.

Et regardant Melchior d'un air surpris et défiant, il ajouta:

— On ne m'avait pas dit cela!

Puis s'adressant à moi de nouveau, il me demanda avec empressement:

— Depuis quand ma fille est-elle malade? Qu'a-t-elle? Est-elle alitée? Répondez... répondez donc.

Melchior me coupa la parole, et dit à son maître avec un sourire sardonique:

— Je peux rassurer Monsieur le baron: hier encore madame la princesse est allée au bal; son indisposition n'est donc, heureusement, que fort légère.

— Madame de Montbar est allée hier au bal? — me demanda le vieillard.

— Oui, Monsieur le baron, — lui dis-je; — mais, au retour, madame la princesse semblait bien abattue... bien fatiguée.

— Fatiguée?... d'avoir dansé?... — reprit le baron; et une ironie amère remplaça sur ses traits l'expression d'intérêt dont ils avaient été empreints en parlant de sa fille. Le mulâtre offrit son bras à son maître d'un air triomphant, et tous deux rentrèrent dans l'intérieur de la maison.

Malgré la mauvaise issue de mon entrevue avec le père de la princesse, je m'applaudis d'avoir découvert que le baron, quoique malheureusement persuadé que Régina n'était pas sa fille, avait conservé pour elle un attachement qui devait souvent lutter dans son cœur contre l'aversion qu'il s'efforçait de lui témoigner; de plus, je remarquai que Melchior paraissait haïr Régina et user de l'influence qu'il devait avoir sur le baron pour l'irriter contre sa fille.

Je quittai la maison de M. de Noirlieu, heureux de penser que peut-être le récit du petit incident dont j'avais été témoin ferait plaisir à Régina, en lui prouvant que le baron conservait toujours un fonds d'affection pour elle.

A cette bonne espérance, j'avais presque oublié mes préoccupations au sujet du comte Duriveau, lorsqu'un incident imprévu, insignifiant en apparence, vint changer mes soupçons en une certitude effrayante.

Le baron de Noirlieu demeurait faubourg du Roule;

j'étais revenu au faubourg Saint-Germain par le pont Louis XV et le quai d'Orsay; j'atteignais le milieu de la rue de Beaune, lorsque je vis venir à moi, marchant très-vite, madame Gabrielle, la femme de charge du comte Duriveau; celui-ci demeurait rue de l'Université, l'hôtel de Montbar était situé rue Saint-Dominique. Je n'attachai d'abord aucune importance à ma rencontre avec madame Gabrielle; seulement, me trouvant bientôt en face de cette femme que j'avais vue la veille, je pus d'autant moins me dispenser de l'aborder, qu'elle me reconnut et me dit :

— Ah! monsieur Martin, bien le bonjour; je ne m'attendais pas à vous rencontrer si tôt, et surtout de si matin...

— En effet, Madame, il est à peine neuf heures.

— C'est ce qui me désole, car il faudra que j'aille au diable vert pour trouver un fiacre; dans cette saison, ils n'arrivent sur place que fort tard, et Monsieur en attend un avec une impatience de damné.

— Comment! lui qui a tant de chevaux, il sort en fiacre? et c'est vous qu'il envoie chercher une voiture, tandis qu'il a tant de domestiques?

— Je ne suis pas non plus la seule à le chercher, ce maudit fiacre! le maître d'hôtel et le valet de chambre sont à la recherche de leur côté. Dame... c'est qu'un fiacre, dans notre quartier, à cette heure, et le lendemain d'un dimanche encore, c'est aussi rare qu'un merle blanc.

— Si votre maître est si pressé, que ne fait-il atteler une de ses voitures?

— Il a ses raisons, sans doute, pour préférer un fiacre... il y a quelque chose là-dessous... Balard m'a dit qu'une lettre sur gros papier, pareille à la lettre d'hier soir, vous savez...

— Parfaitement; c'était très-drôle... cette grosse lettre cachetée avec du pain mâché, et qui a rendu votre maître si content.

— Eh bien! il en est arrivé une autre toute pareille, ce matin, à huit heures, avec recommandation au commissionnaire d'éveiller tout de suite Monsieur ; alors, carillon d'enfer, et ordre de lui trouver un fiacre à tout prix... sans compter que Balard m'a dit que la joie d'hier continuait ce matin... en augmentant, si c'est possible.

Une idée qui me donna presque le vertige me traversa l'esprit.

Mon émotion fut si visible, que la femme de charge me dit :

— Qu'avez-vous donc, monsieur Martin?

Ces mots me rappelèrent à moi; je répondis à cette femme, qui répétait avec une surprise croissante :

— Mais, qu'avez-vous donc?

— Mon Dieu! madame Gabrielle, je réfléchis qu'au lieu de vous faire perdre là votre temps, je peux vous épargner une corvée. J'ai passé tout à l'heure sur le quai Voltaire, j'ai vu deux ou trois fiacres sur la place... je vais y courir et en amener un pour vous à la porte de l'hôtel Duriveau.

— Ah! par exemple, monsieur Martin, vous êtes trop aimable... vous déranger ainsi...

— Cela ne me dérange pas, — lui dis-je en m'éloignant; — nous sommes voisins... dans dix minutes, le fiacre sera à votre porte.

Et je m'élançai dans la direction du quai Voltaire pendant que madame Gabrielle me criait de loin :

— Merci, monsieur Martin.

Cette idée qui m'avait presque donné le vertige était celle-ci :

— Un piége horrible est tendu à Régina, rue du Marché-Vieux; on s'est adressé à la bienfaisance de la princesse pour l'attirer dans un guet-apens; dans cette maison, située au fond d'un quartier perdu, il n'y a pas de portier, il n'y a d'autres locataires que cette femme prétendue paralytique. Une des deux lettres reçues par le comte Duriveau a dû lui annoncer que Régina allait se rendre le matin même dans cette maison, où il comptait surprendre la princesse. Que se passerait-il ensuite entre elle et cet homme d'un caractère impitoyable, d'une volonté de fer, et... capable de tout sacrifier à sa haine et à ses passions?... Je frémissais d'y songer.

Comment d'inductions en inductions, basées sur les plus vagues probabilités, en étais-je arrivé à une certitude absolue? je ne puis encore m'en rendre compte, mais je savais... mais je *sentais* que je ne me trompais pas.

En proposant mes services à la femme de charge du comte Duriveau, j'avais eu deux motifs : ôter au comte une des chances de trouver une voiture, et profiter moi-même de cette voiture, car en effet j'avais par hasard, en revenant, remarqué un fiacre sur le quai Voltaire.

Avertir Régina qu'elle allait tomber dans un piége, je n'y pouvais songer. D'ailleurs, elle était sans doute déjà partie pour la rue du Marché-Vieux, puis c'était me trahir ; à l'appui de mes craintes, je n'avais d'autres preuves à lui donner que mes pressentiments. Aller moi-même rue du Marché-Vieux, c'était risquer de m'y rencontrer avec la princesse, et cette démarche, dont il m'aurait fallu expliquer l'origine, le but, compromettait pour jamais ma position envers Régina : je ne devais lui rendre en apparence aucun de ces services éclatants qui attirent l'attention, et souvent une reconnaissance trop grande ; car alors, par gêne ou par respect humain, on n'ose garder comme domestique un homme à qui l'on doit tant.

Ceci explique mon embarras à l'endroit de trouver un moyen de secourir la princesse; malheureusement encore le prince était absent... lui, le défenseur naturel de sa femme. A qui donc m'adresser?

Une étreinte de jalousie involontaire me brisa le cœur... je venais de songer au capitaine Just.

Donner à un autre... à un autre... jeune, beau... brave et généreux, le moyen de sauver la femme que l'on aime avec la plus folle passion... il faut pour cela plus que du courage... J'eus ce courage.

En réfléchissant ainsi, j'étais arrivé à la place de fiacres du quai Voltaire, je ne m'étais pas trompé, j'y vis deux voitures... et le cocher de l'une d'elles était... Providence inespérée!... l'excellent homme qui m'avait autrefois empêché de mourir de faim, et qui avait reconduit Régina chez elle, après la scène du faux mariage.

— Bonne journée pour moi... puisque je vous rencontre ce matin, mon brave, — me dit joyeusement Jérôme en me tendant la main, — voilà du temps que...

— Il y va de la vie de quelqu'un que j'aime comme ma mère, — dis-je à Jérôme en l'interrompant et m'élançant dans sa voiture; — je n'ai pas le temps à présent de vous dire un seul mot... Avez-vous sur vous un crayon, du papier?

— Voilà le portefeuille où j'inscris mes courses, — me dit Jérôme en me remettant cet objet.

— Maintenant, — reprit-il, — où allons-nous?

— Rue Saint-Louis en l'île... au coin du quai. Ventre à terre!

— Vitesse de chemin de fer! — reprit Jérôme en sautant sur son siége; et ses chevaux, heureusement frais, partirent comme la foudre.

Pendant le trajet, enlevant un feuillet du portefeuille de Jérôme, j'écrivis au crayon ce qui suit :

Un grand danger menace la princesse de Montbar; le comte Duriveau l'a fait tomber dans un piége infâme. Allez, sans perdre une seconde, rue du Marché-Vieux, 11. Montez au troisième, demandez madame Lallemand; si l'on ne vous répond pas, brisez la porte, armez-vous au besoin. La princesse doit être retenue dans cette demeure; il y a sans doute quelque porte masquée communiquant à d'autres chambres que celles occupées par la femme Lallemand. Un fiacre vous attend, le cocher est un homme sûr.

UN AMI INCONNU.

Le fiacre s'arrêta au coin du quai; je descendis de voiture, je remis à Jérôme le billet que je venais d'écrire et lui dis :

— Allez au numéro 17 de cette rue.
— Bon.
— Demandez le capitaine Just.
— Bon.
— Dites qu'on lui porte à l'instant ce billet.
— Bon.
— Car c'est une question de vie ou de mort.
— Diable!

— Si le capitaine vous demande qui vous a envoyé avec ce billet, vous direz... vous direz... un homme âgé, à cheveux blancs.
— Très-bien !
— Vous conduirez le capitaine rue du Marché-Vieux, près la rue d'Enfer, numéro 11.
— Je vois ça d'ici.
— Repasserez-vous par le quai?
— Oui, c'est mon chemin.
— Si vous ramenez le capitaine, ne vous arrêtez pas; mais ne vous étonnez pas si je monte derrière votre voiture.
— C'est entendu...
— Et ensuite, rue du Marché-Vieux... bride abattue.
— Vitesse de chemin de fer; j'ai Lolo et Lolotte, soyez calme.

Et Jérôme allait fouetter ses chevaux; mais se ravisant :
— Et si le capitaine n'y est pas?
— Revenez toujours par ici... alors je remonterai dans votre voiture.
— En route ! — dit Jérôme, et il détourna la rue au grand trot de ses chevaux.

J'attendis avec angoisse le retour de Jérôme. En cas d'absence du capitaine Just, je me serais décidé à aller rue du Marché-Vieux et à agir malgré les funestes conséquences que mon intervention pouvait avoir pour mes projets.

Caché dans l'ombre d'une porte cochère ouverte, de crainte d'être reconnu par le capitaine, j'écoutais si je n'entendais pas revenir la voiture...

Neuf heures sonnèrent lentement à Notre-Dame... Régina, partie de chez elle à huit heures et demie sans doute, devait alors être bien près de la rue du Marché-Vieux; si l'un des domestiques du comte Duriveau avait trouvé un fiacre plus tôt que sa femme de charge, le comte était aussi sur le point d'arriver dans cette maison où devait se dénouer cette scène redoutable.

Enfin le roulement rapide d'une voiture se rapprocha de ma cachette, j'avançai la tête avec précaution... Bonheur du ciel! le capitaine était dans le fiacre, ses habits de deuil rendaient plus frappante encore la pâleur de ses beaux traits altérés par une violente émotion.

Lorsque la voiture qui emmenait le capitaine eut dépassé la porte où je me tenais, je m'élançai afin de rejoindre le fiacre et de monter derrière... Alors, il m'arriva une chose à la fois cruelle et ridicule... la palette où je comptais me tenir debout était défendue, ainsi que cela se voit souvent, par un demi-cercle de fer hérissé de pointes aiguës. Le fiacre, lancé sur une descente, marchait si rapidement, que je ne pouvais espérer de le suivre longtemps en courant, ainsi que je faisais en m'attachant des deux mains aux ressorts de derrière... Je pris une résolution désespérée : appelant à mon aide mon ancienne agilité de saltimbanque et à mon souvenir le *saut des baïonnettes*, souvent exécuté dans mon enfance, au risque de retomber sur les pointes aiguës du demi-cercle de fer... je tentai de le franchir... Par un bonheur inespéré, je réussis... à peu près, car un cahot de la voiture me faisant trébucher au moment où je retombais sur la palette, après avoir sauté par-dessus les pointes de fer, une d'elles me laboura profondément la jambe; ne trouvant pas de courroie pour me soutenir, je me cramponnai, comme je le pus, à l'impériale, les genoux collés à la caisse, et comprenant parfaitement que le manque d'équilibre pouvait me faire tomber à la renverse sur les piquants de fer.

Soudain le fiacre s'arrêta. Jérôme se rappelant sans doute alors le danger ou l'impossibilité qu'il y avait pour moi à monter derrière sa voiture, se dressa sur son siège, et sa loyale et bonne figure se tourna vers moi avec inquiétude.

Je lui fis de la main signe de continuer sa route; au même instant, j'entendis la voix du capitaine Just lui crier... Cocher, qu'y a-t-il?... Marchez donc, sacredieu... Quarante francs pour votre course... ventre à terre.
— En route! — cria Jérôme.

Mais tout en activant ses chevaux de la voix, le brave homme trouva moyen de se retourner, d'attacher au dossier de son siège une des longes de rechange de ses chevaux et de me jeter l'autre bout en me disant :
— Tenez-vous à cela... il y aura moins de danger.

Le bruit des roues couvrant la voix de Jérôme, le capitaine ne l'entendit pas, sans doute, et je me maintins sans tomber, grâce à l'ingénieux secours du cocher, secours d'autant plus urgent pour moi que ma blessure me faisait cruellement souffrir, je ne pouvais m'appuyer sur ma jambe; je sentais mon sang couler sous mes vêtements.

Lorsque je vis la voiture à peu de distance de la rue du Marché-Vieux, de crainte d'être aperçu par le capitaine Just, je voulus descendre : calculant alors ma distance et mon élan, je me retournai; d'un bond je franchis de nouveau le cercle hérissé de pointes de fer, je tombai d'aplomb. La voiture continua sa route pendant quelques secondes, puis détourna à l'angle de la rue du Marché-Vieux. Je pris mon mouchoir, je le nouai très-serré autour de ma jambe, ce qui me causa, momentanément du moins, un très-grand soulagement.

J'allais entrer dans la petite rue, lorsque, arrêté à quelques pas de son tournant, je remarquai un fiacre dont les chevaux ruisselaient d'écume.
— Cocher, — dis-je à cet homme, — n'avez-vous pas amené ici un monsieur... grand et brun, que vous avez pris rue de l'Université?
— Oui, mon garçon... mais la fameuse course, mes chevaux n'en peuvent plus... Mais dix francs de pour boire... ça en valait la peine. Je laisse souffler mes bêtes avant de m'en retourner... et...
— Y a-t-il longtemps que vous êtes là?
— Un quart d'heure au plus.
— N'avez-vous pas vu entrer dans cette rue un autre fiacre?
— Oui... il y a cinq minutes... Il paraît que c'est le jour, et...
— Mais avant, n'en avez-vous pas vu entrer un autre dans cette petite rue?
— Ah! oui, il y a peut-être dix minutes; une citadine bleue avec un cheval blanc... Mais il n'avait pas le mors aux dents, celui-là... Il y avait une femme dedans.

Plus de doute, le comte Duriveau avait précédé Régina dans cette maison déserte...

Heureusement le capitaine Just arrivait presque sur les pas de la princesse.

J'entrai précipitamment dans la rue du Marché-Vieux; je vis Jérôme arrêté à la porte du numéro 11.
— Vous êtes blessé, mille dieux! — me dit-il en voyant ma jambe bandée.
— Et le capitaine? — lui dis-je.
— Il a sauté de ma voiture sans attendre que je lui baisse le marche-pied.
— Il ne vous a pas dit de l'accompagner?
— Non... mais il paraît que ça va chauffer, j'ai vu la crosse d'un pistolet sortir de la poche de sa redingote.
— Attendez là, mon bon Jérôme, — lui dis-je en m'élançant dans l'allée, — et pas un mot de moi au capitaine.
— Soyez calme, — dit Jérôme en flattant ses chevaux de la main, — je serai muet comme *Lolo et Lolotte*.

CHAPITRE LXXIII.

La rue du Marché-Vieux. — Guet-apens. — M. Duriveau et le capitaine Just en présence. — Provocations. — Préliminaires d'une rencontre.

Montant rapidement l'escalier, j'arrivai sur le palier du troisième étage, où demeurait la femme Lallemand; je trouvai la porte de la première pièce ouverte, et j'entendis la voix éclatante du capitaine Just s'adressant à la fausse malade :
— Je vous dis que la princesse de Mon'bar est ici...
— Hélas! mon bon Monsieur, — disait cette femme d'une voix lamentable, — je vous assure que non...
— Elle est ici... vous l'avez attirée dans un piège... misérable que vous êtes!
— Que le ciel écrase mon enfant que voilà, si je sais ce que vous voulez dire, mon bon Monsieur.

— Monsieur le docteur... j'ai huit millions de fortune en biens-fonds. — Page 260.

— Ne faites pas de mal à ma pauvre maman, mon bon Monsieur, — s'écria l'enfant en joignant ses gémissements à ceux de sa mère.
— Où est la princesse? — s'écria le capitaine Just d'une voix terrible, en portant sans doute la main sur cette créature, car elle reprit avec effroi :
— Grâce, Monsieur... vous me brisez le bras!
— Maman... oh! maman! — cria l'enfant.
— Hélas! Monsieur, vous voyez bien que nous n'avons que ces deux chambres... — dit la femme, — où voulez-vous que soit la princesse?...
Soudain des cris éloignés arrivèrent jusqu'à moi, sourds, étouffés, comme s'ils fussent sortis d'une pièce contiguë à celle où était couchée la fausse malade, chambre masquée sans doute, ainsi que je l'avais soupçonné.
Cette voix était celle de Régina; elle criait :
— Au secours!... au secours!...
J'entendis un grand bruit, comme celui d'un placard enfoncé par un choc violent... aussitôt les cris de Régina arrivèrent jusqu'à moi, aussi éclatants qu'ils avaient été jusque-là voilés...
A ces cris succéda un moment de silence, puis le piétinement sourd qui accompagne une lutte violente.
Ce bruit se rapprocha tout à coup, comme si cette lutte se fût poursuivie dans la pièce à la porte de laquelle j'écoutais.
Malgré mon ardente curiosité, craignant d'être surpris, j'allais m'éloigner précipitamment, lorsque j'avisai dans la pièce où je me trouvais un petit escalier qui me parut conduire à une sorte de soupente pratiquée au-dessus de la pièce voisine; je m'y élançai, j'arrivai à un grenier éclairé par une lucarne, et seulement planchéié; en collant mon oreille sur le plancher formant le plafond de la pièce où se tenait la fausse paralytique, j'entendis très-

distinctement continuer le bruit de la lutte, et les exclamations suivantes :
— Monsieur, — disait le comte Duriveau d'une voix sourde, haletante, — un galant homme n'en frappe pas un autre!...
— Vous, un galant homme? — répondit le capitaine Just, qui semblait ne plus se posséder.
— Monsieur! — disait le comte en balbutiant de rage, — Monsieur... c'est une... lutte de crocheteurs...
Le bruit dura encore une seconde à peine; puis j'entendis la voix du capitaine Just s'adresser à Régina.
— Pardon, Madame, d'avoir châtié cet homme devant vous... je n'ai pas été maître de mon indignation... Maintenant, Madame...
— Oh! — murmura M. Duriveau, alors dégagé des mains du capitaine, — ce sera un duel à mort... entendez-vous?... à mort!...
— Mon Dieu! elle se trouve mal! — s'écria le capitaine.
— Madame! revenez à vous... Madame...
Puis, sans doute aussi indigné que stupéfait de l'audace de M. Duriveau, qui ne s'éloignait pas, le capitaine s'écriait :
— Mais vous voyez bien que votre vue la tue!... misérable! Faut-il que je vous jette du haut en bas de l'escalier?
— Occupez-vous donc de cette chère princesse, — répondit le comte Duriveau avec une rage sardonique, — délacez-la donc!... c'est une belle occasion...
— Et rien... rien... pas de secours... Elle s'évanouit!... cette femme et sa fille se sont enfuies... — disait le capitaine, soutenant sans doute Régina entre ses bras, — mon Dieu! que faire?
— Cinq minutes plus tard... j'étais vengé! — dit le comte Duriveau avec une indomptable audace. — Allons... c'est à refaire... Je serais jaloux de vous... si je ne devais

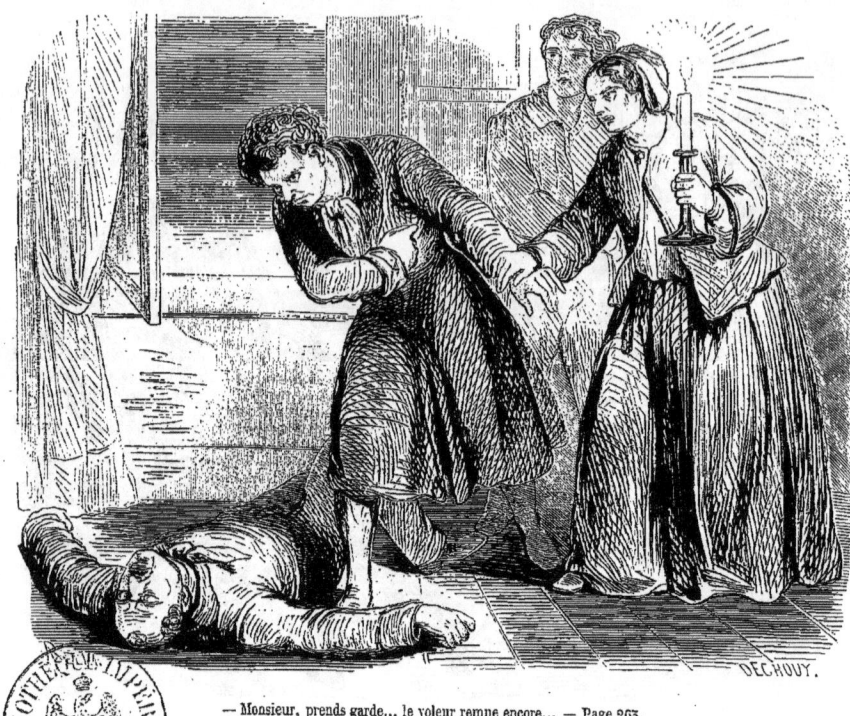

— Monsieur, prends garde... le voleur remue encore... — Page 263.

pas vous tuer tantôt, beau capitaine paladin : car c'est tantôt que je me bats, entendez-vous ?... au pistolet... Je tirerai le premier... c'est mon droit... et je vous toucherai au cœur... allez, j'ai la main sûre... le marquis de Saint-Hilaire vous dira ça ce soir... chez les morts...
— Dieu soit loué !... elle revient à elle... s'écria Just. Madame, ne craignez plus rien, je suis là... courage... courage... venez !
— Ah çà ! — reprit insolemment le comte Duriveau, — n'allez pas, chère princesse, vous amuser à dire que vous avez été attirée dans un guet-apens... on ne vous croirait pas... Mes précautions sont prises... Le monde croira... et dira que vous êtes venue ici volontairement... que ce n'était pas la première fois... et que le capitaine que voilà a été amené ici par sa fureur jalouse... Il ne me démentira pas, je le tuerai tantôt... J'aurai ainsi le beau rôle et vous le mauvais, chère princesse. Ça sera toujours ça en attendant mieux.
— Appuyez-vous sur moi, Madame... — dit le capitaine Just à Régina, sans doute alors remise de sa faiblesse.
Un bruit de pas assez lents m'annonça que Régina quittait la chambre, appuyée sur le bras du capitaine Just.
— Au revoir, chère princesse, — dit la voix insolente du comte Duriveau.
Puis il ajouta avec un accent de haine concentrée :
— Dans trois heures je serai à votre porte avec mes témoins, monsieur Just Clément... Attendez-moi.
Le capitaine, sans répondre à cette dernière provocation, emmena Régina.
Les pas s'éloignèrent tout à fait ; je n'entendis bientôt plus dans la chambre que la marche saccadée du comte Duriveau.
Alors il s'écria, donnant un libre cours à sa rage jusque-là contenue :

— Frappé à la figure... crossé à coups de pied devant cette femme orgueilleuse... Oh ! cet homme... je le tuerai... J'ai l'enfer dans l'âme... Sans lui, j'étais vengé. Par fierté, la princesse serait morte plutôt que de rien révéler, et par intimidation, peut-être, elle fût revenue ici une autre fois... Oh ! cet homme... cet homme ! et attendre encore trois heures !!
Le comte Duriveau sortit en disant : — La Lallemand s'est sauvée... elle a bien fait... Mais je suis sûr d'elle... Tâchons de refermer à peu près cette porte... dont ce capitaine à demi défunt a fait sauter la serrure.
Lorsque je supposai le comte éloigné, je descendis de ma cachette, je ne voulus pas quitter cette maison sans examiner le lieu de la lutte.
Le placard défoncé ne masquait plus l'entrée de deux chambres voisines de celle de la fausse malade. Ces chambres, garnies de tapis, étaient ornées avec un certain luxe ; au désordre des meubles, je reconnus les traces d'une lutte violente.
En songeant qu'une seconde fois, du fond de mon obscurité, je venais de rendre un service signalé à Régina, j'eus un moment de joie profonde... puis à la pensée du danger auquel allait être exposé le capitaine Just, je croyais un duel inévitable, et le courage, l'adresse de M. Duriveau étaient connus, j'eus un cruel remords de ma conduite... elle me sembla lâche.
Et pourtant à qui m'adresser, en l'absence du prince ? S'il ne se fût agi que de m'exposer au péril qu'allait courir le capitaine Just, je l'aurais bravé avec joie ; mais, hélas ! l'espèce même de ma condition et de mon dévouement m'interdisait toute action éclatante, chevaleresque... La crainte des suites de ce malheureux duel, où pouvait succomber le fils de mon bienfaiteur, empoisonna donc la seule joie qu'il m'était permis de goûter.

En sortant de la maison, je ne vis plus le fiacre de Jérôme; il avait sans doute reconduit la princesse. Ma blessure, oubliée pendant cette scène émouvante, me faisait beaucoup souffrir, j'avais hâte d'être de retour à l'hôtel de Montbar, pour accomplir mon service, complétement négligé; je ne voulais pas encourir les reproches de la princesse, et il m'eût été difficile de lui expliquer la cause de mon absence pendant toute la matinée.

Au bout d'un quart d'heure de marche, je rencontrai un fiacre, j'y montai; m'étant prudemment fait descendre à l'extrémité de notre rue, j'arrivai à l'hôtel de Montbar vers midi.

Mon premier soin fut de monter à ma chambre, afin de quitter mes vêtements tachés de sang; je rencontrai mademoiselle Juliette dans l'escalier; dès qu'elle m'aperçut elle s'écria :

— Ah! mon Dieu, monsieur Martin, d'où venez-vous donc si tard?... depuis que Madame est rentrée, elle vous a fait demander plus de dix fois... Il fallait me prévenir, je me serais chargée de votre service pour ce matin... En arrivant, Madame n'a trouvé de feu nulle part... Avec cela, elle a éprouvé en voiture une espèce de faiblesse... car, en revenant, elle était comme une morte et tremblait comme la feuille... Je l'ai engagée à se coucher... elle n'a pas voulu; depuis lors elle n'a fait que sonner afin de savoir si vous étiez rentré...

— Je suis désolé de ce retard, mademoiselle Juliette, — lui dis-je; — mais, tenez... voilà mon excuse...

— Ah! mon Dieu, du sang... à votre pantalon... et ce mouchoir à votre jambe...

— Il fait si glissant! je courais, j'ai trébuché sur un de ces tas de débris que l'on dépose le matin au long des trottoirs, et je suis tombé sur des tessons de bouteille...

— Pauvre garçon... vous souffrez?

— Moins maintenant; mais d'abord j'ai tant souffert qu'il m'a été impossible de marcher; ce ne sera rien, je l'espère, je monte vite chez moi pour changer et je redescends chez Madame la princesse.

Dix minutes après, j'entrais dans le salon d'attente où je me tenais habituellement, lorsque j'entendis un violent coup de sonnette.

Je courus au parloir de la princesse, j'en soulevai timidement la portière. Je vis Régina affreusement pâle, les traits bouleversés, mais le maintien ferme, contenu.

— Voilà dix fois que je vous sonne! — me dit-elle durement. — Vous devriez être ici depuis huit heures..., et il est midi et demi... En vérité, c'est incroyable... vous inaugurez singulièrement votre service chez moi...

— Que Madame la princesse veuille bien m'excuser pour aujourd'hui... Mais...

— L'on n'a pas d'idée d'une pareille négligence!... J'attendais autre chose et mieux de votre zèle... et justement... lorsque j'aurais eu tant besoin de...

Puis, s'interrompant, elle me dit brusquement :

— Il suffit, je sais que vous êtes là... Je vous sonnerai si j'ai besoin de vous...

Je sortis le cœur navré de la dureté de la princesse; mais je l'excusai bientôt... Après tout, elle ignorait la cause de mon inexplicable absence.

Dix minutes s'étaient écoulées, que la sonnette de la princesse retentit de nouveau.

Régina était toujours pâle, ses traits révélaient encore une cruelle anxiété douloureusement contenue; mais, en me parlant, son accent, au lieu d'être brusque et dur, fut doux et bienveillant.

— Mademoiselle Juliette vient de m'apprendre que vous êtes grièvement blessé, — me dit-elle, — et que telle est la cause de votre manque de service... Pourquoi ne m'avez-vous pas dit cela tout de suite?

— Madame...

— Au fait, — reprit Régina avec bonté, — je ne vous en ai pas laissé le temps... Souffrez-vous beaucoup?

— Un peu... Madame la princesse.

— Pourriez-vous faire quelques courses en voiture... sans trop de douleur?

— Certainement, Madame la princesse...

Et comme Régina, dont l'angoisse était visible, hésitait à continuer, je lui dis : — Je n'ai pu apprendre à Madame la princesse que j'avais vu ce matin M. le baron de Noirlieu.

— Vous avez *vu* mon père? — s'écria-t-elle, surprise.

— Vous l'avez vu...

— Oui, Madame la princesse.

Et je lui racontai mon entrevue avec le baron et Melchior.

Quoique Régina cachât l'émotion qu'elle ressentait, en apprenant avec quel intérêt son père s'était d'abord informé d'elle, je vis une larme, de bonheur sans doute, briller dans ses yeux; son visage, contracté, se détendit pendant un instant; puis, la pendule ayant sonné une heure, la princesse tressaillit, redevint sombre, inquiète, et dit vivement :

— Une heure... mon Dieu!... déjà...

Elle pensait au duel du capitaine Just.

Alors, d'une voix brève, elle me dit, non sans embarras, et en accentuant chacune de ses paroles rapides et saccadées :

— Le docteur Clément vous a placé chez moi... je le vénérais comme un père...

Et la malheureuse femme faisait tous ses efforts pour paraître calme et dissimuler l'altération de sa voix.

— Madame la princesse sait toute ma reconnaissance pour M. le docteur Clément, — lui dis-je.

— Et c'est parce que je le sais, — reprit-elle en accueillant mes paroles avec empressement, — que je suis sûre d'avance du zèle... de la discrétion que vous mettrez dans une commission qui regarde M. le capitaine Just.

Et malgré ses efforts, Régina ne put cacher sa terrible anxiété et l'espèce de honte causée sans doute par le mensonge qu'elle se voyait obligée de me faire.

— Ce matin... — reprit-elle, — j'ai appris... par hasard... chez une personne... de nos amies... qu'ensuite de je ne sais quelle querelle... M. Just Clément... devait se battre en duel.

— Lui, Madame... oh! mon Dieu! — m'écriai-je en feignant la surprise et la crainte.

— Ce duel, — reprit la princesse, — doit avoir lieu... m'a-t-on dit, aujourd'hui... Monsieur Just Clément est le fils... d'un homme qui m'a toujours témoigné une affection paternelle; je suis tellement inquiète, que je voudrais savoir... s'il y a quelque chose de fondé dans ce bruit de duel...

J'eus pitié de Régina; ses forces étaient à bout; elle s'appuya sur le marbre de sa cheminée.

— Rien de plus facile, Madame la princesse, — lui dis-je. — Je vais aller chez M. le capitaine Just : il occupe la maison de M. le docteur... je verrai Suzon, qui a élevé M. Just... par elle, bien certainement... je saurai quelque chose.

— C'est cela, — dit vivement la princesse, — et si, par hasard... ce que je ne veux pas croire, ce malheureux duel... avait lieu... aujourd'hui... tantôt...

Et les lèvres de Régina tremblaient convulsivement.

— Vous ne reviendriez ici...

— Que pour annoncer à Madame la princesse que M. Just n'est pas blessé, car, Dieu merci, souvent j'ai entendu dire à feu M. le docteur que son fils était un des meilleurs tireurs de son régiment.

— Vrai? — s'écria Régina avec un ineffable ravissement d'espérance.

Puis elle ajouta précipitamment :

— Mais vite... l'heure se passe... prenez une voiture... partez... partez...

Une demi-heure après avoir quitté la princesse, j'étais chez le capitaine.

J'appris plus tard les préliminaires du duel qui devait avoir lieu, préliminaires étranges, qui prouvaient d'ailleurs l'énergie, le sang-froid du capitaine, sa prévoyante sollicitude pour le repos de Régina, et la connaissance qu'il avait de l'infernal caractère du comte Duriveau.

Voici ce qui se passa.

Avant de rentrer chez lui, Just était allé chez deux de ses anciens camarades de l'École polytechnique : il eut l'heureuse chance de les rencontrer; l'un était officier d'artillerie; l'autre officier du génie. Assuré de ces deux témoins, car il s'attendait à la visite du comte Duriveau, il alla chez un autre de ses amis, un avocat, légiste fort distingué; il le trouva aussi, et ramena ces trois personnes chez lui, les ayant prévenues de ce dont il s'agissait.

A deux heures, une voiture s'arrêta à la porte de la maison du docteur. Deux hommes de fort bonnes façons descendirent et demandèrent M. le capitaine Clément.

Suzon les introduisit.

Ces deux personnages, témoins du comte Duriveau, trouvèrent le capitaine Just avec les deux officiers et l'avocat; on se salua avec la plus parfaite politesse, et l'un des témoins de M. Duriveau dit au capitaine :

— M. le comte Duriveau, mon ami, a été offensé par vous, Monsieur, de la manière la plus grave : il vous en demande réparation; en sa qualité d'offensé, il choisit le pistolet. Nous allons régler avec ces messieurs... vos témoins, sans doute, les autres conditions du combat.

— Monsieur, — répondit le capitaine, — ayez la bonté de répondre à une seule question... Savez-vous la cause de la provocation que me fait l'honneur de m'adresser M. le comte Duriveau?

— Parfaitement, Monsieur, M. le comte Duriveau nous a dit qu'il s'agissait d'une malheureuse collision amenée par suite d'une rivalité dans les soins que vous rendiez à la même personne. M. le comte Duriveau a eu même la délicatesse de nous cacher le nom de la femme, cause première de cette déplorable querelle... remettant à nous la faire connaître après l'issue du duel.

— C'est cela, je m'y attendais, — dit le capitaine en échangeant un regard avec ses amis.

Puis il ajouta :

— Messieurs, M. le comte Duriveau est à ma porte, n'est-ce pas?

— Oui, Monsieur.

— Auriez-vous l'obligeance de le prier de se donner la peine de monter ici?

— Mais, Monsieur... une telle entrevue...

— Ce n'est pas moi qui aurai l'honneur de m'entretenir avec M. le comte Duriveau, — répondit le capitaine.

— Et qui donc, Monsieur?

— Monsieur... — dit le capitaine en montrant le légiste.

— Monsieur est un de vos témoins?

— Monsieur est mon ami...

— Alors je ne vois pas, Monsieur, — dit le témoin du comte Duriveau, très-surpris, — à quoi bon...

— Monsieur, — reprit le capitaine Just, — je déclare que je me retire à l'instant, et que je refuse toute satisfaction à M. le comte Duriveau, s'il ne consent pas à l'entrevue que je désire qu'il ait avec Monsieur.

— Mais, Monsieur...

— Mais, Monsieur, — reprit le capitaine Just avec fermeté..., — veuillez du moins vous consulter avec M. Duriveau sur la condition que je pose.

— C'est juste, Monsieur, — dirent les témoins.

Et ils sortirent.

Cinq minutes après ils rentraient avec le comte Duriveau.

— Monsieur consent?— demanda le capitaine.

— Monsieur consent, — répondit affirmativement un des témoins.

— Messieurs, donnez-vous la peine de passer par ici, — dit le capitaine aux témoins du comte, ainsi qu'aux siens.

M. Duriveau resta seul avec l'avocat.

L'avocat était un petit homme, à l'air calme et sardonique; il portait des lunettes bleues et tenait sous le bras un gros volume aux tranches bariolées de diverses couleurs; il fit très-poliment signe à M. Duriveau de s'asseoir.

— A qui ai-je l'honneur de parler, Monsieur?— demanda celui-ci.

— A Monsieur Dupont... avocat.

— A Monsieur Dupont... avocat?— dit M. Duriveau avec surprise et hauteur,— qu'est-ce que ça veut dire? pourquoi faire, un avocat?

— Pour qu'il fasse son petit métier, Monsieur.

— Votre métier? Ah çà! c'est une plaisanterie.

— Monsieur connaît-il l'article 322 du Code criminel?— demanda le légiste.

— Comment! Monsieur?— s'écria le comte Duriveau en regardant l'avocat avec un étonnement croissant.

— Voici cet article— reprit l'avocat.

Et il lut :

— *Quiconque aura commis un attentat à la pudeur* CONSOMMÉ OU TENTÉ *avec violences sera puni de la réclusion.*

— Monsieur?— s'écria M. Duriveau.

— Monsieur sait-il ce que c'est que la réclusion?— poursuivit le légiste.

— Mais enfin...

— Voici, — dit l'avocat, en interrompant M. Duriveau.

Et il lut ce qui suit :

— *Tout individu condamné à la réclusion sera enfermé dans une maison de* FORCE, *et employé à des travaux dont le produit pourra être en partie employé à son profit.*

Puis, regardant d'un air sardonique le comte qui pâlit, l'avocat ajouta :

— Vous me paraissez réunir toutes les vertus requises pour vous livrer à la confection des chaussons de lisière, Monsieur le comte, et à augmenter ainsi vos trois ou quatre cent mille livres de rentes de trois ou quatre sous que vous gagnerez par jour en charmant ainsi vos loisirs, soit à *Melun*, *Poissy* ou autres lieux de force.

Le comte Duriveau, stupéfait, abasourdi, ne trouvait pas une parole.

L'avocat continua avec un sang-froid imperturbable :

— Vous avez tendu un horrible guet-apens à la plus honorable des femmes, vous avez voulu vous porter sur elle à d'infâmes violences...

— Monsieur! — s'écria le comte blême de fureur, — prenez garde...

— Chut... pas si haut... du calme... ou c'est moi qui vais élever la voix, — dit l'avocat toujours de sang-froid, — et dire à vos témoins... ce que vous leur avez prudemment caché... A savoir : l'infamie de votre conduite, qui seule a motivé les voies de fait du capitaine Just.

A cette menace que fit l'avocat, M. Duriveau resta de nouveau muet, interdit.

L'avocat continua :

— Le crime dont vous vous êtes rendu coupable vous rend passible des peines ci-dessus ; dès tout à l'heure je vais m'occuper de rassembler tout ce qui sera nécessaire à l'instruction de cette indigne affaire... Ce sera au besoin de la besogne toute taillée pour le juge instructeur.

— Un juge d'instruction?... Allons donc, Monsieur, vous me prenez pour un enfant, — dit M. Duriveau en retrouvant son insolente audace. — Vous ignorez donc qu'à ce compte il n'y a pas un homme du monde qui n'ait plusieurs fois dans sa vie voulu attenter, et avec violence encore, à la pudeur des femmes auxquelles il faisait la cour. Eh! pardieu... Monsieur l'avocat, on ne fait la cour aux femmes que dans cette intention-là. Vous ignorez donc ces choses au Palais?

— Ah! mais c'est que... c'est très-joli au moins, mais très-joli, ce que vous dites là... au point de vue Régence; seulement au point de vue du Code criminel, c'est stupide... Le procureur du roi *n'a pas à connaître* (nous disons comme cela au Palais), le procureur du roi n'a pas à connaître des attentats à la pudeur... dont les femmes ne se plaignent pas... au contraire... mais il décerne immédiatement un *mandat d'amener* (nous appelons cela... un mandat d'amener, au Palais) contre un misérable qui a attiré une honnête femme dans un guet-apens, afin de se porter sur elle à d'infâmes violences, malgré ses larmes et ses cris... Le crime démontré, et le vôtre ne l'est que trop, le criminel est condamné à une peine infamante... Ceci vous démonte un peu? vous n'aviez pas envisagé votre indignité sous ce point de vue-là... ça m'étonne... vous aviez pourtant si bien la conscience d'avoir commis une révoltante lâcheté, que vous n'avez pas osé dire à vos témoins la cause de ce duel... C'était sagement fait... car je vous défie de trouver un homme d'honneur qui consente à vous assister... s'il sait toute la vérité.

— Le capitaine Just... ne veut pas se battre, et il cherche des prétextes pour sa lâcheté, n'est-ce pas? — dit M. Duriveau avec amertume.

— M. le capitaine Just devrait, à mon sens, refuser de croiser sa loyale épée de soldat avec un homme qu'il peut envoyer demain en cour d'assises. Mais M. le capitaine

Just, pour des raisons particulières, daigne se battre, mais à certaines conditions...

— Voyons-les... Monsieur, et finissons, — dit le comte Duriveau les dents serrées de rage, — que propose-t-il?

— M. le capitaine Just ne propose pas de conditions... il impose...

— Vraiment?

— Positivement; et les voici : D'abord il trouverait très-ridicule, lorsqu'il condescend à un combat qu'il peut refuser, de s'exposer à être tué sûrement par votre balle... vu votre prétention de tirer le premier, probablement?

— C'est mon droit, j'en use.

— Laissez-moi donc tranquille avec votre droit d'assassiner les gens, sans courir aucun risque... vous vous moquez du monde... Ce n'est pas ça du tout; voici ce qui aura lieu : vous êtes de première force sur l'épée... c'est connu; le capitaine tire aussi parfaitement bien... ses amis s'en gaudissent fort; la chance sera donc égale : vous vous battrez à l'épée.

— Non... car je maintiens mon droit.

— Vous refusez l'épée?

— Oui.

— Soit, — dit l'avocat en se levant; — je vais de ce pas déclarer à vos témoins la vraie cause du duel... et ce soir même une plainte au criminel est déposée entre les mains du procureur du roi.

— Va donc pour l'épée! — s'écria M. Duriveau, exaspéré, en se levant.

— Un instant, ce n'est pas tout.

— Comment?... encore?

— Je crois bien, — dit l'avocat; — vous êtes prévenu que si vous avez l'audace de prononcer un mot, un seul mot, qui puisse porter la moindre atteinte à la considération d'une femme dont il vous est défendu de prononcer désormais le nom... la plainte au criminel sera déposée à l'instant au parquet.

— Monsieur...

— On prend cette précaution pour vous empêcher de répandre les calomnies dont vous avez menacé; ainsi songez-y bien, cette horrible affaire sera ensevelie dans le plus profond secret... ou elle aura le plus immense retentissement... Le capitaine n'agit pas ainsi par ménagement pour vous, bien entendu, mais pour épargner à la plus noble femme du monde un éclat toujours pénible... qu'elle bravera d'ailleurs, d'autant plus fièrement, si vous l'y forcez par vos calomnies, que la conséquence de cet éclat serait pour vous la prison, l'infamie... pour elle... un redoublement d'intérêt et d'estime.

— C'est tout... je suppose, — dit le comte Duriveau, se voyant avec une rage impuissante réduit à l'impossibilité de faire le mal qu'il s'était promis. — J'ai accepté l'épée... Il se fait tard...

— Deux mots encore; aux derniers... les bons... — reprit le légiste. — Vous allez dire à vos témoins, en présence de ceux de M. le capitaine Just, à peu près ceci : — « J'ai prétendu, Messieurs, que ce duel avait pour cause » une rivalité jalouse, cela n'est pas exact. »

— Me rétracter?... jamais.

— Voyez donc... ce scrupuleux!— dit l'avocat en haussant les épaules. — Vous ajouterez : Je jure sur l'honneur que la cause de ce duel est la suite... d'une discussion... politique (ou autre à votre choix, si vous trouvez mieux).

— Un faux serment! me déshonorer! — s'écria M. Duriveau, — m'exposer à être traité d'infâme! Ah çà! mais vous êtes fou!

— Ne faites donc pas comme cela le délicat.

— Monsieur l'avocat!!! — s'écria M. Duriveau furieux.

— Chut... du calme... ou je conte à vos témoins... vous savez... Je reprends : Vous jurerez donc sur *l'honneur* que toute espèce de rivalité est étrangère à ce duel. Voici tout bonnement pourquoi nous exigeons cela : de la sorte, le capitaine Just aura pour garantie de votre silence : 1° votre peur d'un procès criminel; 2° votre peur de vous déshonorer... publiquement, ce qui arriverait si, après avoir juré sur l'honneur, en face d'hommes d'honneur, que la cause du duel avait une cause étrangère à une rivalité jalouse... vous tentiez quelque insinuation calomnieuse contre la personne que vous savez.

— Jamais... je ne me rétracterai.

— Alors, Monsieur, — dit l'avocat en se levant, — vos témoins vont tout savoir...

— Eh! qu'est-ce que ça me fait! j'en trouverai d'autres... — s'écria le comte Duriveau dans un paroxysme de fureur; — je vais souffleter le capitaine Just, il faudra bien alors qu'il m'aide à en trouver... des témoins...

— Ne jouez pas ce jeu-là, — dit l'avocat en ricanant, — vous avez pu vous apercevoir ce matin que le capitaine Just a la poigne solide... Or, si vous aviez le malheur de lever la main sur lui, il aurait l'honneur de vous rouer de coups une seconde fois, et en avant le procès criminel.

— Je consens à tout... — s'écria le comte poussé à bout. — Mais que je me batte au moins.

— Vous allez être immédiatement satisfait. M. le capitaine Just a pensé que, vu la difficulté de trouver un coin convenable pour se couper tranquillement la gorge, le jardin de sa maison... vous pouvez l'apercevoir d'ici... serait heureusement choisi... Tenez, voyez par cette fenêtre. Quant aux armes, nos témoins ont apporté deux paires d'épées de combat...

— Il suffit, Monsieur, — dit le comte Duriveau, reprenant son sang-froid, j'accepte tout, je consens à tout, pourvu que j'aie enfin une épée à la main... et cet homme devant moi.

Le comte Duriveau fit la rétractation convenue, jura sur l'honneur que toute rivalité jalouse était étrangère à la cause de ce duel, amené par suite d'une discussion politique.

La rencontre eut lieu dans le jardin de la maison du docteur.

Le combat fut acharné.

Le comte Duriveau montra une grande bravoure; quoique blessé d'un coup d'épée à la cuisse, il voulut continuer, et après avoir traversé le bras du capitaine Just, il reçut un second coup d'épée dans le flanc droit, qui le mit hors de combat.

Une demi-heure après l'issue de ce duel, je revenais apprendre à Régina que la blessure du capitaine Just était légère.

Le courage de la malheureuse femme l'avait soutenue jusque-là...

Mais bientôt ses genoux se dérobèrent sous elle... je n'eus que le temps d'appeler mademoiselle Juliette, que je laissai avec la princesse.

CHAPITRE LXXIV.

Journal de Martin. — *Un esclave n'est pas un homme.* — Suite du duel du capitaine Just avec le comte Duriveau. — Régina au bain. — Guérison du capitaine. — Sa première visite à la princesse de Montbar. — Il quitte Paris.

Je retrouve, parmi mes papiers, les fragments d'un journal écrit çà et là, au bout de quelque temps de séjour dans l'hôtel de Montbar.

Ces lignes, tracées sans suite, au jour le jour, rendent cependant un compte sincère de ce que j'ai ressenti de plus poignant, dans la position étrange que j'avais acceptée.

Ce journal, embrassant en peu de pages les particularités saillantes de ma première année de service auprès de Régina, conduit ainsi jusqu'à l'accomplissement de grands événements domestiques dans la famille de Montbar, événements qui signalèrent l'époque la plus décisive de ma vie, et se passèrent quatorze mois environ après mon entrée chez la princesse.

Aujourd'hui, j'ai relu ces pages avec le calme d'une froide raison; plusieurs d'entre elles sont empreintes de cette espèce de volupté âcre, brûlante, ténébreuse comme toutes les voluptés coupables et cachées... Il ressort pour moi de cette lecture même un grave enseignement : c'est qu'il n'y a rien de plus imprudent, de plus téméraire, pour une femme chaste, *que d'accepter les services d'un homme* dans son intimité modeste.

Ce fait annonce, de la part des femmes, une confiance

aveugle dans leur honnêteté, ou un mépris tout aussi aveugle pour ces hommes (ayant après tout, comme *hommes*, des passions, des instincts, des désirs), qu'elles exposent à toutes les familiarités d'une servitude bien dangereuse pour eux.

Il y a là un vague ressouvenir de cet axiome des dames romaines :

Un esclave n'est pas un homme.

Cela est faux.

Un homme est toujours un homme, et plus vous le supposerez dénué d'éducation, plus, en de tels rapports, sa sensation sera grossière, plus elle sera insolemment libertine, audacieusement lascive.

Dans sa pudeur si exquise, si délicatement ombrageuse, la femme doit à ce sujet s'inquiéter bien plus des *pensées* que des *actes* : sa dignité la défend contre toutes tentatives, mais sa dignité est impuissante à arrêter l'essor des pensées sensuelles, qu'à son insu elle provoque *elle-même*, qu'elle irrite *elle-même*, et cela *matériellement*, par mille incidents, involontaires, imprévus, de la familiarité domestique.

Et plus une femme sera pure, plus elle sera digne, plus elle aura conscience de l'abîme infini, de l'*impossible* qui la sépare de son valet, moins elle se tiendra en garde contre une liberté *d'être* qui pourtant lui semblerait révoltante, s'il s'agissait *d'être ainsi* avec un *homme* de sa société.

Voici ces fragments de journal :

. . . .

7 février 18...

Il y a aujourd'hui un mois que le capitaine Just a été gravement blessé, il n'a pas encore pu sortir. Je suis allé, comme toujours, m'informer de ses nouvelles.

Quel regard de reconnaissance involontaire Régina m'a jeté lorsque, le lendemain du duel, je lui ai dit :

— Madame veut-elle me permettre de lui demander une grâce ?

— Parlez... Martin.

— Madame sait tout ce que je dois à M. le docteur Clément ; j'ai pour M. le capitaine Just un respectueux attachement, et quoique sa blessure soit loin, dit-on, de mettre sa vie en danger, je serais toujours bien inquiet... si je n'avais presque chaque jour de ses nouvelles. Je voudrais donc demander à Madame la permission d'aller tous les matins m'en informer. Cela ne nuira en rien à mon service... je partirai avant le jour...

— Ce sentiment de reconnaissance est trop louable pour que je ne l'encourage pas, — m'a répondu la princesse en me cachant sa joie. — Je trouve très-bien que vous alliez savoir chaque jour des nouvelles du fils de votre protecteur.

Pauvre femme !... Combien ma prière a dû la rendre heureuse... si elle l'aime déjà !...

Jamais elle n'aurait osé me donner l'ordre d'aller chez lui tous les matins.

Ce n'est pas tout, j'ai voulu épargner à Régina jusqu'à l'embarras de me dire :

— Eh bien ! comment va-t-il ?

Je lui donne de ses nouvelles tous les matins, sans qu'elle m'en demande.

. . . .

Dès son retour de la chasse, le prince, quoiqu'il ignorât, bien entendu, la cause du duel, est allé *en personne* s'informer de l'état du capitaine Just, et il n'est guère resté que quatre ou cinq jours sans aller se faire écrire chez le fils du docteur.

8 février 18...

Oh ! comme Régina a été sensiblement touchée de toutes mes délicates prévenances !... Comme elle a senti tout ce que je mets de cœur, de dévouement et d'intelligence à épargner le moindre embarras à sa réserve, à sa fierté, lorsqu'il s'agit du capitaine Just ! comme ELLE m'en a noblement récompensé !

Ce matin, je lui ai apporté mon *livre de dépense* pour les fleurs ; le compte s'élevait à 125 fr. Ma maîtresse m'a donné quatre doubles louis en me disant :

— *Le surplus sera pour vous... Martin...*

Avec de *l'argent...* la voilà quitte.

. . . .

9 février 18...

Ma douloureuse amertume d'hier était stupide, et encore plus injuste que stupide...

Que suis-je donc aux yeux de Régina ? un serviteur fidèle, zélé... soit ; mais, après tout, je suis pour elle un *homme à gages*, un homme qui se loue pour de l'argent !

Mon seul but n'a-t-il pas été de ne paraître, de n'être jamais autre chose à ses yeux ? De quel droit me suis-je donc offensé de ce que ma maîtresse me témoignait sa gratitude d'une façon parfaitement convenable et généreuse au point de vue de nos positions réciproques ? Sait-elle, peut-elle savoir, supposer même... ce qu'il y a de dévouement de toutes sortes dans ma conduite envers elle ? Ne me suis-je pas toujours dit : — Dès que Régina soupçonnera le sentiment qui m'attache ici... ce jour-là, je serai chassé de sa maison avec ignominie ?

. . . .

Ce matin, en revenant de chez le capitaine Just, j'ai rencontré Leporello ; je l'ai fait causer pour savoir ce que l'on disait dans le monde du duel dans lequel M. Duriveau a été si grièvement blessé, qu'à cette heure encore l'on ne sait s'il survivra ; on s'accorde à donner à cette rencontre, selon Leporello, une cause politique, le capitaine professant, dit-on, des idées républicaines.

J'avais déjà, au sujet de ce duel, interrogé Astarté, ainsi que la femme de chambre de la marquise d'Hervieux, toutes deux, par leurs maîtresses, appartenant à des *mondes* différents... Leurs réponses m'ont prouvé que l'on avait la même créance sur ce duel, et que le nom de la princesse n'avait jamais été prononcé à cette occasion.

Les précautions du capitaine Just envers M. Duriveau étaient donc excellentes ; elles annonçaient un homme de beaucoup de cœur, de beaucoup de tact et de beaucoup d'esprit.

. . . .

Ce soir, à dîner, le prince a été d'une humeur aigre et agressive à l'égard de sa femme ; chose singulière, à son retour de la chasse, il avait paru et il avait été, j'en suis certain, sincèrement affecté en apprenant la blessure du capitaine Just. Son premier mouvement avait été loyal, généreux ; mais à mesure que l'état du capitaine s'est amélioré, le prince s'est mis à persifler les gens atteints de la manie des duels politiques, disant, avec assez de raison d'ailleurs, que couper la gorge à un homme n'était pas précisément la meilleure preuve que l'on pût donner de la supériorité de son opinion, etc., etc.

Ces railleries, visiblement à l'adresse du capitaine Just, devaient être doublement cruelles pour madame de Montbar, elle... la seule cause de cette rencontre, dans laquelle le capitaine Just avait si vaillamment exposé sa vie...

Il est des fatalités qui poussent les maris à dire, à faire justement ce qui peut les rendre désagréables et souvent odieux à leurs femmes ; ainsi, ce soir, le texte des railleries du prince a été la première visite que ferait sans doute à sa femme le capitaine Just.

— Relever d'un coup d'épée, ça a toujours fort bon air, — a dit le prince en ricanant, — on ne perd pas une si belle occasion de se montrer intéressant. On a le bras en écharpe, le visage encore un peu pâle, et après s'être fait modestement presser... on raconte les furieux coups d'estramaçon qu'on a donnés et reçus... alors, les pauvres femmes de trembler à ces récits dignes de l'Arioste..., etc.

Régina souffrait évidemment de ces méchantes plaisanteries ; elle en souffrait d'autant plus, qu'elle était obligée de se contenir et d'éteindre la verve sardonique de son mari à force de froideur et d'indifférence affectées.

Enfin, poussée à bout, elle a quitté la salle à manger,

prétextant une migraine ; le prince est resté à table ; j'avais été pour tant de raisons si préoccupé de la pénible position de Régina, que M. de Montbar m'ayant demandé une cuiller, j'ai oublié de la lui présenter, ainsi qu'il convenait, sur une assiette ; j'ai commis l'énormité de lui offrir cette cuiller de la *main à la main*.

Au lieu de la prendre, le prince, me toisant d'un air sardonique, m'a dit :

— C'est chez M. le docteur Clément que vous avez appris à servir?

Et comme je le regardais tout abasourdi, il a ajouté :

— Une cuiller s'offre ainsi sans façons chez les médecins... probablement?

Le valet de chambre du prince, le pauvre vieux Louis, est venu à mon secours; il s'est approché de moi et m'a dit bien bas, d'un ton lamentable :

— Sur une assiette donc... sur une assiette!

— Pardon, prince... — ai-je dit à mon maître en voulant réparer mon oubli ; — mais il s'est tourné vers son valet de chambre et lui a dit :

— Louis, donne-moi une cuiller.

Ce qu'a fait le bon vieux serviteur, en me regardant avec contrition.

Je ne puis d'ailleurs en douter plus longtemps, je suis désagréable à M. de Montbar; le fait de ce soir, très-insignifiant en apparence, rapproché d'autres puérilités non moins significatives, me donne cette conviction.

Cela m'effraye... non à cause des hauteurs, des duretés dont le prince peut m'accabler; M. de Montbar, que j'ai vu sortir ivre d'un bouge ignoble, où il avait passé la nuit, ne peut pas *m'humilier*. J'ai toujours été par le cœur au-dessus de ma condition, si malheureuse qu'elle fût... et j'ai vu ce grand seigneur, mon maître... crapuleusement tomber au-dessous de la sienne... Mais il ne s'agit pas ici de supériorité morale... je suis le valet de cet homme... il peut me renvoyer de chez lui.

Il me faudra donc, à force de prévenance, de zèle, de soumission, tâcher de vaincre l'espèce d'antipathie que j'inspire à M. de Montbar, afin qu'il me garde à son service.

. . . .

Le calice est souvent bien amer.

10 février 18...

Quelle matinée!... j'ai cru devenir fou.

Il est onze heures du soir... je viens de rentrer; je ne saurais dire quels quartiers j'ai parcourus... Cette course folle m'a harassé; je suis brisé de fatigue, mais plus calme. Souvenons-nous... si je l'ose.

. . . .

Je me suis levé de bonne heure, je suis allé chez le baron de Noirlieu. — Mon maître est toujours dans le même état, — m'a répondu Melchior. — Je suis rentré, et, ainsi que nous disons, nous autres domestiques, je me suis occupé de *faire l'appartement* de ma maîtresse.

Je commence toujours par le salon d'attente, puis par l'autre salon, me réservant pour la fin le parloir où ma maîtresse se tient toujours, et la petite galerie de tableaux, dont une des portes donne dans la chambre à coucher de la princesse...

Je me suis d'abord occupé du parloir : ces soins domestiques, ordinairement accomplis par mes *confrères* avec ennui ou insouciance, ont pour moi un indicible attrait, ils sont la source d'une foule de jouissances. Mettre en ordre et à l'abri du plus léger grain de poussière ces objets élégants, ces meubles somptueux dont s'entoure ou se sert ma belle maîtresse; entretenir le transparent éclat de cette glace qui réfléchit si souvent ses traits, ne pas laisser ternir par incurie le coloris de ces tableaux où s'arrêtent parfois si longtemps ses yeux, rendre d'un lustre toujours égal l'émail diapré de ces porcelaines où l'or se mêle aux plus vives couleurs, vases splendides que de sa main elle aime tant à remplir de fleurs; et ces mille objets d'art, petits chefs-d'œuvre de ciselure et de sculpture, statuettes, reliquaires, figurines, bas-reliefs en argent; en ivoire, en vermeil ; avec quel plaisir, avec quel amour je les touche !...

Ma maîtresse les a touchés!... les touchera encore pour admirer leur délicatesse et leur fini précieux...

Et les choses dont elle se sert journellement : sa plume d'or terminée par un cachet en cornaline que je lui ai vu porter si souvent à ses lèvres, alors que, pensive... elle s'arrêtait au moment d'écrire!... et son flacon de cristal, qu'elle garde parfois si longtemps dans sa petite main, et son guéridon de bois de rose où elle s'accoude si fréquemment, son beau front mélancoliquement penché sur sa main... oh! avec quel bonheur, avec quelle idolâtrie, et souvent, hélas! avec quelle ivresse je porte mes mains sur ces reliques sacrées de mon culte amoureux!

Que de fois je me dis :

— L'amant le plus épris n'envierait-il pas mon sort? Vivre dans le sanctuaire de la femme adorée; être où elle est, respirer l'air qu'elle respire, voir ce qu'elle voit, toucher ce qu'elle touche, ramasser son mouchoir, son gant, son bouquet; lui donner le livre qu'elle désire, lui verser l'eau pure où elle trempe ses lèvres, lui offrir la coupe de cristal où elle plonge ses doigts roses, la protéger contre un rayon de soleil, en baissant un store ; raviver le feu où elle se chauffe, mettre un coussin sous ses petits pieds, un manteau de satin sur ses blanches épaules ; enfin, le regard attentif, prévenir ses moindres désirs, s'ingénier à lui épargner même la peine de demander; obéir à ses ordres, la *servir*, en un mot. N'est-ce pas un bonheur idéal? L'amant le plus fier, le plus orgueilleux, fût-il prince, fût-il roi... ne rend-il pas avec amour, avec délices, à sa maîtresse, tous ces services que je rends à la mienne? Ne disons-nous pas tous deux : *ma maîtresse*? Je suis valet, homme à gages... qu'importe!... Je sers ma maîtresse en amoureux; aucune puissance humaine ne peut m'enlever ce bonheur de tous les instants . . . .

Oui, le bonheur est grand; mais il est aussi de terribles conséquences de cette intimité domestique...

J'en ai fait aujourd'hui la fatale épreuve.

C'était le jour de changer les fleurs, un de mes bons jours... *Elle* aime tant les fleurs fraîches! puis très-souvent elle ne se fie qu'à elle-même du soin de les arranger, de nuancer les couleurs et les feuillages; alors, je l'aide dans cette tâche... que nous sommes toujours accomplissons seuls.

J'ai donc disposé sur le tapis, et toute prête à être placée dans la jardinière et dans les vases, une grande quantité de fleurs.

Il ne me restait plus dans le parloir qu'à *épousseter* le fauteuil où ma maîtresse se tient habituellement... à demi étendue.

La molle épaisseur de ce meuble a presque gardé l'empreinte du corps charmant de Régina, le satin est un peu lustré à l'endroit où elle appuie sa tête ;... partout il exhale cette suave senteur d'iris mélangé de fraîche verveine, particulière aux vêtements de ma maîtresse.

J'étais seul... j'ai porté follement mes lèvres ardentes... sur ce satin où avaient reposé ses cheveux, sa joue, sa main, son corps... J'ai aspiré avec passion le voluptueux parfum qu'elle laisse après elle... J'ai baisé le carreau de velours où elle croise ses petits pieds... ses petits pieds que j'ai tenus dans ma main...

C'est un délire... mais pour moi ces traces de sa présence vivent, respirent, palpitent ; c'est sa chevelure, c'est sa joue, c'est sa main, c'est son corps, c'est elle.

. . . .

Je suis allé ensuite dans le salon de tableaux qui communique d'un côté à son parloir, de l'autre à sa chambre à coucher.

En outre des tableaux, il y a quelques meubles anciens dans cette pièce : à l'une de ses extrémités, au-dessus d'un très-beau bahut d'ébène de la Renaissance, se trouve un miroir de Venise entouré d'un cadre admirablement sculpté; ce miroir fait face à la porte de la chambre à coucher de Régina.

J'étais, tout près de cette porte, occupé à frotter un autre meuble d'ébène avec un morceau de serge, lorsque j'entendis la voix de Régina disant à sa femme de chambre :

— Mademoiselle, puis-je me lever? mon bain est-il prêt?

— Dans l'instant, Madame la princesse, — répondit Juliette du fond du cabinet de toilette où elle était sans

doute occupée, — je n'ai plus qu'à verser dans l'eau l'essence de verveine.
Son bain !...
— C'est prêt... Madame peut se lever maintenant... — dit bientôt la voix de Juliette.
Et j'ai entendu le léger frôlement des couvertures de soie rejetées sans doute sur le pied du lit.
Elle se levait !...
Elle se mettait au bain !...
Au bout d'un instant, elle a dit à sa femme de chambre :
— Réchauffez un peu ce bain... je le trouve froid... veillez à ce que mon peignoir soit bien chaud.
— Oui, Madame.
Je suis resté immobile, en proie à un trouble indicible... écoutant... si cela se peut dire, ce que je n'avais pu voir, ou plutôt suivant des yeux de la pensée tous les mouvements de ma belle maîtresse...
A ces pensées dévorantes... les artères de mes tempes ont battu si violemment, que je distinguais leur bruit sourd au milieu du profond silence qui régnait dans cet appartement reculé.
Ma tête se perdait .. j'ai voulu fuir... je ne l'ai pas pu, mes genoux ont tremblé, je me suis appuyé au meuble que j'essuyais, un douloureux éblouissement troublait ma vue. Je suis resté quelques instants incapable de voir, de sentir.
La voix de la princesse m'a rappelé à moi-même ; elle disait à Juliette :
— Je ne resterai pas plus longtemps dans le bain ; donnez-moi mon peignoir.
Au bout d'une seconde, Juliette dit :
— Le voici, Madame.
— Donnez... — a répondu ma maîtresse.
Puis, presque au même instant, elle s'est écriée d'un air contrarié :
— Allons, voilà mes cheveux dénoués... laissez là ce peignoir... et relevez-les... vous voyez bien qu'ils trempent dans l'eau...
Et sans doute alors, à demi voilée par sa magnifique chevelure noire, Régina était, comme la nymphe antique, debout dans sa conque de marbre blanc.

Un quart d'heure après environ, j'étais à l'extrémité de la galerie, nettoyant avec un pinceau sec les sculptures profondément fouillées de la bordure du grand miroir de Venise, dont le couronnement, au lieu d'être appuyé au long de la muraille, s'inclinait en avant.
Soudain cette glace, sombre jusqu'alors, car elle ne réfléchissait qu'une porte de bois sculptée, placée à l'extrémité de la galerie, porte de la chambre à coucher de la princesse, soudain cette glace s'est éclairée... Voici le tableau qui s'y est reflété devant moi, pendant une seconde à peine...
Ma maîtresse... ses magnifiques cheveux encore un peu en désordre, les épaules et les bras nus... son sein de neige à peine caché par la batiste garnie de dentelles, dont les petits boutons d'émeraude ne fermaient plus... ma maîtresse, assise au coin de sa cheminée sur une petite chaise de tapisserie bleue, se courbant à demi, tirait sur sa jambe fine et ronde un bas de soie d'un gris perle, et l'attachait au-dessus de son genou avec une jarretière de satin cramoisi à fermoir d'or, tandis que sa jambe droite, encore nue, polie comme de l'ivoire, luttait de blancheur avec le tapis d'hermine où s'appuyait son petit pied aux veines bleuâtres et aux doigts roses.
J'entendis le bruit d'une porte qui se fermait ; aussitôt, la glace devint sombre, l'étincelante et voluptueuse vision avait disparu.

Je me croyais sous l'obsession d'un rêve, un léger coup frappé familièrement sur mon épaule me fit tressaillir. Je me retournai ; c'était mademoiselle Juliette.
— J'espère, mon cher Martin, — m'a-t-elle dit en riant, — que vous êtes joliment attentionné à ce que vous faites... je sors de la chambre de Madame, et vous ne m'entendez pas seulement venir...
— Je... je... nettoyais cette glace, — ai-je répondu en balbutiant.

— Je le sais bien, rien ne vous dérange de ce que vous faites, vous êtes bien heureux... vous. Mais, dites-moi, les fleurs de Madame sont-elles arrivées ?
— Elles sont dans le parloir, Mademoiselle, — dis-je en reprenant mon sang-froid.
— Bon, — me dit mademoiselle Juliette, — je vais en prévenir Madame ; elle vous fait dire de l'attendre pour arranger les fleurs dans les jardinières... vous savez que souvent c'est sa manie...
— Très-bien, Mademoiselle... j'attendrai Madame.
— Ça ne sera pas long ; le temps de la peigner et de la coiffer, et elle sera ici, car je ne la lacerai qu'après déjeuner.
Et Juliette m'a quitté.
Lorsqu'elle a ouvert la porte de la chambre de la princesse, la glace de Venise, où j'ai jeté les yeux... malgré moi, s'était éclairée de nouveau... je n'ai vu que la petite chaise bleue au coin de la cheminée de marbre blanc.

Bientôt Régina est entrée dans son parloir, où je l'attendais avec les fleurs toutes préparées.
Jamais la princesse ne m'a paru d'une beauté plus radieuse, d'une fraîcheur plus juvénile. Je ne sais pourquoi il m'a semblé qu'elle devait être dans l'un de ces moments où les femmes les plus modestes se savent... se sentent par instinct sensuellement belles. On eût dit qu'elle se grandissait en marchant, ses petites narines roses se dilataient, son sein palpitait légèrement, tandis que, encore moites de la tiédeur du bain parfumé, ses beaux bras sortaient à demi des manches flottantes de sa robe de chambre de cachemire blanc, dont les plis moelleux semblaient caresser ce corps divin avec amour.
Ainsi que me l'avait dit étourdiment sa femme de chambre, ma maîtresse n'était pas encore lacée. Telle était la naturelle élégance de son corsage arrondi, qu'on l'eût dit sculpté dans le marbre ; telle était la svelte souplesse de sa taille, qu'elle paraissait d'une finesse presque exagérée, étroitement ceinte qu'elle était d'une cordelière de soie pourpre.
Ma maîtresse se trouvait sans doute sous l'impression d'une pensée riante et heureuse... peut-être amoureuse... car ses traits charmants étaient doucement épanouis ; puis, contemplant la masse de fleurs au milieu desquelles elle s'avançait avec un lent ravissement, elle s'écria :
— Mon Dieu ! les beaux camélias, les belles primevères, les belles roses... Que tout cela est frais et brillant !...
Je l'ai aidée à arranger les fleurs ; je les lui apportais, et elle les plaçait ensuite elle-même dans les vases, mélangeant, nuançant avec un goût exquis les feuillages et les couleurs.
La jardinière qui entourait sa table à écrire était presque au niveau du tapis ; pour la garnir, il a fallu que ma maîtresse se mît à genoux, tandis que, debout, me courbant vers elle, je lui apportais les fleurs à mesure qu'elle les demandait ; j'étais alors si près d'elle que le suave mélange de fraîche verveine et d'iris qui s'exhalait d'elle me montait au cerveau comme un philtre enivrant... enfin, lorsque, toujours agenouillée sous mes yeux, elle s'avançait ou se penchait de çà, de là, pour redresser la branche d'un arbuste... mettre en lumière quelques fleurs cachées sous des feuilles... je suivais malgré moi, d'un regard troublé, les ondulations de cette taille fine et cambrée, dont les trésors se trahissaient à chaque mouvement nouveau.
J'ai failli me trahir ; le ridicule m'a sauvé.
Il ne restait plus à garnir qu'un grand et magnifique vase de porcelaine de Saxe, émaillé de grosses fleurs en relief, et dont les anses, aussi de porcelaine, figuraient des ceps de vigne d'une délicatesse incroyable ; cette ornementation rendait le vase si fragile, et ma maîtresse y tenait tant d'ailleurs (il avait appartenu à sa mère) qu'elle voulut y placer elle-même un très-beau *crinum* en pot, fleur à corymbe pourpre de la plus agréable odeur, et dont les longues feuilles retombent gracieusement en gerbe.
Tenant le pot de fleurs entre mes deux mains, je le présentai à ma maîtresse. Le hasard voulut qu'en cherchant à le prendre, une des petites mains de Régina, si fraîches, si douces, effleura la mienne... Cette sensation fut fou-

Et il tomba agenouillé près du lit du vieillard. — Page 266.

droyante, mon sang reflua vers mon cœur, et, par un mouvement machinal de respect ou d'effroi, je retirai si brusquement mes deux mains, que je laissai tomber le *crinum* au moment où la princesse s'apprêtait à le recevoir, et le pot se brisa sur le tapis.

— Mon Dieu! que vous êtes maladroit! — s'écria ma maîtresse avec dépit, en voyant cette magnifique fleur cassée sur sa tige.

— Je demande bien pardon à *Madame la princesse...* je croyais que *Madame* tenait tout... alors j'ai...

— Alors vous avez fait une sottise... — reprit impatiemment la princesse; — une si belle *fleur...* et si rare...

Et comme je restais là confus... ou plutôt mille fois satisfait de ma maladresse, qui donnait ainsi le change à Régina sur la cause de mon trouble, elle ajouta avec humeur:

— Ramassez donc ces débris, cette terre, que voilà sur le tapis.

— Si Madame la princesse veut le permettre, — ai-je dit, — je replacerai la plante dans un autre pot... en voici un assez grand.

— Il le faut bien... Quoique la fleur soit brisée, le feuillage est si beau, que cela garnira toujours ce vase.

Et pendant que je replaçais la bulbe de cette belle plante dans un autre pot :

— Cette fois placez-le sur la table, — me dit la princesse, — et je le prendrai moi-même pour le mettre dans mon vase de porcelaine... il n'y aura pas ainsi de maladresse à craindre. . . . .

Heureusement pour moi la princesse, après être allée, selon sa coutume, vers les trois heures, savoir si son père pouvait la recevoir, a fini la journée chez madame Wilson, où elle a dîné.

Le prince, de son côté, dînait au club.

Je suis sorti de l'hôtel, marchant comme un fou devant moi, sans savoir où j'allais, poursuivi par les voluptueuses et ardentes visions de cette matinée maudite...

Régina, les cheveux dénoués et debout dans sa baignoire de marbre... Régina assise au coin de sa cheminée...

Je ne peux pas achever... ces souvenirs me brûlent, me tuent...

Oh! mourir... mourir, ou plutôt fuir ces tortures sans nom que je ne soupçonnais pas.

Non, je ne resterai pas dans cette maison fatale... la trame du comte Duriveau est déjouée... Régina n'a plus besoin de moi... je veux fuir... je deviendrais fou. . .

11 février 18...

Non, il ne faut pas fuir... ce serait lâche, ce serait indigne.

Régina a besoin de moi... plus encore peut-être que par le passé... mes pressentiments ne me trompent pas... ils sont trop douloureux pour cela... *Régina aime... ou aimera le capitaine Just...*

En présence de l'influence effrayante qu'un tel amour peut avoir sur le repos... sur la destinée de Régina... il ne m'est pas permis de fuir; mon dévouement peut lui être utile encore.

Mais que faire, mon Dieu! que faire? Je suis homme... je suis jeune, j'aime éperdument, et *elle* est toujours là!

— Que faire? Dompte-toi, brise-toi!... ferme les yeux à ce qu'il y a de rayonnant dans la beauté de ta maîtresse, ferme tes oreilles à ce qu'il y a de trop séduisant dans sa voix, étouffe les palpitations de ton cœur, éteins l'ardeur de ces désirs qu'enflamment un mot, un regard, un mou-

Le maître d'hôtel sortit; je restai seul avec ma future maîtresse. — Page 269.

vement de cette femme que tu dois vénérer... et que tu outrages... par de coupables imaginations ; noie ce honteux amour dans le ridicule amer, sanglant, atroce, qui doit jaillir pour toi de cette pensée :

— « *Un valet amoureux de sa maîtresse... et surtout lorsque cette maîtresse est la fière princesse de Montbar.* »

Fais mieux... souviens-toi des austères enseignements de Claude Gérard, médite sur ces deux mobiles de toute âme virile et généreuse :

— *Le devoir, le sacrifice.* . . . .

Je me dévouerai... je me sacrifierai... JE RESTE.

13 février 18...

Hier, je suis allé savoir des nouvelles du capitaine Just ; il est complétement guéri, la veille il était sorti en voiture ; à mon retour j'ai dit à Régina, et, comme toujours, sans attendre sa demande :

— Madame la princesse, M. le capitaine Just est tellement bien, qu'il est sorti hier en voiture.

— Ah ! tant mieux, — m'a-t-elle répondu ; — alors j'espère avoir le plaisir de le voir sous peu de jours.

Régina a dit cela, non pas précisément en affectant de l'indifférence, mais d'un ton assez réservé pour cacher l'émotion que lui causait la pensée de revoir de plus en plus prochainement le capitaine Just. Ainsi hier, je l'ai remarqué, elle a été distraite, préoccupée, inquiète ; une fois elle m'a sonné, je suis venu, puis ayant sans doute oublié l'ordre qu'elle devait me donner, elle s'est dit à elle-même :

— Que voulais-je donc ?... — elle a ajouté : — Ah ! vous direz à la porte que je reçois ce matin...

Cet ordre m'a surpris. Régina devait être certaine que, par convenance, le capitaine Just ne viendrait la voir ni lors de sa première ni même lors de sa seconde sortie... Aux yeux du monde qui ignorait la vraie cause du duel, cet empressement eût marqué une intimité trop grande, tandis que, dans l'empressement de cette visite, Régina pouvait aussi voir une sorte de hâte peu délicate de la part de Just à venir recevoir l'expression de la gratitude qu'il méritait.

Néanmoins, j'ai été surpris de ce que, n'attendant pas Just ce jour-là, Régina ouvrit sa porte à des indifférents dont la présence devait lui être insupportable au milieu de ses préoccupations.

J'ai, d'ailleurs, exécuté ses ordres, et successivement annoncé chez la princesse : M. le baron d'Erfeuil, que le prince trouvait aussi beau que bête ; le comte d'Hervillier, espèce de colosse à voix d'airain, qui se fait prier de chanter des bergerades, et enfin M. Dumolard, l'énorme frère de madame Wilson.

La princesse m'a sonné pour m'ordonner d'apporter du bois, peu de temps après l'arrivée du dernier visiteur ; j'ai été étonné de trouver la conversation fort animée, et de voir Régina, la joue légèrement colorée, parler avec animation d'une chose parfaitement futile, autant que j'en ai pu juger.

Redoutant sans doute la solitude, elle voulait s'étourdir ou *tuer le temps* jusqu'au lendemain, jour où elle croyait avoir une entrevue, si grave pour elle, avec le capitaine Just. Je ne me trompais pas : au bout de six minutes, je fus appelé de nouveau par la sonnette de la princesse ; j'allais entr'ouvrir les portières, lorsque j'ai entendu le beau d'Erfeuil dire, du bout des lèvres :

— En vérité, princesse, vous êtes charmante d'accepter si gracieusement cet impromptu de petit spectacle et de souper.

— J'accepte, — dit la princesse, — mais à condition que madame Wilson pourra venir avec moi, car M. de Montbar ne dîne pas ici ce soir.

Au moment où j'entrai, M. Dumolard s'écriait :

— Je réponds de ma sœur, elle n'a rien à faire ce soir... je vais la prévenir, elle vous attendra, Madame la princesse, et moi aussi, je serai votre chaperon... à toutes deux. Ah çà! vous ne voulez donc pas de ma voiture? J'adore prêter ma voiture, c'est ma spécialité... eh!... eh!...

— Vous êtes trop obligeant, — répondit la princesse en souriant, — et elle me dit :

— Vous demanderez ma voiture pour six heures et demie.

Au moment où je sortais, le beau d'Erfeuil disait à la princesse.

— C'est bête comme je ne sais quoi, les mélodrames; mais c'est égal, j'aime à tout voir... moi.

Et le beau jeune homme sourit d'un air malicieux.

— Moi, j'aime, au contraire, à arriver à la moitié, c'est bien plus drôle, — dit le gros M. Dumolard ; — ça fait l'effet d'une charade, on cherche le mot jusqu'à la fin, et...

Malheureusement, m'éloignant de plus en plus, je perdis la fin de cette belle réflexion.

— C'est singulier, ai-je pensé en me retirant, — il me semble que je trouverais autre chose à dire, si j'avais l'honneur d'être admis dans le salon de madame de Montbar.

....

La princesse est rentrée vers une heure du matin; sa physionomie n'était pas triste, abattue, ainsi que je l'avais vue plusieurs fois au retour du bal ; elle était pensive, réfléchie, presque austère.

Plus de doute : en acceptant cette partie de spectacle, ce souper improvisé, Régina avait cherché une distraction forcée à des pensées graves, alarmantes peut-être pour elle.

....

Un pressentiment m'avait dit hier que le capitaine Just viendrait aujourd'hui, je ne me suis pas trompé.

Ce matin, après que je lui ai eu servi le thé, Régina m'a dit, de l'air le plus naturel du monde :

— Vous avertirez à la porte que je ne suis chez moi que pour M. d'Erfeuil... M. Dumolard... ou M. d'Hervillier, s'ils se présentaient.

J'étais stupéfait de cet ordre; au moment où je me retirais, la princesse ajouta :

— J'y serai aussi pour M. Just Clément... si... par hasard il venait.

Alors je compris tout.

Régina a eu la même pensée que moi, elle est sûre que Just viendra; et afin de le voir seule à seul, elle a fait fermer sa porte à tout le monde, sauf à trois personnes qui, étant venues hier, ne doivent certainement pas revenir aujourd'hui.

Je devinai enfin que Just, par un scrupule d'une délicatesse exquise, n'avait pas voulu demander à Régina de le recevoir, comme par le passé, à une heure particulière... Par cela même que Régina lui devait beaucoup, depuis le duel, il craignait sans doute de solliciter d'elle la moindre préférence...

Vers les deux heures, j'ai entendu s'arrêter extérieurement à la porte de l'hôtel un modeste fiacre, probablement, car les carrosses bourgeois entraient seuls dans la cour, M. Romarin, le portier, se montrant inflexible sur cette consigne.

Je me suis rapproché de l'une des fenêtres du salon d'attente, et, soulevant un peu les rideaux, j'ai vu le capitaine traverser la cour, après s'être informé sans doute à la loge si la princesse était chez elle.

— Bonjour, Martin, — m'a-t-il dit cordialement en entrant.

— Bonjour, mon ami... Madame la princesse peut-elle me recevoir?

— Oui, Monsieur...

Et je l'ai précédé dans le salon qui sépare la pièce où je me tiens d'habitude du parloir de Régina. J'ai ouvert l'un des rideaux de la portière, et j'ai annoncé à ma maîtresse :

— Monsieur le capitaine Just!

Régina était assise... Elle a rougi un peu, s'est tournée vers Just à qui elle a tendu vivement la main en lui disant d'une voix pénétrée : — Je suis heureuse de vous revoir, monsieur Just.

Laissant retomber le pan de la portière... je me suis éloigné, le cœur brisé, traversant lentement le salon d'où j'aurais pu écouter... mais je n'en ai pas eu la pensée... j'aurais trop souffert...

Je suis allé tristement m'asseoir devant la table où je reste ordinairement et j'ai caché ma figure dans mes mains.

— Que se disent-ils? pensai-je avec amertume.

....

Just, avec un tact parfait, avait évité l'écueil du *bras en écharpe*, ridicule présumé sur lequel le prince s'était si fort égayé d'avance; un peu de gêne dans l'articulation, qui se trahit à la manière dont le capitaine tenait son chapeau à la main, telle était la seule trace apparente de sa blessure; il ne m'a jamais paru plus beau qu'aujourd'hui, de cette beauté à la fois mâle et douce qui le distingue ; ses cheveux courts et châtains comme ses sourcils, ses yeux bleus, grands et bien fendus, son front large, intelligent, glorieusement cicatrisé, son teint hâlé, sa moustache presque blonde, son sourire gracieux et fin, son menton prononcé, donnent à ses traits un rare caractère de franchise et d'énergie; beaucoup plus grand que le prince, sa démarche, sans avoir la roideur militaire, a ce je ne sais quoi de ferme, de contenu, que donne l'habitude de porter l'uniforme, contraste frappant avec l'espèce de laisser-aller, non sans élégance d'ailleurs, particulier à la tournure de M. de Montbar et des hommes à la mode que reçoit Régina; le même contraste existait entre la mise luxueuse, recherchée du prince, et la sévérité de l'habillement de Just. Cette sévérité néanmoins n'excluait pas l'élégance ; sa redingote noire, croisée et boutonnée jusqu'au ruban rouge qu'il porte, était courte et avantageait parfaitement sa taille, que la robuste ampleur des épaules faisait paraître plus mince et plus élégante encore; son pantalon, d'un gris de deuil, s'arrondissait sur un pied aussi remarquablement petit pour la haute stature du capitaine, que l'était sa main soigneusement gantée de noir.

En un mot, le prince et lui, jeunes tous deux, beaux tous deux, différaient aussi bien moralement que physiquement. Aussi, à la physionomie de M. de Montbar, calme, reposée, presque indolente, quoique un peu hautaine, à son attitude aisée, insoucieuse, l'on devinait l'élégant oisif, dont la vie se passe facile, heureuse, indépendante, sans lutte, sans soucis, sans devoirs austères, tandis que l'attitude presque rigide du capitaine Just, ses traits virils, déjà fortement accentués par les fatigues et les dangers de la guerre, par de profondes méditations, annonçaient au contraire des habitudes de travail et de subordination, et par cela même de sévère autorité.

Chose étrange... une comparaison étudiée entre l'extérieur et le mérite de Just et du prince... telles ont été pourtant les idées qui d'abord m'ont absorbé durant l'entrevue de Régina et de Just; puis elles ont amené la comparaison la plus humiliante, la plus jalouse, la plus douloureuse entre moi et ces deux hommes qui, à tant de titres, allaient peut-être se disputer le cœur de Régina, tandis que moi... ....

— Que j'ai souffert, mon Dieu! pendant cette entrevue! A trois heures et demie ils se sont séparés.

Je m'étais préparé à de grands efforts d'observation, de perspicacité, afin de tâcher de deviner sous quelle impression Just se trouverait en quittant Régina... J'aurais dû m'épargner ces préparatifs de pénétration : les hommes de la trempe du capitaine cherchent ou parviennent rarement à cacher leur émotion. Lorsqu'il sortit de chez Régina, ses traits étaient altérés; il semblait encore sous l'empire d'une commisération profonde, douloureuse, et il ne put retenir un soupir en me disant :

— Adieu... Martin.

Il accentua si particulièrement ce mot *adieu*, que je ne pus m'empêcher de lui répondre avec l'espèce de familiarité qu'autorisait mon séjour d'autrefois dans la maison de son père :

— Mais, au moins, à bientôt, je l'espère, monsieur Just.

Il secoua tristement la tête et me répondit :

— Non, pas à bientôt...
— Comment donc, monsieur Just?
— Je pars demain pour rejoindre mon régiment à Metz.
— Quoi!... sitôt, monsieur Just?
— Oui... Mais, dites-moi, Martin; vous savez que vous pouvez compter sur moi comme vous pouviez compter sur mon pauvre père dans quelque position où vous vous trouviez; n'oubliez pas cela.
— Je me rappellerai toujours les bontés de Monsieur votre père et les vôtres, monsieur Just.
— D'ailleurs, vous vous trouvez à merveille ici, n'est-ce pas? — me demanda-t-il.
— Oui, monsieur Just... je me trouve très-bien.
— Je le crois, vous avez d'excellents maîtres. — A propos; — reprit-il, — savez-vous si monsieur de Montbar est chez lui?
— Non, monsieur Just, je l'ai vu sortir en voiture.
— Eh bien, — me dit-il en tirant péniblement un petit portefeuille de sa poche, sa blessure lui étant sans doute encore douloureuse, — vous remettrez, je vous prie, chez monsieur de Montbar, cette carte, — et il *corna* un de ses angles, — en lui faisant dire que j'ai beaucoup regretté de n'avoir pas pu avoir l'honneur de prendre congé de lui.
— Je n'y manquerai pas, monsieur Just, — lui dis-je en prenant la carte.
— Allons, Martin, — me dit affectueusement le capitaine, — adieu, mon ami...
Je me suis approché de la fenêtre, je l'ai vu traverser lentement la cour, et, pendant un moment où il attendit qu'on lui tirât le cordon, il s'est retourné, cherchant sans doute du regard la fenêtre de Régina, puis... la porte s'est ouverte et refermée sur lui. Je suis certain que le retentissement sonore de cette porte a eu un douloureux écho dans le cœur de Régina.
Ma première impression, en apprenant le départ de Just, a été une joie égoïste, cruelle... Le jour était très-sombre : quatre heures allaient sonner, l'heure à laquelle je portais ordinairement de la lumière chez la princesse... D'abord j'ai hésité, sentant que Régina devait avoir besoin d'être seule, que cette demi-obscurité devait être d'accord avec la mélancolie de ses pensées... j'étais certain qu'en ce moment, ma présence lui serait aussi importune qu'une soudaine clarté... mais, cédant à ma curiosité méchante, que je voulus me déguiser à moi-même en l'attribuant à l'intérêt que m'inspirait Régina, j'allai prendre la lampe de porcelaine que je lui portais habituellement, j'ouvris avec précaution la porte du premier salon, dont le bruit eût attiré son attention, et mes pas s'amortissant sur le tapis, j'avais soulevé la portière avant que Régina se fût doutée de mon approche.
A l'éblouissante clarté qui pénétra subitement dans son parloir... je vis Régina étendue dans son fauteuil, la figure inondée de larmes. Mais aussitôt elle se retourna brusquement du côté de la cheminée, afin sans doute de me cacher ses pleurs, et elle me dit d'une voix irritée :
— Cette lumière est insupportable... Qui vous a sonné?...
— Il est l'heure où j'apporte toujours la lampe de Madame la princesse, et...
— Il suffit... Remportez-la... Vous l'apporterez quand je la demanderai.

. . . .

CHAPITRE LXXV.

Suite du journal de Martin. — Régina va visiter la tombe de sa mère. — Martin retrouve Léonidas Requin. — Notice sur le capitaine Just. — Succès de Basquine. — Changement d'habitudes du prince de Montbar. — Retour du capitaine Just. — La chambre à coucher de Régina. — Mauvaises pensées.

6 mars 18...

. . . . . Me voici de retour de ce court voyage entrepris par Régina pour se rendre, selon sa coutume, au tombeau de sa mère, le jour anniversaire de sa mort.
Juliette et moi nous avons accompagné la princesse. La voiture a passé devant la croix de pierre où autrefois je retrouvai le petit châle ensanglanté de Basquine après notre séparation.

Quelle émotion, en rentrant dans ce village où s'était passée ma première jeunesse, auprès de Claude Gérard!... Que de souvenirs à la vue de cet humble cimetière où, pour la première fois, j'ai vu Régina tout enfant!
Quelle destinée est la mienne! Revenir là... avec elle... après tant d'années!!
Les herbes parasites avaient envahi la pierre tumulaire; le vent avait renversé le petit abri jadis élevé par moi, afin de préserver Régina des injures du temps, lorsqu'elle venait prier... Elle s'est montrée douloureusement affligée de tant d'incurie, et aussi surprise qu'irritée de voir ses intentions si mal exécutées depuis trois ans, tandis qu'*auparavant*, a-t-elle dit, la tombe de sa mère avait été toujours entourée de soins pieux, garnie de fleurs et d'arbustes.
Hélas! Régina devait toujours ignorer qu'*auparavant*... c'était moi qui me chargeais avec amour de ce religieux devoir...
Elle m'a envoyé chez le curé porter ses plaintes, car elle avait accepté toutes les conditions relatives à l'entretien du tombeau de sa mère. L'ancien ennemi acharné de Claude Gérard ne m'a pas reconnu; il s'est mal excusé, me donnant cette singulière raison : « — qu'il n'avait
» plus, comme par le passé, d'*instituteur à ses ordres*
» pour soigner le cimetière, une école de *frères* ayant
» remplacé l'école communale depuis dix-huit mois. »
Le prêtre en était arrivé à ses fins... l'instituteur du pays, l'homme de la France, avait été chassé... les mystérieux instruments de Rome s'étaient aussi emparés de l'éducation de cette pauvre commune.
Régina m'avait ordonné d'offrir de doubler, de quadrupler la somme qu'elle payait annuellement, à condition que cette tombe serait désormais entretenue avec le plus grand soin; le curé y a mis de la conscience : il s'est fait payer le double de la somme ordinaire... et d'avance; les plus belles promesses ne lui ont pas coûté... Elles seront vaines... une main mercenaire ne fera jamais ce que j'ai fait pendant tant d'années.
Nous voici de retour. Deux lettres du capitaine Just attendaient la princesse, car ils entretiennent une correspondance suivie...

———

20 avril 18...

Joies du ciel!... je suis, je l'espère, sur la voie de la réhabilitation de la mère de Régina...
Ces lettres soustraites à la tombe, j'ai pu enfin les lire en partie, grâce à mes études solitaires de la langue allemande, que j'ai reprises avec ardeur depuis mon entrée à l'hôtel de Montbar... Je devine, je pressens une partie de la vérité, encore à demi enveloppée de mystère...
Si je ne me trompe pas, de quel héroïque, de quel sublime dévouement à l'amitié a été capable la courageuse mère de Régina!...

12 mai 18...

Les absences nocturnes du prince deviennent de plus en plus fréquentes; après bien des nuits entièrement et vainement passées à la fenêtre d'une pièce inhabitée d'où l'on découvre l'allée qui conduit à la petite porte du jardin, deux fois j'ai vu rentrer le prince, enveloppé d'un manteau; le bon vieux Louis, qui va sans doute l'attendre à un endroit convenu, le soutenait. M. de Montbar gagne ensuite son appartement par une orangerie et un couloir où aboutit un escalier dérobé qui monte à la chambre de Louis, chambre contiguë au cabinet de son maître.
Depuis deux mois la santé de M. de Montbar semble s'altérer, peut-être par suite de ses dégradants excès; il dîne maintenant rarement avec la princesse, prétextant d'indispositions assez fréquentes pour se faire servir chez lui; il est sombre, taciturne, il se néglige... lui naguère si recherché dans sa toilette.

. . . .

La correspondance de la princesse et du capitaine Just continue toujours. Ce matin encore, j'ai porté une lettre de Régina, qu'elle lui adressait à son régiment.

Longtemps j'ai tenu cette lettre entre mes mains, la contemplant avec un douloureux serrement de cœur et une amère curiosité. Un moment j'ai été sur le point de commettre un infâme abus de confiance... Heureusement j'ai résisté.

. . . .
Il n'importe... je sais qu'ils s'aiment... ils s'aiment... Oh! que j'ai souffert... oh! que je souffre à cette pensée!...
... Allons! courage, courage, pauvre cœur endolori! le dénoûment de la passion de Régina approche; quel qu'il soit, cet événement sera décisif pour l'avenir de la princesse. Lors de cette crise... la plus grave de sa vie peut-être... je pourrai peut-être lui être utile encore; une fois sa destinée fixée, j'aurai accompli mon devoir.

---

10 juin 18...

J'ai fait ce matin une rencontre qui m'a bien ému, car elle m'a rejeté loin dans le passé...

Je longeais le quai d'Orsay, assez désert à ce moment; un homme pâle, maigre, à barbe inculte et d'une laideur singulière, vêtu de guenilles, mais ayant l'air doux et craintif, m'a tendu la main en tremblant; il avait de grosses larmes dans les yeux, et il m'a dit tout bas d'une voix étouffée :

— Monsieur... Monsieur... pitié, s'il vous plaît...

Depuis que j'ai éprouvé les angoisses de l'homme timide et honnête réduit à tendre la main, je ne suis jamais indifférent à ces tristes requêtes : j'ai cherché dans ma poche une pièce de monnaie, et comme je la mettais dans la main de ce pauvre homme, en le regardant de plus près, sa laideur remarquable, et surtout ridicule, m'a fait tressaillir... Mille souvenirs se sont éveillés dans mon esprit.., et je me suis écrié :

— *Léonidas Requin*...

C'était lui... Pauvre Léonidas! quelle joie! Il a vu en moi un sauveur; je lui ai donné tout peu, mais du moins de quoi payer une huitaine d'un petit cabinet garni et être à l'abri de la faim durant ce temps; j'ai quelques hardes qui le vêtiront convenablement, et je tâcherai d'intéresser à son sort mademoiselle Astarté, la toute-puissante femme de chambre de la *ministresse*.

« — Après avoir été *homme-poisson*, et vécu aussi misérablement que je viens de te le raconter brièvement, » mon bon Martin, — m'a dit Léonidas, après un assez » long entretien, — tu sens que j'accepterai quelque position que ce soit, pourvu qu'elle me donne un toit, un » habit et du pain.

Et quand je lui ai parlé d'une place de *garçon de bureau*, peut-être même d'*huissier*, le digne lauréat universitaire a souri mélancoliquement d'un air de doute et m'a dit :

— Pourquoi pas *grand maître de l'université*, tout de suite?...

Je suis allé au ministère de la justice, Astarté n'y était pas; j'y retournerai; il faut absolument qu'elle place Léonidas.

---

17 juin 18...

Parmi les journaux que l'on reçoit à l'hôtel, la princesse lit communément le *Journal des Débats*. Tantôt, après le départ de Régina, j'ai trouvé cette feuille chez elle; une demi-colonne environ, enlevée au moyen de ciseaux, manquait au journal. Assez surpris de cette circonstance, je suis entré dans un cabinet de lecture, j'ai demandé les *Débats* du jour, et voici ce que j'ai lu et copié à l'endroit que Régina avait enlevé de l'exemplaire de l'hôtel.

« On lit dans un journal cette notice, que nous nous » empressons de reproduire :

« On n'a pas oublié cet héroïque fait d'armes, qui, en » 1834, a eu tant de retentissement dans notre armée » d'Afrique : un lieutenant du 1er régiment du génie, détaché avec vingt-cinq soldats dans un marabout, a résisté » avec une incroyable intrépidité pendant deux jours et » une nuit à l'attaque de deux ou trois cents Kabyles : deux » fois l'assaut a été tenté, deux fois il a été repoussé par » l'héroïque lieutenant, à la tête de sa petite troupe, électrisée par son audace et par son exemple ; quoique » blessé d'un coup de sabre au front et d'une balle à l'épaule, l'intrépide officier s'est retiré le dernier de la muraille, comme il s'y était élancé le premier. Lors de » cet engagement, six soldats furent tués, trois autres » assez grièvement blessés ; le soir du second jour, munitions et vivres manquaient aux assiégés; la nuit venue, » les Arabes allumèrent leurs feux, et campèrent ainsi » que la veille autour du marabout, comptant réduire » cette poignée de soldats par la famine. Le lieutenant » décide à faire une sortie et à tenter une trouée à travers les Arabes, réunit ses soldats, leur fait jurer de ne » pas abandonner les trois blessés qui eussent été impitoyablement massacrés; il électrise enfin tellement sa » petite troupe, que, vers minuit, la sortie eut lieu : ce » fut un terrible engagement à l'arme blanche; mais » grâce à l'épaisseur des ténèbres, au courage prodigieux » des soldats du génie dont cinq tombèrent encore, les » onze soldats restants et leur officier traversèrent le » camp, et sauvèrent deux blessés sur trois qu'ils avaient » emportés; pendant la nuit qui protégea leur fuite, le » lieutenant se relaya avec les soldats pour porter un sergent auquel il était fort attaché... Au point du jour, la » petite troupe se rallia, s'attendant à être poursuivie et » entourée; heureusement elle rencontra deux bataillons » d'infanterie, se rendant à Oran. Cet intrépide officier se » nommait Just Clément; déjà décoré sur le champ de » bataille, pour une action d'éclat, il a été nommé capitaine pour ce nouveau fait d'armes.

» Mais M. le capitaine Just Clément, fils de l'illustre docteur Clément, n'est pas seulement un soldat intrépide, » c'est encore un savant de premier ordre. Il a été nommé » l'an passé membre de l'Académie des sciences à la majorité, dans la section de mathématiques; il vient, nous » assure-t-on, de faire une magnifique découverte, qui » mettrait désormais les ouvriers des mines à l'abri de » l'un des plus grands dangers qu'ils puissent courir dans » leurs périlleux travaux; il est, on le voit, bien peu de » carrières aussi noblement remplies que celle de M. le » capitaine Clément. Non content d'avoir plusieurs fois » versé son sang sur le champ de bataille, d'être, quoique » bien jeune encore, un des plus illustres représentants de » la science, il vient de gagner un nouveau titre à l'intérêt public par une découverte qui doit préserver d'un » danger redoutable des milliers d'ouvriers déjà voués à » l'existence la plus dure et la plus laborieuse. »

Je compris avec quelle joie, avec quel orgueil, Régina avait dû lire ces lignes si flatteuses pour Just. . . . .

En parcourant machinalement un autre journal, mes yeux tombèrent sur ces lignes, que j'ai aussi transcrites :

» On nous écrit de *** (*capitale d'un des États du* » *Nord*).

» Le 8 de ce mois a eu lieu, sur le théâtre de la cour, » une représentation dont le souvenir ne s'effacera pas de » longtemps de la mémoire de ceux qui ont eu le bonheur » d'assister à cette solennité dramatique.

» La célèbre *Basquine*, cette admirable tragédienne lyrique que nous avons eu le bonheur de pouvoir engager » à notre Opéra royal, lorsqu'elle est arrivée d'Italie, la » célèbre Basquine vient d'obtenir dans l'*Armide*, de » Gluk, qu'elle a joué en présence de Leurs Majestés, de la » famille royale et de toute la cour, un de ces triomphes » étourdissants qui font époque. Jamais dans ce pays aucun » artiste national ou étranger n'a excité une admiration » aussi universelle.

» Le roi, pendant la durée de la représentation, a daigné » quitter plusieurs fois sa loge pour aller témoigner à la » grande artiste l'admiration qu'elle lui inspirait, et, après » le dernier morceau du deuxième acte, notre gracieuse » souveraine, cédant à un irrésistible enthousiasme, a » jeté son bouquet sur la scène : l'exemple de Sa Majesté » a été suivi par toutes les dames de la cour, et un monceau de bouquets s'est amassé autour de la célèbre Basquine. Non contente de lui avoir donné cette marque si » flatteuse de son auguste admiration, notre glorieuse

» souveraine a voulu complimenter elle-même la divine
» cantatrice, et, par un bonheur insigne, inouï dans les
» fastes du théâtre, le roi a daigné aller chercher made-
» moiselle Basquine sur la scène, et l'amener dans la loge
» du trône. LL. MM., ainsi que LL. AA. les princes et les
» princesses de la famille royale se sont alors empressés
» de joindre les témoignages de leur enthousiasme à ceux
» de leurs augustes parents ; enfin S. M. la reine a bien
» voulu détacher de son cou un magnifique collier de
» pierreries, et l'attacher elle-même au cou de la grande
» artiste. Celle-ci, par un sentiment de respect et de con-
» venance exquise, a gracieusement fléchi le genou devant
» notre gracieuse souveraine en recevant une si haute
» faveur de sa main royale.

» Cette scène touchante, qui se passait pour ainsi dire
» à la vue de la salle entière, a été saluée par des accla-
» mations unanimes que l'auguste présence de LL. MM.
» n'a pu contenir, et qui s'adressaient d'ailleurs non moins
» à l'inimitable artiste qu'à LL. MM., qui daignaient don-
» ner au talent, au génie, une marque insigne de leur
» royale admiration.

» Il est inutile de dire que le plus grand monde de
» notre capitale se dispute les rares et précieux moments
» dont peut disposer en sa faveur l'incantatrice : les
» plus *grandes dames*, les plus *grands seigneurs* s'em-
» pressent d'ouvrir leurs salons à la *grande artiste*, qui
» d'ailleurs sait joindre au génie, à la grâce et à une
» éblouissante beauté, la meilleure éducation, les manières
» les plus distinguées, surtout empreintes d'un mélange de
» réserve et de dignité qui prouve à la fois que l'illustre
» artiste a la conscience de ce qui est dû à son génie, et
» le sentiment de ce qu'elle doit aux personnes éminentes
» qui lui prodiguent tant de marques de leur sympathie et
» de leur admiration. »

Ainsi, Basquine, à force de travail, d'opiniâtreté, de foi dans le génie qu'elle sentait en elle, était parvenue en peu d'années à ce but poursuivi avec une indomptable énergie, à travers des misères, des dégoûts, des obstacles de toute sorte.

Mon cœur a bondi de joie, mes yeux se sont mouillés de larmes en lisant ces lignes... qui disaient la gloire retentissante, la renommée européenne de ma petite compagne d'enfance... de Basquine, la pauvre fille du charron, de Basquine la saltimbanque, la vagabonde, la chanteuse des rues...

Partir de si bas, mon Dieu ! et arriver si haut !... Et cela seule, toute seule, la pauvre abandonnée... seule... et le cœur flétri... corrompu... le cœur mort... qu'elle n'avait pas encore seize ans.

A cette réflexion ma joie s'est glacée malgré moi, mon cœur s'est serré. Hélas ! au milieu des enivrements de la gloire, au milieu de ces caresses royales, Basquine peut-être n'est pas heureuse... Cette grâce, cet esprit, cette beauté, ce génie, cette renommée qui à cette heure retentit en Europe... ne devaient être pour Basquine, disait-elle, que des armes terribles pour accomplir sa vengeance, à elle qui avait d'effrayantes représailles à exercer.

Si telle était toujours la secrète pensée de Basquine, la malheureuse enfant devait traîner une vie misérable, malgré l'éclat de ses triomphes. Hélas ! les pensées de vengeance... la vengeance, même satisfaite, ne laissent au cœur que tristesse et amertume...

Serait-il donc possible, mon Dieu, que la dégradation précoce où l'abandon et la misère ont jeté Basquine ait fatalement flétri dans son germe une des existences les plus belles, les plus glorieuses qu'une femme puisse rêver ?

Du moins je sais où est Basquine ; je pourrai lui écrire.
A la suite de cette notice sur Basquine, on lisait dans le même journal :

« A propos de ce juste hommage rendu, à l'étranger, à
» l'une de nos plus célèbres artistes, nous sommes heu-
» reux de pouvoir annoncer au public un nouveau vo-
» lume de poésies de M. Balthazar Roger, qui le premier
» a chanté mademoiselle Basquine. Nous ne doutons pas
» du succès et du retentissement de ce nouvel ouvrage de
» M. Balthazar Roger, dont la place est désormais mar-
» quée parmi nos poëtes les plus illustres. »

---

18 juin 18...

Quel est ce mystère ? depuis deux mois le prince reste presque continuellement enfermé chez lui ; un homme de quarante ans environ, à l'air grave, vient chaque matin, reste seul avec M. de Montbar pendant deux heures, et revient encore dans l'après-midi.

Plusieurs caisses de livres sont arrivées à l'hôtel. Le vieux Louis, naguère soucieux, accablé, paraît de plus en plus gai, le prince lui-même semble calme, réfléchi, il sort rarement ; sa vie semble occupée, studieuse ; il vient quelquefois chez la princesse dans la matinée, mais la même froideur semble exister dans leurs rapports.

On a retiré du grand salon de réception, où il était exposé avec d'autres tableaux de famille, et l'on a transporté dans le cabinet du prince le portrait du maréchal prince de Montbar, à la fois homme de guerre et homme d'État, l'un des personnages les plus éminents, les plus justement célèbres de son siècle, et dont l'influence a été heureuse et salutaire sur les affaires publiques de ce temps-là.

Pourquoi le prince a-t-il fait transporter dans son cabinet le portrait de son illustre aïeul ? Est-ce pour s'inspirer de son exemple ? Comprendrait-il enfin le néant de la vie qu'il traîne ? Quels changements cette nouvelle phase dans l'existence du prince apporterait-elle dans ses relations avec Régina ? Est-ce par un ressentiment de jalousie contre le capitaine Just, dont les travaux ont été dernièrement signalés à l'attention publique, que le prince a enfin conscience de sa nullité et de la position qu'il pourrait, qu'il devrait occuper dans le monde ?

Ceci doit être pour moi l'objet de graves réflexions.

— Que fait donc le prince, ainsi enfermé chez lui presque tout le jour ? — ai-je dit à Louis.

Le vieillard a secoué la tête d'un air satisfait et mystérieux, et m'a répondu :

— Il travaille...

---

19 juin 18...

Grâce à Dieu, le pauvre Léonidas Requin est désormais à l'abri du besoin ; une place d'huissier était vacante, et sollicitée par des personnages très-influents, Astarté l'a emporté ; cette excellente fille vient de me prévenir de la nomination de Léonidas.

---

20 août 18...

Plus d'un mois s'est passé depuis que le vieux Louis m'avait paru si mystérieusement satisfait des nouvelles occupations de son maître. Le digne serviteur redevient triste, abattu. J'ai aussi remarqué que, depuis peu de temps, cet homme, qui venait chaque jour s'enfermer avec le prince, est venu d'abord moins assidûment, puis enfin ses visites ont complètement cessé depuis huit jours environ.

Le prince a repris son train de vie d'autrefois ; il reçoit très-souvent plusieurs de ses amis à déjeuner chez lui, le matin ; cela dure jusqu'à deux ou trois heures. Ces jours-là, M. de Montbar ne dîne pas à l'hôtel, et il ne rentre que fort tard dans la nuit. Il reste maintenant plusieurs jours sans entrer chez Régina, mais ses excursions nocturnes redeviennent plus fréquentes que par le passé...

Je m'étais trompé.

---

22 août 18...

Tantôt je suis allé voir la vieille Suzon, la nourrice du capitaine Just. Il doit arriver bientôt... elle me l'a dit ; il va passer un semestre à Paris.

Du courage, mon Dieu ! du courage...

23 août 18...

Ce matin j'ai apporté à la princesse une lettre timbrée de Metz.

A midi, lorsque je lui ai servi le thé, elle m'a dit :
— Après-demain, vous veillerez à ce que toutes les fleurs de mon salon soient renouvelées dans la matinée.

J'ai compris, elle l'attend après-demain.

24 août 18...

Le prince est parti pour sa terre de Montbar à quatre heures du matin ; hier il n'a pas dîné à l'hôtel, il s'en va donc sans avoir fait ses adieux à Régina.

Ce brusque départ, la veille de l'arrivée du capitaine Just?...

Cela est étrange.

25 août 18...

Je dis comme autrefois disait Basquine : Il est des *fatalités étranges*.

Aujourd'hui a eu lieu l'entrevue de Régina et du capitaine Just, après plusieurs mois d'absence.

Voici ce qui m'est arrivé ce matin :

Il faisait un temps magnifique, un temps d'été capable de mettre la joie aux cœurs les plus tristes ;... pourtant ce soleil m'a paru terne, ce ciel, d'un bleu si riant, m'a semblé gris... j'ai pressenti une journée cruelle à passer.

Je suis entré à sept heures du matin dans l'appartement de la princesse ; à ma grande surprise je l'ai trouvée dans son parloir, habillée, prête à sortir.

Jamais peut-être Régina ne m'a paru plus jolie ; sa fraîcheur rosée défiait l'éclatante lumière du soleil qui éclairait en plein ce visage radieux d'amour et d'espérance !... ce teint pur, transparent, uni comme une glace, où l'on ne voit pas le moindre pli, n'offrait pas la moindre tache, la gerçure la plus légère, les rayons vermeils le pénétraient, le doraient et rendaient son éclat plus éblouissant encore.

Ma maîtresse était vêtue, avec une simplicité toute matinale, d'une robe d'étoffe d'été fond blanc à mille raies bleues ; un petit chapeau de paille doublé de taffetas rose laissait voir les épais et noirs bandeaux de ses cheveux ; au moment où je suis entré, elle s'enveloppait d'un léger châle de crêpe de Chine blanc. En se cambrant en arrière, et en se tournant à demi pour ramener cette écharpe sur ses épaules, ce mouvement donna à sa taille un charme si voluptueux... que je ne pus en détourner les yeux, malgré ma résolution de fuir désormais ces dangereux enivrements.

— Je vais moi-même choisir les fleurs chez la fleuriste, — m'a dit Régina, — elle ne m'enverrait pas ce que je désire... Si on les apporte avant mon retour... vous m'attendrez pour les arranger...

— Oui, Madame la princesse.

Et je la précédai pour lui ouvrir la porte de l'appartement qui donnait sur le grand escalier. Je l'ai vue descendre vive... légère... ailée... je puis dire... car ses petits pieds, chaussés de brodequins noirs, posaient à peine sur les larges degrés de marbre.

— Peut-être, — me suis-je dit en tressaillant, — elle court à un rendez-vous que lui a donné le capitaine pour le jour de son arrivée.

A cette pensée, il m'a semblé qu'une main de fer me broyait le cœur... et, pour accroître cette torture, mon imagination m'a retracé toutes les folles ardeurs de ce rendez-vous...

Il est des *fatalités étranges*, comme disait Basquine...

J'étais sous le terrible charme de cette vision ; elle exaspérait tout ce que j'avais d'amour, de haine, de jalousie dans le cœur, lorsque j'entendis mademoiselle Juliette m'appeler et me dire :

— Martin... voulez-vous être bien aimable ? c'est de venir m'aider à *faire la chambre à coucher* de Madame.

— Certainement, — lui dis-je.

Et je suivis mademoiselle Juliette, avec cette résolution que l'on met souvent à pousser à bout son mauvais sort.

Je n'étais jamais jusqu'alors entré dans la chambre à coucher de ma maîtresse... et c'est aujourd'hui...... *aujourd'hui* que j'y suis entré pour la première fois.

Je n'étais jamais entré dans la chambre de la princesse, parce que, grâce à un sentiment de réserve très-rare, même parmi les personnes les mieux élevées et du plus grand monde, Régina tenait expressément à ce que ses femmes seules fissent le service de sa chambre à coucher et y apportassent même le bois de sa cheminée. Elle veillait elle-même à ce que ses ordres fussent rigoureusement suivis, car, sauf sa visite matinale à la prétendue femme paralytique et sa sortie d'aujourd'hui, je n'ai jamais vu ma maîtresse quitter l'hôtel avant deux heures.

Je suis donc entré avec mademoiselle Juliette dans cette chambre dont j'avais vu quelquefois l'intérieur se réfléchir dans le miroir du salon de tableaux... Rien de plus simple et conséquemment de meilleur goût ; elle est tendue de cachemire orange clair, rehaussé de câbles de soie bleue ; le bord du lit disparaît sous une ouate épaisse, recouverte d'étoffe pareille à la tenture ; les rideaux seuls sont de mousseline blanche brodée, ainsi que les doubles rideaux des fenêtres ; les meubles, de bois des Iles, sont incrustés de marqueterie de couleurs variées ; le cabinet de toilette et de bain est tendu en ancienne étoffe perse, fond gris à gros bouquets de roses ; la baignoire est de marbre blanc, assez éloignée du mur ; un épais tapis, à palmettes variées, couvre le plancher de ces pièces.

D'abord je me suis félicité de n'être pas entré seul dans cette chambre : j'aurais craint pour moi ces entraînements insensés, dont le parloir de ma maîtresse est si souvent le théâtre ; bientôt je m'aperçus qu'il eût mieux valu pour moi être seul... qu'en compagnie de mademoiselle Juliette, car son langage indiscrètement ingénu, suite de ses habitudes et de ses fonctions de femme de chambre, me fit connaître un nouveau tourment : celui-là je devais le subir, le visage insouciant.

— Vous êtes vraiment bien aimable de m'aider, Martin, — m'a dit mademoiselle Juliette ; — le coup de main que vous allez me donner va joliment m'avancer, car c'est aujourd'hui le jour de la blanchisseuse ; je comptais écrire mon linge ce matin de bonne heure, mais Madame a sonné si tôt... à cinq heures ; vous jugez... je dormais encore.

— C'est bien tôt, en effet.

— Voyons, commençons d'abord par changer les taies d'oreiller et les draps, car vous ne savez peut-être pas que Madame a la manie d'avoir son lit blanc et frais tous les jours, — me dit mademoiselle Juliette en me donnant un des oreillers à dégager de son enveloppe de batiste garnie de dentelles, tandis qu'elle dégageait l'autre tout en parlant.

— Vraiment ? — lui dis-je en touchant d'une main tremblante ce fin tissu où avait reposé la tête de ma belle maîtresse.

— Mon Dieu ! oui, — reprit mademoiselle Juliette, — Madame veut qu'on lui mette des draps blancs tous les jours ; au fait ça n'a rien d'étonnant : on change bien de chemise tous les jours, n'est-ce pas, Martin ?

— Sans doute.

— Et puis, de cette manière, Madame est sûre que son lit n'est pas fait à *l'anglaise*.

— Comment ?... à l'anglaise !

— Vous ne savez pas ça ? nous appelons faire un lit à *l'anglaise*, quand on ne se donne pas la peine d'ôter les draps de dessus le matelas.

— Ah ! je comprends.

— Mais alors, ça fait des bourrelets terribles dans le lit, et Madame a la peau si sensible, si fine, qu'elle se marque même au plus petit pli de sa chemise de batiste sous son corset. A propos.. de chemise, donnez-moi *la sienne* de cette nuit... là... sur le pied du lit. Je vais la mettre avec les taies d'oreiller.

Je fis ce que me demandait mademoiselle Juliette.

Mais lorsque j'eus pris cette toile légère et douce, toute parfumée de la senteur d'iris et de verveine, particulière à Régina, mes deux mains se crispèrent soudain par un mouvement involontaire et si passionné, que la femme de chambre me dit en riant :

— Mais donnez donc, Martin ; comme vous la tenez, cette chemise !

— C'est que... je craignais de... la laisser tomber, — dis-je en balbutiant.

Heureusement mademoiselle Juliette partit d'un grand éclat de rire et me dit sans remarquer mon trouble :

— Ah çà ! est-ce que vous croyez que ça se casse comme du verre ?

— Vous avez raison... mais... c'était à cause des dentelles.

— Les dentelles ne sont pas plus fragiles ; vous autres hommes vous ne connaissez rien à cela. Maintenant, ôtez les draps du lit pendant que je vais déplier les blancs.

Et d'une main agitée je touchai la couverture de soie et les draps de ma maîtresse... Pourtant... malgré l'âcre volupté que j'éprouvais... découvrir ce chaste lit me parut une action indigne, sacrilège... ma main hésita... mais Juliette me dit :

— Vite, vite, Martin... dépêchons-nous.

Alors j'ai enlevé la couverture. Sur l'épaisseur un peu ferme du matelas recouvert de taffetas orange, de légères dépressions indiquaient la place naguère occupée par ma maîtresse... Je tournais le dos à mademoiselle Juliette... en retirant le drap, j'y ai attaché mes lèvres... mes genoux ont failli se dérober sous moi.

— Allons, voilà les draps dépliés, — me dit ma compagne, — retournez bien à fond les matelas, s'il vous plaît, Martin, et puis nous étendrons les draps.

Puis, mademoiselle Juliette ajouta avec un soupir de commisération :

— Ah ! pauvre femme !

— A qui en avez-vous, mademoiselle Juliette ?

— Tiens... je parle de Madame... vous croyez que, belle, jeune... et... et... enfin pleine de santé comme elle est, ça doit lui être agréable de dormir comme ça seule depuis si longtemps...

— Ah !... je ne savais pas ..

— C'est pourtant assez facile à voir que le prince est de plus en plus mal avec Madame... Voilà plus d'un an que la porte de communication avec l'appartement de Monsieur est verrouillée... et rouillée, allez...

— J'ignorais cela... vous concevez...

— Oh ! mais, nous autres, nous savons bien des choses... Aussi, Martin, je vous jure que je peux bien dire, en parlant de Madame... : pauvre femme !

Cette conversation... dans cette chambre, auprès de ce lit, me faisait un mal affreux.

Espérant y couper court, je dis à mademoiselle Juliette :

— Voici le lit terminé... avez-vous encore besoin de moi ?

— Je crois bien... et vider la baignoire, donc ! La soupape est dérangée ; il faut tenir le cordon à la main pour que l'eau s'écoule tout à fait, c'est ce qui me ferait perdre le plus de temps.

— Madame est sortie de si bonne heure, que je ne croyais pas...

— Qu'elle eût pris son bain ? Ah bien ! oui, comptez qu'elle y manque jamais... D'ailleurs, dans ce temps-ci, il est bientôt prêt, son bain ; Madame le prend froid... Aussi, allez, quand je la sors de cette eau parfumée de verveine pour lui jeter sur les épaules de la poudre d'iris... Madame a la peau si fraîche, malgré la chaleur... mais si fraîche et si ferme, qu'on dirait que l'on touche du marbre.

. . . .

Oh ! femmes !... femmes jeunes et belles ! que vous soyez chastes ou amoureuses de votre mari ou de votre amant... plus vous serez chastes, plus vous serez amoureuses, plus votre chambre à coucher doit être impénétrable à tout serviteur, sinon... le plus modeste comme le plus grossier souillera malgré lui de ses regards, de ses pensées, de ses désirs, ce sanctuaire pudique et sacré. A ce seul soupçon, ne deviendrez-vous pas pourpres de confusion devant cet homme ?... Oh ! vous ne savez pas quels égarements terribles peut causer votre insouciance de cette réserve.

Le souvenir de ce qui s'était passé dans la chambre à coucher de Régina avait laissé en moi tant de jalousie douloureuse, d'envie, de haine contre le bonheur du capitaine Just, que, pour la première fois, une tentation infernale m'a traversé l'esprit.

Cette pensée infâme ne me serait jamais venue, je crois, sans le rapprochement fatal de l'arrivée du capitaine Just, le jour même où l'ardeur sensuelle de mon fol amour venait d'être exaltée jusqu'au vertige par une de ces conséquences de ma domesticité, auxquelles pourtant je tâchais toujours d'échapper... sachant combien alors ma raison se bouleversait.

Le capitaine Just est arrivé à deux heures, l'air si profondément heureux, que mes soupçons au sujet du rendez-vous du matin devinrent pour moi une cruelle certitude... et pourtant, je dois le dire, je me trompais, je l'ai su plus tard : Régina était pure.

— Bonjour, Martin, — m'a dit affectueusement le capitaine, — je suis aise de vous revoir...

Le bonheur rend si familier, si cordial ! pensai-je.

Et je repris tout haut :

— Vous êtes bien bon, monsieur Just.

— Mais je vous trouve pâle, changé, Martin ; est-ce que vous avez été malade depuis mon départ ?

— Non, monsieur Just... je me porte bien ; mais, vous savez : il y a des jours comme cela... où l'on a moins bon visage.

— Et vous vous plaisez toujours ici, j'espère ?

— Oui, monsieur Just.

— Tant mieux... La princesse est chez elle ?

— Oui, monsieur Just.

Non, m'était venu aux lèvres ; c'était stupide.... mais le bonheur de cet homme me révoltait.

J'ai précédé le capitaine ; je l'ai annoncé à Régina.

Il a marché vivement vers elle. Elle lui a tendu la main ; puis, me voyant rester immobile auprès de la portière que je venais de soulever, elle m'a regardé d'un air surpris et m'a dit :

— C'est bien...

Just s'est aussi retourné vers moi...

J'ai senti combien ma persistance à demeurer là était absurde ; je me suis retiré, l'envie et la rage au cœur.

Soudain la voix de la princesse m'a rappelé.

— Martin, relevez cette portière ; il fait si chaud que l'air du salon entrera ici.

J'ai obéi avec un dépit concentré, car je me proposais, quoi qu'il pût en arriver, de rester dans le salon et d'écouter à travers la portière afin de ne plus avoir aucun doute... — Les premiers mots d'un tête-à-tête qui suit un rendez-vous sont tellement significatifs ! — avais-je pensé ; mais l'ordre de la princesse rendait mon espionnage impossible, la pièce où je me tenais d'habitude étant séparée du parloir par un très-grand salon.

Je trouvai sur ma table deux lettres pour la princesse, apportées sans doute par le concierge pendant mon absence du salon d'attente ; je pris ces lettres avec une joie méchante. — Je pourrai du moins deux fois, — me dis-je, — interrompre leur doux entretien.

Je me réjouis d'abord en songeant que les portières étaient relevées, et que Just et Régina, sachant que je pouvais entrer d'un moment à l'autre, devaient souffrir de la gêne ainsi imposée à leurs épanchements ; mais je réfléchis que, pour deux amants, cette gêne même avait un charme irritant ; alors ma funeste tentation m'est revenue à l'esprit... En vain j'ai voulu la fuir... elle m'a dominé... Alors je l'ai analysée, pesée, envisagée sous tous ses aspect avec le sang-froid de l'homme qui médite le suicide... Puis, me révoltant de nouveau contre cette idée affreuse, je me suis levé ; j'ai marché, tâchant de calmer mon agitation... J'ai regardé la pendule. Ils étaient ensemble depuis une heure ! — Allons, — dis-je en prenant une des lettres récemment apportées, — je vais les contrarier...

Et sans réfléchir que ma pâleur, que mon émotion pou-

Il était impossible de rencontrer deux beautés plus complètes. — Page 276

vaient me trahir, j'entrai brusquement dans le salon, tenant la lettre à la main.

Il m'a semblé entendre un brusque et léger mouvement, car la porte du parloir se trouvant en face de la fenêtre, je ne pouvais, en traversant le salon, apercevoir Just et Régina dans le renfoncement où ils se tenaient. Lorsque j'entrai, Régina était dans un fauteuil, et *lui* assis près d'elle sur une petite chaise basse. Les joues de ma maîtresse étaient légèrement colorées... *Lui*, je ne le voyais que de dos.

— Que voulez-vous ? — m'a dit la princesse avec une impatience contenue.

— C'est une lettre qu'on vient d'apporter pour Madame...

Et je la lui ai présentée de la *main* à la *main*, ayant dans mon trouble oublié de mettre, selon l'usage, cette lettre sur un plateau. Régina ne m'a fait aucune observation sur mon oubli ; mais j'ai remarqué sa répugnance presque imperceptible lorsqu'elle a pris cette lettre de ma main ; puis elle m'a dit avec un accent significatif : — C'est bon...

— Il n'y a pas de réponse, Madame la princesse ?

— Non, — m'a-t-elle répondu avec une impatience croissante ; — cela suffit...

— Maladroit valet, vous ne deviez pas venir, mais ne revenez plus, — pensait-elle sans doute.

— Toucher ma main... la main d'un laquais, lui répugne, — me dis-je en ressentant avec amertume cette humiliation qui, un autre jour, m'eût été sans doute indifférente.

Alors la tentation infâme m'est revenue à la pensée plus pressante que jamais.

— Comme je serais vengé de tout ce que j'ai souffert !... — me suis-je dit.

. . . .

Je me suis souvenu de cette conversation lors du *thé* chez mademoiselle Juliette, dans laquelle Astarté, parlant des remarques faciles aux valets de chambre, disait qu'ils pouvaient parfois tirer de significatives inductions des mains *gantées* en entrant et *dégantées* en sortant ; j'avais remarqué que le capitaine, portant encore son demi-deuil, était ganté de gris ; en apportant la première lettre afin de méchamment interrompre l'amoureux entretien de Just et de Régina, toute mon attention s'étant concentrée sur ma maîtresse, je n'avais pas observé si *lui* s'était déganté.

Un quart d'heure s'était à peine passé depuis ma fâcheuse interruption, je mis la seconde lettre sur un plateau cette fois ; j'entrai de nouveau.

— Qu'est-ce donc encore ? — m'a dit sévèrement Régina.

— Une lettre pour Madame...

— Vous m'apporterez mes lettres quand je vous sonnerai, — a-t-elle ajouté d'un ton sec et dur, sans prendre la lettre que j'apportais.

Je sortis en balbutiant une excuse ; les mains du capitaine Just, aussi blanches que celles de Régina, n'étaient plus gantées.

— Elle ne répugne pas à presser les mains de Just dans les siennes, — ai-je pensé.

En vérité, qu'à cette heure j'écris de sang-froid ces choses puérilement odieuses, je suis à concevoir encore de quel vertige je devais être frappé dans cette funeste journée... je me le demande... et pourtant je le sais, mais je n'ose me l'avouer, hélas ! les ferments d'une ardeur coupable, honteuse, longtemps combattue, mais exaltée par la fatale scène du matin, bouillonnaient en moi et obscurcissaient ma raison.

Et ma maîtresse ignorait cela ; ne pouvait pas se douter de cela. — Un laquais aimer une femme jeune et char-

— Leporello ! Leporello ! — s'écrièrent plusieurs voix d'un ton de reproche, — êtes-vous mauvaise langue ! — Page 278.

mante et auprès de laquelle il vit sans cesse dans une intimité forcée ?... Est-ce que ces gens-là ont un cœur, des sens... Quand ça aime, ça n'aime que ses pareils.

Le capitaine Just est parti à cinq heures moins un quart, ils sont restés près de trois heures ensemble. Il n'importe à Régina, le prince est absent.

Elle a demandé sa voiture pour huit heures, afin d'aller se promener le soir aux Champs-Élysées, selon son habitude. Elle y verra sans doute son amant ; elle m'a dit après dîner :

— Soyez ici à onze heures; jusque-là disposez de votre soirée si vous le voulez... et une autre fois, ne m'apportez donc jamais mes lettres qu'après le départ des personnes qui sont chez moi.

— Oui, Madame la princesse.

. . . .

Poursuivi par la terrible tentation, j'ai voulu sortir, espérant que la marche, que le grand air, que la lassitude calmeraient mes esprits.

CHAPITRE LXXVI.

Suite du journal de Martin. — Un moment de folie. — Retour à la raison. — Lettre de Régina à madame Wilson. — Le cabinet du prince de Montbar. — Projets du prince. — Déguisement de Martin.

La soirée était magnifique ; je suis allé aux Tuileries, sous les grands marronniers qui entourent un parterre oblong tout planté de roses et de réséda.

La solitude, l'ombre épaisse de ces beaux arbres, la senteur des fleurs, la tiédeur de l'air, la vue de quelques couples amoureux se promenant lentement dans cette partie déserte et sombre du jardin, tout ce qui m'entourait enfin me ramenait aux pensées que je voulais fuir...

J'ai quitté les Tuileries, et suivi les quais et le bord de la Seine au long du *Cours-la-Reine*...

La fatalité me poursuivait...

La nuit était venue... douce, splendide, étoilée... A chaque pas, je ne vis encore de ce côté que des scènes d'amour...

Sur la berge de la rivière, des ouvriers et des grisettes allaient et venaient les bras entrelacés, tandis que d'autres causaient sur le gazon de la rive.

Je gagnai les obscures allées du Cours-la-Reine.

Là, presque chaque banc recevait un couple que je distinguais à peine par la blancheur de la robe des femmes... de vagues bruits de baisers, de soupirs, des mots dits tout bas, venaient encore me poursuivre. Tout dans cette fatale soirée ne respirait que tendresse, plaisir et volupté...

Je m'éloignai de ces lieux trop dangereux pour moi ; et voulant encore échapper à ces tableaux qui embrasaient mon sang, j'ai traversé la place de la Concorde et suivi la rue Saint-Honoré...

La lune alors brillait au ciel ; les fenêtres de beaucoup de maisons étaient ouvertes, et à plus d'un balcon obscur, tandis que l'intérieur de l'appartement était lumineux, je vis, à la clarté de la lune, qui les éclairait doucement, des hommes et des femmes, accoudés sur les rampes de fer, causer de si près... de si près.... que leurs chevelures se confondaient....

Que dirai-je, mon Dieu !... ces pauvres créatures que le vice jette à la nuit sur les trottoirs, et dont la vue est ordinairement si révoltante pour moi, venaient encore, par leur figure provocante, par leur démarche lascive... attiser le feu dont j'étais consumé.

Paris. — Typographie Doudey-Dupré, rue Saint-Louis, 46, au Marais.

Ma tête s'égara de plus en plus... De ce moment la tentation maudite s'empara complètement de moi...

Je suis entré dans une boutique, j'ai acheté une bouteille d'eau-de-vie, et je suis rentré à l'hôtel.

Il était dix heures et demie; j'ai caché la bouteille d'eau-de-vie dans un coin de la pièce où je me tiens d'habitude, et j'ai attendu le retour de la princesse.

A onze heures un quart, elle est rentrée.

Lorsque je lui ai eu ouvert la porte, elle m'a dit :

— Vous pouvez vous retirer, je n'ai plus besoin de vous.

Je me suis retiré, en effet.

J'ai, selon la coutume, éteint les lumières du parloir, du salon et de la pièce d'attente, dont j'ai ouvert et refermé la porte avec bruit, comme si je sortais; mais, au lieu de sortir, je suis resté dans l'appartement, dont j'ai intérieurement fermé la porte à double tour, puis, blotti dans l'ombre... j'ai attendu que minuit eût sonné.

Énumérer les pensées qui m'ont agité pendant cette heure d'attente et d'orage, m'est impossible... Autant nombrer les flots d'un torrent.

La seule idée fixe, ardente, qui, brûlant en moi d'un feu sombre, domina toutes les autres, fut celle-ci :

— Régina va être à moi... par surprise et par force !

C'était un crime infâme ! je le sais, un crime plus infâme encore que celui que le comte Duriveau avait voulu commettre, je l'avoue, car ma maîtresse dormait, paisible, confiante, sous ma garde... sous ma garde à moi, que mon bienfaiteur avait placé près d'elle comme un serviteur dévoué, comme un gardien tutélaire...

Oui, ce crime était infâme; mais j'étais ivre, mais j'étais fou, mais j'étais poussé par les sauvages appétits de la bête fauve.

Et pour que cette infamie fût complète dans son horreur... je trouvais moyen de la justifier à l'aide de je ne sais quelle féroce hypocrisie.

— « Aucun de ceux que Régina aime ou qu'elle a aimés, » — me disais-je, — n'a fait pour elle ce que j'ai fait, » moi ! et lorsque, dans la stupeur et l'épouvante où va la » jeter mon attentat, elle sera là, brisée, suppliante, je » lui dirai :

— » Voilà dix ans que je vous aime, entendez-vous ! et » je l'ai prouvé quoique vous l'ignoriez... Sachez-le donc, » à la fin !

» Vous aviez un culte pour le tombeau de votre mère... » pendant dix ans, j'ai soigné religieusement ce tombeau.

» Vous alliez devenir la femme... la victime d'un homme » indigne, j'ai démasqué cet homme.

» Vous alliez tomber dans un horrible guet-apens, je » vous ai envoyé un libérateur.

» La réhabilitation de la mémoire de votre mère vous » rendrait le cœur de votre père, vous remplirait l'âme » de bonheur et d'orgueil; cette réhabilitation est dans » mes mains.

» Avez-vous quelques scrupules de tromper votre mari ? » je mettrai votre conscience en repos, en vous prouvant » que votre prince vous a quittée pour se plonger dans » une fange immonde.

» Vous aimez votre amant. Qu'a-t-il fait ? il s'est battu » pour vous ? Eh ! voilà dix ans, moi, que je lutte pour » vous, que je lutte seul et dans le fond de mon obscurité; si » l'homme que j'ai démasqué pour vous sauver de lui » ne m'avait pas traversé le cou d'une balle et rendu » aveugle pendant un an, vous n'auriez pas non plus » épousé votre prince.

» Voilà ce que j'ai souffert et fait pour vous, moi ! mais » l'heure est venue où la conscience de mon dévouement » ignoré ne me suffit plus. Orgueilleuse princesse... vous » n'aimerez jamais un laquais, vous ne le pouvez pas, je » le sais, quoiqu'il l'ait mérité à force de sacrifices et d'a» mour. Eh bien ! le laquais pourtant vous possédera, et » après il se tuera... »

Oui, pendant cette heure maudite, j'ai pensé tout cela sincèrement.

Minuit a sonné.

Voulant étourdir un dernier remords, j'ai vidé d'un trait le quart de la bouteille d'eau-de-vie, et je me suis dirigé vers la chambre à coucher de Régina, la tête perdue, mais le pas assuré, la main ferme, l'oreille au guet, l'œil alerte.

La lune jetait de grands rayons lumineux dans le salon, dans le parloir et dans la galerie de tableaux.

Cela m'a éclairé jusqu'à la chambre à coucher.

J'ai écouté, je n'ai rien entendu... rien...

Si Régina était éveillée, j'étais perdu... Elle pouvait saisir le cordon de la sonnette... J'ai regretté de ne pas l'avoir coupé le soir...

Si, en ouvrant la porte, je réveillais Régina... j'étais encore perdu...

Un moment j'ai hésité de nouveau... puis, entraîné par d'enivrants souvenirs, résolu de mourir... j'ai donné à la serrure un seul tour de clef rapide et net.

Les battements de mon cœur se sont arrêtés; j'ai écouté... rien... pas le moindre bruit...

Alors j'ai doucement ouvert la porte...

La chambre était éclairée par une lampe d'albâtre placée sur la cheminée.

Régina dormait.

Elle dormait si profondément, que, grâce à l'épaisseur des tapis, j'ai pu m'approcher assez près de son lit pour entendre son souffle doux et paisible...

La nuit était étouffante... Régina, ses grands cheveux noirs dénoués, dormait dans un désordre qui m'ôta le peu de raison qui me restait... Au moment de me jeter sur ma proie, j'ai machinalement regardé de côté et d'autre d'un œil oblique, comme si j'avais craint *qu'il n'y eût quelqu'un là*, quoique je fusse sûr d'être seul... Dans ce mouvement de tête, mes yeux se sont arrêtés soudain sur le miroir de la cheminée, assez vivement éclairé par la lampe d'albâtre...

Dans cette glace, j'ai vu une figure livide, dont l'expression était si hideuse, si féroce, que, dans mon épouvante, augmentée du délire de mon imagination, je suis resté pétrifié... fasciné devant cette effroyable vision... puis ma raison s'est réveillée...

Cette figure livide, qui m'épouvantait... c'était la mienne.

Expliquer maintenant comment un éclair de raison a suffi pour illuminer l'abîme où j'allais tomber et m'en montrer l'horreur... expliquer par quel phénomène j'ai brusquement reculé devant l'assouvissement des plus exécrables passions, en les voyant éclater sur mon visage en traits hideux; en voyant pour ainsi dire écrite sur ma face l'infamie de l'acte que j'allais commettre... expliquer enfin comment ce dicton vulgaire : — *Si vous vous voyiez... vous vous feriez peur*, — a décidé de mon sort et de celui de Régina dans ce moment suprême... expliquer tout cela m'est impossible... car à cette heure encore, cette révolution subite dans mes esprits est inexplicable pour moi.

Ce dont je me souviens seulement, c'est qu'à ma sauvage audace succéda si une grande terreur d'être surpris là par Régina, que, presque défaillant, j'eus à peine la force de quitter la chambre, de refermer doucement la porte et de gagner le parloir, où je tombai sans connaissance.

Quand je revins à moi... les premières lueurs du soleil, si matinal en cette saison, empourpraient la cime des grands arbres du jardin; il devait être trois heures du matin...

Le plus profond silence régnait toujours dans l'appartement.

Je me suis hâté d'en sortir, j'ai ouvert et refermé doucement la porte extérieure; tout dormait encore dans la maison. J'ai regagné ma chambre sans bruit et sans rencontre ; une fois chez moi, je me suis jeté sur mon lit en fondant en larmes.

L'épreuve a été terrible, mais décisive...

Tout ce qu'il y avait d'impur, de coupable dans mon amour pour Régina, a disparu pendant cette nuit fatale.

L'ardeur de ces bouillonnements impétueux a dégagé l'or de ses scories... A jamais enfoui dans mon cœur, ce divin amour restera désormais inaltérable et pur.

Lorsque j'ai servi, le matin, le thé de Régina, elle m'a dit :
— Martin, vous n'avez pas entendu du bruit cette nuit dans l'hôtel ?
— Non, Madame la princesse.
— C'est singulier, — a-t-elle ajouté, — il m'avait semblé entendre, vers les trois heures du matin, fermer la porte de l'appartement qui donne sur le grand escalier.
— Je ne me suis aperçu de rien, Madame la princesse ; j'ai trouvé ce matin la porte de l'antichambre fermée comme je l'avais fermée hier soir.
— Alors je me serai trompée ; du reste, vous emportez toujours la clef avec vous, n'est-ce pas ?
— Oui, Madame la princesse.
— C'est plus prudent, ne l'oubliez jamais.
— Non, Madame la princesse.

. . . .

30 août 18...

Régina aime passionnément Just, mais elle n'est pas coupable... j'en ai acquis aujourd'hui la certitude... Ce rendez-vous du matin, auquel je croyais, n'existait que dans mon imagination ; elle a emmené sa fleuriste avec elle en fiacre pour parcourir diverses serres renommées, pour y moissonner les plus belles fleurs ; elle est arrivée chez sa fleuriste à huit heures et demie du matin, et l'a ramenée à sa boutique à onze heures. Une demi-heure après, la princesse était à l'hôtel.

J'ai été profondément heureux de reconnaître mon erreur ; dans ce bonheur il n'est pas entré la moindre satisfaction jalouse...

La journée et la nuit d'avant-hier me rendent trop honteux envers moi-même... J'ai trop à expier pour ne pas désormais employer toutes les forces de ma volonté à dompter ce qui s'éveillerait encore en moi de coupable ou de mauvais.

A cette heure, j'en suis convaincu, un retour de madame de Montbar vers le prince est aussi impossible qu'un retour de lui vers sa femme. Régina est entraînée sur la pente de la passion... sa destinée s'accomplira. Elle a trop de fierté pour accepter une vie de fourberie et de déloyauté ; à un jour donné... elle fuira avec Just... j'en suis certain. Je suis certain aussi... qu'elle trouvera le bonheur dans cet amour. Just est capable d'inspirer et de se montrer digne d'un sacrifice tel que celui que Régina lui fera nécessairement.

J'attendrai... quoique Régina soit envers moi de la plus extrême réserve sur tout ce qui touche le capitaine Just ; une fois arrivée à l'extrémité que je prévois, la princesse aura besoin de moi... Jusqu'alors je veillerai... sur elle... et sur lui.

Si quelque danger les menace, je saurai le prévenir...

Régina pourra d'ailleurs peut-être se passer de mon dévouement ; dès que je saurai tout à fait sous la protection du loyal et généreux amour de Just, tranquille alors sur l'avenir de ma maîtresse, ma mission sera accomplie... je retournerai auprès de Claude Gérard.

29 septembre 18...

J'ai interrompu depuis longtemps ce journal... A quoi bon ?... Ils s'aiment, la passion les enivre, les emporte. Ils vivent pour eux seuls...

Régina porte le front trop haut et trop superbe pour être coupable.

. . . .

Le prince est toujours absent ; il a quitté sa terre pour faire un voyage aux Pyrénées ; on ne l'attend pas avant le mois de novembre.

Heureusement, toutes les personnes de la société de la princesse sont à la campagne ; ma discrétion est à l'épreuve ; nul, je crois, n'a pénétré l'amour de Régina ; Just ne vient à l'hôtel que deux ou trois fois par semaine, ainsi que l'autorisent des relations amicales. Les autres jours, profitant de cette magnifique saison, Régina et lui se retrouvent dans des jardins peu fréquentés, au Luxembourg, au Jardin des Plantes, au parc de Monceaux, d'autres fois au bois de Boulogne, souvent aussi au Musée... Je le sais, j'ai plusieurs fois suivi Régina ; pour justifier ses fréquentes et longues absences, elle a prétexté d'un portrait pour lequel elle donne séance.

5 décembre 18...

Depuis quelques jours Régina perd de sa sérénité passée ; je l'ai souvent surprise triste, préoccupée, profondément abattue ; mais à la vue de Just, ses traits s'épanouissent et redeviennent souriants, radieux.

Le prince, au retour de son voyage des Pyrénées, est allé passer un mois à la terre du marquis d'Harvieux... Nul doute que l'arrivée de M. de Montbar, que l'on attend vers la fin du mois, ne cause les anxiétés de la princesse. Elle prévoit que le moment de prendre un parti décisif approche. J'ai d'ailleurs entendu quelques paroles bien significatives qu'elle disait à Just ; ces paroles, les voici :
— *Tout... ou rien... toujours... ou jamais !*

Je connais la décision du caractère de Régina, l'avenir et le passé de son amour sont dans ces mots-là.

19 décembre 18...

Madame Wilson, qui était, je crois, à demi confidente de l'amour de la princesse, est retenue à la campagne par une grave maladie de sa fille Raphaële ; la correspondance de ma maîtresse avec madame Wilson devient de plus en plus fréquente.

20 janvier 18...

Le prince est arrivé depuis plusieurs jours ; chose incompréhensible pour moi, il est absolument le même pour Régina qu'avant son départ, poli, mais railleur et froid ; il évite seulement avec une affectation marquée toutes les occasions de parler du capitaine Just.

Le retour du prince a eu au contraire une visible influence sur Régina ; sa préoccupation, sa tristesse, son agitation sont devenues extrêmes. Une crise est imminente, elle le sent, de grands événements domestiques se préparent ici.

Je redouble de surveillance... Régina ne se confie pas à moi... c'est à moi d'agir au besoin sans elle et pour elle.

2 février 18...

Je suis effrayé de la puissance que j'ai à cette heure entre les mains.

Hier soir, après des efforts de pénétration incroyables, des démarches inouïes, j'ai enfin obtenu la dernière preuve dont j'avais besoin pour rendre la réhabilitation de la mémoire de la mère de Régina évidente, palpable, flagrante.

Cette femme est morte martyre du plus admirable dévouement dont l'amitié ait jamais été capable... Jamais la religion du serment de la promesse jurée ne s'est montrée plus héroïque.

Les preuves de ce que je dis, je les ai là, devant moi, sur cette table...

J'ai touché ce but poursuivi par moi depuis si longtemps, et au lieu d'une joie céleste, c'est de la frayeur que je ressens.

Inspirez-moi, mon Dieu ! car du secret que je tiens peut dépendre la destinée de trois personnes, de *Régina*, — de *Just*, — de *M. de Montbar.*

Et voici comment :

Avant-hier et hier Régina a été plus inquiète, plus absorbée que jamais.

Après une assez courte entrevue avec son mari, elle a écrit une partie de la journée ; cependant, elle ne m'a donné aucune lettre à porter.

Etant entré dans son parloir, pour apporter du bois, je l'ai vue jeter dans la cheminée plusieurs papiers déchirés et froissés; en avivant le feu, j'ai trouvé moyen de pousser de côté sous les cendres plusieurs fragments de papier écrits de sa main, et froissés en boule; elle ne s'est aperçue de rien. Lorsqu'elle est sortie, je suis venu en hâte et j'ai pu retirer les papiers, à demi brûlés; j'y ai trouvé les passages d'un brouillon de lettre adressée à madame Wilson, alors absente de Paris.

Ces fragments d'une lettre de la princesse à madame Wilson, les voici :

— « . . . . Je viens d'avoir une explication avec
» mon mari : il sait tout... du reste, je l'ai trouvé. . .

» . . . Avant trois jours tout doit être décidé. . . . .
» Jugez si j'aurais eu besoin de vous voir, de me consul-
» ter avec vous! J'ai la tête perdue;... mais, je le sais,
» vous ne pouvez quitter votre pauvre enfant et venir à
» Paris... Aussi je . . . .

» Ma perplexité est affreuse; fuir avec Just, lui consa-
» crer ma vie, accepter le sacrifice de la sienne; nous re-
» tirer dans quelque retraite obscure pour y vivre et y
» mourir heureux, ignorés, oubliés, ce serait le ciel.. Just
» est le seul au monde à qui je confierais ma destinée...
» Pourquoi hésiter alors? me direz-vous.
» Voici pourquoi j'hésite :
» La mémoire de ma mère est encore à cette heure ou-
» trageusement calomniée... A son lit de mort elle m'a
» dit : *Je meurs innocente*. Elle est donc innocente... je
» le crois, je le sais, je le sens; mais ces preuves de réha-
» bilitation, que deux fois j'ai espéré de découvrir, m'ont
» échappé jusqu'ici... Aux yeux du monde, aux yeux de
» mon père, dont la vie s'éteint au milieu d'une lutte
» cruelle entre le souvenir de sa tendresse pour moi et
» l'aversion que je lui inspire, parce qu'il croit que je ne
» suis pas sa fille, aux yeux du monde, aux yeux de mon
» père, vous dis-je, ma mère a été coupable... l'éclat de
» ma fuite avec Just fera prononcer une parole terrible :
» *Telle mère, telle fille!* Ma faute serait un nouvel outrage
» dont on accablerait la mémoire de ma mère... Me com-
» prenez-vous?...

» Et ce n'est pas tout encore; oh! mon amie! quel
» abîme que le cœur!...

» J'aime Just... oui, je l'aime tendrement, noblement,
» je vous le dis, le front haut, car cet amour est pur en-
» core; le jour où il aurait cessé de l'être, j'aurais pour
» jamais quitté M. de Montbar.

» Ecoutez ma confession, mon amie; je vous dirai tout,
» sincèrement, sans honte, sans orgueil, comme je l'aurais
» dit à ma mère. — J'ai aimé *trois fois*, — c'est beau-
» coup; — *ce n'est pas ma faute!* — Si le premier homme
» que j'ai aimé l'avait voulu, l'avait mérité... je n'aurais
» jamais eu qu'un amour au monde.

» Ce premier attachement a daté de l'enfance. . . .

» ... Aussi tout ce qui se rapportait à cet indigne
» amour, ce n'était pas même une chose passée... oubliée...
» c'était le néant... cela n'y avait jamais existé.

» Libre... alors, j'ai aimé mon mari, comme il ne
» m'est plus permis d'aimer, parce que, même dans mon
» amour pour Just, il y a un côté de déloyauté forcée par
» ma position, qui m'humilie, et puis enfin, parce qu'il y
» a pour moi quelque chose de triste, de honteux à répé-
» ter à Just, sincèrement il est vrai, presque les *mêmes*
» *mots*, les mêmes assurances d'affection que j'ai dites à
» un autre... sincèrement aussi. Car, hélas! l'amour n'a
» qu'un langage... Et puis mon amour pour Just est né au
» milieu des larmes, au milieu de chagrins affreux; la ra-
» cine en est amère, les fruits sont amers aussi... mais
» il n'importe, je n'ai plus le choix; mieux vaut pour moi
» cet amour mêlé de regrets, de remords et d'amertume,
» que cette vie morne, solitaire, désolée, qui a été si long-
» temps la mienne... et qui, sans vous, sans votre tendre
» amitié, ne se fût pas prolongée longtemps. . . . .

» ..... Nous étions mariés depuis six mois, mon bonheur
» n'avait jamais été plus grand. Mon premier soupçon a
» été éveillé par une lettre anonyme. . . . .

» ..... Et voici ce que je dis à M. de Montbar : —
» Georges, depuis un mois vous avez passé trois nuits
» hors de l'hôtel; ne cherchez pas à le nier... chacun de
» ces trois soirs vous m'avez quittée pour vous retirer
» chez vous, prétextant une légère indisposition... Une
» heure après vous sortiez par la petite porte du jardin,
» et vous rentriez un peu avant le jour, en passant par
» l'orangerie et la chambre de Louis. Vous le voyez, je
» suis bien instruite; je ne vous demande qu'une chose,
» Georges, — ajoutai-je en fondant en larmes; — c'est de
» vous entendre vous justifier... Je sais que les apparences
» les plus fâcheuses trompent souvent... Et quoiqu'il me
» paraisse presque impossible de ne pas expliquer votre
» conduite d'une manière accablante pour moi... tout ce
» que vous me direz, Georges, je le croirai... j'ai tant be-
» soin d'être rassurée.

» A ces paroles si indulgentes, mais qui lui prouvaient
» que je savais tout, mon mari, un moment atterré, anéan-
» ti... a répondu bientôt par des paroles de hauteur amère
» et de dédaigneuse supériorité; bien plus.

» . . . . De ce jour, à jamais blessée dans mon
» amour, dans ma dignité, dans ma foi profonde en mon
» mari, un mur de glace s'est élevé entre nous, et je suis
» tombée dans le désespoir dont vous m'avez sauvée.

» . . . . J'avais vers mon mari des retours d'affec-
» tion involontaires que je lui cachais, et dont ma fierté
» se révoltait.

» Un jour... lui aussi de son côté... Mais alors il était
» trop tard. . . . . Cette considération relative à la
» mémoire de ma mère me fait donc seule hésiter... J'ai
» tout pesé... j'ai bien réfléchi... A cette heure, une autre
» affection remplit mon cœur... à cette affection, je suis
» sur le point de tout sacrifier... et pourtant. »

Ces fragments sont pour moi significatifs.

Cette hésitation qui, chez Régina, tient à la crainte de voir sa faute rejaillir encore sur la mémoire de sa mère déjà si outragée... cette hésitation, je peux d'un mot la faire cesser, en envoyant à Just, sans qu'il sache d'où elles viennent, toutes les pièces qui prouvent l'innocence de la mère de Régina.

Quant aux vagues regrets ou remords que pouvait causer à la princesse sa séparation de M. de Montbar, je peux encore la rassurer, et donner demain à Just... les moyens de s'assurer par lui-même, et pour le repos de Régina et pour la tranquillité de sa conscience, à lui, que le prince ne mérite ni pitié, ni respect, ni regrets; car ses goûts de crapule, loin de s'affaiblir, semblent s'accroître.

Voici ce que ce matin, par un hasard étrange, j'ai entendu dire au prince; il s'adressait à Louis, son vieux serviteur :

— Tu entends bien... un costume de Pierrot en toile à matelas... tout ce qu'il y a de plus laid... tu l'achèteras...

— Mais, prince, vous ne mettrez pas...

— Est-ce que je ne serai pas habillé là-dessous?

— A la bonne heure, — dit Louis en soupirant; — et il faudra porter cela?

— Là-bas... rue du Dauphin, au n° 3.

— Et quand? et à quelle heure, prince?

— Demain... que ce soit là-bas avant huit heures du soir. C'est tout ce qu'il faut... Tu diras au portier d'allumer du feu.

— Ainsi... prince... — dit le vieux Louis d'un ton de reproche, — encore?...

Je n'ai pu malheureusement entendre la fin de l'entretien.

Je peux donc demain, dans la nuit, rendre Just témoin de quelque ignoble et nouvelle orgie, en lui donnant les renseignements que je possède.

Régina hésiterait-elle alors à fuir?

Devoir à Just la réhabilitation de la mémoire de sa mère! A quelle exaltation la reconnaissance de Régina n'atteindra-t-elle pas alors? Et une fois certaine de l'indignité de son mari, qui pourrait retenir la princesse?

Oh! je le sens... la responsabilité que je vais prendre est effrayante...

Tout pour moi doit se résumer par ces mots :
« En mon âme et conscience suis-je certain, autant
» que la certitude est donnée à l'homme, suis-je certain
» que Régina sera heureuse avec Just ? »

3 février 18...

Ce que je viens de voir et d'apprendre bouleverse mes résolutions et me jette dans une incroyable perplexité.

Tantôt, sur le midi, ma maîtresse m'a remis une grande enveloppe cachetée et m'a dit :

— Portez cela à M. de Montbar... et vous attendrez.

Je me suis rendu à l'appartement du prince, assez éloigné de celui de sa femme; n'ayant pas trouvé le vieux Louis dans une première pièce où il se tient d'ordinaire, et qui précède la bibliothèque, j'ai traversé cette grande salle; il n'y avait personne encore, et j'ai frappé doucement à la porte du cabinet du prince, alors entre-bâillée.

— Entre... — m'a répondu la voix de M. de Montbar; et sans réfléchir alors qu'il ne me tutoyait pas, j'ai poussé légèrement un des ventaux de la porte.

Par la disposition des lieux, je voyais le prince de profil, assis devant un bureau, le menton appuyé dans ses mains ; il semblait contempler avec une attention profonde et douloureuse un magnifique portrait de Régina, peint peu de temps après son mariage. L'expression de la figure du prince, sur laquelle je vis la trace de larmes récentes, était si désolée, si touchante, que tout d'abord, j'ai ressenti, malgré moi, autant d'intérêt que de pitié pour cet homme, dont je n'avais jamais soupçonné le malheur; une pensée rapide comme l'éclair m'a traversé l'esprit... Sans doute le prince adorait toujours sa femme, et peut-être cachait-il cet amour par orgueil.

Effrayé de l'espèce de secret que je venais de surprendre, j'ai seulement alors songé que le prince m'ayant dit : — Entre, — avait cru s'adresser à Louis, à qui il ne cachait sans doute aucune de ses impressions.

Heureusement j'étais resté sur le seuil de la porte entr'ouverte, et le prince était tellement absorbé, qu'il ne paraissait pas même s'apercevoir de ma présence.

Me reculant alors d'un pas en arrière, dans l'espoir de n'avoir pas été vu, je me suis retiré à l'abri de la porte entre-bâillée et j'ai frappé de nouveau et plus fort.

— Mais entre donc... Louis, — m'a dit M. de Montbar.
— Prince... ce n'est pas Louis, — ai-je répondu sans paraître.
— Qui donc est là ? — dit brusquement M. de Montbar que j'entendis se lever et s'approcher de la porte, qu'il ouvrit entièrement.
— Que voulez-vous ? — me dit-il d'un air dur et contrarié.
— Prince, voici un papier de la part de Madame la princesse. Elle m'a ordonné d'attendre...

Et j'ai remis l'enveloppe à mon maître.

— C'est bon... — m'a-t-il dit. — Attendez dans la bibliothèque.

Quelques minutes après, il m'a remis la grosse enveloppe en me disant :

— Reportez cela à madame de Montbar.

Tout pensif, je suis retourné vers la princesse.

Oui, la profonde et douloureuse émotion du prince, en contemplant le portrait de sa femme, renverse toutes mes idées !... il l'aime encore... il l'a toujours passionnément aimée. Mais alors comment expliquer ces retours à des habitudes dépravées, ignobles? Non, non, cette adoration tardive n'est qu'un caprice, qu'une fantaisie de souvenirs... Un tel homme est à jamais incapable d'assurer le bonheur de Régina... le passé ne le prouve que trop.

Ce que je viens d'apprendre dans un moment d'expansion du vieux Louis me rejette dans le doute.

Je n'ai qu'un moyen de m'assurer par moi-même de la vérité : demain je verrai le prince, je lui parlerai, et il faudra bien que je sache le fond de sa pensée.

Ensuite je déciderai entre *lui* et *Just*.

4 février, cinq heures du matin.

C'en est fait.

Après sévère et impartial examen de mes impressions pendant cette nuit étrange, je me suis inspiré de la connaissance que j'ai du caractère de *Régina*, — de *Just* — et du *prince*.

J'ai tout loyalement pesé au tribunal de ma conscience... et j'ai pris une résolution dernière.

Que la destinée de *Régina*, de *Just* et du *prince* s'accomplisse donc aujourd'hui...

Avant ce soir, tout sera décidé entre eux.

Dieu connaît mes intentions... il sait si elles ont été pures, loyales, désintéressées; il m'absoudra, si je me suis trompé dans le bien que j'ai voulu faire.

Voilà ce qui s'est passé :

Hier j'ai dit à Régina :

— J'aurais une demande à faire à Madame la princesse.
— Qu'est-ce, Martin ?
— Si Madame n'avait pas besoin de moi, elle serait bien bonne de m'accorder ma soirée... qui se prolongera peut-être assez tard...

La princesse m'a regardé, assez surprise, puis elle a paru se souvenir de quelque chose, et m'a répondu en souriant :

— Ah! je comprends, nous sommes dans le carnaval... Allez... allez... amusez-vous bien, et surtout pas d'excès, — a-t-elle ajouté. — Je vous dis cela, Martin, parce que vous êtes un bon serviteur, fort rangé, fort tranquille... et que souvent il ne faut malheureusement qu'une occasion pour changer les meilleures habitudes.

— Madame la princesse peut être rassurée à ce sujet...
— Bien... allez...

Et je sortis.

Chose bizarre... c'était du sort de ma maîtresse que j'allais décider pendant cette soirée de liberté qu'elle m'accordait.

J'avais su par le vieux Louis que le prince ne dînait pas à l'hôtel; il ne me restait plus qu'à aller l'attendre le soir rue du Dauphin, puis de le suivre où il irait.

La nuit venue, je me suis rendu chez un costumier de la rue Saint-Honoré, où j'ai acheté un costume de pierrot à carreaux bleus et blancs, comme celui du prince, puis... (ces détails à cette heure me semblent puérils et ridicules, mais tout était perdu si le prince, *mon maître*, me reconnaissait) puis chez un marchand de couleurs fines, je me suis muni d'une petite vessie de blanc de céruse, d'une de vermillon, d'une de noir d'ivoire, et enfin d'un pinceau et d'une bouteille d'huile siccative, grâce à laquelle la peinture sèche à l'instant qu'elle est employée.

Je me suis alors rendu chez mon brave ami Jérôme, le cocher de fiacre, que je n'ai jamais négligé, et à qui j'avais écrit la veille que je le priais de se mettre lui et sa voiture à ma disposition, depuis six heures du soir jusqu'à six heures du matin.

Un masque de *diable vert* et un autre orné d'un nez en trompe d'éléphant, achetés chez le costumier, devaient faire la joie des deux enfants de Jérôme.

Je ne trouvai chez lui que sa bonne et honnête ménagère.

— Ah! bonjour, monsieur Martin, — me dit-elle ; il faudra que vous attendiez mon homme ; il vous avait promis d'être ici à six heures; mais pendant les jours gras, vous savez, un fiacre ne s'appartient pas.

— Je n'aurai besoin de lui à la rigueur que sur les huit heures, ainsi nous avons le temps.

— Oh! il ne manquera pas; pour vous, il mettrait plutôt ses pratiques au milieu de la rue...

— En attendant, ma bonne madame Jérôme, permettez-moi d'aller me déguiser dans ce cabinet, et surtout, quand Jérôme reviendra, ne lui dites pas que c'est moi qui suis là ; je veux voir s'il me reconnaîtra.

— Soyez tranquille, monsieur Martin, ça va être très-amusant... Quel bonheur !

Au moyen d'un miroir, éclairé par une chandelle, retiré dans un cabinet dépendant du petit logis de Jérôme, j'endossai d'abord les habits de pierrot par-dessus les miens, déjà fort amples, ce qui me fit paraître beaucoup plus gros, et par conséquent beaucoup plus petit que je ne le suis; puis, à l'aide des couleurs rouge, blanche et noire et de l'huile siccative, je me *tatouai* le visage d'une telle manière qu'il devait être absolument impossible de me reconnaître et de démêler mes traits sous ces dessins bizarres de couleurs éclatantes; de plus, j'avais relevé mes cheveux sous un serre-tête, et solidement assujetti sur ma tête une énorme perruque grise, longue, touffue, sur laquelle je plantai mon chapeau de pierrot.

Je n'oublierai jamais l'émotion singulière que j'ai ressentie durant ces préparatifs si burlesques en eux-mêmes et cependant faits par moi d'une façon sérieuse, réfléchie, en songeant que ce déguisement allait me mettre à même d'accomplir un projet d'une extrême gravité. . .. . .

CHAPITRE LXXVII.

Suite du journal de Martin. — Le déguisement. — Le *Rendez-vous des Titis.* — *Galop infernal.* — Un *Turc* et une *bergère.* — Un *ancien* des *Trois-Tonneaux.* — Entretien des deux *pierrots.*

Mon déguisement complet, je sortis du cabinet.

A ma vue les enfants poussèrent des cris d'épouvante d'un excellent augure. Quant à la ménagère de Jérôme, elle resta si stupéfaite qu'elle ne put que me dire en balbutiant :

— Ah! mon Dieu! monsieur Martin... ah! monsieur Martin... c'est comme si on voyait un monstre; je n'en dormirai pas de la nuit, j'aurai le cauchemar.

Il ne manquait plus, comme épreuve décisive, que l'impression de Jérôme; il rentra dans le même moment, et dit à sa femme dès la porte :

— Martin est-il venu?
— Pas... encore... — dit-elle.
Puis elle ajouta :
— Tiens, Jérôme... regarde donc.
Et elle le tourna de mon côté.
— Ah! sacrrdieu! ah! qu'est-ce que c'est que ça! — s'écria Jérôme en reculant d'un pas.
— Bonjour, Jérôme, — dis-je, sans vouloir même déguiser ma voix, — bonjour, mon brave; comment vous portez-vous?
— Attendez donc... attendez donc, — dit Jérôme en s'approchant de moi, et m'examinant de si près, que je sentis son souffle. — Voyons, qui diable ça peut-il être?
— Comment, Jérôme, vous ne me reconnaissez pas, moi?... un ami? regardez-moi donc bien.
— Pardieu, je vous regarde d'assez près; mais que le diable m'emporte si je peux m'y retrouver au milieu de ces ronds noirs, de ces lignes blanches et de ces croisillons rouges; ça papillote tant qu'on n'y voit que du feu.
— Tenez... et de profil!
— De profil ou de face, je donne ma langue aux chiens, — dit Jérôme, — je renonce...
— Vrai?...
— Oh! vrai.
— Mais ma voix? vous ne reconnaissez pas non plus ma voix? cherchez bien.
— Que diable voulez-vous que fasse la voix avec une face pareille... ma femme serait fabriquée comme ça, qu'elle me dirait : — C'est moi... ta femme, — que je dirais : Ça se peut, mais je ne sais pas.
— Eh bien! c'est moi... Martin, mon brave Jérôme.
— Martin... vous... Allons donc! vous en feriez deux comme lui pour la corpulence, mon gaillard; et puis, vous êtes plus petit que lui...
— Je me suis bourré sous mon costume; voilà pourquoi je vous parais plus gros, et partant plus petit, mon brave Jérôme.
— Voyons donc, voyons donc ; — et Jérôme, m'examinant encore attentivement, ajouta : — Supposons que ce soit vous, il faut que je voie un peu si je m'y reconnaîtrai...
Puis, après un nouvel examen :
— Pas davantage, — s'écria-t-il, — vous n'êtes pas Martin; si vous êtes quelqu'un... vous ne pouvez être qu'un camarade nommé *Tourniquet...* Allons, c'est toi, Tourniquet, hein? avoue-le.

J'étais complétement rassuré; je devais être méconnaissable aux yeux du prince; quant à ma voix, comme il ne m'avait pas cent fois adressé la parole depuis que j'étais au service de sa femme, et que je lui avais toujours répondu, comme il convient, presque par monosyllabes, et d'une voix basse et respectueuse, il était impossible aussi qu'il la reconnût.

Je craignis même un instant d'être trop bien déguisé, car Jérôme, s'imaginant que c'était *une farce* qu'on lui jouait, s'obstinait dans son erreur.

— On me couperait en quatre, — disait-il, avec l'accent d'une profonde conviction, — que je crierais encore : C'est Tourniquet!

Heureusement il me restait un moyen de prouver mon identité : je citai à Jérôme les termes dont je m'étais servi la veille au soir pour le prier de me réserver sa voiture pour le lendemain. Cette preuve fut triomphante, et le brave homme m'adressa les plus sincères compliments sur mon déguisement.

— A la bonne heure! — s'écria-t-il, — donnez-vous-en donc une bonne fois du *cancan*... du *chicard*, faites votre Mardi-Gras! une vie à mort! hein! vous allez remplir ma gondole de pierrettes et de débardeuses!

— Ah! Jérôme, — fit la ménagère.
— Tiens, il a raison, — dit Jérôme; — faut que jeunesse s'amuse... surtout quand elle s'embête!
— Allons, Jérôme, — lui dis-je, — l'heure presse...
— En route; adieu, femme; adieu, les gamins, — dit le cocher en embrassant sa ménagère et ses enfants. — A demain matin, Louison, et tiens-moi chaude une crâne soupe à l'oignon... ça restaure après une nuit de février.
Une fois hors de chez lui, je dis à Jérôme :
— Mon brave ami, au risque de perdre dans votre esprit, je dois vous prévenir que je ne me déguise pas pour faire mon Mardi-Gras, mais pour mener à bonne fin une affaire très-importante et très-sérieuse.
— Ah bah! ah bah! avec vos enluminures et votre costume de pierrot, quelque chose de sérieux?
— De très-sérieux; je vous dis cela, Jérôme, parce que je puis avoir besoin de vous...
— Vous savez que les amis sont toujours là... Ah ça! c'est donc quelque chose dans le genre de l'an passé, vous savez... quand j'ai amené le beau grand jeune homme rue du Marché-Vieux avec vous derrière, et qui a ensuite ramené dans ma voiture une pauvre dame qui ne pouvait pas se soutenir tant elle était faible...
— Oui, mon brave, c'est quelque chose dans ce genre-là... et plus grave encore, si c'est possible... Voilà pourquoi je compte sur vous...
— C'est dit...
Nous étions, en causant ainsi, arrivés au bas de l'escalier de Jérôme.
— Ah çà! où allons-nous? — me dit-il.
— Rue du Dauphin... Vous vous arrêterez à quelques pas du n° 3, et j'attendrai dans la voiture...
— Bon.
— S'il y a un fiacre à la porte du n° 3 ou s'il en vient un plus tard, vous descendrez de votre siége, et, en vous promenant de long en large, vous remarquerez s'il ne sort pas de la maison, pour monter dans ce fiacre, un homme habillé en pierrot à carreaux bleus...
— Habillé comme vous?
— Comme moi.
— Et après.
— Votre voiture suivra celle où il montera, s'arrêtera où elle s'arrêtera ; si vous voyez ce pierrot en descendre... quelque part, vous me préviendrez.
— C'est entendu! Seulement, avouez que c'est joliment drôle qu'une affaire sérieuse, comme vous dites, Martin, se traite entre pierrots?
— C'est très-singulier, en effet, mon brave Jérôme; autre chose de très-important : dans le cas où, plus tard, dans la nuit, vous me verriez revenir et monter dans ma voiture... avec ce pierrot...
— A carreaux bleus?
— A carreaux bleus... ayez surtout soin, je vous en conjure, de ne pas m'appeler Martin... Si mon nom vous échappait, tout serait perdu!!!

— Diable !
— Ce n'est pas tout : afin de mieux dérouter encore... l'autre pierrot... si revenant avec lui, nous montions tous deux dans votre voiture, et que je vous dise d'aller à tel endroit, vous me répondrez... vous me répondrez... *Oui, monsieur le marquis*, je suppose.
— Pour que l'autre pierrot... vous prenne pour un marquis?
— Justement. Il faut qu'il me prenne pour ce que je ne suis pas.
Jérôme, avant de monter sur son siège, me dit d'un air sérieux, presque ému cette fois :
— Dites donc, mon bon Martin... qui est-ce qui aurait jamais dit tout ça... quand, le premier jour de votre arrivée à Paris, je vous ai trimbalé depuis la rue du Mont-Blanc jusqu'à l'impasse du Renard?... Je vous parle de ça, parce que c'est comme une idée qui me passe par la tête.
Et Jérôme sauta sur son siège et cria à ses chevaux :
— En route, *Lolotte* et *Lolo*.
Jérôme avait raison.
Qui est-ce qui aurait jamais dit cela, le jour où je me trouvai seul à Paris, sans ressources, sans appui, sans connaissances?
Une remarque plus étrange encore me fut suggérée par la réflexion de Jérôme. Je m'étais servi de sa voiture pour faire mes premières courses dans Paris, et je m'en serai servi sans doute pour les dernières, car si je ne me suis pas trompé... si l'inspiration à laquelle j'ai obéi dans cette circonstance solennelle a été bonne et juste (je le saurai tantôt), j'irai rejoindre Claude Gérard... j'aurai accompli mon devoir, ma tâche aura fini avec mes forces... car elles sont à bout... Malgré mes austères résolutions, l'atmosphère où vit Régina est trop brûlante pour moi.
La voiture s'arrêta au commencement de la rue du Dauphin.
Bien enveloppé dans mon manteau, je me penchai en dehors par la glace de la portière ; je vis, ainsi que je m'y étais attendu, un fiacre à la porte de la maison.
Jérôme descendit de son fiacre. Après s'être promené quelque temps sur le trottoir en sifflant entre ses dents, il s'approcha de son *confrère* avec qui il lia conversation.
Au bout de dix minutes environ, j'entendis une porte cochère se refermer et la voix du prince s'écrier :
— Holà!... hé, cocher!
Bientôt Jérôme accourut à la portière, et me dit :
— Le pierrot est encaissé... mais vous vous êtes trompé.
— Comment?
— Ce pierrot n'est pas bleu comme vous !
— Il n'est pas bleu?
— Non... il est *gris*... eh... eh !
— Vraiment? — dis-je à Jérôme très-inquiet, car cette ébriété eût cruellement contrarié mes projets. — Il est gris? vous en êtes sûr?
— Ça me fait cet effet-là... mais en route ! voilà le camarade qui démarre... Il faut le suivre de près, n'est-ce pas?
— Ne le quittez pas de vue une seconde, — m'écriai-je ; — si vous le perdiez, tout serait manqué !
— Soyez calme, la palette de sa voiture va servir de mangeoire à mes chevaux.
Jérôme fouetta son attelage et nous partîmes rapidement.
J'étais absorbé dans mes pensées de plus en plus graves à mesure qu'approchait le moment d'agir, lorsque la voiture s'arrêta subitement.
Il y avait un quart d'heure à peine que nous étions partis de la rue du Dauphin.
— Eh bien ! — dis-je à Jérôme en ouvrant une des glaces de devant, — qu'y a-t-il?
— La voiture de l'autre s'est arrêtée devant la boutique d'un liquoriste, — me répondit Jérôme à demi-voix. — Bon... voilà le pierrot qui descend... bon... il entre dans le *débit de consolation*... bon.
— Je comprends, — lui dis-je avec anxiété, redoutant la suite de ces libations.
— En route ! — me dit Jérôme ; — il n'a pas été long à siffler ça... le gaillard a l'habitude.
Et nous continuâmes notre route.
Au bout d'un quart d'heure, nouveau temps d'arrêt.

— Eh bien ! qu'y a-t-il encore?— demandai-je à Jérôme.
— La voiture de l'autre arrête à une boutique d'épicier...
— Malédiction ! — m'écriai-je.
— Il paraît que ce diable de pierrot a la *pépie*, — me dit Jérôme ; — après tout, il a le droit, c'est la maladie des oiseaux.
Puis, une seconde ensuite, Jérôme reprit :
— Le voilà sorti... Il faut qu'il soit *breveté* pour avaler si vite... En route !
Nous nous étions remis en marche depuis vingt minutes. Je commençais à me rassurer, car j'avais craint de nouvelles stations. Nous étions alors dans la rue du Faubourg-Saint-Martin. Nouvel arrêt.
— Encore?... — dis-je à Jérôme.
— Cette fois-ci, c'est différent, c'est chez un marchand de vin... le pierrot est là, il va se rafraîchir ; après l'eau-de-vie et la liqueur... une bouteille, ça repose.
— A-t-il l'air bien ivre? — demandai-je à Jérôme avec une anxiété croissante.
— Mais, non, pas trop... tenez, le voilà qui sort... il salue un passant avec beaucoup de respect... il va encore, ma foi, très-droit, c'est à peine s'il *festonne*... Bon ! le voilà remballé... En route !
Enfin, nous traversâmes la barrière Saint-Martin ; dix minutes après, la voiture s'arrêta devant une porte éclairée de lampions, placés au-dessus d'un transparent, où je lus écrit en grosses lettres rouges :

AU RENDEZ-VOUS DES TITIS.
GRAND BAL PARÉ ET TRAVESTI.
OHÉ ! LES AUTRES, OHÉ !

J'ouvris la portière, je sautai à bas du fiacre, et je dis à Jérôme, en lui montrant de l'autre côté de la rue l'angle d'une ruelle obscure :
— Attendez-moi dans cette ruelle, mon cher Jérôme, ne quittez pas votre siège, je vous en supplie... et rappelez-vous ma recommandation.
— Soyez tranquille, *Monsieur le marquis*, — me répondit Jérôme à demi-voix, pour me prouver qu'il n'avait rien oublié. — Mais filez vite... voilà l'autre pierrot qui prend son billet au bureau.
En effet, à son rang, derrière cinq ou six autres personnes déguisées, l'autre pierrot, le prince de Montbar... attendait son tour de payer son entrée à un guichet gardé par deux gardes municipaux.
Je me mis immédiatement derrière le prince, afin de ne pas le perdre de vue.
Je pris mon billet après M. de Montbar, et je le suivis pas à pas.
Après avoir traversé une sorte d'allée assez longue, de chaque côté de laquelle s'ouvraient des cabinets destinés aux buveurs, nous entrâmes dans une salle immense, éclairée par des lustres garnis de quinquets rares, fumeux, qui ne jetaient qu'une lumière diffuse, et laissaient presque dans l'obscurité une galerie ou tribune exhaussée de six ou sept pieds, qui occupait les deux côtés de ce long parallélogramme. Dans cet espace étaient disposés une grande quantité de tables et de tabourets destinés aux buveurs, qui, de cet endroit élevé, pouvaient jouir du coup d'œil du bal costumé.
Je fus un moment abasourdi par le tapage infernal de l'orchestre, uniquement composé d'instruments de cuivre assez retentissants pour dominer le tumulte de cette immense cohue où plus de cinq cents personnes parlaient, chantaient, riaient, criaient, hurlaient, tandis que le plancher, d'où s'élevait une brume poudreuse, tremblait sous les piétinements frénétiques des danseurs.
Je reconnus bientôt à la physionomie sinistre et aux paroles crapuleuses de la plupart des coryphées de ce bal, qu'il devait être surtout fréquenté par cette lie grossière, oisive, dépravée, qui fourmille dans ces grands repaires.
Les costumes étaient presque tous sales, ignobles, hideux, ou d'un cynisme que la licence des jours de carnaval pouvait seule imaginer. J'eus de la peine à surmonter l'espèce de vertige que devaient causer aux nouveaux initiés cette chaleur, ce tumulte, cette odeur nauséabonde

— Je viens de la part de Madame la princesse de Montbar m'informer des nouvelles de Monsieur le baron. — Page 285.

et suffocante ; ma figure, si étrangement enluminée, m'attira d'abord force interpellations en langage intraduisible, puis je fus *oublié*.

M'éloignant quelque peu du prince, je le dépassai, puis je revins sur mes pas afin de le *croiser* et de l'examiner attentivement.

Malgré ses fréquentes libations, et quoi qu'en eût dit Jérôme, M. de Montbar ne me parut pas *gris*; sa démarche était ferme, ses traits pâles, ses yeux rougis et ardents, son sourire amer.

Évidemment pour moi, une pensée triste, profondément triste, dominait le prince malgré lui, au milieu de l'étourdissement, de l'hébêtement passager où il cherchait à se plonger.

Je remarquai sur sa physionomie une expression de dégoût, de colère concentrée, lorsque, ballotté çà et là par le courant de cette tourbe ignoble, il était brutalement repoussé ou apostrophé en langage des halles.

Un quart d'heure après notre arrivée, voulant sans doute triompher de ces délicatesses inopportunes et s'étourdir jusqu'au vertige, M. de Montbar choisit l'occasion d'un galop furieux qui tourbillonnait dans la salle, prit sans façon par la taille une horrible *bergère* isolée qui se prêta de la meilleure grâce à cet enlèvement, et se précipita avec sa danseuse au milieu de la ronde effrayante, en poussant, comme les autres danseurs, des cris forcenés.

D'un saut je fus sur les marches de l'escalier qui conduisait aux galeries latérales.

De là je pus presque toujours suivre le prince du regard ; malgré ses emportements désordonnés, il n'y avait chez lui ni joie, ni enivrement; il me parut possédé d'une sombre frénésie. Au lieu de se colorer par l'animation de cette course furibonde, son visage devenait de plus en plus livide... son sourire de plus en plus contracté...

Ce prince, si incroyablement doué par la nature et par la fortune... cet homme, le mari de la femme la plus adorable qui fût au monde... cet homme, portant un des plus beaux noms de France... cet homme m'apparaissant ainsi emporté dans le torrent d'êtres crapuleux, m'inspira de nouveau une commisération profonde...

Se jeter à corps perdu dans une telle fange pour oublier de grands chagrins, cela me paraissait pire que le suicide.

Le galop était terminé.

Son évolution avait ramené le prince presque au pied de l'escalier où je me tenais. La politesse de *céans* exigeait sans doute que le danseur fît *rafraîchir* sa danseuse; car la repoussante bergère, rouge, suante, haletante, aux bas et à la jupe crottés, s'empara résolûment du bras dont le prince venait de l'entourer, et lui dit d'une voix rauque :

— Maintenant que nous avons galopé à mort, mon ami Pierrot, paye-moi un coup de *piqueton*, *fiston!*

Le prince, dont la figure parut de plus en plus sombre, se dégagea brusquement de la confiante étreinte de la bergère, et lui dit : — Va-t'en au diable!...

— Je ne te lâche pas comme ça, — dit la hideuse créature en se cramponnant encore au bras du prince. — Quand nous aurons *piqueté*... à la bonne heure.

— T'en iras-tu, — s'écria le prince furieux.

Et il repoussa violemment la bergère, qui trébucha et se mit à accabler d'ignobles injures son ex-danseur.

Puis, avisant dans la foule un *Turc* à figure sinistre et à carrure d'Hercule, la *bergère* lui parla avec véhémence, et, du geste, lui indiqua le prince. Celui-ci, sans plus s'occuper de cet incident, gravit lentement l'escalier où je me trouvais, et alla s'asseoir dans un coin obscur de la galerie, devant une table isolée, comme toutes celles placées au second rang et n'ayant pas vue sur le bal.

— Ah! par exemple, monsieur Martin, vous êtes trop aimable... vous déranger ainsi. — Page 286.

La bergère et le Turc, que je ne quittais pas des yeux, continuaient de parler à voix basse, et recrutant bientôt d'autres personnages non moins ignobles qu'eux, ils se perdirent dans la foule en se retournant plusieurs fois pour jeter sur le prince des regards courroucés et menaçants.

J'entendis alors M. de Montbar, assis à quelques pas derrière moi, s'adresser au garçon et lui demander :
— Une bouteille d'eau-de-vie.

Puis le prince s'accouda sur la table, laissa retomber son front dans ses deux mains, et resta morne, silencieux.

Pour moi, le moment était venu d'agir; je ne voulais pas laisser le prince s'enivrer, il me paraissait se posséder plus encore que lors de son arrivée au bal, car l'ignoble entraînement auquel il venait de céder semblait avoir plutôt glacé qu'enflammé ses esprits.

M'approchant alors de la table devant laquelle le prince s'accoudait, j'ai simulé une pointe d'ivresse, et affecté de prendre le grossier langage des habitués du lieu.

— Ah çà! mille dieux! est-ce qu'on boit les uns sans les autres? — ai-je dit à mon maître en lui frappant familièrement sur l'épaule.

M. de Montbar, relevant brusquement la tête, me regarda avec hauteur, d'un air surpris et irrité.

— Eh bien! après? — repris-je en le fixant; — je te dis, mon vieux, qu'un homme qui boit seul me fait de la peine... c'est un célibataire... de bouteille...

— Au fait... tu as raison, — répondit le prince, dont le courroux fit place à une sorte de gaieté factice et amère, — c'est ennuyeux de boire seul... Et d'ailleurs, rien que pour l'affreux tatouage dont tu t'es barbouillé la face... tu mérites qu'on te paye bouteille : demande un verre... et trinquons.

— A la bonne heure... Garçon, un verre?

— Voilà..

— Eh bien, t'amuses-tu beaucoup ici, toi? — me dit le prince, après une pause, — voyons, es-tu bien gai?

— Et toi, mon vieux, t'amuses-tu?

— Pardieu, — reprit le prince, — il faut bien que je m'amuse... puisque je suis ici.

— C'est pas une raison...

— Bah!

— Tous les jours on va quelque part, et on s'y embête.

— Alors, pourquoi y aller?

— Pourquoi est-ce qu'on se soûle? Hein, mon vieux? C'est pas pour le vin ou l'eau-de-vie, liquides à faire tousser le diable.

— Pourquoi boire, alors?

— Eh, mille dieux! pour s'étourdir, pour oublier... ce qui vous scie...

— Ah! — me dit le prince avec un air de réflexion et de tristesse dont je fus frappé, — ah! toi, c'est pour t'étourdir... pour oublier... que tu bois?

— Pardieu! je traîne le boulet toute la semaine... et le dimanche... *quand je bois, je suis roi*, comme dit la chanson, et puis... on peut te dire ça, toi... mon vieux... un ami...

— Un ami?

— Une connaissance... si tu veux.

— Ah! tu me connais?

— Comme si je t'avais élevé au biberon.

Le prince haussa les épaules et reprit :

— Eh bien! voyons... qu'est-ce que tu peux dire à... un ami... puisque je suis ton ami?

— Mon vieux, j'ai des peines de cœur.

Le prince partit d'un éclat de rire sardonique et reprit :

— Des peines de cœur? toi, ça doit être curieux ; raconte-moi ça.

— Figure-toi... mon vieux... que j'ai une femme...
— Ah! diable...
— Eh bien!... mon pauvre vieux... ma femme...
— Ta femme?
— Elle me fait l'effet de m'enfoncer... de m'abîmer avec un autre.
— Vraiment! — dit le prince; et son visage s'assombrit; soudain, son sourire devint presque douloureux; — vraiment, mon pauvre garçon... ta femme te cause des peines de cœur?
— Une bien belle femme pourtant!...
— Ce sont toujours celles-là... Et tu es sûr?
— Trop sûr, mon pauvre vieux... et avec ça... un militaire...
— Un militaire?
— Un soldat du génie...

Le prince tressaillit, devint pourpre, mais il se contint.
— Un homme superbe... cinq pieds six pouces, et si tu le voyais en uniforme, mon pauvre vieux... en uniforme surtout... il est...
— C'est bon... — me dit brusquement M. de Montbar en frappant sur la table; — assez...
— N'est-ce pas, mon vieux... que c'est tout de même fichant de se dire : ma femme... une si belle femme... me...
— Eh! qu'est-ce que cela me fait à moi... ta femme! — s'écria le prince avec impatience.
— Après ça, — continuai-je sans avoir égard à l'interruption de mon maître, — faut être juste... ma femme était dans son droit...
— De quoi te plains-tu alors?
— De quoi je me plains, mon vieux? Mais figure-toi donc... que, malgré son soldat du génie... avec qui elle m'abîme... je l'adore tout de même...
— En ce cas, tu n'es qu'un lâche! — s'écria mon maître, de plus en plus irrité des singuliers rapprochements qu'il voyait sans doute entre ma position supposée et la sienne, — tu es un misérable... si tu l'aimes encore...
— Ça t'est bien facile à dire... à toi, mon pauvre vieux...
— C'est bien... assez...
— Tiens... ce matin encore... je regardais sa silhouette; tu sais, ces profils en papier noir qui coûtent cinq sous... Je l'avais fait faire dans le temps... et je me disais en la regardant et en pensant à son soldat du génie... quel dommage...
— Mais, malheureux, lâche! — s'écria le prince, les dents serrées de rage, — pourquoi ne l'as-tu pas tué, cet homme, puisqu'il te déshonorait?
— Tu l'aurais donc tué... toi, vieux?
— Il ne s'agit pas de moi, — reprit le prince avec hauteur, et en s'emportant malgré lui; — tu pouvais montrer ta jalousie sans crainte d'être écrasé de ridicule... toi.

Puis, comme s'il eût regretté de trahir ainsi les poignantes émotions dont il était torturé, et qui me prouvaient ce que j'avais tant d'intérêt à savoir : — qu'il aimait encore passionnément Régina, — le prince ajouta avec impatience :
— Et d'ailleurs, tout cela m'est égal... Buvons un verre... et... bonsoir... je suis las d'écouter tes balivernes.
— Ah! mon vieux, — dis-je au prince d'un ton de reproche, — c'est pas bien... envoyer paître... un ami qui est dans la peine, un ancien ami...
— Il est stupide... — dit le prince en haussant les épaules.
— Traiter ainsi un ami... — repris-je en accentuant lentement mes paroles, — un ancien du cabaret des Trois-Tonneaux...

Au souvenir de ce cabaret où il s'était plusieurs fois enivré, le prince ne put cacher un mouvement de surprise inquiète, et me dit :
— Au cabaret des Trois-Tonneaux?... Tu te trompes... je ne connais pas ce cabaret.
— Allons donc... nous y avons bu vingt fois ensemble... et il y a de ça déjà bien longtemps.
— Ce n'est pas vrai...
— Écoute, mon vieux... je vais bien te prouver la chose... Un soir... dans le mois de décembre... il faisait un temps de chien... tu étais aux Trois-Tonneaux... tu buvais une bouteille d'eau-de-vie.

— Ce n'est pas moi... te dis-je, misérable brute, — s'écria le prince, — tu es ivre.
— C'est un peu fort! comme si je ne te connaissais pas; comme si je ne savais pas ton nom?
— Ah! tu sais mon nom?
— Pardieu... tu t'appelles..
— Je m'appelle?...
— Georges.
— Pourquoi pas Jean-Louis ou Jean-Pierre?
— Pourquoi?... mon vieux... parce que tu t'appelles Georges, Georges, *prince de Montbar*.

J'avais prononcé ces derniers mots assez bas, afin d'être entendu de mon maître, mais non des autres buveurs; aussi, dans sa première stupeur, ne pouvant, ne voulant pas croire à mes paroles, néanmoins me regardant d'un œil hagard et les traits bouleversés, le prince s'écria :
— Qu'as-tu dit?
— Eh! pardieu, mon vieux, — repris-je le plus simplement du monde, — je dis que tu t'appelles Georges, prince de Montbar.. qu'est-ce qu'il y a d'étonnant à ça?
— Malheureux! — s'écria mon maître, et les yeux étincelants de colère, les joues pourpres de honte, il se leva d'un air menaçant.
— Eh bien! quoi? mon vieux, te voilà tout sens dessus dessous, parce que je dis que tu es le...
— Te tairas-tu! — s'écria le prince en regardant autour de lui avec anxiété, dans la crainte que je n'eusse été entendu des autres buveurs; puis, ayant hâte de quitter cet ignoble lieu, où il se voyait reconnu, mon maître frappa sur la table et cria : — Garçon...
— Comment! mon vieux... tu quittes les amis!
— Garçon!... — s'écria le prince en se levant sans me répondre.
— Mon vieux, tu resteras... — dis-je au prince en me levant à mon tour, — car si tu abandonnes comme ça un ami dans la peine... je me jette à ton cou, je m'accroche à toi et je t'appelle par ton nom de prince... aussi haut que tu as appelé le garçon...

Cette menace arrêta et effraya mon maître; il se rapprocha de la table, me regarda pendant quelques secondes avec une attention courroucée, tâchant sans doute de reconnaître ou de deviner mes traits sous la couche de peinture dont ils étaient couverts; mais n'y pouvant parvenir, il me dit en regardant de nouveau autour de lui avec anxiété :
— Voyons, que veux-tu pour te taire? misérable!... de l'argent, n'est-ce pas?
— Je veux m'épancher dans ton cœur, mon pauvre vieux, parler de l'ancien temps... oui; et si tu me refuses cette douceur, je te nomme... j'ameute les titis, les débardeurs, et je leur crie : Ohé... ohé... les autres!... venez donc voir la curiosité du bal... Ce pierrot que vous voyez, ce n'est pas un pierrot... c'est le.
— Je t'en supplie! tais-toi, — s'écria mon maître d'une voix presque implorante, car j'avais assez élevé la voix pour que les buveurs voisins se retournassent vers nous. — Il y a vingt louis dans ma bourse, — ajouta le prince à voix basse, — viens dehors... avec moi... ces vingt louis sont à toi.
— Connu... mon vieux... tu ne me les donnerais pas.
— Je te jure!
— Et puis, vois-tu, — repris-je en affectant une ténacité d'ivrogne, — ton argent ne me donnerait pas un ami... je ne pourrais pas m'épancher... dans ton argent... tandis que... m'épancher... dans un prince... comme toi, dans un vrai prince qui trinque et ribote... avec le dernier des *voyous*, avec les premières canailles venues... pas plus fier que ça, je ne peux pas renoncer à ce délice... de m'épancher. Rasseois-toi donc et causons de nos bamboches... mon pauvre vieux, ça me fera oublier ma femme... et si tu me refuses de jaser un brin... ohé... les autres...
— Tais-toi... je reste, — s'écria le prince, — puisque je te dis que je resterai... — et il ajouta avec une rage concentrée : — Voyons, que veux-tu? dis vite... et finissons.
— Comment, mille dieux! finissons? nous n'avons pas seulement commencé.
— Oh!... — dit le prince en levant les yeux et frappant de ses deux poings sur la table, — quel supplice!...

— Ah çà ! vraiment, vieux, tu ne me reconnais pas? un ancien... il faut que ça soit ma peinture qui te brouille...

Le prince mordit son mouchoir avec fureur.

— Au fait... tiens... je vas te rappeler quelque chose, mon vieux, qui va tout de suite te remettre sur la voie... C'était un soir, tu buvais bouteille au cabaret des Trois-Tonneaux... tu as renversé de l'eau-de-vie, tu as trempé ton doigt dedans, et sur la toile cirée de la table, tu as écrit un nom...

— Un nom, moi?

— Eh oui!... le nom de *Régina*... quoi !

Le prince bondit sur sa chaise; puis il resta un moment silencieux, l'œil fixe, dans un accablement pensif; sans doute il avait gardé un vague souvenir de cette soirée d'ivresse, car, sans oser me démentir, il s'écria, comme écrasé de honte :

— Tais-toi... je te défends de prononcer ce nom...

— Tiens? et pourquoi donc ça, mon vieux? Un nom que tu t'amuses à écrire sur la table d'un cabaret... et que même ce soir-là un ivrogne l'a épelé ce nom... avec des hoquets à faire trembler. R et E... ça fait RE... qu'il disait en faisant le balancier, G et I... ça fait GI...

— Malheureux ! — s'écria le prince hors de lui, — mais tu veux donc que...

— Ah! si tu cries, mon vieux, — lui dis-je en l'interrompant, — je crie aussi fort que toi, moi! mais ton nom... ohé! les titis! les...

— Mais c'est l'enfer que cet homme!... quel est-il donc? —murmura le prince, en tâchant encore de reconnaître mes traits. Voyant la vanité de sa tentative, il dit avec un soupir :

— Impossible... impossible... cette voix? cet accent?... je m'y perds.

— C'est drôle, tout de même, que tu ne me reconnaisses pas, mon vieux... Voyons donc si une autre chose me rappellera mieux à toi... Te souviens-tu d'une fameuse nuit passée ensemble... mon ami... (et je lui dis le mot à voix basse) de la barrière des *Paillassons*? Il y avait avec nous un chiffonnier qui nous faisait crever de rire avec ses histoires... et des femmes, mais des femmes ficelées... Il y en avait une surtout... une grosse blonde... en bonnet de police (un legs d'un invalide), qui avait l'air de le flamber les yeux; tu te rappelles, on l'appelait *la Loque*, à cause de sa tenue. Tu en raffolais si fort que, dans ton raffolement, tu lui donnais ce nom que tu avais écrit un jour sur la table du cabaret... et il lui est, pardieu ! resté!... à cette fille ; mon Dieu, oui... dans l'établissement on ne l'appelle plus *la Loque*, on l'appelle *Régina*.

J'avais frappé un coup terrible, mais juste et nécessaire.

Pour la première fois, j'en suis certain, le prince avait enfin conscience de l'ignominie de ses fréquentations et des indignes conséquences qu'elles devaient avoir; car, ce dernier trait sous lequel je le laissai un instant anéanti, éperdu, était, sinon vrai, du moins tellement vraisemblable, qu'à l'expression d'angoisse et d'horrible honte que trahit la figure du prince, il me sembla qu'il se disait :

— « Ai-je donc pu, dans mon ivresse, prostituer ainsi
» dans un lieu infâme le nom de la femme qui porte au-
» jourd'hui mon nom? Pourquoi pas? j'ai bien écrit *Ré-
» gina* sur la table d'un cabaret ! »

A l'accablement où était un moment resté plongé le prince, succéda un fol accès de rage, que, me saisissant par le bras d'un côté de la table à l'autre, il me le serra violemment, en s'écriant :

— Tu mens... tu payeras cher cette insolence infâme!

J'étais d'une force de beaucoup supérieure à celle de M. de Montbar; je le maîtrisai facilement à mon tour et presque sans bruit, lui serrant le poignet si rudement, que sa main abandonna mon bras.

CHAPITRE LXXVIII.

Suite du journal de Martin. — *Mort aux gants-jaunes et aux bien-mis.* — Bataille. — Conversation entre le prince et Monsieur le marquis. — Conséquences d'une mauvaise éducation.

Soudain un incident imprévu vint donner un nouveau cours, un nouveau caractère à mon entretien avec le prince.

Une rumeur d'abord sourde, puis de plus en plus bruyante, éclata dans le bal ; je tournai les yeux du côté d'où partaient ces murmures croissants, je vis à vingt pas de nous l'horrible *bergère* que le prince avait rudement repoussée après avoir dansé avec elle. Cette créature, renforcée d'un assez grand nombre de personnages de sa trempe, vociférait et gesticulait en se dirigeant du côté où nous nous trouvions... Je compris aussitôt le danger dont le prince était menacé; aussi, réellement effrayé, je m'écriai :

— La femme à qui vous avez refusé à boire, après avoir dansé avec elle, vient de recruter bon nombre de souteneurs... Regardez... ils s'avancent ; soyons sur nos gardes.

— Il ne s'agit pas de cela, — s'écria le prince, furieux, sans vouloir jeter les yeux vers l'endroit que je lui indiquais; — il faut qu'à l'instant je sache qui tu es, misérable.

Me plaçant alors devant le prince, relevant la tête, changeant subitement de langage, de manières, affectant même les termes et les façons d'un *homme du monde*, imitation d'autant plus facile pour moi, que, doué d'une grande faculté d'observation, j'entendais, je voyais, j'étudiais, chaque jour à l'hôtel de Montbar, depuis plus d'une année, les manières *d'être* et de *dire* des gens les plus distingués de Paris, je m'adressai au prince d'une voix ferme, calme et de la plus parfaite mesure.

— J'ai l'honneur de vous répéter, Monsieur, — lui dis-je, — que l'approche de ces gens-là est menaçante... Nous ne sommes ici que deux hommes de bonne compagnie... nous risquons d'être écharpés.

La stupeur du prince, en m'entendant m'exprimer de la sorte, fut plus saisissante encore qu'elle ne l'avait été jusqu'alors ; sa colère, sa honte s'élevèrent, pour ainsi dire, en raison même de la position sociale qu'il me supposa; mais aussi ses violents ressentiments se manifestèrent autrement. Il se sentit sans doute *plus à l'aise* en croyant avoir affaire à un *homme du monde* : aussi, lorsque son émotion lui permit de parler, il me dit d'une voix qu'il tâchait de rendre calme :

— Je ne vous quitterai pas, Monsieur, que je ne sache qui vous êtes... Je comprends tout maintenant; il n'y a pas eu un mot de votre conversation qui n'ait été une insolente épigramme, une allusion outrageante ! Cela demande une réparation terrible, Monsieur... et je l'aurai... Je ne peux pas arracher ce masque peint sur votre figure, mais de ce moment je m'attache à vous, et...

Puis, s'interrompant, le prince ajouta avec une dignité parfaite :

— Mais non... non, je n'aurai besoin de descendre à aucune extrémité pénible pour vous et pour moi, Monsieur. Vous êtes un homme de bonne compagnie... avez-vous dit... *Si cela est*... vous n'hésiterez pas à vous nommer, après ce qui vient de se passer entre nous...

— Soyez tranquille, Monsieur, je me conduirai en galant homme... vous saurez tout... ce que vous devez savoir... mais vous êtes ici en danger, Monsieur... toute retraite vous est coupée... Regardez derrière vous... (le prince, en me parlant, tournait le dos à la salle) nous ne pouvons sortir de ce coupe-gorge qu'avec beaucoup d'énergie... Je dis *nous*, Monsieur, d'abord parce que deux hommes bien élevés, deux hommes de cœur se doivent soutenir en pareille circonstance... puis la menace même que vous m'avez adressée tout à l'heure, Monsieur, me donne maintenant presque le droit de partager votre péril.

— Je vous remercie, Monsieur... j'accepte... Votre langage, vos sentiments même dans cette occasion, me prouvent du moins que ce qui se passera entre nous, plus tard... se passera entre gens comme il faut.

— En attendant, Monsieur, — dis-je au prince, et brisant d'un vigoureux coup de pied un tabouret, je donnai ensuite à M. de Montbar un de ces montants de siège cassé, transformés ainsi en bâtons courts et solides, — armez-vous de ceci, surtout n'attaquez pas... mais si l'on vous touche... frappez à tour de bras et visez aux figures.

Pendant que je tenais à M. de Montbar ce langage digne et poli dont il était si surpris, j'avais vu l'orage s'amonceler... L'horrible *bergère* et une foule de hideux personnages, dignes de soutenir cette créature, s'étaient groupés au pied du seul escalier par lequel il nous fût possible de descendre de la galerie... Trois ou quatre municipaux chargés de maintenir l'ordre se trouvaient alors éloignés; d'ailleurs, ainsi que cela arrive toujours dans des lieux pareils, la majorité de ceux qui les hantent, fort curieuse de rixes et de scandales, oppose aux gens de police une puissante force d'inertie, en se formant en masse compacte longtemps impénétrable; aussi les représentants de la force publique arrivent-ils presque toujours trop tard pour empêcher des collisions souvent sanglantes.

Un nouvel incident, sur lequel je n'avais pas compté, vingt augmenter le désordre et porter à son comble l'humiliation du prince...

Nous venions de nous mettre prudemment en défense en haut de l'escalier, pouvant à peu près compter sur la neutralité des buveurs de la galerie, gens moins tapageurs que les autres; ils m'avaient vu briser un tabouret et partager ses débris entre moi et mon compagnon, ils commençaient donc à monter sur les tables pour juger impartialement des coups.

La tempête éclata par une bordée d'injures, qui, à ma grande surprise, s'adressaient à mon maître, reconnu non pour être le prince de Montbar, mais pour être un *gant-jaune*, un *bien-mis*, pour parler le langage du lieu. Un *titi*, garçon de vingt ans, d'une figure ignoble, placé au premier rang de la foule, criait d'une voix enrouée en désignant le prince :

— Ohé! les autres, voyez donc ce pierrot manqué, qui vient agoniser et battre nos femmes; c'est un malin, un *gant-jaune* ! je le reconnais...

— Lui? ce crapaud-là !

— Faut le crever...

— T'en es sûr, Titi?... c'est un *gant-jaune*?

— Eh! oui, je l'ai vu vingt fois à cheval ou en voiture aux Champs-Élysées, où je ramasse des bouts de cigare.

— Quoi qu'y vient faire ici, ce *bien-mis*-là?

— Est-ce que nous allons dans leurs bastringues à eux?

— Ohé! ce *bien-mis* ! il vient faire sa tête!

— Parce qu'il a du linge en dessous.

— Ce Monsieur! il vient s'amuser à voir chahuter la canaille...

— Est-ce que nous sommes *tes amusements*, eh! dis donc, filou?

— Eh! dis donc, mauvais muffle?

A ces sales injures, le visage du prince devint pourpre; ses yeux étincelèrent de rage; il allait se précipiter tête baissée sur cette foule; je devinai son mouvement, et le saisissant par le bras :

— Vous êtes perdu si vous quittez le haut de l'escalier... Ne bougez pas, regardez-les bien en face... et pas un mot... le sang-froid et le silence imposent toujours...

Le prince suivit mon avis, et, en effet, pendant un instant, les vociférations diminuèrent de violence, les assaillants demeurèrent indécis, car notre position, *militairement* parlant, était excellente; nous tenions le haut d'un escalier où deux hommes pouvaient à peine monter de front; nous étions armés de bons bâtons, et nous paraissions à la foule calmes, résolus, prêts à tout.

Cette suspension d'hostilités dura une minute à peine. L'horrible *bergère*, s'adressant à ses acolytes, se mit à crier d'une voix aigre et enrouée qui domina le tumulte :

— Faut-il que vous soyez lâches, de laisser des *bien-mis* battre et agoniser *vos femmes*... Oui, y m'a battue... y m'a appelée crapule...

— C'est lui qui est une crapule.

— Attends donc un peu, — dit un *Sauvage*, qui, excité par les cris de cette mégère, monta deux marches de l'escalier, et là s'arrêta un instant, encore indécis, — je vas lui voir sa peau, moi, à ce *bien-mis*-là.

— C'est un mouchard, — dit un autre.

— Oui, c'est un mouchard, oui... — crièrent plusieurs voix.

— Y ne viendrait pas ici... sans ça.

— A vous le mouchard!

— A bas le mouchard!

— Faut l'*effiler* ! le mettre en charpie!

— Mais y sont deux... deux *bien-mis*, — cria une voix;

— l'autre pierrot a pris aussi un bâton de chaise...

— Faut leur enfoncer dans la gueule leurs bâtons de chaise...

— A vous... à vous! les gendarmes!...

— Qu'est-ce que ça nous f..... les gendarmes! serrez les rangs... — dit l'homme habillé en sauvage, — le temps de casser une pipe, et *il n'en restera rien*... de ces deux *bien-mis*...

— Soyez prêt, — dis-je tout bas au prince, — le moment est venu; à la première voie de fait, imitez-moi.

— Ah! Monsieur... dévorer tant d'insultes, — murmura M. de Montbar, livide de fureur, mais plein d'énergie et de courage.

A peine lui avais-je recommandé de se tenir prêt à tout, que le Sauvage, gravissant les dernières marches de l'escalier, arriva jusqu'à nous. Je me plaçai devant le prince, et dis au *Sauvage*, en le regardant sans reculer d'une semelle :

— Voyons... touche-moi!

— Tu vas me manger?

— Touche donc!

— Tiens!!! — me dit cet homme en levant la main sur moi; mais avant qu'il m'eût atteint, un rude coup de bâton de chaise que je lui assénai entre les deux yeux le fit rouler au bas de l'escalier.

Cet acte de vigueur intimida un instant les assaillants.

— Tenons bon ici seulement deux ou trois minutes, — dis-je au prince, — et nous sommes sauvés. Je vois là-bas les gendarmes; ils s'efforcent de percer la foule pour venir à notre aide.

Je n'avais pas achevé qu'un *Turc* et un athlétique *débardeur* s'élançaient sur l'escalier.

— Tu en veux donc aussi?... — dis-je au Turc.

— Oui... je veux t'en donner, — et il me frappa...

Je levais mon bâton pour riposter, lorsque le compagnon du Turc se jeta brusquement à genoux, me prit par les jambes, et me fit tomber. Le prince, à son tour, frappa le coup que j'aurais reçu sans doute porter; mais ma chute fut le signal d'un assaut général. Au moment où, avec des efforts inouïs, je parvenais à me relever, je vis M. de Montbar renversé, foulé aux pieds, frappé au visage... et le Turc, à genoux sur sa poitrine, lui serrant le cou. Un instant dégagé de mes adversaires, je me jetai sur le Turc; je le saisis aux cheveux, et, le renversant en arrière, je débarrassai ainsi le prince. Il put se mettre alors sur ses genoux et parer au moins de ses deux bras la grêle de coups qu'on lui portait...

Heureusement alors les trois ou quatre gendarmes, témoins éloignés de cette scène, étaient parvenus à grand'peine à faire une trouée à travers la foule. A leur aspect, ainsi que cela arrive toujours, les plus forcenés de nos agresseurs disparurent; la foule reflua sur elle-même, et il se fit un grand vide autour de l'escalier, théâtre du combat.

Nous avions été si évidemment provoqués, le sang qui coulait du visage du prince témoignait tellement de la brutalité de l'attaque dont nous étions victimes, que les gendarmes, généralement disposés à arrêter battus et battants, lors des rixes fréquentes dans ces lieux perdus, nous engagèrent à quitter le bal par prudence, et protégèrent notre retraite lorsque nous eûmes payé notre écot et le tabouret cassé.

Ce dénoûment me satisfit pleinement. J'avais craint un instant de me voir arrêté avec le prince; il eût été obligé de donner son nom, et s'il avait fallu à mon tour le nommer... dans quel mortel embarras me serais-je trouvé!

Du reste, je savais ce que j'avais voulu surtout savoir : — le prince aimait encore passionnément sa femme; — l'orgueil et la crainte du ridicule l'avaient sans doute empêché d'avouer cette jalousie à Régina et de tenter d'obtenir son pardon. — M. de Montbar cherchait enfin un étourdissement à ses chagrins dans une dégradation honteuse.

Une seule chose pouvait m'intéresser à lui : — la constance de son amour pour Régina. — La persistance de ce sentiment me prouvait que son cœur n'était pas complètement perdu; j'avais d'ailleurs tant souffert, je souffrais encore presque des mêmes peines, que, plus que personne, je devais compatir à de pareils chagrins; mais l'orgueil de M. de Montbar, sa mauvaise honte, l'ignoble diversion qu'il cherchait à ses tourments, ne m'inspiraient qu'une dédaigneuse pitié... Cet homme, même amoureux, ne m'offrait aucune garantie, aucune sécurité pour le bonheur à venir de Régina; j'avais au contraire une foi extrême dans le caractère, dans l'esprit, dans la valeur personnelle de Just; aussi, ayant en mon pouvoir le moyen presque certain de lever le dernier scrupule qui empêchait Régina de quitter son mari, et de la décider à confier sa destinée à l'amour de Just... à lui à qui elle devrait la réhabilitation de la mémoire de sa mère... j'étais à peu près résolu de faire pencher la balance en faveur du capitaine... Pourtant, songeant à l'extrême responsabilité que je prenais sur moi, je voulus, dans un dernier entretien avec le prince, m'assurer si véritablement il n'y avait plus rien à espérer de lui... pour le bonheur de Régina.

M. de Montbar, sorti de la salle sous la protection des gendarmes, demanda un peu d'eau fraîche pour étancher et laver le sang dont sa figure était couverte; sa physionomie me parut morne, sombre; sans doute, la scène dans laquelle il venait de jouer un si pénible rôle lui était doublement odieuse, parce que, moi aussi, j'avais été acteur et témoin, moi qu'il prenait pour un de ses égaux, moi qui déjà possédais quelques secrets dont la divulgation pouvait lui être si pénible.

— Maintenant, Monsieur, — me dit-il dès que nous fûmes hors du bal, — vous allez, je l'espère, me dire votre nom... Que je sache au moins, — ajouta-t-il avec amertume, — qui je dois remercier du secours inespéré sans lequel j'étais écharpé par ces misérables. Une fois ma dette de reconnaissance acquittée, Monsieur, — reprit le prince d'une voix altérée, avec une animation croissante, — j'aurai à vous demander compte... des outrages...

— Monsieur, — dis-je au prince, — permettez-moi de vous interrompre... Il n'est pas prudent de rester à la porte du cabaret que nous venons de quitter... il pleut. Je m'étais précautionné d'un fiacre pour toute la nuit... Faites-moi la grâce d'accepter une place dans le cas où vous n'auriez pas vos gens ici... Je serais trop heureux de vous descendre à votre porte.

— Monsieur, s'écria le prince, — ne croyez pas m'échapper... il faut que je sache qui vous êtes, et je le saurai.

— Je vous ferai observer, Monsieur, — lui dis-je, — que je cherche d'autant moins à vous échapper, que je vous prie de me faire l'honneur de monter en voiture avec moi...

— Soit, Monsieur... j'accepte... — dit M. de Montbar.

En quelques minutes, nous avions atteint la petite rue obscure dans laquelle m'attendait Jérôme, endormi sur son siége. Je tremblais que, ainsi éveillé en sursaut, il eût oublié mes recommandations, et qu'il ne me nommât de mon nom de *Martin*. J'allais prier le prince de monter d'abord dans la voiture, comptant éveiller ensuite Jérôme; mais M. de Montbar, dans son impatience, le secoua rudement, en le tirant par le collet de son carrik.

Mon angoisse fut extrême en entendant le digne cocher bâiller, se détirer, et dire enfin encore tout endormi:

— Hein?... qu'est-ce que c'est?... voilà! voilà!

— Allons, Jérôme, mon garçon, dépêchez-vous donc, — lui dis-je à voix haute, — venez donc *nous* ouvrir la portière, — et j'appuyai sur ce mot *nous*.

Jérôme se souvint parfaitement de ma recommandation; car, sautant à bas de son siége, il me dit respectueusement:

— Ah! mon Dieu! je vous demande bien pardon... je m'étais endormi, *Monsieur le marquis*...

— Monsieur le marquis!... Bon, — se dit le prince à demi-voix, en m'entendant donner ce titre par le cocher.

— Voulez-vous avoir la bonté de monter, Monsieur, — dis-je au prince au moment où, avec inquiétude, je le vis regarder attentivement le numéro du fiacre : il voulait sans doute retenir ce numéro, à l'aide de ce renseignement retrouver Jérôme, et, de lui, savoir mon nom, si je continuais de le lui cacher. Ceci, pour moi, était fort grave.

Je connaissais la probité, l'attachement de Jérôme; mais il ignorait combien il m'importait que mon véritable nom restât ignoré du prince; aussi, cédant à des offres considérables, Jérôme pouvait dire simplement que je m'appelais *Martin*. Malheureusement, il m'était impossible de prévenir alors ce brave homme, et je craignais de ne pouvoir l'avertir avant la fin de la nuit, ignorant quels incidents imprévus allait amener mon entrevue avec le prince.

— Voulez-vous avoir la bonté de monter en voiture, Monsieur? — répétai-je à M. de Montbar.

— Pardon, Monsieur, — me dit-il en passant devant moi.

Je montai après lui.

— Où faut-il conduire Monsieur le marquis? — me demanda Jérôme au moment de fermer la portière.

— Chez vous, je pense... Monsieur, — dis-je au prince.

— Soit, chez moi, Monsieur, — me répondit-il après un moment de silence; — une fois là... je verrai ce que j'aurai à faire.

— Rue de l'Université, — dis-je à Jérôme; — je vous arrêterai où il faudra.

La voiture se mit en marche.

— Maintenant, Monsieur le marquis, — me dit vivement le prince, — maintenant que, par l'indiscrétion de ce cocher, je sais du moins votre titre, vous ne me cacherez pas votre nom plus longtemps, je l'espère.

— Monsieur, — lui dis-je, — l'entretien que nous allons avoir est fort grave... fort sérieux...

— Oh! oui... grave et sérieux, — s'écria-t-il.

— Alors, Monsieur, faites-moi la grâce de m'entendre quelques instants sans m'interrompre; nous perdrions ainsi un temps précieux.

— Parlez, Monsieur.

— Monsieur... vous êtes le plus malheureux des hommes...

— C'est inouï! — s'écria le prince en bondissant sur sa banquette; — de la pitié! maintenant; allons... soit... Monsieur... j'ai promis de me taire... je boirai le calice jusqu'à la lie.

Puis il reprit avec amertume:

— Inspirer de la pitié!!

— Non, Monsieur, mais un intérêt sincère...

— Et qui me vaut, Monsieur, l'honneur de votre sincère intérêt? — me dit le prince d'un ton sardonique et irrité.

— Vos malheurs! Monsieur.

— Mes malheurs?... encore?

— Oui, vos malheurs, Monsieur, et ils sont cruels : vous aimez toujours passionnément madame de Montbar, vous luttez en vain depuis dix-huit mois contre cet amour; pour le vaincre vous avez tout tenté... le bien comme le mal, vous ressentez enfin les affreux tourments de la jalousie. Et hier encore, vous n'étiez pleurant d'amour et de désespoir devant le portrait de votre femme?

Il y eut sans doute tant d'autorité dans la sincérité de mon accent et dans la vérité des faits que je rappelais au prince, il fut si confondu de me voir instruit de particularités qu'il croyait ignorées de tous, que d'abord sa stupeur ne lui permit pas de me répondre.

— Et c'est parce qu'il vous reste au cœur un ardent et profond amour, — ai-je poursuivi avec une chaleureuse conviction, — que votre position m'intéresse vivement... et croyez-moi, Monsieur, votre position n'est pas désespérée... l'amour vrai... peut enfanter des prodiges... Et déjà, il y a six mois, rougissant enfin de l'oisiveté où votre vie s'était jusqu'alors passée, n'avez-vous pas eu un courageux retour vers une vie digne de vous, digne de ce glorieux nom dont vous êtes fier... dont vous devez être fier, Monsieur... car votre aïeul... dont vous avez fait porter le portrait chez vous pour vous inspirer de ses grands exemples...

— C'est à devenir fou, — s'écria le prince, presque avec un accent de frayeur; — je ne sais si je veille ou si je rêve... Quel est cet homme? comment sait-il...

— Ce soldat illustre, dont vous descendez, Monsieur, — ai-je dit sans m'arrêter à l'interruption du prince, — le maréchal prince de Montbar a laissé un nom glorieux, vénéré; pendant la guerre, il a héroïquement combattu pour la France... pendant la paix, prenant en main la cause des déshérités, il a réclamé, obtenu pour eux des droits qu'on leur déniait. Cette magnifique carrière de votre aïeul devait être d'un grand enseignement pour vous, Monsieur... Un jour, vous l'avez compris... un jour, votre noblesse... votre vraie noblesse... celle de l'âme, s'est enfin révoltée contre votre vie stérile, contre ces égarements, au souvenir desquels, ce soir... je vous ai vu écrasé de honte, de douleur, en songeant à ces profanations infâmes que j'ai voulu vous rendre plus frappantes encore, en prenant l'ignoble langage des misérables que vous fréquentiez.

— Mais, Monsieur... que je sache enfin si vous êtes un ami ou un ennemi, — s'écria le prince, ému malgré lui; — si vous êtes un ami, pourquoi ce mystère?... Et d'ailleurs, Monsieur, — ajouta le prince, honteux de laisser pénétrer ses impressions, — de quel droit me parlez-vous ainsi? je ne veux pas que...

— Oh! vous m'entendrez jusqu'au bout, — m'écriai-je, — En vain vous voulez me le cacher; vous êtes ému, non de mes reproches, je n'ai pas le droit de vous en faire; mais de la sympathie que je vous témoigne, en homme de cœur, fait pour comprendre, pour honorer la résolution généreuse que vous aviez prise... car cela était beau et bien, et noble à vous, Monsieur, de vouloir reconquérir l'affection de madame de Montbar, en vous montrant aussi épris d'elle que par le passé, mais ayant de plus que par le passé une valeur morale qui vous replaçait à votre rang. Hélas! pourquoi n'avez-vous pas persisté dans cette voie généreuse?... Pourquoi ce découragement funeste?

— Pourquoi? — s'écria le prince, entraîné malgré lui, soit par la force même de cette étrange situation, soit par l'émotion que lui causaient mes paroles. — Pourquoi je n'ai pas persisté? — Puis s'interrompant brusquement:
— Mais je suis fou de vous répondre... Quel droit avez-vous à mes confidences? qui êtes-vous enfin, Monsieur, vous qui savez mon passé, les particularités intimes de ma vie, les secrets de mon cœur? Oui, qui êtes-vous, vous qui voulez m'arracher des confidences que je n'ai faites à personne? vous qui m'amenez à tâcher de me justifier à vos yeux? vous que je ne connais pas, qui êtes là... dans l'ombre, à côté de moi; vous enfin que je n'ai jamais vu que vêtu d'un costume ridicule, et la figure cachée sous un masque grotesque? Encore une fois, suis-je bien éveillé? Tout ce qui se passe dans cette nuit funeste n'est-il pas un rêve? Que voulez-vous de moi? quel est votre dessein? êtes-vous un ennemi, êtes-vous un ami? répondez, Monsieur! répondez!

Puis sans se donner le temps de dire une parole, le prince continua avec une sorte d'égarement:
— Après tout, ami, ennemi, que m'importe... vous savez sur moi de tels secrets, Monsieur, qu'il faut que j'aie votre vie ou que vous ayez la mienne... Et maintenant, puisque vous voulez des confidences... une de plus... que m'importe... demain vous les payerez cher!! Merci d'ailleurs, Monsieur : depuis longtemps cachés, ces affreux chagrins m'étouffaient... l'enfer m'envoie un confident!! eh bien! oui, j'adore toujours ma femme... et elle me méprise... et elle aime un autre homme... Oui... pour la ramener à moi, j'ai voulu être meilleur... avoir une vie plus digne... Si je n'ai pas persisté dans ces tendances, c'est que je n'ai été ni soutenu, ni encouragé par la seule personne qui aurait pu m'y faire persévérer... et opérer en moi, si elle l'eût voulu, un changement complet! Mais il est trop tard... La froideur, le sarcasme ont accueilli mes premières tentatives. Alors la résolution m'a manqué, je suis retombé dans cette vie, dont je sens le néant, et que je tâche de rendre supportable, grâce au contraste des sensations brutales que je cherche dans d'ignobles lieux, vivant aujourd'hui à l'hôtel de Montbar, demain allant m'étourdir dans quelque horrible bouge... Eh bien! oui, ces alternatives ont eu pour moi une sorte de charme puissant... Et vous qui osez me blâmer, est-ce que vous savez seulement comment, et par qui, et pourquoi, j'ai été conduit à ces habitudes de dégradation bizarre?

L'exaltation du prince était extrême; elle allait toujours croissant; je le voyais sur la pente d'une confidence qui pouvait avoir beaucoup d'influence sur ma décision ultérieure; je craignis par un mot imprudent de le rappeler à lui-même; je gardai donc le silence; il poursuivit avec un redoublement d'amertume :

— Il est si facile d'accuser les gens, quand on ne tient compte ni de l'éducation ni des circonstances! Est-ce que c'est de ma faute à moi, si, orphelin à douze ans, j'ai été élevé par des parents qui étaient restés des gens de 1760? A quinze ans, je me suis senti une vocation pour l'art militaire. — « Fi donc! — m'a-t-on répondu, — est-ce » qu'un prince de Montbar peut aller s'asseoir sur les » bancs d'une école, pêle-mêle avec des bourgeois, et sor- » tir de là pour être commandé par quelque *je ne sais* » *qui?* C'est impossible. » Je renonçai donc à l'art militaire. Plus tard, à dix-huit ans, j'eus envie d'entrer dans la diplomatie. Même réponse. — « Les bourgeois ont tout » envahi. Est-ce qu'un prince de Montbar peut être l'atta- » ché ou le secrétaire de M. l'ambassadeur *je ne sais qui?* » Allons donc! dans ces malheureux temps-ci, un prince » de Montbar qui se respecte vit dans ses terres six mois. » de l'année, voyage pendant deux mois et habite le reste » du temps l'hôtel de Montbar. » Me voilà donc oisif, sans carrière, sans avenir maintenant! Savez-vous qui m'a achevé? C'est mon vieil oncle, qui ne tarissait pas sur les bonnes parties que faisaient les grands seigneurs d'autrefois en allant à la Galiote ou aux Porcherons, déguisés en *manants*. « C'était charmant, me disait-il; nous quittions » notre poudre et notre épée pour endosser le bouracan » du dernier gredin, nous trouvions aux Porcherons de » fraîches petites commères que nous soufflions à leurs » rustauds; même quelquefois il fallait faire le coup de » poing; on *tapageait*, on se grisait, on s'encanaillait; » c'était charmant. Après avoir été Jean-Pierre ou Jean- » Louis, nous redevenions M. le duc, M. le marquis, et, » après avoir chiffonné le jupon d'une grisette, nous chif- » fonnions la jupe d'une duchesse. Ces contrastes étaient » délicieux... » — Eh bien! — reprit le prince, de plus en plus animé, — que voulez-vous que devienne un enfant de dix-huit ans, élevé ainsi, et maître d'une grande fortune, seul, sans guide, oisif, et ne comprenant malheureusement que trop l'espèce de charme bizarre, ignoble, stupide, soit, mais réel, du contraste de ces deux existences si extrêmes, l'une tout en haut de l'échelle sociale... l'autre tout en bas? Eh! mon Dieu ! il finit par se livrer à cette espèce de passion comme d'autres se livrent à la passion du jeu, et c'est ce que j'ai fait, car dans ces contrastes j'ai retrouvé les équivalents de ces alternatives de perte ou de gain qui sont la vie du joueur. Hier, de l'or; aujourd'hui, la misère!... Ainsi de ma passion à moi! je sortais d'un bouge infect, peuplé de gens patibulaires, avec lesquels je m'étais enivré, et je rentrais chez moi, dans mon hôtel, où m'attendaient de vieux serviteurs respectueux. La nuit... de malheureuses filles en haillons m'avaient tutoyé... je leur *avais plu*, et le soir dans le monde, ma maîtresse, noble, jeune, charmante, parée de diamants et de fleurs, me disait aussi *toi* bien bas, à l'abri de son bouquet. Enfin, que vous dirai-je ? au milieu de cette fête splendide, où j'étais venu en brillant équipage, au milieu de ce bal où se pressait la plus élégante aristocratie de l'Europe, je pensais : Moi qui suis ici, parmi mes pairs, j'étais hier, à cette heure, mes vêtements boueux, attablé dans un affreux repaire avec des chiffonniers et le rebut des filles des rues.—Eh bien! Monsieur, dites que cette passion est absurde, ignoble, dépravée, dégradante, soit... mais au moins avouez que, sans l'excuser, on peut la comprendre, l'admettre, comme la passion du jeu... Eh! Monsieur, si j'avais le goût de la crapule... pour la crapule... j'y passerais ma vie.

Et le prince s'interrompit un moment, tant son émotion était grande.

CHAPITRE LXXIX.

Suite du journal de Martin. — Conseils de *Monsieur le marquis* au prince de Montbar. — Il lui remet les preuves de l'innocence de la mère de Régina.

Je le confesse, au mépris que m'avait d'abord inspiré la bassesse des goûts de M. de Montbar, succéda un redoublement de commisération; je n'excusai pas cette bizarre dépravation; mais, ainsi qu'il le disait, je la compris, je compris même, si hideuse qu'elle fût, l'espèce de poésie particulière à de pareils contrastes; je sentis l'attrait que ces alternatives devaient offrir à un homme dès longtemps blasé, quoique jeune, sur les distractions creuses, monotones, d'une opulente oisiveté.

Je me félicitai doublement alors d'avoir pu me ménager cet entretien avec le prince; j'augurai mieux de son avenir, car cette dépravation passée, dont il semblait rougir, n'annonçait pas, ainsi qu'il le disait énergiquement lui-même, *le goût de la crapule pour la crapule...* Au moins dans ces accès de dégradation, il y avait *un profond sentiment de comparaison*, sentiment jusqu'alors faussé, vicié, mais qui, cependant, contenait le germe d'une pensée qui, dans son application, pouvait être généreuse et féconde.

— Et n'allez pas me dire, Monsieur, — reprit le prince, après un moment de silence causé par sa profonde émotion, — n'allez pas me dire que cette passion de contrastes dont je vous parle exclut l'amour... non... pas plus que la passion du jeu n'exclut l'amour... Les joueurs forcenés ne sont-ils pas souvent aussi passionnément amoureux?... Vous m'accablez parce que vous m'avez vu écrire un nom doublement sacré pour moi, je le sais, sur la table d'un cabaret... Savez-vous seulement quelle était alors ma pensée?

— Oui, je le sais maintenant, — m'écriai-je, de plus en plus touché de la franchise des aveux du prince. — Dès que vous aviez pris les vêtements, l'apparence, le langage et jusqu'aux vices de ces malheureux que l'ignorance et la pauvreté dépravent, vous vous plaisiez, par une bizarre fantaisie, à vous croire l'un d'eux. Et pendant cette aberration, complétée souvent par l'ivresse, vous éprouviez le même vertige d'étourdissant bonheur qu'aurait éprouvé l'un de ces misérables au milieu desquels vous étiez attablé, s'il s'était dit : J'aime et je suis aimé de la plus belle, la plus noble jeune fille qui soit au monde.

— C'est vrai, souvent j'ai éprouvé cela, — me dit le prince, de plus en plus surpris.

— Et plus tard, — repris-je, — lorsque cette noble et charmante jeune fille, qui vous aimait avec idolâtrie, est devenue votre femme... toujours poussé par cet étrange besoin de contrastes, vous avez été porter, au milieu des misères et des dégradations de toute sorte, votre bonheur caché, de même que l'homme du conte oriental cachait sous ses haillons un diamant qui eût payé la rançon d'un roi !

— C'est encore vrai, — s'écria le prince, dont l'étonnement allait croissant, mais dont l'irritation amère semblait diminuer à chaque instant. — Comment avez-vous ainsi presque deviné mes impressions ? Encore une fois, Monsieur, je vous le demande, non plus avec menaces... mais presque comme une prière, quel intérêt singulier vous amène auprès de moi? Enfin, qui êtes-vous?

— Mon nom... vous ne le saurez jamais... Monsieur.

— Jamais?

— Quoi que vous fassiez...

— C'est ce que nous verrons, — s'écria le prince.

— Vous le verrez... Monsieur... Quant au motif qui m'amène auprès de vous, j'oserais presque dire que tout à l'heure... j'étais un juge...

— Un juge!

— Mais maintenant, croyez-moi, Monsieur, — ajoutai-je d'une voix pénétrée, — c'est un ami... permettez-moi ce mot... un ami sincère qui vous parle... et bientôt des *faits* vous prouveront que je dis vrai.

— Un juge?... un ami? — reprit le prince;— mais continuez, Monsieur, continuez. Ce qui m'arrive est si étrange.. je sens que malgré moi votre parole me domine, m'impose tellement, que je ne peux plus m'étonner de rien... même d'avoir dans ce bal immonde trouvé en vous d'abord un grossier ivrogne, puis un homme du monde, aux manières parfaites, qui m'a défendu avec autant de courage que de générosité... puis un juge... puis enfin un ami... dites-vous... Continuez, Monsieur; ce qui s'est passé, ce qui se passe entre nous est si en dehors du cours ordinaire de la vie, que je me résigne à tout entendre... à tout sup-

porter... Juge, ami, ennemi... qui que vous soyez, Monsieur, je vous écouterai jusqu'au bout; peut-être le jour rompra-t-il l'espèce de charme sous lequel je me débats en vain pendant cette nuit maudite. Alors, Monsieur... nous retomberons dans la vie réelle... Et vous aurez de grands comptes à me rendre!! mais jusque-là, je m'abandonne aveuglément à tous les hasards de cette rencontre inouïe. Ah! c'est une étrange aventure de bal masqué que la nôtre, Monsieur!!

— Dites une rencontre heureuse, Monsieur; oui, elle le sera pour vous, si vous ne résistez pas à l'instinct qui vous porte à m'écouter, à me croire; car, de ce moment, votre destinée peut changer : devenir aussi élevée, qu'elle a été jusqu'ici stérile, ennuyée, malheureuse... Ce passé même... si dégradant, dont vous rougissez à cette heure, aura son influence utile...

— Que voulez-vous dire?

— Écoutez, Monsieur, je comprends cette passion des contrastes, éclose sous l'influence de dangereux enseignements, développée au sein d'une vie oisive... Vous dites vrai : cette passion, on doit l'admettre comme on admet celle du jeu; mais aussi, on doit la blâmer encore plus sévèrement... que la passion du jeu.

— Plus sévèrement? pourquoi?

— Un joueur ne saurait être qu'un joueur. Que peut-il demander au jeu? Les détestables émotions du gain ou de la perte. Rien de plus... Tandis que votre passion, Monsieur, pouvait avoir... aura peut-être pour vous les conséquences les plus dignes, les plus utiles...

— Les plus dignes, les plus utiles? Expliquez-vous, de grâce...

— Voyons, Monsieur; au lieu d'aller, par un raffinement d'homme blasé, porter dans un bouge vos souvenirs de grand seigneur, et dans votre hôtel vos souvenirs de taverne... cela pour le stérile plaisir du contraste... pourquoi n'avez-vous pas affronté ces lieux infâmes dans un but honorable?

— Et dans lequel, Monsieur?

— Dans celui d'étudier par vous-même ces plaies hideuses nées forcément de l'ignorance et de la misère, ces plaies, qu'il vous appartenait, à vous, riche et heureux du monde, de connaître, afin d'employer à les guérir les forces immenses dont vous disposez!

— C'est vrai, — murmura le prince. — Cette idée est grande...

— Oh! alors, chacune de vos excursions dans ces repaires devenait un acte de mâle vertu, de haute moralité : arracher à la pauvreté, au vice, à la débauche, au crime, quelques-unes des malheureuses créatures déshéritées que vous rencontriez dans ces repaires, c'était faire un bel usage de votre intelligence et de votre fortune... Vous aimez les contrastes, Monsieur, votre passion eût été satisfaite. Seulement, au lieu de la cacher avec honte, vous l'auriez cachée avec orgueil comme vous cachez vos actions généreuses.

— Monsieur, — reprit le prince d'une voix adoucie et pénétrée, — vous m'aviez dit que vous étiez mon ami. Maintenant je vous crois... et, quoi qu'il advienne de notre rencontre, j'honorerai toujours dans ma pensée l'homme loyal qui a bien voulu me faire entendre le langage sévère.

— Si vous parle ainsi, Monsieur, certain d'être compris et de vous être utile. Ce n'est pas, croyez-le, pour le vain plaisir de moraliser... Je vous ai soumis cette idée, parce que cette idée réalisée peut vous être d'un secours pratique pour sortir de votre cruelle position...

— Je vous en prie, expliquez-vous, Monsieur.

— Votre intérêt exige que je vous expose votre situation sans ménagements. Vous avez perdu, par votre faute, l'affection si vive, si dévouée, de madame de Montbar.

— Il n'est que trop vrai, — me dit le prince avec un profond soupir.

— Vous aimez cependant encore votre femme avec idolâtrie.

— Oui... avec idolâtrie... Monsieur... avec idolâtrie...

Et il me sembla que des larmes altéraient la voix du prince.

— Madame de Montbar, vous devez le savoir, Monsieur,

— Dieu soit loué !... elle revient à elle... s'écria Just. — Page 289.

est incapable d'une trahison ; jamais elle ne descendra à vous tromper. Mais un jour viendra, et il est proche, où elle vous dira : « Vous avez tué l'amour que j'avais pour vous... depuis longtemps je ne vous aime plus, je n'ai, jusqu'ici, aucun reproche à me faire ; mais la vie m'est désormais impossible avec vous. Séparons-nous donc sans éclat, sans scandale, et reprenons chacun notre liberté. »

— Ce langage, elle me l'a tenu à peu près hier, — dit le prince avec une rage concentrée, — mais demain aussi... je tuerai celui qui m'a ravi le cœur de ma femme. Je serai ridicule aux yeux des gens de *bonne compagnie...* je le sais... mais il y a trop longtemps que cette lâche appréhension me fait dévorer ma jalousie... La vengeance me sauvera du ridicule.

— Stérile vengeance, Monsieur ! Si elle s'accomplit, elle changera en haine incurable l'estime que madame de Montbar peut avoir conservée pour vous.

— Eh bien ! elle et moi nous serons malheureux ; j'aime mieux cela que la vue de son bonheur insolent.

— Ne vaudrait-il pas mieux être heureux... elle et vous ?

— Que voulez-vous dire ?

— Afin de vous montrer, Monsieur, de quelle importance est notre entretien, afin de vous donner, en un mot, une confiance absolue dans mes paroles... une dernière question : Savez-vous de quel prix serait pour madame de Montbar la preuve matérielle, irrécusable, de l'innocence de sa mère ?

— Pour une telle preuve, — s'écria le prince, — madame de Montbar donnerait la moitié de sa vie.

— Eh bien ! Monsieur, ces preuves... je les possède...

— Vous ?

— Je les ai là !... sur moi !

— Vous, — répéta le prince avec une stupeur croissante.

— Ces preuves, je les ai là, dans ce portefeuille... Maintenant, Monsieur, supposez que ces preuves... je les mette entre vos mains.

— Ces preuves ? entre mes mains... — dit le prince, et il semblait ne pas croire à ce qu'il entendait.

— Oui, — lui dis-je, — entre vos mains ; supposez ensuite qu'armé de cette réhabilitation d'un si grand prix pour madame de Montbar, vous rentriez tout à l'heure à votre hôtel ; demain matin vous faites demander à madame de Montbar à quelle heure elle peut vous recevoir.

— C'est un rêve, — murmurait le prince étourdi, — c'est un rêve !

— Vous pouvez le réaliser, Monsieur. Je poursuis ma supposition : vous vous présentez chez madame de Montbar, et vous lui dites à peu près ceci... ou beaucoup mieux, j'en suis certain : « Madame, je sais le prix que » vous attachez à la réhabilitation de la mémoire de votre » mère ; cette réhabilitation, la voici (et vous remettez à » madame de Montbar le portefeuille que je vous ai con- » fié). En vous donnant, Madame, les moyens de prouver » l'innocence de votre mère, je n'atténue en rien mes » torts passés envers vous ; ils sont grands, je le reconnais ; » impardonnables... je le crains, car vous n'en connaissez » pas la nature ; vous avez surpris mes absences nocturnes, » vous avez cru qu'il s'agissait de quelque infidélité ; non, » Madame, c'était pis encore, puisque je n'ai pas même » osé tenter de me justifier... loin de là, j'ai accueilli vos » reproches touchants avec hauteur et dédain... Ce que » je n'ai pas osé vous avouer alors, de crainte de m'aliéner » votre affection... je puis vous le dire aujourd'hui... » Malheureusement je n'ai plus rien à perdre... » — Et alors, Monsieur, vous racontez franchement à madame de Montbar, comme vous me l'avez raconté à moi-même, par quelle fatalité vous avez été poussé à cette étrange passion

Elle s'avançait ou se penchait de çà, de là, pour redresser la branche d'un arbuste... — Page 293.

des contrastes. Madame de Montbar vous plaindra, vous estimera, Monsieur, parce que, dans cet aveu, vous aurez été sincère et digne.

— Cet aveu... à elle... et maintenant, — répondit le prince en réfléchissant.

— C'est, je crois, Monsieur, votre seule chance de salut... Après cet aveu... vous lui dites...

Puis m'interrompant, de peur de blesser l'amour-propre de M. Montbar, je repris cordialement :

— Excusez-moi, de grâce, Monsieur, si je parais ainsi vous dicter votre conduite et jusqu'à vos paroles... mais...

— Continuez... continuez, je vous en conjure, me dit le prince avec une résignation qui me navra ; — ma cause serait gagnée... si je sentais, si je parlais comme vous !

— Cette modestie même prouve que sentiment et langage, tout cela est en vous, Monsieur ; je continue donc, puisque vous le permettez...

— Je vous en supplie.

— Vous dites donc à madame de Montbar : — « Après
» une telle confidence, Madame, je n'ai plus aucune espé-
» rance à attendre ; j'ai perdu votre affection, j'ai dû la
» perdre ; une fausse honte, un mauvais orgueil m'a d'a-
» bord fait vous cacher les souffrances que vos froideurs
» m'ont causées ; car je vous ai toujours aimée... je vous
» aime toujours profondément, Madame ; c'est une des
» fatalités de ma position, il m'est peut-être permis de
» vous faire cet aveu... à cette heure que nous sommes
» sur le point de nous séparer ; aussi, à quoi bon vous
» rappeler mes vaines et tardives tentatives pour recon-
» quérir votre amour ? Celui que vous aimez est digne de
» cet amour, Madame... »

— Il n'est que trop vrai... — murmura le prince avec un accablement douloureux. — Ah ! elle ne l'eût pas aimé... sans cela !

— Ne vous désespérez pas d'un pareil choix, Monsieur, — dis-je au prince, — un sentiment élevé sauvegarde une âme généreuse... et d'elle on peut tout attendre... même un sacrifice héroïque.

— Quoi ! — s'écria le prince... — vous espérez...

— On doit tout espérer, Monsieur, d'un aussi noble cœur que celui de madame de Montbar ; vous lui disiez donc :
— « En vain j'ai voulu, Madame, sortir de mon oisiveté
» passée... quelques mots bienveillants de vous m'eussent
» fait persévérer dans cette voie... mais je ne méritais
» plus même votre intérêt... vous voyant insensible à ces
» résolutions meilleures, je suis retombé dans mes tristes
» habitudes, j'ai cherché dans de nouveaux égarements
» l'oubli de bien cruels chagrins. Ce ne sont pas, Madame,
» des reproches que je vous adresse... ce sont d'amers re-
» grets que je vous exprime... Un mot encore... Je n'ai,
» je le sais, aucun droit à la faveur que j'ose implorer de
» vous... Ne voyez dans cette demande qu'une de ces
» folles espérances comme en ont ceux qui, roulant à
» l'abîme, font des efforts insensés pour ne pas mourir.
» Enfin... si vous vouliez, Madame, vous si bonne, si gé-
» néreuse... si vous vouliez me laisser tenter une dernière
» fois... de regagner ce cœur que j'ai perdu... »

— Oh ! je vous comprends, — je vous comprends, — s'écria le prince attendri et semblant saisi d'un espoir ineffable. — Oui... je connais Régina... cette résignation la touchera. « Pour regagner votre cœur, Régina, lui
» dirai-je, — poursuivit le prince comme s'il se fût adressé
» à sa femme, — pour regagner votre cœur, que ferai-je ?
» je l'ignore encore... mais je vous aime tant, Régina,
» qu'il me semble que je trouverai le moyen de vous per-
» suader ; tout ce que je vous demande, c'est de me
» laisser vous aimer... c'est de vous laisser convaincre.
» Ne vous occupez pas de moi davantage pour cela... Vivez

» votre vie accoutumée. Oh! je ne serai pas importun,
» allez... Seulement, par pitié, ne vous séparez pas encore
» de moi... assignez-moi un terme... jusque-là, laissez-
» moi tenter... laissez-moi espérer. »

— Bien! bien! — dis-je au prince. — Il est impossible que madame de Montbar résiste à ce langage si touchant, si résigné.

« — Ne vous engagez à rien envers moi, Régina, — lui
» dirai-je, poursuivit le prince, — dites-moi seulement :
» *Georges, faites que je vous aime comme autrefois... A*
» *force de soins, de dévouement, d'amour... que sais-je...*
» *faites-moi oublier une affection qui m'a consolée des*
» *chagrins que vous m'avez causés, et je l'oublierai...*
» *et je vous aimerai comme par le passé.* Voilà la grâce
» suprême que j'implore, Régina. Avec cette promesse de
» vous... de vous si loyale, si vraie, tout me sera possi-
» ble... votre cœur me reviendra... Si pourtant mes ten-
» tatives sont vaines... si, après cette dernière épreuve,
» votre amour reste à jamais perdu pour moi... eh bien!
» Régina, mon sort s'accomplira... mais au moins vous
» aurez été bonne, généreuse... et cette dernière pensée
» me consolera dans mon affreux malheur... »

— Ah! Monsieur, — dis-je au prince, — croyez-moi, un pareil langage, et tout ce que le génie de l'amour vous inspirera, réveillera dans le cœur de madame de Montbar les souvenirs toujours si puissants d'un premier attachement...

— Je le désire si ardemment... que je finis par l'espérer... reprit le prince; — mais comme cette dernière illusion peut m'être ravie... — « Encore un mot, dirai-je à
» Régina, le dernier... Quoi que vous décidiez, Madame,
» dès ce moment vous êtes libre... ce soir ou demain vous
» me ferez connaître votre résolution. Si vous me refusez,
» je confierai à votre délicatesse le soin d'éviter tout ce qui,
» dans notre séparation, ferait éclat ou scandale... Demain
» je pars pour l'Italie... vous ne me reverrez jamais. »

— Allons, courage, Monsieur, — dis-je au prince, — espérez tout d'une conduite si noble, si généreuse...

— Oh! vous serez mon sauveur, je le sens, — me dit le prince avec un accent de gratitude profonde; — mais comment ai-je mérité, mon Dieu! que vous daigniez venir à moi?

— Vous étiez malheureux, Monsieur, et j'ai beaucoup souffert.

A ce moment la voiture s'arrêta.

Jérôme se tourna sur son siége, se pencha vers la glace de devant et me dit :

— Monsieur le marquis, nous voici arrivés, où faut-il vous descendre?

— Tout à l'heure je vous le dirai, — lui ai-je répondu.

— Restez là un moment.

— C'est bien, Monsieur le marquis.

Je pris dans ma poche le portefeuille dans lequel se trouvaient les lettres en allemand soustraites au tombeau de la mère de Régina, leur traduction, la médaille, le parchemin où se trouvait tracée une couronne royale, et quelques autres pièces, ainsi qu'un résumé clair, succinct, de cette mystérieuse affaire. Et je dis alors au prince :

— Voici, Monsieur, les preuves irrécusables de l'innocence de la mère de madame de Montbar... Un rapide coup d'œil sur la note qui accompagne ces papiers vous démontrera l'évidence, l'authenticité de ces pièces... Un dernier mot, Monsieur... En retour du service que je m'estime heureux de vous rendre, je vous demande trois promesses d'honneur.

— Lesquelles, Monsieur?

— La première, de remettre demain ces papiers à madame de Montbar.

— Je vous le promets sur l'honneur, Monsieur.

— La seconde, de toujours cacher à madame de Montbar par suite de quels événements vous êtes possesseur de ces papiers de famille.

— Je vous le promets sur l'honneur, Monsieur.

— Enfin, de ne jamais faire la moindre démarche pour savoir qui je suis, ni quel intérêt m'a porté à intervenir ainsi dans vos affaires domestiques.

— Je vous le promets sur l'honneur, — reprit le prince après une légère hésitation.

— Voici ces papiers, Monsieur, — dis-je au prince, et je lui remis le portefeuille.

Il le prit d'une main tremblante et ajouta d'un ton pénétré :

— Merci, Monsieur... c'est le bonheur de ma vie... peut-être que je vous devrai, car je sais quelle influence la remise de ces papiers peut avoir sur les résolutions de madame de Montbar envers moi; mais votre voix amie et sévère, la seule qui m'ait jamais parlé un langage si élevé... dois-je l'entendre à cette heure pour la dernière fois?

— Oui, Monsieur...

— De grâce, écoutez-moi, — reprit le prince avec une émotion qui me gagna. — Je vais avoir à accomplir une bien grande tâche... et je serai seul... Vous qui avez déjà tant fait pour moi... vous que je ne connais pas... mais qui êtes pour moi... un génie tutélaire, vous enfin dont les conseils auront, quoi qu'il arrive, une action décisive sur ma destinée... m'abandonnerez-vous ainsi à tous les hasards, à tous les dangers d'une position aussi difficile que la mienne?

— Monsieur...

— Oh! je vous le dis à mon tour, vous êtes ému, je le vois, — s'écria le prince, — aussi vous ne laisserez pas votre ouvrage imparfait... Dans cette voie honorable, glorieuse, mais nouvelle pour moi, que vous venez de me tracer, je ne pourrais sans votre appui marcher que d'un pas mal affermi... et si, malgré ma résolution, je me décourageais, si de nouvelles difficultés s'élevaient, de qui prendre conseil? Il n'est pas un de mes amis à qui je puisse confier ce qui m'est arrivé pendant cette nuit étrange; à un frère... même... je ne l'avouerais pas. Et vous m'abandonneriez?... Non, non, les hommes comme vous sont généreux et compatissants jusqu'au bout. Oh! n'est-ce pas, n'est-ce pas que je vous verrai encore?.. Et d'avance, je vous le jure sur l'honneur... jamais je ne me permettrai la moindre question sur les causes extraordinaires qui vous ont amené près de moi... mais qu'au moins j'emporte l'assurance de vous revoir...

— Cela est malheureusement pour moi impossible, Monsieur.

— Ah! — dit le prince avec un accent de douloureux reproche, — rien ne peut vous toucher.

— Mon émotion vous dit assez, Monsieur, quelle peine me cause le refus que je suis forcé de vous faire.. Mais si vous le désirez, si vous croyez que, dans un cas grave, mes avis peuvent vous être bons à quelque chose, veuillez m'écrire.

— Vous écrire! — s'écria le prince, — et à quelle adresse?

— *A Paris, poste restante...* mettez vos lettres au nom de... de... *M. Pierre*, je suppose, et je vous répondrai...

— Vous habitez donc Paris? — dit le prince de Montbar au marquis inconnu.

— Quelque lieu que j'habite, Monsieur... vos lettres ainsi adressées... me parviendront. J'enverrai au bureau de poste tous les cinq ou six jours; voilà tout ce que je peux vous promettre, Monsieur.

— Ah! vous êtes impitoyable!... — s'écria le prince; puis il reprit : Pardon, Monsieur, pardon... de ce mot qui vous dit mon chagrin... Pardon aussi de tout ce qui a pu vous choquer dans notre entretien; mais vous ferez la part de la singularité de notre rencontre. Je n'insisterai pas, Monsieur; je n'ai pas l'honneur de vous connaître; je n'ai aucun droit à l'inexplicable intérêt que vous m'avez témoigné.. Ce que vous avez bien voulu faire pour moi m'impose une éternelle reconnaissance. Tout ce que je regrette, et amèrement, je vous le jure, c'est que vous ne puissiez pas accepter l'offre de mon inaltérable amitié... j'en serais digne pourtant... croyez-moi.

Et comme je ne répondais rien au prince, qui s'était interrompu une seconde, dans l'espoir peut-être que j'accepterais *son amitié*, il reprit tristement :

— Pardon encore.. pour ce dernier regret... mais du moins... votre main, Monsieur... votre loyale main... qu'il me soit permis de la serrer pour la première... et pour la dernière fois.

Et ma main répondit à la cordiale étreinte du prince...

Exprimer ce qu'à ce moment je ressentis de bonheur glorieux, ineffable, est impossible... moi, pauvre valet de ce prince... l'avoir amené là... par le seul ascendant d'une âme honnête, droite et aimant le bien.

Je l'avoue : pour la première fois de ma vie, je ressentis de l'orgueil, et je me dis : — Oh! merci à vous, Claude Gérard, mon ami, mon maître... Merci à vous, dont les enseignements, les exemples, ont épuré mon cœur et m'ont donné quelque force d'âme.

— Maintenant, Monsieur, — dis-je au prince, — adieu... courage... et persévérance.

— Adieu, Monsieur... — me dit-il, — et dans le cas où j'aurais à vous écrire?

— Veuillez adresser votre lettre à M. Pierre, à Paris, poste restante.

— Et vous me répondrez, n'est-ce pas? au moins cela, je vous en conjure.

— Je vous répondrai avec empressement... avec bonheur, Monsieur, soyez-en certain.

— Adieu donc, Monsieur, puisqu'il le faut... et pour toujours, adieu.

Puis, baissant la glace, il dit à Jérôme :
— Cocher... ouvrez-moi.
— Vous voulez descendre ici? — lui dis-je.
— Oui, il me semble que l'air... et un peu de marche me feront du bien... Adieu donc, Monsieur; encore votre main.

Et après une dernière et affectueuse étreinte, le prince descendit de voiture, enveloppé de son manteau, et s'éloigna.

Je supposai avec raison qu'il se rendait *rue du Dauphin*, pour quitter son déguisement.

— Eh bien! — me dit Jérôme, — êtes-vous content de votre nuit? dites-moi un peu ça, *Monsieur le marquis*?

— Je suis content... non comme un *marquis*, mais comme un *roi*, mon brave Jérôme, — lui dis-je. — Maintenant, allons chez vous le plus vite possible; il faut que j'aie le temps d'ôter mon déguisement, il se fait tard.

Bientôt trois heures du matin, — me dit Jérôme, après avoir consulté sa montre, et, remontant sur son siège, il me conduisit rapidement chez lui.

Ce matin, à cinq heures... (il y a quatre heures de cela, au moment où j'écris ces lignes), je suis rentré à l'hôtel de Montbar, après avoir, pour plus de prudence, recommandé à Jérôme de me garder un secret absolu. Si jamais qui que ce fût s'informait auprès de lui du *pierrot* qu'il avait conduit, il devait répondre que c'était un *marquis* dont il voulait cacher le nom.

J'ai regagné ma chambre sans rencontrer personne, et je termine le récit de cette nuit singulière.

Je crois, en mon âme et conscience, avoir justement agi.

Ou le prince parviendra à regagner le cœur de sa femme, et alors Régina sera heureuse selon les lois du monde... et sa position ne sera pas faussée.

Ou Régina ne consentira pas à l'épreuve que lui proposera le prince... et l'amour qu'elle a pour Just l'emportera.

Alors encore, Régina sera heureuse, car si j'ai maintenant foi dans la noble résolution de M. de Montbar, j'ai une foi non moins égale dans l'amour et dans le caractère de Just.

Ou bien enfin, Régina ayant consenti à l'épreuve, les tentatives du prince pour regagner l'affection de sa femme seront impuissantes, et l'amour de Just continuera de remplir le cœur de Régina... Alors encore le bonheur de Régina est assuré.

Maintenant, le prince suivra-t-il mes conseils? Une fois hors de ma présence, le charme sous lequel je l'ai tenu sera-t-il rompu? Je l'ignore, mais je le saurai; mais, quoi qu'il arrive... j'ai la parole de M. de Montbar, et j'y puis compter; Régina aura du moins aujourd'hui la preuve de l'innocence de sa mère, et ce jour sera un bien beau jour pour elle.

Oh! qu'il me tarde d'être à ce soir... pour connaître les événements de cette journée si décisive dans la vie de Régina.

CHAPITRE LXXX.

Suite du journal de Martin. — Entrevue du prince et de la princesse de Montbar. — Lettre au baron de Noirlieu. — Un cocher formaliste. — L'innocence de la mère de Régina est reconnue. — Réconciliation.

17 février 18...

Il est minuit... me voici seul... cette journée est achevée. Rassemblons bien mes souvenirs.

Je suis descendu à huit heures pour *faire l'appartement* de ma maîtresse; vers les neuf heures, mademoiselle Juliette est venue me trouver dans le parloir et m'a dit :

— Bonjour, monsieur Martin; vous prendrez garde de faire du bruit dans la galerie des tableaux.

— Est-ce que Madame la princesse est indisposée?

— Un peu... elle a été toute la nuit d'une agitation extraordinaire... elle avait les nerfs si agacés... qu'elle m'a sonnée deux fois pour lui préparer de l'eau de fleur d'oranger...

— Hier, pourtant, Madame ne paraissait pas souffrante.

— Elle n'était pas très-bien... elle a passé une partie de la soirée à écrire... et quand elle s'est couchée, elle avait l'air bien abattu. Tenez, Martin, — ajouta tout bas Juliette d'un air mystérieux, — voulez-vous que je vous dise?

— Eh bien?

— Il se passe dans la maison quelque chose...

— Quoi donc?

— Je n'en sais rien... mais je suis sûre que je ne me trompe pas, et qu'il y a quelque anguille sous roche.

— Mais qui peut vous faire supposer cela?

— Quand ce ne serait que ce que vient de me dire le vieux Louis! Le prince a fait demander à Madame si elle pouvait le recevoir ce matin; voilà, depuis bien longtemps, la première fois que Monsieur viendra chez Madame le matin... et puis... la tristesse de Madame... ses nerfs agacés... Je vous dis, Martin, qu'il y a quelque chose.

Le prince suit mes conseils, ai-je pensé, curieux de voir ainsi se dérouler peu à peu devant moi les événements que j'avais, pour ainsi dire, préparés pendant la nuit.

— Enfin, — dis-je à Juliette, — s'il y a du nouveau, nous verrons bien...

— Nous serons pour cela aux premières loges... Tout ce que je désire, c'est qu'il n'y ait rien de fâcheux pour Madame; elle est si bonne!.. Enfin, — me dit mademoiselle Juliette en se retirant, — faites toujours le moins de bruit possible dans la galerie de tableaux.

— Soyez tranquille, Mademoiselle.

A onze heures et demie, la princesse m'a sonné.

Elle n'était pas en robe de chambre, comme à l'ordinaire, mais habillée. Elle portait une robe noire montante, qui faisait ressortir encore l'excessive pâleur de son visage abattu. Elle paraissait très-préoccupée, très-inquiète; elle m'a dit :

— M. de Montbar viendra tout à l'heure chez moi... Excepté pour lui, je n'y suis pour personne, absolument pour personne. Vous entendez?

— Oui, Madame la princesse.

Et comme je me retirais, elle a ajouté :

— Restez dans le salon d'attente pour veiller à cet ordre, et être là si j'ai besoin de vous.

— Oui, Madame la princesse.

Et je me suis éloigné.

J'avais à peine laissé retomber les portières, que j'entendis Régina s'écrier en se parlant à elle-même :

— Au moins tout va se décider... aujourd'hui.

D'après l'ordre de ma maîtresse, je suis resté dans le salon, au lieu de monter m'habiller de noir comme d'habitude, et quitter la veste de coutil rayé et le grand tablier blanc à bavolet triangulaire, que je porte pour mon service du matin.

Je me rappelle cette particularité puérile, parce qu'elle a été cause d'une observation que m'a adressée le prince, observation singulière dans la disposition d'esprit où il devait se trouver, mais qui ne m'étonna cependant que médiocrement, sachant sa sévérité pour la *tenue* des gens de sa maison.

A midi moins un quart on a sonné, j'ai ouvert.

C'était le prince...

Il tenait à la main le portefeuille que je lui avais remis pendant la nuit... Le prince était, comme Régina, d'une pâleur extrême; il me fut facile de lire sur son visage la violence des émotions dont il devait être agité.

— Madame de Montbar est chez elle? — me dit-il avec un accent plus affirmatif qu'interrogatif; puis jetant les yeux sur mon malheureux tablier, il me dit sévèrement: — Il est incroyable qu'à cette heure vous soyez encore en tablier dans le salon de madame de Montbar...

— Prince... c'est que... Madame...

— Il suffit... pas de raisons, allez vous habiller convenablement, — me dit le prince avec hauteur en m'interrompant. Puis il ajouta : — Madame de Montbar est chez elle?

— Oui, prince...

Et il entra précipitamment dans le premier salon, dont il ferma la porte.

J'ai eu tort de m'étonner de ce que le prince, au moment d'avoir avec sa femme un entretien de la dernière importance, eût pensé à remarquer l'*inconvenance* de mon costume, car, je puis le dire, presque aussi intéressé que lui dans l'entretien qu'il allait avoir avec la princesse, je n'ai pu résister au singulier plaisir de m'appesantir sur cette idée :

— Quel étonnement pour le prince, — ai-je pensé, — s'il savait que ce pauvre valet, auquel il vient de parler avec une si dédaigneuse dureté, est ce même homme à qui ce matin, à trois heures, il demandait presque comme une grâce de lui serrer la main, et auquel il exprimait si amèrement son regret de ne pouvoir nouer avec lui une inaltérable amitié!...

Je l'avoue, la joie puérile que m'a causée cette singularité m'a distrait un moment des graves intérêts auxquels j'avais tant de part; mais bientôt, ramené à des pensées plus sérieuses, j'ai écouté *moralement*, si cela peut se dire, ce qui se passait dans le parloir entre le prince et sa femme, car matériellement je ne pouvais rien entendre; toute tentative à ce sujet eût été imprudente... Et d'ailleurs... à quoi bon... ne savais-je pas le sujet... presque les termes de cet entretien?

J'étais là, me disant : A ce moment sans doute Régina doit parcourir ces lettres que j'ai traduites avec tant de peine; peut-être elle porte ses lèvres à cette petite médaille qui a appartenu à sa mère... peut-être enfin elle lit d'un regard avide le résumé clair et rapide de cette mystérieuse aventure, écrite par moi d'une écriture soigneusement contrefaite. . . . .

Je touchais enfin à ce but poursuivi depuis si longtemps. Malgré moi une sorte de rapide hallucination me présentait toutes les phases de mon amour, depuis ma première entrevue avec Régina dans la forêt de Chantilly... jusqu'à aujourd'hui; en résumant ainsi l'active influence qu'il m'avait été donné d'exercer sur la vie de cette belle jeune femme, si hautement placée, j'ai songé avec une sorte de frayeur que ces joies si pures que je goûte à cette heure, j'avais été sur le point, dans ma sauvage ardeur sensuelle, de les sacrifier à une violence infâme qui m'eût conduit à l'ignominie ou au suicide.

Mais combien j'ai eu à lutter, à souffrir... combien, hélas! j'aurai à souffrir encore!... car j'aime toujours Régina... je l'aime plus passionnément que jamais. Oh! cet amour ne finira qu'avec ma vie...

Soudain la sonnette de la princesse a violemment retenti; j'ai couru au parloir. Au moment où j'allais y entrer, j'ai entendu ces mots dits par Régina à son mari avec entraînement :

— Ah! Georges, le dévouement de ma vie tout entière ne m'acquittera jamais envers vous!

J'ai craint, en entrant aussitôt, de laisser deviner mon émotion, car ces paroles de Régina, ou plutôt le sentiment d'ineffable reconnaissance qu'elles exprimaient, n'était-ce pas au vengeur de la mémoire de sa mère, et par conséquent à moi... qu'elles s'adressaient? Je suis donc resté une seconde derrière les rideaux des portières; puis, les soulevant à demi :

— Madame la princesse a sonné?

— Oui... attendez... — m'a-t-elle dit vivement, en ployant en hâte une lettre qu'elle venait d'écrire. Les joues de Régina étaient colorées, ses yeux, humides de larmes, brillaient d'une joie radieuse.

Le prince, debout devant la cheminée, et extrêmement pâle, se trouvait sous l'empire d'une émotion telle, que je remarquai le tremblement involontaire dont toute sa personne était agitée; pourtant, malgré ces tressaillements, malgré cette pâleur, un bonheur contenu se lisait sur ses traits... Il espérait... sans doute.

Régina, finissant de cacheter une lettre qu'elle venait d'écrire, m'a dit d'une voix pour ainsi dire palpitante de joie :

— Cette lettre... chez mon père... à l'instant et *à lui-même*, entendez-vous? *à lui-même*. Ma voiture est attelée... prenez-la... pour être plus tôt arrivé... Ne perdez pas une minute... pas une seconde...

— Je ferai observer à Madame la princesse...

— Quoi? — me dit-elle impatiemment.

— Que peut-être M. Melchior ne voudra pas me laisser arriver jusqu'à M. le baron...

— C'est vrai, — dit Régina, en se retournant vers son mari; — vous le voyez bien, il vaut mieux que j'y aille moi-même. Faites vite avancer ma voiture, — me dit-elle.

— Je vous assure, — dit le prince, — que, dans l'état de faiblesse où est votre père, votre présence inattendue, et surtout... *dans cette circonstance*, — ajouta-t-il en appuyant sur ce mot, — peut lui causer la plus dangereuse révolution. Votre lettre, au contraire, le préparera à votre visite... et cela vaudra infiniment mieux pour lui... croyez-moi.

— Vous avez peut-être raison... Mais pourtant si Melchior, et vous connaissez cet homme, ne veut pas laisser arriver Martin auprès de mon père?

— J'irais bien moi-même, dit le prince en réfléchissant, — mais l'inconvénient serait le même... Je m'y résoudrai pourtant si votre lettre ne peut être remise entre les mains de votre père. Mais il me paraît impossible qu'elle ne le soit pas... — Puis, s'adressant à moi, M. de Montbar me dit impérativement : — *Il faut* que vous remettiez cette lettre entre les mains de M. de Noirlieu, entendez-vous?... *il le faut*...

— Prince... je tâcherai, — dis-je humblement.

— Il ne s'agit pas de tâcher, — reprit le prince avec hauteur, — il faut que cela soit. Vous insisterez auprès de Melchior; vous exigerez, en lui disant que vous avez l'ordre de madame de Montbar... et à moins que vous ne soyez d'une maladresse sans pareille...

— Prince... ce ne sera pas ma faute si je ne...

— Assez... — me dit durement M. de Montbar.

— Partez vite, Martin, et faites tout votre possible, m'a dit la princesse avec bonté, trouvant sans doute le prince bien sévère pour moi; — d'une façon ou d'une autre, revenez ici en toute hâte. Et je vous l'ai dit, prenez ma voiture.

— Oui, Madame la princesse.

— Et montez-y *convenablement*, — ajouta le prince.

Et comme je le regardais, ébahi de cette recommandation, il haussa les épaules et me tourna le dos.

A peine étais-je sorti du parloir, que j'entendis M. de Montbar dire à Régina, en parlant évidemment de moi :

— Mais il est stupide !

— Ce n'est pas un aigle... mais il est probe et zélé, — a répondu ma maîtresse.

La dureté du prince à mon égard n'avait pas été au delà des bornes d'une de ces réprimandes, un peu trop sévères peut-être, que l'on adresse journellement à mes pareils; mais le cœur de l'homme est ainsi fait, ou plutôt l'habitude de la réflexion et de l'observation était portée chez moi à un tel point, que j'eus d'abord un vif ressentiment des hautaines paroles de M. de Montbar; bien plus, d'un point de départ aussi puéril en apparence, j'arrivai d'induction en induction à me demander si le prince était vraiment digne de la généreuse commisération et de l'affectueux intérêt dont je lui avais donné tant de preuves pendant la nuit; s'il méritait enfin le service immense que je lui avais rendu en lui confiant les papiers de famille qui avaient déjà eu tant d'influence sur ses relations avec la princesse.

Je me demandai cela, non pas parce que M. de Montbar

m'avait traité durement et trouvé *stupide*, non pas parce qu'au moment de son entrevue avec Régina, entrevue capitale pour lui (ceci m'est alors aussi revenu à l'esprit), il avait pu songer à me reprocher rudement l'*inconvenance de mon tablier du matin*, mais parce qu'un homme aussi heureux que me semblait l'être M. de Montbar, après avoir entendu la princesse lui dire que *le dévouement de sa vie entière ne suffirait pas à l'acquitter envers lui*, devait, selon moi, dans un pareil moment, ne trouver, même pour ses serviteurs en faute, que des paroles d'indulgence, de bonté... car ceux-là chez qui le bonheur n'éveille pas des sentiments remplis de mansuétude, ceux-là ne sont pas complétement dignes d'être heureux.

En réfléchissant à ce jugement que je portais sur M. de Montbar, je me demandai encore si, malgré moi, et à mon insu, je n'obéissais pas à un ressentiment d'amour-propre blessé, si ma susceptibilité n'aurait pas été irritée par la dure réprimande du prince.

En vain je me suis interrogé sévèrement à ce sujet : la dureté de M. de Montbar, en tant que symptôme et en m'isolant complétement, m'a laissé une impression mauvaise sur la bonté de son cœur.

Toutes ces pensées me sont venues en moins de temps qu'il ne m'en faut pour les écrire. Je descendais de ma chambre où j'étais allé me *vêtir convenablement* (ainsi que disait le prince) pour me rendre chez M. de Noirlieu, lorsque je rencontrai le bon vieux Louis, tout joyeux de la joie que son maître n'avait pas sans doute cachée devant lui ; la rencontre venait à propos, car je me trouvais très-embarrassé au sujet de la recommandation du prince, qui m'avait dit de *monter convenablement* dans la voiture de sa femme.

— Monsieur Louis, — lui dis-je, — j'ai à vous demander vite un conseil.

— De quoi s'agit-il, mon cher ami ?

— Madame la princesse m'envoie chez son père avec une lettre si pressée, si importante, à ce qu'il paraît, que j'ai ordre de prendre la berline de Madame. Dois-je monter derrière, à côté du cocher ou dans la voiture ?...

— Dedans, mon cher ami, dedans, — me répondit le vieux Louis d'un air capable, — car vous n'êtes pas de livrée, vous êtes chargé d'une commission très-importante... C'est comme lorsque le prince m'a envoyé porter la corbeille de mariage chez mademoiselle de Noirlieu... je suis monté avec le coffret de diamants dans la berline attelée en *gala*. Mais, bien entendu, selon le respect que l'on doit à ses maîtres, je ne me suis assis que sur le *devant* de la berline, tandis que les autres présents suivaient dans le coupé aussi attelé en *gala*... C'est donc dedans, mon cher ami... qu'il faut monter.

— Merci, monsieur Louis.

J'allais courir aux écuries, lorsque le formaliste vieillard me retint par le bras et me dit en paraissant attacher la plus grande importance à cette recommandation :

— Et surtout, je vous le répète, ne vous asseyez que sur le *devant* de la voiture ; sans cela vous prendriez une liberté impardonnable...

— Soyez tranquille, monsieur Louis ; maintenant que vous m'avez averti, je suis incapable d'un pareil manque de respect.

J'avais déjà descendu quatre marches, lorsque le vieux Louis me rappela d'un air effaré en s'écriant :

— Martin... écoutez donc !... Ah ! mon Dieu, j'avais encore oublié cela...

— Quoi donc, monsieur Louis ?

— Et surtout... surtout.... recommandez bien à maître Johnson (c'était le premier cocher du prince), recommandez-lui bien, s'il l'oubliait, ce que je ne crois pas, il a servi dans de trop bonnes maisons pour cela, de lever, lorsque vous serez monté, les *persiennes* de la voiture par-dessus les glaces des portières, absolument comme lorsqu'il revient à vide.

— Et pourquoi donc cela, monsieur Louis ? — ajoutai-je, curieux de savoir la cause de cette autre coutume d'étiquette, sans doute.

— Parce que, lorsque l'on voit levées les persiennes d'une voiture et qu'il n'y a pas de valet de pied derrière,

cela signifie que les maîtres ne sont pas dans le carrosse. Comprenez-vous... l'importance de la chose ?

— Certainement, monsieur Louis, et je ne l'oublierai pas, — dis-je en descendant rapidement l'escalier, pendant que, penché sur la rampe et faisant de ses deux mains un porte-voix, Louis me répétait à demi-voix :

— Et surtout... asseyez-vous sur le *devant*.

— Oui, monsieur Louis, — lui dis-je aussi à demi-voix, et je me dirigeai vers les écuries.

La berline était attelée, les palefreniers veillaient à la tête des chevaux, car Monsieur le premier cocher n'attelait jamais lui-même, et ne montait sur son siége qu'au dernier moment. Du reste, M. Johnson, en véritable cocher anglais, était, ainsi que l'avait prévu le vieux Louis, scrupuleux observateur de l'étiquette ; je n'eus besoin de lui faire aucune recommandation, car, apprenant que je montais dans la berline, il ordonna aussitôt à l'un de ses gens d'écurie de lever les persiennes. Ceci fait, l'un des palefreniers lui remit son fouet, l'autre les guides, jusqu'alors repliées sur l'une des sellettes des harnais, et l'important personnage, presque aussi gros que M. Dumolard, et dont la large face rubiconde était encadrée d'une perruque blanche à *boudins*, monta pesamment sur son siége, et nous partîmes pour le faubourg du Roule, où demeurait M. de Noirlieu.

Du reste, fidèle à mon *devoir*, je m'assis consciencieusement sur le *devant* de cette voiture vide ; malgré mes préoccupations, je n'ai pu m'empêcher de sourire en songeant au déploiement de toutes les formalités domestiques à propos de *ma montée* dans la voiture de la princesse, et, comme point de comparaison extrême, je me suis rappelé le docteur Clément, cet homme si grand par le cœur et par la pensée, ce millionnaire sublime, me faisant, au sortir de l'Hôtel-Dieu, asseoir à ses côtés dans son fiacre, et avec quelle respectueuse émotion je pris place près de lui.

Et c'est pourtant dans la minutieuse observance d'une foule de coutumes oiseuses, de distinctions puériles, dont j'avais fait l'apprentissage pendant mon séjour à l'hôtel de Montbar, que beaucoup de gens, et même de très-bons esprits, voient ce qu'ils appellent *les bases de la hiérarchie sociale*... les conditions indispensables du respect des petits envers les grands... C'est une grave erreur. J'ai mille fois entendu avec quelle suprême insolence, avec quelle satirique audace, il était parlé des *maîtres* les plus inexorables sur l'observance du *code domestique*, tandis que d'autres maîtres d'une affabilité familière savaient pourtant, par le seul ascendant d'un noble et grand caractère, ou d'une haute valeur personnelle, imposer à leurs serviteurs des habitudes de déférence, de respect, absolument égales en la présence ou en l'absence du maître ; d'où j'ai conclu encore, d'après mon expérience personnelle, que rien n'est plus faux que le fameux axiome : *Il n'est pas de héros ou de grand homme pour son valet de chambre*.

De *faux* grand homme, de *faux* héros, soit ; mais la véritable grandeur d'âme ou d'esprit s'impose, peut-être davantage encore dans l'intimité domestique. Je n'oublierai jamais avec quelle vénération touchante un simple et honnête garçon, qui était au service de M. le vicomte de Chateaubriand, me parlait de cet homme illustre, aussi admirable par le cœur, par le caractère, que par le génie.

— *Mon Dieu ! quand nous parlons de M. le vicomte*, — me disait ce digne garçon avec une naïveté charmante, — *nous en parlons toujours comme s'il nous écoutait !* (Historique.) Hélas ! mademoiselle Astarté traitait bien autrement son *ministre* et *sa ministresse*, qu'ils fussent là ou qu'ils n'y fussent pas.

C'est à dessein, et non sans lutte, que je m'appesantissais sur ces réflexions, sur ces souvenirs, pendant mon trajet de l'hôtel de Montbar chez M. de Noirlieu... Je voulais échapper à des pensées que je ne sentais que trop sourdre en moi, car la voiture où je me trouvais était celle de Régina, et, là encore, j'aspirais ce parfum particulier aux vêtements de ma maîtresse, philtre toujours enivrant... toujours dangereux pour moi.

. . . .

Nous arrivâmes chez M. de Noirlieu; je laissai la voiture à la porte, j'entrai, et, comme toujours, Melchior s'apprêtait à me donner sa courte audience sur le perron du vestibule.

— Monsieur Melchior, — lui ai-je dit, — j'ai une lettre de Madame la princesse à remettre à M. le baron... *à lui-même !*... ce sont les ordres de ma maîtresse.

Le mulâtre sourit dédaigneusement et haussa les épaules.

— Il ne s'agit pas, monsieur Melchior, de hausser les épaules, — dis-je en élevant la voix, — la commission dont Madame m'a chargé est si importante et si pressée, qu'elle m'a dit de prendre sa voiture.

— Sa voiture ! — dit Melchior très-surpris.

— Oui, j'en descends à l'instant même : elle est à la porte... ainsi conduisez-moi à l'instant auprès de M. le baron, à l'instant.

— Impossible ! — me répondit rudement Melchior.

— Impossible ?...

— M. le baron est souffrant et ne reçoit personne.

— Écoutez-moi bien, monsieur Melchior, — m'écriai-je, impatienté de ce mauvais vouloir, — si, à l'instant, vous n'obéissez pas... aux ordres de ma maîtresse...

— Eh bien ?

— Je vous prends par les deux épaules, comme cela, — et je fis ce que je disais, — je vous fais tourner comme ceci, — et j'agis en même temps que je parlais ; — puis j'entre dans la maison en appelant de toutes mes forces M. le baron... il me répondra... et je lui remettrai ma lettre.

Ce disant, je fis en effet pirouetter Melchior, qui, par son âge et sa stature, ne pouvait lutter avec moi, et je m'élançai dans la maison, en criant de toutes mes forces :

— Monsieur le baron ! Monsieur le baron !.

— Malheureux ! — dit le mulâtre en courant après moi, — vous tairez-vous...

Mais, déjà engagé dans un long corridor, je redoublais mes appels, en prêtant l'oreille de temps à autre. Enfin, j'entendis une voix faible s'écrier :

— Quel est ce bruit ? qui m'appelle ? qu'est-ce que cela ? Melchior... Melchior... où es-tu ?

Je traversai un salon, j'ouvris une porte, je me trouvai en présence de M. de Noirlieu, qui venait de se lever du fauteuil où il était assis.

Le mulâtre, pâle de rage, arrivait derrière moi ; je me hâtai de donner la lettre de la princesse au baron, en lui disant :

— Monsieur le baron... c'est une bonne nouvelle, sans doute, car Madame avait si grande hâte de vous la donner, qu'elle m'a envoyé sa voiture...

Et pendant que M. de Noirlieu décachetait la lettre d'une main tremblante, j'ajoutai :

— Je demande pardon à Monsieur le baron du bruit que j'ai fait pour parvenir jusqu'à lui ; mais monsieur Melchior n'a pas voulu me laisser arriver auprès de Monsieur le baron... et...

M. de Noirlieu ne me laissa pas achever. A peine eut-il lu la lettre de Régina, lettre très-courte sans doute, qu'il pâlit, rougit, trembla, donna enfin les signes de la plus profonde émotion et s'écria d'une voix entrecoupée :

— Mon Dieu... elle dit en être sûre !... une révélation... aujourd'hui !... je pourrais l'aimer encore... l'aimer toujours. Ah ! c'est trop à la fois... si cela était vrai... Mais non... non... c'est impossible... pourtant elle ne demande qu'à venir... pour me convaincre... pour me prouver...

Et le vieillard, dont les larmes coulèrent, mettant ses deux mains sur son visage, se laissa retomber dans son fauteuil.

— Monsieur le baron... qu'avez-vous ? — s'écria Melchior, en courant à son maître.

Et il ajouta, en me jetant un regard furieux :

— Voyez-vous, misérable, ce que vous avez fait...

— Je crois qu'il n'y a pas de mal, monsieur Melchior, — lui dis-je, — au contraire...

En effet, cette première émotion passée, le vieillard, se levant droit, la démarche ferme, au lieu d'être affaissé par le chagrin ainsi que je l'avais vu jusqu'alors, dit à Melchior :

— Vite... mon chapeau... un manteau.

— Comment ! — dit Melchior stupéfait, — Monsieur le baron... veut...

Et, sans lui répondre, M. de Noirlieu me dit :

— La voiture de *ma fille*... — et il s'arrêta un moment sur le mot comme s'il éprouvait un bonheur extrême à le prononcer.

— La voiture de ma fille est là ? — reprit-il.

— Oui, Monsieur le baron.

— Elle n'y serait pas, d'ailleurs, que je l'attendrais, — se dit-il à lui-même. — Allons...

Puis, se retournant vers Melchior :

— Et bien ! ce chapeau ? ce manteau ?

— Comment ! — dit le mulâtre, — Monsieur le baron est en robe de chambre, et il veut...

— J'ai bien le temps de m'habiller ! — répondit le vieillard. — Voyons, vite, un chapeau... un manteau.

— Mais, monsieur le baron, — dit le mulâtre, — ce n'est pas sérieusement que...

— M'avez-vous entendu ? — dit le baron en se redressant et d'une voix si résolue, si impérieuse, que le mulâtre sentit qu'il eût été pour lui dangereux d'insister plus longtemps.

— Vous m'apporterez ce que je vous demande dans la voiture, — dit le vieillard à Melchior. — Je ne veux pas perdre une seconde.

Et il marcha devant moi d'un pas si alerte, si assuré, que j'avais peine à le suivre. Il descendit le perron avec une légèreté juvénile. Melchior arriva tout essoufflé, le manteau sur le bras et le chapeau à la main, au moment où le baron, peu soucieux d'être vu nu-tête et vêtu d'une redingote de flanelle grise, allait sortir dans la rue. A peine il donna à Melchior le temps de lui jeter le manteau sur les épaules. J'ouvris la portière, il s'élança dans la voiture, et me dit :

— Vite... vite... à l'hôtel.

M. de Noirlieu avait compté sans l'étiquette.

Monsieur le premier cocher était resté sur son siège dans une immobilité automatique, les guides dans sa main gauche, le manche de son fouet appuyé sur son genou droit.

— Vite à l'hôtel ! — lui dis-je.

Mais M. Johnson, maintenant toujours ses chevaux en place, et regardant toujours devant lui, me répondit, impassible, avec son flegme britannique, sans même tourner la tête de mon côté :

— Bas les persiennes...

— Mais, monsieur Johnson.

— Bas les persiennes... pour le gentleman, — me répondit-il, sans plus bouger qu'un homme de cire.

Je compris alors que M. de Noirlieu me remplaçant dans la berline, l'étiquette voulait que les persiennes, levées pour moi, fussent baissées pour un *gentleman*, comme disait M. Johnson; aussi, à la cruelle impatience du baron, je rouvris la portière pour accomplir la formalité voulue; en suite de quoi la voiture partit subitement comme par la détente d'un ressort; je montai cette fois modestement derrière... après avoir recommandé au cocher d'aller très-vite, recommandation accueillie d'ailleurs par M. Johnson avec une souveraine indifférence; il craignait avant tout de désunir, en la pressant, l'allure lente, régulière, admirablement cadencée de ses grands et magnifiques carrossiers; d'ailleurs, ce précieux cocher savait sans doute ce que j'avais entendu souvent dire à l'hôtel : — « Que rien ne sentait plus son *bourgeois*, son
» homme de Bourse ou de négoce, qu'une voiture qui, brû-
» lant le pavé, avait ainsi *l'air de courir les affaires*, le
» bon goût voulant au contraire que l'homme de loisir
» n'eût jamais l'air pressé... »

M. de Noirlieu, dans sa dévorante impatience d'arriver auprès de sa fille, dut maudire l'inexorable *savoir-vivre* de M. Johnson, car nous mîmes plus d'une demi-heure à nous rendre du faubourg du Roule à l'hôtel de Monthar.

Enfin la voiture entra dans la cour, j'ouvris la portière à M. de Noirlieu; il monta si rapidement l'escalier, que j'eus à peine le temps de le rejoindre et de le précéder chez la princesse. J'arrivai cependant encore à temps pour pouvoir annoncer avec un sentiment de glorieux bonheur :

— Monsieur le baron de Noirlieu.

— Mon père... — s'écria Régina en voyant entrer M. de

CHAPITRE LXXXI.

Suite du journal de Martin. — Visite du capitaine Just. — L'amour et le devoir.

Une demi-heure environ après l'arrivée de M. de Noirlieu, le prince est sorti de chez Régina, l'air pensif, presque satisfait; il m'a dit, et il a eu de la peine à me dissimuler l'espèce de joie triomphante qu'il ressentait sans doute en me donnant cet ordre :

— Madame de Montbar n'y est pour personne, excepté pour le capitaine Clément.

Et le prince a quitté l'appartement.

Sachant sans doute par Régina que Just allait venir, peut-être M. de Montbar attendait-il d'elle un sacrifice héroïque. Peut-être, dans l'entraînement de sa reconnaissance, lui avait-elle déjà promis de rompre avec Just. Enfin avait-il dû venir aujourd'hui et à cette heure? ou bien la princesse lui avait-elle écrit pendant mon absence? Je l'ignore encore. Peut-être allait-elle demander à Just de s'éloigner pendant quelque temps...

A cette pensée, je me suis senti saisi d'une grande compassion pour Just... qu'un coup imprévu allait si cruellement frapper. Je me suis presque reproché d'avoir agi ainsi que j'avais fait... mais la conscience d'avoir accompli *un devoir* m'a rassuré... car si le prince parvient à regagner le cœur de sa femme, *à bonheur égal*... Régina, du caractère dont je la sais, vivra plus heureuse avec son mari qu'avec son amant, parce qu'elle pourra porter le front haut ce bonheur légitime.

Vers les cinq heures, M. de Noirlieu est sorti, accompagné de la princesse, qui ne l'a quitté qu'au bas du perron. La sérénité qui brillait dans les traits du vieillard me disait assez qu'il avait trouvé irrécusables, ainsi qu'elles l'étaient, les preuves de l'innocence de madame de Noirlieu.

En remontant chez elle, Régina m'a dit :

— Je n'y suis absolument que pour M. Just Clément; mettez de la lumière chez moi. Il est inutile que vous me préveniez pour le dîner. Mademoiselle Juliette me servira, si plus tard j'ai besoin de quelque chose; dès que M. Just Clément sera arrivé, vous me l'annoncerez.

— Oui, Madame la princesse.

A six heures moins un quart, le capitaine est arrivé; il pressentait quelque grave événement, car il m'a dit en entrant, d'un air alarmé :

— Est-ce qu'il est arrivé quelque chose à la princesse?

— Non, monsieur Just... rien que je sache...

— Je respire... — a-t-il dit à demi-voix..., et son visage s'est éclairci.

— Pauvre Just! — ai-je pensé.

— Voulez-vous m'annoncer chez la princesse? — m'a-t-il dit.

— Oui, monsieur Just.

Et je l'ai introduit dans le parloir.

J'étais décidé, quoi qu'il pût m'en arriver, à écouter cette fois l'entretien de Just et de Régina, non par une basse curiosité, mais parce que, dans leur intérêt même, il m'était nécessaire de savoir leur résolution.

J'avais heureusement une excuse et un prétexte dans le cas où mon indiscrétion eût été surprise; c'était de paraître apporter seulement alors de la lumière dans le premier salon.

Dès que Just fut entré, j'allai donc vite chercher une lampe que je plaçai à ma portée, sur une console, prêt à la prendre en main au besoin, comme si j'arrivais seulement à l'instant. En me tenant d'ailleurs au milieu de cette pièce, je pus facilement tout entendre... L'épaisseur des portières voilait à peine la voix de Just et de Régina.

Régina était restée quelques moments silencieuse; lorsque je rentrai dans le premier salon, j'entendis Just dire à la princesse avec anxiété :

— Régina, mon Dieu, qu'avez-vous donc? Après votre billet... si laconique... cette pâleur... ce silence...

— Just... écoutez-moi... Ce matin... on m'a remis entre les mains la preuve de l'innocence de ma mère...

— Vrai?... — s'écria Just dans une sorte de transport.

Puis il ajouta, d'une voix émue :

— Tenez, je crois que je ressens cela... aussi profondément que vous... Vous devez être si heureuse... Mais ce bonheur a quelque chose de si saint... de si austère... que maintenant je comprends votre émotion...

— Les preuves de l'innocence de ma mère étaient si évidentes, — reprit Régina d'une voix de plus en plus altérée, — qu'il y a quelques instants encore mon père était ici plus tendre qu'il ne l'a jamais été... il me parlait de ma mère avec des larmes d'admiration.

— Enfin, voilà donc vos derniers chagrins oubliés...

— Just... de grâce... écoutez encore... Celui-là... qui a ainsi vengé la mémoire de ma mère... celui-là qui... mérite de ma part... une reconnaissance...

— Éternelle... inaltérable!... — s'écria Just, — car je sais aussi, moi, ce que vous avez souffert. Combien de fois la perte de l'affection de votre père, le souvenir de l'outrage qui pesait sur la mémoire de votre mère n'ont-ils pas attristé les joies les plus pures de notre amour! Aussi, votre reconnaissance, Régina, je veux la partager... Ce n'est pas à vous seule d'acquitter cette dette sacrée...

— Arrêtez! — s'écria Régina. — O mon Dieu!... on dirait d'un piége que j'ai tendu à sa générosité... — ajouta-t-elle en tremblant.

— Un piége?... à ma générosité!!!

— Savez-vous quel est celui à qui je dois cette reconnaissance inaltérable que vous voulez partager?

— Achevez...

— Du courage... mon Dieu!... c'est...

— C'est?...

— Mon mari.

Il y eut un moment de nouveau et profond silence, pendant lequel il me sembla entendre les pleurs étouffés de Régina.

— C'est votre mari... eh bien! — reprit Just d'une voix étonnée, — pourquoi ces larmes? pourquoi ces craintes, Régina?... Pourquoi m'avoir interrompu?... Je vous le dis encore : ce n'est pas à vous seule d'acquitter cette dette sacrée envers celui à qui vous devez... le plus heureux, le plus beau jour peut-être de votre vie... Pourquoi donc, moi qui ai partagé vos joies, vos peines, ne partagerais-je pas aussi votre reconnaissance pour M. de Montbar?

— Pourquoi? — s'écria Régina, voyant avec frayeur combien Just se doutait peu de ce qu'elle avait à lui apprendre... — pourquoi? parce qu'il est, hélas! des choses que vous ne soupçonnez pas...

— De grâce... parlez... Régina.

— Depuis le retour de mon mari, vous le savez, ma position était devenue intolérable.., Dissimuler mon amour pour vous... quand cet amour remplissait mon cœur... ma vie... je ne le pouvais plus... il m'était aussi impossible de cacher ce qui est vrai, que de dire ce qui est faux... Aussi j'ai franchement avoué à mon mari, qu'au point où en étaient venus nos rapports avec lui, depuis un an, une séparation sans bruit, sans scandale, ainsi qu'il convient à des gens comme nous, était nécessaire... inévitable.

— Ce soir, nous en avions souvent causé... mais pourquoi ne m'avoir pas averti?...

— Eh! mon Dieu! à quoi bon vous tourmenter de ces pénibles discussions? Je ne voulais vous en parler que pour vous dire... Tout est arrangé... nous sommes libres...

— Cette séparation? — dit Just sans cacher son anxiété, — il s'y refuse...

— Il a été admirable de générosité, — reprit Régina avec accablement; — il ne veut pas que la reconnaissance qu'il a droit d'attendre de moi influe en rien sur ma résolution de me séparer de lui... Si j'y persiste... demain il part pour l'Italie... et me rend ma liberté... se confiant, pour le ménagement des convenances, à ma délicatesse... à la vôtre, Just... il l'a dit...

— Cette conduite est digne et noble... je l'avoue, — dit Just avec émotion, — mais alors...

— Mais alors, n'est-ce pas, — s'écria Régina, — il est inexplicable que je ne vous dise pas : Nous sommes libres, réalisons ce rêve... si beau... si éblouissant que nous

— Je suis heureuse de vous revoir, monsieur Just. — Page 298.

osions à peine y arrêter les yeux? qui nous retient? Mon mari me rend ma liberté... j'ai retrouvé la tendresse de mon père... la mémoire de ma mère est vengée... Just... mon bien-aimé... je suis enfin à vous... à toujours... à tout jamais!!...

— Régina... vous m'effrayez... est-ce du délire?... mon Dieu!...

— Non, ce n'est pas du délire... mon mari m'*aime*... comprenez-vous, maintenant?

— Il vous aime! — dit Just comme s'il n'avait pu croire à ce qu'il entendait.

— Oui... il m'a toujours aimée, toujours passionnément aimée...

— Lui! — s'écria Just avec une expression de doute amer.

— Ah! j'ai fait tout au monde pour ne pas le croire... allez!... — s'écria Régina; — mais comment résister à ses larmes, à ses aveux si... écrasants pour lui... et pourtant... touchants à force de franchise et de repentir... comment ne pas croire à son accablement, à son désespoir si vrai... à sa résignation si navrante; comment ne pas croire?... Eh! mon Dieu, Just! à quoi bon vous dire tout cela?... il fallait bien qu'il fût sincère... Je tremblais d'être convaincue, et je le suis...

Il y eut un nouveau silence...

Just reprit le premier la parole.

— Et qu'exige M. de Montbar?

— Il n'exige rien... il ne demande rien... il supplie... voilà tout... Oui... après le service immense qu'il m'a rendu... oui, après m'avoir convaincue, prouvé qu'il m'a tendrement aimée... il implore... Hélas! c'est là sa force...

— Et que demande-t-il? — reprit Just d'une voix altérée.

— Il me supplie... de me laisser aimer, de lui laisser l'espoir... de regagner mon amour... « Si cette tentative » est vaine, — m'a-t-il dit, — eh bien! mon sort s'accom- » plira... vous n'entendrez jamais parler de moi... et vous » userez alors de cette liberté que je vous rends aujour- » d'hui; car, entendez-moi bien, Régina, — a-t-il ajouté, » quoi qu'il arrive, quoi que vous décidiez... vous êtes li- » bre... absolument libre... je ne vous demande rien au » nom de mes droits... Je les ai perdus... Si j'ose, une » dernière fois, vous implorer, c'est au nom de mon » amour... c'est au nom de ce que j'ai souffert, de ce que » je souffre... » — Voilà ce qu'il m'a dit, et tout cela... je le crois... Je n'ai rien promis... mais j'ai juré à mon mari que je n'oublierais jamais les devoirs que ma reconnaissance m'imposait. Maintenant, Just, c'est à vous que je m'adresse : que faut-il faire? que voulez-vous que nous fassions?

— Régina... — lui dit Just avec un accent passionné, — Régina... m'aimes-tu?

— Vous me le demandez? — répondit madame de Montbar avec une naïveté de sentiment inexprimable.

— Alors, — reprit Just presque tout bas et d'une voix palpitante de passion, — alors, pas de folle générosité... accepte la liberté que l'on t'offre... le bonheur... L'avenir est à nous... tout un long avenir d'amour... entends-tu, Régina?... d'un amour non plus contenu par le devoir, comme le nôtre a dû l'être jusqu'ici... mais d'un amour libre, ardent... fou!

— Oh! ne me parlez pas ainsi... ne me regardez pas ainsi... vous me brisez, vous me rendez lâche... Hélas! j'ai besoin de tout mon courage... quand je songe...

— Et moi, je ne veux pas que tu songes à autre chose qu'à notre amour... ma Régina... — dit Just avec un redoublement d'ardeur. — Je veux qu'en attendant ce moment si prochain et si doux, tu trouves comme moi ton délice et ton tourment dans cette pensée enivrante... *Bientôt nous serons libres*...

— Monsieur... Monsieur... pitié, s'il vous plaît... — Page 300.

— Assez !... oh ! assez... Ayez donc pitié de moi, — murmura la princesse.

Just, impitoyable, continua d'une voix à la fois si tendre, si pénétrante, que, malgré moi, je tressaillis encore de jalousie et de douleur :

— N'est-ce pas, ma Régina... tu comprends... tu sens tout ce qu'il y a dans ces mots : *Nous sommes libres?...* *Libres...* c'est être près de toi... là... toujours là... mon ange adoré... *libres !* c'est cette vie d'amour... d'art, de poésie, de noble travail, d'actions généreuses, de douce obscurité, que nous avons tant rêvée... car tu sais... nous le disions : dans l'amour tout se trouve... depuis l'embrasement des sens, jusqu'aux plus suaves, aux plus nobles jouissances de l'âme... de l'esprit et du cœur... *libres...* mon ange, c'est la vie avec toi, à toi, pour toi... *libres...* c'est pouvoir à chaque instant du jour baiser tes mains, ton cou, tes yeux, tes cheveux...

— Oh ! tais-toi... tais-toi... tu me brûles... — balbutia Régina d'une voix expirante. — Tais-toi...

Et il me sembla que, mettant sa main suppliante sur les lèvres de Just, elle tâchait d'étouffer ainsi les paroles de son amant.

— Eh bien ! non, non... je ne te parlerai plus de cela... — reprit Just d'une voix aussi tremblante, aussi basse que celle de Régina, — non... je ne parlerai plus de cela... car moi aussi... cela me dévore... cela me tue... Eh bien !... quand nous serons libres... après ces voluptueux enivrements dont la pensée seule nous bouleverse... nous nous reposerons dans les doux épanchements de deux âmes pleines de fraîcheur et de sérénité... Oh ! viens... viens, Régina, viens... Nous ne serons pas entourés de ces splendeurs qui souvent te pèsent... mais nous serons riches de bonheur ! Oh ! mais riches... à rendre heureux tout un monde... Et si un jour tu as quelques ressouvenirs de ton opulence passée... tu diras un mot... mon travail, mon intelligence te créeront des trésors... mais purs, ceux-là, comme la source où je les aurai puisés... mais glorieux, ceux-là, et pour moi et pour toi... Oh ! viens, mon ange... viens, te dis-je... nous ne nous appartenons plus... tu es à moi... comme je suis à toi !

— Grâce... Just... grâce... mais pensez donc... mon Dieu !

— A quoi ?... voyons ? pauvre généreuse... Ton mari a vengé la mémoire de ta mère ; c'est bien... c'est beau... il a fait son devoir d'homme d'honneur. J'ai été le premier à te le dire : tu ne serais pas seule à être reconnaissante envers lui ; mais qu'est-ce que cela fait à notre amour ?

— Mais *il* m'aime... mais *il* souffre ! mais *il* est malheureux... *lui !*

— Il t'aime ! — s'écria Just, — il t'aime ! Comment ! pendant une année il t'a délaissée, il t'a accablée de ses froids dédains, il t'a incurablement blessée au cœur... toi qu'il aurait dû bénir... adorer à genoux... et un jour, voyant que, par sa faute, il a perdu cette noble et vaillante affection, dont tu lui as donné tant de preuves, il lui prend la fantaisie de venir te dire qu'il t'aime encore, et tu le croirais ?

— Il dit vrai, Just... je vous le jure... Par ma mère, il dit vrai... S'il m'était permis de vous confier... son secret... vous verriez que, inexplicable en apparence, ce malheureux amour... n'est que trop réel...

— Et mon amour à moi, n'est-il pas réel aussi ? n'ai-je pas aussi bien souffert ? l'as-tu oublié ? Ce départ si déchirant que tu m'as imposé, je m'y suis résigné... Tu m'as dit : Reviens... je suis revenu... Plus tard, lorsque tous deux nous avons si souvent eu à lutter contre les entraînements de notre passion, combien de fois ne m'as-tu pas dit d'une voix mourante, lorsque, éperdu, brisé, pleurant, je tombais à tes pieds :

— Oh! mon Just, c'est généreux à toi d'écouter ma prière, de me respecter! — disais-tu. — Car, hélas! je t'adore, je suis sans force. Je ne peux que te dire : Grâce.

— Oui!... oh oui! vous avez été bon, vous avez été noble, courageux comme toujours.

— J'ai été bon, noble, courageux, parce que je savais qu'une faute te causerait des remords... si affreux, que mon amour même serait peut-être impuissant à les calmer... voilà ce qui m'a donné force et courage... Mais, à cette heure, nous pouvons être libres, heureux... sans remords pour toi! Mordieu! je ne jette pas ainsi mon bonheur au vent! Tant pis... L'amour pour tous! chacun pour son cœur!... Tu m'as rendu d'un égoïsme féroce en amour, et puisque ton mari te rend ta liberté...

— Mais c'est sa générosité qui m'accable.

— Sa générosité?... ah! pardieu! elle est grande! Que pourrait-il donc faire?... Voyons! tu *ne l'aimes plus*... Heureusement, devant cela, tombent ces contrats, ces chaînes prétendues indissolubles. Est-ce au nom de la *loi* qu'il viendra t'imposer son amour?... se battra-t-il avec moi?... Eh bien! après?... qu'il me tue ou que je le tue!

— Oh! Just! pas de ces idées... c'est horrible.

— Enfin, un duel heureux ou malheureux pour lui changera-t-il sa position? Il te demande de lui laisser essayer de regagner ton cœur... Quant à cela, je ne peux que te dire encore : *M'aimes-tu?*

— Si je t'aime!...

— Alors... à quoi bon cette tentative?... Est-ce qu'il ne sait pas que tu n'auras jamais l'indignité de lui dire : — Essayez de vous faire aimer, — bien certaine d'avance qu'il n'y parviendra pas.

— Eh! mon Dieu... — s'écria Régina avec un accent d'angoisses inexprimable, — est-ce que j'éprouverais ces déchirements affreux, si je savais que faire, si, comme vous, je pouvais prendre résolûment un parti?... Ça vous est bien facile, à vous... mais moi je ne peux pas... comme cela... tout de suite... Surtout quand je songe à...

— Régina, dit Just d'un ton de surprise amère, — vous hésitez...

— Mon Dieu, — s'écria la pauvre créature que j'entendis fondre en larmes, — ne me parlez pas ainsi, ne me regardez pas ainsi... Vous savez bien que je vous aime... Oui, Just, je vous aime éperdument; mon seul rêve serait de passer mes jours près de vous, toute à vous. Mais je ne peux pas non plus m'empêcher de penser qu'il m'aime aussi, *lui*... qu'il a bien souffert... qu'il souffre toujours... Il ne peut pas invoquer ses droits pour se faire aimer... je le sais bien... mais enfin ces droits, il pourrait en abuser, me rendre la vie insupportable... en me séparant à jamais de vous, ou me forcer à un scandale... qui maintenant m'épouvante... malgré mon amour pour vous... Enfin... Just... est-ce vrai, cela? ne pourrait-il pas nous faire bien du mal?

— Beaucoup de mal... — répondit Just d'une voix sourde; — mais le mal... appelle le mal.

— Mon Dieu, que je suis malheureuse! — s'écria Régina d'un ton déchirant; — vous ne voulez rien entendre non plus; vous ne voulez pas voir la position où je suis envers *lui*, qui vient de venger la mémoire de ma mère, et qui se montre envers nous d'une admirable générosité... Il ne faut pourtant pas non plus être injuste et impitoyable pour ceux qui souffrent et qui se repentent!

Et j'entendis Régina éclater en sanglots.

Après quelques instants de silence, pendant lesquels dut s'opérer un changement presque complet dans les sentiments de Just, il reprit d'une voix douce et triste :

— Vous avez raison, Régina... il ne faut pas être injuste... impitoyable pour ceux qui aiment... qui se repentent et qui souffrent cruellement de n'être plus aimés...

— Que dites-vous?

— La vérité... Régina... Un moment le fatal égoïsme de la passion m'a aveuglé... je vous ai dit : Ne pensons qu'à nous... servons-nous de la générosité de votre mari, puis, désormais heureux, oublions-le dans son désespoir. Je vous ai dit cela... Régina... c'était mal... c'était lâche.

— Oh! vous êtes ce qu'il y a de meilleur, ce qu'il y a de plus noble au monde...

— Je vous aime, Régina, voilà tout; je veux que toujours nous soyons dignes l'un de l'autre... Tout à l'heure... brisée, déchirée par une de ces luttes affreuses auxquelles les grands cœurs sont seuls exposés... vous êtes venue à moi dans vos irrésolutions, dans vos angoisses, dans vos terreurs. Pauvre femme... et à moi, que vous croyez généreux et fort... vous, vous m'avez demandé : Que faut-il faire?

— Oui... Just... parlez... et quoi que vous ordonniez, j'obéirai; dites : que faut-il faire?

— Ce n'est pas moi qui vais vous le dire, Régina... c'est mon père, — reprit Just d'une voix profondément émue; — il m'a souvent répété dans son langage simple et austère : — « Mon enfant... je n'admets pas l'indécision dans les » graves questions de la vie; un seul parti est à prendre, » celui du devoir. — Quant aux conséquences, tôt ou tard, » *le bien engendre le bien*... *Souvent on est dupe de son » bon cœur*, disent les sots et les méchants, c'est faux. — » Quand une loyale et bonne action a-t-elle été funeste à » son auteur? Jamais. — Peu importe l'ingratitude : le » bien se fait pour le bien. — Celui à qui vous donnez » votre manteau aura-t-il moins chaud, parce qu'il sera » ingrat? Non. — Le bien est fait, songez à un autre. — » Si l'on ne baise pas la main qui donne... jamais du » moins on ne la déchire, sinon les fous, les enragés. — » Faut-il juger l'humanité au point de vue des fous et des » enragés! Un proverbe dit : *Fais ce que dois*... C'est » juste; le proverbe ajoute : *adviendra que pourra*... » Cette invocation au hasard est indigne. — *Fais ce que » dois, le bien adviendra.* Voilà le vrai. »

— Oui... il me semble entendre votre bon et noble père, — dit la princesse; — voilà ses sentiments, voilà ses paroles...

— Eh bien! Régina, à ces enseignements nous ne faillirons pas; nous dirons, comme mon père : Un parti seul est à prendre, celui du devoir : *Faisons ce que devons... le bien adviendra.* Vous devez à votre mari une reconnaissance éternelle; il vous a persuadée de son amour... il souffre, il se résigne, il se repent, il vous demande comme grâce suprême de permettre qu'à force de dévouement il tente de regagner votre cœur... Régina... vous n'hésiterez pas...

— Just... oh! mon Dieu!... — dit la princesse d'une voix tremblante, — je ne sais... mais maintenant... j'ai peur... cette épreuve m'épouvante...

— Elle doit vous effrayer, Régina, car elle m'effraye aussi pour mon amour... Sans cela... cette épreuve, je ne vous la conseillerais pas.

— Que dites-vous?

— Si cette épreuve était par vous résolue d'avance, je vous l'ai dit, Régina, souffrir qu'elle fût tentée, serait une indigne hypocrisie.

— Mon Dieu... mais vous croyez donc que je puis l'aimer encore d'amour, *lui?*

— En disant oui, je me tromperais peut-être, Régina... en disant non, je pourrais me tromper encore... Qu'adviendra-t-il de cette épreuve, de ce devoir accompli?...

— Hélas!... vous l'ignorez comme moi... et, je vous le dis... à cette heure, ce doute m'épouvante.

— Quoi qu'il arrive de cette épreuve... *il en adviendra le bien*, comme disait mon père.

— Le bien?

— Ou vous m'aimerez toujours, Régina, et cette épreuve aura, par sa générosité même, affermi, consacré notre amour, ou... votre mari aura regagné votre cœur... et votre bonheur... le sien... seront assurés.

— Mais vous... mon Dieu! mais vous?

— Ma part sera belle encore, Régina... oui,.. belle, grande... et consolante. Ce bonheur dont vous jouirez, *lui* et vous... n'y aurai-je pas contribué par mon sacrifice? N'est-ce donc rien que cela?

— Et moi, — s'écria Régina, cédant à une nouvelle angoisse à la pensée de perdre l'amour de Just, — et moi, je ne veux plus de cette épreuve, je vous dis qu'elle m'épouvante : je me suis crue forte, généreuse, je ne le suis pas... voilà tout. Mon mari m'offre ma liberté... j'accepte! Et, d'ailleurs, n'avez-vous pas fait pour moi autant que lui? n'avez-vous pas été blessé pour moi, dans un duel terrible où vous m'avez sauvé l'honneur... la

vie... car je me serais tuée si j'avais été victime de l'infâme dont vous m'avez vengée...
— Régina... écoutez-moi...
— Non, non, — s'écria la princesse avec un redoublement d'exaltation. — Après tout, je t'aime... toi... je n'aime que toi; tu es la seule espérance qui me reste au monde... Tu es venu à moi quand j'étais si malheureuse... Tu m'as consolée; sans toi, je serais morte... Je ne veux pas risquer de te perdre à présent! Il ne faut pas être égoïste, dis-tu... je le veux bien... Mais il ne faut pourtant pas non plus se suicider, quand votre mort ne sert à personne.
— Régina... je vous en conjure...
— Je me connais bien... peut-être... Je te dis qu'il me sera impossible d'aimer mon mari maintenant... Je prendrai tout sur moi... C'est à moi qu'il offre la liberté... ce sera moi seule qui accepterai.
— Je vous en conjure...
— N'attends jamais cela de moi; tu diras, si tu veux, que je suis lâche, égoïste, impitoyable... Eh bien! il faudra que tu m'aimes ainsi... Tant pis... chacun pour son cœur... tu l'as dit... et...

Un violent coup de sonnette ayant retenti à la porte extérieure de l'appartement de la princesse, je ne pus entendre ses dernières paroles. Je courus ouvrir. C'était M. de Noirlieu, père de Régina.

Régina ne devait pas s'attendre à cette nouvelle visite de son père, en ce moment surtout bien inopportune.

Mais que faire?

Dire ma maîtresse absente?...

Mensonge inutile... M. de Noirlieu l'eût attendue... car, je n'en pouvais douter, à l'expression de bonheur impatient, je dirais presque de bonheur avide, que je lus sur les traits du vieillard, je devinai que sa tendresse paternelle n'avait pas été *assouvie* par la visite du matin.

— Ma fille... est chez elle? — me demanda M. de Noirlieu.
— Oui, Monsieur le baron, — ai-je répondu, réfléchissant que la moindre hésitation de ma part, jointe à la présence assez étrange de Just chez la princesse à une pareille heure (il était près de huit heures du soir), pouvait donner à M. de Noirlieu de fâcheux soupçons.

Ouvrant donc aussi bruyamment que possible la porte du premier salon, afin d'éveiller l'attention de Régina, j'ai précédé le baron, et avant d'arriver au parloir, j'ai toussé plusieurs fois.

Grâce à ces précautions, lorsque j'ai soulevé les portières, j'ai trouvé Régina et Just en apparence calmes, contenus.

La princesse m'a dit vivement, d'une voix sévère :
— Je vous avais défendu de...
— Monsieur le baron de Noirlieu... — me suis-je hâté de répondre en interrompant Régina.
— Mon père!... — s'est-elle écriée.

Puis elle a dit tout bas à Just :
— Nous l'avions oublié... Ah! c'est notre punition...

Au moment où la princesse disait ces derniers mots, M. de Noirlieu entra.

Il s'avança d'abord vers sa fille, l'embrassa tendrement à plusieurs reprises, et lui dit :
— Mon enfant... c'est encore moi. Que veux-tu! je ne t'ai vue que deux heures ce matin.

M. de Noirlieu s'interrompit, et remarquant seulement alors la présence de Just, il fit un mouvement de surprise.

Régina lui dit d'une voix assez tranquille :
— Mon père... Monsieur Just Clément...

Just s'inclina devant M. de Noirlieu.

Celui-ci reprit avec beaucoup d'affabilité :
— Je suis doublement heureux, Monsieur, d'avoir l'honneur de vous rencontrer chez ma fille, car j'ai bien souvent entendu prononcer votre nom avec toute la considération qu'il mérite. Monsieur votre père était un des hommes que nous aimions... que nous estimions le plus au monde.
— C'est au bon souvenir que vous avez bien voulu, Monsieur, conserver de mon père, que j'attribue un accueil si obligeant, et dont je voudrais seulement être plus digne, — répondit Just avec déférence à M. de Noirlieu.

Puis le capitaine fit sans doute un pas pour se retirer discrètement, car j'entendis Régina lui dire d'une voix légèrement altérée, malgré la contrainte que s'imposait la malheureuse femme :
— *A bientôt*... j'espère, monsieur Clément!

Il y avait dans l'accent de Régina, en prononçant ce seul mot : *A bientôt*... le seul qu'elle pût dire en présence de son père... quelque chose de si suppliant, de si navrant... que les larmes me sont venues aux yeux.

Sans doute Just répondit à la princesse en s'inclinant respectueusement, car aucune parole n'était venue jusqu'à moi lorsque le capitaine sortit du parloir.

Presque au même instant j'entendis M. de Noirlieu dire à sa fille en parlant du capitaine Clément :
— Il est charmant.

Just passa rapidement devant moi, sans doute si absorbé qu'il ne m'aperçut pas.

Je le suivis.

Une fois dans le salon d'attente, il s'arrêta, ayant l'air de chercher quelqu'un du regard.

Au bruit que je fis en fermant la porte, il se retourna vers moi, et me dit :
— Ah! vous voilà, Martin... je vous cherchais.

Puis, après un instant de silence :
— Dites-moi, avez-vous là de quoi écrire un mot?... J'ai oublié... de donner à madame de Montbar... une adresse qu'elle m'avait demandée... et, de crainte d'être indiscret, je ne voudrais pas retourner chez elle... M. de Noirlieu étant là...
— Voilà ce qu'il vous faut pour écrire, monsieur Just, — lui dis-je. Et je lui montrai sur ma table du papier, de l'encre et des plumes destinés aux personnes qui venaient quelquefois *s'écrire* chez la princesse sur un registre destiné à cet usage.

Just, sans s'asseoir... écrivit quelques mots à la hâte...

Je m'étais éloigné par convenance, mais je l'observais attentivement... j'ai vu *une larme*... tomber sur le papier...

Just a fermé le billet avec un pain à cacheter... et sans doute, de crainte que je ne visse ses yeux pleins de pleurs, il m'a dit sans se retourner vers moi et en marchant vite vers la porte :
— Vous remettrez, je vous prie, ce billet à la princesse... lorsque M. de Noirlieu sera parti.

Et Just a disparu.

Ce billet... je l'avoue... je l'ai lu...

Le pain à cacheter était encore humide, je n'avais à redouter aucune suite de mon indiscrétion.

Voici ce que Just écrivait :

« Je pars... il le faut... du courage... j'attendrai... Si
» vous avez à m'écrire, adressez vos lettres chez moi, à
» Paris : elles me parviendront... »

Une grosse larme effaçait à demi, sans le rendre illisible, le mot *j'attendrai*.

Je refermai et recachetai la lettre.

. . . .

Vers les dix heures, M. de Noirlieu est parti.

La princesse a accompagné son père jusqu'à l'escalier; lorsqu'elle est revenue, je lui ai dit :
— Voilà un mot que M. Just a laissé pour Madame la princesse...

Je lui ai présenté la lettre.

En la prenant, la pauvre femme tremblait si fort, que deux fois sa main a heurté le petit plateau d'argent.

Elle m'a dit alors d'une voix si basse, que je l'ai à peine entendue :
— C'est bien... vous pouvez... vous retirer et fermer... la porte.

Il m'a semblé voir Régina trébucher deux fois, et s'appuyer sur un meuble en traversant le premier salon...

Je ne m'étais pas trompé...

Les portières du parloir s'étaient refermées sur elle depuis une minute au plus, le temps de lire le billet de Just, lorsque j'entendis le bruit d'une chute... je courus...

Régina était tombée sans connaissance à deux pas de sa cheminée, tenant à la main le billet de Just.

Au risque de ce qui pouvait arriver, je jetai vite le billet au feu, craignant l'indiscrétion de mademoiselle Juliette; puis je tirai violemment, et à plusieurs reprises, le cordon d'une sonnette.

La femme de chambre de la princesse arriva presque aussitôt.

— Madame se trouve mal, — m'écriai-je. — Vite... Mademoiselle... du secours; je vais vous envoyer madame Félix...

(C'était l'autre femme de la princesse.)

Et, sortant précipitamment, j'ai couru à l'office, où était cette femme, qui s'est hâtée d'aller rejoindre mademoiselle Juliette.

Tel a été le dénoûment de ce drame domestique, dont j'ai fait, pour ainsi dire, agir les personnages à mon gré, ou plutôt selon l'inspiration de ma conscience, selon les exigences sacrées du *droit* et du *devoir*.

Je suis remonté chez moi dans un trouble, dans une anxiété inexprimable, surtout ému de la plus douloureuse compassion envers Just... dont la conduite avait été d'autant plus généreuse, que d'abord il avait cédé à ce sentiment d'égoïsme inséparable de l'amour, puis qu'à cet accès de personnalité avait succédé l'austère sentiment du *devoir*, du *sacrifice*...

Régina aussi m'a profondément touché, parce qu'elle a été *vraie*, parce qu'elle a été *femme*.

D'abord, sous l'impression de la reconnaissance qu'elle devait à son mari, dont la conduite venait d'être digne et généreuse, Régina, la première, a parlé à Just de la nécessité d'une séparation; puis, ressentant les angoisses, les craintes que lui inspirait la pensée d'oublier Just ou de perdre son amour, elle a voulu s'opposer de toutes les forces de sa passion à la résolution qu'elle avait d'abord sollicitée.

Just... Régina !...

Pauvres chères âmes, victimes de la fatalité de leurs sentiments élevés...

Oh! qu'il m'a fallu de courage pour résister à la double tentation de calmer leurs scrupules et de satisfaire mon orgueil en paraissant tout à coup leur disant :

« Cette reconnaissance qui, surtout, vous enchaîne tous
» deux à M. de Montbar... elle est vaine... il n'y a aucun
» droit... Moi seul ai réuni les preuves nécessaires à la
» réhabilitation de la mémoire de madame de Noirlieu.
» Vous êtes donc profondément touchés de la ré-
» signation de M. de Montbar, qui ne demande qu'à tenter
» de reconquérir le cœur de sa femme à force de soins
» et d'amour, puis de s'éloigner à jamais si cette tenta-
» tive est vaine.
» C'est moi qui, le suivant au milieu d'une orgie où il
» allait lâchement étourdir son chagrin dans l'ivresse, lui
» ai soufflé au cœur ces inspirations à la fois dignes et ré-
» signées qui font *sa force*, comme vous dites tous deux. »

Oh! mon Dieu!... en parlant ainsi, avec quelles bénédictions j'aurais été accueilli de Just et de Régina! avec quelle cordiale affection ils m'auraient appelé leur *ami* peut-être!... Leur *ami!*... moi, pauvre enfant trouvé... pauvre laquais que je suis.

Oui, cela eût été doux à mon cœur et à mon orgueil!... Mais de ce que Just et Régina ignorent ce que j'ai fait pour eux, *en suis-je pour cela moins leur ami ?*... les ai-je moins conduits autant qu'il a été en moi dans la voie du devoir et de l'honneur?

Voie souvent bien rude, bien douloureuse. Hélas! qui le sait mieux que moi? Oh! oui, rude, douloureuse comme celle de tout calvaire... Mais une fois arrivé au sommet avec la lourde croix qu'on a longtemps portée... quel regard de mélancolique satisfaction l'on jette au loin!... sur ce chemin si péniblement parcouru... et qui garde parfois les traces sanglantes de notre passage !

O Claude Gérard, mon maître, mon ami... merci de tes enseignements, de tes exemples... Ils m'ont donné la force et le courage de le gravir... ce cruel calvaire. . . . .

Non, non, cette tentation de tout révéler à Just et à Régina était une pensée mauvaise...

Mon orgueil me rendait injuste... M. de Montbar a souffert aussi lui, cruellement souffert... Si sa douleur a manqué de dignité, n'est-ce pas là une des conséquences de la funeste éducation qu'il a reçue... éducation que trois mots résument :

Orgueil. — Richesse. — Oisiveté.

Si le prince a longtemps cherché des consolations indignes de lui, n'a-t-il pas accueilli avec un empressement, avec une modestie qui l'honorent, les inspirations meilleures que j'ai tâché de lui donner selon mon cœur? Sa conduite envers sa femme, dont celle-ci a été justement touchée, prouve assez qu'il a noblement compris mes conseils.

Enfin, avant ma rencontre avec lui, n'a-t-il pas obéi à un sentiment de généreuse jalousie en essayant de sortir de cette nullité dont il rougissait, surtout en entendant sans cesse répéter autour de lui le nom glorieux du capitaine Just?

Malheureusement cette résolution trop tardive n'a pas été encouragée par Régina, pour qui seule sans doute il l'avait tentée; alors, il est retombé dans ses grossiers enivrements.

Il n'importe; cette tentative l'honore, le relève; et plus j'y réfléchis, plus il me semble que j'ai agi avec impartialité envers Just et le prince, avec désintéressement en ce qui me touche; car, hélas!... c'est en vain que j'ai tâché d'éteindre dans mes longues solitaires le feu dont malgré moi je suis toujours consumé!

Les faits sont accomplis.

Maintenant... à qui appartiendra l'avenir? à Just, ou au prince?... Dieu seul le sait.

Mais, quoi qu'il arrive, le bonheur de Régina me semble assuré, — soit avec son mari, — soit avec son amant.

Quant aux entraînements inconsidérés où l'excès ou l'exagération de sa reconnaissance envers M. de Montbar pourrait jeter la princesse... je suis tranquille...

Si M. de Montbar, contre mon attente, contre ses promesses, faiblit devant ses bonnes résolutions, s'il ne se maintient pas à la hauteur de la situation difficile, mais belle et élevée, que je lui ai ménagée, d'un mot je peux briser le piédestal où je l'ai exhaussé aux yeux de Régina; d'un mot... je peux rejeter le prince bien plus bas qu'il n'est jamais tombé dans l'esprit et dans l'estime de Régina.

En tous cas, je suis là, je veillerai... j'aviserai.

. . . .

28 juin 18...

Plus de quatre mois se sont écoulés depuis que Just, en s'éloignant, a abandonné Régina à ses seules inspirations.

Il m'a été impossible de savoir où s'est retiré Just : la discrétion de la vieille Suzon a été impénétrable.

Tout ce que j'ai pu apprendre d'elle, c'est que Just avait été pendant deux mois entre la vie et la mort, par suite d'une maladie de langueur... Depuis peu de temps il est convalescent.

Je n'avais pas oublié que le prince, lors de notre entretien pendant la nuit qui suivit *le bal costumé* de la barrière, m'avait demandé comme une *grâce* de pouvoir m'écrire s'il avait besoin de mes conseils; je l'avais prié de m'adresser ses lettres poste restante à Paris, au nom de *M. Pierre*.

La femme du brave Jérôme était allée elle-même, une fois par semaine, au bureau restant, demander s'il n'y avait rien pour *M. Pierre*.

J'aurais craint, en m'acquittant moi-même de ce soin, d'être épié ou découvert par le prince, qui pouvait, malgré sa promesse, faire surveiller et suivre les personnes qui viendraient chercher les lettres de *M. Pierre*. Dans ce dernier cas, si mes craintes s'étaient réalisées, la femme de Jérôme avait sa leçon faite, elle devait répondre qu'un *marquis* inconnu, ou plutôt dont elle devait cacher le nom, l'avait chargée de retirer les lettres adressées à *M. Pierre*.

Le prince m'écrivit souvent et longuement.

Une des dernières lettres que j'ai reçues de lui, et que la femme de Jérôme m'a envoyée hier soir sous enveloppe et par la poste, est pour ainsi dire le résumé de ma correspondance avec le prince ; elle donne une idée sommaire, mais très-sincère, de ses relations avec Régina pendant cette période de quatre mois.

Ces quelques pages remplaceront mon journal habituel.

CHAPITRE LXXXII.

Lettre du prince de Montbar à M. Pierre. — Suite du journal de Martin. — Départ du prince.

« 19 juin 18...

« Il m'a fallu jeter un regard ferme sur le passé avant de vous écrire cette lettre, ami cher et *inconnu*, en qui j'ai toujours trouvé les conseils d'une âme forte, généreuse et élevée.

» J'ai besoin de vous rappeler en peu de mots les principaux événements de ces quatre mois écoulés... comme un jour.

» Quand on espère, la vie va si vite !

» Lors de ma première entrevue avec ma femme (entrevue qui a suivi notre rencontre pendant cette nuit étrange), je l'ai trouvée, je vous l'ai dit, aussi sincère que remplie de tact, de dignité.

» Si grande que fût sa reconnaissance envers moi... (*envers moi*... tandis que c'est vous... *vous seul*, qui avez droit à ce sentiment !... Je vous assure, du moins, mon ami, et cela presque avec orgueil, que j'ai toujours ressenti une secrète honte lorsque j'entendais Régina me parler de *ce qu'elle me devait*)... si grande que fût donc sa reconnaissance envers moi, lors de cette première entrevue, madame de Montbar ne s'est engagée à rien... elle ne m'a rien promis... me disant que dans deux jours elle me rendrait une réponse définitive ; c'était tout simple, elle voulait voir Just et se consulter avec lui.

» Je ne vous ai pas caché, mon ami, combien j'ai été touché de la loyale détermination de M. Just Clément... Son départ a-t-il été arrêté de concert avec Régina ? s'est-il, au contraire, résigné à partir sans l'avertir ? Je ne l'ai jamais su, je ne m'en suis jamais informé. A quoi bon ?

» Seulement je suis certain... parce que madame de Montbar me l'a dit, que, depuis quatre mois, une seule fois ils se sont écrit.

» Lorsque j'ai revu ma femme pour lui demander ce qu'elle avait décidé, elle m'a répondu simplement ces mots, que je crois entendre encore :

« — L'essai que voulez tenter, Georges, réussira-t-il ?
» je l'ignore... Si je devais juger d'après ce que je ressens
» à cette heure... je vous dirais franchement que votre
» tentative sera inutile... Mais qui peut répondre de l'ave-
» nir ?... Je suis maintenant sous l'empire d'un amour
» profond... exalté... dont je n'ai pas à rougir devant
» vous, parce qu'il a toujours été pur ; autrement l'essai
» que vous voulez tenter eût été pour vous et pour moi
» révoltant d'indignité. Ce n'est donc aucun *parti pris*,
» Georges. Je vous le répète, si je m'en crois à ce moment,
» l'amour que j'éprouve doit être éternel... Mais en ad-
» mettant que, par je ne sais quel prodige, vous parveniez
» à rallumer dans mon cœur cette tendre affection dont
» je vous ai donné tant de preuves... je conserverai tou-
» jours un doux souvenir d'une liaison aussi élevée qu'elle
» m'a été chère... et je reviendrai vers vous pour toujours,
» cette fois... Car vous savez si, avec mon caractère...
» les *bonheurs légitimes* me sont précieux... Faites donc
» que je vous aime encore, Georges, et si vous accomplis-
» sez ce miracle... je vous chérirai doublement de m'avoir,
» par l'amour, ramenée à des devoirs que j'ai méconnus
» par votre faute... »

» Telles ont été les premières paroles de Régina.

» Le véritable amour a en lui une foi si profonde, qu'entendant ma femme me tenir ce langage... je n'ai pas douté de l'avenir...

» Cependant, mon ami, je vous ai dit avec quelle réflexion, avec quelle prudence je me suis tracé la marche que j'avais à suivre.

» Un empressement trop tendre aurait choqué, blessé peut-être le cœur de Régina, son amour pour Just devant être d'autant plus ombrageux, d'autant plus en éveil, qu'elle redoutait peut-être de le voir s'affaiblir ; aussi, afin d'endormir ses défiances, je m'étais d'abord montré avec elle plutôt en ami, en frère... qu'en amant.

» J'avais aussi parfaitement compris que, pour ramener son cœur, il fallait autre chose que des protestations d'amour... Convaincre d'un sentiment sincère... rien de plus facile ; mais pour le faire partager !!! que de soins... que d'efforts !

» Ainsi, avant tout, j'ai voulu que ma vie fût aussi dignement occupée qu'elle avait été jusqu'alors oisive et inutile... Cette idée féconde que vous m'avez donnée, mon ami, d'utiliser *ma passion de contrastes* en m'aventurant encore dans d'horribles lieux, non plus par un sentiment de curiosité stérile, dépravée... mais dans un but profitable... cette idée, je l'ai mise en pratique. Je vous ai souvent écrit l'intérêt saisissant, et souvent bien doux pour mon cœur, que j'avais trouvé dans ces excursions ainsi dirigées.

» Je n'oublierai jamais la surprise, l'attendrissement de madame de Montbar, lorsque je lui ai raconté mon premier *succès* en ce genre. Avec quelle chaleureuse conviction elle m'a loué :

« — C'est beau... c'est bien, — m'a-t-elle dit d'une
» voix pénétrée. — Vous voilà digne de votre nom, de
» votre rang. »

» Les yeux de Régina brillaient ; son visage, toujours si pâle depuis un mois, s'était légèrement coloré ; il m'a semblé qu'en s'arrêtant sur moi, son regard perdait un peu de son amicale et froide placidité.

» Alors, je lui ai dit d'une voix presque timide :

» — Vous êtes contente, Régina ?
» — Oh ! oui... contente et bien heureuse... pour vous..
» — Alors, — ai-je ajouté en hésitant, de crainte *d'aller trop vite*, — alors, votre main.
» — Oh ! de grand cœur ! — m'a-t-elle répondu avec un mouvement rempli de cordialité.

» Cela m'a semblé une faveur inespérée.

» J'ai pris cette main presque en tremblant... cette main charmante que je couvrais autrefois d'ardents baisers... et je me suis hasardé à la serrer...

» Régina a répondu franchement à mon étreinte. Mais dès que j'ai voulu conserver sa main un instant dans la mienne, je l'ai sentie, pour ainsi dire, se refroidir... se glacer...

» J'ai regardé ma femme... elle a baissé les yeux ; son visage d'abord doucement épanoui est redevenu triste.

» J'ai compris.

» C'était de l'estime, une vive sympathie qu'elle m'avait voulu témoigner... voilà tout.

» Alors je lui ai dit, avec une résignation dont elle m'a paru touchée :

» — Rien... encore, Régina ? n'est-ce pas ?
» — Rien. — m'a-t-elle répondu.

» Et deux larmes ont coulé sur ses joues.

» Ce coup a été affreux pour moi... je m'étais *trop hâté*; j'avais réveillé ses défiances, qui peut-être commençaient de s'assoupir... L'œuvre de tout un mois était perdue... œuvre de patience, de résignation, de contrainte si difficile, si douloureuse !

» Alors, vous le savez, mon ami, j'ai failli désespérer, j'ai failli renoncer à cette tâche, dont seulement alors j'entrevoyais les difficultés terribles, insurmontables... Heureusement, votre austère amitié est venue à mon secours ; cette fois encore j'ai suivi vos conseils.

« — Courage et persévérance, — m'avez-vous écrit. —
» Non, ce n'est pas là du temps perdu ; vous pouviez,
» au contraire, l'employer plus dignement... Il a été perdu
» peut-être pour l'amour, mais non pour l'estime et pour
» la considération où madame de Montbar doit vous tenir
» à cette heure, et c'est un grand pas... Non, ce temps n'a
» pas été non plus perdu pour vous... Les actes utiles, fé-
» conds, dont vous pouvez déjà vous glorifier, comparez-les
» à la stérilité de votre vie passée... Non, ce n'est pas là du
» temps perdu... et pour finir par une expressive vulgarité :
» — Si cette première espérance a été déçue, brisée, *les*

» *morceaux en sont bons.* Courage donc, et persévérez. »

» Je me suis rendu à vos avis, j'ai persévéré, parce que ma foi en vous était aveugle... En savez-vous la cause? je vais vous l'avouer.

» Je ne sais quoi me dit qu'il y a... ou qu'il y a eu entre nous *une extrême parité de position*... je ne vous parle pas de position sociale... *cela est tout simple*... mais de position de cœur.

» Oui, il plane, pour ainsi dire, au-dessus de tout ce que vous m'écrivez un sentiment à la fois si noble et si triste, si délicat et si résigné, que je suis certain que *vous avez beaucoup aimé, aussi beaucoup souffert*.

» De là, je vous le répète, ma foi absolue dans vos avis... j'ai eu raison de l'avoir, car, peu à peu, j'ai espéré de nouveau...

» Je ne sais comment le peu de bien que j'avais commencé de faire s'est ébruité; puis est venu l'incident de cette espèce de *factum*, écrit par moi dans un moment de chaleureuse indignation contre une inculpation odieuse dont on accablait une pauvre famille vendéenne, dont le chef s'était jadis dévoué pour mon père. J'ignore quelles sont vos opinions politiques, mon ami; mais vous avez approuvé, loué même, les sentiments et les termes de ce factum, parce que, m'avez-vous écrit, la conviction et la loyauté sont partout respectables.

» La pauvre famille vendéenne a été sauvée, et l'on m'a accordé en partie l'honneur de cet acquittement. Ceci avait eu dans *notre monde* un retentissement exagéré; cela devait être, je me trouvais classé un peu au-dessus des inutiles et des oisifs, on m'accueillait avec une distinction autre que celle que l'on accorde seulement à la naissance; les hommes éminents de notre parti m'avaient fait, dès cette époque, plusieurs ouvertures des plus flatteuses, et pour mon âge et pour mon peu d'importance réelle. Enfin, nos journaux me signalaient comme un *homme d'avenir* pour notre opinion.

» Ces louanges, d'une bienveillance si peu méritée, ne m'aveuglaient pas; mais elles *m'obligeaient* à persévérer dans mes bonnes tendances, et elles me prouvaient, du moins, que mes efforts m'étaient généreusement comptés.

» Madame de Montbar s'était aperçue et m'avait aussi loué de ce changement remarquable dans ma position; les hommes les plus justement considérés l'avaient félicitée sur la voie où j'entrais si glorieusement, disaient-ils. Son père, qui s'était opposé à notre mariage, et m'avait été longtemps hostile, me comblait de preuves d'affection; que vous dirai-je?... aimé... comme autrefois je l'avais été de ma femme ou comme j'espérais l'être encore, j'aurais été le plus heureux des hommes...

» Cependant j'osais à peine m'interroger sur les progrès que je pouvais avoir faits dans son cœur.

» Plus de deux mois s'étaient passés depuis cette tentative trop hâtée, que je me suis si longtemps reproché. Madame de Montbar se montrait pour moi affectueuse, égale; elle s'intéressait à mes travaux, me conseillait avec sagesse et discernement, tempérait parfois la fougue de mes opinions. Elle me parlait avec intérêt de l'avenir qui m'était réservé, des espérances que je pouvais concevoir comme représentant de mon opinion, etc.

» Mais malgré le calme, la tranquillité que Régina affectait, je la surprenais souvent triste, rêveuse; sa santé s'altérait visiblement, et le sourire avec lequel elle accueillait tout ce que je tentais pour lui plaire avait quelque chose de doucement résigné qui souvent me navrait...

» Son père me disait parfois :

» — Vous êtes excellent pour ma fille; elle est remplie
» d'affections pour vous; votre position se dessine, grandit
» de jour en jour, et pourtant ces pressentiments de père,
» qui trompent rarement, me disent *qu'il y a quelque*
» *chose entre vous.* »

» J'ai dû rassurer M. de Noirlieu, et j'ai, je crois, en partie réussi.

» Tel était l'état des choses, mon ami, lors de ma dernière lettre.

» Si je vous rappelé ces faits, c'est qu'en vous écrivant aujourd'hui, j'ai eu besoin de me les rappeler à moi-même, afin d'embrasser d'un seul coup d'œil ma position présente et passée.

» Par une de ces idées qui ne peuvent venir qu'aux sots aveuglés par une fatuité stupide ou aux gens désespérés qui, comme moi, se rattachent à la plus folle espérance, ou plutôt se créent à eux-mêmes de folles espérances, je m'imaginai un jour que la préoccupation, que la tristesse de Régina, que l'altération croissante de sa santé étaient causées par l'embarras, par l'espèce de honte qu'elle éprouvait à m'avouer *que mon amour, si dédaigné d'abord, regagnait chaque jour dans son cœur la place que j'y avais perdue.*

» Selon moi, se joignait à cette transformation des sentiments de Régina une généreuse compassion pour Just, qu'elle me sacrifiait ainsi; compassion suivie de regrets, de remords même... mais qui cédait au réveil passionné du premier amour de Régina.

» Et puis enfin comme, depuis ma première et malheureuse tentative, je m'étais toujours tenu dans les bornes d'une affection tout amicale envers ma femme, l'occasion de me témoigner du changement de ses sentiments pour moi lui avait manqué, — me disais-je... — De tels aveux en pareille circonstance, et pour elle surtout, étaient toujours d'une délicatesse extrême.

» Ces interprétations de la conduite de madame de Montbar une fois admises par moi, je n'en trouvai que trop de raisons de les justifier et de persévérer dans ma croyance; car, vous me l'avez souvent écrit, mon ami, avec votre inflexible droiture, — le mal et le faux, comme le bien et le vrai, ont leur logique irrésistible, fatale.

» Ainsi, les manières affectueuses, mais toujours réservées de Régina, la prudence, la discrétion qu'elle montrait dans le choix même de ses expressions lorsqu'elle me parlait de son *estime*, de son *amitié*, de sa *reconnaissance*; tout cela, selon moi, n'était de sa part que contrainte, apparence, et, à la première circonstance favorable, la réalité devait m'apparaître.

» Après de longues hésitations... d'instinct sans doute et qui auraient dû m'avertir, je me décidai à savoir mon sort... quel qu'il fût, car, je vous avoue cette lâcheté, je ne me sentais plus la force de supporter davantage mon incertaine et pénible position.

» Depuis peu ma femme m'avait paru plus agitée, plus accablée que de coutume, ce que j'attribuais au temps orageux et pesant de tous ces jours-ci, car elle est devenue d'une extrême susceptibilité nerveuse.

» Hier, j'étais entré dans son salon assez brusquement pour qu'elle m'entendît; elle ne s'est pourtant pas aperçue de mon arrivée; m'approchant alors tout près d'elle... j'ai vu son visage baigné de larmes.

» Je lui ai demandé ce qu'elle avait... elle ne m'a pas répondu... je l'ai appelée... même silence, même distraction... enfin, je lui ai pris la main... au bout d'une seconde elle l'a retirée vivement, m'a regardé avec surprise comme si elle se fût éveillée en sursaut et m'a demandé si j'étais là depuis longtemps.

» Ces distractions profondes, ces moments de pénible extase ou d'insensibilité complète où elle est maintenant quelquefois plongée... je me les suis expliqués ou plutôt j'ai cru me les expliquer... comme le reste.

» Elle lutte en vain, — me suis-je dit, — contre le sentiment irrésistible qui la ramène à moi et qu'elle craint de s'avouer à elle-même... de m'avouer à moi...

» Le soir donc, par une assez belle soirée, quoique l'atmosphère fût orageuse et étouffante, nous sommes descendus au jardin.

» J'avais demandé que l'on servît le café dans un petit pavillon rustique situé au fond d'un épais quinconce.

» Lors des premiers... des heureux temps de mon mariage, Régina et moi nous éprouvions un plaisir d'enfants ou d'amoureux à fermer en dedans la porte du jardin, et à rester ainsi seuls des journées entières dans ce pavillon.

» Les souvenirs qui se rattachent à ces jours, les plus beaux de ma vie... sont encore pour moi si présents, si vivants... que, dans le courant d'idées auxquelles je me laissais entraîner, il m'a semblé qu'ils devaient avoir sur ma femme la même influence... et qu'ainsi entourée de tout ce qui devait lui rappeler nos enivrements passés... cet aveu que j'espérais si ardemment lui viendrait presque malgré elle... du cœur aux lèvres...

» Nous sommes entrés dans ce pavillon... Régina s'est assise sur un divan; elle était vêtue de blanc... et ne paraissait plus que l'ombre d'elle-même. Elle était si pâle... si pâle... que, dans la demi-obscurité qui commençait d'envahir le pavillon, son doux et beau visage ne se distinguait pas de la blancheur de ses vêtements.

» Notre conversation ayant langui peu à peu, nous étions, presque sans y songer, tombés tous deux dans une rêverie silencieuse depuis plus d'un quart d'heure.

» Régina ne semblait plus s'apercevoir de ma présence... son regard fixe s'attachait sur la cime des grands arbres du jardin, au-dessus desquels brillaient déjà quelques étoiles; son sourire me sembla d'une tristesse, d'une amertume profonde... elle se tenait immobile, à demi pliée sur elle-même, et tenait croisées, sur ses genoux, ses mains toujours charmantes, mais cruellement amaigries...

» A cette heure, mon ami, que mon esprit n'est plus troublé par de mensongères visions, et que je me rappelle réellement la physionomie et l'attitude de madame de Montbar... je puis à peine comprendre la funeste aberration où je suis tombé, car je me disais :

» Pauvre femme... j'ai tant fait pour elle, qu'elle s'est enfin rendue... Elle n'attend qu'un mot de moi pour me faire un aveu qui est à la fois le charme et la tourmente, car cette pâleur, cet abattement, des émotions trop contenues les causent; elle détourne ses yeux de moi... de crainte peut-être de céder à l'attraction magnétique de mon regard; son trouble, sa distraction me disent assez qu'elle lutte une dernière fois, mais en vain, contre les pensées d'amour qui l'assiégent de toutes parts; mais la nuit vient... le silence est profond; nous sommes seuls... seuls... dans le lieu qui lui rappelle tant de souvenirs... Jamais occasion plus opportune ne se présentera pour amener sur ses lèvres l'aveu qu'elle me retient encore...

» Je me suis donc agenouillé aux pieds de ma femme, j'ai pris une de ses mains, qu'elle m'a abandonnée sans résistance.

» Cette main, brûlante, amaigrie, je l'ai couverte de baisers passionnés... et elle a répondu par une pression convulsive à mon étreinte.

» — Régina! — me suis-je écrié avec ivresse, — enfin... tu es revenue à moi... tu es ma Régina d'autrefois... tu m'aimes?...

» — Oh! oui... Quoi qu'on fasse... je t'aime toujours, je t'aime plus ardemment que jamais. . J'en meurs... de cet amour... mais je ne le dis pas... je ne dois pas le dire... *je lui dois tant...* A LUI! C'est égal... va... cette mort est douce... mon Just bien-aimé... Je meurs avec ta pensée.

» Un cri déchirant que je poussai involontairement a arraché madame de Montbar à l'espèce de délire où son esprit s'égarait.

» Elle a paru sortir d'un rêve, a tressailli, s'est redressée brusquement et m'a dit d'un air hagard, en passant ses deux mains sur son front :

» — Est-ce qu'il y a longtemps que nous sommes là... Georges?

» Les larmes me suffoquaient; heureusement la nuit était presque venue. Ma femme ne s'est pas aperçue que je pleurais; je lui ai répondu :

» — Oui... il y a assez longtemps... Mais il se fait tard... Voulez-vous rentrer?

» — Comme vous voudrez, mon ami, — m'a-t-elle répondu doucement sans remarquer l'altération de ma voix.

» J'ai interrompu cette lettre, mon ami; je souffrais trop pour la continuer.

» Vous savez tout, maintenant... je n'ai qu'un seul parti à prendre... et vous me le conseillerez, j'en suis certain; c'est de partir demain... de rendre la liberté à madame de Montbar...

» La malheureuse femme se meurt... et c'est mon aveuglement, c'est ma lâcheté qui la font mourir.

» Demain donc je m'éloignerai.

» Dans l'état où se trouve madame de Montbar, l'annonce de ce brusque départ lui porterait un coup funeste par l'excès même du bonheur qu'elle ressentirait... je lui écrirai que je fais seulement un voyage de quelques jours; puis, je lui apprendrai de loin, peu à peu et avec ménagements... *la bonne nouvelle.*

» Heureusement... Régina sera heureuse; malgré mes invincibles ressentiments contre... *cet homme,* j'ai confiance dans les rares qualités de son cœur... je ne doute pas... je n'ai pas le droit de douter qu'il ne soit pour *elle* ce qu'il doit être.

» Une dernière fois... adieu et merci... mon ami... Oh! oui, *merci,* car vos sages et affectueux enseignements ont germé dans mon âme, et si, dans la vie douloureuse à laquelle je suis désormais condamné, quelques consolations me sont réservées... je les devrai à l'apprentissage du bien, à l'habitude des idées généreuses, élevées, utiles, à l'aide desquelles j'avais espéré reconquérir le cœur de cette vaillante et généreuse femme, à jamais perdue pour moi... par ma faute... oui... par ma faute!!

» La leçon est profitable... mais elle est terrible... Si j'avais commencé comme je finis; si, au lieu de perdre ma vie dans une oisiveté dégradante qui m'a toujours aliéné le cœur de ma femme, j'avais agi comme j'ai agi depuis, grâce à vos conseils... Régina eût été... serait fière de moi, à cette heure!

» Adieu, mon ami; réponse à l'instant, quoique je la sache d'avance... Vous ne pouvez me conseiller un autre parti que celui que je prends.   G. DE M. »

La lecture de la lettre du prince de Montbar m'a fait éprouver un sentiment de profonde commisération pour lui; mais, en même temps, j'ai songé que sa détermination, dans laquelle je devais l'encourager, sauvait peut-être la vie de Régina et assurait à jamais son bonheur et celui de Just.

Ce que le prince venait de me raconter de la touchante et courageuse résignation de madame de Montbar, délicatesse poussée jusqu'à l'héroïsme, en cela que liée à son mari par la reconnaissance, elle n'osait ni réclamer cette liberté qu'il lui avait promise s'il ne parvenait pas à se faire aimer comme par le passé... ni lui dire, la pauvre femme, qu'elle aimait toujours Just Clément, qu'elle l'aimait peut-être plus que jamais, en raison même des tourments que lui causait cet amour; tout cela... je l'avais pressenti, deviné ou vu.

J'avais rempli, comme de coutume, mon service auprès de ma maîtresse pendant ces quatre mois, et mon habitude d'observation, jointe à l'espèce de prescience que me donnait mon amour, m'avait initié à presque tous les secrets de ce malheureux cœur si cruellement éprouvé...

Je m'étais, d'ailleurs, résolu, dans le cas où cette situation se fût assez prolongée pour me donner des craintes sérieuses pour la vie de madame de Montbar, je m'étais résolu d'écrire au prince, sous le nom de M. *Pierre,* que cette vaine épreuve avait assez duré; si enfin M. de Montbar ne se fût pas rendu à ces conseils, je me serais décidé à lever les scrupules de Régina en la déliant de la reconnaissance qu'elle croyait devoir à son mari.

Dieu soit loué! je n'ai pas eu besoin de recourir à ces pénibles extrémités. Régina, Just, M. de Montbar, se sont montrés dignes les uns des autres.

Voici le billet que, ce matin, j'ai reçu du prince en réponse à ma lettre d'hier, dans laquelle je l'engageais à persister dans sa détermination :

« Je n'attendais que votre approbation pour partir, mon
» ami; seulement, sans vous consulter, je me suis décidé
» à un aveu que vous auriez peut-être combattu.
» Je n'ai pas voulu, en m'éloignant, laisser le moindre
» regret à madame de Montbar au sujet de la reconnais-
» sance qu'elle a cru si longtemps me devoir.
» Dans ma lettre d'adieu, je lui dis que ce n'est pas à
» moi... mais à un ami inconnu, qu'elle doit la réhabili-
» tation de la mémoire de sa mère. La dernière grâce qui
» me reste à implorer, — lui ai-je écrit, — c'est de me
» pardonner d'avoir ainsi abusé d'un sentiment de grati-
» tude auquel je n'avais aucun droit.
» Je n'ai pas cru en cela pouvoir faillir à la promesse d'hon-
» neur que je vous ai faite, mon ami...
» Et d'ailleurs, si j'ai porté une légère atteinte à cette

Elle dormait si profondément, que, grâce à l'épaisseur des tapis, j'ai pu m'approcher assez près de son lit... — Page 336.

» promesse, vous me serez indulgent; je crois me montrer
» plus homme d'honneur en agissant ainsi, qu'en observant
» rigoureusement la lettre de mon engagement envers vous.
» Adieu!... et, malheureusement pour moi, à jamais!...
» adieu, mon ami; je ne sais quel avenir m'est réservé...
» j'ignore ce que je puis espérer *du temps*, ce morne con-
» solateur... Mais à ce moment où je vous écris, je crois...
» je sens qu'il n'existe pas au monde un homme plus
» malheureux que moi...
» La seule pensée dont la douceur amère contraste avec
» le chaos de ressentiments sombres, déchirants, au mi-
» lieu desquels je me débats, c'est que Régina a été *admi-
» rable... sublime jusqu'à la fin.*
» Croyez-moi, mon ami, si je me sens impitoyable en-
» vers quelqu'un, ce n'est ni envers elle, ni envers Just,
» aussi digne, aussi généreux qu'elle... c'est *envers moi*,
» moi la seule cause de leurs tourments passés... de mes
» tourments à venir.
» Une dernière fois, adieu, et merci à vous... mon ami...
» Sans vos conseils, mon sort eût été mille fois plus misé-
» rable, car j'aurais haï, méprisé, poussé peut-être au
» désespoir deux personnes que j'estime, que j'honore,
» au contraire, au moment de m'éloigner d'elles, certain
» de les laisser heureuses et sans remords...
» Vous aviez raison... Il est une sorte de consolation
» dans un tel sentiment...
» Du courage... l'heure sonne... C'en est donc fait pour
» jamais... ô mes espérances!

» Mon Dieu!... que je souffre!... pitié pour ma fai-
» blesse... Adieu... Plaignez-moi, aimez-moi... Oh! si
» dans ce moment terrible.. vous vouliez venir à moi...
» partir avec moi... c'est à genoux que je vous bénirais!
» Votre amitié me serait d'un tel secours!

» Mais non, c'est impossible, vous ne voudrez pas... je
» suis fou... pardon de cette demande; n'avez-vous pas
» déjà trop fait pour moi!
» Adieu... pour la dernière fois, adieu...

» G. DE M. »

3 juillet 18...

Tout est accompli.
Depuis le commencement de la semaine passée, M. de Montbar est parti.
Aujourd'hui, Just et Régina se sont revus pour la première fois.
Ma maîtresse était encore bien pâle, bien amaigrie... mais qu'elle était belle, mon Dieu! qu'elle était belle de bonheur et d'amour!!

Ma tâche est finie... loyalement, courageusement finie, je peux le dire avec orgueil.
Maintenant, que ferai-je?
Désormais, à quoi serai-je bon à la princesse?
Mais moi?... cette habitude d'intimité domestique... si douce, si chère à mon cœur, malgré les tourments dont elle est parfois traversée, pourrai-je la rompre? Vivre loin de Régina?... ne plus la voir, presque à chaque instant du jour?... m'éloigner... maintenant surtout que la voilà si heureuse?...
Aurai-je ce courage? résisterai-je à cette mélancolique satisfaction de me dire, en voyant le bonheur rayonner sur ses traits et sur ceux de Just:
« A cette félicité... j'ai contribué... Ces épreuves dou-
» loureuses, mais nécessaires à la consécration de leur
» amour, qu'elles devaient rendre pur de tout remords, ces

Il se précipita, avec sa danseuse, au milieu de la ronde effrayante. — Page 512.

» épreuves dont tous deux sont si glorieusement sortis, je
» les ai suggérées dans l'intérêt même de leur tendresse,
» de sa grandeur et de sa dignité. »

Et c'est à ce moment que je quitterais Régina, après avoir eu si longtemps sous les yeux le spectacle désolant de sa tristesse, de ses malheurs!

Non... non... s'il m'est dû quelque récompense... telle sera la mienne, — la vue de cette félicité — à laquelle j'ai contribué de toutes les forces de mon dévouement ignoré... et qui doit l'être toujours...

Non... d'ici à quelque temps... si elle y consent du moins, je ne quitterai pas Régina.

Et plus tard... cette douce et dangereuse habitude de vivre près de madame de Montbar s'est tellement incarnée en moi, que je ne puisse m'y soustraire; si, s'accoutumant à me regarder comme un de ces bons et fidèles serviteurs dont on ne se sépare plus... la princesse me dit quelque jour...

— Martin... vous ne me quitterez jamais, n'est-ce pas?

Comment la refuser? Le vœu de mon cœur ne sera que trop d'accord avec sa demande...

Et alors ma vie se passera dans une domesticité stérile, égoïste, sans rien qui la relève... car du moins jusqu'ici cette domesticité m'a permis de rendre à Régina des services que je n'aurais pu lui rendre dans une autre condition sociale. Mais ma tâche est accomplie... Mis au-dessus du besoin par la générosité du docteur Clément, ma vie ne peut-elle... ne doit-elle pas avoir un but plus élevé, plus utile... plus profitable à *mes frères en humanité,* comme disait mon bienfaiteur.

Pas de faiblesse; je consulterai Claude Gérard... Sa mâle et tendre parole me guidera encore une fois.

Qu'il soit béni du moins; car c'est à lui que j'ai dû d'appliquer à mon humble condition cette maxime si souvent pratiquée et répétée par lui :

Il n'est pas de position, si infime qu'elle soit, où l'homme de cœur ne puisse faire acte de dignité...

. . . .

CHAPITRE LXXXIII.

Indécisions de M. Duriveau. — Entrevue du comte et de Claude Gérard. — La prophétie.

Ici nous interrompons les *Mémoires de Martin,* pour rappeler au lecteur de ce livre les faits qui se sont passés ensuite de l'arrestation de Bête-Puante (ou plutôt de Claude Gérard, à qui nous restituerons son véritable nom).

Surpris sur le bord de l'étang de la métairie du Grand-Genévrier par le brigadier Beaucadet, embusqué avec quelques-uns de ses hommes près des ruines du fournil, Claude Gérard et Martin venaient de tomber entre les mains des gendarmes, lorsque le comte et son fils, avertis par Beaucadet, étaient arrivés sur le lieu de l'arrestation, afin de s'assurer qu'un de leurs domestiques devait se trouver à un mystérieux rendez-vous avec Bête-Puante, accusé d'avoir tiré un coup de feu sur M. Duriveau.

Nous rappellerons enfin au lecteur qu'ayant reconnu dans Claude Gérard, le braconnier, un homme que deux fois il avait mortellement outragé, le père de Scipion, par une odieuse bravade, s'était plu à donner en présence de Claude Gérard l'ordre de chasser maître Chervin et sa femme de la métairie du Grand-Genévrier.

Cette méchante action accomplie, Scipion et son père, remontant en voiture, étaient revenus au château du Tremblay pendant que les gendarmes emmenaient Claude et Martin.

De retour chez lui, le comte, suivant l'avis de Beaucadet, crut prudent de faire quelques recherches dans la chambre de Martin, sur qui de graves soupçons planaient alors.

Ces recherches furent d'abord vaines; mais M. Duriveau, trouvant une malle fermée, s'était cru autorisé à la forcer, et y avait pris un coffret de bois renfermant le cahier manuscrit des *Mémoires de Martin*, accompagné d'une lettre au *roi*.

Cette correspondance de son valet de chambre avec un roi excitant vivement la curiosité de M. Duriveau, il avait emporté le manuscrit des Mémoires dans sa chambre, et s'était mis à les lire alors qu'une heure du matin sonnait à l'horloge du château du Tremblay.

Telles étaient, on le sait, les premières lignes des *Mémoires de Martin* :

« Je n'ai conservé qu'une idée confuse et incomplète des
» événements qui ont précédé ma huitième ou ma neu-
» vième année. Cependant, de cet obscur passé déjà si
» lointain, j'ai gardé la mémoire d'une jeune belle femme
» dont les doigts agiles faisaient presque continuellement
» bruire les fuseaux d'un métier à dentelles tout couvert
» de brillantes épingles de cuivre; le cliquetis sonore des
» fuseaux faisait ma joie; il me semble l'entendre encore;
» mais, le soir, cette joie se changeait en admiration; couché
» dans mon petit lit, je voyais cette même jeune femme,
» ouvrière infatigable (ma mère peut-être), travailler à la
» lueur d'une chandelle dont la vive clarté redoublait d'é-
» clat en traversant une eau limpide renfermée dans un
» globe de verre; la vue de ce foyer lumineux me causait
» une sorte d'éblouissement et d'extase auquel le sommeil
» seul mettait un terme. »

Lors même que la curiosité de M. Duriveau n'eût pas été excitée par d'autres motifs, les lignes seules que nous venons de rappeler auraient suffi pour attirer vivement son attention, sinon son intérêt, sur ces *Mémoires*.

La jeune fille qu'il avait autrefois séduite était une ouvrière en dentelles, comme la jeune femme que Martin croyait être sa mère...

Elle se nommait *Perrine Martin*... et le valet de chambre dont il lisait les Mémoires se nommait Martin...

Enfin l'âge que celui-ci paraissait avoir, certaines particularités de ressemblance physique, d'abord à peine remarquées par le comte, mais que ces premiers soupçons rappelèrent aussitôt à sa mémoire; toutes ces circonstances réunies, sans convaincre M. Duriveau que Martin était *son fils*... lui présentaient cette hypothèse comme possible.

On conçoit dès lors combien de causes excitantes, irritantes, avaient attaché le comte à la lecture des *Mémoires de Martin*.

Puis, au bout de quelques pages, M. Duriveau rencontra les noms de *Bamboche* et de *Basquine*, ces deux compagnons d'enfance de Martin.

Bamboche devenu ce meurtrier redoutable que l'on avait traqué la veille dans les bois du comte.

Basquine devenue l'une des plus célèbres artistes de l'époque... femme infernale selon ceux-ci, angélique selon ceux-là, mais doublement infernale selon le comte, car peu de jours s'étaient passés depuis que Scipion avait audacieusement annoncé à son père qu'il eût à regarder Basquine comme le suprême arbitre de son mariage à lui Duriveau avec madame Wilson; insolente prétention qui avait amené cette scène déplorable, effrayante, entre le père et le fils, scène à laquelle avait succédé de part et d'autre une suspension d'hostilités, le comte ayant le lendemain dit à son fils que, quelque bizarres que fussent ses prétentions à poser Basquine comme arbitre de ce double mariage, du père et du fils... il *aviserait*...

Puis venait dans les *Mémoires* la rencontre de Martin au fond de la forêt de Chantilly avec *Régina*, Scipion et *Robert de Mareuil*...

Quels souvenirs ces noms ne devaient-ils pas éveiller dans la mémoire de M. Duriveau!

— *Scipion*... son fils...
— *Robert de Mareuil* dont il avait été le rival... lors de ses prétentions à la main de *Régina*, qu'il devait un jour attirer dans un piège horrible... pour se venger de ses dédains...

Venait ensuite l'enfance et la première jeunesse de Martin chez Claude Gérard...

Claude Gérard... encore un nom écrit en lettres sinistres, ineffaçables, dans la vie du comte...

Là encore reparaissait Régina; Régina enfant, puis adolescente, puis jeune fille, et grandissant pour ainsi dire aux yeux de Martin à chaque anniversaire de la mort de la baronne de Noirlieu...

C'était ensuite cette pauvre folle que Claude Gérard entourait de ses soins pieux et touchants.

Un pressentiment invincible disait au comte que cette femme folle était Perrine Martin... dont il avait enlevé le cœur à Claude Gérard, pour la séduire, la délaisser ensuite, et lui faire plus tard enlever son enfant, afin de se débarrasser des exigeantes réclamations de cette mère qu'il abandonnait lâchement, la sachant réduite aux faibles ressources d'un travail opiniâtre.

Martin arrivait à Paris...

Encore des noms qui résonnaient dans la mémoire du comte Duriveau :

— *Régina*,
— *Robert de Mareuil*,
— *Le prince de Montbar*...

Et plus tard cette scène des Funambules, où le comte assistait avec son fils, scène d'où datait, pour ainsi dire, la haine incurable de Basquine contre Scipion et — *ceux de sa race oisive et méchante*, — avait dit la jeune fille.

Plus tard, c'était le séjour de Martin chez le docteur Clément... puis les recommandations du docteur qui, près de mourir, chargeait Martin de veiller sur Régina, qu'il savait menacée de l'implacable vengeance de M. Duriveau...

Les pressentiments du docteur ne l'avaient pas trompé... Martin ne faillissait pas à la mission que son maître mourant lui avait confiée; il envoyait un sauveur à Régina prise au piège tendu par le comte, dans la maison déserte de la rue du Marché-Vieux.

Ce sauveur... c'était Just Clément... qui devait si cruellement châtier l'infâme conduite de M. Duriveau et lui imposer un duel dont les conditions mettaient désormais Régina à l'abri de calomnies infâmes...

Enfin, c'était madame Wilson, que le comte aimait d'une si ardente, d'une si folle passion, dont il retrouvait encore le nom dans le récit de Martin.

On le voit, ces *Mémoires* touchaient par tant de points à la vie de M. Duriveau, que cela seul eût suffi à expliquer l'opiniâtre curiosité avec laquelle il poursuivit cette lecture...

Mais lorsqu'il vint à songer que ce malheureux enfant abandonné, voué à tant de misères, à tant de chagrins, à tant de rudes épreuves subies avec résignation, avec courage, et dont il devait sortir pur... lorsque le comte vint enfin à songer, disons-nous, que Martin était sans doute son fils, il se sentit en proie à une frayeur mêlée de honte insupportable à la seule pensée de se trouver face à face avec Martin, dont l'esprit était si droit, le cœur si pur, le caractère si élevé.

Cette honte aurait déjà paru insupportable au comte, lors même que Martin eût encore ignoré le secret de sa naissance... Mais se remémorant quelques particularités de sa première entrevue avec lui, songeant à l'affection qui l'unissait à Claude Gérard, ne disant enfin qu'il était peu probable que le hasard seul eût conduit Martin à entrer comme domestique chez lui, le comte éprouvait une nouvelle et plus terrible angoisse... il ne doutait plus que Martin ne fût instruit des liens qui les unissaient...

Ainsi, riche d'une fortune immense, cet homme d'un caractère impitoyable, d'une volonté de fer, d'une dureté, d'une audace sans pareilles, cet homme enfin, professant pourtant de nobles sentiments un cynique et indomptable dédain, rougissait, tremblait... à la seule pensée d'affronter le regard d'un pauvre valet... d'un malheureux enfant abandonné.

Mais aussi... ce valet possesseur de secrets si déshonorants... *ce valet avait une belle âme... et ce valet était son* FILS!

Si insignifiante qu'elle paraisse au premier abord, cette profonde perturbation dans les idées habituelles de M. Duriveau prouvait que la lecture des *Mémoires de Martin*, sur lesquels le comte réfléchissait ainsi, agissait déjà puissamment sur son esprit, à son insu peut-être...

Puis, comme cet homme était surtout dominé par un immense orgueil, il finit par subir l'influence de cette autre pensée :

— Ce malheureux enfant trouvé, dont l'âme s'est montrée si haute en tant de circonstances difficiles, effrayantes... ce valet qui correspond familièrement avec un roi... *c'est mon fils*...

Enfin une comparaison forcée, fatale... rappelait à la mémoire du comte cette scène récente dans laquelle Scipion avait poussé l'audace de la révolte contre le caractère paternel jusqu'à l'excès le plus épouvantable. M. Duriveau ne pouvait non plus s'empêcher d'établir un parallèle entre Scipion et Martin.

Néanmoins, ces idées encore vagues, plutôt instinctives que mûrement raisonnées, ne pouvaient avoir immédiatement toute leur puissance d'action : un homme de l'âge et de la trempe de M. Duriveau ne se transforme pas en un jour. La lecture des *Mémoires de Martin* jetant dans cette âme incroyablement endurcie quelques généreuses semences, les événements à venir pouvaient seuls les développer ou les étouffer...

Ainsi, après avoir un moment songé avec un orgueil involontaire *que Martin était son fils*... pensée d'une légitime, d'une généreuse fierté... pensée d'un *bon orgueil*, si cela se peut dire, le comte retomba bientôt dans les ressentiments de l'orgueil le plus détestable : il se révolta contre la haute valeur morale de ce fils dont il s'était un instant félicité ; l'envie, la haine, la colère, la honte lui soufflèrent au cœur les plus mauvaises passions. Dans sa joie cruelle, il se disait qu'au moins Martin était en prison, qu'il y resterait longtemps, car lui, Duriveau, le chargerait de toutes ses forces, userait de toute son influence, et elle était grande, afin de lui faire infliger une condamnation sévère, pour se débarrasser ainsi de la présence d'un misérable qui lui inspirait autant d'aversion que de crainte.

Puis, comme l'homme le plus méchamment perverti (surtout lorsque dans sa jeunesse il a connu des sentiments humains, généreux, et M. Duriveau avait ainsi commencé), comme l'homme le plus méchamment perverti, disons-nous, ne peut, quoi qu'il fasse, fermer tout à fait les yeux à l'auguste splendeur des grandes vertus, le comte, après avoir écouté son funeste orgueil qui lui disait de haïr Martin... écoutait sa conscience, son cœur paternel qui lui disait d'estimer, d'aimer ce digne et valeureux enfant.

Alors cette première tempête de détestables passions s'apaisait devant la puissante autorité du juste et du bien... comme les nuages des tourmentes se dissipent à l'éclat du soleil ; le comte subissait de nouveau la douce, la pénétrante influence des rares qualités de Martin... Il admirait cette résignation souvent douloureuse, mais jamais souillée par un seul instant de révolte ou de haine contre sa terrible destinée, contre le père sans entrailles qui la lui avait faite, cette destinée !!!... Jamais, dans ces pénibles confessions, le comte n'avait trouvé une parole de malédiction contre la société marâtre qui l'avait insoucieusement abandonné, lui Martin, dès son enfance, à tous les hasards de l'ignorance, de la misère et du vice...

Non, non, *résignation,* — *sacrifice,* — *devoir,* — ces trois mots disaient la vie de cet infortuné.

Il y eut surtout un moment où M. Duriveau ne put contenir son émotion en lisant ces deux lignes qui semblaient résumer la conduite de Martin envers Régina, Just et le prince de Montbar :

Il n'est pas de position, si infime qu'elle soit, où l'homme de cœur ne puisse faire acte de dignité.

Maxime touchante dont Claude Gérard avait donné à Martin l'enseignement et l'exemple. . . . .

Au moment où M. Duriveau relisait les lignes précédentes qui terminaient l'épisode de la princesse de Montbar et les *Mémoires de Martin*, quatre heures sonnaient au château du Tremblay.

La nuit, calme dans la soirée, était devenue orageuse ; la tourmente mugissait au dehors, les grands arbres du parc, violemment agités par le vent, rendaient un bruissement sourd, prolongé, comme celui de la mer ; on l'entendait de la chambre à coucher de M. Duriveau, située au rez-de-chaussée.

Profondément absorbé, le comte, le coude sur son bureau, la tête dans ses deux mains, poursuivait sa lecture et ses méditations ; telle était sa contention d'esprit, qu'il ne s'aperçut pas d'un léger bruit causé par le grincement de la serrure d'une porte qui donnait dans son cabinet de toilette où aboutissait, on l'a dit, l'escalier de la chambre de Martin.

Au moment où une nouvelle et violente raffale de vent ébranlait les volets extérieurs, la porte, dont le pêne avait légèrement glissé, s'ouvrit...

Mais elle resta entre-bâillée.

C'est à peine si M. Duriveau fit attention au bruit de cette porte, qu'il crut entr'ouverte par la violence du vent, car, après avoir un instant tourné la tête de ce côté, le comte retomba dans ses réflexions ; son visage énergique trahissait la lutte des sentiments divers dont son âme était agitée ; mais, à ce moment, l'expression de ses traits semblait annoncer la prédominance des sentiments généreux... deux fois il secoua tristement la tête, tandis qu'un sourire de commisération effleurait ses lèvres, ordinairement altières et dédaigneuses.

Alors la porte jusque-là seulement entre-bâillée s'ouvrit toute grande, mais lentement, et sur cette baie noyée d'ombre se dessina la figure de Claude Gérard...

La tête nue du braconnier ruisselait d'eau ainsi que sa casaque de peau de bêtes ; à la fange noire dont son pantalon était couvert, on voyait qu'il venait de traverser des marais et des terrains tourbeux.

Voyant le comte occupé à lire, Claude Gérard, par son geste et par sa physionomie, sembla dire :

— *Je m'y attendais... j'arrive à temps...*

Alors, il s'approcha de M. Duriveau sans être entendu de lui, grâce à l'épaisseur des tapis, et lui posa sa large main sur l'épaule.

Le comte fit un bond sur sa chaise et se retourna brusquement ; mais, à l'aspect du braconnier, il resta muet, pétrifié.

Avant qu'il eût pu faire un mouvement... Claude Gérard s'était rapidement emparé du manuscrit des *Mémoires de Martin*, et avait enfoui ce cahier dans l'une des vastes poches de sa casaque, puis s'adressant au comte, il lui dit d'une voix sévère :

— Martin avait redouté cet abus de confiance, Monsieur... Je suis arrivé à temps...

— Vous ici ! ! — s'écria le comte en sortant enfin de sa stupeur.

Et, se levant brusquement, il courut à sa cheminée et tira violemment le cordon d'une sonnette.

— Cette sonnette ne donne que dans la chambre de Martin... *et il n'y est pas...* vous le savez bien... — dit froidement Claude. — Nous sommes seuls ici... volets et portes fermés...

— Tu veux donc m'assassiner ! misérable ! s'écria le comte en cherchant du regard quelque chose dont il pût se faire une arme. — Que viens-tu faire ici ?

— Je viens vous dire, Monsieur, — reprit Claude Gérard d'une voix triste et solennelle, — je viens vous dire que Perrine Martin, la mère de votre fils, est morte cette nuit...

— Morte ? elle, la mère de Martin !... — s'écria le comte.

— Morte ! il y a trois heures... — dit Claude Gérard, — ici, dans l'une de vos métairies, où on l'avait transportée...

— Elle était ici, — murmura le comte atterré. — Elle est morte... Martin est mon fils !... il est donc vrai...

— Oui... Martin est son fils et le vôtre... oui, elle est morte ! — répéta lentement Claude Gérard, comme s'il eût voulu faire entrer ces paroles au fond du cœur de M. Duriveau.

— Non, non, — s'écria celui-ci presque avec égarement, — c'est un rêve affreux...

— Si c'est un rêve, Monsieur, — répondit Claude, — la cloche des morts, qui va sonner à l'aube, vous réveillera.

— Oh ! cette mort... en ce moment... — murmura le comte anéanti, — quand tout le passé vient de m'apparaître...

L'accent, la physionomie de M. Duriveau révélaient alors une douleur et des remords si sincères, que Claude Gérard en eut pitié, et il lui dit d'une voix moins menaçante :

— Au nom de ce passé... au nom de ce que votre fils a souffert... au nom du courage et de la résignation qu'il a montrés... repentez-vous... Il est temps, croyez-moi !

Le comte, à la fois honteux et irrité d'avoir laissé pénétrer son émotion à Claude Gérard, se roidit contre les sentiments généreux auxquels il venait de céder et s'écria :

— Sors d'ici... à l'instant, pas un mot de plus.

— Dieu se lasse à la fin... — reprit Claude Gérard d'une voix plus élevée... — Prenez garde.

— T'en iras-tu ! — s'écria le comte exaspéré.

— Écoutez-moi, je vous en conjure, — reprit Claude Gérard d'une voix altérée, — je vous parle sans haine, sans emportement. Il y a dans tout ceci une volonté providentielle... C'est cette nuit... presque à la même heure où expirait votre victime... la mère de Martin... de votre fils... qu'en lisant la vie de ce malheureux enfant... vous apprendrez à le connaître, et, j'en suis sûr... à le plaindre, à l'aimer... Je vous dis qu'il y a dans tout ceci autre chose que du hasard... — répéta Claude d'une voix de plus en plus imposante, — oui... et si vous étiez assez aveugle, assez malheureux, assez désespéré, pour ne pas vous abaisser devant ce qu'il y a de mystérieux, de providentiel dans ces événements... prenez garde... un secret pressentiment me dit que vous serez frappé fatalement de quelque coup terrible.

Malgré son orgueil, malgré son endurcissement, le comte tressaillit à ces paroles de Claude Gérard, tant son accent solennel avait d'autorité... et d'ailleurs cet accent n'annonçait ni haine, ni menace, mais plutôt une sorte de commisération pour le comte, tant le braconnier semblait convaincu de sa prophétie.

— Un coup terrible... me frapper?... — murmura M. Duriveau en jetant un regard défiant et sombre sur le braconnier ; — ce coup?... ta haine... le portera sans doute... tu voudras accomplir ta prophétie.

— Est-ce que vous n'êtes pas en mon pouvoir... à cette heure... et sans secours?... dit Claude Gérard. — Non, — reprit-il tristement, — non, il ne s'agit pas de ma vengeance... Si vous vous repentez, elle serait inique et inutile... si vous persévérez dans le mal, alors... je vous le jure par l'éternelle justice de Dieu à laquelle je crois... une voix secrète, irrésistible, me dit que c'est une main... plus puissante qu'une main humaine, qui se chargera de votre punition.

A ces mots, le nom de BASQUINE sembla luire en traits de feu dans l'esprit troublé du comte... tandis que, cédant à un sentiment, on pourrait dire à une *sensation* de pitié inexprimable, Claude Gérard tombait aux genoux du comte, et lui disait :

— Tenez... me voilà à genoux... à genoux devant vous... moi... moi... Claude Gérard, pour vous dire à mains jointes, au nom de Martin... au nom de votre autre fils, au nom de vous-même : Soyez bon, soyez père... accomplissez les promesses que vous m'avez autrefois faites lorsque je vous ai laissé une vie que j'avais le droit de vous ôter. Oh ! repentez-vous... amendez-vous... sinon... je vous dis que je vois la main de Dieu prête à s'appesantir sur vous !

— Et je me laisserais imposer... intimider par tes jongleries, vieux misérable... — s'écria le comte, d'autant plus furieux, qu'un moment, malgré lui, il avait été épouvanté des menaces prophétiques de Claude en songeant à Basquine et à l'influence qu'elle avait sur Scipion, influence que la lecture des Mémoires de Martin faisait paraître au comte plus effrayante, plus redoutable encore ; mais son indomptable orgueil se révoltant bientôt, il reprit, s'adressant à Claude Gérard :

— Ah ! tu crois avoir affaire à un homme lâche et crédule ? Ah ! tu viens me parler de morte, d'enfant trouvé... de justice du ciel ? Pardieu ! tu t'adresses bien. Eh bien ! je te dis, moi, Monsieur le prophète, que la justice est pour moi, car la morte est dans sa bière et le bâtard est en prison.

A ces exécrables paroles, Claude Gérard se releva lentement, ne répondit pas un mot, jeta un dernier regard de pitié mêlé d'effroi sur le comte et fit un pas pour sortir.

— Arrête !... — s'écria M. Duriveau en se précipitant sur le braconnier, — si tu as échappé aux gendarmes ainsi que ton complice, tu ne m'échapperas pas, à moi... et le bâtard sera rattrapé... quand je devrais donner mille louis pour sa prise !

Claude Gérard repoussa si rudement M. Duriveau, que celui-ci, perdant l'équilibre, tomba à demi renversé sur son fauteuil pendant que le braconnier fut d'un bond dans le cabinet de toilette, enferma le comte dans sa chambre à coucher en donnant un tour de clef à la porte, puis sautant par la fenêtre qu'il avait prudemment ouverte pour assurer sa retraite, il disparut rapidement à travers les bois du parc.

Quant à l'apparition inattendue de Claude Gérard dans la chambre de M. Duriveau, elle s'explique ainsi :

Le trajet de la métairie du Grand-Genévrier au bourg le plus voisin était long et dangereux, il fallait traverser près de deux lieues de tourbières et de marais presque impraticables pour ceux qui ignoraient les quelques veines de terrain solide qui sillonnaient ce sol marécageux et mouvant.

Beaucadet et ses gendarmes étaient à cheval ; une fois la lune couchée, ils se trouvèrent dans l'obscurité ; la tempête soufflait avec violence, les cavaliers ne pouvaient s'avancer qu'avec une lenteur et une prudence extrême à travers ces marécages, où leurs chevaux enfonçaient parfois jusqu'au ventre.

Les deux prisonniers se trouvaient donc à peine surveillés ; ayant entendu Beaucadet conseiller à M. Duriveau une *visite domiciliaire* dans le réduit occupé par son valet de chambre, Martin frémit... ses *Mémoires* pouvaient ainsi tomber entre les mains du comte ; tout bas il fit part de son anxiété à Claude Gérard ; celui-ci avait les mains liées ; mais profitant de l'embarras où se trouvaient les gendarmes, et de l'hésitation de leur marche, embarras nul pour le braconnier, depuis longtemps habitué à parcourir toutes les passes de ces marais, et qui, accoutumé d'errer la nuit, était devenu presque nyctalope, Claude Gérard répondit tout bas à Martin :

— Prends ton couteau dans ma poche, coupe mes liens, à la première occasion ; je réponds du reste.

Cette occasion ne se fit pas attendre ; Beaucadet venait de crier à l'aide en sentant son cheval pour ainsi dire disparaître sous lui au milieu d'une fondrière ; profitant de cet incident qui absorba l'attention des gendarmes, Martin coupa les liens de Claude ; en deux bonds celui-ci atteignit un étroit sentier qu'il connaissait, et il avait disparu au milieu des ténèbres de plus en plus profondes avant que les gendarmes eussent pu seulement se douter de sa fuite.

Claude Gérard s'était dirigé en hâte vers le château du Tremblay. Il devait passer près d'une métairie isolée, où la mère de Martin avait été transportée. Claude, sûr de la discrétion du métayer, car il était bien souvent serviable à ces malheureux, y entra... afin de se rassurer sur l'état de Perrine Martin... Le métayer et sa femme, fondant en larmes, ne voulurent pas laisser Claude Gérard pénétrer dans la pauvre chambre où Perrine avait été transportée... Il comprit.

A ce coup terrible il chancela. Mais se rappelant le devoir impérieux qui l'appelait au château, il poursuivit sa route, franchit aisément la haie du parc, et arriva jusqu'aux bâtiments.

La porte du couloir de service où aboutissait l'escalier de la chambre de Martin étant rarement fermée intérieurement, les domestiques qui s'attardaient dans le village se ménageaient toujours ce moyen de rentrer sans bruit au milieu de la nuit. Martin avait, par précaution, remis une double clef de sa chambre à Claude Gérard ; celui-ci put arriver ainsi chez le valet de chambre du comte ; puis, à l'aide d'une allumette prise sur la cheminée, le braconnier se procura de la lumière, vit la malle forcée ; la porte de l'escalier conduisant au cabinet de toilette de M. Duriveau était restée ouverte, Claude Gérard devina tout, descendit, colla son œil à la serrure de la porte de la chambre à coucher, et vit le comte occupé à lire.

Après avoir ouvert, ainsi qu'on l'a dit, la fenêtre du cabinet de toilette qui donnait sur le jardin, afin d'assurer sa retraite, Claude Gérard, profitant du bruit de la tempête, fit doucement jouer le pêne de la porte de la chambre du comte, et put s'approcher de celui-ci sans en avoir été entendu.

Hâtons-nous de dire que l'alarme des métayers chez qui Claude s'était arrêté en se rendant au château du Tremblay, avait été causée par une syncope léthargique dans laquelle Perrine Martin était restée si longtemps plongée, que ces pauvres gens, croyant à sa mort, avaient fait partager à Claude Gérard cette triste conviction.

Huit jours après cette entrevue entre Claude et M. Duriveau, d'autres événements se passaient à Paris, dans l'hôtel de Basquine, où nous conduirons le lecteur.

CHAPITRE LXXXIV.

L'hôtel de Basquine. — Leporello et Astarté. — La *Mère-Radis*. — Un suicide par amour. — Un ami d'enfance.

La scène suivante se passe dans un charmant petit hôtel, situé entre cour et jardin, rue Saint-Lazare, habité par Basquine. Une partie du jardin donne sur un terrain vague, occupé par des matériaux de construction.

Il est dix heures du matin : deux personnages qui ont figuré dans les *Mémoires de Martin*, Leporello et mademoiselle Astarté, s'occupent de réparer le désordre qu'une réception prolongée assez avant dans la nuit laisse toujours dans un appartement.

Astarté, quoique âgée de quelques années de plus que lorsqu'elle était au service de sa *ministresse*, à qui elle rendait, disait-elle, *la vie si dure*, a conservé sa taille élégante, ses magnifiques cheveux noirs, et son air impertinent et moqueur.

Leporello, l'ancien valet de chambre du baron de Saint-Maurice, a gagné en importance ce qu'il a perdu en jeunesse cavalière ; il a pris de l'embonpoint, sa figure est pleine, vermeille ; il paraît être dans une complète familiarité avec Astarté.

— Ah çà ! ma chère, — lui dit Leporello en interrompant ses soins domestiques pour s'étendre nonchalamment dans un excellent fauteuil, et tenant toujours son plumeau à la main, — causons un peu, que je *prenne langue*... Arrivé avant-hier de Normandie à ton appel, entré ici hier à ta recommandation, occupé une partie de la nuit à annoncer dans ce salon plus de ducs, de princes, d'ambassadeurs, de marquis, de comtes... et autres gens du plus grand monde, que je n'en ai annoncé dans les meilleures maisons où j'ai servi, je n'ai pas encore eu le temps de causer un peu à fond avec toi.

— C'est vrai, mon pauvre Leporello, — dit mademoiselle Astarté, en s'étendant à son tour paresseusement sur une causeuse, — les dernières voitures sont parties à quatre heures du matin, Madame m'a gardée jusqu'à cinq heures, et je me lève.

— Je suis parbleu bien sûr, — reprit Leporello, — que tu ne m'aurais pas écrit de quitter la maison de la marquise de Mainval pour me faire perdre au change. D'abord ici mes gages sont presque doublés, et tu m'as présenté la *bourgeoise* comme généreuse et peu *regardante*...

— C'est-à-dire que ça en devient gênant... car, avec des personnes si confiantes... malgré soi, on a scrupule... tandis qu'avec les autres, ma foi !... c'est de bonne guerre !...

— Une actrice généreuse ! — dit Leporello, — ce n'est pas étonnant ; elle dépense l'argent comme elle le gagne... et il paraît que Madame... en gagne gros...

— Plus de cent mille francs par an ?...

— C'est gentil... Sans compter les accessoires ?

— Comment ?

— Est-ce que parmi ces ducs, ces princes, ces ambassadeurs... il n'y a pas... quelqu'un ? qui ? hein ? — dit Leporello en regardant sa compagne d'un air significatif.

— *Nix*... — fit gravement Astarté.

— Ah bah !... — et après un moment de réflexion, Leporello ajouta : — Je comprends... elle s'encanaille... c'est souvent comme ça... quelque *croc* ?... qui la gruge...

— *Nix*... — fit Astarté avec un redoublement de gravité.

— Un acteur, alors ?...

— *Nix*.

— *Nix... nix... nix...* Enfin la fameuse mademoiselle Basquine a au moins un amant, quand le diable y serait ?

— Le diable y est... car elle n'a pas un amant.

— Alors elle en a deux ?... trois ?... onze ?

— Pas un.

— Astarté, ma fille, vous devenez bien invraisemblable dans vos propos.

— Tu sais pourtant bien qu'entre nous, nous ne nous mentons pas.

— Quand c'est inutile.

— Bien entendu... et je n'ai aucun intérêt à te cacher si Madame a des amants ou non.

— Allons, — dit Leporello en soupirant, — il faut te croire.

— Je vais d'ailleurs te mettre au courant de tout. Tu sais que j'ai quitté ma bêtasse de *ministresse* après l'histoire des *radis* ?

— Des radis ?...

— Comment ! tu ne sais pas ?

— Que je n'en mette jamais un sous ma dent... de radis (et je les adore !) si je comprends ce que tu veux dire.

— J'étais donc excédée, fatiguée de ma *ministresse* ; car non contente d'être sotte et crassement bourgeoise, elle était méchante comme une âne rouge, non pas pour moi, un instant ! j'ai bec et ongles ; mais elle était impitoyable pour une jeune nièce qu'elle avait, laide comme un monstre, il est vrai, la pauvre créature ! mais si bonne, si douce, que les larmes me venaient aux yeux en voyant les humiliations que, sans jamais se plaindre, elle essuyait tous les jours de sa méchante bête de tante ; ça m'a tellement exaspérée, que je me suis dit : Je ne resterai pas ici, mai je vengerai cette pauvre fille avant de partir, et je me ferai renvoyer pour quelque chose de très-drôle. Un jour donc j'avais à coiffer ma ministresse pour un bal des Tuileries ; je prends à l'office une demi-douzaine de jolis petits radis roses avec leurs feuilles, je les traverse de grandes épingles noires, et tout en coiffant ma ministresse, je vous lui plante, sans qu'elle s'en doute, les petits radis derrière la natte du chignon.

— Astarté, tu es brave comme Cambronne !

— La ministresse avait avec ça deux touffes de marabouts blancs par devant. — Ah ! ma chère petite, — me dit-elle en faisant son gros dos et se mirant dans sa glace, — je suis joliment bien coiffée ce soir, vous vous êtes surpassée.

— Le fait est que Madame, avec cette coiffure, me rappelle tout à fait Madame la duchesse. — Parole d'honneur, ma petite ? — Foi d'Astarté, Madame, lui dis-je ; — mais ce n'est qu'au bal que vous jugerez de l'effet de votre coiffure. — Là-dessus, elle part dare-dare, et toute seule ; le ministre était malade, j'avais compté là-dessus. Elle arrive au bal des Tuileries au bout d'un quart d'heure : on faisait queue pour venir la voir, empressement qu'elle attribuait à l'effet de ses marabouts ; aussi, elle se rengorgeait... et d'une force !! j'ai tout su par une de ses amies à qui sa maîtresse a raconté la scène. — Mon Dieu ! Madame, — disait l'un à la ministresse, — que vous avez là une coiffure printanière ! jardinière !... je me permettrai même de dire *maraîchère* ! — Ah ! Monsieur ! — Madame, — disait un autre, — votre coiffure ne sera jamais *hors-d'œuvre*. — Ah ! Monsieur ! — Mais c'est-à-dire qu'elle est à *croquer*, votre coiffure, — ripostait un troisième. — Ah ! Monsieur, ah ! Monsieur ! — disait la ministresse en se pâmant de l'effet de ses marabouts. A la fin, l'amie en question, après l'avoir laissée pendant une demi-heure *poser* ainsi en *ravière*, l'a avertie qu'on commençait à l'appeler un peu trop la *Mère-Radis*, et, par ma foi ! le nom lui est resté.

— Astarté, je t'adorais, — dit Leporello avec enthousiasme, — aujourd'hui je te vénère. Mais, malheureuse, c'était un jeu à ne jamais trouver à te replacer.

— Au contraire ; ça m'a remis en vogue dans le faubourg Saint-Germain, où l'on me reprochait de m'être *ralliée* en servant chez un ministre de Juillet ; aussi je n'ai eu qu'à choisir ; je suis entrée chez la comtesse de Cerisy, excellente maison, quand la comtesse est morte... Il y a de cela dix-huit mois ; alors, le marquis d'Henneville, qui coquetait déjà autour de mademoiselle Basquine, et qui était tout fier de se faire comme qui dirait son intendant, afin de se rendre nécessaire, a appris, par une de mes amies, femme de chambre de sa femme, que j'étais sans place; il m'avait vue chez madame de Cerisy, il m'a présentée ici... Depuis ce temps-là j'y suis restée.

— Je vois son affaire, à ce fin marquis, — reprit Leporello, — il se sera dit : Astarté sera dans mes intérêts, et c'est beaucoup d'avoir la femme de chambre... quand on fait la cour à la maîtresse.

— Ordinairement, oui; mais ça ne lui a servi de rien... et pourtant Dieu sait que de mal il s'est donné autour de Madame, les folies d'argent qu'il a faites pour des choses dont elle n'avait pas l'air de s'apercevoir; enfin, il a quitté sa femme, croyant que Madame lui en saurait gré; non content de ça, il a acheté, et Dieu sait quel prix, car il a voulu habiter tout de suite, une maison mitoyenne de celle-ci.

— Et pour quoi faire?
— *Pour être là*... tout près de Madame.
— Et il n'y avait rien entre eux?
— Rien.
— Mais c'était un fou!
— Parbleu!! et voilà comme Madame les arrange, mon pauvre Leporello; note bien encore que le marquis était un homme à la mode, comme ton ancien maître, et, comme lui, jeune, d'une très-jolie figure, brave, aimable... mais son amour pour Madame l'abrutissait. « Enfin,
» Astarté, — me disait ce pauvre marquis, car j'étais sa
» confidente, — j'ai fait et je fais pour votre maîtresse ce
» que, sur cent hommes, dix ne feraient pas pour une
» maîtresse qui les adorerait : j'ai quitté ma femme, je
» me suis mis sa famille et la mienne contre moi, tout
» cela pour prouver à mademoiselle Basquine que, malgré
» son indifférence, j'ai rompu avec le monde afin de ne
» vivre que pour elle. Et cela ne la touche pas. Si elle
» aimait quelqu'un, je renoncerais à tout espoir; mais elle
» n'aime personne, j'en suis sûr. J'ai dépensé beaucoup
» d'argent pour la faire suivre, ou suivre moi-même, à l'Opéra,
» ici, enfin partout où elle va... et rien... pas l'ombre
» d'une intrigue... » — C'est ce que je vous ai toujours répété, Monsieur le marquis, — lui disais-je, — et vous ne vouliez pas me croire. — « Mais maintenant je vous
» crois, — reprenait-il; — je suis sûr qu'elle n'aime per-
» sonne. Cela m'empêche de me désespérer, car il faudra
» bien qu'elle finisse par m'aimer... Il est impossible
» qu'elle résiste aux sacrifices de toutes sortes que j'ai
» faits et que je ferai, sans qu'elle ait même besoin de
» me les imposer, et cela seulement dans l'espoir d'être
» aimé. » Enfin, je te jure, Leporello, que ce pauvre marquis me déchira l'âme; tantôt c'étaient des colères à faire frémir, tantôt des pleurs comme un enfant.

— Et ta maîtresse?
— Un marbre... pis qu'un marbre... car un marbre ne rit pas...
— Elle riait!...
— Comme elle rit... quelquefois... et alors c'est à vous donner le frisson.
— Ah ça! mais c'est donc le diable incarné que notre chère maîtresse?
— J'en ai peur...
— Et ce pauvre marquis?
— Mort...
— Mort... d'amour?... allons donc?
— D'amour... et d'un coup de pistolet qu'il s'est tiré dans le cœur.
— Astarté, pas de plaisanteries.
— La chose a été étouffée; on a parlé d'une attaque d'apoplexie foudroyante; mais le marquis s'est bel et bien tué, à telle enseigne que c'est le comte Duriveau... tu sais?
— Oui, oui, le maître de Balard et de madame Gabrielle.
— Justement... Eh bien! c'est le comte Duriveau, un de ses amis intimes, qui l'a trouvé étendu par terre en allant le voir un matin. Aussi, on dit que le comte Duriveau exècre Madame depuis ce temps-là, et qu'il n'y a pas d'horreurs qu'il n'en dise... ce qui n'empêche pas son fils...
— Le fils du comte Duriveau?...

— Oui, le vicomte Scipion... Le malheureux est aussi amoureux de Madame que l'a été ce pauvre marquis... et tant d'autres.
— Mais j'ai entendu dire hier ici que le vicomte Scipion devait épouser la fille de madame Wilson... et que le père et le fils devaient se marier le même jour?
— C'est vrai; le vicomte Scipion épouse mademoiselle Raphaële.
— Et il est amoureux fou?
— De notre maîtresse...
— Et l'exemple de ce pauvre marquis ne l'arrête point?
— Au contraire... tous ces malheureux hommes sont à se dire : — Quel triomphe... de triompher... là où ce pauvre marquis s'est tué de désespoir, et où tant d'autres ont été dédaignés!
— Et le vicomte Scipion n'a pas plus de chance que les autres?
— Hum! — fit Astarté d'un air de doute.
— Enfin!... je respire!
— Ne respire pas trop vite, mon pauvre Leporello. Sans doute, Madame *soigne* le vicomte, elle a même pour lui des attentions que je ne lui ai vues pour personne... Ainsi, depuis qu'il est parti en Sologne pour la terre de son père, Madame lui a écrit trois ou quatre fois par semaine... D'ailleurs, je crois qu'elle l'attend d'un moment à l'autre, puisqu'on dit que le double mariage du père et du fils doit avoir lieu à Paris.
— Et qu'est-ce qu'elle en dit, du vicomte?
— Rien... et c'est encore à remarquer... car, lorsqu'il s'agit des autres... tiens, mon pauvre Leporello... je te défierais d'entendre Madame parler pendant dix minutes d'un de ses *patients*, comme elle les appelle... sans...
— Se moquer... d'eux?
— Non, sans les mépriser... Elle vous a des railleries si dures, si sanglantes, qu'elle vous les marque comme d'un fer rouge...
— Et ces imbéciles d'hommes en raffolent malgré ça?
— Dis donc à cause de ça... et jusqu'aux rois qui s'en mêlent ou s'en sont mêlés.
— Des rois?
— Oui... dans le Nord. Madame est restée là pendant près de deux ans, comme première chanteuse de l'Opéra de la cour... et ma foi, le roi...
— En est devenu amoureux?
— Amoureux fou... comme les autres; mais un beau jour, je ne sais ce qui est arrivé, on a dit que lors d'un rendez-vous avec Madame, le roi a couru un grand danger... dont un inconnu l'a sauvé comme par miracle.
— Un danger, dans un rendez-vous? Ce roi avait donc un rival, alors?
— Je n'ai jamais bien su la chose, ce n'était pas de mon temps; le peu que j'ai appris, je le tiens de Juliette... Tu te rappelles bien Juliette, de chez la princesse de Montbar.
— Pardieu... où était Martin... bon garçon, mais taciturne en diable.
— Justement; Martin avait accompagné la princesse... qui de princesse était devenue simple bourgeoise, vu que, depuis la mort du prince son mari, elle avait tout bourgeoisement épousé M. Just Clément, son amant... Eh bien! Juliette, qui, ainsi que Martin, était restée au service de la princesse ou de madame Clément, si tu l'aimes mieux, l'avait accompagnée dans cette ville du Nord; c'est pendant leur séjour que s'est passée cette aventure du roi et de mademoiselle Basquine. Du reste, M. et madame Clément allaient très-souvent à la cour; le roi les aimait, dit-on, beaucoup; toujours est-il qu'après l'aventure dont je te parle, mademoiselle Basquine, au lieu de finir son engagement, qui était encore de six à huit mois, est revenue en France, et c'est peu de temps après son retour que je suis entrée chez elle... Je te parle de cette histoire de roi pour te faire comprendre que notre maîtresse doit trouver tout simple qu'un marquis se tue pour elle... quand un roi a manqué d'y passer...
— C'est juste... et Martin?
— Je n'en ai pas entendu parler. Je crois qu'il est resté dans ce pays-là... je n'ai pas su pourquoi il avait quitté ses maîtres.

(Il est inutile de faire remarquer au lecteur qu'Astarté

ignorait que Martin, de retour de voyage depuis peu de temps, était entré au service du comte Duriveau.)

— Mais, pour en revenir à notre maîtresse, sais-tu que ça m'a l'air d'une drôle de femme ! Et pourtant, à la voir hier faire les honneurs de sa soirée... on aurait dit d'une duchesse pour les excellentes manières... et puis belle... oh ! belle à éblouir... Pourtant...

— Voyons, quoi ?

— Est-ce que Madame est toujours pâle comme ça ?

— Toujours.

— Elle n'a pas l'air de s'en plus mal porter... elle n'en est pas moins belle ; mais c'est singulier... cette pâleur.

— Entre nous, Leporello, — dit Astarté d'un air mystérieux, — moi je crois que c'est ce qu'elle fume qui lui donne cette pâleur-là.

— Comment ! elle fume ?... elle aussi ?... Ah çà ! il paraît que c'est décidément la mode... quoique l'odeur du cigare pour une femme... me semble horrible. Enfin, puisque c'est la mode...

— Tu te trompes, Madame ne fume pas de tabac...

— Mais quoi donc ?

— Je n'en sais rien... elle met cela sur une espèce de petite coquille de porcelaine... c'est comme une résine... elle y met le feu et elle aspire la vapeur au moyen d'un long tuyau entouré de fil de soie et d'or.

— Ah çà !... et quel diable de plaisir trouve-t-elle à cela ?

— Ça l'endort...

— Ça l'endort ! et pourquoi cherche-t-elle à s'endormir ?

— Pour se désennuyer...

— Elle s'ennuie ?

— Comme une morte, mon pauvre Leporello, comme une morte !

— Elle... riche, belle, fêtée... entourée... elle s'ennuie !

— A mourir, te dis-je, et quand elle a fumé sa résine, elle reste six ou sept heures étendue sur son canapé, les yeux à demi ouverts, ne bougeant pas plus qu'une statue.

— Qu'est-ce que tu me dis là ? c'est à n'y pas croire !...

— Depuis six mois surtout son ennui empire ; autrefois elle chantait quelquefois des heures entières, et toute seule ; ça paraissait l'amuser, quoique souvent elle s'interrompît pour fondre en larmes... un air surtout... Une fois qu'elle se mettait à chanter cet air-là, c'était fini, elle pleurait comme une vraie Madeleine... Mais voilà plus de trois mois qu'elle n'a ouvert son piano, et au lieu de profiter d'un congé de quatre mois qu'elle a afin d'aller gagner cinquante ou soixante mille francs qu'on lui offre en Angleterre... elle aime mieux rester ici... fumer et dormir.

— Mais enfin, quand elle chante au théâtre... qu'on lui jette des fleurs, des couronnes et qu'on l'appelle à grands cris !

— Ecoute, Leporello, tout le monde dit que les cinq dernières fois qu'elle a joué, jamais elle n'avait été ni plus applaudie ni plus belle... Eh bien ! au moment de jouer, elle avait l'air encore un peu animée... mais, après son triomphe, en revenant ici, elle serait revenue d'un enterrement qu'elle n'aurait pas été plus sombre et plus morne.

— En vérité, c'est effrayant.

— La dernière fois, l'on a dételé ses chevaux. Tout l'orchestre et je ne sais combien de voitures remplies d'hommes et de femmes du plus grand monde l'ont accompagnée jusqu'ici...

— Et elle n'a pas dû être triste au moins, cette fois-là ?

— Il est vrai, c'est la seule fois où je l'ai vue rentrer l'air joyeux.

— A la bonne heure, au moins !

— *Enfin*, m'a-t-elle dit, — *c'est pour la dernière fois*...

— Comment ! la dernière fois ? elle ne veut plus jouer ?

— Il paraît que non...

— Cette année ?

— Non... plus jamais...

— Mais les applaudissements, la gloire ?

— Il faut qu'elle en ait par-dessus les yeux ; ou plutôt, je crois qu'elle a un ver rongeur dans le cœur.

— Mon Dieu ! mon Dieu ! que tout ce que tu me dis là m'étonne !

— Elle avait même depuis assez longtemps renoncé à voir du monde ; mais voilà un mois qu'elle s'est mise à recevoir.

— Et si elle est amoureuse du vicomte Scipion, comment arranges-tu cela ?

— Je ne l'arrange pas du tout, je m'y perds, je n'y comprends rien. Depuis qu'elle lui écrit si souvent, depuis qu'elle le *soigne*, enfin, elle s'endort et paraît plus triste que jamais. Avant-hier, elle m'a effrayée... depuis onze heures du matin jusqu'à près de minuit, elle est restée dans son sommeil les yeux demi-ouverts ; seulement, chose que je n'avais jamais vue encore, pendant presque tout le temps de cette espèce d'assoupissement, de grosses larmes lui ont coulé des yeux.

— Pauvre femme !

— Il y a bien eu quelque chose qui m'a très-intriguée... Madame a fait louer depuis peu de temps une vieille vilaine maison où personne ne demeure, et située rue du Marché-Vieux... du côté de la barrière d'Enfer. Connais-tu cela ?

— Non ; mais qu'est-ce que Madame fait de cette maison où personne ne demeure ?

— Tu m'en demandes plus que je n'en sais...

Un violent coup de sonnette, retentissant dans l'antichambre, interrompit l'entretien de Leporello et d'Astarté. Leporello alla ouvrir ; le portier de la maison, la figure bouleversée, dit au valet de chambre :

— Mademoiselle Astarté est-elle là ?

— Pourquoi ?

— Il faut que je lui parle absolument, et tout de suite... — dit le portier. Puis il ajouta, pendant que Leporello allait chercher Astarté :

— Ah ! mon Dieu... j'en suis encore tout saisi.

— Qu'est-ce qu'il y a donc, monsieur Durand ? — dit Astarté, en arrivant précipitamment.

— Ah ! Mademoiselle... figurez-vous que tout à l'heure on frappe, je tire le cordon, et je vois entrer dans la loge un grand gaillard à barbe brune et à cheveux presque gris, quoiqu'il eût l'air jeune : du reste, pas mal vêtu, si vous voulez, mais une drôle de mine, et avec ça un large bandeau noir sur l'œil gauche. Enfin... une figure... une figure...

— Après, — dit impatiemment Astarté, — après ?

— *Basquine* demeure ici ? — me dit-il d'un ton brusque.

— Oui, *mademoiselle* Basquine demeure ici, Monsieur, — ai-je dit à ce malotru, pour lui faire comprendre sa malhonnêteté. — Bon, — qu'il me dit, — et la voilà à arpenter la cour. Je m'élance après lui. — Monsieur... un moment, on n'entre pas ainsi ; Madame n'est pas visible. — La preuve qu'elle est visible, c'est que je vais la voir, — me répond-il. Et il va toujours. Alors, ma foi, je l'arrête par le bras, et je m'écrie : — Si vous voulez entrer de force dans la maison... d'abord, je crie à la garde... Voilà mon caractère ! — A cette menace, ce diable d'homme a pâli, je l'ai bien remarqué, il s'est arrêté court, et m'a dit : Allons, ne criez pas si haut, rentrons dans votre loge, vous me donnerez de quoi écrire un mot, vous le porterez tout de suite à votre maîtresse, vous verrez de quelle manière on vous traitera... pour m'avoir refusé sa porte...

— Ma foi ! cet homme m'a dit cela d'un tel air, que, malgré sa mauvaise mine, j'ai craint d'avoir eu tort de ne pas le recevoir. Je lui ai donné de quoi écrire ; il attend dans ma loge... et voilà le billet qu'il demande que l'on remette à Madame.

Ce disant, le portier donna à Astarté une lettre fraîchement cachetée.

— C'est impossible, — dit la femme de chambre, — je ne peux pas éveiller Madame, elle s'est couchée à cinq heures du matin... elle ne m'a pas encore sonnée...

— Parbleu... envoyez-le promener, votre homme à barbe, — dit Leporello ; — voulez-vous que j'aille lui parler, moi ?

— Non... — reprit Astarté après quelques instants de réflexion, M. Durand a peut-être bien fait, et au risque d'éveiller Madame, je vais lui porter cette lettre.

Dix minutes après, Astarté revenait en courant.

— Ah ! mon Dieu... quelle bonne idée j'ai eue, — dit-elle à Leporello, — de porter la lettre à Madame !

— Pardieu, — reprit le prince, — il faut bien que je m'amuse... puisque je suis ici. — Page 313.

Puis, s'adressant au portier :
— Vite, vite, monsieur Durand, priez ce monsieur d'entrer, et amenez-le ici.

Le portier s'empressa d'obéir, et revint bientôt précédant Bamboche.

On se souvient peut-être que le bandit, accusé de deux meurtres, et traqué de forêt en forêt après son évasion des prisons de Bourges, avait failli être arrêté par Beaucadet et ses gendarmes, dans un bois appartenant au comte Duriveau; mais rencontrant d'abord Bête-Puante, qui lui avait donné asile dans son repaire, puis, plus tard, M. Dumolard, qu'il avait dépouillé de ses habits, de son cheval et de cette bourse de cinquante-cinq louis que le gros homme regrettait si amèrement, Bamboche, à l'aide de cette somme, était parvenu, après des peines infinies, à dépister les gens de police mis à sa recherche, et enfin à gagner Paris, où il espérait, non sans quelque raison, être mieux caché. Songeant enfin à Basquine, dont il connaissait la brillante position, il avait espéré que la compagne de son enfance lui serait secourable.

Bamboche, dont l'épaisse barbe brune couvrait à moitié le visage, et qu'un large bandeau noir placé sur l'œil gauche déguisait encore, était proprement vêtu; mais ses traits rudes, sa pâleur, sa physionomie farouche expliquaient et de reste l'hésitation que le portier avait eue à introduire sans observations un pareil personnage chez sa maîtresse.

— Voulez-vous, Monsieur, vous donner la peine de venir par ici? — dit Astarté à Bamboche en le regardant en dessous avec un mélange de curiosité, de crainte et de surprise, ne concevant pas l'empressement de sa maîtresse à recevoir un pareil visiteur.

Une heure après l'entrée de Bamboche chez Basquine,

Astarté venait trouver Leporello, et lui disait avec stupeur :
— Ah! mon Dieu!... en voilà bien d'une autre!
— Quoi donc, ma chère?
— Cet homme, à bandeau noir, déjeunera ici.
— Ah bah!
— Dînera ici.
— Ah bah!
— Couchera ici.
— Diable!...
— Logera ici...
— C'est donc un frère... au moins?
— Chut! — fit Astarté d'un air mystérieux et en parlant à voix basse.
— Quoi donc?
— C'est un condamné politique... qui s'est échappé de prison où il avait été mis lors des émeutes.
— Ah! alors, je comprends... pauvre garçon... Condamné politique... ça me rappelle M. Lebouffi... le majestueux député de l'opposition dont nous avons tant ri... celui qui se savonnait le crâne à fond quand il devait parler à la tribune... afin de faire des effets de *crâne* comme mon ancien maître faisait des effets de linge.
— Ce malheureux monsieur, — reprit Astarté, — est, à ce qu'il paraît, las de faire *des effets* de prison, lui!!! Aussi Madame nous recommande le plus grand secret... Nous deux, seuls dans la maison, saurons que le prisonnier est ici... Il couchera dans la pièce qui est de l'autre côté de la lingerie, et qui donne sur le jardin; seule, j'en ai la clef; pour sa nourriture... tu prendras ce qu'il faut, en desservant, avant de reporter les plats à l'office...
— Très-bien. Mais le portier qui l'a vu entrer, ce monsieur?
— Madame y a songé. Tu vas dire au portier de porter cette lettre tout de suite chez le vicomte Scipion... Pen-

— Ainsi, vous saviez que j'étais là? — dit-il au comte. — Page 349.

dant que M. Durand fera cette commission, tu garderas la loge, et, à son retour, tu seras censé avoir ouvert la porte à l'homme au bandeau noir et l'avoir vu sortir.

— Ça va tout seul... Mais le vicomte Scipion est donc de retour à Paris?

— Sans doute, j'ai reconnu son écriture parmi les lettres de ce matin que j'ai portées à Madame tout à l'heure, quand elle m'a sonnée pour me dire que l'homme à bandeau noir logerait ici. Enfin le vicomte est si bien à Paris que Madame te fait dire qu'elle n'y est absolument que pour lui... et qu'il doit venir sur les trois heures.

— Bon, je donnerai la consigne au portier en lui remettant sa loge, et je ne recevrai ici que le vicomte Scipion... Mais j'y songe, je ne l'ai jamais vu.

— Peu importe, le portier le connaît. Il ne laissera monter que lui, tu pourras donc ouvrir au vicomte en toute confiance.

— C'est égal, pour plus de sûreté, avant de l'introduire, je lui demanderai son nom.

— Du reste, — dit Astarté, — voilà son signalement : la plus jolie figure qu'on puisse voir, cheveux châtains, petites moustaches blondes frisées, yeux bruns, grands comme ça, et des dents de perles.

— Diable, Mademoiselle, il me paraît que vous l'avez joliment dévisagé, ce joli vicomte.

— Et pour achever, — dit Astarté en haussant les épaules à l'observation de Leporello, — ni trop grand ni trop petit, une taille charmante et une tournure aussi élégante que celle de ton ancien maître, don Juan.

— Avec tant de perfections, — dit Leporello, — je comprends que Madame le *soigne*, comme tu dis ; aussi, à la place de notre maîtresse, j'aimerais mieux un joli garçon comme ça pour m'endormir, que... sa pipe de porcelaine.

— Veux-tu te taire, homme peu vertueux. Allons, va

vite... chez le portier, moi je cours m'occuper de la cachette de l'homme à bandeau noir.

CHAPITRE LXXXV.

Scipion chez Basquine. — Arrivée de M. Duriveau. — Projets et menaces.

Vers les trois heures, Leporello introduisit le vicomte Scipion Duriveau dans le salon de Basquine.

— Si Monsieur le vicomte veut se donner la peine d'attendre un instant, — dit Leporelle, — Madame va venir.

Scipion fit un signe de tête, Leporello sortit.

Pendant que le vicomte attendait Basquine, celle-ci terminait sa toilette avec l'aide d'Astarté. Quelques robes de couleurs ou de façons diverses, éparses çà et là sur des fauteuils, annonçaient que Basquine avait essayé plusieurs *toilettes* avant de s'arrêter à une mise qu'elle voulait sans doute rendre *irrésistible*; elle semblait avoir parfaitement réussi.

Basquine, alors dans tout l'éclat de son éblouissante beauté, s'était fait coiffer à la Sévigné ; les mille boucles de ses cheveux, du plus beau blond cendré, s'étageaient, soyeuses, fines, légères, autour de son front charmant et caressaient le contour de ses joues pâles ; mais, malgré cette pâleur, la carnation de Basquine était à la fois si veloutée, si transparente, si pure, que cette absence de coloris avait un charme d'autant plus singulier, qu'il contrastait avec le pourpre des lèvres et le feu de ses grands yeux aux sourcils châtains, presque noirs, comparés aux boucles vaporeuses de la chevelure où se jouaient l'air et la lumière ; deux gros nœuds de rubans d'un rose vif glacé de blanc complétaient cette coiffure.

Par-dessus sa jupe de soie rose, Basquine portait une

sorte de tunique de satin noir, très-décolletée, échancrée au corsage, descendant à peine aux genoux, et garnie en cet endroit d'une haute broderie de jais noir, d'où s'échappait un grand volant de dentelle noire tombant jusqu'aux pieds, transparent réseau à travers lequel on voyait les reflets glacés de la jupe rose ; deux petites manches bouffantes interrompaient seules le délicieux contour qui joignait à des bras ronds, fins, potelés, des épaules à fossettes et une poitrine éblouissante. L'ouverture du corsage noir, échancré en V, aurait découvert presque la moitié de deux seins d'ivoire, ainsi que le large et blanc méplat qui les séparait, sans un gros nœud de ruban rose, qui, placé à la pointe du corsage, jetait discrètement son ombre rosée sur la neige de cette ferme poitrine.

Basquine, alors debout devant sa glace, donnait aux légers anneaux de sa coiffure ce dernier tour... ce je ne sais quoi de négligé, de *vrai*, bien supérieur à l'apprêt et à la symétrie... Puis, à l'aide d'une boucle de jais noir, elle serra plus étroitement encore le large ruban qui servait de ceinture à sa taille incroyablement mince et qui, pour ainsi dire, brisée dès l'enfance de Basquine, avait conservé une souplesse, une grâce dont l'incroyable flexibilité des danseuses espagnoles donnerait seule une idée ; Basquine pouvait comme elles faire onduler sa fine taille de couleuvre à droite, à gauche, en avant, en arrière, se tordre enfin comme un serpent, pendant que ses larges hanches oscillaient à peine sous un voluptueux balancement.

Il était impossible de rencontrer un ensemble plus séduisant que celui de Basquine ainsi vêtue. Jamais Astarté ne l'avait vue attacher un soin si minutieux à sa toilette, et jamais aussi elle n'avait vu sa maîtresse si jolie.

La camériste ayant entendu frapper discrètement à la porte de la chambre à coucher, demanda :
— Qui est là ?

La voix de Leporello répondit en dehors :
— M. le vicomte Duriveau attend Madame dans le salon, et voici une lettre que l'on vient d'apporter pour Madame ; il n'y a pas de réponse.

Astarté entr'ouvrit la porte, prit la lettre que Leporello lui tendit, et la remit à sa maîtresse.

A peine celle-ci l'eut-elle ouverte, qu'elle ne put s'empêcher de s'écrier : — Lui aussi... à Paris !!!

Après avoir attentivement lu cette lettre, qui lui était écrite par Martin, Basquine la jeta au feu, et, pensive, la regarda brûler en souriant d'une manière étrange ; puis, après quelques instants de rêverie, elle tressaillit et dit à Astarté :
— N'oubliez pas, je vous en prie, mes recommandations au sujet de la personne qui restera cachée ici... pendant quelques jours... Je reconnaîtrai votre zèle et votre discrétion.

— Madame peut être sûre que le secret sera gardé... et bien gardé.

— Je compte sur vous, Astarté. Songez que la moindre imprudence pourrait causer de grands malheurs...

— Que Madame n'ait aucune crainte, je réponds de Leporello comme de moi-même.

— Je vous crois... prévenez-le aussi que je n'y suis absolument pour personne.

Ce disant, Basquine traversa une pièce qui suivait sa chambre à coucher, et se trouva bientôt en présence du vicomte.

A la vue de Scipion, Basquine fut agitée d'un frémissement imperceptible. Un éclair de joie infernale illumina son regard... Elle croyait toucher... elle touchait à cette vengeance depuis si longtemps méditée... attendue... Et cette vengeance pouvait être épouvantable...

L'expression qui, pendant un instant, donna une effrayante expression de méchanceté à la physionomie de Basquine, fut si rapide, que Scipion ne s'en aperçut pas...

Loin de là, car bien qu'il fût habitué à l'éclat de la beauté de Basquine, jamais peut-être cette beauté ne lui avait paru plus merveilleuse et surtout plus voluptueusement agaçante ; aussi, à l'aspect de Basquine, frémissant d'amour, pour ainsi dire, il s'écria d'une voix triomphante :
— J'ai gagné !... Mon père viendra demain... Vous dicterez les conditions de mon mariage avec Raphaële.

— Ah ! démon... — dit Basquine, en se jetant au cou de Scipion, et l'enlaçant de ses bras charmants.

— Êtes-vous content, diable rose ? — répondit le vicomte en serrant pour ainsi dire entre ses dix doigts cette taille fine et ronde, tandis que, emporté par son impatiente ardeur, il cherchait de ses lèvres la bouche de Basquine ; mais celle-ci sut échapper à ce baiser, et, quoique toujours retenue par Scipion, elle se rejeta si vivement en arrière et un peu de côté, que, grâce à sa souple cambrure, elle se plia pour ainsi dire en deux sur l'un des bras du jeune homme ; puis, restant renversée à demi dans cette pose, digne du provoquant abandon de l'Érigone antique, elle attacha sur les yeux de Scipion ses grands yeux humides, voilés, mourants... pendant que ses lèvres vermeilles, exhalant un soupir embrasé, laissaient voir, en s'entr'ouvrant, le blanc de ses dents.

Un nuage passa devant la vue de Scipion ; ses joues s'enflammèrent ; enivré, éperdu, se penchant vers Basquine, il lui dit d'une voix palpitante... avide :
— Oh ! tu es belle !... Je t'aime !... Enfin... tu es à moi !

Il avait à peine prononcé ces mots, que, agile et vive comme une couleuvre, Basquine échappait à l'étreinte passionnée du jeune homme, en disant, comme si elle se fût reproché d'avoir failli céder à un entraînement involontaire :
— Non... non... je suis folle !...

Puis, se jetant sur un fauteuil, au coin de sa cheminée, elle cacha sa figure entre ses mains.

Scipion courut à elle en s'écriant :
— Oh ! tu veux en vain t'en défendre... tu m'aimes... tu es à moi... et...

Scipion n'acheva pas. Basquine, relevant la tête, partit d'un éclat de rire sardonique ; ses traits avaient subitement repris leur expression ironique et dédaigneuse.

— Ah... c'est affreux ! toujours la même !... — s'écria le vicomte avec dépit et amertume, quoiqu'il crût à la sincérité de l'amoureuse émotion que Basquine avait paru ressentir ; — tout à l'heure elle écoutait la voix de son cœur... et la voilà qui, pour se jouer de moi, reprend son masque insolent et moqueur... il faut que, jusque dans son amour, elle soit comédienne !

— Et vous, n'êtes-vous pas le plus grand roué, c'est-à-dire le plus admirable comédien que je connaisse ? Et qui me dit que *votre père viendra* ? qui me dit que vous ne voulez pas, à l'aide d'un mensonge, abuser, comme vous l'avez fait tant d'autres fois, de la candeur d'une pauvre fille ? — et Basquine baissa les yeux d'un air hypocrite.

— Mon père viendra demain ! — s'écria Scipion, — je vous le jure !

— Un serment ? — dit Basquine en riant ; — vous allez me dire quelque insigne fausseté.

— Mais, — reprit Scipion avec une impatience fiévreuse, — ne vous ai-je pas écrit que, le lendemain de cette scène avec mon père, dans laquelle j'avais, je crois, montré quelque vigueur...

— Si votre récit était fidèle, et je le crois, vous avez été charmant, rempli d'insolence et d'audace... Battre le comte avec ses propres armes... à chacun de ses reproches lui répondre : « *Ce que j'ai fait... tu l'as fait !...* » c'était du dernier piquant...

— Eh bien ! ne vous ai-je pas écrit que, le lendemain de cette scène, mon père m'a dit : — « Bah ! j'étais un niais de
» me révolter hier contre les conditions que tu as posées
» à ton mariage et conséquemment au mien, mauvais
» garnement ; je verrai Basquine, c'est la femme la plus à
» la mode de Paris ; elle est, dit-on, spirituelle comme un
» démon : nous sommes faits pour nous entendre. »

— Décidément, vous voulez que je raffole de votre père.

— De grâce, écoutez-moi, je parle sérieusement, — dit Scipion, — puis il a ajouté : — « Seulement, pas un
» mot de cette démarche un peu régence à la pauvre Raphaële ; tout ce que je te demande, ce sont des égards
» pour elle jusqu'à ce que nous soyons mariés, toi et moi ;
» après cela, ma foi ! tu t'arrangeras... » Voilà ce que m'avait dit mon père au Tremblay, il y a huit ou dix jours.

— Il y a huit ou dix jours, bon, mais depuis ?

— Deux ou trois fois... il a voulu revenir sur cette promesse...

— Ah! vous le voyez, vous me trompiez...

— Mais écoutez-moi donc, et, au lieu de me railler, vous m'admirerez, peut-être...

— J'aime beaucoup vous admirer, mon cher Scipion...

— Vous le savez... mon cher père est le plus grand roué qu'il y ait au monde... Il s'en vante, il a raison; aussi ayant vu qu'il ne pouvait rien obtenir de moi par la menace, au sujet de la condition que je mettais à son mariage... il y avait donc consenti... malgré cette promesse, comme il est très-fin, il a essayé deux ou trois fois, depuis huit jours, de me reprendre en sous-œuvre... jouant alors, à ma grande surprise, un rôle tout nouveau pour lui, où, du reste, je l'ai trouvé médiocre, je le lui ai... confié.

— Et ce rôle?

— Il s'était déjà amusé à jouer le *père féroce;* il a voulu essayer du *père sensible*... Et dans une scène à grand effet, il a pleuré... mais... ma foi... très-bien!... très-bien!...

— Le roué!... — dit Basquine, avec un sourire sardonique, — c'était très-fort!

— Pardieu! vous comprenez bien que je n'ai pas été sa dupe... une seconde. Mais il a eu un beau moment, et moi aussi...

— Voyons cela, démon?

— Il a pris une voix lamentable, et m'a dit : — Je pleure... pourtant... devant toi... et cela ne te fait rien.

— Allons donc, lui ai-je dit, si je croyais à tes larmes... tu rirais trop...

— Scipion, je baiserai tout à l'heure vos beaux grands yeux... pour ce mot-là... Continuez, et tâchez de me gagner un autre baiser... Mais je brûle de savoir comment, avec tout cela, votre père consent à venir ici... subir mes conditions?

— Le baiser d'abord... oh! le baiser.

— Non, non, voyons... dites... vite.

— Eh bien! voyant que je le trouvais médiocre, en *père sensible*, l'auteur de mes jours a voulu se poser de nouveau en *père féroce*. A ses anathèmes, j'ai répondu avec le sang-froid que vous me connaissez : — « Rappelle-toi donc cette excellente histoire de cet imbécile de mari que tu as fait pleurer à chaudes larmes en pleurant toi-même, afin de lui persuader que ton amour pour sa femme avait été platonique, tandis que le soir même tu avais un rendez-vous avec elle... Rappelle-toi donc encore qu'à ce propos tu m'as dit : — *Il faut t'exercer, ô mon fils! à avoir la* LARME FACILE; *ça sert beaucoup avec les femmes, et quelquefois même, tu vois, avec les maris.* »

— Scipion... je t'adore! — s'écria Basquine; puis elle reprit avec un sérieux affecté : — Continuez, Monsieur...

— Tu aurais dû ajouter dans ce rôle-là, — ai-je dit à mon père : — *La larme facile* sert aussi pour attendrir les fils qu'on peut avoir; mais sur moi, ta rouerie lacrymatoire ne prend pas, je suis mon fils... imperméable. — Voyant son jeu deviné, il est redevenu lui-même... c'est-à-dire le *père roué*, et il m'a dit en riant : — « Allons, mauvais sujet... il faut toujours en passer par ce que tu veux; soit, après-demain... je verrai ta diable de Basquine. » — C'est avant-hier qu'il me disait cela, et... Scipion ne put continuer.

A ce moment, et malgré la défense expresse de sa maîtresse de ne laisser entrer personne, Leporello parut après avoir frappé; il tenait à la main un plateau sur lequel était une lettre.

Cette lettre était du comte Duriveau, qui attendait dans la pièce voisine.

Basquine, très-surprise à la vue de Leporello, lui dit :

— J'avais défendu absolument ma porte... que voulez-vous?

— Je demande bien pardon à Madame, — répondit Leporello, — mais c'est une lettre très-pressée, très-importante, a-t-on dit, et j'ai cru pouvoir... malgré les ordres de Madame...

— Donnez cette lettre, — dit Basquine, et elle la prit.

Une légère rougeur couvrit aussitôt le pâle visage de la jeune fille, qui parut d'abord en proie à une vive inquiétude; puis, après un moment de réflexion, elle sembla non-seulement rassurée, mais triomphante, et s'adressant à Leporello :

— Vous pouvez laisser entrer la personne qui vous a remis ce billet.

Leporello sortit.

— C'est insupportable, — dit Scipion en frappant du pied, — on ne peut pas être seul avec vous...

— Vite, vite, — dit Basquine en se levant et allant ouvrir la porte d'un petit boudoir qui communiquait au salon, — entrez là...

— Moi? — dit Scipion stupéfait, — et pourquoi?

— Voulez-vous être présent à mon entretien avec votre père?

— Mon père?...

— Cette lettre est de lui; elle est on ne peut plus pressante, il demande à me voir à l'instant.

— Ah!... tu me crois, à présent, — s'écria Scipion avec une expression d'orgueil et de joie! et il voulut enlacer Basquine entre ses bras.

— Vous êtes ce qu'il y a de plus diabolique au monde, — dit Basquine, en poussant doucement Scipion dans le boudoir. — Avoir réellement amené votre père à cette démarche... c'est inouï, étourdissant!

— J'ai tenu ma parole, — s'écria Scipion, l'œil et la joue en feu, saisissant les deux mains de Basquine, — maintenant à ton tour.

— Est-ce que je n'ai pas encore plus envie que toi... de la tenir, cette parole... mauvais démon? — murmura Basquine à l'oreille de Scipion, et si près que ses lèvres effleurèrent la joue et les cheveux du jeune homme; puis elle ajouta :

— Vite, cache-toi... c'est ton père.

Et elle referma brusquement la porte du boudoir sur le vicomte.

La brusque arrivée du comte Duriveau, quoiqu'elle l'attendît prochainement d'après la promesse de Scipion, avait d'abord alarmé Basquine... en cela que cette rencontre du vicomte et de son père pouvait amener de fâcheux résultats pour les projets qu'elle méditait; aussi fut-elle un moment sur le point de refuser de recevoir M. Duriveau, chose fort simple et parfaitement possible; mais, réfléchissant bientôt que quelque issue, ou quelque caractère qu'il dût avoir, cet entretien, auquel Scipion assisterait invisible, pouvait peut-être admirablement servir ses idées de vengeance et de haine, elle s'empressa de recevoir le comte.

Au moment donc où elle venait de renfermer Scipion dans le boudoir, M. Duriveau fut annoncé par Leporello.

A un coup d'œil furtif, investigateur, que le comte jeta autour de lui en entrant, Basquine se dit :

— Il croit que son fils est ici...

Puis, voyant le regard de M. Duriveau s'arrêter une seconde sur la porte du boudoir, elle dit encore :

— Il se doute que Scipion est là... Tant mieux.

Elle ne se trompait pas... Le père de Scipion était venu ce jour-là et à cette heure-là parce qu'il savait son fils chez Basquine, car, le suivant de loin, il l'avait vu entrer chez elle.

La physionomie du comte avait une expression si sévère, si hautaine, si dure, que Basquine comprit soudain qu'il cachait quelque arrière-pensée sous l'apparente condescendance dont il faisait preuve en subissant pour ainsi dire l'audacieuse volonté de son fils.

Le comte, loin de paraître sensible à l'éblouissante beauté de Basquine, ne put retenir, en la voyant, un tressaillement d'aversion... presque de terreur, car, malgré lui, il se rappela la prophétique menace de Claude Gérard, et la haine infernale dont Basquine était possédée contre Scipion et *ceux de sa race*, révélations que le comte devait aux *Mémoires de Martin;* mais bientôt il se rassura, en songeant qu'il venait dans cette maison avec la certitude de sauver son fils de l'influence de cette femme dangereuse.

Basquine jeta un imperceptible regard sur la porte du boudoir où elle venait d'enfermer Scipion, montra du geste un siège au comte, et lui dit avec une tranquillité parfaite :

— Veuillez vous donner la peine de vous asseoir, Monsieur.

Le comte ne prit pas de siège, s'approcha de la cheminée, où il se tint debout, et, de là, dominant Basquine de toute sa hauteur, il lui dit d'une voix qu'il tâchait de rendre égale et calme :

— Vous vous attendiez sans doute à ma visite, Madame, car j'ai pu arriver jusqu'à vous ?

— En effet, Monsieur... j'espérais avoir le plaisir de vous voir.

— Expliquons-nous clairement, Madame, — dit rudement le comte. — J'ai voulu que mon fils épousât mademoiselle Wilson... mon fils m'a déclaré hier encore qu'il se refusait positivement à ce mariage, si je ne venais pas... moi... *son père*... (et le comte appuya sur ces mots avec un courroux amer) m'entendre *avec vous*...

— Mais oui, Monsieur, — dit Basquine, d'un ton sardonique et altier, — j'ai cette prétention-là...

— Ah ! vous avez cette prétention-là... — reprit M. Duriveau, en se contenant à peine, — ainsi ce sont des conditions... que vous comptez m'imposer ?

— Nécessairement, Monsieur, et vous venez vous informer de si bonne grâce... que j'éprouve un véritable plaisir à vous les faire connaître... les voici... D'abord je...

— Assez, Madame ! — s'écria impétueusement le comte, — assez ! Puisque vous me supposez assez lâche, assez vil pour accepter une telle ignominie... j'ai hâte de vous détromper.

— Alors... Monsieur... — reprit Basquine avec un sang-froid parfait, — tout en appréciant comme je le dois l'honneur de votre visite... puis-je savoir ce qui me vaut cette faveur? car je ne m'explique plus votre présence chez moi.

Le comte, dominé par l'ironique impassibilité de Basquine, tâcha de conserver du calme et reprit :

— Pour vous expliquer le but véritable de ma visite, Madame, il faut reprendre les choses... d'un peu loin.

— Je vous écoute, Monsieur.

— Madame, j'étais l'ami intime d'un homme que vous avez poussé au désespoir, à la mort... terrible extrémité... où vous voudriez sans doute jeter mon fils...

— Je ne me répète jamais... Monsieur, — répondit Basquine avec un accent d'effrayante raillerie.

— Je crois, en effet, Madame, à l'abondance de votre imagination... Je reprends... j'étais donc l'ami intime d'une de vos victimes ; c'est vous nommer le malheureux marquis d'Henneville.....

— Et c'est dire, — reprit Basquine en interrompant le comte, — que vous êtes mon ennemi...

— Implacable... Madame.

— Cette franchise... me plaît...

— Ce qui vous plaira peut-être moins, Madame, c'est d'apprendre que je sais de quelle haine acharnée vous poursuivez mon fils... Cette haine, — ajouta le comte en haussant la voix, afin d'être entendu de Scipion, — cette haine date de bien des années déjà...

— Elle date de l'enfance, n'est-ce pas ? — dit Basquine le plus indifféremment du monde. — L'enfant mendiant de la forêt de Chantilly... la petite chanteuse de Sceaux... la pauvre figurante des Funambules... c'était moi. Est-ce là ce terrible secret ?

Le comte resta déconcerté. Il s'attendait à écraser Basquine sous cette révélation... elle la prévenait, pressentant ce qui allait suivre ces paroles de M. Duriveau, et regardant comme plus adroit d'aller au-devant de ce reproche, quoiqu'elle ignorât de quelle manière le comte était instruit de ces particularités.

Basquine poursuivit donc, profitant du désappointement de M. Duriveau :

— Votre fils ne m'a pas reconnue dans nos diverses rencontres, n'est-ce pas ? Mais moi, qui ai probablement la mémoire... de la haine... je n'ai pas oublié ce méchant petit vicomte... et dès que l'occasion s'est présentée... j'ai traîtreusement enlacé dans mes filets ce pauvre cher enfant, qui est l'innocence et la candeur même, comme chacun sait... afin d'en tirer quelque vengeance... féroce... inouïe... Est-ce bien cela, Monsieur? Ne sont-ce pas là mes détestables projets ?

— C'est parfaitement cela, Madame, — dit M. Duriveau en reprenant son sang-froid.

— Eh bien... Monsieur?

— Eh bien ! Madame, je ne veux pas que vous exaltiez l'espèce de monomanie de dépravation dont mon fils est possédé, et dont je le guérirai, moi, radicalement et rudement...

Ce disant, le comte haussa la voix afin d'être entendu de Scipion, et poursuivit d'un accent aussi élevé :

— En un mot, Madame, je ne veux pas que mon fils soit votre victime, pas même votre dupe... malgré ses précieuses dispositions pour ce rôle ridicule...

A ces mots de M. Duriveau, un éclair de joie diabolique illumina les yeux de Basquine, qu'elle tourna malgré elle vers le boudoir où était enfermé Scipion.

Puis elle reprit :

— Je crains, Monsieur... que votre fils ne soit pas parfaitement d'accord avec vous sur le rôle... peu flatteur... que, selon vous, il joue auprès de moi.

— C'est probable, Madame; mon fils est très-dépravé, sans doute; mais il est malheureusement aussi très-crédule, très-aveugle... et très-niais à votre endroit. Mais je me charge de lui ouvrir les yeux, et de le déniaiser... toujours à votre endroit...

— Scipion crédule? aveuglé? niais? — reprit Basquine en souriant, — mais savez-vous, Monsieur, que vous me rendriez très-fière ? *Circé* l'enchanteresse ne transformait pas plus complétement ses amoureux... Cependant, malgré les sollicitations de mon amour-propre, je ne puis accepter votre bienveillante accusation et la toute-puissance que vous m'accordez; je demeurerai persuadée, si vous le permettez... que Scipion est resté malgré moi... ce que je l'ai toujours vu, le plus charmant, le plus hardi, le plus spirituel jeune homme que je connaisse. Peut-être allez-vous prétendre à votre tour, Monsieur, que je m'aveugle sur lui... c'est possible... selon vous... il s'aveugle bien sur moi !

— Vous, aveuglée?... non, non, Madame, — reprit le comte avec une ironie amère, — vos yeux sont aussi perçants qu'ils sont beaux... Vous saviez parfaitement où vous conduisiez mon fils, en exigeant de ce malheureux fou qu'il eût l'audace de me déclarer que je devais vous considérer comme l'unique arbitre de mon mariage et du sien... Eh bien ! madame, mon mariage et celui de mon fils auront lieu... ils auront lieu... malgré vous... malgré lui... s'il le faut... En un mot, Scipion vous échappera malgré vous... et malgré lui, s'il osait me désobéir.

— Voyons, Monsieur le comte, — dit Basquine avec un accent finement railleur, digne de notre immortelle *Célimène*, — vous qui êtes un homme de bonne compagnie, un homme d'infiniment de tact et d'esprit...

— Madame...

— Rassurez, de grâce, votre modestie effarouchée, je vais terminer par quelque chose de moins flatteur... peut-être... Comment, vous diraî-je, un homme de bon goût et qui sait son monde comme vous le savez, peut-il venir parler de *mariage forcé*? pourquoi, je vous prie, ces airs de Géronte éperdu venant réclamer son fils chez quelque *Cidalyse*, ou plutôt, pour monter à votre lugubre diapason... dirait-on pas que je veux sacrifier ce candide Scipion sur l'autel de quelque divinité infernale? Voyez un peu combien je suis vaniteuse, — ajouta Basquine en riant à demi, — il me semble à moi,... qu'en *me sacrifiant* Scipion... je ferais beaucoup de jaloux. Croyez-moi... vous aurez peine à me faire passer pour quelque terrible *Barbe-Bleue*. Vrai, je n'épouvante pas trop... le monde... Allons, Monsieur le comte, allons, ne dérogez donc pas en faisant ainsi le bourgeois... redevenez ce sceptique et spirituel jeune-père, qui, vraiment grand seigneur, a galamment élevé son fils comme M. le duc de Richelieu avait élevé M. de Fronsac.

— Il ne s'agit ici, Madame, ni de M. de Richelieu, ni de M. de Fronsac... Je ne suis pas un grand seigneur... mon père était un aubergiste enrichi, mon fils est le petit-fils d'un aubergiste enrichi.

— Et bien ! Monsieur, qu'à cela ne tienne ; c'est vous qui, par vos grandes manières, faites de Monsieur votre père un grand seigneur. Dans votre famille, au lieu de descendre... la noblesse remonte... comme dans je ne sais quel pays... voilà tout... Mais, de grâce, ne compromettez plus cet esprit moqueur, sceptique et brillant dont vous avez si généreusement donné le secret à votre fils... et surtout plus de ces imaginations bourgeoises, n'est-ce pas?

— Il me sera difficile, Madame, d'accéder à votre désir, — reprit le comte, presque mis hors de lui par la doucereuse insolence de Basquine. — Mon fils a pu rêver qu'il était le fils d'un grand seigneur... Moi, aussi... j'ai pu faire ce sot rêve... Mais, depuis quelques jours, — ajouta gravement le comte, — je me suis éveillé... et je me charge de réveiller aussi mon fils un peu en sursaut... sans doute; mais, du moins, je charmerai son réveil par un bon et honnête mariage.

— Et Scipion consentira?

— Oui, Madame...

— J'en doute.

— Moi, j'en suis certain.

— Vous possédez, Monsieur, quelque miraculeux talisman, quelque philtre prodigieux?

— En effet... et ce talisman, ce philtre... le voici, — dit le comte en tirant un papier de sa poche, qu'il montra à Basquine avec un sourire de dédain et de triomphe.

— Et cet inestimable talisman, quel bon génie, quelle fée tutélaire est descendue de son empyrée pour vous faire ce don, Monsieur?

— Ce génie tutélaire, Madame, est tout simplement un magistrat.

— Un magistrat!

— Mon Dieu! oui... vous voyez que je deviens bourgeois effréné. J'ai donc... bourgeoisement avoué à ce magistrat les craintes sérieuses que m'inspirait l'avenir de mon fils, et les actions indignes qu'il avait déjà commises, à l'instigation d'une femme exécrable... Usant alors de mon droit de père, j'ai obtenu de ce magistrat, qui a conféré de ma demande avec le procureur du roi, j'ai obtenu l'autorisation nécessaire pour faire enfermer mon fils... Cette autorisation est ce talisman que je viens de vous montrer. Si mon fils ose se refuser d'obéir aveuglément à tout ce que j'exigerai de lui... aujourd'hui... tout à l'heure... demain... quand je voudrai... il sera conduit dans une maison de correction.

A ce coup imprévu, Basquine tressaillit; puis, reprenant bientôt son sang-froid sardonique, elle dit :

— C'est fort bien joué... j'en conviens, Monsieur; Scipion n'est pas de force à lutter contre vous... le trait est piquant.

— Vous le voyez, Madame, — reprit le comte triomphant, — j'avais raison de vous dire que je vous arracherais mon fils malgré vous... et, s'il le fallait, malgré lui.

— Vous m'aviez dit aussi que son mariage et le vôtre...

— Seraient assurés en même temps. Certainement... et toujours par la grâce de mon talisman... car je dirai à mon fils : Ou vous épouserez mademoiselle Wilson sans condition... ou demain vous irez en prison... et vous concevez, Madame, que de sa part l'hésitation ne sera guère possible. En tous cas, d'ailleurs, mes précautions sont prises... parfaitement prises... Qu'il se marie ou non... moi, Madame, je me marie, et puisque vous avez cité M. de Richelieu, je ferai une dernière fois le grand seigneur, pour dire à mon fils ce que le père de M. de Fronsac disait à se mauvais sujet.

— Et que disait M. de Richelieu à son fils, Monsieur?

« — Monsieur de Fronsac, — lui disait-il, — je me » marie dans l'espérance d'avoir un fils qui ne vous res- » semblera pas du tout. »

— De mieux en mieux... Encore une fois, Monsieur, ce pauvre Scipion trouve en vous un rude jouteur... vous l'écrasez... Mais maintenant pourrai-je savoir... quel est le but de votre visite? Vous avez des sentiments trop élevés, vous êtes trop généreux... pour venir seulement ici afin de triompher à mes yeux, et de vous manifester à une humble fille comme moi dans l'éclat olympien de votre toute-puissance paternelle... dont un des plus beaux privilèges me paraît être celui de faire emprisonner les gens... ou de les marier de force. Cela sent bien un peu son cadi... Mais enfin le tour est cruel et bien joué... Cependant, Monsieur, si bien joué qu'il soit, ce n'est pas, je pense, pour me voir applaudir que vous me faites l'honneur de venir chez moi.

— En effet, Madame, il m'a fallu un motif grave pour m'amener chez vous... pour m'abaisser jusqu'à vous donner, même pendant un instant, la pensée que j'étais assez misérable pour venir écouter vos insolentes prétentions...

— Ce motif, Monsieur?

— Madame... — reprit le comte sans répondre à cette question, — mon fils est ici.

— Monsieur... — répondit Basquine en feignant la surprise et l'embarras.

— Je vous dis que mon fils est ici...

— Mais, Monsieur...

— Il est là, — dit M. Duriveau en faisant un pas vers la porte du boudoir, — il est là... j'en suis certain.

— Oui... il est là, — dit Basquine à voix basse et simulant une grande frayeur; — mais silence... je vous en conjure... je tremble qu'il ne vous ait entendu...

— J'ai parlé haut... afin qu'il m'entendît, — ajouta le comte en faisant un nouveau pas vers la porte, — je le savais là depuis le commencement de cet entretien.

— Monsieur! — s'écria Basquine en paraissant de plus en plus épouvantée, et se jetant au-devant du comte, — Scipion... doit être... dans une irritation profonde...

— Vraiment?...

— Oh!... prenez garde... Monsieur...

— Que je prenne garde à l'irritation de monsieur Scipion? — dit M. Duriveau en souriant avec dédain.

— Je vous dis, Monsieur... qu'à votre vue, il ne se possédera plus...

— Madame, laissez-moi ouvrir cette porte...

— Ah! Monsieur... arrêtez! — dit Basquine en joignant ses mains tremblantes et paraissant éperdue. — Scipion serait déjà là s'il ne redoutait pas la violence de son premier mouvement.

— J'aurai, si vous le permettez, Madame, le courage de braver ce terrible premier mouvement.

— Monsieur, de grâce!

— Madame... une dernière fois...

A ce moment, la porte du boudoir s'ouvrit brusquement.

Scipion parut.

Il resta un instant sur le seuil, comme s'il eût voulu vaincre et refouler les terribles ressentiments qu'il éprouvait à la vue de son père.

— Les voilà en présence, — se dit Basquine en jetant un regard de joie féroce sur le comte et sur son fils; — Scipion, la révolte et la haine au cœur... son père, la menace à la bouche... Ils sont à moi!

CHAPITRE LXXXVI.

Le père et le fils en présence. — La promesse.

Scipion, après être resté un instant muet, immobile, à la porte du boudoir, s'avança lentement dans le salon, les traits livides, contractés par un effrayant sentiment de colère, de haine, de révolte contre son père, sur lequel il attachait un regard de sombre défi.

— Ainsi, vous saviez que j'étais là? — dit-il au comte.

— C'est pour cela que vous avez parlé si haut?

— Précisément, — dit le comte d'une voix inflexible. Puis se retournant vers Basquine :

— Voici pourquoi, Madame, j'ai supporté l'horrible répugnance que m'inspirait une entrevue avec vous... Je savais mon fils chez vous... là, dans ce cabinet, et c'est devant vous... entendez-moi bien, devant vous... que je voulais lui donner cette rude leçon, qui, ma fermeté aidant, lui profitera doublement.

— Je n'ai perdu aucune de vos paroles... *Monsieur*, — répondit Scipion d'une voix sourde, — je m'en souviendrai.

— Je me chargerai, s'il est besoin, de vous rafraîchir la mémoire, — dit M. Duriveau, — de vous rappeler, s'il le faut, que c'est devant cette femme, dont la détestable influence vous a poussé au mépris de mon autorité... que je vous ai remis sous le joug de la puissance paternelle... que c'est, enfin, devant cette femme qui vous méprise, qui vous raille peut-être plus encore qu'elle ne vous hait, que je vous ai infligé cette humiliation salutaire.

— Et le but de cette belle exécution, dont vous vous faites si paternellement le bourreau, Monsieur, — dit Scipion, — quel est-il?

— Comme les paroles les plus généreuses, — reprit le

comte, — les supplications les plus tendres, n'ont pu vaincre votre indomptable insolence...

— Ah!... la scène du *père sensible*, — dit Scipion en ricanant; — je vous ai conté cela, ma chère... c'était d'un effet médiocre... Monsieur m'ayant averti dès longtemps qu'il s'était étudié à avoir la *larme facile*.

Le comte poursuivit impassible :

— Il ne me restait plus qu'un moyen, celui de vous frapper dans ce qu'il y a de vif en vous... votre orgueil... j'ai donc voulu... je veux abaisser cet orgueil, Monsieur, l'abaisser si bas... si bas... que vous rougissiez même devant cette femme... et que cette femme même rougisse de vous!... Maintenant, je défie votre fatuité de vice de se relever de cette chute... Vous, le roué, le contempteur de tout et de tous, vous voici réduit, de par l'autorité paternelle, à votre véritable proportion, celle d'un enfant moitié rebelle, moitié fou, que l'on châtie d'abord et que l'on guérit ensuite, puisqu'il persévère dans le mal... et dans sa ridicule monomanie de corruption.

— Monsieur, — s'écria Basquine, en affectant de craindre que le comte n'exaspérât Scipion, — prenez garde... ces paroles sont cruelles...

— Laissez donc, ma chère, — reprit Scipion avec un insolent dédain, — je trouve la scène drôle... j'ai ma pensée... et mon projet; seulement, cette drôlerie a un côté de lâche hypocrisie qui pose l'autorité paternelle de Monsieur sous une face nouvelle... Nous avons eu le *père roué*... le *père féroce*... le *père sensible*... nous voici au *père tartufe*... Car, ce matin encore, Monsieur faisait avec moi le bon et gai compagnon; pendant qu'il avait en poche l'ordre de me faire enfermer... Hier encore, il me disait : *Allons, mauvais sujet, puisque tu le veux absolument, je verrai Basquine; mais pas un mot de tout ceci à madame Wilson...* D'ailleurs, — reprit Scipion, avec un redoublement de sarcasme, — cela ne m'étonne guère, le proverbe est vrai : *Bon sang ne peut mentir*. Le fils du père *Du-Riz-de-Veau*, l'usurier enrichi, révèle toute la pureté de sa race ; il agit comme devait agir son estimable père, lorsqu'il lui fallait attirer dans quelque piège le créancier récalcitrant dont il avait l'arrestation en poche. Allons, avouez, Monsieur, que c'est rapetisser Judas.

— Mauvaise comparaison, — dit le comte avec un calme glacial : — quand on veut enfermer un fou... on se garde bien de l'avertir.

— Ah! pardieu, l'excuse est bonne, — s'écria Scipion avec un éclat de rire sardonique ; — voici cette auguste paternité qui s'affuble en argousin de Bicêtre !

Le comte haussa les épaules de pitié et dit à Scipion :

— J'excuse vos insolences, je dois les excuser... la présence de cette femme exaspère votre audace... Je me suis attendu à cela... c'était un des résultats prévus de la leçon que je voulais vous donner... Un dernier mot : si je n'avais pas le moyen de vous arracher aujourd'hui, tout à l'heure, à l'influence de cette créature, je vous répéterais-qu'elle a fait serment de se venger sur vous comme elle s'est déjà vengée sur d'autres de toutes les hontes, de tous les outrages mérités dont elle a été abreuvée depuis son ignoble enfance... car à l'âge de dix ou douze ans la prostitution, le vagabondage, le vol lui étaient déjà familiers... à cette illustre... dont on détèle aujourd'hui les chevaux qu'elle a fait porter en triomphe !

— Ah ! Monsieur... grâce pour l'enfance... du moins... — fit Basquine en cachant son visage dans ses mains, comme si elle eût été écrasée par ce reproche.

— Assez... Monsieur... assez !... — s'écria Scipion.

— Allons donc... pauvre niais, — lui dit son père, — vous croyez peut-être que je l'ai blessée. Calmez-vous ; l'habitude précoce de la dépravation et de la honte a bronzé son cœur ; je lui dis cela devant vous pour bien lui prouver que je brave sa haine... comme on brave la vipère que l'on tient sous son talon... Oui, maintenant que, de gré ou de force, je vous tiens, je lui défends... je la défie de me nuire et de vous nuire. En voulez-vous une dernière preuve? je vous laisse avec elle... car je suppose que vous ne voudrez pas sortir d'ici avec moi...

— Il est vrai... malgré le redoublement d'affection, de respect que votre paternité m'inspire... — dit Scipion avec un persiflage amer, — je vous demanderai humblement... s'il vous plaît... la permission... de rester avec Madame... Vous concevez... une fois seuls, nous aurons à causer un peu de vous...

— C'est juste... — dit M. Duriveau en prenant son chapeau.

— Vraiment... — dit Scipion, — vous ne me sommez pas *de par votre talisman et de par le Roi* de vous suivre?...

— C'est inutile, — dit le comte en se dirigeant vers la porte, — je vous donne jusqu'à ce soir six heures... pour vous décider...

— Mais jusque-là, — dit Scipion, — ne craignez-vous pas que je ne vous échappe ?

— Pas le moins du monde, — dit le comte.

— Comment ! vous ne me demandez pas même ma parole comme *prisonnier... de père?* — dit Scipion en continuant de ricaner à froid.

— Je n'ai pas besoin de votre parole, — répondit le comte en mettant la main sur le bouton de la serrure. — Il y a en bas... à la porte de l'hôtel de Madame... deux agents de police... qui vous attendent.

Scipion ne put retenir un mouvement de surprise et de rage. Puis se baissant pour allumer un cigare au feu de la cheminée, afin de cacher sa rougeur et son émotion, il se redressa en disant :

— Vraiment vous êtes homme de précaution, Monsieur... mais de peu d'invention. Cette belle idée d'agents de police vous aura été suggérée par le souvenir des gardes du commerce du grand-papa *Du-Riz-de-Veau* l'usurier, qui s'entourait de ces braves gens comme les anciens barons de leurs hommes d'armes.

— Les leçons d'histoire de votre précepteur vous ont été du moins profitables, — dit le comte, avec un imperturbable sang-froid. — Du reste, la comparaison est juste, car ces deux agents de police ont l'ordre de vous suivre partout où vous irez, et, dans certaines circonstances, de vous arrêter immédiatement. Croyez-moi donc, faites vos adieux à Madame, le plus tôt possible, et revenez ensuite chez moi... nous aurons aussi à causer ; si, comme j'en suis certain, votre pauvre petite tête se calme, vous conviendrez, en retrouvant votre bon sens, que j'ai agi comme je devais agir, et vous deviendrez, ma fermeté aidant, un honnête garçon... — Puis se retournant vers Basquine : — Je vous laisse, Madame... et sors de chez vous dans la plus parfaite quiétude d'esprit sur ce que vous pouvez tenter contre moi ou contre mon fils... C'est, je l'espère, ce que je puis avoir l'honneur de vous dire de plus cruel... de plus désespérant.

— C'est vrai, Monsieur, — répondit Basquine avec une humilité sardonique, — je reconnais l'impuissance de ma haine contre vous... J'ai péché... je me repens... c'est ma faute... ma très-grande faute ; croyez, d'ailleurs, Monsieur, que je sais apprécier votre manière d'entendre et d'exercer l'autorité paternelle... Il y a quelque chose de si pénétrant, de si persuasif dans votre éloquence doublée d'agents de police, et qui montre la prison en perspective, que je ne doute pas que monsieur votre fils ne s'incline comme moi devant votre toute-puissance.

— Parlez pour vous, ma chère, — s'écria Scipion en donnant un libre cours à sa fureur, — dont il n'était plus maître. — Quant à moi, je ne m'incline devant personne... et si l'on m'outrage... je me venge...

Le comte allait sortir ; il s'arrêta, se retourna, toisa dédaigneusement son fils, et dit :

— Vous parlez, je crois, de vengeance?...

— Oui... j'en parle, et je ferai mieux qu'en parler, — s'écria Scipion, hors de lui. — Ah ! vous croyez, Monsieur, que vous m'aurez impunément élevé... comme vous m'avez élevé? Ah ! vous croyez qu'à l'heure dite, un caprice de votre volonté fera tout à coup de moi un fils respectueux, et de vous un père respectable ?

Le comte fit un mouvement, mais il se contint. Scipion poursuivit avec une animation croissante :

— Ainsi, vous m'aurez pris pour témoin de vos amours, pour confident de vos roueries... Vous m'aurez appris à tout railler, à tout insulter sur la terre... à commencer par votre autorité, dont vous faisiez litière à nos sarcasmes et à nos orgies. Et voici que depuis huit ou dix jours, parce que l'intérêt de votre rage conjugale l'exige, il vous plaît de prendre au sérieux votre rôle de père. Cela fait pitié... Vous parlez du respect que je vous dois ! Vous n'avez plus le droit d'y prétendre, Monsieur... du jour où nous avons bu dans le même verre le vin de l'orgie, et où nous avons échangé nos maîtresses.

A ces effrayantes paroles, le comte, atterré, ne put s'empêcher de courber le front.

— Vous souvenez-vous de ce souper, de cette nuit ? — reprit Scipion, triomphant de l'accablement de son père ; — vous avez troqué, vous, votre brune Sidonie contre ma blonde Zéphirine... vous vous êtes même plaint de perdre à ce troc... Mais tenez, Monsieur... brisons là... Seulement, prenez garde... vous jouez avec moi un jeu terrible... voyez-vous ! Il ne s'agit plus ici de père et de fils ; mais de deux anciens compagnons d'orgie devenus ennemis mortels, parce que l'un a joué à l'autre un tour infâme... et, de ce tour-là... je vous le répète, Monsieur... je me vengerai, malgré vos agents de police, malgré votre prison et même malgré votre malédiction... si vous osez me la donner sans rire aux éclats comme cette fois où vous m'avez dit : — *Je te maudis, fils indigne... qui tombes sous la table à la cinquième bouteille...* Sur ce, Monsieur... moi et Madame nous ne vous retenons pas.

Le comte, qui avait rougi et pâli tour à tour pendant que Scipion parlait avec cette sacrilége audace... le comte ne répondit pas un mot, tira sa montre de son gousset, jeta les yeux et dit froidement à son fils : — Il est trois heures... je vous *ordonne* d'être chez moi à six heures... Et je vous déclare que vous y serez... de gré ou de force... Vous sentez bien qu'on vient toujours à bout d'un écolier rétif. Ainsi donc... à six heures... et n'y manquez pas.

Ce disant, le comte sortit, laissant, par comble de dédain, Scipion avec Basquine.

En quittant la maison, M. Duriveau, avant de remonter dans sa voiture, qui s'était rangée derrière le cabriolet de Scipion, fit un signe d'appel à deux hommes trapus, vigoureux, portant de vieux paletots d'une couleur douteuse et d'énormes cannes plombées ; ces deux agents de police, qui s'étaient jusqu'alors promenés la rue sans quitter des yeux la porte de la maison de Basquine, s'empressèrent de se rendre auprès du comte.

— Redoublez de surveillance, leur dit-il ; — que personne ne sorte sans être examiné attentivement ; mon fils peut tenter de s'échapper sous un déguisement.

— Soyez tranquille, Monsieur le comte, — dit l'un des deux agents, — nous avons bon pied, bon œil.

— Si à six heures mon fils n'a pas quitté cette maison, — reprit le comte, — l'un de vous ira requérir l'assistance d'un magistrat pour entrer dans cette demeure, où vous arrêterez mon fils, que vous conduirez chez moi avant de le mener en prison.

— C'est entendu, Monsieur le comte.

— S'il sort avant six heures, vous lui déclarerez qu'il vous accompagne chez moi, ou que sinon vous le conduirez immédiatement à la Conciergerie.

— Oui, Monsieur le comte.

— Vous vous êtes précautionnés d'un fiacre ?

— Oui, Monsieur le comte, le voilà là-bas.

— Et... — ajouta M. Duriveau, sans pouvoir cacher une impression pénible, — si vous êtes obligés... d'employer la force pour s'emparer de mon fils, je vous recommande les plus grands ménagements.

— N'ayez pas peur, Monsieur le comte, nous nous y prendrons comme lorsque nous avons *à charger* pour Saint-Lazare une de ces demoiselles qui, n'aimant pas ce voyage-là, mordent et égratignent comme de petites chattes en colère.

— Ainsi, c'est entendu, — reprit le comte. — Si vous êtes obligés d'en venir là... je vous le répète, je vous recommande les plus grands ménagements ; vous serez bien récompensés.

— Soyez sans inquiétude, Monsieur le comte, nous servons nos pratiques con leur acabit ; nous répondons que Monsieur votre fils n'aura pas à se plaindre de nos bonnes petites manières.

— C'est bien ! — dit M. Duriveau en remontant en voiture.

Il avait fallu au comte un incroyable empire sur lui-même pour avoir supporté avec un calme apparent les derniers outrages de son fils ; mais, il faut le dire, pendant un instant, le comte était resté atterré, épouvanté sous le poids des sarcasmes de Scipion, auxquels il lui eût été impossible de répondre... car cette leçon terrible qu'à son tour le fils infligeait à son père devant Basquine, ce père indigne la méritait... il se l'avouait avec terreur en pleurant des larmes de sang sur l'exécrable éducation qu'il avait donnée à son fils. Aussi, un moment, le comte fut-il au désespoir d'avoir cédé à la violence naturelle de son caractère, qui le poussait toujours aux extrêmes, tantôt, comme par le passé, à une familiarité révoltante, impie ; tantôt, comme dans la scène précédente, à une rudesse de langage, à une âpreté de formes, malheureusement faites pour exaspérer jusqu'à la rage l'indomptable orgueil de son fils.

Mais venant à se rappeler ensuite que trois fois depuis huit jours (et, il faut le dire, depuis la lecture des *Mémoires de Martin*, dont la salutaire influence, quoique encore latente, se développait de plus en plus en lui et presque à son insu) ; mais le comte se rappelant, disons-nous, que, depuis huit jours, changeant tout à coup de langage, de conduite, rougissant du passé, il s'était en vain montré envers son fils aussi sérieusement affectueux, aussi paternellement tendre qu'il s'était montré vicieux, familier ou violent ; songeant enfin que ses reproches, remplis d'élévation, de sagesse, de bonté, songeant que les larmes sincères, douloureuses, que lui avait arrachées l'endurcissement de son fils, avaient été raillées par cet impitoyable enfant, comme une hypocrite jonglerie, M. Duriveau, poussé à bout, crut agir selon son droit, selon son devoir, selon l'intérêt de Scipion, en redoublant de dureté, dans l'espoir de réduire ce caractère intraitable.

Malheureusement M. Duriveau se trompait, le vicomte lui avait dit cette terrible vérité :

— *Après l'éducation que vous m'avez donnée, ce n'est pas en un jour que vous ferez de moi un fils respectueux, et de vous un père respectable.*

La régénération de Scipion, de cette âme gangrenée par une perversité si précoce, eût demandé des soins d'une délicatesse toute maternelle, des ménagements infinis, en un mot, cette rare et intelligente connaissance du cœur, et surtout cette patience remplie de pénétration, de mansuétude et d'amour que le cœur d'une mère renferme seul peut-être...

Ces qualités essentielles manquaient à M. Duriveau, homme impétueux, énergique, absolu... Puis l'intérêt de sa folle passion pour madame Wilson le dominait et le forçait d'agir avec autant de précipitation que de rigueur ; la conversion de Scipion eût demandé des mois, des années, peut-être, et il était indispensable aux projets de M. Duriveau que son fils fût régénéré en huit jours...

Aussi l'imminence de ces intérêts irrésistibles pour lui, l'impuissance de ses tentatives d'autre sorte pour réduire son fils, forcèrent le comte de persister dans les voies d'extrême rigueur.

Et puis enfin, que pouvait faire Scipion pour se venger, suivi pas à pas par les agents de police dès qu'il sortirait de chez Basquine ou arrêté chez elle s'il y séjournait au delà de six heures ?

CHAPITRE LXXXVII.

Projets de vengeance. — Conseils de Basquine à Scipion. — L'évasion.

Nous l'avons dit, Basquine et Scipion étaient restés seuls après le départ du comte.

Après le départ du comte, Basquine et Scipion avaient un moment gardé le silence.

Basquine couvait pour ainsi dire d'un regard avide l'expression de révolte, de haine profonde, qu'elle voyait éclater sur les traits du vicomte.

— Oh ! je me vengerai ! — s'écria-t-il en tendant son poing crispé vers la porte par laquelle avait disparu son père. — Oh ! oui... je me vengerai... Je me suis déjà vengé... il contenait à peine sa rage... Chacun de mes mots a porté coup !...

Agenouillé au chevet de ce lit, les mains jointes, se tenait le comte Duriveau. — Page 356.

— Oui... des mots... et puis des mots... Voilà votre vengeance à vous!... de vaines paroles!... — lui dit Basquine d'une voix sourde, avec un accent sardonique; — belle vengeance!... comme si les mots les plus durs, les plus insolents, pouvaient jamais payer l'ignominie dont cet homme vous a couvert! Sortez donc d'ici pour tomber sous la main brutale d'ignobles agents de police!

— S'ils me touchent, je les tue! — s'écria Scipion.

— Vous ne les tuerez pas, — dit Basquine en haussant les épaules, — ils vous arrêteront, et vous reconduiront chez votre père... comme un écolier qu'on mène en pénitence...

— Basquine... vous voulez donc me rendre fou de rage! — s'écria Scipion en frappant du pied avec fureur.

— Oui, je le voudrais, — reprit durement Basquine. — Vous n'auriez pas du moins la conscience de votre ridicule et misérable position... Cet homme vous a-t-il assez raillé, assez outragé, assez bafoué devant moi! Tenez, il a imaginé je ne sais quelle histoire à propos d'une haine qui daterait de mon enfance et de la vôtre... Eh bien! si cela était, votre père se serait chargé de ma prétendue vengeance, car je ne souhaiterais pas à mon ennemi mortel... une position plus honteuse, plus écrasée, plus atroce que celle que cet homme vous a faite!...

— Ne dirait-on pas que j'ai courbé le front devant lui! — s'écria Scipion; — ne l'avez-vous pas vu rougir, pâlir sous mes sarcasmes?

— Encore une fois, des mots... des mots... voilà tout, — dit Basquine. — Qu'est-ce que ça lui fait, vos sarcasmes? Il a le beau rôle, lui... il vous domine, il vous mate... vous avez beau vous débattre... il vous tient dans sa main, il faudra vous soumettre, obéir lâchement comme un enfant qui demande pardon... sinon la prison, autre humiliation plus horrible encore. Voyez-vous l'effet dans Paris, à votre club... parmi vos amis et vos ennemis, quelle joie folle et moqueuse! Le brillant Scipion, le blasé, le roué, le plus redoutable de la bande, enfermé comme un sot! Tenez... croyez-moi... ne cherchez pas à lutter contre votre père... vous serez brisé; vous n'êtes qu'un enfant... auprès d'un homme de cette trempe...

— Vous aussi? — s'écria Scipion avec autant de surprise que d'amertume, — vous aussi, vous m'accablez?

— En vérité! — s'écria Basquine, en paraissant céder à une indignation factice, — ne dirait-on pas que vous avez subi seul les outrages de cet homme? Ne m'a-t-il pas aussi traitée avec le plus insultant mépris? Ne m'a-t-il pas forcée... oh!... il l'a bien dit... et c'est ce qui fait ma rage, ne m'a-t-il pas forcée à rougir de vous?

— Rougir de moi... — s'écria Scipion, — vous...

— Et qu'avez-vous donc fait pour me rendre fière? Est-ce du fond de votre ridicule prison que vous nous vengerez tous deux? ou bien si, vous mettant à genoux devant votre père pour lui demander grâce, vous consentez à épouser votre Raphaële? sera-ce... de...

— Me railler dans un pareil moment! — s'écria Scipion en interrompant Basquine; — mais vous êtes donc sans pitié?

— Oui, je serai sans pitié... parce que vous vous êtes laissé jouer, duper par cet homme, et que je suis assez folle pour ressentir aussi amèrement, plus amèrement que vous, la honteuse position où vous êtes. Après tout, cela me serait bien égal à moi, si je ne vous aimais pas.

— Mais, encore une fois, c'est à devenir fou, — s'écria Scipion exaspéré; — que vouliez-vous que je fisse contre la force?

— Est-ce que je le sais, moi?... Il fallait être plus adroit, plus roué que cet homme qui s'est indignement joué de vous... qui vous a rendu ridicule...

— Bamboche, mais vois donc... Basquine... — Page 361.

Scipion leva ses deux poings vers le ciel avec une expression de fureur muette, impossible à rendre.
Basquine poursuivit :

— Oui, je serai sans pitié, parce qu'au lieu de trouver en vous, comme je l'avais cru, cet amant que je rêvais depuis si longtemps, ce démon charmant, moqueur et hardi, avec qui je voulais rire, entre deux baisers, rire de tous ces niais qui, dupes de mon masque, me vénèrent, s'attellent à ma voiture ou se tuent pour moi, rire de ces pieuses grandes dames qui garantissent ma vertu... rire de tout... et de tous enfin... et c'est de vous maintenant que je serais, pardieu! tentée de rire, grâce au ridicule dont cet homme vous couvre... Oui, je serai d'autant plus impitoyable, que j'ai davantage espéré... Il ne fallait pas me monter la tête... malgré moi, ou plutôt malgré vous, car, Dieu me damne! je commence à croire, pauvre innocent, que vous ne *l'avez pas fait exprès*... il ne fallait pas me faire entrevoir la délicieuse et hautaine figure du pâle don Juan, de ce roué intrépide et charmant, pour laisser à sa place je ne sais quel petit jeune homme piteux, honteux, que monsieur son père vient relancer chez moi, compagnie de gens de police...

— Que la foudre m'écrase, si je ne suis pas résolu à tout pour me venger! — s'écria Scipion dans une effrayante exaltation. — Mais, pour se battre, il faut une en arme, et je n'en ai pas là sous la main.

Les yeux de Basquine semblèrent étinceler d'un feu souterrain; elle reprit avec son ironie habituelle :

— Vous avez raison, on ne trouve pas tout de suite une vengeance... là, sous la main... Aussi, comme le temps presse... épousez Raphaële, vous serez un excellent mari... D'ailleurs, tenez, mon pauvre garçon, la résignation vous conviendra mieux.. J'avais rêvé pour nous deux de si folles, de si étranges amours, que je ne sais pas où je vous

aurais conduit... Séparons-nous... Vous êtes impuissant à venger nos communes injures, pardonnez-les... Cela est d'abord d'un meilleur cœur... puis plus facile... plus prudent, vrai, mon cher Scipion, — ajouta Basquine avec un accent de dédain compatissant qui exaspéra le vicomte cent fois plus encore que les excitations les plus violentes à sa haine contre M. Duriveau. — Vrai, je vous parle sérieusement, vous n'êtes pas de force à lutter contre votre père.

— Encore!

— Oui... je dois maintenant, en *amie*, vous éclairer sur des dangers auxquels, dans l'audacieux orgueil de mon amour, je vous aurais peut-être exposé, si vous aviez été mon amant...

— Que dites-vous?

— Vous sentez bien que... — Puis, s'interrompant, Basquine reprit : — Tenez, mon pauvre garçon, pour vous donner une idée de ma fierté... stupide, monstrueuse, infernale... soit... je vous avoue que si j'avais un amant joueur, je le mépriserais... s'il perdait au jeu... Jugez-moi, d'après cela.

— Mais, enfin...

— Je vous répète que vous n'êtes pas de force à lutter contre votre père... Je veux vous citer un exemple entre mille... de son esprit diabolique et de son admirable audace.

— Vous le louez maintenant? — dit Scipion avec un éclat de rire désespéré.

— J'admire l'énergie, l'esprit et l'audace, même dans un ennemi; jugez combien je les aurais idolâtrés dans mon amant.

— Basquine, — mon père a dit vrai, — dit Scipion d'une voix sourde, — vous me haïssez bien.

— Croyez cela, naïf garçon que vous êtes, et le triomphe

de cet homme sera complet; mais, à cette heure... haine, défiance ou amour de votre part, peu m'importe; laissez-moi vous conter ce trait dont je vous parlais... Qui sait? vous y trouverez... peut-être un enseignement utile... — dit Basquine en appuyant sur ces mots.

Puis elle reprit :

— Avez-vous entendu parler de la belle princesse de Montbar?

— Oui, — reprit Scipion après avoir regardé Basquine avec surprise; — mon père voulait, je crois, l'épouser; mais quel rapport?

— Votre père en était passionnément amoureux, — dit Basquine sans répondre à la question du vicomte, — oui, passionnément amoureux, et cet amour, la princesse l'avait accueilli avec le mépris le plus hautain, le plus outrageant; votre père jura de s'en venger... or, le comte, mon pauvre Scipion, lorsqu'il s'agissait de vengeance... trouvait vite et bien...

— Courage... louez-le encore...

— Il le faut bien, car il n'y a pas un homme qui eût été, je crois, assez hardi pour faire ce qu'il a fait.

— Voyons, — dit Scipion en se contenant à peine, — voyons ce trait inimitable !

— Pendant un an, le comte joue le *mort* au sujet de la princesse, qui se défiait de lui, — reprit Basquine; — puis il loue une maison déserte, y installe une fausse paralytique, dans un appartement misérable et isolé. La princesse était fort charitable... elle est adroitement attirée seule dans la maison, sous prétexte d'une aumône à faire à la prétendue malade... et madame de Montbar tombe ainsi au pouvoir de votre père, qui se venge d'elle, ma foi... comme on se venge d'une jolie femme qui vous a insolemment dédaigné. Tout ceci est demeuré secret... ainsi que cela devait arriver, chacun ayant le plus grand intérêt à cacher cette aventure... Qu'en dites-vous?

Scipion parut réfléchir, et ne répondit pas.

Basquine continua :

— Voilà de quoi votre père est capable, et quand on déploie une telle vigueur, une telle opiniâtreté dans sa vengeance... vous serez bien aise que l'on soit capable à bon droit comme d'un jeu de réduire un *écolier rétif*, comme il dit.

— Oui, cela doit être arrivé ainsi, — s'écria Scipion en rassemblant ses souvenirs, — car c'est vers cette époque qu'*il* s'est battu en duel avec le capitaine Clément, qui depuis a épousé la princesse... Le motif de ce duel avait toujours paru invraisemblable. Il doit se rattacher à cette aventure...

Soudain Basquine partit d'un éclat de rire railleur et s'écria :

— Ah! pardieu... la bonne idée...

— Qu'avez-vous? — dit Scipion.

— Ah! mon pauvre garçon... j'ai plus d'invention que vous...

— Comment ?

— Vous cherchez une arme... une vengeance?... j'en trouve une admirable... d'une rouerie diabolique.

— Que dites-vous?

— Mais, bah! vous n'oserez pas... Il faudrait que vous eussiez *absolument*, — et Basquine appuya sur ce mot, — que vous eussiez *absolument* la même audace, la même énergie que votre père... et vous n'êtes pas de cette trempe de fer.

— Taisez-vous....—s'écria Scipion, effrayant de frayeur. — Je ne sais pas à quelles horribles pensées... vous me pousseriez en me parlant ainsi...

— Pas d'enfantillage, Scipion... ou je garde mon idée pour moi... Mais avant de vous la dire... je veux voir si elle est réellement praticable... pour cela résumons en deux mots votre situation : Si vous refusez d'épouser Raphaële... c'est pour vous la prison.

— Et le désespoir pour mon père... car il n'épouse pas madame Wilson, sa seule véritable passion... Eh bien ! je subirai l'atroce humiliation de la prison... mais je *le* frapperai au cœur, j'y comptais bien. Ce sera toujours cela... en attendant mieux, et ce mieux... par l'enfer!... je le trouverai, que vous veniez ou non... à mon aide.

— Vous vous trompez complètement, mon pauvre Scipion, — dit Basquine en haussant les épaules; vous subirez l'atroce honte de la prison ; votre père se moquera de vous et épousera délicieusement la jolie veuve.

— Vous êtes folle... ne sais-je pas bien qu'elle ne se mariera qu'à condition que je rende l'honneur à sa fille?...

— Vous raisonnez comme un enfant : madame Wilson, avant tout, idolâtre sa fille... et lorsque cette *tendre mère* verra que vous aimez mieux aller en prison... que d'épouser cet ange... elle comprendra quel abominable mari vous auriez fait, se consolera fort de ne pas vous avoir pour gendre; et comme de plus madame Wilson est très-pauvre et que votre père est colossalement riche, elle ne sera pas assez sotte pour manquer un pareil mariage... qui lui permettra par la suite d'assurer même l'avenir de sa fille, doublement compromis par vous... Il vous restera donc pour seule vengeance le plaisir d'écrire du fond de votre ridicule prison à madame Wilson, *votre seconde mère*, pour la prier d'intercéder pour vous... et comme le bonheur rend indulgent, il se pourra que votre père, au comble de la félicité... vous pardonne le tour sanglant qu'il vous a joué.

A ces paroles de Basquine, Scipion tressaillit et resta un moment pensif.

Le vicomte, ainsi que son père et le monde, ignoraient que madame Wilson, cette vaillante femme, avait sacrifié un amour vif et partagé pour s'unir au comte Duriveau, dans le seul but d'assurer ainsi l'union de Raphaële et de Scipion ; mais pour ceux qui n'avaient pas le secret de cet admirable dévouement, et qui supposaient madame Wilson éprise du comte Duriveau, il n'était pas présumable que cette femme, déjà obligée de renoncer au mariage de sa fille par le refus de Scipion, renoncerait à son propre mariage à elle, qui, lui apportant une fortune énorme, pouvait servir plus tard les intérêts de Raphaële.

Basquine, en présentant les choses sous ce point de vue, en apparence si raisonnable, voulait démontrer à Scipion l'incertitude de la seule vengeance qu'il comptait exercer contre son père; aussi, cédant malgré lui à l'évidence de ce raisonnement, le vicomte répondit à Basquine avec une rage concentrée :

— Soit, ma vengeance n'est pas certaine, mais elle est possible...

— Et la mienne serait inévitable, terrible... dit Basquine avec un accent de conviction et d'autorité qui frappa Scipion... Oui, terrible... car ce ne serait plus seulement madame Wilson qui refuserait d'épouser votre père, mais votre père lui-même, entendez-moi bien, qui, malgré son ardente et folle passion, serait forcé de refuser d'épouser madame Wilson...

— Que dites-vous?

— Oui, je sais un moyen immanquable d'empêcher le mariage de votre père, et... affreux désespoir, torture horrible pour cet homme, c'est lui qui sera forcé de dire : — Le mariage est impossible !!!

— Oh! si cela se pouvait! — s'écria Scipion, palpitant de haine, puis il reprit : — Mais non, vous vous raillez de moi, Basquine !

— J'en étais sûre, — dit-elle avec un éclat de rire sardonique, — il ne veut pas me croire... parce qu'il a peur !

— J'ai peur!... — dit Scipion d'une voix convulsive, — parlez... et si vous avez dit vrai...

— Mon Dieu! — reprit Basquine en souriant, — ne prenez donc pas cet air sinistre... Ne dirait-on pas qu'il s'agit de quelque crime ténébreux... Non, il s'agit tout simplement d'une rouerie diabolique... et qui vous serait d'ailleurs d'autant plus permise que, cette fois encore, vous pourriez dire à votre père : J'imite votre exemple; *ce que je fais... vous l'avez fait!*

Scipion regarda Basquine avec surprise.

— Oui, — reprit-elle, — plus j'y songe, plus le tour me paraît piquant... adorable... Que dis-je! un tour... c'est une leçon, et des meilleures, et, comme disent les bonnes gens, des plus *providentielles!* Oh! si nous pouvions lui rendre au centuple, à cet homme, la sanglante leçon qu'il vous a donnée aujourd'hui, ne serait-ce pas charmant? Alors, je l'avoue... vous seriez un géant d'audace auprès de lui... Nous serions tous deux vengés, je raffolerais de vous, et...

— Basquine... vous me tuez avec vos réticences...
— Voyons... écoutez-moi, impatient démon... Il faut d'abord que vous sachiez qu'il y a peu de jours, en vous attendant, j'étais allée dans un quartier perdu... dans les environs de la barrière d'Enfer... Je cherchais une demeure obscure... déserte... isolée... j'avais alors mes projets sur vous...
— Une demeure obscure! déserte! — dit Scipion intéressé malgré lui, — et pour quoi faire?
— Oh! il s'agissait d'idées très-bizarres, très-hardies... que vous auriez partagées, je crois, car vous ne sauriez imaginer ce que devait être la vie que je rêvais pour nous deux. Et comme rien n'est plus mortel dans l'amour que la monotonie même de la possession... je voulais... mais à quoi bon... parler de cela maintenant? J'étais donc dans ce quartier assez désert... lorsque je traversai une rue... appelée la rue... la rue du *Marché-Vieux*. Connaissez-vous cela?
— Non... mais qu'a de commun cette rue avec...
— Ayez donc un peu de patience, — dit Basquine, en interrompant Scipion. — Dans cette rue, — reprit-elle, — je trouvai justement la maison qu'il me fallait... pauvre apparence... solitude... isolement presque complet des demeures voisines... Cette maison, je l'ai louée, personne n'y loge... et, après l'avoir visitée... il m'a semblé... qu'elle devait être à peu près dans les mêmes conditions d'isolement... que l'appartement... où votre diable de père avait attiré la princesse de Montbar... sous un prétexte de charité...
Basquine avait prononcé très-lentement ces paroles en attachant sur Scipion un regard fixe et profond.
Le vicomte n'était pas encore dans la voie de l'infernale pensée de Basquine; pourtant il ressentait une sorte de vague angoisse mêlée d'une âpre curiosité.
A ce moment, Basquine, se levant de son fauteuil, alla s'asseoir à côté de Scipion, sur un divan, et lui dit à demi-voix :
— Je ne peux raconter tout haut ce qu'il me reste à vous confier de mon projet... On pourrait... nous entendre. Écoutez-moi bien... cher démon... manqué... Approchez votre oreille.
Et sous prétexte de parler bas à Scipion, Basquine passa familièrement son bras autour du cou du jeune homme, et appuya son menton sur son épaule.
En sentant la douce pression du bras de Basquine, en sentant le souffle de ses lèvres caresser sa joue, Scipion ne put s'empêcher de tressaillir d'amour et de désir, malgré les tumultueux et implacables ressentiments de sa haine contre M. Duriveau.
— Nous voici donc en possession d'une maison isolée, solitaire, — poursuivit Basquine, à demi-voix; — maintenant voici ce que je suppose... il est maintenant quatre heures et demie... vous vous rendez chez madame Wilson...
— Chez madame Wilson? — s'écria Scipion stupéfait.
— Plus bas donc, indiscret... — lui dit Basquine, en rapprochant la tête de Scipion de la sienne, par un mouvement brusque et coquet, rempli de grâce, puis elle ajouta :
— Oui... tu vas chez madame Wilson...
— Et les gens de police? — murmura Scipion.
— Innocent!!! Et le mur de mon jardin qui donne sur cette maison en construction, — répondit Basquine en souriant. — Leporello te tiendra une échelle... et toi, leste et joli comme Chérubin, tu seras déjà loin... que ces misérables seront encore à t'attendre à ma porte...
— C'est vrai... — s'écria Scipion, — j'avais oublié cette ressource... Ainsi à cette odieuse prison j'échapperai du moins...
— Je l'espère bien... Tu te rends donc chez madame Wilson, ton père s'est bien gardé de t'instruire de rien... comptant toujours t'amener au mariage.
— Sans doute... mais qu'irai-je faire chez madame Wilson? — demanda Scipion dans sa stupeur croissante.
— Tu iras faire, si tu le veux, cher démon, les yeux doux à Raphaële (je ne suis pas jalouse) en attendant sa mère, si celle-ci n'est pas rentrée; si, au contraire, tu la trouves chez elle... tu prends un air hypocrite et péné-

tré... Vous savez malheureusement prendre tous les airs que vous voulez, Monsieur... et vous dites à madame Wilson : — Ma chère et charmante belle-mère (il faut éloigner tout soupçon), je viens vous enlever... oui, vous enlever tout de suite sans même vous laisser le temps de dîner... J'ai un fiacre en bas... — Et où voulez-vous me conduire, mon cher Scipion? te dira madame Wilson. — Faire une bonne œuvre... ma charmante belle-mère, — répondras-tu, — faire une action délicate... généreuse... mais qui ne peut avoir toute sa délicatesse... toute sa générosité... qu'accomplie par vous... car il s'agit d'une femme, d'une pauvre paralytique... dont vous pouvez être l'ange sauveur... Cette infortunée vous en dira davantage, car c'est son secret... Venez donc vite... chère belle-mère, les minutes sont des siècles pour ceux qui souffrent... Et elle souffre, cette malheureuse femme... pour laquelle je vous implore... Madame Wilson a un cœur excellent... elle te croit... tu l'emmènes...
Scipion commençait à comprendre. Une expression de joie farouche éclaira sa physionomie... cependant un frisson glacial courut dans ses cheveux.
Basquine poursuivit d'une voix plus basse, en se rapprochant plus étroitement encore du vicomte :
— Madame Wilson... aussi aveuglément confiante dans tes paroles que madame de Montbar l'avait été dans les prières de la fausse malade que faisait parler ton père (tu conçois tout ce qu'il y a de piquant dans ce rapprochement)... madame Wilson monte donc en voiture avec toi... tu la conduis... rue du *Marché-Vieux*... au troisième... dans l'appartement isolé... désert... dont je te donne la clef... et là (ne trouves-tu pas, en effet, la leçon *providentielle?*...) et là, non moins audacieux que ton père lorsqu'il eut attiré madame de Montbar dans un piège diabolique...
— Basquine!... — s'écria Scipion saisi de vertige, hésitant encore entre le désir et l'horreur de cette épouvantable vengeance, — c'est l'enfer... que cette pensée!!
— Crois-tu qu'après cela, ton père, malgré son amour, épouserait madame Wilson? Quant à nous, nous sommes ce soir en route pour la frontière, demain hors de France... Amoureux toujours... et riches partout, grâce à mon talent... Que dis-tu de cette vie... mon pâle et beau don Juan? reprit Basquine, en jetant ses bras autour du cou de Scipion, et s'asseyant, pour ainsi dire, sur les genoux du jeune homme; — crois-tu que cet homme qui voulait t'écraser de honte ne serait pas à son tour écrasé? Et quelle parole foudroyante à lui jeter de loin à la face : *J'ai fait ce que vous avez fait... mon père...*

. . . .

Dix minutes après cet entretien, la nuit, hâtive à cette époque de l'année, était venue.
Leporello appuyait une échelle le long du mur du jardin de Basquine (nous avons dit que sa maison était située entre cour et jardin), et pendant que les agents de police redoublaient de surveillance à la porte de la rue, Scipion, grâce à l'obscurité de la nuit et au secours de Leporello, passait par-dessus le mur, descendait dans un terrain où s'élevait une maison en construction, et se glissant à travers deux planches de la clôture provisoire, sortait à deux cents pas au-dessus de l'endroit où croisaient les agents.
Une demi-heure environ après l'évasion de Scipion, Leporello et Astarté avaient ensemble l'entretien suivant.
— J'espère, mon pauvre Leporello, que, pour ta seconde journée de service ici, en voilà des aventures !
— Ne m'en parle pas, ma chère... j'en suis tout étourdi. Une fois M. le vicomte dehors... grâce à l'échelle et au terrain en construction, ne voilà-t-il pas ce condamné politique que madame cachait ici depuis ce matin qui prend le même chemin que M. Scipion, à l'aide de l'échelle que je lui ai aussi tenue.
— Et aussitôt après, c'est madame qui s'enveloppe du manteau, et sort à pied par la grande porte, afin d'aller rejoindre le fiacre que tu avais été lui chercher, et qui l'attendait au bout de la rue...
— Qu'est-ce que tout cela signifie, Astarté?
— Je n'en sais rien... et malgré moi je suis inquiète... Il me semble qu'il va se passer quelque malheur. Je n'ai

jamais vu à madame l'air qu'elle avait tout à l'heure, en écrivant une lettre qu'elle a emportée avec elle.

— A dire vrai, lorsque je suis rentrée lui annoncer que le fiacre l'attendait au bout de la rue, madame, ordinairement si pâle, avait les joues pourpres; son regard brillait si fort, que je n'ai pas osé, en lui répondant, la regarder en face.

— Et puis, pendant qu'elle écrivait, elle avait l'air de rire toute seule... Mais, quel rire!... ses lèvres se relevaient, et on voyait en dessous ses petites dents blanches serrées comme si elle eût été en convulsion.

— Tiens, Astarté, je suis comme toi... j'ai peur... Il doit se passer quelque part... quelque chose de diabolique... Et tout n'est pas encore fini pour aujourd'hui.

— Comment?

— Ce monsieur qui doit venir entre cinq et six heures... à qui tu dois remettre la lettre que madame t'a donnée...

— C'est vrai, la voilà, cette lettre, — dit Astarté en la prenant sur la cheminée. — Tout cela m'a tellement bouleversée que je n'ai pas seulement regardé l'adresse... pour savoir le nom...

— Voyons, ce nom?

— Ah! mon Dieu!... — s'écria Astarté, après avoir lu l'adresse... — En voilà bien d'une autre!

— Eh bien! ce nom?

— Lis.

— *A Monsieur Martin*, — dit Leporello. — Comment, Martin? — reprit-il, — notre ancien camarade Martin? c'est impossible, ce n'est pas le même; madame n'écrirait pas à un domestique.

— C'est juste... du reste nous le saurons bien; voilà bientôt six heures.

CHAPITRE LXXXVIII.

La rue du Marché-Vieux. — Mort de Scipion. — Arrestation de Bamboche.

Le hasard sembla vouloir satisfaire à la curiosité de Leporello et d'Astarté: un coup de sonnette se fit entendre... et Leporello, ayant été ouvrir, s'écria:

— C'est lui... Astarté.

C'était en effet Martin, sorti des prisons d'Orléans depuis deux jours, son innocence ayant été démontrée par l'instruction; arrivé le matin à Paris, Martin avait aussitôt demandé à Basquine de le recevoir le jour même.

La surprise de Martin égala celle de ses deux anciens camarades de servitude, qu'il ne s'attendait pas à retrouver chez Basquine; mais la vive préoccupation où il semblait plongé laissait peu de place à l'expression de son étonnement. Aussi, lorsqu'il eut répondu aux exclamations de Leporello et d'Astarté:

— Oui, c'est moi, mes amis, je suis bien content de vous revoir, — il ajouta précipitamment:

— Votre maîtresse est chez elle! il faut que je lui parle absolument.

— Madame n'y est pas, — dit Astarté, assez piquée de la froideur de Martin, — mais elle a laissé cette lettre pour vous.

Autre sujet de stupeur et de commentaires pour Leporello et Astarté: à peine eut-il lu cette lettre, qu'il devint pâle comme un mort, et s'écria d'une voix déchirante:

— Ah! ce serait affreux!!

Puis il disparut.

En un instant il fut hors de la maison.

Voici ce que Basquine écrivait à Martin:

« Viens à l'instant rue du *Marché-Vieux*... Bamboche » et moi nous t'y attendons...

» Nous allons être tous trois vengés...

» Bamboche, de Scipion... le bourreau de sa fille Bruyère.

» Toi... du comte Duriveau, le bourreau de ta mère...

» Moi, de Scipion et de son père, race infâme, que » moi... fille du peuple, j'ai juré de poursuivre jusqu'à la » mort. »

Martin, remontant éperdu dans le cabriolet de place qui l'avait amené, se fit conduire à toute bride rue du *Marché-Vieux*.

Avant de suivre Martin dans sa course éperdue, disons que Basquine, en sortant de chez elle pour monter dans le fiacre qui l'attendait, s'était d'abord rendue chez la mère de Raphaële; là, elle avait fait demander par le cocher si madame Wilson ne venait pas de sortir avec M. le vicomte Scipion. Une réponse affirmative ayant été donnée, Basquine s'était fait conduire chez le comte Duriveau; et, bien certaine qu'il serait chez lui, attendant son fils, elle avait fait remettre par le cocher une lettre écrite d'avance, et qui devait être à l'instant même portée au comte.

Cette lettre était ainsi conçue:

« Allez chez madame Wilson, vous apprendrez que Sci» pion vient de sortir avec elle... Abusant de sa confiance, » il la conduit rue du *Marché-Vieux*, pour *se venger de* » *vous*...

» Souvenez-vous de la princesse de Montbar, et devinez » le reste....

» Tel père, tel fils. »

Puis, cette lettre confiée au concierge de l'hôtel du comte, Basquine avait ordonné à son cocher de la mener rapidement rue du *Marché-Vieux*, pendant que Martin s'y rendait de son côté en toute hâte.

En parcourant ce même chemin que, plusieurs années auparavant, il avait suivi, amenant un vengeur à madame de Montbar, attirée dans un piége odieux tendu par M. Duriveau, Martin se voyait sous l'obsession d'un rêve pénible. Par quelle fatalité, se demandait-il, cette même maison, et sans doute le même appartement qui avait été le théâtre d'une action infâme du comte Duriveau, devait-il être aussi le théâtre de la vengeance de Basquine?

Bientôt, Martin se souvint avec effroi que lors de sa dernière entrevue avec Basquine, il lui avait raconté (selon son habitude de ne rien cacher à ses deux amis d'enfance, sur la discrétion absolue desquels il avait cru jusqu'alors pouvoir justement compter), il avait, disons-nous, raconté à Basquine comment il était parvenu à sauver Régina de l'horrible guet-apens où elle avait failli être victime du comte Duriveau.

Martin alors supposa (il ne se trompait pas) que cette confidence avait plus tard donné à Basquine la pensée de la terrible vengeance qui devait s'accomplir à ce moment.

Quelques secondes avant que le cabriolet qui le conduisait à toute bride se fût arrêté devant l'allée de la maison de la rue du *Marché-Vieux*, Martin, à la faveur de la faible clarté d'un réverbère lointain, vit une femme sortir en courant de cette maison fatale... et bientôt disparaître dans la brume obscure où était plongé l'autre extrémité de la rue.

Cette vision soudaine disparut si rapidement, qu'il fut impossible à Martin de distinguer la figure ou la taille de cette femme, et de reconnaître si c'était elle ou non Basquine...

Le cabriolet ayant atteint la maison, Martin sauta à terre, trouva la porte entr'ouverte; il la poussa si brusquement qu'en retombant elle se referma d'elle-même, le pêne de la serrure ayant joué par ce choc.

Sans s'inquiéter de cet incident, Martin traversa l'allée noire, et gravit précipitamment l'escalier au milieu des ténèbres; ses pressentiments lui disaient que la scène de vengeance à laquelle Basquine le conviait se passait au troisième étage... dans ce même lieu où le capitaine Just avait arraché Régina des mains de M. Duriveau.

A son grand étonnement, Martin n'entendit pas le moindre bruit en approchant de cet appartement; enfin il toucha le palier... une pâle lumière, s'échappant de la porte ouverte, le guida... il traversa la première pièce...

Mais frappé d'horreur et d'épouvante, il fut forcé de s'arrêter au seuil de la seconde chambre... et de rester un instant dans l'ombre, appuyé au chambranle de la porte; il se sentait défaillir, incapable de faire un pas.

Voici... le tableau qui s'offrit aux yeux de Martin:

Scipion, livide, moribond, sans mouvement, les cheveux souillés du sang qui, d'une large blessure béante à la tempe droite, coulait lentement sur sa joue, était couché sur un lit.

Agenouillé au chevet de ce lit, les mains jointes, se tenait le comte Duriveau; son gilet blanc était ensanglanté, et son visage, baigné d'une sueur froide, était plus livide encore que celui de son fils agonisant.

Vers le milieu de la chambre, on voyait une lourde chaise de bois à demi brisée, au milieu d'une mare de sang, à côté d'un châle appartenant à madame Wilson.

En face de la porte où se tenait Martin presque défaillant, les figures de Basquine et de Bamboche se dressaient immobiles, pâles, implacables, et se détachant à demi sur les ténèbres de la pièce voisine où ils se tenaient silencieux, à deux pas du seuil de la porte.

Le comte ne les avait pas aperçus... Ses yeux fixes, ardents, malgré les larmes dont ils étaient voilés, s'attachaient sur les yeux mourants de son fils; la bouche de M. Duriveau, entr'ouverte par une contraction spasmodique de la mâchoire, semblait ne plus pouvoir se refermer; il laissait échapper des sanglots convulsifs, étranglés, seul bruit qui rompit çà et là l'effrayant silence de cette scène...

La figure de Scipion, quoique déjà marquée de l'empreinte de la mort, était encore charmante... Ses lèvres, froides et bleuâtres, s'agitaient faiblement sous sa petite moustache blonde, semblaient chercher un dernier sourire sardonique, et découvraient ses dents du plus pur émail. Il appuyait sa tête sur son bras replié... et sa main, délicate et blanche comme la main d'une femme, disparaissait à demi parmi ses cheveux châtains, dont parfois elle étreignait quelques boucles soyeuses, cédant ainsi aux crispations machinales de l'agonie.

Enfin... le comte Duriveau fit un violent effort pour prononcer quelques paroles, et ses mots entrecoupés sortirent de ses lèvres tremblantes.

— J'ai tué... mon fils... j'ai tué mon fils...

Cela était affreux... On eût dit que ce misérable, dans l'espèce de délire où il demeurait plongé, prononçait forcément, fatalement, ces paroles... et qu'il n'en trouvait pas d'autres... car il répéta une troisième fois en secouant convulsivement la tête :

— J'ai tué mon fils... j'ai tué mon fils...

A ce moment, les yeux de Scipion, jusqu'alors mourants, demi-clos, s'ouvrirent tout grands... et pendant quelques secondes une dernière étincelle de vie et de jeunesse rendit ce regard plus limpide, plus brillant, plus beau, qu'il n'avait jamais été...

A mesure que les yeux de Scipion s'ouvraient davantage, ceux de son père, qu'ils semblaient attirer par une sorte de fascination, s'agrandirent aussi, et s'arrondirent d'une manière si effrayante, que la pupille s'entoura d'un cercle de blanc.

Les lèvres de Scipion s'agitèrent alors faiblement comme s'il eût voulu parler.

Le comte s'en aperçut et murmura ces paroles, les seules... toujours les seules, qui venaient à son esprit troublé :

— Il va me dire : Tu as tué ton fils! tu as tué ton fils!

Scipion se prit bientôt à sourire d'une façon étrange, et dit d'une voix de plus en plus affaiblie, qui expira avec son dernier soupir :

— Tu m'as... tué... mais... c'est égal... j'ai gagné... Tu n'épouseras pas... madame... Wilson... c'est ta faute... Je suis... ton exemple... *j'ai fait ce que tu as fait...* tu sais... la princesse... de Montbar... Dis donc, qui aurait cru pourtant que le *jeune père...* deviendrait le *père... assassin?* c'est drôle... Je vais... conter ça... à grand-papa *Du-Riz-de-Veau*.

Au seuil de l'éternité, cet indomptable et malheureux enfant terminait sa courte vie par un dernier sarcasme.

— Scipion... mon fils... ne meurs pas! — s'écria le comte d'une voix terrible, car la réalité le rappelait à lui.

Et se jetant à corps perdu sur le cadavre de son fils, il couvrit son visage, ses cheveux, ses mains, de baisers insensés.

Un souvenir fugitif comme l'éclair vint rappeler à la pensée de Martin, comme contraste d'un redoutable enseignement, la mort sublime du docteur Clément... les paroles remplies de grandeur et de sérénité que lui et son noble fils avaient échangées à cette heure solennelle!!

Martin restait pétrifié d'épouvante; Basquine et Bamboche, qui, du fond des ténèbres où ils se tenaient, venaient d'apercevoir leur compagnon d'enfance... muets, effrayants... l'œil sec et ardent, lui montraient d'un geste impitoyable ce malheureux père se roulant sur le corps inanimé de son fils...

Cette froide férocité exaspéra Martin et l'arracha de sa stupeur.

Traversant rapidement la chambre sans être aperçu du comte qui, éclatant en sanglots déchirants, en cris inarticulés, se tordait sur le lit, ses lèvres collées au visage glacé de son fils, Martin, saisissant Basquine par le bras, s'écria d'une voix basse, mais pleine de colère, d'indignation et de menace :

— Non, vous n'insulterez pas par votre présence à la douleur... aux remords de ce père qui a tué son fils... Basquine... vous vous êtes fait une arme homicide d'un secret que je vous ai confié... comme à une sœur... C'est infâme...

— Frère... je te vengeais... aussi... — répondit sourdement Basquine.

— Non, vous n'aurez pas la force de rester là... pour que ce malheureux vous voie... vous, la cause de ce crime affreux ! — s'écria Martin d'une voix à la fois si déchirante... si suppliante, quoique contenue, que Basquine, déjà atterrée du reproche de Martin, se recula plus profondément encore dans l'ombre de la seconde pièce... de façon à ne pouvoir être aperçue par le comte... tandis que Bamboche, les bras croisés sur sa large poitrine, continuait de contempler cette horrible scène avec une joie sauvage.

Soudain, un bruit sourd et encore confus qui semblait gronder au dehors de la maison, arriva jusque dans l'appartement ; bientôt après, des coups violents ébranlèrent la porte de l'allée, porte qui s'était refermée sur Martin.

Ce bruit n'attira pas l'attention du comte Duriveau, presque fou de douleur, de désespoir; serrant toujours entre ses bras le corps inanimé de son fils, il poussait des gémissements convulsifs, des cris déchirants, inarticulés; mais Bamboche, sans cesse en éveil, au premier retentissement des coups de plus en plus violents qui ébranlaient la porte, rejoignit Basquine au fond de la pièce où elle s'était retirée, obéissant aux ordres de Martin; puis, entr'ouvrant une des fenêtres qui donnaient sur la rue, le bandit s'écria :

— La garde !! je suis pris... La police était à ma piste... on m'aura reconnu... et suivi pendant mon trajet de chez Basquine ici... S'ils m'arrêtent... — dit-il avec un ricanement féroce et ouvrant un large couteau-poignard, — ça leur coûtera bon !

— Un meurtre! — s'écria Martin en courant au bandit, — un meurtre... toi... jamais!

— Je suis à mon second ! — dit Bamboche avec une effrayante ironie en se dégageant de l'étreinte de Martin.

— Il est donc vrai !... tu étais justement poursuivi... — murmura Martin, anéanti. — Tu as tué !

— Mais, ce meurtre, dit Basquine à Bamboche, en frémissant, — car il lui avait caché ce crime, afin d'obtenir un refuge chez elle, — ce meurtre... c'était pour te défendre? chez une rixe ?

— J'ai tué deux fois... et pour voler, — répondit Bamboche d'une voix brève. — Maintenant, de plus... deux de plus... pour me sauver... tant pis! on ne me coupera le cou qu'une fois... Adieu, mes amis, je vous ai revus... Votre main... et en avant!

Basquine et Martin, frémissant d'épouvante, repoussèrent la main que Bamboche leur tendait.

— Ah! — dit le bandit avec une émotion farouche, — l'assassin... vous fait horreur... vous ne voulez pas seulement toucher sa main... Tant mieux... ça va me rendre féroce comme un tigre... je tuerai pour tuer...

Tout à coup, au milieu du tumulte qui redoublait au dehors, l'on entendit les voix des gens de justice crier :

— Au nom de la loi!... ouvrez... ouvrez...

— Oh! mon Dieu! — s'écria Martin frappé d'une idée subite, — c'est horrible... ce malheureux... qui vient de tuer son fils... on va l'arrêter tout couvert... de son sang...

— Arrêté avec un comte... assassin!... Quel honneur pour moi! — s'écria Bamboche avec un éclat de rire diabolique.

Malgré l'espèce de délire où il était plongé, M. Duriveau, appelé à lui par le bruit toujours croissant qui se faisait au dehors, se redressa brusquement du lit de mort de son fils, écouta; puis apercevant Martin, qui, éperdu, sortait de la chambre sans issue où se tenaient encore Basquine et Bamboche :

— Martin ! — s'écria le comte en se reculant avec stupeur, — vous ici !...

— La garde est en bas... — s'écria Martin ; — elle va monter...

— Ah!... j'ai tué mon fils... — murmura M. Duriveau en frissonnant, — l'échafaud m'attend !...

— Et la fuite... impossible...— reprit Martin, désespéré.

— Oh! sauvez-moi !... — murmura le comte dans le premier égarement de son épouvante, — sauvez-moi !... vous êtes aussi mon fils, vous ! Ce n'est pas pour insulter à mon désespoir... à mon crime... que vous êtes venu là. J'ai appris à vous connaître ; vous êtes généreux. Vous êtes ici, c'est pour me sauver... n'est-ce pas ? Vous avez été secourable à tant d'autres... ayez pitié de moi. Oh ! l'échafaud ! Eh bien ! oui, je suis lâche... j'ai peur... je vous implore...

— La porte est enfoncée, — s'écria soudain Martin ; — le malheureux... est perdu !

En effet, la porte venait de céder ; le bruit du tumulte extérieur, jusqu'alors amorti par cet obstacle, fit, pour ainsi dire, explosion dans l'escalier, dont les marches inférieures résonnèrent bientôt sous des pas précipités.

— Ils montent ! — s'écria Martin en prêtant l'oreille. — Ah !... ils s'arrêtent au premier... Mais ils vont venir ici... Oh ! ne pouvoir sauver ce malheureux... sauver *mon père* de l'échafaud !!!

Il y eut dans l'accent de Martin, lorsqu'il prononça ces mots, quelque chose de si déchirant, que le comte, se jetant pour la première fois dans les bras de *son fils*, reprit, non plus avec abattement et terreur, mais avec fermeté :

— Oui, je suis... *votre père*... je vous le dis... devant le cadavre de ce malheureux enfant... doublement ma victime... oui, je suis votre père... et du moins, cette dernière fois, vous ne rougirez pas de moi.

— Que faites-vous ! — s'écria Martin en voyant le comte se diriger vers la porte. — Ils sont maintenant au second étage... qu'ils visitent. — Les entendez-vous ?... Où allez-vous ?

— Me livrer... avouer mon crime... Le sang que j'ai versé doit retomber sur ma tête, — dit le comte avec une résignation pleine de courage et de majesté. — Allons, mon fils... — reprit-il, — allons... votre bras... Ce n'est pas le cœur... ce sont les forces... qui me manquent...

A peine le comte venait-il de prononcer ces mots en se dirigeant vers la porte, que Bamboche, jusqu'alors resté inaperçu dans l'ombre de la pièce voisine, en sortit rapidement, et dit à M. Duriveau, d'un ton rempli de dignité qui contrastait étrangement avec la brutalité ordinaire de son langage :

— Monsieur, ce n'est pas le comte Duriveau que je vais sauver de l'échafaud... c'est le père de Martin...

— Que veux-tu faire ? — s'écria celui-ci, — où vas-tu ?

— Dire que j'ai tué le vicomte... On me croira... j'entre ici pour voler, vais-je dire... il était avec une femme, ils crient... je l'assomme d'un coup de chaise ; cinq minutes après, son père qui le cherchait pour le faire emprisonner, arrive ici... il voit son fils sanglant, se jette sur lui, et... voilà pourquoi son père a du sang à son gilet.

— Accepter de vous un tel sacrifice, — s'écria le comte, — jamais...

— Explique-lui donc vite que j'en ai déjà tué deux, — dit Bamboche à Martin, — un de plus ne fait rien, je n'ai qu'une tête à couper... Adieu, frère... une dernière prière (et deux larmes mouillèrent les yeux féroces du bandit)... Viens avec Basquine *la veille du jour*... où... (et il porta la main à son cou)... tu comprends... Encore adieu, frère...

Et, avant que le comte et Martin eussent pu faire un mouvement, Bamboche s'élança dans l'escalier comme s'il avait eu l'espoir de s'échapper en se frayant un passage à travers les gens de police et les soldats dont il trouva une partie sur le palier du second étage, éclairé par plusieurs lumières. — Le voilà... je le reconnais... arrêtez-le, — s'écria un agent, à la vue de Bamboche, qui, pâle, la tête nue, les vêtements en désordre et brandissant son couteau, se précipita d'un bond sur le groupe, blessant légèrement

un agent, non par férocité, — car je pouvais le tuer, — dit-il plus tard à Martin, — mais je voulais rendre la scène plus *vraisemblable*. Bamboche, malgré son énergique résistance, qu'il savait d'ailleurs devoir être vaine, fut facilement terrassé et garrotté ; puis, pendant quelques moments de calme qui suivirent son arrestation, il dit avec son affreux cynisme :

— Maintenant, causons. J'avoue les deux meurtres dont je suis accusé, et, de plus, un troisième...

— Un troisième meurtre ! — s'écria le magistrat qui accompagnait la force armée, — un troisième meurtre !

— Oui, un petit jeune homme. Il était ici en rendez-vous avec une femme. Je suis entré dans cette maison pour voler, j'ai surpris les amoureux, ils ont eu peur, ils ont crié au voleur. Pour faire taire le jeune homme, je l'ai assommé à coups de chaise. Et voilà.

— Mais où cela s'est-il passé, misérable ? — s'écria le magistrat.

— D'ailleurs je suis fâché d'avoir été si brutal, — dit Bamboche sans répondre à la question qu'on lui faisait, — car le père est arrivé... et voir ce père se jetant sur le corps de son fils, malgré moi, ça m'a fait mal.

— Mais où cela s'est-il passé ? — reprit le magistrat.

— En haut... au troisième, — dit Bamboche, — vous y trouverez le père. Il paraît qu'il épiait son fils et qu'il aura voulu le surprendre avec cette femme, car il est arrivé lui et un autre homme, au moment où je venais de faire le coup ; ils n'ont pensé qu'à tâcher de secourir le petit jeune homme, le père s'est jeté sur lui... même qu'il s'est tout abîmé de sang... Moi, j'ai filé... vous m'avez pincé... mon affaire est claire... mais je ne bouderai pas devant la guillotine...

. . . .

Il est inutile de dire que, grâce au sang-froid et à la croyable présence et ressource d'esprit de Bamboche, servies d'ailleurs par la vraisemblance de ses aveux et par une partie réelle de ses assertions, le crime du comte Duriveau ne fut pas un instant soupçonné ; son trouble, sa pâleur, son embarras même de ses réponses aux premières questions du magistrat, que celui-ci d'ailleurs ne poursuivit pas, par un sentiment de convenance et de pitié pour une si grande infortune, furent attribués à la terrible émotion où ce malheureux père devait se trouver ensuite du meurtre de son fils.

En demandant et en obtenant un ordre d'emprisonnement contre Scipion, le comte n'avait pas caché qu'il voulait soustraire son fils à l'influence d'une passion dangereuse ; il parut donc très-naturel que le vicomte, se voyant sur le point d'être arrêté dans la maison de Basquine, se fût échappé de chez elle, et fût venu l'attendre dans cette demeure obscure et isolée. Ainsi s'expliquait encore la présence de Basquine sur le théâtre du crime, puis plus tard aussi la venue du comte, qui avait pu être instruit de l'endroit où s'était caché son fils pour fuir la prison.

Enfin, comment penser qu'au lieu de croire aux aveux si probables d'un brigand déjà coupable de deux meurtres, on pouvait songer à accuser du meurtre de son fils un homme considérable, posé dans le monde, comme l'était le comte Duriveau, et par ses relations et par sa fortune immense ?

Le procès de Bamboche s'instruisit rapidement ; déclaré coupable de trois meurtres, le bandit fut condamné à la peine de mort.

Ni Martin ni Basquine n'avaient oublié la promesse faite à leur compagnon d'enfance.

La veille du jour de l'exécution, les trois amis, grâce à une permission spéciale, devaient une dernière fois se réunir dans la cellule où Bamboche attendait la mort.

CHAPITRE LXXXIX.

Les trois amis d'enfance. — Dernière entrevue. — Mort de Basquine et de Bamboche.

La cellule où se trouvait Bamboche était meublée d'un lit de fer, d'une table et d'un banc scellés aux dalles du sol. Derrière la porte épaisse, on entendait les pas mesurés d'une sentinelle. Basquine et Bamboche étaient réunis depuis un quart d'heure environ, lorsque la porte du cabanon s'ouvrit, et le geôlier introduisit Martin auprès du condamné.

Depuis l'arrestation de Bamboche, rue du Marché-Vieux, Martin n'avait pas revu les deux compagnons de son enfance; il ne put s'empêcher de fondre en larmes, lorsqu'il répondit à leur cordiale étreinte. Après cette première émotion sincèrement partagée par les trois acteurs de cette scène, Martin dit à Basquine :

— D'après ta lettre, j'étais allé pour te prendre chez toi...

— J'avais mes raisons, mon bon Martin, pour te devancer ici, — dit Basquine en échangeant un regard mystérieux, étrange... avec Bamboche; — c'est un secret dont tu auras plus tard l'explication.

— Avant toute chose, — dit vivement Bamboche à Martin, — Bruyère?... ma fille?

— Elle va bien, — répondit Martin; — j'ai été la chercher dans le refuge où Claude Gérard l'avait fait se cacher pendant qu'on la croyait noyée. Une brave fille de ferme lui portait chaque jour quelque nourriture dans cette retraite. L'innocence de Bruyère a été si évidente, que l'accusation d'infanticide est tombée d'elle-même.

— Et maintenant où est-elle, la pauvre enfant? — demanda Bamboche.

— Auprès de ma mère et de M. Duriveau, — répondit Martin.

— Allons, son sort ne m'inquiète plus, — dit le condamné d'une voix légèrement émue, — et elle ne sait... rien... de moi, n'est-ce pas?

— Rien... Ma mère... la comble de soins... de tendresse pendant ses moments lucides...

— Comment! — dit Basquine, — la folie... de ta pauvre mère...

— Après une crise léthargique, tellement prolongée qu'on l'a crue morte... — reprit Martin, — ma mère est revenue à la vie... mais sa raison, à peine raffermie, s'est altérée de nouveau... moins gravement, il est vrai, que par le passé... Maintenant... son aberration consiste à rester quelquefois un jour entier dans un état de morne stupeur, pendant laquelle, insensible à tout ce qu'on lui dit, elle ne prononce pas une parole. Ces accès passés, — reprit Martin, — elle revient à son bon sens.

— Et ton père?... demanda Basquine.

— En huit jours, ses cheveux sont devenus blancs, — dit Martin; — il a pour jamais quitté Paris, il a fait transporter en Sologne le corps de Scipion... et depuis... M. Duriveau n'a pas quitté le pays... où il se fixe pour toujours...

— Et maintenant, comment est-il pour toi? — dit Bamboche, — pour ta mère?

— Il a fait publier les bans de son mariage avec elle, — dit Martin.

— Quoique l'esprit de ta pauvre mère ne soit pas encore remis? — dit Basquine étonnée.

— Oui... — répondit Martin. — « Ma cruauté lui a fait perdre la raison, — a dit M. Duriveau, — je dois tâcher de la lui rendre à force de soins affectueux... Je l'ai déshonorée... je dois lui rendre l'honneur en lui donnant mon nom. »

— Quel changement! — dit Basquine avec un sourire amer, et elle ajouta : — Et madame Wilson?

— Elle est partie en Angleterre avec sa fille... — répondit lentement Martin, — mais il lui reste peu d'espoir de conserver cette infortunée... Raphaële se meurt...

— Et Claude Gérard?... — demanda Bamboche.

— Il ne quitte pas ma mère et M. Duriveau. Celui-ci lui a fait humblement la réparation la plus éclatante... Claude... revenu de la misanthropie farouche où l'avaient jeté d'indignes persécutions, n'a pu être insensible à l'horrible douleur, aux remords incessants de M. Duriveau, qui cherche sa seule consolation dans une expiation qu'il veut grande et féconde... Il a les projets les plus vastes, les plus généreux pour le bonheur de cette contrée qui lui appartient presque tout entière, et que la maladie et la misère décimaient depuis si longtemps.

— Je dis comme Basquine, — quel changement! — reprit Bamboche; puis il ajouta, avec un affreux ricanement : — Ce que c'est que de tuer son fils, pourtant! il n'y a rien de tel pour moraliser un homme.

— Tu es toujours le même... — dit tristement Martin à Bamboche. — A cette heure encore!...

— Pardieu! à cette heure, surtout, — dit le brigand en éclatant de rire. — Parce qu'on me coupe le cou demain, tu veux que ça me rende aujourd'hui *bonhomme*... et vertueux.

— Tu te calomnies encore, — dit Martin; — ton dévouement pour mon père a été admirable.

— Le beau mérite! j'étais pris tout de même.

— Et lorsque chez le docteur Clément, afin de ne pas me faire accuser, tu as renoncé au fruit du vol que tu venais de commettre... cela encore était beau et bien... Qu'à ce moment suprême, ces bons souvenirs te consolent au moins !

— Bah!... ces beaux sentiments-là ne m'ont pas empêché de tuer à coups de hache un vieillard et sa femme pour leur voler vingt-trois francs...

— Mais de ce crime affreux... tu te repens? — s'écria Martin.

— Pas du tout... j'avais faim... j'avais froid; avec ces vingt-trois francs, j'ai acheté une roulière et j'ai vécu huit jours...

— Ecoute... mon pauvre Martin, — dit Basquine à son compagnon, qui frémissait d'un tel endurcissement, — si je voulais excuser Bamboche, je te dirais : Toi-même... malgré les enseignements de Claude Gérard... malgré la bonté, l'élévation naturelle de ton cœur, après quatre jours d'une lutte affreuse contre la faim, le froid... le manque de travail, n'as-tu pas... dans ton désespoir, failli devenir complice du cul-de-jatte?...

— C'est vrai, — dit Martin avec accablement.

— Et plus tard, reconnaissant l'impossibilité matérielle de vivre, — reprit Bamboche, — mais reculant devant le suicide, n'as-tu pas attendu la mort dans une cave?... Eh bien! moi qui ai vu mon père mourir sans secours, au fond des bois, et déchiqueté par les corbeaux; moi qui, au lieu d'avoir eu Claude Gérard pour mentor, ai joui des conseils paternels du cul-de-jatte et de la Levrasse, moi qui ai été achevé par une éducation de prison, moi qui enfin ai été élevé en loup... en loup j'ai vécu... en loup je meurs, en mordant les barreaux de ma cage... Je ne mérite ni ne demande intérêt ou pitié : comme j'ai commencé... je finis... On me coupe le cou... on fait bien, on le peut... Dans mon enfance, la société m'a traité en chien perdu... quand j'ai eu des crocs, je l'ai traitée en chien enragé... c'était fatal... voilà tout.

En prononçant ces dernières paroles, le rire de Bamboche était contracté, presque douloureux.

Etait-ce douleur morale, douleur physique? Martin ne put le deviner; il remarqua seulement que la pâleur de Bamboche semblait augmenter encore.

— Il ne faut pas oublier, vois-tu, mon pauvre Martin, — reprit Basquine, toujours impassible, — que Bamboche et moi nous avons été viciés, corrompus dès l'enfance, et plus tard... abandonnés à tous les hasards du vice et de la misère!

— Et pourtant, — reprit Martin avec amertume, — vous deux aussi... vous auriez pu être sauvés... j'en atteste... les jours que nous avons passés... *dans notre île*... vous en souvenez-vous encore?... Qui aurait dit, mon Dieu!... lorsque par ces belles nuits d'été, nous écoutions tous deux la voix inspirée de Basquine, en appelant de tous nos vœux une vie honnête, laborieuse... qu'un jour... tous trois... nous nous retrouverions... hélas! au sinistre rendez-vous d'aujourd'hui !

Et Martin ne put retenir ses larmes.

A ce moment, Bamboche, dont la pâleur avait paru redoubler depuis quelques instants, s'interrompit. Sa figure farouche se contracta de nouveau; il éprouvait une pénible oppression.

— Qu'as-tu?... — lui dit vivement Martin.

— Rien... — reprit le brigand en échangeant de nouveau un singulier regard avec Basquine. — Je suis de fer... tu sais, — ajouta-t-il en s'adressant à Martin et lui tendant la main; — mais toi seul... et Basquine, vous mordez sur ce fer... et vous voir là... tous deux aujourd'hui... quand demain... enfin ça remue le bronze... mais ça passe... c'est passé.

— Ta main est glacée... — s'écria Martin en retenant entre les siennes la main que le bandit lui avait donnée.

— A mains fraîches, chaudes amours... tu sais le proverbe, — dit Bamboche en riant, et il retira brusquement sa main de celles de Martin.

— Cela n'a rien d'étonnant... moi aussi j'ai les mains froides, — dit Basquine, — tiens...

— Glacées... aussi, — reprit Martin de plus en plus étonné...

— C'est tout simple, — dit tranquillement Basquine; — l'émotion...

— Pardieu, oui... l'émotion... — reprit Bamboche; et ses traits redevinrent calmes.

Malgré ces rassurantes paroles, Martin ressentit une angoisse vague, inexprimable; il crut voir sur le front de la jeune fille des plissements brusques, convulsifs, comme si elle avait parfois lutté contre une vive douleur... et pourtant Basquine parlait avec une ironie froide et placide...

— Veux-tu, mon bon Martin, reprit-elle après un moment de silence, — une dernière preuve de cette vérité : que notre enfance et notre première jeunesse à moi et à Bamboche ayant été viciées, gangrenées par d'horribles dépravations, nous sommes fatalement devenus incurables?... c'est que j'ai au cœur autant de haine, autant de désespoir que lui.

— Toi... — s'écria Martin, — toi, comblée de tous les dons de la jeunesse, de la beauté, de la fortune, du génie! toi, dont la gloire retentit d'un monde à l'autre... Ah!... c'est blasphémer que parler ainsi! Bamboche a du moins pour excuse l'atmosphère corrompue où il a été forcé de vivre! Il a pour excuse la misère, l'avilissement, la honte de soi, le mépris dont on est abreuvé, implacables ressentiments qui, noyant le cœur de fiel et de haine, vous exaspèrent. Qu'il exècre ce monde qui l'a abandonné dès son enfance à toutes les fatalités du mal... il paye de sa tête le droit de le maudire, ce monde!! Mais toi... toi, qui, après une première jeunesse cruellement souillée, torturée, je le sais... es arrivée, en deux ans à peine, au comble de la fortune et de la renommée... toi... à qui ce monde prodigue l'or, les triomphes, les ovations, qu'il n'accorde pas même aux souverains... comment oses-tu parler de haine, de désespérance, lorsque tu ne devrais respirer qu'amour, mansuétude et reconnaissance?

Basquine avait écouté Martin avec un calme sardonique, échangeant parfois un regard avec Bamboche, qui, pour cacher peut-être ses douleurs, s'était accoudé sur la table, appuyant sur ses deux mains son large front, que parfois perlaient çà et là des gouttes d'une sueur froide...

Basquine dit en souriant à Martin :

— Ainsi... je te parais un monstre d'ingratitude envers ma brillante destinée?

— Non... — reprit Martin avec une douloureuse amertume, — tu dois être si horriblement malheureuse... que je n'ai plus le courage de te blâmer...

— Malheureuse... oui... — dit Basquine de sa voix nette et tranchante; — oui, je suis malheureuse, autant et plus que je ne l'ai jamais été autrefois.

Martin n'ayant pu retenir un geste d'indignation pénible, la jeune fille reprit :

— Ainsi... tu crois, toi, qu'il suffit de quelques bouquets, d'un peu d'or, d'un peu de génie, d'un peu de renommée, qu'il suffit... de beaucoup de tout cela, même, si tu veux... pour purifier tout à coup une âme et un corps qui, pendant seize ans, ont traîné... dans toutes les fanges de la misère et du vice?

Martin regarda Basquine avec effroi... il ne trouva pas un mot à répondre... elle continua.

— Ainsi... parce que la foule m'aura crié *bravo*... parce que quelques grandes dames, quelques reines... m'auront dit : *Ma chère amie, vous êtes sublime!* parce que tous les hommes que j'ai connus, des plus obscurs jusqu'aux rois... m'auront dit ou écrit en résumé ceci : Vous êtes *belle, adorable... inimitable... voulez-vous que je sois votre amant?* tu crois que cela m'a empêchée d'avoir été prostituée à huit ans... et, deux ans plus tard, d'avoir été le jouet... la victime, et pis que cela (puisque je ne me suis pas enfuie ni tuée), la complice des monstrueuses dépravations du duc de Castleby?...

Martin, de plus en plus épouvanté, commençait d'entrevoir une partie de l'affreuse vérité... qu'il avait plus d'une fois pressentie; mais cette vérité lui semblait si désespérante, qu'il s'était toujours efforcé d'en détourner sa pensée.

— Voyons!... crois-tu qu'il a suffi d'un bain d'or ou de la fumée de l'encens qu'on brûlait à mes pieds pour me purifier de telles souillures? — reprit Basquine avec ce calme glacial qui rendait sa parole si poignante, — crois-tu qu'elle n'est pas corrosive, incurable, cette lèpre de l'âme que l'on gagne forcément, en étant saltimbanque, vagabonde, voleuse, chanteuse des rues ou figurante à six sous?... crois-tu que cela n'engage pas l'avenir que de livrer son corps sans amour, même sans désirs... car une dépravation précoce avait tué mes sens avant même qu'ils fussent éveillés... et je n'ai jamais été qu'un marbre vivant.

— Oh! mon Dieu!... mon Dieu!... ces révélations, c'est affreux.

— Tu m'as crue redevenue vierge peut-être, — continua la malheureuse fille avec son implacable ironie, — comme si tu ne savais pas que, belle, jeune, sans ressources, je devais être forcée d'abandonner mon corps aujourd'hui pour du pain, demain pour obtenir de coucher une nuit dans un garni, pêle-mêle avec des voleurs et des filles? une autre fois pour obtenir du maître d'une taverne la permission de chanter dans son bouge, ou d'un directeur de théâtre la faveur de monter sur ses planches!... Et cela n'avilit pas... et à tout jamais? Et l'atmosphère de *la gloire*, comme tu dis, suffirait à dissiper ces souvenirs qui vous rongent? à vous faire faire peau neuve? à vous faire suer cette lèpre? Non! non!

— Maintenant, — reprit Martin avec accablement, — je comprends...

— Et d'un pareil avilissement à la méchanceté, à la haine, au désespoir, y a-t-il donc si loin? — s'écria Basquine en s'exaltant davantage. — Tu viens me parler de mansuétude, d'amour, de reconnaissance pour ce monde qui me couvre d'or, de bouquets et de bravos, parce que mon chant et ma figure charment ses yeux et ses oreilles. Que demain je sois laide et sans voix, qu'aurait-il pour moi, ce monde aujourd'hui à mes pieds? dédain et oubli. Il m'a pris comme on ramasse une fleur sur son chemin, sans s'inquiéter si elle a poussé sur un sol vierge ou sur un fumier. La fleur fanée, on la jette avec indifférence.

— Mais enfin... la gloire? — s'écria Martin, qui ne pouvait se résigner à admettre un incurable désenchantement au milieu d'une existence en apparence si heureuse, si brillante, — ces applaudissements de tout un peuple enivré?

Basquine haussa les épaules.

— Chez la Levrasse... dans mes ignobles scènes avec le *pitre*, à l'âge de huit ans, n'ai-je pas été applaudie avec frénésie, n'ai-je pas aussi *fait fureur*? ne s'est-on pas aussi battu pour moi à la porte de nos tréteaux? Et encore... va, crois-moi, les bravos des mains gantées de blanc m'ont semblé plus tard moins retentissants que les bravos des mains calleuses qui applaudissaient mon enfance.

— Mais la conscience d'être une artiste sublime! — s'écria Martin. — Sur ce légitime orgueil, tu n'étais pas du moins blasée.

Basquine éclata de rire.

— Oui... je me suis dit cela plusieurs fois; il l'a bien fallu... *En vérité je suis une artiste sublime... évidemment j'ai un talent immense...* Eh bien! après?...

Martin resta sans réponse devant ces mots : — *Eh bien! après?*

Mots d'autant plus effrayants, que l'expression de dédain, de lassitude, avec laquelle Basquine les avait prononcés, prouvait qu'elle parlait sincèrement.

— Soit! — continua-t-elle, — j'ai ressenti une fois, dix fois, si tu veux, ce que tu appelles un *juste et noble orgueil* à propos de mon *génie*... et puis, après? n'est-ce pas toujours la même chose... la même glorification de soi par soi, devant soi?... Au bout de six mois, cela donne des nausées... à force de ridicule.

— Mais, — reprit Martin, disputant le terrain pied à pied, — si ton âme est aussi morte aux joies de l'orgueil, la gloire ne donne-t-elle pas de l'or?

— De l'or?... je n'ai pas besoin d'être parée pour être belle... et je n'ai personne à qui je veuille plaire... J'ai si longtemps souffert de la misère... que le nécessaire est une sorte de luxe pour moi. Pourtant j'ai voulu essayer de la magnificence; au bout d'un mois j'en étais excédée... Qu'est-ce que la stupide jouissance du luxe auprès de l'enivrement de la gloire?... et la gloire même ne m'enivrait plus.

— Mais avec l'or... on fait le bien...

— Eh! mon Dieu, j'en ai fait du bien, et beaucoup! Dès que j'ai été riche, je me suis mis en quête de ma famille... mon père et ma mère étaient morts... je n'ai retrouvé que deux frères et une sœur... les autres... morts aussi, ou disparus... on ne savait pas... Est-ce qu'on sait jamais ce que ça devient, des malheureux comme nous? ça naît, ça meurt; qui s'en inquiète?... Mes deux frères et ma sœur ont eu par moi leur sort assuré; à d'autres aussi j'ai donné, beaucoup donné... et puis un jour... de la charité, comme de la gloire... comme de l'or... j'ai dit : *Après?*...

— Ainsi, — reprit Martin avec une stupeur douloureuse, — ainsi, ton cœur, vicié dès l'enfance, et désormais fermé... à toutes les émotions pures, généreuses, fécondes... ne vit plus à cette heure que pour ce sentiment stérile, affreux comme la mort : — *La haine!*

— Oui! oh! oui, longtemps je l'ai du moins goûtée, savourée, cette sauvage et âpre jouissance, — s'écria Basquine de plus en plus pâle, et dont le front commençait à se perler de sueur comme celui de Bamboche. Lui, le regard fixe, la tête appuyée dans ses deux mains, souriait parfois aux désespérantes paroles de Basquine avec un rire sinistre, souvent convulsif, douloureux, pendant que ses traits livides, contractés, s'altéraient de plus en plus; mais Martin, pour ainsi dire palpitant sous l'obsession des terribles aveux de Basquine, ne s'apercevait pas de l'espèce de lente décomposition qui se manifestait sur la figure de Bamboche.

— Oui, longtemps je l'ai savourée, l'âpre et sauvage jouissance de la haine, — reprit Basquine. — Oh! avec quelle joie j'ai charmé, séduit, enivré, pour la désespérer ensuite jusqu'à la mort... cette race maudite des *Scipion* et des *Castleby*!... Que de larmes, que d'affreux sacrifices, que de sang je lui ai coûtés à cette race infâme!... Mais... — ajouta Basquine d'un air sombre, — bientôt... ces ressentiments même, qui étaient toute ma vie, se sont affaiblis...

— Que dis-tu? — s'écria Martin.

— Alors, pour les raviver, — reprit Basquine, — je m'en allais seule... à pied, dans ces quartiers où nos pareils pullulent et disputent chaque jour leur vie à la misère et à tous les vices qu'elle engendre... Dans cet affreux spectacle, je retrempais vigoureusement ma haine; je donnais là ce que j'avais d'or, et puis, le cœur gonflé de haine, je revenais attendre chez moi, dans *mon salon*, ces riches, ces heureux du jour... qui n'avaient que mépris ou dureté pour ces maux de nos frères, de nos sœurs... abandonnés ou misérables, comme nous l'avons été... Oh! alors je tirais de la race que je poursuivais des vengeances féroces... l'avilissement, la ruine... le suicide... le meurtre du fils par le père... mais bientôt la lassitude... le dégoût... m'accablaient de nouveau. Alors, pour ne plus penser, je me livrais à l'engourdissement de l'opium.

— Oh! infortunée! infortunée! — murmura Martin.

— Une dernière espérance m'avait soutenue, la vengeance que je devais tirer de Scipion et de son père, vengeance terrible... car c'était du même coup venger Bamboche... toi et moi... Cette œuvre sanglante, je l'ai accomplie... sans pitié... sans remords, et puis je suis retombée dans mon accablement, et plus que jamais... j'ai dit... je dis... gloire, amour, richesse, charité, vengeance... et pardonne ce blasphème, ô mon frère... amitié... VANITÉ.. TOUT EST VANITÉ... je suis devenue dévote, tu le vois... sauf la religion, et... je...

Basquine ne put continuer : son énergie fébrile, soutenue par un incroyable courage... faiblit tout à coup; ses yeux se troublèrent; ses lèvres, déjà froides, devinrent violettes; elle trembla convulsivement, ses dents s'entre-choquèrent.

— Mon Dieu, Basquine... qu'est-ce que tu as? — s'écria Martin... en courant à elle, et l'aidant à s'asseoir sur le lit de la cellule; — puis, de plus en plus effrayé, il ajouta : — Bamboche, mais vois donc... Basquine...

— Je la vois bien, — dit le bandit en abaissant ses mains qui jusqu'alors avaient à demi caché son visage, et il morira ainsi à Martin des traits déjà défigurés... par les approches de la mort.

— Ciel!... qu'avez-vous tous deux? — s'écria Martin, — du secours!... du secours!...

— Silence, — lui dit Basquine en faisant un dernier effort pour mettre sa main glacée sur les lèvres de Martin. — Laisse-nous... Bamboche échappe à l'échafaud... moi... j'échappe à la vie!!!

— Ah! c'est horrible... tous deux!!! — s'écria Martin bouleversé. — Le poison!!! peut-être!!!

— Oui, — dit Basquine, — dans une bague... que j'avais au doigt... Le geôlier n'a rien vu...

— Oh! — s'écria Martin, — si jeune... si belle... mourir ainsi désespérée!!!

— Et à ce moment encore... et... plus amèrement que... jamais... je dis: *Après?*... — murmura Basquine d'une voix expirante.

— Adieu, Basquine, adieu, Martin, — ajouta Bamboche à l'agonie, — je meurs comme un chien; je ne crois... je n'ai cru à rien... mais j'ai été fidèle... aux... serments... à... notre... enfance.

Et écartant d'une main défaillante les revers de sa casaque de prison, il mit à nu sa large poitrine, sur laquelle on lisait ces mots tatoués en caractères indélébiles :

Basquine pour la vie. Son amour ou la mort. 15 février 1826. *Amitié fraternelle et pour la vie à Martin.* 10 décembre 1827.

— Ah!... — s'écria Martin avec désespoir, — j'en atteste ce généreux sentiment d'amitié qui a toujours survécu en vous... vous étiez nés pour le bien... mais impitoyablement abandonnés, dès l'enfance, par une société marâtre... vous mourez ses martyrs!

— Frère... encore ta main, — dit Basquine en se renversant mourante sur le lit; — appelle maintenant au secours... tu le peux!!!...

Martin appela du secours en effet... ce secours fut vain.

Seul, le lendemain, à la nuit, Martin accompagnait au champ du repos éternel le double cercueil de Basquine et de Bamboche.

CHAPITRE XC.

L'expiation. — Nouvel aspect de la Sologne. — Le château du Tremblay. — Anciennes connaissances. — Claude Gérard, Martin, M. Duriveau, dame Perrine, la Robin, Bruyère, Petit-Pierre, dame Chervin. — *L'Association.* — Lettre du Roi.

Plus d'une année s'était écoulée depuis la mort de Basquine et de Bamboche.

Le mois d'octobre touchait à sa fin.

Un voyageur qui eût, environ quinze mois auparavant, parcouru cette partie de la Sologne où s'est passée l'exposition de ce récit, et qui, à l'époque où nous sommes arrivés, aurait traversé cette même contrée, se serait demandé par quel prodige il la voyait, pour ainsi dire, complétement métamorphosée.

En effet, en quinze mois au plus, ces cinq ou six lieues de territoire, qui appartenaient à M. Duriveau, ce pays jadis si misérable, si désert, si inculte, si fiévreux, et tellement envahi par les eaux stagnantes, que leurs exhalaisons étaient devenues presque mortelles pour les rares habitants des métairies, ce pays, disons-nous, avait absolument changé non-seulement d'aspect, mais, si cela peut se dire, de nature...

Plus de ces brumes humides, pestilentielles, qui couvraient, dans une immense étendue, ces landes à demi submergées sous les eaux croupissantes; plus de sol noirâtre, spongieux, couvert çà et là de chétives bruyères, dans lequel bêtes et gens enfonçaient jusqu'aux genoux; plus de ces plaines sans fin, nues, arides, désolées, à travers lesquelles erraient çà et là quelques maigres bestiaux cherchant une pâture insuffisante au milieu des genêts et des ajoncs, pendant que de pauvres petits bergers, en haillons et tremblant la fièvre, traînaient leurs pas languissants à la suite de leurs chétifs troupeaux ; plus de ces marais à l'onde épaisse, immobile et couleur de plomb, où se reflétaient parfois les murailles crevassées de quelque misérable métairie, bâtie de boue, et couverte d'une toiture de chaume à demi effondrée...

Tout enfin, dans ce pays, en peu de temps, avait changé, tout... jusqu'à l'air que l'on y respirait... air alors aussi salubre, aussi pur, aussi léger qu'il était autrefois pesant et méphitique.

Bientôt le voyageur aurait eu le secret de cette incroyable métamorphose, en remarquant de larges canaux maçonnés en briques, coupés çà et là par des ponts à la fois élégants et solides, sous lesquels coulaient incessamment des eaux abondantes, alimentées par des conduits souterrains, dont la pente, habilement calculée, amenait constamment dans ces canaux, artères principales, les eaux stagnantes qui, faute d'écoulement, submergeant, détrempant, pourrissant le sol, depuis des siècles, le frappaient d'infection et de stérilité.

Enfin, ô prodige du travail et de l'intelligence de l'homme ! secondées par *le capital*, ces eaux, naguère le fléau de ce pays, comptaient alors parmi sa richesse... Sortant des canaux, elles affluaient dans d'immenses bassins naturels formés par plusieurs étangs, conservés en raison de l'élévation relative de leur niveau ; puis, de là, remontant dans de vastes réservoirs, à l'aide de moulins à vent d'un mécanisme aussi simple qu'ingénieux (1), elles pouvaient se distribuer selon les besoins de l'agriculture, par mille conduits d'irrigation.

Ainsi ces terrains immenses que nous avons vus, au commencement de ce récit, boueux, méphitiques, incultes, étaient déjà complétement assainis, défrichés, et, dans beaucoup d'endroits, façonnés pour les ensemencements d'automne...

Et non-seulement sur ces cinq ou six lieues carrées de territoire que possédait M. Duriveau, le sol avait ainsi été métamorphosé, mais encore les habitations... et, chose plus admirable encore... les habitants... jadis si hâves et si maladifs, étaient devenus florissants de santé.

Sur toute l'étendue des immenses propriétés du père de Martin, on ne voyait plus une seule de ces métairies... ou plutôt de ces tanières horribles où s'étiolait une race abâtardie par les fièvres et par les plus dures privations.

Le petit village du Tremblay lui-même, composé d'environ deux cents masures non moins délabrées que les métairies, avait aussi disparu et-ne contrastait plus par sa misérable apparence avec le magnifique château du comte Duriveau.

Ce château lui-même avait subi une complète transformation.

Le corps de logis principal avec ses deux ailes en retour était resté debout, et l'on avait prolongé ces deux ailes de façon à composer un immense parallélogramme, en les réunissant par de nouveaux bâtiments qui, faisant face au principal corps de logis, reliaient ainsi ces deux ailes à leur extrémité.

Une large galerie de briques suivant intérieurement les lignes de ce parallélogramme formait une terrasse au premier étage, et, au rez-de-chaussée, un abri qui permettait de circuler autour de ces vastes constructions, sans craindre le soleil ou la pluie.

Tout le terrain renfermé dans l'intérieur des bâtiments était distribué en un jardin d'agrément ; ses massifs, ses quinconces, divisés par des allées, aboutissaient tous à un rond-point où s'élevait une fontaine jaillissante ; cette

---

(1) Nous saisissons avec empressement cette occasion de rendre publiquement hommage et justice à l'admirable invention de M. *Durand*, qui, après des travaux et des combinaisons d'une difficulté extrême, est parvenu à établir des *moulins à irrigations*, qui, mus par la force du vent, *s'orientent d'eux-mêmes et s'effacent d'eux-mêmes lors des bourrasques*. Cette grande et utile invention, que nous voyons fonctionner depuis bientôt deux ans, a déjà rendu et doit rendre les plus immenses services à l'agriculture, en donnant des moyens d'irrigation aussi faciles que peu coûteux.

espèce de monument de pierre et de fonte d'un style simple et sévère se terminait par un ornement sphéroïde sur lequel on lisait en grandes lettres cette inscription, maxime favorite du docteur Clément, citée dans les *Mémoires de Martin :*

NUL N'A DROIT AU SUPERFLU

TANT QUE CHACUN N'A PAS LE NÉCESSAIRE.

La nuit, ce jardin, ces arcades, ainsi que les bâtiments, étaient éclairés par le gaz, dont la vive lumière rayonnait aussi çà et là, dans une partie du parc planté d'une futaie séculaire que l'on avait conservée et qui s'étendait derrière le château.

Enfin, à droite de ce parallélogramme, parmi de nombreux bâtiments ajoutés extérieurement, se dressaient les immenses cheminées de plusieurs machines à vapeur, destinées soit à abréger ou faciliter certains travaux, soit à élever dans de vastes réservoirs les eaux qui circulaient dans toutes les parties de cet immense établissement.

Nous l'avons dit, le mois d'octobre touchait à sa fin. Il faisait une de ces tièdes et charmantes journées assez fréquentes en automne.

Une voiture légère, espèce de phaéton, attelée de deux chevaux de modeste apparence, mais agiles et vigoureux, s'arrêta sur le point culminant d'une route nouvellement ouverte et d'où l'on découvrait les constructions dont nous venons de parler.

Un homme et une femme, jeunes encore, étaient dans l'intérieur de la voiture dont l'homme conduisait lui-même l'attelage ; tandis que, sur le siége de derrière, se tenaient assis un petit domestique d'une quinzaine d'années et une femme de chambre ; deux malles de cuir placées sur la caisse de devant du phaéton annonçaient que M. et madame Just Clément (tel était le nom de ces personnages) voyageaient à petites journées.

— Mon ami, quelle peut donc être la destination de ces immenses bâtiments ? — demanda Régina à son mari. — Vois donc... c'est un coup d'œil magnifique.

— En effet, — répondit Just en paraissant partager la surprise et l'admiration de sa femme, — est-ce un château, est-ce une exploitation rurale, est-ce une manufacture ? je ne sais... Et puis, l'on dirait que tout le pays que nous parcourons a subi depuis quelque temps une transformation complète... Ces canaux de construction récente... ces ponts nombreux, ces barrières fraîchement peintes, ces routes parfaitement établies, et dont plusieurs sont à peine terminées, ces chemins nouvellement plantés d'arbres, ces immenses défrichements, tout annonce une incroyable activité de travail.

— Et cependant, nous n'avons rencontré personne sur notre route... Cela est étrange... n'est-ce pas, Just ?

— C'est très-singulier, en effet, Régina... mais, si tu veux, nous allons suivre cette route qui paraît aboutir aux bâtiments de l'aile gauche, et là, en notre qualité de voyageurs touristes et curieux, nous demanderons et nous saurons, sans doute, la destination de ce magnifique établissement.

— Et peut-être, — dit Régina, — nous permettra-t-on de le visiter.

— Je n'en doute pas, Madame, — répondit gaiement Just, — si vous vous chargez de présenter cette requête.

— Allons, allons, monsieur le flatteur, — répondit Régina non moins gaiement, — dirigez nos pauvres chevaux vers ce palais enchanté.

— J'obéis, — dit Just en regardant sa femme avec tendresse, — et maintenant c'est à toi, jolie fée *Charme-des-Yeux*, d'user de ta toute-puissance pour faire tomber les obstacles qui pourront s'opposer à notre curiosité.

— Malgré mon peu de foi dans mon rôle de fée, nous essayerons, Monsieur... — répondit Régina en souriant; puis elle ajouta : — Mais sérieusement, mon bien-aimé Just, avoue que rien n'est plus charmant que notre indépendante manière de voyager à travers ce pays solitaire. Si nous avions suivi la grande route, nous aurions perdu cette bonne aubaine pour notre curiosité.

Au bout de dix minutes environ, la voiture de Just et de Régina fit halte devant la porte d'une cour immense, clôturée de barrières peintes en vert, et qui longeait une des parties latérales du parallélogramme.

Just s'était arrêté à cet endroit au lieu de poursuivre son chemin jusqu'à l'entrée principale du *palais*, ainsi que disait Régina, parce qu'à la porte de la cour dont nous parlons, Just venait d'apercevoir une femme qu'il comptait interroger.

Cette femme, robuste et jeune encore, était simplement mais parfaitement vêtue d'une robe de futaine de couleur foncée; d'un bonnet à la paysanne d'une blancheur éblouissante, chaussée de bons bas de laine et de souliers de cuir bien propres; elle portait autour du cou, et non sans une certaine fierté, par-dessus son fichu de cotonnade rouge, un cordonnet de soie bleue, à laquelle pendait une petite médaille d'argent.

Les traits rudes, hâlés de cette femme, étaient loin d'être beaux; mais sa figure pleine, vermeille, annonçait la santé, la franchise et la bonne humeur.

Hâtons-nous de prévenir le lecteur que, dans cette virile créature, il retrouve une de ses anciennes connaissances: la brave Robin, qu'il a vue vêtue d'ignobles haillons, alors qu'elle était fille de vacherie chez le métayer maître Chervin, que le comte Duriveau avait si impitoyablement chassé de sa ferme.

A la vue de la voiture dont Just et Régina descendirent pendant que le petit domestique gardait les chevaux, la bonne Robin s'avança courtoisement et peut-être aussi un peu curieusement vers les visiteurs.

— Pourrions-nous savoir, Madame, — lui dit Just en la saluant avec une parfaite politesse, — à qui appartiennent ces magnifiques bâtiments?

— A moi... Monsieur, — répondit naïvement la Robin en faisant sa plus belle révérence.

— Comment! à vous? — s'écria Just sans cacher sa surprise. — Ces magnifiques bâtiments sont à vous?

— Oui, Monsieur, — reprit la Robin sans la moindre fierté, — c'est à moi... et c'est aussi... à Petit-Pierre que voilà.

Petit-Pierre était une autre de nos connaissances, c'est-à-dire le petit vacher que nous avons vu pâle, les yeux caves, éteints, les lèvres blanches, à peine vêtu, marchant pieds nus, épuisé par *les fièvres* qui le minaient depuis sa naissance; mais au moment où nous le revoyons, le petit vacher est méconnaissable, il n'est plus pâle, le *sulfate de quinine* (1), habilement administré à plusieurs reprises, a depuis longtemps *coupé les fièvres*. Une nourriture saine, des vêtements chauds, de bonnes chaussures, une habitation salubre, et surtout le complet assainissement du pays, ont assuré la guérison de l'enfant; et il eût été impossible de reconnaître le pauvre petit vacher de la métairie du Grand-Genévrier dans ce jeune garçon bien vêtu, à la joue rebondie, aux yeux pétillants, à la démarche vive et alerte.

Petit-Pierre traversait la cour au moment où, le désignant à Just et à Régina, la brave Robin le citait comme l'un de ses *copropriétaires*. L'enfant, croyant que la Robin l'appelait, s'avança de quelques pas; puis, soudain, il s'arrêta timidement à l'aspect des étrangers.

Just, de plus en plus étonné, dit à la Robin:

— Ainsi, ce jeune garçon est, ainsi que vous, Madame, propriétaire de cet établissement?

— Oui, Monsieur, et aussi propriétaire de toutes les terres, de tous les bestiaux, de tous les chevaux, de toutes les volailles, et de toutes les récoltes... enfin, il est propriétaire de tout, quoi... ni plus ni moins que moi... et que les autres!

— Ah!... vous et lui n'êtes pas les seuls maîtres de tous ces biens? — demanda Régina, en échangeant avec

(1) Disons en passant que ce médicament souverain pour la guérison des fièvres intermittentes qui déciment les populations de Sologne, est d'un prix tellement élevé, qu'il est matériellement impossible aux prolétaires des campagnes de s'en procurer, et de payer la visite du médecin qui en règlerait l'emploi; le prix du médicament seul en quantité nécessaire pour guérir la fièvre, et en admettant qu'il n'y ait pas rechute (ce qui arrivera infailliblement deux ou trois fois avant la guérison complète), le prix du médicament, disons-nous, absorberait le pain de toute une famille pendant quatre ou cinq jours.

Just un regard qui semblait dire: Cette pauvre créature n'est pas dans son bon sens. Aussi reprit-elle: — Il y a d'autres propriétaires encore?...

— Je crois bien, Madame... nous sommes en tout sept cent soixante-trois associés-propriétaires.

— Sept cent soixante-trois propriétaires? — dit Régina en souriant... — c'est beaucoup.

— Dame... Madame, plus on est, mieux ça vaut, car un chacun apporte ses bras au travail, — répondit la Robin, sans paraître peinée de ce grand nombre de copartageants.

— Alors, — reprit Just, — faites-nous la grâce de nous dire si c'est à vous ou à quelque autre de vos associés que nous devons nous adresser pour visiter votre magnifique établissement, et savoir à quel usage il est destiné.

— Ça, Monsieur, c'est une autre affaire, — reprit la Robin; — les visiteurs, quand il en vient, ça regarde maître Claude et comme justement ce n'est pas l'heure de l'école, car l'heure du repas de midi va bientôt sonner pour tout le monde qui est revenu des champs, maître Claude pourra vous conduire partout. — Puis s'adressant au jeune vacher, la Robin ajouta: — Eh! Petit-Pierre, va prévenir maître Claude qu'il y a là un monsieur et une dame qui demandent à voir l'*Association*.

Au moment où Petit-Pierre allait exécuter l'ordre de la Robin, Just le rappela, et tirant de sa poche une carte de visite sur laquelle étaient ces mots: — *Monsieur et madame Just Clément*, il dit à Petit-Pierre:

— Mon ami, ayez la bonté de remettre cette carte à la personne que vous allez trouver, afin qu'elle sache du moins le nom des visiteurs qui désirent parcourir ces établissements.

Petit-Pierre prit la carte, et se dirigea en courant vers une des portes du bâtiment.

— Si Monsieur et Madame voulaient, en attendant maître Claude, jeter un coup d'œil sur notre vacherie, dont je suis *sous-directrice*, — dit la Robin avec un certain orgueil en montrant du bout du doigt sa petite médaille d'argent, — ça passerait le temps.

— Certainement, et avec grand plaisir, — répondit Régina en prenant le bras de Just et suivant la Robin.

Celle-ci, traversant la cour, ouvrit une des portes d'une immense étable aux murailles bien crépies, blanchies à la chaux, aux râteliers et aux mangeoires de chêne, brillant de propreté, au carrelage de briques, traversée dans toute la longueur du bâtiment par un petit ruisseau d'eau limpide et courante.

Trois cents vaches admirablement soignées, au poil vif, lustré, étaient symétriquement alignées dans cette vacherie bien aérée, bien éclairée par de nombreuses fenêtres; autant d'enfants, dont la plus âgée n'avait pas douze ans, toutes vêtues comme la Robin, mais ne portant pas ainsi qu'elle de petite médaille d'argent, marque distinctive de ses fonctions, allaient et venaient dans l'étable, relevant la litière lorsqu'elle dépassait la natte de paille qui la bordait, visitant les mangeoires et les râteliers afin de s'assurer que la provende était consommée; tandis que de temps à autre on entendait le tintement harmonique de plusieurs cloches de toniques différentes suspendues au cou des vaches conductrices de chaque division du troupeau.

Just et Régina restaient saisis d'étonnement à la vue de l'ordre, de la merveilleuse propreté qui régnaient dans cette immense vacherie.

— En vérité... — dit Just à la Robin, — je n'ai jamais rien vu de pareil... c'est admirablement tenu!

— N'est-ce pas, Monsieur? — et si ça vous paraît comme ça, qu'est-ce donc que ça doit nous paraître à nous... qui, dans le temps, étions habitués à voir ces pauvres bêtes... dans des étables presque sans toit ni portes, où nous couchions pêle-mêle avec elles, et où il pleuvait presque autant que dehors, sans compter une boue!... et quelle boue!... pire que dans les marais... jamais de litière fraîche... et si mal nourries... les pauvres bêtes... pas mieux que nous, faut le dire... Aussi, comment prendre goût à soigner son bétail dans des étables sales à faire lever le cœur, au lieu qu'ici... vous voyez... c'est une vraie fête. Autrefois, chaque métayer, chaque paysan du pays avait son étable, son grenier, son four, son foyer... A cette heure, nous avons une étable pour tous, un grenier pour tous, un foyer pour tous ; ça coûte cent fois moins, et c'est cent fois mieux ; et puis, enfin, c'est A NOUS, ces bêtes... elles sont à moi comme à ces filles... comme à ces petites filles que vous voyez là... Alors, dame... on s'y met à cœur joie... à l'ouvrage. Il y a plaisir et profit ! La maîtresse Chervin, directrice des vacheries, me commande... je commande à ces bonnes filles, qui ont pour apprenties ces petites-là... Personne ne se rebiffe, on obéit avec contentement, parce que tout appartient à un chacun, et que la besogne de chacun, petits ou grands, est profitable à tous...

Just et Régina s'étaient plusieurs fois regardés avec une surprise croissante en écoutant le langage naïf et sensé de la Robin. En devisant ainsi, ils étaient arrivés à l'extrémité de la vacherie... limite du domaine de la bonne fille, qui ajouta :

— Si vous n'attendiez pas maître Claude, je vous conduirais dans l'étable des vaches en gésine, et de celles qui allaitent, et puis dans la laiterie... C'est ça qui est superbe à voir... il y a une machine qui va toute seule, et qui bat quatre et cinq cents livres de beurre par jour... même que nous en mangeons, de ce bon beurre... C'est pas comme autrefois, où nous le voyions que pour le faire et pour le porter au marché ; à nous autres le caillé aigri... au bourg la bonne crème... Et les perchoirs ! !... — s'écria la Robin avec enthousiasme, — et les basses-cours ! La vacherie n'est rien auprès. Vous verrez les perchoirs... qui sont sous la direction de Bruyère, une petite fille aussi belle que le jour... aussi bonne que le bon Dieu est grand... et si connaisseuse et savante aux choses des champs, qu'elle en remontrerait aux plus vieux laboureurs et bergers !

— Et cette jolie petite merveille habite ici ? — demanda Régina avec intérêt.

— Oui, madame... elle a eu bien du chagrin... dans le temps ! mais je crois que ça se passe... D'ailleurs, comme elle n'avait jamais été bien gaie, la peine, ça s'aperçoit moins chez elle que chez une autre... Mais vous verrez ses perchoirs, ses basses-cours. Il y a toujours là trois ou quatre mille volailles... dindes, oies ou pintades, divisées par troupeaux de deux cents... un enfant de dix ans et un chien suffisent à conduire chaque troupeau, et un homme à cheval les surveille tous. Il en va des volailles comme du beurre ou du lait. Autrefois, nous ne connaissions du goût des oies et des dindes que nous élevions, que pour avoir entendu dire que c'était un très-bon manger. Aujourd'hui, nous en mangeons souvent, et en proportion, notre association en vend pour plus d'argent qu'autrefois n'en vendaient toutes les métairies réunies ensemble. Dame ! c'est tout simple, à cette heure, ces bêtes, bien nourries, pondent davantage... les petits, bien soignés, ne meurent plus par dizaine... sans compter que les renards et les fouines... qui venaient encore dévorer au moins la moitié des couvées dans les métairies isolées, sans clôtures, ne se frottent pas à venir se régaler ici...
Et si vous voyiez là les bergeries... c'est encore ça qui est beau ! et les écuries donc !... Il y a là soixante superbes paires de chevaux de labour... dans une seule écurie. C'est un fier coup d'œil, allez... pour le soin et pour la propreté. Dame ! vous comprenez, l'amour-propre ; je ne voudrais pas, moi, qu'on pût dire que la bergerie, ou l'écurie, ou les basses-cours font la nique à nos vacheries... Et comme l'écurie est autant à moi que la vacherie est à ceux qui soignent la bergerie, les perchoirs ou l'écurie, nous avons tous intérêt à bien faire et à être contents du bien-faire des autres... A quoi bon se jalouser, puisque tout profite à tous ?

— Mais, — dit Just, de plus en plus surpris, — je vous entends parler d'un triste passé, dire autrefois, tout allait de mal en pire pour les bêtes et pour les gens ; par quel miracle... ce passé si malheureux s'est-il ainsi transformé ?

— Tenez, Monsieur, — dit la Robin, — voilà maître Claude... il vous expliquera ça mieux que moi.

En effet, Just et Régina, qui, pendant cette dernière partie de l'entretien, étaient sortis de la vacherie pour revenir dans la cour, virent Claude Gérard, conduit par Petit-Pierre, s'avancer vers eux.

Claude Gérard portait toujours sa longue barbe grisonnante, mais il avait quitté ses habits de peaux de bête pour des vêtements moins sauvages. Ses traits avaient perdu leur caractère farouche : ils étaient alors empreints d'une gravité douce et mélancolique.

En recevant la carte de Just, Claude s'était félicité de ce que le comte Duriveau et Martin se trouvassent absents et occupés à surveiller, à deux lieues de là, quelques travaux, M. Duriveau et son fils ne pouvant ou ne voulant, pour des motifs bien différents, paraître devant Régina et son mari. Claude s'était donc chargé de recevoir ceux-ci.

Just, on se le rappelle peut-être, avait noué quelques relations avec Claude Gérard, alors que celui-ci remplissait les fonctions d'instituteur près d'Évreux. Aussi, à sa vue, rassemblant ses souvenirs, après l'avoir attentivement regardé, à mesure qu'il s'approchait, Just lui dit, charmé de cette rencontre inespérée :

— C'est à monsieur Claude Gérard, ancien instituteur près d'Évreux, que j'ai l'honneur de parler ?

— Oui, Monsieur, — répondit Claude, en s'inclinant devant Just, — oui, Monsieur, et en lisant votre nom sur la carte que vous avez bien voulu m'envoyer, j'ai été très-heureux du hasard qui vous amenait ici...

— Je n'ai pas non plus besoin de vous dire, Monsieur, — reprit Just, en tendant cordialement sa main à Claude, — combien je suis heureux aussi de vous retrouver dans une pareille circonstance.

Puis s'adressant à sa femme, Just ajouta :

— Je vous présente M. Claude Gérard, ma chère Régina... je n'ajouterai qu'un mot : mon père disait, en parlant de M. Gérard : — C'est un des nôtres... car, dans mes lettres... j'avais souvent entretenu mon père de la vive sympathie, de la vénération profonde que m'inspiraient le caractère et l'esprit de M. Gérard.

— Just a raison... Monsieur, — dit gracieusement Régina en s'adressant à Claude ; — celui dont le docteur Clément a dit : — C'est un des nôtres, doit être, pour tous les gens de cœur, un homme considérable, pour Just et moi... un ami.

Et Régina tendit à son tour sa belle main à Claude, qui la serra légèrement en s'inclinant, pensant néanmoins, avec une secrète amertume, que Martin... n'avait de sa triste vie reçu une pareille faveur de Régina... lui... lui... à qui elle devait tout, à son insu.

— Mon Dieu, Monsieur, — reprit Just, — nous sommes dans un pays de merveilles... Mais bien que ces miracles me semblent un peu plus faciles à expliquer maintenant que je sais votre présence en ces lieux enchantés... dites-moi donc le secret de l'incroyable transformation que ce pays a subie... et dont les signes se sont révélés, se révèlent à chacun de nos pas ?

— Nous venons de visiter la vacherie avec une brave et intelligente personne, qui nous a on ne peut plus charmés par son naïf bon sens... — ajouta Régina ; — en un mot, Monsieur, permettez-nous de vous faire les questions que nous nous adressions tout à l'heure à nous-mêmes à la vue de ces bâtiments... est-ce un palais ? est-ce une immense exploitation rurale ? est-ce une non moins immense fabrique ?

— C'est un peu... tout cela, Madame, — reprit Claude en souriant doucement, — et si vous voulez avoir la bonté de m'accompagner... en très-peu de mots je vous donnerai le secret de cet apparent mystère.

Claude Gérard, offrant son bras à Régina, lui fit traverser un passage qui conduisait de la cour des vacheries à l'une des vastes galeries qui entouraient le jardin renfermé dans l'intérieur du parallélogramme ; puis, sortant de cette galerie, Claude se dirigea, toujours accompagné des deux visiteurs, vers la fontaine monumentale dont nous avons parlé ; indiquant alors à Just l'inscription qu'elle portait, il lui dit : — Depuis longtemps vous connaissez cette maxime, monsieur Just : *Nul n'a droit au superflu tant que chacun n'a pas le nécessaire...*

A cette citation d'une généreuse pensée qu'il avait si souvent entendu formuler par son père dans ces mêmes termes, Just, stupéfait, ne put d'abord répondre, puis une larme mouilla sa paupière, et il regarda Régina avec un attendrissement ineffable.

— Je vous comprends, mon ami, — lui dit-elle, non

moins impressionnée que son mari ; — je suis fière de partager votre glorieuse émotion... en retrouvant pratiquée sans doute ici cette maxime que votre père pratiquait avec une si admirable générosité.

— Vous ne vous trompez pas, Madame, — reprit Claude Gérard, — et telle est l'irrésistible puissance des grandes vérités... que l'application de cette généreuse pensée du docteur Clément a suffi pour opérer les prodiges dont vous vous étonnez...

— Oh ! de grâce, expliquez-vous, Monsieur, — dit Just ; — vous sentez que pour moi ces détails sont maintenant d'un double intérêt.

Après un moment de silence Claude Gérard reprit :

— Un homme puissamment riche avait longtemps vécu dans l'oisiveté, dans l'insouciance du sort misérable du plus grand nombre *de ses frères en humanité...* ainsi que disait votre père, monsieur Just. Soudain frappé au cœur par un malheur affreux... cet homme, transformé, régénéré par cette terrible épreuve... n'a désormais demandé de consolations qu'à la pratique des grands principes de la fraternité humaine. Au lieu d'être stérile... sa douleur a été féconde.

— Cette transformation, quoique tardive, annonce du moins un généreux naturel, — dit Régina.

— Chercher l'oubli d'horribles chagrins dans l'accomplissement du bien... cela fait tout pardonner, — dit Just.

— S'ils savaient que celui dont ils parlent avec tant de sympathie... et qui aujourd'hui en est digne, est le comte Duriveau ! — pensa Claude.

Puis il reprit :

— Pour cet homme, monsieur Just, cette maxime de votre père : — *Nul n'a droit au superflu, tant que chacun n'a pas le nécessaire...* cette maxime a été, je vous l'ai dit, une révélation... Possesseur de ce magnifique château et des immenses domaines qui en dépendent, il a regardé autour de lui... et partout il n'a vu que misère, maladies, ignorance et désolation... Cet homme s'est dit alors : Ce pays est d'une insalubrité mortelle, d'une stérilité désolante, *je veux*, en *sacrifiant mon superflu,* que ce pays devienne salubre et fertile ; ses habitants, épuisés, maladifs, sont décimés par des fièvres terribles ; *je veux* qu'ils deviennent sains, robustes, et que leur vie ne soit plus fatalement abrégée... Ils habitent de misérables tanières où ils endurent les plus cruelles privations ; *je veux* qu'ils aient des demeures salubres, riantes, où ils ne manqueront de rien de ce qui est nécessaire à la vie... Ils sont voués à un labeur écrasant, presque toujours accompli avec dégoût, parce qu'il est insuffisant à leurs besoins ; *je veux* que leurs travaux soient attrayants, variés, intelligents, productifs, afin que l'amour du bien-être et que le sentiment de la dignité morale leur fassent aimer, honorer leurs travaux. Ils vivent enfin misérables, faibles, ignorants, trop souvent ennemis, par le fait de l'*isolement ; je veux* qu'ils deviennent heureux, puissants, éclairés, affectueux ; qu'ils deviennent *frères* enfin par le fait de l'*association,* dont je leur donnerai l'exemple. — Cet homme a voulu cela, — ajouta Claude Gérard, — et ses volontés se sont réalisées...

— Rien de plus généreux que ce raisonnement, — s'écria Just. — Je ne m'étonne pas de la fécondité de pareils principes, mais de leur application si prompte et sur une si large échelle.

— C'est qu'alors qu'il s'est agi de l'application, — reprit Claude Gérard, — cet homme a senti que l'heure du sacrifice et de l'abnégation était venue.

— Comment cela, Monsieur ? — dit Régina.

— Cet homme a compris que dans l'état de misère et de routinière ignorance où étaient plongés ceux qu'il voulait régénérer, il fallait, pour les amener à cette régénération morale et matérielle, offrir à leur intérêt des avantages réels, frapper leur esprit par un généreux exemple... Il a donc assemblé ses métayers ainsi que les habitants de ce pauvre village, et leur a dit : « Depuis que je vis au milieu de vous, j'aurais dû accomplir les devoirs rigoureux
» auxquels ceux *qui possèdent tout sont obligés envers*
» *ceux qui ne possèdent rien...* J'ai à expier... le passé...
» l'avenir m'absoudra, je l'espère ; voici ce que je vous
» propose : — le territoire de cette commune est de six
» mille arpents à peu près, qui m'appartiennent, sauf
» trois cents arpents morcelés entre vous ; *associons-nous.*
» Que vos terres et les miennes ne fassent plus qu'une pro» priété qui soit *nôtre ;* qu'il en soit ainsi de nos troupeaux,
» de nos chevaux. Dans cette association vous donnerez
» vos bras, votre industrie ; moi, le sol, les constructions
» et l'argent nécessaire aux premières cultures ; en four» nissant ainsi à l'association les moyens, les instruments
» de travail, j'apporte à moi seul autant que vous tous
» ensemble ; loyalement j'aurais donc le droit de prélever
» pour moi seul la moitié de nos bénéfices... mais, à ce
» droit, à cette inégalité, je renonce au nom du sentiment
» de fraternité qui me rapproche de vous ; je ne demande
» dans les produits de notre association qu'une seule part...
» égale à celle de chacun de vous... et, cette part, je veux
» la gagner comme vous par mon travail, en appliquant
» toutes les forces de mon intelligence à la bonne admi» nistration de nos affaires. J'ai vécu pendant quarante
» ans dans une oisiveté funeste et stérile ; j'ai beaucoup à
» me faire pardonner ; aussi, du jour de notre association,
» nul plus que moi, je vous l'assure, n'aura plus de zèle,
» plus de respect pour l'intérêt commun. »

— C'est admirable ! — s'écria Just.

— Un tel renoncement, — dit Régina avec émotion, — un tel hommage à la dignité, à la fraternité du travail... est d'un magnifique enseignement.

— Et la promesse que cet homme a faite, — dit Claude, — il devait la tenir religieusement.

— Et l'association... a dû se constituer aussitôt, — dit Just.

— Non, — dit Claude ; — quoiqu'elle offrît à ces pauvres gens des avantages inouïs, il a fallu vaincre des défiances, des préjugés, malheureusement inséparables de l'ignorance et de l'espèce d'asservissement dans lesquels vivaient ces malheureux : — « Que risquez-vous ? — leur
» disait cet homme de bien que vous admirez, monsieur
» Just, — essayez... Je me charge du premier établisse» ment ; de plus, j'assurerai votre existence pendant deux
» années ; vous quitterez vos tristes et homicides de» meures pour des logements sains, riants, commodes ;
» vos travaux écrasants, infructueux, seront rendus pro» ductifs et attrayants par leur variété. Essayez, vous
» dis-je, de cette association. Que risquez-vous ? Les par» celles de terre que vous joindrez à celles que je mets en
» commun vous reviendront dans deux années. Si votre
» condition ne vous parait pas améliorée, vous pourrez
» alors retourner habiter vos masures qui restent de» bout... »

— Et ils n'ont pas résisté longtemps à l'évidence de ces avantages ? — dit Just.

— Près de deux mois, — répondit Claude Gérard.

— C'est incroyable ! en présence d'avantages si évidents, — dit Régina.

— Hélas ! Madame, — reprit tristement Claude Gérard, — ces malheureux étaient depuis si longtemps habitués à être traités avec insouciance ou dureté ; on les avait accoutumés à avoir si peu de confiance dans la bonté humaine, qu'ils se demandaient, avec une sorte de défiance craintive, *pourquoi* l'on montrait à leur égard tant de désintéressement et de générosité.

— Vous avez raison, Monsieur, — dit Régina, — cette défiance est une sanglante satire du passé !

— Mais enfin, — reprit Claude, — l'association s'est formée. Six mois après, les constructions nécessaires étaient terminées, et bientôt l'ancien village a été démoli avec une sorte de joyeuse solennité. Quant au bonheur, à l'aisance dont jouit maintenant cette population naguère encore si horriblement misérable, veuillez m'accompagner, et... ce que vous verrez vous montrera les merveilleux résultats de cette association.

Ce disant, Claude Gérard conduisit Just et Régina dans le bâtiment principal, formant autrefois le château ; ses pièces immenses avaient été transformées en école pour les jeunes garçons, et, pour les jeunes filles, en crèches, en salle d'asile pour les enfants de l'association. Une vaste pièce donnant dans le jardin d'hiver (qui avait été conservé) servait de lieu de réunion et de réfectoire pour ceux des membres de l'association qui préféraient manger ensemble au lieu de porter chez eux les mets provenant de la cuisine commune. Les étages supérieurs étaient consacrés à la lingerie, à l'infirmerie, aux magasins de matières de toutes sortes qui s'ouvrageaient dans de vastes ateliers, car cette association était à la fois *agricole et industrielle;* de la sorte, les longues soirées et les nombreuses journées d'hiver, pendant lesquelles le travail des champs est impossible, étaient fructueusement utilisées; les associés y trouvaient des occupations variées, et le revenu général s'accroissait d'autant.

Quant au logement des associés, il se composait, selon l'exigence de leur famille, d'une ou deux chambres, donnant toutes sur le jardin intérieur, bien aérées en été, bien chauffées en hiver par la vapeur. On utilisait ainsi le feu incessant de l'immense cuisine; des conduits amenaient partout en abondance l'eau et le gaz lumineux, les enfants et les adultes couchaient la nuit dans des dortoirs, sous la surveillance des pères et des mères de famille, alternativement chargés de ce soin; la cuisine, le blanchissage, en un mot, tous les travaux de métier ou de ménage se faisant dans des endroits spéciaux, les logements des associés n'étaient absolument destinés qu'à l'intimité, au repos et au sommeil, ils étaient tenus avec une extrême propreté; plusieurs associés avaient même déjà employé une partie de leurs bénéfices à orner leur demeure particulière avec une certaine élégance.

Just et Régina, de plus en plus émerveillés, entrèrent bientôt, sous la conduite de Claude Gérard, dans une vaste salle où une cinquantaine de jeunes filles et de jeunes femmes, brillantes de santé, proprement vêtues, étaient occupées à travailler, soit à la dentelle, soit à différentes pièces de lingerie. Parmi les travailleuses, Just et Régina reconnurent la brave Robin et ses compagnes de la vacherie, qui, pendant le temps qu'elles n'employaient pas à l'étable, venaient travailler, selon leur aptitude et leur goût, soit à la dentelle, soit à la lingerie, tandis que d'autres préféraient s'occuper au jardin, à la buanderie ou aux cuisines.

Rien n'était plus gai, plus animé que cette réunion de jeunes travailleuses; le léger babil de celles-ci, les rires frais et doux de celles-là, les petits chantonnements des autres, formaient le plus joyeux murmure.

Soudain Just et Régina restèrent émus, frappés, d'un tableau touchant qui s'offrait à leur vue.

Dans la vaste salle de travail, venait d'entrer dame Perrine... marchant doucement, sa main appuyée sur l'épaule de Bruyère.

La mère de Martin, encore très-belle malgré sa pâleur, avait l'air un peu souffrant; mais sa physionomie exprimait la plus ineffable bonté; vêtue de noir selon sa coutume, un simple bonnet blanc laissait voir ses larges bandeaux de cheveux noirs.

Bruyère, réglant soigneusement son pas sur celui de sa mère, qui s'appuyait doucement sur son épaule, avait conservé son costume d'une originalité charmante et sauvage: quelques brindilles de bruyère rose ornaient sa jolie chevelure ondée; ses bras ronds, légèrement hâlés, étaient demi-nus: seulement des bas blancs et des brodequins de cuir avaient remplacé ses bottines tressées de jonc et ses sabots; on lisait sur sa ravissante figure, pâle et affectueuse comme celle de sa mère, les traces d'une mélancolie remplie de résignation... La pauvre petite Bruyère regrettait toujours son enfant... qui lui avait cependant coûté tant de larmes... tant de honte.

— Mon Dieu! monsieur Gérard, — dit tout bas Régina, — quelle est donc cette charmante personne qui vient d'entrer, et sur laquelle s'appuie cette dame d'une figure si noble et si douce?

— Je n'ai, de ma vie, rien vu de plus joli que cette jeune fille, avec ces bruyères roses dans ses cheveux, — ajouta Just; — quelle douceur dans les traits! quelle intelligence dans le regard!...

— Et quel charme, quelle grâce dans ses moindres mouvements! — ajouta Régina.

Claude, visiblement touché de l'admiration que témoignaient Just et Régina à la vue de Bruyère, leur dit:

— Cette dame pâle, à la figure noble et douce, est *la femme* de celui qui a fait tout le bien que vous admirez...

— Sa femme! — dit Régina avec émotion, — elle doit être bien fière... bien heureuse... de lui appartenir!

— Oui... elle en est heureuse... et fière... — répondit Claude.

— Et cette charmante personne, — dit Just, — c'est leur fille?

— C'est la fille... de cette dame pâle... — répondit Claude, et la fille adoptive de celui dont nous parlons... mais il l'aime... aussi tendrement... que si elle lui appartenait par les liens du sang.

— Et a-t-il un fils? — demanda Just.

— Oui... Monsieur... — répondit Claude.

— Et un fils... digne de lui, sans doute? — demanda Régina.

— Oui, Madame, — reprit Claude avec une émotion profonde, — un... digne fils... un vaillant fils.

A ce moment, dame Perrine, ou plutôt madame Duriveau, après avoir donné quelques conseils à plusieurs jeunes filles qui travaillaient aux métiers à dentelle, se dirigea vers Claude, toujours précédée de Bruyère, sur l'épaule de laquelle elle s'appuyait; puis s'apercevant alors que des étrangers accompagnaient l'instituteur, elle rougit légèrement, tandis que Bruyère levait sur eux ses grands yeux timides et étonnés.

— Madame, — dit Régina d'une voix émue en s'avançant vers la mère de Martin avec un air de déférence et de respect, — permettez à deux étrangers de vous exprimer leur profonde admiration pour l'homme généreux qui a changé ce pays, jadis si misérable, nous a-t-on dit... en une véritable terre promise... que son nom, que l'on ne nous a pas prononcé jusqu'ici... sans doute pour satisfaire à la modestie de son caractère, soit à jamais béni...

— Du moins, il nous est doux, Madame, — ajouta Just, — de pouvoir vous dire à vous, la digne compagne de ce grand homme de bien, à quel point nous sommes touchés de tout ce que nous venons de voir... et combien nous vous sommes reconnaissants au nom de l'humanité tout entière.

A ces mots, la légère rougeur qui, depuis un instant, colorait le pâle visage de madame Perrine, augmenta encore; une expression de mélancolique fierté brilla dans ses grands yeux noirs, qui devinrent humides; puis, toujours digne dans sa simplicité, elle répondit à Just et à Régina:

— Je vous remercie pour mon mari des éloges que vous voulez bien lui accorder, Madame... Croyez-moi... il les mérite... car, s'il a un regret... c'est de n'avoir pas fait encore... tout le bien... qu'il désirerait faire...

Puis s'inclinant légèrement, madame Duriveau, après avoir échangé avec Claude Gérard un sourire de douce satisfaction, s'éloigna lentement avec Bruyère.

Une heure après environ, Just et Régina, ayant achevé, sous la conduite de Claude, la visite de *l'Association,* étaient revenus attendre leur voiture sous la galerie de briques qui régnait à l'intérieur du parallélogramme, Régina tenait à la main un beau bouquet de fleurs d'automne cueillies dans les parterres et que Claude lui avait offertes.

— Telle est, Madame, — lui disait l'instituteur, — la toute-puissante fécondité de ce grand principe: *la fraternité humaine,* que cette association qui, grâce à l'excellente organisation du travail de tous (1), donne à tous un *minimum,* c'est-à-dire le *nécessaire,* qui en un mot leur assure la satisfaction légitime de tous les besoins de l'âme et du corps, et qui plus tard donnera même le superflu à ceux qui voudront l'acheter par un surcroît de labeur; cette association, dis-je, est non-seulement une admirable institution au point de vue moral, mais elle serait encore, au point de vue de l'intérêt, une *excellente affaire* pour le fondateur, s'il n'avait, par un noble désintéressement, renoncé to toutes les bénéfices qu'il aurait pu loyalement réclamer par *l'apport* de sa part dans l'association... Cela

(1) Nous n'avons pu que donner une idée très-sommaire et très-imparfaite de ce que peut être une association à la fois agricole et industrielle, basée sur ces trois éléments: *le capital, le travail* et *l'intelligence.* Nous renvoyons ceux de nos lecteurs qui seraient curieux d'en connaître l'organisation pratique à l'excellent petit livre de M. Mathieu Briancourt: *Organisation et association du travail,* à la librairie Sociétaire, 10, rue de Seine.

est si vrai, que déjà deux propriétaires voisins, émerveillés des résultats que nous avons obtenus, ont conclu avec leurs métayers et leurs journaliers une association pour une exploitation *à la fois agricole et manufacturière*... dont ils font, eux, riches propriétaires, les premiers frais d'établissement ; ainsi, non-seulement ils pratiqueront le bien sur une immense échelle... mais encore ils augmenteront leur fortune.

— Et cela ne m'étonne pas, Monsieur, — reprit Just ; mon père avait une maxime qui, dans cette circonstance encore, trouve son application : *Fais ce que dois... le bien adviendra.* Autant l'égoïsme est stérile... autant la fraternité est féconde... et...

Just fut interrompu par un cri d'effroi de Régina ; il retourna vivement la tête vers elle... il la vit pâle... indignée, frémissante...

— C'est lui !... — s'écria-t-elle en se rapprochant vivement de Just comme pour se mettre sous sa protection... et, dans ce brusque mouvement d'épouvante, la jeune femme laissa tomber le bouquet qu'elle tenait à la main.

Just, suivant la direction du regard effrayé de sa femme, vit à dix pas de lui, se détachant sur l'ombre projetée par un des arceaux de la galerie... M. Duriveau, immobile... les traits bouleversés par la stupeur que lui causait cette apparition inattendue... terrible... car elle lui rappelait et son infâme tentative sur Régina et le meurtre de Scipion qu'il avait frappé, alors que ce malheureux enfant allait se rendre coupable du même crime sur madame Wilson.

Ignorant la présence de Just et de Régina, le comte revenait à l'instant de visiter des travaux au dehors; sa figure était presque méconnaissable; ses cheveux tout blancs encadraient son visage creusé par la douleur, par les remords... Sa taille, naguère encore droite et svelte, s'était voûtée... enfin la physionomie navrée, l'attitude brisée de ce malheureux, trahissaient son incurable désespoir.

— Ah !... venez... Régina... venez...— s'écria Just avec aversion à l'aspect du comte ; puis saisissant vivement le bras de sa jeune femme, il fit un pas pour sortir avec elle en disant : — La présence de cet homme... dans cette noble maison... c'est presque un sacrilége ! !

Claude Gérard, arrêtant Just au moment où il allait s'éloigner, lui dit d'une voix grave et pénétrée :

— C'est M. Duriveau... qui a fait tout le bien... que vous venez d'admirer... Monsieur.

— Lui !... — s'écria Just, à son tour immobile de surprise.

— Lui... — répéta Claude ; — il a été bien coupable... mais il a beaucoup expié...

— Le comte Duriveau !... — répéta Just comme s'il ne pouvait croire à ce qu'il entendait, tandis que le père de Martin, anéanti, atterré, le front baissé, n'osait... ne pouvait faire un pas.

— Oui, — reprit Claude Gérard, en continuant de s'adresser à Just et à Régina, — après la mort de son fils qu'il a perdu... par un événement affreux... ce malheureux père... rougissant d'ailleurs de sa vie passée, a tenté de distraire une douleur... pourtant incurable... vous le voyez... en changeant... comme vous l'avez dit, ce misérable pays... *en une véritable terre promise*... Encore une fois, monsieur Just... — ajouta Claude d'une voix profondément émue, — au nom de son repentir... au nom de sa douleur... au nom du bien qu'il a fait et de celui qu'il fera encore, qu'il lui soit pardonné...

Just et Régina se regardèrent... sans dire une parole, ces deux vaillants cœurs se comprirent.

Émus... graves... presque solennels, les deux époux s'approchèrent de M. Duriveau, qui, la tête inclinée sur sa poitrine, semblait cloué à sa place... écrasé de honte et de repentir.

— Monsieur, — dit Just d'une voix pénétrée, en tendant sa main au comte, — permettez-moi... de vous serrer la main...

M. Duriveau tressaillit, releva vivement la tête... ses yeux, éteints, rougis par les larmes, brillèrent d'une joie inaccoutumée; il regardait Just avec une sorte d'angoisse craintive, osant à peine répondre à cette avance.

— Monsieur... — ajouta Régina d'une voix altérée, en présentant à son tour au comte sa main tremblante, — nous savons tout ce que vous avez fait de généreux... de grand... que le passé soit oublié...

Lorsque M. Duriveau sentit ses deux mains presque affectueusement pressées par Just et par Régina, ses larmes coulèrent malgré lui, il ne put que dire d'une voix étouffée :

— Merci ! oh ! mon Dieu ! merci...

— Adieu, Monsieur... — reprit Just, — comptez sur deux amis... de plus... qui maintenant ne prononceront votre nom... qu'avec le respect qu'il mérite.

Les chevaux des deux voyageurs arrivèrent.

Après un dernier et triste regard adressé au comte, Just aida Régina à monter dans la voiture, qui s'éloigna bientôt... laissant M. Duriveau immobile à sa place.

Cette scène touchante avait eu un témoin caché.

C'était Martin...

Il n'avait osé reparaître devant Régina ; abrité derrière le pilier d'une des arcades, il avait tout vu... tout entendu...

Claude Gérard, essuyant ses yeux du revers de sa main, ramassa le bouquet que Régina avait laissé tomber.

Dès que la voiture fut éloignée, Martin courut à son père, et, se jetant dans ses bras, lui dit :

— Courage... mon père, courage... vous les avez entendus, ce sont deux amis de plus... Ah !... croyez-moi, avoir conquis de telles amitiés, c'est une noble et généreuse consolation ! !...

— Oh ! oui... — reprit le comte en embrassant son fils avec effusion, — cela m'a fait du bien de m'entendre dire cela... *devant toi*... — Puis baissant la tête avec un nouvel et morne accablement, M. Duriveau murmura à voix basse :

— Hélas !... ils ne savent pas... que j'ai tué mon fils...

— Claude Gérard le sait... — dit Martin, — c'est un grand cœur aussi... et il vous aime... mon père... il vous respecte.

Le comte tendit la main à Claude, et après la lui avoir affectueusement serrée, il s'assit sur le mur d'appui de la galerie, comme s'il eût senti ses forces faillir après une si vive émotion ; puis il parut absorbé dans ses pensées.

Claude Gérard, se rapprochant alors de Martin, lui dit à demi-voix :

— Tu étais là... toi... dont Régina a toujours ignoré le dévouement sublime ! Du moins... je lui ai rappelé ton nom.

— Comment ? — dit Martin avec émotion.

— Et Martin... monsieur Just ? — ai-je dit au mari de Régina ; — ce fidèle serviteur que votre digne père avait placé auprès de Madame ? Qu'est-il devenu ?

— Il nous a quittés dans un voyage que nous avons fait dans le Nord, — a répondu Régina.

— Oui... je vous l'ai dit, Claude... — reprit Martin, — mes forces étaient à bout... Cette malheureuse passion ne s'était pas assoupie... et la vue du bonheur enivrant de Régina... avait, je l'avoue à ma honte, épuisé mon courage... J'ai préféré redevenir artisan... jusqu'au moment où j'aurais assez gagné pour revenir en France.

— J'ai regretté Martin, — m'a dit ensuite Régina ; — c'était un serviteur probe et zélé...

— Un serviteur... probe... et zélé... — dit Martin, avec une résignation mélancolique. — Voilà le seul souvenir qu'elle conservera de moi !.

Claude Gérard, attendri, contempla un instant Martin en silence ; puis lui donnant le bouquet que Régina avait laissé tomber, il ajouta :

— Tiens, mon pauvre enfant... prends ces fleurs ; elle les avait tout à l'heure à la main.

Martin saisit ardemment le bouquet, le porta à ses lèvres par un mouvement passionné, et ses larmes tombèrent sur les corolles parfumées.

Le soir de ce jour, M. Duriveau, qui avait éprouvé une sorte de défaillance après sa rencontre si émouvante, si imprévue, avec Just et Régina, était retiré dans sa chambre modestement meublée, comme celle des autres membres de l'association.

Madame Perrine et Claude Gérard étaient assis aux côtés du comte, tandis que Martin, accoudé sur le dossier de son fauteuil, attachait ses regards affectueux sur son père, à qui Bruyère présentait un breuvage réconfortant avec une prévenance filiale.

Soudain la porte s'ouvrit, et l'on remit à Martin une large enveloppe qu'un courrier venait d'apporter à l'instant.

C'était une lettre du roi.

— Vous permettez, mon père? — dit respectueusement Martin à M. Duriveau, qui répondit par un signe de tête rempli d'affection.

Martin lut cette lettre, qui se terminait ainsi :

« Mes vœux suivront partout madame Just Clément...
» car je n'oublierai jamais que sa mère a fait preuve du
» plus admirable dévouement en sacrifiant sa réputation
» pour sauver la vie d'une femme que j'aimais passion-
» nément, qu'elle chérissait comme une sœur... et qu'une
» indigne trahison avait mise en danger de mort, lorsque,
» prince royal, j'étais venu à Paris en 1814.
» Je n'ai pas besoin de vous répéter que j'ai gardé et
» que je garderai le plus religieux silence sur vos confi-
» dences...
. . . .
» Les projets dont je vous avais entretenus dans mon
» avant-dernière lettre, en vous renvoyant le manuscrit
» de vos *Mémoires*, sont, à cette heure, réalisés ; je suis
» heureux de vous instruire, les bonnes et saines pen-
» sées qui m'ont amené à ces réformes, à ces résolutions,
» c'est à vous en partie que je les dois.
» Ainsi que je vous l'ai dit et que vous l'aviez pressenti,
» la lecture de vos *Mémoires* a été féconde pour moi... en
» attirant mon attention sur des faits et sur des misères
» que je ne soupçonnais pas...
» Voici sommairement les déterminations que j'ai
» prises, et qui ont été adoptées :
» *Défense aux bateleurs, sous les peines les plus sé-*
» *vères, d'exploiter l'enfance dans leurs exercices.*
» *Avénement des instituteurs du peuple au rang de*
» *fonctionnaires publics de première classe, ayant le*
» *pas sur les autorités civiles, militaires et religieuses,*
» *car celui qui rend l'homme honnête, instruit et labo-*
» *rieux, celui qui, enfin, le* CRÉE MORALEMENT, *doit marcher*
» *au premier rang.*
» *Fondation de crèches, salles d'asile, écoles indus-*
» *trielles et agricoles pour les adultes, ateliers publics*
» *où l'honnête homme momentanément sans travail*
» *trouvera du pain et un abri ; maison de retraite pour*
» *les invalides civils.*
» *Fermeture immédiate des cabarets, qui sollicitent in-*
» *cessamment les plus mauvaises passions.*
» *Le père de famille n'osera pas s'enivrer chez lui, où*
» *il trouvera d'ailleurs mille empêchements à ce vice.*
» *Peines sévères contre l'ivresse.*

» *Ouverture de cirques nationaux subventionnés,*
» *dans lesquels, les jours de fêtes, la population trou-*
» *vera, pour le quart de l'argent qu'elle dépensait à*
» *s'abrutir et à s'empoisonner au cabaret, des délasse-*
» *ments et des spectacles généreux et virils.*
. . . .
» Ce sont là de premières réformes : elles s'accompli-
» ront, je le crois, sans résistance, parce que j'ai pour moi
» le bon droit et que je m'appuie sur les déshérités contre
» les privilégiés.
» S'il le fallait... je conspirerais ouvertement contre l'a-
» ristocratie de naissance et de fortune... très-puissante
» ici, et, roi, je me mettrais à la tête de mon peuple...

» Adieu. J'ai été heureux de vous écrire cette lettre ;
» elle vous prouvera du moins que je n'ai pas oublié la
» dette que j'ai contractée envers vous, car je m'efforce
» de m'acquitter selon le vœu de votre généreux cœur en
» tâchant que mon nom ne soit pas prononcé sans quel-
» que reconnaissance par *nos frères en humanité.*

» Votre affectionné,

» C. O. »

Madame Perrine, lorsque Martin eut terminé la lecture de cette lettre, demanda à son fils, avec la naïveté de l'indiscrétion maternelle :

— De qui est cette lettre, mon enfant?
— Du *roi*... ma bonne mère, — répondit simplement Martin.

Du roi?... — dit Bruyère toute surprise.

Madame Duriveau et son mari se regardèrent avec une expression d'orgueil.

— Peux-tu me la lire... cette lettre?... — dit à son fils M. Duriveau, presque timidement.

— Lui... non ; — dit en souriant Claude Gérard, — il n'oserait pas... mais moi... je m'en charge, si Martin y consent.

— Si mon père... si ma mère... le désirent, — répondit Martin.

— Si nous le désirons?... — dit vivement M. Duriveau, en s'adressant à sa femme... — Il nous le demande, Perrine

Claude Gérard lut la lettre...

Lorsqu'il eut terminé cette lecture, M. Duriveau, les yeux baignés de douces larmes, s'écria d'une voix émue, en tendant ses bras à Martin :

— Mon fils, mon noble et digne fils, si longtemps méconnu... Ah ! ce n'est pas d'orgueil... c'est de tendresse que je pleure...

Puis, après avoir serré avec effusion Martin et Bruyère contre son cœur, M. Duriveau ajouta, en tendant la main à Perrine et à Claude Gérard :

— Ah ! vous avez raison ! avec une femme et un ami comme vous... des enfants comme Bruyère et Martin... l'expiation continuelle du mal par le bien... il n'est pas permis de désespérer de l'avenir !

FIN.

www.ingramcontent.com/pod-product-compliance
Lightning Source LLC
Chambersburg PA
CBHW050300170426
43202CB00011B/1758